Handbuch der Kriminalistik

Von

weiland Dr. Hans Groß
o. ö. Professor an der Universität Graz

Achte und Neunte Auflage des

„Handbuch für Untersuchungsrichter als System der Kriminalistik"

Neu bearbeitet und ergänzt von

Professor Dr. Ernst Seelig
Leiter des Kriminologischen Institutes der Universität Graz
o. Professor an der Universität des Saarlandes
Direktor des Institutes für Kriminologie in Saarbrücken

II. Band

1954
J. SCHWEITZER VERLAG BERLIN

Satz, Druck und Bindearbeiten:
Dr. F. P. Datterer & Cie. – Inhaber Sellier – Freising

Inhaltsverzeichnis des II. Bandes

VI. Abschnitt.

Gaunerkniffe und Gaunerbräuche.

VII. Abschnitt.

Über die Gaunersprache.

VIII. Abschnitt.

Die Zigeuner; ihr Wesen und ihre Eigenschaften.

IX. Abschnitt.

Aberglaube und Okkultismus.

X. Abschnitt.

Die Waffen, ihr Gebrauch und ihre Spuren.

XI. Abschnitt.

Das Zeichnen, Abformen und Rekonstruieren.

XII. Abschnitt.

Daktyloskopie.

XIII. Abschnitt.

Über Fußspuren und andere Spuren.

XIV. Abschnitt.

Über Blutspuren.

VI. Abschnitt.

Gaunerkniffe und Gaunerbräuche.

Im nachstehenden sollen einige Kunstgriffe und Gewohnheiten, wie sie unter Gaunern und Verbrechern üblich sind, dargestellt werden. Ihre Kenntnis und Beachtung kann dem U. in vielen Fällen Aufklärung über gewisse Vorgänge bieten, ihm zeigen, in welcher Richtung und in welcher Art er seine Erhebungen einzuleiten und fortzusetzen hat, hauptsächlich aber gestattet sie ihm, einen Blick in die Eigenart der Verbrecherwelt überhaupt und in die jenes Menschen zu werfen, mit dem er es zu tun hat. In diesem psychologischen Moment liegt der theoretische und auch praktische Wert dieser Fragen.

Ich wiederhole, daß die zwei ersten der nächsten Kapitel auch im vorigen Abschnitte (Identitätslehre) hätten angeschlossen werden können, da sie Gaunerkniffe zur Erschwerung der Identitätsfeststellung behandeln; dem Inhalte nach passen sie aber doch besser hierher.

Von neueren Fachschriftstellern hat zuerst *F. Ch. B. Avé-Lallemant* („Das deutsche Gaunertum in seiner sozialpolitischen, literarischen und linguistischen Ausbildung zu seinem heutigen Bestande")[1]) in dieser Beziehung belehrend und aufklärend gewirkt. Vieles konnte ich aus diesem vorzüglichen, wenn auch heute veralteten Werke benützen, vor allem gebe ich aber das wieder, was ich im Verlaufe meiner Tätigkeit aus verstreuten Notizen in der sonstigen Literatur, aus persönlichen Mitteilungen von Fachgenossen und Praktikern und aus eigener Erfahrung gesammelt habe.

1. Änderung des Aussehens.

So bekannt es ist, wie häufig, wie geschickt und wie nachhaltig Verstellungen von Gaunern geübt werden[2]), so zweckmäßig dürfte es sein, immer wieder darauf hinzuweisen, daß es fast nichts gibt, was sie nicht zu simulieren, nichts, was sie nicht zu dissimulieren suchten. Häufig wird die Entscheidung lediglich dem Arzte zufallen und Sache des U. wird es sein, von behaupteten Gebrechen und Krankheiten absolut nichts zu glauben und in allen derartigen Fällen das Gutachten des Arztes einzuholen. Es gibt aber auch zahllose Situationen, in denen man den Arzt nicht fragen kann, entweder weil die Entscheidung der Natur der Sache nach nicht ihm zufällt, oder aber, weil man die entscheidende Verfügung bereits früher treffen muß, bevor man den Arzt zur Hand haben

[1]) Leipzig 1858—1862.

[2]) Man erinnere sich nur an die artistischen Leistungen der sog. „Verwandlungskünstler", denen die geriebenen Hochstapler und manche andere Berufsverbrecher nicht nachstehen.

kann. Zu den ersteren Fällen gehören vorerst alle jene tausend Verstellungskünste, deren sich der verfolgte Verbrecher bedient, um anders auszusehen, als es in seinem Steckbriefe lautet. Hierbei ist hauptsächlich festzuhalten, daß der Neuling im Verbrechen zuerst die Tat begeht und dann sich unkenntlich macht, während der gewiegte Verbrecher sich zuerst unkenntlich macht und dann das Verbrechen begeht. Der erstere befindet sich auf der Flucht somit in verstellter Maske, der zweite zeigt sein natürliches Aussehen und dieser ist daher in einer weitaus günstigeren Lage. Wird der Täter in der Folge verdächtig oder wird er auch nur scharf beobachtet und ist er jetzt in erkünstelter Form, so kann die Verstellung leicht entdeckt werden und damit ist auch schon oft die Überführung der Tat geschehen.

Nehmen wir also an, ein Ungeübter begeht einen Betrug; er ist bartlos und kurz geschoren, wird als solcher verfolgt und reist nun mit falschem roten Barte und langer Perücke. Diese falsche Behaarung wird leicht entdeckt und endlich muß er sie doch einmal ablegen. Der geübte Verbrecher tut es umgekehrt: er begeht den Betrug mit falschem roten Barte und falscher langer Perücke, in dieser Erscheinung wird er steckbrieflich beschrieben und verfolgt, er hat aber Bart und Perücke gleich nach der Tat abgelegt und die schärfste Überwachung entdeckt von diesen Dingen nichts mehr. Auf solche Dinge ist beim Studium von Steckbriefen besonders Gewicht zu legen und vor allem alles für bedenklich und nicht für echt zu halten, was besonders auffallend ist; hierbei ist es im großen und ganzen gleichgültig, ob das Auffallende bloß zum Zwecke der Unkenntlichmachung bei der Tat künstlich angenommen wurde, oder ob es natürlich war, jedenfalls beseitigt es der Flüchtige, wenn anders möglich. Heißt es z. B. im Steckbriefe: „struppiger, brauner Bart" — so war er entweder falsch oder er wurde nach der Tat und vor der Flucht rasiert; heißt es: „trägt blauen Zwicker", so wurde dieser entweder besonders zur Tat genommen und dann beseitigt, oder der Täter trägt sonst blauen Zwicker und wird sich auf der Flucht dieses verdächtigen Kennzeichens entäußern, wenn er auch noch so sehr daran gewöhnt ist. Auch sozusagen fest anhaftende Kennzeichen werden hier oft keinen Wert haben; so kann z. B. auffallend hohe Stimme nur bei der Tat künstlich angenommen worden sein. Ebenso wird Gang, Haltung, Gewohnheit, Anzug, ja selbst Körpergröße vorgetäuscht. Ich erinnere mich eines Betrügers, der in einem Bankgeschäfte kunstvoll gefälschte Coupons in hohem Betrage eingewechselt hatte. Von der Beschreibung, die der Bankier vom Täter gegeben hatte und die veröffentlicht wurde, war aber auch nicht ein Wort wahr: Bart, Brille, Haare, Anzug, Stimme, Haltung und Größe, alles war falsch. Insbesondere war es auffallend, daß der Mann als „untermittelgroß" beschrieben wurde, obwohl er ein sichtlich großer Mensch war. Er war nämlich mit langem Überzieher bekleidet erschienen, der Schalter des Bankiers behinderte die Sicht nach unten und so konnte der Mann die kurze Strecke von der Türe bis zum Schalter und zurück leicht mit stark eingebogenen Knien zurücklegen und machte auf diese Weise im Laden den Eindruck eines kleinen Mannes.

Auch auffallende Kennzeichen werden simuliert, z. B. Hinken, steifer Arm, verkrüppelte Hand, und wenn ein solches Kennzeichen dann groß und fett gedruckt im Signalement erscheint, so sieht der ungeübte Polizei- oder Justizmann lediglich auf dieses und läßt jeden unbehelligt, der heute nicht mehr hinkt, keinen steifen Arm, keine verkrüppelte Hand hat. Es sieht fast komisch aus, wenn z. B. nach einem Morde in allen Blättern der „hinkende" Mörder verfolgt wird. Alle andere Beschreibung liest man kaum — das Hinken ist ja wichtig genug, und so haben jetzt alle Hinkenden ein böses Leben. Der Mörder hat aber damals nur zufällig oder bloß zum Scheine gehinkt.

Ähnlich verhält es sich mit Muttermalen, Warzen usw. Ich habe einen berüchtigten Eisenbahn-Taschendieb gesehen, der sich aus Tischlerleim und feingeschabtem Leder ein riesiges Muttermal an der Wange gemacht hatte, als er einen größeren Diebstahl verübte — gesucht wurde überall nur „der Mann mit der großen Warze". In einem anderen Falle besaß ein Kassendefraudant neben dem Auge eine große (natürliche) Warze. Diese erschien im Steckbrief fett gedruckt, der Flüchtige hatte sie aber sofort nach der Tat mit einem Rasiermesser weggeschnitten und dann Brillen aufgesetzt. Der Schnitt der Operation war horizontal (vom Auge gegen das Ohr) geführt worden und als nun eine feine, lineare, rotgefärbte Narbe entstanden war, so machte sie nur den Eindruck einer Drucklinie, die von den Brillendrähten herrührt.

Die kosmetische Kunst hat es in dieser Richtung weit gebracht; Warzen, Feuermale, Pigmentablagerungen, Narben usw. bieten ihr keine Schwierigkeiten. Daß sich Gauner für derlei Schönheitsoperationen unter Umständen lebhaftest interessieren, ist begreiflich[1]). Ein gutes Mittel, um verschwundene Narben wieder sichtlich zu machen, empfahl schon vor mehr als 100 Jahren *Devergie*[2]) als untrüglich: man solle Stellen, auf denen man Narben (besonders Brandnarben) vermutet, mit der flachen Hand so lange leicht schlagen oder reiben, bis die Stelle gerötet wird; dann trete die Narbe weiß und genau in ihrer früheren Form hervor[3]).

Wie wichtig und verbreitet gewisse kosmetische Operationen sind, zeigen z. B. die Erfolge, die mit „Nasenkorrekturen" erzielt werden[4]).

---

[1]) Heute gibt es in jeder größeren Stadt Leute, die vom Beseitigen der Muttermale, Leberflecken, Narben usw. ausschließlich leben, also auch in unseren Fällen um Hilfe angegangen werden können. Zur Beseitigung von Narben wird das Fibrolysin (von E. Merck in Darmstadt) viel verwendet.

[2]) Medicine légale, Paris 1836, T. II p. 31f.

[3]) Heute vermag auch die Photographie noch die schwächsten Narbenspuren sichtbar zu machen und zwar entweder durch eine Blaufilteraufnahme auf nicht orthochromatischer Platte (siehe 1. Band S. 370) oder durch eine Aufnahme im Uviollicht der Quarzlampe (1. Band S. 343). Vgl. *Kögel*, Die Erkennung von Narben durch Ultraviolett-Fluoreszenz, Archiv 105, S. 37. Mitunter treten alte Narben auch schon bei bloßer Betrachtung der Haut im Uviollicht der Quarzlampe hervor (1. Band S. 340).

[4]) Vgl. *Fritz Koch*, Häßliche Nasen und ihre Verbesserung, Berlin 1907. Eine übersichtliche Darstellung dieser und aller übrigen kosmetischen Opera-

Der Gauner, den seine allzu deutliche Nase geniert, braucht es ja dem Arzt nicht zu sagen, warum er sie anders haben will.

Für kosmetische Zwecke werden auch Paraffineinspritzungen verwendet, wiewohl sie nicht unschädlich sind. Diese werden in warmem (und dadurch flüssigem) Zustand unter die Haut gebracht und können mangelhafte Gesichtssymmetrie, Einsenkungen, geschwundene Partien usw. vortrefflich ausgleichen; auch zum Vortäuschen von Geschwülsten wird dieses Verfahren angewendet[1]). Freilich wird Paraffin mit der Zeit wieder absorbiert, aber zumeist kommt es dem Gauner auch nur auf einen Erfolg für die nächste Zeit an — später kann man ja die Operation wiederholen, wenn es nötig ist. Diesen Eingriff bringen recht und schlecht auch Laien und Kurpfuscher zuwege — auf besondere Schönheit der Ausführung legt der Gauner kein Gewicht·

Welche Verstellungen durch Änderung der Gesichtsfarbe hervorgebracht werden können, ist sattsam bekannt, und wer die treffliche Beschaffenheit unserer heutigen Fettschminken kennt, kann sich nicht wundern, daß Gauner hiervon ausgiebigen Gebrauch machen. Namentlich ist es leicht, aus brünettem, unreinem Teint einen rosigen, feinen herzustellen; schwieriger, solchen mit Schminke in braunen zu verwandeln, zumal, wenn er in unmittelbarer Nähe täuschen soll. Gut hergestellt sah ich einmal dunklen, bronzefarbigen Teint mit einer Lösung von hypermangansaurem Kali (die bekannte Chamäleonlösung). Die Farbe hält lange, verschwindet nur mit der Zeit und läßt sich nicht abwaschen. Auch mit Jodtinktur, die in jeder Apotheke zu haben ist und mit Alkohol verdünnt werden kann, läßt sich dauerhafte, recht natürlich aussehende Bräunung herstellen.

Daß durch Änderung der Haarfarbe das Aussehen eines Menschen sehr verändert wird, ist bekannt genug. Die Haarfärbetechnik ist heute derart vervollkommnet, daß jeder durchschnittliche Friseur Haarfärbungen in beliebiger Tönung herstellen kann. Dies erleichtert auch dem Verbrecher die Änderung seines Signalements, kann aber mitunter — durch Umfrage bei den Friseuren — auch auf die Spur des Verbrechers führen. Deshalb färben auch manche Verbrecher ihre Haare selbst, zumal infolge des Wachstums der Haare ein periodisches Nachfärben nötig ist; auch hiefür sind unzählige kosmetische Präparate im Handel.

In Verbindung mit künstlich erzeugter Blässe wird häufig auch allgemein kränkliches Aussehen vorgetäuscht; der Simulant geht langsam, mühselig und gebeugt, trägt den Hals mit einem Schal wohlverwahrt und hüstelt fortwährend. Besonders Frauen verstehen derartiges vortrefflich zu machen.

Wesentlich wird dem flüchtigen Gauner sein Vorgehen erleichtert, wenn er das gegen ihn erlassene Signalement erfahren kann, und das ist ihm leicht genug. In wichtigen Fällen erscheint es in allen Tages-

---

tionen und Hilfen gibt jetzt: *Buschke-Joseph-Birkenfeld*, Leidfaden der Kosmetik, Berlin 1932 (mit ausführlichen Literaturnachweisen).

[1]) Vgl. unten S. 15.

blättern, sonst nur in den polizeilichen Fahndungsblättern und Rundschreiben, die, ihrem Zwecke und ihrer Natur nach, nicht bloß in den Händen der Behörden bleiben können, sondern namentlich auch zur Kenntnis der Trödler, Juweliere, Antiquitätenhändler usw. kommen müssen, damit diese von abhanden gekommenen Gegenständen verständigt werden. Bei solchen Leuten kann aber der Betreffende in seinen Steckbrief leicht Einsicht bekommen. Im äußersten Falle wendet er sich an die Behörde selbst, entweder unmittelbar oder durch einen Genossen, der unter dem Vorgeben, er wisse etwas vom Täter, dessen Steckbrief und genaueste Beschreibung erfahren kann. Eine solche Frechheit kommt öfter vor, als man meint, und es läßt sich nur durch diese erklären, daß flüchtige Gauner so rasch und genau ihr eigenes Signalement erfahren. Wollte man aber hier zur Vorsicht mahnen, so würde wahrscheinlich mehr Schaden als Nutzen angerichtet werden, da man der Fahndungsnachrichten schon einmal nicht entraten kann und diese nur dann Wert haben, wenn sie unter den genannten Händlern tunlichst verbreitet werden; hierdurch sind sie aber dann in vieler Leute Händen und auch in den des Verfolgten. Der so entstehenden Gefahr kann nur dadurch wenigstens teilweise begegnet werden, daß Beschreibungen eines flüchtigen Verbrechers mit Überlegung und besonnener Prüfung verfaßt werden, d. h. man wird im einzelnen Falle sich vorerst fragen: was m u ß unbedingt wahr sein, d. h. was kann nicht geändert werden (z. B. auffallend kleine Gestalt, Fehlen eines Beines, Farbe der Augen[1]), Gestalt des Ohres[2]) usw.) und was k a n n geändert werden? Nach dem oben Gesagten ist der Kreis jener Eigenschaften der weitaus kleinere und kann nicht enge genug gezogen werden, ja man wird gut tun, wenn man nur ausnahmsweise Eigenschaften als wirklich unveränderlich bezeichnet.

Bei allen anderen Eigenschaften wird man sich schon fragen müssen, in welcher Weise und Richtung eine Fälschung geschehen sein kann. Auf diese Weise wird sich ein vorliegendes Signalement in manchen Punkten annäherungsweise richtigstellen lassen und an der so gewonnenen, selbst zurechtgelegten Beschreibung wird man dann auch festhalten. In dieser Richtung hat es der Polizeimann am schwierigsten, der mit einem ihm gegebenen Signalement den betreffenden Verbrecher in der ganzen Stadt, in gewissen Gasthöfen oder gar auf durchkommenden Eisenbahnzügen usw. suchen soll, ohne Zeit zu haben, einen nach dem andern genau auf das (aus wirklichen und möglicherweise gefälschten Eigenschaften bestehende) Signalement zu untersuchen; hier muß Übung und Scharfblick alles machen[3]). Leichter ist es für den U., dem ein Verdächtigter als der verfolgte Verbrecher eingeliefert wurde. Wenn die

[1]) Die Augenfarbe kann nur geändert werden (in leuchtendes Grün) durch Einnehmen von Fluorescin oder Uranin und das gelingt nur, wenn das Auge entzündet und krank ist.

[2]) Natürlich ist auch eine operative Änderung der Ohrmuschel möglich, wird aber von der kosmetischen Chirurgie nur bei Mißbildungen des Ohres praktisch geübt.

[3]) Vgl. oben 1. Band, S. 422ff. und 436.

Beschreibung nicht stimmt, so möge man sich wieder hauptsächlich vor Augen halten, daß fast alles gefälscht werden kann. Man vergewissere sich vorerst darüber, ob bei Abfassung des Signalements kein Irrtum in der äußeren Beobachtung unterlaufen ist; dann aber prüfe man die einzelnen nicht stimmenden Momente auf ihren inneren Wert, d. h. darauf, ob die vorgefundene Abweichung gefälscht werden konnte. In solchen Fragen traue man sich selbst nie ein endgültiges Urteil zu und halte keine Veränderung für unmöglich, solange man nicht Fachleute zu Rate gezogen hat. Man wird oft gewisse Metamorphosen für unmöglich halten, bis man durch den Arzt, Zahnarzt, Orthopäden, Bandagisten, Theaterfriseur und durch in Toilettekünsten erfahrene Frauen eines besseren belehrt ist. Umgekehrt prüfe man auch die anscheinend übereinstimmenden Merkmale (z. B. ein Muttermal, eine auffällige Nasenform) darauf, ob sie nach der vorliegenden Beschreibung wirklich gleich oder nur ähnlich sind und man hüte sich vor einer vorschnellen Identifizierung auf Grund einzelner weniger Übereinstimmungen, die auch bei verschiedenen Menschen durch Zufall vorkommen können[1]).

2. Falsche Namen.

Eine der größten Schwierigkeiten für den Polizei- und Justizbeamten besteht in den falschen Namen, die sich die Verbrecher beilegen, und wer diese Schwierigkeiten und die daraus entspringenden üblen Folgen zu würdigen weiß, wird es vielleicht nicht lächerlich finden, wenn man seinerzeit den verzweifelten Vorschlag gemacht hat, jedem einmal abgestraften Verbrecher, oder besser gleich jedem Menschen überhaupt, Namen und Herkunft auf wenig sichtbarer Stelle des Körpers mit unvertilgbarer Schrift in schmerzloser Weise aufzuprägen. Da aber dieser kühne Vorschlag kaum Aussicht hat, je durchgeführt zu werden, so müssen wir uns nach anderen Mitteln umsehen, um jenen verdrießlichen Fällen begegnen zu können, in denen sich uns der Verdacht aufdrängt, daß sich ein zweifelhafter Mensch eines falschen Namens bedient, und in welchen auch die Daktyloskopie nicht Hilfe schaffen kann, weil eine Fingerabdruckkarte von ihm noch nicht vorliegt[2]). Fragwürdig sind solche Leute unter allen Umständen, da sich wohl kaum jemand bloß zum Scherze oder wegen einer geringen, noch nicht gesühnten Gesetzesübertretung unter falschem Namen in der Welt herumtreibt.

Im allgemeinen lassen sich die Gründe, aus denen dies einer tut, darauf zurückführen, daß er ein entsprungener Häftling ist oder ob eines schweren Verbrechens fliehen mußte oder aber, daß er es vorzieht, unter klingendem, vornehmen Namen auf Kosten leichtgläubiger Menschen die

[1]) Vgl. oben 1. Band, S. 387f. und 423.

[2]) Wirklich helfen gegen solche Fälle könnte daher nur die allgemeine Daktyloskopierung sämtlicher Einwohner — ein in neuerer Zeit oft gemachter, aber noch von keinem Staat verwirklichter Vorschlag. In manchen Gebärkliniken werden aber bereits von den Neugeborenen Fußabdrücke genommen, um Verwechslungen vorzubeugen.

Welt zu durchziehen. Mitunter liegen bei demselben Individuum zwei oder alle drei der genannten Gründe vereint vor. Zur Zeit gibt es außer den modernen Identifizierungsverfahren[1]) kein direktes Mittel, um den wirklichen Namen eines Menschen durch eine praktische, bereits bewährte Methode[2]) zu erfahren, wohl aber kann man (und dies nicht so selten, als es den Anschein hat) auf Umwegen die Identität eines Menschen feststellen, wenn man es sich nur nicht verdrießen läßt, ein bißchen Mühe aufzuwenden.

Vor allem ist zu erheben, ob das fragliche Individuum irgendein Ausweispapier besitzt. Ist dies der Fall, so muß dieses vorerst objektiv dahin genau untersucht werden, ob es ganz oder teilweise gefälscht ist[3]). Erweist es sich im ganzen als falsch oder wenigstens in bezug auf Namen und sonstige Personaldaten, so ist der Fall so zu behandeln, als ob gar kein Legitimationspapier da wäre. Nur wird sich dort, wo die Fertigung der ausstellenden Behörde echt ist, vielleicht ein Anhaltspunkt finden, wenn man sich an diese mit der Frage wendet, für wen das Papier eigentlich ausgestellt worden ist[4]). Der einstmalige Besitzer des Papieres ist vielleicht zu erforschen und kann dann sagen, wie es ihm weggekommen ist und in wessen Hände es gelangt sein dürfte.

Selbstverständlich wird das auf dem Papiere befindliche Signalement des Eigentümers auf den Inhaber strenge zu prüfen sein: Größe, Gestalt, Haare usw., namentlich aber das angebliche Gewerbe, auf welches hin der Inhaber auch durch einen Fachmann examiniert werden kann. Auch Ortskenntnisse, Sprachkenntnisse usw., die er nach Inhalt des Ausweispapieres besitzen müßte, sind durch geeignetes Abfragen zu prüfen. Auf diese Weise wird öfters wenigstens festgestellt werden können, daß der Inhaber des Papiers es nicht rechtmäßig besitzt, wie er es behauptet. Diese Methode führt somit in den Fällen zum Ziel, in denen Ausweispapiere eines Toten oder gestohlene, gefundene oder gekaufte Ausweispapiere benützt werden. Hat der Betreffende gar keinen schriftlichen Ausweis oder ist der Name auf dem echten Ausweise falsch, so möge man vorerst nie vergessen, daß beinahe jeder bei Annahme eines falschen Namens irgend-

---

[1]) Oben im 1. Band S. 380ff.; über Daktyloskopie unten im Abschnitt XII.

[2]) Über die Möglichkeit, aus mehreren geführten Namen den richtigen durch psychodiagnostische Ausdrucksregistierung zu ermitteln, siehe oben 1. Band S. 181ff.

[3]) Siehe darüber XIX. Abschnitt, 2 (Urkundenfälschung) im 3. Band. Ausländische Urkunden sind insbesondere auch kritisch darauf zu prüfen, was — auch im Falle der Echtheit — durch ihren Inhalt eigentlich beurkundet wird; dies gilt besonders für amerikanische Legitimationspapiere, da man z. B. im „Court of common Pleas for the City and Country of New York" sog. „erste Papiere" gegen 25 Cents auf Treu und Glauben gegen bloße Angaben erhält. Diese Schriften können dann als Grundlage zur Erlangung weiterer Legitimationsurkunden dienen, sie sehen aber auch an sich für einen Nichtkenner gar nicht schlecht aus.

[4]) Bei solchen verfälschten Ausweisen gelingt es mitunter auch durch eine entsprechende Untersuchung der Urkunde selbst den ursprünglichen Namen — z. B. falls dieser chemisch entfernt wurde — wieder sichtbar zu machen (näheres über diese Methode im XIX. Abschnitt).

einen Anklang oder sonstige Verbindung mit seiner wahren Persönlichkeit gesucht hat. Es ist dies eine eigentümliche, aber oft beobachtete Zähigkeit oder vielleicht Trägheit im Festhalten am Gewohnten und am eigenen Ich. So wird z. B. der echte Taufname beibehalten oder der Schreibname umgedreht oder irgendwie permutiert. Als Beispiele von solchen Namen aus meiner Praxis zähle ich auf: aus Sonnenberg wurde Sternthal; aus Reimoser wurde Reinhuber; aus Herlog wurde Rehgol (jede Silbe für sich umgedreht); aus Maudisch (oder slavisch geschrieben Maudiš) wurde durch Umstellung der einzelnen Buchstaben Dasumi; aus Maller wurde (durch Umdrehen) Rellam; aus Mandl (Mann = vir) wurde Virl; aus Mundinger (Mund = Maul, Ding = Sache) wurde Maulsacher. Zu entdecken sind derlei Zusammenhänge im vornhinein allerdings schwer, zumal sie oft nur auf inneren Assoziationen des Namensträgers beruhen. Von den genannten falschen Namen hatte ich nur „Dasumi" entziffert und bei „Maulsacher" den wahren Namen vermutet, alle anderen verstand man erst, als der richtige Name von anderwärts her bekannt wurde. In einem Fall wurde der Mädchenname der Mutter, in einem weiteren der Geburtsort (mit angehängtem „er") und in zwei Fällen der Name des unehelichen Vaters (in den beiden letzten Fällen mit kleinen Änderungen, nämlich „Hohnmaier" statt „Hollmaier" und „Kreuzinger" statt „Kranzinger") benutzt.

Wie man weiter vorzugehen hat, um den richtigen Namen eines Menschen (dessen Fingerabdrücke in der zunächst zuständigen daktyloskopischen Registratur nicht vorhanden sind) zu ermitteln, muß der einzelne Fall lehren. Hier können nur einige allgemeine Hinweise gegeben werden. Da solche Leute gewöhnlich Strafen hinter sich haben, so ist natürlich das erste, daß man sie photographieren läßt, eine gute Personenbeschreibung (namentlich unter Anführung besonderer Kennzeichen und Tätowierungen) und Fingerabdrücke beifügt, und alles an Polizeibehörden, die Erkennungsämter betreiben, und an Strafanstalten sendet, in denen der Betreffende (namentlich nach seinem Dialekt) gewesen sein kann. Liegt viel an der Personenfeststellung eines Menschen, so muß Zeit aufgewendet werden. Ersprießlich ist es fast immer, den Mann möglichst viel und eingehend erzählen zu lassen. Solche landflüchtige Leute haben meistens Reisen gemacht, viel gesehen und was die Hauptsache ist, sie erzählen gewohnheitsmäßig meistens gerne; tun sie es nicht freiwillig, so gelingt es oft, sie zu eingehenden Schilderungen ihrer Reisen und Erlebnisse zu bringen, wenn man ihre Eitelkeit zu erregen weiß. In der Regel will der echte Anonymus auf einem Schiffe, bei Zigeunern, auf einer Reise oder sonst irgendwie abenteuerlich zur Welt gekommen sein; dann kam er zu einer Truppe von Komödianten, Bärentreibern, Seiltänzern, Zirkusbesitzern usw. und zog mit ihnen in der Welt umher. Später verdingte er sich bei Vieh- oder Pferdehändlern als Vieh- oder Pferdetreiber, kam auch zur Marine und diente dort als Kohlenträger, Gehilfe des Koches usw., aber nicht als jemand, der besondere Kenntnisse haben müßte, deren Mangel man ihm nachweisen könnte. Das Schiff hatte irgendeinen indifferenten Namen („Pluto“, „Neptun“, „St. Maria“, „Venezia“ usw.) und der Kapitän ist entweder schon gestorben oder in Amerika geblieben oder er war ein unordentlicher Mann, der schlechte Aufschreibungen machte, jedenfalls ist nicht mehr festzustellen, ob Erzähler dort bedienstet war.

Alle Mitteilungen werden hingenommen und vom U. protokolliert, oder besser, unbemerkt mitstenographiert. Allmählich kommt ein Körnchen Wahrheit in die Sache: zuerst Schilderungen von Land und Leuten, die er wirklich gesehen hat, dazu seine Beziehungen zu ihnen, endlich Erinnerungen aus seinem früheren Leben. Erschöpfen sich seine Mitteilungen, so wird der U. das Verhör unterbrechen und sich dann über jene Orte, Verhältnisse und Beziehungen, von welchen der Mann gesprochen hat, aus Reisebeschreibungen usw. tunlichst genau unterrichten. Beim nächsten Verhöre kann man auf die Schilderungen mehr eingehen und so wird der Betreffende zu viel genaueren Angaben gebracht werden. Es wird dann schon mehr Wahrheit zum Vorschein kommen und vielleicht wird eine Kombination über sein Gewerbe, seine Beschäftigung, vielleicht auch über seine Herkunft, Verwandte und sonstigen Beziehungen zulässig sein. Mittlerweile wird man in die Lage versetzt worden sein, aus seiner Sprache und seinem Dialekte seine Herkunft auf ein größeres oder kleineres Gebiet einzuschränken. Dann muß man jemanden heranziehen, der hier genauere Kenntnisse hat; ist man aus dem Dialekte des Mannes soweit klar geworden, daß man ihn z. B. für einen Norddeutschen oder für einen Sachsen oder für einen Alpenländer hält, so ruft man einen Norddeutschen bzw. Sachsen oder Alpenländer, der den Mann sprechen hört. Dieser wird zum wenigsten das Gebiet seines Dialektes auf ein engeres einschränken können. Ist dies geschehen, so lasse man die beiden miteinander unter irgendeinem Vorwande sprechen. Ist der Mittelsmann geschickt, so wird er herauszubringen vermögen, über welche Landesteile der Mann größere oder kleinere Kenntnisse hat, und spielt der Zufall irgendwie helfend mit, so kann das Gebiet recht scharf umgrenzt werden. Kann auf diese Weise nichts mehr herausgebracht werden, so muß man sich an die Behörden des fixierten Gebietes seiner mutmaßlichen Heimat wenden und diesen Photographie, Beschreibung, Signalement und alle Einzelheiten einsenden, die man sonst herauszubringen wußte (mutmaßliches Gewerbe, Reisen, Beziehungen usw.). Hat man das mit Sorgfalt durchgeführt, genügend Zeit und Mühe aufgewendet und einigermaßen Glück gehabt, so kann die Personenfeststellung kaum fehlschlagen und man wird dann regelmäßig die Genugtuung haben, ein gefährliches Individuum unschädlich gemacht zu sehen.

Als Beispiel sei ein hieher gehöriger Fall, der mir vielfache Belehrung geboten hat, ausführlich dargestellt.

Ich war Strafrichter in einem kleinen Städtchen, bei welchem in einer Entfernung von fast zwei Meilen ein bekannter Kurort liegt. In diesem war ein Mann von eigenartiger Erscheinung aufgetaucht, die der Kurinspektor den

Gendarmen als „nicht echt" bezeichnete; eine große, nicht unsympathische Gestalt, auffallend elegant, eigentlich stutzerhaft gekleidet, war der Mann überall, wo es Unterhaltung gab, schloß sich mit Vorliebe an die beste dort bestehende Gesellschaft an, war nicht krank und gab unsinnig viel Geld aus; er nannte sich Freiherr von V . . . aus Hannover. Am auffallendsten waren seine Geldausgaben, die nicht so beschaffen waren, daß ihm das mit dem Gelde Gekaufte, sondern nur das Ausgeben selbst Vergnügen machen konnte. Dies ist aber stets das untrügliche Zeichen des ungebildeten Mannes, der das Geld mühelos bekommen hat, ohne früher dessen Genuß gekannt zu haben, der es also gewonnen oder geerbt hat, nachdem er früher in ungünstigen Vermögensverhältnissen war, oder der es auf unredliche Weise erlangt hat. Diese Art des Geldausgebens ist ebenso bezeichnend wie auch nicht bezeichenbar — es kann nicht anders geschildert werden, als wenn man sagt: „ihm ist das Geldausgeben Selbstzweck". Im weiteren war es auffallend, daß der Mann überflüssig oft und aufdringlich seine Qualität als Edelmann hervorkehrte, dabei aber doch ein unsicheres, fast ängstliches Benehmen mitten in ausgelassener Fröhlichkeit zum Ausdrucke kommen ließ. Das alles hatten die Gendarmen beobachtet und eines Tages wurde der „Freiherr von V." eingeliefert. Es war aufgefallen, daß dieser in letzter Zeit besonders hoch spielte, und nun hatte ihn ein Gendarm „zur Ausweisleistung" aufgefordert. Von V. erklärte, daß „ein Mann seiner Qualitäten" Ausweispapiere nicht mit sich zu führen pflege, fertigte den Gendarmen kurz und barsch ab und wollte am nächsten Morgen abreisen. Diese plötzliche Abreise, unmittelbar nach der erhaltenen Aufforderung, seine Persönlichkeit nachzuweisen, kam dem Gendarmen verdächtig vor, er verhaftete ihn und führte ihn dem Gerichte vor. Mir kam dieser energische Pflichteifer des Gendarmen recht ungelegen, da ich die fortwährenden Fragen des Verhafteten, was er denn Übles getan habe, tatsächlich nicht beantworten konnte. Er benahm sich zwar artig, aber im höchsten Grade entrüstet über die erlittene Unbill, führte fortwährend die Gesandtschaft im Munde, die mir die entsetzlichsten Unannehmlichkeiten machen werde usw. Endlich kamen wir zu ruhigerem Gespräche. Sein Vater sei hannoverischer Gutsbesitzer gewesen, die Familie stamme direkt von Heinrich dem Löwen ab und sei eng befreundet mit allen jenen Familien, die damals (nicht viel mehr als ein Dezennium nach der Annexion) in aller Gedächtnis waren (Platen-Hallermünde, Borries, Hodenberg, Hammerstein usw.). Nach der Annexion sei die Familie aus Hannover ausgewandert und seither treibe er sich auf großen Reisen herum. Das Ganze brachte er recht natürlich und begründet vor, sprach, soweit ich es beurteilen konnte, wirklich hannoveraner Dialekt und hatte im ganzen genommen keine üblen Manieren. Zweifel erregte in mir nur der auffallende Umstand, daß er niemanden nennen wolle, an welchen ich mich mit einer telegraphischen Anfrage über seine Persönlichkeit wenden könnte. Er schäme sich, wenn an seine, durchaus hochgestellten Verwandten und Bekannten eine gerichtliche Anfrage käme, dies ruiniere seine ganze Zukunft usw. Da er ja vollkommen schuldlos sei, so müsse sich dies bald herausstellen; er ziehe vor, lieber in Haft zu bleiben, als an jemanden zu telegraphieren. Das schien mir nicht recht zu stimmen und ich fragte ihn weiter, z. B. wie das Wappen seiner Familie aussehe. Zögernd sagte er: oben sei ein Helm, unten ein Schild, ringsum „Arabesken" und sehr viel Gold und Silber dabei. Über die eigentlichen Wappenbilder, das Helmkleinod, Farbe der Decken usw. wußte er trotz eingehenden Befragens nichts zu sagen. Daß ein „Legitimist", der mit seinem Könige Land und Heimat verlassen hat, sein eigenes Wappen nicht kennt, war sicherlich beweisend dafür, daß mich der Mann belogen hatte, und ich war sehr dazu geneigt, ihn nicht zu entlassen. Glücklicherweise konnte ich mir sofort den sogenannten „Gothaer Almanach der freiherrlichen Häuser" verschaffen und ein Blick in diesen ergab, daß eine Familie Freiherr v. V. allerdings bestehe, aber ein Otto Freiherr v. V., wie sich mein Häftling nannte, war nicht zu finden. Seine früher gemachten Angaben über die einzelnen Familienmitglieder stimmten ungefähr, aber sie wiesen viele Unrichtigkeiten und Ungenauigkeiten auf, wie sie ein wirkliches Familienglied nicht angegeben hätte. Nun war ich sicher und der Mann blieb in Haft, trotz fortwährenden Tobens und Drohens mit der Gesandtschaft. Aber was weiter tun? Vorderhand war nur erwiesen, daß er gelogen und sich eines falschen Namens bedient hatte, aber ein schweres Delikt, das mein Vorgehen gerechtfertigt hätte, war nicht einmal zu behaupten.

Bei fortwährendem Grübeln fiel mir nun ein, daß im Städtchen ein alter Drechslermeister lebe, der ein geborener Mecklenburger war und, Gott weiß wie, hierher verschlagen wurde. Dieser wurde als Sachverständiger herbeigeholt und in seiner Gegenwart ein längeres Gespräch mit meinem Gefangenen geführt. Das Gutachten des braven Mecklenburgers ging dahin, der Mann spreche zwar hannoverischen Dialekt, er halte ihn aber doch für einen Hamburger, deren Sprache meinem Gewährsmann aus früher Jugendzeit wohl bekannt sei. Nun wurden Photographien, Beschreibungen usw. nach Hamburg, Hannover, Bremen, Lüneburg, Oldenburg usw. gesandt, und innerhalb einer Woche war die Nachricht da, der Mann heiße Otto H., sei Gastwirt aus der Nähe von Hamburg und von Osnabrück wegen eines Totschlages und von Dresden wegen eines großen Diebstahles von Wertpapieren verfolgt. Weitere Erhebungen haben ergeben, daß seine Mutter früher Kammerzofe im Hause jener Freiherren v. V. war, deren Namen er angenommen hatte und deren Familienverhältnisse ihm daher in Umrissen bekannt sein konnten. Sein Taufname war richtig angegeben.

Bei diesem Anlasse sei darauf aufmerksam gemacht, daß die genannten Gothaer Almanache für die Entlarvung von Hochstaplern[1]) überhaupt von Wert sind. Diese Almanache erscheinen seit langer Zeit[2]) alljährlich getrennt für fürstliche, gräfliche, freiherrliche und sonstige adelige Häuser. Wenngleich sich die Vollständigkeit und Richtigkeit der Angaben im Laufe der Jahrgänge wesentlich verbesserte und das Auffinden einer Familie durch das in neuerer Zeit erscheinende „Gesamtverzeichnis" erleichtert wurde, so sind dennoch noch nicht alle Familien erschöpfend aufgezählt; wenn sich also jemand Graf Silberbach nennen würde und es fände sich diese Familie im Gothaer gräflichen Almanache nicht, so ist damit zwar mit großer Wahrscheinlichkeit, aber nicht absolut sicher erwiesen, daß diese Familie nicht besteht. Da die Beiträge über jede Familie zumeist von ihr selbst geliefert werden, so sind sie von verschiedenem Werte. Der historische Teil über jede Familie ist oft unrichtig, zum mindesten reicht die Genealogie in den älteren Jahrgängen häufig um ein Beträchtliches weiter zurück, als es vor ernster Kritik verantwortet werden kann. Das ist aber für unsere Zwecke meistens gleichgültig. Die Daten über die noch lebenden oder jüngst verstorbenen Familienglieder sind fast ausnahmslos richtig, da unrichtige Angaben keinen Zweck hätten und leicht von Bekannten, die den Almanach ja

---

1) Über Hochstapler vgl. auch oben I. Band, Seite 155ff. (psychopathische Lügner und Schwindler) und unten III. Band, XIX. Abschnitt.

2) Seit 1733 — von *J. Perthes* herausgegeben und verlegt — zuletzt in folgenden Reihen: 1. Gothaescher Hofkalender, Genealogisches Taschenbuch der Fürstenhäuser, seit 1763; 2. Gothaesches Genealogisches Taschenbuch der Gräflichen Häuser, seit 1825; 3. Gothaesches Genealogisches Taschenbuch der Freiherrlichen Häuser, seit 1848; 4. Gothaesches Genealogisches Taschenbuch der Adeligen Häuser, Deutscher Uradel, seit 1900; Alter Adel und Briefadel seit 1907. Hiezu 5. Gesamtverzeichnis der im Gothaeschen Hofkalender und in den Genealogischen Taschenbüchern behandelten Häusern, seit 1926.

auch lesen, als falsch bezeichnet würden. Selbst Angaben über das Alter von Damen sind richtig, da sie doch nicht erst von Erwachsenen, sondern in der Regel sofort nach der Geburt mitgeteilt werden und sich so von einem Jahrgang in den anderen forterben. An Unrichtigkeiten findet man nur dann und wann das Einschleichen eines unberechtigten „von" bei Angabe der durch Heirat hinzugekommenen Familienmitglieder. Aber auf solche Kleinigkeiten kommt es nicht an.

Von ähnlicher Bedeutung sind auch die den Adel des früheren Österreich behandelnden Taschenbücher[1]).

Aber nicht nur mit Namen Adeliger[2]) können Hochstapler Mißbrauch treiben, sondern auch mit den Namen aus angesehenen bürgerlichen Familien. Darum sind auch die Nachschlagewerke, die wir der heute in Deutschland in breitem Umfang betriebenen genealogischen Erforschung bürgerlicher Familien verdanken[3]), für die Kriminalistik von besonderem Wert.

Steht diese Literatur nicht zur Verfügung oder führt ihre Heranziehung nicht zum Ziel, so kann von einer (amtlichen oder privaten) sippenkundlichen Forschungsstelle Auskunft eingeholt werden[4]).

Auch die Hilfsmittel der Heraldik sind nicht zu übersehen; ich weiß, daß man dieser wichtigen historischen Hilfswissenschaft von kriminalistischer Seite wenig Bedeutung beilegt. Dies geschieht aber mit Unrecht. Bei gefundenen, gestohlenen, geraubten Gegenständen unbekannter

---

[1]) Genealogisches Taschenbuch der adeligen Häuser Österreichs, Verlag Otto Maaß Söhne, Wien, seit 1906; Wiener Genealogisches Taschenbuch, herausgegeben von *H. v. Stratowa*, Wien, 1929—1937.

[2]) Soweit jüdischer Adel in Frage kommt, gibt auch der sog. Semi-Gotha Auskunft: Weimarer historisch-genealogisches Taschenbuch des gesamten Adels Jehudäischen Ursprungs, Kyffhäuser-Verlag, 2 Jahrgänge, Weimar 1912, München 1913; Semigothaesches genealogisches Taschenbuch aristokratisch-jüdischer Heiraten, München 1914; Semigothaismen, München 1914. Dieses Taschenbuch enthält jedoch manche Irrtümer in bezug auf die Frage der deutschblütigen bzw. fremdrassischen Herkunft und ist ebenfalls nicht vollständig. Über das Judentum überhaupt informiert der großangelegte Semi-Kürschner: Sigilla Veri (*Ph. Stauff*'s Semi-Kürschner), Bodung-Verlag, Erfurt 1929—1931.

[3]) Genealogisches Handbuch bürgerlicher Familien, Charlottenburg, seit 1889, nunmehr: Deutsches Geschlechterbuch, hgg. von *B. Koerner*, Görlitz, seit 1922 (bisher 114 Bände, Generalregister in Bd. 100). Ferner: Stamm- und Ahnentafelwerk der Zentralstelle für deutsche Personen- und Familiengeschichte, Leipzig, seit 1927 (bisher 21 Bände); *Brechenmacher*, Deutsche Sippen (Geschlechter)namen, Bd. 5—9 der Sippenbücherei, Görlitz; die sonstige genealogische Literatur seit 1900 ist zusammengestellt in: Familiengeschichtliche Bibliographie, hgg. von der Zentralstelle für deutsche Personen- und Familiengeschichte, Leipzig, seit 1932. Hinweise auf Archive und örtliche Literatur bringt auch der Familiengeschichtliche Wegweiser durch Stadt und Land, hgg. von *F. Wecken*, Leipzig, seit 1936.

[4]) Solche Stellen sind derzeit: das Reichssippenamt, Berlin NW 7, Schiffbauerdamm 26; das Wiener Reichsarchiv, Abt. 1 Archiv des Innern u. d. Justiz Wien I, Wallnerstr. 6a (für Adelsauskünfte); die Zentralstelle für deutsche Personen- und Familiengeschichte, Leipzig C 1; der Verlag für Sippenforschung und Wappenkunde C. A. Starke, Görlitz; ferner zahlreiche örtliche sippenkundliche Vereine (verzeichnet bei *Wecken*, Taschenbuch für Familiengeschichtsforschung, 6. Aufl. 1941 und im Verzeichnis deutscher Familienforscher und Familienverbände, Verlag Starke, Görlitz).

Herkunft, bei Briefen und sonstigen Papieren findet sich nicht selten auf einem Ring, einer Zigarettendose, einer Brieftasche, einem Briefbogen usw. ein Wappen oder allenfalls auch nur ein Wappenspruch, wodurch Aufklärung oder mindestens ein Anhaltspunkt für eine solche beschafft werden kann. Es ist unrichtig zu meinen, das kenne so niemand und es sei unmöglich festzustellen, wessen Wappen dies sei. Fast in jedem größeren Ort findet sich mindestens ein Mensch, der sich mit Heraldik befaßt und darin Kenntnisse oder Bücher besitzt, mit deren Hilfe man sich zurechtfinden kann; vor allem besitzt wohl die nächstgelegene Universitätsbibliothek oder sonstige Staatsbibliothek das große Wappenbilderlexikon, den „alten" und „neuen Siebmacher"[1]). Hat man niemanden zur Hand, an den man sich schriftlich oder mündlich wenden kann, so frage man bei einer der oben erwähnten sippenkundlichen Forschungsstellen oder beim ältesten heraldischen Verein „Herold", Berlin W 68, Kommandantenstr. 1 an. Ergibt es sich, daß es sich um kein echtes existierendes Wappen handelt, so darf allerdings auch nicht übersehen werden, daß viele Familien, die heute gutgläubig ein Wappen führen, das Opfer von Schwindelunternehmungen geworden sind, die gewerbsmäßig ihre Hilfe für genealogische Forschungen anboten und nicht existierende Wappen und gefälschte Wappenbriefe den Leuten gegen teures Geld „beschafften"[2]).

Es sind mehrere Fälle bekannt, in welchen man eine Untersuchung zu klären oder in den richtigen Gang zu bringen vermochte, als man ein aufgefundenes Wappen einer bestimmten Familie zuweisen konnte. Weiß man einmal die Familie, so geben die genannten Gothaer Almanache usw. weitere Hilfe zur Auffindung der fraglichen Person[3]).

Außer diesen bisher geschilderten Methoden zur Ermittlung des wahren Namens eines fraglichen Menschen gibt es nur wenige Mittel, oder

---

[1]) *J. Siebmachers* großes und allgemeines Wappenbuch, Nürnberg, alte Ausgabe 1596, neue Ausgabe seit 1854 (Teil 1: Wappen der Staaten, Souveräne, Städte usw., Teil 2 bis 4: Wappen des blühenden Adels im Deutschen Reich einschließlich Luxemburg, in den russischen Ostseeprovinzen und Österreich-Ungarn, Teil 5: Bürgerliche Wappen, Ergänzungsbände). Ferner: Deutsche Wappenrolle bürgerlicher Geschlechter, hgg. von der Zentralstelle für deutsche Personen- und Familiengeschichte, Leipzig 1933—1941. Die alten Adelswappen behandeln auch: *Th. Graf de Renesse*, Dictionnaire des figures héraldiques, Brüssel 1894—1903; *J. B. Rietstap*, Armorial general, 2. Aufl. Gonda 1884—1887, Suppl.-Bde. Paris 1904 und Haag 1926. Wappensprüche u. ähnl. behandeln: *J. v. Radowitz*, Die Devisen und Motto des späteren Mittelalters, Stuttgart und Tübingen 1850; *M. Löbe*, Wahlsprüche, Devisen und Sinnsprüche Deutscher Fürstengeschlechter, Leipzig 1883; *J. Dielitz*, Die Wahl- und Denksprüche, Feldgeschreie, Losungen, Schlacht- und Volksrufe, Frankfurt a. M. 1884; *G. Schmid*, Wappensprüche, Der Bär, Berlin Bd. 23 S. 573.

[2]) Vgl. *B. Koerner*, Adels- und Wappenfälscher, Der deutsche Herold, 47 S. 18; Wappenschwindel und kein Ende, Der deutsche Herold, 56 S. 46; *A. van der Velden*, Wappenfabriken, Familiengeschichtliche Blätter, 17 S. 89; *E. Frh. v. Berchem*, Wappenmißbrauch, Familiengeschichtliche Blätter, 35 S. 142; *derselbe*, Wappenmißbrauch im In- und Ausland, Jahrbuch für auslandsdeutsche Sippenkunde, Stuttgart 1937, II S. 37; *G. Löhlein*, Fälschungen von Wappenbriefen, Archivalische Ztschr. 44 S. 266.

[3]) Vgl. *Macco*, Genealogie und Heraldik im Dienste der Kriminalistik, Archiv 53 S. 99.

besser gesagt. Mittelchen, die hier behilflich sein können. Freilich versagen sie auch oft. Vor allem ist eine genaue ärztliche Körperuntersuchung anzuraten, die unter Umständen Kennzeichnendes zutage bringen kann, z. B. irgendeine Verunstaltung, ein Mal usw., das als besonderes Kennzeichen angesehen werden kann, weiters Beschneidung, wodurch der Betreffende als Jude erkannt wird, dann Tätowierungen an Armen oder Brust. Diese können sehr wichtig sein, da sie den Betreffenden als Angehörigen der Armee oder der Marine bezeichnen oder Anfangsbuchstaben seines Namens aufweisen oder etwa seinen ehemaligen Aufenthalt in einer Strafanstalt oder seine Zugehörigkeit zum Berufsverbrechertum dartun können usw.[1]).

Unter Umständen führt schließlich schon eine psychologisch gut aufgebaute Vernehmung zum Ziel[2]). Selbstverständlich gibt es für die Verwendung dieses Mittels keine Regeln, die auf alle Besonderheiten des Einzelfalles passen. Allgemein läßt sich sagen: Man muß den Menschen so scharf beobachten als möglich, seine geistigen Eigenschaften kennen lernen, sich in sein inneres Leben hineindenken und dann die erkannten Eigenschaften ausnützen. Freilich muß da auch der Zufall mitwirken. So war einmal bei mir ein Kriminalbeamter erschienen und bat, daß er sich einen unbekannten Verhafteten ansehen dürfe, da er vermute, einem flüchtigen Kassendieb auf der Spur zu sein. Als er den Mann zu sehen bekam, befestigte sich seine Meinung und er begann mit dem Unbekannten ein Gespräch. Der Verdächtigte wußte nun von diesem Kassendiebstahle und als er merkte, daß man ihn für den Dieb halte, fuhr er plötzlich auf und erklärte, daß er lieber gestehe, er sei wegen Tötung beim Landgericht X. in Untersuchungshaft gewesen und entsprungen, als daß er sich für einen Dieb halten lasse.

Unsere Registraturen decken mitleidig eine erschreckend große Zahl von Straffällen, in welchen die gefährlichsten Leute milde bestraft wurden, bloß weil sie es vorzogen, ihren vielbemakelten Namen zu verschweigen und sich als den unbestraften N. N. auszugeben. Am schönsten gelingt die Irreführung, wenn der Betreffende klug genug war, Namen und Herkunft irgendeines wirklich existierenden, kreuzbraven Menschen anzugeben, mit dem er etwa in einer Herberge zusammengekommen ist und dem er vielleicht seine Papiere entwendet hat. Das Gericht frägt bei der betreffenden Heimatgemeinde und beim Strafregisteramt an und erhält die beruhigendsten Auskünfte über das Vorleben dieses Menschen; der Echte mag dann sehen, wie er den ihm aufgehalsten Makel der betreffenden Abstrafung wieder los wird. Das einzige Mittel gegen solche Irreführungen besteht in der sorgfältigen Beobachtung des Menschen: der wiederholt Abgestrafte verrät sich für den Kenner meist schon durch sein ganzes Gebaren, so daß der Geübte Verdacht schöpfen wird. Hat man aber den geringsten Verdacht, daß der Beschuldigte einen falschen Namen angab, dann muß unbedingt und ausnahmslos mit der Anfrage

[1]) Siehe oben 1. Band S. 404ff.

[2]) Über Vernehmung des Beschuldigten im allgemeinen s. im 1. Band S. 158ff.

an die Heimatgemeinde eine gute Photographie mitgesendet und die genaueste Überprüfung seiner Identität in der oben angegebenen Weise durchgeführt werden.

Ich erwähne einen Fall, der mir selbst passierte. Ein sonst braver Handwerker, Grobschmied, war wegen einer argen Rauferei in Untersuchung und gab an, unbestraft zu sein, während seine Heimatgemeinde zwei Abstrafungen wegen großer Einbruchdiebstähle behauptete. Der Schmied leugnete, diese Abstrafungen erlitten zu haben, als ich ihn aber darauf verwies, daß Name, Alter, Geburtsort usw. genau stimmte, hat er bezeichnenderweise einfach geschwiegen, also — wie ich es deutete — die Richtigkeit der Abstrafungen zugegeben. Durch einen reinen Zufall (sein Arbeitsbuch wies Arbeit in Bayern auf, während er in Wien wegen Diebstahl verhaftet gewesen sein sollte) entdeckte ich, daß die Abstrafungen doch nicht stimmten, und ich brachte endlich aus dem schweigsamen Menschen heraus, daß er vor langem seine Legitimationspapiere verloren habe; diese hatte irgendein Vagant gefunden und benutzt und sich also auch mit diesen Papieren und unter ihrem Namen zweimal strafen lassen. Freilich stimmte deshalb Name, Alter, Geburtsort — aber richtig war die Sache doch nicht.

3. Vortäuschen von Krankheiten und Leiden.

Es gibt fast kein Leiden, von dem die Menschheit geplagt wird, das nicht von Gaunern aus irgendeinem Grunde benützt und simuliert wird[1]). Der Zweck ist verschieden: Befindet sich der Gauner in Freiheit, so werden falsche Leiden meist zum Betteln benützt oder sie werden zur Änderung des „Signalements" vorgetäuscht (z. B. durch auffälliges Hinken), um so die Fahndung irrezuführen[2]). Im Gerichtsverfahren hingegen wird Erkrankung oft simuliert, um einer Vorladung nicht folgen zu müssen oder um einen Unzurechnungsfähigen oder einen Verhandlungsunfähigen zu markieren.

a) Falsche Leiden der Bettler.

Blindheit, Taubheit, Geschwülste, Ausschläge, Lähmungen, Zitterzustände und andere Gebrechen werden vielfach von Bettlern simuliert. Mit der erfolgreichen Bekämpfung des Bettlerunwesens in Deutschland

[1]) Vgl. *Heller*, Simulation und ihre Behandlung, Leipzig 1890; *Burchhardt*, Praktische Diagnostik der Simulationen, 3. Aufl., Berlin 1891; *Fröhlich*, Vortäuschung von Krankheiten, Leipzig 1895; *Schneickert-Raimann-Hammerschlag-Erber-Beck*, Simulation, Wien 1907; *Becker*, Die Simulation von Krankheiten und ihre Beurteilung, Leipzig 1908; *Straßmann*, Simulation von Verletzungen, Vierteljahrsschr. f. gerichtl. Medizin 39. Bd., Suppl.-Heft; *Lochte*, Gerichtsärztliche und polizeiärztliche Technik, Wiesbaden 1914; *Mayr*, Handbuch der Artefakte, Jena 1937 (mit ausführlichen Beiträgen von *H. Stefan*, *J. Mayr*, *W. Berger*, *O. Marchesani*, *E. Baader*, *H. Symanski*, *H. Bürkle de la Camp*, *C. L. Groß*, *F. Siegert*, *O. Ullrich*, *F. Faber*, *Jungmichel*, *W. Schumacher* u. *P. Schumacher-Weber*); *Müller-Heß*, Interessante Simulationsfälle mit kurzen Bemerkungen zur Frage der Simulation im Wandel der jüngsten Zeit, Ärztl. Sachverständigenzeitung 44 (1938).

[2]) Oben S. 2f. Außerdem werden Krankheiten simuliert, um sich dem Wehrdienst zu entziehen, Renten zu erschwindeln u. a. m.

sind auch diese üblen Erscheinungen aus dem Straßenbild der Städte verschwunden — in anderen Ländern werden aber solche Tricks noch häufig geübt. Die Entlarvung solcher Bettelschwindler geschieht am besten durch eine überraschende polizeiliche Kontrolle in der Wohnung des Bettlers und zwar am besten in den Abendstunden, in denen er sich unbeobachtet glaubt und die Maske des Kranken ablegt. Ein Trick mancher Bettler besteht auch darin, daß sie sich nicht selbst krank stellen, sondern in Wohnungen kommen und klagen, es lägen ihre Kinder zu Hause an Diphtherie oder besonders ansteckenden Krankheiten darnieder. Um den Menschen rasch fortzubringen, gibt man ihm mehr, als man sonst geben würde.

b) Erkrankung von Zeugen oder Beschuldigten, die vorgeladen sind.

Man wird oft die Erfahrung machen, daß von zwei oder mehreren Angehörigen einer Familie oder eines Haushaltes, die zugleich vorgeladen werden, zuerst nur einer erscheint; der andere ist unwohl oder vom Pferde getreten worden oder sonst verhindert, heute zu erscheinen. Der arglose U. vernimmt nun sofort den heute Erschienenen und entläßt ihn mit der strengen Weisung, dafür zu sorgen, daß der andere Zeuge ja gewiß morgen erscheine. Das wird er auch zuverlässig tun, denn der heute Vernommene — der in der Regel wenig von der Sache zu wissen scheint — hat im Verhöre erfahren, worum es sich handelt, er weiß, was man fragt, was er ausgesagt hat, was man glaubt und was man als unwahrscheinlich bezeichnet hat usw.; er teilt dies dem anderen mit und so kann genau besprochen werden, was der andere beim morgigen Verhöre auszusagen hat. Das nur sollte ja durch die „Erkrankung" bezweckt werden. So verfahren nicht bloß Mitschuldige, sondern auch Zeugen, die sehr harmlos aussehen, aber aus irgendwelchem Grunde etwas Unwahres aussagen wollen, und oft auch Beschuldigte im Einverständnis mit ihren Entlastungszeugen, die dann anders angeben, als sie es vor ihrem Gewissen verantworten können. In solchen Fällen hat also der U. schon aus dem Ausbleiben eines Vorgeladenen allein Verdacht zu schöpfen, daß an der Sache irgend etwas nicht in Ordnung ist. Entweder wollen sich Mitbeschuldigte oder Zeugen oder die einen mit den anderen verabreden und es bleibt nichts anderes übrig, als jedesmal den allein erschienenen Zeugen usw., selbst wenn wirklich Erkrankung vorliegen sollte, fortzuschicken und darauf zu bestehen, daß die Vorgeladenen unbedingt zusammen erscheinen. Hat sich aber ein solcher Zwischenfall ereignet, so wird man (was eigentlich stets geschehen sollte) um so strenger darauf sehen, daß die einzelnen Verhöre der Beteiligten unmittelbar aufeinander folgen, und daß die zu Vernehmenden auch innerhalb des Gerichtsgebäudes tunlichst wenig Gelegenheit finden, sich untereinander zu besprechen. Sind nur zwei zu verhören, so sorge man dafür, daß die Verhöre unmittelbar aufeinander folgen; sind mehrere zu vernehmen, so verlange man, daß die noch nicht Vernommenen im Zeugenwartezimmer versammelt bleiben, und daß jeder Verhörte das Gerichtshaus sofort verlasse, ohne mit den noch nicht Verhörten wieder zusammen gekommen zu sein. Ist die Sache von einiger Bedeutung, so wird es mit dem „Anordnen" allein nicht genug sein, man wird eine Beaufsichtigung der schon Vernommenen veranlassen müssen, eine Vorsicht, die sich durch Verhinderung solcher Verabredungen fast immer reichlich lohnt.

Am besten wird man fahren, wenn man sich, wenigstens in wichtigen Fällen, mit der Vernehmung der Zeugen tunlichst beeilt, so den Leuten nicht lange Zeit läßt, die Sache eingehend zu besprechen, und namentlich, wenn man die Vernehmungen an Ort und Stelle der Tat pflegt, wodurch schon der gemeinsame Weg der Zeugen zu Gericht vermieden wird. Dieser ist für die Sache immer gefährlich, da unterwegs die bevorstehende Vernehmung den Gesprächsstoff abgibt und die Sache so breit besprochen wird, daß zuletzt keiner mehr weiß, was er gesehen oder von anderen Zeugen gehört hat[1]). Kommt aber der U. bald nach der Tat an Ort und Stelle und vernimmt da die Leute, so wird er die Wahrheit noch am wenigsten entstellt erfahren. Freilich darf er die Zeugen nicht haufenweise zusammentreiben lassen und ihnen da wieder zu Gesprächen Zeit lassen: es darf immer nur der nächste Zeuge geholt werden, während noch einer vernommen wird, so daß überhaupt keiner weiß, daß er gerufen wird, und daß keiner Zeit hat, mit dem anderen zu reden. Dann hat man wenigstens das Menschenmögliche geleistet. Als wichtige Regel gelte immer: Je eher ein Zeuge vernommen wird, desto richtiger ist im allgemeinen seine Aussage. Das Verfließen von Zeit schwächt seine Erinnerung[2]) und gibt Gelegenheit zu verwirrenden Besprechungen und allerlei Suggerierung.

c) Krankhafte Zustände eines Beschuldigten oder Zeugen während der Vernehmung.

Es kann selbstverständlich vorkommen, daß ein Vernommener wirklich, entweder zufällig oder namentlich infolge großer Aufregung, erkrankt, aber in den weitaus meisten Fällen wird plötzlich aufgetretene Ohnmacht, ein epileptischer oder ein sonstiger Krampfanfall usw. nicht oder nicht ganz echt sein. Daß es sich so verhält, wird man am besten daran erkennen, daß der Zwischenfall gerade in einem für den Ver-

[1]) Vgl. 1. Band, S. 105f. und 198f.

[2]) Ausgenommen sind jedoch Fälle von Katastrophen (Eisenbahnunglücken, schweren Verkehrsunfällen, Bränden, schweren Verletzungen u. ä.), in denen der zu Vernehmende ein schweres psychisches oder physisches Trauma (Schreck, Kopfverletzung) erlitten hat. In solchen Fällen können die Aussagen der Betroffenen unmittelbar nach dem Ereignis durch Verwirrung, Phantasievorstellungen und Erinnerungslücken sehr beeinträchtigt sein, während sich einige Zeit später die Aussageleistung bessert (siehe 1. Band S. 117ff. und 123f.). In diesen Fällen sind daher nur die nicht selbst betroffenen Auskunftspersonen an Ort und Stelle sofort zu vernehmen und Maßnahmen zu treffen, daß die Betroffenen, die ja ohnedies meist in ein Krankenhaus transportiert werden müssen, bis zu ihrer späteren Vernehmung mit niemandem über die Sache reden und daß insbesondere auch an sie keine Mitteilungen über das Ereignis herangebracht oder diesbezügliche Fragen gestellt werden.

nommenen günstigen Zeitpunkt eingetreten ist, z. B.: wenn der Vernommene sich, wie wir zu sagen pflegen, „verrannt" hat, wenn er keine passende Antwort findet, in Widersprüche geraten ist, oder vom U. in die Enge getrieben wurde. In einem solchen Falle läßt sich allerdings nicht viel tun, denn selbst wenn der U. die Verstellung durchschaut hat, so kann er den „Erkrankten" doch nicht dazu zwingen, daß er von seiner Simulation ablasse; zum mindesten hat der Vernommene Zeit gewonnen und darauf ist es ihm ja angekommen. Aber es ist für den U. nicht gleichgültig, ob Simulation vorliegt oder nicht, da er einerseits für sich die Überzeugung gewinnen kann, daß an der Sache etwas Verdächtiges ist, wenn Simulation als nötig befunden wurde, und da er andererseits den Betreffenden vielleicht zum Aufgeben seines Spieles veranlaßt, wenn er ihm beweisen kann, daß dieses durchschaut ist. Der U. wird also jedenfalls und ohne Ausnahme den Gerichtsarzt zu Rate ziehen und vorläufig nichts anderes tun, als die dargebotenen Erscheinungen der Ohnmacht, Epilepsie usw. möglichst genau beobachten, auch seine Wahrnehmungen zu Papier bringen, um sie dann so vollständig als möglich dem Gerichtsarzte mitteilen zu können. Werden diese Erscheinungen genau dargestellt, so wird der Gerichtsarzt die Frage nach Simulation vielleicht fast ebenso entscheiden können, als ob er den Anfall selbst gesehen hätte. Letzteres ist freilich das beste, es wird aber selten möglich sein, den Arzt so rasch zur Hand zu haben, daß er den Anfall noch sieht, zumal sich ein solcher beim Erscheinen des Arztes gewöhnlich auffallend rasch „bessert". Hat der Arzt dann Simulation festgestellt, so wird der U. bei ihrer Wiederholung energisch auftreten und dem Entlarvten auseinandersetzen können, daß sein Spiel für ihn nutzlos, ja gefährlich sei und ihn zum mindesten verdächtige.

Mitunter werden kleine, angeblich erlaubte Kniffe empfohlen und es wird behauptet, daß es am besten sei, wenn man z. B. unbeirrt um den sich in „Krämpfen" Windenden, mit dem Protokollführer unangenehme Dinge bespricht, etwa, daß der „Erkrankte" ja ohnehin gestanden habe oder durch einen Mitschuldigen verraten sei usw.; es würde dann der Simulant, empört über die Unwahrheit des eben Gehörten, plötzlich horchen und sich weniger winden, zumal wenn leise gesprochen wurde. Man erzählt, daß einmal ein epileptisch gewordener Zigeuner sofort gesund wurde, als der U. äußerte, man werde den Mann in die Irrenanstalt abgeben müssen, wo man ihn „auf Eis sitzen lassen" und „stundenlang duschen" werde. Der Zigeuner sei sofort gesund geworden und habe versprochen, nie mehr „einen Anfall" zu bekommen. Solche und ähnliche Kunststücke, wie erfolgreich sie unter Umständen auch sein mögen, sind entschieden zu unterlassen, da Unwahrheit unter keinen Umständen gestattet ist und man sich außerdem, wenn der Simulant auf die Sache nicht eingeht, einer argen Bloßstellung aussetzt.

Anständig und vielleicht ebenso wirksam ist es, wenn man in einem Falle, in welchem man mit Grund Simulation annimmt, ruhig und bestimmt äußert, daß dies Simulation sein müsse und daß der Beschuldigte hierdurch seine Lage nicht verbessere. Sieht dieser, daß man ihm durchaus nicht glaubt, so gibt er sein Spiel oft auf.

Auf welche Kniffe man gefaßt sein muß, beweist folgender Fall:

Vor Jahren war in Wien ein Brüderpaar in Haft gesetzt worden, das im Großen mit gefälschten Banknoten Geschäfte machte. Beide Beschuldigte waren nervös überreizte Leute, die jedesmal, wenn ihnen eine Frage unbequem wurde, umfielen und einen „Anfall" bekamen. Die Ärzte waren sich darüber klar, daß die Leute diese auf hysterischer Grundlage beruhenden Anfälle durch irgend einen Giftstoff jeweils auslösten. Als nun bei einem neuerlichen Verhör der eine der Beschuldigte im Begriff stand, einen Anfall zu bekonmen, merkte der (schon in Bereitschaft gehaltene) Arzt, daß der Mann mit seinem Sacktuch die Augen rieb. Der Arzt nahm das Sacktuch an sich und fand darin Kokain, das der Beschuldigte in die Augenwinkel einzureiben begonnen hatte.

Da es nun, wie schon erwähnt, hier zuerst darauf ankommt, daß man die Simulation als solche erkennt, und da man in den meisten Fällen weder im voraus einen Arzt bestellen kann, noch auch die Anfälle so lange dauern, bis der Arzt kommt, so sollen im folgenden einige Mittel angegeben werden, durch die der U. sich in einfachen Fällen selbst Rat schaffen kann.

a) Vortäuschen von Schwerhörigkeit[1]).

Diese kann für den U. äußerst verdrießlich werden, zumal wenn es sich um eine rasche, nicht aufschiebbare Vernehmung handelt und Zeit und Gelegenheit mangelt, einen Arzt zur Untersuchung herbeizurufen. Hat man Verdacht, daß der zu Vernehmende simuliert, so handelt es sich darum, ihm rasch zu beweisen, daß man ihn durchschaut. Hierfür gibt es manche Mittel, die jeder Laie anwenden kann.

Der wirklich Schwerhörige ist besonders durch sehr aufmerksames Zuhören mit Vorneigen des Kopfes und unverwandtes Beobachten der Lippen des Sprechers kenntlich.

Avé-Lallemant empfiehlt, durch einige schreikräftige Unterbeamte dem Simulanten die Fragen so lange ins Ohr schreien zu lassen, bis er die Sache aufgibt. Das ist aber nicht prozeßordnungsmäßig, nicht immer durchzuführen und beweist am Ende nichts, da selbst wirklich Schwerhörigen derartiges Schreien Schmerz verursacht.

Ein allbekanntes und fast immer verwendbares Mittel besteht darin, daß man hinter dem der Simulation Verdächtigen, während er auf einem Stuhl sitzt, auf den Boden stampft oder einen schweren Gegenstand zur Erde fallen läßt. Der wirkliche Schwerhörige hört diesen Lärm durch die

[1]) Literatur: *Hummel*, Über Nachweis einseitiger Taubheit, Deutsche militärische Zeitschrift 1899; *Dölger*, Simulation von Hörfehlern, Münchener Med. Wochenschrift 1907 Nr. 31; *R. Müller*, Nachweis von Vortäuschung von Taubheit, Ärztl. Sachverständigenztg. 1910 Nr. 22; *Hechinger*, Über den sog. Gowseefschen Bürstenversuch, um einseitige Taubheit festzustellen, Ztschr. f. Ohrenheilkunde 51 S. 280; *Marx*, Methode zur Entlarvung der Simulation einseitiger Taubheit, ebenda 59 S. 344; *Bürkner*, Die Technik des Nachweises simulierter Taubheit und Schwerhörigkeit, in: *Lochte*, Gerichtsärztl. und polizeiärztliche Technik, Wiesbaden 1914; *W. Burger*, Artefakte und Simulationen auf dem Gebiete der Hals-, Nasen-, Ohrenkrankheiten, in: *Mayr*, Handbuch der Artefakte, Jena 1937.

Schalleitung des Bodens, Stuhles und Körpers doch, oder fühlt wenigstens die Erschütterung; der Simulant glaubt, daß er dies auch nicht hören dürfe; der eine wendet sich also um, der andere nicht.

Behauptet jemand, bloß auf einem Ohre nichts zu hören, was meistens der Fall ist, so gibt es ein zuverlässiges Mittel, die Wahrheit zu entdecken, indem man ihm durch zwei Personen entweder direkt, oder besser, durch zwei möglichst lange Gummischläuche gleichzeitig Verschiedenes in je ein Ohr flüstern läßt. Ist ein Ohr taub, so versteht der Untersuchte dasjenige, was ihm in das andere Ohr geflüstert wird, und kann es nachsagen; hört er aber auf beiden Ohren, so verwirrt sich das in beide Ohren geflüsterte derart, daß er nichts versteht und auch nichts nachsagen kann.

Ganz richtig heißt es aber schon bei *Casper-Liman*[1]), das beste Mittel, Simulation zu erkennen, sei physiognomische Diagnose; freilich dient sie nur zur Aufklärung für den U. und selten zur Überweisung des Simulanten. Wenn aber der U. im Laufe der Vernehmung die Gesichtszüge des Vernommenen fortwährend beobachtet und wahrzunehmen trachtet, ob und welchen Eindruck gewisse Fragen oder Äußerungen auf den „Schwerhörigen" machen, so wird er bald aus einem Aufblitzen in den Augen, einer ärgerlichen Kopf- oder Handbewegung oder auch aus einem nur schwer unterdrückten Lachen (falls man leise dem Schriftführer einen guten Witz erzählt) entdecken können, daß ihn der „Schwerhörige" verstanden hat[2]). Setzt ihm der U. dies dann ruhig und bestimmt auseinander, so wird der „Taube" in manchen Fällen seine nun zwecklose Rolle aufgeben.

Für Taubstumme gilt dasselbe, wie für Taube, da Taubstumme meistens nur Taubgeborene oder sehr früh Taubgewordene sind, die eben deshalb nie sprechen lernten; will also jemand Stummheit simulieren, so muß der Betreffende auch Taubheit simulieren, da Fälle, in denen jemand später trotz Hörfähigkeit stumm wurde, so selten sind, daß sie auch kaum simuliert werden. Auch bei Taubstummen wird physiognomische Diagnose von Bedeutung sein. Man wird sich auch hier merken müssen, daß, wie die Beobachtungen von *Liman*, *Maschka* und *Toscani* ergaben[3]), auch Taubstumme Geräusche, die durch feste Körper vermittelt werden (Auftreten auf den Boden, Fallenlassen von Gegenständen usw.), regelmäßig wahrnehmen und sich wenden, was der Simulant nicht tut. Ein oft zum Erfolg führendes Erkennungsmittel rät ferner *Klaußmann-Weien*[4]); es besteht darin, daß man die angeblich

---

[1]) Caspers Handbuch d. gerichtl. Medizin, zuletzt hgg. v. *Schmidtmann*, 9. Aufl. Berlin 1905.

[2]) Auf diesem Verfahren beruht auch die zur Entlarvung der Schwerhörigkeitssimulation verwendbare Methode der psychodiagnostischen Ausdrucksregistrierung (siehe darüber 1. Band S. 181 ff.), die aber nicht durch den U., sondern nur durch einen speziell in diesen Methoden ausgebildeten Sachverständigen durchgeführt werden kann.

[3]) Vgl. *Friedrich Bezold*, Das Hörvermögen der Taubstummen, Wiesbaden 1896.

[4]) Verbrechen und Verbrecher, Berlin 1892.

Taubstummen etwas schreiben läßt; der echte Taubstumme, der in einer Anstalt schreiben gelernt hat, schreibt immer richtig und ohne orthographische Fehler, während der Simulant nach dem Gehöre, also häufig auch unrichtig schreibt.

β) Vortäuschen von Blindheit und Schwachsichtigkeit.

Auch das kommt vor, aber nicht häufig, da es hauptsächlich nur Sinn hat bei Verdächtigung wegen Urkunden-, Münz- und Banknotenfälschung, wenn der Beschuldigte darzutun versucht, daß er nicht imstande gewesen sein könne, die Fälschung zu machen. Ebenso behaupten manche anonyme Briefschreiber, wenn sie vor Gericht eine Schriftprobe ablegen sollen, sie könnten ohne ihre „scharfe Brille" (die sie natürlich nicht bei sich haben) überhaupt nichts sehen, und bringen, wenn sie gleichwohl zum Schreiben angehalten werden, sinnlose Kritzeleien zu Papier. Hier vermag oft schon die Herbeiholung der Brille oder auch die Beschaffung eines Schriftstückes, das unbefangen mit unbewaffnetem Auge zustandekam, die Simulation zu erweisen. Außerdem kommen Ausreden auf hochgradige Schwachsichtigkeit auch vor, wenn der Betreffende z. B. als Zeuge dies und jenes nicht gesehen, einen Menschen nicht erkannt haben will, oder sich vom Wehrdienst zu drücken sucht; hier ist es jedenfalls Sache des Arztes, ihre Richtigkeit zu untersuchen[1]). Doch kann mitunter auch schon eine heimliche Beobachtung des Simulanten (wenn er sich allein glaubt) ihn entlarven[2]).

γ) Vortäuschen von Geisteskrankheiten.

Schon oben[3]) wurde auf die Anzeichen hingewiesen, bei denen auch der U. einen Verdacht auf Geisteskrankheit schöpfen kann und die er daher kennen muß. Die Differentialdiagnose, ob solche Symptome echt oder etwa simuliert sind, kann aber nur ein Psychiater oder ein psychiatrisch geschulter Gerichtsarzt stellen. Ein solcher ist daher immer beizuziehen, wenn sich der Verdacht auf Simulation geistiger Erkrankungen ergibt[4]).

[1]) *v. Haselberg*, Tafeln zur Entlarvung der Simulation einseitiger Blindheit und Schwachs., 2. Aufl. Wiesbaden 1908; *Wick*, Simulation von Schwachs. und Blindheit, in: *Graefe-Saemisch*, Handbuch d. ges. Augenheilkunde, 2. Aufl. 1904; *Beykowsky*, Eine Simulationsfalle, Wiener med. Wschr. 1907 Nr. 43; *Wessely*, Simulation von Krankheiten u. Funktionsstörungen der Augen, in: *Becker* a. a. O.; *Schieck*, Die Technik der Untersuchung simulationsverdächtiger Augenkranker, in: *Lochte*, Gerichtsärztl. und polizeiärztl. Technik, Wiesbaden 1914; *Marchesani*, Simulation von Krankheiten und Funktionsstörungen des Auges, in: *Mayr* (daselbst Verzeichnis der Spezialliteratur).

[2]) Hiefür leistet z. B. ein durchsichtiger (sogen. phönizischer Spiegel (der eine Beobachtung aus einem verdunkelten Nebenraum ermöglicht) gute Dienste; vgl. Kriminalistik 18, S. 53 ff.

[3]) 1. Band S. 247 ff.

[4]) Vgl. die Abschnitte über Simulation in den Lehrbüchern der gerichtlichen Psychiatrie (vgl. 1. Band S. 247 Anm. 1); ferner *Pfister*, Strafrechtlich-psychiatrische Gutachten, Stuttgart 1902; *Penta*, Die Simulation von Geisteskrankheit, übersetzt von *Ganter*, Würzburg 1906; *Salvik*, Simulation der Psychosen, Neurol. Revue 1907; *Engelen*, Simulation und Aggravation neurasthenischer Beschwerden, Ärztl. Sachverständigenztg. 1911 Nr. 8; *Voß*, Beiträge zur Kasuistik der

Die Güte der Simulation (und damit auch die Schwierigkeit sie als solche zu entlarven) hängt wesentlich von der Persönlichkeit des Simulanten ab und besonders davon, ob dieser Gelegenheit hatte, echte Geisteskranke zu beobachten oder selbst medizinische Kenntnisse zu erwerben. Zu welcher Fähigkeit es in dieser Richtung auch ein Verbrecher ohne höhere Schulbildung bringen kann, zeigt z. B. der Fall des Josef Gutonig, der in den Jahren nach dem ersten Weltkrieg 2 Morde begangen hatte, bis er in Untersuchung gezogen werden konnte und nun in der Haft progressive Paralyse simulierte[1]).

Der am 12. August 1885 geborene Josef Gutonig, der Sohn eines Bergarbeiters, hatte seinerzeit das Schneiderhandwerk erlernt; sein Wunsch war es jedoch gewesen, Arzt zu werden. So kam es, daß er, sobald sich ihm Gelegenheit bot, eine Krankenwärterstelle im Spital seines Heimatortes annahm, die er auch beibehielt, als das Spital während des Krieges nach Prävali verlegt wurde. Den Krankenwärterberuf, der seinem Interesse für Medizin entgegenkam, übte er auf diese Weise durch ungefähr 10 Jahre (bis zu seiner im Mai 1919 erfolgten ersten Verhaftung) aus. Schon als Siebzehnjähriger war er wegen eines kleinen Betruges zu einer Woche Arrest verurteilt worden; er hatte einen seinem Meister gehörigen Stoff verkauft, um sich für eine Lohnforderung bezahlt zu machen. Seither war er unbescholten geblieben. Als Dreiundzwanzigjähriger hatte er zum erstenmal und nach dem raschen Tod seiner Frau als Siebenundzwanzigjähriger zum zweitenmal geheiratet; dieser zweiten Ehe entsprang nach einem Jahre ein Knabe, der das einzige Kind blieb. Erst im Jahre 1919 setzt der erste nachweisbare Schub der Schwerkriminalität des damals Vierunddreißigjährigen ein. Schon vorher hatte er jedoch seine Kenntnisse, die er durch Lektüre medizinischer Bücher und seinen Beruf als Krankenwärter erworben hatte; zur Kurpfuscherei ausgenützt und sich zu diesem Zwecke eine Hausapotheke eingerichtet. Nach seinen eigenen Angaben hat er auch wiederholt Schwangerschaftsunterbrechungen vorgenommen, einmal ging ein solcher Abtreibungsversuch sogar für Mutter und Kind tödlich aus. Anklagen wurden wegen dieser Handlungen nicht erhoben.

Im Jahre 1918 war der Bergmann Karl P. nach Prävali gekommen. Zwischen seiner Frau Maria P., die Josef Gutonig bereits aus der Schule kannte, und der Familie Gutonig entwickelte sich bald ein Freundschaftsverhältnis, das schließlich zum Geschlechtsverkehr zwischen Marie P. und Josef Gutonig führte. Im März 1919 war die Frau des Gutonig unter Vergiftungssymptomen erkrankt und litt von da an an Lähmungserscheinungen; angeblich traten die ersten Symptome nach dem Genuß eines Tees auf, den Josef Gutonig bereitet hatte. Da der Bergmann Karl P. im Herbst 1918 nach Kärnten versetzt wurde und seine Frau allein in Prävali zurückblieb, ergab es sich, daß Josef Gutonig die Maria P. als Wirtschafterin in sein Haus nahm.

Im Mai 1919 drohte dieses Verhältnis dadurch ein Ende zu nehmen, daß Marie P. ihrem Manne nach Kärnten nachziehen wollte. Am Tage der beabsichtigten Übersiedlung fuhr Josef Gutonig in den Ort, wo der Gatte Karl P. in einem Gasthaus wohnte. Er besuchte ihn zu später Abendstunde in seinem Zim-

Simulation und Dissimulation von Geisteskrankheiten, Archiv 18 S. 313; *Glos*, Simulation von Paralysis progressiva, Archiv 28 S. 215; *Mönkemöller*, Zur forensischen Wertung der Simulation psychischer Krankheiten, Archiv 63 S. 134; *Huber*, Der Einbrecher und Raubmörder Johann Battistig, Archiv 66 S. 150; *Sträußler*, Haftpsychosen, Simulation, Hysterie, Wiener Med. Wochenschr. 1930 Nr. 10; *Stefan*, Simulation und Dissimulation auf dem Gebiete der Psychiatrie und Neurologie, in: *Mayr*, Handbuch der Artefakte, Jena 1937; *Jungmichel* und *Manz*, Artikel „Simulation" in: HGerMed.; über Simulation von Schwachsinn s. unten S. 27f.

[1]) Ausführlich dargestellt bei *Lenz*, *Seelig* u. a., Mörder, Graz 1931.

mer und bewirtete ihn mit mitgebrachtem Rotwein und Zigaretten. In einem günstigen Augenblick gab er Opium in den Wein. Noch bevor eine Wirkung eingetreten war, verabschiedete er sich von P., kehrte aber nach einer Stunde zurück und begab sich in das unversperrt gebliebene Zimmer des P., wo dieser sich mittlerweile zu Bett gelegt hatte und eingeschlafen war. Josef Gutonig hielt nun dem P. einen mit Äther getränkten Wattebausch vor das Gesicht, bis schließlich volle Bewußtlosigkeit eintrat. Dann nahm er eine mitgebrachte Pravatspritze und stach mit deren dünner Hohlnadel dem Karl P. dreimal ins Herz. Wie sich aus dem nachträglichen Obduktionsbefund ergab, zog er dabei die Nadel jedesmal nur bis zur Stichöffnung heraus, so daß nur eine einzige Einstichöffnung äußerlich zu sehen war. Josef Gutonig stellte noch durch Befühlen des Pulses den Eintritt des Todes des Karl P. fest. Nach dem Obduktionsbefund ist der Tod durch Verabreichung narkotischer Mittel eingetreten, die wahrscheinlich dem Karl P. mittels der Pravatspritze zugeführt worden waren; man fand bei Josef Gutonig bei seiner später erfolgten Verhaftung Cocainum hydrochloricum in einer Menge, die das Mehrfache der tödlichen Dosis betrug. Auch die drei Herzstichverletzungen allein hätten genügt, um den Tod des Karl P. herbeizuführen. Die Lage dieser Verletzungen bewies, daß der Täter mit den anatomischen Verhältnissen des menschlichen Körpers vorzüglich vertraut war.

Der Verdacht der Täterschaft fiel alsbald auf Josef Gutonig, der auch verhaftet wurde, aber anläßlich einer Überstellung der Häftlinge aus dem fahrenden Zug sprang und sich in das inzwischen von Jugoslawien besetzte Gebiet begab. Mittels gefälschter Dokumente erwirkte er Aufnahme in einem Heilbad, wurde aber einige Monate später wegen des Mordes an Karl P. neuerlich verhaftet. Nunmehr begann er Geisteskrankheit zu simulieren, wurde tatsächlich psychiatriert und sollte, da progressive Paralyse konstatiert wurde, in eine Irrenanstalt überstellt werden. Infolge eines Irrtums wurde er aber statt dessen in seine Heimatgemeinde abgeschoben und erlangte auf diese Weise am 29. November 1919 neuerlich die Freiheit.

Nunmehr trieb sich Josef Gutonig unter falschem Namen zuerst auf jugoslawischem Gebiet, später in Obersteiermark herum und stahl zu dieser Zeit einmal auch einen Ochsen und dann eine Kuh aus offenem Stalle, ohne daß es zu einer erfolgreichen Strafverfolgung kam. Im Juli 1920 begab er sich nach Deutschland zu seinem im Ruhrgebiet wohnenden Bruder, wo er durch 2½ Jahre in Arbeit war. Nach der Besetzung des Ruhrgebietes durch Frankreich kehrte er nach Österreich zurück und verdingte sich als Gehilfe bei Schneidermeistern in der Nähe der österreichisch-jugoslawischen Grenze. In dieser Zeit beging er mehrere Diebstähle, auch fiel der Verdacht auf ihn, einen Briefträger, der in einer Kalkgrube ertrunken aufgefunden wurde, ermordet zu haben. Im Juni 1923 traf auch der Bruder des Gutonig auf dessen briefliches Ersuchen aus Deutschland ein und in der Folgezeit verübten die beiden Brüder gemeinsam Einbrüche und stahlen Vieh von der Weide. Am 22. Juni 1923 begaben sie sich wieder zu einer Viehweide, wo ein 20jähriger Hirte das Vieh betreute. Nach dem Plan der beiden Brüder hatte Josef Gutonig den Hirten zu beschäftigen, während der Bruder den Diebstahl ausführen sollte. Gutonig machte sich an den Hirten heran und gab ihm Schnaps zu trinken, dem er vorher eine Opiumtinktur beigemengt hatte, wodurch der Hirte in kurzer Zeit berauscht war. Wiewohl der Diebstahl schon gelungen war, kehrte Gutonig nochmals zum Hirten zurück, der inzwischen versucht hatte, aufzustehen und lallend erklärte, betrunken zu sein. Nun riß Gutonig von einem Schlinggewächs eine Rute ab, machte daraus eine Schlinge, die er um den Hals des Hirten legte und solange fest zuzog, bis der Hirte, der anfangs mit Händen und Füßen herumschlug, ruhig wurde und sich sein Gesicht rot verfärbte. Die Leiche schleifte er in ein Gebüsch. Am selben Abend spielten die beiden Brüder — Josef Gutonig war, wie sein Bruder, sehr musikalisch und früher auch schon Mitglied eines Gaststätten-Quartetts — bei einem Bauern zur Namenstagsfeier auf.

Als der Verdacht der Tat auf Gutonig fiel und dieser verhaftet wurde, gab er zwar den gemeinsam mit dem Bruder begangenen Viehdiebstahl zu, leugnete aber jeden Mord.

Einige Tage nach dieser Vernehmung zeigte sich Josef Gutonig plötzlich verwirrt. Er gab keinerlei Antworten, lallte nur unverständliche Worte und sah an dem Arzt vorbei zum Fenster hinaus. Bei der körperlichen Untersuchung fand der Gerichtsarzt die linke Pupille maximal erweitert und vollkommen lichtstarr, während die rechte Pupille auf den Lichteinfall prompt reagierte. Dem Arzt fiel jedoch auf, daß Gutonig im Gegensatz zu seiner scheinbaren Unansprechbarkeit die Bemerkung des Arztes, daß es sich wahrscheinlich um einen Fall von Paralyse handle und der Mann in eine Irrenanstalt abzuliefern sei, verstanden haben mußte, da ein eigentümliches Lächeln über sein Gesicht glitt. Nunmehr in die Beobachtungszelle versetzt, verhielt sich Gutonig vollkommen ruhig; nur wenn sich an der Türe ein Geräusch meldete, stand er auf, kniete dann oft am Fenster nieder und begann zu beten oder laut zu jammern. In diesen Monaten war er vernehmungsunfähig. Im Dezember 1923 begann er die Zelle zu verunreinigen und beschmutzte sich schließlich auch selbst.

Im Jänner 1924 änderte er sein Verhalten, bat selbst um Vorführung und legte hinsichtlich der Ermordung des Karl P. im Jahre 1919 ein umfassendes Geständnis ab, das er aber bei Gegenüberstellung mit Maria P. (die er als Anstifterin angegeben hatte) widerrief. Von da an war aus ihm wiederum nichts mehr herauszubringen.

Am 20. Februar 1924 war er wieder vernehmungsfähig, zeigte sich völlig orientiert, bestritt aber den Mord an Karl P. und konnte sich angeblich an das Geständnis vom 26. Jänner nicht erinnern. In der folgenden Zeit gebärdete er sich wieder traumverloren und erwiderte auf Fragen nur mit einem undeutlichen Lallen. Deshalb neuerlich untersucht, wurde wiederum am linken Auge eine Pupillenerweiterung und Pupillenstarre konstatiert. Daraufhin ordnete der Arzt eine genaue Untersuchung der Zelle und des Josef Gutonig selbst an; als dieser hiebei nach längerem Sträuben dazugebracht wurde, sich zu bücken, wurde ein kurzer Bindfaden bemerkt, der aus seinem After heraushing. Durch Anziehen des Fadens kam eine kleine Papierrolle, etwas größer als ein Zigarettenmundstück, aus dem After zum Vorschein. Darin befand sich, wie die chemische Untersuchung ergab, ein mit Atropin getränkter Gazestreifen. Darüber vom Arzt zur Rede gestellt, gab er nunmehr sofort geordnete Antworten, bestritt aber, Atropin oder ähnliches besessen zu haben; das Papierröllchen habe er sich zur Erleichterung seines Stuhlganges in den After gesteckt.

Einige Tage hernach — am 17. April 1924 — änderte er neuerlich sein Verhalten und entschloß sich zu einem umfassenden Geständnis sowohl hinsichtlich des Mordes an Karl P. im Jahre 1919 als auch hinsichtlich des Hirtenmordes im Jahre 1923. In der Folge widerrief er dieses Geständnis wieder teilweise.

Im Laufe des Strafverfahrens wurde Josef Gutonig einer sorgfältigen psychiatrischen Untersuchung durch zwei Sachverständige unterzogen. Das Gutachten stellt fest, daß Josef Gutonig weder zur Zeit der Untersuchung geisteskrank sei noch der geringste Anhaltspunkt dafür bestehe, daß er zur Zeit der ihm zur Last gelegten Handlungen vorübergehend geistesgestört gewesen wäre; aus den für einen Laien beträchtlichen medizinischen Kenntnissen des Josef Gutonig, verbunden mit hoher Intelligenz von Haus aus, erkläre sich die äußerst geschickt angestellte Simulation, die, abgesehen vom Atropinnachweis, durch die widerspruchsvollen, mit keiner wirklichen Geisteskrankheit in Einklang zu bringenden Erscheinungen bewiesen sei. Daß Josef Gutonig gerade Atropin nicht kenne, wiewohl er über Aufforderung des Arztes vollkommen kunstgerecht ärztliche Rezepte aufzuschreiben vermochte und sich auch über die Wirkung vieler Heilmittel unterrichtet erwies, erscheine nicht glaubhaft, zumal Atropinlösungen zu den gebräuchlichsten ärztlichen Verordnungen gehören, und in medizinischen Büchern für Laien in der Regel die Wirkung des

Atropins erwähnt sei, häufig sogar mit dem Zusatz, daß die durch Atropin ausgelöste Pupillenstarre in ähnlicher Weise auch bei organischen Gehirnerkrankungen, wie Tabes und Paralyse, vorkommt. Die vorgenommene Blutuntersuchung nach Wassermann habe ein negatives Resultat ergeben.

Josef Gutonig wurde vom Landgericht Graz als Schwurgericht wegen beider Morde und verschiedener Diebstähle zu der damals nach österreichischem Recht zulässigen Höchststrafe des lebenslangen schweren Kerkers, ergänzt durch einsame Absperrung in dunkler Zelle an den beiden Mordtagen in jedem Jahr, verurteilt.

δ) Vortäuschen epileptischer Anfälle[1]).

Sie werden oft simuliert — ebenso von Rekruten, die dadurch dem Militärdienste zu entkommen suchen, wie auch vor Polizei oder Gericht von Leuten, die einer Vernehmung oder Bestrafung entgehen wollen. In der Regel werden simulierte Anfälle gut dargestellt und sind daher nicht leicht zu erkennen. Der Grund hiefür liegt ohne Zweifel darin, daß niemand Epilepsie-Anfälle simuliert, der derartige echte Anfälle nicht oft gesehen hat; dazu ist aber bei der großen Verbreitung dieser entsetzlichen Krankheit leider Gelegenheit genug. Über einfache Mittel, Simulation der Epilepsie zu erkennen, ist viel geschrieben worden[2]); jedes Handbuch der gerichtlichen Medizin beschäftigt sich damit, und von den Militärärzten sind schon vor vielen Jahren für den Gebrauch bei Musterungen Anweisungen über Entdeckung von Simulationen überhaupt herausgegeben worden (z. B. von *W. Derblich, E. Heller* usw.). Überall werden andere Kennzeichen angeführt und die von anderen angegebenen als nicht untrüglich bezeichnet, so daß schließlich nur wenig Brauchbares übrig bleibt.

Im allgemeinen gelten als Merkmale, die auf die Echtheit des Anfalles schließen lassen: Verdrehen der Augen, tonisch-klonische Zuckungen der Muskulatur, Zungenbiß und Schaum vor dem Mund. Jedoch hat *Boas*[3]) einmal einen vorgetäuschten epileptischen Anfall beobachtet, bei dem alle diese Symptome ebenfalls vorhandenen waren.

Wenn ein Vernommener einen epileptischen Anfall, ob echt oder unecht, bekommt, so darf man vor allem den Kopf nicht verlieren; wie bekannt, kann Schrecken und Aufregung wirklich einen Anfall auslösen, so daß derartiges im Gerichtszimmer nicht selten vorkommt, und oft dem jungen U., der an solche gewiß entsetzliche Zwischenfälle nicht gewöhnt ist, alle Besinnung, jedenfalls aber die Möglichkeit ruhiger Beobachtung raubt. Alles, was er in seiner allerdings entschuldbaren Aufregung gewöhnlich tut, ist: Herumlaufen, um Hilfe rufen, Wasser holen

[1]) Vgl. 1. Band S. 254.

[2]) Vgl. die oben S. 21 Anm. 4 angeführte Literatur; ferner *Bresler*, Die Simulation von Geistesstörung und Epilepsie, Halle 1904; *Kühn*, Epilepsie mit besonderer Berücksichtigung der psychischen Epilepsie in gerichtsärztlicher Beleuchtung, Vierteljahrsschr. f. ger. Medizin 1919; *Höpler*, Der Arzt als Urkundenperson, Österr. Richterzeitung 1918 Nr. 1 (hier wird eine auf einer Klinik mit Erfolg durchgeführte Simulation geschildert; Patient hatte der Wärterin angeblich eben überstandene Anfälle mitgeteilt und diese wurden tatsächlich der Diagnose zugrunde gelegt).

[3]) *Boas*, Über Warenhausdiebinnen, Archiv 65 S. 103 (S. 110).

und andere zwecklose Dinge treiben, und wenn dann der Arzt, der über die Echtheit des Anfalles befragt wird, vom U. eine genaue Beschreibung der Symptome haben will, so weiß er nichts. Über eine, dem Arzt stets wichtige Frage: die der vorhanden gewesenen Pupillenstarre, wird der Laie kaum Auskunft geben können. Allerdings wird behauptet[1]), daß die mangelnde Pupillenstarre auch kein absolut sicheres Zeichen für simulierte Epilepsie sei. Tritt ein epileptischer Anfall ein, so ist der U. vor allem als Mensch verpflichtet, ihn für echt zu halten, d. h. dem Befallenen das Wenige an Hilfe zu leisten, was man überhaupt leisten kann. Man sorge, indem man alles Kantige aus seiner Nähe räumt, daß der Erkrankte sich nicht beschädigt, lüfte ihm beengende Kleidungsstücke und suche, wenn möglich, einen elastischen Körper, Kork, ein zusammengelegtes Tuch, Holz, Radiergummi zwischen die Zähne zu bringen, damit er sich nicht in die Zunge beiße. Doch ist darauf zu achten, daß dieser eingeschobene Körper nicht in den Schlund gleite und Erstickung veranlasse[2]). Sonst kann man ohnedies nichts tun, man warte also und beobachte genau den ganzen Verlauf des Anfalles und notiere sich sofort alle Merkmale (auch die negativen: z. B. „kein Schaum vor dem Mund"), die für die Frage der Simulation wichtig sein können. Der Protokollführer hat inzwischen gleich zu Beginn des Anfalles zu veranlassen, daß um den Arzt gesendet werde, entweder um zu helfen oder um den Simulanten zu entlarven[3]) Eine auch nur halbwegs maßgebende oder einschneidende Verfügung wird der U. ohne Anhören des Arztes auch dann nicht treffen dürfen, wenn er von der Simulation überzeugt ist, denn die Frage ist zu schwierig, die Verantwortung zu groß.

ε) Vortäuschen von Ohnmachten.

Die Simulation einer Ohnmacht zu erkennen, ist in der Regel Sache des U. selbst, da eine Ohnmacht (auch wenn sie echt ist) in den seltensten Fällen so lange dauern wird, bis der Arzt gerufen werden kann[4]). Zu wissen, ob eine Ohnmacht echt oder falsch ist, kann aber für den U. des-

---

[1]) Z. B. von *Buchbinder*, Einige nach epileptischen Krampfanfällen beobachtete körperliche Veränderungen, Vierteljahrsschr. f. gerichtl. Medizin, 3. F., 41. Band; über den „metallischen matten Glanz", den die Augen Epileptischer nach *Tschisch* haben sollen, vgl. *Näcke*, Archiv 10 S. 290.

[2]) Es müßte also z. B. ein Kork oder Radiergummi in einem Tuche eingeschlagen oder von einem starken Bindfaden durchzogen sein; Tuch oder Bindfaden muß natürlich aus dem Munde heraushängen, um angefaßt werden zu können.

[3]) Auch bei diesem Anlasse sei auf gewisse Momente hingewiesen, die bei Vernehmungen für den U. stets von Wichtigkeit sind: fast jeder (echte) Epileptiker lügt, ist gewalttätig und bigott. Ferner ist daran zu erinnern, daß — falls kein echter epileptischer Anfall vorliegt — auch die Möglichkeit eines echten hysterischen Anfalles zu prüfen ist, zumal dessen Unterscheidung von einem simulierten epileptischen Anfall nicht immer leicht ist (vgl. 1. Band S. 257).

[4]) Ist ausnahmsweise ein Arzt sofort zur Stelle, so wird dieser vor allem durch die Untersuchung der Herztätigkeit und des Pulses entscheidende Anhaltspunkte über die Frage der Simulation gewinnen können. Aber auch der Arzt wird auf die weiteren im Text angegebenen Unterscheidungsmerkmale nicht verzichten.

halb nötig sein, weil er vielleicht im ganzen Falle klar sieht, wenn er weiß daß der Beschuldigte oder auch der Zeuge eine Ohnmacht zu simulieren für gut hielt. Das ebenso untrügliche als für jedermann leicht zu beobachtende Kennzeichen der echten Ohnmacht ist das plötzliche und tiefe Erbleichen, das sich knapp vor der Ohnmacht nicht bloß über das Gesicht im allgemeinen, sondern namentlich über dessen Schleimhäute (Lippen, Zahnfleisch) verbreitet. Tritt dies nicht ein, so ist die Ohnmacht falsch. Denn das Erbleichen ist nicht die Folge, sondern gewissermaßen die Ursache der Ohnmacht; diese liegt nämlich in einer Blutleere des Gehirnes und des ganzen Hauptes, die sich im Blaßwerden zeigt. Die Augen sind unbeweglich und zucken bei Berührung nicht, die Pupille ist gewöhnlich sehr erweitert, ein Blinzeln ist ausgeschlossen. Das Erwachen aus echter Ohnmacht unterscheidet sich wesentlich von dem aus einer verstellten. Es gehört aber Fachkenntnis oder wenigstens Übung dazu, um dies unterscheiden zu können. Für den Laien genügt es übrigens vollkommen, wenn er auf das tiefe Erblassen aufmerkt, das in dieser Weise, wie bei der echten Ohnmacht, künstlich kein Mensch hervorbringen kann.

Man merke übrigens, daß bei Frauen, die zur Hysterie neigen[1]), häufig auch Ohnmachten vorkommen, die weder echt noch falsch, sondern halbecht sind. Tritt infolge von Schrecken, Angst oder Aufregung Blutandrang oder Blutleere im Gehirn ein, so entsteht vorerst ein leichter Schwindel — kommt dann hierzu ein bißchen Einbildung, ein bißchen Suggestion und ein bißchen Komödie, so ist es am einfachsten und bequemsten, die Augen zu schließen und hinzusinken. Der Vorgang ist unterbrochen, der Peiniger bekommt Mitleid und mittlerweile findet sich ein Ausweg — es war nicht echt, nicht falsch, aber halbecht, „she fainted away", sagt der Engländer ebenso kennzeichnend als unübersetzbar.

ζ) Vortäuschen von Schwachsinn und Dummheit[2]).

Daß sich ein zu Vernehmender dümmer stellt, als er ist, kommt häufig vor; es ist für den Schuldigen und gewisse Zeugen oft sehr vorteilhaft und für den U. ebenso lästig als gefährlich. Für den Schuldigen liegt der Vorteil, sich recht dumm zu stellen, einerseits darin, daß er hoffen kann, man werde ihm die Tat, die vielleicht mit Raffinement ausgeführt wurde, nicht zutrauen, andererseits aber in der Möglichkeit, eine unangenehme Frage nicht zu verstehen und so Zeit zum Nachdenken zu gewinnen. Von nicht viel geringerem Werte ist eine solche Simulation für den Zeugen, der aus irgendeinem Grunde mit der Wahrheit nicht hervortreten will, der also den Beschuldigten schonen, den Unschuldigen verderben will oder sich durch Wiedergabe der vollen Wahrheit selbst ge-

[1]) Vgl. 1. Band S. 255ff.

[2]) *Erdmann*, Über die Dummheit, 1886; *P. Penta*, La Simulazione della Pazzia, 3. Aufl. Napoli 1905; *Becker*, Simulation von Schwachsinn, Klinik für psychische und nervöse Krankheiten, 4. Bd. Heft 2; *Löwenfeld*, Über die Dummheit, Wiesbaden 1909; vgl. auch die oben S. 21 Anm. 4 angeführte Literatur.

fährdet oder acht haben muß, damit er mit einem anderen Zeugen nicht in Widerspruch gerate. So ärgerlich und so unangenehm eine solche Verstellung für den U. auch sein mag, so ist ihre Entdeckung dann regelmäßig nicht schwierig, wenn er einige psychologische Kenntnisse und Geschicklichkeit besitzt. Zwei Wege können eingeschlagen werden; auf beiden kann man zur Nachweisung eines Widerspruchs gelangen: auf dem einen findet man den Widerspruch zwischen den einzelnen Äußerungen, von denen die einen überlegt und schlau sind, während die anderen ungeschickt und dumm aussehen; auf dem anderen entdeckt man den Widerspruch in dem Unterschiede zwischen dem Gesagten und dem Ausdruck der Augen.

Was den erstgenannten Widerspruch anlangt, so wird es auch dem geschicktesten Simulanten, namentlich bei einem längeren Verhöre, schwer fallen, nicht doch einmal eine gescheite Antwort zu geben. Der U. muß es verstehen, den Zeugen zu „engagieren", ihn für die Sache zu erwärmen und mitzunehmen, bis er sich so gibt, wie er ist, und erteilt er nur einmal eine Antwort, die verständiger ist als die übrigen, so hat der U. wenigstens den Verdacht, daß er es mit einem Simulanten zu tun hat[1]).

Ähnlich verhält es sich mit dem Widerspruche zwischen Blick und Rede, zwischen Auge und Mund. Kein gescheiter Mensch hat dumme Augen, kein dummer Mensch hat gescheite Augen. Das ganze Gesicht, Haltung und Gebärden können trügen, die Augen niemals[2]), und wer nur einigermaßen Übung im Beobachten der Augen hat, wird sich nicht leicht täuschen. Allerdings: was wir „Ausdruck der Augen" nennen, liegt nur zum Teile in den Augen selbst, das meiste bewirkt die Umgebung des Auges, und diese kann mit Hilfe der betreffenden Muskeln geändert werden: aber das geht nicht auf lange Zeit und echt sieht es auch nicht aus. Ein guter Komiker mit sehr klugen Mienen kann in der Maske seiner Rolle oft unsagbar dumm dreinsehen, aber wirklich dumm sind seine Augen auch bei größter Kunstfertigkeit, wenigstens für längere Zeit, niemals.

Hat man also, wenn auch nur entfernten Verdacht, daß sich ein zu Vernehmender einfältiger stellt als er ist, so braucht man nur seinen Blick anhaltend zu beobachten, und wenn er sich auch Mühe gibt, starr und teilnahmslos dreinzuschauen, so vermag er doch nicht zu verhindern, daß sich namentlich dann, wenn er sich in schwieriger Lage fühlt, ein Blick höherer Intelligenz aus dem Auge stiehlt. Hierzu kommt noch, daß der Simulant öfters, wenn er sich nicht beobachtet glaubt, einen raschen, forschenden Blick auf den U. wirft, um sich zu vergewissern, ob er ihm glaubt oder mißtraut. Fängt der U. einen einzigen solchen Blick auf, so zweifelt er auch nicht mehr, mit wem er es zu tun hat; ist er dann sicher, daß Simulation vorliegt, so zögere er auch nicht weiter, dem

[1]) Allerdings gilt es auch hier aufzumerken: gerade echt und unverfälscht dumme Leute bringen oft etwas zum Vorschein, an das der Normale nie gedacht hätte — dasselbe tut aber auch der Geniale!

[2]) Zum Problem des mimischen Ausdruckes im allgemeinen vgl. 1. Bd. S. 166ff.

Simulanten kurz und bestimmt mitzuteilen, daß er ihn erkannt habe. Der U. tut dann am besten, wenn er dem zu Vernehmenden auseinandersetzt, warum er ihm nicht glaubt, wenn er ihm die Folgen seines Benehmens erklärt und dann, unbekümmert um die angebliche Dummheit, im Verhöre fortfährt und so fragt, wie es der Intelligenz entspricht, die bei dem zu Vernehmenden vorausgesetzt werden kann.

Noch eine flüchtige Bemerkung sei diesfalls vorgebracht. Der Kriminalist begeht oft den Fehler, daß er den Beschuldigten für namhaft dümmer hält, als er selbst ist — der Dupierte ist dann immer der erstere. Aber auch im Gegenfalle: wenn sich der Kriminalist vom Beschuldigten imponieren läßt und ihn für wesentlich klüger hält, als er selbst ist, können schwerwiegende Folgen böser Art entstehen. Man tut daher am besten, wenn man den sich geschickt gebenden Beschuldigten bis auf weiteres für ebenso gescheit hält, als man selbst ist. Dann kann der etwa begangene Fehler wenigstens nicht übermäßig groß sein.

4. Zinken[1]).

Unter Zinken verstehen die Gauner — nachweisbar wenigstens seit Mitte des 18. Jahrhunderts — jede geheime Verständigung, vorerst wohl jene Zeichen, die ein Gauner irgendwo an einem Hause, einem Wegkreuz, auch auf Felsen, selbst im Sand oder Schnee für seinesgleichen anbringt. Dann heißen Zinken auch Markierungen auf Spielkarten zum Zwecke des Falschspielens („gezinkte Karten"). Endlich nennt man so auch amtliche Stempel auf Ausweispapieren, Pässen, Urteilen, Vorladungen usw. Ist der Stempel falsch, so heißt er „linker Zinken"[2]).

Im Liber vagatorum (1495) und in allen älteren Werken kommt das Wort nicht vor; erstmals wird der Ausdruck „Zinken" im obigen Sinn vielmehr erst in einem 1728 in Ludwigsburg erschienenen „Jaunerverzeichnis" verwendet[3]). Das Wort „Zinke" wird durch *Avé-Lallemant* gewiß unrichtig vom zigeunerischen Sung (Geruch) abgeleitet. *Josef Maria Wagner*[4]) bringt das Wort mit dem lateinischen signum, französisch

---

[1]) *Avé-Lallement* a. a. O.; *H. Groß*, Die Gaunerzinken der Freistädter Handschrift, Archiv 2 S. 1; *Streicher*, Die graphischen Gaunerzinken, Wien 1928, und die daselbst angeführte Literatur; *Riemann*, Gaunerzinken und Gaunersprache, Kriminalistik 3 S. 10; *Streicher*, Artikel „Zinken" im HdK.; *Schneickert*, Artikel „Zinken" im HGerMed.

[2]) In der deutschen Gaunersprache (über diese s. unten S. 77 ff.) bedeutet „zinkieren" oder „verzinken" auch soviel wie „verraten".

[3]) Daß wir das Wort verhältnismäßig nicht weit zurückverfolgen können, beweist nicht, daß es nicht älter sei. Gauner haben keine Aufzeichnungen hinterlassen, und wenn sie was schrieben, so haben sie sicher nichts von ihren Zinken erwähnt. Schriftsteller interessierten sich um solche Dinge wenig und so nannten sie die Zinken nicht so, sondern Losungen oder Zeichen. Also nur das Wort „Zinken" ist nachweisbar nicht viel älter als 150—160 Jahre, die Zeichen selbst reichen, soweit wir wissen, um 2—3 Jahrhunderte weiter zurück.

[4]) Archiv für das Studium neuer Sprachen, 33. Bd. (1863).

signe in Zusammenhang; vielleicht heißt es aber nichts anders als Spitze, Zacke (Zinken, Zacken der Gabel), womit man das Zackige des Zeichens ausdrücken wollte. Mittelhochdeutsch bedeutet die Zinke auch die Fünfe auf dem Würfel (franz. cinque).

Die große Verschiedenheit der geheimen Zeichen und die vielfache Anwendung und weite Verbreitung, die sie besonders im 18. Jahrhundert und bis in die Mitte des 19. Jahrhunderts erfahren haben, machte für den U. früherer Zeiten das eingehende Studium der Zinken zur besonderen Pflicht. Heute ist die Bedeutung der Zinken wesentlich zurückgegangen. Über ihr Vorkommen gehen die Meinungen auseinander. Während *Streicher* noch 1928 erklärte, daß die Häufigkeit in den letzten Jahrzehnten eine nicht unbeträchtliche Zunahme verzeichnen könne[1]), verneint im folgenden Jahr *Riemann*, daß überhaupt noch Gaunerzinken gebräuchlich sind. In dieser allgemeinen Form kann ihm nicht beigepflichtet werden, da auch heute noch hie und da Gaunerzinken gefunden werden[2]). Vielmehr ist auch in der Gegenwart das Vorkommen von Gaunerzinken nach Ländern und Kriminalitätsformen verschieden. So wurde in Deutschland seit 1933 mit der Erstarkung der Staatsgewalt das Berufsverbrechertum im Volk erschlagen, die damals noch bestandenen Verbrecherorganisationen der Großstädte vernichtet und auch das Bettler- und Landstreicherunwesen auf dem freien Lande mit Erfolg bekämpft. In solchen Zeiten ist für ein Gaunertum, das innerhalb des Volkes eine antisoziale Gemeinschaft für sich bildet, kein Raum und es verschwindet der Gebrauch von Zeichen, die eine solche Gemeinschaft voraussetzen, von selbst. Anders aber dort, wo — wie z. B. in Amerika — das Berufsverbrechertum der Großstädte noch vielfach in Gangsterbanden organisiert ist[3]) und daher ein solches Gemeinschaftsbewußtsein besteht. Hier besteht ein Bedürfnis nach geheimer Verständigung und die Erfahrung bestätigt auch das Vorkommen von Zinken. Dasselbe wird aber auch für solche Teile Europas gelten, wo noch mit einem bandenmäßigen Auftreten von Verbrechern zu rechnen ist, und überall dort, wo wandernde Gauner und Bettler noch nicht von der Landstraße verschwunden sind. Darum ist der U. — namentlich auf dem Lande — verpflichtet, sich nicht bloß um das einzelne schon geschehene Verbrechen zu kümmern, sondern er muß beobachten, was überhaupt in seinem Bezirk vorgeht, was für Leute sich herumtreiben und wie sie untereinander verbunden sind. Ereignet sich dann irgendein größeres Verbrechen im Bezirke, so ist der U. bereits über vieles informiert und er kommt auch in die Lage, den untergebenen Organen richtige Anhaltspunkte für ihre

---

[1]) Tatsächlich konnten vom Kriminologischen Institut der Universität Graz im Jahrzehnt 1920—1930, also in der Zeit der Hochblüte des Gaunertums nach dem ersten Weltkrieg, die relativ meisten Gaunerzinken gesammelt werden.

[2]) Vgl. den noch 1932 in die Sammlung des Grazer Institutes einverleibten Gaunerzinken, im Text unten S. 42.

[3]) Vgl. *Gierlichs*, Zur Natur- und Sozialgeschichte des „gang", Kriminalistik 11 S. 1 u. 145; 12 S. 147.

Erhebungen zu geben. Gerade ein genaues Studium des Treibens der Gauner überhaupt gibt Sicherheit und Überlegenheit im einzelnen Falle; ist das Verbrechen geschehen, so ist es zu spät, Gaunergebräuche zu studieren, das muß in Zeiten des Friedens geschehen. Abgesehen von all' diesem praktischen Nutzen ist der theoretisch-psychologische Wert ein bedeutender; kaum etwas anderes ist für Landstreicher und bandenmäßig auftretende Verbrecher so bezeichnend als ihre Zinken.

a) Graphische Zinken.

α) Echte Gauner- und Landstreicherzinken.

Sie werden mit Recht auf die alten Mordbrennerzeichen zurückgeführt, die nachweislich schon zu Beginn des 16. Jahrhunderts in Gebrauch waren[1]) und ursprünglich dazu dienten, einer weitverzweigten Bande das Haus zu bezeichnen, das zu einer bestimmten Zeit überfallen und ausgeraubt, nötigenfalls nach Ermordung der Bewohner niedergebrannt werden sollte. Sie waren meistens von einfacher Form, häufig ein Pfeil mit Seitenstrichen, wie sie sich ziemlich zahlreich bis auf unsere Tage erhalten haben. Originalwerke, die Mordbrennerzeichen enthalten und die auf unsere Tage gelangten, sind selten; eines der interessantesten ist ein kleines Heft: „Der Mordbrenner Zeichen und Losungen etwa bey Dreyhundert und vierzig ausgeschickt anno MDXL.“ Es enthält manche Zeichen, die wir ähnlich noch heute bei Landstreichern finden, obwohl vier Jahrhunderte vergangen sind.

„Dieses Zeichen bedeut der Mordtbrenner Losung“

Abb. 29. Alte Mordbrennerzeichen.

Zuerst bildeten diese Zeichen nur eine Art Marke, durch welche

[1]) Eine noch weitere Zurückführung der Zinken versuchte *Avé-Lallemant* a. a. O., in dem er Zusammenhänge mit den alten Geheimschriften der Kabbalisten vermutete, da insbesondere die sog. Himmelschrift und die kabbalistische Kammerschrift (aus der sich später die Winkel- oder Maurerchiffre entwickelte) Zeichen enthält, die manchen einfachen Gaunerzinken ähnlich sind (vgl. über diese Schriften die Werke des Dr. jur. et med. *H. C. Agrippa v. Nettesheym*, lateinische Ausgabe, Lyon 1531; *Klüber*, Kryptographyk, Tübingen 1809 und unten 3. Bd., Abschnitt „Dechiffrierkunde“). Ein unmittelbarer Zusammenhang ist aber wohl nicht erweisbar, noch weniger besteht ein solcher zur geheimen Polizeischrift des 18. Jahrhunderts, auf die *Avé-Lallemant* a. a. O. ebenfalls hinweist. Hingegen dürfte wohl ein Zusammenhang mit den alten Zeichen und Verständigungsmittel der Zigeuner bestehen, die im 15. Jahrhundert aus ihrer indischen Heimat über Kleinasien und den Balkan nach Deutschland kamen. Manche flüchtige Verbrecher fanden bei den Zigeunerbanden Zuflucht, zogen eine Zeitlang mit ihnen und lernten so ihre Gebräuche; doch können auch umgekehrt die Zigeuner von ihnen gelernt haben. Siehe darüber unten S. 47 f.

die niederzubrennenden, zu überfallenden Häuser kenntlich gemacht werden sollten — etwa so, wie der Förster die zu fällenden Bäume markiert („anplätzt", wie er zu sagen pflegt). So bedeutet z. B. ein Pfeil mit mehreren schrägen Strichen ein Haus, in dem Feuer gelegt werden soll; ein Pfeil, bei welchem an den schrägen Strichen noch Ringelchen angefügt waren, besagte, daß in dem bezeichneten Haus der brennende Zündstoff schon liegt. Dann kamen Zeichen mit Andeutungen über Richtung der Reise von Gaunern, ihre Anzahl, Art und Zahl der begangenen Taten usw. So zeigten z. B. die in einem Steckbrief vom 15. Mai 1574[1]) abgebildeten Zeichen einer Tiroler Bande, genannt die „Meußkhöpf" oder „Mayßköpf" (Abb. 30) durch die kleinen vertikalen Striche „oben am Pfeil"

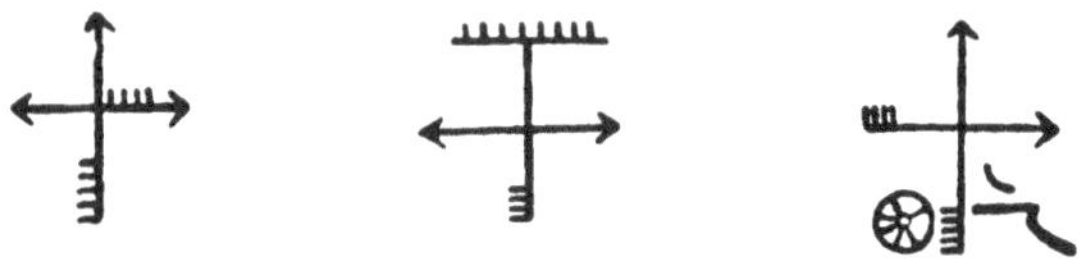

Abb. 30. Zeichen der Tiroler Bande „Maysskӧpf".

die begangenen Diebereien und durch die horizontalen Querstriche „unten an den Bolzen" die Anzahl der zusammengekommenen Genossen an; wer aber eine Mordtat begangen hatte, machte ein Rad (offenbar weil Mörder gerädert wurden) und ein Beil hinzu, während der Haken ober dem Beil-Zeichen die Verwendung einer Feuerbüchse andeutete (Abb. 30, das dritte Zeichen).

Neben solchen und ähnlichen objektiven Verständigungszeichen[2]) verwendete man auch noch andere subjektive, die eine Art Wappen oder Marke ihres Trägers darstellen sollten. Hievon macht schon der eben genannte Steckbrief eine Andeutung (ohne aber davon eine Abbildung zu geben): jeder der „bösen Buben" setze daneben ein „besonders Zeichen", so ein gewisser Gradner ein Kreuz, ein anderer (Schuster) einen Leisten, ein dritter (Schneider) eine Schere. Solche graphische Zeichen zu besitzen, lag in der Zeit: ebenso wie das Wappen des Adeligen erkennen ließ, wer in der Rüstung stak, so bezeichneten die sogenannten Hausmarken den Eigentümer des Hauses und dessen Zubehör, die Steinmetz-, Bauhütten- und Bildhauerzeichen den Meister, der ein Bildnis, ein Haus hergestellt hatte; die Kaufherrenmarken bezeichneten den, der einen Warenballen versendet hatte, und endlich die Mordbrennerzeichen: wer von einer Bande dagewesen ist und wer wiederkommen wollte.

Zum Vergleiche für das Spätere seien hier einige Handelsmarken aus dem 15. und 16. Jahrhundert wiedergegeben[3]):

[1]) *Högel*, Ein alter Steckbrief mit Gaunerzinken, Archiv 3 S. 85.

[2]) Ähnliche alte Mordbrennerzeichen veröffentlichte auch *Bechstein*, Die Mordbrenner und ihre Zeichen, in: Deutsches Museum f. Geschichte, Literatur, Kunst und Altertumsforschung, Jena 1842 (1. Band S. 307).

[3]) *G. Steinhausen*, Monographien zur deutschen Kulturgeschichte, Leipzig 1899.

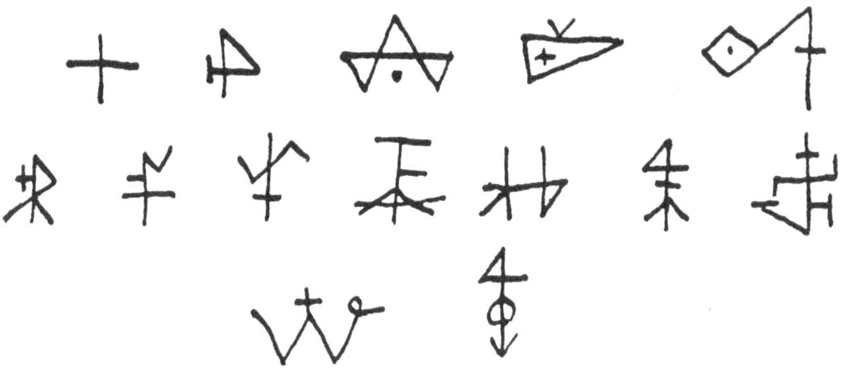

Abb. 31. Alte Handelsmarken des 15. u. 16. Jahrhunderts.

Ebenso ähnlich und merkwürdig waren die sog. Walenzeichen (auch Walchenzeichen, Zeichen der Wälischen Erzsucher) an Felsen oder Bäumen, die dem Kundigen das Vorhandensein von edlem Gestein und Metallen anzeigten; ich bringe einige aus *Bechstein*[1]):

Abb. 32. Sog. Walenzeichen.

Bei dem Versuche, sich über diese „Walenzeichen" klar zu werden, lag wohl die Vermutung nahe, daß sie nichts anderes sind, als die alchimistischen Symbole, die Zeichen für die Elemente; es bedeutete also ein angebrachtes bestimmtes Zeichen, daß hier jenes Metall usw. zu finden ist, welches in der Alchimie durch dasselbe Symbol dargestellt wird. In der Tat ist das erste Zeichen ähnlich dem Symbol für Kupfer, das zweite dem für Eisen, das dritte dem für Kalk und das vierte gleicht genau dem für Arsen. Hierdurch wäre das Geheimnisvolle, das hinter den Walenzeichen gesucht wurde, bedeutend verringert.

Um das psychologische Moment der eigentlichen Zinken zu verstehen, wollen wir sagen: Wappen, Hausmarken, Künstler- und Steinmetzzeichen, Handelsmarken, Walenzeichen, Bettler-und Gaunerzinken, endlich Mordbrennerzeichen — sie alle sind psychologisch dasselbe und entsprechen dem Bestreben der Menschen, sich und ihr Treiben symbolhaft zum Ausdrucke zu bringen und dies in einer Weise zu tun, welche die Zusammengehörigkeit, modern gesprochen, die Organisation einer Gruppe zeigt und auch anderen gegenüber festhält. Auch die Mordbrennerzeichen, Gauner- und Bettlerzinken haben somit nichts Absonder-

[1]) *L. Bechstein* a. a. O. I. Bd. p. 306.

liches an sich, sie entsprechen einem allgemein menschlichen, überall vorkommenden Bestreben.

Von den Marken und Zeichen, namentlich den gewerblichen, hat sich manches erhalten: die uralten Zeichen der Gestüte, der Waffen- und Porzellanfabriken sind nie ausgestorben und die gesetzlich geschützten Marken der gewerblichen Erzeugnisse haben gerade in unserer Zeit Bedeutung erhalten. —

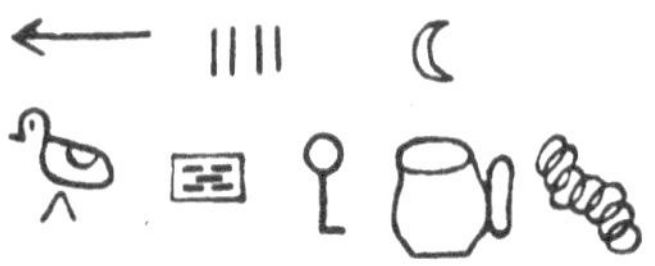

Abb. 33. Mordbrennerzeichen aus dem Ende des 17. Jahrhunderts.

Wenn wir die Geschichte der Gaunerzinken weiterverfolgen, so finden wir z. B. aus dem Ende des 17. Jahrhunderts ein Mordbrennerzeichen erhalten, das in Thüringen an einer einsamen Waldkapelle aufgemalt war (Abb. 33). Die erste Zeile war die Aufforderung, die zweite die Bestätigung der Kenntnisnahme. Die erste Zeile bedeutete: In der Richtung des Pfeiles das vierte Haus von hier aus wird in der Nacht des nächsten letzten Mondesviertels überfallen. Um dies verstehen zu können, dazu war die Kunst des Bücherlesens nicht nötig, aber Gauner mußte man sein, um es zu verstehen, und jeder, der die Aufforderung zu deuten vermochte, war als Helfer willkommen. Nun kam allerlei fahrend Gesindel vorbei, es las die Aufforderung und jeder, der an der Sache teilnehmen wollte, machte nun mit Blei, Rötel, Kohle oder einem Messer sein Handzeichen dazu. Wir finden als „Vidi" in der zweiten Zeile: einen Vogel, einen Würfel, einen Schlüssel, einen Topf, eine Kette: fünf Zeichen von fünf Mordbrennern, auf deren sicheres Eintreffen der Arrangeur der Sache, wenn er nachsah, mit Bestimmtheit rechnen konnte.

Ungefähr aus derselben Zeit sind durch den Bettlerprozeß des Rabenhöfer Lorenz vulgo Kreisdieb zu Feldkirch in Vorarlberg die Wappenzinken der beiden berüchtigten Bettlerbanden „Luchs" und „Tölpel" erhalten (Abb. 34)[1]).

Hier finden wir bereits die eigenartige Verbindung des in einem Zuge gezeichneten Wappenzinkens mit dem allgemeinen Wegweiserzinken, einem Pfeil, der die Richtung des Wanderers und durch entsprechende Querstriche die Begleitpersonen angab. Wie wir noch sehen werden, hat sich diese Art von Zeichen als Zinken wandernder Verbrecher und Bettler bis in unsere Tage erhalten.

[1]) *Schukowitz*, Bettlerzinken in den österreichischen Alpenländern, Globus Band 74 S. 1.

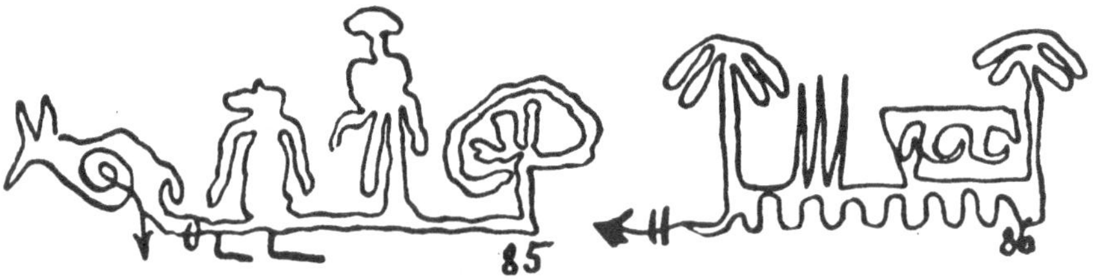

Abb. 34. Bettlerzinken aus den Jahren 1685 und 1686.

Während uns aus dem folgenden 18. Jahrhundert nur sehr wenige Zinken überliefert sind[1]), ist uns eine große Zahl von Gaunerzinken aus dem 3. und 4. Jahrzehnt des 19. Jahrhunderts durch die handschriftliche Sammlung des *Kajetan Karmayr*, Amtssyndikus der Stadt Freistadt in Oberdonau erhalten, die *Hans Groß* a. a. O. aus seinem Nachlaß veröffentlichte. *Karmayr* hat mehr als 1700 Zinken gesammelt und fast bei jedem die Bedeutung angegeben; hiebei dürften allerdings hie und da auch Irrtümer vorgekommen sein, die Mehrzahl der Deutungen — besonders der einfachen Zeichen — scheint jedoch aus verläßlicher Quelle zu stammen und ist richtig. Einige dieser vielen Zinken seien hier nach gewissen Gruppen wiedergegeben.

I. Zinken bestimmter Gauner, also eine Art persönlicher Wappen (Abb. 35):

a b c

Abb. 35. Zinken aus der Karmayrschen Sammlung. a) Zinken des „Freiseppels", eines entschlossenen Mörders; b) Zinken des „Dufte", eines Hochstaplers, der bloß geistliche Herren brandschatzte; c) Zinken des „Batteriehansl", eines Falschspielers.

II. Zinken für bestimmte Berufe, Handwerker usw. (Abb. 36):

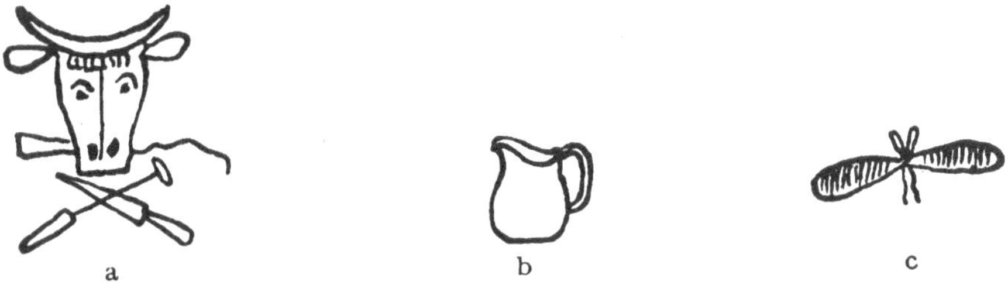

a b c

Abb. 36. Zinken aus der Karmayrischen Sammlung. a) Zeichen für einen Metzger; b) Zeichen für einen Kannenflicker oder Töpfer; c) Zeichen für einen Handelsjuden (Quersack!).

[1]) Vgl. *Streicher* a. a. O. S. 20f.

III. Zinken für häufiger vorkommende Mitteilungen und Begriffe (Abb. 37):

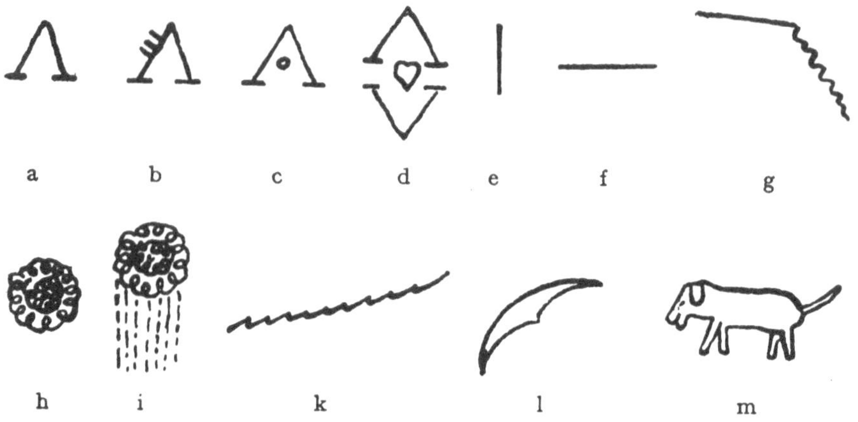

Abb. 37. Zinken aus der Karmayrischen Sammlung. a) verhaftet, b) verhaftet und dreimal verhört, c) verhaftet und ein Jahr bekommen (so viel Ringe als Jahre); d) enthaftet (Zeichen für Haft und das Gegenteil, dazwischen ein Herz als Zeichen der Freude); e) leugnen, f) gestehen; g) Geständnis widerrufen); h) ein „Muri" d. h. jede Gewalttat, insbesondere Raub; i) ein Muri, bei dem es getropft hat, d. h. Blut geflossen ist; k) Hilfe, Unterstützung, Einverständnis, l) bei Nacht (Mond); m) böser Hund (nach links sehend; nach rechts sehend würde einen gutmütigen Hund bedeuten).

Durch loses Aneinanderreihen solcher und ähnlicher Zeichen nach Art eines Bilderrätsels können auch längere Mitteilungen gebildet werden, deren Lösung nicht immer einfach ist. Sie erfordert eine gewisse Einfühlungsgabe in das Denken primitiver Menschen.

IV. Wegweiserzinken (die jedoch in der Karmayrschen Sammlung in verhältnismäßig geringer Zahl vorhanden sind), Abb. 38:

Abb. 38. a) Wappenzinken des M. H. samt Datum und Richtung des Weges mit Angabe der Begleitung; b) Wegkreuzung: die 3 Kreuze weisen auf den richtigen Weg hin.

Zu bemerken ist, daß bei der Angabe der Begleitpersonen im allgemeinen ein Querstrich einen Mann, ein kleiner Ring eine Frau und ein halber Querstrich ein Kind bedeutet, doch wechselte manchmal die Verwendung dieser Zeichen und es wurden auch für Kinder mitunter kleine Ringe verwendet. Das ist nach Zeit und Land verschieden.

Ungefähr aus der Mitte des 19. Jahrhundert veröffentlichte *Avé-Lallemant* a. a. O. mehrere Zinken, bei denen der Pfeil als Wegweiser bereits stärker hervortritt (Abb. 39):

a b c

Abb. 39. Zinken aus der Mitte des 19. Jahrhunderts. a) Einbrecherzinken, b) Zeichen für einen Bettelstudenten, c) Zeichen für einen reisenden Falschspieler.

Der allgemeine Wegweiserzinken der wandernden Verbrecher und Bettler war damals bereits der Pfeil mit Angabe der Begleitung (Abb. 40):

Abb. 40. Allgemeiner Wegweiserzinken mit Angabe der Wanderrichtung und der Begleitung.

In den letzten 3 Jahrzehnten des 19. Jahrhunderts hat *Hans Groß* das Sammeln von Gaunerzinken fortgesetzt; einige der interessantesten aus dieser Sammlung seien hier wiedergegeben:

Abb. 41. Gaunerzinken in einem Zuge hergestellt.

Abb. 41: Eine Landschaft mit Tannenbaum in einem Zuge gezeichnet — das oft vorkommende Wappen eines berüchtigten Landstreichers, der einst Gutsbesitzer war. Zeichnungen in einem Zuge kommen bei Gaunerzinken häufig vor und lassen auf deren hohes Alter schließen; denn solche Zeichnungen machte man besonders gern um die Wende des 15. und 16. Jahrhunderts; *Albrecht Dürer* hatte darin eine meisterhafte Fertigkeit und verwendete sie z. B. bei den herrlichen Randzeichnungen im Gebetbuch für Kaiser Max (vgl. auch oben S. 34 f.).

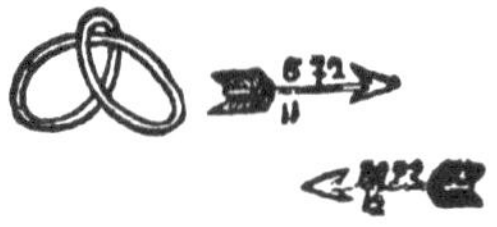

Abb. 42. Zinken eines Bäckers.

Abb. 43. Einbrecherzinken.

Abb. 42: Wappenzinken des sogenannten „Bretzenbäckers" samt Wegweiserzeichen, der die Wanderrichtung am 5. 11. 1872 und die entgegengesetzte Wanderrichtung am 20. 12. 1872 anzeigt.

Abb. 43 gibt einen der merkwürdigsten Gaunerzinken wieder. Der in einem Zuge gezeichnete Vogel soll einen Papagei darstellen, anspielend auf die große Sprachfertigkeit des Wappeninhabers, eines bekannten Einbrechers. Das zweite Zeichen ist eine Kirche, das dritte ein Schlüssel. Darunter befinden sich drei runde Gegenstände über einem Striche: in dem sogenannten Bauernkalender (in Steiermark) ist dies das Zeichen des heiligen Stephanus, nämlich drei Steine auf dem Erdboden, da dieser Heilige den Märtyrertod durch Steinigung erlitten hat. Hier kann daher dieses Zeichen nur ein Datum bedeuten, nämlich den Tag des heiligen Stephanus, d. i. 26. Dezember. Daneben ein Wickelkind: auch im Bauernkalender das Zeichen der Geburt des Heilandes, als Datum: 25. Dezember. Nun ist das Ganze leicht zu lesen: „Der allen Gaunern wohlbekannte Besitzer des Papageiwappens beabsichtigt am 26. Dezember in die Kirche einzubrechen; er sucht Genossen und wird sich am 25. Dezember am Orte der Anbringung dieses Zinkens (einer einsamen Waldkapelle) einfinden, um Genossen zu finden, die an dem Raubzuge teilnehmen wollen." Die Gendarmen verstanden sich auf solche Zinken und brachten die Zeichnung zu Gericht, der Pfarrer half die liturgische Erklärung finden und am Christtag wurden drei berüchtigte Gauner bei der Waldkapelle gefangen.

In ähnlichem Sinn — als Drohung oder Anforderung von Komplicenunterstützung — ist wohl der in Abb. 44 wiedergegebene Zinken zu deuten. Im vorletzten Jahrzehnt des 19. Jahrhunderts wurde auf einsamer Waldstraße in der östlichen Steiermark ein Gendarm erstochen gefunden; er war durch unzählige Messerstiche getötet worden. Der Lokalaugenschein hatte ergeben, daß er sich am Rande der Straße mit dem Rücken gegen den steil ansteigenden Wald niedergesetzt hatte, um sich eine Pfeife zu stopfen; sein Tabakbeutel war offen, der Tabak zerstreut, die Pfeife frisch und halb gefüllt. Er war wegen seines überaus pflichttreuen, tatkräftigen Vorgehens namentlich bei den Landfahrern und Zigeunern gefürchtet und verhaßt und auch von Zigeunern, die ihn in der geschilderten Stellung meuchlings überfallen hatten, ermordet worden. Wenige Tage nach seinem Tode wurde nicht weit vom Tatorte auf einer halbverfallenen Mauer eine rohe Zeichnung gefunden (Abb. 44),

Abb. 44. Gaunerzeichen mit Aufforderung zur Ermordung eines Gendarmen.

deren Deutung nicht zweifelhaft sein konnte. Es war ein zwar fratzenhaft gezeichnetes, aber nicht zu verkennendes Gesicht, mit dem (damaligen) Hahnenfederhute der Gendarmen; die Züge waren dadurch kenntlich, daß der martialische Schnurrbart des ermordeten Gendarmen ungeschickt, aber unverkennbar, nachgeahmt war. Über dem Kopfe waren vier Messer deutlich gezeichnet.

Daß die Zeichnung nicht später, d. h. nicht nach dem Tode des Gendarmen entstanden war, hat der Umstand bewiesen, daß sie vom Regen arg verwaschen war, obwohl es in der Zeit vom Morde bis zur Auffindung der Zeichnung nicht geregnet hatte. Man kann sich des Gedankens nicht erwehren, daß es sich hier um eine Drohung oder Aufforderung zur Hilfeleistung gehandelt hat und daß die rechtzeitige Auffindung dieses Zinkens den braven Gendarmen hätte warnen und sein Leben erhalten können, da er dann mindestens nicht allein bei Nacht jenen gefährlichen Weg zurückgelegt hätte.

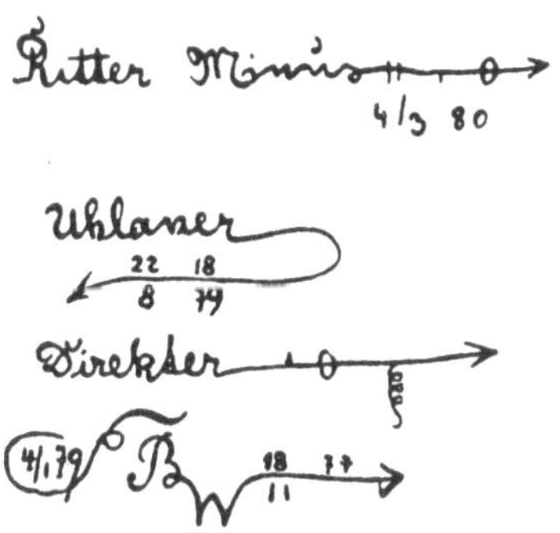

Abb. 45. Verschiedene Gaunerzinken aus dem 19. Jahrhundert.

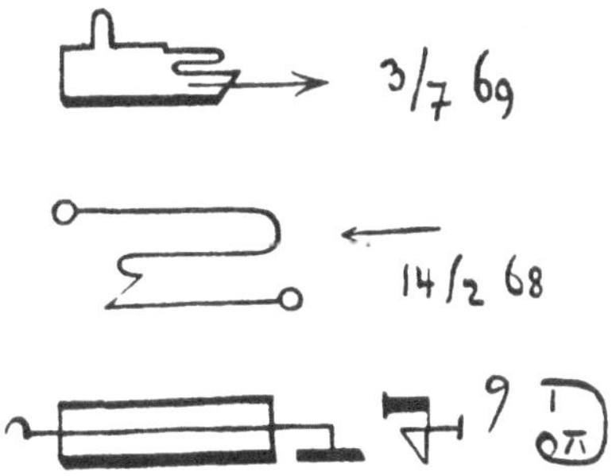

Abb. 46. Gaunerzinken, einer Pneumatologie entnommen.

Die merkwürdigen wappenartigen und formfreudigen Bilder, deren sich die Gauner seit alter Zeit bedient haben, werden jedoch nach und nach verdrängt durch die internationalen und allgemein verbreiteten Zeichen der Schrift; und so wie der heraldische Schmuck, die Bezeichnung durch Wappenteile und die Hausmarken schwinden und höchstens noch durch farblose, nichtssagende Monogramme ersetzt werden, so schwinden auch die originellen und interessanten Zeichen der Gauner und ihre langweiligen Spitznamen treten an die Stelle figürlicher Zeichen.

Es hängt dies wohl auch mit der immer weiteren Verbreitung der Kenntnis des Lesens und Schreibens zusammen. So fand *Groß* verhältnismäßig häufig Zinken, wie sie in Abb. 45 wiedergegeben sind.

Als Gegenstück zu dieser modernisierenden Tendenz der graphischen Zinken, die zum Teil auch aus Schrift bestanden, fand *Groß* in einsamer, von wenigen wohlhabenden Bauern bewohnter Berggegend in Lothringen Zeichen, die ohne Zweifel Gaunerzinken waren (Abb. 46), aus den Jahren 1868—1869 stammten und deren Deutung lange ein Rätsel blieb. Sie waren im Umkreise von mehreren Meilen einzeln zerstreut, stammten nicht von derselben Hand, aber wahrscheinlich von Mitgliedern einer Bande, da die Zeichen, wie sich ergab, demselben Buche entlehnt sind. Es bedeutet das erste Zeichen: Daemonium Mercurii, das zweite: Intelligentia Saturni, das dritte ist das Zeichen des „Engels des Samstags", namens Cassiel. Diese Zeichen finden sich in der Salamankischen „Pneumatologia occulta et vera"[1]. Dieses berühmte Zauberbuch muß wohl

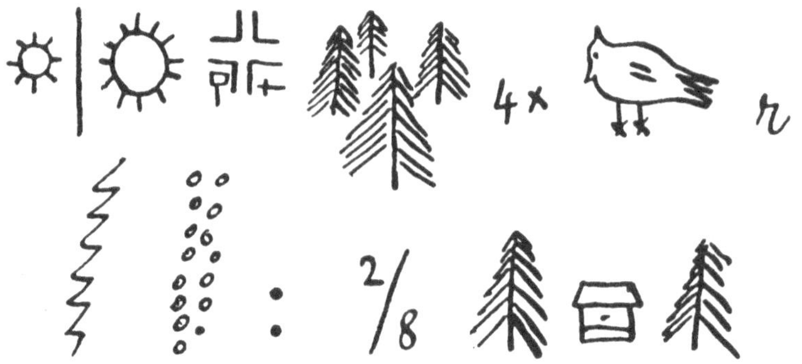

Abb. 47. Mitteilungszinken, 1915 in Graz gefunden.

einer Bande von Gaunern bei einem Raubzug in die Hände gefallen sein und da mögen ihnen die darin enthaltenen Zauberzeichen so gefallen haben, daß sie diese von Jahrhunderte langem Schlafe zu neuer Bedeutung erweckt haben.

In neuerer Zeit wurden vom Grazer Kriminologischen Institut unter anderen folgende Zinken gesammelt:

Abb. 47: Dieser Zinken[2]) wurde im Spätherbst 1915 in einem Neubau („Roseggerhaus") des inneren Stadtgebietes von Graz aufgefunden. Er war in eine frisch gestrichene Mauer im Mezzanin des Hauses, wo Professionisten aus- und eingingen, eingeritzt. Die Lösung[3]) lautet:

[1]) Vollständig abgedruckt in der „Zauberbibliothek" von *Georg Konrad Horst*, Mainz 1821.

[2]) Laut Stationsakt des Institutes 110/15.

[3]) Die erste Lösung wurde noch unter Leitung des damals bereits schwer erkrankten *H. Groß* von seinen damaligen Assistenten vorgenommen und später im Archiv 68 S. 11 veröffentlicht; *Streicher* a. a. O. S. 58f. versuchte unter Beibehaltung der Lösung der Einzelzeichen den Gesamtinhalt etwas anders zu deuten. Die obige Lösung erfolgt hievon unabhängig auf Grund des Stations-

Erstes Zeichen: Zwischen Mond und Sonne, somit bei Tagesanbruch.

Zweites Zeichen: Situationsskizze der gegenständlichen Straßenkreuzung; der Ort wo das Zeichen angebracht wurde (das Roseggerhaus) ist durch ein Kreuz gekennzeichnet, die gegenüberliegende Haltestelle der Straßenbahn durch eine Haltestelletafel.

Drittes Zeichen: Bäume, offenbar der (in unmittelbarer Nähe liegende) Volksgarten.

Viertes Zeichen: Viermaliger Vogelr(uf).

Fünftes Zeichen: Unterstützung gesucht![1]).

Sechstes Zeichen: Viel Geld!

Siebentes Zeichen: Doppelpunkt, soviel wie „Achtung auf das Folgende!".

Achtes Zeichen: Datum, wahrscheinlich 28. (November).

Neuntes Zeichen: Häuschen zwischen Bäumen (die Bedürfnisanstalt im Volksgarten).

Die Gesamtdeutung lautet daher etwa: „Bei Tagesanbruch gibt man sich auf den Weg von der Straßenkreuzung bis zum Volksgarten durch viermaligen Vogelruf zu erkennen. Es wird Unterstützung gesucht, dafür winkt reiche Beute an Geld. Man trifft sich: am 28. November in der im Volksgarten liegenden Bedürfnisanstalt."

Abb. 48. Moderne Wegweiserzinken.

Abb. 48 gibt links einen Wegweiserzinken wieder, der 1920 in der Fensternische des Bahnhofwartesaals von Vordernberg, südlich des steirischen Erzberges, eines Durchzugsgebietes auswärtiger Berg- und Gelegenheitsarbeiter, gefunden wurde. Auch der Zinken rechts, der in einer Fensternische des Warteraums der Bahnstation Friesach in Kärnten gefunden wurde, stammt offenbar von einem zwischen Italien und dem damaligen Österreich wandernden Landstreicher. Die Wahl der Spitznamen zeigt hier noch etwas vom alten „Gaunerhumor".

Der derzeit jüngste Zinken aus der Sammlung des Grazer Institutes ist in Abb. 49 dargestellt und war an einer abgeschälten Fichtenstange

aktes; nach diesem wurde das Institut am 3. Dezember 1915 vom Staatsanwalt verständigt, daß die auf einem Lichtbild festgehaltenen Zeichen „vor kurzer Zeit" angebracht worden waren, was auch damit übereinstimmt, daß sie sich auf einer frisch gestrichenen Mauer befanden. Unzutreffend ist daher, daß der Zinken im Juli aufgefunden wurde (wie Streicher berichtet), was für die Lösung des Datumszeichens von Bedeutung ist.

[1]) Vgl. oben S. 36, Abb. 37k.

einer Streuhütte mit Bleistift gezeichnet. Daß dieser Wegweiserzinken von wandernden Verbrechern herrührt, dafür spricht der Umstand, daß in der Gegend der Fundstelle (unweit der von Reindlmühle nach Neukirchen im Bezirk Gmunden in Oberdonau führenden Straße) in der Zeit vom 20. bis 22. Mai 1932 von unbekannten Tätern drei größere Diebstähle verübt worden waren, worauf möglicherweise auch die drei Kreuze beim oberen Zeichen hindeuten.

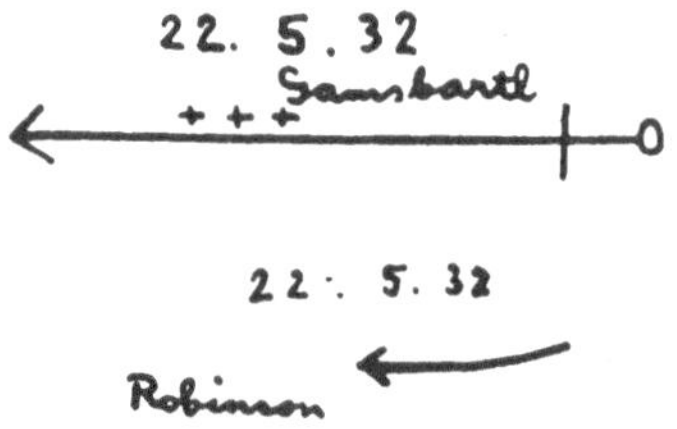

Abb. 49. Zinken wandernder Diebe aus dem Jahre 1932.

Außer solchen Zinken gibt es auch Zeichen, die dazu dienen, die beim Betteln (allenfalls auch beim Stehlen oder Anbieten gestohlenen Gutes) gesammelten Erfahrungen auch anderen Genossen dienstbar zu machen[1]). Sie zeigen, wie fest das Gaunertum unter sich zusammenhält, wie einer dem anderen, den er gar nicht kennt, behilflich ist, freilich in der Erwartung, daß er auch einmal die Hilfe eines anderen erfahre. Allerdings bringen manche gewerbsmäßige Bettler solche „Bettlerzinken" auch nur zu eigenem Gebrauch an den betreffenden Häusern oder Wohnungen an, um später — wenn sie wieder einmal in die betreffende Gegend kommen — gleich zu wissen, wo sich die Mühe des Stiegensteigens nicht lohnt und welche Taktik bei den verschiedenen Leuten am besten zum Ziele führt. Besonders ein Großstadtbettler, der täglich bei mehreren hundert Wohnungen vorspricht, kann die hiebei gemachten Erfahrungen nicht einfach im Gedächtnis behalten und hat daher ein Bedürfnis, darüber „Vormerke" zu führen. Und er tut dies eben auf seine Art[2]).

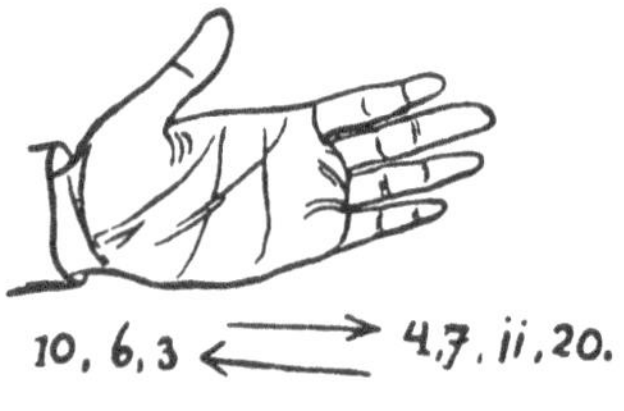

Abb. 50. Zeichen, in welchen Häusern gut betteln ist.

Abb. 51. Bezeichnung des Hauses, wo man etwas erhält und wo nicht.

[1]) Daß dies tatsächlich der Zweck solcher Zinken ist (was z. B. Riemann a. a. O. für unwahrscheinlich hält), geht auch aus Schilderungen bei *Luz*, Das Verbrechen in Darstellung des Verbrechers, Heidelberg 1927, S. 3ff. hervor.

[2]) So fand man schon in der Mitte des 19. Jahrhunderts bei einem englischen Bettler eine Art Wanderkarte in Form einer Planskizze, in der bei den

So sah man früher oft die Zeichnung Abb. 50: „offene“, d. h. freigebige Hand ist zu finden: in der Richtung nach rechts im 4., 7., 11. und 20. Hause, in der Richtung nach links: im 3., 6. und 10. Hause, also eine Anweisung, wo gut zu betteln ist. Oft wird zu diesem Zwecke außerdem jedes Haus besonders markiert, um jeden vorbeikommenden Fechtbruder sofort zu verständigen, ob es sich lohne, hier vorzusprechen. Am häufigsten ist die Bezeichnung sehr einfach (Abb. 51): ein Kreis bedeutet, daß hier etwas zu haben ist (vielleicht das Bild eines Geldstückes); ein Kreuz, schräg gezeichnet, zeigt an, daß man im bezeichneten Hause nichts erhält. Eine Kombination beider Zeichen bedeutet das, was eben beide Zeichen ausdrücken: man erhält hier zwar etwas, aber nichts, was dem Gauner (wenigstens in den meisten Fällen) erwünscht ist, d. h. zwar kein Geld, aber ein Stück Brot oder sonst etwas[2]).

Abb. 52. Englischer Zinken: Bezeichnung des Hauses, wo sich Abnehmer für Gebrauchsgegenstände finden.

Ähnliche Zinken sind in England bei Bettlern und Landstreichern seit längerer Zeit im Gebrauch[3]). Ein daselbst vorkommendes Zeichen (Abb. 52) wurde in ähnlicher Form und Bedeutung („hier wohnt ein Hehler, der gestohlenes Gut kauft“) auch in den österreichischen Alpenländern (in Gaflenz) gefunden.

Um noch weiter auf die Verschiedenheit in der Bedeutung solcher Zeichen hinzuweisen, seien aus *P. Pollitz*, Die Psychologie des Verbrechers[4]), einige Zinken samt Bedeutungsangabe wiedergegeben:

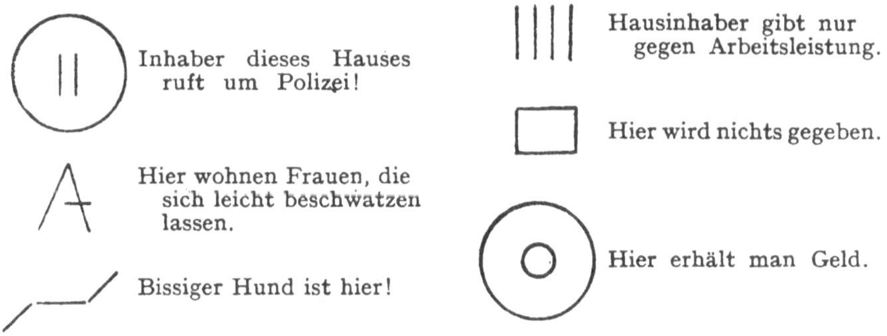

Abb. 53. Zinken nach *P. Pollitz.*

einzelnen eingezeichneten Häusern auch entsprechende Bettlerzinken hinzugefügt waren (wiedergegeben bei *Streicher* a. a. O. S. 61). Dieser Bettler war also so eigennützig, daß er seine Erfahrungen in der angegebenen Weise nur für sich selbst vormerkte und es vermied, sie durch Anbringung der Zinken an den Häusern selbst auch seinen Bettlerkonkurrenten zugänglich zu machen.

[2]) Ähnlich auch *Schukowitz*, Bettlerzinken in den österreichischen Alpenländern, Globus Bd. 74 S. 1 ff. Nach *Boué*, Vagabondage et mendicité, haben dieselben Zeichen in Frankreich andere Bedeutung; der Kreis bedeute: „die Leute haben oder geben nichts“; das Kreuz bedeute: „Gefahr“ und die Kombination beider: „hier bekommt man, was man haben will, die Leute haben Furcht“.

[3]) London Antiquary, A Dictionary of modern Slang, Cants etc., London 1859.

[4]) In der Reihe „Aus Natur und Geisteswelt“, 3. Aufl. Leipzig 1925.

Im ganzen ist die Ähnlichkeit mit unseren Zinken merkwürdig genug. Die französische Polizei veröffentlichte Ende 1911 folgende Zeichen:

Abb. 54. Französische Bettlerzinken.

Auch in Amerika verwenden die Landstreicher des 20. Jahrhunderts noch zahlreiche solche Zeichen. Prof. *Wallace Ernster* von der Michigan-Universität hat 1910 auf Grund einer eingehenden Forschungsreise durch die Vereinigten Staaten u. a. festgestellt, daß die amerikanischen Landstreicher feste Trusts geschlossen haben, deren Organisationen Hunderttausende (!) von ihnen umfassen. Außerdem hat er eine Menge von „Geheimzeichen", welche die ganze Union „überziehen" gesammelt und mit Hilfe des Polizeichefs *Mac Cabe* von New-Jersey entziffert. Einige dieser Zeichen seien wiedergegeben. (Abb. 55.)

Aus der Selbstdarstellung eines 1920 im Gefängnis gestorbenen süddeutschen Berufsverbrechers veröffentlichte *Luz* a. a. O. einen Zinken — eine Art Doppelhaken oder Zickzacklinie —, der „Verrat" bedeute. In Verbindung mit einem Helm („Polizei"), einem Herz mit Dolch („Rache") und einem auf das Verratszeichen hinweisenden Pfeil ergab

Hier ist Diebstahl lohnend.

Vorübergehen! Hier nichts zu machen (vgl. Abb. 45 vorletzter Zinken!)

Alarmglocken im Hause!

(Dreieck mit angesetzten Händen) Schießwaffe im Hause!

(Katze) Bloß Frauen im Haus!

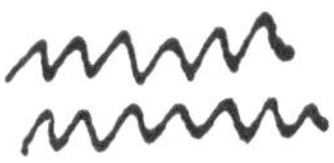
Bissige Hunde! Vgl. Abb. 54, den 10. Zinken.

Im Hause sind: 3 Kinder, 2 Frauen, 1 Mann.

Man bekommt etwas, muß aber dafür arbeiten.

Abb. 55. Moderne amerikanische Zinken.

sich ein zusammengesetzter Zinken (Abb. 56), der, am Türpfeiler eines Hauses angebracht, folgende Lösung zuläßt: „Hier droht Verrat, man ruft die Polizei, übt Rache wegen des Verrates!“ Die verzierende Umrandung durch zwei Blätter dient offenbar nur zur Hervorhebung des eigentlichen Zinkens und hat keine selbständige Bedeutung. Die Bewohnerin jenes Hauses konnte — wie *Luz'* Gewährsmann berichtet —

Abb. 56. Süddeutscher Gaunerzinken (nach *Luz*).

tatsächlich eines Tages beobachten, wie ein Bettler vor ihrer Tür hielt, ein wenig die Zeichnung betrachtete und dann, die Faust ballend, fürchterliche Verwünschungen ausstieß.

Wie sehr aber auch beim europäischen Landstreichertum dort, wo es nicht in der Lage ist, solche Zinken selbstschöpferisch zu erfinden oder von Berufskollegen überliefert zu erhalten, auch noch im 20. Jahrhundert das Bedürfnis nach solchen Zeichen lebendig ist, wird durch folgende bemerkenswerte Erfahrung bewiesen: Im Jahre 1927 wurde von einem Gendarmerieposten in der Oststeiermark bei der Verhaftung des steckbrieflich verfolgten J. W. bei der Durchsuchung seiner Kleider ein Verzeichnis von 28 Zinken mit beigefügter Erklärung gefunden. Wie der Vergleich mit den vorstehend veröffentlichten Zeichen ergab, wurden hievon 26 Zinken aus den früheren Auflagen dieses Werkes übernommen, denn sie bestanden zum Teil aus den oben wiedergegebenen amerikanischen Zinken, zum Teil aus den französischen Zinken und schließlich zum Teil auch aus den nach *Pollitz* oben veröffentlichten Zinken, wobei auch die angegebene Erklärung größtenteils wörtlich mit den in diesem Werke enthaltenen Erklärungen übereinstimmt. Nur zwei Zeichen waren neu, stammten also aus anderer Quelle oder waren selbst erfunden (Abb. 57). Und im darauffolgenden Jahr wurde in einer ganz anderen

Bei allen 9 Parteien dieses Aufganges Almosen.

III. Stock links lohnend.

Abb. 57. Moderne Bettlerzinken.

Gegend der österreichischen Alpenländer, nämlich in Mauthausen in Oberdonau, das alte Arbeitsbuch des damals 38 Jahre alten Taglöhners J. K. gefunden, in welchem sich ebenfalls ein Verzeichnis von 22 Zinken mit Bedeutungsangabe befand, die alle sich mit Zeichen deckten, die in den früheren Auflagen dieses Werkes veröffentlicht wurden und die wiederum zum Teil aus der Reihe französischer Zinken, zum Teil aus der Reihe der nach *Pollitz* wiedergegebenen Zinken entnommen waren. Da nicht anzunehmen ist, daß sich zwei Landstreicher in verschiedenen Gauen unabhängig voneinander aus dem *Groß*schen Handbuch gleichartige Zusammenstellungen von auf verschiedenen Seiten veröffentlichten Zinken machten, liegt die Vermutung nahe, daß beide Gauner aus einer gemeinsamen dritten Quelle schöpften, die ihrerseits auf dieses Handbuch zurückgeht (wahrscheinlich ein populärwissenschaftlicher Aufsatz in einer illustrierten Zeitschrift oder dgl., der einen Auszug aus den im *Groß*schen Handbuch veröffentlichten Zinken brachte).

β) Zigeunerzeichen.

Zu den Zinken gehören auch die Zeichen der Zigeuner[1]), die in irgendeiner Weise ihre Anwesenheit an einem Orte verraten und zwar nicht bloß, wenn sie harmlos dagewesen sind, sondern selbst dann, wenn sie ein Verbrechen begangen haben. Nur bringen sie in diesem Falle ihr Zeichen in mehr versteckter Form und auf einem schwer auffindbaren Platze an. Das häufigste Zeichen ist ein gestricheltes Dreieck, das vielleicht eine Harfe darstellen soll, in manchen Fällen wirklich eine solche bedeutet; dieses Zeichen (Abb. 56) wird meistens dann angebracht, wenn der Zigeuner eine Nacht unter Dach zugebracht hat. Ebenso hängt er Fetzen von Kleidungsstücken an ein Haus, einen Pfahl, einen Baum[2]) usw., als sicheres Zeichen, daß ein Zigeuner dagewesen ist. Hiebei hat er es seit Jahrhunderten verstanden, dem Volke weis zu machen oder den bestehenden Glauben zu benutzen, daß in solchen Fetzen Krankheiten eingezaubert sind, die auf den übergehen, der den Fetzen berührt. So kommt es, daß niemand den Fetzen anzugreifen wagt, und er bleibt da, um als Verständigung für nachkommende Zigeuner zu dienen. Ist doch dies Zeichen regelmäßig an Kreuz- und Gabelwegen und überall dort angebracht, wo der nachkommende Zigeuner im Zweifel sein könnte, in welcher Richtung der vorausgegangene gezogen ist. Ein anderes Verständigungsmittel bilden verknüpfte Ruten, zusammengewundene Äste, selbst Gras- und Strohhalme, ferner ein abgeschnittener Ast mit dreifacher Gabelung in jene Richtung gebogen, in der die Zigeuner gewandert sind. Auch werden am Rand jenes Weges, den sie eingeschlagen haben, drei Steine aufeinander gelegt[3]), der größte zu unterst,

Abb. 56: Zinken der Zigeuner, ihr Dagewesensein anzeigend.

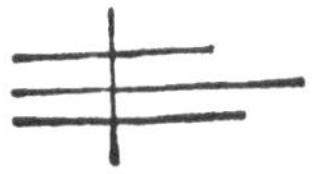

Abb. 57: Zigeunerischer Wegweiserzinken: der mittlere, längste Querstrich weist in die Wegrichtung.

der kleinste zu oberst, ebenso unauffällig für den Uneingeweihten als sicher für den Kenner.

Findet sich auf dem Wege nur Sand oder nichtbewachsene Erde oder Schnee, so dienen als untrügliche, freilich bald schwindende Zeichen eingegrabene Striche; meistens sind es drei, von denen der mittelste in jener Richtung vorsteht, in der die Zigeuner gegangen sind (Abb. 57).

[1]) Über die Zigeuner und ihre Wesensart überhaupt siehe unten S. 94 ff.

[2]) Sog. Lappenbäume sind übrigens uralt und weitverbreitet; Griechen, Römer, Kelten, heutige Esthen und viele wilde Stämme kannten und kennen heilige dürre Bäume, auf welchen als Opfergaben (?) bunte Bänder oder Teile des Anzugs befestigt werden. Besonders Pilger pflegen das zu tun, was wiederum auch auf Wegweisung hindeuten könnte.

[3]) Die Annahme, daß diese Zeichen spezielle Eigentümlichkeiten der Zigeuner seien, die sie etwa aus ihrer indischen Heimat mitgebracht haben mögen, ist, wie der † Germanist *Schönbach* nachgewiesen hat, falsch. In einer,

Andere Wegweiserzinken der Zigeuner bestehen aus Knochen (mit einigen darauf eingeschnittenen Strichen), die auf der Landstraße während der Fahrt fallen gelassen werden. Ein solcher auf der Straße liegender Knochen ist völlig unscheinbar und teilt doch dem Kundigen Wichtiges mit: aus den Strichen ist zu ersehen, ob ein Mann allein (ein Strich) oder eine Familie (drei Striche) oder eine ganze Karawane (lange Linie mit vielen Querstrichen) auf dieser Straße gezogen sind. Ein Zusammenhang mit den uns schon bekannten alten Wegweiserzinken der (nicht zigeunerischen) Landstreicher ist wohl unleugbar[2]).

Eine Reihe anderer Zigeunerzinken haben *v. Wlislocki*[3]) und *Heinrich Glücksmann*[4]) veröffentlicht. Letzterer legt dar, daß die einzelnen Zigeunerstämme, ja auch einzelne Personen unter ihnen besondere Zeichen (aus Tierhaaren, Fetzen, Hölzchen usw.) haben. Diese Zeichen werden nun mit anderen verbunden, um vorbeikommenden Zigeunern eine Mitteilung zu machen. Ist das Personenzeichen z. B. mit Kuhdünger teilweise bedeckt, so bedeutet dies Warnung vor der Gendarmerie. Menschenkot bedeutet Erfolg und Glück, ein Fliederzweig Erkrankung, halbverkohlter Fliederzweig mit Stroh einen Todesfall, ein Tannenzweig Verlobung oder Hochzeit, ein Weidenzweig eine Geburt (und zwar mit rotem Faden: die Geburt eines Knabens, mit weißem Faden: die eines Mädchens), Eichenzweig Rückkehr eines Verreisten oder verhafteten Genossen, eine Birkenrute einen der Gendarmerie gelungenen Fang. Fell oder Lederlappen mahnen zur Eile oder zu einer Zusammenkunft, Löcher in dem Leder bedeuten eine Stadt, wenn sie viereckig, ein Dorf, wenn sie rund sind. Sind z. B. zwei runde, ein viereckiges Loch und wieder ein rundes Loch in einem Lederfleck, so muß der nachkommende Zigeuner zwei Dörfer und eine Stadt passieren, um im folgenden Dorf an den Ort der Zusammenkunft zu gelangen; Schweinsborsten deuten auf bevorstehendes Glück, Hundehaare auf Gefahr und Unsicherheit, Glasscherben auf ein verendetes Tier; eine am Lagerplatz zurückgelassene weiße Feder

---

etwa um 1250 gehaltenen Predigt (Leipziger Handschrift Nr. 496) des Berthold von Regensburg, zweifellos des größten Kanzelredners des Mittelalters, sagt der Prediger: der Teufel mache es so wie die Räuber, welche an den Wegen gewisse Zeichen anbringen, damit die Wanderer glauben, sie seien auf dem Richtigen, während sie durch diese Zeichen geradewegs zu den Höhlen der Räuber gelockt werden; dieser Zeichen gebe es drei: „gekreuzte Ästchen, zusammengelegte Steine und verknüpfte Ruten oder Dornsträuche". Es sind dies also genau die drei letztgenannten Wegezeichen der Zigeuner (die jedoch erstmals zu Beginn des 15. Jahrhunderts nach Mitteleuropa kamen) und wir müssen daher annehmen, daß diese Zeichen vor mehr als einem halben Jahrtausend allgemein im deutschen Volke bekannt und gebräuchlich waren, während sie jetzt im Volke vergessen sind und sich nur mehr bei den (überhaupt sehr konservativen) Zigeunern erhalten haben. Vgl. *H. Groß*, Zigeunerbrauch, Archiv 3 S. 351.

[2]) Siehe oben S. 36 f.; ob jedoch die deutschen Landstreicher von den Zigeunern solche Zeichen gelernt haben oder umgekehrt die Zigeuner auch diese Zeichen von den zu ihnen gestoßenen Landstreichern übernommen haben, läßt sich wohl nicht mehr feststellen und hat für uns auch nur historisches Interesse.

[3]) *v. Wlislocki*, Aus dem inneren Leben der Zigeuner, Berlin 1892.

[4]) *Glücksmann*, Die Signalpost dei Zigeuner, Jahrbuch der k. k. Gendarmerie für das Jahr 1895, Wien 1895.

gibt Kunde von einem gelungenen Hühnerdiebstahl, ein zurückgelassenes Stück Blech empfiehlt den betreffenden Ort als guten Lagerplatz. Die Zeitangabe erfolgt durch mehrere Nähstiche in aufgehängten Fetzen: die Stiche der Länge nach bezeichnen die Woche (durch die Anzahl der Sonntage, die seit dem letzten kirchlichen Hauptfest verstrichen sind) und die Stiche der Quere nach geben den Tag innerhalb der Woche an. So fand man z. B. Ende Juli 1891 in einem Siebenbürgischen Wildbad auf einem Baum aufgehängte Fetzen, die mit roter Wolle (Abzeichen des Wojvoden) 10 Nähstiche der Länge nach und 4 Nähstiche der Quere nach aufwiesen und obendrein mit Menschenkot beschmiert waren. Diese Fetzen sollten den nachfolgenden Genossen die Nachricht bringen, daß der Wojvode den Badeort am Donnerstag nach dem 10. Sonntag nach Pfingsten (also am 30. Juli) durchzogen und daß sein Unternehmen (Verkauf der Schweine des Stammes auf dem Jahrmarkt) Erfolg gehabt habe.

Um die mitunter verblüffende „Wissenschaft" der zigeunerischen Wahrsager und Kartenschläger, die regelmäßig auf irgendeinen Betrug hinausgeht, zu begreifen, muß man auch auf graphische Zinken acht haben, welche die braunen Leute auf die Mauern von Häusern der von ihnen durchwanderten Orte entweder mit Kohle zeichnen oder mit einem Nagel einritzen, Zeichen, die Uneingeweihten nicht auffallen, weil sie sich nicht von den Spuren der Zeit, von Wind und Wetter unterscheiden, für den Kenner aber wichtige nützliche Botschaften bedeuten[1]). Nach *Wlislocki* bedeutet ein Kreuz, daß da nichts zu holen sei; ein Doppelkreuz: rohe Behandlung; ein Kreis: Freigebigkeit; ein Doppelkreis: besonders mildtätige Leute; zwei Längsstriche und darüber zwei Querstriche: Wohnung des Ortsrichters oder einer Amtsperson überhaupt; zwei Kreuze und darunter zwei Striche: hier beschuldigt man die Zigeuner eines Diebstahls; einige senkrechte Striche sind der freudige Ausruf: „Hier haben wir gefunden", d. h. gestohlen; ein Dreieck sagt: durch Kartenaufschlagen oder Wahrsagen ist da Geld zu verdienen; ein Kreis um ein Kreuz mahnt zur Rachetat; zwei Schlangenlinien melden die Sehnsucht der Hausfrau nach Kindern; zwei senkrechte Linien, durch eine schlangenförmige verbunden: die Frau will keine Kinder mehr haben; zwei Schlangenlinien durch einen Kreis gezogen: Tod einer alten Frau; durch zwei Kreise gezogen: Tod eines alten Mannes; Punkte in den Kreisen bedeuten: Erbschaftszwist infolge des Todesfalles; eine Schlangenlinie, ein Dreieck durchschneidend: Tod des Hausherrn; zwei solcher Linien durch ein Dreieck: Tod der Hausfrau; eine Schlangenlinie zwischen zwei Kreuzen: Untreue der Frau; ein Kreuz zwischen zwei Schlangenlinien: Untreue des Mannes; eine senkrechte, darunter eine waagrechte Linie und darunter ein Kreuz: Heiratsabsichten usw. Es ist natürlich, daß diese Zeichen beim Wahrsagen und Kartenaufschlagen gute Dienste leisten, und es ist die kameradschaftliche Uneigennützigkeit bemerkenswert, mit der eine

[1]) Auch hier ist ein Zusammenhang mit den uns schon bekannten (nicht zigeunerischen) Bettlerzinken (oben S. 42ff.) offenkundig.

Bande die andere unterstützt, freilich auch hier hoffend, einmal Gleiches mit Gleichem vergolten zu erhalten.

γ) Handwerkerzeichen.

Nicht verwechseln darf man mit Gaunerzinken die Zeichen, welche herumziehende Scherenschleifer an jenen Häusern anbringen, in denen sie Scheren, Messer usw. zum Schleifen übernommen haben. Die Ähnlichkeit dieser Zeichen mit den echten Gaunerzinken ist deutlich und hat ihren Ursprung in jener Zeit (die noch nicht überall verschwunden ist), in der Scherenschleifer, meistens zugleich Ausbesserer von Regenschirmen, die Straße entlang gezogen kamen und mit allerlei fahrendem Gesindel viele und innige Berührung gehabt hatten. Wenn nun ein solcher Scherenschleifer tagsüber eine Anzahl von Messern und Scheren zusammengebracht hat, so wäre es ihm wohl kaum möglich, diese einander ähnlichen Stücke wieder an der richtigen Stelle abzugeben, wenn er nicht an jedem Hause ein bestimmtes, auf das Objekt hindeutendes Zeichen anbringen würde. Diese Zeichen weisen oft auf eine wohldurchdachte Mnemotechnik hin, sind in mancher Hinsicht merkwürdig, gewiß uralt, aber für unsere Zwecke nur insoferne von Bedeutung, als sie von den eigentlichen Gaunerzinken unterschieden werden müssen. Ist man im besonderen Falle im Zweifel, ob man es mit einem Scherenschleiferzeichen oder einem echten Gaunerzinken zu tun hat, so empfiehlt es sich, den ersten besten fahrenden oder auch seßhaften Schleifer zu fragen. Diese Leute kennen meistens auch fremde Scherenschleiferzeichen.

Ähnliche Handwerkerzeichen werden auch von modernen gewerblichen Arbeitern mitunter nicht verschmäht: so hat *Riemann* Zeichen, die an den Wohnungstüren eines Neubauhäuserblockes in Berlin links und rechts neben der Klingel angebracht worden waren und im wesentlichen aus gemalten Kreisen (zum Teil mit kleinen Nebenstrichen) bestanden, als Merkzeichen von Personen gedeutet[1]), die sich dadurch ihre gewerbliche Tätigkeit erleichtern wollten (etwa Bezeichnung der Wohnungen, in denen noch bestimmte Arbeiten vorzunehmen waren).

b) Gestische Zinken.

Zur geheimen Verständigung dienen vielfach auch bestimmte Gesten (Bewegungen der Hände, des Kopfes, der Füße usw.). Diese Zeichen werden Jadzinken (auch Fehm- oder Grifflingzinken) genannt. Mitunter wird einfach das bekannte Alphabet der Taubstummen benützt, nach dem z. B. der Buchstabe *A* durch die geschlossene Faust, der Buchstabe *V* durch seine Stellung ähnlich wie beim Schwören, oder der Buchstabe *O* so dargestellt wird, daß Daumen und Zeigefinger einander mit den Spitzen berühren, während die drei anderen Finger weggestreckt werden. Dieses Alphabet ist aber keineswegs allgemein gültig, sondern

[1]) *Riemann*, Gaunerzinken und Gaunersprache, Kriminalistik 3 S. 10.

ändert sich nach Ländern und Örtlichkeiten, wenn auch nicht wesentlich, so doch insoweit, daß Taubstumme, die aus fernen Gegenden zusammenkommen, einander nicht verstehen, wenn sie sich auch in derselben Sprache verständlich machen wollen. Es ist auch nicht unbedingt nötig, daß der U. ein solches Alphabet versteht, es genügt, wenn er weiß, daß es eine solche Art der Verständigung gibt, wodurch zwei Komplizen allenfalls quer über einen großen Arresthof, aus den Fenstern heraus, sich gut verständigen können. Wird dies beachtet, so werden manche Überraschungen erspart, die sonst durch eine plötzlich auftretende gemeinsame Verantwortung entstehen können. Ein U., der sich um solche Verabredungen nicht kümmert, oder es gar „unter seiner Würde findet", darauf zu merken, macht sich nicht bloß vor den Untersuchungshäftlingen lächerlich, sondern er führt die Untersuchung fehlerhaft.

Eine weitere Art von Jadzinken besteht darin, daß der eine vor dem anderen mit dem Finger langsam in der Luft etwas schreibt, was dieser bei einiger Übung lesen kann. Diese Verständigungsarten haben aber noch eine andere gefährliche Verwendung, nämlich bei den oft so beliebten „Konfrontationen". Konfrontieren[1]) kann man mit Erfolg nur erwiesen unverdächtige Zeugen, wodurch sich oft ein schwerwiegendes und weittragendes Mißverständnis mit Leichtigkeit beseitigen läßt, und sonst noch wichtige Anhaltspunkte gewonnen werden können, die selbst bei wiederholten Vernehmungen nicht zu erzielen sind. Im übrigen sind aber Konfrontationen nachteilig. Wer es weiß, wie leicht und rasch eine Verständigung zwischen zwei Gaunern mit Hilfe des Taubstummen-Alphabetes usw. stattfinden kann, wird sich hüten, ihnen eine so einfache und bequeme Art der Verständigung zu bieten, wie sie trotz aller Überwachung bei Gelegenheit einer Konfrontation und der folgenden Protokollierung stattfinden kann.

Faßt man den Begriff der Jadzinken im weitesten Sinne auf, so gehört zu ihnen jede Art von geheimer Verständigung, die in einer für den Uneingeweihten unverständlichen Form bewerkstelligt wird. Solche oft von den übelsten Folgen begleitete Verständigungen können außer bei Konfrontationen dann erfolgen, wenn man Verhaftete mit ihren Verwandten und Freunden, wenn auch in Gegenwart des U., verkehren läßt. Oft wird der U. über die Ausbrüche elementarer Heftigkeit staunen, mit der Leute, denen man soviel Gefühl gar nicht zutraut, einander um den Hals fallen, weinen, schreien, beteuern, und dies unter neuen Umarmungen so lange fortsetzen, bis der U. meint, nun sei es genug des Schmerzes, und die Leute trennt. Meistens hat der Auftritt keinen anderen Zweck gehabt, als dem Häftling einen Zettel, ein Geldstück, eine Feile oder sonst etwas zuzustecken oder ihm wenigstens zuzuflüstern, wie er sich verantworten, auf wen er sich als Alibizeugen berufen solle.

[1]) Dieses Konfrontieren zur Klärung widersprechender Aussagen ist zu untercheiden von der Konfrontation zwecks Agnoszierung (1. Band, S. 109 und 386 ff).

Ebenso kommt es auch vor, daß umgekehrt der Häftling seinem Besuche einen Zettel oder einen kleinen Gegenstand zusteckt, den er der Aufmerksamkeit der Wärter zu entziehen wußte; oft raunt er dem Besucher bloß ein Wort, einen Satz zu und die Verständigung ist geschehen. *Avé-Lallemant* erzählt einen Fall, in dem die Lebensgefährtin eines Verhafteten während eines Kusses ein Goldstück aus ihrem Munde in seinen Mund schob, mit dem der Verhaftete sofort bei seinem Wächter einen Bestechungsversuch machte. Besonders verdächtig sind in dieser Beziehung Besuche von Frauen, die mit einem kleinen Kind auf dem Arm kommen.

Ein Grazer Häftling, der wegen Verdacht der Brandlegung in Untersuchung war, bat, sein neugeborenes Kind sehen zu dürfen. Als er zu diesem Zweck in die Besuchszelle geführt wurde, nahm er seiner Frau das Wickelkind vom Arm und herzte und liebkoste es. In diesem Augenblick versuchte er, ein zusammengefaltetes Papier zwischen die Windeln zu schieben. Er machte es freilich so ungeschickt, daß der Aufsichtsbeamte es bemerkte. Nun aber beging der Aufsichtsbeamte seinerseits eine Ungeschicklichkeit: statt — wie es richtig gewesen wäre — ihn ruhig gewähren zu lassen und hernach das Kind zu übernehmen, um den eingeschmuggelten Brief sicherzustellen, sprang der Aufsichtsbeamte sofort dazwischen. Ohne daß er es hindern konnte, steckte der Häftling mit einer schnellen Handbewegung das Papier in den Mund und begann es zu zerkauen. Nur mit Mühe konnte er nunmehr vom Aufsichtsbeamten dazu gebracht werden, das Papier wieder auszuspucken. Durch eine langwierige Untersuchung gelang es allerdings dem Kriminologischen Institut der Universität Graz, aus den vielen kleinen zerkauten Papierteilchen den gesamten Inhalt des Briefes zu rekonstruieren, wiewohl einzelne Teile bereits fehlten. Der Inhalt ergab eine Anweisung an die Frau des Häftlings, wie sie aussagen soll, um den Verdacht der Brandlegung abzulenken.

War in diesem Falle die Verständigung auch nicht gelungen, so besitzen Berufsverbrecher im allgemeinen doch die erforderliche Geschicklichkeit, um auf eine dieser Arten, trotz der Aufsicht, etwas in Empfang zu nehmen oder es zu geben, und einen gewissen Grad von Taschenspielergeschicklichkeit haben sie alle.

Aber selbst wenn ein überkluger U. der Sache alle Gefahr dadurch benehmen wollte, daß er sich Umarmungen, Händedrücken usw. ausdrücklich verbietet, so kann er noch immer nicht verhindern, daß wenigstens eine Verständigung durch Zeichen, Blicke, Handbewegungen usw. geschieht, die, wenngleich noch so kurz und rasch gegeben, doch alles enthalten kann, worum es sich in der ganzen Untersuchung dreht; alle Mühe, aller Scharfsinn kann verloren sein in einem einzigen nie mehr zurückzurufenden Augenblick.

Zu den gestischen Zinken gehören auch die sogenannten „Kenzinken“: sie haben den Zweck, daß die Gauner einander finden und erkennen. Wo immer im Gasthause, auf dem Markte, in der Kirche, im Eisenbahnwagen oder im Kerker zwei Gauner zusammenkommen, ist es für sie wichtig, einander so rasch als möglich zu erkennen, sei es um gemeinsam vorzugehen oder doch sicherzustellen, daß der eine sich vor dem anderen nicht zu scheuen oder zu fürchten brauche, sei es um zu verhindern, daß sich der eine bemühe, den anderen als Opfer zu benützen und so z. B. beim Falschspiele kostbare Zeit zu verlieren. Für den U. genügt es, zu wissen, daß es solche Kenzinken gibt, daß sie bekannt sind und verstanden werden, so weit Gauner existieren. Weiß der U. das nicht, so wird er sich manchen Vorgang nicht erklären können. Es wird z. B. einer beschuldigt, er habe versucht, im Eisenbahncoupé einen Mitreisenden zu bestehlen. Der Beschuldigte verantwortet sich damit, es sei schon deshalb unmöglich gewesen, einen Diebstahlsversuch zu wagen, weil den beiden gegenüber ein „eleganter Herr" saß, der den Vorgang hätte wahrnehmen müssen und vor dessen Augen man doch nicht zu stehlen gewagt hätte. Dieser Herr sei unbekannt weitergereist, könne aber unmöglich sein Komplize sein, da er nachgewiesenermaßen schon einen halben Tag früher als der Beschuldigte den Zug bestiegen habe. Man wird vielleicht dieser ganzen, vom Schaffner bestätigten Erzählung Glauben schenken, wenn man nicht weiß, daß eine einzige Handbewegung, die der eine gemacht und der andere erwidert hat, vollkommen genügte, um die beiden zu versichern, daß der eine von dem andern nichts zu fürchten habe.

Oder: ein Betrüger verkaufte in einem Gasthause etwas Unechtes als echt (Nepper) und behauptet, er habe selbst um so sicherer das Ding für echt gehalten, als auch zwei „fremde Herren" davon entzückt gewesen wären und die Sache selber gar zu gerne gekauft hätten, wenn sie nicht der Betreffende (d. h. der Betrogene) schon halb und halb erworben gehabt hätte. Daß die „zwei fremden" Herren wirklich fremd waren, ist zwar richtig, ebenso richtig ist aber auch, daß sie sich mit dem Betrüger durch einen einzigen Kenzinken verständigt hatten.

In derselben Weise finden sich namentlich an Markttagen in den Gasthäusern des Marktortes usw. die Bauernfänger, die einander sofort behilflich sind, ohne einander zuvor jemals gesehen zu haben. Sie spielen zuerst harmlos miteinander, zuerst gewinnt der eine, dann der andere. Das sieht recht anständig aus und erweckt das Vertrauen der Leute. Oder: sie spielen miteinander irgendein „Erratenspiel" und der Ratende gewinnt meistens, trotzdem der andere versichert hat, daß dies unmöglich sei. Sie spielen aber „bloß um die Ehre" und wenn die Umstehenden genügend animiert sind, und auch mitspielen, so geht es dann nicht mehr bloß um die Ehre, sondern um des Bauern mühsam erarbeitetes Geld, und dieser errät nichts mehr und verliert sein Geld. Oder: der eine spielt und der andere, der sich ihm zu erkennen gegeben hat, sitzt hinter dem Partner und bedeutet ihm, was die anderen für Karten haben.

Solcher Zeichen gibt es viele; die wichtigsten sind aber für uns zwei[1]), von denen, so viel ich weiß, das eine (Abb. 58) häufiger im Norden, das

[1]) Unter den Romanen (namentlich den italienischen und französischen Gaunern) gibt es eine besonders große Zahl solcher Kenzinken; so hat *Pitré* (Lombrosos Archiv IX, 1888) 48 komplizierte Gesten italienischer Verbrecher gesammelt.

zweite (Abb. 59) im Süden gebräuchlich ist[1]). Verstanden werden aber beide von den Gaunern des ganzen „zivilisierten" Erdballes und das nicht erst jetzt, sondern seit Jahrhunderten.

Diese Handstellungen sind so unscheinbar und können so leicht gemacht werden, daß sie dem Uneingeweihten nicht auffallen. Der Kenner unterscheidet sie dadurch von zufälligen Bewegungen und Stellungen, daß sie verhältnismäßig lange Zeit beibehalten oder wiederholt werden. Er zeigt sein „Verstanden" dadurch, daß er die gleiche Geste wiederholt und damit ist das Bündnis geschlossen. Weiß der U., daß es solche Zeichen gibt, so werden zahlreiche strafbare Handlungen als möglich erscheinen, die man sonst als undenkbar erklären möchte, weil ein unbedingt notwendiges Einverständnis eines Dritten ausgeschlossen schien.

Abb. 58. Abb. 59.
Kenzinken der Gauner.

Von großer Bedeutung ist hiefür auch der sogenannte „Scheinlingszwack", der darin besteht, daß man ein Auge schließt und mit dem anderen über die Nase hinüberschielt. Es ist dies ein Mienenspiel, welches jeder von uns kennt und im Scherze oft mit jemandem gewechselt hat, um geheimes Einverständnis anzudeuten. Im Leben des Gauners ist dieser Blick aber von Wichtigkeit und häufig der Beginn einer länger oder kürzer dauernden Gemeinschaft. So findet ein Gauner den anderen unter hundert ehrlichen Leuten heraus: ein Scheinlingszwack zur Vergewisserung, ein gleicher als Antwort, und am selben Abende wird schon ein gemeinsamer Einbruch verübt, bei dem jeder von ihnen seine Freiheit nur wagen kann, wenn er der aufopfernden Hilfe seines eben gewonnenen Kameraden unbedingt sicher ist. Nur so erklärt es sich, wenn sich Leute „so unbegreiflich rasch zusammenfanden", die aus verschiedenen Gegenden zugereist gekommen waren und, kaum angekommen, schon gemeinsam operiert haben[2]). Ich erinnere mich an einen Polizeibericht

[1]) Beide sollen ein großes, lateinisches C darstellen, als Anfangsbuchstaben des Wortes Cochemer = Eingeweihter, also Gauner (?).

[2]) Ebenso rasch finden sich auch Homosexuelle, die sich bisher nicht kannten, zusammen, was zu der Vermutung Anlaß gegeben hat, daß die Homosexuellen sich besonderer Erkennungszeichen bedienen. So soll in den Kreisen um *Oskar Wilde* vielfach eine grüne Nelke getragen worden sein. Von anderer Seite wurde angegeben, daß sich Homosexuelle durch bestimmte Bewegungen mit der Zunge ihren Gesinnungsgenossen erkennbar machen (vgl. Archiv 9 S. 158). Erleichtert wird jedoch das gegenseitige Erkennen der Homosexuellen schon

über einen großen Einbruchdiebstahl, in dem gemeldet wurde, man würde unbedingt auf die Täterschaft eines berüchtigten Einbrechers schließen müssen (der charakteristisch vorzugehen pflegte), wenn dieser nicht erst „vorgestern" aus einer langen Strafhaft entlassen worden wäre, und daher sicher nicht Zeit gehabt haben konnte, die drei bis vier Genossen anzuwerben, die unbedingt zur Ausübung der Tat notwendig waren. Man ließ daher den Betreffenden ruhig abreisen und erst später wurde sichergestellt, daß er doch der Arrangeur des Einbruchs gewesen war und, wie einer der Mittäter zugab, die Gehilfen mit Anwendung des „Scheinlingszwackes" gefunden und geworben hatte.

Zu erwähnen ist auch, daß internationale Gauner, weil sie die einheimischen Detektivs nicht kennen, sich mitunter einen „Warner" mitnehmen, wenn sie ihr Unwesen z. B. in Gasthäusern, an öffentlichen Plätzen treiben wollen. Der Warner kennt die heimischen Polizisten und muß rechtzeitig aufmerksam machen, wenn einer da ist. Betritt z. B. ein Detektiv eine Gaststube, in welcher zugereiste Gauner sich unter den Anwesenden Opfer suchen, so schneidet der Warner, der die Personalkenntnis hat, von einem Streichholz einen Splitter ab, als wolle er sich so einen Zahnstocher fertigen. Das ist das Zeichen für den fremden Gauner, daß ein Detektiv in der Nähe ist. Er wird natürlich alle Versuche, Fremde zu bestehlen oder zu betrügen, unterlassen und wahrscheinlich sofort sich aus der Trinkstube verziehen, um ein anderes Lokal aufzusuchen. Im nächsten Lokal macht er vielleicht einen anderen Versuch, durch eine Wette oder durch den Verkauf von unechten Juwelen ein Opfer zu beschwindeln, steht aber plötzlich von seinem Vorhaben ab, wenn er sieht, wie der Warner ein Streichholz zwischen den Fingern zerbricht. Das bedeutet: „Laß dich mit dem Kerl nicht ein; er hat kein Geld." Andere solche Zeichen sind:

Legt der Warner die Zeitung an sein Trinkglas oder die Kaffeetasse so an, daß sie das Glas halb bedeckt, so heißt dies: „Der Mann, den du da in der Arbeit hast, hat Geld, ist aber schlau; sei besonders vorsichtig!"

Trinkt der Warner sein Glas hastig aus und stellt es mit der Öffnung nach unten auf den Tisch, so bedeutet das: „Trink aus und geh, die Sache wird gefährlich!"

Ist die Gefahr nicht so groß, so stellt der Warner ein halbvolles Glas zwischen zwei leere und das bedeutet: „Wir sind nicht sicher; man beobachtet uns."

Legt der Warner Messer und Gabel auf dem Teller, von dem er gegessen hat, kreuzweise übereinander, so heißt das: „Sei vorsichtig! Der Mann, mit dem du zu tun hast, ist leicht heftig und jähzornig."

Der Warner hat auch vielleicht Veranlassung, auf der Straße Genossen etwas heimlich mitzuteilen. Er spreizt die ausgestreckten Finger der linken Hand so, daß zwischen dem Mittel- und dem Ringfinger ein Winkel entsteht, während zu beiden Seiten dieses Winkels die Finger dicht geschlossen liegen. Das bedeutet

---

dadurch, daß sich in manchen Großstädten gewisse Örtlichkeiten (bestimmte Parkanlagen, Kaffeehäuser u. a.) herausgebildet haben, wo sich die anschlußsuchenden Homosexuellen aufzuhalten pflegen (vgl. 1. Band S. 260). Feminin eingestellte Homosexuelle (das ist jedoch nur eine kleine Gruppe unter ihnen) fallen den gesuchten Partnern vielfach auch schon durch ihr Äußeres (lange Haartracht, Gebrauch von Parfums, geckenhafte Kleidung) auf.

dasselbe wie das Schnitzeln an dem Streichholz, nämlich: „Es ist ein Detektiv in der Nähe."

Zieht der Warner seine Taschenuhr heraus und schwenkt sie einige Male hin und her, so bekundet das: „Der Mann, mit dem du dich eingelassen hast, besitzt viel Geld."

Knabbert der Warner dagegen am Nagel des rechten kleinen Fingers, so bedeutet das wiederum: „Verliere keine Zeit. Der Mann, mit dem du dich eingelassen hast, ist ein armer Teufel."

Eine besondere Ausbildung erfuhr diese Art der Verständigung bei den Zigeunern. Sie bedienen sich der Zeichensprache durch Bewegungen beim Wandern, um auf größere Entfernungen den Nachfolgenden Wissenswertes mitzuteilen, und ebenso beim Jagen nach Wild, um sich, ohne Lärm zu machen, untereinander zu verständigen, ferner auch, um in Gegenwart von Fremden geheime Mitteilungen zu machen oder Weisungen zu geben. So dienen zur Verständigung auf größere Entfernungen folgende Zeichen[1]):

Emporstrecken des linken Armes — der Weg ist frei, kein Hindernis!

Emporstrecken des rechten Armes — Achtung, Vorsicht!

Zusammenschlagen der Hände über dem Rücken und Emporheben beider Arme (einige Male wiederholt) — es steht eine unangenehme Begegnung bevor.

Stehenbleiben auf dem linken Bein und Schwenken des rechten Beines nach vor und rückwärts (in kurzen Zwischenräumen wiederholt) — es steht eine angenehme Begegnung bevor (etwa Reisende, die man um ein Almosen ansprechen kann).

Emporheben des rechten Beines — ein Feldhüter oder Hirte ist in der Nähe.

Rasches Schwenken beider Arme — Achtung! Ein Gendarm (oder ähnliche Amtsperson) ist in der Nähe.

Falten der Hände über dem Hinterhaupt — ein Dorf oder eine Stadt ist in Sicht.

Stemmen der Arme in die Hüften — unbewachtes Geflügel ist da.

Auf der Jagd haben dieselben Zeichen eine etwas andere Bedeutung. So weist z. B. das Emporstrecken des linken Armes auf das Herannahen des Tieres, das des rechten Armes auf das Entfernen des Tieres hin. Der Gebrauch des linken Armes oder Beines zeigt somit bei den Zigeunern stets etwas Erwünschtes, Gutes an, der Gebrauch des rechten Armes oder Beines das Gegenteil.

Mannigfach ist die Zeichensprache der Zigeuner zur geheimen Verständigung vor Fremden. Es bedeutet z. B. das Nagen an den Lippen: du sollst schweigen; das Ausstrecken des linken Zeigefingers: es ist angezeigt, die Wünsche des Fremden zu erfüllen; das Emporstrecken des rechten Zeigefingers: Vorsicht, der Fremde könnte schaden; Angreifen des linken Ohres: der Fremde hat Geld, man kann von ihm Almosen erhalten; das Schneuzen der Nase: man kann vom Fremden durch Wahrsagen Geld bekommen; Stecken des linken Daumens zwischen

[1]) *Wlislocki*, Aus dem inneren Leben der Zigeuner, Berlin 1892; S. 110ff.

Mittel- und Zeigefinger der zusammengefalteten linken Hand: der Fremde will in Liebesangelegenheiten die Zukunft erfragen; dasselbe Zeichen mit der rechten Hand: der Fremde leidet an Eifersucht. Bewegen des rechten kleinen Fingers: der Fremde sucht einen gestohlenen Gegenstand; Falten der Hände über den Bauch: der Fremde wünscht sich Kinder; Kraulen im Haar mit der rechten Hand: der Fremde will eine Reise antreten; dasselbe Zeichen mit der linken Hand: der Fremde hat Geld zu erwarten; Augenauswischen mit der linken Hand: der Fremde erhofft ein freudiges Wiedersehen mit einem anderen; dasselbe Zeichen mit der rechten Hand: dem Fremden oder einem Angehörigen steht Krankheit oder Tod bevor.

Infolge der konservativen Art der Zigeuner, mit der sie auch sonst durch Jahrhunderte an ihren Gebräuchen festhalten, ist auch diese Zeichensprache viel einheitlicher und bleibender als die Verständigungszeichen der (nichtzigeunerischen) Gauner, die meist nur lokale und vorübergehende Gültigkeit haben.

c) Akustische Zinken.

Diese haben die mannigfachste Verwendung. So gibt es:

α) Verständigungs- und Warnrufe.

Um sich im Walde oder im Dunkel der Nacht zu finden, werden fast ausschließlich Tierstimmen verwendet, namentlich solche, die des Nachts zu ertönen pflegen. Es ist begreiflich, daß Leute, die z. B. einen Überfall im Walde oder eine Annäherung an ein Haus planen, sich nicht beim Namen anrufen, oder sonst Äußerungen von sich geben, durch die sie anderen auffallen. Der Ruf eines Tieres, zumal wenn er gut nachgeahmt wird, ist nie bedenklich[1]), und wenn vorher verabredet, ebenso verläßlich, und verwendbar, als ob man einander beim Namen riefe. So wird Hahnenschrei, Wachtelruf, Falkenpfiff[2]), in der Nähe von Gewässern auch Froschgequake und Unkenruf, am liebsten aber Eulenschrei verwendet. Eulen gibt es überall, im Wald und Feld, auf Bergeshöh und Sumpf, in einsamster Gegend und in der Nähe menschlicher Wohnungen, sowohl am frühen Abende als vor Tagesanbruch, ihr Schrei ist also niemals verdächtig und wird daher selbst am hellen Tage von Jägern, die einander im Walde anrufen wollen, gerne gebraucht. Kein Tier erschreckt davor, die Leute haben jedoch abergläubische Furcht vor Eulenruf: in vielen Gegenden gilt er als Ankündigung eines bevorstehenden Todesfalles. Je nach der Entfernung, auf welche hin die Verständigung erfolgen soll, wird der Ruf des kleinen Kauzes (Zwergohreule, *Otus scops L.*) oder des Steinkauzes, *Athene noctua* (*Skop.*) nachgeahmt, und zwar

[1]) Voraussetzung ist natürlich, daß der betreffende Ruf nach Jahreszeit usw. möglich ist — so wäre z. B. ein Kuckucksruf im Dezember allerdings bedenklich.

[2]) Auch mit (für Jagd- und Juxzwecken käuflichen) Pfiffen und ähnlichen Vogelstimmenimitationen wird viel manipuliert (vgl. *Karádi*, Archiv 31 S. 185).

jener durch zwei langsam und vibrierend ineinandergezogene Pfiffe (ungefähr ähnlich der ersten Notenfigur in Abb. 60), während bei größerer Entfernung — ungefähr nach der zweiten Notenfigur — der Schrei des Steinkauzes gerufen wird.

Abb. 60: Eulenrufe (als Verständigungszeichen von Gaunern).

Dies kann unter Umständen wichtig werden: wenn es sich darum handelt, darüber klar zu werden, ob z. B. ein räuberischer Überfall im Walde, ein Einbruch in einem Hause usw. mit Hilfe von Mittätern geschehen ist, so wird man den oder die Zeugen fragen, ob kurz vor oder nach der Tat auffallender Eulenruf gehört wurde. Wird dies bejaht, so müßte es schon ein besonderer Zufall sein, wenn gerade am Orte der Tat eine wirkliche Eule gerufen hätte. Auch Gendarmen usw. mögen auf solche Rufe achten!

Als Warnrufe wird allerlei benützt, da diese meist erst ertönen sollen, wenn ohnehin alles verdorben ist, z. B. der Einbruch bemerkt wurde, und es sich nur mehr darum handelt, davon zu kommen. Da braucht es nicht einmal großer Verabredung: ein Pfiff, ein Händeklatschen, ein Räuspern wird jedem genügen, um ihm klar zu machen, daß Gefahr vorhanden ist. Außerdem sind aber manche Warnrufe in ganz Deutschland berüchtigt geworden, so in Mitteldeutschland „Lampen“[1]) oder „Heraus“ oder „Lewon“. Wer die Geschichten der norddeutschen Räuberbanden gelesen hat, für den besitzt der Ruf „Mandschien“ (Mondschein) stets einen unheimlichen Klang, er gilt und lebt auch heute noch[2]).

[1]) Offenbar im Zusammenhang hiemit verwendete ein bekannter Landstreicher, der gelegentlich auch kleine Einbrüche verübte, zwei (roh, aber deutlich gezeichnete) Petroleumlampen als Wappenzinken.

[2]) Die Bedeutung dieser Worte ist nur zum Teile klar; das Wort „Lampen“ soll (nach *Avé-Lallemant*) eigentlich Lambden heißen; jüdisch: *lomad*, „er hat gelernt“, davon *lambdon* der Gelehrte; der Ruf „Lampen“ bedeutet also das Herannahen von „Wissenden“, also von Wächtern, Polizei, Militär, auch von Privatpersonen, die anscheinend schon etwas bemerkt haben.

Merkwürdig ist der Zusammenhang zwischen „Lewon“ und „Mondschein“. *lowon* heißt jüdisch weiß, glänzend; daher *moos lowon* = Silbergeld, *schurich lowen* = weiße Kleider (Wäsche), *lewono* = Mond, *lewone legen* = kreisrundes Loch bohren (zum Zwecke eines Einbruches). Das Wort *lewone* = Mond tritt in der Gaunersprache in verschiedener Gestalt auf, und so kommen in den zahlreichen Verzeichnissen über Gaunersprachen Varianten wie: *lewone, lawone, lafone* vor; im großen und ganzen lassen sich diese Varianten aber stets mit dem Warnruf „Lewon“ in Verbindung bringen, der ebensooft gebraucht wird, wie der Warnruf „Mandschien“ = Mondschein.

In Süddeutschland sind die genannten Warnrufe selten und es kommt dafür „Gallon" und in den Alpenländern hauptsächlich „Putz" vor. *Gallon* heißt nun auffallenderweise in der Gaunersprache ebenfalls Mond, Mondschein. *Putz, Butze, Butzemann* ist ein altes deutsches Wort, kommt schon im Edictum Rotharis und bei Walter v. d. Vogelweide vor und bedeutet eine vermummte, unkenntliche Gestalt, einen Dämon, bösen Gesellen, Kobold, Hausgeist, Wicht, der zum Kinderschrecken dient[1]), und dann — merkwürdigerweise — wiederum auch: den Mann im Monde[2]). Der Warnruf lautet entweder: „Der Putz kommt" — oder lediglich „Putz"[3]). Ein alter Gemeindediener, einst Gendarm, hat mir erzählt, er habe sich einmal den Scherz erlaubt, auf einem von Markt- und Taschendieben stark besuchten Jahrmarkte zu gleicher Zeit (es war verabredet: genau ein Viertel nach Zehn der Kirchturmuhr) von mehreren stimmkräftigen Jungen an verschiedenen Stellen des Marktes rufen zu lassen: „Putz kommt"; es sei nun drollig anzusehen gewesen, welche große Anzahl männlicher und weiblicher Individuen, zum Teil von höchst ehrbarem Aussehen, sich schleunigst aus dem Staube gemacht hat.

Die geschilderten akustischen Verständigungsmittel, insbesondere die Verwendung von Tierstimmen, haben die berufsmäßigen Gauner — ähnlich wie wir dies bei den gestischen Zinken bereits kennen gelernt haben — mit den Zigeunern gemein. Heute läßt sich nicht mehr feststellen, ob die (nichtzigeunerischen) Gauner und Landstreicher diese Art der Verständigung von den Zigeunern (zu denen sie sich vielfach gesellten) gelernt oder ob etwa umgekehrt diese sie von jenen übernommen haben; ein Zusammenhang besteht aber sicherlich. Infolge der konservativen Art der Zigeuner haben sich auch hier die Bedeutung der einzelnen akustischen Zeichen länger erhalten. Nach *v. Wlislocki*[4]) werden diese Signale vorwiegend auf der Wanderschaft von der Vorhut verwendet, um die Haupttruppe von ihren Wahrnehmungen zu verständigen. Es bedeutet:

Pfiff + Uhuschrei — ein Fluß ist zu überschreiten
Eulenruf, mehrmals wiederholt — eine Ortschaft ist in Sicht
Rabengekrächze — Begegnung mit Leuten
Rabengekrächze, abwechselnd mit Uhuschrei — Begegnung mit Gendarmen o. ä.

[1]) Vgl. das noch heute gebräuchliche Kinderlied „Es schleicht ein Bi-Ba-Butzemann um unser Haus herum".

[2]) Wollte man sich fragen, wie es kommt, daß die Warnrufe in verschiedenen Gaunermundarten mit dem Begriffe „Mond" zusammenfallen, oder doch auf diesen irgendwelchen Bezug haben, so würde man fehlgehen, wollte man behaupten, dies sei einfach aus dem nächtlichen Treiben der Gauner und dem Zusammenhange von Nacht und Mond zu erklären; was aber der Grund dieser Verbindung wirklich ist, wird kaum jemals klar werden. Vergleiche noch die englischen Ausdrücke: the mooncurser (Mondläufer) = nächtlicher Dieb, und (in Amerika) the moonshiners = Leute verrufenster Art, die an abgelegenen Stellen im Walde verbotenerweise Branntwein brennen.

[3]) An manchen Orten heißt auch der Bettelvogt Putz; so schon im „Rotwelschen Wörterbuche" von St. Georgen am See, 1750 (Kärnten).

[4]) *v. Wlislocki*, Aus dem inneren Leben der Zigeuner, Berlin 1892, S. 109f.

Schrille Pfiffe — Begegnung mit Zigeunern
3 Kuckucksrufe, in Zwischenpausen wiederholt — Vorsicht!
Pfiffe und Kuckucksschrei, abwechselnd wiederholt — Gefahr!
2 Pfiffe + 2 Eulenrufe — man nähert sich einer zur Rast geeigneten Stelle
Hundegebell — verdächtiges Feuer in Sicht
Froschgequacke, dreimal — unbewachtes Geflügel
Ruf „Uti-uti-uti-tu" — ein Feld, in welchem ein Aufpasser versteckt ist (daher nichts stehlen!).

β) Phonischer Verkehr im Gefängnisse.

Dieser ist viel verbreiteter, ausgedehnter und gefährlicher, als man gewöhnlich annimmt. Meistens glaubt man, es sei doch nicht möglich, daß sich die Gauner längere und genauere Mitteilungen im Gefängnisse zukommen lassen, kürzere Mitteilungen hätten ohnehin keinen Wert und so brauche man sich um derlei Kleinigkeiten nicht zu kümmern. Wer das glaubt, hat entweder seine eigenen Haftlokale nie angesehen und nie beobachtet, welche Folgen solche Verabredungen haben, oder er lügt sich selber an. Man denke sich in die Lage des Verhafteten, dem 24 Stunden im Tage zur Verfügung stehen, der nichts Wichtigeres zu denken hat als „seinen Fall", der weiß, daß nur seine Klugheit, seine Verantwortung ihm helfen kann, und dem nun alles daran liegt, sich entweder mit einem mitverhafteten Helfershelfer zu verständigen, um übereinstimmende Verantwortungen zutage zu bringen, oder aber einen anderen Verhafteten, dessen Befreiung in Kürze bevorsteht, dazu zu veranlassen, daß er auswärts für Alibizeugenbeschaffung, Spurenbeseitigung, Vernichtung von Corpora delicti usw. sorgt. Freilich wird nicht viel Gefährliches geschehen, wenn der Bauernbursche, der ein Reh geschossen hat, um zu einer wildledernen Hose zu gelangen, mit dem Knechte, der eine Rauferei zu verantworten hat, heimlich Rücksprache pflegt; aber wenn es sich um geriebene Gauner handelt, deren Bestrafung ein Segen für die Mitmenschen ist, dann haben wir es mit Leuten zu tun, deren ganzes Sein sich darum dreht, sich unrechtmäßigen Gewinn zu verschaffen, nicht erwischt zu werden und, wenn sie erwischt werden, wieder loszukommen. Diese Leute verstehen es aber auch, sich mit Wenigem in weitgehender Weise verständlich zu machen, und ihr ganzes Sinnen und Trachten geht auch dahin, sich dieses notwendige „Wenige" zu ermöglichen. Wer nur kurze Zeit darauf ein Augenmerk richten will, wird bald wahrnehmen, wie es auch in den besteingerichteten Gefängnissen zugeht. Durch Türen und Fenster, bei Tag und Nacht, in der Zelle und beim Spaziergehen werden Sätze, Worte, Zahlen, unartikulierte Laute gerufen, beantwortet und auch verstanden, denn sonst würde dies nicht so konsequent überall und immer fortgesetzt. Auf die abenteuerlichste Weise haben sich solche Leute verständigt. Der eine stellte sich irrsinnig und sprach fortwährend

Zahlen aus — im nächsten Stockwerke war aber einer so boshaft, den armen Irren zu verspotten, und wenn der untere eine Zeitlang Zahlen rezitiert hatte, tat dies dann der andere „zum Spotte" ebenfalls. Der unten wurde zornig und rief wieder Zahlen, der obere lachte und spottete wieder, und als man endlich merkte, daß die zwei sich nur verständigt hatten, war es längst zu spät. In einem anderen Gefängnisse waren zwei Juden in Haft. Sie waren fromme Leute und sangen alle Tage, merkwürdigerweise aber nie zugleich, „um einander nicht zu stören" hebräische Psalmen, und erst nach langer Zeit wurde zufällig entdeckt, daß die Leute ihre Verantwortung einander gegenseitig zugesungen und zupsalmiert hatten und so alles verabreden konnten, was ihnen beliebte.

Singen die Leute im Arrest, so ist man meistens froh, daß sie guter Laune sind und läßt sie gewähren. Auf den Inhalt dieser Gesänge merkt freilich niemand; hätte es aber der U. getan, so wäre er sehr erstaunt darüber gewesen, daß dieser Text oft lediglich seinen Untersuchungen entnommen ist. Signale, und keineswegs unbedeutende, werden auch durch Pfeifen gegeben, wodurch oft weitgehende Verständigung erreicht werden kann.

Große Verbreitung hat von jeher die Verständigung durch Klopfen gefunden (sog. Klopfsprache, in Frankreich: langage frappé, jüdischdeutsch: Hakesen). In manchen Gegenden wurde das in früheren Zeiten so arg, daß man zu kostspieligen Baueinrichtungen greifen mußte. Man hat die sogenannten Schekschen Zellen (mit dreifachen Wänden) gebaut, *Avé-Lallemant* erzählt, daß man in Weimar einmal Turmuhren im Korridor aufstellte, um durch deren lauten Pendelschlag das „Hakesen" zu stören, und in den Gefängnissen von Venedig hatte man einmal auf allen Gängen Klappern angebracht, die fortwährend durch Uhrwerke in Bewegung erhalten wurden. Diese Klopfsprache, bei der jeder Buchstabe einfach durch so viel Klopftöne wiedergegeben wird, als seiner Stellung im Alphabet entspricht (einmal = a, zweimal = b, dreimal = c usw.), ist umso bedeutungsvoller, als sich ihr erfahrungsgemäß nicht bloß Angehörige des berufsmäßigen Gaunertums, sondern auch politische Gefangene zu bedienen pflegen[1]). *Avé-Lallemant* behauptet weiter, daß seit der Verbreitung der Telegraphie in den Arresten zur Verständigung durch Klopfen häufig das Morsealphabet benützt werde, bei dem bekanntlich alle Buchstaben durch Kombination von Strichen und Punkten dargestellt werden, an deren Stelle in der Klopfsprache lange und kurze Schläge treten. Dies werde dadurch erleichtert, daß geübte Telegraphisten auch schon nach dem klopfenden Geräusch, das beim Telegraphieren

[1]) Ein historisches Beispiel hiefür gab *Franz v. Spaun*, der Ende des 18. Jahrhunderts 10 Jahre in Munkacz und Kufstein als politischer Gefangener festgehalten wurde. Er hatte entdeckt, daß neben ihm ein Franzose in Haft war und suchte sich mit ihm zu verständigen. Er fing zu klopfen an und setzte dies so oft fort, bis der Nachbar merkte, daß damit die Buchstaben des Alphabets gemeint seien, und das Klopfen erwiderte. In wenigen Wochen konnten sie sich auf diese Weise schnell verständigen und sich gegenseitig ihr Schicksal erzählen (*Avé-Lallemant* a. a. O., 2. Teil, S. 99).

durch Betätigung der Apparatur entsteht, den Inhalt der Depesche aufzufassen vermögen, ohne die graphischen Zeichen zu sehen. Auch kann die Unterscheidung von Strich und Punkt — außer durch den Rhythmus — durch eine verschiedene Qualität der Klopftöne dargestellt werden, z. B. der Strich durch Schlag mit der Faust, der Punkt durch Klopfen mit dem Finger; in ähnlicher Weise kann eine solche Unterscheidung dadurch herbeigeführt werden, daß verschiedene Gegenstände (Löffel, Brett, Schuh usw.) zum Klopfen benützt werden. Da die Kenntnis des Morsealphabetes, das in jedem Physiklehrbuch und sogar in manchen Taschenkalendern abgedruckt ist, heute sehr weit verbreitet ist, ist die Möglichkeit seiner Verwendung für die Klopfsprache eine sehr große, wenngleich genaue Erfahrungen hierüber nicht vorliegen.

Ein anderes System, um die Buchstaben des Alphabetes in der Klopfsprache darzustellen, besteht im sogenannten Quadrieren: jeder Buchstabe wird aus zwei Klopfreihen zusammengesetzt, die entsprechend dem in Abb. 61 wiedergegebenen Quadrat die entsprechende Vertikal-

	1	2	3	4	5
1	a	b	c	d	e
2	f	g	h	i	k
3	l	m	n	o	p
4	q	r	s	t	u
5	v	w	x	y	z

Abb. 61: Klopfsprache durch „Quadrieren".

und Horizontalreihe angeben, in der der Buchstabe zu finden ist. Demnach bedeutet z. B.: $2+1 = $ b, $3+2 = $ h, $2+3 = $ m usw. Soll also der Buchstabe m signalisiert werden, so klopft man zuerst zweimal und dann dreimal und schaltet vor dem nächsten Buchstaben eine größere Pause ein. Gegenüber dem gewöhnlichen System der Klopfsprache bedeutet dies eine wesentliche Vereinfachung und Zeitersparnis[1]).

Um der Klopfsprache der Gefangenen wirksam zu begegnen, tut man am besten, das Wachpersonal zu beauftragen, stets mitzuklopfen,

[1]) Dieses System wurde schon vor vielen Jahren in Rußland, z. B. in der berüchtigten Turbetzkoibastei geübt. Vgl. *Georg Kennann*, Russische Gefängnisse, übersetzt von *Hack*, Leipzig (Reclam).

wenn in den Haftlokalen geklopft wird. Dadurch wird die Verständigung der Verhafteten gestört, meistens sogar unmöglich gemacht.

Auch andere Wege der akustischen Verständigung unter Gefangenen kommen vor. So können sich Häftlinge, die im selben Stockwerk untergebracht sind, dadurch verständigen, daß sie sich platt auf den Boden legen und langsam und deutlich gegen den Fußboden sprechen. Wenn sich dann der betreffende Gegen-Korrespondent in seiner, wenn auch entfernten Zelle so auf den Boden legt, daß er ein Ohr fest an die Diele anschließt, so versteht er das Gesagte recht gut. Allerdings muß diese Art von Verständigung, namentlich die Stunde, wann es geschehen soll, irgendwie verabredet sein, z. B. schon im voraus oder durch Mitgefangene usw. Besonders gut gelingen derartige Verständigungen, wenn der Sprechende den Mund möglichst nahe an eine Gas-, Wasserleitungs-, Heizungs- oder Ventilationsröhre bringt, während der Hörende sein Ohr an den betreffenden Strang anpreßt. In Zellengefängnissen mit Wasserklossetts wird dies erleichtert, wenn es gelingt das Wasser aus dem Syphon des Aborts zu entfernen; spricht man dann in den Trichter, so hören das alle, deren Abort in dasselbe Rohr mündet[1]).

d) Slichener Zinken.

Darunter wird die Markierung von Gaunern verstanden, die sich einmal gegen andere Gauner eines Verrates schuldig gemacht haben. In früherer Zeit wurden von Gaunerbanden, ebenso aber auch von politischen Geheimbünden, Angeber oder Verräter einfach getötet, oft martervoll zu Tode gequält. Später hat man sie nur halbtot geprügelt und ihnen regelmäßig einen senkrechten Schnitt auf einer, häufig auf beiden Wangen, beigebracht. Schnitte auf der Wange heilen gut und glatt, wenn die Wundränder scharf und gut aneinandergeheftet (genäht) werden, wie die Studentenschmisse beweisen. Findet diese Vereinigung aber nicht statt, so klafft die Wunde weit auseinander und es entsteht eine breite, wulstige, lange rot bleibende Narbe. Sieht dann ein Gauner eine solche an einem andern, so weiß er, daß er sich vor ihm zu hüten hat — aber auch der U. wird sich vorzusehen wissen, wenn ein Verhafteter oder Vernommener durch eine (nicht anderweitig aufgeklärte) schwere Narbe auf der Wange ausgezeichnet ist. Man behauptet, daß die Slichener Zinken kaum mehr vorkommen und *Avé-Lallemant* erinnert sich nur eines einzigen alten Juden, der „gezinkt" gewesen sein dürfte. So mag es ja im Norden Deutschlands selten geworden sein, die Verräter zu kennzeichnen, in den südlichen und östlichen Gebieten Mitteleuropas kommt es noch hier und da, am meisten unter Zigeunern vor, und ich selbst habe mit Zigeunern und Zigeunerinnen zu tun gehabt, die im Gesicht Narben getragen haben, die eingestandenermaßen „Slichener Zinken" waren. Allerdings darf man von einem solchen „eingestandenermaßen" nicht viel halten, wie es folgendes zeigt:

[1]) Vgl. *H. Groß*, Hakesen in moderner Form, Archiv 4 S. 187 und *Mothes*, Kleinere Mitteilung, Archiv 9 S. 104.

Nahe der ungarischen Grenze liegt ein Bezirk, der ununterbrochen von Einfällen der Zigeuner zu leiden hatte. In seinem östlichsten Teile war ein Gendarmerieposten aufgestellt, dessen Wachtmeister, ein älterer, überaus eifriger und intelligenter Mann, sich im Verlaufe der Zeit zu einer wirklichen Spezialität im Zigeunerwesen entwickelt hatte. Wie der Zigeuner geht, wie er seine Straße nimmt, wo er einbricht, wie er ausspäht, was er mitnimmt, wie er flieht, wo er verkauft, alle diese speziellen Zigeunerpraktiken waren jenem Wachtmeister durch jahrelanges praktisches Studium so vollkommen geläufig, als ob er unter ihnen gelebt hätte. Begreiflicherweise war er auch den Zigeunern gut bekannt und von ihnen auf das Äußerste gefürchtet, so daß er auf seinem Posten geradezu überflüssig wurde und dann auf einen anderen Posten, natürlich auch eine berüchtigte Einbruchstelle der Zigeuner, versetzt wurde. Zu diesem Wachtmeister kam nun einmal ein Zigeuner, suchte sich unter großen Heimlichkeiten in dessen Vertrauen einzuschleichen, wies endlich auf eine Narbe auf der Wange und erzählte, er sei ungerecht von seinen Leuten als Verräter behandelt und gekennzeichnet worden. Nun wolle er aber aus Rache wirklich ein Verräter werden; kurz, er trug sich dem Wachtmeister als Kundschafter an. Dieser ging auf das Anerbieten ein, der Zigeuner erwies sich als wohlunterrichtet und verläßlich, und der Wachtmeister erhielt von einer Menge von Einbrüchen usw. Kenntnis, bevor sie noch geschehen waren. Daß der Wachtmeister regelmäßig um etwas zu spät kam, um die Einbrecher abzufassen, war nicht des Zigeuners Schuld, und ebensowenig konnte er dafür, daß er dem Wachtmeister nur den Versteck der minder wertvollen gestohlenen Sachen angeben konnte. Mit der Zeit stellte es sich aber heraus, daß auffallenderweise immer dann, wenn der Zigeuner dem Wachtmeister einen beabsichtigten Einbruch angezeigt hatte, einige Stunden weit davon ein zweiter Einbruch geschah, bei dem viel mehr und Wertvolleres gestohlen wurde als bei dem verratenen. Kurz, man nahm wahr, daß das Ganze Lug und Trug war, und daß sich der Zigeuner die Verletzung an der Wange absichtlich hatte beibringen lassen, um seinen Kameraden einen wichtigen Dienst zu leisten; er hatte durch seine Anzeigen stets die Behörde auf irgendeinen harmlosen Punkt aufmerksam gemacht, während dann ganz wo anders ein ausgiebiger Beutezug ungestört ausgeführt werden konnte.

Ein andermal wurde aber allerdings ein beabsichtigtes großes Verbrechen von einem (weiblichen) Mitgliede einer ausgedehnten Bande angezeigt; später, nach Jahren, sah ich die Anzeigerin mit einer großen Narbe auf der rechten Wange. Ob diese mit der Anzeige in Verbindung war, weiß ich nicht, vermute es aber.

Jedenfalls rate ich Aufmerksamkeit an, wenn solche Gekennzeichnete vorkommen; in welche Richtung die Aufmerksamkeit dann zu lenken ist, muß der einzelne Fall lehren.

5. Geheimtinten und sonstige geheime Verständigungsmittel.

Zu den besonderen Verständigungsarten der Gauner gehören auch ihre unsichtbaren Geheimschriften, deren sie sich häufig in der Haft, mitunter aber auch auf freiem Fuße bedienen[1]). Daß es solche Geheim-

[1]) Vgl. *Dennstedt*, Die Chemie in der Rechtspflege, Leipzig 1910; *Langen* und *Nippe*, Unsichtbare Geheimschriften und deren Erkennung, Handbuch der biol. Arbeitsmethoden, hgg. von *Abderhalden* (IV, Teil 12, 2. Hälfte), Berlin 1932; *Takayama*, Verfahren, undeutliche Blut- und Speichelschrift sichtbar zu machen, Archiv 15 S. 238; *Reiß*, Beitrag zum Verfahren, undeutliche Speichelschriften

schriften gibt, ist auch in der nichtkriminellen Bevölkerung bekannt, da ja sogenannte „sympathetische Tinten" seit alters her auch zu harmlosen Zwecken benützt werden. So empfahl schon Ovid den Römerinnen, ihre Liebesbriefe mit Milch zu schreiben und durch Bestreuen mit Kohlenstaub wieder lesbar zu machen[1]); und auch andere — chemische — Verfahren wurden bereits im Altertum verwendet. Heute spielen unsichtbare Tinten nicht nur bei der Verständigung der Verbrecher untereinander, sondern auch beim Nachrichtenverkehr von politischen Geheimorganisationen, Spionen, Kriegsgefangenen u. ä. eine nicht unbedeutende Rolle.

Der modernen Chemie gelingt es naturgemäß leicht, eine Unzahl von mehr oder minder farblosen Flüssigkeiten anzugeben, die bei Berührung mit anderen Substanzen eine Farbreaktion ergeben; diese letzteren Substanzen — entweder in flüssigen Lösungen oder in gasförmigem Zustand — dienen somit als „Entwickler". Die wichtigsten derartigen für solche Zwecke in Betracht kommenden Reaktionen seien der Übersicht halber in Tabellenform wiedergegeben, wobei vom jeweiligen Entwickler ausgegangen sei:

Entwickler[2])	Farbreaktion	Schreibmittel[2])
Alkalikarbonat (Pottasche, Soda) oder Ammoniakdämpfe	rot	a) Anthrachinonderivate z. B. Isticin (in Äther oder Alkohol löslich) b) Phenolphthalein (alkoholische Lösung)
Ammoniumsulfid	schwarz	Verbindungen von Schwermetallen (Blei, Kobalt, Wismut, Quecksilber, Antimon. Eisen)
Benzidinazetat mit Kupferazetat	blau	Zyanide (z. B. Bittermandelwasser)
Chlorkalklösung	braun	schwefelsaures Manganoxydul

sichtbar zu machen, Archiv 17 S. 156; *H. Groß*, Geheimschrift, Archiv 25 S. 379; *derselbe*, Klarstellung gewisser Geheimschriften, Archiv 64 S. 295; *Rubner*, Ultraviolette Strahlen und unsichtbare Geheimschriften, Archiv 79 S. 254; *Künkele*, Artikel „Unsichtbare Schriften" im HGerMed.

[1]) „Tuta quoque est, fallitque oculos a lacte recenti
Litera, carbonis pulvere tange; leges."

[2]) Falls nichts anderes angegeben, in wässriger Lösung.

Entwickler	Farbreaktion	Schreibmittel
Chinalizarin	rotviolett blau	a) Aluminiumsalze b) Magnesiumsalze
Diazobenzolchlorid	gelb orangerot rot	a) Naphthol b) Resorzin c) Phenole (nicht flüchtiger Natur)
Eisenchlorid	grün grün rot rot rot blau blau blau dunkelblau bis schwarz violett violett violett violett verschieden verschieden verschieden rot verschieden	a) Adrenalin b) Apomorphin hydrochloricum c) Antipyrin d) Essigsäure und deren Salze e) Mekonsäure (auch Opium) f) Kaliumferrozyanid (gelbes Blutlaugensalz) g) Kobaltchlorürlösung h) Morphium i) Gerbstoff- (Tannin-)lösungen und sonstige gerbstoffhältige Pflanzenauszüge (z. B. Galläpfelbrühe) k) Naphthol l) Pyramidon m) Salipyrin n) Salizylsäure u. deren Salze o) Brenzkatechin und andere Phenole p) Hydrochinon q) Pyrogallol r) Rhodankalium s) Resorzin
Fuchsinbisulfit	rot	Formaldehyd und andere Aldehyde
Gerbstofflösung (Tannin) oder gerbstoffhältige Pflanzenauszüge (Galläpfelextrakt)	gelb blauschwarz tintenschwarz	a) Antimonchlorid b) Ferrosulfat, Eisensalze c) Wismutnitrat
Gerbstofflösung, dann Eisenchloridlösung	schwarzblau	Alkaloide
Guajaktinktur mit Kupferazetat	blau	Kirschlorbeerwasser oder andere Zyanide

Entwickler	Farbreaktion	Schreibmittel
Guajaktinktur mit Wasserstoffsuperoxyd	blau	Eisenverbindungen (auch verdünntes Blut)
Jod (in Alkohol) oder Jodjodkalilösung	blau	Stärke- und Mehlwasser
Joddämpfe	gelblichbraun	a) Jodkali b) Bromsalze (z. B. Mixtura nervina)
Kaliumferrozyanid (gelbes Blutlaugensalz)	blau braun	a) Eisenchlorid b) Kupfersalze
Kalium sulfuratum	schwarz	Bleiessig
Kupfersulfat	braun grün	a) Kaliumferrozyanid (gelbes Blutlaugensalz) b) Natriumchlorat
Lauge (Ätzkali, Ätznatron u. a.)	rot rot	a) Anthrachinonderivate, z. B. Istizin b) Phenolphthalein
Mayers Reagens (Kaliumquecksilberjodid), hierauf auswaschen und mit Schwefelwasserstoff räuchern	gelbbraun bis schwarzbraun	Alkaloide
Methylenblau	lesbar	Chloraluminium mit Zucker
Natriumsulfhydrat	braun	basisches Bleiazetat
Natriumsulfid	blauschwarz	Blei-, Kupfer-, Quecksilber- und andere Schwermetallsalze
Nickelsulfatlösung (mit Ammonsulfat und Ammoniak versetzt)	rot	Dimethylglyoxim in etwa 65%igem Alkohol

Entwickler	Farbreaktion	Schreibmittel
Nitritschwefelsäure, dann Stärkekleister	blau	Jodide
Phenolphthalein	rot	Kalilauge, Sodalösung und sonstige Alkalien
Rhodanwasserstoff (gasförmig)	rot	Eisensalze
Salzsäure	rot	Phlorogluzin auf holzhaltigem Papier
Salzsäure mit Vanillin	rot	Phlorogluzin
Salzsäure mit Phlorogluzin	rot	Vanillin
Schwefelammonium	schwarz	Quecksilber-, Blei-, Kupfer- und andere Schwermetallsalze
Schwefelsäure mit Morphium	blau	Formalin
Schwefelwasserstoff (gasförmig)	gelb rotbraun schwarz schwarz	a) Arsensalze (besonders in dreiwertiger Form) b) Brechweinstein (Kaliumantimonyltartarat) c) Silbernitrat d) Quecksilberchlorid, Blei-, Kupfer-, Eisen- und Antimonsalze
Silber-, Quecksilber- oder Bleisalze	schwarz	Natriumsulfid (und andere Sulfide)
Wasserstoffsuperoxyd und Salzsäure, dann Stärke	blau	Jodide
Zinnchlorür	rot	Goldchlorid oder Goldnatriumchlorat
Zinnsalze	blauschwarz	Quecksilbersalzlösung (z. B. Sublimat)

Wie diese Übersicht zeigt, sind manche dieser Reaktionen umkehrbar, d. h. die als Entwickler angegebene Flüssigkeit kann auch als Schreibmittel verwendet und dann durch die als Schreibmittel angegebene Substanz sichtbar gemacht werden; im allgemeinen wird es sich in solchen Fällen empfehlen, die farblosere Lösung als Tinte zu benützen. Für den praktischen Erfolg einer Geheimtinte ist es überhaupt wichtig, daß die erzeugte Schrift wirklich unsichtbar ist. Das hängt — abgesehen von der Farblosigkeit der Tintenflüssigkeit — wesentlich von der Papierqualität und auch vom Schreibwerkzeug ab. Auf gut geleimten Schreibpapieren hinterlassen die meisten Flüssigkeiten schon dadurch Spuren, daß der Oberflächenglanz an den beschriebenen Stellen verschwindet und dadurch die Schrift im Schräglicht erkennbar ist. Bei rauhen Papieren ist dies nicht der Fall. Wird mit Stahlfeder geschrieben, so hinterläßt schon der Druck der Federbeine meist verdächtige Spuren, wenn auch die Schrift daraus allein nicht rekonstruiert werden kann. Auch besteht in diesem Fall die Möglichkeit, daß durch Berührung der Flüssigkeit mit dem Stahl der Feder Eisenverbindungen entstehen, durch die dann die Schrift nicht bloß mit dem spezifischen Reagenz auf die betreffende Tintenflüssigkeit, sondern auch mit einem anderen Reagenz auf Eisensalze hervorgerufen werden kann[1]. Dies wird vermieden, wenn nicht mit Feder, sondern mit einem Holzstäbchen oder, noch besser, mit einem feineren Pinsel geschrieben wird.

Von den in obiger Tabelle angegebenen Tinten sind für den geheimen Verkehr eines Häftlings mit der Außenwelt alle jene von geringerer Bedeutung, die irgendwelcher Chemikalien bedürfen, um geschrieben oder hervorgerufen zu werden; ein Mann in der Haft wird z. B. schwerlich eine Galläpfelabkochung zur Verfügung haben, um damit schreiben oder eine (mit Eisensalzen geschriebene) Geheimschrift hervorrufen zu können. Doch dürfen auch solche Möglichkeiten nicht unterschätzt werden: Eisenchlorid kann z. B. auch einem Häftling (als blutstillendes Mittel) vom Arzt verschrieben werden, ebenso Pyramidon, Adrenalin u. a. Schwefelwasserstoff, mit dem verschiedene unsichtbare Tinten hervorrufbar sind, kann sich ein Häftling allenfalls durch faule Eier oder durch Kloakengase verschaffen. Für den geheimen Verkehr aus der Haft und umgekehrt besonders wichtig und gefährlich sind aber naturgemäß jene unsichtbaren Schriften, die ohne Chemikalien herzustellen sind, bzw. ohne solche sichtbar gemacht werden können. Solche Geheimschriften sind vor allem die mit Urin, Milch (Muttermilch) und Speichel geschriebenen und die Wasserdruckschrift. Als Hervorrufungsmethoden dienen das Einstauben, das Anfeuchten und das Erwärmen.

Durch Einstauben mittels Kohlenstaubes, auch feiner Asche n. ä.,

[1]) Dies kann z. B. auch beim Schreiben mit der (völlig unsichtbaren) alkoholischen Dimethylglyoximlösung der Fall sein, die sonst nur durch die in der obigen Tabelle angegebene Nickelreaktion sichtbar wird und auch durch physikalische Methoden (Quarzlampe, Erwärmen) nicht hervorgerufen werden kann; die Verwendung dieser Reaktion zu Geheimschriftzwecken wurde dem Bearbeiter vom Pharmakognosten *R. Fischer* (Graz) angegeben.

werden Milch[1]) und Speichelschriften sichtbar, ebenso Schriften mit verdünnter Gummiarabikumlösung, die man zweckmäßigerweise vor dem Einstauben anhaucht. Der Sachverständige wird zum Einstauben am besten das (im daktyloskopischen Einstaubverfahren verwendete) Schwarzpulver benützen[2]). Für Schriften mit verdünntem Blut[3]) oder Speichel stehen dem Sachverständigen auch die von *Tokayama* angegebenen Färbemethoden zur Verfügung: Das Schriftstück wird mit konzentrierter alkoholischer Eosinlösung durch einige Sekunden gefärbt und hierauf durch mehrmaliges Auswaschen in Alkohol entfärbt; das Papier wird fast farblos, die Schrift bleibt rot zurück. Nachträgliche Erwärmung verstärkt den Effekt. War aber eine Speichelschrift vorher in Wasser getaucht worden, so gelingt die Sichtbarmachung mit der Eosinfärbung nicht, wohl aber durch Färbung mit einer konzentrierten wässerigen Nigrosinlösung, der etwas Gummiarabikum und verdünnte Salzsäure beigesetzt wird. Das Papier wird mit der Schrift nach unten auf die Farbflüssigkeit gelegt und etwa 20 Sekunden lang hin und her bewegt. Hierauf wird mehrmals mit Wasser abgespült; die Schrift färbt sich bläulich-schwarz, die Umgebung bleibt fast weiß[4]).

Durch bloßes Anfeuchten mit Wasser werden folgende Schriften sichtbar:

1. Die sogenannte Widmannsche Tinte (1 Teil Leinöl, 20 Teile Ammoniak, 100 Teile Wasser). Vor jedem Eintauchen muß die Tinte gut geschüttelt werden, das mit ihr Geschriebene ist nach dem Trocknen unsichtbar und tritt bei Befeuchtung hervor.

2. Eine Tinte, die man erhält, wenn man Kupfer in Salzsäure, der etwas Salpetersäure zugesetzt ist, auflöst und die Lösung so lange mit Wasser verdünnt, bis das damit Geschriebene nicht sichtbar ist. Diese leicht herzustellende Tinte (die erforderliche geringe Kupfermenge ist in alten Kupfermünzen, elektrischen Drähten u. a. für jedermann leicht beschaffbar) wird, wenn man das Geschriebene in Wasser taucht, in grauem Farbton deutlich sichtbar.

---

[1]) Geheimschriften aus fetthaltigen Flüssigkeiten, wie insbesondere Milch, können auch durch folgendes Verfahren hervorgerufen werden. Man badet ein glattes strukturloses Filtrierpapier in einer Perhydrol-Ätherlösung und läßt es wieder trocknen. Das so behandelte Filtrierpapier wird unter leichten Druck auf die Geheimschrift gelegt, wodurch sich das die Schrift tragende Papier mit Wasserstoffsuperoxydgas vollsaugt, während die fetttragenden Stellen das Gas nicht aufnehmen. Durch Aufpressen des Geheimschriftträgers auf eine Gelatinfläche (z. B. entsilberter Photofilm) überträgt sich das Wasserstoffsuperoxydgas auf diese und kann in einer Lösung von Mangansulfat mit Zusatz von Ammoniak und Ammoniumchlorid entwickelt werden. Dieses etwas komplizierte Verfahren wird dann anzuwenden sein, wenn man den Schriftträger selbst nicht durch das Einstaubverfahren oder durch Erwärmen verändern will.

[2]) Vgl. unten XII. Abschn.

[3]) Verdünnte Blut-Schriften lassen sich auch mittels der Benzidinreaktion auf Blut nachweisen (siehe diese unten XIV. Abschn.).

[4]) Auf ähnlicher Wirkung beruht auch das Hervorrufen von Geheimtinten mittels der sogenannten Gaede-Heeßschen oder Moserschen Flüssigkeit (Kalziumchloridlösung mit Jodkaliumjodid): Schriften, die bloß mit trockener Feder oder mit Wasser, Alkohol o. ä. geschrieben sind, werden dadurch braun angefärbt (offenbar infolge der Verletzung der Papierleimung).

3. Die Wasserdruckschrift (auch Durchdruckschrift genannt) kann ebenfalls von jedermann mit den einfachsten Mitteln auf folgende Weise hergestellt werden: man taucht gutes Schreibpapier in Wasser und breitet es auf eine glatte, harte Fläche (Glas, Metall, Marmor u. ä.) aus, wobei alle Luftblasen sorgfältig durch Drücken entfernt werden. Hierauf wird ein trockenes Papier darübergelegt und auf diesem mit hartem spitzen Stift bei mäßigem Druck geschrieben. Das beschriebene Papier wird beseitigt und das nasse in der Luft getrocknet. Auf diesem sind im trockenen Zustand alle Spuren der Schrift verschwunden, sobald es jedoch in Wasser getaucht wird, tritt die Schrift wieder im durchscheinenden Licht sehr deutlich hervor. Dieses Verfahren kann beliebig oft wiederholt werden, ohne daß die Deutlichkeit der Schrift im nassen Zustand geringer wird — solange nicht etwa das Papier auf über 50 Grad erwärmt wird. Durch stärkeres Erwärmen, insbesondere wenn das Papier bereits eine bräunliche Farbe annimmt, wird die Wasserdruckschrift endgültig vernichtet[1]. Die im nassen Zustand im durchscheinenden Licht hervorgetretene Schrift läßt sich leicht photographisch festhalten, so daß man nach dem neuerlichen Trocknen dem Papier nicht ansehen kann, daß die Schrift entziffert und als Photogramm sichergestellt wurde.

4. Durch Eintauchen in (warmes) Wasser treten die sogenannten Gerbeschriften auf Photopapieren hervor: beschreibt man z. B. eine (scheinbar zum Andenken übersandte) Photographie mit einer gerbenden Flüssigkeit (Lösung von Tanin, Alaun, Chromalaun oder der hiezu besonders geeigneten 1%igen Formalinlösung), so wird die Quellfähigkeit der Photoschichte an den beschriebenen Stellen so sehr verringert, daß bei Anfeuchten die Schriftzeichen als vertiefte Rillen sichtbar werden und bei seitlicher Beleuchtung photographisch festgehalten werden können. Auch diese Gerbeschriften verschwinden wieder bei völligem Trocknen des Photos und können beliebig oft in der angegebenen Weise hervorgerufen werden. Verwendet hiefür kann jedes beliebige Photo werden, sofern es nicht etwa anläßlich seiner Entwicklung in ein (gerbendes) Erhärtungsbad gelegt worden war[2].

[1] Diese wichtige Geheimschrift wurde erstmals von *H. Groß* in Archiv 25 S. 379 veröffentlicht, dem sie durch eine Mitteilung eines Herrn *A. Schütz* bekannt wurde.

[2] Dieses einfache Verfahren stellt den Übergang zu den — oft recht komplizierten — photochemischen Geheimschriften dar, deren Möglichkeiten außerordentlich mannigfach sind. So wird z. B. eine Chromgelatinschichte schon durch Belichtung gegerbt; wird daher auf eine solche Schichte die zu übermittelnde Schrift im üblichen photographischen Belichtungsverfahren kopiert, so bleibt sie unsichtbar, kann aber — wie bei den Gerbeschriften — durch das Quellverfahren hervorgerufen werden. Oder: eine photographische Bromsilberplatte kann als Schriftträger benützt werden, indem man sie etwa 15fach überbelichtet und ohne zu entwickeln fixiert, wäscht und trocknet; durch einen Metolentwickler unter Zusatz von 5%iger Silbernitratlösung ist dann die Schrif- auf der Platte hervorzurufen. — Aber auch schon gewöhnliches holzschlifft haltiges Papier (z. B. Zeitungspapier) kann durch Belichtung im gewöhnlichen photographischen Kopierverfahren an den belichteten Stellen leicht vergilbt werden; durch Joddämpfe kann diese Bräunungsdifferenz so sehr verstärkt werden, daß die kopierte Schrift lesbar wird oder durch weitere Verstärkung auf photographischem Weg lesbar gemacht werden kann.

Durch Erwärmen werden — wie seit alters her bekannt — sehr viele Geheimtinten sichtbar. Von den mit Chemikalien bereiteten Tinten gilt dies insbesondere für die Lösungen fast aller Kupfer- und Kobaltsalze (daher auch für die oben beschriebene Kupfer-Salzsäure-Tinte, die auch schon durch bloßes Anfeuchten mit Wasser hervorgerufen werden kann), ferner für Bromkalilösung, Alaunlösung, verdünnte Säuren (z. B. verdünnte Schwefelsäure, der man zweckmäßigerweise etwas Zucker zusetzt) u. a. Von den ohne Chemikalien herzustellenden sympathetischen Tinten treten diejenigen aus Urin, Milch, Zuckerwasser, Zitronen- oder Apfelsaft bestehenden und noch manche andere unter Wärmeeinwirkung braun hervor. Mitunter sind höhere Wärmegrade bis zum leichten Verkohlen des Papiers erforderlich. Um dabei das Schriftstück ständig kontrollieren zu können, wird das Erwärmen am besten durch Plätten mit einem elektrischen Bügeleisen oder durch Bestrahlen mit einer stärkeren elektrischen Lampe, Heizsonne oder ähnlichem Gerät besorgt (dem Häftling gelingt dies allerdings auch schon mit einem Zündholz oder heißem Ofen). Die größte Schonung des Papiers erreicht man hiebei, wenn man es während des Erwärmungsprozesses zwischen zwei Glimmerplatten legt.

Für den Sachverständigen, der ein Schriftstück auf eine allfällige Geheimtinte zu untersuchen hat, steht jedoch außer den bisher genannten Methoden noch eine andere zur Verfügung, die bei vielen (nicht bei allen) unsichtbaren Tinten zum Erfolg führt: die Bestrahlung mit (gefiltertem) ultraviolettem Licht. Dieses schon in anderem Zusammenhang beschriebene Verfahren[1]) ist naturgemäß die Methode der Wahl, da das Schriftstück dadurch in keiner Weise beschädigt oder überhaupt verändert wird. Durch helle Fluoreszenz deutlich sichtbar werden Schriften aus Urin, Obst- oder Zwiebelsaft, Essig, Milch, Dextrin, Kalkwasser, viele als photographische Entwickler gebräuchliche Flüssigkeiten, wie Methol- und Hydrochinonlösungen, und viele andere. Speichelschriften treten auch, aber nicht besonders deutlich hervor. Andere Schreibflüssigkeiten wiederum fluoreszieren im Uviollicht gar nicht und werden daher unter der Quarzlampe dunkel auf dem stets mehr oder minder fluoreszierenden Papier sichtbar; dies ist z. B. bei der oben beschriebenen Kupfer-Salzsäurelösung der Fall. Vielfach hängt hiebei Intensität und Farbton der Fluoreszenz von der Papierqualität des Schriftträgers ab. Die als Fluoreszenzbild hervorgetretene Schrift kann photographisch durch eine Ultraviolett-Fluoreszenzaufnahme sichergestellt werden[2]). Wurde im gefilterten Uviollicht die Geheimschrift nur undeutlich sichtbar, so daß sie noch nicht deutlich zu lesen ist, so kann versucht werden, den Kontrast zwischen Schrift und Hintergrund auf chemischem Weg zu verstärken; hiefür empfiehlt *Kögel* ein 2-Minuten-

[1]) Oben 1. Band S. 337ff.

[2]) Die Technik dieses photographischen Verfahrens ist oben 1. Band S. 343f. näher beschrieben, wo auch in Abb. 15 eine im Kriminologischen Institut Graz sichtbar gemachte Urinschrift wiedergegeben ist.

bad in einer Ferrosulfatlösung (1 : 400) und nachträgliches Abtropfen oder Abschleudern der überschüssigen Lösung[1]).

Die große Mannigfaltigkeit der geschilderten, auch einem Häftling erreichbaren Flüssigkeiten, die sich als Geheimtinten verwenden lassen, hat zur Folge, daß sich das Korrespondieren mittels solcher Geheimschriften nur schwer verhindern läßt. Meistens wird der geheime Text zwischen den Zeilen oder am Rand eines harmlosen Schriftstückes enthalten sein. Selbst wenn die Vorsicht angewendet wird, daß der Häftling nur unter Aufsicht Briefe schreiben darf, so ist es doch — wenn die Überwachung nicht sehr genau erfolgt — einem geschickten Gauner möglich, das vorgelegte Papier gegen ein anderes auszutauschen, das schon früher mit unsichtbarer Tinte beschrieben wurde, oder selbst während des Abfassens des Briefes (z. B. unter dem Vorwand, austreten zu müssen) einige Zeilen unbemerkt mit Urin zu schreiben. In einem Falle benützte eine Untersuchungsgefangene, die in der Kanzlei des Kerkermeisters schrieb, einen unbewachten Augenblick, um ein zugespitztes Hölzchen mit Muttermilch aus ihren Brüsten zu befeuchten und so zwischen die mit Tinte geschriebenen Zeilen einige Worte in Milchschrift einzuschmuggeln.

Gegen derartige üble Dinge gibt es zwei Mittel: jeden Brief, der in eine Haftanstalt geht oder aus ihr kommt und auch nur im entferntesten den Verdacht auf Geheimschrift erweckt (z. B. durch auffallend große Zeilenabstände oder besonders belanglosen Inhalt des sichtbaren Textes oder etwa dadurch, daß das Papier seinen ursprünglichen Glanz verloren zu haben scheint oder bei Betrachtung im Schräglicht schwache Schriftspuren wahrzunehmen sind usw.), durch einen Sachverständigen untersuchen zu lassen oder noch gründlicher: keinen Brief im Original in die Haftanstalt oder aus dieser in die Außenwelt gelangen zu lassen.

Das erste Mittel hat den Nachteil, daß wirklich geeignete Sachverständige nicht überall und immer zur Verfügung stehen und daß es nicht unerhebliche Kosten verursacht. Die durch einen Nichtfachmann etwa vorgenommene Untersuchung unter der Analysenquarzlampe bietet — wie aus den bisherigen Darlegungen hervorgeht — bei negativem Ergebnis keine Gewähr, daß sich auf dem Schriftstück nicht doch eine Geheimschrift befindet. Und selbst für den kriminologischen Sachverständigen ist die gestellte Aufgabe keine leichte, wenn er alle Möglichkeiten einer unsichtbaren Tinte ausschließen wollte. Welcher Untersuchungsgang dabei einzuschlagen ist, hängt von den Umständen des Einzelfalles ab und bleibt daher der Geschicklichkeit des Sachverständigen überlassen. Allgemeine Richtschnur ist hiebei, daß man diejenigen

[1]) Da durch Anwendung solcher chemischer Verstärkungsmethoden möglicherweise die Hervorrufung der Schrift durch ein anderes Verfahren unmöglich gemacht wird, empfiehlt sich diese Methode nur dann, wenn ein probeweiser Versuch an einem kleinen Teil der Schrift zeigt, daß auf diesem Wege die Schrift deutlich hervorgerufen werden kann.

Methoden, die bei negativem Ergebnis den Erfolg anderer Methoden nicht verhindern, zeitlich zuerst vornimmt. Daher empfiehlt es sich mit der Betrachtung im gefilterten Uviollicht zu beginnen, dann chemische Methoden durch Einwirkung gasförmiger Entwickler zu versuchen (z. B. mittels Rhodanwasserstoff, durch den alle eisenhaltigen Tinten rot hervortreten) und erst, wenn auch dies nicht zum Ziele führt, die Methoden des Anfeuchtens, des Einstaubens und der Einwirkung flüssiger Entwickler anzuwenden. Da die letztgenannten Möglichkeiten besonders zahlreich sind und ihr Erfolg sich gegenseitig oft ausschließt, werden hiebei die verschiedenen Reaktionen versuchsweise mit verschiedenen Teilen des Schriftstückes vorzunehmen sein. Als allerletzte Methode kommt das Erwärmen in Betracht, da hiedurch meistens das Schriftstück dauernd verändert und der Erfolg anderer Methoden vereitelt wird.

Der zweite Weg, keinen Brief im Original passieren zu lassen, wird regelmäßig bei wichtigen Untersuchungen einzuschlagen sein. Briefe an den Häftling können ihm durch Vorlesen mitgeteilt werden; hiebei ist die Vornahme der Vorlesung protokollarisch festzuhalten, der Brief selbst stets zu den Akten zu nehmen. Hiedurch gewinnt man den Vorteil, daß überhaupt kein Papier in die Haftanstalt gelangt, was von Nutzen ist, weil auch harmlose Briefe später zur geheimen Verständigung der Häftlinge untereinander benützt werden können. Von Briefen hingegen, die von einem Häftling aus der Haftanstalt hinausgehen sollen, sind Abschriften zu nehmen, die vom Häftling unterfertigt werden können und an den Empfänger befördert werden, während das Original wiederum im Akt bleibt.

Daß man aber auch trotz dieser Vorsicht noch hintergangen werden kann, zeigte mir nachstehender, recht belehrender Vorfall, der uns in das Gebiet anderer geheimer Verständigungsmittel, nämlich des Schreibens mit Doppelsinn, führt.

Der Besitzer eines kleinen Waldgrundstückes wurde verdächtigt, daß er seit Jahren den Verkauf großer Mengen von gestohlenen Sachen über die Grenze betreibe. Der Mann wurde verhaftet, nicht aber seine Frau, da sie nur Mitwisserin sein konnte, nicht fluchtverdächtig schien und eine Anzahl kleiner Kinder, darunter eines an der Brust, zu Hause hatte. Der Mann leugnete im ersten Verhöre rundweg alles und legte eine unbezwingliche Sehnsucht an den Tag, mit seinem Weibe zu sprechen. Dieses wurde zwar den weiten Weg zu Gericht gerufen, mir aber war das auffallende Drängen des Mannes nach jener Unterredung verdächtig geworden, ich schlug diese ab, erklärte mich aber bereit, der Frau alles zu melden, was mir der Mann mitteilen werde. Nach langem Sträuben und Hin- und Herreden verlangte der Mann lediglich, ich solle der Frau mitteilen: „Sie möge die Ochsen gut füttern, er habe dies (bis zur Verhaftung) auch immer getreulich getan, nun möge sie dafür sorgen, daß die Ochsen gutes Futter bekämen." Diese harmlose Nachricht teilte ich der Frau mit und diese zog von dannen. Die Sache beschäftigte mich aber doch länger und noch an demselben Tage entsandte ich einen Gendarmen, der erheben sollte, ob denn die Leute überhaupt Ochsen besäßen. Die Antwort lautete: „Drei Ziegen sind vorhanden und ein abgetriebener Schimmel, mit welchem der Mann seine Fahrten mit gestohlenem Gute besorgt hatte. Ochsen haben die Leute weder jetzt noch hatten sie welche früher." Zweifellos war ich also in eine Falle gegangen und hatte die Mitteilung einer Nachricht selber besorgt, die sicherlich einen anderen Sinn hatte und für die Untersuchung von Bedeutung gewesen sein muß. Die Lösung gewann ich vorläufig nicht und konnte nichts anderes tun, als den begangenen argen Fehler durch erhöhte Aufmerksamkeit und Genauigkeit möglichst gutzumachen. Lange Zeit danach, als die Untersuchung beendet war, hatte ich ein Mädchen in Haft, welches unter Zigeunern aufgewachsen war und dort auf das raffinierteste stehlen gelernt hatte. Diese Person interessierte mich lebhaft, da ich glaubte, sie sei als Kind von den Zigeunern gestohlen worden, weshalb ich während ihrer Haft Nachforschungen, leider vergeblich, gepflogen habe. Das arme Geschöpf zeigte sich dankbar für die erwiesene Teilnahme und sagte mir eine Menge von Dingen, die ich früher nicht gewußt hatte und später von anderen Seiten bestätigt erhielt (z. B. eine Menge von Zigeunerpraktiken beim Reisen, Stehlen, Auskundschaften, Fliehen, Sichverständigen usw., sowie viele Ausdrücke der Zigeunersprache). Unter anderem fragte ich das Mädchen, was „Ochsenfüttern" heiße, und erhielt die Antwort, dies bedeute (aber nur in hiesiger Gegend, nicht allgemein): „Die Herren vom Gerichte anlügen und nichts eingestehen." Der Sinn der damaligen Nachricht war also einfach: „Ich habe bis jetzt nichts eingestanden, gesteh auch du unter keiner Bedingung etwas ein."

Solche versteckte „Phrasen mit Doppelsinn" (Hemd statt Geld, guter Freund für falschen Zeugen usw.) kommen in Gaunerbriefen häufig vor[1]), ebenso in den Korrespondenzen politischer Gefangener, Kriegsgefangener usw. Will man den durch sie hervorgerufenen Gefahren entgehen, so dürfte man die Briefe nur dem Sinne nach wiedergegeben expedieren; aber selbst da entkäme man den Zweideutigkeiten nie ganz. Briefe von raffinierten Gefangenen und solche an sie enthalten stets Gefahren für die Untersuchung.

Verborgene Mitteilungen in Briefen können auch dadurch gemacht werden, daß bestimmte Teile des Textes in anderer Reihenfolge zu lesen sind. So können z. B. — ähnlich wie bei modernen Kreuzworträtseln — die Anfangs- und die Endbuchstaben der Zeilen, von oben nach unten gelesen, eine geheime Mitteilung ergeben. Solche Geheimschriften nähern sich bereits den zahlreichen Methoden chiffrierter Schriften, über die in einem eigenen Abschnitt gehandelt werden wird[2]).

Eine andere Art von Verständigung geschieht durch in Holz eingeschlagene Lettern. Wenn man z. B. gewöhnliche Lettern, wie sie zum Drucke verwendet werden, in glattes Holz derart eindrückt, daß die vertieft erscheinenden Buchstaben ein Wort oder einen Satz bilden (also eine Art Prägung), und wenn man über diesen Buchstaben das Holz mit einem scharfen Messer oder besser mit einer Glasscherbe so lange schabt, bis die Buchstaben gerade nicht mehr sichtbar sind, so lassen sich diese wieder hervorrufen, wenn man das Holz befeuchtet. Die Holzfasern werden nämlich beim Einschlagen der Lettern unter jenem Teile, der die Prägung enthielt, auch noch zusammengepreßt, wenn auch für das Auge nicht sichtbar. Werden diese zusammengepreßten Holzteile nun angefeuchtet, so quellen sie auf und die Buchstaben werden ziemlich erhaben sichtbar. Zu diesem Zwecke kann jedes Holz benützt werden,

---

[1]) Vgl. *Lino Ferriani*, Schreibende Verbrecher, deutsch von *Ruhemann*, Berlin 1900.

[2]) Abschnitt XVI (Dechriffrierkunde) im 3. Band.

doch gelingt die Sache um so besser, je feinfaseriger das Holz ist (z. B. Linden-, Ahorn-, Erlen-, Birnbaumholz). Man beachte also jegliches Stück Holz, das dem Häftling in den Arrest von außen übergeben wird, z. B. Deckel von Handspiegeln, Griffe von Bürsten, Stiele von Holzkämmen, Griffe von Werkzeugen, Schachteln mit Eßwaren usw. Sogar auf einem hölzernen Löffel sollen derartige Prägungen gewesen und zum Vorscheine gekommen sein, als der Löffel in die Suppe kam. Man hatte behauptet, der Mann sei an den Löffel „so gewöhnt", und es wurde kein Anstand genommen, die „harmlose" Bitte um Ausfolgung des Löffels zu gewähren.

Überhaupt sind Eßwaren, Kleidungsstücke und Gebrauchsgegenstände aller Art, die etwa einem Untersuchungshäftling von Angehörigen (wenn auch im Wege der Verwaltung) übermittelt werden, stets mögliche Träger von geheimen Mitteilungen. So kann mit sympathetischen Tinten ja nicht bloß auf Papier, sondern auch auf Wäschestücken geschrieben werden[1]) und bei hart gesottenen Eiern ist es möglich, eine Tinte, die sich durch die Schale auf das Eiweiß überträgt, außen auf der Schale zum Verschwinden zu bringen, so daß der Häftling das Ei nur abzuschälen braucht, um die Mitteilung lesen zu können. Hart gesottene Eier dürfen daher nur geschält und Kuchen (in denen Schriftstücke eingebacken sein könnten) nur durchschnitten ausgefolgt werden usw. Trotz solcher Vorsichten läßt sich jedoch die Möglichkeit, daß solche eingebrachten Gegenstände zur geheimen Verständigung mißbraucht werden, nicht völlig ausschließen. Besteht eine solche Gefahr, so ist jede Übermittlung von Eßwaren oder anderen Gegenständen an den Häftling abzulehnen. Ebenso sind, wenn an einen Häftling Briefe oder sonstige Sendungen durch die Post einlangen, diese dem Häftling nie mit der Originalhülle (Briefumschlag usw.) auszufolgen, da schon durch die Art des Aufklebens der Briefmarke eine geheime Verständigung erfolgen kann (sogenannte Briefmarkensprache); auch besteht die Möglichkeit, daß sich unter der Briefmarke Schrift befindet (die durch Ablösen der Marke lesbar wird), weiters können die Innenflächen eines Briefumschlages oder einer Pakethülle mit unsichtbarer Tinte beschrieben oder Träger kleiner unscheinbarer Verständigungszeichen sein.

Briefe von Häftlingen an andere Gefangene werden in verschiedenster Weise heimlich befördert; so spricht z. B. *Weingart*[2]) von Briefen in Brotkügelchen, die im Spazierhofe weggeworfen werden, um auf Umwegen an die richtige Adresse zu gelangen. Eine in allen Arresten bekannte und geübte Weise der Briefbeförderung ist die mit den sog. „Fuhren" oder „Kutschen"[3]).

---

[1]) Über Speichelschrift und ausgebleichte Blaueisendruckschrift auf Wäsche vgl. *Langen* und *Nippe*, a. a. O. S. 296 u. 298.

[2]) *Weingart*, Kriminaltaktik, Berlin 1904, S. 33.

[3]) In den Sammlungen des Kriminologischen Institutes der Universität Graz befindet sich eine überraschend große Sammlung von sog. „Fuhren", d. s. Leinen, an deren Enden irgend etwas Schweres, z. B. ein Ziegelstück oder Stein oder Sand in Papier oder Fetzen, befestigt ist, um durch Hin- und Herschwingen

VII. Abschnitt.

Über die Gaunersprache.

1. Allgemeines.

Seitdem *Avé-Lallemant* in dem 1862 erschienenen 3. und 4. Teil seines Werkes über Das deutsche Gaunertum dem „Rotwelsch" (wie die deutsche Gaunersprache nachweisbar schon seit dem 15. Jahrhundert bezeichnet wurde) eine eingehende etymologische und grammatikalische Untersuchung widmete, ist in allen älteren kriminologischen Werken bei Erörterung des berufsmäßigen Verbrechertums ein mehr oder weniger ausführlicher Hinweis auf die „Gaunersprache" üblich geworden; oft wurde hiebei auch ein „Vocabulare der Gaunersprache" beigegeben (wie dies auch in der 1. bis 6. Auflage dieses Werkes der Fall war) und solche Wörterbücher sind auch selbständig erschienen (ohne daß eines von diesen auf Vollständigkeit Anspruch erheben kann). Das groß angelegte Werk von *F. Kluge*[1]) ist unvollendet geblieben: der zweite Band, der ein zusammenfassendes Wörterbuch enthalten sollte, konnte nicht mehr erscheinen. Heute ist der Gebrauch und damit die praktische Bedeutung der deutschen Gaunersprache gegenüber früheren Zeiten wesentlich zurückgegangen: in Deutschland wurden durch die energische Bekämpfung des Berufsverbrechertums dessen Organisationen in den Großstädten zerschlagen und durch die Beseitigung der Arbeitslosigkeit und die erfolgreichen Maßnahmen gegen das Landstreichertum[2]) wurde die Landstraße von dem fahrenden Gesindel aller Art gereinigt, das zum Großteil der lebende Träger der „Kunden- und Gaunersprache" war. Gleichwohl lebt die deutsche Gaunersprache auch in der Gegenwart fort: wie noch unten näher auszuführen sein wird, ist und war sie nie eine eigene „Sprache" neben der deutschen Sprache, sondern ein Komplex von (teils aus fremden Sprachen übernommenen, teils aus deutschen Worten entwickelten) Ausdrücken und Redewendungen, die in die (meist dialektische) deutsche Sprache des Gauners eingeflochten werden. Wenn heute auch nur noch ein sehr kleiner Teil aller Kriminellen die Kenntnis dieser Ausdrücke hat, so ist diese doch bei den Nachkommen der alten „jenischen" Landfahrer und bei manchen Asozialen, die z. B. irgendwie mit dem Zigeunertum in Berührung standen, noch vorhanden[3]).

Die Beschäftigung mit der Gaunersprache[4]) ist für den Kriminalisten in mehrfacher Weise von Wert. Vor allem ist es förderlich, die Kenntnis

---

briefliche Mitteilungen von einem Fenster zum andern (auch von unten nach oben) zu bringen. Die Leinen sind in der Regel aus fein zerrissenen Stoffen (von Leintüchern, Hemden, Unterröcken) oder aus Fäden von zertrennten Strümpfen, ja sogar aus geflochtenem Bettstroh verfertigt. Besonders die weiblichen Häftlinge verraten viel Scharfsinn und Geschick in der Anfertigung solcher „Fuhren".

[1]) *F. Kluge*, Rotwelsch. Quellen und Wortschatz der Gaunersprache, Straßburg 1901.

[2]) Vgl. Der nichtseßhafte Mensch, hgg. vom Bayrischen Landesverband für Wanderdienst, München 1938.

[3]) Ein Beweis hierfür ist durch den weiter unten wiedergegebenen Brief aus dem Jahre 1942 erbracht.

[4]) Den ältesten Versuch einer Aufzeichnung des Wortschatzes der deutschen Gaunersprache stellt der ungefähr 1495 anonym veröffentlichte *Liber Vagatorum*

von der Wesensart der Leute, mit denen der U. zu tun hat, zu erweitern und zu vertiefen: einen Menschen kennt man aber nicht, von dem man nicht weiß, wie er spricht, wenn er unter seinesgleichen ist. Die menschliche Sprache ist eben nichts Totes, nichts Unorganisches, nichts Zufälliges, jede Sprache ist das zwingend notwendige Ergebnis der gesamten Anlagen und aller Eigenschaften eines Volkes und es ist sicher, daß ein Volk nach seiner Natur und Kultur nur zu jener Sprache mit ihren letzten Feinheiten und kleinsten Regungen kommen konnte, die heute sein Eigentum ist. Dann muß aber auch jede Sprache, die noch gesprochen wird, etwas organisch Gebildetes sein, das im Volke lebt, mit ihm fällt und steigt, mit ihm sich entwickelt und stirbt. Jede Bewegung im Volke nach aufwärts und abwärts, nach allen Seiten im Raume macht seine Sprache treu und unweigerlich mit: wie das Volk, so seine Sprache. So kommt es aber auch, daß es in keiner Sprache etwas Zufälliges, Unnatürliches und Sprunghaftes gibt; das Volk selbst ist ein großer Organismus,

---

dar, der in seinem 3. Teil bereits ein Vocabulare enthielt und später in verschiedenen Ausgaben erschien (darunter: „Von der falschen Betler Bueberey" mit einer Vorrede *Martin Luthers*, Wittenberg 1528). Unter Umstellung der Reihenfolge seiner Teile wurde dann eine Ausgabe (o. J.) unter der Bezeichnung „Rotwelsche Grammatik" veröffentlicht, die selbst wiederum weitere Auflagen 1583, 1601, 1704 und 1755 erlebte, deren Vocabulare zwar bedeutend reicher, aber auch unzuverlässiger war und verschiedene Irrtümer enthielt. 1833 veröffentlichte *v. Train* unter dem Titel „Chochemer Loschen" ein Wörterbuch der „Gauner- und Diebes-vulgo-Jenischen Sprache", dem auch „Szenen aus dem Räuberleben" in jenischer Sprache beigegeben sind. Die erste eingehende kritische Darstellung der deutschen Gaunersprache enthält das bereits im Text erwähnte Werk von *Avé-Lallemant* (1858—1862), das im ersten Teil auch einen Abdruck des Liber Vagatorum und im vierten Teil ein jüdisch-deutsches Wörterbuch und ein solches der Gaunersprache enthält. Die seit 1700 erschienene Literatur der Gauner- und Geheimsprachen stellte 1861 *Petzhold* im „Neuen Anzeiger für Bibliographie und Bibliothekswissenschaft" zusammen. An weiteren Arbeiten sind zu nennen: *H. Groß*, Das Gaunerglossar der Freistädter Handschrift, Archiv 2, S. 81 (1899); das bereits im Text oben erwähnte Werk von *F. Kluge* (1901); ferner: *Herrig*, Rotwelsche Studien, Archiv für das Studium der neuen Sprachen und Literatur, 35, S. 197; *Stumme*, Über die deutsche Gaunersprache (Hochschulvorträge für Jedermann, 32), Leipzig 1903 (hiezu die Besprechung von *H. Groß* in: Deutsche Literaturzeitung 1903, S. 1650); *Günther*, Das Rotwelsch des deutschen Gauners, Leipzig 1905; *Günther*, Beiträge zur Systematik und Psychologie des Rotwelsch und der ihm verwandten deutschen Geheimsprachen, Archiv 33, S. 219; 38, S. 193; 42, S. 1; 43, S. 1; 46, S. 1 und S. 289; 47, S. 209; 48, S. 311; 49, S. 331; 50, S. 137 und S. 340; 51, S. 137; 54, S. 148 und 310; 55, S. 148; 56, S. 41 und S. 158 (1909—1914). Außerdem sind im Archiv erschienen: *Čačić*, Kroatische Wörter im „Vocabulare der Gaunersprache" des Großschen Handbuchs für Untersuchungsrichter, Archiv 9, S. 298; *Schütze*, Was ist heute noch von der Gaunersprache im praktischen Gebrauch, Archiv 12, S. 55; *Lohsing*, Tschechoslovakisches in der Gaunersprache, Archiv 13, S. 279; *Pollak*, Wiener Gaunersprache, Archiv 15, S. 171; *Näcke*, Beiträge zur Kundensprache im Königreich Sachsen, Archiv 29, S. 98; *Kleemann*, Die Gaunersprache. Ein Beitrag zur Völkerpsychologie, Archiv 30, S. 236; *Hellwig*, Gaunersprache bei den Naturvölkern, Archiv 33, S. 19; *Weber*, Was ich von Landstreichern erlauschte, Archiv 59, S. 261; *Wittich*, Die jenische Sprache, Archiv 63, S. 1, 97 und 372; 64, S. 127 und S. 297; 65, S. 33. In neuerer Zeit: *Günther*, Die deutsche Gaunersprache und verwandte Geheim- und Berufssprachen, Leipzig 1919 (2. Aufl. 1927); *Luz*, Das Verbrechen in der Darstellung des Verbrechers, Heidelberg 1927. Weiters vgl. die unten im Text angeführten Wörterbücher.

an ihm und in ihm baut sich Zelle an Zelle mit eiserner, langsamsicherer Naturnotwendigkeit, der Organismus entwickelt sich, ohne Zufall, ohne Sprung, ohne Lücke, es kommt eines aus dem anderen, bis der natürlich gesetzte Höhepunkt erreicht ist, um dann dem ebenso zwingend sicheren Verfalle zuzugehen. Zelle stirbt an Zelle, bis alles wieder dem großen Chaos zurückgegeben ist, um, neu geordnet, wieder neues Leben darzustellen. Und die Sprache ist die Ausdrucksform jenes Organismus in seiner jeweiligen Entwicklung. Er kann sich nur so geben, wie er ist, sie entwickelt sich mit ihm, auch ohne Zufall, ohne Sprung, ohne Lücke und so werden die Sprachen zu absolut verläßlichen, unbestechlichen und überweisenden Zeugen über den Zustand aller, auch der innersten Momente ihres Volkes.

Wer möchte also behaupten, daß er ein Volk kenne, solange ihm dessen Sprache fremd ist? Und wir Kriminalisten, deren Aufgabe es ist, den verbrecherischen Menschen zu kennen, wollen behaupten, in seinem Innern zu lesen, ohne zu wissen, wie er redet? Auch seine Sprache ist nicht Zufall, ist nicht Laune, auch sie ist notwendiges Produkt der Natur und Kultur jener Leute, die sie sprechen. Es würde von geradezu kindlicher Auffassung zeugen, wollte man etwa behaupten, dieGauner erfanden und sprechen die Gaunersprache, um von anderen nicht verstanden zu werden. Im Gegenteil: vor einem Fremden spricht kein Gauner gerne seine Sprache; nur in Notfällen bedient er sich ihrer vor Uneingeweihten, namentlich dann, wenn er als Gauner ohnehin schon erkannt ist, und ihm eine Verständigung mit seinesgleichen unbedingt nötig erscheint. Sonst sprechen die Gauner ihre Sprache nur, wenn sie untereinander, im vertraulichen oder wichtigen Gespräche sind, und wenn sie sich frei und unbeobachtet wissen. Deshalb ist es auch falsch, wenn man die Gaunersprache im Sinne einer Nationalitätensprache — also etwa wie Deutsch, Romanisch, Slawisch — auffassen wollte: ihr kommt die Stellung eines echten Jargons zu, eines Jargons, wie ihn z. B. Studenten, Soldaten, Jäger, Sportsleute, aber auch Vaganten, Prostituierte, Börsenjobber usw. sprechen; sie ist Berufssprache und nicht Geheimsprache.

Es wäre eine interessante volkspsychologische Aufgabe, zu untersuchen, warum Leute gerade für das, womit sie sich berufsmäßig oder mit Vorliebe befassen, besondere Ausdrücke erfinden und diese fast mit Leidenschaft gebrauchen. Und so wie ein echter Jäger einfach nicht anders kann, als von den „Löffeln" eines Hasen (statt von seinen Ohren) oder von der „Decke" eines Rehes (statt von seinem Fell) zu reden, so fühlt sich auch der Verbrecher veranlaßt, für seine Begriffe besondere Worte zu bilden und diese ausschließlich zu gebrauchen.

Selbstverständlich entwickelt sich aber auch jeder Jargon nach dem Wesen dessen, der ihn verwendet, und beim Gauner kommt in ihm zum Ausdrucke, was zum Wesen vieler Gauner gehört: ihr eigenes Tun und Treiben zu beschönigen. Auch der Verkommenste scheut sich, die schlechte Tat so zu nennen, wie sie der Ehrliche nennt; die Art, sie zu verüben, Zeit und Ort, alle Werkzeuge und alle Nebenvorkommnisse dabei, wollen nicht ausgesprochen, müssen aber angedeutet werden; die Folgen der Tat, die jeder kennt, sind unangenehm zu hören, sie werden verkleidet ausgedrückt und meist mit echtem Galgenhumor in einer Weise vorgebracht, welche für den Kandidaten möglichst wenig Abschreckendes hat. Die Dinge, die dem Gauner begehrenswert erscheinen, einstweilen aber noch im fremden Besitze sind, werden in der Art der Kinder nach ihren Eigenschaften, den Tönen, die sie von sich geben, oder dem Zwecke, dem sie dienen, häufig in recht läppischer Weise bezeichnet, und die Leute, die ehrlich arbeiten und in irgendeiner Art mit dem Gauner in Berührung kommen, erhalten verächtliche, spitznamenartige Bezeichnungen. Von den Sprachen aller Völker, mit denen der Gauner in Berührung kam, hat er Ausdrücke aufgelesen, um Lücken seines Wortschatzes auszufüllen, und zwar am meisten von den Völkern, die an sich mehr ungekannt und abseits und so wie er, ohne Heimat, ohne Vaterland, ohne Grundbesitz und Recht, fremd und unverstanden für unser Wesen und unsere Kultur ihr Dasein fortgeführt hatten: den Zigeunern und den Juden.

Entstanden ist die Gaunersprache, als der erste berufsmäßige Gauner zu seinem ebenbürtigen Genossen sprach, entwickelt hat sie sich durch die Wirren des Mittelalters hindurch bis in die Neuzeit und sie fand bei uns ihre Blüte mit der Blüte des Gaunertums in deutschen Landen, als die schweren Zeiten des Dreißigjährigen und des Siebenjährigen Krieges, dann der Franzosenkriege, die innere Ordnung zermürbt hatten. Aus dieser Zeit hat das Gauner-Idiom seine Ausdrücke, zähe festhaltend am Hergebrachten, mitgenommen in unsere Tage, es bereichernd und ausbauend durch neue Worte, die durch moderne Dinge und die ihnen angepaßte neue Gaunertechnik notwendig wurde. Und so ist sie geworden, die Gaunersprache: ein organisch gegliederter Bau von Geheimnisvollem und Kindlich-Unentwickeltem, von Umschreibungen und Andeutungen, von Unwahrem, Falschem und Geändertem, von Spott und Ironie, von Aalglattem und Unfaßbarem; sinnlich roh, widerstrebend, kosmopolitisch und strenge sich abschließend, überall verstanden und ohne Heimat.

Neben diesem großen Wert, den die Kenntnis der Gaunersprache dadurch hat, daß man die Seele und das Wesen des Verbrechers erkennen lernt, hat sie auch einen praktischen Wert. Da aber der Gebrauch der Gaunersprache — wie eingangs bereits geschildert — heute recht selten geworden ist, tritt freilich dieser praktische Wert gegenüber dem genannten theoretischen zurück. Daher wird man vom U. heute nicht mehr verlangen, daß er in Ausdrücken des Rotwelsch selbst reden kann oder alle hie und da vorkommenden Worte und Redewendungen der Gaunersprache versteht oder sie sofort zu übersetzen vermag, wohl aber, daß er sie als solche erkennt oder wenigstens auf den Gedanken kommt, einen Ausdruck der Gaunersprache vor sich zu haben. Schon wenn man durch ein einziges, vom Gauner hingeworfenes Wort erfährt, daß der Betreffende die Gaunersprache kennt, erhält man oft Aufklärung; man weiß nun, daß er ein erfahrener, mit anderen seines Gelichters in enger Verbindung stehender Gauner ist, der in jeder Beziehung fragwürdig wird, wenn er auch tausendmal mit der unschuldigsten Miene versichert, „mit dem Gerichte noch niemals in Berührung gewesen sein". Solche Versicherungen täuschen oft den erfahrenen Kriminalisten, wenn sie nur gut vorgebracht werden. Sie hindern weitere Nachforschungen über den Betreffenden und oft wird ein lange gesuchter Verbrecher aus sicherer Haft wieder entlassen, bloß weil er sich unter fremdem Namen ob einer kleinen Übertretung strafen ließ und weil niemand wahrnahm, daß er überhaupt ein berufsmäßiger Gauner ist. Selbstverständlich kennt nicht jeder Verbrecher, auch nicht jeder Berufsverbrecher die Gaunersprache, aber umgekehrt: wer sich der Gaunersprache bedient, ist zuverlässig ein Gauner.

Von Bedeutung ist die Kenntnis der Gaunersprache besonders dann, wenn Korrespondenzen, die in ihr geführt wurden, aufgefangen werden, oder wenn ein Verhafteter, dem mit irgend jemandem zu sprechen gestattet wurde, diesem schleunig und ohne daß dies gehindert werden kann, etwas im Gauner-Idiom gesagt hat. Dies kann man am häufigsten erleben, wenn bei Verhaftungen die Leute getrennt werden und voneinander Abschied nehmen oder wenn ein Verhafteter Besuche bekommt und hierbei in die äußerste Leidenschaftlichkeit verfällt. Wenig gefährlich und deshalb selten angewendet ist der Gebrauch ganzer Sätze in rotwelschem Idiom, denn das fällt sofort auf, man wird vorsichtig und sucht zu erfahren, was das Unverständliche geheißen hat. Viel gefährlicher ist es aber, wenn in einem z. B. deutsch geschriebenen Briefe ein oder das andere Gaunerwort enthalten ist: man hält es für schlecht geschrieben und unleserlich, kümmert sich nicht weiter darum und läßt so etwas Bedenkliches als harmlos passieren.

Und ähnlich verhält es sich mit mündlichen Äußerungen: mitten in den deutsch gesprochenen Versicherungen des Schmerzes über die Trennung und der verfolgten Unschuld kommen einige Gaunerworte: „Die Uhr ist im Kopfpolster", oder: „Bringe mir Brot und darin eine Feile", oder: „Leugne alles, ich auch" usw. und dann kommt wieder deutsch, ein Segenswunsch für die arme Familie oder sonst etwas Unverfängliches. Wird dies alles in heulendem Tone, tränenden Auges und mit den entsprechenden Gesten ausgeführt, so überhört man häufig die Gaunerworte oder hält sie für Flüche oder Beteuerungen und legt ihnen weiter keinen Wert bei. Daß aber mit solch wenigen Worten oft alles Wichtige mitgeteilt und der Erfolg der Untersuchung zweifelhaft geworden sein kann, versteht sich von selbst. Ist nun eine derartige Mitteilung in der einen oder anderen Art erfolgt, so kann es allerdings nicht mehr ungeschehen, wohl aber wenigstens ein Teil des Schadens wieder gut gemacht werden, wenn dem U. das, was die Leute miteinander gesprochen haben, als bedenklich aufgefallen ist.

Ich vermute, daß mir manch erfahrener Kriminalist einwenden wird, daß er trotz langjähriger Praxis niemals in die Lage gekommen wäre, Kenntnisse in der Gaunersprache zu verwerten, wenn er sie auch gehabt hätte. Ich antworte: eben weil er die Kenntnis des Gauneridioms nicht hatte, konnte er die Gelegenheit zu ihrer Ausnützung nicht wahrnehmen; erst einmal sich Kenntnisse in der Gaunersprache erwerben — ihre Verwertung kommt von selber. Wie aber bereits oben ausgeführt, wird es heute für den U. im allgemeinen genügen, wenn er in das Wesen der Gaunersprache soweit eingedrungen ist, daß er Gaunerausdrücke als solche erkennt und allenfalls ihre Übersetzung an Hand von Nachschlagewerken entweder selbst durchführen oder durch einen Sachverständigen veranlassen kann. Die hiefür nötige Vorbildung zu vermitteln, ist der Zweck dieser Einführung, insbesondere der weiter unten gegebenen Zusammenstellung der wichtigsten Wörterbücher, und der im folgenden Kapitel gegebenen Beispiele.

Für die kriminologische Forschung besteht aber somit nach wie vor die wichtige Aufgabe, die Gaunersprache, soweit sie heute noch lebt, in ihren vielfach variierenden Erscheinungsformen zu erkunden und die oft schwankenden Bedeutungen und Sprechweisen festzustellen. Freilich ist diese Arbeit nicht leicht. Einerseits sind die Fälle zu sammeln, in denen Ausdrücke der Gaunersprache zur Verständigung von Gaunern untereinander verwendet wurden und es gelungen ist, die so gesprochenen oder geschriebenen Worte verläßlich sicherzustellen, andererseits können Forschungen durch systematische Befragung von Gefangenen betrieben werden, die Kenntnisse der Gaunersprache haben. Die erste Schwierigkeit hiebei besteht darin, daß nur ein sehr kleiner Teil aller Verhafteten die Gaunersprache versteht und wieder nur der kleinste Teil dieses kleinen Teiles geneigt ist, von seinen Kenntnissen einer anderen, zumal gerichtlichen Person, etwas Wahres mitzuteilen. Dazu kommt noch, daß es durchaus nicht angeht, sich diesfalls mit Leuten einzulassen, die noch in Untersuchung stehen. Am besten gelingt es mit solchen, die man selbst in Untersuchung hatte und die hierbei zu ihrem U. Vertrauen gefaßt haben. Sind solche Leute verurteilt und in Strafhaft, so glückt es bisweilen, sie zu Mitteilungen zu bringen, die man dann verwerten kann. Freilich darf man auch bei dem zutunlichsten Sträfling nie vergessen, daß sein Interesse, der Wissenschaft einen Dienst zu erweisen, ein sehr kleines ist und in vielen Fällen die Absicht zu schaden, in vielen Fällen die, sich einen Scherz zu machen, den Befragten veranlaßt, den Fragenden anzulügen. Wer also naiverweise so vorgehen wollte, daß er seinen „Gewährsmann" befragt, wie dies oder jenes Wort auf „gaunerisch" heißt, oder sich Gaunerworte übersetzen läßt, der würde drolliges Zeug zuwege bringen. Will man die Sache richtig anpacken, so muß man vorerst schon eine genügende Menge Gaunerworte theoretisch kennen gelernt haben und überhaupt in der Sache zu Hause sein. Da kann man, wenn man überhaupt glaubt, den richtigen Mann gefunden zu haben, in der Weise vorgehen, daß man ihm vorerst merken läßt, man sei kein Neuling in der Sache. Es ist dies allein schon schwierig genug; nichts ist lächerlicher und abgeschmackter, als den Gauner etwa in seinem Idiome anzusprechen, oder sonst ungeschickt Brocken seiner Kenntnisse hinzuwerfen. Wie man vorzugehen hat, um dem Manne zu zeigen, daß ein Anlügen von seiner Seite keinen Zweck hat, dies läßt sich nicht allgemein sagen, das muß Zeit, Gelegenheit und Takt lehren. Hat man es ihn aber einmal merken lassen können, dann fragt man ihn um eine Anzahl von Worten, die man ohnehin schon kennt und die man ja auf einem Zettel vor sich haben kann, und vergleicht das von ihm Gesagte mit seinen aufgeschriebenen Worten. Dies Vorgehen hat zweifachen Wert: man prüft die Richtigkeit seines eigenen Vokabulares und bereichert seine Notizen über verschiedene Sprechweisen desselben Wortes, von denen es unzählige gibt, und weiters, man prüft die Verläßlichkeit seines „Gewährsmannes". Selbstverständlich muß man vorsichtig zu Werke gehen: einerseits gibt es wirklich nach Zeit und Ort verschiedene Ausdrücke, und andererseits ist die Formulierung, Aussprache, Kürzung und Wiedergabe des einzelnen Ausdruckes sehr veränderlich. Hätte man z. B. als Ausdruck für „Schwein" *cassert* notiert, so ist es doch auch richtig, wenn der Befragte sagt, Schwein heißt *bali*; ersteres ist rotwelsch, letzteres zigeunerisch, und woher der Betreffende seinen Ausdruck hat, ist oft nicht festzustellen. Ebenso richtig ist es, wenn der Gewährsmann sagt, „gestehen" heißt *Emmes machen* oder *Emmes pfeifen* oder *Emmes echen*, oder wenn er den „Geldwechsler" *Chalfan* oder *Chalfen* oder *Chilfen* nennt. Solche Verschiedenheiten kommen immer vor, sie dürfen nicht mißtrauisch machen, sollen aber alle notiert und gesammelt werden. Hat man nun den Mann durch eine Weile in der genannten Weise geprüft, so läßt man mitten hinein ein Wort kommen, dessen Bedeutung man nicht weiß; hat nun der Gauner früher gemerkt, daß man die gefragten Worte ohnehin kennt, so ist nicht anzunehmen, daß er gerade jetzt, wo man ihn um ein neues Wort fragt, wissen sollte, daß er nun lügen könnte. Er wird auch hier hoffentlich das Richtige sagen; dann fragt man wieder einige Worte, die man ohnehin weiß, dann wieder ein unbekanntes usw. Es ist dies freilich eine mühsame, aber sichere Art, seine Kenntnisse zu bereichern. Selbstverständlich darf man auch jetzt ein so gefundenes neues Wort nicht ohne weiteres als verläßlich annehmen, da Irrtum oder Betrug doch nicht ausgeschlossen sind. Man macht also mit einem zweiten, dritten, zehnten „Gewährsmann" dasselbe, und sagen dann alle das gleiche mit geringen Abweichungen, dann hat man allerdings etwas Sicheres gefunden.

Trotz der vielfachen Forschungsarbeiten, die auf diese Weise den Wortschatz der deutschen Gaunersprache zu ermitteln suchten, gibt es bis jetzt kein Wörterbuch, das alle bekannt gewordenen Ausdrücke umfassen würde. Vielmehr hat jedes der bestehenden Wörterbücher nur eine beschränkte Geltung, was sich aus der bereits geschilderten Vielheit von Jargons erklärt, die an der Gaunersprache beteiligt sind und die oft fließend ineinander übergehen; da außerdem der Stammesdialekt und innerhalb dieses wieder dialektische Ortseigentümlichkeiten (z. B. Berliner oder Wiener Dialekt) auf den Gaunerjargon von Einfluß sind, muß im Einzelfall jenes Wörterbuch herangezogen werden, das nach Lage der Dinge die größte Wahrscheinlichkeit bietet, daß der gesuchte Ausdruck darin vorkommt. Insbesondere setzt sich die deutsche Gaunersprache im weiteren Sinn aus folgenden Jargons zusammen: a) dem Jargon des (vorwiegend städtischen) Berufsverbrechertums (der Gaunersprache im engeren Sinn), wobei wiederum die erwähnten dialektischen Stammesunterschiede eine große Verschiedenheit der aus der deutschen Sprache entnommenen Ausdrücke bewirken; b) dem Jargon der Landstreicher (Bettler, Walzbrüder, „Kunden"), der sogenannten Kundensprache; c) dem Jargon der jenischen Landfahrer[1]), dem sogenannten Jenischen;

[1]) Darunter versteht man etwa seit dem Anfang des 18. Jahrhunderts „fahrende Leute", die — gewöhnlich mit Frau und Kindern — im Lande mit kleinen Karren umherziehen und sich meistens als Bürstenbinder, Schirmhändler, Sieb- und Korbmacher, Kesselflicker oder Scherenschleifer betätigen, aber rassisch nicht Zigeuner sind. Sie haben mit den Wanderzigeunern nur die äußere Lebensform gemein, werden aber auch von den Zigeunern selbst als nicht zu ihnen gehörend betrachtet. Gleichwohl haben die Jenischen — wie sonst in ihren Lebensgewohnheiten — auch in ihrer Sprache manches von den Zigeunern übernommen, so daß das „Jenische" mit Worten aus der Zigeunersprache durchsetzt ist. In Tirol nennen sich diese Leute „Karrner". Biologisch dürfte es sich um Splittergruppen der einheimischen Bevölkerung handeln, die sich durch Inzucht und Rückheiraten innerhalb einiger großer Sippen von Landfahrern herausgebildet haben.

d) dem Jargon der Prostituierten und Zuhälter, der sogenannten Dirnensprache, die ebenfalls wiederum große Unterschiede durch dialektische Stammesverschiedenheit aufweist; e) dem jüdisch-deutschen Jargon, dem sogenannten Jiddischen, der sich seit Jahrhunderten unter dem durch Juden durchsetzten Händlertum, den Börsenleuten usw. herausgebildet hat. Außerdem sind viele Ausdrücke noch aus anderen Jargons, insbesondere der Soldatensprache und der Studentensprache, in die Gaunersprache übergegangen und umgekehrt.

Von diesen Jargons zu unterscheiden sind die echten Sprachen, aus denen die Stammworte des Gaunerjargons vielfach entlehnt wurden, nämlich die hebräische Sprache (Althebräisch, Neuhebräisch, Aramäisch) und die Zigeunersprache.

Wenn man sich diese Tatsachen stets vor Augen hält, gelingt es im Einzelfall meistens, das „zuständige" Nachschlagewerk zu finden. Hiefür kommen folgende Wörterbücher in Betracht:

1. Das in der ersten bis sechsten Auflage dieses Werkes[1]) von *H. Groß* selbst zusammengestellte „Vocabulare der Gaunersprache". Es enthält manche Worte, die sich sonst in keinem anderen Wörterbuch finden. Es ersetzt praktisch das ältere „Wörterbuch der Gaunersprache" im Werke von *Avé-Lallemant* (IV. Teil S. 513ff.), dessen Wortschatz (jedoch ohne etymologische Ableitungen) von *H. Groß* zum größten Teil übernommen wurde. Naturgemäß enthält es jedoch viele Gaunerausdrücke nicht, die erst in neuerer Zeit entstanden oder bekannt geworden sind.

2. Das von *Karmayr* in der ersten Hälfte des 19. Jahrhunderts gesammelte jenisch-deutsche und gaunerisch-deutsche Vokabulare, das als „Gaunerglossar der Freistädter Handschrift" von *H. Groß* in Archiv 2, S. 84ff. und 225ff.; 3, S. 129ff. und 305ff.; 4, S. 273ff. und S. 301ff.; 5, S. 131ff. veröffentlicht wurde.

3. *Wittich*, Die jenische Sprache, Archiv 63, S. 1, S. 97 und S. 372; 64, S. 127 und S. 297; 65, S. 33. Der reichhaltige Wortschatz dieses Wörterbuches wurde vom Verfasser unmittelbar auf Grund seiner Berührung mit den „fahrenden Leuten" gesammelt und von *L. Günther* mit einer Vorbemerkung und ausführlichen Anmerkungen versehen.

4. Das von *E. Bischoff* in der Zeit des ersten Weltkrieges veröffentlichte „Wörterbuch der wichtigsten Geheim- und Berufssprachen" (Leipzig o. J.) enthält ein eingehendes Vokabulare „Jüdisch-Deutsch, Gauner- und Kundensprache" (dem ein Anhang über die jüdisch-deutschen Bezeichnungen für Zahlen, Maße, Münzen, Gewichte, Zeitangaben, Vor- und Familiennamen beigefügt ist) und kurze Wortverzeichnisse der Soldaten-, Seemanns-, Weidmanns-, Bergmanns- und Komödiantensprache. Das Wortverzeichnis des ersten Teils berücksichtigt hauptsächlich die

[1]) Diese früheren Auflagen des „Handbuches für Untersuchungsrichter" von *H. Groß* sind in den meisten öffentlichen Bibliotheken, die Fachliteratur führen, enthalten, insbesondere in den Staatsbibliotheken, Universitätsbibliotheken, Bibliotheken der juristischen Fakultäten und Seminare und in den Behördenbibliotheken der Gerichte und höheren Polizeidienststellen.

aus dem Hebräischen und dem jüdisch-deutschen Jargon stammenden Gaunerworte und berichtigt hiebei manche ältere Ableitungen, während manche andere Worte des Rotwelsch, besonders solche, die der Zigeunersprache entnommen sind, fehlen.

5. *L. Günther*, Die deutsche Gaunersprache und verwandte Geheim- und Berufssprachen, Leipzig 1919, 2. Aufl. 1927 enthält zum Schluß „Wörterverzeichnisse", in denen nach Art eines Sachregisters auf die betreffenden Erklärungen der einzelnen Worte im Text des Werkes hingewiesen wird.

6. Besteht bereits eine Vermutung hinsichtlich der Bedeutung eines Gaunerausdruckes, so kann ergänzend auch das von *A. Bertsch* verfaßte „Wörterbuch der Kunden- und Gaunersprache" (Berlin 1938) herangezogen werden, der hiefür „die Form eines deutsch-jenischen Wörterbuches wählte"; es stellt zu den einzelnen Bedeutungen alle Ausdrücke zusammen, die ihm als Anstaltsgeistlichen von seinen Gewährsmännern als hiefür gebräuchliche Wörter der Kunden- oder Gaunersprache angegeben wurden. Hiebei fehlen viele bekannte Ausdrücke des Rotwelsch, während umgekehrt das Wörterbuch sehr viele Ausdrücke enthält, die sich in keiner anderen Quelle finden und deren tatsächliche Verwendung und Verbreitung daher nicht überprüfbar ist.

Findet sich ein Ausdruck in keinem dieser Nachschlagewerke, kann aber nach den Umständen vermutet werden, daß er etwa unmittelbar aus der Zigeunersprache übernommen wurde, so empfiehlt sich noch die Heranziehung des von *Jühling* veröffentlichten Wörterbuchs „Zigeunerisches"[1]), das eine von *E. Wittich* stammende Sammlung von Worten und Redensarten der Zigeunersprache und anhangsweise einige Zigeunergedichte enthält.

Bei Ausdrücken, deren unmittelbare Herkunft aus dem Hebräischen vermutet wird, können naturgemäß auch die bestehenden hebräisch-deutschen Wörterbücher mitunter wertvolle Aufschlüsse geben; ihre Handhabung ist jedoch für den sprachwissenschaftlichen Laien meist schwierig. Ein praktisches älteres Wörterbuch dieser Art ist im 4. Teil des Werkes von *Avé-Lallemant* enthalten; durch Beigabe eines deutsch-alphabetischen Wortregisters ist die Auffindung der nach dem hebräischen Alphabet geordneten Worte sehr erleichtert.

Erwähnt sei schließlich, daß auch die nichtdeutschen Völker ihre „Gaunersprachen" haben, denn fast in jedem Volk bildet sich innerhalb des chronischen Verbrechertums ein Jargon heraus, der sich von der sonstigen dialektischen Umgangssprache unterscheiden läßt. In England interessierte man sich schon seit langem für die dortige Gaunersprache, dem „Slang" oder „Cant", wie eingehende Arbeiten zeigen. So hat *Hutten* den liber Vagatorum von 1527 ins Englische übersetzt und der englische Friedensrichter *Harman* hat 1566 die englische Gaunersprache zuerst systematisch bearbeitet. Genauer befaßte sich erst das 19. Jahrhundert

[1]) Archiv 31, S. 144 und 32, S. 219. Weitere Spezialwerke über die Zigeunersprache siehe unten S. 94 Anm. 2.

mit englischer Gaunersprache, besonders im großen Wörterbuche von *Grose* (1840) und in den *Ainsworth*schen Gaunerliedern. Später arbeiteten in der fraglichen Richtung *Harrère* und *Leland*[1]), *Farmer*[2]) und *H. Baumann*[3]), welch letzterer allerdings eigentlich nur die echte Londoner Pöbelsprache bieten will, dabei aber natürlich auch eine Menge von wirklichen Gaunerworten, stammend aus allen möglichen Ländern, aufzählt. *Maitland*[4]) und *Surclair*[5]) behandeln amerikanischen, aber auch englischen Slang; dieser behauptet z. B., die geheime Sprache der Steinmetze (Bearla lagair) sei keltischen Ursprunges und shelta, die Sprache der Kesselflicker, sei irischen Herkommens. In neuerer Zeit macht *Eric Partridge*[6]) in seinem umfassenden etymologisch und historisch aufgebauten Werk den auch sonst jetzt allgemein beachteten Unterschied zwischen „Slang" (nicht konventionellem Englisch) und „Cant", der eigentlichen Gaunersprache oder, wie er sich ausdrückt, der Sprache der Unterwelt, für die er zahlreiche Belege bis auf die jüngste Zeit (einschl. der eingebürgerten Americanismen) aus mündlicher Tradition und literarischer Überlieferung bietet.

In Frankreich haben sich mit der dortigen Gaunersprache, dem sogenannten „argot" (auch „louchebaune", „largonji" oder „janais" genannt) zahlreiche Forscher sehr eingehend befaßt[7]). Allerdings behauptet schon *Laurent*[8]), daß der Verbrecherjargon in Frankreich wenig verbreitet sei; er sei dort ein bloßer „professioneller Dialekt" und ohne Bedeutung.

Mit der italienischen Gaunersprache, dem sogenannten Gergo, befaßte sich schon Lombroso in seinem „L'uomo delinquente", später Niceforo und Mirabella[9]). Die spanische Gaunersprache (Germanas) und die mexikanische wurde ebenfalls von mehreren Autoren behandelt[10]).

---

1) Dictionary of Slang, jargon and cant, New-York 1893.
2) Slang and its annalogues, New-York 1890.
3) Londonismen, Slang of Cant, 2. Aufl., Berlin 1903; er behandelt auch den merkwürdigen Costermonger Slang (Jargon der Äpfel- und Orangenhändler).
4) The American Slang Dictionary, Chicago 1891.
5) The secret language of masons and tinkers, Journ. of Americ. Folklore 1909, Vol. XXII.
6) A Dictionary of Slang und Unconventional English. London 1937.
7) *Michel*, Etudes de philologie comparée sur l'argot et les idiomes analogues parlés en Europe et en Asie, Paris 1856; *Rigaud*, Le dictionnaire d'argot moderne, Paris 1881; *Larchey*, Dictionnaire historique, étymologique et anecdotique de l'argot parisien, Paris 1887, 10. Aufl., Supplément 1889; *La Rue*, La langue verte: Dictionnaire d'argot et des principales locutions populaires, Paris 1894; *Virmaitre*, Dictionnaire d'argot fin-de siècle, Paris 1894; *Delesalle*, Dictionnaire argot-francais et francais-argot, Paris 1896; *Lermina* et *Lévêque*, Dictionnaire thématique francais-argot suivi d'un index argot-francais, Paris 1897; *Rossignol*, Dictionnaire d'argot, 1900; *Plessis*, Bibliographie de l'argot et de la langue verte en France du XVe au XXe siècle, 1901; *Bruant*, L'Argot au XXe siècle, Dictionnaire francais-argot, Paris 1901; *France*, Dictionnaire de la langue verte, Paris 1901; *Sainéan*, L'argot ancien, Paris 1907; *derselbe*, Les sources de l'argot ancien, Paris 1912; *Dauzat*, Les argots, Paris 1929.
8) *Laurent*, Les habitués des prisons de Paris, Masson 1890.
9) *Lombroso* a. a. O. (siehe 1. Bd. S. 172, Anm. 4); *Niceforo*, Il gergo nei normali nei degenerati e nei criminali, Torino 1897; *Mirabella*, Mala vita. Gergo, camorra e costumi degli affiliati, Napoli 1910.
10) *Salillas*, El delincuente español, Madrid 1893; *Elysio de Carvalho*, im

Von hohem Alter muß die Gaunersprache unter den verschiedenen slawischen Völkern sein. Dies geht aus einer hochinteressanten Arbeit von *Jagic* hervor[1]), deren umfangreiche Literaturangaben auch zeigen, daß man sich um diese Sprachen lebhaft kümmerte. Über die polnische Gaunersprache haben *Estreicher*[2]) und *Kurka*[3]) geschrieben. Einem Referate von *R. Kaindl*[4]) ist zu entnehmen, daß die polnische Diebssprache bis ins 16. Jahrhundert zurückzuverfolgen ist. So ist in den Gerichtsbüchern von Kazimirz bei Krakau aus der genannten Zeit von einer Diebssprache die Rede und es werden einzelne Ausdrücke angeführt; dieses Idiom heißt dort „po Waltarsku". Auch die tschechische[5]), serbische[6]), bulgarische[7]) und russische[8]) Gaunersprache war Gegenstand mehrfacher Forschungen.

Die ungarische Gaunersprache wurde unter anderem von *Berkes*[9]) behandelt.

Über Gaunersprachen bei Naturvölkern berichtete *Lasch*[10]).

2. Beispiele der deutschen Gaunersprache.

Die im vorstehenden Kapitel geschilderte Eigenart der deutschen Gaunersprache bringt es mit sich, daß sie sich durch einige wenige Beispiele besser veranschaulichen läßt, als durch eine Vokabulare, das auf Vollständigkeit niemals Anspruch erheben könnte. Wer einmal — an

---

„Boletin Policial", 6. Jhg. (1912); *Roumagnac*, Por los Mundos del delito, Mexico 1905; *Sommer*, Über die mexikanische Gaunersprache (Calo mexicano), Archiv 28, S. 209.

1) *V. Jagic*, Die Geheimsprache bei den Slawen, Sitzungsberichte der Kais. Akademie der Wissenschaften, phil.-histor. Klasse, 133. Bd., Wien 1895; vgl. auch *Grünenthal*, Zu den slavischen Geheimsprachen, Archiv für slavische Philologie, Bd. 42, S. 315 (1929).

2) *Estreicher*, Gwara ztoczyncow, Aufsatzreihe in der „Gazetta Polska" 1867. Nr. 232, 233, 249, 250, 253.

3) *A. Kurka*, Slownik mowy zlodziejeskiy, 2. Aufl., Lemberg 1899; vgl. die Besprechung dieses Buches im Archiv für slawische Philologie 24, S. 137.

4) Zentralblatt für Anthropologie, 14. Jhg. (1909), S. 30.

5) *Rippl*, Zum Wortschatz des tschechischen Rotwelsch, Reichenberg 1926; *Nováček*, Brněnska Plotna, 1929.

6) *Petković*, Jezik naših šatrovaca. Beograd 1928.

7) *Arnaudov*, Bělěžki vărchu věčničeto na g — na Sarafova za tajnija stivastarski (drandarski) ezik (Sbm. XII, krit. S. 42—45), Sbornik za narodni umotvorenija, nauka i knižnina XV, S. 52 (1898); *Cěpenkov* und *Sprostranov*, Ošte několko obrazeca ot našitě posloveč ki govori, ebenda XV, kn. otd. S. 59 (1898); *Găbjuvz*, Prinos kăm balgarskitě tajni ezici, ebenda XVI—XVII, S. 842 (1900); *Cilev*, Tajnijiat ezik na slěpcitě v Bitolsko, ebenda XVI—XVII děl istoriko fil. i folkl. S. 876 (1900); *Arnaudov*, Taen terzijski ezik, ebenda XXII—XXIII, del istor-filol. i pr. S. 1 (1906/1907); *Stoilov*, Bălgarski, aromanski i albanski folklor, ebenda XXXVI, S. 164 (1926).

8) *Trachtenberg*, Blatanja muzkya hgg. v. *Bandonin de Courtemay*, St. Petersburg 1908; daselbst S. IX ältere Literatur; *Potapov*, Slovar' žargona prestupnikov, 2. Aufl. Moskava 1927.

9) *K. Berkes*, Das Leben und Treiben der Gauner, übersetzt von *Erdelyi*, Budapest 1889.

10) *Lasch*, Über Sondersprachen und ihre Entstehung, Mitteilungen der Anthropol. Gesellschaft, Wien 1907, S. 158; vgl. hierzu *Hellwig*, Gaunersprachen bei den Naturvölkern, Archiv 33, S. 19.

Hand der im folgenden gegebenen Beispiele und der Ausführungen des vorigen Kapitels — in das Wesen des Rotwelsch eingedrungen ist, wird sich auch im Ernstfalle durch Heranziehung der in Betracht kommenden, oben angeführten Wörterbücher viel leichter zurechtfinden als derjenige, dem nur ein (unvollständiges) Vokabulare zur Verfügung steht.

Ein Teil der Ausdrücke des Gaunerjargons hat keine Beziehung zu einer Fremdsprache, sondern besteht aus gut deutschen Wörtern. Meist handelt es sich hiebei um humorvolle Umschreibungen, in denen sich vielfach die Spottlust des Gauners und auch sein Bestreben äußert, für die harte Wirklichkeit des Verbrecherlebens die sachlichen Bezeichnungen zu vermeiden. Hierher gehören z. B.:

übern Berg gehn	= ins Zuchthaus kommen[1])
Maria Taferl fahren	= ins Zuchthaus kommen[2])
hochgehen	= verhaftet werden
Kraut fressen	= ausgebrochen sein[3])
klopfen, kloppen	= betteln
(eine Gegend) *abkloppen*	= bettelnd absuchen
Reichskäfer, Bienen	= Läuse
blau angestrichenes Abführmittel	= Schutzmann[4])
Spinatwachter	= Gendarm
Schwarzkünstler	= Staatsanwalt[5]), (nach anderen Quellen:) Schornsteinfeger, Pfarrer
Wattemacher	= Verteidiger[5])
Hirnwuzler	= Psychiater[5])
Affenklavier	= Schreibmaschine[5])
Hanewakele	= männlicher Geschlechtsteil[6])
Hochschule	= Strafanstalt

In ähnlicher Weise werden auch in der deutschen Umgangssprache eingebürgerte Fremdworte gebraucht, wie etwa:

Gymnasium	= Strafanstalt
Major	= freie Natur
Major beziehen	= im Freien übernachten
Martini	= Landstraße

[1]) Ursprünglich von Berliner Gaunern gebraucht, die von Berlin nach Spandau transportiert wurden.

[2]) Wienerisch (Maria Taferl ist ein Wallfahrtsort in der Nähe der Strafanstalt Stein).

[3]) Weil man sich dann in der ersten Zeit von Feldfrüchten nähren muß (*Günther* a. a. O. S. 117).

[4]) Nach der Farbe der Uniform und der Tätigkeit des „Abführens" (*Günther* a. a. O. S. 99).

[5]) Nach einer neueren (unveröffentlichten) Quelle aus der Sammlung des Grazer Kriminologischen Institutes.

[6]) Nach *Bertsch* a. a. O. S. 79f.

Neben diesen und zahlreichen ähnlichen Umschreibungen gehören dem Rotwelsch aber noch mehrere deutsche Worte an, die in einer anderen Bedeutung als in der deutschen Umgangssprache gebraucht werden; oft entspricht hiebei die Bedeutung ihrem ursprünglichen Sinngehalt, der in der Umgangssprache verloren gegangen ist. Z. B.:

Griffling = Hand
Stenz = Stock, Stütze; (in der Dirnensprache:) Zuhälter
link = (Gegenteil von „recht", daher:) falsch, schlecht
Flebbe = (Lappen, im Englischen erhalten geblieben: flap) ein Stück Papier, speziell: Ausweispapier

daher:

linke Flebben = falsche Ausweispapiere
a linkes Schreiberl ansagen[1]) = falsche Personalangaben machen
Zigarettenstenz[2]), *linker Stenz* = übler Zuhälter (der nur Zigaretten raucht und sein Mädchen ausnützt, anstatt ihr eine Stütze zu sein)

Die Gauner- und besonders die Kundensprache enthält schließlich noch viele deutsche Worte, die auch in der volkstümlichen Umgangssprache verwendet oder doch ohne weiteres verstanden werden, wie etwa:

stecken = (zustecken) 1. geben, speziell: Almosen geben, 2. mitteilen, verraten
glatt = (nicht uneben) gut

daher in der Bettlersprache:

die Leute stecken glatt = die Leute geben hier gut Almosen

Hierher gehören auch Ausdrücke der berufsmäßigen Bauernfänger wie:

Schlepper = Bauernfänger, der das Opfer anspricht und bringt
Aufdecker = Bauernfänger, der das Falschspiel leitet[3])
linker Krenn = Komplize des Bauernfängers, der mitspielt und zum Schein ebenfalls verliert[3])
Abbeutler = Komplize des Bauernfängers, der das Opfer ablenkt, damit die anderen mit dem Geld davonkommen[3])

Es ist klar, daß solche der deutschen Sprache entstammenden Gaunerausdrücke nicht bloß große dialektische Unterschiede innerhalb der

[1]) Wienerisch; aus der Sammlung des Grazer Kriminologischen Institutes.
[2]) *Luz* a. a. O. S. 56f.
[3]) Aus der Sammlung des Grazer Kriminologischen Institutes.

deutschen Gauner aufweisen, sondern auch einem ständigen zeitlichen Wandel unterliegen — Phantasie und Mutterwitz lassen immer neue Ausdrücke und Redewendungen entstehen, so daß schon aus diesem Grunde eine vollständige Aufzeichung dieses Teiles des rotwelschen Wortschatzes überhaupt nicht möglich ist.

Ein Großteil der Wörter der Gaunersprache ist jedoch — im Gegensatz zu den bisher angeführten Beispielen — fremdsprachigen Ursprunges; diese Wörter stammen — wie schon im vorigen Kapitel dargelegt — hauptsächlich aus dem Hebräischen und dem Zigeunerischen, einige wenige auch aus dem Slawischen, was daraus zu erklären ist, daß sowohl die Juden als auch die Zigeuner bei ihren Wanderungen in den vorigen Jahrhunderten manche Ausdrücke von Polen, Tschechen, Südslawen u. a. übernommen haben; innerhalb der Zigeunerwörter finden sich wiederum einige, die griechischen Ursprunges sind. Das Hebräische (die althebräische, neuhebräische und aramäische Sprache) überwiegt jedoch weitaus, wodurch der seit dem Mittelalter bestandene Zusammenhang zwischen dem Berufsverbrechertum und dem Judentum besonders sinnfällig wird. Dieser Teil des rotwelschen Wortschatzes erhielt sich deshalb auch konstanter als die deutschen Gaunerausdrücke. Die Form, in der diese Wörter im Gaunerjargon gesprochen und allenfalls geschrieben werden, ist meist so verdeutscht, daß ihre fremdsprachige Herkunft nicht leicht zu erkennen ist. Einige Beispiele mögen dies veranschaulichen[1]:

Beiß	= Haus, Gasthaus; auch: Zuchthaus (hebräisch: *bajith* = Haus); in die deutsche Umgangssprache eingedrungen: *Beißel* = kleines Gasthaus.
Schmier, Schmire	= Wache, Polizei (hebräisch: *sch'mirah* = Wache); daher
Schmire stehen	= (bei einem Diebstahl als Aufpasser) Wache stehen
Schmieriger	= Wachtmeister
Massel	= Geschick, Glück (hebräisch: *massal* = Gestirn)
Schlammassel	= Unglück (zusammengesetzt aus dem vorigen Wort und dem aramäischen *sche-la* = was nicht ist)
Schabb	= Anteil an der Beute, Gewinn (hebräisch: *schabab* = Stück, Abgetrenntes)
Challe	= Teil der Diebesbeute, der zurückgelassen wird (hebräisch: *challah* = ein vom Teige abgesondertes Stück)

[1]) Die Ableitungen aus dem Hebräischen und den verwandten Sprachen werden hierbei nach *Bischoff* a. a. O. wiedergegeben; bei einigen Wörtern konnte auch *Kluge-Götze*, Etymologisches Wörterbuch der deutschen Sprache, Berlin 1934 vergleichend herangezogen werden.

Challe schlagen	=	einen Teil der Diebsbeute vor dem Genossen unterschlagen
Kassiber	=	geheimes Schreiben, (aus dem Gefängnis), Schmuggelbrief (hebräisch: *kethibha* = Geschriebenes)
Kies		Geld (hebräisch: *kiß* = Geldbeutel)
Moos	=	Geld (neuhebräisch: *ma'oth* = Münzen)
Schickse	=	Mädchen, Dirne (neuhebräisch: *schikzah* = andersgläubiges Mädchen); davon (in Zusammensetzung mit dem deutschstämmigen *tippeln* = laufen, wandern):
Tippelschickse	=	Wanderdirne, Landstreicherin
Kaff	=	Dorf (hebräisch: *kaphar* = Dorf); davon
Kaffer	=	Bauer
Mochum, Mokum	=	Stadt (hebräisch: *makom* = Ort)
Kinum, Kinnem	=	Laus, Läuse (hebräisch: *kinum* = Laus)
Kohl	=	unsinniges Gerede, Geschwätz, Schwindel (hebräisch: *Kol* = Stimme, Rede)
Schtuß	=	Unsinn, Dummheit (hebräisch: *sch'tuß* = Dummheit)
Gewine, Gwine	=	Käse (hebräisch *g'binah*)
Mulo	=	Tod, vampirartiger Waldgeist (zigeunerisch: *mulo* = tot, gestorben).

Auch manche Eigenschafts- und Zeitwörter gehören hieher, z. B.:

duft	=	gut, fein (hebräisch: *tub* = der Gute)
ausbaldowern	=	(eine Diebstahlsgelegenheit) auskundschaften (hebräisch: *ba'al dabar* = Sachkundiger)
verschütt gehen	=	verhaftet werden (hebräisch: *schuth* = festsetzen).

Mehrere alte Worte der deutschen Gaunersprache sind ferner ebenfalls fremdsprachigen Stammes, ohne daß sich ihre Herkunft sicher nachweisen läßt, z. B.:

Kluft	=	Anzug, Kleid (vom neuhebräischen *killupt* = Rinde, Schale?)
Koller	=	Hunger (vom russischen *go'lod* = Hunger?); auch als Zeitwort: *es kollert mich* = es hungert mich; *verkollern* = verhungern; vgl. den in die Soldatensprache eingedrungenen Ausdruck *Kohldampf* = Hunger
schinägeln	=	arbeiten (vom tschechischen *cinac* = Täter, Wirkender?, es findet sich jedoch auch[1]): *Nagel* = Arbeit); auch in Zusammensetzungen, z. B. *Schinagelbeiß* = Arbeitshaus.

[1]) Bei *Luz* a. a. O. S. 2.

Viele von diesen und anderen alten Gaunerwörtern sind heute auch in der Soldaten- und Studentensprache gebräuchlich (wie z. B. Kluft, Moos, Kohl, Schtuß) oder werden im Börsenjargon verwendet (z. B. „einen Schabb machen"), ein großer Teil ist aber auch gegenwärtig nur den eingeweihten Gaunern verständlich. Zur Veranschaulichung, wie solche Ausdrücke der Gaunersprache von chronisch Kriminellen auch heute verwendet werden, seien Teile eines Briefes[1]) wiedergegeben, den ein offenbar von „Jenischen" abstammender Mann im Sommer 1942 an seinen 35 Jahre alten Bruder schrieb, um in böswilliger Weise unwahre Gerüchte zu verbreiten. Der Brief zeigte auch in seinen deutschen Teilen eine äußerst mangelhafte Orthographie, wobei die Worte vielfach nur phonetisch nach der dialektischen Sprechweise wiedergegeben waren (z. B. „bekompst" = bekommst) und die meisten Zeitwörter mit großen Anfangsbuchstaben geschrieben wurden; außerdem enthielt der Brief folgende Sätze:

„. . . mir geht es *lob* hir . . . so furchtbarn *Kola* haben wir hir . . . Lieber Bruder kanst Du kein *Gwin* aufdreiben dan kentest mir auch ein Stik Schicken . . . wir wern hir noch *Ferkolern* aber du weißt ja *Schmeilln* kan man ja nicht da man ja gleich *Stilto* wirt . . . sie *heken* . . . *wiesch* bis *drijander Mulo* . . ."

Vor und nach diesen Stellen sandte der Briefschreiber „herzligste Grüße" an seinen Bruder und dessen Familie und fragte wegen eines Anzugs an — offenbar, um so das Ganze (für den Fall einer oberflächlichen Überprüfung durch die Briefzensur) möglichst harmlos erscheinen zu lassen. Von diesen im obigen Text durch Kursivschrift hervorgehobenen 10 Worten sind 4 altbekannte Ausdrücke des Rotwelsch, die auch in unseren früher gegebenen Beispielen enthalten sind. (*Kola*, offenbar dialektische Wiedergabe von *Koller* = Hunger; *Ferkolan* = *verkollern* = verhungern; *Gwin* = Käse, *Mulo* = tot, hier in hauptwörtlich gebrauchtem Plural, somit: Tote). Für die übrigen 6 Ausdrücke ergab sich folgende Lösung:

lob = schlecht, zwar in dieser verkürzten Form in keiner bisherigen Quelle enthalten, aber offenbar die Stammsilbe folgender bereits bekannter Wörter:

lobok = nutzlos (*Avé-Lallemant* a. a. O. 4. Teil, S. 567; dieses Handbuch, 6. Auflage S. 476)

loben = schlecht (*Karmayr*s Gaunerglossar Archiv 5 S. 146)

lobach = nichts, Bruch, schlecht (*Luz* a.a.O. S. 2)

---

[1]) Aus der Sammlung des Kriminologischen Institutes der Universität Graz. Der schon im Laufe des Strafverfahrens dem Institut eingesandte Brief wurde vom Bearbeiter dieses Handbuchs übersetzt, wodurch der auf diese Weise festgestellte Inhalt des Briefes vom Gericht auch der Urteilsfällung zugrunde gelegt werden konnte.

schmeilln	= reden; es findet sich als *schmalen*, auch *schmallen* = reden, in *Karmayr*s Gaunerglossar Archiv 3 S. 320 und kommt auch als *schmaillern* = sprechen in der unveröffentlichten, oben S. 88 Anm. 5 erwähnten Quelle vor.
stilto	= verhaftet, ein Wort der Zigeunersprache (*Jühling*, Archiv 31 S. 144)
heken	= haben; es ist als *hegen* = haben in *Karmayr*s Gaunerglossar Archiv 3 S. 144 enthalten
wiesch	= 20; es handelt sich offenbar um die dialektische Wiedergabe des Zahlwortes *uis* oder *bisch* der Zigeunersprache (vgl. *Pott*, Die Zigeuner in Europa und Asien, 1. Teil, S. 216)
drijander	= 30; auch dies ist eine dialektische Wiedergabe des (aus dem Neugriechischen stammenden) Zigeuner-Zahlwortes *trianda*, auch *drianda* (*Pott*, ebenda; *Jühling*, Archiv 31, S. 145).

Die Übertragung der obigen Briefstellen in die deutsche Schriftsprache lautet daher:

„. . . . . . mir geht es schlecht hier . . . so furchtbaren Hunger haben wir hier . . . Lieber Bruder, kannst Du keinen Käse auftreiben, dann könntest mir auch ein Stück schicken . . . . . wir werden hier noch verhungern, aber Du weißt ja, reden kann man ja nicht, da man ja gleich verhaftet wird . . . sie haben . . . 20 bis 30 Tote. . . . .“

Durch dieses Beispiel aus dem Jahre 1942 wird auch veranschaulicht, wie man methodisch vorzugehen hat, um auch zunächst nicht geläufige Ausdrücke der Gaunersprache der Lösung zuzuführen.

VIII. Abschnitt.

Die Zigeuner; ihr Wesen und ihre Eigenschaften[1].

1. Herkunft, Verbreitung und rassische Eigenschaften.

Ich bringe hier zuerst einiges über das Wesen der Zigeuner im allgemeinen[2], da ich die Erfahrung gemacht habe, daß man mit diesem so

---

[1]) Über die Wanderzeichen und sonstigen Zinken der Zigeuner siehe oben S. 47 ff., über ihre akustischen Zeichen oben S. 59 f. und über die Zusammenhänge der Zigeunersprache mit dem Rotwelsch oben S. 80, 83 ff. und 90 f.

[2]) Aus der außerordentlich umfangreichen Zigeunerliteratur seien hervorgehoben: a) Ältere Literatur: *Weißenbruch*, Ausführliche Relation von der famosen Zigeuner-Diebs-Mord- und Räuberbande, Frankfurt und Leipzig 1727; *Grellmann*, Historischer Versuch über die Zigeuner, Göttingen 1787; *Graffunder*, Über die Sprache der Zigeuner, 1835; *Tetzner*, Die Geschichte der Zigeuner, ihre Herkunft und Art, Weimar 1835; *Borrow*, The Zincali an account of the Gypsies of Spain, London 1841; *Pott*, Die Zigeuner in Europa und Asien, Halle 1844—45; *Heister*, Ethnographische und geschichtliche Notizen über die Zigeuner, Königsberg 1847; *Liebich*, Die Zigeuner in ihrem Wesen und in ihrer Sprache, Leipzig 1863; *Paspati*, Études sur les Tchinghianés, 1870; *Miklosich*, Über die Grundarten und Wanderungen der Zigeuner Europas, Wien 1872—1880; *Schwicker*, Die Zigeuner in Ungarn und Siebenbürgen, 1883; *Colocci*, Gli Zingari, 1889; *Weisbach*, Die Zigeuner, Mitteilungen der Anthropologischen Gesellschaft in Wien, XIX. Bd., S. 107 (1889); *v. Wlislocki*, Vom wandernden Zigeunervolk, 1890; *derselbe*, Das innere Leben der Zigeuner, 1892. b) Neuere Literatur: *Fink*, Lehrbuch des Dialektes der deutschen Zigeuner, Marburg 1903; *Pittard*, Anthropologie de la Roumanie. Contribution a l'étude des Tsiganes dits Roumains, L'Anthropologie, Bd. 13 (1902); *Pittard*, Contribution a l'étude anthropologique des Tsiganes turcomans, L'Anthropologie, Bd. 13 (1902); *Pittard*, Un cas curieux de dépigmentation non congénitale chex une femme Tsigane, L'Anthropologie, Bd. 14 (1903); *Pittard*, L'Indice céphalique chez 837 tsiganes (hommes) de la Péninsule des Balkans. Influence de la taille sur l'indice céphalique, L'Anthropologie, Bd. 15 (1904); *Pittard*, Contribution a l'étude anthropologique des Tsiganes, 1° Tsiganes dits tatars. — 2° Tsiganes dits bulgares, L'Anthropologie, Bd. 15 (1904); *Pittard*, La coleur des yeux et des cheveux et la forme du nez chez 1270 Tsiganes des deux sexes de la péninsule des Balkans, Revue de l'École d'Anthropologie de Paris, 1905; *Pittard*, L'indice céphalique chez les Tsiganes de la péninsule des Balkans (1261 individus des deux sexes), Bulletin de la Société d'Anthropologie de Lyon, Bd. 23 (1905); *Pittard*, Anthropologie de la Roumanie: Analyse de quelques grandeurs du corps chez l'homme et chez la femme. (1210 Tsiganes provenant de la Dobrodja.) Bulletin de la Société des sciences de Bucurest, Bd. 16 (1906); *Dillmann*, Zigeunerbuch (im Auftrag der Polizeidirektion München), München 1905; *Herz*, Zigeunerunwesen und Zigeunerkriminalität in Mähren, Archiv für Strafrecht und Strafprozeß, 53. Jg. S. 388 (1906); *F. S. Krauß*, Zigeunerhumor, Leipzig 1907; *Heindl*, Die Bekämpfung der Zigeunerplage in Deutschland und Ungarn, besonders während des Krieges, Deutsche Strafrechtszeitung, Jg. 1917, S. 50; *Lebzelter*, Anthropologische Untersuchungen an serbischen Zigeunern, Mitteilungen der Anthropologischen Gesellschaft in Wien, 52. Bd. S. 23 (1922); *Pittard*, Les tziganes ou Bohémiens, Genève 1932; *Block*, Zigeuner, ihr Leben und ihre Seele, Leipzig 1936; *Krämer*, Rassische Untersuchungen an den „Zigeunerkolonien" Lause und

merkwürdigen Volke schwer verkehrt, wenn man es nicht gut kennt und daß sich vieles erleichtern läßt, wenn man ihm nähergetreten ist. Der Zigeuner ist anders als jeder Kulturmensch (selbst von der rohesten und verkommensten Gestalt) und alles, was man im Verkehre mit zahlreichen anderen gelernt und geübt hat, ist nicht zu brauchen, wenn man mit einem Zigeuner zu tun hat. In den westlichen und mittleren Teilen Deutschlands ist man zwar weniger in der Lage, sich mit der Zigeunerplage befassen zu müssen, aber gerade deshalb werden auch hier für doch vorkommende Fälle einige diesfällige Hinweise erwünscht sein. In den Donau- und Alpengauen, wo — namentlich in den östlichen Grenzbezirken — der Kriminalist selten in der Lage ist, auf seinem Schreibtisch keinen Zigeunerakt liegen zu haben, und ebenso im Protektorat Böhmen und Mähren, in Ostpreußen und in den angrenzenden Ostgebieten überhaupt ist es für den Kriminalisten unbedingt erforderlich, die Eigenart der Zigeuner zu kennen.

So verschieden nun auch der Zigeuner[1]) von jedem anderen Gauner

---

Altengraben bei Berleburg, Archiv f. Rassenbiologie 31, 1 (1937); *Würth*, Bemerkungen zur Zigeunerfrage und Zigeunerforschung. Verhandlungen d. dtsch. Ges. f. Physiol. u. Anthropologie (Dtsche Ges. f. Rasseforschung), 1938, 9; *Ritter*, Zigeuner und Landfahrer, in: Der nichtseßhafte Mensch, S. 71, München 1938; *Ritter*, Die Zigeunerfrage und das Zigeunerbastardproblem, Fortschritte der Erbpathologie, Rassenhygiene und ihrer Grenzgebiete, 3. Jhg. (1939); *Ritter*, Primitivität und Kriminalität, MschrKr. 31, S. 197; *derselbe*, Die Bestandaufnahme der Zigeuner und Zigeunermischlinge in Deutschland, Der öffentliche Gesundheitsdienst, 6. Jhg., S. 477 (1941). Im Archiv sind folgende einschlägige Aufsätze erschienen: *Hellwig*, Zur Kriminalität und Charakteristik der Zigeuner, Archiv 31, S. 73; *Jühling*, Zigeunerisches, Archiv 31, S. 134; *derselbe*, Alphabetisches Wörterverzeichnis der Zigeunersprache, Archiv 32, S. 219; *Hellwig*, Eine betrügerische Zigeunerin, Archiv 57, S. 248; *derselbe*, Zigeuner als Verbrecher, Archiv 58, S. 303; *derselbe*, Ein Rekognitionsirrtum, Archiv 61, S. 144; *Huber*, Cervantes über die Zigeuner, Archiv 62, S. 378; *v. Pappenheim*, Die Zigeunerplage, Archiv 72, S. 316; *v. Dallwitz*, Einheitliche Bekämpfung des Zigeunerunwesens im ganzen Reichsgebiet, Archiv 72, S. 318; *Wittich*, Romanes. Beitrag zur Kenntnis der Sprache der süddeutschen Zigeuner, Archiv 81, S. 61. In der Kriminalistik sind folgende einschlägige Aufsätze erschienen: Mordende Zigeuner, Kriminalistik 3, S. 181; *Bader*, Bekämpfung des Zigeunerunwesens, Kriminalistik 9, S. 265; *Hacker*, Die Kriminalität der Zigeuner in Ungarn, Kriminalistik 10, S. 201; *Weber*, Zigeunerprobleme und Praktiken, Kriminalistik 10, S. 207. c) Bibliographie und Zeitschriften: Verzeichnis von Werken und Aufsätzen, welche in älterer und neuerer Zeit über die Geschichte und Sprache der Zigeuner veröffentlicht worden sind, Leipzig 1886; *Black*, Bibliography of the Gypsies, New York 1914; *German*, Russische Bibliographie der Zigeuner, 1930; Journal of the Gypsy Lore Society, Liverpool.

[1]) Das Wort „Zigeuner" ist die deutsche Ableitung vom Stammwort „Tsigan", von dem auch die entsprechenden Ausdrücke in der Türkei (Tsinghiané), Bulgarien (Tsigani), Rumänien (Tigani), Ungarn (Ciganyok), Italien (Zingani, Zingari), Frankreich (Tsiganes), Portugal (Ciganos) und allen slawischen Ländern (Tsiganj) abgeleitet sind. Die Zigeuner selbst nennen sich jedoch nicht so, sondern betrachten diese Bezeichnung fast als Schimpfwort. Ihre eigene Bezeichnung für Angehörige ihres Stammes lautet „rom" (vielleicht zusammenhängend mit dem Sanskritwort „dom", einer altindischen Bezeichnung für Leute, die von Gesang und Musik leben); nur die deutschen Zigeuner haben für ihre Stammesangehörigen außerdem noch die Bezeichnung „sinte". Da sich die Zigeuner bei ihrem ersten Erscheinen in Mitteleuropa vielfach als Abkömmlinge der Ägypter ausgaben und zum Teil aus Böhmen nach Deutschland und

ist[1]), so merkwürdig gleichen sie sich untereinander. Seitdem die Zigeuner in Europa leben, sind sie stets dieselben geblieben und wenn wir die ältesten Nachrichten, behördlichen Verfügungen, Prozesse und Aufzeichnungen über und gegen Zigeuner lesen, so mutet es uns immer so an, als ob es sich um Zigeuner von heute handeln würde.

Etwa vom 5. Jahrhundert an (hauptsächlich aber wohl erst im 9. bis 11. Jahrhundert) sind die Zigeuner — in mehreren Schüben — aus ihrer indischen Heimat (wo sie bereits eine nichtseßhafte Sondergruppe[2]) gebildet haben dürften) gegen Westen gezogen. Von Persien aus teilten sie sich: der Großteil wanderte durch Kleinasien und die Balkanländer gegen Mitteleuropa, wo sie seit 1417 in Deutschland nachweisbar sind; ein anderer Teil zog durch Syrien nach Ägypten und die nordafrikanische Küste und betrat schließlich in Spanien europäischen Boden. Schon die erste Nachricht vom Auftreten der Zigeuner in der Weltgeschichte, die uns der persische Dichter *Firdusi* überliefert, kennzeichnet dieses eigenartige Volk: der Perserkönig *Bahram* (430—443 n. d. Zw.) habe 10000 Luri (Musikanten) aus Indien in sein Land berufen, denen er Ochsen, Getreide und Esel gab, um sie zu Bauern zu machen; sie hätten aber die Ochsen und das Getreide aufgegessen und irrten seither wie Wölfe und Hunde in der Welt umher.

Während in Griechenland und den übrigen Balkanländern das Erscheinen der Zigeuner in den Jahren 1322 bis 1346 gemeldet wird, finden sich in den Chroniken der deutschen Städte meistens in den Jahren 1417 bis 1419 die ersten Berichte über Zigeuner. Unter Führung des Woiwoden Ladislaus verstanden sie durch ihr Auftreten in ihren bunten Trachten und mit berittenen Anführern zunächst einen derartigen Eindruck zu machen, daß Kaiser Sigismund ihnen 1423 einen Schutzbrief ausstellte, der den Zigeunern freies Geleit im ganzen Land und allen Städten und eigene Gerichtsbarkeit gewährte[3]). Vielfach gaben sie sich auch — dem Christentum der deutschen Bevölkerung Rechnung tragend — als fromme Pilger aus. Mit der ihnen eigenen Frechheit nützten die Zigeunerhorden

Frankreich kamen, erklärt es sich, daß sie auch als „Ägypter" bezeichnet wurden (vgl. die englische Bezeichnung „Gypsy") und daß die Franzosen sie auch „Bohémiens" nennen.

[1]) Insbesondere sind die Zigeuner, d. h. also die Nachkommen der aus Indien nach Europa gezogenen Volksgruppen (siehe weiter unten im Text) von anderen „fahrenden Leuten" und Landstreichern zu unterscheiden, zu denen in Deutschland der „jenische" Menschenschlag gehört (vgl. *Ritter*, Ein Menschenschlag, Leipzig 1937; über die Sprache der jenischen Landfahrer s. oben S. 88 Anm. 1). Eine Verwischung dieses deutlich bestehenden Unterschiedes wurde allerdings dadurch gefördert, daß sich ein (geringer) Teil der Zigeuner mit jenischen Landfahrern vermischte, und weiter dadurch, daß die spätere Polizeigesetzgebung ihre Maßnahmen vielfach unterschiedslos gegen „Zigeuner und nach Zigeunerart umherziehende Personen" richtete. Die Darstellung in den folgenden Kapiteln dieses Werkes bezieht sich hingegen nur auf „echte" Zigeuner, deren Wesensart — wie noch hervorzuheben sein wird — sich vor allem beim Wanderzigeuner am reinsten erhalten hat.

[2]) Ungeklärt ist, ob sämtliche Zigeuner aus demselben indischen Nomadenstamm oder etwa aus mehreren verschiedenen indischen Stämmen hervorgegangen sind.

[3]) Im Wortlaut wiedergegeben bei Block a. a. O. S. 35.

die so gewonnenen Freiheiten und Rechte reichlich aus und wurden alsbald zur gefürchteten Landplage[1]). Damals schon benahmen sie sich bereits genau so wie heute. So zogen sie 1422 von Deutschland aus nach Süden und suchten die italienischen Städte heim. Die Stadtchronik von Bologna berichtet hierüber:

„Da gingen viele Leute mit allem Respekt zu der Frau des Herzogs, um sich von ihr wahrsagen zu lassen, und wenn in der Tat manches eintraf und einige ihr Schicksal erfuhren, so kehrte doch keiner zurück, ohne seiner Börse oder irgendeines Kleidungsstückes beraubt zu sein. Die Weiber dieses Volkes durchstrichen zu sechs und acht die Stadt, zeigten in den Häusern der Bürger ihre Künste, stahlen aber alles, des sie habhaft werden konnten. Andere drangen in die Buden, als wenn sie etwas kaufen wollten, in der Tat aber nur des Diebstahls wegen. So begann ein gewaltiges Stehlen in ganz Bologna. Infolgedessen durch öffentliche Bekanntmachung gegen den, der sich ferner mit diesen Fremdlingen einlasse, eine Strafe von 50 Lire und die Exkommunikation verhängt wurde. Diese Vagabunden sind übrigens die feinsten Diebe der Welt. Als nichts mehr zu stehlen war, zogen sie nach Rom. Es ist noch zu bemerken, daß sie die roheste und böseste Brut sind, die man nur finden kann. Sie waren mager, schwarz und aßen wie die Schweine. Die Weiber gingen in Hemden und hatten eine Decke umgehangen und trugen Ohrringe mit vielen Zieraten. Eine von ihnen gebar auf dem Markte ein Kind, war aber schon nach drei Tagen mit anderen Frauen unterwegs."

Diese Gleichheit in ihrem Erscheinungsbild und ihren Verhaltensweisen kennzeichnet aber nicht bloß die Zigeuner verschiedener Zeiten, sondern auch die Zigeuner der örtlich voneinander weit entfernten Splittergruppen. Nach *Sinclair*[2]) benehmen sich die Zigeuner im Orient genau so und haben dieselben Beschäftigungen wie bei uns: sie sind Wahrsager, Bärenführer, Schmiede, Kesselflicker, Pferdehändler, Musikanten und Diebe. Ebenso läßt sich zwischen dem Zigeuner in den französischen Pyrenäen-Departements und denen Ungarns kein Unterschied finden und von der Zigeunersprache sagte schon *Pott* a. a. O.

„Die Zigeunermundarten sämtlicher Länder, von so vielen uns Kunde zukam, erweisen sich, trotz der unendlich bunten und mächtigen Einwirkung fremder Idiome auf sie, in ihrem tiefinnersten Grunde einig und gleichartig." Damit stimmt überein, daß *Miklosich* alle zigeunerischen Mundarten aller Länder auf eine einzige neuindische Mundart zurückführt, die mit der Kafirsprache und den Dardu-Dialekten eine Sprachgruppe bildet.

[1]) Die Stellungnahme des Staates gegenüber den Zigeunern schlug deshalb bald in das Gegenteil um. Der Reichstag zu Speyer 1498 und der Augsburger Reichsabschied 1500 ordneten bereits die Ausweisung der Zigeuner aus allen deutschen Ländern an, mehrere Verordnungen erklärten alsbald die gleichwohl noch Angetroffenen für vogelfrei und im 18. Jahrhundert wurde sowohl in Preußen als auch in Österreich die Hinrichtung sämtlicher Zigeunermänner von über 18 Jahren befohlen. Erst in der Aufklärungszeit der 2. Hälfte des 18. Jahrhunderts milderte sich diese Stellungnahme und Maria Theresia machte 1761 den ersten Ansiedlungsversuch, der von Josef II. auch auf die siebenbürgischen Zigeuner ausgedehnt wurde. Bei stammestreuen Wanderzigeunern schlugen jedoch alle diese Versuche fehl und nur Mischlingsgruppen (siehe darüber weiter unten im Text) glitten mancherorts in seßhafte Berufe über oder führten in elenden Siedlungen ein fragwürdiges Dasein.

[2]) The Oriental Gipsies, Journal of the Gypsy Lore society, 1908.

Gegen diese von allen Zigeunerkennern ausgesprochene Ansicht über die auffallende Gleichheit aller Zigeuner spricht es nur scheinbar, wenn der eine Beobachter sich im Entzücken über die Schönheit der Zigeunergesichter und -formen ergeht, während sie ein anderer viel weniger hübsch findet, oder wenn behauptet wird, daß z. B. ein französischer und ein ungarischer Zigeuner einander schwer verstehen. Dies hat aber seinen einfachen Grund darin, daß einerseits der französische Zigeuner in seine Sprache ebenso französische Ausdrücke aufgenommen hat, wie der ungarische Zigeuner ungarische Worte einmengt, und daß andererseits der jahrhundertelange Aufenthalt in einem Lande es mit sich bringen mußte, daß jener mit französischer Art und Betonung, dieser mit ungarischem Akzente spricht.

Die rassischen Eigenschaften der Zigeuner haben vor allem *Weißlach* (an ungarischen Zigeunern), *Pittard* (an rumänischen, bulgarischen und türkischen Zigeunern) und *Lebzelter* (an serbischen Zigeunern) durch anthropologische Methoden zu erfassen gesucht[1]). Ergänzend können wir die lebensnahen Berichte von Forschern heranziehen, die lange Zeit mit Wanderzigeunern mitgezogen sind (wie z. B. *v. Wlislocki* mit den Zigeunern Siebenbürgens und *Block* mit rumänischen Wanderzigeunern), zumal gerade diese Zigeunergruppen noch in größerem Umfang als nomadisierende Wanderstämme leben und sich dadurch bei ihnen die urtümlich-rassische Eigenart der Zigeuner relativ am reinsten bewahrt hat. Aus allen diesen Forschungsergebnissen können wir etwa folgende typische Rassenmerkmale entnehmen: die Zigeuner sind Menschen von schlankem, nicht allzugroßem Wuchs (*Pittard* errechnete für die Männer ein Körpermittel von 165,4 cm, für die Frauen von 153,2 cm). Die Breitenlängenzahl des Schädels beträgt bei Männern im Durchschnitt etwas über 78, bei Frauen 79,7 (*Lebzelter* fand unter seinem Material bei 55% längliche, mäßig hohe Köpfe, bei 25% kurze hohe Köpfe und bei 20% längliche niedere Köpfe). Die Farbe der Haut, der jede Rötung fehlt, wird als gelblich, olivgelb, bräunlich bis braun beschrieben. Das Kopfhaar ist — beim reinen Typ — glänzend schwarz[2]), sehr dicht, meist ungewellt und wird (auch von den Männern) relativ lang getragen. Es besteht weder Neigung zum frühen Ergrauen noch zur Glatzenbildung. Die Stirnhaargrenze liegt oft sehr tief. Die Zähne sind blendend weiß und trotz Mangel einer Zahnpflege gesund. Die Gesichtszüge sind — beim „edleren" Typ — regelmäßig, die Gesichtsform länglich-oval, das Profil fein geschnitten mit wohl ausgebildetem, leicht zurücktretendem Kinn und kräftiger, schmaler Adlernase, die Augenbrauen geschwungen, die Augen groß,

---

[1]) Das Material, das ihnen zur Verfügung stand, war allerdings durch verschiedene Zufallsmomente bedingt; so untersuchte z. B. *Lebzelter* nur Kriegsgefangene, also nur Zigeuner, die in Serbien Soldaten waren und dort bereits seßhaft geworden waren. Diese verschiedenen Auslesegesichtspunkte bedingen auch die im einzelnen etwas abweichenden Ergebnisse.

[2]) Nur selten kommt braunes und nur ausnahmsweise blondes Haar vor. Das glänzende Schwarzhaar schimmert im durchfallenden Licht bläulichgrün, woraus *Lebzelter* vermutet, daß dem rein schwarzen Zigeunerhaar die Rotkomponente fehlt.

mandelförmig geschnitten und fast stets von dunkler Farbe[1]); doch findet sich daneben auch — in denselben Stämmen — ein anderer Konstitutionstyp mit stumpfer, breiter Nase, stark hervortretenden Backenknochen und mehr weichen Gesichtszügen.

Außer diesen Merkmalen des körperlichen Erscheinungsbildes gehört zu den rassisch bedingten Eigenschaften der Zigeuner der große Kinderreichtum der Frauen, die als junge Mädchen oft von außerordentlicher Schönheit sind, aber sehr rasch verblühen, der eigenartige Körpergeruch der Zigeuner, der wohl durch ihre ebenfalls anlagemäßige Neigung zur Unsauberkeit verstärkt wird[2]), der hoch entwickelte Orientierungssinn und die Fähigkeit zu instinkthaftem Erfassen von Naturvorgängen und Ausdrucksbewegungen (worauf noch ausführlich zurückzukommen sein wird), ihr starkes Stammes- und Volkstumsbewußtsein, demzufolge sie sich mit jedem *rom* als „Bruder" verbunden fühlen, während sie sich gegen den *gadzo* (den Nichtzigeuner) völlig verschließen, und ihr kindlich-gegenständliches, nicht reflektierendes Denken, demzufolge sie ohne Blick für die Vergangenheit und ohne Sorge um die Zukunft in den Tag hineinleben[3]). Häufig trifft man bei ihnen eine starke musikalische Begabung, im übrigen sind sie rein auf materielle Werte eingestellt: Geld oder Geldeswert ist für sie der Maßstab alles Handelns. Zu ihren Rasseeigenschaften gehört ferner der durch ihre Geschichte bewiesene unwiderstehliche Wandertrieb und der (sich durch Jahrhunderte gleich bemerkbar machende) Stehltrieb[4]), der im Zusammenhang mit ihrer Faulheit steht: der Zigeuner hat eine anlagemäßige Abneigung gegen andauernde schwere Arbeit und zeigt nur für bestimmte leichte Handwerke (z. B. Kesselflicken) Lust und auch besondere Geschicklichkeit[5]); im übrigen gibt sich der Mann gerne dem Müßiggang hin und schickt die Frau auf Bettel und zum „Finden" aus. Dabei ist er in seiner persönlichen Lebenshaltung

[1]) Besonders charakteristisch für das Zigeunerauge sind (nach *Block*) die starken Lichtreflexe: die dadurch bedingten großen Lichtflecke im dunklen Auge verleihen dem Blick bald etwas Unruhiges, Unstetes, bald — wenn sich die Blickrichtung konzentriert — etwas unheimlich Stechendes und Leidenschaftliches.

[2]) Siehe über den Körpergeruch auch noch unten S. 105 f.

[3]) Daher fehlt den Zigeunern selbst jede geschichtliche Überlieferung oder eigene Geschichtsschreibung — die umfangreiche Literatur über die Geschichte der Zigeuner stammt durchwegs von Nichtzigeunern. Wenn man sie nach dem Grund einer Sitte fragt, so begnügen sie sich (wie *Block* berichtet) mit dem einfachen Hinweis, daß es ihre Väter ebenso gemacht haben.

[4]) Während beim Nichtzigeuner von einem besonderen, isoliert auftretenden Stehltrieb (etwa im Sinne einer „Kleptomanie", siehe darüber Band I S. 253, 268 und 277) nicht gesprochen werden kann, handelt es sich beim Zigeuner offenbar um eine rassisch-bedingte Modifikation des dem primitiven Urmenschen überhaupt eigenen Okkupationstrieb: wie dieser die Disposition hat, alle zu seiner Lebenshaltung nötigen Dinge (offen und allenfalls im Kampf gegen Naturgewalten, Tiere und menschliche Feinde) in Besitz zu nehmen, so hat der Zigeuner die Disposition zur (heimlichen) Besitzergreifung dieser Dinge, wo immer er sie „findet", d. h. aus dem Besitz anderer und unter Vermeidung offenen Kampfes.

[5]) Im Kaltschmieden von Kupferkesseln sind sie unübertroffen.

recht genügsam und nur bei Familien- und Stammesfesten kommt es zu üppigeren Gelagen.

Ihre sonstigen charakterlichen Eigenschaften kennzeichnet *v. Wlislocki* als eine sonderbare Mischung von Eitelkeit und Gemeinheit, Ziererei, Ernst und wirklicher Leichtfertigkeit; dabei zeigen sie noch eine entwürdigende Kriecherei im Tun und Wesen, darauf berechnet, andere durch List zu übervorteilen; sie nehmen nicht die geringste Rücksicht auf Wahrheit und behaupten und lügen mit einer nie errötenden Frechheit, da ihnen die Scham gänzlich mangelt. Diese Schilderung ist noch durch zwei Eigenschaften zu ergänzen, die der Zigeuner in hohem Maße besitzt: seine Rachsucht — auch im internen Leben der Zigeuner spielt heute noch das Gesetz der „Blutrache" eine wichtige Rolle — und vor allem seine Feigheit. Dieser Grundzug im Wesen des Zigeuners ist aber für den Kriminalisten der wichtigste, da man bei Beurteilung des Charakters eines Zigeuners, seines Vorgehens, seiner Absichten, Motive und Ziele, sowie bei der Frage darüber, ob eine bestimmte Tat von Zigeunern verübt wurde, sich stets von dem Gedanken leiten lassen muß, daß die Begriffe Zigeuner und Feigheit unzertrennlich sind. In Siebenbürgen gilt das Sprichwort, daß man fünfzig Zigeuner mit einem nassen Fetzen davonjagen könne. Und *Hans Groß*, der seinerzeit ununterbrochen mit Zigeunern zu tun gehabt hat, berichtet:

Eines Tages brachte ein einziger Gendarm über dreißig Zigeuner, darunter zwanzig Männer daher, die er wegen Diebstahlsverdachtes arretiert hatte. Die Leute hatten einen Wagen bei sich, dessen Gaul der Gendarm am Zügel gepackt und festgehalten hatte. Hierdurch (!) hatte er verhindert, daß ihm auch nur ein einziger Zigeuner entwischt ist. Wie dann der Arrestaufseher erzählte, hat er die Zigeuner gefragt, wie sie sich denn von einem einzigen Gendarmen haben arretieren lassen können. „Der Herr Gendarm hat ein Gewehr", sagte einer, „und in dem Gewehre sind sieben Patronen." Und als der Arrestaufseher meinte, damit könne der Gendarm doch nicht alle töten, bekam er die bezeichnende Antwort: „Alle nicht, aber sieben doch, und keiner hat Lust, einer von den sieben zu sein!"

Ebenso charakteristisch ist auch, daß alle Morde durch Zigeuner, von denen man je gehört hat, ausschließlich an Schlafenden oder aus sicherem Hinterhalte oder durch Gift verübt worden sind. Ist aber das Opfer eines solchen Meuchelmordes bereits überwältigt, so stechen die Zigeuner auf den vermeintlich schon Toten noch öfters drauf los; teils tun sie dies zur Sicherheit, damit der Ermordete ja gewiß tot sei, teils äußert sich darin die grausame Mordlust des Zigeuners, der sich freut, auf den verhaßten Mann ungefährdet stechen zu können. Einen Mord, bei dem sich der Täter einer Gefahr aussetzte, hat ein Zigeuner nicht verübt[1]). Als Soldaten sind die Zigeuner meist zunächst anstellig und fügsam, neigen aber zur Desertion[2]).

---

[1]) Besonders verabscheuungswürdige Raubmorde, bei welchen die Opfer mit Hacken erschlagen wurden, sind 1927 in der Tschechoslovakei von einer 12köpfigen Moldauer Zigeunerbande begangen worden (Kriminalistik 3, S. 181).

[2]) Vgl. *Byloff*, Über den Beweggrund der Fahnenflucht (Desertion), Archiv 69, S. 161 (insbes. S. 178f.); *Ritter*, Die Zigeunerfrage (a. a. O.), S. 10.

All dem Gesagten widerspricht es nicht, daß die Zigeuner öfters gute Spione abgegeben haben. Daß der Zigeuner zu diesem Geschäfte brauchbar ist, muß uns insoferne besonders interessieren, als dadurch bewiesen wird, wie geschickt er sich auch bei den kleinen Spionagen für Diebstähle erweisen kann. *Schwicker* a. a. O. führt an, daß sich Wallenstein 1625 mit Vorteil der Zigeuner als Spione bedient hat. Ebenso verwendete sie Johann Zapolya, der ungarische Gegenkönig wider Ferdinand von Österreich, und der kaiserliche General Graf Basta konnte 1602 nur durch einen Zigeuner einen Brief in die belagerte Stadt Bistriz gelangen lassen. 1676 wurden in Oberungarn sieben Zigeuner mit einem französischen Ingenieur, Pierre Durois, gefangen, der durch neun Jahre mit seinen Zigeunern herumgezogen war und mit ihrer Hilfe die wichtigsten strategischen Punkte von Deutschland und Österreich für den König von Frankreich aufgenommen haben soll. Daß sich Zigeuner zum Spionagedienst verhältnismäßig leicht dingen lassen, hängt mit ihrer Neigung zusammen, stets ohne regelrechte Arbeit zu Geld kommen zu wollen; außerdem wird durch die Betrauung mit solchen Aufgaben auch ihre Eitelkeit befriedigt. Dabei ist wohl auch noch zu erwägen, daß der Zigeuner, der Jahrhunderte lang oft unter den schwierigsten Umständen in ihm vollkommen unbekannten Gegenden herumgestrichen ist, einen geradezu tierisch hochentwickelten Orientierungssinn erlangt hat. Man muß sich nur vorstellen: einen nur aus der Erzählung bekannten Ort, an dem z. B. von der Bande gestohlen werden soll, aufsuchen, den kürzesten und sichersten Weg wissen, sich zerteilen und finden, mit dem Gestohlenen einen anderen, ebenso sicheren Weg zurückmachen, vielleicht auseinandergesprengt werden und doch zusammentreffen und endlich wieder an einem bestimmten Orte sich vereinen — und das alles ohne Landkarte, ohne Kompaß, ohne lesen zu können, ohne die Einwohner fragen zu dürfen! Und doch leistet das jede Zigeunerbande alle Tage.

H. Groß erzählt folgendes Erlebnis:

Als es sich im Okkupationsfeldzuge 1878 kurz vor der Einnahme von Serajevo darum handelte, eine Verbindung zwischen der östlich marschierenden Seitentruppe und der längs der Bosna südwärts kommenden Haupttruppe herzustellen, kamen einmal mitten in der Nacht, etwa um zwei Uhr, zwei ungarische Husaren (ein Korporal und ein Mann ohne Charge) zu unserem Vorposten mit Papieren an den Höchstkommandierenden. Die zwei hatten nur die Richtung angezeigt erhalten, in der sie reiten müssen, und den Auftrag, österreichische Vorposten zu finden, die sie zu General v. Philippovic zu weisen hätten. Die zwei Husaren waren gegen Abend fortgeritten, waren ununterbrochen durch von den Türken besetztes Terrain der schwierigsten Art gekommen, mußten zweimal Flüsse durchschwimmen und kamen glücklich und in unbegreiflich kurzer Zeit zu uns. Ich fragte den Korporal, wie er sich denn in dem Lande, in dem er sein Leben lang nie war, so zurechtfinden konnte, und erhielt die bezeichnende Antwort: „Ich nix wissen, aber Komerod is Zigeuner." Nun erst sah ich mir den anderen Husaren an und bemerkte beim schwachen Scheine des Lagerfeuers die erfreuliche Galgenphysiognomie des unverfälschten Zigeuners, den im Augenblicke meine halbgerauchte Zigarette mehr interessierte als der ganze Feldzug! Wie ich später erfuhr, hat der Zigeuner sich und seinen Korporal auch glücklich wieder zurückgebracht.

Diese für unsere Sinne unfaßbare Fähigkeit, dieser tierische Instinkt, sich überall zurechtzufinden, nie die Richtung zu verlieren, alles zu sehen und zu verwerten, darf man nie aus dem Auge lassen, wenn es sich um die Beurteilung der Frage handelt, ob eine bestimmte Tat von Zigeunern verübt wurde oder nicht. Es ist beinahe nicht zuviel gesagt, wenn man behauptet: „Dem Zigeuner ist alles möglich", woferne man das „alles" darauf einschränkt: „was mit einer zum äußersten gesteigerten List, Gewandtheit, Keckheit, Verschlagenheit und Begehrlichkeit erreicht werden kann." Dies zeigt sich z. B. bei Erörterung von Entfernungen; wenn es heißt: „Dahin kommt man bei guter Wegbeschaffenheit, genauer Ortskenntnis und unbeladen in dieser Zeit, bei schlechtem Wege, ohne Kenntnis der Abkürzungen und schwer bepackt in jener Zeit", so mag dies für gewöhnliche Leute gelten, nicht aber für Zigeuner. Ob der Weg gut ist oder nicht, ob er ihn kennt oder nicht, ob er etwas trägt oder nicht, das ist alles gleichgültig, wenn es sein muß, so legt er den Weg in einer Zeit zurück, die unbegreiflich ist[1]). Erwägt man, daß der Zigeuner an sich nicht weniger begabt ist als der Kulturmensch, daß dieser alle seine Kräfte seit Jahrtausenden den verschiedensten, höchsten Zwecken zugewendet hat, von denen jeder volles Einsetzen fordert, während die Zigeuner von je all ihr Wissen und Können dem einen Zweck, auf Kosten der anderen zu leben, angepaßt haben, dann läßt es sich allerdings begreifen, daß sie darin Leistungen aufweisen können, die den anderen Sterblichen als unmöglich erscheinen müssen.

In gewisser Beziehung darf auch nicht vergessen werden, daß das Volk selbst dem Zigeuner vielfach sein Treiben erleichtert; so ist es allgemein verbreitet, an die Zaubereien der Zigeuner wirklich zu glauben, weshalb man nicht wagt, ihnen etwas abzuschlagen, oder ihnen etwas anzutun, weil sie es vermögen, sich durch Zauberei arg zu rächen. Ebenso dürfen die von ihnen angebrachten Zeichen nicht angetastet werden; denn dies würde großes Unglück bringen. Dieser Aberglaube wird deshalb von den Zigeunern bewußt genährt und auch bei den Betrügereien ausgenützt, deren sich die Zigeunerweiber schuldig zu machen pflegen. Anläßlich des Wahrsagens wird ein großes Unglück vorhergesagt, das nur durch Opferung des gesamten, im Hause befindlichen Bargeldes verhütet werden könne. Auch werden diese Wahrsagereien, bei denen mitunter totenkopfähnliche Holzkugeln verwendet werden, häufig zu allerlei Diebstählen benutzt[2]). So dient der geheimnisvolle Zauber, in den

[1]) Er kennt nur ein Hindernis: den Wind. Daß der Zigeuner diesen nicht verträgt und geradezu hilflos wird, wenn er gegen Wind kämpfen muß, wird in allen Werken über Zigeuner hervorgehoben und es ist auch richtig. Andere Diebe stehlen mit Vorliebe in stürmischer Nacht, der Zigeuner nicht, dieser verkriecht sich, wenn sein Erbfeind bläst. Muß er aber im Winde wandern, so braucht er mehr Zeit als ein anderer Mensch. Ist ein Diebstahl in einer sehr windigen Nacht verübt worden, so ist daher in erster Linie anzunehmen, daß ihn nicht Zigeuner verübt haben.

[2]) Vgl. *Hellwig*, a. a. O.; über die Verwendung von Zeichen zur geheimen Verständigung beim Wahrsagen siehe oben S. 61f.. Daraus geht auch hervor, daß

die Zigeuner gern ihr Treiben hüllen, in Wirklichkeit nur ihrem unredlichen Erwerb. — —

Diese im Vorstehenden geschilderte rassische Eigenart haben sich in Europa am reinsten die Angehörigen jener Stämme bewahrt, die auch heute noch als Wanderzigeuner — meist im Wohnwagen oder mit Zelten — umherziehen, außerhalb der Ortschaften, mit Vorliebe an einem Waldesrand, ihr Lager aufschlagen und nur während der strengen Winterszeit länger am Rande einer Stadt (meist auf den hiefür von der Polizei vorgesehenen Zigeunerlagerplätzen) bleiben, um beim ersten warmen Frühlingswetter wieder loszuziehen. Diese Wanderzigeuner fühlen sich auch heute noch an die Gesetze und Sitten ihres Stammes gebunden, deren Einhaltung vom Ältestenrat unter Vorsitz des Stammesältesten (*tschatscho pasko rom*) überwacht wird. Schwere Verstöße (zu denen aber auch schon der Genuß von Pferdefleisch zählt) werden mit einer Art Ächtung bestraft: der für *beledsido* (unrein) Erklärte ist aus dem Stamm ausgeschlossen, niemand darf mit ihm verkehren, doch kann ein solcher auch wieder feierlich in den Stamm aufgenommen werden. Das Zigeunergesetz verbietet die Eheschließung mit einem *gadzo* (Nichtzigeuner), was viel zur Reinerhaltung ihrer Art beigetragen hat[1]). Zigeunergruppen, die sich nicht daran halten, gelten bereits als Abtrünnige und werden von den stammestreuen Zigeunern abgelehnt.

Wie viele solche Wanderzigeuner es heute noch in den einzelnen Ländern Europas gibt, wissen wir nicht; die meisten sind wohl in Rumänien einschließlich Siebenbürgen anzutreffen. In Mitteleuropa hat ihre Zahl in den letzten Jahrzehnten infolge der behördlichen Maßnahmen, die gegen die „Zigeunerplage" in fast allen Staaten getroffen wurden, wesentlich abgenommen. Diese Maßnahmen sind: Entzug der Wandergewerbescheine, in manchen Ländern Verbot des Bärentreibens und des Pferdehandels; Verpflichtung der Kinder zum Schulbesuch; Verbot des Reisens „in Horden" und Abschiebung bei Übertretung dieses Verbotes; Bestrafung wegen Landstreicherei, Bettels und Wahrsagebetruges und allenfalls Abgabe in ein Arbeitshaus; Überführung in seßhafte Berufe und Ansiedlung in Zigeunerdörfer; Förderung von Mischehen mit Angehörigen des seßhaften Wirtsvolkes; Rekrutierung der jungen Männer als Soldaten. Durch solche Maßnahmen wurde jedoch die „Zigeunerfrage" keineswegs gelöst, besonders nicht in rassehygienischer Richtung. Gerade die rassisch minder Wertvollen, die von ihren Stammesgenossen als Entartete betrachtet werden, waren zu einer solchen Vermischung am ehesten

die Zigeuner selbst nicht an den Wert ihrer Wahrsagereien glauben. Über die Zaubertrommel der Zigeuner und ähnliche Hilfsmittel zum Wahrsagen s. unten S. 179 f.

[1]) Nur ausnahmsweise wird eine solche Ehe vom Stammesältesten bewilligt, z. B. in jenen Fällen, in denen ein Kind, dessen sich eine uneheliche Mutter des Wirtsvolkes entledigen wollte, von Zigeunern aufgenommen und wie eines der ihren aufgezogen wurde. Eine solche Blutauffrischung — die vielleicht sogar eine unbewußte Selbsthilfe gegen die Gefahren der Inzucht darstellt — hat die Erhaltung der zigeunerischen Wesensart nicht beeinträchtigt.

bereit: teils gingen sie einzeln als Händler, Musikanten, Artisten usw. in der Großstadtbevölkerung auf und ihre Nachkommen vermehren bereits stark die Zahl der Zigeunermischlinge[1]); teils bildeten sie im Rahmen von „Zigeunersiedlungen" ganze Mischlingssippschaften, die erbbiologisch und charakterologisch — da meist nur minderwertige Angehörige des Wirtsvolkes Partner dieser Kreuzungen waren — besonders unerfreulich sind, was auch in dem außerordentlich niederen Kulturniveau dieser Siedlungen zum Ausdruck kommt[2]). Sofern sich schließlich die Zigeuner mit den inländischen Landstreichern, den Jenischen, vermischten, sanken ihre Nachkommen vollends in das Lumpenproletariat und Gaunertum ab.

In Deutschland sucht man nun andere Wege zu gehen. Nachdem schon 1899 bei der Polizeidirektion München eine Zigeunernachrichtenstelle geschaffen worden war, die bereits 1905 ein Verzeichnis von 3350 Zigeunerfamilien herausgab, wurde die Registrierung der Fingerabdrücke jedes über 6 Jahre alten Zigeuners verfügt, wodurch endlich den fortgesetzten Identitätsschwindeleien wirksam begegnet wird. Seit 1938 wurde eine großzügige Bestandaufnahme aller in Deutschland lebender Zigeuner und Zigeunermischlinge und deren rassebiologische Sichtung in die Wege geleitet[3]), die die Grundlage entsprechender Maßnahmen bilden soll. Zigeuner und Zigeunermischlinge I. Grades sind als artfremd zu betrachten, deren Verehelichung mit Deutschblütigen auf Grund der Nürnberger Gesetze untersagt ist. Aber auch die Gefahr einer außerehelichen Vermischung wird unterbunden werden müssen.

---

[1]) Zu diesen gehören z. B. in Rumänien offenbar auch alle jene seßhaften „Zigeuner", die sich 1935 in einem Kongreß zu Bukarest unter Führung eines Woiwoden zusammenschlossen, der eine eigene Zeitung „Glasul Romilor" (Die Stimme der Zigeuner) herausgibt. Die wandernden Zeltzigeuner Rumäniens lehnen aber diese Vereinigung ab und haben ihre eigenen Häuptlinge.

[2]) Innerhalb Deutschlands gehören zu den bekanntesten derartigen Siedlungen die Zigeunerkolonie in der Lause bei Berleburg und die Zigeunersiedlungen des Burgenlandes; hier hausen die Angehörigen dieses Bastardenstammes in elenden Lehmhütten.

[3]) Über das Ergebnis dieser Bestandaufnahme berichtet *Ritter* a. a. O. Danach beträgt die Zahl der bisher gemeldeten Personen im Altreich rund 19000, in den Alpen- und Donaugauen und in Böhmen und Mähren rund 11000; eine größere Zahl ist aber noch nicht gemeldet. Der Großteil der Altreichszigeuner besteht aus Nachkommen der im 15. Jahrhundert eingewanderten Zigeunerstämme, die sich selbst als *sinte* bezeichnen und vielfach Musikanten sind. Gleichwohl sind auch diese bereits zu 90% vermischt. Daneben ist eine kleinere Gruppe (rund 1800) erkennbar, die sich selbst nur *rom* nennen und deren Vorfahren erst in der zweiten Hälfte des 19. Jahrhunderts aus Ungarn einwanderten, wobei sie sich größtenteils die Papiere inländischer Zigeunerfamilien zu verschaffen wußten; sie sind hauptsächlich Pferdehändler, ein kleiner Zweig besteht aus einer Kesselflickergruppe. Weitere 500 gehören einem Stamm in Böhmen und Mähren an, von dem ein Teil in den früheren Jahrhunderten nach Deutschland zog und vom Bettel, Wahrsagen und Diebstahl lebt; schließlich wurden noch 200 ehemalige Bärenführer gemeldet, die als „türkische" Zigeuner gelten. Eine zweite Sondergruppe, die sich von den inländischen Wanderzigeunern abhebt und schon seßhaft geworden ist, lebt in Ostpreußen und besteht aus landwirtschaftlichen Arbeitern, teils sogar aus kleineren Grundbesitzern, die daneben auch Pferdehandel treiben; ihre Kinder, die bereits die Schule besuchten, gehen jedoch zum Teil wieder dem Hausieren und dem Bettel nach. Ihre typischen Delikte sind Feld- und Forstdiebstahl, Pferdediebstahl, Tauschbetrug und Urkundenfälschung.

2. Wie der Zigeuner stiehlt.

Was bei den Diebstählen der Zigeuner kriminalistisch am wichtigsten ist, dürfte die große Geschicklichkeit sein, mit welcher sie hierbei zu Werke gehen. Dies ist namentlich deshalb von Bedeutung, weil man es bei einem vorgekommenen Diebstahl oft für unmöglich hält, daß ein Fremder der Täter sein könnte; diesem traut man weder die Geschicklichkeit noch die Frechheit zu, die zum Eindringen von außen notwendig schien. Die Folge davon war oft, daß man Hausleute, namentlich Dienstboten, der Tat verdächtigte: „ein Fremder kann es nicht getan haben." Und trotzdem waren es in manchen solchen Fällen Zigeuner, welche die niemandem zuzutrauende Geschicklichkeit, Frechheit und Beobachtungsgabe doch gehabt haben. Was der Dienstbote bei jahrelangem Aufenthalte im Hause, der Nachbar bei jahrzehntelangem Nebeneinanderwohnen nicht bemerkt hat, die alte Zigeunermutter, die bettelnd, wahrsagend oder kurpfuschend gekommen ist, hat es binnen wenigen Minuten so genau gesehen und kombiniert, daß auf Grund ihrer Wahrnehmungen der verwegenste Diebstahl durchgeführt werden konnte. Wo angeblich „keine Katze durchschlüpfen kann", dort rutscht der kleine Zigeunerjunge aus und ein, als ob man ihm Flügeltüren geöffnet hätte, und wohin kein Akrobat mit aller Geschicklichkeit zu kommen vermöchte, dorthin langt der Zigeuner mit der niemals fehlenden, immer greifenden Wurfangel. Kein Schlosser vermag rasch und mit Sicherheit herauszufinden, wo die Schwäche eines Gitters liegt, wie ein Schloß konstruiert ist, wie man einer Türangel beikommen kann, wenn man ihm nicht von allen Seiten Zutritt zum Prüfungsobjekt gewährt; der Zigeuner braucht einen Blick, einen Griff von außen und er weiß, wie er die Sache zu machen hat. Gilt es, in eine Mauer ein Loch zu machen, so hat er sicher die dünnste und feuchteste Stelle gefunden, an welcher an der Innenseite kein hinderndes Möbel steht; gewiß befindet sich auch an der gewählten Stelle kein großer Stein, der ein Abmeißeln oder unnützes Weiterbrechen erfordert; er hat meist die Stelle benützt, an der die Mauer durch einen durchgeführten Schlot geschwächt ist und wo nicht zu befürchten steht, daß abbröckelnde Ziegel- oder Mörtelstücke Lärm verursachen. Er hat es auch vermocht, sich schon von außen her im Hause zu orientieren, damit er gerade in das gewünschte Zimmer kommt, nicht erst versperrte Türen passieren oder an schlafenden Hausbewohnern vorübergehen muß. Ist dies aber nicht zu vermeiden, so weiß niemand so lautlos, ohne an einem Geräte anzustoßen oder sonst Lärm zu machen, an den Schlafenden vorbeizuhuschen. „Das muß ein Geist gewesen sein", versichert der Bestohlene hinterdrein, „ich höre sonst alles im Schlafe, wie soll einer an meinem Bett vorbeigekommen sein?" Ja, der Zigeuner schleicht eben vorüber, wie ein Gespenst, geräuschlos, ohne Wesen, ohne Körper.

Nur sein Geruch bleibt zurück, sein eigentümlicher, unverkennbarer, lange haftender Geruch, den niemand vergißt, der ihn einmal wahrgenommen hat. Er soll dem ebenfalls charakteristischen Negergeruch etwas ähnlich sein[1]). Gerichtsbeamte, die diesen Geruch kennen und mit nicht gar stumpfem Geruchsinn ausgerüstet sind, nehmen es sofort beim Eintritte in das Gerichtshaus wahr, wenn Zigeuner eingeliefert wurden, so daß man glauben muß, der Geruch hafte sogar den Wänden an. Dieser Umstand kann dazu benützt werden, um festzustellen, ob Zigeuner da waren. Stahlen die Zigeuner irgendwo, so müssen sie daselbst immerhin eine Zeitlang verweilt und mancherlei angefaßt haben, in den meisten Fällen wurden hierbei auch Kästen, Betten usw. geöffnet, so daß Kleidungsstücke, Wäsche usw. freilagen und daher den Geruch aufnehmen und festhalten konnten. Kommt dann jemand, der den Zigeunergeruch kennt, in den Raum, und ist seit dem Abzug der Diebe nicht zulange Zeit verflossen, so wird er die Anwesenheit von Zigeunern mit fast vollständiger Sicherheit feststellen können. Besonders kräftig entwickelt sich dieses Parfüm, wenn sich die Zigeuner stark plagen mußten und in Transpiration gerieten. Müßte man den Zigeunergeruch mit etwas Bekanntem vergleichen, so würde man vielleicht am besten sagen: Fettgeruch mit Mäuseduft verbunden[2]). Freilich muß da der unbeschreibliche Schmutz der Zigeuner mit in Rechnung gezogen werden, ja dies kann unter Umständen sogar Beweismittel werden; hat der Zigeuner einen Mord begangen, so behält er das Hemd, das er beim Morde auf dem Leibe hatte, ein Jahr an — dann „ist ihm Gott gnädig". Allerdings sehen die Hemden der Zigeuner, wenn sie überhaupt welche tragen, fast immer so aus, als ob sie vor einem Jahre frisch gewesen seien.

Ist schon die Geschicklichkeit bemerkenswert, mit welcher der Zigeuner in das Innere des Hauses eingedrungen ist, so ist es noch merkwürdiger, wie klug er sich den Abzug vorbereitet und sich gegen Überfall gesichert hat. An die Flucht hat er stets wie jeder andere geriebene Dieb gedacht, nur benötigt er bei seiner großen Behendigkeit und Geschwindigkeit die Rückzugslinie nicht so bequem und weit, wie ein anderer Dieb: ein zur Seite gebogener Stab im Fenstergitter, eine kleine Öffnung in der Mauer, eine nur wenig offene Spalte in der Tür genügt dem Zigeuner, um im Notfalle mit der Geschmeidigkeit und Biegsamkeit eines Wiesels zu verschwinden, so daß der Beschädigte, der noch zur rechten Zeit auf dem Tatorte erschienen ist, stets glaubt, der Dieb sei schon lange fort, während er ihm in Wirklichkeit gerade unter den Händen entwischte. Einmal hatte ein verfolgter Zigeuner im Zimmer eines ebenerdigen Gasthauses durch das vergitterte Fenster den herankommenden Gendarmen gesehen; er hockte neben der Türe nieder, und als der Gendarm eintrat und nach dem Zigeuner ausschaute, huschte ihm dieser zwischen den Füßen durch und entlief auf Nimmerwiedersehen.

Gegen Überfälle sichert sich der Zigeuner ausnahmslos von außen durch Wachtposten, die mit unbestechlicher, nie rastender Aufmerksam-

[1]) *Attilo Clemente*, Der Körpergeruch als Rasseneigentümlichkeit (besonders bei Negern, Mongolen, Malayen und Japanern, die wieder von dem „unerträglichen Leichengeruch" der Europäer sprechen).

[2]) Negergeruch wird mit Bocksgeruch verglichen.

keit jeden Vorgang bemerken und melden, dabei mit den Augen einer Eule und dem Gehöre eines Fuchses begabt sind, also selbst bei Nacht jeden Nahenden lange eher wahrnehmen, bevor dieser die Wachen sieht, und die bei eigenem geräuschlosem Dastehen jeden nahenden Schritt vernehmen; solche Posten sind von Jugend auf zu derlei Diensten abgerichtet und verstehen sie daher besser als irgend jemand sonst. Hiezu kommt auch, daß der Zigeuner fast niemals allein oder zu zweien wandert, dazu ist er ein viel zu geselliges, schwatzhaftes Geschöpf. Nichts ist ihm unlieber als Alleinsein. Er zieht und stiehlt daher stets in größerer Gesellschaft; jeder der Gesellschaft, ob Mann oder Weib oder Kind, ist ein verläßlicher Diebsgenosse und so können daher die Wachtposten stets in überreicher Weise besetzt werden. Zieht der Zigeuner auf Diebstahl aus, so geht er mit Genossen, Weibern und Kindern; erstere helfen selber stehlen, die Weiber stehen Wache und tragen dann die Bündel, die Kinder tun dasselbe und müssen außerdem zwischen den Gitterstäben und durch kleine Öffnungen kriechen, um dann die Türen von innen zu öffnen. Daß aber starkes Besetzen der Wachtposten für das Gelingen der Tat von größter Wichtigkeit ist, gilt als alter Grundsatz, denn je zahlreicher die Posten, desto größer die Sicherheit, je größer die Sicherheit, desto ruhiger ist der eigentliche Dieb, und je ruhiger der Dieb, desto größer die Beute. Die ruhige Arbeit bei Verübung des Diebstahles ist aber ein sicheres Kennzeichen der Zigeunerdiebstähle, da man nach der Tat den unabweisbaren Eindruck erhält, daß die Diebe mit Ruhe und Behaglichkeit gesucht, ausgewählt und mitgenommen haben mußten. Das erklärt sich nur aus der großen Sicherung, die sich der Zigeuner schaffen kann, denn nur er hat so viele Genossen, nämlich die ganze Bande, zu der er gehört.

Die zweite Deckung, die der Zigeuner immer vornimmt, ist die, daß er die Türen versichert, um zu verhindern, daß er von den Hausleuten selbst im Hause überrascht wird[1]). Sobald er in den Raum eingedrungen ist, der jetzt den Schauplatz seiner Tätigkeit bilden soll, wendet er sich zuerst den Türen zu, die aus den anderen Räumen des Hauses in den Raum führen, in welchem gestohlen werden soll. Selbst wenn er findet, daß auf seiner Seite ein Schlüssel steckt, so genügt ihm das einfache Umdrehen nicht. Der Zigeuner weiß, daß ein gewöhnliches Türschloß nur zweifelhaften Schutz gewährt. Er geht also daran, die Türe zu verspreitzen, wenn sie sich nach innen öffnet, oder zu verbinden, wenn sie nach außen aufgeht. Das eine ist nicht schwierig, das andere erfordert einige Geschicklichkeit, wenn die Verbindung zwischen Türklinke und Querbaum so fest sein soll, daß nicht einmal eine Spalte in der Türe entstehen darf und der Strick durch ein eingeführtes Messer abgeschnitten werden kann. Aus diesem Grunde bedient sich der Zigeuner zu diesem Zwecke lieber eines Drahtes als eines Strickes. Jedenfalls ist die Verbindung eine so geschickte, daß sie Anerkennung verdient. Ist der Vor-

[1]) Vgl. auch XVIII. Abschnitt (im 3. Band).

richtung anzusehen, daß sie rasch, einfach, geräuschlos und mit großem Geschicke gemacht ist, so ist sie eines Zigeuners Werk. Man darf jedoch nicht behaupten, daß immer dann, wenn man ein Türzubinden überhaupt findet, Zigeuner die Täter gewesen sein müssen, da sich häufig allerlei lichtscheues Gesindel zu den Zigeunerbanden findet, eine Zeitlang mit ihnen lebt und stiehlt und dann sein Gewerbe wieder allein weiter treibt, nachdem es von den Zigeunern allerlei Handgriffe erlernt hat. Solche Leute bedienen sich dann auch dieser als wertvoll befundenen Vorsicht, aber sie machen es doch anders als die Zigeuner. Man muß den Unterschied einige Male gesehen haben, um zu begreifen, wie elegant es der Zigeuner macht, wie plump sich dabei die anderen anstellen. Dagegen kann man sagen, daß dort, wo die Türen nicht versichert werden, Zigeuner auch nicht die Täter gewesen sind. Nur dann verbinden sie die Türe nicht, wenn dies zwecklos wäre: wo z. B. diese Türe in ein unbewohntes Zimmer ohne sonstige Türe und mit vergitterten Fenstern führt. Wie die Situation aber ist, das weiß der Zigeuner immer schon, bevor er zur eigentlichen Tat schreitet[1]).

Ein weiteres Mittel, um zu erkennen, ob eine Tat von Zigeunern verübt wurde, liegt darin, daß man jene Eigenschaften, welche zu ihrer Verübung nötig waren oder sie veranlaßt haben, mit den bekannten Eigenschaften der Zigeuner vergleicht und erwägt, ob sie danach von einem Zigeuner verübt worden sein kann. Vor allem ist da wieder die besondere Feigheit in Betracht zu ziehen. Wie schon erwähnt, dürfte man nie in einem Zigeuner den Täter eines Mordes suchen, wenn aus den Umständen zu entnehmen ist, daß sich der Mörder einer nennenswerten Gefahr ausgesetzt oder gar sich seinem Opfer offen entgegengestellt hat. Ebenso wird ein Diebstahl nicht leicht von Zigeunern verübt worden sein, wenn im Hause einige entschlossene Männer, bei denen man allenfalls noch Bewaffnung erwarten kann, wohnen. Ist der Dieb z. B. bei Entdeckung auf der Flucht in unbegreiflich geschickter Weise durch Herabklettern an der Dachrinne, an der Blitzableiterstange, an Rebenstaketen u. dgl. entkommen, so kann es ein Zigeuner sein, hat er aber einen kühnen Sprung in ungewisse Tiefe gewagt, bei dem er sich ein Bein brechen, sich spießen oder sonst schädigen konnte, so war es kein Zigeuner. Bezeichnend ist es, daß der Zigeuner oft Waffen vorbereitet hat, wenn er stiehlt: er lehnt Knüttel und Beil neben sich, ja, er arbeitet sogar mit dem offenen Messer im Munde, um es nur gewiß rasch zur Hand zu haben, sobald ein Überfall geschieht. Kommt es aber zu einem solchen, so tut er alles eher, als sich wehren, und läuft, so rasch es gehen will. Dagegen kommt es häufig vor, daß fliehende Zigeuner auf die Verfolger schießen, aber immer erst, wenn sie im Schutze der Nacht entkommen sind und sich hinter einer Hausecke, einem Baume verbergen und von da aus zielen können.

---

[1]) Über die Zurücklassung von Stechapfelsamen usw. auf dem Tatorte siehe unten IX. Abschnitt S. 140 f.

Eine starke Triebfeder im Zigeuner ist seine unzähmbare und rohe Genußsucht. Etwas Begehrenswertes sehen und es zu bekommen trachten, ist für ihn so ziemlich dasselbe. In Ländern, die von Zigeunern viel zu leiden haben, ist es bekannt, daß man auf das Schweinefleisch achthaben muß, wenn Zigeuner während des Schlachtens vorbeigekommen sind. Nicht der Umstand, daß sie durch das Schlachten erfahren haben, es sei Schweinefleisch hier, kann maßgebend sein, denn daß der Bauer zu gewissen Zeiten Schweinefleisch hat, weiß jeder Zigeuner, sondern nur der Anblick hat den Zigeuner zum Wiederkommen und Stehlen gereizt.

Daß es gefährlich ist, irgend etwas Begehrenswertes zu zeigen, wenn Zigeuner des Weges kommen, das weiß jeder Bauer, aber wie oft sieht der Zigeuner den Bauer, und wie selten sieht der Bauer ihn! Wie ein Fuchs umschleicht der Zigeuner das Haus, das Dorf, das Schloß, er sieht alles, ihn sieht niemand, und erst wenn die Sachen fort sind, vermutet man vielleicht, daß Zigeuner da waren.

Auf eine besonders schlaue Überlegung der Zigeuner beim Pferdestehlen wurde seinerzeit *Kavcnik* in Laibach aufmerksam. Er hat beobachtet, daß die Zigeuner regelmäßig Pferde stehlen, wenn in der Nähe des Diebstahlortes am nächsten oder übernächsten Tage ein Pferdemarkt abgehalten werden soll. Der Bestohlene rechnet nun sicher darauf, daß er sein Pferd und den Dieb auf diesem Markte erwischen werde und so unterläßt er es oft, eine Verfolgung einzuleiten oder sonstige Vorkehrungen zu treffen. Das letztere wollte der Zigeuner aber eben erreichen, er baut auf diese Argumentation des Bestohlenen und dieser sucht sein Pferd auf dem Markte natürlich vergebens; das ist an diesem Tage gewöhnlich schon in einem anderen Lande. Solche Vorfälle lassen uns im Zigeuner mit Recht den gewiegten Psychologen erkennen.

Trotz ihres Hanges zum Stehlen findet man bei Zigeunern nur in seltenen Fällen ein wirklich brauchbares Einbruchswerkzeug, wie es sonstige geschulte Diebe als ihr wertvollstes Eigentum mit sich zu führen pflegen. Obwohl der Zigeuner ein zwar schleuderhaft, aber geschickt arbeitender Schmied und Schlosser von Geburt aus ist, macht er sich doch nur selten Einbruchswerkzeuge, Nachschlüssel usw. Er ist zu faul, um sie zu machen und zu tragen, zu furchtsam, um sie zu behalten. Es liegt auch nicht recht im Wesen des Zigeuners, mit Nachschlüssel und künstlichem Einbruchswerkzeug zu arbeiten: ins Haus kommt er beim Fenster oder sonst wie auf bequemere Weise, da er die Schwäche des Verschlusses schon im voraus genau erfahren hat, und den Kasten öffnet er mit unbegreiflicher Geschicklichkeit mit einem Messer, einem krummen Nagel oder sonstwie: primitiv, aber zuverlässig. Was man aber immer beim Zigeuner findet, sind Angeln und Leinen dazu. Die Angeln dienen verschiedenen Zwecken, je nach Größe und Konstruktion, am seltensten aber ihrem eigentlichen Zwecke, dem Fischfange, den der Zigeuner nur ausnahmsweise betreibt. Die Zigeunerangel wird hauptsächlich zur leichten und sicheren Erwerbung von Geflügel aller Art: Hühner, Enten, Gänse, im Notfalle auch Tauben benützt. Der Zigeuner, meistens aber die Zigeunerin, nähert sich unbefangen einer Geflügelschar, die natürlich nicht unmittelbar bei einem Hause, sondern mehr abseits und unbeachtet sich befindet, und wirft den Tieren Brotkrumen vor, die oft mit einem besonderen Lockmittel bestrichen sein sollen. Als diese Beimengung wird mitunter Zibet, mitunter zerquetschter Anis, meist aber Teufelsdreck (*asa foetida*) genannt. Sind nun die Tiere durch das Futter kirre gemacht, so werden ihnen größere Krumen hingeworfen, schließlich auch einer, in dem eine Fischangel steckt; die Angel ist aber an einem Seidendarm (wie beim Fischen) und dieser an einem starken Bindfaden oder feinem Drahte befestigt; natürlich zappelt das Tier bald an der Angel, wird rasch herangezogen, abgewürgt und unter dem Rocke an eigens hierzu vorbereiteter Schlinge befestigt; die anderen Tiere sind einen Augenblick scheu geworden, kommen aber bald wieder heran und das Spiel beginnt von neuem. Bisweilen werden für Gänse künstliche Köder gemacht, indem der Zigeuner aus grünlichen Lappen, im Notfalle aus Laub, einen künstlichen Frosch erzeugt, gut genug, um eine Gans zu täuschen; in diesen wird die Angel verborgen, der Frosch vor die Gänseschar praktiziert und durch geschicktes Zupfen an der Schnur in hüpfende Bewegung versetzt. Dieser Lockung widersteht keine Gans. So haben die Zigeuner einen Braten und der Bauer meint, der Fuchs habe sein Geflügel geholt.

Eine andere, viel gefährlichere Verwendung der Angel besteht darin, daß sie als Wurfangel benützt wird. Zu diesem Zwecke werden drei oder vier starke Angeln, meistens aber zwei Doppelangeln (sog. Hechtangeln) mit ihrem Rücken aneinander fest zusammengebunden und am unteren Ende durch einen darüber geklemmten Bleistreifen beschwert (Abb. 62). Man kann natürlich auch eine einzige Angel benützen, diese greift aber nicht so sicher wie ein System aus mehreren Angeln, da ein solches wie ein Schiffsanker jedesmal greift, falle es, wie es will. Das Blei hat den Zweck, dem ganzen Wurfgeschosse das nötige Gewicht zu geben, damit sicher geschleudert werden kann[1]). Hierin haben die Zigeuner, meistens die halberwachsenen Jungen unter ihnen, eine anerkennenswerte Geschicklichkeit. Steine wirft der Junge aller Völker, sein Streben geht aber dahin, den Stein möglichst weit zu bringen. Nicht so der Zigeunerjunge; er häuft vor sich einen großen Haufen von Steinen, etwa von Nußgröße, dann setzt er sich ein Ziel: einen größeren Stein, ein Brettchen, einen Lappen in einer Entfernung von zehn bis fünfundzwanzig Schritten, und nun wirft er seine vorbereiteten Geschosse unermüdlich und unablässig nach dem einzigen Ziel. Das geht stundenlang fort und der Bursche erreicht bald eine solche Geschicklichkeit, daß er ein handgroßes Ziel

Abb. 62
Wurfangel
der Zigeuner

[1]) In den Sammlungen des Kriminologischen Institutes der Universität Graz befindet sich eine solche echte Zigeunerangel, nach welcher obige Wurfangel gezeichnet ist.

niemals verfehlt. Kann er das, so erhält er eine Wurfangel und einen Lappen und der Zigeunerbub wirft seine Angel in allen erdenklichen Stellungen, in die er den Lappen und sich selbst bringt, nach seinem fingierten Diebstahlobjekt und zieht es zu sich. Eine solche Beschäftigung entspricht so recht dem Zigeunerwesen: ohne Plage gibt sie eine Unterhaltung und eröffnet die Aussicht, bei fortschreitender Geschicklichkeit reichen Gewinn zu schaffen. Fertig ausgebildet ist der Bursche dann, wenn er den Lappen mitten aus den Ästen eines Baumes, zwischen dessen Zweigen das Geschoß durchgeworfen werden muß, glücklich herausbringt.

Die praktische Verwertung dieser Kunst besteht darin, daß Wäsche, Kleider und ähnliches aus Räumen herausgeholt werden, die sonst nicht oder nur schwer zugänglich sind. So wird Wäsche, die zum Trocknen im eingezäunten Hofe hängt, dann herausgeangelt, wenn es schwierig oder gefährlich wäre, in den Hof selbst einzusteigen. Mit verblüffender Geschicklichkeit werden Kleider aus ebenerdigen Zimmern, deren Fenster vergittert sind, herausgeangelt, während der Bauer vielleicht im Zimmer daneben sein Mittagsmahl einnimmt. Selbst Kleidungsstücke, die auf dem Kleiderrechen hängen, werden geangelt, in die Höhe gehoben und dann auf dem Boden weiter geschleppt, bis sie in die gierigen Hände des Anglers fallen. Das geht rasch und sicher und nur in seltenen Fällen klemmt sich die Beute an einen Stuhl usw. so, daß die Angel fahren gelassen werden muß; meistens aber läuft die Sache günstig ab und liefert reiche Beute. Einzelne Stücke werden sogar durch offene Fenster niedrig gelegener Dachböden herabgeholt; oft auch stellt sich der Angler hinter einem schützenden Zaune auf und angelt die Decken vom Rücken der Pferde, die eingespannt auf ihren Herrn warten, der durchs Wirtshausfenster allerdings „jeden Menschen, der die Straße entlang gekommen war", sehen mußte. Den Zigeuner hinter dem Zaun hat er aber nicht gesehen und ebensowenig sieht er jemals seine Pferdedecken wieder.

Auf diese einfache Art lassen sich eine Anzahl von „rätselhaften" Diebstählen erklären, bei denen man weder einen Täter sah noch begriff, wie er in den Raum gelangen konnte.

3. Was der Volksglaube behauptet (Kinderdiebstahl, Liebestränke, Zigeunergift).

Ob die Zigeuner wirklich Kinder stehlen? Erzählt und geglaubt wird es überall, auch gedruckt werden haarsträubende Geschichten, gesehen hats keiner, aktenmäßige Nachrichten darüber fehlen[1]). Außerdem ist

[1]) *Groß* verfolgte seit vielen Jahren all die vielen Zeitungsnachrichten über Kinder, die von Zigeunern gestohlen wurden, und schrieb regelmäßig an die betreffende Behörde mit der Bitte um verläßliche Mitteilung. Jedesmal stellte es sich heraus, daß die Nachricht vom gestohlenen Kind eine Ente war. Vgl. den in mehrfacher Richtung lehrreichen Fall: *Homrighausen*, Verschwinden der sechsjährigen Else Kassel, Archiv 22, S. 49, woraus auch hervorgeht, in wie vielen Fällen „gestohlene" Kinder fälschlich bei Zigeunern vermutet wurden. — Die *H. Groß* zugekommenen zahlreichen Mitteilungen von Fällen, in denen doch

zu erwägen, daß die Zigeuner sich einer großen Fruchtbarkeit erfreuen, es also nicht nötig haben, noch andere Kinder zu füttern und sich nebstbei großen Gefahren auszusetzen. Denn bei dem allgemein verbreiteten Glauben, daß die Zigeuner Kinder stehlen, um sie in mitleiderregendem Zustand beim Betteln zu verwenden, würde ein fremdes, zumal gar ein blindes oder sonst krüppelhaftes Kind im Besitze der Zigeuner beim Volke immer Verdacht und vielleicht eine Lynchjustiz hervorrufen. Die Geschichte vom Kinderstehlen dürfte wohl nur Frucht der Volksphantasie sein, die den fremdartigen, unverstandenen und allerdings böse veranlagten Leuten das Abenteuerlichste und Ungeheuerlichste zutraut[1]). Nur eines bleibt bei der Sache auffallend: nach der Volksüberlieferung stehlen die Zigeuner vornehmlich Kinder mit roten Haaren und sonderbarerweise sind dem Zigeuner rote Haare (*bala kammeskro* = Haare der Sonne, Sonnenhaar) glückverheißend. Es läge also die Auslegung nahe, daß sich die Zigeuner, bei denen regelmäßig nur schwarzhaarige Kinder geboren werden, derlei „glückbringende Kinder" durch Diebstahl verschaffen. Freilich kann die Sache sich auch so verhalten, daß bettelnde oder wahrsagende Zigeuner öfters einem rothaarigen Kinde besonders freundlich begegnet sind, vielleicht sich sogar über dessen glückbringende Eigenschaften ausdrücklich geäußert haben. Da nun aber der Glaube an das Kinderstehlen der Zigeuner einmal besteht, so ist es denkbar, daß die Leute, deren rothaariges Kind das Gefallen der Zigeuner erregt hatte, später Angst bekamen, daß die Zigeuner das Kind stehlen könnten. Aus der Furcht, daß das Kind gestohlen werden könnte, mag leicht beim Weitererzählen die Darstellung gebildet worden sein, daß sie das rothaarige Kind wirklich gestohlen haben, wie solche Änderungen des Überlieferten ja alle Tage vorkommen. Wiederholen sich nun derlei Erzählungen öfters, so kann sich die feste Meinung bilden: die Zigeuner stehlen rothaarige Kinder. Dann wäre diese Volksmeinung und der Aberglaube der Zigeuner von den Sonnenhaaren kein zufälliges Zusammentreffen, sondern es wäre jene aus diesem entstanden[2]).

Auch sonst behauptet der Volksglaube von den Zigeunern allerlei, was einer kritischen Prüfung nicht standhält. So sollen sie ein unfehlbar wirkendes Mittel zur Abtreibung der Leibesfrucht kennen, das somit

---

Kinder von Zigeunern gestohlen worden sein sollen, sogar von Leuten, die angeblich als Kinder selbst gestohlen worden sind, waren objektiv nicht nachweisbar.

[1]) In gleicher Weise dürfte sich auch die immer wieder auftauchende Behauptung von der Menschenfresserei der Zigeuner erklären. In vergangener Zeit wurden solche Geständnisse durch die Folter erpreßt. Aber auch 1927 gestand eine aus jungen Burschen bestehende Moldauer Zigeunerbande, die nachweislich mehrere Raubmorde begangen hatte, noch weitere Morde ein, wobei einige dieser Zigeuner behaupteten, Teile der Leichen gekocht und gegessen zu haben. Die in dieser Richtung gepflogenen Erhebungen verliefen jedoch ergebnislos, vielmehr wurden hinsichtlich aller objektiv nachweisbaren Morde die Leichen unversehrt aufgefunden (Kriminalistik 3, S. 181).

[2]) Allerdings möchte ich beifügen, daß in dem einzigen Falle meiner Praxis, in welchem ich den Verdacht hatte, daß Zigeuner ein Kind gestohlen hätten, es sich wirklich um ein rothaariges Mädchen gehandelt hat.

das einzige wirkliche innerliche Abortivmittel wäre; als aber einmal einem Bauernmädchen ein Abtreibungsmittel abgenommen wurde, das es von einer Zigeunerin bekommen hatte, bestand dieses nur aus zerquetschten Holunderbeeren (sambucus nigra) und Kuhmist, war also völlig unwirksam. Auch sonst sind die Zauber- und Arzneimittel, die man bei Zigeunern findet, ganz oder zum Teile sympathetische und außerordentlich ekelhafter Natur. Verschiedene Fette und Haare, verbrannt oder in natura, sind fast immer dabei und spielen insbesondere in den Liebestränken und Liebespulvern[1]) eine große Rolle.

Ebenso findet man fast stets bei den Zigeunern Phosphor und Arsen. Solcher Besitz ist aber meist harmloser Natur, da dieses nur als Vieharznei, jenes zum Vertilgen von Ratten und Mäusen benützt wird; das versteht fast jeder Zigeuner vortrefflich und er läßt sich zu dieser Schädlingsbekämpfung hauptsächlich deshalb gerne dingen, weil er hiebei die beste Gelegenheit hat, alles im Hause und in den Nebengebäuden genau und unauffällig auszuspionieren.

Um aber einen Menschen zu töten — zu verbrecherischen Zwecken also — benützt der Zigeuner, wie der Volksglaube behauptet, sein angeblich unfehlbar wirkendes, anderen unbekanntes „Dry", das unheimlichste aller Gifte (auch „Dri" oder „Drei" genannt). Es soll nach *Classen*[2]) ein feines, braunes Pulver sein und aus Sporen eines Pilzes (vielleicht von irgendeinem Aspergillus) bestehen, welche im tierischen Organismus keimen und sich zu 12 bis 15 Zoll langen, grünlichgelben Fäden entwickeln. Das Pulver werde in lauwarmer Flüssigkeit gegeben, die Sporen setzen sich auf der Schleimhaut fest, entwickeln sich sehr rasch, erzeugen hektisches Fieber, Husten, oft Blutspucken, und führen in zwei bis drei Wochen zum Tode. Ist der Organismus erkaltet, so sterbe auch angeblich der Pilz bald ab, zersetze sich und sei kurze Zeit nach dem Tode nicht mehr nachweisbar. Für diese höchst unwahrscheinliche Darstellung konnte jedoch — trotz vielfacher Bemühungen namhafter Forscher — niemals irgendein Beleg beigebracht werden; das geheimnisvolle Zigeunergift dürfte daher ebenfalls in das Reich der Fabel zu verweisen sein[3]).

---

[1]) Diese sollen allerdings aus Stechapfelsamen verfertigt werden und wären dann freilich bedenklich (vgl. unten IX. Abschnitt). Auch Soranthus europäus (Eichenmistel) soll dazu dienen.

[2]) *L. Sonnenscheins* Handbuch der Gerichtl. Chemie, bearb. von *Alex. Classen* (Berlin 1881), der sich auf den Bericht eines (nicht genannten) Arztes beruft; vgl. hierzu *Näcke*, Toxikologisches, Archiv 25 S. 373 und *Abels*, Das südamerikanische Pfeilgift Curare als „Zigeunergift", Archiv 35 S. 180.

[3]) Bei Vögeln in zoologischen Gärten hat man allerdings wiederholt epidemische Infektionen durch Mykosen (Aspergillus fumigatus) beobachtet, was wenigstens für die Möglichkeit des vom Gifte „Dry" Behaupteten sprechen würde. Als aber — nach *Abels* a. a. O. — ein Zigeuner aus „Dankbarkeit" einem Arzte das berühmte Zigeunergift „verriet" und ihm eine Probe schenkte, bestand diese aus dem altbekannten Curare, dem (auch im Handel käuflichen) Pfeilgift der Indianer, das als Extrakt aus verschiedenen Strychnusarten gewonnen wird und hochwirksame Alkaloide enthält; mit dem beschriebenen „Dry" hatte jedoch diese Probe nichts zu tun.

4. Gebärden und Benehmen vor Gericht.

Charakteristisch für die Wesensart der Zigeuner sind auch ihre Gebärden. Trotz Mangel an sportlichen Übungen ist der Zigeuner gelenkig und sein Gang, bei dem er kleine Schritte macht, lebhaft und graziös. Seiner körperlichen Behendigkeit entspricht auch eine nervöse Unrast seiner Hände, die auch bei sonstiger Ruhestellung des Körpers spielerische Bewegungen machen. Hingegen vermag der Zigeuner — wie *Block* a. a. O. berichtet — in einer eigentümlichen Beinausruhestellung lange Zeit zu verharren: er steht hiebei einbeinig wie ein Storch auf dem linken Fuß und hat den rechten Fuß auf das Knie des linken Beines aufgesetzt. Statt auf einem Stuhl zu sitzen, pflegt er zu hocken oder nach türkischer Art mit unterschlagenen Beinen am Boden zu sitzen. Kriminalistisch wichtig ist insbesondere die Gebärdensprache des Zigeuners, weil sie von der unsrigen abweicht: eine bejahende Antwort wird durch Kopfschütteln ausgedrückt und die Verneinungsgebärde besteht darin, daß man zuerst nickt und dann den Kopf mit einem Schnalzlaut zurückwirft. Das Heranwinken aber wird durch Ausstrecken des Armes und Auf- und Abbewegen der Finger ausgedrückt, eine Gebärde, die bei uns eher als Abschiedsgruß verwendet wird. Nur soweit sich die Zigeuner mit ihren Wirtsvölkern vermischten, haben sie diese Gebärden, die offenbar asiatischen Ursprungs sind, zum Teil bereits abgelegt.

Kommt der Zigeuner zu Gericht, so benimmt er sich zuerst scheu, vorsichtig, gewissermaßen tastend[1]). Er antwortet auf alle Fragen, ebenso wie die Juden und andere Orientalen, gerne wieder mit einer Frage, da er so Zeit findet, sich die Sache zu überlegen. Das wird ihm derart zur Gewohnheit, daß er sogar häufig auf die Frage nach seinem Namen sagt: „Wie wird ein armer Zigeuner heißen?" Fragt man um sein Alter, so hört man: „Wie alt kann ich sein?" „Weiß ichs, wann ich auf die Welt kam?" „Wer sollte mir gesagt haben, wie alt ich bin?" Die Frage nach seinen Vorstrafen entfesselt eine Flut von Beteuerungen: „Warum soll ich gestraft sein?" „Wer hat gesagt, daß ich gestraft wurde?" „Haben Sie mich gesehen im Kerker?" „Sehe ich aus wie einer, der schon gestraft wurde?" Und nun geht's los, das Versichern seiner Unschuld für die Vergangenheit, den gegenwärtigen Fall und alle Zukunft. Er hat sich mittlerweile selbst gefunden, die Befangenheit ist verschwunden und die Frechheit, das Selbstbewußtsein, auch ein gewisser Hochmut treten hervor und äußern sich zuerst in einem Redestrom, den man am besten ruhig fließen läßt. Namentlich beim Zigeuner hilft es gar nichts, wenn man ihn auffordert, sich kürzer zu fassen, er fängt nach der Unterbrechung einfach nochmals von vorne an, so daß man nicht nur nichts gewonnen, sondern sogar die aufgewendete Zeit verloren hat. Zweckmäßig ist es aber, das, was der Zigeuner sagt, aufzuschreiben oder aufschreiben zu lassen. Zum Teile

[1]) Aber mindestens artiger als ein Bauer. *Kavcnik* führt als bezeichnend die (richtige) Tatsache an, daß der Zigeuner im Zimmer nie auf den Boden spuckt; er sucht den Spucknapf auf, findet er diesen nicht, so spuckt er — in seinen Hut.

ertappt man ihn auf Widersprüchen in seinen endlosen Redereien, zum Teile wird ihm das Mitschreiben unheimlich und er beginnt, kürzer zu werden. Gewöhnlich wächst aber im Verlaufe des Verhöres die Keckheit und Selbstüberhebung des Zigeuners zusehends, zumal, wenn er es mit einem ruhigen, schweigsamen U. zu tun hat. Wortkargheit hält der Zigeuner immer für Dummheit und beginnt mehr zu wagen. Man kann, ohne hinterlistig zu werden, auf seine Ideen eingehen, worauf er dann noch mehr lügt, man kann auch irgendeine gute Handlung, einen edlen Zug, den er von sich behauptet, anzweifeln, dann schneidet er noch mehr auf. Hat man ihn dann eine Zeitlang so sich hineinreden lassen (auf eine gute Portion Naivität darf man auch beim frechsten, gescheitesten Zigeuner rechnen), so ist es an der Zeit, ihm kurz und energisch die Widersprüche vorzuhalten und die Beweise aufzuzählen, die gegen ihn sprechen.

Zum wirklichen Geständnis bringt man den Zigeuner selten, aber daß er sich überwiesen fühlt, merkt man bald, wenn er die frühere Frechheit aufgibt und nun auf einmal zu winseln und zu bitten anfängt. Seine Naivität äußert sich auch hier und bringt ihn dazu, nur noch formell zu leugnen, in seinem sonstigen Benehmen aber sein Schuldbewußtsein zur Schau zu tragen. Je mehr er merkt, daß man seine Schuld kennt und daß er eigentlich schon überwiesen ist, desto artiger wird er, desto mehr verläßt ihn seine Zuversichtlichkeit und Keckheit. Aber selbst wenn der Zigeuner zu Geständnissen schreitet, so tut er dies zögernd, zweideutig und womöglich wieder mit Lügen.

Ich erinnere mich überhaupt nur an einen Fall, in welchem ich von einem Zigeuner ein volles, umfassendes Geständnis und gleichzeitig wichtige Angaben gegen andere Beschuldigte erhalten habe. Ein Ehepaar wurde verdächtigt, vor vielen Jahren einen Mord begangen zu haben, an welchem ein Zigeuner entfernt beteiligt war; dieser Zigeuner war seinerzeit wegen eines anderen Meuchelmordes bald nach der erstgenannten Tat zu lebenslänglichem Kerker verurteilt worden und also auch schon seit Jahren in Haft. Bei seiner Vernehmung leugnete er (ebenso wie das genannte Ehepaar) mit unverwüstlicher Hartnäckigkeit; er habe den Ermordeten nicht gekannt, er kenne das verdächtigte Ehepaar nicht, er wisse von allem nichts. Er sündigte auf den Umstand, daß seit der Tat so lange Zeit vergangen war, und wußte nicht, daß man unmittelbar nach der Tat genaue und eingehende Erhebungen gepflogen hatte, die jetzt vorlagen, und durch welche alle wichtigen Umstände bis in die kleinsten Einzelheiten klargestellt worden waren. Als sich der Zigeuner, ein alter, verschmitzter Bursche, genugsam vergallopiert hatte und dann erfuhr, daß man das alles besser wisse, als er es behauptete, schwieg er eine Zeitlang und begann dann: „Herr, ich bin ein lebenslänglicher armer Teufel; aufhängen können Sie mich wegen der neuen Sache nicht, und mehr als lebenslang kann ich auch nicht bekommen; das Ehepaar will mich ärger hineinbringen, als es richtig ist; ich werde alles sagen." Nun erzählte er den Hergang umständlich und, wie es sich später herausgestellt hat, absolut richtig; er fügte dann allerlei Belehrungen für mich dazu, die mir von höchstem psychologischen Interesse waren. Das genannte Ehepaar gehörte nicht derselben Nationalität an; der Mann war deutschen Stammes, das Weib eine Ungarin. Das griff der Zigeuner auf und sagte mir: „Wenn Sie wollen, daß kein Unschuldiger hineinkommt, und daß die Sache so offenkundig wird, wie sie ist, so müssen Sie die zwei Leute richtig behandeln — den deutschen Mann anders, die ungarische Frau anders." Nun erging er sich in eine Charakteristik des deutschen und des ungarischen Volkes und zwar mit auffallender Schärfe und Klarheit. Ich wäre fast von meinen wenig günstigen Ansichten über die Zigeuner abgekommen, hätte mir mein Gewährsmann nicht zum Schlusse einige Ratschläge erteilt, wie ich die Leute „fangen" könnte. Diese Belehrungen waren aber so perfide und teuflisch schlau, daß darin die ganze Niedertracht zigeunerischen Denkens zutage trat. Ich suchte ihm klarzustellen, daß man dergleichen nicht tun dürfe, er sah mich verdutzt an, zuckte die Achseln und schwieg.

5. Gute Eigenschaften und Religion.

Auf gute Eigenschaften des Zigeuners ist leider niemals zu bauen; so wird z. B. Dankbarkeit oft geheuchelt und in einer Weise versichert, daß es unmenschlich scheint, nicht daran glauben zu wollen, und doch ist kein Fall wirklicher Dankbarkeit bekannt, wohl aber mancher argen Gegenteils.

In einem großen Bauernhause wurde eingebrochen und den Leuten alles genommen, was nur zu nehmen war, so daß sie geradezu in Not versetzt waren. Alle Anzeichen wiesen darauf hin, daß Zigeuner die Täter seien, und so wurden die Bestohlenen eingehend in dieser Richtung befragt. Sie versicherten, daß in letzter Zeit kein Zigeuner im Hause gewesen oder mit ihrem Wissen vorbeigegangen sei. Daß Zigeuner die Täter wären, sei schon deshalb ausgeschlossen, weil man vor einiger Zeit einer kreißenden Zigeunerin, die nicht mehr weiter konnte und bei Schneesturm im Walde gefunden wurde, aus Mitleid Unterstand gegeben hatte. Die Zigeunerin entband im Hause, war lange krank und fand samt ihrem Kinde, wie auch Nachbarn versicherten, aufmerksame Pflege. Als sie endlich weiterziehen konnte, habe sie ihre Dankbarkeit in einer Weise zum Ausdrucke gebracht, daß allen Umstehenden „die Tränen in den Augen standen". Beim Scheiden und schon während ihrer Krankheit habe sie oft versichert, sie werde aus Dankbarkeit bewirken, daß diesem Hause für ewige Zeiten nie von einem Zigeuner etwas zuleide geschehen werde. So etwas müsse man doch glauben, meinten die Leute. Unsere Gendarmen glaubten es aber lieber nicht, ließen sich die dankbare Zigeunerin möglichst genau beschreiben (sie war einäugig und verhältnismäßig sehr groß) und binnen kurzem hatte man sie, ihre Bande und einen Teil der gestohlenen Sachen. Das Weib hatte einen Teil ihrer Krankheit simuliert, um Einteilung des Hauses, Gebrauch dortselbst und sonstige Details zu erfahren, auch Schlüsselabdrücke hatte sie gemacht und das so Ausgekundschaftete wurde dann zum Einbruche verwendet.

Ebensowenig wie an die angebliche Dankbarkeit der Zigeuner darf man an ihre oft gerühmte Pietät für die Verstorbenen glauben. Man behauptet, daß der Zigeuner inmitten seines Lügens innehält, wenn man ihn fragt, ob er das Behauptete auch wiederholen wolle mit dem Beisatze „*ap i mulende*" (bei den Toten). Ich habe dies nie versucht, möchte es auch nicht tun, aber wenn es wahr ist, daß der Zigeuner unter diesem Schwure nicht zu lügen wagt, so ist es nicht „Pietät für die Verstorbenen", sondern nur seine lächerliche und kindische Gespensterfurcht, die eigentlich das Um und Auf seiner gesamten religiösen Gefühle bildet. Es ist bezeichnend, daß in der Zigeunersprache *mulo* sowohl die Leiche als auch Gespenst und Vampir bedeutet[1]), so daß für den Zigeuner ein Verstorbener und der von ihm über alles gefürchtete „Geist" ziemlich dasselbe ist

[1]) Vgl. oben S. 91.

und er es nicht wagen wird, einen „*mulo*“ oder die „*mulende*“ freventlich anzurufen.

Ich möchte auf den zu wenig gewürdigten Umstand hinweisen, daß der Zigeuner, der ja stets einige äußerliche Kenntnisse der christlichen Religionen, aber keine tieferen religiösen Vorstellungen besitzt (und auch meistens nur wegen der Taufgeschenke getauft ist), keinen rechten Unterschied macht zwischen *dewel*[1]) (Gott) und *beng* (Teufel). Beides sind ihm überirdische Gewalten, die ihm Gutes und Böses tun, ohne daß er viel unterscheidet. Er sagt für Fegefeuer ebenso: *bengeskero jak* (Teufelsfeuer) als *deweleskero jak* (Gottesfeuer) und nennt Dinge, die ihm entschieden unangenehm sind, „göttlich“, z. B. *deweleskero tsiro*, Gotteswetter = Ungewitter, oder er sagt „Gott hat es getötet“, wenn ein Tier verendet, was bei uns der gemeine Mann damit ausdrücken würde, daß er sagt: „Der Teufel hat's geholt“. Besitzt aber ein Volk so mangelhafte oder eigentlich keine religiösen Vorstellungen, kennt es unter dem Begriff Gott nicht das in der sinnvoll geordneten Welt zum Ausdruck kommende Prinzip, nicht den gütigen und schützenden Gott, sondern die feindliche, höhere Gewalt, dann muß es seine Vorstellung nicht bloß mit der des Teufels zusammenwerfen, sondern es ist auch vollständig dem Geister- und Gespensterglauben verfallen, der bald eine wichtigere Stelle einnehmen muß, als die ohnehin blassen und ihm fremden Begriffe von Gott und Teufel. Nichts gibt uns eine klarere Vorstellung von den Religionsbegriffen der Zigeuner, als das Schicksal der Bemühungen des Engländers *G. Borrow*; er übersetzte das Evangelium Lukas ins Zigeunerische; die (spanischen) Zigeuner nahmen das Buch, betrachteten es als Talisman und steckten es zu sich — wenn sie stehlen gingen[2]).

6. Krankheiten und deren Behandlung.

Auch in bezug auf seine Krankheiten und Leiden ist der Zigeuner anders zu beurteilen. Man hüte sich z. B. die Erkrankungen, denen der Zigeuner so leicht schon nach kurzer Haft verfällt, sofort für Simulation zu halten. Selbst wenn der Arzt objektiv nichts nachweisen kann, ist der Zigeuner oft krank, krank, wie der Älpler in der Ebene, wie der Bewohner der Tiefebene im Gebirge, wie der Zugvogel im Käfig. Der Zigeuner ist die ungebundene Freiheit seit Jahrhunderten gewöhnt und erträgt ihre Entziehung nicht, ebensowenig die fremde Nahrung, fremde Kleidung, vornehmlich die aufgedrungene Ordnung und Zeiteinteilung. Er wird krank, gemütskrank, auch körperlich krank, und wenn man ihm schon das einzige Heilmittel, die Freiheit, nicht reichen kann, so quäle man ihn wenigstens nicht dadurch, daß man ihn rundweg für einen Simulanten erklärt und danach behandelt.

---

[1]) *Dewel* hängt aber nicht mit *diabolos, devil*, Teufel, zusammen, sondern ist eines Stammes mit dem indischen *deuw*, Götze, dem persischen *dev*, Götze, und *divas*, Gott, und der Wurzel *diw*, aus der *Deus*, *θεός*, *Zeus* abgeleitet ist.

[2]) *G. Borrow*, An account of Gypsies in Spain, 1841.

Merkwürdig und wichtig für den Kriminalisten ist das überaus rasche Verheilen von Wunden am Zigeunerkörper, eine Erscheinung, die vielleicht orientalischen Ursprunges ist. Wenigstens wird ähnliches von vielen orientalischen Stämmen mitgeteilt. Aus den Mitteilungen von Ärzten, die z. B. in Ägypten, Arabien, Indien tätig waren, ergibt sich, daß dort die Leute mit oft schwersten Verletzungen unglaublich rasch gesund werden. Freilich wirkt da auch Klima und Luft mit, aber gar viel anders sind die Heilerfolge, die wir in unseren Gegenden an Zigeunern sehen, auch nicht beschaffen. Der Zigeuner ist gegen körperlichen Schmerz empfindlich, trotzdem kann er mit schweren Verletzungen weiterwandern; zumal, wenn er fliehen muß, leistet er in dieser Richtung Großes. Ein Zigeuner war auf einem Pferdemarkte von einem durchgehenden Gespanne niedergeworfen und so übel zugerichtet worden, daß die Ärzte im Spitale, in das er bewußtlos gebracht worden war, die Zeit bis zu seiner Wiederherstellung auf Wochen veranschlagten. Der braune Patient mochte kein gutes Gewissen haben, in der dritten Nacht nach seiner Verletzung entfloh er durch das Fenster auf Nimmerwiedersehen, nicht ohne die Leintücher seines Bettes mitzunehmen. Handelt es sich also um die Beurteilung der Frage, ob ein Zigeuner, der bei diesem oder jenem Hergange verletzt wurde, trotz seiner schweren Beschädigung noch dies oder jenes unternehmen konnte, so wird hier nicht derselbe Maßstab anzulegen sein, wie bei einem anderen Menschen. Ebenso wird man vorgehen müssen, wenn gefragt wird, wann z. B. eine frisch vernarbte Wunde an einem Zigeuner entstanden sein kann[1]). Man wird bei der Beantwortung dieser Frage gut tun, wenn man ein nennenswertes Stück von der sonst normalen Zeit abzieht, „denn", wie ein erfahrener Chirurg sagte, „beim Zigeuner kann man zuschauen, wie seine Verletzung zuwächst".

Die Zigeuner und ihre Anhänger schreiben diese raschen Heilungen allerdings nicht der Körperkonstitution, sondern den angeblich ausgezeichneten Heilmitteln zu, die sie besitzen sollen. Vor mehreren Jahren wollte ein Gendarm einen äußerst gefährlichen Dieb, der lange Zeit mit Zigeunern gelebt hatte, festnehmen. Der Dieb ließ sich in einem Gasthause mit dem Gendarm in ein Feuergefecht ein, der Gendarm fiel, dem Dieb wurde der rechte Vorderarm durch eine Kugel des Gendarmen zerschmettert. Er konnte noch fliehen, kam zu einem Burschen, der ihm öfter Unterkunft gewährt hatte und sagte zu diesem: „Wenn ich noch zu meinen Leuten (den Zigeunern) kommen kann, so heilen sie mir den Arm bald, kann ich das nicht, so bin ich verloren." Diese Äußerung beweist wenigstens, welch großes Vertrauen der Mann zur Heilkunst der Zigeuner hatte.

Nicht viel anders als bei den äußeren Verletzungen verhält es sich mit den Erkrankungen, denen die Zigeuner zwar ebenso unterworfen sind, wie andere Menschen, die sie aber oft im Freien ohne Schutz und wandernd durchmachen müssen. Unsere statistischen Kenntnisse über

[1]) *H. Groß* wurden zahlreiche Fälle brieflich mitgeteilt, welche die unglaublich rasche Heilung von Wunden bei Zigeunern bestätigen.

Zigeuner sind zwar sehr mangelhaft, aber man wird doch behaupten dürfen, daß der Sterblichkeitsprozentsatz bei ihnen nicht höher ist, als bei anderen. Gewiß ist, daß man unter den Zigeunern auffallend viele alte Leute sieht, die sich außerdem noch großer Frische und Beweglichkeit erfreuen. Aus der verhältnismäßig geringen Berücksichtigung, welche die Zigeuner Erkrankungen zuteil werden lassen, ergibt sich u. a. auch, daß es ein falscher Schluß wäre, wenn man annehmen wollte, eine Bande habe deshalb irgendeinen Diebstahl nicht verübt, weil z. B. ihre Kinder an den Blattern erkrankt waren. Derartiges stört den Zigeuner nicht. Zur Heilung von Krankheiten verwenden die Zigeuner vielfach noch uralte Geheimmittel, deren Rezepte von Generation zu Generation überliefert werden; als Arzt fungiert meist eine alte Zigeunerin, die über eine große Auswahl an Arzneien und Salben verfügt, bei deren Herstellung alle möglichen pflanzlichen und tierischen Stoffe (außer Kräutern z. B. Pech, gebratene Zwiebel, Bärenfett, Froschleber, getrocknete und pulverisierte Käfer) eine große Rolle spielen. Ihre Anwendung vollzieht sich meist unter abergläubischen Vorgängen: Hersagen eines Zauberspruchs u. ä. Vielfach muß der Kranke ein Amulett (meist ein kleines Säckchen, gefüllt mit Wurzeln, Steinchen usw.) auf der Brust tragen. Gegen den „Bösen Blick", der sehr gefürchtet ist, werden als Schutzmittel auch Tätowierungen[1]) im Gesicht vorgenommen und zwar in Form mehrerer kleiner Flecke von 2—3 mm Durchmesser (meist auf Wangen oder Kinn); als Farbe wird hiebei Ruß verwendet, der mit Kinderurin, Zwetschkenschnaps und Petroleum angerührt wird.

7. Namen der Zigeuner.

Besondere Schwierigkeiten bereiten die Namen der Zigeuner. Daß sie überhaupt welche haben, wenigstens in unserem Sinne, ist etwas länger her als hundertfünfzig Jahre, seitdem man sie von amtswegen dazu verhalten hat, Namen zu führen. Die Sache ist dem Zigeuner keineswegs angenehm, da er merkt, daß eine militärische Einberufung, eine gerichtliche Verfolgung, ein Nachweis der Vorabstrafungen, ein Identitätsnachweis und sonstige lästige Dinge fast nur möglich sind, wenn der Mensch einen festen Namen hat. Um dies wenigstens zum Teile für sich unschädlich zu machen, haben die Zigeuner es vorgezogen, sich mit einem möglichst kleinen Kreise von Namen zu begnügen; in den ungarischen Grenzdistrikten heißen fast alle Zigeuner Horvath, Pfeifer, Baranya, Neumann, Szarkösy oder Kokos; es soll dann einer wissen, ob der eingefangene Horvath identisch ist mit dem Horvath vom vorigen Jahre; es las sich fast komisch, wenn in den ehemaligen österreichischen Polizei- und Spähblättern ganze Reihen von Zigeunern namens Horvath und Szarköy gesucht wurden und bei sämtlichen als „besonderes Kennzeichen" ein „ausgesprochener Zigeunertypus" angeführt war!

[1]) Über das Tätowieren im allgemeinen siehe I. Band S. 404ff.

In Deutschland bleiben die Namen der Zigeuner weniger gleich, bewegen sich aber auch in engeren Kreisen, und Namen wie Weiß, Kreuz, Köck, Kiefer, Hanstein, Merk, Muffel usw., kommen unzähligemale vor; die in Westfalen (Wittgenstein) angesiedelten Zigeuner heißen fast alle Janson, Lagerin, Rebstock und Mettbach; in Rixdorf bei Berlin heißen die dort vorkommenden Zigeuner Petermann, in Thüringen Weiß, Rother, Petermann, Weinlich, Steinbach, Weinberg usw. In jüngster Zeit hat *Ritter* im Zuge der schon oben erwähnten Bestandaufnahme der Zigeuner in Deutschland ein ausführliches alphabetisches Verzeichnis der Zigeunernamen veröffentlicht, in dem auch die Gebiete genannt sind, in denen die betreffenden Familien sich vorwiegend aufhalten[1]).

Aber das sind alles nur Namen für die Behörden, Namen, unter denen sich die Zigeuner taufen, assentieren und einsperren lassen. Auch wissen die Zigeuner voneinander diese „behördlichen Namen", um bei irgendeinem Zusammentreffen mit einem amtlichen Organe in keinen Widerspruch mit den Angaben des Betreffenden zu geraten. Untereinander und füreinander heißen sie aber ganz anders und haben Namen, wie wir sie von den Indianern hörten. Meistens sind es nur Adjektiva mit Substantiven, selten letztere allein; z. B.: *sastereskero*, der Eiserne; *bidangero*, der Zahnlose; *bikaneskero*, der ohne Ohren; *binaskero*, der Nasenlose; *gahrtscho*, der Kahle; *matakerdo*, der Betrunkene; *vešavo*, der Lahme; dann: *gali minsch*, das schwarze Mädchen (eigentlich vulva); *šjuri ostro*, das scharfe Messer; endlich *muri*, Gans; *bersthero*, Hirte; *miriklo*, Perle; *našado*, der Totgeschlagene usw.

Fragt man nun einen Zigeuner um den Namen seines Genossen (mit dem er ausnahmslos „erst gestern das erstemal zusammengekommen ist", und sei es sein Zwillingsbruder), so nennt er nur dessen „behördlichen" Namen; fragt man dann, wie denn dies auf zigeunerisch heiße (gewissermaßen um die Übersetzung des genannten Namens), so platzt der Befragte bisweilen mit dem eigentlichen Namen des Betreffenden heraus. Erfährt man solche Namen, so sollen sie immer notiert und als wichtig in den Akten aufgenommen werden[2]), da sie allein dazu dienen können, um zwei Zigeuner voneinander zu unterscheiden[3]). Einen einmal erhaltenen Namen legt der Zigeuner niemals mehr ab, gleichwohl ist er nicht vererblich. Die Erblichkeit der Namen wäre überhaupt schwierig, da das „pater semper incertus" wohl nirgends mehr Berechtigung hat, als bei den Zigeunern. Die Erzählungen von der Heilighaltung der Ehen, deren Bruch mit Zerschmetterung des Kniegelenkes bestraft werden soll, wurden mir von Zigeunern nie bestätigt; ich halte sie für Fabeln, die mitunter von den Zigeunern selbst aufgetischt werden, um sich besser zu

[1]) *Ritter* a. a. O. im „Öffentl. Gesundheitsdienst"; Sonderdrucke dieser Liste sind beim Verlag G. Thieme, Leipzig, zu beziehen.

[2]) *A. Glos*, Ein Fall zum Kapitel: Zigeunerwesen, Archiv 20 S. 59.

[3]) Große Erleichterung bezüglich der Zweifelhaftigkeit der Zigeunernamen hat die erkennungsdienstliche Behandlung, inbes. die Daktyloskopie geschaffen; vor den hiemit verbundenen Maßnahmen haben die Zigeuner heillose Angst, zum Teile wohl abergläubischer Natur; sie sagen, man „schreibe ihre Seele auf".

zeigen, als sie sind. Daß ein Zigeuner den Begriff von jungfräulicher Ehre, von Heiligkeit der Ehe usw. nur einigermaßen hochhielte, kommt nicht vor. Er balgt und rauft mit seinem Nebenbuhler um das Weibchen, aber das tut das Tier auch; Ehre und Scham im Sinne des Kulturmenschen kennt der Zigeuner nicht.

8. Zigeuner-Sprichwörter.

Zum Schlusse sollen noch einige Sprichwörter der Zigeuner und solche über sie angeführt werden, da nichts ein Volk besser kennzeichnet als die Sprichwörter, die es selber schuf und die andere über dieses erfanden. Die folgenden Sprichwörter von Zigeunern sind von *Leland*, *Rosenfeld*, *Jesina*, *Pott*, *Schwicker* usw. gesammelt:

„Stehlen ist keine Schande; wohl aber, sich dabei erwischen lassen." — „Stehlen ist leichter als arbeiten." — „Wo kein Geld ist, ist keine Liebe." — „Besser ein Esel, der einen trägt, als ein Roß, das einen abwirft." — „Wenn du in deinem Herzen etwas geheim hältst, so wird es gewiß niemand wissen." — „Weib und Tuch wähle nicht beim Kerzenlicht." — „Was du nie erlangen kannst, verlange nicht." — „Wer die Leiter hält, ist ebenso wie der Dieb." — „Wer dir besonders schmeichelt, hat dich betrogen oder will dich betrügen." — „Wer wartet, bis ein anderer ihn zum Essen ruft, der bleibt oft hungrig." — „Gutes Leben macht gute Freunde." — „Kinder reden, was sie tun, Männer, was sie denken, die Alten, was sie gesehen haben." — „Der Tor trägt das Herz auf der Zunge, der Weise die Zunge im Herzen."

Redensarten und Sprichwörter (namentlich ungarische) über den Zigeuner.

„Sie leben wie Zigeuner" (wenn Ehegatten raufen). — „Falsch wie der Zigeuner." — „Er jammert wie ein Zigeuner" (wenn ein Schuldgeständiger übertrieben um Gnade bittet). — „Du zigeunerst umsonst" (dein unterwürfiges Heulen nützt nichts). — „Der Zigeuner kennt die Pflughörner nicht" (arbeitet nicht). — „Auch der Zigeuner lobt sein Roß." — „Er reitet das Zigeunerroß" (er lügt). — „Zigeunerei" = Falschheit, Betrug. — „Zigeunererwerb" = Diebstahl.

Alles Schlechte, Wertlose, Scheinbare bekommt das „Zigeuner"-Beiwort, z. B.: Zigeunergold = Messing; Zigeunerkarpfen = wertloser, grätenreicher Fisch; Zigeunertraube = wilde, ungenießbare Weintraube; Zigeunerwein = Treberwein, usw.

Aus allen diesen Äußerungen geht hervor, daß der Zigeuner dem Wirtsvolke lästig und verhaßt ist; verachtet und verjagt, fristet er schädigend und störend sein elendes Dasein. Was wird das Ende dieses merkwürdigen Volkes sein?

IX. Abschnitt.

Aberglaube und Okkultismus.

1. Verbrechen aus Aberglauben und an Abergläubischen.

Es ist seltsam, welche Wirkung heute noch der Aberglaube auf eine Reihe von Menschen ausübt[1]). Eine besondere Rolle spielt er aber im Leben vieler Krimineller: Verbrecher spekulieren oft auf den Aberglauben anderer, oft stehen sie selbst in arger Weise unter seiner Herrschaft und lassen sich durch ihren Aberglauben zu sonst unerklärlichen Dingen verleiten. Dieser Hang zum Mystischen, der dem primitiven Menschen seit jeher eigen ist, findet in der Gegenwart besondere Nahrung in den Erscheinungen und Formen des modernen Okkultismus, innerhalb dessen alle Übergänge vom ernsthaften wissenschaftlichen Streben nach Erkenntnis bis zum dümmsten Aberglauben und plumpsten Schwindel zu beobachten sind.

Eine genaue Kenntnis der abergläubischen Vorgänge[2]) ist aber für den Kriminalisten auch schon deshalb von Wert, weil sie sonst verwirrend wirken und die Erhebungen auf weitabführende Irrwege lenken; denn man glaubt nur zu häufig, ein beobachteter Vorgang, ein gefundener Gegenstand usw. müßte irgendeine besondere Bedeutung bei der

---

[1]) Wie groß der Aberglaube auch in modernen Großstädten ist, beweisen z. B. die vielen seltsamen Zumutungen, die an die Beamten der Tierschutzvereine und Tierspitäler herantreten. So erschien in Berlin eine Frau, die drei Tropfen Blut von einem kohlrabenschwarzen Hund kaufen wollte, die gegen Krankheit helfen sollten. Ein Mann verlangte den Kadaver eines Hundes, der jedoch nicht durch Gift getötet, sondern erhängt sein müßte. Ein sehr begehrter Artikel bei der abergläubischen Bevölkerung scheint Hundefett zu sein, das fast täglich in den Anstalten gefordert wird, weil es als ein Universalmittel gegen Lungenschwindsucht gilt. Mit einer weißen Katze, die in der Mitternachtsstunde getötet werden sollte, wollte eine Frau Schätze entdecken. Esel gelten als „Glückstiere" und werden häufig nur gekauft, damit sie Glück bringen.

[2]) Über den Aberglauben in seinen mannigfachen Erscheinungen orientiert am umfassendsten das Handwörterbuch des deutschen Aberglaubens, hgg. von *H. Bächtold-Stäubli*, 10 Bände, Berlin und Leipzig, 1927—1942 mit umfassendem Literaturverzeichnis im ersten Band und Angabe des Spezialschrifttums bei den einzelnen Artikeln. Ferner sind an wichtigen historischen und systematischen Werken zu nennen: *G. K. Horst*, Dämonomagie oder Geschichte des Glaubens an Zauberei, Frankfurt a. M. 1818; *J. Grimm*, Deutsche Mythologie 4. Ausgabe Berlin 1875/78; *Schindler*, Der Aberglaube des Mittelalters, Breslau 1858; *M. Busch*, Deutscher Volksglaube, Leipzig 1877; *Wuttke*, Der Deutsche Volksaberglaube der Gegenwart, 3. Bearbeitung von *E. H. Meyer*, Berlin 1900; *A. Lehmann*, Aberglaube und Zauberei von den ältesten Zeiten an bis in die Gegenwart, übers. u. ergänzt von *Petersen*, 3. Auflage, Stuttgart 1925; *Th. de Cauzons*, La magie et la sourcellerie, 4 Bde., Paris o. J.; *v. Negelein*, Weltgeschichte des Aberglaubens, 2 Bde., Berlin 1935. Die Literatur zu Teilgebieten des Aberglaubens und besonderen Fragestellungen ist im folgenden bei den einschlägigen Stellen angegeben.

Begehung des Verbrechens gehabt haben, während schließlich das Ganze nichts anderes war als ein abergläubisches Mittel oder eine abergläubische Vorsichtsmaßnahme, die mit dem Verbrechen an sich nicht das mindeste zu tun hat.

Seit dies in der ersten Auflage dieses Buches ausgesprochen wurde, ist über Verbrechen und Aberglauben in der Tat eine Literatur erschienen, die all dies in überreichem Maße bestätigt hat[1]). Und der

[1]) *Löwenstimm*, Aberglaube und Strafrecht, übersetzt aus dem Russischen, Berlin 1897; *Hellwig*, Verbrechen und Aberglaube, Leipzig 1908; *Schefold* und *Werner*, Der Aberglaube im Rechtsleben, Halle 1912; *Hellwig*, Die Bedeutung des kriminellen Aberglaubens für die gerichtliche Medizin, Berlin 1919. Im Archiv sind folgende einschlägige Arbeiten erschienen: *H. Groß*, Psychopathischer Aberglaube, Archiv 9 S. 253; *Näcke*, Tierquälerei und Aberglaube, Archiv 11 S. 256; 12 S. 267; 17 S. 169; *Schütze*, Aberglaube, Wahrsagerei und Kurpfuscherei, Archiv 12 S. 252; *Hahn*, Blutaberglaube, Archiv 12 S. 270; *H. Groß*, Zur Frage vom psychopathischen Aberglauben, Archiv 12 S. 334; *Holzinger*, Das „Delikt der Zauberei" in Literatur und Praxis, Archiv 15 S. 327; *Amschl*, Aberglaube als Heilmittel, Archiv 15 S. 397; *Amschl*, Ein Fall von Aberglauben, Archiv 16 S. 173; —*Y*—, Die Ermordung eines 5jährigen Knaben, Aberglaube des Mörders, Archiv 17 S. 42; *Knauer*, Mord aus Homosexualität und Aberglauben, Archiv 17 S. 214; *Schneikert*, Der Aberglaube in Italien, Archiv 18 S. 262; *Hellwig*, Diebstahl aus Aberglauben, Archiv 19 S. 286; *Daubner*, Leichenschändung aus Aberglauben, Archiv 21 S. 306; *Hellwig*, Fall Andersen (1878) kein Mord aus Aberglauben, Archiv 22 S. 69; *derselbe*, Kriminalistisch wichtiger Aberglaube in den höchsten Kreisen der Gesellschaft, Archiv 23 S. 83; *derselbe*, die Bedeutung des grumus merdae für den Praktiker, Archiv 23 S. 188; *derselbe*, Ein neunfacher Kindermord zum Zwecke des Schätzehebens, Archiv 24 S. 125; *Winter*, Ein barbarischer Aberglaube, Archiv 24 S. 161; *Hellwig*, Eigenartige Verbrechertalismane, Archiv 25 S. 76; *Löwenstimm*, Aberglaube und Gesetz, Archiv 25 S. 131; *Hellwig*, Diebstahl aus Aberglauben, Archiv 26 S. 37; *derselbe*, Ein eigenartiger Diebsaberglaube in Europa und Asien, Archiv 28 S. 358; *Koettig*, Aberglaube und Verbrechen, Archiv 29 S. 205; *Reichel*, Tötung aus Aberglauben, Archiv 29 S. 344; *Näcke*, Ein interessantes Beispiel sexuellen Aberglaubens, Archiv 30 S. 177; *Hellwig*, Sittlichkeitsverbrechen aus Aberglauben, Archiv 30 S. 373; *derselbe*, Ein Mord aus Aberglauben? Archiv 30 S. 375; *derselbe*, Hexenglaube und Blutkuren, Archiv 30 S. 376; *derselbe*, Eine Leichenschändung aus Talismanglauben in Neapel, Archiv 30 S. 377; *derselbe*, Ein religiöses Menschenopfer in Rußland, Archiv 30 S. 378; *derselbe*, Der Sinn des grumus merdae, Archiv 30 S. 379; *derselbe*, Trunkenheit, Betrug und Aberglaube, Archiv 31 S. 84; *derselbe*, Kriminaltaktik und Verbrecheraberglaube, Archiv 31 S. 300; *derselbe*, Erfolgreiche Anwendung des Erbschlüsselzaubers, Archiv 31 S. 320; *derselbe*, Ein Menschenopfer im modernen Indien, Archiv 31 S. 323; *derselbe*, Verbrecheraberglaube und Atavismus, Archiv 31 S. 327; *derselbe*, Kriminalistische Aufsätze, Archiv 33 S. 11 (Diebstahl verhindernder Aberglaube, Choleraaberglaube und Verbrechen, Mystische Tötungsprozedur und ihre Bedeutung für den Kriminalisten, Kochen von Kranken, Ein praktischer Fall des Einpflöckens, Ein Lehrer als Hagelmacher, Selbstmord aus Aberglaube und fahrlässige Tötung, Envoûtement und Diebbannen im modernen Japan, Sodomie aus Aberglauben bei den Südslaven); *derselbe*, Krimineller Aberglaube in Nordamerika, Archiv 33 S. 186; *Näcke*, Trinken von Blut zum Wahrsagen, Archiv 34 S. 341; *Lochte*, Über Kurpfuscherei und Aberglaube und ihre Beziehungen zum Verbrechen, Archiv 35 S. 327; *Hellwig*, 5 Beiträge zur Kenntnis des Aberglaubens, Archiv 36 S. 127; *derselbe*, Krimineller Aberglaube in der Schweiz, Archiv 39 S. 277; *derselbe*, Allerlei krimineller Aberglaube, Archiv 39 S. 296; *Pfaff*, Über tabellae defixionum bei Griechen und Römern, Archiv 42 S. 161; *Näcke*, Aberglauben als Grund von Selbstmord, Archiv 42 S. 171; *Oswald*, Zur Frage des Aberglaubens, Archiv 42 S. 371; *Näcke*, Prozeß und Aberglauben, Archiv 47 S. 157; *derselbe*, Macht des Aberglaubens, Archiv 47 S. 158; *Pscholka*, Der Herzfresser von Kindberg, Archiv 48 S. 62; *Näcke*, Coitus und Aberglauben, Archiv 51 S. 182; *v. Dahn*, Aberglauben, Archiv 52 S. 383;

krasseste Aberglaube regt sich noch heute lebendiger im berufsmäßigen Gaunertum, als man gewöhnlich annimmt. *Groß* selbst sah noch „Schlummerlichter", die aus dem Fette unschuldiger Kinder geformt waren und dazu dienten, daß der Verbrecher sehe, ob noch jemand in dem zu beraubenden Hause wach sei[1]). Trotz allen Fortschrittes kommen immer noch Verbrechen vor, die ihre Klärung nur im Aberglauben finden. Hiebei würde man weit fehl gehen, wenn man etwa einen scheußlichen Vorgang stets auf einen anormalen Geisteszustand zurückführen wollte: oft ist der Täter geistig völlig gesund, aber von finsterem Aberglauben befangen. Im übrigen ist auch der aufgeklärte Kulturmensch des zwanzigsten Jahrhunderts nicht vollkommen frei von jedem Aberglauben: selbst in hochintellektuellen Kreisen wird z. B. auf die Frage nach dem Befinden geantwortet: „Unberufen — ausgezeichnet!", manchmal sogar auf Holz geklopft und „toi, toi, toi" hinzugefügt, wobei sich der Betreffende freilich nicht immer bewußt sein mag, einem alten Beschwörungszauber zu huldigen. Und welchem Rennfahrer oder Prüfungskandidaten würde es nicht ungemütlich zumute, wenn ihm ein Harmloser — statt „Hals- und Beinbruch" — richtig Glück wünschte? Ebenso können auch recht vernünftige Leute ein angenehmes Gefühl nicht ganz unterdrücken, wenn

Eschelbacher, Jüdischer Meineidsaberglaube? Archiv 54 S. 130; *Hellwig*, Aktenmäßige Studien über den kriminellen Aberglauben, Archiv 57 S. 234; *derselbe*, Ein Beitrag zum Aberglauben, Archiv 61 S. 110; *derselbe*, Krimineller Aberglaube im Königreich Sachsen, Archiv 61 S. 112; *derselbe*, Krimineller Aberglaube in den Vereinigten Staaten von Nordamerika, Archiv 61 S. 123; *derselbe*, Krimineller Aberglaube in Deutschostafrika, Archiv 61 S. 131; *derselbe*, Der Fall Bellenot (1861), Archiv 65 S. 252; *Abels*, Gifthaltige „Zauber"-Mixturen als Aphrodisiaca, Archiv 66 S. 226; *Hellwig*, Volkskundliche Kriminalistik, Archiv 67 S. 123; *Marcuse*, Geschlechtskrankheiten und Aberglaube, Archiv 67 S. 152; *Hellwig*, Fälle von Hexenglauben aus neuester Zeit, Archiv 99 S. 54. In der Monatsschrift für Kriminalpsychologie sind erschienen: *Hellwig*, Einiges über den grumus merdae der Verbrecher, MschrKr. 2 S. 256; *derselbe*, Aberglaube bei Meineid, MschrKr. 2 S. 511; *derselbe*, Weiteres über den grumus merdae, MschrKr. 2 S. 639; *derselbe*, Aberglaube und Zurechnungsfähigkeit, MschrKr. 11 S. 379; *derselbe*, Himmelsbriefe im Weltkrieg, MschrKr. 12 S. 141; *v. Baeyer*, Zur psychiatrischen Bewertung des Hexenaberglaubens, MschrKr. 27 S. 474; *Schmeing*, Justiz und Aberglaube, Ein Teufelsbeschwörerprozeß aus dem Jahre 1936, MschrKr. 29 S. 382; In der Kriminalistik sind erschienen: *Türkel*, Verbrecheraberglaube, Kriminalistik 2 S. 112; *Wartenberg*, Aberglaube und Kriminalistik, Kriminalistik 3 S. 256; *Bunge*, Hexenglaube als Anlaß zur Brandstiftung, Kriminalistik 7 S. 197. Ferner: *Hellwig*, Deutscher Volksglaube vor Gericht, Archiv für Religionswissenschaft 18 S. 287; *derselbe*, Okkultismus und Hexenglaube, Zschr. f. d. ges. Neurol. u. Psychiatrie 121 S. 577; *derselbe*, Schatzaberglaube und Kuppelei, Zschr. f. d. ges. Gerichtl. Medizin 17 S. 481; *derselbe*, Teufelsprophezeihungen und Bosheitszauberei, Deutsche Justiz 1937 S. 1494.

[1]) Dieser Aberglaube an „Diebslichter" aus Menschenfett spielte z. B. in dem interessanten Mordfalle, der sich 1834 in Pommern ereignete und zur Hinrichtung eines Unschuldigen führte, eine bedeutende Rolle (*Sello*, Die Irrtümer der Strafjustiz, Berlin 1911 S. 58ff.); nach *B. Stern*, Medizinischer Aberglaube und Geschlechtsleben in der Türkei, Berlin 1903, werden Diebslichter aus Kinderfett auch in Bosnien gemacht und benützt. Ein ähnlicher Aberglaube wird aus Ungarn berichtet, wo Kerzen, die den Dieb bei der Arbeit unsichtbar machen sollen, mit dem Blut einer bei einer Zwillingsgeburt verstorbenen Frau hergestellt werden (*Temesvary*, Volksbräuche und Aberglaube in der Geburtshilfe und Pflege des Neugeborenen in Ungarn, Leipzig 1900).

sie morgens einem Schornsteinfeger begegnen. Tausendfältige Beispiele dieser Art ließen sich aus dem Alltag anführen. Dennoch ist es psychologisch ein großer Unterschied, ob jemand solchen Gepflogenheiten in durchaus unernster, fast spielerischer Art Folge leistet oder ob es sich um eine tief eingewurzelte, feste Überzeugung handelt, die als Grundlage praktischen Handelns und sogar schwerer Verbrechen wirksam wird.

Um das weitverzweigte Gebiet des Aberglaubens abzugrenzen, hat man wiederholt versucht, den Begriff „Aberglauben" zu definieren. Mögen nun auch einer für alle Grenzfälle passenden Definition gewisse Schwierigkeiten entgegenstehen[1]), so können wir doch für unsere Zwecke — im Einklang mit dem Sprachgebrauch — sagen: Aberglaube ist der mit unserer gesicherten Erkenntnis im Widerspruch stehende Volksglaube an übernatürliche Kräfte oder Zusammenhänge.

Versucht man nun unter Zugrundelegung dieses Begriffes die mannigfachen Fälle von Verbrechen aus Aberglauben und an Abergläubischen systematisch zu überschauen, so ergeben sich folgende vier Gruppen des kriminellen Aberglaubens: I. Der Glaube an böse Zauberwesen; II. Der Glaube an Zaubermittel, die die Begehung einer strafbaren Handlung voraussetzen; III. Abergläubische Heilmethoden; IV. Sonstiges Ausnützen des Aberglaubens zu eigenem Vorteil. Dieser Gliederung folgt auch die folgende Darstellung, wobei der Umstand in Kauf genommen werden muß, daß sich Teile dieser vier Gruppen notwendig miteinander überschneiden.

I. Der Glaube an böse Zauberwesen wirkt sich kriminell in den verschiedensten strafbaren Handlungen aus. Er ist keineswegs auf das „finstere Mittelalter" beschränkt, sondern lebt bis zur Gegenwart im Volke fort und tritt uns insbesondere in der Form des Hexenglaubens, des Vampirglaubens, des Wechselbalgglaubens und des Besessenheitsglaubens entgegen, die alle wiederum ihre eigenartige Beziehung zum Verbrechen haben.

Unter Hexenglauben[2]) verstehen wir den Glauben, daß es Frauen gibt, die durch ein Bündnis mit dem Teufel die Fähigkeit besitzen, auf übernatürliche Weise schädigend auf ihre Umwelt einzuwirken. Es ist

---

[1]) Vergleiche hiezu *A. Lehmann*, a. a. O. S. 3ff.; *Hellwig*, Verbrechen und Aberglaube S. 1ff.; *Hoffmann-Krayer*, Art. „Aberglaube" im Hdw. d. d. Aberglaubens. Das Gebiet des Aberglaubens dadurch zu beschränken, daß man den in der Religionslehre begründeten Glauben ausnimmt, geht — wie u. a. *Hellwig* zeigt — nicht an, weil z. B. an dem Teufel-Besessenheitsglauben von der katholischen Kirche stets festgehalten wurde.

[2]) Vergleiche: *Weiser-Aall*, Art. „Hexe" im Hdw. d. d. Aberglaubens. Aus der übrigen, unübersehbaren großen Literatur über Hexenwesen und Hexenprozesse seien angeführt: *Roskoff*, Geschichte des Teufels, Leipzig 1889; *Holzinger*, Zur Naturgeschichte der Hexen, Mitteilungen des naturwissenschaftlichen Vereins für Steiermark Jg. 1882, S. CXIII u. 1883 S. CVIII; *Henne*, Der Teufels- und Hexenglaube, Leipzig 1892; *Hansen*, Zauberwahn, Inquisition und Hexenprozeß, München 1900; *derselbe*, Quellen und Untersuchungen zur Geschichte des Hexenwahnes, Bonn 1901; *Byloff*, Das Verbrechen der Zauberei, Graz 1902; *derselbe*, Hexenglaube und Hexenverfolgung in den österreichischen Alpenländern, Leipzig 1934.

bekannt, daß sich zur Zeit der Hexenprozesse damit noch meistens die Vorstellung verband, daß die Hexen auch in Gestalt von Tieren erscheinen können, daß sie beim Hexensabbat zusammenkommen und dort mit dem Teufel geschlechtlich verkehren, daß sie ihren Weg durch die Luft nehmen u. ä.[1]). Als solche Hexen werden von der abergläubischen Bevölkerung meist alte, häßliche Weiber angesehen, die den „bösen Blick" haben und dafür verantwortlich gemacht werden, wenn das Vieh plötzlich erkrankt, die Kühe weniger Milch geben, ein Kind schwer erkrankt usw.; mitunter gelangen aber auch junge, besonders verführerische Frauen in den Ruf einer Hexe. Gegen das schädliche Treiben der Hexen gibt es verschiedenen Gegenzauber, wie Besprengung mit Weihwasser, Ausräuchern, Hersagen bestimmter Sprüche usw. und wer sich darauf versteht, ist ein „Hexenmeister" (im ursprünglichen Sinn). Dieser auch heute noch verbreitete Hexenglaube führt vielfach dadurch zu strafbaren Handlungen, daß die vermeintlichen Hexen unter diesem Ruf schwer zu leiden haben, im Dorfe gemieden und beschimpft und in besonders krassen Fällen auch schwer mißhandelt, ja sogar getötet werden. In den modernen Hexenprozessen sitzen daher nicht die Hexen, sondern die Hexenverfolger auf der Anklagebank. Wiederholt mußten sich daher die Gerichte auch in jüngster Zeit mit Privatklagen vermeintlicher Hexen wegen Beleidigung oder übler Nachrede befassen, da die bedauernswerten Opfer des Hexenwahnes keinen anderen Ausweg wußten, um sich von dem ihnen anhaftenden Ruf zu befreien. Doch nützt dies meist nicht viel,

[1]) Alle diese Dinge wurden von den Opfern der Hexenprozesse — meist unter dem Druck der Folter — als wirkliche Geschehnisse eingestanden, wodurch sich im Volke die Überzeugung von der Realität des Hexenwesens noch mehr befestigte. Es wäre aber unrichtig zu meinen, daß der durch viele Jahrhunderte lebendige Hexenglaube mit all seinen praktischen Konsequenzen, die die Justiz daraus zog, einfach aus einem Nichts entsprungen sei. Ein Großteil der Frauen, die als Hexen verbrannt wurden, waren allerdings völlig schuldlos und meist ein Opfer einer leichtfertigen Verdächtigung. Manche der Hexen des Mittelalters und auch der späteren Zeit dürften sich aber selbst für Hexen gehalten und in ihrer Vorstellung tatsächlich Bosheitszauber geübt haben. Sicherlich waren auch gefährliche Giftmischerinnen darunter und die Hexensalben und Hexenkräuter, deren Kenntnis sich unter den „Hexen" von Generation zu Generation überlieferte, hat es wirklich gegeben. Eine der bekannten Hexensalben, Unguentum Pharelis, die meist unter den Achselhöhlen in die Haut eingerieben wurde, wurde aus sieben Kräutern bereitet, von denen jedes an einem anderen Wochentage ausgegraben werden mußte; darunter waren Nachtschattengewächse, wie das Bilsenkraut (Hyosciamus niger), die Tollkirsche (Atropa Belladonna) und der Stechapfel (Datura Stramonium), deren wirksame Bestandteile, das Atropin, Hyosciamin und Skopolamin tatsächlich Rauschzustände mit erotischer Erregung und dem Empfinden des Fliegens hervorzurufen vermögen (über den Stechapfel im Aberglauben der Zigeuner vgl. unten S. 145f.). Manche mittelalterliche Hexe dürfte daher, begünstigt durch eine hysteroide Veranlagung, an den im Rauschtraum erlebten Flug zum Hexensabbat usw. tatsächlich geglaubt haben. Über die Einzelheiten dieser Hexenkunst berichten uns alte Quellen, wie etwa *Hartlieb*, Buch aller verbotenen Kunst, Unglaube und Zauberei, 1455; *Jakob v. Liechtenberg*, Hexenbüchlein, ungefähr 1522; *Joh. Fuglinus*, Von Verzauberung usw. (deutsche Übertragung des *Wier*schen Buches De praestigiis daemonum), Basel 1565. Vgl. hiezu *Ave-Lallemant*, Der Magnetismus mit seinen mystischen Veren, rungriLeipzig 1881; *Holzinger* a. a. O.

weil sich die Abergläubischen trotz Verurteilung in der Regel nicht von ihrem Hexenglauben abbringen lassen[1]). Zur Tötung einer Hexe kam es z. B. noch im Jahre 1927 in Ungarn: ein offenbar auf hysterischer Grundlage erkrankter Landmann fühlte sich von seinem Widersacher in Gestalt einer alten Frau verfolgt und sagte seinem Schwager, binnen drei Tagen werde der Geist als altes Weib kommen, um ihn zu holen; er möge das Zauberweib unschädlich machen, um ihn vor dem Tode zu retten. Als an dem kritischen Tag eine ortsfremde, taubstumme Bettlerin kam, wurde sie vom Schwager und zwei anwesenden Freunden durch Axthiebe erschlagen[2]). Weitere kriminelle Bedeutung erlangte der Hexenglaube aber häufig auch dadurch, daß er von gewissenlosen Schwindlern ausgenützt wird, die sich der abergläubischen Bevölkerung zur Vornahme des erforderlichen Gegenzaubers anbieten und sich für ihren Hokuspokus hoch bezahlen lassen. Ein solcher Teufelsbeschwörer trieb z. B. noch Anfang 1936 in Schleswig-Holstein sein Unwesen, bis er schließlich vom Gericht zu einer Gefängnisstrafe von über einem Jahr und drei Jahren Ehrverlust verurteilt wurde[3]). In einem anderen Falle ging ein solcher Hexenbeschwörer besonders raffiniert zu Werke: er gab durch einige Zeit täglich in die Milcheimer eines Landwirtes heimlich einen roten Farbstoff, wodurch der Eindruck entstand, die Kühe gäben blutige Milch (was als Anzeichen des Bosheitszaubers einer Hexe gilt). Dadurch erreichte er, zur Austreibung des Hexenspukes gerufen zu werden; vom Augenblick seiner Beschwörungsprozedur hörte die Verfärbung der Milch naturgemäß auf, was zur Steigerung seines Ruhmes als Hexenmeister wesentlich beitrug. Ein anderer Trick solcher Schwindler besteht darin, als „Opfer" für den zu bannenden Geist zu verlangen, daß eine Geldsumme, ein Topf mit Schmalz oder ähnliches an einer bestimmten Stelle unter Beschwörungsformeln vergraben werde — und am nächsten Tag sind diese Dinge tatsächlich verschwunden!

Der Glaube an Vampire, der unter den Slawen Südosteuropas besonders weit verbreitet zu sein scheint, aber auch in Mitteleuropa anzutreffen ist, besteht in der Überzeugung, daß Verstorbene nach ihrem Tode in den Nächten als blutsaugender Geist die Überlebenden heimsuchen und deren Tod herbeizuführen vermögen. Die Eigenschaft eines Menschen, nach dem Tode Vampir zu werden, wird vielfach als erblich angesehen: angeborene Zahnanomalien oder ein roter Fleck am Körper verraten ihn, doch trifft man auch die Auffassung, daß Menschen zur

[1]) Ein solcher Fall ereignete sich z. B. im Herbst 1935 in Mecklenburg, wobei der Bauer Schw. trotz Belehrung und Verurteilung durch das Gericht starrköpfig daran festhielt, daß sein Vieh von der Anklägerin verhext worden sei. (Urteil des Amtsgerichtes Demmin v. 4. 12. 1935 — 5 Bs. 46/35).

[2]) Der Gerichtshof Gyula verurteilte mit Urteil v. 10. 2. 1927 B 3259/25 die Totschläger zu je drei Monaten Gefängnis, doch wurden sie auf ihre Nichtigkeitsbeschwerde vom königlichen Tafelgericht Szeged freigesprochen, weil ihre Zurechnungsfähigkeit verneint wurde (!). Wie schon oben erwähnt, schließt jedoch der Aberglaube als solcher, sofern er nicht Teilsymptom einer Geisteskrankheit ist, die Verantwortlichkeit nach richtiger Auffassung nicht aus.

[3]) *Schmeïng* a.a.O.

Strafe nach ihrem Tode Vampire werden, z. B. Geizhälse, Selbstmörder, von den Eltern Verfluchte usw. Die Mitgabe einer Münze ins Grab kann dieses Schicksal mitunter verhindern. Den gleichen Zweck hat in manchen Gegenden die Sitte, den Toten mit den Füßen voran aus dem Sterbehaus zu tragen, ihm Mohnkörner in den Sarg mitzugeben oder dem Toten die Füße zu fesseln. Doch werden auch energischere Mittel empfohlen, die bereits zu strafbaren Handlungen, vor allem zur Leichenschändung, führen: so das Abhacken des Kopfes der Leiche, der ihr zu Füßen gelegt wird. Oft wurden zu solchen Zwecken auch nachträglich Gräber Verstorbener, die angeblich als Vampire ihr Unwesen trieben, geöffnet und die Leiche mißhandelt oder zerteilt. Im Jahre 1905 kam es in der Umgebung von Odessa aus einem solchen Anlaß zu einer grauenhaften Ermordung des Dorfgeistlichen. Um den unheilvollen Geist eines Verstorbenen zu bannen, wurde von der versammelten Dorfgemeinde um Mitternacht die Leiche ausgegraben und unter Klängen der Dorfmusik führten die Bauern einen seltsamen Tanz um die an einen Baum gelehnte Leiche auf. Als nun der Dorfgeistliche erschien und sich weigerte, den Leichnam mit Weihwasser zu besprengen, riefen die erregten Bauern, der Geist des Toten sei in seinen Körper gefahren, und die fanatische Menge stieß den Priester in das Grab, warf ihm die Leiche nach und schüttete das Grab zu.

Auch der Glaube an Wechselbälge führt oft zu schweren Verbrechen, besonders an Kindern. Ein Wechselbalg ist nach dem Volksglauben ein in Gestalt eines häßlichen oder verkrüppelten Kindes erscheinender Unhold, der von einer Hexe oder einem anderen bösen Zauberwesen gegen ein neugeborenes Kind ausgetauscht und der Mutter unterschoben wird. Zur Verbreitung dieses Aberglaubens hat naturgemäß der Wunsch der Mütter beigetragen, daß ein solches mißgestaltetes Kind nicht das eigene Kind sei. Um die Dämonen zu veranlassen, den Wechselbalg wieder zurückzunehmen, werden die grausamsten Martern empfohlen: man müsse den Wechselbalg schlagen, hungern lassen oder auf andere Weise peinigen, bis die unterirdische Mutter des Wechselbalges aus Mitleid mit ihrem Kinde den Balg zurücknimmt und das geraubte Kind wiederbringt. Zu welch furchtbaren Taten dieser Aberglaube führen kann, zeigte ein 1872 vor dem Schwurgericht Ostrowo in Posen verhandelter Fall. Vierzehn Jahre lebte ein Taglöhnerehepaar glücklich und zufrieden und behandelte die fünf Kinder mit großer Liebe, als eine verwitwete Schwester der Frau mit ihrem fünfjährigen Knaben zu Besuch kam. Diese (nach dem Obergutachten der wissenschaftlichen Deputation in Berlin wahrscheinlich geisteskranke) Frau behauptete von sich selbst, durch den Teufel übernatürliche Fähigkeiten zu besitzen; sie weckte eines Nachts ihre Schwester und forderte sie auf, ihr einjähriges Kind zu schlagen, da es ein Wechselbalg sei. Tatsächlich ließ sich die Mutter hiezu herbei, schließlich wurde das Kind auf die Erde geschleudert und von den beiden Frauen und zuletzt auch von dem hinzukommenden Vater mit einem Ledergurt und einem Wacholderstab geschlagen, bis es tot war. Als sich nun der fünfjährige Sohn der Schwester der Frau weinend der Leiche näherte, wurde auch dieses Kind von den drei Leuten erschlagen, wozu seine Mutter mit den Worten aufforderte: „Das ist nicht mein Kind, habt kein Mitleid mit ihm, es werden andere Kinder kommen." Auf Grund des Wahrspruches der Geschworenen, die bei den beiden Eheleuten die Zurechnungsfähigkeit verneinten, mußten diese freigesprochen werden, während die Schwester der Frau (entgegen dem psychiatrischen Gutachten) wegen Teilnahme an vorsätzlicher Körperverletzung mit tödlichem Ausgang zu drei Jahren Zuchthaus verurteilt wurde.

Zu ähnlichen Mißhandlungen führt auch der Besessenheitsglaube. Wir verstehen darunter den Glauben, daß das Wesen von Krankheiten, insbes. Geisteskrankheiten, in einer Besitzergreifung durch den Teufel besteht. Um die „Besessenen" zu heilen, müsse man daher den Teufel austreiben. Zur weiten Verbreitung und schweren Ausrottbarkeit dieses Aberglaubens haben auch die Lehren der christlichen Kirchen beigetragen, die noch bis zum Ende des 19. Jahrhunderts an dem Besessenheitsglauben offiziell festhielten[1]). Besonders die schweren Formen der Hysterie[2]) und ebenso der Epilepsie[3]) werden — offenbar wegen der mit diesen Krankheiten verbundenen Anfälle — als Ausdruck der Besessenheit angesehen. Für die notwendige Teufelsaustreibung werden besonders „Ausräucherungen" empfohlen, mitunter werden die Kranken in einen Backofen gesperrt oder unter Hersagen biblischer Sprüche geschlagen. Wenngleich diese Prozeduren mit der Absicht, den Kranken zu heilen, unternommen werden, so endeten sie doch oft auch mit dem Tode des „Besessenen". Noch 1908 wurde in der nordamerikanischen Stadt Zion eine 60 Jahre alte, an Gelenksrheumatismus leidende Frau von den Angehörigen einer Sekte als vom Teufel besessen bezeichnet, in unmenschlicher Weise gefoltert und ihr schließlich durch Drehen des Kopfes das Genick gebrochen — der Teufel hörte zu stöhnen auf und die Teilnehmer der Sekte sangen Dankeshymnen, bis sie gewahr wurden, daß die „Geheilte" endgültig tot sei. Die — mitunter schwierige — strafrechtliche Würdigung solcher Fälle hängt sehr von den Umständen des einzelnen Falles ab. Nach diesen wird zu beurteilen sein, ob die Heilungsabsicht (ähnlich wie bei einer mißlungenen ärztlichen Operation) die Annahme einer „vorsätzlichen" Körperverletzung oder Tötung ausschließt und die Täter nur wegen Fahrlässigkeit strafbar sind, oder ob doch die Mißhandlung an sich gewollt war und daher vorsätzliche Körperverletzung, allenfalls mit tödlichem Ausgang, vorliegt.

II. Der Aberglaube an Zaubermittel, die die Begehung einer strafbaren Handlung voraussetzen, tritt in verschiedenster Gestalt auf und führt oft zu schweren Verbrechen. Vielfach handelt es sich um Talismane oder ähnliche Zaubermittel, die nur auf verbrecherische Weise erlangt werden können. Hieher gehören vor allem die schon oben

[1]) Vgl. *Hellwig*, Verbrechen und Aberglaube, S. 30f.
[2]) Vgl. 1. Band S. 225ff.
[3]) Vgl. 1. Band S. 254f.

erwähnten „Diebslichter", die den Dieb unsichtbar machen oder das Aufwachen der Hausbewohner verhindern sollen und die aus dem Fett unschuldiger Kinder bereitet sein müssen[1]). Dieser Aberglaube hat schon oft die Tötung kleiner Kinder veranlaßt. Ähnliche Bedeutung wird dem Blut unschuldiger Kinder zugeschrieben, das auf verschiedene Weise verwendet wird. Uralt ist z. B. der Glaube, daß das Herz eines ungeborenen Kindes, noch warm verzehrt, übernatürliche Kraft und Unsichtbarkeit verleihe und vor Ergreifung schütze. Berufsverbrecher früherer Zeiten haben deshalb wiederholt schwangere Frauen getötet, ihnen den Bauch aufgeschlitzt und aus der Leibesfrucht das Herz gerissen und verzehrt (sogenannte Herzfresser). Im 17. Jahrhundert trieb im Ärmelland eine Diebsbande ihr Unwesen, die nach ihrer Ergreifung gestand, zu dem genannten Zweck 14 Schwangere geschlachtet zu haben: nach ihrem Aberglauben sollten nämlich die Herzen von 9 Kindern männlichen Geschlechts verzehrt werden. Vereinzelte solche Fälle werden bis in die neuere Zeit berichtet. Aber auch der Genuß gebratenen Menschenfleisches hat nach einem weitverbreiteten Verbrecheraberglauben eine besondere Zauberwirkung, nämlich das Gewissen zu beruhigen. Darum schneiden manche Mörder aus der Leiche des Getöteten ein Stück Fleisch heraus und verzehren es. In dieser Form hat sich daher die „Menschenfresserei" bis in unseren Kulturkreis erhalten[2]). Aber nicht nur Verbrecher huldigen solchem Aberglauben, sondern auch Menschen, die bisher kein Verbrechen begangen haben und erst durch ihre abergläubischen Vorstellungen sich zu strafbaren Handlungen hinreißen lassen. Hier ist vor allem der Schatzgräberaberglaube zu nennen: daß man mit dem Blut unschuldiger Kinder Schätze heben kann, wird namentlich in Italien geglaubt, ist aber auch im deutschen Volke lebendig[3]). Und noch 1905 faßte im russischen Gouvernement Mohilew ein alter Bauer namens Serski den Plan, zum Zwecke des Schatzhebens nicht weniger als 50 Kinder zu töten — tatsächlich waren bereits 9 Kinder von diesem Unhold gemordet, bevor er an der Fortsetzung seines Vorhabens gehindert wurde[4]). Hiebei besteht meistens die Vorstellung, daß der vergrabene Schatz von einem Geist gehütet und nur durch die Darbringung eines besonders großen Opfers frei werde. Als solches wird — außer Blut- und Geldopfern — auch die geschlechtliche Hingabe eines unschuldigen Mädchens für wirksam gehalten: im Jahre 1927 wurde in der Umgebung von Konstanz der 43jährige Arbeiter Fridolin V. und dessen Ehegattin unter Ausnützung dieses Aberglaubens von einem 48jährigen

---

[1]) Oben S. 129.

[2]) Vgl. *Pscholka* a. a. O.; *Strack*, Das Blut im Glauben und Aberglauben der Menschheit, Leipzig 1911 (insbesondere S. 71ff.); *Bergemann*, Die Verbreitung der Anthropophagie, Bunzlau 1893.

[3]) Auf Sizilien wurden 1894 infolge dieses Aberglaubens einmal 24 und einmal 20 Kinder zu diesem Zwecke gemordet. Zur Verbreitung in Deutschland haben wahrscheinlich vor Jahrhunderten die italienischen „Steinsucher" (halb Bergleute, halb Schatzgräber) beigetragen.

[4]) *Hellwig*, Archiv 24 S. 125.

Hausierer dazu gebracht, ihm ihre 15jährige Tochter zum Geschlechtsverkehr zu überlassen; er gaukelte den Eheleuten vor, daß dann ein Schatz von 3 Millionen Mark in einer hinter das Haus gestellten leeren Kiste sein werde. Die Eheleute, die sich dadurch der schweren Kuppelei schuldig gemacht haben, wurden vom Schöffengericht Konstanz zu Gefängnisstrafen und der Hausierer (wegen Anstiftung hiezu) zu einer Zuchthausstrafe von über einem Jahr verurteilt[1]). Zu einem besonders eigenartigen Fall einer „Tötung auf Verlangen" hat der Schatzgräberaberglaube im Jahre 1892 geführt: unweit des Festungswalles Semendria an der Donau (Serbien) wurde am 14. 4. die Leiche des Artillerieunteroffiziers Ilija Konstantinowitsch aufgefunden, Kehlkopf und Herz waren herausgeschnitten. Er hatte sich durch seinen Freund, den Artilleristen Radulowitsch, durch einen Messerstich „vorübergehend" töten lassen, weil ihm schon durch 5 Nächte hindurch geträumt hatte, an einer bestimmten Stelle beim Festungswall sei ein großer Schatz zu heben, wenn er für kurze Zeit sein Leben zum Opfer bringe. Mit dem Blut der herausgeschnittenen Körperteile sollte die Erde bespritzt und daselbst ein vergrabenes Eisenstäbchen und eine Flasche Branntwein gefunden werden, durch die Herz und Kehle wieder eingesetzt werden könnten; dann werde er wieder lebendig sein und die Macht haben, den Schatz zu heben, wodurch er zu den reichsten Leuten der Welt gehören werde. So führten Dummheit und Habgier vereint zur Selbstopferung[2]).

Eine besondere Bedeutung als Zaubermittel wird ferner dem Blut eines Hingerichteten („Armsünderblut") zugeschrieben, ebenso dem Finger eines Hingerichteten, wie überhaupt bestimmten Leichenteilen, wobei wiederum die Leichen von Juden eine besondere Rolle spielen. Dieser in den verschiedensten Formen auftretende Glaube an Totenfetische hat wiederholt zu Leichenschändungen geführt. Judenfriedhöfe mußten oft streng bewacht werden, weil Graböffnungen und Zerstückelungen der Leichen nicht allzu selten waren. Im Jahre 1906 wurde von der Strafkammer des Amtsgerichtes Schrimm in Posen der 44jährige Arbeiter Ogrodowski wegen Grabschändung in vier Fällen zu sieben Jahren Gefängnis verurteilt: man hatte bei ihm im Schornstein drei Stücke Menschenfleisch, darunter einen männlichen und einen weib-

[1]) *Hellwig*, Schatzaberglaube und Kuppelei, Zeitschrift für die gesamte gerichtliche Medizin, Bd. 17. S. 481. Daß sich solche Fälle finstersten Aberglaubens bis in unsere Zeit ereignen, ist vielfach eine Folge der abergläubischen Schundliteratur, die sich in der liberalistischen Zeit in den breiten Volksschichten ungehindert verbreiten konnte. Eines der berüchtigsten Erzeugnisse dieser Art ist das „Sechste und siebente Buch Moses", das angeblich die nicht in der offiziellen Bibel enthaltene magische Kunst des alten Propheten enthält und auch Anweisungen zur Teufelsbeschwörung und Schatzgräberei gibt (vgl. Artikel „Moses, das sechste und siebente Buch" im Hdw. d. dt. Aberglaubens, 6. Bd. S. 583).

[2]) Der Fall ist insofern auch von strafrechtlichem Interesse, als es zweifelhaft sein kann, ob in der Absicht des Freundes, ihn „vorübergehend" zu töten und dann wieder lebendig zu machen (an welche Möglichkeit beide fest glaubten), ein Tötungsvorsatz erblickt werden kann oder etwa nur Fahrlässigkeit vorliegt.

lichen Geschlechtsteil, und im Pferdestall einen Menschenkopf vorgefunden; diese Leichenteile stammten aus frischen Gräbern des nahe gelegenen jüdischen Friedhofes. Ogrodowski hatte in der letzten Zeit Unglück mit seinen Pferden gehabt, die hintereinander eingingen, und glaubte, durch den von den Leichenteilen ausgehenden Abwehrzauber allein verhindern zu können, daß sein Viehbestand der Seuche gänzlich zum Opfer falle[1]).

Auch noch zu anderen strafbaren Handlungen, insbesondere zu Diebstahl, kann der Aberglaube führen, daß bestimmte, an sich harmlose Zaubermittel, Talismane oder Sympathiemittel auf eigenartige Weise erlangt, z. B. gestohlen sein müssen. So gilt in den verschiedensten Teilen Deutschlands gestohlener Speck als Heilmittel gegen Warzen, das einer Zigeunerin aus der Tasche gestohlene Brot gilt als Mittel gegen Fieber und Appetitlosigkeit usw. Im Jahre 1907 wurde in der Niederlausitz eine Frau wegen Unterschlagung eines alten Mantels verurteilt, der einem unheilbaren Kranken gehörte; sie hatte geglaubt, ihren Sohn nur dadurch vom Stottern heilen zu können, das sie ihm aus einem gestohlenen Mantel ein Paar Hosen anfertige. Diese letzten Beispiele führen uns bereits zur nächsten Gruppe kriminellen Aberglaubens.

III. Abergläubische Heilmethoden. Nirgends ist auch heute noch der Aberglaube unter Gebildeten so verbreitet und so wirksam, als auf dem Gebiete der Sympathiekuren und anderer okkulter Heilmethoden. Die psychologische Erklärung hiefür liegt hauptsächlich in zwei Umständen: in der Ohnmacht der medizinischen Wissenschaft in zahlreichen Fällen unheilbarer Krankheiten und in den tatsächlichen Erfolgen, die durch Methoden der nichtärztlichen Heilkunde in manchen Fällen erzielt wurden. Besonders der erste Umstand, das offenkundige Versagen ärztlicher Kunst in hoffnungslosen Fällen, schafft eine Affektsituation in den nächsten Angehörigen des Kranken, die für die Hoffnung auf Rettung durch übernatürliche oder unbekannte Mittel besonders empfänglich macht. Wenn dann noch gute Freunde geheimnisvoll von den Erfolgen berichten, die in diesem oder jenem angeblich ähnlich gelagerten Falle durch ein „Naturheilverfahren" oder eine Sympathiekur erzielt wurden, halten (auch sonst sehr vernünftige) Menschen es oft für ihre Pflicht, zur Rettung des kranken Gatten oder Kindes wenigstens den Versuch mit den empfohlenen Methoden zu machen, da „der Arzt ohnedies nicht helfen könne". Und in der Tat war dann manchen solchen Methoden ein Erfolg oder doch ein vorübergehender Scheinerfolg beschieden. Dies erklärt sich allerdings nur zum geringsten Teil aus dem Umstand, daß die Heilmethoden der Volksmedizin[2]) — soweit diese nicht aus unsinnigem Aberglauben besteht, sondern ihr oft von Generation

[1]) *Hellwig*, Leichenteile als Talismane, Ärztliche Sachverständigenzeitung 1916 Nr. 2.

[2]) Über den uralten, auch heute noch lebendigen medizinischen Volksglauben, der in den verschiedenen Ländern und Gauen trotz vieler Gemeinsamkeiten naturgemäße Abweichungen zeigt, orientieren zahlreiche volkskundliche Werke; hervorgehoben seien: *Flügel*, Volksmedizin und Aberglaube im

zu Generation überlieferte Erfahrungen zugrunde liegen — mitunter auch einen richtigen Kern enthalten, der mitunter erst später von der medizinischen Wissenschaft erkannt und anerkannt wird. Zum größten Teil jedoch sind die Erfolge der volksmedizinischen und ähnlichen Methoden[1]) nichts als Wirkungen einer „Suggestivtherapie": der Glaube an das betreffende Heilverfahren führt zu einer Erwartungssuggestion[2]), die oft auch mit weitgehenden körperlichen Veränderungen verbunden sein kann. Darum anerkennt die heutige medizinische Wissenschaft selbst die Psychotherapie in weitem Umfange und hat diese unausgesprochen immer schon verwendet, wenn Ärzte (solange z. B. in einem Erkrankungsfalle eine sichere Diagnose noch nicht gestellt und eine wirksame Therapie deshalb nicht eingeschlagen werden kann) irgendeine harmlose Medizin verschreiben, „ut aliquid fieri videatur". In der Tat fühlt sich in solchen Fällen der Kranke durch diese Scheinbehandlung wohler, als wenn der Arzt ihm offen gesagt hätte, man könne vorläufig nichts unternehmen. Ja, es ist sogar möglich, daß durch diese Suggestivwirkung die Selbstheilkräfte der Natur angeregt werden und so nicht bloß eine subjektive, sondern auch eine objektive Besserung eintritt.

Gerade, wenn man diese Tatsachen anerkennt, ist man um so mehr verpflichtet, gegen den abergläubischen Unsinn einzuschreiten, aus dem zum allergrößten Teil die volksmedizinischen und okkulten Heilmethoden bestehen[3]). Ihre Beziehung zu strafbaren Tatbeständen ist mannigfach:

1. Zahlreiche abergläubische Heilmethoden stellen schon an sich verbrecherische Angriffe gegen dritte Personen dar. So führt z. B. der noch immer nicht völlig ausgerottete Aberglaube, Geschlechtskrankheiten können durch Verkehr mit einem „unschuldigen" Mädchen geheilt werden[4]), zum Verbrechen der Unzucht mit Kindern und zum Vergehen der Übertragung von Geschlechtskrankheiten. Weit verbreitet ist auch die — freilich viel harmlosere — Heilung durch „Einpflöcken"

Frankenwald, München 1863; *Buck*, Medizinischer Volksglaube und Volksaberglaube in Schwaben, Ravensburg 1865; *Lammert*, Volksmedizin und medizinischer Aberglaube in Bayern und seinen angrenzenden Bezirken, Würzburg 1869; *Fossel*, Volksmedizin und medizinischer Aberglaube in Steiermark, Graz 1886; *Höfler*, Volksmedizin und Aberglaube in Oberbayerns Gegenwart und Vergangenheit, München 1888; *Hovorka-Kronfeld*, Vergleichende Volksmedizin, 2 Bände, Stuttgart 1908; *Seyfarth*, Aberglaube und Zauberei in der Volksmedizin Sachsens, Leipzig 1913.

[1]) Vgl. auch *Wachtel*, Warum haben Kurpfuscher Erfolge? München 1925.

[2]) Vgl. über Suggestion im 1. Band S. 84f., 106ff. und 293f.

[3]) Vgl. *Löhr*, Aberglauben und Medizin, Leipzig 1940.

[4]) Der Geschlechtsverkehr als Heilzauber spielt auch sonst im Aberglauben eine Rolle. Dies nützte der (oben S. 127 erwähnte) Teufelsbeschwörer, der noch 1936 in Schleswig-Holstein sein Unwesen trieb, dazu aus, bei der nervenkranken Schwiegertochter seiner Auftraggeber, die an rheumaartigen Schmerzen litt, zweimal zu schlafen und den Geschlechtsverkehr zu vollziehen; sie gab später an, allen Anordnungen des Beschuldigten vertraut zu haben, um von ihren Schmerzen befreit zu werden. Der Beschuldigte habe ihr gesagt, bei ihr sei der Samen fehlgegangen und er müsse ihn durch Beischlafsvollziehung abfangen, sonst werde er ihr zu Kopfe steigen (*Schmeïng* a. a. O.).

(envoûtement) von Krankheiten, das schon bei zahlreichen Naturvölkern vorkommt und sich in der Landbevölkerung bis zu unserer Zeit erhalten hat: in einen Baum wird ein Loch gebohrt, Ausscheidungen des Kranken, wie Speichel, Schweiß, Blut, Urin oder auch abgeschnittene Haare oder Nägel werden in die Öffnung gegeben und diese wird wieder verschlossen. Wenn der Baum weiterwächst und so die Krankheitsteile in sich aufgenommen habe, höre die Krankheit auf. Mitunter besteht aber auch die Vorstellung, daß der Baum — an Stelle des Kranken — stirbt und der Kranke genest[1]). Tatsächlich führen solche Prozeduren oft zum Absterben wertvoller Bäume, wobei es strafrechtlich von den Umständen des Einzelfalles abhängt, ob eine vorsätzliche Sachbeschädigung vorliegt.

2. Es werden Heilmittel empfohlen, die nur auf verbrecherische Weise zu erlangen sind, wie z. B. Menschenfett oder gestohlene Gegenstände, wie dies bereits oben unter II erörtert wurde.

3. Manche abergläubischen Heilmethoden sind an sich lebensgefährlich oder doch gesundheitsschädlich. Hieher gehört das Ausräuchern, Backen oder Kochen von Kranken, besonders von kranken Kindern, die man in den Schornstein legt, nach dem Brotbacken in den Ofen steckt oder in heißes Wasser taucht. Im Jahre 1906 rieb sich ein Bauer, der an Rheumatismus litt, die betreffenden Körperstellen mit Petroleum ein und legte sich dann in einen noch warmen, kegelförmigen Backofen, wo er nach einigen Stunden als Leiche gefunden wurde. Die „Teufelsaustreibungen" zur Heilung von Geisteskranken („Besessenen"), die für diese nicht bloß sehr schmerzhaft, sondern oft lebensgefährlich sein können, wurden schon oben erwähnt. Gesundheitsgefährlich sind ferner Rezepte, wie das Auflegen von Spinnweben oder von Leichenwachs (Adipocire) auf offene Wunden, das Einnehmen des Speichels von Tuberkulosen (als Heilmittel gegen Lungenschwindsucht), des Schaumes vom Munde eines Toten (als Heilmittel gegen Trunksucht) und das Trinken des zur Leichenwaschung verwendeten Wassers (als Heilmittel gegen Epilepsie)[2]).

[1]) Neben dieser häufigsten Verwendung des Einpflöckens zu Heilzwecken, geschieht es auch mitunter zu anderen Zwecken: so als eine Art Bosheitszauber, indem man etwa ein von der Kleidung des Feindes abgeschnittenes Stoffstück einpflöckt und glaubt, daß mit dem Absterben des Baumes auch der Verwünschte dahinsiechen werde; oder wiederum als eine Art Gerechtigkeitszauber, wenn man durch Einpflöcken des Restes eines gestohlenen Gutes zu erreichen sucht, daß der Dieb das Gestohlene wieder bringt, oder glaubt, daß der Dieb sterben müsse, wenn der Baum zugrunde geht (*Hellwig*, Verbrechen und Aberglaube, S. 62).

[2]) In früheren Zeiten wurden solche und ähnliche Kuren nicht bloß von der Volksmedizin, sondern auch von Ärzten gehandhabt. Berüchtigt war in dieser Beziehung die vom Arzt und Physikus der Stadt Eisenach *Christian Franz Paullini* 1696 veröffentlichte „Heilsame Dreck-Apotheke", die bereits 1697 in zweiter und 1713 in dritter Auflage erschien. Sie umfaßt Rezepte, durch die „mit Kot und Urin fast alle, auch schwerste, giftigste Krankheiten und bezauberte Schäden vom Haupte bis zu den Füßen innerlich und äußerlich glücklich kuriert werden". Auch für Liebestränke werden bis in neuester Zeit häufig besonders ekelhafte Mittel empfohlen. Vgl. *Hellwig*, Appetitliche Zaubertränke, Archiv 28 S. 371.

4. An sich ungefährliche, aber wertlose Kuren können dadurch strafrechtlich von Bedeutung sein, daß entweder durch ihre Anwendung die rechtzeitige ärztliche Hilfe verhindert und dadurch der Kranke gefährdet wird, oder daß sie zu betrügerischen Ausbeutungen verwendet werden, indem für die Anwendung dieser völlig wertlosen Verfahren hohe Honorare gefordert werden, oder schließlich dadurch, daß sie an sich das Delikt der Kurpfuscherei bilden, soferne die unerlaubte Ausübung des Heilgewerbes unter Strafe gestellt ist[1]). Auf diese drei Gesichtspunkte wird daher auch bei den Erhebungen gegen Wunderdoktoren und ähnliche Kurpfuscher zu achten sein. Mitunter suchen diese sich vor einer Strafverfolgung dadurch zu schützen, daß sie zum Schein den Rat geben, einen Arzt zu konsultieren, oder kein Honorar ausdrücklich fordern, wohl aber es — mitunter in verschleierter Form — in Empfang nehmen usw. Die große Mannigfaltigkeit der hiebei verwendeten Sympathiekuren und sonstigen Schwindelmethoden macht es unmöglich, alle diese „Heil"verfahren darzustellen. Je nach dem Personenkreis, aus dem sich die Kundschaft eines Kurpfuschers zusammensetzt, werden mystische Begriffe verwendet, mit denen der Kurpfuscher blufft. Als Spekulation auf die Halbbildung der breiten Masse ist die Verwendung von komplizierten Fremdwörtern anzusehen, die in den Ankündigungen und Prospekten von Kurpfuschern beliebt sind. Während manchem bäuerlichen Wunderdoktor zur Krankheitsdiagnose ein Blick durch das gegen das Licht gehaltene Fläschchen mit Urin genügt und er geheimnisvolle Tees und Salben verschreibt, arbeiten andere mit komplizierten „Strahlenapparaten" und geben schwulstige, gelehrt klingende Erklärungen ihrer Heilverfahren[2]). Hieher gehört ferner das „Gesundbeten" von Kranken[3]), sowie die Verwendung von Methoden, die auch sonst

---

[1]) Dies war im Deutschen Reich bis zur Erlassung des Heilpraktikergesetzes von 1939 nicht der Fall, vielmehr galt das Prinzip der Kurierfreiheit. Hingegen war nach österr. Strafrecht jede Ausübung des Heilgewerbes durch einen Nichtarzt als Kurpfuscherei strafbar (§ 343 öst. StG.). Nunmehr ist reichseinheitlich die Ausübung des Heilgewerbes strafbar, sofern sie nicht durch einen Arzt oder durch einen zugelassenen Heilpraktiker ausgeübt wird. Nicht strafbar ist jedoch nach wie vor die nicht berufs- oder erwerbsmäßige Ausübung der Heilkunde (z. B. eine wirklich unentgeltliche). Vgl. *Hellwig*, Heilpraktikergesetz und Strafrechtspflege, Ärztl. Sachverständigenzeitung 1940 S. 1.

[2]) Einen Überblick über die wichtigsten Methoden gibt *Hellwig*, Moderne Formen okkulter Heilmethoden, Berlin 1930. Hier finden sich z. B. auch nähere Angaben über die Od-Lehre und das auf dieser beruhende, noch 1927 in Publikationen propagierte „Odoskop", das angeblich „die Störungsquellen, die durch das Durcheinanderzirkulieren der Kosmos-, Od- und Bio-Od-Strahlen-Sozietäten vorhanden sind, ausschaltet". Diese Probe ist kennzeichnend für den Fremdwörterunsinn, mit dem Kurpfuscher zu imponieren suchen. Vgl. hiezu noch *Hellwig*, Moderne Formen okkulter Heilmethoden, Odoskop und Diätoskop, in: Volksgesundheitswacht 1937 S. 213; Sympathiekuren und „Christliche Wissenschaft", ebenda 1938 S. 118; Augendiagnose, ebenda 1938 S. 253; zur letzteren Frage auch noch: *Groenouw*, Die Irisdiagnose, ebenda 1938 S. 244; und *H. Herzog*, Über wahre und falsche Augendiagnose, ebenda S. 247; ferner *Löhr* a. a. O.

[3]) Vgl. *Hellwig*, Gesundbeten und andere mystische Heilverfahren (Heft 3 der Beiträge zur Geschichte der neueren Mystik und Magie), Leipzig 1914; *Beth*, Gesunddenken und Gesundbeten, eine Beurteilung des Scientismus, Wien 1918.

im modernen Okkultismus eine Rolle spielen, wie die Astrologie, das siderische Pendel u. ä.[1]). Besonders kennzeichnend für die meisten Kurpfuschereimethoden ist die Anwendung der Fernbehandlung, wobei als Grundlage für die Diagnosestellung eine übersandte Harnprobe oder ein Schriftstück, ein Papier, auf dem der Patient seine Hand auflegte, oder eine Photographie genügt. Die Fernbehandlung, die jedem Arzt und auch jedem Heilpraktiker untersagt ist, erfreut sich im Kurpfuschereibetrieb großer Beliebtheit, weil sie einerseits für den Kurpfuscher auf bequemste Weise eine enorme Vergrößerung des Patientenkreises ermöglicht und andererseits dem Patienten selbst alle Unannehmlichkeiten einer persönlichen Untersuchung erspart. Die Verwendung der Fernbehandlung ist ein Indiz für den Nachweis des Mangels des „guten Glaubens", auf den sich die Kurpfuscher zu berufen pflegen, wenn sie unter Betrugsanklage gestellt werden. In der Tat ist ein kleiner Teil der Kurpfuscher wirklich gutgläubig und von ihrer Mission, der leidenden Menschheit zu helfen, überzeugt. Da diese wegen Betruges nicht bestraft werden können, ist bei den Erhebungen auf die tatsächliche innere Einstellung des Kurpfuschers zu seiner Tätigkeit besonders zu achten. Oft stellt die Frage des guten Glaubens des Kurpfuschers ein schwieriges Problem psychologischer Beweiswürdigung dar.

IV. Sonstiges Ausnützen fremden Aberglaubens zu eigenem Vorteile. Schon bei den bisher erörterten Gruppen des kriminellen Aberglaubens kommt es, wie wir gesehen haben, häufig zur Ausnützung des Aberglaubens anderer, so durch Hexenmeister und Teufelsbeschwörer,

---

Die Methode des sogenannten Gesundbetens (richtiger: der Glaubenskuren) wurde von einer nordamerikanischen Sekte, der *Christian Science* (1866 durch Frau *Eddy* begründet), propagiert, die Ende des 19. Jahrhunderts auch in Deutschland Fuß faßte (zuerst in Hannover — „Erste Kirche Christi der Scientisten in Hannover" — dann 1900 in Berlin und später in anderen Städten). Bei sämtlichen Krankheiten (ausgenommen Knochenbrüche), insbesondere auch bei Krebs und Blinddarmentzündung, werden ärztliche Heilmittel oder ärztliche Eingriffe verpönt und durch das „Erkennen der göttlichen Liebe" ersetzt, wodurch die Patienten die Furcht vor der Krankheit verlieren (somit eine ausschließliche Suggestivtherapie). Für diese „Behandlung" ließen sich aber die Vertreterinnen der „christlichen Wissenschaft" recht ansehnliche Honorare bezahlen. Die Gefährlichkeit dieser Methode zeigte sich besonders 1913 beim Tode der Schauspielerin Butzen, die seit längerer Zeit zuckerkrank, aber unter ärztlicher Behandlung und entsprechender Diät wesentlich gebessert war (bloß 1% Zuckerausscheidung). Nun kamen die Gesundbeterinnen und stellten ihr völlige Heilung ohne lästige Diät in Aussicht. Bald wurde ihr erlaubt, alles zu essen und zu trinken, wodurch die Zuckerausscheidung auf 6% stieg und Frau Butzen eines Tages im Theater zusammenbrach. — Nach einer Entscheidung von 1936 liegt Fahrlässigkeit vor, wenn der Heiler es unterlassen hat, den Zuckergehalt im Harn ständig durch die üblichen Untersuchungsmethoden feststellen zu lassen, und die Behandlung bei Steigerung des Zuckergehaltes nicht abgebrochen wird (Deutsches Strafrecht 1936 S. 175). 1938 unterhielt die Sekte in Deutschland noch etwa 80 Gemeinden.

[1]) Diese Methoden sind unten S. 151 ff. im Zusammenhang mit dem Wahrsageschwindel dargestellt. Eine Sonderstellung nimmt die Krebsbehandlung durch „Erdstrahlenbekämpfung" mittels Wünschelrute und Abschirmgerät ein, bei der nicht okkulte, sondern natürliche Zusammenhänge behauptet werden (siehe darüber unten S. 213).

die sich für ihren Abwehrzauber bezahlen lassen, ferner durch Schwindler, die den Schatzgräberaberglauben anderer zu unsauberen Zwecken ausnützen[1]), und vor allem durch die zuletzt erörterten Kurpfuscher, die sich für ihre abergläubischen Heilmethoden honorieren lassen. Damit sind aber die Möglichkeiten der Ausnützung fremden Aberglaubens keineswegs erschöpft. Auch außerhalb der bisher genannten Gebiete sind abergläubische Menschen geneigt, für „geheime Mitteilungen" und „gute Ratschläge", die oft dümmsten Aberglauben enthalten, Geld und andere Werte zu opfern. Vollkommen wertlose Gegenstände werden als Talismane zu hohen Preisen verkauft. Einen besonderen Umfang hat jedoch der Wahrsageschwindel angenommen, durch den die Dummheit und Leichtgläubigkeit vieler (sonst auch gebildeter) Menschen in gewissenloser, mitunter gefährlicher Weise ausgenützt wird. Dem Wahrsageunwesen, das mit den verschiedensten Methoden arbeitet, ist deshalb in der folgenden Darstellung ein eigenes Kapitel gewidmet[2]). Ebenso wird der Aberglaube und die Kritiklosigkeit der modernen Okkultisten von Betrügern ausgenützt, die sich für ihre angeblichen Fähigkeiten als Hellseher, Telepathen oder Medien bezahlen lassen[3]).

V. Während bei den bisher besprochenen Gruppen des kriminellen Aberglaubens dieser entweder die Triebfeder zu strafbaren Handlungen ist oder zu solchen Gelegenheit bietet, gibt es auch noch einen Aberglauben der Verbrecher, durch den lediglich die nähere Ausführung des kriminellen Tuns bestimmt wird. So wenden abergläubische Menschen, die einen anderen töten oder am Körper verletzen oder am Vermögen schädigen wollen, zur Ausführung solcher verbrecherischer Angriffe Zaubermittel an, wodurch eine solche Tat strafrechtlich allerdings nur als ein „Versuch mit untauglichen Mitteln" erscheint[4]). Hierher gehört der sogenannte Bildzauber, der auf einem ähnlichen Glauben an Fernwirkung beruht, wie wir ihn bei der Heilmethode des „Einpflökkens"[5]) kennen gelernt haben: seit dem frühesten Altertum[6]) bis in unsere Tage findet sich der Glaube, daß man jemanden das antun könne, was man seiner bildlichen oder plastischen Nachbildung zufüge. Hiebei muß das Bild in irgendeinen realen Zusammenhang mit dem Abwesenden

[1]) Vgl. oben Seite 130 f.; der häufigste Trick besteht (ähnlich wie bei den „Hexenmeistern", oben Seite 127) darin, daß ein dem Schatzgräberaberglauben huldigender Bauer veranlaßt wird, Geld oder Wertgegenstände in einer Truhe zu vergraben, die erst beim nächsten Vollmond geöffnet werden darf — dann werde sie mit purem Gold gefüllt sein. Bis dahin hat der Gauner reichlich Gelegenheit, die Truhe zu leeren. Über das Zusammenarbeiten mit einem Komplizen vgl. 3. Band, XIX. Abschnitt (Betrügereien).

[2]) Unten S. 148.

[3]) Siehe darüber unten Seite 193 f.

[4]) Die konsequente Verfolgung des Prinzipes des Willensstrafrechtes, bei dem es auf den in der Tat zum Ausdruck kommenden verbrecherischen Willen ankommt, führt gleichwohl dazu, auch solche untaugliche Versuche als strafbar anzusehen. Das Problem ist noch strittig.

[5]) Oben S. 133 f.

[6]) Über die Fluch-Tabellen im Altertum vgl. *Pfaff*, Über tabellae defixionum bei Griechen und Römern, Archiv 42 S. 161.

gebracht werden; man knetet z. B. in das Wachs, aus dem das Ebenbild geschaffen wird, Haare, Blut u. ä. des Betreffenden oder bringt es mit seiner Fußspur in Berührung usw. Im Mittelalter wurden solche Bildnisse („Atzmänner") wiederholt zum Vernichtungszauber gegen politische Gegner benützt, weshalb die Päpste dagegen Stellung nahmen. Im Jahre 1337 wurde ein Bischof verdächtigt, er habe den Papst Johann XXII mit „bezauberten Wachsbildern" umbringen wollen. In katholischen Dorfkirchen, namentlich in Wallfahrtsorten, findet man auch heute noch Nachbildungen von menschlichen oder tierischen Fingern oder einzelnen Gliedmaßen aus Wachs, Blei oder Silber, welche auf den Glauben an den Bildzauber zurückzuführen sind. Eine andere Methode des Vernichtungszaubers ist das Totbeten (auch „Mordbeten"), durch das mit Hilfe allerlei mystischen Beiwerkes (die Haare des Betreffenden spielen dabei meist eine Rolle) jemandem „das Leben abgebetet wird". So uralt dieser Glaube ist[1]), so sehr lebt er heute noch im Volke[2]). Dem gleichen Zweck dient das „Mordmessen lesen lassen": man läßt an gewissen Tagen, meistens am Geburts- oder Namenstag des zu Tötenden, unter gewissen Vorkehrungen eine Messe „zum Seelenheil eines Verstorbenen lesen" und gibt dem Priester ein Geldstück, das früher im Besitze des Todeskandidaten war. Die Aufdeckung eines solchen Tötungsversuches kann kriminalistisch auch dadurch bedeutungsvoll sein, daß darin — falls später zu einem wirksameren Mittel gegriffen wird — ein Indiz für den Tötungsvorsatz erblickt werden kann.

Noch zahlreiche andere hieher gehörige Zaubermittel kennt der Volksglaube, so das „Schattenmessen", bei welchem der Schatten des zu Tötenden heimlich gemessen und dabei ein Spruch hergesagt wird, wonach nicht der Schatten, sondern das Leben gemeint sei; den Stockzauber, bei welchem an Stelle des zu Tötenden ein Stock der Vernichtung ausgesetzt wird[3]); das Nestelknüpfen oder Zauberknotenschlingen (in Frankreich: les aiguilettes nouées), bei welchem durch Schlingen eines Knotens unter Einhaltung gewisser Formeln irgendein entfernter Vorgang, z. B. eine Geburt, ein Geschlechtsverkehr, ein Vertragsabschluß usw. gehindert werden soll[4]).

Während hier die verbrecherische Angriffshandlung selbst durch abergläubische Vorstellungen bestimmt wird, hat in noch viel größerem Umfang der Aberglaube der Verbrecher auf den Zeitpunkt und die Begleitumstände ihres verbrecherischen Tuns Einfluß und manches, was

[1]) Vgl. *Schönbach*, Über Hartmann von Aue, Graz 1894, der das Mordbeten bis in das 12. Jahrhundert zurück als gebräuchlich nachweist.

[2]) *H. Groß* kannte eine Frau, von der in der Landbevölkerung allgemein geglaubt wurde, sie verstände diese Kunst.

[3]) Einen Fall, in welchem nach dem Rat einer Wahrsagerin diese beiden Zaubermittel verbunden werden sollten, und schließlich ein anderes Mittel, nämlich Giftzuführung gewählt wurde, berichtet *Přibram*, Ein Fall von Vergiftung mit Wasserschierling, Archiv 4 S. 166.

[4]) Mitunter werden ähnliche Zaubermittel auch zu nützlichen Zwecken empfohlen; so sucht man dem Diebe beizukommen, indem man seine Fußspur aussticht und in den Schornstein hängt, vgl. auch oben S. 134 Anmerkung 1

sonst dem Kriminalisten oft unverständlich bleibt, erhält dadurch seine Erklärung. Und das ist nicht bloß bei uns in Mitteleuropa so, sondern anscheinend auf der ganzen Erde, denn z. B. aus Amerika wird berichtet, daß die Berufseinbrecher niemals am 13. eines Monats oder am Freitag „arbeiten", ebensowenig, wenn ihnen eine schwarze Katze oder ein blinder Hund über den Weg läuft oder ihnen ein Blinder oder ein Einarmiger begegnet. Bleibt die Wanduhr während der Ausführung eines Diebstahles stehen, so fliehen die Diebe. Haben sie vor der Ausführung eines geplanten Diebstahles Glück im Spiel, so ist dies eine gute Vorbedeutung[1]). Von besonderem kriminalistischen Interesse aber sind in dieser Beziehung die Dinge, die Verbrecher aus Aberglauben am Tatorte zurücklassen und jene, die sie als Talismane mit sich führen, sowie der Aberglaube beim Schwören, nach welchem man bei Einhaltung gewisser Formen ungestraft einen Meineid schwören könne. Deshalb sollen diese Gruppen des Verbrecheraberglaubens im folgenden besonders behandelt werden.

2. Aus Aberglauben zurückgelassene Dinge.

Häufig kommt es vor, daß der Täter etwas ihm Gehöriges auf dem Tatort zurückläßt, weil er glaubt, daß dann seine Tat oder wenigstens er als Täter nicht entdeckt wird.

Die Geliebte eines berüchtigten Einbrechers hatte ihr 10 Monate altes Kind in kalter Winternacht ausgesetzt und ihre eigenen Schuhe daneben stehen gelassen; durch den in der Nähe wohnenden Schuster, der die Schuhe kurz vorher angefertigt hatte, konnte die Täterin ermittelt werden. Sie gestand nachträglich, daß sie die Schuhe dort gelassen habe, um nicht entdeckt zu werden. Aus demselben Motiv hat ein Raubmörder (der vorher schon 18 Jahre Zuchthaus wegen eines Mordes verbüßt hatte) auf dem Tatort neben der Leiche seinen Kot abgesetzt. Unter den Berufseinbrechern herrscht ein ähnlicher Aberglaube, indem sie meinen, nie als Täter bekannt zu werden, wenn sie ihre Exkremente am Tatort zurücklassen. Solange die Exkremente warm bleiben, soll nach diesem Aberglauben die Tat überhaupt nicht bekannt werden; deshalb wird der abgesetzte Kot häufig mit einem Tuch oder einem Hut zugedeckt, damit so das Bekanntwerden der Tat möglichst lang hinausgeschoben wird. Dieser Aberglaube des sog. grumus merdae scheint übrigens zeitweilig besonders stark, fast epidemisch aufzutreten; so wurden in Berlin eine Zeitlang nach Einbruchdiebstählen in großen Juwelierläden fast regelmäßig Exkremente der Täter gefunden. Es handelt sich um einen internationalen und sehr alten Aberglauben[2]), der auch heute noch fortlebt,

---

[1]) *Knortz*, Amerikanischer Aberglaube der Gegenwart, Leipzig 1913.

[2]) Vgl. *Hellwig*, Einiges über den grumus merdae der Einbrecher, MschrKr. 1 S. 257; *derselbe*, Weiteres über den grumus merdae, MschrKr. 2 S. 639; *derselbe*, Die Bedeutung des grumus merdae für den Praktiker, Archiv 23 S. 188; *derselbe*, Ein eigenartiger Diebsaberglaube in Europa und Asien, Archiv 28 S. 358; *Näcke*, Verekelung und Vertreibung böser Geister durch schlechte Gerüche, Archiv 30 S. 174; *Hellwig*, Der Sinn des grumus merdae, Archiv 30 S. 379; *derselbe*, Kriminaltaktik und Verbrecheraberglaube, Archiv 31 S. 300; dieser Aberglaube

wie wohl das Zurücklassen der Exkremente in Wirklichkeit gerade die umgekehrte Wirkung hat; denn durch eine mikroskopische und chemische Untersuchung des Kotes können oft Anhaltspunkte für eine raschere Entdeckung des Täters gefunden werden[1]).

Eine wichtige Variante des Sinnes einer solchen Opferung kommt bei Morden vor: der Täter sucht sich dadurch, daß er etwas von sich — gewissermaßen als pars pro toto — am Tatort zurückläßt, von dem Banne zu befreien, der den Mörder immer wieder an den Ort der Tat zurückzieht[2]).

Von eigenartiger Bedeutung ist der an Ort und Stelle eines Verbrechens gemachte Fund von Stechapfelsamen. Der Stechapfel (Datura Stramonium) ist ein unheimliches Gewächs, unheimlich in seiner Wirkung, unheimlich in seiner Verwendung. Giftig, betäubend und schon in verhältnismäßig geringer Menge todbringend ist alles an dieser Pflanze: die Wurzel, die Blätter, die schönen Blüten, die hübschen Früchte, alles ist gefährlich und bedenklich. Werden Blätter dieser Pflanze auf die heiße Ofenplatte gestreut und die Dämpfe eingeatmet, so entstehen ohnmachtsartige Zustände, von Visionen und Krämpfen begleitet, und ein Absud von den Körnern erzeugt, in geringen Mengen genossen, erotische Empfindungen. So ist es nur begreiflich, daß der (zerriebene) Stechapfelsamen seinerzeit zu den Bestandteilen gehörte, aus denen die „Hexen" ihre berüchtigten Salben bereiteten[3]). Der Stechapfel wurde in Europa erst seit dem Auftreten der Zigeuner[4]) bekannt, und da er in der Sagenwelt der Zigeuner eine große Rolle spielt und Stechapfelsamen auch heute noch im Besitze von Zigeunern vielfach angetroffen wird, so ist die verbreitete Ansicht, daß die Zigeuner den Stechapfel nach Europa gebracht haben,

wird schon von *Falkenberg*, Versuch einer Darstellung der Klassen von Räubern, Berlin 1816, erwähnt und „mumia spiritualis" genannt. Das Zurücklassen der Exkremente hat wohl weniger den Sinn, die bösen Geister durch Gestank fernzuhalten, als vielmehr den eines Sühneopfers: der Verbrecher läßt einen Teil von sich statt seiner selbst zurück. Für diese Auffassung spricht auch der analoge Brauch bei arabischen Einbrechern, die am Tatort onanieren, um durch Zurücklassung ihres Samens sich vor Entdeckung zu schützen. *Wulfen*, Kriminalpsychologie, Berlin 1926, S. 265, meint hingegen, daß in den meisten Fällen der Beweggrund nicht Aberglaube sei, sondern die Unflätigkeit der Berufseinbrecher, die auf diese Weise dem Wohnungsinhaber noch einen Possen spielen wollen (wie es in den unteren Volksschichten üblich sei, dem Gegner „einen Haufen vor die Tür zu setzen"). Dies ist jedoch sehr unwahrscheinlich, da auch unflätige Einbrecher gegen die von ihnen Geschädigten keinerlei Rachegefühl zu haben pflegen. Doch dürfte es richtig sein, daß manche Einbrecher diesen Brauch von anderen nachahmend übernommen haben, ohne sich mehr des abergläubischen Sinnes des Brauches bewußt zu sein. Daß er aber der Sicherung vor Entdeckung dient, wird allgemein geglaubt.

[1]) Siehe I. Band S. 305.

[2]) Vgl. I. Bd. S. 208f. Dieser Aberglaube spricht somit dafür, daß die Überzeugung von der Lockung des Mörders an den Tatort keine Erfindung der Kriminalromane oder gar der wissenschaftlichen Kriminologie ist, sondern im Volke selbst lebt und sehr alt ist. Dieser Glaube an die magische Gewalt, die vom ungesühnten Blut des Ermordeten ausgehe, dürfte auch auf manchen Mörder — ihm selbst unbewußt — suggestiv gewirkt und ihn dadurch tatsächlich an den Tatort zurückgezogen haben.

[3]) Vgl. oben S. 126 Anmerkung.

[4]) Vgl. oben S. 96.

recht wahrscheinlich[1]). Tatsächlich findet man an Orten, wo Zigeuner ein Verbrechen begangen haben — wenn man genau sucht — sehr häufig zurückgelassenen Stechapfelsamen. In der Regel werden allerdings nur wenige Körner und diese oft an verborgenen Stellen hingelegt, so daß sie, wenn man nicht darauf besonders achtet, meist übersehen werden. Wird somit am Tatort Stechapfelsamen gefunden, so kann man ziemlich sicher sein, daß Zigeuner die Täter waren, zumal wohl nur ausnahmsweise einmal ein anderer Täter auf diesen Gedanken kommt, um etwa den Verdacht auf Zigeuner zu lenken.

Häufig lassen Zigeuner am Tatort auch Stöcke (gewöhnliche Wanderstäbe) zurück. Nach einer (nicht überprüfbaren) Annahme geschehe dies, damit die Hunde nicht bellen.

3. Dinge, die Verbrecher bei sich haben.

Auch bei der Personendurchsuchung von Verbrechern und bei der Durchsuchung ihrer Habe findet man nicht allzu selten Dinge, die auf Aberglauben zurückzuführen sind und dadurch ein bezeichnendes Licht auf ihren Besitzer werfen. So wird man z. B. im Hochgebirge bei Hausdurchsuchungen von Wilderern mitunter kleine, handförmige Wurzeln finden, die als sehr heilsam gegen mancherlei Gebresten der Haustiere bezeichnet werden. Der schlaue Wilddieb hat Gewehr und alles Gewehrähnliche schon längst weggeräumt, Pulver, Kugeln und anderen Schießbedarf weit weg im Walde verborgen, er versichert, noch nie eine Büchse in der Hand gehabt zu haben, Hirschfleisch hat er nie gegessen und ein Reh kann er zur Not von einem Kalbe unterscheiden. Und wenn sich auch wirklich nichts vom Schießzeug oder von Wildresten im Hause findet: jenes kleine Würzlein verrät ihn. Es ist ein sogenanntes Johannis-

[1]) Hingegen glaubt *Holzinger* a. a. O., daß der Stechapfel als freies Gewächs sich erst im 17. oder 18. Jahrhundert in Deutschland verbreitet habe, weist aber selbst nach, daß im ältesten Herbarium Deutschlands (im Museum zu Kassel) ein Exemplar der echten Datura Stramonium mit dem handschriftlichen Vermerk des Sammlers erliegt „Wuchs mir aus Samen zu Naumburg a. d. Saale 1584". Daher war damals Stechapfelsamen in Europa schon vorhanden. Eine andere Datura-Art, nämlich die Datura Metel, wurde schon von *Fuchs*, Neues Kräuterbuch, Basel 1543 unter dem Namen Stechapfel beschrieben und als ein fremdes Gewächs bezeichnet, das in unser Land gebracht worden sei und aus Samen in den Gärten gezogen werden müsse. Bezeichnend ist, daß die Zigeuner selbst ihre eigene Entstehungsgeschichte auf den Stechapfel zurückführen: Ein weiser Mann habe einst seiner Frau die Bedingung auferlegt, nie etwas gegen seinen Willen zu tun; als sie aber dies einmal doch tat, verfluchte er sie und verwandelte sie in einen Stechapfel; die Kinder zerstreuten sich in alle Welt und nahmen den Samen ihrer Mutter mit in alle Richtungen des Windes. So entstanden die Zigeuner und deshalb müsse jeder Zigeuner Stechapfelsamen (*peshosheskrop*) mit sich führen. In einem alten Werk über einen großen Lüneburger Diebsprozeß von *M. S. Hosmann*, Fürtreffliches Denkmal der göttlichen Regierung usw., Frankfurt 1701, wird erzählt, daß die Datura in Indien (also der Heimat der Zigeuner) dazu benützt werde, um Menschen das Bewußtsein und die Erinnerung an das, was um sie herum vorgeht, zu nehmen. Nach dieser Quelle geben die „indianischen Weiber" ihren Männern Stechapfelabsud, worauf sie in deren Gegenwart Ehebruch treiben. Die Gatten sehen alles, lachen dazu, wissen aber später nichts davon. Ähnlichen Gebrauch von dieser Pflanze machten die „indianischen Diebe" (womit wohl die Zigeuner gemeint sind).

händchen, welches aus einer in der Johannisnacht (Sonnenwende, 24. Juni) gegrabenen Farnkraut- oder Orchideenwurzel (von *Pymnadenia conopea* oder *orchis maculata*, früher *Radix palmae Christi* genannt) geschnitzt wird und seine wichtige Verwendung findet, wenn der Wildschütze zur Neumondzeit Freikugeln gießt, mit denen er dann das Hochwild unfehlbar zu treffen vermag[1]).

Abb. 63. Galgenmännchen (Alraunwurzel, bei einem Verbrecher gefunden) aus der Sammlung des Kriminologischen Institutes der Universität Graz.

Verdächtig ist es immer, wenn jemand im Besitze einer (geweihten) Hostie gefunden wird: entweder will er ein schweres Verbrechen verüben, oder er hat dies schon getan, denn der Besitz einer solchen Hostie macht „die Behörden dem Träger der Hostie unnahbar". Auf solche Dinge, die den Leuten ungefährlich scheinen und daher nicht beseitigt werden, ist also wohl zu achten.

Ebenso verdächtig macht auch der Besitz einer sogenannten Springwurzel oder des Galgenmännchens[2]) (s. Abb. 63). Diese im Mittelalter so hochgeschätzten und gepriesenen Dinge sind heute noch angesehener und verbreiteter, als man annehmen sollte[3]); an manchen Orten werden sie auch von anscheinend aufgeklärten Gaunern mit hohen Summen bezahlt. Sie sind, wenn echt, die Wurzel der giftigen Alraune[4]) *(Mandragora officinalis)*, aber auch die Wurzel der Gichtrübe *(Bryonia alba)*, der Zaunrübe *(Br. diocia)*,

[1]) Zu diesem Zwecke gibt es noch unzählige andere Zaubereien, die u. U. den Wilddieb leicht verraten können. So gießt man in Bayern in der Christmitternacht dem Totenkopf einer Wöchnerin Blei in die Augenhöhlen — das unten herausfließende Blei wird zu Kugeln verwendet.

[2]) Heute gleichbedeutend; im deutschen Mittelalter unterschied man mit diesen Ausdrücken zwei Varianten des Alraunenzaubers; das Galgenmännlein, auch Spiritus familiaris genannt, wurde meist in einem verschlossenen Glase aufbewahrt.

[3]) Die Sammlung des Kriminologischen Institutes der Universität Graz besitzt 2 Exemplare, die bei Verbrechern gefunden wurden.

[4]) Althochdeutsch *alrûna*, vom Gotischen *runa*, Geheimnis. Die Mandragora kommt nur im Mittelmeergebiet (Kleinasien, Griechenland, Italien) vor, ihre Giftwirkung beruht auf ähnlichen Alkaloiden, wie sie sich in anderen Nacht-

dann gewisse Farnkrautwurzeln und die Wurzel von *Euphorbia lathyris*, von der Tollkirsche *(atropa Belladona)*, von Bittersüß *(Solanum Dulcamara)* und von der Siegwurz *(Allium Victorialis)* tun es zur Not und werden häufig verwendet. Sie alle, vornehmlich aber die erstgenannte, haben, getrocknet und mit dem Messer einigermaßen verbessert, die Gestalt eines Männchens und werden auch heute noch von Gaunern, die an sie glauben und sie bei sich tragen, mit seidenen Kleidchen versehen. Zeitweilig wurde auch mit solchen Männchenwurzeln ein schwungvoller Handel getrieben, wobei oft minderwertige Nachahmungen als echte Alraunen verkauft wurden. Der Glaube an die Zauberwirkung der Alraunwurzel ist uralt. *Plinius* nannte die Pflanze Circeum und *Theophrastus* beschreibt schon die Art ihrer Gewinnung, die bis heute gleich geblieben ist: die Pflanze wird einem Hund an den Schweif gebunden und durch Antreiben des Hundes wird die Wurzel ausgerissen. Der Hund stirbt an dem Schrei, den die Pflanze hiebei ausstößt[1]. Der Name Galgenmännchen erklärt sich aus dem Glauben, daß die Pflanze dort wächst, wo der Samen eines gehängten Diebes auf die Erde träufelt, also unter dem Galgen[2].

Die Alraunwurzel konnte in vergangenen Jahrhunderten Glück, Liebe, Gesundheit und Reichtum gewähren; heute kann man mit ihr nur noch versperrte Schlösser öffnen oder wenigstens so vorbereiten, daß sie dem Sperrhaken nicht zu widerstehen vermögen. Findet man daher ein solches Alraunmännchen im Besitze eines Verdächtigen, so kann man sicher sein, es mit einem Berufseinbrecher zu tun zu haben.

Zu den typischen Verbrechertalismanen gehören ferner die schon in anderem Zusammenhang erörterten „Schlummerlichter" aus dem Fett unschuldiger Kinder[3], sowie der sog. Schlafdaumen, eine Art Totenfetisch[4], der besonders häufig bei Zigeunern in Gebrauch ist, aber auch von anderen Verbrechern verwendet wird. Es ist dies der linke Daumen eines Verstorbenen, der 9 Wochen im Grabe lag und zur Neumondzeit ausgegraben wurde. Ist man im Besitz eines solchen Daumens, so kann man ungestört nächtlicherweile einbrechen, ohne besorgen zu müssene daß die Leute aufwachen. Auch französische Gauner kennen solch,

schattengewächsen (vgl. oben S. 126 Anmerkung) findet. Die Wurzel gilt auch als Aphrodisiacum, weshalb sie in vielen Liebestränken aller Zeiten und Völker eine Rolle spielt (*Hovorka-Kronfeld* a. a. O. S. 14ff.).

[1]) Genau so wird der Hergang auch in einer Handschrift des *Taif-al-hajâl*, Ein Jahrmarkt des 13. Jahrhunderts in Ägypten (Sitzungsbericht der kgl. bayer. Akad. d. Wissenschaften, 1910, 10) und von *Gaubärî* (Leydner Handschriften 2101 Bl. 53a) beschrieben. Auch *Shakespeare* spielt darauf an (Romeo und Julie, Akt 4 Szene 3).

[2]) Diese Sage wurde symbolisch von *Hans Heinz Ewers* in seinem Roman „Alraune" (1911) verwendet: mit dem Samen eines zum Tode verurteilten Verbrechers wird eine Dirne künstlich befruchtet und das daraus entsprungene Kind, Alraune, wächst zu einem Mädchen von zauberhaftem Wesen heran, das Reichtum und äußeres Glück zu bringen vermag, aber gleichwohl den Menschen, die es lieben, Tod und Verderben bereitet.

[3]) Oben S. 124.

[4]) Vgl. oben S. 131.

„Diebsfinger“ unter dem Namen main de gloire[1]). Von diesem Aberglauben gibt es verschiedene Varianten. So wird zum gleichen Zweck — namentlich im Osten Deutschlands und in den angrenzenden Gebieten — die rechte Hand eines Selbstmörders verwendet, der 9 Tage lang begraben war. Diese Hand wird getrocknet und mit ihr siebenmal an die Tür des Hauses geklopft, in dem gestohlen werden soll, dann wachen die Bewohner nicht auf, „der Tote hält sie im Schlaf“. Wilderer tragen den getrockneten Finger eines ungeborenen Kindes bei sich; dadurch treffen sie immer und werden dem Jäger unsichtbar. Dasselbe bewirkt nach dem Aberglauben der Wilderer ein Sargnagel, der mit sog. Leichenwachs beschmiert wird. Auch Erbsen sollen diese Wirkung haben, die in einem in die Erde vergrabenen Totenkopf gepflanzt wurden; von den so gezogenen Früchten ißt man drei Stück. Vor gewaltsamen Tod, insbesondere auch vor Verurteilungen zur Todesstrafe soll der Besitz einer Hasen- oder Kaninchenpfote schützen, ein weitverbreiteter Aberglaube, der besonders auch in Amerika zu einem schwungvollen Handel mit Hasenpfoten geführt hat[2]). Nach einem anderen weitverbreiteten Aberglauben südslawischen Ursprungs soll man zu Gericht ein Tuch mitnehmen, mit welchem einem Verstorbenen das Kinn aufgebunden worden war; solange der Knoten des Tuches nicht aufgelöst wurde, kann einem das Gericht „nichts anhaben“. Eine ähnliche Wirkung wird dem Lappen zugeschrieben, mit welchem eine Leiche gewaschen wurde. Ebenso nützlich ist es, wenn man das Band, mit dem die Füße einer Leiche zusammengebunden waren, im Stiefel trägt oder wenn man sich vor dem Richter mit dem Tuch, welches ein Toter bei sich hatte, das Gesicht abwischt. Bei Zigeunern, die einen Mord begangen haben, findet man mitunter, daß sie ihre Füße mit dem Blute des Getöteten bestreichen in dem Glauben, dadurch vor Entdeckung geschützt zu sein. Nach einem anderen zigeunerischen Verbrecheraberglauben bleibt ein Täter unentdeckt, wenn er das Hemd, das er zur Tatzeit getragen hat, durch ein Jahr hindurch nicht ablegt. Allerdings ist der Fund eines solchen langgetragenen Hemdes für sich allein nicht beweiskräftig, da die von Zigeunern g etra genen Hemden meistens den Eindruck erwecken, als ob sie schon ein Jahr lang nicht gewechselt worden wären.

Von Gegenständen, die verdächtige Leute aus Aberglauben mit sich führen, sind noch die sog. Segen, d. s. geschriebene oder gedruckte Zaubersprüche oder Gebete, zu nennen; sie machen den Träger besonders verdächtig, wenn sie ihrem Inhalte nach auf unerlaubtes Treiben hinweisen. Aus der Kenntnis der deutschen Mythologie wissen wir, daß einst solche Segen sehr verbreitet gewesen sind. Sie werden schon in den Odin zugeschriebenen Runenliedern erwähnt, in Hawamal begegnen wir ihnen, doch im Laufe der Jahrhunderte wurden die meisten vergessen. Aber nicht alle gingen verloren und manche Sprüche, wie der erste Merse-

---

[1]) Möglicherweise ist diese Bezeichnung eine volksetymologische Umdeutung von Mandragora.

[2]) Vgl. *Hellwig*, Eigenartige Verbrechertalismane, Archiv 25 S. 76.

burger Heilspruch oder der im Runatal und Grogaldrmal erwähnte Segen, welche dazu bestimmt sind, Hafte und Fesseln zu lösen und zu brechen, leben trotz ihres hohen Alters auch heute noch im Brauchtum von Leuten, die Gefängnis und Bande zu fürchten haben. Solche Fesselsegen hat *H. Groß* zweimal gefunden, einmal bei einem Zigeunermischling und einmal bei einem elegant aussehenden Falschspieler. Man glaube nicht, daß solche Segen nicht mehr vorkommen, weil man sie nicht findet; man findet sie nur nicht, weil man sie nicht sucht. Freilich liegen sie nicht nett und sorgsam zusammengefaltet im Portefeuille des Gauners, sondern zerknittert und beschmutzt in irgendeiner verborgenen Tasche oder irgendwo im Saum oder Überschlag eingenäht und es ist nicht leicht, sie zu entdecken, und noch mehr Mühe macht es, solch ein kaum leserliches, unappetitliches und scheinbar belangloses Papier zu entfalten und zu entziffern. Mitunter werden solche Segen auch bei der gestohlenen Sache bewahrt, um sie vor behördlicher Entdeckung zu schützen. Der Fund eines solchen Papieres ist für den Kriminalisten ein sicheres Indiz dafür, daß sein Besitzer ein asozialer Mensch ist oder daß es sich um gestohlenes Gut handelt.

Ein solcher alter Diebssegen, der in den verschiedensten Gauen Deutschlands in mannigfachen Varianten vorkommt und die Kraft haben soll, vor Gericht trotz bestehender Schuld einen Freispruch zu erwirken, lautet:

Ich trete vor des Richters Haus
Da schauen drei tote Männer heraus,
Der erste hat keinen Kopf,
Der zweite hat keine Lung,
Der dritte hat keine Zung,
Helf Gott, daß alle meine Feinde verstummen —
Im Namen Gott des Vaters,
Des Sohnes und des Heiligen Geistes[1]).

Kriminalistisch bedeutsam sind mitunter auch die sog. **Stocksegen**, von denen es viele Arten gibt. Es sind dies Sprüche, die gesprochen werden, wenn — meist von der überhaupt als zauberkräftig

[1]) Vgl. die früheren Auflagen dieses Handbuches, in denen die verschiedenen Fassungen wiedergegeben sind, von denen eine (wie *H. Groß* aktenmäßig feststellen konnte) im Sommer 1894 in Wien auf dem Reste einer gestohlenen Geldsumme im Hause des Diebes gefunden wurde. In einem Zauberbuch, das 1899 im Besitze eines wegen Amtsverbrechens in Untersuchung gezogenen Steuerbeamten gefunden wurde, sind zwei andere Fassungen dieses Segens enthalten. Weitere Fassungen sind erwähnt bei: *Frank-Roscher-Schmidt*, Pitaval der Gegenwart, Leipzig 1904 bis 1914, Band 6; *Wolf*, Beiträge zur Deutschen Mythologie, Göttingen-Leipzig 1852—1857; *J. A. E. Köhler*, Volksbrauch, Aberglauben, Sagen und andere alte Überlieferungen im Voigtlande, Leipzig 1867. Ein gleichartiges „Richtergebet" hatte eine Angeklagte, die sich 1908 vor dem Schwurgericht wegen Mordes zu verantworten hatte, von ihrer Kartenschlägerin erhalten (*Hellwig*, Prozeßtalismane, Globus, 95. Band S. 21). Die Herkunft des Spruches ist nicht geklärt, möglicherweise geht der Text auf das uralte „Promanusbüchlein" und die „Ausfahrtssetzungen" des 12. Jahrhunderts zurück. Die Anfangsworte erinnern an manche alte Kinderlieder. Vgl. auch Artikel „Gerichtssegen" im Hdw. d. dt. Aberglaubens.

geltenden Haselstaude — ein Stock geschnitten wird. Je nach dem Zweck, den der Stock haben soll, sind auch die dabei einzuhaltenden Förmlichkeiten und der Spruch verschieden, z. B. zur Erleichterung des Wanderns oder als Abwehrmittel gegen Räuber oder Schlangen; von kriminalistischem Interesse ist hiebei der Zweck, durch den Zauberspruch mit dem Stock einen Abwesenden prügeln zu können. Dies wird in der Weise geübt, daß man einer Türschwelle im eigenen Hause durch geeigneten Zauberspruch die Rolle des zu Prügelnden zuteilt und dann mit dem Stock auf die Türschwelle losschlägt — zu gleicher Zeit verspürt der Betreffende die Schläge, wo immer er sei! Der Name des zu Prügelnden muß aber in den besprochenen Segen schon beim Abschneiden des Stockes eingeflochten werden. Die Auffindung eines solchen Stocksegens erlangte einmal als Indiz in einem Giftmordprozeß besondere Bedeutung:

Eine Frau war, unter dem Verdacht, einen Giftmordversuch gegen einen Mann begangen zu haben, in Haft. Wiewohl zahlreiche belastende Umstände vorlagen, leugnete die Beschuldigte hartnäckig und die Untersuchung war bereits nahe daran, eingestellt zu werden, weil kein Beweis für ein verständliches Motiv vorlag. Alle Erhebungen, ob die Beschuldigte mit dem Mann, an dem der Mordversuch begangen worden war, etwa in Feindschaft lebte oder Grund zu Rache oder Haß gegen ihn hatte, waren negativ verlaufen. Als die Enthaftung der Beschuldigten unmittelbar bevorstand, fiel es dem U. ein, nochmals eine Hausdurchsuchung bei ihr vorzunehmen und hiebei fand er — in einem Gebetbuch liegend! — einen alten, gebräunten Zettel, auf welchen ein Stocksegen geschrieben war. Darin war der zu Prügelnde durch die Anfangsbuchstaben des Namens und Wohnortes des Opfers des Giftmordversuches angeführt und der Zauber ausgesprochen, daß er in Abwesenheit geprügelt werden könne, „weil er eine andere liebe, als es recht sei" (worunter die Beschuldigte wohl verstand: eine andere als sie selbst). Nun war das verständliche Motiv erwiesen und unter dem Eindruck dieser Aufdeckung gestand die Beschuldigte auch alsbald die Tat ein.

Schließlich können auch Dinge, die dem Träger nicht Glück oder Vorteile, sondern angeblich Unglück bringen, für die Aufklärung eines Tatverdachtes von Bedeutung sein. So wurde einmal ein armes Mädchen verhaftet, als sie einen wertvollen Opalring verkaufen wollte; sie behauptete, eine „elegante Unbekannte" habe ihr den Ring auf der Straße geschenkt. Dies klang selbstverständlich nach der primitiven und stets wiederkehrenden Ausrede von dem großen Unbekannten und niemand glaubte ihr diese Geschichte. Dann fiel dem U. ein, daß der Opal als „Unglücksstein" gelte. Durch die weiteren Nachforschungen stellte sich heraus, daß tatsächlich eine reiche, jedoch abergläubische Dame den Opalring geerbt hatte. Nach dem Volksglauben bringt aber Opal Unglück, vor dem man sich nur dadurch retten kann, daß man den Unglücksstein (und damit auch das Unglück) dem Erstbegegnenden schenkt. Das hatte die Dame auch getan und damit dem Mädchen tatsächlich Haft und somit Unglück gebracht.

4. Aberglaube beim Schwören.

Ein Aberglaube, der von besonders kriminalistischer Bedeutung ist, besteht in dem Glauben, daß man durch Anwendung bestimmter Zaubermittel oder Einhaltung gewisser Formen straflos vor Gericht einen Meineid schwören könne. Infolge dieser angenehmen Aussicht hat sich besonders in der Landbevölkerung der Glaube an solche Meineidszauber bis heute erhalten und ist weit verbreitet. So kann man z. B. ungestört falsch schwören, wenn man die Augen eines Wiedehopfes bei sich trägt. Besonders wichtig sind aber die Meineidszeremonien, die in einer bestimmten Haltung oder Bewegung der Hände bestehen. Um einen „kalten Eid" (d. h. einen ungültigen Meineid) zu schwören, genügt es nach manchem Glauben, daß man die linke Hand in die Seite stemmt oder mit der linken Hand die Faust macht oder in der linken Hand ebenfalls die drei Schwurfinger ausstreckt und dabei die Hand nach abwärts hält, wodurch gewissermaßen der Eid in die Erde „abgeleitet" wird (ähnlich, wie ein Blitzableiter wirkt). Vielfach wird der Eid für ungültig gehalten, wenn man die Schwurhand mit der Innenfläche dem Richter zuhält. Juden, die auf die Thora schwören, glauben den Meineidsfolgen zu entgehen, wenn sie dabei den Daumen einbiegen. Andere derartige Zeremonien sind: man spuckt vor und nach dem Schwören aus; man legt ein Goldstück unter die Zunge; man dreht während des Schwörens einen Hosenknopf ab; man zieht das Hemd verkehrt an; man hat Mistelblätter im Stiefel unter der Fußsohle; man trägt eine geweihte Hostie bei sich usw.[1])

Es ist daher Aufgabe jedes U. sowie jedes Richters, der Eide abzunehmen hat, sich darüber zu unterrichten, welche Meineidszeremonien in der betreffenden Gegend gebräuchlich sind, und bei Abnahme des Schwures genau zu achten, ob eines dieser Mittel angewendet wird. Besonders wichtig ist es natürlich, auch darauf zu sehen, daß der Schwörende die Eidesformel richtig nachspricht, denn manche Leute glauben, auch dadurch ungestraft falsch schwören zu können, wenn sie kleine Veränderungen im Wortlaut der Schwurformel vornehmen[2]).

In der Niederlausitz, aber auch in den Alpenländern und anderen Gegenden ist es alter Gerichtsgebrauch, die Fenster zu öffnen, wenn ein Bauer schwört. Dadurch soll er von einem Meineid abgehalten werden. Denn nach dem Volksglauben wird die Seele des Meineidigen sofort vom Teufel geholt, der sich aber bei geschlossenem Fenster davon abhalten lassen könnte[3]). Durch das Öffnen der Fenster wird somit dem Teufel das Enteilen mit der Seele des Meineidigen erleichtert und der Bauer an diese Folge eines allfälligen falschen Schwörens anschaulich erinnert.

Harmlos hingegen ist mancher andere Aberglaube hinsichtlich des Schwörens, den zu kennen aber auch mitunter wichtig ist. So wird von schwangeren Frauen vielfach geglaubt, daß sie in ihrem Zustande nicht

[1]) Vgl. auch *Hellwig*, Mystische Meineidszeremonien, Archiv für Religionswissenschaften 12 S. 46.

[2]) Z. B. indem man statt „nichts als die Wahrheit" sagt „nicht die Wahrheit" und dergleichen.

[3]) Dabei bestehen örtliche Verschiedenheiten dieses Aberglaubens: man glaubt entweder, daß der Teufel zwar stets durch den Schornstein herein, aber am besten nur durch das Fenster hinaus könne; oder man meint, daß durch das Öffnen der Fenster dem Teufel auch das Hereinkommen erleichtert werde.

schwören sollen, weil dies dem werdenden Kinde schade. Infolge dieses Aberglaubens kann eine Zeugin, die — ohne den Grund angeben zu wollen — sich der Eidesablegung zu entziehen sucht, fälschlich für unglaubwürdig gehalten werden.

5. Das Wahrsagen.

a) Allgemeines.

Die Sehnsucht vieler Menschen, einen Blick in die Zukunft tun zu können, ist uralt und hat den Menschen der uns bekannten ältesten Kulturepochen in besonderem Maße beherrscht. Da die kausalen Zusammenhänge des Naturgeschehens, deren Erforschung durch die exakten Naturwissenschaften uns heute weitgehendst Voraussagen bestimmter Abläufe (z. B. physikalischer Vorgänge) ermöglicht, damals nicht bekannt waren, bestand für den Menschen der Antike kein grundsätzlicher erkenntnistheoretischer Unterschied zwischen der „Prophezeihung" einer Mondfinsternis aus dem Sternenlauf oder etwa eines bevorstehenden Krieges aus dem Vogelflug. So kam es, daß die Wahrsagekunst des altbabylonischen Kulturkreises (insbesondere der Chaldäer), die zu besonders hoher Blüte gelangte, und dann später die der Ägypter und Griechen ebenso für „Wissenschaft" galt und gelten mußte wie die damalige naturwissenschaftliche Forschung, mit der sie untrennbar verwoben war. Die Verschmelzung von Astrologie und Astronomie in diesen Kulturkreisen ist hierfür ein beredtes Beispiel. Unterstützt wurde dies durch die religiösen Vorstellungen, die in allen Naturvorgängen das Walten von Gottheiten und Dämonen sahen.

Erst seit der Entwicklung der exakten Naturwissenschaften hat es daher einen Sinn, Voraussagen auf Grund empirisch erforschter Kausalzusammenhänge zu trennen von Voraussagen, die einer solchen Grundlage entbehren. Und erst dadurch konnte sich der Begriff des „Wahrsagens" in dem uns heute geläufigen Sinne entwickeln. Darunter versteht man eben keineswegs das „wahre" Voraussagen auf Grund wissenschaftlicher Erkenntnisse (z. B. des Ablaufes eines physikalischen Experimentes), sondern im Gegenteil: Wahrsagen ist das Voraussagen von Künftigem auf Grund behaupteter übernatürlicher Zusammenhänge mit erkennbarem Gegenwärtigem[1]).

Kriminalistisch ist das Wahrsagen von Bedeutung, soweit es dem Aberglauben zuzuschreiben ist und schutzwürdige Interessen der Gemeinschaft verletzt. Das ist der Fall, wenn die Dummheit und Neugierde

[1]) *Streicher*, Das Wahrsagen, Wien 1926, gibt mit eingehender Begründung eine viel kompliziertere Definition, zumal er auch die Ermittlung von Vergangenem und Gegenwärtigem in den Wahrsagebegriff mit einbezieht. Doch rechnen wir üblicherweise okkulte Ermittlungen dieser Art zum Begriff des Hellsehens, wenngleich zugegeben ist, daß manche Wahrsagemethoden Ähnlichkeiten und fließende Übergänge mit manchen Methoden des Hellsehens aufweisen. — Durch die Behauptung eines Zusammenhanges mit Gegenwärtigem (man wahrsagt „aus" den Sternen, den Handlinien, den Karten usw.) unterscheidet sich das Wahrsagen von der reinen Prophetie, die auf solche Hilfsmittel verzichtet.

der Menschen zu mühelosem und daher asozialem Gelderwerb ausgenützt werden, wenn das Wahrsagerunwesen den Hang zum Mystizismus im Volke zu gefährlichen Formen steigert, wenn der Inhalt der Weissagungen und der sich darauf gründenden „Ratschläge" die Volksgesundheit, das Wirtschaftsleben oder die seelische Haltung des Volkes gefährdet und wenn die intensive Beschäftigung mit Wahrsagemethoden Menschen so sehr gefangen zu nehmen droht, daß sie dadurch von fruchtbringender Arbeit abgehalten werden. Der Wahrsager, der — ohne selbst an den Wert seiner Angaben zu glauben — dafür ein Entgelt nimmt, ist ein Betrüger. Da sich aber die Voraussetzungen des strafrechtlichen Betrugstatbestandes in vielen Fällen nur schwer nachweisen lassen[1]), weil sich die Wahrsager regelmäßig auf ihren guten Glauben berufen, hat man wiederholt und mit Recht vorgeschlagen, das Wahrsagen an sich zu verbieten und unter Strafe zu stellen. Dies ist auch in Deutschland durch entsprechende Polizeiverbote geschehen[2]).

Die besondere Zähigkeit, mit der sich die Wahrsagerei in den verschiedenen Zeiten trotz allen Fortschrittes und aller Aufklärung erhält, erklärt sich aus der Psychologie des Wahrsageglaubens. Viele Menschen haben eine eingewurzelte Neigung, sich gedanklich mit ihrem künftigen Lebensschicksal zu beschäftigen, woraus das Streben erwächst, den Schleier des Unbekannten und Unerkennbaren zu lüften. Bald tritt dieses Streben mehr in spielerischer, scherzhafter Art auf, wie etwa beim Bleigießen in der Silvesternacht, ohne daß hiebei eine ernsthafte Überzeugung von der Gültigkeit der übermittelten Zukunftsurteile besteht; bald handelt es sich um eine affektbetonte Neugierde, die in dem

---

[1]) Vgl. hiezu *Streicher*, a. a. O. S. 126 ff.; *Hellwig*, Todesprophezeihungen und Bosheitszauber, Deutsche Justiz 1937 S. 1494ff.

[2]) Die Zulässigkeit solcher Polizeiverbote wurde in Deutschland schon durch eine Entscheidung des Oberverwaltungsgerichtes vom 8. 10. 1914 anerkannt. Der Berliner Polizeipräsident hat durch VO. vom 13. 8. 1934 das entgeltliche Wahrsagen, die öffentliche Ankündigung des Wahrsagens, sowie den Handel mit Druckschriften über Wahrsagen verboten. Ähnliche Polizeiverordnungen folgten in verschiedenen Bezirken Preußens. In den Polizeistrafgesetzbüchern von Bayern, Baden und Hessen bestehen schon seit längerer Zeit Strafbestimmungen gegen Gaukelei, die auch gegen Wahrsager anwendbar sind. Ein strafrechtliches Einschreiten ist in Deutschland, abgesehen von den als Betrug strafbaren Fällen, allenfalls auch nach § 360 Ziff. 11 RStGB. (wegen groben Unfuges) möglich. In Einzelfällen können — je nach dem Inhalt des Wahrsagens — auch noch andere schwere Tatbestände in Betracht kommen (so verurteilte 1943 das Oberlandesgericht Kassel zwei Kartenlegerinnen, die über das Schicksal eingerückter Soldaten Wahrsagungen machten, wegen Zersetzung der Wehrkraft als Volksschädlinge zu Zuchthausstrafen von drei bzw. zwei Jahren und Aberkennung der bürgerlichen Ehrenrechte). Während des ersten Weltkrieges hatten die stellvertretenden Generalkommandos (auf Grund des Gesetzes über den Belagerungszustand von 1851) das Wahrsagen und das Anpreisen des Wahrsagens verboten und mit Gefängnis bis zu einem Jahr bedroht. Nach Erlöschen dieser Strafbestimmungen mit Kriegsende blühte das Wahrsagerunwesen in verstärktem Maße auf. Eine von der Berliner Frauenkonferenz 1920 an den Reichstag gerichteten Eingabe um Aufnahme einer entsprechenden Strafbestimmung in das künftige Strafgesetzbuch blieb ohne Erfolg. Solche Strafbestimmungen finden sich in den Strafgesetzen von Frankreich, Belgien, Spanien, Dänemark, Schweden, Finnland, Ungarn und einigen anderen Staaten.

(scheinbaren) Wissen um das Künftige ihre lustbetonte Befriedigung findet, bald wiederum liegen dem Streben rationale, praktische Erwägungen zugrunde, wenn nämlich die Entscheidung über ein praktisches Handeln von dem Inhalt einer Wahrsagung abhängig gemacht werden soll. Ein solcher Verwendungszweck setzt naturgemäß eine feste Überzeugung von Wahrheitswert der Voraussagen voraus. Allen diesen verschiedenen Einstellungen gemeinsam ist aber eine affektive Erregung, die den Menschen befällt, wenn ihm ein Blick in seine Zukunft ermöglicht werden soll und vor dem sich selbst derjenige nicht ganz bewahren kann, der an den Wahrheitswert der Voraussage nicht glaubt. Diesen Affektzustand kann man geradezu experimentell herbeiführen, wenn man in einer Gesellschaft den Vorschlag macht, daß ein Teilnehmer (der sich angeblich darauf versteht) Karten legen oder Handlinien deuten möge: sofort entsteht eine eigenartige Stimmung, die sich in einem freudigen Gesichtsausdruck der Teilnehmer, oft stürmischen Zustimmungsäußerungen, Lachen, Ausdruck der Spannung und Erwartung äußert und innerlich von einem Gemisch von Lust- und Unlustgefühlen (des „Gruselns", des Gefühles des Unheimlichen) begleitet ist. Diese eigenartige Affektlage führt zu einer wesentlichen Einengung der Urteilskritik und ist daher eine wichtige Teilbedingung der Wahrsagererfolge. So wird es psychologisch verständlich, daß selbst intellektuell hochstehende Menschen in solchen Situationen alle negativen Momente übersehen, die positiven Zufallstreffer weitaus überschätzen und durch eigene Äußerungen, ohne dies selbst zu ahnen, dem Wahrsager das Material für seine weiteren Prophezeihungen liefern. Und infolge dieses Affektzustandes und der mitlaufenden Erwartungssuggestion sind sie auch nachträglich nicht imstande, einen auch nur halbwegs verläßlichen Bericht über den Verlauf des Wahrsageaktes — insbesondere des Frage- und Antwortspieles — zu geben[1]).

Diese Erscheinungen des Wahrsageglaubens sind nicht bloß für das Erleben des Einzelnen, sondern auch für die Psychologie der Masse bedeutsam. Geistige Zeitströmungen und die affektive Stimmung der Bevölkerung sind auch auf den Wahrsageglauben von Einfluß. So entspricht es einer alten Erfahrung, daß in Kriegszeiten die Neigung zum Aberglauben überhaupt und besonders auch zur Zukunftsermittlung mittels Wahrsagemethoden zunimmt. Die meisten Soldaten halten irgendeinen Gegenstand, den sie bei sich haben, als Talisman in Ehren[2]) und in der Bevölkerung wird über die Gestaltung der militärischen Ereignisse und

[1]) Es machen sich somit bei solchen Berichten alle jene Fehlerquellen besonders stark geltend, die wir beim Zustandekommen gutgläubiger Aussagen bereits in anderem Zusammenhang gewürdigt haben (1. Band S. 75ff., insb. 87f. und 119ff.).

[2]) Z. B. einen von der Mutter oder der Braut geschenkten Ring, eine Halskette, Haarlocke usw., oder auch sog. Himmelsbriefe, die direkt aus dem Himmel stammen sollen und ein Gemisch dümmsten Aberglaubens mit religiösen Vorstellungen enthalten (vgl. *Hellwig*, Himmelsbriefe im Weltkriege, MschrKr. 12 S. 141). Vgl. auch *Peukert*, Art. „Weltkriegs-Weissagung" im Hw. d. d. Aberglaubens, IX Sp. 472ff.

das mögliche Kriegsende in mannigfacher Form orakelt. Dabei haben wertbetonte Prophezeihungen die Eigenschaft, sich blitzschnell zu verbreiten, und ohne jede kritische Prüfung der Grundlage fest geglaubt zu werden[1]. Dies ist um so mehr Grund, die Ausnützung dieser gesteigerten Glaubensbereitschaft durch gewerbsmäßiges Wahrsagen und das Wahrsagen überhaupt im Kriege zu verbieten.

Die Wahrsagerei bedient sich verschiedener Methoden, durch die angeblich die Zukunft ermittelt zu werden vermag. Zum Teil werden dieselben Methoden auch zur Charakterdeutung, zur Beantwortung bestimmter Fragen über unbekannte Tatsachen der Gegenwart oder Vergangenheit (z. B. ob ein Vermißter gestorben sei oder noch lebe) und für die Diagnose und Behandlung von Krankheiten verwendet, wodurch die Wahrsagemethoden Berührungspunkte mit dem bereits erwähnten Hellsehen[2] und dem schon behandelten medizinischen Aberglauben[3] aufweisen. Für den Kriminalisten ist es wichtig, diese Methoden soweit zu kennen, daß er die allfällige Behauptung des guten Glaubens überprüfen kann; denn nur zu oft hüllt sich der gewerbsmäßige Wahrsager in ein scheinwissenschaftliches Mäntelchen, das für einen Unerfahrenen nicht leicht zu durchschauen ist. Hingegen ist es bei Kenntnis der betreffenden Wahrsagetechnik oft möglich, ihre nur gut getarnten Unsinnigkeiten aufzuzeigen und die Behauptung des guten Glaubens des Wahrsagers zu widerlegen.

b) Die Astrologie und das Stellen von Horoskopen.

Die Astrologie ist die Königin unter den Wahrsagekünsten. Diese Vorrangstellung erklärt sich einerseits aus ihrer Geschichte und andererseits aus dem Umstand, daß für die Möglichkeit einer astrologischen Deutung Argumente beigebracht zu werden pflegen, die auch manchem gebildeten Laien plausibel erscheinen.

In der Tat: kaum irgendeine echte Wissenschaft kann auf eine solche stolze, mehrere Jahrtausende umfassende Geschichte zurück-

[1] Vgl. *Hellwig*, Weltkrieg und Aberglaube. Erlebtes und Belauschtes, Leipzig 1916. So tauchte z. B. in den ersten Monaten des Jahres 1915 in den verschiedensten Teilen Deutschlands die Erzählung auf, eine Frau habe den Beginn des Weltkrieges für den 2. August 1914 vorausgesagt; als diese Prophezeihung eintrat, habe sie auf die Frage, wie lange nun der Krieg dauern werde, geantwortet: bis 27. April 1915, aber sie werde das Kriegsende nicht mehr erleben, da sie bereits am 10. Jänner 1915 sterben werde; tatsächlich sei sie auch am 10. Jänner gestorben. Diese Erzählung (die in verschiedenen Varianten bezüglich der beiden Zeitpunkte des Todes und des Kriegsendes verbreitet wurde) hatte zur Folge, daß man in weiten Kreisen der Bevölkerung sicher damit rechnete, daß der Krieg im Frühjahr 1915 beendet sein werde. Für solche Wahrsagemärchen ist es charakteristisch, daß sie zunächst auf angebliche tatsächliche Erfolge (zwei richtige Prophezeihungen!) hinweisen, wodurch auch zunächst kritisch eingestellte Leute geneigt werden, der Erzählung zu glauben. Die Kritik geht aber meistens nicht so weit, um auch die Tatsächlichkeit dieser angeblichen Erfolge zu überprüfen. Diese sind meist frei erfunden, so daß alle Versuche eines exakten Nachweises fehlschlagen (vgl. *Helm*, Hessische Blätter für Volkskunde 13 S. 196 und *Hellwig*, Wann wird Frieden sein?, Gartenlaube 1915).

[2] Über dieses siehe unten S. 193 ff.

[3] Oben S. 132 ff.

blicken wie die Astrologie. Die astrologische Literatur hatte schon im Altertum[1]), beginnend von den altbabylonischen Keilschriftwerken bis zu den griechischen und römischen astrologischen Lehrbüchern und Systemen einen ungeheueren, kaum übersehbaren Umfang erreicht[2]). Daß die mit der antiken Kultur versunkene Astrologie im Mittelalter im arabischen Kulturkreis[3]) und vom 15. bis zum 17. Jahrhundert in Europa[4]) eine Auferstehung und neue Blütezeit erlebte, gibt ihrer Ge-

[1]) Vgl. den allgemein orientierenden Aufsatz von *Gundel*, Die Quellen der Astrologie, in: Welt und Mensch, Nr. XI/XII, Beilage zur Monatsschrift „Die Sterne", 6. Jg. Eine umfassende Darstellung der Geschichte der Astrologie verdanken wir *Kiesewetter*, Geschichte des Okkultismus, 2. Teil: Die Geheimwissenschaften, Leipzig 1895. Zusammenfassende Darstellungen geben *Lehmann* a. a. O. und das besonders instruktive Werk *Bezold-Boll-Gundel*, Sternglaube und Sterndeutung, die Geschichte und das Wesen der Astrologie, 3. Auflage, Leipzig 1926.

[2]) Aus der babylonischen Zeit ist die Bibliothek des Königs *Assurbanipal* (668 bis 626 v. d. Zw.) erhalten, unter deren 25000 Keilschrifttexten zahlreiche astrologischen Inhalts sind. Sie gehen offenbar auf ein (nicht erhaltenes) großes Werk eines unbekannten Verfassers zurück, das nach seinen Anfangsworten den Titel *Als Anu-Enlil* führt. Aus der altägyptischen Zeit sind zwar keine astrologischen Werke, wohl aber Pyramidentexte und Sargdeckelinschriften aus dem dritten Jahrtausend v. d. Zw. mit astrologischen Hinweisen erhalten. Die Griechen haben sich erst in der hellenistischen Zeit intensiv mit der Astrologie beschäftigt und dabei sowohl babylonische wie ägyptische Lehren übernommen. Als Grundwerk der hellenistischen und neuägyptischen Astrologie gilt ein Werk, das als Verfasser den ägyptischen König *Nechepso* (7. Jahrh. v. d. Zw.) und einen Priester *Petosiris* nennt, selbst aber in griechischer Sprache geschrieben ist und vor dem Jahre 150 v. d. Zw. entstanden sein muß. Von da an wächst die astrologische Literatur des Altertums außerordentlich an und gipfelt in dem berühmten „Werk in vier Büchern" (Tetrabiblos) des alexandrinischen Astronomen *Claudius Ptolemaeus* (2. Jahrh. n. d. Zw.), das für Jahrhunderte zur Astrologenbibel wurde und noch bis in die Gegenwart nachwirkt.

[3]) Als größte Astrologen dieser Zeit galten die Mohammedaner *Al-Kindi* und dessen Schüler *Abu Ma'schar* (805—874 n. d. Zw.), an dessen Werk sich eine große Literatur — auch im christlichen Mittelalter — anschloß. Die arabische Astronomie unterstrich besonders die Bedeutung der Planetenkonjunktion, d. i. die Vereinigung mehrerer Planeten in demselben Sternbild.

[4]) Am Beginn dieser Epoche wirkte in Frankfurt der aus Königsberg stammende Astronom *Johann Müller*, genannt *Regiomontanus* (1436—1476), der als Vater der deutschen Astronomie gilt und in seinen astrologischen Werken erstmals seit Ptolemaeus selbständige Wege ging. Er erfand eine neue trigonometrische Berechnung der „Spitzen" der 12 Horoskophäuser (siehe darüber unten im Text), um deren Verbesserung und Ausgestaltung sich die Astrologen bis heute bemühen. Daneben gab es auch schon damals scharfe Gegner der Astrologie, die das Unsinnige und Abergläubische ihrer Lehre erkannten (z. B. Graf *Piko della Mirandola*, gest. 1494), die aber gegen den allgemeinen „furor astrologicus" nicht aufkommen konnten. Von späteren großen Gelehrten waren *Kopernikus*, *Tycho Brahe*, *Galilei* und *Kepler* praktische Astrologen; dieser hat zwar gegen manche traditionelle Lehre der Astrologie, die er als willkürliche Aufstellung erkannte (z. B. die Bedeutung der 12 „Häuser") scharf Stellung genommen und die Astrologie einmal als „närrisches Töchterlein der Astronomie" bezeichnet, aber an der grundsätzlichen Wertschätzung der „wahren Astrologie" festgehalten. In seinem zweiten für Wallenstein erstellten Horoskop hat *Kepler* die Beantwortung bestimmter Schicksalsfragen nach den üblichen Regeln der Astrologie mit folgenden Worten abgelehnt: „Wenn ich aber auf solche Regeln nach philosophischer Prüfung gar nichts halte: so frag ich, ob dann an mich begehret werde, daß ich mich nichtsdestoweniger als einen Komödianten, Spieler oder sonst einen Platzspieler solle brauchen lassen? Es sind der jungen Astrologen viel, die Lust und Glauben zu einem solchen Spiel haben; wer gern mit

schichte einen eigenartigen Reiz. Könige, Fürsten, zahlreiche Gelehrte und selbst einige Päpste huldigten ihr. An den Universitäten wurden Lehrstühle für Astrologie errichtet und zum guten Ton der Fürstenhäuser gehörte die Haltung eines Hofastrologen[1]). Es ist daher nicht zu verwundern, daß auch in der Gegenwart unentwegt Verfechter astrologischer Wahrsagekunst sich auf eine beliebige Menge großer Männer der verschiedensten Zeiten und Kulturepochen als „Gewährsmänner" berufen können. Für denjenigen, der nicht blindem Autoritätsglauben huldigt, wird aber hiedurch der angebliche Wahrheitswert der Astrologie nicht größer.

Im 20. Jahrhundert hat die Welle des Mystizismus, die besonders nach dem ersten Weltkrieg einsetzte, auch zu einer Wiederbelebung der Astrologie geführt. Es erschienen dickleibige astrologische Lehrbücher, die den astrologischen Aberglauben verschiedener Jahrtausende und Jahrhunderte kritiklos übernahmen, durcheinandermengten und dem geistigen Geschmack der Gegenwart anzupassen suchten; astrologische Zeitschriften wurden gegründet und 1926 suchte man eine „Deutsche Kulturgemeinschaft zur Pflege der Astrologie" ins Leben zu rufen. Neben diesen „ernsthaften" Bestrebungen wurde der Büchermarkt mit einer Flut von Produkten der Schundliteratur über Sterndeutung und Horoskopstellerei überschwemmt. Dementsprechend gliedert sich auch die astrologische Praxis: nur ein verschwindend kleiner Teil ihrer Anhänger stellt Horoskope nach den Lehren der „wissenschaftlichen Astrologie", wie die Betreffenden ihre Sterndeutekunst gerne nennen. Die meisten Horoskopsteller betreiben dieses Geschäft nach der viel einfacheren Methode der Vulgärastrologie; sie können sich auch für diese „Kunst" auf literarische Erzeugnisse minderer Art berufen, die entsprechende Anleitungen enthalten[2]). Eine dritte Gruppe von Leuten, die aus der Astrologie Kapital zu schlagen suchen, verzichtet schließlich selbst auf den Schein einer individuellen Horoskoperstellung oder quellenmäßiger Belegung ihrer Deutungen, wodurch der Mangel des guten Glaubens an die eigene Kunst offenkundig wird.

Für die kriminalistische Beurteilung des Einzelfalles und Einreihung eines Beschuldigten in eine dieser Gruppen ist es erforderlich, die Arbeitsweise des Horoskopstellers genau zu prüfen. Dies setzt aber die Kenntnis

sehenden Augen will betrogen werden, der mag ihrer Mühe und Kurzweil sich betragen." (Textwiedergabe nach *Strauß*, Die Astrologie des Johannes Kepler, München 1926.)

[1]) Vgl. *Braunsperger*, Beiträge zur Geschichte der Astrologie der Blütezeit, Münchener Dissertation 1928.

[2]) Hieher gehört z. B. auch *Geßmann*, Katechismus der Sterndeutekunst, Berlin 1896, der damit selbst nur „einen unschuldigen und angenehmen Zeitvertreib für müßige Stunden" liefern wollte. Hingegen gehören bereits zur Schundliteratur die zahlreichen, meist unter einem Pseudonym erschienenen Bücher, die schon durch geschmacklose mystische Titelblattzeichnungen auffallen und oft im Besitz von gewerbsmäßigen Horoskopstellern gefunden werden. So schöpfte z. B. in einem 1923 vom Kriminologischen Institut der Universität Graz begutachtete Fall die Beschuldigte ihr astrologisches Wissen aus zwei Büchern von „Pater Salvadri" und „Adolar de Alpha".

der astrologischen Lehre und Technik voraus[1]), die darum in ihren wesentlichen Grundzügen dargestellt sei. Denn nur wer von einer Sache wirklich etwas versteht, ist vor dem Vorwurf geschützt, über Dinge zu urteilen, die er nicht kennt[2]).

A. Die Methode der sog. höheren Astrologie. Die astrologische Lehre geht heute wie im Altertum vom geozentrischen Weltbild[3]) aus, nach welchem sich die Erde im Mittelpunkt der Welt befindet und um sie Sonne, Planeten und Sterne kreisen. Daher gilt auch die Sonne als Planet, so daß man — nach den aus den verschiedenen Umlaufzeiten vermuteten verschiedenen Entfernungen von der Erde — sieben Planetensphären[4]) unterschied, die man sich als konzentrische Kugeloberflächen (über der Erde als Mittelpunkt) vorstellte:

1. Sphäre des Mondes	☽	(Umlaufszeit	rund	$27^1/_3$ Tage)
2. Sphäre des Merkur	☿	,,	,,	88 ,,
3. Sphäre der Venus	♀	,,	,,	225 ,,
4. Sphäre der Sonne	☉	,,	,,	365 ,,
5. Sphäre des Mars	♂	,,	,,	687 ,,
6. Sphäre des Jupiter	♃	,,	,,	12 Jahre
7. Sphäre des Saturn	♄	,,	,,	$29\frac{1}{2}$ Jahre.

Darüber wölbt sich als 8. Sphäre der Fixsternhimmel. In diesem fiel seit altersher jener Kranz von Sternbildern auf, durch die hindurch die Sonne im Laufe eines Jahres (und die übrigen Planeten in entsprechend kürzeren oder längeren Zeiten) ihren Weg nehmen. Schon die alten Babyloner unterschieden in diesem Kreise von Fixsternen 11 Gruppen (Sternbilder), die man größtenteils als tierische Gottheiten auffaßte (Widder, Stier usw.), weshalb man diesen Sternenkranz auch als Tierkreis (Zodiacus, Zodiakalkreis) bezeichnet; später hat sich hiefür auch der Ausdruck Ekliptik eingebürgert. Die Ebene dieser Ekliptik ist zum Äquator in einem Winkel von $23^0\ 27'$ geneigt. Die Astrologen lassen das Jahr zur Frühjahrstagundnachtgleiche, also am 21. März, beginnen;

[1]) Objektiv kritische Darstellungen enthalten: *Boll-Bezold-Gundel* a. a. O.; *Henseling,* Werden und Wesen der Astrologie, Stuttgart 1924; *derselbe,* Umstrittenes Weltbild, Leipzig 1939; sowie die (sehr ausführlichen) Artikel von *Stegemann,* ,,Horoskop", ,,Planeten", ,,Sternbilder" und ,,Sterndeutungen" im Hdw. d. dt. Aberglaubens, Band 4, 7, 9 (Nachträge).

[2]) Mit diesem an sich richtigen Einwand pflegen gerade die Anhänger der Astrologie jeder Pauschalablehnung den Boden zu entziehen und sich in den Schleier einer Geheimwissenschaft zu hüllen, die eben von den anderen nicht verstanden werde. Zur wirksamen Bekämpfung des astrologischen Aberglaubens ist es deshalb besonders wichtig, in die Hohlheit seiner Lehren hineinzuleuchten.

[3]) Die seit *Kopernikus* erkannte Unrichtigkeit dieses Weltbildes ist allerdings kein grundsätzlicher Einwand gegen die sich darauf gründende Astrologie. Denn sowohl für eine allfällige kausale Einwirkung der Sterne auf den Menschen als auch für eine Symboldeutung der Himmelserscheinungen für das Erdengeschehen ist es gleichgültig, ob man von den wirklichen Bewegungen der Himmelskörper oder von den ihnen entsprechenden scheinbaren Bewegungen ausgeht.

[4]) An den im Altertum bekannt gewesenen 7 Planeten hält auch die neuere Astrologie im wesentlichen fest, wenngleich man auch versucht, die erst durch das Fernrohr entdeckten Planeten Uranus, Neptun und in neuster Zeit Pluto in das astrologische System einzubauen.

in diesem Zeitpunkt trat im Altertum die Sonne in das Sternbild des Widders[1]), hierauf in das des Stiers usw. Da die altbabylonischen 11 Sternbilder verschiedene Ausdehnung hatten (entsprechend ihrem natürlichen Eindruck am Sternenhimmel) und das Sternbild Skorpion durch seine Scheren besonders lang war, teilte man später von diesem die Scheren als eigenes Sternbild (Waage) ab, woraus sich 12 Sternbilder ergaben. Offenbar der rechnerischen Vereinfachung halber wurden dann diese 12 Sternbilder als gleich groß angenommen, so daß man die 360^0 umfassende Ekliptik in 12 gleiche Abschnitte von je 30^0 teilte und auf sie die Namen der Sternbilder übertrug. Die Sonne steht in diesen 12 „Tierkreiszeichen"[2]) ungefähr zu folgenden Zeiten:

vom	21. 3.—20. 4.:	im	Zeichen	Widder	♈
„	21. 4.—21. 5.:	„	„	Stier	♉
„	22. 5.—21. 6.:	„	„	Zwillinge	♊
„	22. 6.—22. 7.:	„	„	Krebs	♋
„	23. 7.—22. 8.:	„	„	Löwe	♌
„	23. 8.—22. 9.:	„	„	Jungfrau	♍
„	23. 9.—22. 10.:	„	„	Waage	♎
„	23. 10.—21. 11.:	„	„	Skorpion	♏
„	22. 11.—21. 12.:	„	„	Schütze	♐
„	22. 12.—20. 1.:	„	„	Steinbock	♑
„	21. 1.—19. 2.:	„	„	Wassermann	♒
„	20. 2.—20. 3.:	„	„	Fische	♓

Von diesem jährlichen Lauf der Sonne durch die Ekliptik streng zu unterscheiden ist der tägliche Kreislauf, den die Ekliptik zusammen mit der Sonne und dem übrigen Fixsternhimmel infolge der Achsenumdrehung der Erde scheinbar ausführt: zusammen mit der Sonne geht der jeweilige Grad des Tierkreises, in welchem die Sonne steht, täglich im Osten auf und geht am Abend im Westen unter. Aber auch zu jeder anderen Stunde und Minute im Laufe eines Tages geht jeweils ein bestimmter Punkt der Ekliptik im Osten auf, wenn auch dies vom menschlichen Auge nur bei Nacht unmittelbar beobachtet werden kann; aber schon die Astrologen des Altertums vermochten auch für jeden Zeitpunkt am Tage den jeweiligen aufgehenden Punkt der Ekliptik zu berechnen. Dieser Punkt wird in Graden des betreffenden Tierkreiszeichens ausgedrückt und heißt der Aszendent.

An diesen knüpft die spezielle Technik des Horoskopierens an. Unter „Horoskop" verstand man ursprünglich das „die Stunde schauende" Gestirn, also den Aszendenten in einem maßgeblichen Zeitpunkt, z. B.

[1]) Dies gilt aber für die Gegenwart schon lange nicht, denn infolge der Kreiselbewegung der Erdachse verschieben sich langsam alle Jahreszeiten gegenüber dem Fixsternhimmel: der Frühlingspunkt rückt vor (sog. Präzession). So steht im 20. Jahrhundert die Sonne am 21. März tatsächlich im Sternbild Fische (schon nahe dem Wassermann!).

[2]) Die „Tierkreiszeichen" sind somit heute lediglich Symbole für die (mit dem Frühlingspunkt beginnenden) 12 Zwölftel der Ekliptik und haben nichts mehr mit den Sternbildern des Tierkreises gemein, deren Namen sie tragen.

zur Zeit der Geburt eines Menschen. Bald aber diente der Ausdruck in weiterem Sinne zur Bezeichnung des gesamten errechneten Sternenstandes in dem betreffenden Zeitpunkt. Dieser Sternenstand wird dadurch zum Aszendenten in Beziehung gebracht, daß man den Himmelskreis entlang der Ekliptik (unabhängig von deren Einteilung in die 12 Tierkreiszeichen) neuerdings in 12 Teile (sog. „Häuser“, „Orte“ oder „Felder“) teilt, die vom Aszendenten aus ihren Anfang nehmen und in der Reihenfolge, in der sie im Osten aufgehen, mit den Zahlen 1—12 bezeichnet werden. Die Häuser 1—6, die somit erst aufgehen müssen, liegen unter dem Horizont, die Häuser 7—12 ober dem Horizont. Der Anfang jedes Hauses wird seine „Spitze“ genannt, so daß der Aszendent in der Spitze des ersten Hauses liegt. Weitere besonders wichtige Punkte sind die Spitze des 7. Hauses, die am Westhorizont liegt (der Deszendent), weiters die Spitze des 10. Hauses, die im Schnittpunkt des Meridians mit dem Tierkreis liegt und als Himmelsmitte (Medium Caelum) bezeichnet wird, sowie die dieser gegenüberliegende Spitze des 4. Hauses (Imum Caelum). *Ptolemäus* berechnete noch die 12 Spitzen der Häuser in einfacher Weise nach der „gleichen Manier“, indem er vom Aszendenten stets um 30⁰ weiterzählte. Seit *Regiomontanus* hat sich aber die „ungleiche Manier“ eingebürgert, die vom Medium Caelum ausgeht, das keineswegs stets in der Mitte zwischen Aszendenten und Deszendenten (vgl. Abbildung 64) liegt. Die Häuser 7—9 und 1—3 haben daher oft eine andere Ausdehnung als die Häuser 10—12 und 4—6 und über die Methoden der Berechnung der Häuserspitzen sind sich auch die Astrologen der Gegenwart nicht völlig einig. Durch diese Aufteilung des Tierkreises einerseits und des Himmels andererseits ergibt sich, daß die Spitze jedes Hauses in ein bestimmtes Tierkreiszeichen fällt und in Graden und Minuten dieses Zeichens ausgedrückt werden kann. Dies geschieht durch eine trigonometrische Berechnung, die für

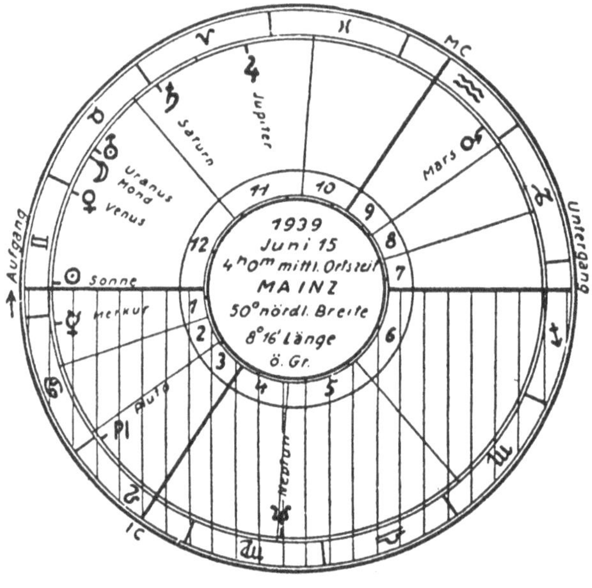

Abb. 64. Horoskopschema für den 15. Juni 1939 um 4 Uhr 0 Min. mittl. Ortszeit, 50⁰ nördl. geog. Breite. (Aus Henseling, Umstrittenes Weltbild, S. 24).

die astrologische Praxis durch Hilfstabellen erleichtert wird. Außerdem wird der genaue Stand jedes Planeten für den betreffenden Zeitpunkt berechnet und ebenfalls in Graden und Minuten des betreffenden Tierkreiszeichens ausgedrückt. Damit ist die Berechnung des Horoskopes beendet, für die außer der Zeitangabe des betreffenden Ereignisses (z. B. der Geburt) nach Tag, Stunden und Minuten auch die Angabe der geographischen Lage des Ortes erforderlich ist. Zur Veranschaulichung ist in Abbildung 65 das von Kepler im Jahre 1608 für Wallenstein errechnete Horoskop wiedergegeben; es bedient sich der Darstellungsform der „Quadratur des Kreises", bei der die 12 Häuser als Dreiecke in ein Quadrat eingeordnet werden und die bei den zünftigen Astrologen allgemein üblich war.

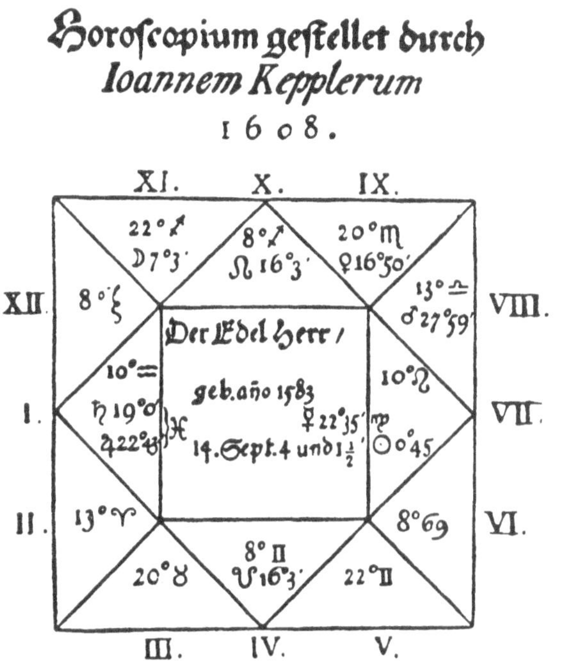

Abb. 65. Keplers erstes Horoskop für Wallenstein.

An diese astronomische Berechnungsarbeit schließt sich die Deutung des Horoskopes an. Hiefür stehen dem Astrologen der Gegenwart — wie dem des Mittelalters — die Unzahl von Regeln zu Gebote, die von der altbabylonischen, griechisch-alexandrinischen und arabischen Astrologie überliefert sind. Diese Regeln sind so zahlreich und in den Einzelheiten oft von einander abweichend, daß ihre vollständige Darstellung allein ein dickbändiges Werk füllen würde[1]). Gleichwohl kehren gewisse Grundregeln, auf die sich die nachfolgende Darstellung beschränkt, immer wieder. Zunächst wird den vom Aszendenten aus errechneten 12 Feldern (Häusern) ein bestimmter Bereich für die Deutung zugesprochen und zwar nach dem Merkvers:

Vita lucrum fratres genitor nati valetudo
Uxor mors pietas regnum benefactaque carcer.

---

[1]) Vgl. die beispielsweise tabellarische Gegenüberstellung der verschiedenen Planeten- und Sternbilderdeutung bei den einzelnen griechischen Schriftstellern in den oben S. 154 Anmerkung 1 angeführten Artikeln im Hdw. d. dt. Aberglaubens.

Man deutet also

aus dem 1. Haus: das Leben als Ganzes, die Gesamtpersönlichkeit des Geborenen;
„ „ 2. Haus: Gewinn, Vermögen;
„ „ 3. Haus: Brüder, allgemeiner: Verwandte und Geselligkeit;
„ „ 4. Haus: Vater, überhaupt Eltern und Herkunft, nach manchen auch die häusliche Umwelt (Grundbesitz) und die Verhältnisse im Alter;
„ „ 5. Haus: Kinder, allgemeiner: Sexualleben, Vergnügungen, Beziehungen zur Jugend;
„ „ 6. Haus: Gesundheitszustand, Arbeitskraft und diese störenden Erkrankungen;
„ „ 7. Haus: Ehepartner, überhaupt Verhältnis zur menschlichen Umwelt;
„ „ 8. Haus: Tod und Erbschaften;
„ „ 9. Haus: Religion, höhere Moral und philosophische Bestrebungen, auch Reisen;
„ „ 10. Haus: Macht, Stellung im Staate, Erfolge im Beruf, Ehren;
„ „ 11. Haus: Glückhafte Umstände, Freunde;
„ „ 12. Haus: Gefängnis, Unglück, Vereinsamung, Feinde.

Ferner werden sowohl den 7 Planeten als auch den 12 Zeichen des Tierkreises bestimmte Bedeutungen zugesprochen, die sich ursprünglich aus den Eigenschaften der Gottheiten herleiteten, mit der man das betreffende Gestirn identifizierte. Hiebei spielte die Symbolik des Namens eine große Rolle[1]). Im Einzelnen gilt:

Die Planeten: Saturn ist männlich, kalt und trocken, erdgebunden, den Menschen schädlich und feindlich, seine Farben sind schwarz und braun, er steht den Greisen und Vätern vor, aber auch den Bettlern, Bauern und Bergleuten, er bringt Traurigkeit und Unglück. Der Jupiter ist männlich, mäßig warm und feucht, dem Menschen freundlich, seine Farben sind blau, gelb und purpurrot, er bringt Klugheit, Gerechtigkeit und „großes Glück" und steht den Philosophen, Priestern und Richtern vor. Der Mars ist männlich, sehr heiß und trocken, dem Menschen feindlich, seine Farben sind rot und gelb, er bringt Kühnheit, Streitsucht, Grausamkeit, ist der Urheber der Kriege und steht den Soldaten und Ärzten vor. Die Sonne ist männlich, warm und trocken, ihre Farben sind gelb und gold, sie verleiht Tapferkeit, Organisationssinn, hohen Verstand und die Erreichung hoher Würden, sie ist der Planet der Hochgestellten. Die Venus ist weiblich, mäßig kalt und feucht, ihre Farben sind grün und braun, sie verleiht Gefühlstiefe, Zuneigung, Schönheit und Erotik, sie steht den Mädchen, jungen Leuten und Künstlern vor. Der Merkur ist veränderlich, bald männlich, bald weiblich und je nach seiner Stellung zu anderen Planeten bald Glück, bald Unglück bringend, seine Farben sind grau und veränderlich-bunt, er verleiht praktischen Sinn und Neigung zur Spekulation, er ist der Planet

[1]) Für die im Altertum erfolgte Namensgebung der Sternbilder und Planeten kann zur Begründung dieser Symboldeutung die Meinung vertreten werden, daß eben die Namen entsprechend der astrologischen Bedeutung des betreffenden Gestirns gewählt wurden. Dies ist jedoch sicher nicht der Fall bei den erst in der Neuzeit entdeckten Planeten Neptun, Uranus und Pluto. Selbst da aber versuchen die modernen Astrologen, ihre Deutungen dieser Planeten mit deren Namen in Verbindung zu bringen.

der Mathematiker und Kaufleute, aber auch der Philosophen und Literaten. Der Mond ist weiblich, feucht und fruchtbar, seine Farben sind blaß, gelblichweiß und silbergrau, er verleiht Fleiß, aber auch Unbeständigkeit, er steht den Königen, Müttern und Frauen vor, aber auch dem gemeinen Volke. Weiters hat man die Planeten den verschiedenen Lebensaltern zugeordnet (früheste Kindheit: Mond, Schulzeit: Merkur, erstes Jünglingsalter: Venus, die Höhe des Lebens: Sonne, Zeit der Kämpfe und Enttäuschungen: Mars, Beginn des Greisenalters: Jupiter, Erlöschen der Lebenskraft: Saturn) und ebenso auch den verschiedenen Organen des menschlichen Körpers (z. B. nach *Ptolemäos:* Saturn — Knochen, Blase, rechtes Ohr; Jupiter — Adern, Lunge, Hoden; Mars — Nieren, Penis, linkes Ohr; Sonne — Augen, Gehirn, Herz, rechte Körperhälfte; Venus — Nase, Leber; Merkur — Zunge, Galle, After; Mond — Gaumen, Magen, Bauch, linke Körperhälfte). In dieser Reihung hat man ferner die 7 Planeten auf sämtliche Stunden des Tages aufgeteilt, beginnend mit der 1. Stunde des Samstag, die dem Saturn gehört, in der 2. Stunde herrscht Jupiter usw., in der 8. Stunde beginnt die Reihe wieder mit Saturn usw., so daß für jeden Zeitpunkt eine bestimmte „Planetenstunde" gilt. Der Planet, dessen Stunde den Tag einleitet, ist aber zugleich auch Tagesregent; da nun die Reihenfolge der Planetenstunden über die 7 Tage der Woche durchläuft, gehört die 25. Stunde (= 1. Stunde des folgenden Tages) der Sonne, die 49. Stunde (= 1. Stunde des nächsten Tages) dem Mond usw. Dadurch ist jeder Tag der Woche einem bestimmten Planeten zugeordnet, was auch in den Namen der Wochentage zum Ausdruck kommt (Sonntag — Sonne; Montag — Mond; Dienstag, franz. mardi — Mars; Mittwoch, franz. mercredi — Merkur; Donnerstag — Jupiter (= Donar); Freitag — Venus (= Freia); Samstag, engl. Saturday — Saturn).

Und schließlich hat man entsprechend der neuen Zeitrechnung jedem Planeten einen 36jährigen „Jahreszyklus" zugeschrieben, innerhalb dessen er im ersten und in jedem folgenden siebenten Jahre „regiert", während die übrigen Planeten die Zwischenjahre in der Reihenfolge Saturn, Jupiter, Mars, Sonne, Venus, Merkur, Mond „regieren", sodaß jedes Jahr seinen „Jahresregenten" hat[1]).

Die Tierkreiszeichen[2]). Die Bedeutung der einzelnen Zeichen ist gleich jener der alten Sternbilder des Tierkreises und spiegelt sich in den 12 Menschentypen der Vulgärastrologie (die weiter unten dargestellt werden) wider. Die höhere Astrologie suchte aus diesen Einzeldeutungen mehrfache Gesichtspunkte zu gewinnen, nach denen die 12 Zeichen in Gruppen zusammengefaßt werden. So entspricht je eine (im Dreieck stehende) Dreiergruppe („Trigon") einem Temperamentstyp, nämlich Widder—Löwe—Schütze dem cholerischen, Stier—Jungfrau—Steinbock dem melancholischen, Zwillinge—Waage—Wassermann dem sanguinischen und Krebs—Skorpion—Fische dem phlegmatischen Temperament. Die (im „Kreuz" stehenden) Vierergruppen bedeuten: Widder—Krebs—Waage—Steinbock Vorherrschaft des Willens, körperlich: Verdauung und

[1]) Die 36jährigen Zyklen wiederholen sich somit alle 252 Jahre, sie beginnen mit dem Jahr 1 und wechseln in der Reihenfolge Saturn, Venus, Jupiter, Merkur, Mars, Mond und Sonne ab; daher begann im Jahre 1765 ein Saturnzyklus, 1801 ein Venuszyklus, 1837 ein Jupiterzyklus, 1873 ein Merkurzyklus und 1909 ein Marszyklus, während 1945 ein Mondzyklus und 1981 ein Sonnenzyklus beginnen wird. Innerhalb des Venuszyklus 1801—1837 konnte man daher den Jahresregenten in der Weise finden, daß man die Jahreszahl durch 7 dividiert und die verbleibende Restzahl den Regenten nach dem Schlüssel angibt: 1 = Sonne, 2 = Venus, 3 = Merkur, 4 = Mond, 5 = Saturn, 6 = Jupiter, 0 = Mars. Diese heute noch von manchen Astrologen geübte Regel gilt somit aber nicht für die übrigen Zyklen.

[2]) Gegenüber diesen tritt die Bedeutung der außerhalb des Tierkreises liegenden Sternbilder (die der populären Himmelskunde vielfach besser bekannt sind, wie der Große Bär, die Plejaden usw.) in der traditionellen Astrologie fast völlig zurück. Nur einige Systeme berücksichtigen neben den Tierkreiszeichen die „mitaufgehenden" Sternbilder (sog. Paranatellonta).

Stoffwechsel; Stier—Löwe—Skorpion—Wassermann Vorherrschaft des Gefühlslebens, körperlich: Blutkreislauf und Drüsen; Zwillinge—Jungfrau—Schütze —Fische Vorherrschaft des Verstandes, körperlich: Nervensystem[1]). In Fortentwicklung dieser Symbolik wurden den erstgenannten 4 Dreiergruppen, die man auch als feurig, irdisch, luftig und wäßrig bezeichnete, die 4 Elemente (Feuer, Erde, Luft, Wasser) und die vier Windrichtungen (Süd, Ost, Nord, West) zuordnet. Daraus ergab sich für die antike Astrologie auch die Möglichkeit, die damals bekannten Länder der Erde den 12 Sternenbildern zuzuordnen (Widder — Persien, Stier — Babylon, Zwillinge — Kappadokien, Krebs — Armenien, Löwe — Kleinasien, Jungfrau — Griechenland, Waage — Lybien, Skorpion — Italien, Schütze — Kreta, Steinbock — Syrien, Wassermann — Ägypten, Fische — Rotes Meer und Indien) und dadurch auch konkrete Wahrsagungen über die einem bestimmten Lande drohenden Gefahren usw. zu machen.

Die 12 Tierkreiszeichen werden aber auch noch untergeteilt: einerseits in je 3 gleiche Teile von je 10^0 der Ekliptik („Dekan"), so daß der ganze Tierkreis 36 Dekane umfaßt, denen eigene Bedeutungen zugesprochen wurden; andererseits in je 5 Abschnitte, die je einem Planeten (ausgenommen Sonne und Mond) als seinem „Bezirk" zugewiesen werden.

Aus allen diesen Elementen werden nun durch Kombination der gewonnenen Bedeutungen Schlüsse auf die Wesensart und das Schicksal des Geborenen gezogen und auch Ratschläge für die Vornahme oder Unterlassung von Reisen, Unternehmungen, medizinischen Behandlungen und ähnlichem erteilt. Wenn auch die hiebei angewandte Methode der Horoskopdeutung mannigfache Varianten aufweist, so werden doch meist gewisse Grundregeln eingehalten, die sich aus der antiken und mittelalterlichen Astrologie bis heute erhalten haben. Die wichtigsten sind:

Zunächst wird das „1. Haus" mit dem Aszendenten an seiner Spitze gedeutet. Maßgebend hiefür ist das aufgehende Tierkreiszeichen und der Planet, der als erster nach der Geburtsminute aufgeht. Die Bedeutung dieses Planeten hängt aber wiederum von der Stellung des Planeten im Tierkreis und von seiner Stellung zu anderen Planeten ab. Durch die Stellung im Tierkreis wird vor allem die Stärke des Planeten-

[1]) Daneben kennt die astrologische Tradition auch viel primitivere Zuordnungen zwischen Tierkreiszeichen und Körperteilen. Die üblichste begann oben beim Kopf mit dem „Widder", es folgten: Hals — „Stier", Arme — „Zwillinge", Brust — „Krebs" (weil er eine stark gepanzerte Brust hat!), Geschlechtsteil — „Skorpion" usf., bis herunter zu den Füßen — „Fischen". Diese Aufteilung des menschlichen Körpers auf Planeten (s. oben im Text) und Tierkreiszeichen begünstigte die Entwicklung einer astrologischen Medizin (sog. Jatromathematik), die besonders im 15. und 16. Jahrhundert ihren Höhepunkt erreichte, aber bis in die Gegenwart noch nachwirkt. So wurde z. B. behauptet, daß im ersten Weltkrieg die im Zeichen Fische geborenen Soldaten besonders schwer heilende Schußwunden an den Füßen bekommen hätten! In den alten Bauernkalendern erhielten sich auch lange die sog. „Laßmännchen", das waren bildhafte Darstellungen des auf die 12 Tierkreiszeichen aufgeteilten menschlichen Körpers, aus denen man entnahm, an welchem Körperteil das „Aderlassen" zur gegebenen Zeit vorzunehmen war und wo nicht. Auch der Zeitpunkt anderer Operationen und die Wahl der einzuschlagenden Therapie wurde vielfach vom Sternenstand abhängig gemacht (z. B. verordnete man Brechmittel am besten in den Zeiten Steinbock, Widder und Stier, weil dies Wiederkäuer sind!). Dadurch reihte sich die astrologische Medizin unter die übrigen abergläubischen Heilmethoden (s. oben S. 132 ff.) mit all deren Gefahren ein.

einflusses bestimmt: einerseits werden den 7 Planeten die einzelnen Tierkreiszeichen als ihre „Häuser"[1]) zugewiesen, in denen sie besonders wirksam sind (die Sonne dem Löwen, der Mond dem Krebs, der Saturn bei Tag dem Steinbock, bei Nacht dem Wassermann, der Jupiter bei Tag dem Schützen, bei Nacht den Fischen, der Mars bei Tag dem Skorpion, bei Nacht dem Widder, die Venus bei Tag der Waage, bei Nacht dem Stier, der Merkur bei Tag der Jungfrau, bei Nacht den Zwillingen); andererseits werden (hievon unabhängig) für jeden Planet zwei gegenüberliegende Punkte der Ekliptik bestimmt, in welcher er seine größte Wirkung (Exaltation, Erhöhung) und seine geringste Wirkung (Dejektion, Erniedrigung) hat[2]). Die Bedeutung der Stellung eines Planeten im Verhältnis zu anderen Planeten ergibt sich aus der Lehre von den sog. Aspekten, d. s. die Winkel des Himmelskreises, in denen sich die Gestirne gegenseitig „anschauen". Die wichtigsten Aspekte sind: der Gleichschein (Konjunktion), wenn die Gestirne im selben Grad stehen (also im Winkel von 0°); der Gegenschein (Opposition), wenn die Gestirne einander gegenüber stehen (im Winkel von 180°); der Geviertschein (Quadratur), wenn die Gestirne in einem Winkel von 90° stehen; der Gedrittschein (Trigon), wenn die Gestirne in einem Winkel von 120° stehen; der Sechstelschein (Sextil), wenn die Gestirne in einem Winkel von 60° stehen. Konjunktion und Opposition gelten als besonderes Verhängnis, auch der Geviertschein ist ungünstig, während der Gedrittschein und auch der Sextilschein im allgemeinen günstig wirken. Beträgt der Winkelabstand nicht genau den angegebenen Grad (was ja nur selten der Fall ist), so werden auch Winkelabstände, die diesen nahekommen, in Betracht gezogen; ist die Abweichung eine erhebliche, so spricht man von „plaktischen" Aspekten.

Befindet sich im 1. Haus tatsächlich kein Planet, so wird für die Ausdeutung der (symbolische) Planet des aufgehenden Bezirkes herangezogen.

Hierauf folgt in analoger Weise die Ausdeutung des 10. Hauses, dessen Spitze als „Himmelsmitte" von besonderer Bedeutung ist, dann weiters in gleicher Weise die Ausdeutung des 7. Hauses und die der übrigen Häuser.

Schließlich können auch die Ereignisse der einzelnen Lebensjahre aus dem Horoskop erschlossen werden. Hiezu dient die (besonders

[1]) Diese „Häuser" sind wohl zu unterscheiden von den 12 „Häusern" oder Feldern des Horoskopes. Diese doppelte Bedeutung des Ausdruckes „Haus" hat naturgemäß oft verwirrend gewirkt, weshalb ein Teil der Astrologen seine Bedeutung in dem zweitgenannten Sinn vermeidet und durch den Ausdruck Feld ersetzt.

[2]) Die Sonne hat ihre Erhöhung bei 19° Widder, ihre Erniedrigung bei 19° Waage, der Mond hat seine Erhöhung bei 3° Stier, seine Erniedrigung bei 3° Skorpion, der Saturn hat seine Erhöhung bei 21° Waage, seine Erniedrigung bei 21° Widder, der Jupiter hat seine Erhöhung bei 15° Krebs, seine Erniedrigung bei 15° Steinbock, der Mars hat seine Erhöhung bei 28° Steinbock, seine Erniedrigung bei 28° Krebs, die Venus hat ihre Erhöhung bei 27° Fische, ihre Erniedrigung bei 27° Jungfrau, der Merkur hat seine Erhöhung bei 15° Jungfrau seine Erniedrigung bei 15° Fische.

von Regiomontanus ausgebaute) Lehre von den „Direktionen": das Verhältnis von Tag und Jahr, also das Zahlenverhältnis 1:365, bestimmt das Leben des Menschen in der Weise, daß je einem Tag des ersten Lebensjahres ein weiteres Lebensjahr entspricht, also dem Tag der Geburt das 1. Lebensjahr, dem zweiten Tag das 2. Lebensjahr usw. Es werden darum auch die Gestirnstände an den dem Geburtstag folgenden Tagen berechnet (und zwar gilt hiebei die gleiche Geburtsminute wie am ersten Tag) und aus der Deutung eines jeden solchen Gestirnstandes (nach den bereits dargelegten Grundregeln) wird auf die „Revolution" des korrespondierenden Lebensjahres geschlossen. Sind nun wichtige Ereignisse im Leben des Betreffenden bekannt, so kann durch Rückschluß die Geburtsminute auch „korrigiert" werden, wobei man offenbar von der Annahme ausgeht, daß die Angaben der Geburtszeiten in den Taufscheinen und Geburtsmatrikeln nicht immer genau der wahren Geburtszeit entsprechen. Ist z. B. ein vorausgesagtes Ereignis etwas früher oder später eingetreten, so kann nach dem Schlüssel 1 : 365 (wonach somit 4 Minuten Geburtszeitdifferenz einem Tag der Ereigniszeitdifferenz entspricht) rückgeschlossen werden, daß die wahre Geburt um eine gewisse Zeit früher oder später erfolgte. Für diese „korrigierte" Geburtszeit wird dann neuerdings das Horoskop berechnet und auf diese Weise werden verbesserte Voraussagungen gemacht, denen man entsprechend größere Treffsicherheit nachsagt[1]).

B. Die Methode der Vulgärastrologie. Da das in seinen Grundzügen eben geschilderte System der höheren Astrologie für die Praxis viel zu kompliziert ist, wenn diese etwa nur zur Unterhaltung oder zur gewerbsmäßigen Ausbeutung in größerem Umfange verwendet werden soll, haben sich daneben auch vereinfachte Methoden herausgebildet. Sie bestehen im wesentlichen aus dem Nachschlagen in verschiedenen Tabellen, die angeblich auf Grund der Erfahrungen der höheren Astrologie zusammengestellt sind. Hiebei wird einigen wenigen Auslegungsmomenten der traditionellen Astrologie (und zwar jenen, die sich am einfachsten in Tabellenform bringen lassen) eine ausschlag-

[1]) Neben dieser im Text kurz dargestellten Methode der Geburtshoroskope (durch Berechnung und Ausdeutung der „Nativität", d. i. des Gestirnenstandes im Zeitpunkt der Geburt) kennt die traditionelle Astrologie auch die Stellung von Horoskopen für einzelne Unternehmungen, z. B. Feldzüge und politische Gründungen (z. B. Horoskop eines Staates nach dem Zeitpunkt seiner Gründung) u. ä. Eine Berührung mit dem kriminellen Aberglauben hat z. B. die Deutung des Gestirnenstandes im Zeitpunkt der Verhaftung für den weiteren Verlauf der Haft. Schon der griechische Astrologe *Dorotheos* stellte eingehende Deutungsregeln dieser Art auf, die dann von der mittelalterlichen Astrologie übernommen wurden. Danach ist für den Eingekerkerten vor allem die Stellung des Mondes im Zeitpunkt der Einlieferung entscheidend; befindet sich der Mond im Widder, so dauert das Gefängnis kurz, steht er im Stier, dauert es lange; befindet er sich in den Zwillingen, so wird der Gefangene entweder innerhalb drei Tagen frei werden oder im Gefängnis sterben usw. Hiebei seien aber auch die Aspekte zu anderen Planeten zu beachten (vgl. *Stegemann*, Beiträge zur Geschichte der Astrologie, in: Quellen und Studien zur Geschichte und Kultur des Altertums u. d. M., Reihe D, Heft 2, Heidelberg 1935).

gebende Bedeutung zugesprochen, während alle übrigen vernachlässigt werden. Die üblichste dieser Methoden ist folgende:

Nach dem Geburtsjahr wird zunächst bestimmt, welcher Planet „Jahresregent" ist (s. oben) und aus der Natur des betreffenden Planeten eine allgemeine Deutung gewonnen. Dann folgt nach dem Geburtstag die Bestimmung des Tierkreiszeichens, in welchem während des betreffenden 30-Tage-Abschnittes die Sonne steht, woraus der Menschentypus erschlossen wird. Zur Veranschaulichung sei hier das Schema der den Tierkreiszeichen entsprechenden 12 Menschentypen (nach einem Erzeugnis der Vulgärastrologie) wiedergegeben:

Der Widdermensch. Die Widdergeborenen sind von offener und gerader Gemütsart und haben einen festen Willen, der mit einer großen geistigen Beweglichkeit gepaart ist. Sie hassen nichts mehr, als in ihren Zielen von anderen gehemmt zu werden. Rasch handeln und mit Entschiedenheit auftreten, ist ein Grundmerkmal. Von Hindernissen lassen sie sich nicht abschrecken und gehen ihren gesteckten Zielen hartnäckig nach. Sie bedienen sich hiebei keiner List und Schlauheit, sondern gehen ihren geraden Weg. Der Widdermensch wird nie verzweifeln, da er stets von Zuversicht und Vertrauen erfüllt ist. Dabei kann er sehr heftig werden, seine Energie ist keine langsam wirkende, sondern eine spontane.

Der Stiermensch. Bei den Stiermenschen zeigt sich meist eine gewisse Schwere in ihren Handlungen, die mit großer Arbeitsamkeit und mit einer beinahe pedantischen Ordnungsliebe und Rastlosigkeit verbunden ist. Ihr Wunsch auf irdische Güter ist groß; Trotz, Egoismus und Starrköpfigkeit sind Hauptmomente. Für gutgemeinte Ratschläge sind sie nicht empfänglich und erleiden dadurch lieber Schaden. Die im Zeichen des Stiers Geborenen haben das Bedürfnis nach Zärtlichkeiten, können sich jedoch wegen übertriebenen Ehrgefühls nirgends anpassen. Die Stiermenschen halten gerne am Alten fest und haben eine Abneigung gegen alles Neue. Weibliche Stiermenschen sind daher meist keine Modedamen.

Der Zwillingsmensch. Die Zwillingsmenschen zeichnen sich vor allem durch ihren liebenswürdigen, gutmütigen und biegsamen Charakter aus. Mit sich selbst innerlich uneins, zeigen sich diese Menschen in ihren Handlungen meist unentschlossen: es finden sich unter ihnen auch Doppelnaturen, welche Rede und Handlung nicht immer in Einklang zu bringen vermögen. Selbstsucht findet man bei ihnen selten. Sie sind in ihren Bewegungen sehr unruhig, redselig, in den Erzählungen weitschweifig und phantastisch. Ihr Wesen ist meist von Mißtrauen erfüllt und sie haben eine gute Portion Schlauheit. Gegen Notleidende sind sie hilfsbereit. Jähzornige Aufwallungen kommen bei ihnen vor, doch wenn sie sehen, daß sie im Unrecht sind, machen sie dasselbe schnellstens wieder gut. Sie haben einen ausgeprägten Willen und eine Neigung zum Befehlen und Herrschen, die aber niemals in Tyrannei oder Stolz ausartet. Ein starker Pessimismus, der bei Männern leicht zu Neurasthenie, bei Fraueh zu Hysterie führt, ist ihnen eigen.

Der Krebsmensch. Die Krebsgeborenen, Männer sowie Frauen, wechseln gerne ihre Ansichten und sind bei abnehmenden Monde sehr beeinflußbar und leicht zu täuschen. Sie haben eine gute Auffassungsgabe, religiöse Gefühle und Liebe zu allem Wunderbaren und Okkulten. Sie sind merkwürdig vielseitig veranlagt und sind imstande, im Handeln und Schaffen gleichzeitig nebeneinander mehrere Berufe auszuüben. Ihr zwiespältiger Charakter macht aber diese Menschen keinesfalls unglücklich. Ihr Verstand ist scharf, so daß sie jede Situation rasch erfassen. Man kommt mit ihnen gut aus, falls man sich mit ihnen in nichts Ernstes einläßt. Wer oben auf ist und gerade das Wort führt, hat bei ihnen immer recht; diese Charakterschwäche ist nicht von niedriger Art, sondern ist durch ihre Beeinflußbarkeit bedingt.

Der Löwemensch. Die im Zeichen des Löwen geborenen Menschen haben meistens einen großzügigen und edlen Charakter, sind nicht mißtrauisch und haben für ihren Nächsten stets ein hilfreiches Herz. Trotzdem sie einen guten Verstand haben, werden sie oft übervorteilt. Sie zeigen große Kühnheit, praktische Fähigkeiten und beredte Ausdrucksweise. Etwas hartnäckig und befehlend sind sie, in der Freundschaft aber aufopferungsfähig. Wenn ihr Stolz verletzt wird, zeigen sie eine ablehnende Haltung. Zur Herrschernatur geboren, haben sie stets hochfliegende Pläne und setzen weitzielende Unternehmungen ins Werk.

Der Jungfraumensch. Die Menschen, welche im Tierkreiszeichen der Jungfrau geboren sind, weisen meist ein weiblich-geistiges Wesen auf; besonders die Männer zeigen auch frauenhafte Charaktereigenschaften. Die Septembermenschen haben einen praktischen Sinn, Geduld und Ausdauer, sie verstehen auch, sich mit den Notwendigkeiten des Alltagslebens abzufinden, ohne den Hochsinn dabei zu missen. Beruflich geben sie gute Ärzte, Lehrer, anstellige Handwerker, tüchtige Krankenpflegerinnen und Dienstmädchen ab.

Der Waagemensch. Die im Zeichen „Waage" geborenen Menschen haben selten die eigene Kraft, einmal gefaßte Entschlüsse selbständig und rasch auszuführen; es gelangen sogar die besten Gedanken und Projekte dann erst zur Ausführung, wenn dieselben von anderer Seite bereits überholt sind. Die Oktobergeborenen sind ehrliche Charaktere und man kann ihnen in jeder Art das Vertrauen schenken. Sie sind sehr häuslich, lieben Musik und haben Interesse für Kunst und Wissenschaft; doch zeigen sie sich wiederum auch recht gleichgültig und haben wenig Ordnungssinn.

Der Skorpionmensch. Unter einem liebenswürdigen Äußeren verbergen sich viele Untugenden, welche die Skorpionmenschen gut verschleiern können. Im Charakter liegt meistens etwas Gegensätzliches und Unvereinbares, da sie — wie die Zwillingsmenschen — von zwiespältiger Natur sind. Derlei Menschen haben meist einen unbesiegbaren Eigenwillen, sind oft stolz und übertrieben eitel, leicht beleidigt und schwer aussöhnlich. Skorpiongeborenen gegenüber muß man die eigene Person hintanstellen und ihre Interessen wahrnehmen, um überhaupt an sie herankommen zu können. Das persönliche Auftreten wird immer herrisch und meistens gefühllos und von einem großen Mißtrauen gegen die Umwelt sein.

Der Schützemensch. Er hat viele Eigenschaften, die einen Schützen kennzeichnen, so seine Zielstrebigkeit, nur hat er nicht die notwendige Ausdauer, um seine Ziele zu erreichen. Sein allgemeines Wesen zeigt einen offenen, aufrichtigen, verläßlichen und streng reellen Charakter, verbunden mit starkem Gemüt, Mut und peinlicher Ordnungsliebe. Sein übergroßer Freiheits- und Unabhängigkeitsdrang, durch den er sich durchzusetzen weiß, auch wenn dadurch unerquickliche Situationen entstehen, kennzeichnet ihn. In Geldsachen ist er mehr geizig.

Der Steinbockmensch. Die Menschen, die unter diesem Zeichen geboren sind, haben meist einen stolzen, kalten, hart zurückweisenden und zornigen Charakter. In ihren Neigungen zeigt sich ausgesprochene Unbeständigkeit, doch lassen sie sich nicht von anderen Menschen überreden oder in ihren Ansichten beeinflussen. Sie zeigen gute Anpassungsfähigkeit und sind traurig mit den Traurigen, fröhlich mit den Fröhlichen. In ihren Entschließungen sind sie zaghaft und langsam, und benötigen zur Durchführung von Unternehmungen stets eine längere Zeit. Zu Schmeicheleien und Zärtlichkeiten sind sie nicht geneigt, obwohl sie sehr tief lieben können, ohne daß sie in der Lage sind, diese Gefühle äußerlich zu zeigen. Ihr Großmut ist gut ausgeprägt, sie können ihren Feinden vergeben, doch werden sie Beleidigungen nie vergessen. Infolge ihrer leidenschaftlichen Art neigen sie zur Eifersucht.

Der Wassermannmensch. Sein Wesen ist wankelmütig, es zeigt sich standhafter Wille, Geselligkeit, Friedfertigkeit, Liebenswürdigkeit, Beweglichkeit, gute Gemütsveranlagung und Aufrichtigkeit. Manchmal findet man beim Wassermannmenschen Neigung zu Jähzorn, der aber infolge seiner Gutmütigkeit bald verraucht. Bosheiten verträgt er nicht und wehrt solche entschieden ab. Wiewohl diese Menschen äußerlich sehr ruhig sein können, sind sie von tiefen Leidenschaften und glühenden Neigungen erfüllt, die aber selten zum Durchbruch kommen. Ohne menschenscheu zu sein, lieben sie meist die Einsamkeit. Sie lassen sich wohl auch in ihrem Gefühlsleben leicht beeinflussen, in der einmal liebgewonnenen Lebensweise aber nur schwer beschränken.

Der Fischemensch. Meistens sind die Märzmenschen von einer zu Einsamkeit und Ernst neigenden Natur, die immer einen Zug ins Träumerische hat. Sie tragen auch meist einen still-leidenden Gesichtsausdruck und reagieren stark auf alle Gefühlseindrücke. Es ist das Schicksal der Fischemenschen, daß sie entweder an einer schweren Enttäuschung im Gefühlsleben oder an einem großen beruflichen Mißgeschick zu leiden haben. Im allgemeinen sind sie dem Frieden und einem harmonischen Leben zugetan, das sie immer zu erhalten und zu bewahren suchen. Sie weichen jedem Kampf und Streit tunlich aus und sind von aufopferungsfähiger Herzensgüte beseelt[1]).

Weitere Tabellen pflegen dann noch Deutungen für die 36 Dekane und schließlich für jeden Kalendertag[2]) zu enthalten (sog. Thebaischer Kalender). Hiebei stimmen die einzelnen Dekansbedeutungen untereinander und im Vergleich zu der Deutung der Tierkreiszeichen keineswegs stets überein, mitunter wiedersprechen sie sich sogar. Es gilt darum als Regel, alle Deutungen, die durch das Nachschlagen in den erwähnten vier Tabellen gewonnen werden, miteinander zu kombinieren, wobei Übereinstimmungen verstärkend und Widersprüche abschwächend zu verwerten sind.

Für diese Methode ist somit nur die Angabe des Geburtstages erforderlich, nicht die der Geburtsstunde und der geographischen Lage des Geburtsortes. Von einer Bestimmung und Auswertung des Aszendenten und des Planetenstandes im Zeitpunkte der Geburt sieht daher

---

[1]) Von dieser (als Beispiel für die vulgärastrologische Methode wiedergegebenen) Darstellung der 12 Menschentypen weichen jedoch in den Einzelheiten die astrologischen Schriftsteller untereinander oft beträchtlich ab, so daß sich eine einheitliche Lehre überhaupt nicht feststellen läßt (vgl. z. B. die zwei verschiedenen bei *Streicher* a. a. O. S. 24 u. 26f. vergleichend wiedergegebenen Schilderungen des „Stier"-Typus und die obige Darstellung des Stiermenschen, dazu etwa noch die Darstellung bei *Geßmann* a. a. O. S. 34f. — jede dieser Beschreibungen ist wesentlich anders!). Manche Autoren geben auch das körperliche Aussehen der 12 Tierkreistypen an, wobei sogar Beziehungen der Stirnphysiognomie zu den alten Symbolzeichen der 12 Tierkreisbilder behauptet wurden (*Stein*, Charaktertypen, Halle 1928)! Die Hauptquelle aller dieser Unstimmigkeiten und verschiedenen Deutungen scheinen die Phantasie und die allgemein-charakterologischen Vorstellungen der einzelnen Astrologen zu sein.

[2]) Z. B. für den 13. September: „Reichtum durch leichten Erwerb von Besitztümern, die Dritten gehören, vorher große Verhandlungen" (aus der bereits erwähnten Sterndeutekunst von „*Pater Salvadri*", die in einem vom Kriminologischen Institut Graz begutachteten Fall im Besitze der Beschuldigten gefunden wurde).

dieses Verfahren vollkommen ab und wird daher auch von den „wissenschaftlichen" Astrologen als scharlatanmäßig verworfen.

C. Eine kritische Beurteilung der Astrologie wird vor allem drei Dinge streng auseinander zu halten haben, die von den Astrologen aller Schattierungen behauptet werden: 1. Die Abhängigkeit physikalischer und biologischer Vorgänge auf der Erde von den Vorgängen im Kosmos; 2. die Abhängigkeit der körperlich-seelischen Wesensart des Menschen vom Gestirnstand zur Zeit der Geburt; 3. die Abhängigkeit künftiger Ereignisse im Menschenleben vom Gestirnstand.

Die erstgenannte Abhängigkeit ist vor allem durch den beherrschenden Einfluß der Sonne auf das Erdenleben in weitestem Umfang tatsächlich gegeben: der durch den Sonnenstand bedingte Wechsel der Jahreszeiten bewirkt einen Jahresrhythmus der physikalisch-meteorologischen Erscheinungen (Temperatur, Luftfeuchtigkeit, Niederschläge in Form von Regen und Schnee usw.), der im Leben der Menschen mit tiefgreifenden wirtschaftlichen und sonstigen Erscheinungen der Lebensführung des einzelnen und der Gemeinschaft verknüpft ist (die „Saison" des großstädtischen Geschäftslebens im Winter, die „tote Zeit" im Sommer, die Fremdenverkehrsindustrie, die Ausübung des Wintersportes usw.). Aber auch ein biologischer Jahreszyklus ist durch den Sonnenstand gegeben: im Pflanzenreich veranschaulicht das jährliche Werden und Vergehen der Flora mit dem dadurch bedingten Wechsel des Landschaftsbildes dies am deutlichsten. Im Tierreich sind die biologischen Vorgänge ebenfalls weitgehendst an einen Jahreszyklus gebunden (Verpuppung der Schmetterlingsraupe, Winterschlaf mancher Tiere, Brunstzeit usw.). Beim Menschen ist diese unmittelbare Abhängigkeit, insbesondere der geschlechtlichen Potenz, im allgemeinen überwunden, doch ist eine jährliche Vitalitätskurve auch hier festzustellen[1]) und besonders der Kriminologie bekannt: die „Frühjahrskrise" des Menschen wirkt sich in einem Ansteigen der Sexualdelikte, Körperverletzungen und Beleidigungen mit dem Beginn der warmen Jahreszeit (April, Mai, Juni) aus und auch der Kindesmord nimmt (offenbar in Abhängigkeit von der Zahl der unehelichen Geburten) im Februar an Häufigkeit zu, was bei Zurückrechnung der neunmonatlichen Schwangerschaftsdauer ebenfalls auf den Einfluß der Frühjahrskrise hinweist[2]). Umgekehrt steigen bekanntlich die Vermögensdelikte mit dem Beginn der kalten Jahreszeit an, was zunächst mehr soziologisch und wirtschaftlich bedingt ist und daher auf eine mittelbare Abhängigkeit von der Jahreszeit hinweist. Von dieser mittelbaren Abhängigkeit ist naturgemäß auch das höhere Seelenleben betroffen:

[1]) Vgl. *Hellpach*, Geopsyche (4. Auflage der Geopsychischen Erscheinungen), Leipzig 1935, S. 152ff.

[2]) Über diese oft beobachteten und viel diskutierten Erscheinungen vgl. *Rösner*, Artikel „Jahreszeiten" im HdK. (mit statistischen Nachweisen und ausführlichem Schrifttumsverzeichnis).

das Erwachen der Natur wirkt besonders anregend auf das künstlerische Schaffen (Frühlingslieder in Poesie und Musik!), die intellektuellen Leistungen der Schulkinder nehmen in der heißen Jahreszeit ab usw.

Neben der Sonne ist auch der Mondzyklus — allerdings in viel geringerem Maße — von Einfluß auf das Erdgeschehen, was sich am deutlichsten in den sog. Gezeiten (Ebbe und Flut) zeigt; im biologischen Bereich ist die Abhängigkeit der Schwarmzeiten des an den Südseekorallen hausenden Palolo-Wurmes von den Mondphasen wissenschaftlich gesichert. Für den Menschen hat man wiederholt einen Zusammenhang zwischen Mondperiode und der ungefähr gleichlangen Menstruationsperiode behauptet und auch versucht, darüber hinaus einen allgemeinen 28-Tage-Zyklus im menschlichen Leben finden zu können, ohne daß sich dies bisher erweisen ließ. Nur die Krampfanfälle der Epileptiker scheinen in der Tat mit den Mondphasen parallel zu gehen. Auf das Seelenleben des Menschen hat der Mond durch die Romantik der Mondscheinstimmung seit jeher Einfluß gewonnen (vgl. Goethes Mondlied „Überselig ist die Nacht"), während der geheimnisvolle Einfluß, den nach dem Volksglauben das Mondlicht auf „Mondsüchtige" ausüben soll, einer exakten Prüfung nicht standhielt[1]), wenngleich auch hier die Möglichkeit eines Einflusses nicht geleugnet werden kann.

Ob es außer den hier angeführten Sonnen- und Mondwirkungen noch weitere Gestirneinflüsse auf das Erdenleben gibt, ist uns nicht bekannt, kann aber naturgemäß keineswegs ausgeschlossen werden; bisher wurden allerdings „noch keine Planetenmenstruation und keine Milchstraßenepilepsie aufgedeckt"[2]). Ein siebenjähriger Rhythmus im Menschenleben kann mehrfach beobachtet werden, doch kennen wir keine 7-Jahrperiode im Sternenumlauf; es kann aber die Möglichkeit eines uns noch unbekannten Zusammenhanges nicht von vornherein verneint werden. Umgekehrt konnte ein Einfluß der 11jährigen Sonnenfleckenperiode auf den Menschen[3]) ebenfalls nicht erwiesen werden, doch ist es wissenschaftlicher Forschung wert, solchen Möglichkeiten weiter nachzugehen. Die Entdeckung der „Höhenstrahlung" weist in dieselbe Richtung: es scheint noch manche aus dem Kosmos auf die Erde dringende Strahlung zu geben, deren künftige Erkundung Sache der exakten naturwissenschaftlichen Forschung ist. Wenn man daher unter „Astrologie" lediglich die Lehre von den — hier kurz angedeuteten — Zusammenhängen zwischen Kosmos und Erdgeschehen verstehen wollte, dann betriebe die exakte Wissenschaft in ziemlich großem Umfange „Astrologie"!

Von diesen Ergebnissen und Möglichkeiten ernster Forschung führt jedoch keine Brücke zu dem abergläubischen Unsinn, der uns in den oben dargestellten Regeln der traditionellen

[1]) In den meisten Fällen von „Mondsucht" lassen sich die gleichen Wirkungen auch durch eine künstliche Lichtquelle hervorrufen.

[2]) *Hellpach*, a. a. O. S. 180.

[3]) Wohl aber auf das Wachstum der Pflanzen, was sich in den Jahresringen der Baumstämme zeigt.

Astrologie entgegentritt. Der ursprüngliche Sinn dieser Regeln, der sich vorwiegend aus der Personifizierung von Sternbildern und Planeten mit Gottheiten ergab, ist mit den religiösen Vorstellungen der Babyloner und Griechen verlorengegangen. Schon die Übertragung der Bedeutung der einzelnen Tierkreiszeichen auf den kalendermäßig festgelegten Sonnenstand, der heute nicht einmal zeitlich mit der Stellung im Tierkreis übereinstimmt[1]), hat den alten Deutungen jeglichen Sinn genommen: geblieben ist nur das sture Festhalten an der Tradition. In der Tat kann auch die sog. höhere oder wissenschaftliche Astrologie nicht einen einzigen Erkenntnisgrund dafür namhaft machen, warum gerade den einzelnen Tierkreiszeichen und Planeten diese oder jene Bedeutung zukommt, warum man aus der Gestirnstellung in den einzelnen „Häusern" gerade auf die von der Überlieferung bezeichneten Lebens- und Schicksalsbereiche zu schließen habe usw. Eine solche von vornherein aussichtslose Beweisführung wird darum auch von den modernen Verfechtern der Astrologie gar nicht versucht. Sie beschränken sich vielmehr darauf, a) die grundsätzliche Möglichkeit astrologischer Zusammenhänge darzutun, und b) die astrologische Tradition als durch die Erfahrung bestätigt hinzustellen.

Ad a) Die grundsätzliche Möglichkeit astrologischer Zusammenhänge wird entweder durch eine kausale Erklärung oder durch das Bestehen einer „Entsprechung" zwischen Kosmos und Erde darzutun versucht.

Die kausale Erklärungshypothese weist auf den Strahlungseinfluß der Gestirne hin, von dem nur ein kleiner Teil der offiziellen Wissenschaft bekannt sei. Diese Tatsache ist richtig (siehe oben), doch die uns bekannten, bereits skizzierten Strahlungseinflüsse von Sonne, Mond und eventueller anderer Gestirne zeigen ausnahmslos nur eine Abhängigkeit der jeweiligen physikalischen oder biologischen Abläufe vom Rhythmus der Strahlung und daher eine zeitliche Parallele von Strahlung und Abläufen, nirgends aber eine dauernde Prägung und Gestaltung biologischer Gegebenheiten und künftiger Abläufe durch eine einmalige Strahlung in einem bestimmten Zeitpunkt. Dies muß aber die kausale astrologische Theorie behaupten, um das Geburtshoroskop irgendwie zu erklären. Außerdem ist es unverständlich, warum der menschliche Embryo, der schon durch 9 Monate vorher ununterbrochen den kosmischen Strahlungen ausgesetzt war und nach der Geburt weiterhin ausgesetzt bleibt, gerade in dem Augenblick der Geburt eine für sein ganzes Leben entscheidende Empfänglichkeit für die kosmische Strahlung besitzen sollte. Diesem naheliegenden Einwand sucht man allerdings damit zu begegnen, daß der entscheidende Gestirneinfluß schon im Zeitpunkt der Empfängnis erfolge; nach dieser Auffassung vertritt das Geburtshoroskop, an dem man aus praktischen Gründen festhält, das eigentlich maßgebliche Empfängnishoroskop. Dieser Rettungsversuch

[1]) Siehe oben S. 155 Anm. 1.

für die kausale Theorie scheitert jedoch daran, daß die wirkliche Schwangerschaftsdauer innerhalb ziemlich weiter Grenzen schwankt und daher das Geburtshoroskop, für das ja die genaue Geburtsminute maßgebend ist, niemals mit dem Empfängnishoroskop parallel gehen kann; auch würde bei einem Aufenthaltswechsel der Mutter zwischen Empfängnis und Geburt die geographische Lage, von der das Geburtshoroskop ja ebenfalls abhängt, nicht stimmen. Denkbar wäre noch ein Erklärungsversuch dahin, daß durch die verschiedene zeitliche Eingliederung der Schwangerschaftsdauer in die Jahresperiode (deren Einfluß auf die biologischen Abläufe anzuerkennen ist), bzw. durch die Reifung der Keimzellen zu den verschiedenen Zeitpunkten des Jahres, unterschiedliche Entwicklungsbedingungen für die Keimzellen, bzw. den Embryo gegeben seien. Durch eine solche Hypothese könnte zwar keineswegs die astrologische Schicksalsdeutung, aber doch die Behauptung der Vulgärastrologie von den verschiedenen Menschentypen der im Laufe eines Jahres Geborenen plausibel gemacht werden. Allein auch diese theoretische Möglichkeit steht mit unserem erbbiologischen Erfahrungswissen in Widerspruch: die Ausprägung des körperlichen Konstitutionstyps und des seelischen Charaktertyps erfolgt im wesentlichen durch die Kombination der vorgegebenen väterlichen und mütterlichen Erbeigenschaften und nicht erst durch Umwelteinflüsse während der Keimzellenreifung oder der embryonalen Entwicklung.

Die meisten modernen Astrologen verzichten deshalb auch auf jeden kausalen Erklärungsversuch und begründen die Möglichkeit der von der Astrologie behaupteten Zusammenhänge mit einer (nicht kausalen) „Entsprechungs-Beziehung" zwischen dem Geschehen in dem ungeheuren Raum des Weltalles als Ganzen (dem Makrokosmos) und dem Geschehen auf der Erde als dessen winzig kleinen Teil (dem Mikrokosmos). Der kosmisch gebundene Urmensch habe noch diese Zusammenhänge aus den optisch wahrnehmbaren Gestirnungen des Himmels zu erfühlen vermocht — als Niederschlag hievon seien die traditionellen Regeln der Astrologie erhalten geblieben. Auch gegenüber solchen Gedankengängen ist die Möglichkeit eines Makro-Mikrokosmos-Zusammenhanges zuzugeben und unser modernes naturwissenschaftliches Weltbild drängt sogar zu einer grundsätzlich ähnlichen Auffassung[1]). Aber auch von einer solchen Einordnung des Erdgeschehens in eine größere Ordnung des Weltgeschehens führt keine Brücke zu den einzelnen Regeln der traditionellen Astrologie, die in ihrer Plattheit gewiß nicht geeignet sind, in solche letzte Zusammenhänge einzudringen. Das Bestehen derartiger Zusammenhänge kann der Mensch vielleicht erahnen, aber ihre Erfassung im einzelnen ist ihm verwehrt. Im übrigen steht die astrologische Praxis mit einer solchen Auffassung im Widerspruch (was meistens verkannt wird): denn diese Auffassung setzt ein gesetzmäßig geordnetes Weltganzes voraus, innerhalb dessen auch

[1]) So erkannte die moderne Atomforschung im Aufbau des Atoms, in welchem die Elektronen um einen Kern kreisen, ein Sonnensystem im kleinen.

im Mikrokosmos der Erde nichts zufällig geschieht und nichts geändert werden kann[1]). Die astrologischen Praktiker geben aber Ratschläge für den Zeitpunkt einzelner Unternehmungen, Vornahme einer Operation usw., was nur einen Sinn haben kann, wenn durch Befolgen oder Nichtbefolgen des Ratschlages das Erdgeschehen geändert werden kann (wodurch sich dann auch das „entsprechende" Geschehen im Makrokosmos ändern müßte!).

Ad b). Unabhängig von jedem Erklärungsversuch sucht man die astrologischen Lehren auf ihre angebliche Übereinstimmung mit der täglichen Erfahrung zu stützen. Wenn man die Sache auch nicht erklären könne, so müsse doch etwas daran sein, weil die gestellten Horoskope angeblich vielfach stimmen! Und auch die Statistik hat man zu solchen Erhärtungen oft herangezogen[2]). Aber nur eine völlig unkritische Einstellung vermag in solchen Versuchen eine tatsächliche Verifikation der astrologischen Lehre zu erblicken. Die meisten der immer wieder angeführten historischen „Treffer" astrologischer Wahrsagekunst erweisen sich bei quellenmäßiger Überprüfung als wertlos: die Unstimmigkeiten werden meistens übersehen oder übergangen und die angebliche Übereinstimmung oft nur durch eine willkürliche Deutung des Horoskopes erreicht[3]). Völlig unbeweisend ist es auch, wenn ein Horoskopempfänger selbst die Richtigkeit der Deutung bestätigt, da es in der Psychologie des Wahrsageglaubens begründet ist, nur die (annäherungsweisen) Übereinstimmungen zu beachten und alles andere zu übersehen. Auch fehlt in den Statistiken naturgemäß eine Gegenüberstellung mit den unzähligen Horoskopen, die ausgesprochene Nieten waren und die daher niemand registrierte[4]). Ebensolche Fehlerquellen hat der Versuch, durch statisti-

---

[1]) Diese notwendige Folgerung, die auch zu einem Gegensatz zur christlichen Lehre von der Freiheit des Menschenwillens führen mußte, suchte die zünftige Astrologie allerdings zu vermeiden, indem sie den Satz aufstellte: *Inclinant astra, non necessitant.* Danach sei durch den Einfluß der Sterne nur eine gewisse Neigung (Disposition, Wahrscheinlichkeit eines Geschehens) gegeben und der Mensch habe innerhalb der dadurch gegebenen Möglichkeiten noch ein Betätigungsfeld für seinen freien Willen. Sobald man aber ein solches vom Kosmos unabhängiges Eingreifen anerkennt, ist die Annahme einer Entsprechung von Makrokosmos und Mikrokosmos unhaltbar.

[2]) In neuerer Zeit wurde ein solcher Versuch insbesondere von *Klöckler*, Astrologie als Erfahrungswissenschaft, Leipzig 1927 (mit einem Geleitwort von Hans Driesch!) und von *Karl-Ernst Krafft*, Traité d'Astro-Biologie, Paris et Lausanne 1939, unternommen.

[3]) So wird z. B. als „Treffer" angeführt, daß *Kepler* den Tod Wallensteins für das Jahr 1634 richtig voraussagte, während ein genaues Studium der *Kepler*schen Horoskope für Wallenstein von 1608 und 1625 ergibt, daß *Kepler* lediglich mit der Berechnung der Direktionen im 2. Horoskop beim Jahre 1634 aufhörte, aber mit keinem Wort den Tod für dieses Jahr andeutete, während die Todesgefahr für das 28., 32., 40. und 70. Lebensjahr Wallensteins (der tatsächlich im 51. Lebensjahr starb) berechnet wurde (vgl. hiezu *Henseling*, Umstrittenes Weltbild, Leipzig 1939, S. 32ff.).

[4]) Nur soweit solche falsche Voraussagen besonderes Aufsehen erregten, sind sie uns überliefert. Beispiele hiefür bilden die Prophezeiungen des Weltunterganges für die Jahre 1186 und 1524, die von den Astrologen wegen der Konjunktion mehrerer Planeten errechnet wurden. Besonders falsch waren auch die Voraussagen für 1927 (*Hartung*, Bilanz der Astrologie, Archiv 89 S. 230).

sche Methoden das Bestehen einer „astralen Heredität" darzutun, um die Astrologie mehr in Einklang mit den Ergebnissen der Erbbiologie zu bringen. Da man deren Ergebnisse nicht leugnen kann (wonach die wesentlichen Eigenschaften eines Menschen erbbedingt sind), sucht man nachzuweisen, daß mit dieser Vererbung auch eine Gleichheit der Geburtshoroskope parallel geht. Doch beweist z. B. eine Häufung des gleichen Sonnenstandes bei den Geschwistern einer Familie herzlich wenig, da in vielen Ehen teils infolge des Umstandes, daß nach einer Schwangerschaft die Konzeptionsfähigkeit der Frau meist gerade nach einem Jahr wieder eintritt, und teils infolge Gewöhnungen im Eheleben die Zeugungen öfters in die gleiche Jahreszeit fallen. Man hat schließlich auch versucht, die Geburtshoroskope von Verbrechern statistisch auszuwerten. Wegen des Interesses, das die Kriminologie an solchen „Forschungen" nehmen müßte, wenn ihnen irgend ein Erkenntniswert zukäme, sei auf ein einziges Beispiel hier eingegangen. *Klöcker* hat, soweit er die Geburtsdaten von Mördern, Sexualverbrechern, Dieben, Betrügern usw. sich beschaffen konnte, die Geburtshoroskope vergleichend-statistisch gegenübergestellt und glaubt, daraus auffallende Häufungen (gegenüber der an sich wahrscheinlichen Verteilung nach dem Gesetz der großen Zahl) feststellen zu können[1]). Innerhalb der Mörder bespricht er auch 14 Sexualmörder, bei denen sich der Sonnenstand im Tierkreis zur Zeit der Geburt folgendermaßen verteilte: 2 Widder, 1 Krebs, 1 Stier, 1 Löwe, 3 Waage, 3 Skorpion, 1 Schütze, 2 Steinbock. Er erläutert: „Die Sonne steht am häufigsten im Skorpion, dem eigentlichen Sexualzeichen." Wenige Seiten später wird eine Statistik über 33 Sittlichkeitsverbrecher (aus dem deutschen Fahndungsblatt von 1925) gebracht mit dem Ergebnis: „Sonne relativ stark betont in Zwillingen, Krebs, Schütze und Steinbock, also sonderbarerweise in je zwei Gegenzeichen." Also nicht im „eigentlichen Sexualzeichen" Skorpion! Und mit keinem Wort wird auf diesen Widerspruch der Ergebnisse hingewiesen oder gar hiefür eine Erklärung gegeben. In Wahrheit bedeutet bei so kleinen Zahlenreihen auch eine tatsächliche Häufung desselben Tierkreiszeichens gar nichts, da sie zufallsbedingt ist; und dort, wo größere Reihen herangezogen werden (wie z. B. bei der Statistik über 392 Betrüger), ist die Verteilung bereits dem Gesetz der großen Zahl tatsächlich angenähert[2]), so daß sich bei objektiver Beurteilung aus allen diesen Statistiken[3])

---

[1]) *Klöckler*, a. a. O. S. 249ff.

[2]) Der Sonnenstand im Tierkreis verteilte sich bei den 392 Betrügern folgendermaßen: 9,7% Widder, 7,65% Stier, 8,69% Zwillinge, 7,91% Krebs, 7,14% Löwe, 6,88% Jungfrau, 8,42% Waage, 8,16% Skorpion, 8,42% Schütze, 8,69% Steinbock, 7,40% Wassermann, 10,97% Fische. Also eine fast völlig gleichmäßige Verteilung auf das ganze Jahr, wobei die leichte Häufung in den Fischen dem allgemeinen Ansteigen der Jahresgeburtenkurve im Februar entspricht. *Klöckler* aber registriert dieses Ergebnis mit dem Hinweis, daß das Zeichen Fische nach der astrologischen Tradition dem 12. Felde „der geheimen Absichten usw." entspräche!

[3]) Eine andere Methode zur empirischen Überprüfung der astrologischen Lehren könnte darin bestehen, die Charakterartung und die Lebensläufe der

gerade das Gegenteil ergibt: die Irrelevanz der Geburtszeit für den Verbrechertyp und somit ein Argument gegen die Astrologie.

So bleiben von den vielbeschworenen Erfahrungsbelegen für die astrologische Lehre bei kritischer Prüfung lediglich einige wenige Einzelfälle übrig, in denen eine quellenmäßig überlieferte astrologische Vorhersagung tatsächlich eingetreten ist. Da ihnen, wie erwähnt, die große Zahl der (nur zu geringem Teil überlieferten) Nieten unter den Vorhersagungen gegenübersteht, sind sie ohne Bedeutung und in der Regel als Zufallstreffer zu werten. Außerdem kommt aber der Umstand in Betracht, daß die meisten Astrologen — teils bewußt, teils unbewußt — bei ihren Voraussagungen sich durch ihre sonstigen Kenntnisse von der Wesensart und den Wünschen desjenigen, für den das Horoskop erstellt wird, bei der Ausdeutung leiten lassen[1]). Infolge der überaus großen Mannigfaltigkeit der Deutungsmöglichkeiten ist es tatsächlich einem sein Handwerk beherrschenden Astrologen möglich, jede beliebige Vorhersagung aus jedem gegebenen Horoskop abzuleiten. *Boll* hat dies sehr schön am Beispiel des Horoskopes Goethes gezeigt: die von ihm zum Scherz ausgearbeitete Deutung, für die er durchwegs Regeln der astrologischen Tradition verwendete, bestätigt in der Tat alles, was uns von Goethe bekannt ist[2])! Daher erscheinen die erwähnten seltenen Treffer unter den bekannt gewordenen Horoskopen nicht als eine Bestätigung der Astrologie, sondern teils als Zufallstreffer, teils als Beispiele guter intuitiver Menschenerfassung und Schicksalsvorausschau, für die der Sternenstand nur scheinbar den Erkenntnisgrund bildete.

Wir fassen zusammen: Die tatsächlich bestehenden kosmischen Einflüsse auf das Erdgeschehen sind ganz anderer Art als die von der Astrologie behaupteten. Die Lehren der astrologischen Tradition gründen sich auf keine Form menschlichen Erkennens — sie sind weder erklärbar noch durch Erfahrung bestätigt —, stehen vielmehr mit unserer naturwissenschaftlichen (insbes. erbbiologischen) Erkenntnis in Widerspruch und

---

in einer Großstadt zur selben Zeit Geborenen vergleichend zu untersuchen und zu ermitteln, ob hier untereinander größere Übereinstimmungen bestehen als zwischen dieser und einer anderen Gruppe mit anderen Geburtszeiten. Aber solche Forschungen wurden von den Astrologen bisher nicht unternommen, sondern es wird nur in dieser Richtung auf einige historische Einzelfälle hingewiesen. So soll bei einem Tagelöhner, der zur gleichen Zeit und am gleichen Orte wie der spätere englische König Georg II. geboren wurde, der Zeitpunkt der Heirat, Anzahl und Geschlecht der Kinder und die Todesstunde übereingestimmt haben; als Quelle für diese Erzählungen werden jedoch nur „alte englische Zeitungen" (!) angeführt (*Klöckler* a. a. O. S. 34).

[1]) Daß dies insbes. auch *Kepler* in seiner astrologischen Praxis tat, hat er selbst in klarer Erkenntnis ausgesprochen: „Welcher Astrologus einige Sachen bloß und allein aus dem Himmel vorsagt und sich nicht fundiert auf das Gemüth, die Seele, Vernunft, Kraft oder Leibesgestalt desjenigen Menschen, dem es begegnen soll, der geht auf keinen rechten Grund und so es ihm schon gerate, sey es Glücksschuld." Vgl. *Wittlich*, Zur Kritik der Astrologie, Zschr. f. Menschenkunde XIV, S. 75f.

[2]) *Boll-Bezold-Gundl* a. a. O. S. 67ff. *Boll* selbst fügt bei, er hätte aus der Geburtskonstellation ebensogut entnehmen können, daß der Geborene dem Biß wilder Tiere erliegen werde.

gehören daher in das Gebiet des Aberglaubens. Das Stellen von Horoskopen (auch wenn es nach den Regeln der „höheren" Astrologie geschieht) sowie sonstige astrologische Voraussagungen sind deshalb Wahrsagerei und fallen unter die bestehenden Wahrsageverbote.

Ob bei entgeltlicher Ausübung daneben noch Betrug vorliegt, wird in der Regel davon abhängen, ob der astrologische Wahrsager an den Wert seiner „Leistung" ernstlich glaubt oder nicht. Die wirkliche Anwendung der Methode der „höheren" Astrologie (mit Berechnung des Aszendenten, der übrigen „Häuser"-Spitzen, des Planetenstandes, der Aspekte usw., s. oben) kann als Indiz für diesen guten Glauben angesehen werden, da die hiezu erforderliche Arbeitsleistung eine betrügerische Horoskopstellerei unrentabel machen würde. Doch ist darauf zu achten, ob nicht etwa die Anwendung dieser Methode bloß vorgetäuscht wurde[1]), was an Hand der obigen Darstellung genau zu prüfen ist. Wird z. B. nur die Angabe des Geburtstages verlangt (nicht auch der Geburtsminute und des -ortes), so kann bestenfalls nur die Methode der Vulgärastrologie angewendet werden. Hier wird zu prüfen sein, ob nach der Persönlichkeit des Horoskopstellers, seinem Bildungsgrad, den von ihm benützten Quellen, seiner bisherigen Praxis usw. anzunehmen ist, daß er selbst glaube, auf solch primitive Weise Zukünftiges[2]) voraussagen zu können.

Der Übergang zum offenkundigen Betrug ist dann gegeben, wenn zum Zwecke der gewerbsmäßigen Ausnützung schon vorbereitete Horoskope durch Vervielfältigung hergestellt werden oder wenn die Horoskopdeutung in Raten erfolgt, wobei den jeweils geforderten höheren Honoraren in Wirklichkeit geringere Leistungen gegenüberstehen. Es wird z. B. die Zusendung einer allgemeinen „Lebensdeutung" unentgeltlich oder gegen bloßen Ersatz der Portospesen angeboten; diesem liegt dann die Einladung zur Bestellung eines eingehenden „Lebenshoroskopes" bei, für das bereits ein beträchtliches Honorar verlangt wird, das aber erst recht allgemein gehaltene und geheimnisvolle Andeutungen enthält. Gleichzeitig aber wird für den Fall, daß der Empfänger dieses Horoskopes die genaue Beantwortung bestimmter Fragen wünscht, ein „Deutungsorakel" zu noch höherem Preis angeboten, das aber in Wirklichkeit ebenfalls nur vieldeutige Angaben macht und meist einen Hinweis enthält, daß Einzelheiten grundsätzlich nicht gegeben werden können[3]).

---

[1]) Manche astrologische Schwindelunternehmen geben sich den Schein, die Methode der höheren Astrologie anzuwenden, indem sie in ihren Horoskopen von Aszendenten, Gegenschein usw. reden, ohne jedoch die erforderlichen Berechnungen ausgeführt zu haben.

[2]) Sofern sich z. B. „Astro-Graphologen" u. dgl. darauf beschränken, Charakterdeutungen (ohne Voraussagen) zu geben, liegt allerdings kein Wahrsagen vor. Doch wird eine solche Beschränkung oft auch bloß angekündigt, um die Wahrsageverbote zu umgehen.

[3]) Bei *Streicher* a. a. O. S. 34ff. sind Beispiele solcher Horoskope „in Raten" wiedergegeben. Vgl. auch *Hellwig*, Moderne Astrologie, Archiv 33 S. 181.

c) Die Chiromantie.

Die überragende Bedeutung, die die eben behandelte Astrologie unter den Wahrsagekünsten seit ältester Zeit einnahm, führte dazu, daß auch andere Wahrsagemethoden mit der Astrologie in Verbindung gebracht wurden. Das gilt vor allem für die Handlesekunst oder Chiromantie[1]), worunter die Zukunftsdeutung aus den Linien der Handfläche und den sich auf dieser befindlichen Wölbungen (Ballen, „Bergen") zu verstehen ist. Sie ist wohl zu unterscheiden von der Chirognomik (vielfach unrichtig Chirognomie genannt), d. i. die Lehre von den Zusammenhängen zwischen Handgestaltung und Charakter, die somit nur ein Teilgebiet der viel allgemeineren Physiognomik ist[2]).

Der Ursprung der Chiromantie ist nicht geklärt. Innerhalb der wohlausgebildeten Wahrsagekunst der Babyloner scheint sie keinen Platz gehabt zu haben. Wohl aber war sie den alten Griechen bekannt, denn schon bei *Aristoteles* findet sich eine Stelle[3]), wonach mehrere zerrissene Handlinien als Vorzeichen eines kurzen Lebens, hingegen eine fleischige Handfläche mit ungebrochenen Linien als Vorzeichen eines langen Lebens gedeutet wird. Im 2. Jahrhundert n. d. Ztw. soll *Artemidoros aus Daldis* ein systematisches Buch über „Cheiroskopik" geschrieben haben, das jedoch nicht erhalten ist. In der hellenistischen Zeit wurden die 5 Finger auch schon den Planetengöttern zugeordnet, wodurch die bereits erwähnte Verbindung mit der Astrologie hergestellt war. Auch im Mittelalter scheint die Chiromantie weitergelebt zu haben, denn sie wird von der kanonischen Literatur seit *Thomas von Aquin* als verwerfliche Wahrsagemethode bekämpft. Aber erst vom Ausgang des Mittelalters an[4]) nimmt sie in Mitteleuropa einen jähen Aufschwung. Inwieweit hierfür das ungefähr gleichzeitige Erscheinen der Zigeuner in Mitteleuropa[5])

---

[1]) Kurze objektiv-kritische Darstellungen der Chiromantie finden sich bei *Streicher* a. a. O. S. 38ff. und *Boehm*, Artikel „Chiromantie" im Hdwb. d. d. Aberglaubens, Band 2 S. 38ff.; über ihre Geschichte vgl. auch *Kiesewetter*, Die Geheimwissenschaften, Leipzig 1895 S. 422ff.

[2]) Über Physiognomik vgl. 1. Bd. S. 166ff. Daß die Gestaltung der menschlichen Hand von Rasse, Konstitutionstyp, Geschlecht, Alter, Beruf usw. abhängig ist und dadurch auch gewisse Seiten der seelischen Eigenart des Menschen auszudrücken vermag, ist unbestreitbar, wenngleich die Zusammenhänge im einzelnen bisher nur zum Teil exaktwissenschaftlich erforscht sind. Schon *Aristoteles* hat auf diese Zusammenhänge hingewiesen; *Carus*, der sich mit dieser Frage besonders eingehend beschäftigte, unterschied als Haupttypen die elementare, die motorische, die sensible und die psychische Hand, während *D'Arpentigny* sechs Ausdrucksformen (elementare, spatelförmige, künstlerische, nützliche, philosophische, psychische Hand) und die aus diesen gemischten Handformen unterschied. Vgl. *D'Arpentigny*, Die Chirognomie, bearb. von *Schraishoun*, Stuttgart 1846; *Carus*, Symbolik der menschlichen Gestalt, erste Ausgabe 1858, neue Ausgabe 3. Auflage, Celle 1925. Nach *Kretschmer* (vgl. 1. Bd. S. 171) ist dem Leptosomen eine knochenschlanke Hand, dem Athletiker eine besonders große Hand und dem Pykniker eine weiche, mehr kurze Hand eigen, woraus sich entsprechende Zuordnungen zum schizotymen, viskösen und zyklotymen Temperament ergeben.

[3]) Historia animalium I, 15 p. 492 b 32.

[4]) Das älteste deutsche Werk: *Johann Hartlieb*, Die Kunst Ciromantia (1448) ist in einer faksimilierten Ausgabe (von *Weil*), München 1923, erschienen.

[5]) Siehe oben S. 96.

maßgeblich war, ist nicht genau feststellbar: jedenfalls brachten die Zigeuner ihre eigene Handlesekunst als sorgsam gehütete, von Generation zu Generation überlieferte Geheimwissenschaft[1]) bereits mit und ihre Regeln sind auch heute noch von der sog. „wissenschaftlichen" Chiromantie vielfach abweichend. Diese erlebte ihre Blütezeit und systematische Ausgestaltung in der Zeit vom 15. bis 17. Jahrhundert. Ihre berühmtesten Vertreter waren *Cokles*[2]), *von Hagen*[3]), *Cardanus*[4]), *Prätorius*[5]) und *Goclenus*[6]), bis ins 18. Jahrhundert war sie noch Vorlesungsgegenstand an den deutschen Universitäten. Ähnlich wie die Astrologie erlebte auch die Chiromantie im 20. Jahrhundert durch die (besonders nach dem ersten Weltkrieg einsetzende) Welle des Mystizismus eine Wiederbelebung, so daß es 1925 sogar zur Herausgabe einer Fachzeitschrift kam[7]). Auch diese neue Chiromantie fußte völlig auf dem überlieferten alten Aberglauben und suchte sich nur dadurch ein wissenschaftliches Mäntelchen umzuhängen, daß sie scheinbar eine Verbindung mit der ernsthaften Ausdruckskunde, der früher erwähnten Chirognomik, anstrebte. Während diese jedoch biologisch begründete und daher verstehbare Zusammenhänge zwischen Persönlichkeit und Handgestaltung zu erforschen sucht, blieb die Chiromantie — auch soweit sie (außer der Zukunftsdeutung) körperliche und seelische Eigenschaften aus der Hand zu erkennen behauptet — bei der (astrologisch beeinflußten) Ausdeutung von Äußerlichkeiten, für deren angeblichen Symbolwert es an jeglicher Erkenntnisquelle fehlt.

Dieses überlieferte System der Chiromantie verwendet als Deutungsgrundlage vor allem die Handlinien, deren wichtigste in Abbildung 66 dargestellt sind. Der Verlauf dieser Linien und die Stärke ihrer Ausprägung sind bei jedem Menschen verschieden, oft unterscheiden sich auch die Linienmuster beider Hände untereinander. Darum wird meistens bloß die linke Hand verwendet, manche ziehen aber auch beide Hände heran[8]).

---

[1]) Vgl. *v. Wlislocki*, Vom wandernden Zigeunervolke, Hamburg 1890 S. 236ff.; nach diesem glauben die Zigeuner, durch Mitteilung des Geheimnisses der Handlesekunst einen Verrat an den Toten zu begehen, von denen sie es übernommen haben.

[2]) Geb. 1467 in Bologna, woselbst sein Hauptwerk 1504 erschien.

[3]) Er nannte sich auch *Johannes ab Indagine* und war Pfarrer in Steinheim; von ihm erschienen mehrere Werke in Straßburg ab 1522.

[4]) Er widmete in seinem Hauptwerk, De rerum varietate, Basel 1557, der Chiromantie eine ausführliche Behandlung.

[5]) Er nannte bezeichnenderweise sein erstes einschlägiges Werk „Zigeuner-Charte oder Chiromantenspiel" (Nürnberg 1659); später erschienen Thesaurus Chiromantiae, Jena 1661 und Collegium curiosissimum, Frankfurt 1704.

[6]) Sein Hauptwerk war Aphorismorum chiromanticorium tractatus, Lichae 1597.

[7]) Sie nannte sich „Die Chiromantie, Monatschrift für wissenschaftliche Handlesekunst und medizinische Handdiagnostik", hgg. von *Issberner-Haldane*, der auch ein Buch „Wissenschaftliche Handlesekunst" (Berlin 1922) veröffentlichte.

[8]) In diesem Falle soll die linke Hand das Angeborene anzeigen, die rechte Hand das, was der Mensch daraus macht.

Als Hauptlinien gelten die Lebenslinie, die Kopflinie und die Herzlinie. Aus der Lebenslinie wahrsagt man vor allem die Länge des Lebens: je länger sie nach unten reicht, desto günstiger ist es; eine Unterbrechung der Linie deutet auf gewaltsamen Tod usw. Aus der Kopflinie schließt man einerseits auf die Verstandes- und Phantasietätigkeit, andererseits auf Krankheiten und Unfälle des Kopfes (Augenleiden, Gehirnkrankheiten, Melancholie, Irrsinn). Knoten in der Kopflinie werden auch als Neigung zum Verbrechen gedeutet. In analoger Weise schließt man aus der Herzlinie auf die Gemütsbeschaffenheit und auf Herzleiden. Von den zahlreichen Nebenlinien zeigt die Magenlinie den Gesundheitszustand im allgemeinen und besonders Magen- und Darmerkrankungen an. Aus der Apollo- oder Sonnenlinie schließt man auf die soziale Stellung, Ehren und Würden und aus der Saturn- oder Schicksalslinie werden die allgemeinen Lebensschicksale gedeutet. Von den weiteren Nebenlinien, die nur bei manchen Menschen ausgebildet sind, weisen die Marslinie auf zu bestehende Kämpfe und der „Venusgürtel" auf moralische Lebensführung hin. Aus der sog. Raszette, die in mehreren parallelen Linien den Handansatz gleich einem Armband umläuft, schließt man ebenfalls auf Länge und glückhafte Umstände des Lebens, ihre klare Ausprägung ist daher günstig. Weiters können noch die durch den Schnitt dieser Linien gebildeten Figuren herangezogen werden, so besonders die „große Triangel" (das durch die Lebens-, Kopf- und Magenlinie gebildete Dreieck), der „Tisch" (das von der Herz-, Magen-, Kopf- und Saturnlinie gebildete längliche Viereck), aus dem z. B. auf das Verhältnis zu den Mitmenschen geschlossen wird, und die „kleine Triangel" (das durch die Magen-, Kopf- und Saturnlinie gebildete Dreieck), das für geistige Arbeiter unerläßlich sein soll.

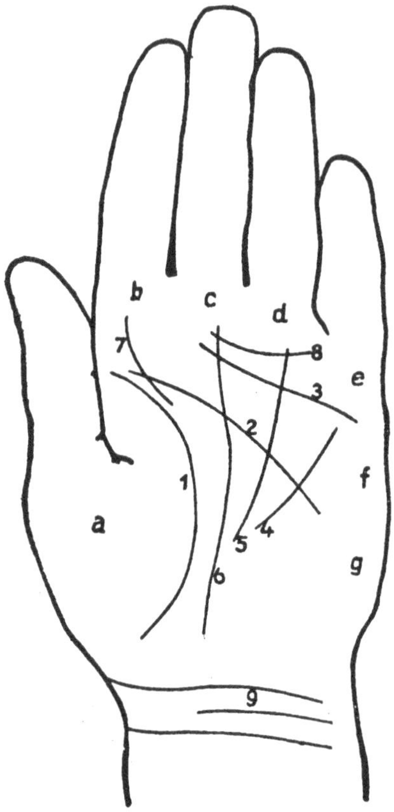

Abb. 66: Handlinien und Handberge 1) Lebenslinie, 2) Kopflinie, 3) Herzlinie, 4) Magenlinie, 5) Sonnenlinie, 6) Schicksalslinie, 7) Marslinie, 8) Venusgürtel, 9) Rascette; a) Venusberg, b) Jupiterberg, c) Saturnberg, d) Sonnenberg, e) Merkurberg, f) Marsberg, g) Mondberg.

Die zweite Deutungsgrundlage bilden die „Berge", die hauptsächlich aus den Ballen unter den fünf Fingern bestehen und deren Deutung sich aus der schon erwähnten astrologischen Zuordnung der Finger zu den einzelnen Planeten ergibt. So wahrsagt man aus der Gestaltung des „Venusberges“, des Daumenballens, das Liebesleben: besonders starke Entwicklung des Ballens läßt auf erhöhte Sinnlichkeit und Genußsucht schließen und zwar besonders, wenn der Ballen durch zahlreiche, kreuz und quer verlaufende Furchen („Venuslinien“) durchzogen ist, was manche als Anzeichen von Perversitäten deuten. Ein wohl ausgebildeter Jupiterberg (unter dem Zeigefinger) läßt auf Ehrgeiz, Religiosität, Naturliebe und Frohsinn schließen, während man aus dem Saturnberg (unter dem Mittelfinger) äußere Glücksumstände und Klugheit wahrsagt. Ein gewölbter Sonnenberg (auch Apolloberg, unter dem Ringfinger) weist vor allem auf Kunstsinn und Genialität und ein gut entwickelter Merkurberg (unter dem Kleinfinger) auf Erfolge durch kaufmännische Tätigkeit, aber auch auf geistiges Schaffen hin. Den beiden restlichen der 7 alten Planeten, dem Mond und dem Mars, werden meist die Wölbungen an der dem Daumen gegenüberliegenden Kante der Handfläche zugeordnet, wobei der untere Teil (als „Mondberg“) auf Keuschheit, Sanftmut, Sentimentalität und Schwärmerei und der oberhalb liegende „Marsberg“ auf Mut und Entschlossenheit schließen läßt[1]). Bei mangelhafter Entwicklung der betreffenden Wölbungen wird das Gegenteil gewahrsagt und alle diese Deutungen werden mit denen der Handlinien kombiniert.

Dem Daumen schreiben manche auch noch eine Sonderbedeutung zu, die sich aus dem Größenverhältnis der beiden Glieder ergibt: ein langes Nagelglied deute auf Vorherrschaft des Willens, allenfalls auf Herrschsucht, ein langes Mittelglied hingegen auf Vorherrschaft des logischen Denkens.

Abweichend hievon sind die Regeln der zigeunerischen Handlesekunst. Nach *v. Wlislocki* deutet eine aus vielen Falten bestehende Raszette auf künftigen Reichtum und Ansehen. Reicht die Lebenslinie (von den Zigeunern *trusul* = Kreuz genannt) bis in die Raszette, so bedeutet dies bei jungen Frauen und Mädchen großen Kinderreichtum, bei älteren Frauen Freude und Glück, bei Männern Reichtum durch eine Heirat oder sonst durch eine Frau. Viele kleine Falten auf dem Daumenballen (der aber in der Chiromantie der Zigeuner nicht Venusberg, sondern *pcabay* = Apfel genannt wird) lassen auf kurzes Leben voller Krankheit, Elend und verfehlter Ehe schließen. Durchquerung der Gelenksfalten des Daumens durch viele kleine Falten bedeutet Glück, ebenso ein glatter, gewölbter „Apfel“. Höchstes Glück hat aber derjenige zu erwarten, bei dem die Lebenslinie mit der Kopflinie (zigeunerisch *kàmekostràf* = Sonnenschein) verbunden ist. Schneidet aber die Schicksalslinie (zigeunerisch *sap* = Schlange) die Kopflinie, dann werden Neider und Feinde das Leben verbittern. Ein Fehlen der Schicksalslinie ist hingegen ein gutes Zeichen und zwar besonders, wenn die Gelenksfalten des Mittelfingers tief ausgeprägt sind; ist außerdem der Saturnberg noch stark erhoben, so deutet dies auf Glück in der Ehe. Durchziehung des Saturnberges von kleinen Falten weist auf baldige Heirat hin. Schneidet die Herzlinie (zigeunerisch *cougni bengeskro* = Peitsche des Teufels) die Lebenslinie und die Kopflinie, dann wird der Betreffende aus eigener Schuld Not und Unbill erleiden, denn solche Leute sind gewöhnlich falsch, geizig und gehässig. Reicht die „Peitsche

[1]) Manche ordnen aber dem Mars auch die Mitte der Handfläche als „Marstal“ zu.

des Teufels" nicht bis zur Kopflinie und ist sie vielmehr mit der Schicksalslinie verbunden, so stirbt der Betreffende eines unnatürlichen Todes und zwar kommt er durch Wasser um, wenn der Raum ober der Herzlinie faltenlos ist, durch Feuer, wenn sich hier viele kleine Falten befinden. Reicht jedoch die Herzlinie bis zur Kopflinie und zeigen der Ringfinger und der kleine Finger bei den Gelenken zahlreiche Falten, so deutet dies auf hohes Alter in steter Gesundheit. Im allgemeinen lassen lange, schmale Finger (besonders wenn die Innenflächen von zahlreichen Falten kreuz und quer durchzogen sind) auf viele Krankheiten, hingegen kurze, dicke Finger auf Gesundheit und Wohlergehen schließen.

d) Geomantie und Punktierkunst.

Eine gegenwärtig mehr in Vergessenheit geratene Wahrsagemethode ist die sog. Punktierkunst[1]), die sich am Ende des 15. Jahrhunderts zu einem komplizierten System entwickelt hatte und von *Cornelius Agrippa* — ähnlich wie wir dies bei der Chiromantie gesehen haben — mit der Astrologie in Beziehung gebracht wurde. Wie weit diese Methoden mit der uralten „Geomantie" der Chaldäer in Beziehung stehen, ist fraglich. Darunter verstand man das Wahrsagen aus Figuren, die der Zufall aus Sand bildet[2]). Zu diesem Zwecke goß man Sand auf eine Fläche aus und deutete die entstandenen Gebilde, ähnlich wie sich dies im Brauch des Bleigießens in der Silvesternacht bis heute erhalten hat[3]).

Die Punktierkunst *Agrippas* bestand im wesentlichen darin, daß in den Sand (oder auch auf einem Blatt Papier) 16 Reihen Punkte gemacht wurden, ohne daß die Zahl der Punkte der einzelnen Reihen gezählt wird. Ergibt sich auf diese Weise in einer Reihe eine gerade Zahl von Punkten, so wird dies mit zwei kleinen Kreisen, im Falle einer ungeraden Zahl mit einem kleinen Kreis angedeutet. Für je vier Punktreihen werden diese Zeichen zu Siegeln zusammengefaßt, die als „Mütter" bezeichnet werden. Durch andere Kombination der einzelnen Zeichen (Zusammenfassung der je ersten Zeichen usw.) werden die vier „Töchter" gebildet und durch weitere Kombination vier „Projektionen". Diese 12 Figuren werden dann in die 12 Häuser des Horoskopes eingetragen, wobei die erste „Mutter" in jenes Haus kommt, das man als Restzahl erhält, wenn man die Gesamtzahl der ursprünglich gesetzten Punkte durch 12 dividiert. Jedem der 12 Siegel wird eine bestimmte Wahrsagedeutung zugesprochen,

[1]) Vgl. *Lehmann* a. a. O. S. 53 und 215f. und *Streicher* a. a. O. S. 43ff. Eine volkstümliche Darstellung enthält *Geßmann*, Katechismus der Wahrsagekünste, Berlin 1892. Um die Wende zum 20. Jahrhundert kam die Punktierkunst wieder mehr in Mode und dementsprechend warf die auf den Aberglauben der Bevölkerung spekulierende Schundliteratur zahlreiche einschlägige Anleitungen, die meistens anonym erschienen, auf den Büchermarkt, z. B. Die vollkommene Punktierkunst, 12. Auflage (!), Wien 1903.

[2]) Der Ausdruck Geomantie wurde jedoch auch noch für eine andere antike Wahrsagemethode verwendet, die der ursprünglichen Wortbedeutung entspricht: für das Wahrsagen aus Erscheinungen der Erde (Erdbeben, unterirdischen Geräuschen u. ä.), die allerdings nur in vulkanischen Gegenden häufiger vorkommen.

[3]) Eine andere Abart dieser Methode ist das Wahrsagen aus den zufälligen Figuren, die der Kaffeesatz bildet, eine Methode, die auch — vorwiegend bei Frauen geringen Bildungsgrades — bis in die Gegenwart geübt wird. Die näheren Deutungsregeln siehe bei *Streicher* a. a. O. S. 58ff.

die noch durch die Bedeutung des betreffenden Horoskophauses näher bestimmt und mit ihr kombiniert wird.

Die späteren Methoden, wie sie z. B. von *Geßmann* geschildert werden, suchen durch Verwendung von komplizierten Tafeln die naive Plattheit dieses ganzen Verfahrens zu verbergen und so die Methode dem neuzeitigen Geschmack anzupassen. Der Ausgangspunkt ist jedoch grundsätzlich derselbe: derjenige, dem geweissagt werden soll, hat — ohne zu zählen — eine größere Anzahl von Punkten in mehrere Reihen zu setzen und zwar entgegengesetzt der Schreibrichtung (also von rechts nach links). Meist wird verlangt, daß der Betreffende dabei seine Gedanken und seinen Willen auf die zu beantwortende Frage zu richten hat. Hierauf werden die Punkte durch 12 geteilt und die Restzahl ergibt den sog. „Radix". Weitere Tabellen geben für jede solche Wurzelzahl ein bestimmtes Tierkreiszeichen und eine weitere Hilfszahl an, unter der man dann in einer dritten Tabelle nachschlägt, um daselbst schließlich den Antwortschlüssel zu finden. Bei einer Abart dieser Methode sind bereits bestimmte Fragen vorgesehen (z. B. was für einen Ausgang eine bestimmte Angelegenheit nehmen werde, ob man reisen solle, ob ein Kranker genesen werde, ob man gestohlene Dinge zurückerhält usw.) und für jede Frageart besteht ein eigener Antwortschlüssel in Gestalt eines Quadrates, dessen 256 Felder mit scheinbar sinnlos angeordneten Buchstaben versehen sind. Mit der Restzahl, die man durch das Punktieren und Dividieren erhalten hat, beginnt man die Felder zu zählen, fängt aber nach 9 immer wieder mit 1 an und schreibt die Buchstaben heraus, die auf die Ziffer 9 entfallen. Diese Buchstaben ergeben tatsächlich eine sinnvolle Antwort auf die betreffende Frage, was auf den Uneingeweihten besonders verblüffend wirkt und ihn im Glauben an den Wert der Punktierkunst bestärkt. Dieses komplizierte Findenlassen der Antwort ist selbstverständlich für das Ergebnis der Wahrsagung völlig bedeutungslos: ebensogut hätte bei jeder Frageart schon für jede Restzahl unmittelbar die Antwort angegeben sein können; aber dann würde bei der Kundschaft des Wahrsagers nicht jener Eindruck des Geheimnisvollen und Wunderbaren entstehen, auf den die gewerbsmäßigen Wahrsager als wirksamsten Bundesgenossen rechnen.

Bei den Zigeunern ist noch eine Wahrsagemethode in Brauch, die an die vorhin erwähnte alte Geomantie erinnert, bei der aus Zufallsfiguren die Zukunft gedeutet wird: statt Sand verwenden die Zigeuner Stechapfelsamen[1]), den sie auf eine „Zaubertrommel" schütten. Diese besteht aus einem mit einer Tierhaut bespanntem Holzreifen: das hiefür verwendete Holz muß unter gewissen Bedingungen geschlagen worden sein, die Haut muß von einem zu bestimmter Zeit gestohlenen Tier herrühren. Auf der Tierhaut sind mehrere Striche — meistens 9 — gezeichnet (siehe Abb. 67). Es werden nun z. B. 9 Samenkörner auf die Trommel geworfen und mit der linken Hand durch Schläge auf die Seitenwand

[1]) Über die sonstige Bedeutung des Stechapfels bei den Zigeunern siehe oben Seite 140f.

der Trommel in Bewegung gesetzt. Je nachdem die Körner innerhalb oder außerhalb der Striche zu liegen kommen, wird auf Erfolg oder Mißerfolg geschlossen; bei den innerhalb der Striche liegenden Körnern entscheidet wieder die Lage oberhalb oder unterhalb des Mittelstriches darüber, ob eine Frau oder ein Mann zum Gelingen beitragen werden usw. Seltener sind solche Zaubertrommeln mit 18 oder 21 Strichen, bei denen naturgemäß die Ausdeutungsregeln noch viel mannigfaltiger sind. Die Zaubertrommel wird nicht nur bei Inangriffnahme von Unternehmungen und in Liebesfragen verwendet, sondern sie dient auch zur Entdeckung von Dieben und in dieser Hinsicht genießt der Apparat ein besonderes Ansehen. Daß solche Wahrsagereien einen groben Unfug darstellen, der sich auch auf die Arbeit des Kriminalisten störend auswirken kann (weshalb es für diesen wichtig ist, solche Dinge zu kennen), zeigt folgender Fall:

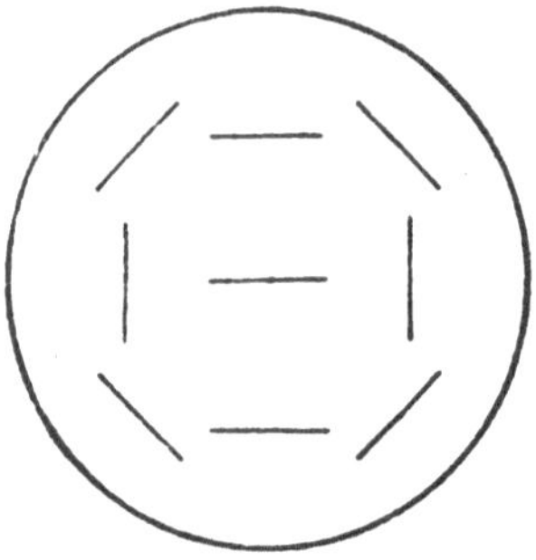

Abb. 67: Anordnung der Striche bei einer zigeunerischen Zaubertrommel.

Vor Jahren kam einmal bei einem großen Bezirksgerichte im Laufe von wenigen Tagen eine auffallend große Anzahl von Diebstählen zur Anzeige. Meistens war die Tat schon vor langer, oft sehr langer Zeit begangen und seinerzeit entweder gar nicht oder doch nur so angezeigt worden, daß niemand der Tat verdächtigt werden konnte. Alle diese zahlreichen, plötzlich vorgebrachten Anzeigen stimmten darin überein, daß der Täter mit voller Sicherheit genannt wurde, daß aber nirgends bestimmte oder überzeugende Gründe dafür angegeben werden konnten, weshalb gerade dieser oder jener den oft schon halb vergessenen Diebstahl begangen haben solle. Als nun gar eine alte Bäuerin mit einem vor dreißig Jahren an ihr begangenen, allerdings sehr beträchtlichen Gelddiebstahl angerückt kam und als den Täter mit aller Sicherheit ihren eigenen Bruder bezeichnete, mit dem sie bisher in bestem Frieden gelebt hatte, der ein angesehener, rechtschaffener Mann und zur Zeit der Anzeige Bürgermeister war, da nahm man die Alte ernstlich ins Gebet und erfuhr nun, daß kürzlich eine „berühmte" Zigeunermutter in der Gegend gewesen war, die mit ihrer Zaubertrommel Wunder wirkte, großen Zulauf fand und unter anderem der genannten Frau gesagt hatte, den befragten Diebstahl habe ein naher Verwandter begangen, der nun eine „hohe Stelle" bekleide. Da die Frau nun keinen hochgestellten nahen Verwandten besaß, so mußte natürlich der arme Bruder-Bürgermeister herhalten. Eingehende Erhebungen taten dann dar, daß ausnahmslos alle damaligen auffälligen Anzeigen auf der Zaubertrommel der Zigeunermutter entstanden waren, und es hätte, wenn die Anzeigen vereinzelt geblieben wären und sich nicht so auffällig gehäuft hätten, viel Unheil entstehen können, jedenfalls wäre manche überflüssige Arbeit entstanden.

e) Das Kartenschlagen.

Unter den Wahrsagemethoden ist das Kartenschlagen oder Kartenlegen von besonders großer Bedeutung, da dieses Mittel, die Zukunft oder sonst Unbekanntes zu erfragen, mehr verbreitet und von Einfluß ist, als die meisten Menschen glauben. Das Weissagen aus Karten ist so alt als die Karten selbst[1]) und seit deren Erfindung hat es zu keiner Zeit an unwissendem Volk und an Leuten der höchsten Intelligenz gemangelt, die sich dem bestrickenden Zauber der geheimnisvollen Kartenlage hingegeben haben. Da sich bei dieser Methode der Wahrsagevorgang in Gegenwart des Fragenden abspielt und dieser Zeuge ist, wie sich das, was „in den Karten steht", langsam vor ihm enthüllt, wirken sich auch alle jene Momente, die dem Wahrsagen für die meisten Menschen einen besonderen Reiz verleihen und die wir bereits gewürdigt haben[2]), beim Kartenlegen besonders stark aus. Und so kommt es, daß die Kartenschlägerin zu allen Zeiten ihres Daseins nicht bloß unzählige Herzensfragen bestimmt, sondern auch manche Kriege entfacht, viele diplomatische Angelegenheiten beeinflußt und vor allem zahlreiche Kriminalisten irregeführt hat[3]). Der Beschädigte geht oft zuerst zur Kartenschlägerin und dann zur Behörde; er kommt auf diese Weise schon mit sehr bestimmten Ansichten über die Person des Täters, ohne daß er aber greifbare Tatsachen für seinen Verdacht angeben kann. Dennoch hat sich schon mancher U. (in der Annahme, daß der Geschädigte aus irgendwelchen Gründen die Quelle seines Verdachtes nicht angeben wolle) verleiten lassen, die angegebene falsche Spur zu verfolgen und eine vielleicht schon gefundene richtige zu verlassen. Oft werden auch natürliche Erkrankungen, besonders chronische Magen-, Darm- und Leberleiden, durch Kartenschlägerinnen auf verbrecherische Vergiftungen zurück-

[1]) Die Geschichte der Spielkarten ist nicht völlig geklärt. Innerhalb Europas werden sie erstmals in Italien in einer aus dem Jahre 1299 stammenden Handschrift genannt (und zwar mit dem Ausdruck *naibi*) und wurden bald darauf auch in Deutschland und Spanien bekannt; dort wurden sie *naipes* genannt. Beide Ausdrücke hängen offenbar mit dem hebräischen *naibes* = Zauber, Wahrsagung und dem arabischen *nabi* = Prophet zusammen (vgl. *Breitkopf*, Versuch den Ursprung der Spielkarten in Europa zu erforschen, Leipzig 1784). Daher ist anzunehmen, daß die Karten im Orient, von wo sie über Italien nach Europa kamen, ursprünglich weniger zu Spielzwecken als zu Wahrsagezwecken verwendet wurden. Hiefür spricht auch, daß die Tarockkarten, die schon bei den alten Ägyptern in Gebrauch gewesen sein sollen, auch heute noch Bilddarstellungen tragen, die an die Symboldeutungen von Wahrsagekarten erinnern (z. B. Liebe, Gerechtigkeit, Tod, Fruchtbarkeit usw.). Zur Verbreitung des Wahrsagens „aus den Karten" in Europa haben die Zigeuner seit ihrer Einwanderung sehr beigetragen; möglicherweise haben sie auch, unabhängig von der orientalischen Wahrsagerei, die Kenntnis dieser Kunst aus ihrer indischen Heimat mitgebracht, was sich jedoch nicht sicher feststellen läßt. Wohl die berühmteste Kartenlegerin der Neuzeit war die Französin *Marie Anne Lenormand* (1772—1843), die zur Zeit der französischen Revolution der damals eingekerkerten Josephine Beauharnais (der späteren Gattin Napoleons) den Tod ihres damaligen Ehegatten und eine zweite Vermählung „mit einem zu höchster Würde emporsteigenden Soldaten" vorausgesagt hat und deren Wahrsagekunst bald Weltruhm erlangte; sie verwendete jedoch das Kartenschlagen in Verbindung mit der Chiromantie und anderen Methoden (vgl. *Kiesewetter*, Die Geheimwissenschaften, Leipzig 1895, S. 406ff.). Ein berühmter Kartenleger jener Zeit war auch der Pariser *Abbè d'Aliette*, der sein Hauptwerk Le veritable Etteila, ou l'art de tirer les cartes nannte.

[2]) Siehe oben S. 149f.

[3]) Über die besondere Gefährlichkeit des Kartenschlagens und ähnlicher Wahrsagemethoden in Kriegszeiten, siehe die oben S. 149 Anm. 2 angeführten Fälle, in denen Kartenschlägerinnen wegen Zersetzung der Wehrkraft zu schweren Zuchthausstrafen verurteilt wurden.

geführt und dann als solche angezeigt. Oft werden in derartigen Fällen infolge der durch die Kartenschlägerin erzeugten Suggestion ganz einfache Vorgänge phantastisch ausgeschmückt, geringe Leiden ins ungeheuerliche vergrößert und schließlich sogar Sinnestäuschungen (z. B. Schmerzempfindung auf Druck) erzeugt, wodurch dann auch bei ärztlichen Untersuchungen ein objektiver Befund vorgetäuscht werden kann.

Das Mittel, um solche verdrießliche Irrwege zu verhüten, ist in der einfachen Regel zu finden, die man von alter Zeit her jedem Vernehmenden eingeschärft hat: stets und mit allem Nachdruck auf die Angabe der Wissensgrundlage des Zeugen zu dringen. Tut man dies immer und ausnahmslos, so wird man in solchen Fällen bald merken, daß die Grundlage, auf welche der Vernommene seine Behauptungen aufbaut, sehr vage ist und er nicht recht damit herausrücken will. Und oft wird man, wenn man geschickt danach fragt, sogar das Geständnis erreichen, daß es „die Kartenschlägerin gesagt hat". Eine gebildete Dame, die bestohlen worden war, sagte einmal am Schluß der Vernehmung zum U., der ihr wenig Hoffnung auf Überführung des Diebes machte: „Und ich kam mit den besten Erwartungen hieher!" Diese Äußerung bestärkte den U. in seinem schon früher gefaßten Verdacht und er sagte: „Ist denn die Herz-Sieben oben gelegen?" (Herz-Sieben = gute Neuigkeiten, wenn sie oben liegt) — Stotternd sagte die Gefragte: „Ja, woher wissen Sie denn, daß . . .?"

Auch das Umgekehrte kommt vor, indem derjenige, auf den alle Indizien als Täter hinweisen, mit allem Nachdruck entlastet wird, bloß weil er nach den Angaben eines alten Weibes nicht der Täter sein soll. Bei einem Diebstahl, dem eine junge, gebildete Aristokratin zum Opfer gefallen war (es war fast ihr ganzer wertvoller Schmuck gestohlen worden), deuteten alle Umstände auf ihren erst vor kurzem in Dienst genommenen Bedienten; die Gräfin sprach aber so nachdrücklich und energisch für seine Unschuld, daß man zur Ansicht kam, sie stehe zu dem Diener in näherer Beziehung. Immerhin bewirkte ihre bestimmte Aussage, daß der Bursche längere Zeit in Freiheit blieb und erst in Haft genommen wurde, als er schon einen großen Teil des Gestohlenen verkauft hatte. Dann gestand auch die Dame, daß ihr eine „berühmte" Kartenlegerin die Versicherung gegeben habe, der Dieb sei nicht unter den Hausleuten zu suchen, sondern es sei ein Fremder. Schließlich wurde auch erhoben, daß die Wahrsagerin die Tante des Bedienten war und daß dieser seiner Herrin diese Kartenschlägerin empfohlen hatte!

Das Wahrsagen aus den Karten baut sich auf drei Teilvorgängen auf: der Symboldeutung der einzelnen Karten, dem Auslegen der Karten in bestimmter Anordnung, wodurch die Karten zueinander in Beziehung gebracht werden, und der eigentlichen Wahrsagung, die sich aus der Kombination der Einzeldeutungen und der durch das Auslegen gewonnenen Beziehungen ergibt.

Die Symboldeutung der einzelnen Karten beruht auf alter Überlieferung, ohne daß sich eine allgemein gültige, einheitliche Quelle feststellen läßt. Daher weichen die in der Literatur angegebenen Deutungen — trotz Wiederkehr bestimmter Grunddeutungen — in Einzelheiten vielfach voneinander ab[1]). Auch werden den meisten Karten nicht bloß eine, sondern mehrere Bedeutungen zugeschrieben, von denen je nach der Lage zu den Nachbarkarten die passendste gewählt wird (wodurch naturgemäß die Kombinationsmöglichkeiten bedeutend vermehrt werden). Viele Kartenleger arbeiten auch nach ihrem „eigenen System" und legen sich auch die Grundregeln der einzelnen Karten mehr oder minder willkürlich zurecht[2]). Nur mit diesem Vorbehalt können daher die nachstehend angeführten Symboldeutungen auf mehr oder minder allgemeine Deutung Anspruch erheben.

Herz-As:	Glück, besonders bezüglich Haus, Heim, Familie;
Herz-König:	wohlwollende Persönlichkeit, vornehmer Herr;
Herz-Dame:	die Geliebte, bzw. (bei weiblichen Personen) die Fragende selbst;
Herz-Bub:	der Geliebte, bzw. (bei männlichen Personen) der Fragende selbst;
Herz-10:	Glück in der Liebe, Verlobung, Heirat;
Herz- 9:	Fröhlichkeit, Glück bei den nächsten Unternehmungen;
Herz- 8:	Glück, insbesondere Geburt eines Kindes;
Herz- 7:	gute Neuigkeiten, Präsent.

Karo-As:	Brief, Nachricht (über Geld, Stelldichein);
Karo-König:	zweifelhafter Freund;
Karo-Dame:	zweifelhafte Freundin;
Karo-Bub:	Soldat, junger Herr;
Karo-10:	großes Geld in Aussicht;
Karo- 9:	Hoffnung, kleines Geld; aber auch: Ärger z. B. durch Klatsch;
Karo- 8:	gute Botschaft, etwas Liebes; aber auch: Trennung von der geliebten Person;
Karo- 7:	Fröhlichkeit, Gesellschaft, aber auch: Verdruß in der Freundschaft.

Treff-As:	Tod, Krankheit, Gefängnis;
Treff-König:	Richter, Pfarrer, überhaupt hoher Herr, Behörde;
Treff-Dame:	Nebenbuhlerin, gefährliche Person, Untreue;

[1]) Vgl. *H. Groß*, Kartenaufschlagen, Archiv 6 S. 327, der daselbst ein Deutungsschema mitteilt, das von dem in den ersten Auflagen dieses Werkes wiedergegebenen abweicht; wieder zum Teil andere Deutungen bringt *Streicher* a. a. O. S. 66ff.

[2]) Es sind auch eigene Wahrsagekarten in den Handel gebracht worden, bei denen an Stelle der üblichen Spielkartensymbole bereits die Deutung aufgedruckt und durch ein entsprechendes Bild illustriert ist (z. B. Veränderung, Richter, Traurigkeit, Eifersucht, Dieb, kleiner Weg usw.). Die gewerbsmäßigen Kartenschlägerinnen benützen aber solche Wahrsagekarten nicht, weil dadurch der Nymbus des Kartengeheimnisses, das angeblich nur sie selbst wissen, allzu sehr beeinträchtigt würde.

Treff-Bub:	feindlich eingestellte Person, Falschheit;
Treff-10:	viele Tränen, Unglück in Unternehmungen;
Treff- 9:	kleiner Verdruß, Ärger durch Verfolgungen;
Treff- 8:	Eifersucht, Untreue, Verlust;
Treff- 7:	Traurigkeit, schlechte Nachricht, häuslicher Kummer.
Pik-As:	Reise; große Veränderungen;
Pik-König:	Witwer, älterer Herr;
Pik-Dame:	Witwe, ältere Frau;
Pik-Bub:	Dieb, überhaupt ein Unglück-Bringender;
Pik-10:	Unbeständigkeit, Veränderung (je nach Lage der Karten günstig oder ungünstig);
Pik- 9:	bevorstehende Ehren, aber auch Streit;
Pik- 8:	Gedanke (z. B. es härmt sich jemand um den Fragenden), auch Versöhnung mit einem Gegner;
Pik- 7:	kleiner Weg (es geschieht etwas in kurzer Zeit).

Daraus ist zu ersehen, daß die roten Karten, insbesondere die Herz-Karten im allgemeinen Günstiges bedeuten, während die schwarzen Karten und hier vor allem die Treff-Karten auf Ungünstiges schließen lassen.

Um nun aus diesen oder ähnlichen Symboldeutungen der einzelnen Karten die Zukunft einer bestimmten Person zu ermitteln, bedient sich die Kartenschlägerin eines Auslegeschemas, durch dessen Anwendung erst der Zufall der Kartenlage eine auf den Einzelfall zugeschnittene Wahrsagung ermöglicht. Auch für dieses Auslegen gibt es keine allgemein anerkannte Regel, sondern es kehren nur gewisse Bräuche der Kartenleger immer wieder. Die häufigste Art besteht im Legen von 4 Reihen zu je 8 Karten, dem ein sorgfältiges Mischen und meistens auch ein Abheben durch den Fragenden selbst[1]) vorangegangen ist. Gedeutet wird jede Achterreihe zunächst für sich, worauf dann die 4 Reihen untereinander in Verbindung gebracht werden, wobei z. B. auch die diagonal gegenüberliegenden Karten aufeinander bezogen werden. Daran schließen sich meistens noch weitere Legevorgänge; es wird z. B. jede dritte Karte weggenommen und auf eine andere Karte gelegt, woraus sich neue Beziehungen ergeben, die für die Deutung verwendet werden. Mitunter läßt man vorher 3 Karten ziehen, deren Deutung gewissermaßen das Grundthema der Wahrsagung angibt, für die dann der übliche Legevorgang eingehalten wird. Andere Auslegeanordnungen sind z. B. der „große Stern", der „italienische Stern" und das „magische Kreuz", bei denen von der Karte, die den Fragenden selbst bedeutet (z. B. die Herz-Dame), der Ausgang genommen wird, indem diese zuerst in die Mitte gelegt und die anderen Karten um sie in bestimmter Reihenfolge gruppiert werden[2]). Wieder bei einer anderen Methode werden aus dem Kartenspiel 15 Blätter gezogen, die fächerartig ausgebreitet werden,

[1]) Mitunter wird zweimaliges Abheben mit der linken Hand oder ähnliches verlangt.

[2]) *Streicher* a. a. O. S. 69ff. stellt mehrere solche Auslegeanordnungen dar.

während die den Fragenden darstellende Karte und noch eine weitere 17. Karte zusammen in die Mitte gelegt werden.

Der nun folgende eigentliche Wahrsagevorgang, bei dem sich das „Können" der Kartenschlägerin zu bewähren hat, besteht, wie erwähnt, in einer Kombinationsleistung: die Symboldeutungen der einzelnen Karten werden auf Grund der wechselseitigen Lage der Karten näher bestimmt und aus den so gewonnenen Begriffen und Beziehungen werden Urteile gebildet. Es leuchtet ein, daß infolge der geschilderten Vieldeutigkeit der einzelnen Karten und der Möglichkeit, jede Karte mit der einen oder mit einer anderen der Nachbarkarten in Beziehung zu setzen, es die Kartenschlägerin in der Hand hat, alles Beliebige aus den Karten zu lesen[1]). Um so mehr macht sie von der allgemeinen Regel der Wahrsagekunst Gebrauch, durch gute Menschenkenntnis, Einfühlen in die Wünsche der Fragenden und Verwendung alles dessen, was man schon auf andere Weise erfahren hat (z. B. durch eine andere Kundschaft, die bereits den Besuch ihrer Freundin ankündigte und dabei — ohne daß sie es bemerkt — von der Kartenlegerin über die Lebensverhältnisse der Freundin ausgeforscht wurde), Prophezeihungen zu machen, die als „Treffer" wirken und beim Fragenden den Glauben an die Kunst der Kartenschlägerin bestärken. Durch geschickte Formulierung gelingt es auch leicht, Wahrsagungen zu bilden, die immer zutreffen oder doch vom Fragenden immer geglaubt werden, z. B. „Sie haben eine Bekannte, die es zwar ehrlich meint, vor der Sie sich aber doch in acht nehmen müssen" oder „Jemand liebt Sie, wagt es aber nicht, es Ihnen zu gestehen"[2]). Eine andere wichtige Methode besteht auch darin, die

[1]) So sind schon aus 4 Karten sehr viele verschiedene Wahrsagungen möglich. Lauten z. B. die vier ersten Karten der ersten Reihe Treff-As, Karo-As, Herz-König und Herz-Zehn, so sind bei Zugrundelegung der oben angegebenen Einzeldeutungen folgende Kombinationen möglich: 1. Sie werden in der nächsten Zeit einen Todesfall zu beklagen haben, aber dann kommt ein Brief von einer wohlwollenden Persönlichkeit, worauf Sie sich verloben werden; 2. Sie erhalten Nachricht von dem Tode einer Ihnen wohlwollenden Persönlichkeit und durch das Erbe wird Ihre Heirat ermöglicht; 3. Es steht Ihnen eine Krankheit bevor und außerdem bekommen Sie Nachricht, daß sich ein Ihnen bisher zugeneigter vornehmer Herr anderweitig verheiratet hat; 4. Zunächst werden Sie eine Krankheit durchzumachen haben, aber dann kommen wieder glücklichere Zeiten, ein Brief verständigt Sie von einer höheren Geldsumme, die Ihnen zukommt und Sie erringen die Liebe eines vornehmen Herrn; 5. Sie erhalten Nachricht, daß Ihr bisheriger Gönner verhaftet wurde, aber in der Liebe werden Sie Glück haben usw. Die Zahl der möglichen Kombinationen vervielfältigt sich dann durch die Deutung der vier weiteren Karten der ersten Reihe, hierauf jener der zweiten Reihe und so fort. Da die Kartenlegerin es außerdem in der Hand hat, einzelne Karten, die nicht für die gewünschte Wahrsagung passen, einfach zu übersehen und nicht zu deuten, Nachbarkarten hingegen wieder mit anderen nächstgelegenen Karten in Beziehung zu bringen, so ist es einer geschickten Kartenlegerin praktisch möglich, jede Wahrsagung, die sie machen will, so darzustellen, als ob sie „in den Karten steht".

[2]) Daß solche Praktiken von den gewerbsmäßigen Kartenlegerinnen bewußt geübt werden, geht daraus hervor, daß in den Anleitungen der Schundliteratur tatsächlich für das Kartenlegen solche Methoden empfohlen werden. So schreibt z. B. ein gewisser *Erdmann* (Wer wird mein Mann, Wien 1892, zitiert nach *Streicher* a. a. O.): „Eine Wahrsagerin muß überall ihre Ohren haben, so gut wie möglich die Einwohner ihres Ortes kennen und sich nicht nur darauf

Wahrsagungen zunächst mehr allgemein und in verschiedener Richtung tastend zu halten, hiebei den Fragenden genau zu beobachten und aus seinen unwillkürlichen Ausdrucksbewegungen der Zustimmung oder Ablehnung sofort zu erfassen, ob die einzelne angedeutete Wahrsagung ein Treffer ist oder nicht. Im ersten Fall wird sie mit Betonung wiederholt („Ja, ja — wie ich eben sagte — hier steht es wieder in den Karten!"), im anderen Fall gleitet die Kartenlegerin mit den Worten „oder aber" rasch auf andere Deutungsmöglichkeiten über, bis sie wieder auf einen Ausdruck der Zustimmung stößt[1]). So erklären sich unschwer die scheinbaren Erfolge der Kartenlegerinnen, die durch die Kritiklosigkeit ihrer Kunden und Kundinnen für wahre Treffer gehalten werden. Schließlich kann (bei Wahrsagungen, deren Erfüllung teilweise vom Willen des Kunden abhängt) auch der beim Kunden bestehende Wahrsageglaube und seine „Erfüllungssehnsucht" mit dazu beitragen, daß die Wahrsagung tatsächlich in Erfüllung geht.

So führte eine intelligente junge Dame als „Beweis" dafür, daß am Kartenlegen doch etwas daran sein müsse, folgendes Erlebnis an: Als sie verlobt gewesen sei, habe sie eine ihr empfohlene Kartenlegerin aufgesucht, der sie absichtlich mit keinem Wort etwas von ihrer Verlobung gesagt hatte. Die Kartenlegerin habe ihr dann unter anderem prophezeiht, es werde sich innerhalb drei Monaten eine Veränderung ereignen, die für ihr weiteres Leben von Bedeutung sei. Tatsächlich habe sie (!) nach drei Monaten die Verlobung gelöst. Bei kritischer Überlegung hätte sich jedoch die Dame sagen müssen, daß die Prophezeihung einer „Veränderung" (die wegen ihrer Vieldeutigkeit zu den beliebtesten Tricks der Kartenlegerinnen gehört) ebensogut auch auf Verlobung, Heirat, Erbschaft, Berufswechsel, Domizilwechsel, Tod der Eltern usw. gepaßt hätte. Außerdem ist es, wenn eine junge Dame eine Kartenlegerin aufsucht, von vornherein zu vermuten, daß sie erfahren möchte, ob sie eine bestimmte Ehe eingehen solle oder nicht, so daß in der einen oder anderen Richtung eine „Veränderung" zu erwarten ist. Nicht zuletzt dürfte aber im gegenständlichen Fall die Dame schon zur Zeit der Befragung der Kartenschlägerin (ihr selbst vielleicht unbewußt) an der Richtigkeit ihrer durch die Verlobung getroffenen Wahl gezweifelt haben, weshalb sie der Wahrsagung der Kartenlegerin den Sinn einer bevorstehenden Entlobung beilegte. Durch die Prophezeihung wurde sie naturgemäß in ihren Zweifeln bestärkt und hat schließlich (da ja die Lösung von ihr ausging) selbst dafür gesorgt, daß auch die Dreimonatsfrist pünktlich zutraf!

---

verstehen, die Karten recht geläufig so zu deuten, wie sie eben durch Zufall gekommen sind, sondern auch nebenher noch eine Menge kleiner Wahrsagungen mitanbringen, welche teils gern gehört werden, teils unverständlich und zweideutig sind, teils durchaus in Erfüllung gehen müssen; sie muß schlau sein, Menschenkenntnis und ein gutes Gedächtnis besitzen — und um allen diesen Forderungen vollkommen genügen zu können, muß sie ihr ganzes Leben hindurch ihre Kunst studieren." Derselbe Autor gibt auch den Rat, falls der Kunde gleichwohl eine Deutung als nicht zutreffend bezeichnet, auf dieser Wahrsagung erst recht zu beharren und den Fragenden zum Nachdenken anzuregen; dadurch wird dieser in der Regel schließlich doch etwas finden, worauf die Deutung bei entsprechend weitherziger Auslegung passen könnte, und nunmehr infolge der Sicherheit, mit der die Kartenlegerin an ihrer Deutung festgehalten hat, um so mehr von ihrer Kunst überzeugt sein.

[1]) Diese Methode erinnert an die Arbeitsweise der sog. Salontelepathen, die ebenfalls aus Ausdrucksbewegungen erfassen, ob sie jeweils auf dem rechten Weg sind oder nicht; vgl. 1. Bd. S. 219 Anmerkung 1 und unten S. 197f.; über den Wert der Mimikbeobachtung überhaupt siehe 1. Bd. S. 167.

f) Die Traumdeuterei.

Unter „Traumdeutung" kann verschiedenes verstanden werden: die psychologische Traumdeutung, die einerseits das Zustandekommen der Traumerlebnisse zu erklären sucht und andererseits prüft, inwieweit das Traumerlebnis psychodiagnostisch zur Erschließung der seelischen Eigenart des Träumenden ausgewertet werden kann; das Phänomen des Wahrträumens (d. h. Vorausträumens einer späteren wirklichen Begebenheit), dessen angeblich sicher verbürgtes, wenn auch seltenes Vorkommen seit altersher bis in die Gegenwart behauptet wird; schließlich die Zukunftsdeutung aus dem Inhalt der Träume. Diese drei Dinge sind im allgemeinen streng voneinander zu trennen: die psychologische Traumdeutung ist eine Angelegenheit der ernsten psychologischen Forschung[1]), während die Frage des Wahrträumens ein okkultistisches Problem[2]) darstellt und die Zukunftsdeutung aus dem Traum, die üblicherweise mit Hilfe von „Traumbüchern" vorgenommen wird, ausgesprochen zum Aberglauben gehört[3]).. Gleichwohl bestehen zwischen diesen drei Arten des Traumdeutens gewisse Zusammenhänge. Aber nur die letzte stellt eine Unterart des Wahrsagens dar, weshalb sie — schon wegen ihrer großen Verbreitung in weiten Schichten der Bevölkerung — hier zu behandeln ist.

Der Glaube, daß sich in den Träumen die Zukunft offenbare, stammt aus dem alten Orient: das Rätselhafte, das dem Traumerleben für den psychologisch ungeschulten Menschen anhaftet, führte zu der Annahme, daß die Gottheit sich des Traumes bediene, um zu den Menschen zu sprechen. Darum war schon bei den Babyloniern der Tempelschlaf gebräuchlich: Frauen begaben sich zum Schlafen in den Tempel, um die daselbst erlebten Träume von Traumdeutern, die in hohem Ansehen standen, auslegen zu lassen. Auch die Ägypter, Hebräer und Griechen kannten diesen Brauch und im alten Testament spricht der Herr zu den

---

[1]) *Scherner*, Das Leben des Traumes, Berlin 1861; *Pfaff*, Das Traumleben und seine Deutung, Potsdam 1873; *Volkelt*, Die Traumphantasie, Stuttgart 1875; *Maury*, Le sommeil et les rêves, Paris 1878; *Gießler*, Aus den Tiefen des Traumlebens, Halle 1890; *Gießler*, Die physiologischen Beziehungen der Traumvorgänge, Halle 1896; *Sante de Sanktis*, I sogni e il sonno nell' isteris mo e nella epilessia, Rom 1896 (mit sorgfältigen Literaturangaben); *Sante de Sanktis*, I sogni. Torino 1899, deutsch: Die Träume, übersetzt von *O. Schmidt*, Halle 1901; *Sante de Sanktis*, Psychologie des Traumes in: Handbuch der vergleichenden Psychologie, hgg. von *Kafka*, III; *Hacker*, Systematische Traumbeobachtungen, Archiv für d. ges. Psychologie 21 (1911); *J. Mourly*, Über den Traum, übersetzt von *Klemm*, Leipzig 1910 bis 1912; *Silberer*, Der Traum, Stuttgart 1919; *Behn*, Psychologische Methode der Traumforschung, in: Handbuch der biologischen Arbeitsmethoden hgg. von *Abderhalden*, VI, B, 2, Berlin 1922; *Lehmann* a. a. O. S. 512 ff. Besonders eingehend beschäftigte sich die Psychoanalyse (über diese siehe 1. Bd. S. 71 Anm.) mit der psychodiagnostischen Symboldeutung der Traumerlebnisse (*Freud*, Die Traumdeutung, 1. Auflage 1900, 7. Auflage Leipzig, Wien 1922, mit vollständigem Literaturverzeichnis), deren Pansexualismus besonders bei den Schülern *Freuds* zu einseitigen und größtenteils abzulehnenden Ergebnissen führte (so bei *Stekel*, Die Sprache d. Traumes, München 1927).

[2]) Falls es Wahrträumen gibt, wäre es als eine Art „Hellsehen im Schlaf" aufzufassen, s. unten S. 198.

[3]) Vgl. *Büchsenschütz*, Traum und Traumdeuterei, Berlin 1868.

Menschen wiederholt im Schlafe, offenbart ihnen Künftiges und erteilt ihnen Befehle. Trotz dieser allgemeinen Verbreitung des Glaubens an den weissagenden Traum hat *Aristoteles* dagegen kritisch Stellung genommen: soweit sich Zusammenhänge mit der Wirklichkeit nicht auf natürliche Weise psychologisch erklären lassen, lehnt er die Existenz weissagender Träume ab[1]). Aber der im 2. Jahrhundert n. d. Zw. lebende griechische Schriftsteller *Artemidoros von Daldis* hat durch sein Oneirocritica betiteltes Hauptwerk[2]) die Zukunftsdeutung aus den Träumen in ein „wissenschaftliches" System gebracht, das so nachhaltig wirkte, daß auch heute noch sich manche Traumbücher der Schundliteratur auf *Artemidoros* beziehen und ihre Deutungen angeblich nach seinen Lehren geben. Wohl infolge der bereits erwähnten positiven Einstellung des alten Testamentes zur Traumwahrsagung hat auch das Christentum dagegen nicht Stellung genommen, was wesentlich dazu beitrug, daß sich die Traumdeuterei durch das ganze Mittelalter hindurch bis in die Neuzeit erhielt und durch jüngere Formen des Aberglaubens neue Nahrung erhielt. So hat insbesondere die Erfindung des kleinen Lottos, das sich im 17. Jahrhundert in Anlehnung an die Wetten über die Wahlen aus den 90 Ratsherrn von Genua entwickelte[3]), der Traumdeutung eine besondere Betätigungsmöglichkeit gegeben: blitzschnell verbreitete sich der Aberglaube, daß geträumte Zahlen demnächst im Lotto gezogen werden würden; und weil das Träumen von Zahlen all zu selten vorkommt, hat man den alten Symboldeutungen der verschiedenen Begriffe rasch auch noch eine Zahl im Zahlenraum bis 90 zugeordnet. So scheuen sich auch die Traumbücher des 20. Jahrhunderts keineswegs, sich als echte „altägyptische" Traumbücher zu bezeichnen und den Namen *Artemidoros* als Quelle anzuführen und dabei gleichzeitig Lottonummern für das kleine Lotto zu empfehlen, das erst rund 1500 Jahre später erfunden wurde![4])

Die gewerbsmäßige Ausbeutung des abergläubischen Traumwahrsageglaubens geschieht heute weniger durch Betätigung als Wahrsager (Traumdeuter), wofür ja andere Wahrsagemethoden zweckmäßiger sind, als vielmehr durch den Vertrieb der erwähnten „ägyptischen" Traum-

---

[1]) In seiner Schrift „Über den Schlaf"; im übrigen war die Stellungnahme Aristoteles' schwankend, wie eine Stelle in seinem Dialog „Eudemos" zeigt (vgl. hierzu *Kiesewetter*, Der Okkultismus des Altertums, S. 616ff.).

[2]) *Artemidoros von Daldis*, Symbolik der Träume, übersetzt von *F. S. Kraus*, Wien 1881. Wie aus der Einleitung dieses Buches hervorgeht, hat *Artemidoros* mehrere Vorgänger gehabt, die ebenfalls Schriften über die Symbolik der Träume hinterließen (z. B. *Apollonios* aus Attaleia), die uns aber nicht erhalten geblieben sind. Hach *Artemidoros* haben diese jedoch teils untereinander abgeschrieben, teils willkürliche Zusätze gemacht und die richtigen Deutungen der „alten" Literatur nur unvollständig berücksichtigt. Demgegenüber bemühte sich *Artemidoros* die alte Literatur vollständig zu berücksichtigen und seine Deutungen auf tatsächliche Erfahrungen zu stützen, die er eifrig sammelte.

[3]) Vgl. *Sieghart*, Die öffentlichen Glücksspiele, Wien 1899.

[4]) Auf einen ähnlichen Anachronismus macht auch *Streicher* a. a. O. aufmerksam: in einem pseudonym erschienenen Traumbuch wird ebenfalls *Artemidoros* als Quelle angeführt, unter den gedeuteten Begriffen findet sich aber auch „Motorrad"!

bücher und ähnlicher Erzeugnisse der Schundliteratur. Jedermann kann sich auf diese Weise seine Träume durch ein paar Nachschlagungen in einem solchen — meist wörterbuchartig angelegten — Traumbuch selbst deuten. Gleichwohl macht sich die Traumdeuterei auch in der Arbeit des Kriminalisten besonders unangenehm bemerkbar, weil sich auf diese Weise die Leute unbegründeterweise bei unaufgeklärten Verbrechen Verdachtsmomente gegen Personen, die oft völlig unschuldig sind, zusammenreimen, während sie die wahren Täter infolge solcher vorgefaßter Meinungen mitunter zu entlasten suchen.

Die Deutungen der Traumbücher weisen, untereinander verglichen, oft große Verschiedenheiten auf. Sie entsprechen zum Teil einer allgemein verbreiteten Begriffssymbolik (z. B. Morgenrot sehen = Glück und Hoffnung); zum Teil sind sie jedoch rein willkürlich, so daß sich eine bestimmte Methode überhaupt nicht feststellen läßt. Hingegen hatte seinerzeit *Artemidoros* versucht, für seine Deutungen Erklärungen zu geben. Er schied zunächst die Träume aus, die sich psychologisch als Nachklingen von gefühlsbetonten Wacherlebnissen oder durch körperliche Empfindungen während des Schlafes erklären lassen und daher nicht die Zukunft verkünden. Die übrigen Träume jedoch seien „sehende Träume"[1]), deren Inhalt entweder der Wirklichkeit vollkommen entspricht, so daß sich das Traumerlebnis dann später tatsächlich ereignet[2]), oder deren Inhalt die Zukunft „allegorisch" anzeigt, indem ein Gegenstand symbolisch durch einen anderen zum Ausdruck gebracht wird. Diese allegorische Deutung beherrscht seither die Traumwahrsagerei. Hiebei kann der symbolische Sinn eines Traumes für verschiedene Personengruppen (z. B. für Wohlhabende oder für Arme) völlig entgegengesetzt sein und es kann etwas scheinbar Gutes etwas Übles bedeuten und umgekehrt[3]). Auch hängt es nach *Artemidoros* vom Einzelfall ab, für wen der Traum in Erfüllung geht: so kann z. B. der Traum, geköpft zu werden, auch bedeuten, daß der Vater sterben wird, da der Kopf als „Urheber des Lebens" symbolisch den Vater vorstellt. In ähnlicher Weise deutet z. B. der Fuß auf den Sklaven, der Geschlechtsteil auf die Kinder (als Gezeugte) oder auf die Eltern (als Zeuger) usw.[4]) Aber auch von der jeweiligen Stimmungslage während des Traumes hängt es ab, ob das vom Traum Angezeigte in Erfüllung geht oder nicht. Diese wenigen Beispiele lassen die Vieldeutigkeit erkennen, die schon nach der Lehre des *Artemidoros* ein Grundprinzip der Traumdeutung war und ihr bis zur Gegenwart — wie bei den übrigen Wahrsagemethoden —

[1]) Die Übersetzung von *F. S. Kraus* sagt „Traumgesichte".

[2]) Hiemit ist offenbar das Phänomen des „Wahrträumens" gemeint (s. oben).

[3]) Z. B. bedeutet der Traum, König zu sein, für einen Kranken den Tod, denn bloß ein König ist — wie ein Verstorbener — niemanden untertan. Für einen Sklaven aber kündigt ein solcher Traum die Freiheit an, denn ein König muß auf jeden Fall ein Freier sein.

[4]) Diese Deutungen sind den Symboldeutungen der Psychoanalyse sehr ähnlich. Während jedoch bei dieser durch solche Deutungen auf „verdrängte Komplexe" des Träumenden, also auf gegenwärtige seelische Tatbestände geschlossen wird, handelt es sich bei den allegorischen Traumdeutungen des *Artemidoros* um Voraussagen künftiger Ereignisse.

Scheinerfolge erleichtert. Denn auf diese Weise ist es sogar möglich, bei Nichteintritt der ursprünglichen Voraussage nunmehr eine andere Deutung des Traumes zu wählen und die Sache so darzustellen, als ob der Traum bei richtiger Auslegung doch die Wahrheit verkündet habe. Dies erklärt uns auch die Unbelehrbarkeit derjenigen, die an dem Aberglauben der Traumdeutung festhalten.

g) Siderisches Pendel und andere Hilfsmittel.

Außer den bisher behandelten Dingen, „aus" denen gewahrsagt wird, wie dem Sternenstand, den Handlinien, Zufallsformen des Sandes, der zufälligen Zahl von Punkten, der Lage der Karten und dem Inhalt von Träumen, gibt es noch unzählige andere Hilfsmittel, deren sich in vergangenen Zeiten die Wahrsagerei bediente und zum Teil auch heute noch bedient. Eine erschöpfende Darstellung aller dieser Möglichkeiten ist überhaupt nicht erreichbar, zumal die Phantasie vieler gewerbsmäßiger Wahrsager oft neue Hilfsmittel oder doch Varianten der bisher üblichen Methoden erfindet. So berichtet z. B. *Gilles de la Tourette* von „vornehmen" Pariser Zauberinnen, die — statt aus den Handlinien — aus den Falten des Hodensackes sehr hübsch wahrzusagen vermögen![1])

Nur auf einige besondere Hilfsmittel des Wahrsagens sei noch näher eingegangen.

Einer besonderen Beliebtheit erfreut sich in den letzten Jahrzehnten das sog. siderische Pendel[2]). Es geht auf einen uralten Aberglauben zurück: während der Regierungszeit des Kaisers Valens (364 bis 379 n. d. Z.) wurden mehrere Nobiles einer Verschwörung gegen den Kaiser angeklagt, wobei sie den Namen seines Nachfolgers auf magische Weise erforschen wollten. Ein an einem Faden befestigter Ring wurde über ein Metallgefäß gehalten, in dessen Rand die Buchstaben des Alphabetes eingraviert waren. Aus den Schwingungen dieses in der Hand gehaltenen Pendels, das bei gewissen Buchstaben stockte, wurde der erfragte Namen erschlossen. In ähnlicher Weise deuten auch heute noch die „Pendler" aus der Art, wie das Pendel schwingt, auf Charaktereigenschaften, Krankheiten und Zukünftiges. Als Pendel wird meistens ein Ring oder ein Metallstück verwendet, das an einem dünnen Bindfaden oder einem Menschenhaar hängt. Während sich die Verwendung des Pendels zur Krankheitsdiagnose unter die Zahl der bereits behandelten abergläubischen Heilmethoden einreiht[3]), handelt es sich bei der Zukunftsdeutung

[1]) *Gilles de la Tourette*, Der Hypnotismus und die verwandten Zustände vom Standpunkt der gerichtlichen Medizin. Hamburg 1889.

[2]) Vgl. *Lehmann* a. a. O. S. 242, 484 und 488; *Streicher* a. a. O. S. 84; *Löhr* a. a. O. S. 91 f.; *A. Hoffmann*, Wünschelrute und siderisches Pendel, 1920; *Seeling*, Pendelversuche, Zeitschrift für kritischen Okkultismus 3, S. 33 (1928); *A. Hellwig*, Moderne Formen okkulter Heilmethoden, Berlin 1930; *Hellwig*, Über das Auspendeln von Handschriften durch gerichtliche Sachverständige im Strafprozeß, Archiv 95 S. 1; *Kittsteiner*, Worauf beruhen die Schwingungen des „Siderischen Pendels"? Volksgesundheitswacht 1938 S. 231.

[3]) Vgl. oben S. 132 ff. Die Welle des Mystizismus, die zu Beginn des 3. Jahrzehntes des 20. Jahrhunderts einen besonderen Höhepunkt erreichte, brachte es mit sich, daß in unzähligen Veröffentlichungen von kurpfuscherischer und

durch Pendeln um eine Form der Wahrsagerei[1]). Die häufigste und primitivste Methode ist hiebei die Form der Beantwortung einzelner Fragen, die von der Kundschaft des Wahrsagers gestellt werden und nur mit Ja oder Nein beantwortet werden brauchen. Hiebei bedeutet ein Hin- und Herschwingen in einer Ebene die Verneinung der Frage, während es als Bejahung gilt, wenn sich das Pendel im Kreise bewegt. Als Pendelunterlage wird meist ein Gegenstand verwendet, der im Zusammenhang mit der Person steht, um die es sich handelt, z. B. ein von dieser gebrauchter Gegenstand, ihre Handschrift oder auch ihre Photographie — es besteht also der Aberglaube, daß ein geheimnisvolles Fluidum des Menschen sich auch auf sein (im photographischen Negativ- und Positivverfahren hergestelltes!) Lichtbild überträgt und auf das Pendel einwirkt. In Wahrheit handelt es sich natürlich um feine, meist wohl auch unbewußte Bewegungen der Hand des Pendlers, die durch seine Wunschvorstellung geleitet werden (sog. ideomotorische Bewegungen) und die Art und Richtung der Pendelschwingungen beeinflussen[2]).

Ein anderes Gerät, dessen sich — offenbar in Anlehnung an den alten Aberglauben vom „magischen Spiegel"[3]) — vorzugsweise zigeunerische Wahrsagerinnen bedienen[4]), besteht in einem kleinen Guckkasten. Gegenüber dem Guckloch ist ein kleiner Spiegel angebracht und derart im Winkel geneigt, daß der durch das Guckloch Sehende nicht sein eigenes Auge reflektiert erhält, sondern ein seitwärts angebrachtes Bild zu sehen bekommt. Seitlich im Guckkasten befindet sich nämlich eine Walze oder eine Art Fächer oder Schieber mit mehreren Bildern (z. B. ein junger Mann, ein alter Mann, ein altes Weib, ein Mädchen usw.).

okkultistischer Seite ganz ernsthaft behauptet werden konnte, daß durch das Pendel meist auch der Röntgenapparat ersetzt werden könne und daß man es auch zur Feststellung verwenden könne, ob eine bestimmte Medizin für einen Kranken zuträglich sei oder nicht (*Weiß*, Das siderische Pendel im Reiche des Feinstofflichen, Berlin 1923; *Glahn*, Radio der Natur, Pendelpraxis für Ärzte, Heilkundige, Kriminalisten usw., Trier 1925; *Voll*, Die Wünschelrute und das siderische Pendel, Leipzig 1925; *Clasen*, Die Pendeldiagnose, Leipzig 1929). Und noch 1937 war es möglich, daß eine „Gesellschaft für wissenschaftliche Pendelforschung" in Regensburg zu einer „Sommerakademie" zusammentrat; vgl. die berechtigte scharfe Stellungnahme gegen solchen Unfug in Nr. 20 der „Volksgesundheitswacht" 1937.

[1]) In Württemberg wurde durch den 1934 neu gefaßten Art. 28b des Landespolizeistrafgesetzes das Pendeln gegen Entgelt ausdrücklich neben den übrigen Wahrsagemethoden, Schatzgraben, Hellsehen und „ähnlichen Gaukeleien" unter Strafe gestellt.

[2]) Über unwillkürliche Ausdrucksbewegungen der Hand und deren Registrierung vgl. 1. Band S. 181 ff.; auf ähnlichen Bewegungen beruhen wohl auch die Ausschläge der Wünschelrute (siehe darüber unten S. 211 ff.).

[3]) Daß man in einem Spiegel bei Hersagen bestimmter Zauberformeln das Bild des oder der künftigen Geliebten erblicken könne, ist im alten Volksglauben weit verbreitet und auch Goethe läßt Faust das Bild Gretchens zuerst im Zauberspiegel erschauen. Vgl. *Bötticher*, Der magische Spiegel und seine Bedeutung für die Kunde der Vorzeit, in: Aus allen Weltteilen, 1914 S. 106; *v. Negelein*, Bild, Spiegel und Schatten im Volksglauben, Archiv für Religionswissenschaften 5 S. 1 (1912); *Bieber*, Artikel „Spiegel" im Hwb. d. d. Aberglaubens IX, Sp. 547 ff.

[4]) Nach *v. Wlislocki*, Vom wandernden Zigeunervolke, sei dieses Gerät in früherer Zeit bei den siebenbürgischen Zeltzigeunern im Gebrauch gewesen.

Der Lichteinfall kann durch eine auf der anderen Seite des Spiegels angebrachte Blende reguliert werden. Durch Bewegung der Walze (bzw. des Fächers oder Schiebers) vermag der Wahrsager nach seinem Gutdünken eines dieser Bilder dem Zukunftsheischenden erscheinen zu lassen. Natürlich ist das Bild an und für sich recht unklar, die Beleuchtung auch schlecht und es wird auch nicht allzuviel Zeit gelassen. So primitiv das Ganze auch ist, so verfehlt es doch bei einfachen Leuten mit entsprechender Einbildungskraft nicht seine Wirkung: vielfach wird diese Methode dazu auch verwendet, dem Bestohlenen das Bild des Diebes zu zeigen, und wenn Alter und Geschlecht halbwegs auf jene Person passen, die der Betreffende ohnedies unbewußt in Verdacht hatte, so ist er meist unzweifelhaft überzeugt, das Bild jener Person erblickt zu haben. Er bezahlt gerne den verlangten reichlichen Lohn und sein nächster Weg ist zur Behörde, die er mit der festen Behauptung quält, daß die von ihm im Guckkasten gesehene Person den Diebstahl begangen habe. Wie er zu seiner Kenntnis gekommen ist, sagt er natürlich nicht.

Ein anderes mehr orakelähnliches Verfahren zur Erforschung des Diebes verwendet als Hilfsmittel ein „Erbsieb": auf das Geflecht eines ererbten Siebes werden (womöglich gestohlene) Bohnen geworfen und jedesmal wird dabei der Name eines Verdächtigen genannt; hüpft die Bohne heraus, so ist der Träger des Namens unschuldig, bleibt die Bohne auf dem Sieb, so hat man den Dieb genannt. Nach einem anderen Verfahren hängt man das Erbsieb am Rand eines Tisches auf einen hingelegten Schlüssel und nennt nun einzelne Namen. Sobald sich das Sieb bewegt, hat man den richtigen. Auch Tisch und Schlüssel müssen vom Vater oder gar vom Großvater ererbt sein. Ähnlich ist auch das „Sieblaufen", wobei eine Schere in den Holzreifen des Siebes gesteckt wird; man hält zwei Finger in die Ringe der Schere, nennt die Namen der Verdächtigen und beim richtigen bewegt sich das Sieb[1]). Dieses Wahrsagen mit Hilfe des Siebes wurde seinerzeit schon von *Agrippa* als eine besondere Wahrsagemethode (sog. Koskinomantie) wissenschaftlich behandelt[2]).

Verbreitet ist auch die Meinung, daß aus einem Tropfen Blut, der auf einem Fingernagel ausgebreitet wird, ersehen werden kann, wo ein verlorener Gegenstand sich befindet oder wer der Dieb einer gestohlenen Sache sei. Zu diesem Zweck läßt man bei den Zigeunern Siebenbürgens aus dem Mittelfinger der linken Hand drei Tropfen Blut auf den Nagel des Mittelfingers der rechten Hand fließen. Aus den Formen, die das auseinanderrinnende Blut annimmt, muß ein Kind sagen, was es sieht, und daraus wird die Antwort aufgebaut[3]).

---

[1]) Vgl. *Eckstein*, Artikel „Siebdrehen, Sieblaufen, Siebtreiben" im Hwb. d. d. Aberglaubens VII, Sp. 1686ff.

[2]) *Agrippas v. Nettesheim* Magische Werke. Berlin 1916, 4. Bd. S. 179 und 5. Bd. S. 363ff.

[3]) Merkwürdigerweise sagt schon — etwa 1490 — *Geiler von Kaiserberg* in den Erläuterungen zum Narrenschiff von *Sebastian Brant*: „Wie geht es zu mit den Warsegern die warsagen und gestolen Guot durch Gesicht wiederumb-

6. Telepathie und Hellsehen.

Die Probleme, die sich um die Begriffe Telepathie (Fernfühlen, Gedankenlesen, Gedankenübertragung) und Hellsehen (clairvoyance, Freisehen, Fernsehen, Psychoskopie) gruppieren und die uns bereits in das engere Gebiet des Okkultismus[1]) führen, interessieren den Kriminalisten aus zwei Gesichtspunkten: einmal, weil gerade die „okkulten Phänomene" ein besonders beliebtes Gebiet für eine betrügerische Betätigung als „Medium" darstellen und daher die Entlarvung solcher Scheinmedien eine Aufgabe der wissenschaftlichen Kriminalistik ist; dann aber auch deshalb, weil — falls durch Telepathie oder Hellsehen unbekannte Sachverhalte erfaßt werden können — die Frage ernsthaft aufgeworfen werden muß, ob die Verwendung von „Kriminaltelepathen" und Hellsehern unter die Methoden der kriminalistischen Tatbestandsaufklärung aufzunehmen sei.

Die auch heute noch strittige Frage, ob es Phänomene der echten Telepathie und des Hellsehens überhaupt gibt, hat die Kriminologie nicht zu entscheiden. Bei aller berechtigten Skepsis, die den angeblich verbürgten Erzählungen und „wissenschaftlichen Protokollen" über ge-

bringen? Sie machen Gesichten uf ein Nagel, salben den mit Oel und muoß ein Junkfrawe, ein Kind, das lauter ist und unverfleckt, in den Nagel sehen und sagen, was es in dem Nagel sicht...... Es seind, die uff dem Nagel sehen und Gumpertbletter daruff legen, und Oel daruff schütten und ein junger Knab, der muoß daryn sehen und sagen, was er sieht, wer der Dieb sy."

[1]) „Okkultismus" ist der heute allgemein gebräuchliche zusammenfassende Ausdruck für alle Bestrebungen zur Erforschung von (der offiziellen Wissenschaft) „verborgenen" Erscheinungen. Diese teilen sich in seelische Phänomene (wie Telepathie und Hellsehen), weshalb die betreffenden Lehren auch als „Parapsychologie" *(Dessoir)* oder „Metapsychik" *(Richet)* bezeichnet werden, und in physische Erscheinungen (Telekinesie, Materialisationen, Levitationen u. ä.), deren Erforschung man darum auch als „Paraphysik" bezeichnet hat (die analoge Wortbildung „Metaphysik" kann hiefür nicht verwendet werden, weil man unter diesem Ausdruck nach philosophischer Tradition ein ganz anderes Zweiggebiet der reinen Philosophie versteht). „Okkultisten" nennt man diejenigen, die geneigt sind, die Existenz okkulter Phänomene zu bejahen. Damit ist über die allfällige Erklärung solcher Erscheinungen noch nichts ausgesagt. Die offizielle Wissenschaft sucht solche Erscheinungen, falls deren Existenz überhaupt zu bejahen ist, mit unserem dualistischen Weltbild in Einklang zu bringen, wonach Seelisches trotz seiner Wesensverschiedenheit vom Physischen nur in Verbindung mit körperlichen Lebensvorgängen, also mit einem lebenden Organismus, vorkommt. Andere Richtungen innerhalb des Okkultismus suchen hingegen solche Erscheinungen auf das Wirken einer (vom Körperlichen unabhängigen) seelischen Energie zurückzuführen (sog. Animismus) oder vermeinen gar, darin das Wirken der Seelen Verstorbener zu erkennen (sog. Spiritismus). Aus der außerordentlichen großen Literatur seien als allgemeine Werke erwähnt: *E. v. Hartmann*, Spiritismus, 2. Aufl., Leipzig 1898; *Du Prel*, Die Entdeckung der Seele, Leipzig 1895, 2. Aufl. des 1. Bandes 1910; *Podmore*, Modern Spiritualism, London 1902 (seither mehrere Aufl.); *Aksàkow*, Animismus und Spiritismus, Leipzig 1890, 5. Aufl., 1919; *Dessoir*, Vom Jenseits der Seele, Stuttgart 1917; *Bärwald*, Okkultismus, Spiritismus und unterbewußte Seelenzustände (Aus Natur und Geisteswelt, Bd. 560), Leipzig und Berlin 1920; *Tischner*, Einführung in den Okkultismus und Spiritismus, München 1921; *Richet*, Traité de métapsychique, deutsche Ausgabe: Grundriß der Parapsychologie und Parapsychophysik, 2. Aufl., Stuttgart 1924; *Messer*, Wissenschaftlicher Okkultismus, Leipzig 1927; *F. Moser*, Der Okkultismus: Täuschungen und Tatsachen, München 1935.

lungene Versuche usw.[1]) entgegengebracht werden muß, wäre es umgekehrt auch verfehlt, alle derartigen Behauptungen vorschnell als „unmöglich" zu bezeichnen. Dem *Shakespeare*-Wort, daß es noch viele Dinge im Himmel und auf Erden gibt, von denen sich die Schulweisheit nichts träumen läßt, kann eine grundsätzliche Berechtigung nicht abgesprochen werden.

In der Tat kennt die Geschichte der Wissenschaft zahlreiche Fälle, in denen neuentdeckte Erscheinungen von der offiziellen Wissenschaft zunächst geleugnet und sogar von namhaften Forschern für unmöglich erklärt wurden, während sich alsbald ihre Tatsächlichkeit einwandfrei erwies. So wurden z. B. die Erscheinungen der Hypnose noch bis in die zweite Hälfte des 19. Jahrhunderts für Täuschung und Einbildung erklärt, während heute schon längst die offizielle Neurologie und Psychiatrie die hypnotischen Zustände in ihr gesichertes Erfahrungswissen eingereiht hat und die Hypnose selbst in vielen Fällen als therapeutische Methode in der Hand des Arztes verwendet[2]). Über Fragen der Existenz von realen Erscheinungen läßt sich eben kein Urteil a priori fällen, hier entscheidet lediglich die nach kritischer Methode gesammelte Erfahrung.

Der kriminologische Sachverständige, der begutachten soll, ob sich die Tätigkeit eines auftretenden Hellsehers oder Telepathen als Betrug darstellt[3]), muß daher vor allem die methodischen Fehlerquellen genau kennen, durch die hellseherische oder telepathische Scheinerfolge vorgetäuscht werden. Unter diesen Fehlerquellen spielen bewußt verwendete Täuschungstricks gewiß eine große Rolle; es gibt aber auch mehrere solche Fehlerquellen (z. B. unbewußte Ausdrucksbewegungen des Fragenden), die mit der Gutgläubigkeit des Mediums vereinbar sind. In diesen letzteren Fällen liegen zwar ebenfalls nur Scheinerfolge vor, aber nicht Betrug. Außer einer solchen methodischen Schulung sind für einen auf diesem Gebiet tätigen Sachverständigen strengste Objektivität und Vorurteilslosigkeit besonders wichtige Voraussetzungen; es ist daher zu ver-

---

[1]) Solche Versuchsergebnisse erzielt zu haben, behauptet in neuerer Zeit unter anderen *Tischner*, Über Telepathie und Hellsehen, Wiesbaden-München 1920; *v. Wasielewski*, Telepathie und Hellsehen, Halle a. S. 1921; *Tartaruga*, Kriminal-Telepathie und -Retroskopie, Leipzig 1922; *Tartaruga*, Das Hellsehmedium Megalis in Schweden, Leipzig 1923.

[2]) Das Beispiel der Hypnose ist in diesem Zusammenhang auch deshalb von Interesse, weil der sog. Trancezustand der okkultistischen Medien ebenfalls als hypnoseähnlicher Zustand anzusprechen ist (siehe darüber weiter unten im Text); über Hypnose vgl. 1. Bd. S. 292ff.

[3]) Solche Begutachtungen fanden in „Hellseherprozessen" wiederholt statt, worüber am ausführlichsten und zuverlässigsten *Hellwig*, Okkultismus und Verbrechen, Berlin 1929, berichtet hat; vgl. auch *Hellwig*, Der Insterburger Hellseherprozeß, Archiv für Psychiatrie 86, S. 177; *Hübner*, Die Begutachtung von Hellsehern, Archiv für Psychiatrie 94, S. 104; *Hellwig*, Psychologische Bemerkungen zu dem Bernburger Hellseherprozeß, Deutsche medizinische Wochenschrift 1925, Nr. 45; *Derselbe*, Der gegenwärtige Stand der Kriminaltelepathie, MschrKr. 20, S. 17; *Derselbe*, Okkultismus und Strafrechtspflege, Bern und Leipzig 1924; *Hornung*, Die forensische Bedeutung des Hellsehens und der Gedankenübertragung, Archiv 76, S. 247; *Hellwig*, Zur Frage der Kriminaltelepathie, Archiv 81, S. 102; *Derselbe*, Ein betrügerischer Kriminaltelepath, Zschr. f. krit. Okkultismus 2 S. 130.

meiden, als Sachverständige Forscher zu verwenden, die von vornherein absolut negativistisch oder umgekehrt okkultistisch eingestellt sind.

Um die erforderliche Erfahrung und kritische Einstellung zu gewinnen, ist vor allem ein genaues Studium der Geschichte des Okkultismus zu empfehlen[1]); sie ist zugleich eine Geschichte menschlicher Irrungen und raffinierter Schwindeleien. Auch die gutgläubigen Berichte großer Wissenschaftler geben vielfach ein unrichtiges Bild, weil es sehr wohl vereinbar ist, daß ein Gelehrter auf seinem engeren Fachgebiet Hervorragendes leistet und streng methodisch denkt und gleichwohl auf okkultistischem Gebiet die wichtigsten Fehlerquellen übersieht. So werden z. B. unter den bestbekundeten Fällen spontanen Hellsehens die Erlebnisse *Swedenborgs* angeführt, der Ende September 1756 an einem Sonnabend nach seiner Ankunft in Gothenburg um 6 Uhr abends die Vision hatte, daß ein großes Feuer in Stockholm wüte; am nächsten Morgen beschrieb er dem Gouverneur alle Einzelheiten des Brandes. Erst Montag Abend kam die erste Stafette von Stockholm nach Gothenburg und die Berichte dieses und der folgenden Boten stimmten genau mit *Swedenborgs* Beschreibungen überein. So berichtet kein geringerer als der größte deutsche Denker *Immanuel Kant*. Aber — sein Bericht ist erst 2 Jahre nach der Begebenheit geschrieben und zwar auf Grund von Angaben eines Freundes, der damals die Vision *Swedenborgs* nicht selbst miterlebte, sondern nur in Gothenburg und Stockholm mit Leuten gesprochen hatte, die sich der merkwürdigen Geschichte noch genau erinnerten[2]). Nach den Erfahrungen, die uns die Psychologie der Aussage gelehrt hat[3]), können hiebei zahlreiche Fehlerquellen wirksam gewesen sein und ein wirklich sicherer Nachweis, daß sich die Vision damals so abgespielt hat, ist durch eine spätere Aufzeichnung von Berichten aus zweiter Hand keineswegs erbracht[4]).

[1]) Vgl. insbesondere *Kiesewetter*, Geschichte des neueren Okkultismus, Leipzig 1891, und *Lehmann*, a. a. O. S. 253ff.; das erstere Werk ist okkultistisch, das letztere kritisch eingestellt.

[2]) *Kant*, An Fräulein Charlotte von Knobloch, Sämtliche Werke, herausgegeben von *Kirchmann*, 8. Bd., S. 277; Träume eines Geistersehers, ebenda, 5. Bd.

[3]) Vgl. 1. Bd. S. X und 75 ff.

[4]) Die geringe Verläßlichkeit solcher Aufzeichnungen wird auch durch einen weiteren Bericht *Kants* über eine andere hellseherische Leistung *Swedenborgs* erwiesen: die Witwe des holländischen Gesandten in Stockholm, Frau *Marteville*, konnte den Beleg über eine von ihrem verstorbenen Manne bezahlte Rechnung nicht finden. Sie wandte sich an *Swedenborg*, damit dieser den Geist ihres Mannes nach dem Verbleib des Beleges fragen sollte. *Swedenborg* kam nach 3 Tagen wieder und erzählte, der Geist des Herrn *Marteville* habe ihm ein geheimes Fach in einem gewissen Schrank als Aufbewahrungsort angegeben; dort fand man die Quittung auch. So berichtet *Kant*. In diesem Falle liegt aber noch eine andere Darstellung vom zweiten Gatten der Frau *Marteville* vor, die wesentlich anders lautet: Danach habe Frau *Marteville* von selbst eines Nachts geträumt, wo die Quittung sei, und habe sie gleich nach dem Erwachen daselbst auch gefunden; am nächsten Morgen sei *Swedenborg* zu ihr gekommen und habe ihr erzählt, daß ihm in der Nacht geträumt habe, die Quittung läge in dem erwähnten Schrank. Während es sich also nach *Kants* Darstellung — wenn man von der spiritistischen Verbrämung absieht — um einen Fall reinen Hellsehens handeln würde, läge nach der zweiten Darstellung ein Wahrträumen der Frau

Aber nicht bloß Philosophen wie *Kant*, sondern auch Vertreter der „exakten" Naturwissenschaften — wie seinerzeit *Crookes* und *Zöllner* und im 20. Jahrhundert *v. Schrenck-Notzing*[1]) — haben sich, sobald sie sich — statt mit Fragen ihres Fachgebietes — mit okkultistischen Problemen beschäftigten und dem Zauber der Magie verfielen, als unkritische und unzuverläßliche Berichterstatter erwiesen und wurden trotz aller „wissenschaftlichen" Kontrollmaßnahmen von raffinierten „Medien" getäuscht. Um so mehr ist daher auf diesem Gebiete der kriminologische Fachmann berufen und verpflichtet, bei der Prüfung von angeblichen Telepathen, Hellsehern und Medien nicht in den gleichen Fehler zu verfallen, denn er verbindet mit den erforderlichen naturwissenschaftlichen Kenntnissen das Wissen um die vielfältigen psychologischen Fehlerquellen und um die Schliche und Tricks der Betrüger[2]). Auch werden die von den okkultistischen Wissenschaftlern angewendeten Kontrollmaßnahmen von jenen, die der Kriminalistik geläufig sind, bei weitem übertroffen.

Was speziell die hier zu behandelnden Fragen der Telepathie und des Hellsehens betrifft, so sind zunächst die verschiedenen angeblichen oder echten Erscheinungen begrifflich sauber zu trennen. Theoretisch ist dies auch nicht schwer: Unter Telepathie versteht man die Übertragung eines seelischen Inhaltes von einem Individuum auf ein anderes, die nicht auf dem Umweg der Sinneswahrnehmung materieller Vorgänge (insbesondere Sprache, Schrift, Ausdrucksbewegungen) erfolgt. Hellsehen hingegen ist die Erfassung von Sachverhalten (der Zukunft, Gegenwart oder Vergangenheit), die weder durch deduktives oder induktives Denken erschlossen noch mittels der Sinne wahrgenommen werden[3]). Aber in vielen praktischen Fällen verwischen sich die Grenzen: So wird die oben angeführte Brandvision *Swedenborgs* üblicherweise als Beispiel reinen Hellsehens angeführt; es wäre jedoch — vorausgesetzt, daß es echte Telepathie überhaupt gibt — auch denkbar, daß *Swedenborg*

Marteville und auf Seite Swedenborgs ein durch Telepathie zu erklärendes gleichzeitiges Wahrträumen oder nur eine telepathische Leistung vor. Aber die völlige Verschiedenheit der beiden Darstellungen beweist wohl, daß keiner voller Glaube beizumessen ist und daß sich, wie auch *Lehmann* a. a. O. hervorhebt, das Ganze viel natürlicher zugetragen haben dürfte.

[1]) Näheres im folgenden Kapitel.

[2]) Besonders die Beschäftigung mit der Technik der Bauernfängerei und des Falschspieles, die mit den Taschenspielertriks viel Ähnlichkeit haben, ist hiefür eine gute Schulung (Näheres hierüber im 3. Band, Abschnitt XIX); daher soll auch jeder Kriminalist die grundlegenden Kenntnisse der Taschenspielerkunst erwerben. Gute moderne Literatur hierüber ist allerdings selten; das Wesentliche enthält das klassische englische Werk von *Hoffmann*, Modern Magic, 9. Ed., London 1894.

[3]) Von dem im vorigen Kapitel behandelten Wahrsagen unterscheidet sich das Hellsehen dadurch, daß hiebei nicht auf Grund behaupteter okkulter Zusammenhänge mit Wahrnehmbarem (Sternenstand, Handlinien usw.) Schlüsse gezogen, sondern vielmehr die Gegenstände des Hellsehens unmittelbar seelisch „erschaut" werden. Ist dieses Schauen einer optischen Wahrnehmung ähnlich, so spricht man von „Vision". Es gibt jedoch auch angebliche Hellseherlebnisse mit akustischen und taktilen Wahrnehmungen (Sprechen-Hören, Schmerzempfindungen usw.).

hiebei nicht die Vorgänge der Brandkatastrophe unmittelbar seelisch erschaute, sondern daß ihm die Erlebnisse der in Stockholm befindlichen Augenzeugen telepathisch übertragen wurden. Da sich solche Möglichkeiten gerade bei Verwendung von Hellsehern zur Verbrechensaufklärung meist nicht völlig ausschließen lassen (so z. B. wenn der unbekannte Täter den wahren Sachverhalt kennt, so daß eine telepathische Übertragung von Seite des Täters theoretisch möglich wäre), schränkt man vielfach in praktischen Fällen den Telepathiebegriff auf die Übertragung von Erlebnissen anwesender Personen ein[1]). Es sind jedoch auch wiederholt telepathische Erlebnisse zwischen weit voneinander entfernten Personen behauptet worden. Auch bei den zahlreichen Berichten über das „Anmelden" Sterbender[2]), läßt sich — falls sie richtig sein sollten — schwer entscheiden, ob derjenige, der plötzlich — scheinbar grundlos — an eine fern befindliche Person denken muß und dabei allenfalls Erschrecken oder Angstgefühl erlebt, hiebei den zur selben Zeit erfolgten Tod des Abwesenden hellseherisch erschaut oder ob in solchen Fällen eine telepathische Übertragung der letzten Gedanken des Sterbenden (oder gar seiner im Tode freiwerdenden „seelischen Energie"?) stattfindet.

Scharf abzugrenzen von den angeblichen Fällen echter Telepathie sind ferner die bekannten Erscheinungen der sog. Tricktelepathie und der „Salontelepathie" durch Ausdruckserfassung. Die Tricktelepathie, die man heute nur noch in primitiven Jahrmarktschaustellungen zu sehen bekommt, beruht auf einem plumpen Zusammenarbeiten des „Mediums", das mit verbundenen Augen auf der Bühne sitzt, und seines Vorführers, der sich im Publikum Gegenstände reichen läßt und durch seine eigene Fragestellung „Was habe ich hier in der Hand?", „Welcher Gegenstand wurde mir gereicht?" usw. nach einem vereinbarten Schlüssel die Antwort dem Medium bekannt gibt[3]). Bei der Salontelepathie handelt es sich hingegen schon um ein verfeinertes Verfahren: dem „Telepathen" wird eine in seiner Abwesenheit vereinbarte Aufgabe gestellt, er muß z. B. einen im Saale versteckten Gegenstand finden oder eine (was als schwieriger gilt) „Bewegungsaufgabe" ausführen (z. B. auf einen bestimmten Stuhl steigen, daselbst sich eine Zigarette anzünden usw.). Nun erscheint der „Telepath", läßt sich von einer beliebigen Person aus dem Publikum, die an diese Aufgabe „konzentriert denken"

---

[1]) Eine solche Begriffseinschränkung wurde z. B. von den Sachverständigen im sog. Bernburger Hellseherprozeß vereinbart (*Hellwig*, Okkultismus und Verbrechen, S. 184f.). Wie sehr auch bei theoretischen Experimenten angebliches Hellsehen und eventuelle Telepathie miteinander vermischt sein können, zeigt z. B. *Dessoir*, Hellsehen durch telepathische Einfühlung?, Zeitschrift für kritischen Okkultismus I, S. 3.

[2]) Vgl. z. B. die Zusammenstellung solcher Fälle bei *Tischner* a. a. O. S. 70ff.

[3]) Es handelt sich somit um ein einfaches memnotechnisches Artistenkunststück, wobei die verschiedenen sprachlichen Fassungen (es genügt oft die Verwendung oder Nichtverwendung unscheinbarer Worte, wie „hier", „jetzt" usw.) so sehr abgestuft sind, daß mehrere hundert Gegenstände auf diese Weise signalisiert werden können.

muß, „führen“ und — vollbringt tatsächlich die gestellte Aufgabe! Ursprünglich arbeiteten solche Experimentatoren (wie sie sich gerne nannten) „mit Kontakt“, d. h. der „Gedankenleser“ ergreift die Person, von der er sich führen läßt, am Handgelenk und beginnt mit ihr — meist bei geschlossenen Augen — durch den Saal zu eilen: er spürt hiebei infolge der unwillkürlichen Ausdrucksbewegungen des auf die Aufgabe Denkenden, ob er sich auf dem richtigen Weg befindet oder nicht. Um auch komplizierte Aufgaben zu lösen, braucht er diese nur in die hiefür nötigen Einzelbewegungen zu zerlegen und, indem er jeweils die verschiedenen Möglichkeiten probeweise ausführt, aus den Ausdrucksbewegungen „richtig“ oder „falsch“ zu erkennen[1]). Statt eines „Gedankenlesens“ liegt somit ein „Muskellesen“ (wie es nunmehr vielfach genannt wird) vor. Bei weiterer Verfeinerung dieser Methode vermag ein solcher „Telepath“ aber auch „ohne Kontakt“ zu arbeiten und zwar mitunter sogar bei verbundenen Augen. Hier sind es vor allem die vom Publikum meist völlig übersehenen akustischen Äußerungen der Zustimmung oder Nichtzustimmung, das Zögern des Schrittes des Führenden usw., die einem feinfühligen „Gedankenleser“ genügen, um daraus „richtig“ oder „falsch“ zu erfassen. Mit echter Telepathie hat auch ein solches Verfahren nichts zu tun.

Innerhalb jener Fälle, in denen echte Telepathie oder Hellsehen behauptet wird[2]), handelt es sich teils um spontan auftretende Erlebnisse oder um solche, die willensmäßig herbeigeführt werden (etwa zur Beantwortung gestellter Fragen, zu Zwecken wissenschaftlicher Versuche usw.). Zu den spontanen Erscheinungen dieser Art, die in der Regel bei vollem Wachbewußtsein zustande kommen, gehören das schon erwähnte „Anmelden“ von Sterbenden, sonstiges plötzliches Denkenmüssen an bestimmte Personen, die zur selben Zeit Besonderes erlebten (z. B. knapp einem Unglück entrannen), unbestimmte „Ahnungen“, die sich dann als „begründet“ erweisen (z. B. das Gefühl, einen bestimmten Zug nicht benützen zu sollen, der dann tatsächlich entgleist), sowie Visionen künftiger oder ferner Ereignisse („Vorgesichte“ und „Ferngesichte“) und ähnliches mehr. Wird eine solche hellseherische Vision statt im Wachzustand im normalen Schlaf erlebt, so spricht man vom „Wahrtraum“. Die Zahl der Berichte über solche Vorkommnisse ist ungeheuer groß[3]); zu überwiegendem Teil handelt es sich um Ammen-

---

[1]) Diese erstmals vom Amerikaner *Brown* als öffentliche Schaustellung gezeigte Methode (die dann viele Nachahmer und Verbesserer fand) erinnert somit an das Spiel der Kinder, bei welchem eines einen versteckten Gegenstand zu suchen hat und die anderen ihm durch Zuruf von „heiß“ oder „kalt“ die Aufgabe erleichtern; an Stelle dieser Zurufe treten bei der Salontelepathie die unbewußten Ausdrucksbewegungen des Führenden.

[2]) Vgl. außer der bisher angeführten Literatur noch *Bärwald*, Die intelektuellen Phänomene (Der Okkultismus in Urkunden, Band II, hgg. von *Dessoir*), Berlin 1925.

[3]) Eine der größten Sammlungen dieser Art enthält *G. C. Horst*, Deuteroskopie, Frankfurt a. H. 1830, sowie das englische Werk *Gurney*, *Myers* and *Podmore*, Phantasms of the Living, London 1877; viele Einzelfälle bringen auch

märchen, deren Ursprung in autosuggestiver Täuschung und Ausschmückung durch Weitererzählung zu suchen ist, doch bleibt ein Rest, bei denen diese Fehlerquellen äußerst unwahrscheinlich sind. Für die Echtheit mancher dieser Phänomene scheint auch der Umstand zu sprechen, daß ganz ähnliche Erlebnisse immer wieder und zwar zeitlich und örtlich unabhängig voneinander berichtet werden, daß ferner die Menschen, die solche Erlebnisse gehabt haben sollen, sich regelmäßig in einer nicht durchschnittlichen seelischen Situation befanden (z. B. alte, insichgekehrte Leute oder Menschen in einem seelischen Depressionszustand u. ä.), sowie schließlich die Tatsache, daß in bestimmten Volksstämmen solche Erlebnisse besonders häufig behauptet werden: in Schottland und in Westfalen ist die Fähigkeit des „zweiten Gesichtes" eine auch den einfachen Leuten ganz geläufige Erscheinung, über die man sich vielfach nicht mehr besonders wundert; doch wird die „Spökenkiekerei" von den davon Betroffenen als unangenehme Gabe empfunden[1]). Hingegen ist auf dem Gebiete des willkürlich herbeigeführten Hellsehens und der experimentellen Telepathie die Wahrscheinlichkeit, daß es sich um echte Phänomene handelt, noch viel geringer. Abgesehen von den zahlreichen Möglichkeiten betrügerischer Tricks, die hier eine große Rolle spielen (zumal für solche Versuche meist Hellseher und Medien verwendet werden, die sich gewerbsmäßig gegen Entgelt hiefür zur Verfügung stellen), werden auch die gutgläubig erbrachten „Leistungen" meist nur infolge der Wundersucht des Publikums für Treffer gehalten: feinfühlige Medien sagen in ihren Visionen und sonstigen okkulten Äußerungen eben das, was der Fragende zu hören wünscht oder doch als mögliche Antwort selbst (ohne daß er darum weiß) angedeutet hat. Begünstigt werden solche Scheinerfolge noch durch den Umstand, daß zum Zwecke des experimentellen Hellsehens oder ähnlicher Phänomene das Medium meist vom Experimentator in „Trance" versetzt wird oder von selbst „in Trance fällt". Ein solcher Trancezustand kann betrügerisch vorgetäuscht sein[2]), doch gibt es zweifellos echte Trance-

die fortlaufend erscheinenden Proceeding of the Society for psychical research (London, seit 1882). Eine neuere Sammlung solcher Beobachtungen enthält in belletristischer Erzählungsform *v. Gagern*, Geister, Gänger, Gesichte, Gewalten, Leipzig 1921 (als Quellenmaterial nur soweit verwendbar, als es Selbstbeobachtungen aus dem Familienkreis des Verfassers enthält).

[1]) Vgl. *F. zur Bonsen*, Das zweite Gesicht, Köln 1920; *Kehrer*, Wach- und Wahrträume bei Gesunden und Kranken, Leipzig 1935; danach soll es sich um eine erbliche Anlage handeln, die meist bei blonden, blauäugigen, zart- und blaßhäutigen Personen von in sich gekehrtem, ernstem und wortkargem Wesen (z. B. bei Schäfern) anzutreffen ist. Nach Angabe der Dichterin *Annette von Droste-Hülshoff* könne sich fast kein Eingeborener Westfalens von der Behaftung mit diesem bis zum Schauen gesteigerten Ahnungsvermögen gänzlich freisprechen.

[2]) Um die Jahrhundertwende trat in einer sächsischen Industriestadt eine Webersgattin durch viele Jahre in einem spiritistischen Zirkel, der sich „Glaubensbund" nannte, als Medium auf und erteilte — scheinbar schlafend — als Geist Christi fromme Weisungen, in die sie aber alsbald recht nüchterne Befehle einflocht: für die Benützung des Raumes pro Sitzung und Person 10 Pfennig zu zahlen, ihr für den Kauf eines neuen Herbstmantels 10 Mark zu spenden, die Zinsen für ihrem Manne gewährte Darlehen zu erlassen u. ä. Als sie von ihrem

zustände auch in Fällen, in denen die behaupteten hellseherischen Leistungen keineswegs stimmen[1]). Manche Medien suchen die Herbeiführung des Trancezustandes durch äußere Hilfsmittel zu erleichtern, z. B. durch Schauen in einen Kristall, und nennen dann ihre angeblichen hellseherischen Erlebnisse „Kristallvisionen"[2]). Das Seelenleben innerhalb des echten Trancezustandes entspricht völlig den uns schon geläufigen psychischen Erscheinungen der Hypnose[3]): Erlebnisse aus tieferen Bewußtseinsschichten gelangen an die Oberfläche, das Ichbewußtsein ist oft gespalten oder durch ein scheinbar fremdes Ichbewußtsein ersetzt, das Wahrnehmungsvermögen ist im allgemeinen erhalten, aber meist auf bestimmte Sinneseindrücke eingeschränkt und die Gedächtnisleistungen, insbesondere das Reproduktionsvermögen, sind oft außergewöhnlich gesteigert. So kann es vorkommen, daß ein Medium von einfacher Bildung im Trancezustand griechische oder arabische Sätze sagt, aber natürlich nur, wenn einmal (wenngleich vielleicht vor Jahren) diese Sätze vor ihm gesprochen wurden und sich in einer tieferen, sonst

---

Manne fortzog und alsbald ein Kind gebar, verkündete sie in „Trance", sie habe dies vom heiligen Geist empfangen. Die Sachverständigen erklärten die Schlafzustände für simuliert; die Betrügerin wurde zu 6 Monaten Gefängnis verurteilt (*Haußner*, Eine entlarvte Somnambule, Archiv 14 S. 180).

[1]) Einen derartigen Fall begutachtete seinerzeit *Forel:* eine wegen Betruges angeklagte Wahrsagerin fiel seit ihrem 15. Lebensjahr täglich um 9 Uhr vormittags und um 3 Uhr nachmittags spontan in einen Schlafzustand, den man für simuliert hielt. Während dieses somnabulen Zustandes empfing sie Patienten, denen sie als „Geist Ernst" im pathetischen Ton Diagnosen stellte und Heilmethoden ansagte. *Forel* gelang es, sie in diesem Zustande durch Suggestion unter hypnotischen Einfluß zu bringen. Sie erwies sich als völlig druck- und schmerzunempfindlich; diese schwere Anästhesie, die krampfhafte Entstellung der Gesichtszüge sowie der verworren-dämmernde Blick und totale Erinnerungsverlust nach dem Erwachen ließen die Möglichkeit einer Simulation sicher ausschließen. Ihre Diagnosen hingegen waren alle falsch und offenbar nur durch ihren laienhaften optischen Eindruck bestimmt. Es handelte sich somit um spontane Trancezustände auf hysterischer Grundlage, die sie gutgläubig zum Erwerb als Wahrsagerin ausnützte. Sie wurde von der Betrugsanklage freigesprochen; doch war sie eine gefährliche Kurpfuscherin (*Forel*, Der Hypnotismus, 7. Auflage, Stuttgart 1918 S. 273). Es gibt jedoch auch Fälle, in denen echte und simulierte Erscheinungen gemischt sind (*Forel* a. a. O. S. 148f.).

[2]) Solche Hilfsmittel der Autohypnose unterscheiden sich von den im vorigen Kapitel behandelten mannigfaltigen Hilfsmitteln der Wahrsager dadurch, daß sie nur zur Herbeiführung des Trancezustandes dienen, während die Hilfsmittel der Wahrsager den Wahrsageinhalt angeblich symbolisch ausdrücken (Lage der Karten, Handlinien usw.). Doch gibt es Hilfsmittel, bei denen sich beide Methoden miteinander berühren (z. B. der „magische Spiegel" vgl. oben S. 191 Anmerkung 3).

[3]) Vgl. 1. Bd. S. 293. Da es sich beim Versetzen eines Mediums in Trance durch den Experimentator in Wirklichkeit um Hypnose und beim spontanen Trancezustand um eine Art Autohypnose handelt, ist für die Begutachtung der Echtheit des Trancezustandes ein auf dem Gebiet der Hypnose erfahrener Arzt zuzuziehen, während zur eventuellen Entlarvung anderer betrügerischer Tricks von Medien — wie bereits erwähnt — ein entsprechend geschulter kriminologischer Sachverständiger bessere Dienste leisten wird. In schwierigen Fällen wird es sich empfehlen, die Beurteilung von Trancemedien von einem Kriminalisten und einem ärztlichen Hypnosefachmann gemeinsam durchführen zu lassen. Bei manchen Medien zeigen sich vor Beginn des Trancezustandes die Symptome eines hysterischen Anfalles (s. 1. Band S. 257).

nicht reproduzierbaren Bewußtseinsschicht eingeprägt hatten. Eine bei Medien häufige eigenartige psychische Leistung aus dem Unterbewußtsein ist ferner das sog. automatische Schreiben, das sowohl im Trancezustand als auch ohne einen solchen zustande kommen kann: die Hand, die einen Bleistift hält oder auf eine sog. Planchette[1]) gelegt wird, macht alsbald — als ob sie von einer dritten Person geführt würde — Bewegungen, durch die meist zunächst ein Gekritzel entsteht, das sich allmählich zu Buchstaben, Worten und Sätzen formt[2]). Im Trancezustand können hiebei Dinge mitgeteilt werden, die das Medium im Wachzustande nicht weiß. Aber auch beim automatischen Schreiben im Wachzustande merkt der Schreibende oft nicht, daß seine eigenen unterbewußten Vorstellungen und Gedanken die Schreibbewegung leiten. Dies benützte z. B. im Jahre 1921 ein Hamburger Konditor, der sich als spiritistischer Wahrsager betätigte, dazu, mit Hilfe der Planchette Diebstähle und andere Verbrechen „aufzuklären": er ließ seine Kunden (meist Bestohlene, die sich Rat holen wollten) selbst die Hand auf die Planchette legen und tatsächlich schrieb diese dann oft den Namen irgendeines Menschen, nämlich desjenigen, der von dem Bestohlenen selbst unbewußt für den Dieb gehalten wurde. Manchmal traf auf diese Weise die Planchette naturgemäß auch den richtigen Verbrecher, häufig wurden aber völlig Unschuldige verdächtigt und dadurch die Nachforschungen irregeführt[3]). In diesem Falle lag somit weder Hellsehen, noch Telepathie vor und dies gilt auch für alle ähnlich gelagerten Fälle automatisch schreibender Medien[4]). Doch ist es — falls es echtes Hellsehen

---

[1]) D. i. ein dreieckförmiges Brettchen, das auf drei Beinen ruht; zwei dieser Beine sind aus Holz, das dritte besteht aus einem Bleistift mit nach abwärts gerichteter Spitze.

[2]) So wunderbar diese Erscheinung dem Laien zunächst dünken mag, so erklärt sie sich doch ganz natürlich. Solche „Autismen" kommen auch im Seelenleben des Alltags häufig vor, ohne daß sie besonders beachtet werden. So haben z. B. manche Menschen die Gewohnheit, während sie in der Telephonzelle Gespräche abwickeln oder etwa in einer Sitzung den Vorträgen der Redner zuhören, mit dem in der Telephonzelle oder auf dem Sitzungstisch für Notizen bereitliegenden Bleistift auf dem ebenfalls bereitliegenden Blatt Papier Kritzeleien zu zeichnen. Sie sind dann oft selbst erstaunt, zu sehen, daß auf diese Weise Ornamente, Menschenköpfe und anderes mehr entstanden sind, wiewohl sie in ihren bewußten Gedanken mit ganz anderen Dingen beschäftigt waren. Auch hier haben Vorstellungen aus einer danebenlaufenden zweiten, unterbewußten Erlebnisreihe die Bewegungen der Hand gelenkt. Das Mitlaufen solcher unbewußter Vorstellungen zeigt sich auch in anderen Formen. So werden wir z. B. plötzlich gewahr, schon durch einige Zeit — während wir an ganz anderes dachten — eine Melodie leise gesummt zu haben; man sagt dann oft, „die Melodie will mir nicht aus dem Kopf" und ist gleichwohl nicht imstande, anzugeben, welche Melodie es sei und warum gerade diese Tonfolge sich ständig in den auf völlig andere Dinge gerichteten Gedankenablauf drängt. Im Trancezustand tritt nun diese zweite Erlebnisreihe in den Vordergrund des seelischen Ablaufes. Dementsprechend gibt es auch Medien, die in Trance Zeichnungen oder Malereien zu Papier bringen (sog. Malmedien) oder komponieren, Bücher diktieren u. ä.

[3]) *Hellwig*, Okkultismus und Strafrechtspflege, Bern und Leipzig 1924 S. 39ff.

[4]) Besonders instruktiv sind in dieser Beziehung die Beobachtungen des Genfer Psychologen *Flournoy*, Esprits et Mediums, Genf und Paris 1911; Die Seherin von Genf, Leipzig 1914.

oder Telepathie geben sollte — naturgemäß nicht auszuschließen, daß auch durch Hellsehen oder Telepathie zustandegekommene Vorstellungen sich durch automatisches Schreiben oder ähnliche Autismen äußern könnten.

Es ist nun noch die Frage zu erörtern, ob Telepathie oder Hellsehen zur Verbrechensaufklärung verwendet werden können und ob es daher sinnvoll ist, überhaupt von einer „Kriminaltelepathie" zu sprechen. Wie ernsthaft diese Frage vor noch verhältnismäßig kurzer Zeit aufgeworfen wurde, ergibt sich schon daraus, daß während der mehrfach erwähnten Welle des Mystizismus, die in den Jahren nach dem ersten Weltkrieg in fast allen Ländern zu beobachten war, nicht bloß zahlreiche Leute auftauchten, die sich den Polizeibehörden als „Kriminaltelepathen" anboten und mit angeblichen Erfolgen bei Verbrechensaufklärungen für sich marktschreierisch Reklame zu machen suchten, sondern daß es sogar 1921 in Wien einem Rechtsanwaltsanwärter möglich war, ein halboffizielles „Institut für kriminaltelepathische Forschung" zu eröffnen, dem die Wiener Polizeidirektion Fälle zuleitete[1]). Nach den reichen Erfahrungen, die insbesondere von *Hellwig* auf diesem Gebiet gemacht wurden, kann die Antwort auf die aufgeworfene Frage heute nicht mehr zweifelhaft sein: echte Telepathie oder echtes Hellsehen hat noch in keinem der überprüfbaren Fälle zur Entdeckung eines Verbrechens oder Ergreifung eines Täters beigetragen[2]). Viele „Kriminaltelepathen", von deren angeblichen Erfolgen in der Tagespresse überschwängliche Berichte erschienen, wurden als Schwindler entlarvt, die meist ihre auf sehr natürliche Weise erworbenen Kenntnisse bei ihren „medialen" Äußerungen mitverwendeten. Wieder andere konnten zwar nicht des Betruges überführt werden, aber ihre Bekundungen erwiesen sich als völlig wertlos und das tatsächlich Erstaunliche an ihnen waren nicht ihre hellseherischen Leistungen, sondern der Umstand, daß sie weitesten Kreisen die Überzeugung von ihren hellseherischen Fähigkeiten beizubringen vermochten und mitunter sogar selbst davon überzeugt waren.

Das Kriminologische Institut der Universität Graz hat in jener Zeit, so oft ein „Kriminaltelepath" in Graz auftrat, diesen eingeladen, sich einer objektiven Prüfung zu unterziehen und ihm für den Fall positiver Leistungen die Bescheinigung seiner Fähigkeiten zugesagt. Hiezu ist es allerdings nie gekommen. Die meisten zogen es vor, der Einladung unter einem Vorwand (daß sie eine solche Prüfung nicht nötig hätten, daß ihnen die Zeit hiezu mangle) nicht Folge zu leisten. Aber noch im Herbst 1934 erklärte sich ein unter dem Pseudonym To Rhama öffentlich auftretender Hellseher, der angeblich schon mit vielen Polizeidirektionen zusammen gearbeitet hatte und dessen erfolgreiche Schauvorstellungen auch in Graz beim Publikum höchste Verblüffung und größten Beifall auslösten, zu einer solchen Prüfung bereit. Diese wurde (um dem Ein-

[1]) Vgl. die oben S. 194 Anmerkung 1 angeführten Arbeiten von *Tartaruga*; inzwischen hat es der im Text erwähnte „Institutsleiter" vorgezogen, seine Tätigkeit nach Amerika zu verlegen.

[2]) Vgl. *Hellwig*, Der Beweiswert der Kriminaltelepathie, Schweizerische Zschr. f. Strafrecht 42, S. 212 und die oben S. 194 Anmerkung 3 angegebene Literatur; vgl. auch die Entscheidung über den „Hellseher-Film" v. 10. 1. 1929 Kriminalistik 3 S. 45 und den Erl. v. 3. 4. 1929, ebenda S. 113.

wand zu begegnen, daß die „Laboratoriumsatmosphäre" die Leistungen eines feinfühligen Hellsehers beeinträchtige) in einem Hotelzimmer unter Zuziehung von höheren Polizeifunktionären durchgeführt. Die Versuchsbedingungen waren hiebei genau die gleichen, unter denen To Rhama öffentlich auftrat und angeblich auch seine praktischen Erfolge erzielt hatte. Er arbeitete nach zwei Methoden: Nach Bekanntgabe irgendeiner Orts- und Zeitangabe (wobei die Ortsbezeichnung nach Straße und Hausnummer erfolgte, auch wenn ihm die Straßenbezeichnungen der betreffenden Stadt nicht bekannt waren) schloß To Rhama die Augen und behauptete nunmehr, die Begebenheiten, die sich daselbst zu jenem Zeitpunkt abspielten, erschauen und beschreiben zu können. Bei der zweiten Art von Experimenten wurde ihm eine Handschrift in einem Briefumschlag gereicht, er legte die Hand darauf und behauptete nunmehr, die Person des Schreibers körperlich und charakterlich beschreiben zu können. Die Prüfung hatte ein klägliches Ergebnis. Bei der Beschreibung von Begebenheiten nach der Orts- und Zeitangabe waren gerade die wesentlichen Angaben falsch. So sagte er einmal, „ein Schriftstück wird verlesen", ein anderes Mal „regelrechter Mord", obwohl es sich in beiden Fällen um einfache Einbrüche, die polizeilich vollkommen aufgeklärt worden waren, gehandelt hatte. Dabei waren aber oft andere Angaben, die Nebenumstände der Ortsbeschreibung betrafen („die Fenster liegen tief", „die Mauer des Hauses ist sehr stark") richtig, was zeigt, wie leicht Zufallstreffer bei solchen Schilderungen erzielt werden. Bei Vorlage einer Handschrift, die von dem 33jährigen Assistenten des Institutes stammte, der von ausgesprochen schmalwüchsiger Gestalt ist, beschrieb er die Person des Schreibers als breitschultrig, von weiblichem Geschlecht, 28—30 Jahre alt; auch hier erzielte er jedoch bei den charakterlichen Eigenschaften einige Treffer. Als ihm bekannt gegeben wurde, daß die Geschlechtsangabe falsch sei, sagte er, „dann ist es ein Mann von mindestens 42 Jahren"; als auch dies verneint wurde: „dann muß die Persönlichkeit die Erfahrung eines 42-Jährigen haben". So verlegte er sich offenbar aufs Raten. Der Grund, warum er bei den Versuchen so versagte und gleichzeitig bei seinem öffentlichen Auftreten scheinbar große Erfolge hatte, lag offenbar darin, daß bei den Versuchen streng darauf gesehen wurde, daß die Versuchsteilnehmer selbst nicht wußten, um welche Begebenheit bzw. Handschrift es sich jeweils handelte und daher auch unwillkürlich keinerlei Zustimmungs- oder Ablehnungsäußerungen (auch nicht in ihren Ausdrucksbewegungen) machen konnten. Bei seinem öffentlichen Auftreten hat To Rhama offenbar sich an solchen Äußerungen orientiert — wahrscheinlich sogar ihm selbst unbewußt, denn er schien gutgläubig und ehrlich überrascht durch das negative Ergebnis der Prüfung zu sein.

Solche Erfahrungen, die mit denen *Hellwigs* völlig übereinstimmen, bestätigen wiederum, daß echtes Hellsehen — falls es dies überhaupt geben sollte — sich sicherlich nicht jederzeit auf Wunsch und im Bezug auf eine beliebig gestellte Aufgabe herbeiführen läßt. Das aber müßte der Fall sein, wenn gewerbsmäßig arbeitende Hellseher für die Verbrechensaufklärung eine Hilfe bedeuten sollten. Willkürlich herbeigeführtes Hellsehen (und ebenso ein solcherart zustande gekommenes echttelepathisches Erfassen) scheidet daher als kriminalistisches Hilfsmittel aus. Zu erwägen bleiben daher nur noch zwei Möglichkeiten: kann unter Umständen ein spontanes Hellsehen, das ein verbrecherisches Geschehen zum Gegenstand hat, kriminalistisch verwertet werden? Und kann etwa die Scheintelepathie durch Ausdruckserfassung (die — wie wir gesehen haben — kein okkultes Phänomen ist) bei der Verbrechensaufklärung Dienste leisten? Zur ersten Frage ist darauf hinzuweisen, daß spontanes echtes Hellsehen (wenn es dies überhaupt geben sollte) ein sehr seltenes Phänomen ist und daß es daher ein noch seltenerer Zufall wäre, wenn ein solches seltenes Erlebnis gerade einen kriminalistisch verwertbaren Inhalt hätte. Für die tägliche kriminalistische Praxis ist daher auch von dieser theoretischen Möglichkeit, die an sich nicht ausgeschlossen werden kann[1]), keine Hilfe zu erwarten. Anders steht es mit der Frage der Scheintelepathie durch Ausdruckserfassen, bei der der „Telepath" im Grunde nichts anderes tut, als was der U. etwa bei Hausdurchsuchungen nach der verborgenen Leiche oder der versteckten Diebstahlsbeute auch sonst zu tun hat: den anwesenden Verdächtigten, der vermutlich um das Versteck weiß, genau zu beobachten und aus seinen Ausdrucksbewegungen zu erfassen, ob man am falschen oder richtigen Ort sucht[2]). Bei Feinfühligkeit und entsprechender Übung des U. kann der Erfolg recht erstaunlich sein[3]). Verfügt der U. über diese Gabe selbst nicht, so wäre die Heranziehung eines entsprechend Befähigten (allenfalls auch eines als Artisten auftretenden Salontelepathen) nicht grundsätzlich abzulehnen.

---

[1]) Ein einziger Fall ist bekannt, in welchem ein angebliches spontanes Hellsehen bei der Aufklärung eines Verbrechens zwar nicht unterstützend beigetragen hat, aber — wenn die Polizei die Leichen nicht von selbst gefunden hätte — unter Umständen hätte zur Aufklärung beitragen können. Am 29. Juni 1921 wurden die beiden Heidelberger Bürgermeister auf einem Ausflug ermordet und ihre Leichen konnten bis zum 11. Juli nicht gefunden werden. Am 8. Juli schrieb eine bis dahin unbekannte 44jährige unverheiratete Frau an die Staatsanwaltschaft einen Brief, in dem sie behauptete, das „zweite Gesicht" zu haben und nähere Angaben über den Ort machte, wo die Leichen verborgen seien. Die wesentlichen Punkte (bei Felsen, Nähe eines Gutes oder Damenstiftes, zu dem die Straßenbahn fährt) waren, wie sich nachträglich herausstellte, richtig und paßten auch auf keine andere Örtlichkeit der Heidelberger Umgebung. Die Polizei suchte aber dort nicht infolge dieses Briefes, sondern durchstreifte den ganzen Heidelberger Stadtwald systematisch und fand die Leichen schließlich am 11. Juli infolge des inzwischen aufgetretenen Leichengeruches. Bei einer späteren freiwilligen psychiatrischen Untersuchung gab die Briefschreiberin an, sie habe seit ihrem 14. Lebensjahr schon zahlreiche Wahrträume und Visionen gehabt, die sich regelmäßig bewahrheiteten. Von der Ermordung der Bürgermeister habe sie in der Zeitung gelesen, sich darüber erregt und dann auch in der Nacht davon geträumt. Eine zweite Vision, die sie in einem Brief vom 11. Juli über einen angeblich mitbeteiligten Chauffeur mitteilte, stimmte nicht. Vgl. *Gruhle*, Verwendung von Hypnose und Mitwirkung von Medien in der Rechtspflege, Zschr. f. d. ges. Neurologie und Psychiatrie 82 S. 82; kritisch hiezu: *Hellwig*, Okkultismus und Strafrechtspflege, Bern-Leipzig 1924 S. 61ff.

[2]) Siehe 1. Band S. 219.

[3]) Auf solche Weise als Wiener Polizeibeamter eine versteckte Leiche gefunden zu haben, behauptet *Tartaruga*, Kriminal-Telepathie und Retroskopie, Leipzig 1922 S. 82ff. Nachdem schon vorher eine polizeiliche Untersuchung der Kellerräume ohne Erfolg geblieben war, durchsuchte *Tartaruga*, den des Mordes Verdächtigten am Arm fassend, nochmals die Kellerräume, indem er erklärte, er werde die Leiche des Ermordeten hier sicher finden. Als er auf diese Weise bei einem Nachbarabteil vorbeikam, bemerkte er ein unwillkürliches Zögern des Verdächtigten. Er befahl sofort, in diesem Nachbarabteil nach einer Stelle zu suchen, wo der Boden vielleicht vor kurzem aufgegraben worden sei, faßte dabei den Verdächtigten an beiden Pulsgelenken und beobachtete, daß der Blick des Mannes (wiewohl dieser mit einem scheinbaren Lächeln leise sagte: „Das ist ja gar nicht mein Keller") eine Sekunde lang unwillkürlich an einem Kinderwagen haftete, der in jenem Kellerabteil stand. Sogleich ließ *Tartaruga* seine Hände los und befahl, an der Stelle, wo der Kinderwagen stand, mit der Aufgrabung zu beginnen. Alsbald kam die Leiche zum Vorschein.

7. Klopftöne, Telekinesie, Materialisationen u. ä.

Mit der sog. Paraphysik oder den physikalischen okkulten Phänomenen[1]) hat sich die Kriminalistik vorwiegend nur unter dem Gesichtspunkt des Betruges zu beschäftigen; denn daß man glaubt, etwa mit Hilfe des Tischrückens einem Dieb auf die Spur kommen zu können, also den physikalischen Mediumismus in den Dienst der Verbrechensaufklärung stellen zu sollen, gehört heute wohl bereits längst der Vergangenheit an. Soweit aber solche Gedankengänge etwa doch nochmals auftauchen sollten, ist auf das im vorigen Kapitel über die „Kriminaltelepathie" Gesagte zu verweisen: denn zweifelsfrei steht fest, daß alle durch physikalische Erscheinungen vermittelten Aussagen nichts anderes sind als (bewußte oder unbewußte) Äußerungen des Mediums. Daher weiß auch der klopfende „Geist" nicht mehr, als was das Medium im Wachbewußtsein oder im Unterbewußtsein weiß, und er kann — ähnlich wie wir es bei der Dieberfragung durch die Planchette oben bereits kennen gelernt haben — nur denjenigen als Dieb angeben, den das Medium (wenn auch nur im Unterbewußtsein) des Diebstahles verdächtig hält. Damit scheiden aber solche Methoden für eine ernsthafte Verbrechensaufklärung aus.

Hingegen hat sich der Kriminalist, um die zahlreichen und raffinierten Schwindeleien der „physikalischen Medien" aufdecken zu können, mit diesem Gebiet sehr eingehend zu befassen. Wie die Geschichte des Okkultismus (die hier wiederum die beste Lehrmeisterin ist) zeigt[2]), war auch an der erfolgreichen Entlarvung der betrügerischen Medien zu allen Zeiten die Kriminalistik beteiligt. Als es z. B. nach 1870 durch die größere Verbreitung der Photographie in Spiritistenkreisen modern geworden war, die Geister zu photographieren, erregte in Paris der Geisterphotograph *Buguet*, der mit dem Medium *Firman* arbeitete, besonderes Aufsehen und auch *Leymarie*, der Redakteur der „Revue Spirite", trat für ihn ein. Aber ein als Photograph tätiger Polizeibeamter schöpfte Verdacht und ging unter falschem Namen zu *Buguet*, um zusammen mit einem Geist photographiert zu werden. Als *Buguet* vor der Aufnahme die Kassette in den Apparat schob, nahm der Polizeibeamte die Kassette und verlangte die Entwicklung der Platte ohne Aufnahme. Es stellte sich heraus, daß das Bild des Geistes sich bereits im voraus auf der Platte befand und bei der Hausdurchsuchung fand man auch die in Leichengewänder gehüllten „Geister"-Puppen. Alle Beteiligten wurden zu Gefängnisstrafen verurteilt.

Ähnlich, wie wir dies beim Hellsehen und der Telepathie gesehen, sind auch unter den angeblichen paraphysischen Erscheinungen solche zu unterscheiden, die spontan auftreten und solche, die gewissermaßen

[1]) Über Begriff und Richtungen des Okkultismus siehe oben S. 193 Anmerkung 1 und die daselbst angeführte Literatur.

[2]) Vgl. insbes. *Lehmann* a. a. O., und *v. Gulat-Wellenburg, v. Klinkowstroem* und *Rosenbusch*, Der physikalische Mediumismus, Berlin 1925.

experimentell in einer „Séance“ (gleichgültig ob zu spiritistischen oder zu „wissenschaftlichen“ Zwecken) unter absichtlicher Zuziehung eines Mediums erzeugt werden. Die ersten Erscheinungen, die man beobachtete, waren spontane: 1848 fing es in einer Wohnung des Dorfes Hydesville in Nordamerika zu klopfen an, und als die betreffende Familie nach Rochester zog, setzte sich hier die Erscheinung der Klopftöne fort und auch ein von der Stadt eingesetztes Komitee konnte keinen Schwindel entdecken. Alsbald versammelten sich des abends öfters viele Menschen in diesem Hause, um das berühmte Klopfen zu hören, setzten sich dabei um einen Tisch, der alsbald auch klopfte und verschiedene Bewegungen machte, und so wurde das Tischrücken entdeckt. Von da aus verbreitete sich geradezu eine Tischrücken-Epidemie über Amerika und drang auch nach Europa. Da zur selben Zeit in Amerika der Populärphilosoph und Religionsverbesserer *A. J. Davis*, der in seiner Jugend als hellseherisches Heilmedium aufgetreten war und alsbald die Welt mit dickbändigen Werken beglückte[1]), die neuen Spukerscheinungen in seine Lehre einbezog und durch das Wirken von Geistern erklärte[2]), entwickelte sich sehr rasch die spiritistische Theorie[3]). Ähnlich wie schon zu *Swedenborgs* Zeiten wurden nun in Verbindung mit dem Tischrücken die Seelen Verstorbener — berühmter Männer wie naher Verwandter — beschworen. Bald aber verlangte man von guten Medien mehr als immer nur Klopftöne und Tischbewegungen: die Geister mußten ihre Anwesenheit durch „Berührungen“ der Sitzungsteilnehmer, Fernbewegungen, wie Läuten einer Glocke, Spielen auf einem Saiteninstrument, Heben von Gegenständen, wodurch diese an Gewicht verlieren („Levitationen“), Schreiben auf Schiefertafeln mittels einer dazugelegten Kreide („direkte Schrift“) und schließlich dadurch kundtun, daß sie sich selbst teilweise oder gar ganz in einen sichtbaren Stoff verwandeln („Materialisationen“) oder Dinge aus der Geisterwelt überbringen („Apports“). Seitdem überwiegen unter den Berichten über physikalische okkulte Phänomene weitaus solche, die experimentell unter Zuziehung eines Mediums hervorgerufen wurden. Für die Medien aber war — sowohl aus Gründen des Gelderwerbes als auch ihres Geltungsbedürfnisses — der Anreiz gegeben, ihre Anhänger mit immer neuen „Phänomenen“ zu beglücken und diese künstlich zu erzeugen.

Aber nicht nur gläubige Spiritisten fielen auf die Tricks der „physikalischen Medien“ herein, sondern auch anerkannte Männer der

---

[1]) *A. J. Davis*, The principals of nature, 1847, deutsch: Die Prinzipien der Natur, übers. von *Wittig*, 2. Ausg. Leipzig 1889.

[2]) *A. J. Davis*, The phylosophy of spiritual intercourse, 1850, deutsch: Die Philosophie des geistigen Verkehrs, übers. von Wittig, Leipzig 1884.

[3]) In Europa wurde sie besonders in Frankreich durch *Kardec* ausgebaut; vgl. *A. Kardec* (*H. D. Riveil*), Livre des Esprits, Paris 1858; Qu'est-ce-que le spiritisme? Paris 1859; Le livre des mediums, Paris 1861. In ihrem wesentlichen Inhalt war jedoch die spiritistische Idee schon lange Zeit vorher durch die Lehren *Swedenborgs* und der deutschen „Pneumatologen“ (*Jung-Stilling* u. a.) begründet worden, aber in der Zwischenzeit in Vergessenheit geraten.

Wissenschaft, die zunächst kritisch an die Erscheinungen herangingen. Seitdem hervorragende englische Gelehrte, der Naturforscher *A. R. Wallace* und der Chemiker *William Crookes*, auf Grund ihrer Experimente sich für die Echtheit der Phänomene eingesetzt hatten und die Londoner „Dialektische Gesellschaft" 1869 ein Komitee mit der Prüfung der Echtheit der medialen Erscheinungen beauftragt hatte, wurde London zur Hochburg des „wissenschaftlichen Okkultismus"[1]). In Deutschland hat von Vertretern der offiziellen Wissenschaft der Leipziger Professor der Astrophysik *F. Zöllner* den traurigen Ruhm erlangt, die Tricks des allerdings weltberühmten, jedoch schon einmal entlarvten amerikanischen Mediums *Slade* nicht bloß nicht zu durchschauen, sondern für deren Erklärung noch eine tiefsinnige, mathematisch unterbaute Theorie von der vierten Dimension zu entwickeln. In Italien vermochte das Medium *Eusapia Palladino* unter anderen auch einen *Lombroso* zu täuschen. Heute wissen wir, daß es einfache Taschenspielertricks waren, die den „wissenschaftlichen Kontrollen" der genannten Gelehrten entgingen[2]). So hat z. B. *Crookes*, dem die Wissenschaft u. a. die Entdeckung des Talliums, des Radiometers und der sog. *Crookes*schen Röhren verdankt, nicht bloß die Levitationen, die ihm das Medium *Home* vorgaukelte, physikalisch „gemessen", sondern auch die in weiße Nachtgewänder gehüllten „materialisierten" Geister des Mediums *Florence Cook* photographiert und an ihre Echtheit geglaubt[3]). Die Erklärung hiefür gibt sein (obgleich selbst okkultistisch eingestellter) Biograph *Fourniere d'Albe:* „Es scheint da zwei *Crookes* zu geben, der eine der gewissenhafte, sorgfältige, exakte Mann der Wissenschaft .... und der andere, der impulsive, reizbare Wundersüchtler, dessen Vorsicht und gesunder Menschenverstand durch ein paar Possentreiber über den Haufen geworfen werden."[4])

Ein im Grunde gleiches Schauspiel wiederholte sich im 20. Jahrhundert. Der Psychiater *v. Schrenck-Notzing*, der sich besonders auch um Probleme der forensischen Psychologie besondere Verdienste erworben hatte[5]), veröffentlichte plötzlich dickleibige Werke mit Photographien von Geistern und ähnlichen „Materialisationen", die bei kritischer Betrachtung offenbar aus entfaltetem Seidenpapier und anderen (auf kleinstem Raum zusammenlegbaren) feinfädigen Gespinsten be-

[1]) Die 1882 gegründete Society for Physikal Researche, in der sowohl kritische Wissenschaftler als auch überzeugte Okkultisten vertreten sind, hat fast alle irgendwo auftauchenden berühmten Medien nach London kommen und untersuchen lassen.

[2]) Vgl. die lehrreichen Selbstdarstellungen älterer Medien und ihrer Gehilfen, die die angewandten Tricks einbekannten: *Parker* (= *Chapmann*), Confessions of a medium, London 1882; *Truesdell*, Bottom fasts concerning spiritualism, New York 1883; hierzu *Lehmann* a. a. O. S. 371 ff.

[3]) Später wurde Miß *Cook* in einer Sitzung der British Assotiation of Spiritualis entlarvt: Als sich ein Geist „Mary" zeigte, sprangen einige beherzte Herren hinzu und ergriffen den Geist, der sich als das mit Unterwäsche bekleidete Medium erwies.

[4]) *Fourniere d'Albe*, The live of Sir William Crookes, London 1923.

[5]) Vgl. oben 1. Band, S. 29 Anm. 2 und 3.

stehen[1]). Die „wissenschaftlichen Kontrollen" hatten sich seit Crookes Zeiten zwar etwas modernisiert (Leuchtnadeln, Blitzlichtaufnahmen u. ä.), ebenso aber auch die Tricks der Medien.

Für die wissenschaftliche Kriminalistik entsteht daher die Aufgabe, zum Zwecke der Entlarvung betrügerischer physikalischer Medien solche Kontrollen zu ersinnen, die einerseits tatsächlich geeignet sind, künstliche Tricks aufzudecken, und die andererseits gutgläubige Medien (denn auch solche gibt es) nicht von vornherein abschrecken. So wird man die allgemeinen äußeren Bedingungen (Rotlicht bzw. Dunkelheit, räumliche Anordnung usw.) den Wünschen des Mediums gemäß gestalten. Es ist aber naiv und völlig unwirksam, nur jene Kontrollen anzuwenden, denen sich das Medium von selbst unterwirft (z. B. Erkennbarmachung von Körperteilen durch Leuchtstreifen), denn gerade diese Kontrollen dienen — ähnlich wie Taschenspieler Personen aus dem Publikum auf die Bühne bitten — gerade umgekehrt der Ablenkung der Aufmerksamkeit von jenen Vorgängen, auf die es ankommt. Vielmehr sind die auch sonst der Kriminalistik geläufigen Hilfsmittel ohne Wissen des Mediums in einer Form anzuwenden, die den normalen Verlauf einer Sitzung in keiner Weise stört. So können z. B. glatte Gegenstände aus Metall oder Glas, die im Falle betrügerischer Erzeugung einer „Fernbewegung" vom Medium mit der Hand berührt worden sein dürften, nachträglich mittels des üblichen daktyloskopischen Einstaubverfahrens auf latente Fingerspuren untersucht werden[2]). Ist hingegen damit zu rechnen, daß Gegenstände vom Medium mittels anderer Körperteile bewegt werden, so empfiehlt es sich, diese Gegenstände mit einem Farbstoff zu bestreichen, der sich auf jeden berührenden Gegenstand überträgt: dann werden Farbstofflecke auf dem Körper oder den Kleidungsstücken oder etwaigen sonstigen Hilfsmitteln des Mediums untrüglich anzeigen, womit der Gegenstand tatsächlich bewegt wurde[3]). Eine besonders wirksame Kontrollmethode ist uns aber heute durch die Infra-

[1]) *v. Schrenck-Notzing*, Materialisationsphänomene, 1. Aufl., München 1913, 2. Aufl. 1923; *Derselbe*, Experimente der Fernbewegung, Stuttgart, Berlin und Leipzig 1924. Kritisch hiezu: *M. v. Kemnitz* u. *W. v. Gulat-Wellenburg*, Moderne Mediumforschung, München 1913; *Hellwig*, Moderne Medienforschung, Ärztliche Sachverständigenzeitung 1914, Nr. 14; Buchbesprechung von *Hans Groß*, Archiv 56, S. 370; *v. Gulat-Wellenburg*, *v. Klinkowstroem* und *Rosenbusch*, Der physikalische Mediumismus, Berlin 1925; *v. Klinckowstroem*, Der Fall Schneider, Zeitschrift für kritischen Okkultismus 3, S. 90; *Bruhn*, Gelehrte in Hypnose, Hamburg 1926.

[2]) Zu diesem Zwecke müssen solche Gegenstände in sorgfältig gereinigtem Zustand von Sachverständigen mitgebracht und erst unmittelbar vor Beginn des Versuchs hingelegt werden, so daß sie vom Medium nicht vorher berührt werden können. Über die Technik des daktyloskopischen Sicherungsverfahrens s. unten Abschnitt XII.

[3]) Auf diese Weise wurde z. B. das Medium *Rudi Schneider* (auf das sich viele Experimente *v. Schrenck-Notzings* stützen) entlarvt: eine Glocke, die telekinetisch geläutet werden sollte, war ohne Wissen des Mediums mit roter Farbe bestrichen worden. Als nach dem Versuch dies zur Sprache kam, versuchte das Medium seine Hand an der Außenseite des rechten Oberschenkels abzuwischen, wo dann auch sofort auf der Hose die Fingerwischspuren in roter Farbe festgestellt werden konnten.

rotphotographie gegeben[1]), durch die es möglich ist, mittels einer starken Lichtquelle, deren sichtbares Licht durch ein Schwarzfilter abgeschirmt ist, bei voller Dunkelheit Aufnahmen zu machen[2]). Ferner sind die körperlichen Untersuchungen des Mediums vor und nach den Sitzungen und die Untersuchung des Raumes, in welchem das Medium arbeitet, viel genauer durchzuführen, als dies meist geschieht. Die körperliche Untersuchung ist insbesondere auch auf innere Körperhöhlen auszudehnen — die kriminalistische Erfahrung lehrt, daß z. B. zusammengerolltes Papier im After verborgen werden kann[3]). Auch können bei entsprechender Übung Gegenstände verschluckt und wieder heraufgewürgt werden. Schließlich darf nicht vergessen werden, die Untersuchung des Raumes nach jeder Sitzung genauestens zu wiederholen, insbesondere auch nach sog. „negativen" Sitzungen, in denen kein Phänomen aufgetreten ist. Denn manches Medium rechnet gerade damit, daß bei einem negativen Ausfall das Interesse und die Aufmerksamkeit der Sitzungsteilnehmer nachläßt, und es schiebt deshalb gerade solche negative Sitzungen ein, um bei dieser Gelegenheit Vorbereitungen für die folgende Sitzung zu treffen.

Trotz aller dieser Kontrolle kann es aber sein, daß man manchem geschickten Taschenspielertrick nicht auf die Spur kommt[4]). Besteht ein solcher Verdacht, so empfiehlt sich die Zuziehung eines wirklich erstklassigen Taschenspielers, der auf der Höhe der „magischen Kunst" steht. Dies war schon oft von Erfolg, zumal wenn ein Taschenspieler zur Verfügung steht, der sich mit den Tricks der Medien eingehend vertraut gemacht hat[5]).

Hat man auf diese Weise ein angebliches okkultes physikalisches Phänomen als durch das Medium auf natürliche Weise bewirkt nach-

---

[1]) Siehe 1. Band S. 345 ff.

[2]) Solche Aufnahmen — auch wenn sie ohne Wissen des Mediums erfolgen — widersprechen keineswegs den Versuchsbedingungen, da die Medien ja nur zu behaupten pflegen, gegen sichtbares Licht besonders empfindlich zu sein, so daß ein etwaiges vorzeitiges Aufleuchten für sie gesundheitsschädlich sei. Von der Infrarotaufnahme im Dunklen merkt aber das Medium nichts und wird daher in keiner Weise beeinträchtigt. In England hat *Nandor Fodor* zahlreiche Medien durch Infrarotaufnahmen des Betruges überwiesen und wurde deshalb von spiritistischer Seite scharf angegriffen; vgl. *Oellrich*, Infrarotphotographie zur Nachprüfung angeblicher spiritistischer Phänomene, Archiv 109 S. 86.

[3]) Vgl. oben S. 24.

[4]) Über den geringen Wert der unmittelbaren „Beobachtung" der taschenspielerischen Vorgänge vgl. *Lehmann* a. a. O. S. 453ff.; *Dessoir*, Zur Psychologie der Taschenspielerkunst, in: *Rells* Psychologische Skizzen, Leipzig 1893; *Schulte*, Experimentalpsychologische Untersuchungen zur Prüfung der Kontrollbedingungen bei okkultischen Dunkelsitzungen, Zschr. f. krit. Okkultismus 1, S. 248; *Kollmann*, Taschenspiel und Okkultismus, ebenda S. 115; *Volkmann*, Die Psychologie der Zauberkunst, Archiv f. d. ges. Psychologie 87, S. 541; siehe auch oben 1. Bd. S. 89.

[5]) So hat der früher auch in Deutschland aufgetretene bekannte amerikanische Taschenspieler und Entfesselungskünstler *Houdini* die Tricks zahlreicher Medien erklärt; vgl. *Houdini*, A Magacian among the Spirits, New-York und London 1924; *v. Klinkowstroem*, Mediumistisches, Zschr. f. krit. Okkultismus 1, S. 48.

gewiesen und so das Medium „entlarvt", so ist allerdings dadurch nicht immer sicher bewiesen, daß das Medium subjektiv betrügerisch vorgegangen ist: es liegt vielmehr im Wesen der „Mediumität", daß im echten Trancezustand sich Medien von dem Geist, der auftreten soll, „besessen" fühlen und unbewußt dessen Rolle spielen[1]). Es bedarf darum einer sehr sorgfältigen Prüfung der Umstände des Einzelfalles, um festzustellen, inwieweit ein Medium bewußt betrügt. Im allgemeinen ist die Wahrscheinlichkeit eines „unbewußten Betruges" um so größer, je plumper der Schwindel ist, hingegen um so kleiner, je mehr die angewandten Tricks Raffinement und taschenspielerische Fähigkeit verraten.

Mit der Feststellung, daß ein von einem Medium erzeugtes Phänomen auf Trick beruht, ist naturgemäß auch nicht sicher erwiesen, daß alle Erscheinungen, die sich bei diesem Medium zeigen, betrügerisch erzeugt sein müssen. Immerhin ist der Verdacht, daß dem so sei, auch bei nur einer Entlarvung gerechtfertigt. Demgegenüber weisen die überzeugten Okkultisten immer wieder darauf hin, daß manche Medien, wenn die echten Phänomene durch ihre Eintönigkeit die Sitzungsteilnehmer nicht mehr zu interessieren vermögen, aus psychologisch naheliegenden Gründen (Ehrgeiz, Schritthaltenwollen mit der „Konkurrenz" anderer berühmter Medien) neue Phänomene künstlich hinzufügen oder bei Sitzungen, die negativ auszufallen drohen, künstlich etwas „nachhelfen"; es könne sich deshalb doch um „echte" Medien handeln. Diese theoretische Möglichkeit muß allerdings eingeräumt werden, doch genügt bei gewerbsmäßigen Medien für den Tatbestand strafbaren Betruges der Nachweis, daß auch nur ein angeblich okkultes Phänomen bewußt vorgetäuscht wurde. Für die unentwegten Okkultisten bleibt aber erfahrungsgemäß auch ein solches entlarvtes Medium interessant und bewundernswert.

Faßt man alle Erfahrungen, die man bisher bei genauer Prüfung von physikalischen okkulten Erscheinungen machte, zusammen, so ergibt sich, daß die weitaus überwiegende Mehrzahl aller experimentell herbeigeführten Phänomene auf sehr natürliche Weise von den Medien erzeugt wurde, während für einen kleinen Rest von Erscheinungen ein solcher Nachweis nicht erbracht erscheint, umgekehrt aber auch ihre Echtheit nicht erwiesen ist. Die Möglichkeit einer solchen Echtheit physikalischer Phänomene besteht am ehesten dort, wo es sich um relativ einfache Erscheinungen handelt, die angeblich wiederholt auch spontan beobachtet wurden und die auf die Dauer nicht so interessant erscheinen, daß sich ihre künstliche Erzeugung lohnt. Das gilt vor allem für die Klopftöne und einfachen telekinetischen Erscheinungen, die immer wieder von „Spukhäusern" berichtet werden. Sicher ist, daß solche Erscheinungen von der Anwesenheit bestimmter Menschen (meist Kranke

[1]) Vgl. das Kapitel „Die Natur der Mediumität" bei *Lehmann* a. a. O.

oder Hysteriker) abhängen, die sich dort aufhalten. Ungeklärt ist, ob sich alle derartigen Phänomene, über die Berichte vorliegen, durch hysterische Einbildungen, Beobachtungs- und Erinnerungsfehler und durch künstliche Erzeugung seitens der erwähnten Personen erklären lassen oder ob sie durch diese Personen tatsächlich auf okkultem, d. h. uns noch nicht bekanntem Wege erzeugt werden[1]). Aber auch im letzteren Fall wäre dies nichts Mystisches und Unerklärliches, sondern eine biologisch-physikalische Erscheinung, zu deren Wesen unsere Naturerkenntnis noch nicht vorgedrungen ist[2]).

8. Wünschelrute und „Erdstrahlen".

Ein in mehreren Richtungen kriminalistisch wichtig gewordener Problemenkreis betrifft die seit alters her bekannte Wünschelrute. Wiewohl sie mit mehreren anderen schon behandelten Erscheinungen (so mit dem Siderschen Pendel und der Planchette) Ähnlichkeiten aufweist,

---

[1]) Bei den „Spukhäusern" von Resau (1889) und Hopfgarten (1921), die Gegenstand eingehender gerichtlicher Feststellungen wurden, nimmt *Hellwig* (der diese Gerichtsverfahren ausführlich darstellt) an, daß in keiner Weise der Beweis für die Echtheit der Phänomene erbracht sei; für den Spuk von Resau besteht vielmehr die größte Wahrscheinlichkeit, daß alle Erscheinungen durch den 15jährigen Knecht Karl Wolter mutwillig erzeugt worden seien, so daß dessen rechtskräftige Verurteilung wegen Sachbeschädigung und groben Unfuges begründet war. Auch im zweiten Fall bestehen gegen die Annahme der Echtheit der Spukerscheinungen, für die sich *v. Schrenck-Notzing* einsetzte, erhebliche Bedenken. Vgl. *Hellwig*, Okkultismus und Verbrechen, Berlin 1929, S. 327ff.

[2]) Die möglichen Erklärungshypothesen für solche Erscheinungen zu prüfen, ist nicht Aufgabe der Kriminologie, sondern der einschlägigen Wissenschaften von den Lebensvorgängen (Physiologie, Neurologie, Psychologie) in Zusammenarbeit mit der Physik. Die immer wieder in den verschiedensten Varianten auftauchende Strahlenhypothese hat durch die neueren Erkenntnisse über die chemisch-elektrische Natur der nervösen Vorgänge des zentralen Nervensystems in Verbindung mit unserer allgemein-biologischen Erkenntnis von der körperlich-seelischen Ganzheit der Lebensvorgänge an Wahrscheinlichkeit etwas gewonnen, was freilich nicht mit den abergläubischen Phantastereien der seinerzeit von *Reichenbach* begründeten Odlehre (vgl. oben S. 135 Anm. 2) verwechselt werden darf. Daß aber der menschliche Organismus mit seinen elektrischen Vorgängen und Spannungsgefällen in Nerven und Muskeln und insbesondere das arbeitende Hirn auch Fernwirkung ausübt, wäre allerdings denkbar, da sich auch vom Großhirn (wie vom arbeitenden Herzmuskel: Elektrokardiogramm) Aktionsströme ableiten und durch entsprechende Verstärkung registrieren lassen (vgl. *Rein*, Physiologie des Menschen, 7. Aufl. Berlin 1943, S. 63 ff., 302 ff. und 436 ff.; *Schaefer*, Elektrophysiologie, Wien 1941; *H. Berger*, Das Elektroencephalogramm des Menschen, Halle 1938) und mit jedem elektrischen Strom auch ein magnetisches Feld gekoppelt ist (vgl. *Pohl*, Einführung in die Elektrizitätslehre, 6. und 7. Aufl. Berlin 1941). Wenn auch die minimale Stärke der uns bekannten Körperelektrizität größere mechanische Wirkungen physikalisch nicht erklärlich erscheinen läßt, so wäre es doch nicht undenkbar, daß solche (oder andere uns noch nicht bekannte) Kraftfelder oder Strahlen sich mit dem jeweiligen seelischen Zustand ändern und im Falle eines seelischen Ausnahmezustandes (Trance usw.) ebenfalls ausnahmsweise Eigenschaften aufweisen. Daß sie sich dann in Schallwellen und sonstige mechanische Energie umzusetzen vermögen, kann nicht als ausgeschlossen bezeichnet werden. Ihr Zusammenhang mit dem Seelischen würde

ist sie doch besonders zu erörtern, da auch gegenwärtig noch von ernst zu nehmenden Fachleuten die Ansicht vertreten wird, daß es sich bei den „echten" Ausschlägen der Rute, um eine durch physikalische äußere Ursachen hervorgerufene physiologische Wirkung auf das Nervensystem besonders empfindlicher Menschen handle[1]). Durch eine solche Theorie wird somit versucht, das Wesen der Wünschelrute auf natürlichem und somit nicht „okkultem" Wege zu erklären.

Die Wünschelrute war schon den alten Römern bekannt, bei denen die Aquileges mit ihrer Hilfe Quellen suchten, und begegnet uns bei verschiedenen Völkern indogermanischer Abstammung[2]). Im deutschen Mittelalter und vor allem in den ersten Jahrhunderten der Neuzeit wird ihre Anwendung mit allerlei abergläubischen Vorstellungen umrankt: es müssen bestimmte Zweige dafür verwendet werden, die zu gewissen Zeiten des Jahres (vor allem in den „Zwölfnächten") geschnitten werden, wobei man sich rücklings dem Strauch nähern muß usw. Bald suchte man mit der Wünschelrute nicht bloß Wasseradern, sondern auch Erzlager, Gold u. ä. und gegen Ende des 17. Jahrhunderts stand in Frankreich ein reicher Landmann in dem Ruf, auch Diebe und Mörder mit der Rute entdecken zu können. Als auf Grund einer solchen Bezichtigung ein Beschuldigter hingerichtet wurde, machte dies Aufsehen und Gelehrte sowie Behörden begannen sich für die Wünschelrute zu interessieren. Zahlreiche Theorien wurden seither aufgestellt. Sicher ist, daß vielfach Schwindler den Glauben an die Wünschelrute ausnützten und die Ausschläge der Rute betrügerisch durch willkürliche Handbewegungen herbeiführten; ebenso sicher ist aber auch, daß es gutgläubige Rutengänger gibt, bei denen die Rute oft sehr stark ausschlägt und die Erfolge beim Suchen nach Quellen aufzuweisen haben. Vielfach wird angenommen, daß solche Ausschläge durch unbewußte Handbewegungen[3]) dann zustandekommen, wenn der Rutengänger auf Grund des

---

auch die „intelektuellen Leistungen" der physikalischen Medien, insbesondere die Klopfsprache (die jener der Verbrecher in den Gefängnissen gleich ist, vgl. oben S. 61 f.) erklären, indem die auf solche Weise hervorgebrachten Klopftöne eben so lange anhalten, als sich das Medium beim Mitbuchstabieren in einem bestimmten Spannungszustand befindet, der nach dem betreffenden Buchstaben nachläßt. Es wäre also eine Erklärung der einfachen physikalischen Phänomene, falls sich deren Existenz überhaupt bestätigen sollte, durchaus in einer Weise möglich, die mit unserem derzeitigen naturwissenschaftlichen Weltbild im Einklang steht. Eine trickmäßige Erzeugung jener Klopftöne, die nicht vom Tisch ausgehen, an dem das Medium sitzt, sondern in davon entfernten Einrichtungsgegenständen und Wänden des Zimmers ertönen, ist bisher nicht beobachtet worden; auch die Erklärung durch „Bauchredner"-Künste erscheint wenig befriedigend (vgl. *Flatau* und *Gutzmann*, Die Bauchrednerkunst, Leipzig 1894).

[1]) Vgl. *v. Klinckowstroem* und *v. Maltzahn*, Handbuch der Wünschelrute. Geschichte, Wissenschaft, Anwendung, München und Berlin 1931; *Hellpach*, Geopsyche, Leipzig 1935.

[2]) Vgl. *Herold*, Artikel „Wünschelrute" in: Hdw. d. d. Aberglaubens, Band IX, Spalte 823ff.

[3]) Also durch „ideomotorische" Bewegungen, wie wir sie beim Siderischen Pendel kennen gelernt haben (siehe oben S. 191).

Eindruckes der Örtlichkeit (Vegetation, Bodenbeschaffenheit usw.) intuitiv erfaßt, daß an dieser Stelle Wasser zu finden sein werde. Daß hingegen — wie nach der eingangs erwähnten Ansicht — ein von den Wasserläufen ausgehender objektiver Reiz (Unterschiede im elektrostatischen Feld?) auf das Nervensystem des Rutengängers einwirkt, ist nicht auszuschließen, aber auch nicht erwiesen. Die Technik des Rutengehens besteht hiebei darin, daß die Rute (gewöhnlich ein sich gabelnder Zweig) mit je einer Hand — meist recht krampfhaft — an den beiden kürzeren Gabelenden vor die Brust gehalten wird, so daß der Stiel der Gabel nach vorne oder nach oben zeigt; an den kritischen Stellen soll sich der Stiel nach unten bewegen. Andere benützen einen (ungegabelten) Weidenzweig oder Metalldraht, dessen schlingenförmig gekreuzte Enden so gehalten werden, daß die Schlinge nach vorne zeigt.

Außer der Möglichkeit eines betrügerischen Vorgehens beim Quellensuchen hat die Wünschelrute in jüngster Zeit noch weitere kriminalistische Bedeutung dadurch erlangt, daß sie mit neuen medizinisch-abergläubischen Vorstellungen verknüpft wurde: die von der Wünschelrute angezeigten unterirdischen Wasseradern und „Reizstreifen" sollen auf die Menschen durch von ihnen ausgehende „Erdstrahlen" gesundheitschädliche Wirkungen haben und insbesondere Krebs hervorrufen. Dieser Aberglaube verbreitete sich so rasch, daß sich sogar Ärzte dazu hergaben, statistische Untersuchungen über „Krebshäuser" zu machen, die durch Erdstrahlen hervorgerufen seien. In Deutschland hat jedoch das Reichsgesundheitsamt durch eine eingehende Untersuchung die völlige Haltlosigkeit solcher Behauptungen nachgewiesen[1]). Dieser Aberglaube wurde dadurch besonders gefährlich, daß als Gegenmittel gegen diese schädlichen Erdstrahlen sog. Abschirmapparate erfunden wurden, die völlig wertloses Zeug (mit Öl gefüllte Metallröhren, Drähte usw.) enthalten. Mit dem Vertrieb dieser Apparate[2]), die oft zu teueren Preisen verkauft wurden, machten die Erzeuger ein lukratives Geschäft, während die Patienten, die sich auf die Abschirmwirkung der Geräte verließen (anstatt sich in ärztliche Behandlung zu begeben), dadurch gesundheitlich schwer gefährdet wurden. Da nach den erwähnten Feststellungen des Reichsgesundheitsamtes den Erzeugern und Verkäufern solcher Abschirmgeräte auch guter Glaube nicht mehr zugebilligt werden kann, ist das Herstellen und Vertreiben solcher Apparate strafbarer Betrug[3]). Auch können Rutengänger, die solche angebliche schädliche Reizfelder und ihre Abschirmung mit der Rute feststellen zu können behaupten, wegen Betruges bestraft

---

[1]) Vgl. *Hellwig*, Erdstrahlen, Volksgesundheitswacht 1937, S. 298ff.

[2]) Es wurden sogar Abschirmgeräte in Form von Halsketten, die als Schmuck getragen werden können, in den Handel gebracht — uralter Amulettzauber feierte auf diese Weise im 20. Jahrhundert seine Auferstehung.

[3]) Das Reichsjustizministerium hat auf diesen Schwindel hingewiesen und vor solchen Apparaten gewarnt (Deutsche Justiz 1937, S. 380).

werden, wenn auch der experimentelle Nachweis des betrügerischen Vorgehens besondere Umsicht in der Versuchsanordnung erfordert[1]).

[1]) Eine solche experimentelle Prüfung ist grundsätzlich in der Weise möglich, daß der Rutengänger bei dem von ihm behaupteten Reizfeldern festzustellen hat, ob sie abgeschirmt sind oder nicht. Zu diesem Zwecke müssen mehrere gleichartige Kästchen benützt werden, die auf die Reizfelder gelegt, außen mit Nummern versehen und in den verschiedenen Versuchsreihen mehrfach vertauscht werden. Nur ein kleiner Teil der Kästchen enthält die vom Rutengänger empfohlenen Abschirmgeräte, während die anderen Kästchen mit anderem Inhalt von gleichem Gewicht gefüllt werden. Der Rutengänger hat auf solche Weise festzustellen, in welchen der Kästchen sich ein Abschirmgerät befindet. Dabei ist streng darauf zu sehen, daß sämtliche Anwesenden bei den einzelnen Versuchsreihen nicht wissen, wo sich jeweils die Abschirmgeräte enthaltenden Kästchen befinden (da sonst der Rutengänger dies aus den Ausdrucksbewegungen der Anwesenden herausfinden könnte). Schaltet man auf diese Weise alle Fehlerquellen sorgfältig aus, so enden solche Versuche regelmäßig mit einem kläglichen Ergebnis. Vgl. *Hellwig*, Versuche zur Überführung eines betrügerischen Wünschelrutengängers in einem Strafverfahren, Deutsche Zeitschrift für die gesamte gerichtliche Medizin, 34 S. 395 (1941).

X. Abschnitt.

Die Waffen, ihr Gebrauch und ihre Spuren.

1. Allgemeines.

Die Aufnahme eines Abschnittes über Waffenlehre mag aus der Wichtigkeit des Gegenstandes und aus dem Umstand erklärt werden, daß die Zahl jener U., die keine Kenntnisse über Waffen haben, nicht gering ist (wenn auch die Weltkriege des 20. Jahrhunderts wesentlich zur Verbreitung der praktischen Waffenkunde beigetragen haben). Auch lassen sich manche rein kriminalistischen Lehren, die hieher gehören, so z. B. jene von den Spuren eines Schusses auf dem getroffenen Gegenstand und auf der verschossenen Munition, nur im Zusammenhang mit der allgemeinen Waffenkunde verstehbar darstellen.

Unter Waffen werden hiebei — dem gewöhnlichen Sprachgebrauch gemäß — Erzeugnisse menschlicher Arbeit verstanden, deren Zweckbestimmung der Angriff auf Mensch oder Tier (oder die aktive Verteidigung gegen einen Angriff) ist. In einem weiteren Sinne kann man sich allerdings auch mit einem von der Straße aufgehobenen Stein oder mit einer abgerissenen Zaunlatte „bewaffnen"[1]) und das Strafrecht stellt solche Gegenstände, die erst bei gegebener Gelegenheit dem Angriffszweck gewidmet werden und nicht für diesen Zweck erzeugt wurden, aus guten Gründen öfters den Waffen gleich[2]) — aber Waffen im Sinne der Waffenkunde sind solche Werkzeuge doch nicht. Hieher gehören vielmehr einerseits die Schußwaffen, die in der Regel durch Entzünden von Pulver oder anderen Sprengstoffen wirken und daher auch als Feuerwaffen bezeichnet werden[3]), und andrerseits die Hieb- und Stichwaffen, die für diesen Verwendungszweck erzeugt werden. Selbstverständlich sind jedoch hier nicht bloß gewerbliche Erzeugnisse dieser Art, sondern auch die von Verbrechern selbst erzeugten Waffen zu besprechen — ja diese sind kriminalistisch meist besonders wichtig.

Freilich kann auch das beste und umfangreichste Werk über Waffenlehre niemanden etwas Klares und Ausreichendes bieten, der sein Leben

---

[1]) Die Sammlung des Grazer Kriminologischen Institutes enthält zahlreiche solche Gelegenheitswaffen (z. B. ein am Schädel des Gegners zerschelltes Bierkrügel), woraus die Gefährlichkeit solcher Angriffsmittel erhellt.

[2]) Für das Strafrecht Österreichs ist es strittig, ob z. B. ein mitgeführter Stock für das Tatbestandsmerkmal des Hausfriedensbruches („bewaffnet" § 83 ö. StG.) genügt (vgl. Entsch. d. Kass.H. 2984, 3505; hiezu *Stooß*, Lehrbuch 2. Aufl. S. 313; *Rittler*, Lehrbuch d. öst. Strafrechts, II. Bd., S. 56). Nach deutschem Strafrecht wird der Diebstahl mit „Waffen" (§ 243 Z. 5) durch Mitführen jedes gefährlichen Werkzeuges begangen (Entsch. d. Reichsg. i. Strafs. 68, S. 239). § 1 der VO. gegen Gewaltverbrecher v. 1939 stellte den „Schuß-, Hieb- oder Stoßwaffen" andere „gleichgefährliche Mittel" ausdrücklich gleich.

[3]) Zu den Schußwaffen gehören aber außer den Feuerwaffen auch die Luftdruckgewehre und -pistolen, die eine ähnliche Schußleistung (von geringer Intensität) nicht durch Entzünden von Sprengstoffen, sondern durch komprimierte Luft bewirken (unten S. 242). Vgl. § 1 Waffengesetz 1938: „Schußwaffen im Sinne dieses Gesetzes sind Waffen, bei denen ein fester Körper durch Gas- oder Luftdruck durch einen Lauf getrieben werden kann."

lang kein Gewehr in der Hand gehabt hat, und man kann ein ausgezeichneter Jurist sein und keine Kenntnis davon haben, wie ein Revolver geladen wird. Daher wird es mehr Nutzen bringen, wenn man sich vom ersten besten Jäger einige Gewehre und Pistolen zeigen und erklären läßt, und unter seiner Anleitung selbst Schießversuche macht, als wenn man nur eine Bücherei von Waffenlehren studiert. Die beste Ausbildung wird freilich derjenige Jurist haben, welcher von Jugend auf mit Waffen vertraut war, sich für sie in jeder Beziehung interessierte und schließlich seine praktischen Kenntnisse durch das Studium guter und neuer Arbeiten über Waffen[1]) ergänzt hat. Wer so vorgegangen ist, wird dann im Ernstfalle, wenn es sich um ein Verbrechen handelt, wirklich etwas sehen und zur Aufklärung beitragen können. Für einen also vorgebildeten Juristen oder Polizeibeamten soll der vorliegende Abschnitt zur Auffrischung des Gelernten dienen und gleichzeitig zu den speziell-kriminalistischen Auswertungen der allgemeinen Waffenkunde überleiten; wer aber diese allgemeinen Kenntnisse noch nicht hat, findet hier wenigstens das unbedingt Nötige aus der Waffenkunde und zwar bereits in Verbindung mit der Anwendung ihrer Lehren in der Kriminalistik.

Für die allerdings seltenen Fälle, in welchen es sich um alte Waffen aus vorigen Jahrhunderten handelt (z. B. Morde mit einer Waffe aus einer Sammlung, Diebstahl von alten Waffen usw.), ist die Literatur über historische Waffenkunde[2]) heranzuziehen.

2. Die Schußwaffen.

a) Vorgehen bei der Untersuchung von Waffen und Schußwirkungen.

Der U. befindet sich in einer schwierigeren Lage als der Soldat, der sich um Feuerwaffen zu kümmern hat, da jener den Kreis der in Betracht kommenden viel weiter zu ziehen hat als dieser: der Soldat, der seine Waffe kennt, ist im allgemeinen genügend unterrichtet; nicht so der U.,

[1]) *Wille*, Waffenlehre, Berlin 1905—1908; *Keßner*, Leitfaden der Waffenlehre, Wien 1917; *Schützelhofer*, Technologie der Büchsenmacherkunst, Wien 1920; *Preuß*, Jagdwaffen, Neudamm 1922; *Schmuderer-Maretsch*, Sport und Jagdwaffenkunde, Berlin 1928; *Deeg*, Taschenbuch für das Waffen- und Munitionsgewerbe, München 1929; *Courally*, Les Armes de Chasse et leur Tir, Paris 1931; *Grancsay*, European Arms and Armour, Brooklyn 1933; *Lampel*, Schießtechnisches Handbuch, Nürnberg 1934; *Marholdt*, Waffenlexikon, 2. Aufl., München 1937; *Eilers*, Hdb. d. praktischen Schußwaffenkunde und Schießkunst, 4. Aufl., Berlin 1938; *Bock*, Moderne Faustfeuerwaffen und ihr Gebrauch, 3. Aufl., Neudamm 1941. Einen kurzen Überblick bietet *Anuschat*, Waffenkunde für Kriminalisten und Polizeibeamte, Berlin o. J. — Die kriminologische Literatur über Schußspuren siehe unten S. 279 Anm. 2.

[2]) *R. Schmidt*, Die Entwicklung der Feuerwaffen, Schaffhausen 1868; *Thierbach*, Die geschichtliche Entwicklung der Handfeuerwaffen, Dresden 1885/89; *v. Hefner-Alteneck*, Waffen, Frankfurt a. Main 1903; *Günther*, Allgemeine Geschichte der Handfeuerwaffen, Leipzig 1909. Vgl. auch die „Zeitschrift für historische Waffenkunde", hgg. *v. Böheim*, Dresden (ab 1897), und die ehemalige Halbmonatsschrift „Schuß und Waffe", Verl. Neumann, Neudamm.

in dessen Arbeitsbereich Schußwaffen der verschiedensten Herkunft eine Rolle spielen können. Moderne inländische Erzeugnisse der mannigfachsten Systeme können zu Straftaten ebenso verwendet werden wie aus dem Ausland stammende Waffen und neben neuen Konstruktionen ist auch mit älteren Modellen zu rechnen. So ist es bekannt, daß Unfälle aus Unvorsichtigkeit relativ häufig mit unmodernen Waffen geschehen, welche vorgezeigt und versucht werden: teils sind sie infolge ihres Alters nicht mehr widerstandsfähig genug, teils versteht der mit ihnen Manipulierende ihre Konstruktion und Ladeweise nicht, teils funktionieren sie auch nicht richtig und so kann bei ihnen ein ungewolltes Losgehen leichter vorkommen. Hiezu kommt noch die — schon oben gestreifte — seltene Möglichkeit der Verwendung ganz alter Waffen: so wurde der Selbstmord eines Dieners bekannt, der sich aus der Waffensammlung seines Herrn ein Radschloßgewehr ausgesucht hatte, das er wegen seines riesigen Kalibers für am wirkungsvollsten hielt. Auch bei der Landbevölkerung stehen als sogen. „Hausgewehre" zum Schutz gegen Diebe oft noch erstaunlich alte Systeme in Gebrauch, daneben kann man aber gerade auch in kleinen Bauernhütten Erzeugnisse der modernsten Waffentechnik antreffen, die der Bauer z. B. von Bekannten aus der Stadt gegen Lieferung landwirtschaftlicher Erzeugnisse erhielt. So muß der U. mit Waffen aller Art als Tatwerkzeug rechnen.

Steht daher in einem Ernstfalle fest, daß eine Schußwaffe verwendet wurde oder ist dies wenigstens wahrscheinlich[1]), so wird in der Regel — wenn der Sachverhalt nicht ohnedies völlig klar liegt — ein Sachverständiger heranzuziehen sein. Wer als solcher in Betracht kommt, hängt von der Art der Fragestellung ab — nicht für jede ist der gewöhnliche Sachverständige „im Schießfach" zuständig[2]). Ältere Büchsenmacher, die selbst noch Waffen erzeugten und oft ihren Handwerksbetrieb zu einer modernen Waffenfabrik ausgestalteten, können für viele Fragen hervorragende Sachverständige sein; sie sind aber heute sehr selten. Die meisten „Büchsenmacher" beziehen jedoch die fertige Ware aus der Fabrik, verstehen sich nur auf Reparaturen und können wohl über das Herkommen der Waffe, ihren Preis, ihre Verbreitung usw. brauchbare Angaben machen. Hingegen wird über die Leistungsfähigkeit einer Waffe, über Fragen der Ballistik, über die Art der verwendeten Munition und der hiedurch möglichen Verletzung u. ä. ein Waffentechniker[3]), ein erfahrener Jäger, der Gerichtsarzt oder auch ein Waffenoffizier besser Auskunft geben können und in Fällen, in denen es z. B. auf das

[1]) Wie schwierig jedoch schon diese Vorfrage, ob es sich überhaupt um eine Schußverletzung handelt, unter Umständen zu beantworten ist, zeigte z. B. ein im Kriminologischen Institut der Universität Graz untersuchter Fall, in welchem eine durch Wurf mit einem Stein zugefügte Beschädigung eines Hutes zunächst für eine Schußverletzung gehalten worden war (*G. Müller*, Schuß oder Steinwurf?, Archiv 87, S. 234).

[2]) Vgl. *Smith*, Unberufene Sachverständige, Archiv 87, S. 237.

[3]) Als solche kommen insbesondere auch die Funktionäre der bestehenden Versuchsanstalten für Handfeuerwaffen (in Berlin-Wannsee, Neumannwalde-Neudamm, Ferlach in Kärnten) in Betracht.

Verhalten des verschiedenen Materials der getroffenen Gegenstände ankommt, werden mitunter alle diese Sachverständigen das nicht sagen können, was ein einfacher Handwerker beantwortet: der Steinmetz kennt den Widerstand seiner Steine und ein Bauer wird vielleicht erklären können, wann und zu welcher Jahreszeit eine im Holz eines lebenden Baumes steckende Kugel diesen getroffen hat. Eine Reihe kriminalistisch besonders wichtiger Fragen (Schußdistanz, Zeit seit dem letzten Schuß, Identität der Waffe u. ä.) gibt es aber, die nur durch eine physikalisch-chemische oder mikroskopische Untersuchung der verwendeten Munition (des Geschosses, der Patronenhülse, der Pulverreste) oder der Waffe selbst gelöst werden können und die noch näher zu behandeln sein werden. Für solche Fragen ist ein kriminologisch ausgebildeter Chemiker oder Mikroskopiker heranzuziehen; insbesondere werden solche Untersuchungen in den bestehenden Universitätsinstituten für Kriminologie (bzw. den „Instituten für gerichtliche Medizin und Kriminalistik") durchgeführt[1]).

Sind nach diesen Gesichtspunkten in einer Sache mehrere verschiedene Sachverständige heranzuziehen, so empfiehlt es sich nicht, etwa alle diese Sachverständige zusammenzurufen und sie ihre Untersuchungen gemeinsam machen und ihre Gutachten in Gegenwart der anderen abgeben zu lassen. Abgesehen, daß dies in Fällen, wo chemische, mikroskopisch und mikrophotographische Methoden von einzelnen Sachverständigen angewendet werden müssen, schon aus arbeitstechnischen Gründen nicht durchführbar ist, ist es auch für die objektive Wahrheitsfindung nicht günstig, wenn der eine Sachverständige hierhin, der andere dorthin zieht; bei abweichenden Meinungen ist einerseits eine suggestive Beeinflussung der Sachverständigen untereinander als auch umgekehrt eine aus Prestigegründen zu verstehende Versteifung auf den einmal eingenommenen Standpunkt möglich. Man muß sich vielmehr zuerst darüber klar werden, worüber man die einzelnen Sachverständigen vernehmen will und wird dies so einrichten, daß man jene Sachverständige zuletzt vernimmt, die bei ihren Versuchen irgend etwas von dem vorhandenen Material zerstören müssen. Sobald aber die einzelnen Untersuchungen durchgeführt und die Gutachten abgegeben sind, so wird es nach Maßgabe des Falles und der Ergebnisse der Gutachten zweckmäßig sein, vielleicht nunmehr noch eine Zusammenkunft aller oder einiger Sachverständiger zu veranlassen, wodurch dann eine Einigung oder Aufklärung über zweifelhafte oder verschieden beantwortete Fragen erfolgen kann. Auch sind die als Beweismaterial wichtigen corpora delicti weniger der Gefahr des Verlustes oder einer Beschädigung ausgesetzt, wenn sie jeweils nur einem oder zwei Sachverständigen, die für die Verwahrung der Beweisgegenstände verantwortlich sind, übergeben worden sind.

Die Übergabe einer aufgefundenen Waffe oder Munition an den Sachverständigen darf jedoch naturgemäß erst geschehen, wenn vorher alle Feststellungen getroffen worden sind, die im Zuge des ersten Angriffes möglich sind. Hiebei ist größte Sorgsamkeit dringend geboten.

Vor allem ist festzustellen, ob die Waffe seit der Tat unberührt geblieben ist, ob also nicht etwa seither die Waffe von fremder Hand ergriffen worden ist (wobei alles Mögliche geschehen sein könnte). Was man erfährt, ist sorgfältig zu protokollieren, dann erst kann mit der Beschrei-

[1]) Vgl. 1. Band, S. 16f. In Deutschland auch durch das KTI. (Kriminaltechnisches Institut der Kriminalpolizei, jetzt in Hamburg).

bung der Waffe begonnen werden (dies hat auch dann möglichst genau zu geschehen, wenn etwa ein Unberufener schon vorher die Waffe berührt und an ihr allenfalls Veränderungen vorgenommen hat). Hier gilt — wie auch sonst beim ersten Angriff am Tatort — der strenge Grundsatz: zunächst nach Möglichkeit beschreiben, dann erst anfassen[1]). Hat man also die Lage der Waffe nach Tunlichkeit verzeichnet und sie von allen Seiten besichtigt, ohne sie auch berührt zu haben, so ist von ihr außerdem noch — besonders, wenn sie bisher noch nicht seit der Tat aus ihrer Lage gebracht wurde — eine photographische Aufnahme zu machen. Bei der Beschreibung der Waffe ist insbesondere darauf einzugehen, ob (was man bei vielen Waffen von außen sehen kann) der Hahn bzw. die Feder gespannt ist und ob die Waffe etwa gesichert ist.

Jetzt erst nimmt man die Waffe vorsichtig in die Hand; die Verwendung von Gummi- oder Lederhandschuhen ist hiebei geboten, wenn nach Lage der Sache mit einer daktyloskopischen Untersuchung der Waffe auf etwaige Fingerspuren zu rechnen ist[2]). Man tue hiebei jeden Griff langsam, vorsichtig und unter ständiger Protokollierung dessen, was man mit der Waffe tut, und dessen, was sich nunmehr zeigt. Man ergänze also die frühere Beschreibung durch all das, was man zunächst (vor dem Ergreifen der Waffe) übersehen hat oder nicht hatte sehen können, und man beschreibe insbesondere auch noch das, was sich vielleicht auf der Unterseite findet (Taufeuchtigkeit, Blutspuren, Kotspuren, andere Verunreinigungen usw.). Dann erst öffnet man das Schloß, wobei man die Waffe über eine reine, flache und ebene Unterlage hält, um Kleinigkeiten, die etwa herabfallen, nicht zu verlieren. Das hiebei Beobachtete ist zu protokollieren und der Zustand der Waffe und der allfälligen Ladung, der sich beim Öffnen des Schlosses bzw. beim Herausnehmen des Magazins zeigt[3]), wiederum genau zu beschreiben[4]).

Wird in dieser Weise vorgegangen, so erhält man dadurch meist schon Aufklärungen, die für die Sache wichtig sind. Man hat weiters für die Sachverständigen, die heranzuziehen sein werden, den Boden vorbereitet, so daß sie nichts vermissen werden, was sie zur Beantwortung aller an sie gestellten Fragen brauchen. Und was die Hauptsache ist: es wurde nichts verdorben und es kann alles nochmals überprüft werden, wofern dies als notwendig erachtet wird. Erst wenn alle diese Feststellungen ge-

---

[1]) Vgl. 1. Band, S. 196ff. und 200f. Man kann sich kaum einen Fall denken, in dem irgendeine Manipulation so dringend wäre, daß man sofort ein corpus delicti anfassen müßte, bevor man es beschrieben hat.

[2]) Erfahrungsgemäß ist jedoch die Wahrscheinlichkeit, daß auf einer Waffe daktyskopisch verwertbare Fingerspuren des Schießenden zurückbleiben, äußerst gering; am ehesten finden sich solche auf wenig abgegriffenen Waffenteilen, z. B. dem Magazin, besonders wenn dieses eingefettet ist.

[3]) Z. B.: Abgeschossene Patronenhülsen im Schrotlauf; oder: geladene Patrone im Lauf (der Selbstladepistole) und 4 Patronen im Magazin; oder: Patrone im Lager geklemmt, Magazin nicht ganz im Griff usw.

[4]) Über die Besonderheiten, die bei der ersten Untersuchung und Entladung alter Vorderladergewehre zu beobachten sind (die heute schon zu den selten vorkommenden Waffen gerechnet werden müssen), vgl. die früheren Auflagen dieses Handbuches; bei Revolvern unten S. 245ff.

troffen und protokolliert sind, darf — wenn die Waffe noch geladen ist — zur Entladung geschritten werden; ist ein geeigneter Sachverständiger hiefür bereits zur Hand oder verfügt der U. nicht selbst über die erforderlichen Kenntnisse, so wird die Entladung zweckmäßigerweise dem Sachverständigen zu überlassen sein, wobei es sich wiederum empfiehlt, alle Wahrnehmungen, die der Sachverständige bei der Entladung (die in Gegenwart des U. vorzunehmen ist) macht, sofort wieder zu protokollieren.

Wird eine abgeschossene Kugel (im Körper des Getroffenen, in einer Holzwand usw.) aufgefunden, so ist eine sofortige Untersuchung mittels Lupe unter allen Umständen zu empfehlen, da man hiedurch bereits etwas über Zahl, Form und Tiefe der Züge[1]) erfährt, ohne daß der Beweisgegenstand irgendwie verändert wird. Freilich muß hiebei sorgsam darauf geachtet werden, daß kein noch so leichter Kratzer oder sonstige neue Spuren auf dem Geschoß entstehen, die bei einer späteren mikroskopischen Untersuchung durch den Sachverständigen irreführend sein könnten. Nach dieser ersten Lupenuntersuchung ist jede aufgefundene Kugel gesondert in einem kleinen Behältnis zu verwahren (z. B. in einer Glasfiole, kleiner Medikamentenpackung[2]), Zündholzschachtel u. ä.) und zwar womöglich zwischen Watte oder weichem Papier. Um Verwechslungen zu vermeiden, ist jedes Behältnis sofort entsprechend zu bezeichnen; das Anbringen von Zeichen auf der Kugel selbst ist absolut unzulässig. All dies gilt analog auch für jede aufgefundene Patronenhülse.

Von den rein chemischen Methoden der Untersuchung von Waffe und Munition[3]), mit denen nur ein Gerichtschemiker oder eines der oben erwähnten Universitätsinstituten zu betrauen ist, können im Zuge der ersten Ermittlungen besonders zwei Arten von Untersuchungen von Bedeutung werden: die Untersuchung der chemischen Zusammensetzung einer aufgefundenen Munition und die chemische Untersuchung des sich im Innern des Laufes bildenden Niederschlages.

Handelt es sich z. B. darum, ob eine bestimmte Bleikugel älterer Art (wie sie auch heute noch vielfach von Wilderern selbst gegossen werden) aus einem beim Verdächtigten vorgefundenen Kugelvorrat stammt, so genügt nicht die Feststellung, daß sie mit den anderen gleiche Größe und Form, gleiches Kaliber und Gewicht hat, es muß auch nachgewiesen werden, daß die chemische Zusammensetzung eine gleiche ist. So kommt es bei Blei wesentlich auf die Beimengungen von Zinn, Zink, Antimon, Wismuth und Arsen an, ja auch Silberspuren sind mitunter nachweisbar, und zwar oft auch durch eine quantitative Analyse des Chemikers; zum Nachweis geringer Spuren bestimmter Metalle wird er sich zum Teil auch der spektroskopischen oder der polarographischen Methode bedienen. Ist die Legierung seltener Art und in beiden Fällen gleich, so ist ein nicht zu unterschätzender Identitätsnachweis erbracht. Hat man aber die in Frage kommende Waffe, nicht aber eine Vergleichsmunition, so können, wenn etwa der

---

[1]) Näheres über Züge, Felder und Drallspuren siehe unten S. 233f. und 279f.

[2]) Die Packungen zahlreicher moderner Arzeimittel, besonders in Tabletten- oder Pillenform (kleine Glasrohre mit Kork- oder Schraubenverschluß), eignen sich vorzüglich hiefür und sind daher zweckmäßigerweise für solche Zwecke zu sammeln.

[3]) Bezüglich der chemischen Untersuchung des getroffenen Gegenstandes auf Spuren von Pulverschmauch siehe unten S. 271.

Lauf durch die Schüsse mit Bleimunition leicht „verbleit" ist, einderseits die zur Tat verwendete Kugel und andererseits die dem Oberlauf zu entnehmenden Bleiteilchen einer chemischen Analyse zugeführt werden. Ergibt sich hiebei eine gleiche Zusammensetzung seltenerer Art, so ist die Annahme begründet, daß diese Kugel aus jenem Gewehr geschossen wurde. Und selbst in Fällen, in denen man zunächst gar kein Vergleichsobjekt hat, kann eine chemische Untersuchung des im Körper des Getroffenen gefundenen Geschosses dennoch von Wert sein: so wurde in einem solchen Fall durch eine quantitative Analyse der Kugel festgestellt, daß diese eine besondere Legierung aufwies und zwar genau die gleiche, aus der die Zinnknöpfe an der Weste des Verdächtigen bestanden (von denen eine Anzahl fehlte). Die zweite erwähnte chemische Untersuchungsmethode betrifft die oft gestellte Frage, ob und vor wie langer Zeit aus einem Gewehr geschossen wurde. Eine solche Untersuchung ist schwierig und in der Regel von keinem so sicheren Ergebnis, wie der Laie meist annimmt. Näheres über die hiebei einzuschlagenden Methoden wird in einem späteren Kapitel darzustellen sein[1]; im Zuge des ersten Angriffes ist es jedoch für den U. wichtig zu wissen, daß jeder Tag, ja jede Stunde Zeitverlust die Aussichten für ein halbwegs sicheres Ergebnis mindert. Nach Ablauf von mehreren Tagen kann die Frage meist überhaupt nicht mehr beantwortet werden. Dies ist für die Reihenfolge der zu veranlassenden Untersuchungen wichtig: während die vorhin besprochenen chemischen Untersuchungen der aufgefundenen Geschosse — weil durch sie der Beweisgegenstand verändert oder gar vernichtet wird — erst veranlaßt werden dürfen, wenn alle übrigen Untersuchungen an diesem Gegenstand abgeschlossen sind, muß umgekehrt die chemische Untersuchung der Waffe hinsichtlich des Zeitablaufes seit dem letzten Schuß — wenn diese Frage wesentlich erscheint — sofort im Zuge des ersten Angriffes auf dem schnellsten Wege veranlaßt werden.

Im Zuge der ersten Erhebungen taucht ferner nicht selten die Frage auf, ob mit einem bestimmten aufgefundenen Gewehr ein besonders weiter und scharfer Schuß (durch den die Tat geschah) abgegeben worden sein kann, d. h. es ist die Leistungsfähigkeit eines Gewehres zu prüfen. Beim Kugelgewehr ist hiefür, wie später näher auszuführen sein wird, in erster Linie die Arbeit des Laufes maßgebend; wenngleich die Treffgenauigkeit einer Büchse auf eine bestimmte Entfernung, die von der „Streuung" der Waffe abhängt[2]), nur durch Vornahme mehrerer Probeschüsse sicher beantwortet werden kann, so vermag doch ein erfahrener Waffenkundiger dies annäherungsweise zu beurteilen, ohne erst Probeschüsse zu tun (was wichtig ist, wenn Probeschüsse im Augenblick — wegen der dadurch entstehenden Veränderung an der Waffe — noch nicht abgegeben werden dürfen). Mitunter wird schon ein Blick auf die Arbeit des Gewehres überhaupt einen gewissen Anhaltspunkt geben, denn im allgemeinen werden bei einem mißlungenen oder flüchtig gearbeiteten Lauf auch nicht viel Mühe und Kosten auf die sonstige Ausstattung des Gewehres verwendet. Man kann daher aus einer sehr sorgfältigen Bearbeitung des Schaftes usw. auch auf eine sorgfältige Arbeit des Laufes schließen und umgekehrt aus einem gewöhnlichen Schaft (z. B. aus Rotbuchenholz), aus mangelhaft eingefügten Schrauben usw. auch auf eine mindere Qualität des Laufes. Sicher aber sind solche Schüsse nicht, denn ein Lauf kann z. B. ursprünglich sehr gut gewesen sein und durch Unrein-

[1]) Siehe unten S. 276f.
[2]) Siehe unten S. 238 Anm. 1.

lichkeit oder unsachgemäße Behandlung verdorben worden sein. Auch mit der Möglichkeit absichtlicher Veränderungen an der Waffe, Auswechslung des Schaftes (etwa bei gestohlenen Waffen) muß allenfalls gerechnet werden. Bei Schrotgewehren kommt für die Beurteilung der möglichen Leistungsfähigkeit noch hinzu, daß diese zu einem gewissen Grad zwar auch von der Bohrung des Laufes, im wesentlichen aber von der jeweiligen Ladung abhängt[1]). Die Frage, ob mit einer bestimmten Waffe eine in Frage stehende Schußleistung möglich ist, kann daher durch bloße Besichtigung der Waffe nur mit Wahrscheinlichkeit beantwortet werden.

b) Bauart und Bestandteile der Feuerwaffen.

Da der U. mit Kanonen, Mörsern, Haubitzen, Maschinengewehren und ähnlichen Kriegswaffen auch heute nur ganz ausnahmsweise zu tun bekommen wird[2]), so werden hier nur die sogen. Handfeuerwaffen besprochen, d. h. jene Schießwaffen, die der einzelne Mann mit sich tragen und aus freier Hand (also ohne Auflegen) abfeuern kann. Das sind Gewehre und Faustfeuerwaffen (Pistolen, Revolver). Allen diesen Waffen sind als Bestandteile gemeinsam: der Lauf, der Verschluß[3]), das Schloß, der Schaft und das Zubehör.

Für die Unterscheidung von Gewehren und Faustfeuerwaffen ist das Verhältnis von Lauf und Schaft maßgebend: ist der Lauf lang und der Schaft kolbenartig geformt, so daß er beim Schuß an die Schulter angestemmt werden kann, so nennen wir die Waffe ein Gewehr (Flinte, wenn sie nur einen Schrotlauf besitzt; Büchse, wenn sie nur einen Kugellauf hat; über die möglichen Kombinationen bei mehrläufigen Gewehren siehe weiter unten). Ist der Lauf kurz, der Schaft abwärts gebogen und nur in der Faust zu halten, so handelt es sich um eine Faustfeuerwaffe[4]); besitzt eine solche eine drehbare Trommel für mehrere Patronen, so heißt sie Revolver, sonst Pistole.

---

[1]) Näheres siehe unten S. 254ff.

[2]) In der Zeit nach dem ersten Weltkrieg fand mitunter bei Raubfischerei die Handgranate Verwendung. Inwieweit die im zweiten Weltkrieg neukonstruierten Feuerwaffen, insbesondere die von ein oder zwei Mann zu bedienenden Nahkampfmittel, später zu kriminellen Zwecken Verwendung finden können, wird erst die Zukunft lehren. Die Maschinenpistole, die bereits in vielen Staaten zu den Ausrüstungswaffen der Polizei gehört, wird in die Darstellung dieses Buches einbezogen.

[3]) Bei den alten Vorderladerwaffen war das (den Laderaum bildende) hintere Ende des Laufes durch eine „Schwanzschraube" dauernd verschlossen; daher gab es keinen „Verschluß" als besonderen Bestandteil der Waffe. Über die Zündungsvorrichtung der Vorderlader siehe unten S. 232f.

[4]) Doch gibt es auch Übergangsformen zwischen Faustfeuerwaffen und Gewehren, nämlich die Pistolen mit (abnehmbaren) Anschlagschaft; als solcher wurde bei einem Modell der Mauserpistole ein hohler Holzkasten verwendet, der zugleich als Futteral für die Pistole dient. Bei anderen Modellen ausländischer Erzeugung wird das durch Metall versteifte Lederfutteral als Anschlagkolben verwendet (so bei einer Browning, Hochleistungsmodell 1935) oder es wird die Waffe an ein zusammenklappbares, schaftähnliches Stahldrahtgestell befestigt; solche Waffen eignen sich besonders für die Zwecke der Wilderer (vgl. *Bock* a. a. O., S. 82f., wo die wichtigsten Modelle abgebildet sind, und die Ausführungen über zusammenlegbare Gewehre im nächsten Kapitel).

Über die oben genannten Bestandteile der Handfeuerwaffe, die in unzähligen verschiedenen Ausführungen und Konstruktionen erzeugt werden, ist im allgemeinen zu sagen:

1. Lauf nennen wir das Metallrohr, in dessen hinteren Teil („Patronenlager") die Munition vorbereitet liegt und entzündet wird und das dann dem Druck der entstandenen Pulvergase Widerstand zu leisten und dem Geschoß (oder mehreren Geschoßen) die Richtung auf das Ziel zu geben hat. Der Lauf wird heute nur mehr aus hochwertigem Stahl erzeugt (in früheren Zeiten auch aus Eisen und ausnahmsweise aus Bronze u. ä.); seine Bearbeitung erfolgt durch Spezialmaschinen, die von besonders gelernten Handwerkern („Laufmachern") bedient werden.

2. Verschluß ist die Vorrichtung, durch die das Patronenlager hinten abgeschlossen und die Verbindung mit dem Schloß hergestellt wird. Die Konstruktion der Verschlüsse ist besonders mannigfaltig (Kipplauf-, Block- und Kammerverschlüsse). Der Metallteil, der das Patronenlager hinten abschließt und auf den beim Schuß durch die Expansion der Pulvergase die Patronenhülse zurückgestoßen und angepreßt wird[1]), wird darum auch als „Stoßboden" bezeichnet.

3. Das Schloß (vgl. Abb. 68) ist die Vorrichtung zum Abfeuern der Waffe. Trotz seiner vielfältigen Verschiedenheit ist es immer so konstruiert, daß durch einen geringen Druck der menschlichen Hand ein heftiger Schlag auf den Hülsenboden der Patrone (der den Zündsatz enthält) ausgelöst wird. Dies geschieht durch die Spannung einer Feder, die entweder einen (äußerlich sichtbaren) Hahn oder ein im Innern des Schlosses befindliches „Schlagstück" oder einen „Schlagbolzen" in Richtung auf das Patronenlager bewegt; die Zündung wird hiebei meist durch einen besonderen „Zündstift" bewirkt, auf den die Bewegung des Hahnes bzw.

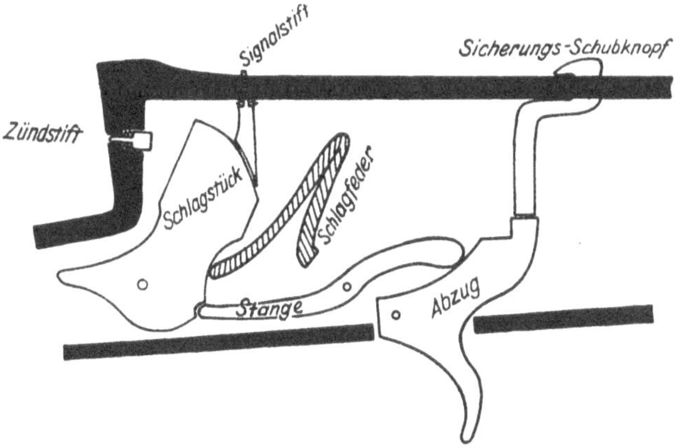

Abb. 68. Schloß eines „hahnlosen" Gewehres („Selbstspanner" mit Kipplauf) in schematischer Darstellung. Das Schloß ist gespannt und (durch Abzugsicherung) gesichert.

[1]) Dieser Vorgang ist kriminalistisch für die Identifizierung der Waffe auf Grund der verwendeten Patronenhülse von besonderer Bedeutung (unten S. 288f).

Schlagbolzens übertragen wird und der in der Regel durch eine kleine Öffnung in der Mitte des „Stoßbodens" vorschnellt[1]).

Die Auslösung der Federkraft erfolgt durch Betätigung des Abzuges (des „Drückers"), wodurch ein den Hahn bzw. das Schlagstück oder den Schlagbolzen arretierendes Verbindungsstück (die „Stange") aus der Rast gehoben wird. Zum Schloß gehört bei den meisten modernen Waffen auch noch eine Sicherung, d. i. eine Vorrichtung, durch die ein unbeabsichtigtes Losgehen des Schusses verhindert werden soll; durch eine solche Sicherung wird entweder der Abzug oder die Stange oder das Schlagstück festgehalten oder es wird dadurch die Feder entspannt[2]).

4. Schaft (Griffstück) heißt jener Teil der Waffe, der nicht bloß als Griff ihre Handhabung durch den Menschen möglich macht, sondern auch zur Befestigung des Schlosses und (in seinem vorderen Teil) des Laufes sowie sonstigen Zubehörs dient. Er ist bei Gewehren fast immer aus Holz, bei Pistolen und Revolvern meist aus Metall mit Auflagen aus Horn, Holz, Elfenbein, Glas, Hartgummi oder Kunststoff. In Jägerkreisen wird auf eine zweckmäßige Gestaltung des Gewehrschaftes (die „Schäftung") großes Gewicht gelegt.

5. Das Zubehör umfaßt alles andere, was sich außerdem noch an der Waffe befindet, also: Visiervorrichtung, Laufschiene, Abzugbügel, Schrauben usw. Das Zubehör ist im allgemeinen von verhältnismäßig geringer Wichtigkeit, unter Umständen kann aber seine Beschaffenheit ausschlaggebend werden. So kann z. B. irgendein erreichter Erfolg nur durch eine besondere Zielvorrichtung von vorzüglicher Beschaffenheit seine Erklärung finden (besonders bei der Beschreibung von Kugelgewehren ist daher auch die Art der Zielvorrichtung stets genau anzugeben).

c) Die einzelnen Arten der Schußwaffen.

α) Gewehre.

Die Gewehre können nach verschiedenen Gesichtspunkten eingeteilt werden: nach der Zahl der Läufe, nach der Zweckverwendung, für die das Gewehr konstruiert wurde (Jagdgewehr, Scheibengewehr, Militärgewehr), nach der Art des Verschlusses und des Schlosses (Kipplaufgewehr — mit und ohne Hahn —, Gewehre mit feststehendem Lauf, Selbstladegewehre) und nach der Art der Geschosse, für die das Gewehr bestimmt ist (Schrot-

[1]) Sogenannte „Zentralzündung", bei der sich das (den Zündsatz enthaltende) Zündhütchen im Zentrum des Patronenhülsenbodens befindet und durch den Einschlag des Zündstiftes zur Explosion gebracht wird; die übrigen Zündungsarten werden bei Erörterung der Munition (unten S. 257) behandelt werden.

[2]) Die letztere Art hat sich, wiewohl sie die vollkommenste Sicherung bedeutet, nicht eingebürgert, offenbar, weil in diesem Falle zum Entsichern die Spannung der Feder erforderlich ist. Am unvollkommensten sind die bloßen Abzugssicherungen, weil bei einer so gesicherten Waffe zwar der Abzug nicht betätigt werden, aber der Schuß trotzdem losgehen kann (z. B. bei so starker Erschütterung, daß die Stange auch ohne Betätigung des Abzuges aus der Rast gehoben wird).

gewehre, Kugelgewehre). Da für den Kriminalisten die Art der Verletzung, die vom verwendeten Geschoß abhängt, besonders wichtig ist, erscheint es zweckmäßig, für unsere Zwecke vom zuletzt genannten Einteilungsgrund auszugehen.

1. Schrotgewehre.

Schrote nennen wir kleine kugelförmige Geschoße, die nicht einzeln, sondern in größerer Zahl abgefeuert, daher nicht in den Lauf eingepreßt werden, sondern in der Patrone lose liegen und nur durch den Patronendeckel[1]) festgehalten werden. Kugel hingegen heißt jedes Einzelgeschoß (auch wenn es — wie jetzt allgemein — nicht kugelförmig, sondern von länglicher Gestalt ist), dessen Durchmesser daher dem Durchmesser des Laufinnern (dem sogen. Kaliber) entsprechen muß.

Aus der Natur des Schrotes im Gegensatz zum Kugelgeschoß ergibt sich auch der Unterschied von Schrot- und Kugelgewehr: ein für Schrot bestimmter Gewehrlauf hat im allgemeinen größeres Kaliber und ist im Inneren glatt (also ohne „Züge" und „Felder", die den Kugellauf kennzeichnen). In der Regel werden Schrotläufe auch leichter sein als Kugelläufe: diese müssen, um der gasdicht im Lauf eingekeilten Kugel und dem dadurch erhöhten Druck der Pulvergase einen kräftigen Widerstand leisten zu können, eine gewisse Stärke haben („dick im Fleische sein"). Hingegen kann ein Schrotlauf aus sehr gutem Material an der Mündung papierdünn werden[2]), so dünn, daß man sich dort wie mit einem Messer schneiden kann (trotzdem bleibt die Waffe so gut als früher und für den Schützen ungefährlich). Infolge dieser Unterschiede werden in der Regel Schrotschüsse aus Schrotläufen und Kugelgeschosse aus Kugelläufen abgefeuert.

Dennoch wäre es für den Kriminalisten verfehlt, bei der Auffindung eines Kugelgeschosses im Körper des Verletzten zu schließen: „Hier muß ein Kugelgewehr benützt worden sein" und ebenso aus dem Umstand, daß eine Tat durch einen Schrotschuß geschah, zu schließen: „Der Täter muß ein Schrotgewehr besessen haben". Vielmehr ist es möglich, auch aus einem Schrotlauf ein Kugelgeschoß abzufeuern — mehrere Munitionsfabriken erzeugen sogar eigene „Flintenlaufgeschosse"[3]), um es den Besitzern von Gewehren mit glatten Schrotläufen zu ermöglichen, mit ihrer Waffe auch Schalenwild zu jagen. Abgesehen von der Verwendung solcher Spezialmunition (die zu kriminellen Zwecken kaum benützt werden dürfte, weil bei Auffindung des Geschosses aus dessen besonderer Gestaltung sofort erkenntlich ist, daß es aus einem Schrotlauf abgefeuert wurde) wird freilich die erreichbare Distanz sowie die Treffsicherheit gering sein, da der Lauf keine Züge hat und das Kaliber der Kugel meist nicht genau zu

---

[1]) Bei den alten Vorderladerwaffen wurden die Schrote durch einen zweiten „Pfropfen" (aus Papier, Filz u. dgl.) festgehalten, den man zum Abschluß der Ladung von vorne in den Lauf stieß; er ist von dem (auch in den modernen Schrotpatronen enthaltenen) „Pfropfen", der das Pulver von der Schrotladung trennt (siehe unten S. 254f.), wohl zu unterscheiden.

[2]) Nach *Eilers* a. a. O., S. 12 soll — um die Gefahr von Laufsprengungen auch bei Verwendung rauchlosen Pulvers zu vermeiden — die Wandstärke des hinteren Laufendes (also des Patronenlagers) 4 mm und von da ab mindestens 2,5 mm betragen; an der Mündung genügt eine Wandstärke (des fabrikneuen Laufes) von 1,5 mm.

[3]) Siehe unten S. 262.

dem des Schrotlaufes passen wird. Dennoch können durch ein solches „falsches Laden" die Nachforschungen sehr erschwert werden, wenn der Täter mit einigem Raffinement zu Werke geht. Er verschafft sich z. B. eine aus einem Kugellauf abgefeuerte Kugel, die wenig deformiert ist und deutlich zählbar die Spuren der Züge des Kugellaufes aufweist (solche Kugeln kann man, wenn sich in der Nähe ein Schießstand befindet, aus dessen Kugelfang heraussuchen). Diese Kugel lädt er nun, in Moos oder Papier usw. verpackt, in den Lauf seines Schrotgewehres, das die einzige Waffe darstellt, die er besitzt; nun kann er mit dieser Waffe auf einen Menschen schießen und aus kleiner Entfernung wird er ihn auch treffen. Wird nun die Kugel mit den Spuren der sechs Züge eines Kugellaufes im Leichnam des Erschossenen gefunden, so mag der Täter nur zu leicht seine Absicht erreichen, daß der Verdacht nicht auf sein Gewehr fallen wird. Aber auch der umgekehrte Fall kann sich ereignen, daß jemand aus einem gezogenen Kugellaufe mit Schrot schießt. Dies verbietet sich im allgemeinen nur deshalb, weil der Lauf darunter leidet. Die mit großer Gewalt hinaus geschleuderten Schrote prallen nämlich an den scharfkantigen Feldern an und diese reißen von der Oberfläche der Schrote etwas Blei ab, das in den Zügen haften bleibt; dies nennt man das „Verbleien" der Läufe, welche dann durch den Büchsenmacher mit kolbenförmigen Feilen gereinigt werden müssen, was eine Änderung des Kalibers und dadurch mancherlei Nachteile mit sich bringt. Es wird also niemand einen Kugellauf durch Schrotschüsse verderben wollen, wenn er nicht damit eine besondere Absicht verfolgt, um deren Durchsetzung willen er das Wohl und Wehe des Kugellaufes hintansetzt. Braucht jedoch der Täter noch die Vorsicht, die Schrote beim Laden in ein Fleckchen starker Leinwand oder besser Rehleder beutelförmig einzubinden, so wird in den meisten Fällen die Umhüllung erst reißen, wenn die Ladung den Lauf verlassen hat, so daß eine nachweisbare Verbleiung überhaupt nicht eintreten wird. Also nochmals: Vorsicht in den Schlüssen von Geschoßart auf Gewehr und umgekehrt! Man wird natürlich bei der Auffindung von Schroten zuerst auf ein Schrotgewehr und bei der Auffindung einer Kugel in erster Linie auf ein Kugelgewehr mit entsprechendem Kaliber und Zügen schließen, man wird aber niemals außer Acht lassen dürfen, daß die Sache sich auch anders verhalten kann und wird namentlich sonstige sich aufdrängende Verdachtsgründe deshalb allein nicht von der Hand weisen, weil Waffe und Geschoß nicht zusammenpassen. Dies wird besonders dann geschehen müssen, wenn man dem Verdächtigen einige Raffiniertheit zutrauen darf.

Das Material, aus dem ein Schrotlauf gearbeitet ist, kann kriminalistisch von Bedeutung sein, weil es vielleicht einen Schluß auf den Besitzer zuläßt und auch die Widerstandsfähigkeit des Laufes davon abhängt, was in Fällen von Laufsprengungen[1]) wichtig sein kann. Daher ist bei der Beschreibung der Waffe auch das Material des Laufes — Eisen, Flußstahl, Speziallaufstahle deutscher und englischer Erzeugung (Krupp, Böhler, Withworth usw.), gehämmerter Damast[2]) — anzugeben. Aber

[1]) Laufsprengungen ereignen sich entweder durch zu hohen Gasdruck (wenn z. B. eine unsinnig stark geladene Patrone verwendet wird) oder infolge eines Hindernisses im Laufe (dicker Rostansatz, festgewordene Pulver- und Bleirückstände usw.).

[2]) In den letzten Jahrzehnten ist in der Laufproduktion eine wesentliche Wandlung eingetreten. Früher galten die Damastläufe als unübertreffbar; zu ihrer Herstellung wurden abwechselnd Eisen- und Stahlbänder (oder -drähte) sorgfältig geflochten und um einen Stab gewunden, dessen Dicke dem Kaliber des Laufes entspricht, und schließlich im glühenden Zustand zusammengehämmert. Die hernach geschliffene, mit Säure geätzte und gebeizte Oberfläche des Laufes zeigt dann eine gewebeartige Zeichnung (das „Wasser"), die der Lagerung der Eisen- und Stahldrähte entspricht (Englischer Damast, Rosendamast usw.). Den Damastläufen wurde nachgerühmt, daß sie auch bei geringer Wandstärke

auf die Schärfe des Schusses, auf gutes Zusammenhalten der Schrotkörner, auf erreichbare Entfernung usw. hat das Material des Schrotlaufes gar keinen Einfluß. Die Schußleistung eines Schrotgewehres hängt vielmehr nur von der Bohrung des Laufes und von der verwendeten Ladung ab. Man kann mit dem ordinärsten, aber gut gebohrtem Eisenlaufe sehr gut, weit und sicher schießen[1]) und mit dem besten Spezialstahllaufe das Gegenteil erreichen. Äußerungen wie etwa: „Mit dem miserablen Eisenlaufe dieser alten Schrotspritze war es unmöglich, auf jene große Entfernung so schön zusammenzuhalten" zeugen nur von dem Mangel an jeglichem Verständnis für das Wesen des Schrotschusses.

Von Wichtigkeit ist allerdings die Form des Laufinneren (der „Seele" des Laufes), die durch die Bohrung erreicht wird. Für einen guten Schrotlauf wird empfohlen, daß er 20—50 mm vor der Mündung eine konische, sich nach der Mündung schwach verjüngende Bohrung haben müsse (sogenannte Würgebohrung, Choke-bore). Hiedurch wird die Streuung der Schrotkörner verringert und daher das Bild der Schroteinschläge auf dem getroffenen Gegenstand[2]) gegen die Mitte zu verdichtet[3]). Auch der konische Übergang von dem etwas weiteren Patronenlager zum Durchmesser der übrigen Laufseele ist — infolge der dadurch bedingten Stauung der Pulvergase — für die Schußleistung (insbesonders für die Weite und Durchschlagskraft des Schusses) von Bedeutung, die außerdem — wie bereits erwähnt — von der (später zu erörternden) Art der Ladung abhängt.

In Kreisen älterer Jäger wird ferner die Meinung vertreten, daß die Innenfläche eines Schrotlaufes rauh sein solle, damit das Gewehr einen entsprechenden „Brand" habe, worunter man die Durchschlagswirkung der Schrotkörner versteht. Wenngleich moderne Waffentechniker dies als Aberglauben bezeichnen, lassen sich viele erfahrene Praktiker die

und daher geringem Gewicht dem Schützen möglichste Sicherheit bieten: auch im Falle einer Laufsprengung zersplittert ein Damastlauf nicht in Stücke, die umherfliegen, sondern reißt nur wie ein Stück gewebten Zeuges, ohne einen Substanzverlust zu erleiden. In neuerer Zeit haben aber die aus gutem Stahl gebohrten modernen Schrotläufe die vielgepriesenen Damastläufe völlig verdrängt und sich als gleichwertig erwiesen.

[1]) Nur darf der Lauf nicht etwa verbeult, gequetscht, gesprungen sein, unter welchen Umständen mit keinem Laufe etwas geleistet werden kann.

[2]) Siehe unten S. 269.

[3]) Inwieweit dies für den Schießerfolg von Vorteil ist, hängt naturgemäß vom Können des Schützen ab: ein flinker, treffsicherer Schütze wird auf gutes Zusammenhalten der Schrote Wert legen und daher eine stärkere Würgebohrung bevorzugen, während es für einen langsameren, wenig sicheren Schützen meist besser sein dürfte, wenn die Streuung und damit die Trefferwahrscheinlichkeit größer ist. Auch ist hiefür die verwendete Schrotgröße von Bedeutung: für grobe Schrote (von 3 ½ mm und größer) genügt schon eine schwache Würgebohrung, während für feinere Schrote, die an sich eine größere Streuung haben, eine stärkere Mündungsverengung des Laufes empfehlenswert ist. Um diesen verschiedenen Umständen bei demselben Schrotlauf Rechnung tragen zu können, hat man in Amerika (in Verbindung mit dem der Schalldämpfung und Rückstoßverminderung dienenden Compensator von *Cutt*, der vorne an den Lauf aufgeschraubt wird und diesen verlängert) auswechselbare Röhrchen mit verschiedener Bohrung (Pattern tubes) erzeugt, die je nach Jagdgelegenheit eine größere oder geringere Streuung ermöglichen.

Wirkung des „Brandes“ nicht streitig machen und setzen oft im Schrotlauf künstlich Rost an oder schießen daraus feinen Sand, um die nötige Rauhheit zu erzeugen. Eine Erklärung dieser Erscheinung kann darin liegen, daß die Schrotkörner aus Läufen, die innen rauh sind, nicht herausgleiten, sondern an der Laufseele rollen und dadurch in Rotation um ihre eigene Achse versetzt werden[1]). Ein rotierendes Geschoß übt aber auf den getroffenen Körper größere Wirkung: wer in seinem Leben öfters Hasen gegessen hat, weiß, daß man oft inmitten des Hasenfleisches Schrotkörner findet, die dicht mit Hasenwolle umwickelt sind; dies kann nur dadurch erklärt werden, daß das Schrotkorn beim Durchschlagen des Hasenfelles durch seine Rotation Wolle um sich gewunden und in das Innere des Körpers mitgenommen hat. Rotierende Schrote haben bohrende Wirkung und dringen daher leichter ein, als wenn sie bloß auf die Haut drücken; auch richten sie im Inneren des Körpers größere Zerstörungen an. Ein solches Gewehr „tötet gut“, wie der Volksmund sagt. Darum kommt es umgekehrt auch vor, daß man das Schrotgewehr eines Jagdkameraden, dem man einen Possen spielen will, innen frisch ölt[2]).

Für die Größenbezeichnung des Kalibers hat sich für Schrotläufe in fast allen Ländern der Erde die alte englische Numerierung erhalten. Diese ging davon aus, wie viel Bleikugeln von der Größe des betreffenden Kalibers sich aus 1 Pfund (453.6 g) Blei herstellen lassen. Je größer daher diese Anzahl (die als Nummer des Kalibers verwendet wird) ist, desto kleiner ist der Durchmesser des Laufes. Die genauen Maßzahlen sind folgende:

ein	Schrotlauf	Kal. 4	hat	einen	Innendurchmesser	von	23,4 mm
„	„	Kal. 8	„	„	„	„	20,8 mm
„	„	Kal. 10	„	„	„	„	19,3 mm
„	„	Kal. 12	„	„	„	„	18,2 mm
„	„	Kal. 16	„	„	„	„	16,8 mm
„	„	Kal. 20	„	„	„	„	15,7 mm
„	„	Kal. 24	„	„	„	„	14,7 mm
„	„	Kal. 28	„	„	„	„	13,8 mm
„	„	Kal. 32	„	„	„	„	12,7 mm

Es ist daher nur ein Zufall, daß das Kaliber 16, das heute wohl für die Flintenjagd das gebräuchlichste ist, auch ungefähr 16 mm beträgt; das

[1]) Vergleichsweise kann ein auf jeder Kegelbahn zu machender Versuch hiefür als Beweis dienen. Die auf dem Kegelbaume hinausgeschleuderte Kugel rollt auf der rauhen Unterlage und dreht sich dadurch um ihre Achse. Daß mitunter alle neun Kegel fallen, läßt sich dadurch erklären, daß ein Teil durch andere Kegel umgestoßen wird, die von der rotierenden Kugel getroffen und dadurch ebenfalls in rotierende Bewegung versetzt werden. Besonders überzeugend wirkt der Gegenversuch: begießt man den Kegelbaum mit Seifenlösung, so daß er schlüpfrig wird, so gleitet die herausgeschleuderte Kugel nur, sie erhält aber keine Rotation und übt auf die Kegel eine bedeutend geringere Wirkung aus.

[2]) Nach dieser Meinung würde somit die Rauheit der Schrotlaufseele eine analoge Bedeutung haben wie sie beim Kugellauf den Feldern und Zügen zukommt, durch die ebenfalls das Geschoß in Rotation versetzt wird (s. unten Seite 234).

darf nicht verwirren: die Kalibernummern der Schrotläufe haben keinen unmittelbaren Zusammenhang mit dem Durchmessermaß in Millimetern. Flinten mit größerem Durchmesser als Kal. 12 werden heute kaum mehr erzeugt; Kal. 12 wird aber — besonders für Treibjagden — von manchen Jägern trotz des größeren Gewehr- und Patronengewichtes bevorzugt, weil die Schußwirkung gegenüber einer Flinte Kal. 16 — bei gleicher Trefferleistung des Gewehres[1]) — infolge der größeren Ladung naturgemäß auch größer ist. Umgekehrt kann für Hühnerjagden eine kleinkalibrige Spezialflinte (bis herab zu Kal. 28) in der Hand eines guten Schützen den Vorteil besserer Führigkeit und geringeren Rückstoßes haben.

Abb. 69. Stockflinte mit auswechselbarem Griff und abschraubbarer Spitze. Aus der Sammlung des Kriminologischen Univ.-Institutes Graz.

Von erhöhter kriminalistischer Bedeutung sind zwei — meist verbotenen Zwecken dienende — Gewehrkonstruktionen, die den Zweck haben, nicht sofort ihre Bestimmung erkennen zu lassen; das sind die Stockflinten und die zerlegbaren Gewehre. Beide werden auch mitunter für Kugeln verwendet, sollen aber hier behandelt werden, da sie in der Regel für Schrot gearbeitet sind. Als Stockflinte bezeichnet man ein Gewehr, das die äußere Gestalt eines Spazierstockes besitzt. Wie die zahlreichen Exemplare in den Sammlungen des Kriminologischen Institutes der Universität Graz zeigen (vgl. Abb. 69), ist die Konstruktion oft geradezu genial erdacht und eine so völlige Tarnung des Gewehrzweckes erreicht, daß für den Uneingeweihten die Art der Benützung kaum zu entdecken ist. Der Lauf, der den eigentlichen Stock darstellt, ist meistens so geformt und angestrichen, daß er wie ein spanisches Rohr aussieht, und an seiner Mündung mit einem abschraubbarem Verschlußstück versehen, das dem Schuh oder der Spitze eines Spazierstockes gleicht und aus Metall oder Horn[2]) verfertigt ist. Der Griff ist gewöhnlich

[1]) Die Trefferleistung wird in Prozenten der Schrotkörner gemessen, die von der Gesamtzahl der Schrotkörner auf 35 m-Entfernung in einen Kreis von 75 cm Durchmesser treffen. Es gilt als Höchstleistung, wenn ein Flintenlauf eine durchschnittliche Trefferleistung von 75% oder mehr aufweist. Bei Gewehren mit größerer Streuung sinkt die Trefferleistung bis auf 40% herab. Eine Trefferleistung von durchschnittlich 60% gilt noch als sehr gut.

[2]) Die Verwendung von Horn hat den Vorteil, daß beim Niederstellen der

in Krückenform gearbeitet und enthält das Schloß mit (meist federnd umgelegten) Spanner, Drücker und Visier. In der Regel läßt sich auch der Griff (einschließlich Stoßboden) ganz abschrauben, was zugleich in einfachster Weise den Verschluß der Waffe darstellt, und mitunter auch durch einen völlig harmlos aussehenden Spazierstockgriff ersetzen. Gegebenenfalls wird daher der U. auf eine solche Waffe zu achten haben — sei es bei Hausdurchsuchungen, sei es bei Beschreibung dessen, was ein Verdächtiger bei sich getragen hat. Im ersteren Fall muß man alle Geräte, die eine Stockflinte darstellen können, genau beachten und jeden auch unverdächtig in der Ecke lehnenden Stock in die Hand nehmen und auf sein Gewicht prüfen. Im letzteren Falle lasse man sich den „Spazierstock" genau beschreiben und achte darauf, ob vielleicht jemandem der laute Ton aufgefallen sei, als der Stock weggestellt wurde.

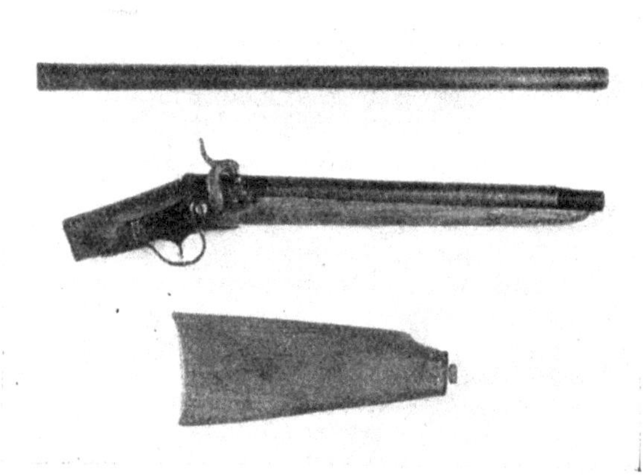

Abb. 70. Abschraubgewehr (im Jahre 1918 einem jungen Wilderer abgenommen, der — selbst Metallarbeiter einer großen Waffenfabrik — diese verbotene Waffe aus einem alten Vorderlader selbst verfertigte). Aus der Sammlung des Kriminologischen Univ.-Institutes Graz.

Ebenso wichtig und in mancher Beziehung noch wichtiger als die Stockflinten sind die zerlegbaren Flinten oder sogen. Abschraubgewehre. Hat man bei den Stockflinten oft Gelegenheit, die sinnreiche und geschickte Arbeit des Fabrikanten oder Büchsenmachers zu bewundern, so kann man bei den Abschraubgewehren der Findigkeit und Geduld des betreffenden Erzeugers seine Anerkennung um so weniger versagen, als diese Waffen nur in seltenen Fällen vom Büchsenmacher, sondern regelmäßig vom Pfuscher erzeugt werden. Daher ist es nicht unbegreiflich, daß einmal ein alter Jäger halb im Ernste sagte, ein geschickter Wildschütze trage sein Gewehr zusammengelegt in der Westentasche. Was dabei, an Systemen in Anwendung kommt, ist in der Tat merkwürdig: Verschraubungen, Scharnierbewegung, Kreuzhaken- und Spannkuppelungen, Muffendoppelungen bis herab zur einfachen Holzzapfenverbindung werden kombiniert und schließlich bedauert man, daß alle diese Ideen nicht zu etwas Besserem verwendet wurden, wenn man sieht, wie

Waffe kein verdächtiger Lärm entsteht; denn der Ton, den eine Stockflinte mit metallenem Schuh auch beim sachten Niederstellen hervorbringt, ist infolge des viel größeren Gewichtes charakteristisch verschieden von dem Tone, den ein selbst schwer beschlagener Stock beim Niederstellen erzeugt.

rasch, sicher und fest sich ein brauchbares Gewehr aus zahlreichen Stücken und Stückelchen zusammenfügen und auseinandernehmen läßt (vgl. Abb. 70). Dies mag auch erklären, daß bei zahlreichen Wilddiebereien und auch Mordtaten die Waffe „absolut unauffindbar" geblieben ist. Niemals darf man sich dadurch irremachen lassen, daß mehrere Zeugen versichern, der Verdächtige habe „gewiß kein Gewehr bei sich gehabt" oder wenn das Resultat einer Hausdurchsuchung negativ war. Im ersteren Falle kann das Gewehr in verschiedenen Taschen (wenn auch nicht in einer Westentasche) verteilt oder im oberen Teil des Beinkleides versteckt gewesen sein, ohne daß es von außen auffallen mußte. Im zweiten Falle kann es sich in mehreren Behältnissen verteilt befunden haben, die vermöge ihres geringen Umfanges als Gewehrverstecke nicht untersucht wurden. In einem Falle, in dem ein Jäger von Wilddieben erschossen worden war, wurde bei der Hausdurchsuchung als einzig verdächtiges Objekt in einem auf dem Herde stehenden Kochtopfe ein 14 cm langes, oben außen und unten innen mit feinem Schraubengewinde versehenes Stück eines Gewehrlaufes gefunden. Trotz dieses verdächtigen Fundes und der hiedurch besonders geschärften Aufmerksamkeit konnten damals die anderen Bestandteile des Gewehres nicht gefunden werden, obwohl sie sich doch im Hause befanden, wie sich im Laufe der weiteren Untersuchung herausstellte. Stücke waren: in einem Stiefel, im Pferdekummet, hinter dem Kruzifix, in der Höhlung eines großen Salzstockes und in einem Astloche eines Balkens im Dachstuhle. Gerade in diesem Falle war die Zusammenfügung sehr geschickt und die Verschraubung der Laufteile eine anerkennenswert genaue.

Eine weitere von geschickten Bastlern oft selbst hergestellte Schrotgewehrkonstruktion stellen die sogenannten Legeflinten oder „Selbstschüsse" dar, die einerseits von Haus- und Grundbesitzern als Schutzvorrichtung gegen menschliche oder tierische Diebe, andrerseits aber auch von Verbrechern verwendet werden, die ihrem Opfer — um selbst zu gleicher Zeit an einem anderen Ort, in einem Gasthause usw. weilen zu können und so ein Alibi zu haben — mit dieser heimtückischen Waffe zu Leibe rücken. Abb. 71 veranschaulicht ein solches Erzeugnis. Der durch eine starke Feder gespannte Hahn wird durch den kurzen Arm eines Hebels arretiert, auf dessen langem Arm wieder der kurze Arm eines zweiten Hebels wirkt, so daß es nur ganz geringer Kraft bedarf, um den langen Arm dieses zweiten Hebels zu halten. Dies geschieht durch einen „Abzug", der in eine Kerbe jenes zweiten Hebels eingreift und an dem eine lange Schnur befestigt ist. Diese Schnur wird in der Richtung des Laufes über einen Weg oder eine sonstige Stelle im Garten usw. gespannt, die der erwartete Gegner überqueren muß. Nun ist die Falle gelegt: ein leises Berühren der Schnur genügt, um den Schuß auszulösen; die Schrotgarbe fliegt recht genau in der Richtung der gespannten Schnur und trifft unweigerlich das Opfer, das an die Schnur ankam. So primitiv die ganze Sache auch aussieht, so ist sie doch recht gefährlich und die Wirkung oft verhängnisvoll.

Da diese selbst erzeugten Legeflinten in der Regel als Vorderlader konstruiert werden und auch bei den früher behandelten Abschraubgewehren noch bis in die neueste Zeit Vorderlader vorkommen, sei zum Abschluß des Kapitels über das Schrotgewehr noch kurz auf diese sonst heute noch kaum mehr gebräuchliche Gewehrart eingegangen. Die bis in die zweite Hälfte des 19. Jahrhunderts herrschende Waffe war das sogenannte Perkussionsgewehr, das die früheren Systeme (denen heute nur mehr historisches Interesse zukommt, nämlich die Luntenschloß-, Radschloß- und Steinschloßgewehre) seit dem Ende des 18. Jahrhunderts völlig verdrängt hatte. Als nämlich zu dieser Zeit Forscher wie *Bertholet, Howard* usw. Körper entdeckt hatten, die zu ihrer Entzündung nicht eines Funkens, sondern nur eines Schlages oder Stoßes bedürfen, ergab

Abb. 71. Legeflinte, aus einem Hartholzstück und Teilen eines Vorderladergewehrs verfertigt. Aus der Sammlung des Kriminologischen Univ.-Institutes Graz.

sich der Gedanke von selbst, den Hahn direkt auf diesen neuen Stoff (chlorsaure Salze, Knallquecksilber usw.) schlagen zu lassen. Nach unzähligen Versuchen der verschiedensten Art brachte man das Knallquecksilberpräparat in eine Kupferkapsel („Zündhütchen") und setzte diese auf einen kleinen durchbohrten Stahlkegel („Piston"), der am hinteren Laufende des Gewehres außen angebracht war und dessen Bohrung mit der Pulverkammer im Lauf in Verbindung stand. Der Hahn schlägt auf die Kapsel, das Knallquecksilber explodiert und entzündet das Pulver. Zur Handhabung solcher Vorderlader dient verschiedenes Zubehör, das sich außerhalb der Waffe befindet, nur bei einem solchen Gewehr benützbar ist und dessen Auffindung bei einer Haus- oder Personsdurchsuchung deshalb von kriminalistischer Bedeutung sein kann. Hiezu gehört ein Kapselsetzer, das ist eine Vorrichtung, um die Kapseln rasch und leicht auf den Piston zu bringen, ferner ein Pistonschlüssel, ein Ladestock, Schrotbeutel und Pulverhorn; ebenso lassen sich gewisse Formen von Papier- oder Kuhhaarpfropfen[1]) nur mit einem Vorderlader in Verbindung bringen. In ländlichen Gegenden, in denen mit Wilderern zu rechnen ist, wird daher der U. sich die Kenntnis dieser Dinge zu verschaffen haben, um sie gegebenenfalls bei einem Augenschein als solche erkennen zu können[2]).

[1]) Vgl. S. 225, Anm. 1.

[2]) Der Perkussion-Vorderlader wurde sowohl als Schrotflinte als auch als Kugelgewehr, Pistole und Revolver gebaut und wurde im Laufe des 19. Jahr-

2. *Kugelgewehre.*

Von den oben genannten Hauptbestandteilen jeder modernen Schußwaffe: Lauf, Verschluß, Schloß, Schaft und Zubehör, ist beim Kugelgewehr vor allem der Lauf unterschiedlich gegenüber einem Schrotlauf; ferner ist an Zubehör meist einiges mehr vorhanden.

Der Lauf ist, wie bereits erwähnt, fast ausnahmslos stärker[1]) als beim Schrotgewehr[2]), da die Kugel, soll sie eine entsprechende Geschwindigkeit und dadurch Rasanz erlangen, eng und fest in den Lauf eingepreßt sein muß. Dafür ist das Kaliber im allgemeinen kleiner und die Lauflänge kürzer (besonders kurzläufige Büchsen werden in Süddeutschland und Österreich „Kugelstutzen" oder kurz „Stutzen" genannt; in Anlehnung an das kurze italienische Militärgewehr findet sich auch die Bezeichnung „Karabiner"). Bei einem längeren Lauf ist die Ausnutzung der Pulvergase eine bessere und Zielfehler wirken sich infolge des größeren Abstandes zwischen Visier und Korn weniger aus. Dennoch gibt es Mantelgeschoßgewehre mit Läufen, die weit unter der Normallänge von 60 bis 70 cm liegen — z. B. Mannlicher-Schönauer-Stutzen 6,5 mm mit 45 cm Lauflänge — und eine hervorragende Schußgenauigkeit aufweisen (besonders wenn solche Gewehre mit einem Zielfernrohr ausgerüstet sind, wodurch der Nachteil der kürzeren Visierlinie wegfällt).

Der Hauptunterschied zwischen Schrot- und Kugellauf betrifft jedoch die Innenwand des Laufes: diese ist beim Kugellauf nicht glatt, sondern mit „Zügen" versehen. Ursprünglich waren auch die Kugelgewehre innen glatt: dadurch war ein genaues Einfügen der Kugel in den Lauf nicht möglich, die Pulvergase entwichen um die Kugel herum und es wurde deshalb nur eine geringe Tragweite und verminderte Treffsicherheit erzielt. Aber schon sehr früh — am Anfang des 16. Jahrhunderts — kamen sogenannte „Züge" vor, d. h. Rinnen, die in der Richtung der Laufachse in die Innenwandung des Laufes in verschiedener Anzahl eingeschnitten werden und die Führung der Kugel übernehmen. Schon um die Mitte des 16. Jahrhunderts begann man diese Züge nicht geradlinig in die

hunderts durch den Hinterlader verdrängt, bei dem Zündsatz, Pulver und Geschoß in einer „Patrone" zusammengehalten, von hinten in den Lauf geschoben werden; die erste brauchbare Konstruktion war das Zündnadelgewehr von *Dreyse* (1827).

[1]) Die Wandstärke (Dicke des „Fleisches") ergibt sich, wenn man vom Außendurchmesser des Laufes das Kaliber subtrahiert und die Differenz halbiert (wobei nicht das Bohrungskaliber, sondern das größere Zugkaliber entscheidend ist, vgl. unten S. 235).

[2]) Hingegen besteht hinsichtlich des Materials heute kein grundsätzlicher Unterschied zwischen Schrot- und Kugellauf: seit der Verdrängung der Damastläufe, die früher hauptsächlich für feinere Schrotgewehre gebräuchlich waren (oben S. 226, Anm. 2), werden in den modernen Waffenfabriken Kugel- wie Schrotläufe aus gutem Flußstahl oder einem Speziallaufstahl gebohrt. Doch ist die Qualität des Laufstahles (naturhart, geglüht oder vergütet; unlegiert oder mit Chrom, Wolfram oder Nickel legiert) und seine dadurch bedingte Elastizität, Festigkeit und Rostfreiheit für die Sicherheit und Lebensdauer der Waffe von Bedeutung. Vielfach ist diese Qualität aus einem Markenstempel des Stahlwerkes, das den Gewehrlaufrohling geliefert hat, ersichtlich und in diesem Falle bei der Beschreibung des Gewehres anzuführen.

Laufwandung einzuschneiden, sondern man gab ihnen einen mehr oder weniger gewundenen Gang, weil die Kugel hiedurch gezwungen wird, sich herauszuschrauben und dadurch länger im Laufe zu verweilen, wodurch eine vollständigere Verbrennung des Pulvers und damit eine weitere Erhöhung der Triebkraft bewirkt wird. Aber der noch wichtigere Vorteil ist hiebei, daß die Kugel durch diese Drehung eine Rotation um ihre eigene Achse erhält und diese auch außerhalb des Laufes fortsetzt. Nach dem bekannten Prinzipe, daß ein sich drehender Körper die Rota-

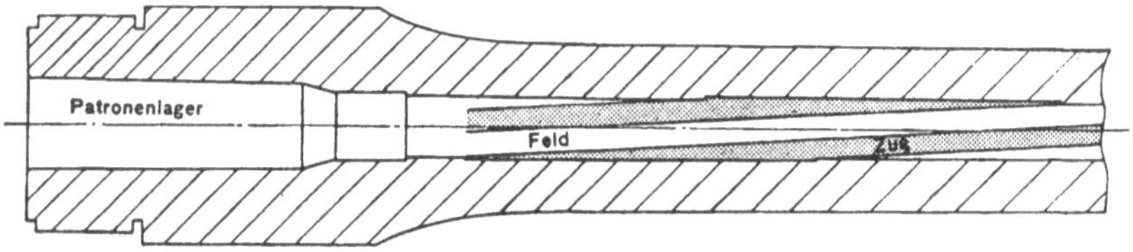

Abb. 72. Hinterteil eines „gezogenen" Kugellaufes (Längsschnitt in schematischer Darstellung).

tionsachse beibehält (z. B. der Kreisel), verliert auch die Kugel nach Verlassen des Laufes die Rotationsachse nicht, d. h. sie fliegt dadurch ebener und weiter[1]), überschlägt sich weniger und dringt bohrend und daher besser in das Ziel ein, als es sonst geschehen würde. Dank dieser mehrfachen Vorteile wurden die „gezogenen" Läufe alsbald allgemein für Kugelgewehre eingeführt.

Die „Züge" selbst sind also die einander parallelen, in den Lauf spiralenförmig eingeschnittenen Rinnen; die übrigbleibenden erhöhten Teile der Laufseele heißen „Balken" oder „Felder" (s. Abb. 72 u. 73). Das Profil der Züge kann verschieden sein: dreieckig, keilförmig, trapezförmig oder rechteckig; ebenso ihre Zahl: es kommen Läufe mit 3, 4 und 5, aber auch solche mit 6, 7 oder 8 Zügen vor. Bei den älteren Jagdbüchsen, die für Bleigeschosse bestimmt waren, bevorzugte man vielfach die ungerade Anzahl von Zügen, weil man meinte, daß das Blei immer vom gegenüberliegenden Felde in den gegenüberliegenden Zug eingepreßt wird. Bei den modernen Mantelgeschoßgewehren sind vier Züge am gebräuchlichsten.

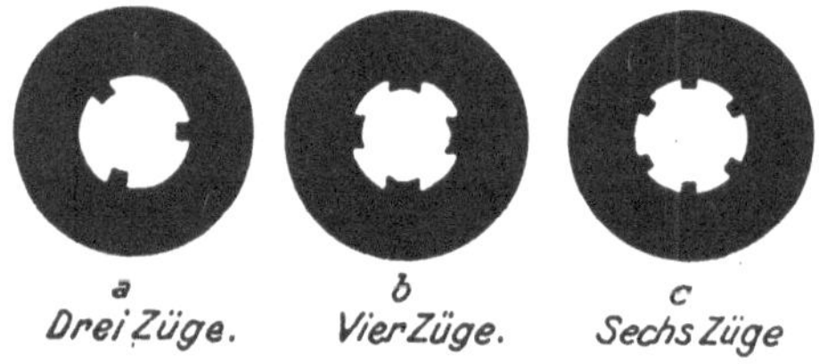

Abb. 73. Gezogene Kugelläufe im Querschnitt.

An den Zügen unterscheidet man außer ihrer Anzahl und der dadurch bedingten Breite des einzelnen Zuges und des (zwischen zwei Zügen liegenden) Feldes noch die Tiefe der Züge und den „Drall", d. h. die größere oder geringere spiralische Windung. Beides ist von der Art der

[1]) Je flacher der beschriebene Bogen ist, um so größer ist die sogenannte Rasanz.

Munition abhängig, für die das Gewehr gebaut ist: Bleigeschosse verlangen tiefere Züge und geringeren Drall als Mantelgeschosse und auch bei letzteren soll der Drall um so stärker sein, je länger das Geschoß im Verhältnis zum Laufdurchmesser ist. Die Stärke des Dralls kann auf zwei verschiedene Weisen bezeichnet werden: durch Angabe des Drallwinkels (d. i. der Winkel zwischen der Richtung der Züge und der Laufachse) oder durch Angabe der Dralllänge, worunter die Strecke gemeint ist, die ein Zug zu einer einmaligen spiralischen Umdrehung braucht. Der Drallwinkel schwankt im allgemeinen zwischen 15° und 4°, doch kommen auch kleinere und größere Drallwinkel vor. Der Drall heißt konstant, wenn der Drallwinkel von Beginn bis zum Ende des Laufes die gleiche Größe hat, und progressiv, wenn der Drallwinkel innerhalb des Laufes größer wird (wodurch die Rotation des Geschosses anfangs geringer ist und dann zunimmt). Die Länge des Dralls wird heute allgemein in cm ausgedrückt; in Jägerkreisen ist daneben auch eine relative Größenbezeichnung üblich, nämlich entweder im Verhältnis zur Länge des Laufes oder im Verhältnis zum Kaliber. Die Drallänge schwankt im allgemeinen zwischen 20 cm (bei kleinkalibrigen Mantelgeschoßgewehren) und etwa 45 cm (bei großkalibrigen Bleigeschoßbüchsen); bei älteren Gewehren für Bleigeschosse kommen auch noch wesentlich größere Drallängen vor, da man früher noch mit sehr kleinen Drallwinkeln arbeitete (Drallwinkel und Drallänge sind zueinander naturgemäß umgekehrt proportional). Die Züge winden sich — von hinten gesehen — heute ziemlich allgemein nach rechts (sogen. Rechtsdrall), doch kommt auch Linksdrall vor (z. B. bei den alten serbischen Gewehren 1878). Alle diese Umstände sind kriminalistisch von besonderer Bedeutung, weil sie auch aus den Spuren erkennbar sind, die von den Zügen des Laufinnern auf der Manteloberfläche des Projektils entstehen. Dadurch wird ein Rückschluß vom aufgefundenen Geschoß auf die verwendete Waffe ermöglicht[1]).

Die Tiefe der Züge beeinflußt auch das Kaliber, sofern man dieses genau angeben oder messen will. Bei Kugelgewehren wird das Kaliber — im Gegensatz zu der Nummernbezeichnung der Schrotläufe[2]) — nach seiner tatsächlichen Größe in Millimetern oder engl. Zoll bezeichnet[3]). Hiebei ist zwischen dem Bohrungskaliber (= Durchmesser des durch die Felder umgrenzten Kreises) und dem Zugkaliber zu unterscheiden, das um die doppelte Tiefe der eingeschnittenen Züge größer ist. Diese Zugtiefe beträgt bei Läufen für Bleigeschosse 0,15 bis 0,3 mm, bei solchen für Mantelgeschosse aber nur 0,11 bis 0,18 mm, ja man ist sogar bis 0,08 mm heruntergegangen. Beispielsweise mißt bei Mantelgeschoßläufen des vielverwendeten „Kalibers 7 mm" das genaue Bohrungskaliber 6,96 mm und das Zugkaliber 7,22 mm (weshalb man auch von „Kal. 7,2" spricht). Der Durchmesser des Geschosses soll, damit die Pulvergase voll ausgenützt werden, bei Mantelgeschossen dem Zugkaliber entsprechen; Bleigeschosse wählt man

[1]) Näheres hierüber unten S. 281 ff.

[2]) Oben S. 228.

[3]) 1 Zoll = 25,4 mm. Bei der englischen Bezeichnung wird deshalb (da alle Kaliber kleiner als 1 Zoll sind) an der Einerstelle nur ein Punkt gesetzt. Es bedeutet daher „.22" soviel wie ein Kaliber von 0.22 engl. Zoll = 5,6 mm (das bei uns übliche Kaliber für Kleinkaliberbüchsen, das vielfach abgerundet mit Kal. 6 mm bezeichnet wird).

zweckmäßig sogar etwas größer[1]). Die Züge und Felder beginnen am hinteren Laufende (nach dem Patronenlager) auch nicht sofort mit ihrer vollen Tiefe, sondern setzen zunächst ganz flach ein und nehmen allmählich an Tiefe zu, wodurch der „Geschoßeintritt" in die Führung durch die Züge erleichtert wird. Damit im Zusammenhang steht auch der sogen. „freie Flug" des Geschosses, den es von seiner Ausgangsstellung im Patronenlager bis zum Eintritt in die Züge, somit ohne Rotation zurücklegt. Dieser ist für die Erreichung höchster Schußleistungen wichtig, weil sonst bei Pulver von hoher Brisanz der Gasdruck zu plötzlich wirkt; doch ist umgekehrt ein zu langer Geschoßfreiflug, wie er auch bei längerem Gebrauch eines Gewehres durch Ausbrennung des Patronenlagers entstehen kann, noch ungünstiger, weil dann das Geschoß nicht in die Züge hineingeschoben, sondern hineingeschleudert wird. Bei einem gut gebohrtem Kugellauf soll der Freiflug nicht weniger als 2 mm und nicht mehr als 4 mm betragen.

Außer der Beschaffenheit des Laufes ist beim Kugelgewehr auch das Zubehör von erhöhter Bedeutung und zwar vor allem die Zielvorrichtung. Diese bestand bei alten Schrotgewehren nur aus dem Korn (auch „Fliege" oder „Mücke" genannt), einem an der oberen Außenseite des Laufes nahe der Mündung angebrachtem Knöpfchen, das beim Zielen entlang dem Laufrücken mit dem Treffpunkt zur Deckung gebracht wurde. Diese einfache Vorrichtung genügt aber nur, wenn es auf ein genaues Zielen nicht ankommt. Für das Kugelgewehr ist deshalb außer dem Korn noch eine zweite Einrichtung erforderlich: das Visier (auch „Absehen" oder „Abkommen" genannt), das am hinteren Laufende angebracht ist; es besteht in seiner einfachsten Ausführung aus einer (senkrecht zur Schußrichtung stehenden) kleinen Metallplatte mit einem Einschnitt, der sogen. „Kimme"[2]), durch die hindurch Korn und Ziel zur Deckung gebracht werden müssen. Das Korn wird in allen möglichen Gestalten und Konstruktionen hergestellt (Dreieckkorn, Perlkorn, Rechteckkorn usw.); beim sogen. Lichtplattenvisier ist vor dem Korn noch eine schräge Elfenbeinplatte angebracht, von der sich das Korn auch bei schlechter Beleuchtung deutlich abhebt[3]). Noch mannigfacher und komplizierter sind die von der modernen Gewehrindustrie auf den Markt gebrachten Konstruktionen des Visieres selbst. Denn dieses muß beim Kugelgewehr, um höchsten Ansprüchen an die Trefferleistung zu genügen, auf verschiedene Entfernungen verstellbar sein. Dies hängt mit der Flugbahn des Geschosses zusammen, die ja nicht eine gerade Linie

---

[1]) Um das genaue Kaliber einer Waffe festzustellen, kann man ein etwas größeres Bleigeschoß vorne in die Laufmündung einschlagen und von hinten mit einem Putzstock wieder herausstoßen, worauf an dem Bleigeschoß das Zug- und Bohrungskaliber mittels Mikrometerschraube gemessen werden kann. Natürlich darf aber eine solche Prozedur nicht an einer Waffe vorgenommen werden, die noch einer weiteren kriminalistischen Untersuchung unterworfen werden soll (z. B. hinsichtlich der Frage, ob aus ihr ein bestimmtes Geschoß verfeuert wurde oder wann sie das letzte Mal beschossen wurde), da die für eine solche Untersuchung wichtigen Spuren des Laufinneren durch das Einschlagen des Bleigeschosses verändert würden.

[2]) Die Kimme kann keilförmig, halbrund oder rechteckig sein.

[3]) Bei einer Abart dieser Konstruktion steht das Korn nicht körperlich vor der schrägen Lichtplatte, sondern ist als dunkler Keil mosaikartig in die Elfenbeinplatte eingelegt (*Mahrholdt* a. a. O., S. 349).

in Fortsetzung der Laufachse darstellt, sondern infolge der Schwerkraft und des Luftwiderstandes eine sich bogenförmig nach abwärts krümmende Parabel beschreibt. Da aber die Blickrichtung über Kimme und Korn (die sogenannte Visierlinie) notwendig immer eine Gerade ist, müssen sich — damit der tatsächliche Treffpunkt mit dem visierten Ziel zusammenfalle — Flugbahn und Visierlinie in dieser Entfernung schneiden. Dies wird dadurch erreicht, daß die Kimme des Visiers etwas höher liegt als das Korn, so daß die Laufachse etwas schräg nach aufwärts gerichtet ist (vgl. Abb. 74). Je weiter das Ziel entfernt ist, desto größer muß naturgemäß dieser Winkel zwischen Laufachse und Visierlinie[1]) sein, und mit einem Gewehr, das auf eine solche bestimmte Entfernung „eingeschossen" ist, schießt man bei unverändertem Visier auf eine kürzere Entfernung notwendig zu hoch. Daher sind die meisten Visiere so konstruiert, daß die

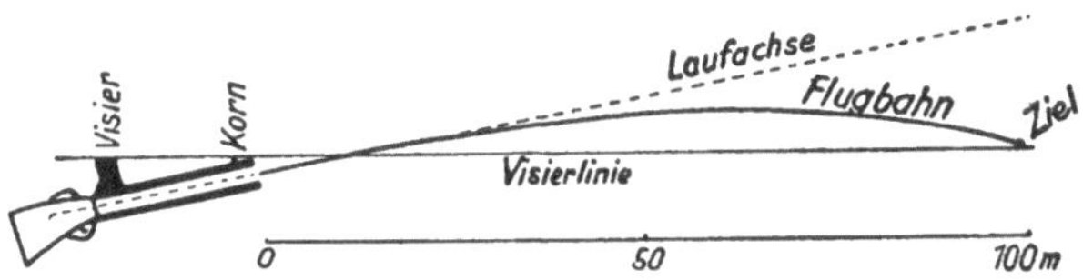

Abb. 74. Visierlinie und Laufachse beim Zielen (in schematischer Darstellung). Das Visier ist auf 100 m Schußdistanz eingestellt.

Höhe der Kimme (durch Aufstellen verschiedener Klappen oder mittels Schraube oder Schubvorrichtung) je nach der Entfernung des Zieles reguliert werden kann. Dies ist umso nötiger, je gekrümmter die Flugbahn ist, während bei sehr gestreckten Flugbahnen der Zielfehler bei Änderung der Entfernung so gering wird, daß er praktisch nicht ins Gewicht fällt[2]).

Um das Zielen noch mehr zu erleichtern, dient ferner der „Gucker" oder Diopter, eine mitunter vor dem Visier angebrachte kleine Scheibe mit einem feinen Loche, durch welches hindurch infolge der Abblendung des Lichtes schärfer gezielt werden kann. Ähnlichen Zwecken dienen die sogen. Blenden, d. s. Blechstücke, die über das Korn oder über das Visier geschoben werden, um alles störende Licht abzuhalten. Die vollkommenste Art der Zielvorrichtung stellt aber das Zielfernrohr dar, das von der optischen Industrie ebenfalls in den mannigfachsten Konstruktionen mit verschiedener Vergrößerung, Lichtstärke und Gesichtsfeldgröße hergestellt wird. Beim Zielfernrohr kann auch ein kurz- oder weitsichtiger Schütze, der sonst Visier, Korn und Ziel nicht zugleich scharf sehen kann, durch das in das Fernrohr eingebaute Faden- oder

---

[1]) Sogenannter „Erhöhungswinkel"; davon zu unterscheiden ist der tatsächliche „Abgangswinkel", der dadurch entsteht, daß sich die Richtung der Laufachse während des Schusses etwas ändert (sogen. Vibrationsfehler); Näheres hierüber bei *Eilers* a. a. O., S. 124ff.

[2]) Das ist der Vorteil der sogen. Hochrasanzpatronen, deren Geschosse eine Mündungsgeschwindigkeit von wenigstens 900 Sekundenmeter und daher eine sehr gestreckte Flugbahn haben, so daß man auf alle jagdlichen Entfernungen mit einer Visierstellung auskommen kann.

Balkenkreuz das Ziel scharf ins Auge fassen und außerdem sieht der Schütze das Ziel vergrößert. Es kann auf diese Weise genauer und auch bei schlechterem Lichte geschossen werden — nur die Trefferleistung des Gewehrlaufes selbst[1]) kann dadurch nicht verbessert werden: bei einem mangelhaft gebohrten Lauf nützt auch das beste Zielfernrohr nichts!

Zum Zubehör der Kugelgewehre, die Jagdzwecken dienen, gehört meistens auch der sogen. Stecher. Darunter versteht man eine Vorrichtung, die einen besonders leichten Abzug am Drücker ermöglicht. Die Betäti-

Abb. 75. Zerlegbarer Kugelstutzen mit schwenkbarem Lauf — 1938 einem fünfundzwanzigjährigen Wilderer (Holzknecht) abgenommen. Aus der Sammlung des Kriminologischen Institutes der Universität Graz.

gung der Stechvorrichtung erfolgt entweder durch einen zweiten Abzug, der hinter dem eigentlichen Abzug angebracht ist und durch dessen Zurückziehen das Schloß „eingestochen" wird (sog. Doppelzüngelschneller); oder es besteht nur ein Abzug und das Einstechen erfolgt dadurch, daß man den Abzug vorerst nach vorne drückt, bis er in die eine Rast einspringt (sogen. französischer Rückstecher, der hauptsächlich bei mehrläufigen Gewehren angewendet wird). Durch ein solches Stechschloß wird es dem Schützen ermöglicht, im letzten Augenblick vor dem Schuß, wenn keine Gefahr zufälligen Losgehens mehr vorhanden ist, das Schloß so einzustellen, daß der Schuß schon durch leichtes Berühren des Abzuges

[1]) Die Trefferleistung von Kugelläufen wird nach dem Streuungskreis der Einschläge beurteilt, der entsteht, wenn man aus dem Laufe bei unveränderter Haltung (also am besten eingespannt in einen festen Block oder in eine sogen. „Schießmaschine") fünf oder zehnmal hintereinander schießt; wenn z. B. auf 100 m Entfernung der Durchmesser dieses Streuungskreises nur 4—6 cm beträgt, gilt die Treffgenauigkeit des Laufes als hervorragend, bei 7—10 cm Streuung ist die Schußleistung des Laufes noch als gut zu bezeichnen.

ausgelöst wird; hiedurch soll vermieden werden, daß das Gewehr durch das Überwinden eines größeren Abzugswiderstandes aus der richtigen Lage gebracht wird.

Schließlich seien noch solche Einrichtungen erwähnt, die an Kugelgewehren mitunter angebracht werden, wenn sie kriminellen Zwecken (vor allem dem Wilddiebstahl!) dienen sollen. Es handelt sich um zerlegbare Waffen, die somit das Gegenstück zu den Abschraubgewehren dar-

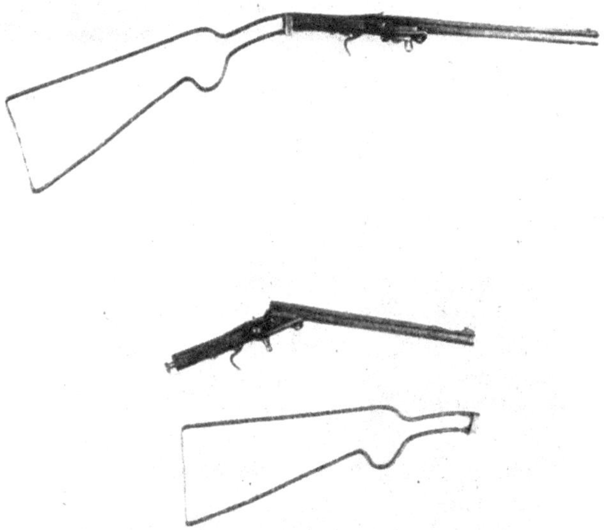

Abb. 76. Kleinkaliberbüchse mit Kipplauf und abnehmbarem Drahtgestell-Kolben, von einem vierzehnjährigen Büchsenmacherlehrling als Wildererwaffe verfertigt. Aus der Sammlung des Kriminologischen Institutes der Universität Graz.

stellen, die wir bei den Schrotflinten kennengelernt haben. Beim Kugelgewehr verbietet jedoch die größere Präzision der Laufausführung eine Zerlegung des Laufes selbst, die übrigens auch nicht erforderlich ist, da man sich ja bei einem Kugelstutzen mit einer kürzeren Lauflänge begnügen kann. Besonders praktisch sind z. B. kleinere Kugelstutzen, bei welchen der Lauf nicht bloß gekippt, sondern um 180° geschwenkt werden kann (Abb. 75); in diesem Zustande läßt sich die Waffe leicht im Rucksack oder auch unter der Joppe völlig unauffällig verbergen und ist doch mit einem raschen Handgriff schußbereit. Hieher gehört auch die interessante Selbstkonstruktion einer kleinen zierlichen Wildererwaffe, die in Abb. 76 wiedergegeben ist. Sie wurde 1914 einem älteren Bauern abgenommen, der sich zum Zwecke des Wilderns mit einem vierzehnjährigen Büchsenmacherlehrling zusammengetan hatte; dieser war offenbar der Erfinder dieses Kleinkalibergewehrs, das mit einem Kipplauf und — an

Stelle des Kolbens — mit einem abschraubbaren Drahtgestell ausgerüstet ist. Mit dieser unscheinbaren Waffe hatte der Täter zu Allerheiligen 1913 allein drei Gemsen und einen Hasen erlegt!

3. Mehrläufige Gewehre.

Schon zur Zeit des Perkussionsgewehrs hat sich zu Jagdzwecken die Doppelflinte, die zwei nebeneinander liegende Schrotläufe hat, und die Doppelbüchse, bei der zwei Kugelläufe nebeneinander liegen, eingebürgert, die dem Schützen die rasche Abgabe eines zweiten Schusses ermöglichen. Sie konnten auch — trotz ihres größeren Gewichtes — durch das moderne Repetiergewehr nicht verdrängt werden, da sie mehrere Vorteile bieten: das Gewehr braucht zwischen den Schüssen nicht aus dem Anschlag gebracht werden und der zweite Schuß kann dem ersten unmittelbar folgen; bei Doppelflinten kann außerdem der eine Schrotlauf mit einer stärkeren Würgebohrung versehen werden als der andere, wodurch der Schütze entsprechend den jeweiligen Jagdverhältnissen bald den linken, bald den rechten Lauf verwenden kann. Noch viel größer ist die jagdliche Verwendbarkeit der Büchsflinte, die — nebeneinander liegend — links einen Schrotlauf und rechts einen Kugellauf hat und in den österreichischen Alpenländern die häufigste Jagdwaffe darstellt — besonders dort, wo es gemischte Jagden gibt, d. h. wo dem Jäger sowohl Wild, das mit Schrot geschossen wird, vorkommen kann, als auch solches, das mit der Kugel erlegt werden muß.

Liegen die zwei Läufe nicht nebeneinander, sondern übereinander, so heißen solche Waffen Bockflinten (mit zwei Schrotläufen), Bockbüchsen (mit zwei Kugelläufen) und Bockbüchsflinten (mit einem Kugel- und einem Schrotlauf); bei dem letzteren liegt in der Regel der Schrotlauf oben und der Kugellauf unten, doch kommt auch die umgekehrte Konstruktion vor, die gewisse Vorteile hat: der oben liegende Kugellauf ist der Visierlinie näher, wodurch sich Zielfehler geringer auswirken als bei größerer Entfernung zwischen Laufachse und Visierlinie. Die Bockgewehre sind teurer als die mit nebeneinander liegenden Läufen, haben aber eine größere Schnittigkeit und Führigkeit, und der schmale Vorderschaft läßt sich besser umfassen; auch die Verschlüsse können fester konstruiert sein.

Neben diesen zweiläufigen Waffen haben sich sogenannte Drillinge (in der Regel mit zwei nebeneinander liegenden Schrotläufen und einem unten liegenden Kugellauf) in Jägerkreisen eine große Anhängerschaft erworben und wurden in unzähligen Konstruktionen von der in- und ausländischen Waffenindustrie in den Handel gebracht.

Meist werden diese Gewehre „hahnlos" als sogenannte Selbstspanner gebaut: nach Betätigung eines Hebels (der sich bei älteren Modellen vorn beim Abzugbügel, bei allen neueren Waffen hingegen oben auf dem Verschlußkasten befindet) lassen sich die Läufe nach abwärts kippen und spannen hiedurch gleichzeitig die Schlagstücke der Schlosse. Bei Drillingen gibt es Modelle, bei denen auf diese Weise alle drei Schlosse gespannt werden, und solche, bei denen durch das Auskippen der Läufe sich nur die Schlosse der beiden Schrotläufe spannen, während das Schloß des Kugellaufes erst im Bedarfsfall gespannt zu werden braucht, was durch einen besonderen Hebel (meist auf der linken Seite) geschieht. Bei unachtsamer Handhabung kann es vorkommen, daß das Kippen der Läufe nicht so weit erfolgt, daß die gespannten Schlagstücke durch Eintritt der Stange in die Rast erfolgt (s. Abb. 68) arretiert werden: dann entspannt sich naturgemäß das Schloß wieder beim Schießen des Gewehrs und — wenn inzwischen die Patrone in den Lauf geschoben wurde — kann der Schuß losgehen. Die neueren Modelle sind deshalb so konstruiert, daß sich erst bei vollem Auskippen der Läufe (und dadurch erfolgter richtiger Spannung) die Patronen in die Läufe schieben lassen. Neben diesen hahnlosen Modellen werden aber alle Arten mehrläufiger Gewehre auch nach wie vor mit Hähnen in den Handel gebracht — bei Drillingen mit zwei Hähnen, wobei der rechte Hahn sowohl den rechten Schrotlauf als auch (nach Betätigung eines Umschalthebels) mit seiner „Brust“ den tiefer liegenden Kugellauf bedient.

4. Repetier- und Selbstladegewehre.

Der Zweck, mehrere Schüsse in rascher Nacheinanderfolge zur Verfügung zu haben, kann jedoch auch durch einläufige Gewehre erreicht werden, die mehrere Ladungen (in einem „Magazin“) in Vorrat haben und bei denen der Ladungsvorgang ganz oder teilweise automatisiert ist. Das letztere ist beim sogenannten Repetiergewehr der Fall, das als Militärgewehr auf der ganzen Welt die größte Verbreitung gefunden hat; für Mitteleuropa kommen vor allem die deutsche Mauserbüchse und der österreichische Mannlicher-Schönauerstutzen in Betracht, die sich seit den beiden Weltkriegen — oft etwas umgearbeitet — häufig in den Händen von Verbrechern finden[1]). Das Charakteristische dieser Waffe ist der zylinderförmige „Kammerverschluß“, der in seinem hinteren Teil auch die wesentlichsten Bestandteile des Schlosses: Schlagbolzen und Schlagfeder, enthält. Durch eine einzige Handbewegung (das „Repetieren“ oder „Durchladen“) wird der nach rechts gebogene Verschlußhebel (Kammerstengel) zunächst nach oben gedreht und mit der Kammer nach rückwärts gezogen, wobei gleichzeitig das Schloß gespannt und die etwa im Lauf befundene Patronenhülse durch den „Auszieher“ aus dem Lauf gezogen wird; sie stößt hiebei kurz vor Beendigung der Rückwärtsbewegung gegen den „Auswerfer“ und wird dadurch aus dem geöffneten Verschluß geschleudert. Zugleich steigt die nächste Patrone aus dem unterhalb der Kammer befindlichen Magazinskasten durch den Druck einer Feder so weit nach oben, daß sie bei der folgenden Rückwärtsbewegung des Kammerstengels von der Stirnfläche der Kammer erfaßt und in den Lauf geschoben wird. Gleichzeitig wird hiedurch das

[1]) Über die durch Kürzung von russischen Infanteriegewehren hergestellten sogen. „Obresen“, die nach dem ersten Weltkrieg von russischen Verbrechern verwendet wurden, vgl. *Süskin*, Archiv 86, S. 111.

Schloß wieder geschlossen und durch schließliches Umlegen des Kammerstengels nach rechts verriegelt. Die Waffe ist nun wieder schußbereit, die ausgeworfene Patronenhülse liegt in der Nähe des Standortes des Schützen[1]).

Der oben beschriebene Ladevorgang, der beim Repetiergewehr durch eine Handbewegung des Schützen bewirkt wird, vollzieht sich beim Selbstladegewehr von selbst: die Kraft des „Rückstoßes", die die Patronenhülse nach rückwärts treibt, wird hier zur Öffnung des Verschlusses und Spannung des Schlosses ausgenützt. Dieses System ist hauptsächlich für Faustfeuerwaffen (Selbstladepistolen, unten S. 248f.) allgemein verbreitet, wurde aber wiederholt auch für Jagdwaffen verwendet, unter denen der belgische Browning-Karabiner und die älteren amerikanischen Winchester-Selbstlader (mit 5 und 10 Schüssen) am bekanntesten sind. Aber auch deutsche Fabriken haben ähnliche Konstruktionen herausgebracht. Die belgische Waffenfabrik stellte sogar eine Selbstladeschrotflinte her, die in größerem Umfang in Deutschland eingeführt wurde.

5. *Flobert-, Luftdruck- und ähnliche Gewehre.*

Um im Garten auf Eichhörnchen, Krähen und Raubzeug zu schießen oder auch für sportliche Zwecke (Scheibenschießen) verwenden manche sogenannte „Teschings" oder „Schonzeitwaffen", die vielfach nicht dem Waffenpaßzwang unterliegen. Trotz ihrer dadurch amtlich dokumentierten Harmlosigkeit können sie sehr wohl zu kriminellen Zwecken verwendet werden und haben besonders in der Hand von Jugendlichen wiederholt größtes Unheil gestiftet.

Schon 1845 konstruierte der Pariser Büchsenmacher *Flaubert* kleine Metallpatronen, Kaliber 4 und 6 mm, die keine Pulverladung enthalten; der relativ starke Zündsatz dient zugleich als Treibmittel. Für diese kleinen Patronen, die für Randfeuerzündung eingerichtet sind, wurden bis in die neueste Zeit sogenannte Flobertgewehre oder „Zimmerstutzen" in den Handel gebracht und zwar sowohl mit glattem als auch mit gezogenem Kugellauf. Im letzteren Falle nähert sich eine solche Waffe bereits einer Kleinkaliberbüchse, doch kann sie mit der für diese bestimmten Munition (etwa der hochwertigen Patrone Kaliber .22 „long rifle", vgl. oben S. 235, Anm. 3) nicht bedient werden, da ihr Patronenlager für diese langen Patronen zu kurz ist. Es ist jedoch vorgekommen, daß Besitzer eines solchen „waffenscheinfreien" Flobertgewehrs durch Ausbohrung des Patronenlagers aus ihrer Waffe auch weittragende Munition für Kleinkaliberbüchsen verschossen, was für den Schützen nicht ungefährlich ist, da hiebei Verschluß- oder Laufsprengungen vorkommen können. Zur Jagd auf Gartenschädlinge wurden auch Flobert-Schrotgewehre mit Kal. 6 mm und 9 mm in den Handel gebracht; Schrotschüsse aus diesen Kalibern wirken auf kleine Tiere bei Schußdistanzen bis zu 20 bzw. 30 Schritt noch tödlich.

Ähnlichen Zwecken dienen die heutigen Luftgewehre, die eine relativ geringe Durchschlagskraft aufweisen, während die vor Jahrhunterten auch zu Kriegszwecken verwendete „Windbüchse" eine gefähr-

[1]) Über die durch diesen Vorgang an der Patronenhülse entstehenden Spuren der Auszieherkralle und des Auswerfers s. unten S. 281.

liche Waffe war, die noch auf 100 m mit Kugeln Kal. 12 mm tödlich wirkte. An Stelle der Pulvergase wirkte hier komprimierte Luft, die in einen unter dem Verschluß befindlichen Stahlbehälter gepumpt wurde und bei Betätigung des Abzuges durch ein Ventil entwich. Diese Windbüchsen waren gerade bei kriminellen Elementen (Räuberbanden, Wilddieben) wegen ihrer Geräuschlosigkeit besonders beliebt, kamen aber mit dem Aufkommen des Perkussionsgewehres — wohl wegen des umständlichen Ladevorganges (etwa 300 Pumpenstöße!) — außer Gebrauch. Die viel harmloseren Luftgewehre, die heute gebaut werden, sind entweder „Laufspanner", bei denen die Komprimierung der in einem zylindrischen Gehäuse befindlichen Luft und die Spannung der Triebfeder durch Kippen des vorderen Laufteiles erfolgt, oder „Bügelspanner", deren zu einem Hebel verlängerter Abzugbügel diese Spannung besorgt, oder — wie bei den englischen Konstruktionen — „Hebelspanner", die unter dem Lauf einen besonderen Spannhebel besitzen. Aus solchen Luftgewehren können sowohl die beim Scheibenschießen beliebten Bolzen (besondere Präzisionsbolzen besitzen Filzabdichtung und lange Schweinsborsten) oder kurze Kugelprojektile verschossen werden; als solche sind die sogenannten Diabologeschosse (die eine dem Kinderspielzeug „Diabolo" ähnliche Gestalt haben) mit Kal. 4,5 mm besonders geeignet. Mit diesem Kaliber werden auch Luftbüchsen mit gezogenen Läufen hergestellt, die sich durch hervorragende Schußgenauigkeit bis auf 25 m auszeichnen. Man kann damit auch im Garten Spatzen töten und Äpfel vom Baum schießen (indem man die Stengel durchschießt) oder — einem Menschen das Auge ausschießen. Die Waffe ist daher keineswegs ungefährlich.

β) Faustfeuerwaffen.

1. Pistolen (mit einfacher Ladung).

Diese ehemals so wichtigen Waffen haben durch das Aufkommen der Revolver und Repetierpistolen ihre Bedeutung eingebüßt. Am ehesten wird der U. mit ihnen noch zu tun bekommen, wenn es sich um einen Zweikampf, um einen angeblichen Selbstmord oder um Wilddiebstahl handelt.

„Terzerole" heißen ältere Vorderladerpistolen, bei denen der Schaft nicht durch einen Vorderteil mit dem Lauf verbunden ist, sondern erst hinter dem Schloß beginnt, an dessen Gehäuse der Lauf angeschraubt ist. Sie werden noch heute für Treiber und Weinberghüter erzeugt („Weinbergpistolen"). „Sattelpistolen" nannte man lange, schwer gearbeitete, großkalibrige Pistolen, wie man sie vor Zeiten beim Militär und auf Reisen zu Pferd in Satteltaschen untergebracht trug; „Puffer" hingegen kurze Pistolen, die man in die Tasche stecken kann, um sie als Verteidigungswaffe zu benutzen und allenfalls unbemerkt aus der Hosentasche zu schießen.

Die modernen Hinterladerpistolen werden hauptsächlich für sportliche Zwecke als hochwertige Scheibenpistolen gebaut (meist für

Kal. 22); sie sind teils hahnlos, teils mit Hahn ausgestattet. Als Wildererwaffe kommen hingegen großkalibrige doppelläufige Schrotpistolen vor, die analog den Kipplauf-Doppelflinten gebaut sind. Eigenartigerweise werden in Amerika ähnliche Pistolen („sawed-off shotguns") für die Ausrüstung von Kassen- und Bankenwächtern verwendet. Eine ausgesprochene Wildererwaffe ist schließlich die amerikanische „Marble-Pistole", die nach Art einer kurzen Büchsflinte mit Kugel- und Schrotlauf ausgerüstet ist und durch ein ausklappbares Drahtgestell, das den Kolben ersetzt — ähnlich wie bei der selbsterzeugten Waffe oben S. 239 —, in ein Gewehr verwandelt werden kann.

Relativ harmlos sind die (analog den Flobert-Gewehren gebauten) Flobert-Pistolen für Randfeuerpatronen Kal. 4 oder 6 mm.

Zu den einschüssigen Faustfeuerwaffen gehören schließlich noch die im modernen Viehschlachtbetrieb verwendeten Tiertötungsapparate (Viehschußmasken), die seit 1904 aufkamen und heute in allen großen Schlachthäusern in Verwendung stehen. Die ältere Konstruktion stellt einen einfachen Hinterlader dar, der mit einer Patrone von Kal. 7,5 bis 10 mm geladen wird. Die bei der Laufmündung angebrachte kreisförmige Kopfplatte wird auf den Tierschädel aufgesetzt und das abgefeuerte Vollbleigeschoß dringt in das Großhirn des Tieres. Bei den neueren Konstruktionen wird ein Stahlbolzen (von rund 9 mm Durchmesser), der an der Spitze scharf ausgekehlt ist, durch eine Platzpatrone 5 bis 8 cm weit in den Tierschädel hineingetrieben und schnellt von selbst wieder in den Apparat zurück. Die Zündung der Patrone erfolgt hier — wie bei einer Pistole — durch einen Abzugshahn, während bei der älteren Konstruktion mit einem Hammer auf den Schlagbolzen geschlagen werden mußte. Seit 1912 haben sich mehrere Fälle ereignet, in denen durch solche Tiertötungsapparate Menschen getötet wurden, teils infolge fahrlässiger Handhabung (z. B. durch einen unversehens losgegangenen Schuß, als ein Metzger scherzenderweise den Apparat einer Magd auf dem Bauch ansetzte), teils aber auch in mörderischer sowie in selbstmörderischer Absicht. 1938 tötete in einer kleinen Ortschaft Oberbayerns ein 29jähriger Metzgergeselle mit einem Apparat älterer Konstruktion seine Geliebte durch einen Schuß mit angesetzter Waffe in den Rücken, nachdem ein vorausgegangener Schuß aus etwa 1 m Entfernung nur den linken Oberarm durchschlagen hatte[1]).

2. *Revolver.*

Diese heute durch die „moderne" Selbstladepistole (die noch dazu billiger ist) keineswegs völlig verdrängte[2]) Schußwaffe ist nicht so neuen Ursprunges, als

---

[1]) Vgl. *Gierke*, Zur Kasuistik der mittels sogenannter Tiertötungsapparate verursachten Tötungsfälle, Dissertation, München 1941 (mit weiterem Schrifttum); *derselbe*, Morde und Selbstmorde mit Viehschußmasken, Archiv 111, S. 19; *Fritz*, Merkwürdiger Befund nach Tötung eines Menschen mittels eines Bolzenschuß-Tiertötungsapparates, Archiv 111, S. 27.

[2]) Was den Revolver noch gegenüber der Magazinpistole erhält, dürfte der einfache Ladevorgang sowie seine größere Zuverlässigkeit im Gebrauch sein;

man gemeinhin glaubt: sie ist eigentlich eine deutsche Erfindung, man nannte sie „Drehling" und kannte sie schon zu Anfang des 17. Jahrhunderts. Da aber das Drehen der Trommel mit der Hand bewirkt werden mußte, und die Einrichtung des Rad- und Steinschlosses eine komplizierte Konstruktion nötig machte, so kam diese Erfindung nicht in Schwung, und nach der geringen Anzahl von „Drehlingen", die man in Sammlungen findet, ist anzunehmen, daß man sie nur ausnahmsweise erzeugt hat. 1835 wurde dem Amerikaner *Colt* der erste „Revolver" patentiert, dessen Trommel genau so von vorn geladen wurde wie ein Perkussionsgewehr[1]): erst Pulver, dann Kugel und hinten auf das Piston das Zündhütchen. Diese Revolver finden sich noch dann und wann in Sammlungen, im Gebrauch sind sie nicht mehr, zumal nach Erfindung der Hinterladerpatrone nur eine neue Trommel eingesetzt zu werden brauchte, um den alten in einen modernen Revolver zu verwandeln. Da dies leicht und billig geschehen konnte, sind nur wenige alte Revolver dieser Umänderung entgangen.

Seither hat sich aber die Revolverkonstruktion — trotz unserer „technischen" Zeit — nicht wesentlich geändert. Nur die „Stiftzündung" der ersten Hinterladerpatrone[2]) wurde durch die moderne Zentralfeuerpatrone verdrängt und es werden (besonders in Amerika) auch Revolver für Randfeuerpatronen hergestellt. Die anderen Neuerungen bestehen nur darin, daß man sogenannte Selbstspanner konstruierte, bei denen durch den Druck auf den Abzug der Hahn sich zunächst erst spannt und dann zuschnappt, und ferner, daß man Erleichterungen für das Laden und Auswerfen oder Ausschieben der Patrone ersonnen hat. Das sind aber Änderungen, die auf die Güte des Revolvers, auf seine Treffsicherheit und Tragweite keinen Einfluß haben. Diese hängt nur von der Präzision ab, mit der die Konstruktion des Revolvers ausgeführt ist.

Gerade über die Frage, was ein bestimmter Revolver zu leisten vermag, kann man die verkehrtesten Anschauungen hören. So sagte einmal ein (sonst verständiger) Büchsenmacher als gerichtlicher Sachverständiger: „Mit diesem Revolver lasse ich auf mich auf fünfzehn Schritt schießen, so oft Sie wollen", bloß weil der Revolver (den er nicht berührt, sondern nur angesehen hatte) klein, alt und Stiftzünder war. Ebenso erklärte er aber einen anderen Revolver als ein äußerst gefährliches Instrument auf „jede" Distanz, weil er neu war, Zentralzündung und großes Kaliber hatte. Eines ist so unrichtig als das andere, ein miserabel aussehender Revolver kann sehr gut schießen und der gefährlichst aussehende Revolver kann harmlos sein, ja, bei demselben Revolver kann ein Schuß sehr gut gehen und der nächste kaum den Lauf verlassen. Dies alles erklärt sich aus der Konstruktion des Revolvers.

Jeder Revolver hat (Abb. 77) außer dem Griff *g*, dem Hahn *h*, dem Drücker *d* (Abzug, Züngel) und der Gehäusewand *gw* als wichtigste Teile die Trommel *t* und den Lauf *l*. Die Trommel ist ein zylindrisches Stück Stahl, das in der Mitte eine Bohrung hat, durch die jene Achse geht, um welche sich die Trommel dreht. Um diese Mittelbohrung und parallel mit ihr befinden sich die sogenannten Schußbohrungen, d. h. Bohrungen vom Kaliber des Laufes. Die Anzahl dieser Bohrungen beträgt in der Regel 6, es gibt aber

---

bei einer Selbstladepistole muß man im Falle eines „Versagers" oder einer Ladehemmung die linke Hand zu Hilfe nehmen und den Verschluß öffnen, um die Waffe wieder schußfertig zu machen, während man beim Revolver einfach durch Weiterschießen die nächste Patrone vor den Lauf bringt.

[1]) Vgl. oben S. 232, Anm. 2.

[2]) Siehe unten S. 257.

auch solche mit 4 oder 8 oder mehr Bohrungen. An die Trommel schließt sich der Lauf, wobei die Achse jener Bohrung der Trommel, welche bei deren Drehung jeweilig zu oberst liegt, mit der der Laufbohrung zusammenfällt. In die einzelnen Trommelbohrungen werden nun die Patronen gebracht. Erfolgt durch das Zuschnappen des Hahnes die Entzündung, so muß die Kugel mit den sie treibenden Pulvergasen zuerst durch den restlichen Teil der Trommelbohrung und dann durch den Lauf gehen, da ja der Gesamtlauf des Revolvers zusammengesetzt ist und aus der jeweilig zu oberst liegenden Bohrung der Trommel (also dem drehbaren Teil) und dem eigentlichen Laufe (dem festen Teile des Gesamtlaufes) besteht. Die Folge davon ist, daß die Kugel eine kleine Strecke aus der Trommel in den Lauf springen muß, wenn man so sagen darf. Abgesehen davon, daß dadurch eine Gasentweichung entsteht, wird die Kugel bei dem Übergange aus der Trommelbohrung in den Lauf unter den meisten Umständen Schwierigkeiten finden. Diese können allerdings sehr verringert werden, wenn die Trommelbohrung genau auf die Laufbohrung paßt, so daß jene mit dieser einen einzigen vollkommen gleichen und geraden Lauf bildet. Da nun die Drehung der Trommel selbsttätig vor sich geht, so zwar, daß die Trommel sich vor dem Schusse jedesmal so weit dreht, daß wieder eine neue Trommelbohrung an den Lauf anschließt, so ist es begreiflich, daß dieser genaue Anschluß eine besonders sorgfältige Arbeit bei Erzeugung der Waffe erfordert. Es kann nun leicht vorkommen, daß infolge unrichtiger Arbeit oder durch Abnützung, durch Eindringen von Staub und anderen Fremdkörpern usw. einige Bohrungen des Revolvers genau passen, andere aber nicht, und so kann es geschehen (und es ist auch bei der Mehrzahl der billigen Revolver so), daß einige Bohrungen gut schießen und andere schlecht.

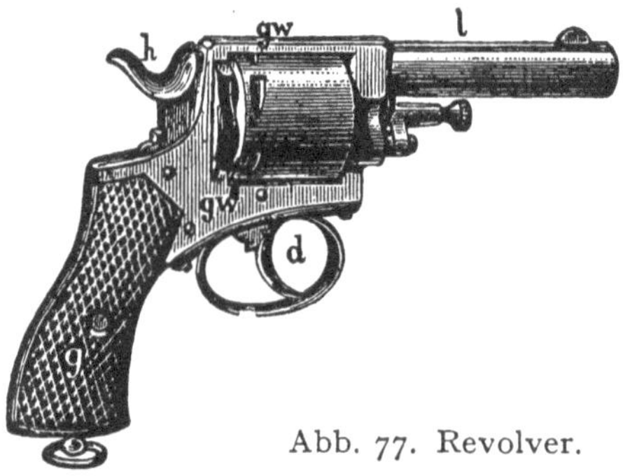

Abb. 77. Revolver.

Es ist daher geradezu Unsinn, wenn ein Revolver auf das bloße Ansehen hin, oder selbst nach ein bis zwei Probeschüssen begutachtet wird; es ist aber auch unbegreiflicher Leichtsinn, wenn man sich im gegebenen Falle nicht darum kümmert, mit welcher Bohrung der in Rede stehende Schuß abgegeben wurde. Wird ein Revolver, mit dem geschossen wurde, aufgefunden, so wird gewöhnlich konstatiert, daß z. B. „eine" Patrone abgefeuert, die anderen fünf noch unversehrt waren. „Vorsichtshalber" wird der Revolver vom ersten Gemeindewächter oder Schutzmann, der ihn in die Hände bekommen hat, entladen, die abgeschossene Patrone der Symmetrie und Nettigkeit wegen auch herausgenommen und dann bekommt der U. Revolver, fünf scharfe Patronen und eine leere Hülse, alles wohlverwahrt, zur weiteren Amtshandlung. Wird nun der Revolver wirklich sorgfältig und fachmännisch richtig untersucht, so ergibt es sich z. B., daß vier Bohrungen genau auf den Lauf passen, also gut schießen, zwei aber nicht passen und schlecht schießen. Nun kann aber die Beurteilung des Falles gerade von der

Frage abhängen, ob das Werkzeug gut oder schlecht schießt, und kein Mensch kann noch sagen, mit welcher Trommelbohrung der Schuß abgegeben wurde. Man sorge also in erster Linie dafür, daß die Bohrung, mit welcher geschossen wurde, stets festgestellt werde und ferner, daß bei einer vorgenommenen Probe gerade die Bohrung untersucht und geprobt werde, mit der geschossen wurde. Probiert man die anderen Bohrungen, so hat das nicht mehr Wert, als wenn mit einem Gewehre geschossen wurde, und man läßt ein anderes, wenn auch noch so ähnliches untersuchen[1]).

Die Schwierigkeiten in der Beurteilung der Revolver und ihrer Wirkungen erhöhen sich noch dadurch, daß auch die Güte der Revolverpatronen sehr verschieden ist, teils wohl infolge ungenauer Arbeit bei der Erzeugung, teils infolge langer Lagerung, Erschütterungen oder Feuchtigkeit[2]). Das Auffallende und für den Kriminalisten Wichtige ist dabei der Umstand, daß man auch innerhalb derselben Packung oft sehr gute, mittelmäßige und schlechte Patronen findet. Ist also etwa die Durchschlagskraft eines Revolverschusses festzustellen, so ist mit der gewissenhaften Untersuchung des Revolvers erst die halbe Arbeit geschehen, die andere Hälfte betrifft die Untersuchung der Patronen. Erschöpfend sicher kann diese natürlich niemals sein, da man die abgefeuerte Patrone nicht mehr untersuchen kann und häufig wird die Untersuchung ergeben, daß sich absolut nichts sagen läßt. Meistens wird man wohl einige scharfe Patronen zur Verfügung haben, die in der Trommel zurückgeblieben sind und diese müssen nun, jede für sich, sorgsamer Prüfung unterzogen werden. Sind nun z. B. alle übrigen fünf Patronen oder vielleicht noch alle weiteren Reserve-Patronen, die man gefunden und untersucht hat, von gleicher Qualität, dann wäre es wohl gezwungen, wenn man annehmen wollte, daß die abgeschossene Patrone von anderer, gänzlich abweichender Qualität gewesen sein sollte. Dieses Ergebnis: daß alle Patronen gleich waren, wird sich aber nach dem Obengesagten selten herausstellen und man wird von den Sachverständigen hören, daß die verschiedene Beschaffenheit der restlichen Patronen keinen Schluß auf die abgeschossene gestatten. Selbstverständlich darf dies aber nicht verhindern, daß man sowohl mit anderen Patronen Schießversuche macht, als auch die vorhandenen untersuchen läßt. In Verbindung mit dem Resultate, welches die Kugel, die den Gegenstand der Frage bildet, erzielte, ist dann aus der Untersuchung der übrigen Patronen immerhin ein Schluß von annehmbarer Wahrscheinlichkeit zu ziehen.

[1]) Aus demselben Grunde müssen — falls es fraglich ist, ob ein beim Verdächtigen gefundener Revolver überhaupt die Tatwaffe ist, aber das abgeschossene Projektil (etwa aus dem Körper des Getöteten) vorliegt — die Probeschüsse zur Herstellung von Vergleichsprojektilen (vgl. unten S. 264f.) aus allen Bohrungen abgegeben werden, da jede Bohrung (bzw. ihr Übergang zum Lauf) ein anderes Spurenbild auf dem Projektil erzeugt.

[2]) Eine Patrone, deren Kugel in die Metallkapsel sorgsam eingepaßt und eingepreßt ist und die auf einem trockenen, nicht zu warmen Orte aufbewahrt wird, kann jahrelang gut bleiben, wenn das aber nicht der Fall war, so zersetzt sich die Explosionsmasse oft bald und wird weniger oder gar nicht wirksam. Mitunter geschieht dies auch unter den besten Aufbewahrungsverhältnissen (sogen. „Selbstzersetzung"). Eindringen von Fett (von der Einfettung) bis zum Pulver und Erschütterung (z. B. beim Reiten) beschleunigen den Prozeß.

Hier wäre noch eines Umstandes Erwähnung zu tun, der oft von Wichtigkeit sein kann. Es fragt sich manchesmal, ob ein bestimmter Erfolg (mehr oder minder genaues Treffen) trotz mangelhafter Beleuchtung — also in der Nacht, in finsteren Räumen usw. — möglich war. Ist diese Frage zu beantworten, so muß erhoben werden, ob der Betreffende, der mit einem Revolver (oder Pistole) geschossen und trotz schlechter Beleuchtung getroffen hat, die amerikanische Manier zu schießen gekannt und geübt hat, oder nicht. Gewöhnlich schießen wir so, daß wir mit dem Zeigefinger losdrücken; der Amerikaner, der mit dem Revolver am besten vertraute Mann, drückt mit dem Mittelfinger los und legt den gestreckten Zeigefinger an den Lauf der Faustfeuerwaffe an, so daß er mit dem weisenden Zeigefinger wenigstens im groben zielen kann (Abb. 78); besonders gut geht das mit den kurzen Taschenselbstladern. Diese Zielweise ist möglich, selbst wenn der Schießende nach den Umrissen oder dem Sprechen des zu treffenden Menschen nur ungefähr weiß, wo er eben steht.

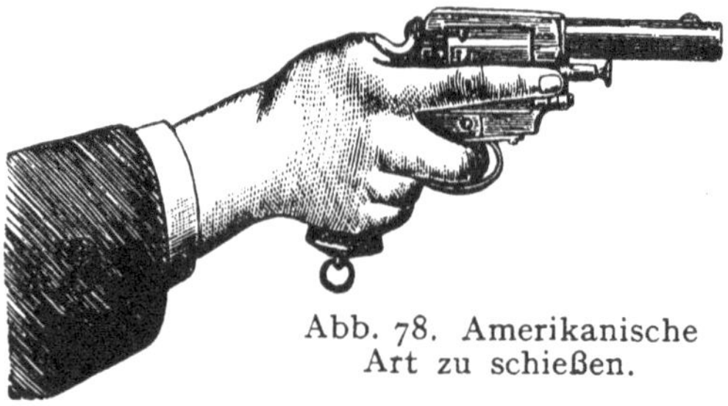

Abb. 78. Amerikanische Art zu schießen.

3. Selbstladepistolen.

Seit Beginn des 20. Jahrhunderts[1]) haben die Selbstladepistolen — auch automatische oder Magazinpistolen genannt — große Verbreitung gefunden[2]). Die Preise sind verhältnismäßig nicht hoch, die Waffen klein und handlich, die Behandlung einfach und die Patronen klugerweise fast für alle Systeme die gleichen. So wurden diese Pistolen bald zur beliebtesten Verteidigungswaffe.

Dabei ist ein solcher Selbstlader — besonders in der Form der sogenannten Westentaschenpistolen — eine äußerst gefährliche Waffe, die sich vorzüglich zu heimtückischen Angriffen eignet. Viele der Modelle Kal. 6.35 haben nur eine Gesamtlänge von 10—11 cm, können also in der Hosentasche getragen und von dort aus meuchlings abgeschossen werden. Dazu kommt, daß die Detonation kaum wie ein Schuß, sondern wie ein Peitschenknall vernommen wird, so daß alle diese Momente zusammen

---

[1]) Während die ersten amerikanischen Konstruktionen (um 1874) sich nicht durchsetzten, fanden die 1896 in Erfurt gebauten Bergmann-Pistolen und die ihnen bald gefolgten Konstruktionen der Waffenfabrik Mauser in Oberndorf a./N. größeren Anklang. Ein besonderer Erfolg war die vom Amerikaner *John Browning* konstruierte und von der belgischen Fabrique Nationale d'Armes de Guerre in Herstal 1900 herausgebrachte Taschenpistole Kal. 7.65, die vielfach nachgeahmt wurde.

[2]) Schon 1912 kündigte eine Firma in den Zeitungen an, von Browning-Pistolen (Original) seien bereits 500000 Stück verkauft. Die belgische Waffenfabrik in Herstal hatte bis zum ersten Weltkrieg über 300000 Stück Pistolen Kal. 6.35 verkauft.

die Waffe zu einer recht bedenklichen machen, die dem Kriminalisten genug zu schaffen gibt. Die Zahl der Systeme und Modelle ist heute bereits unübersehbar groß. 1931 wurde die Zahl der praktisch in Betracht kommenden Selbstladepistolenmodelle Kal. 6,35 und 7,65 auf etwa je 150 und die der Pistolen, 9 mm kurz, auf 20—25 geschätzt[1]). Inzwischen hat sich im Zusammenhang mit der ungeheuren Aufrüstung, die vor und während des zweiten Weltkrieges nicht nur in den kriegführenden, sondern auch in den neutralen Ländern vor sich ging und speziell auch

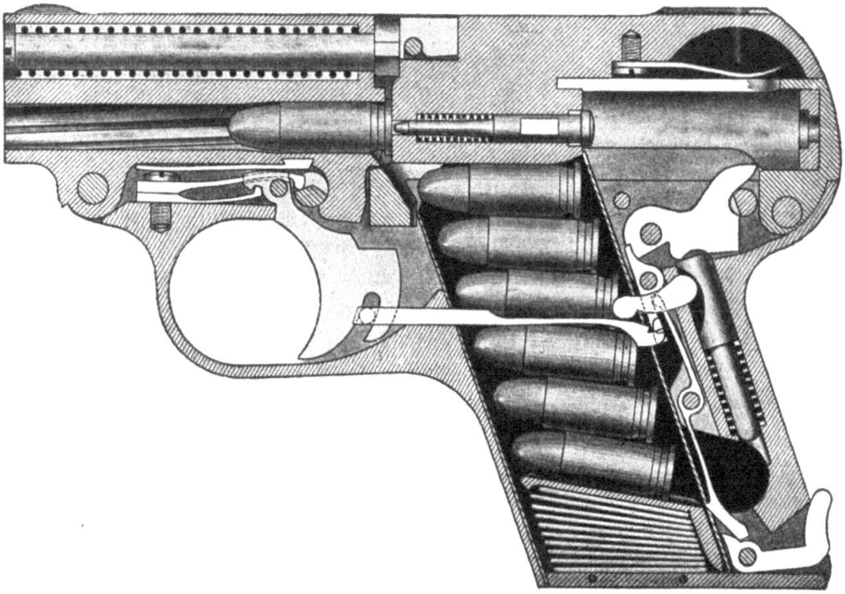

Abb. 79. Innere Einrichtung der Taschenpistole Steyr mit Kipplauf. (Natürliche Größe.)

Polizeiformationen betraf, diese Zahl wesentlich erhöht, doch sind trotz einiger Neuerungen in Einzelheiten die Konstruktionen im wesentlichen die gleichen geblieben[2]).

Bei allen Selbstladepistolen wird der Druck der Pulvergase auch zur Spannung der Schlagfeder und zum Neuladen des Laufes ausgenützt (also ungefähr zum gleichen Vorgang, der bei den uns schon bekannten

---

[1]) *Mezger*, *Heess* u. *Haslacher*, Die Bestimmung des Pistolensystems, Archiv 89, S. 3.

[2]) Die wichtigsten Fabrikate sind in dem bereits erwähnten, 1941 in dritter Auflage erschienenen Buch von *Bock*, Moderne Faustfeuerwaffen und ihr Gebrauch, näher beschrieben. Als Polizeipistolen werden Waffen von mindestens Kal. 7,65 bevorzugt, da eine brauchbare Verteidigungswaffe sofort „werfen" muß, wie die Fachleute sagen. Ein Kügelchen von 6 mm kann auch töten, aber sofort nur, wenn es etwa das Herz trifft, sonst erst durch Senkung, Entzündung, Blutvergiftung usw. nach langer Zeit. Im Falle eines Angriffes hilft aber spätere Wirkung gar nichts, sie muß sofort eintreten. Das tut aber nur ein größeres Geschoß mit starker Ladung, das den Getroffenen zu Boden wirft und sofort unschädlich macht, auch wenn er nicht in ein direkt lebenswichtiges Organ getroffen wurde.

Repetiergewehren beim „Durchladen" mit der Hand ausgeführt wird). Das meist als „Schlitten" gleitend angeordnete zylindrische Verschlußstück wird durch eine kräftige Feder (Schließ- oder Vorholfeder) an das hintere Ende des Laufes angepreßt (Abb. 79). Bei Abfeuerung einer Patrone treibt nun der nach allen Seiten gleichmäßig wirkende Druck der Pulvergase das Projektil aus dem Lauf und drückt in entgegengesetzter Richtung auf die Patronenhülse; doch infolge des Widerstandes der Schließfeder gelingt es ihm erst, nachdem das Geschoß fast die Laufmündung erreicht hat, die Patronenhülse und mit ihr das Verschlußstück nach rückwärts in Bewegung zu setzen. Durch die weitere Rückwärtsbewegung spannt sich der Hahn (bzw. das sich im Innern befindliche Schlagstück oder ein in der Kammer befindlicher Schlagbolzen), zugleich schiebt sich die Patronenhülse — entweder durch die Kraft der Pulvergase allein oder durch eine Auszieherkralle erfaßt — aus dem Lauf, stößt hiebei an einen vorspringenden Metallteil („Auswerfer") und wird dadurch mittels einer Kippbewegung aus dem geöffneten Verschluß geschleudert. Unmittelbar darauf schiebt sich eine neue Patrone aus dem unter dem Verschluß angebrachten Magazin in die Kammer und wird durch das (kraft der Vorholfeder) wieder vorgehende Verschlußstück in den Lauf geschoben. Um nun zu verhindern, daß auch das Schlagstück (bzw. der Schlagbolzen oder der Hahn) wieder zuschnappt (wodurch auch die neue Patrone sofort zur Entladung gebracht werden würde), muß die Stange in die hiefür vorgesehene Rast eingreifen und das Schlagstück in der Spannstellung festhalten. Hiezu bedarf es aber bei den Selbstladepistolen einer besonderen Vorrichtung: im Augenblick des Schusses wird ja der Abzug vom Schützen nicht so rasch freigegeben, daß die durch den Abzug aus der Rast gehobene Stange wieder in diese eintreten könnte; daher ist ein sogenannter „Unterbrecher" vorgesehen, der bei der Rückwärtsbewegung des Schlittens die Verbindung zwischen Abzug und Stange unterbricht, so daß diese — wiewohl der Abzug noch niedergedrückt ist — in die Rast des Schlagstückes einspringt[1]). Die Waffe ist jetzt wieder geladen und gespannt.

Bei stärkeren Modellen für hohe Schußleistungen — wie sie besonders als Armeepistolen Kal. 9 mm in den verschiedensten Ländern hergestellt wurden — hat man vielfach verriegelte Verschlüsse konstruiert, bei denen das Verschlußstück nicht bloß durch die Vorholfeder an den Lauf angepreßt, sondern mit diesem fest verriegelt ist. Bei diesen Systemen ist der Lauf beweglich und gleitet durch die Kraft des Rückstoßes solange mit dem Verschlußstück zurück, bis die Kugel die Laufmündung erreicht hat. Erst jetzt wird die Verriegelung gelöst und die Laufbewegung durch einen Anschlag aufgehalten, während das Verschlußstück seine Rückwärtsbewegung fortsetzt und sich auf diese Weise die Kammer öffnet. Die bekanntesten Armeepistolen dieser Art (Colt, Modell 1911, und die verbesserte Colt-Super .38 Automatic; Steyr, Modell 1911; Walther, Heerespistole 38 und die 1935 herausgekommene Browning-Hochleistungspistole 9 mm)

[1]) Wenn dieser Mechanismus nicht funktioniert — was in seltenen Ausnahmefällen vorkommt —, gehen tatsächlich alle Schüsse unmittelbar hintereinander los (die Waffe „doppelt").

haben hinter dem Verschlußstück einen außen liegenden Hahn und sind so konstruiert, daß bei leer geschossenem Magazin der Verschluß nach dem letzten Schuß offen bleibt; hiedurch wird dem Schützen deutlich sichtbar, daß das Magazin neu geladen werden muß. Die Magazine dieser Waffen fassen meist 8, das der neuen Browning sogar 13 Patronen; bei der Steyr-Pistole werden die Patronen nicht zusammen mit einem Laderahmen in die Waffe eingeschoben, sondern sind auf einem Ladestreifen montiert, der nach Abstreifen der Patronen in das Magazin wieder herausgezogen wird. Von den genannten Modellen fand besonders die Colt-Armeepistole viele Nachahmungen; auch eine sowjetische Militärpistole[1]) ist ähnlich konstruiert (Abb. 80).

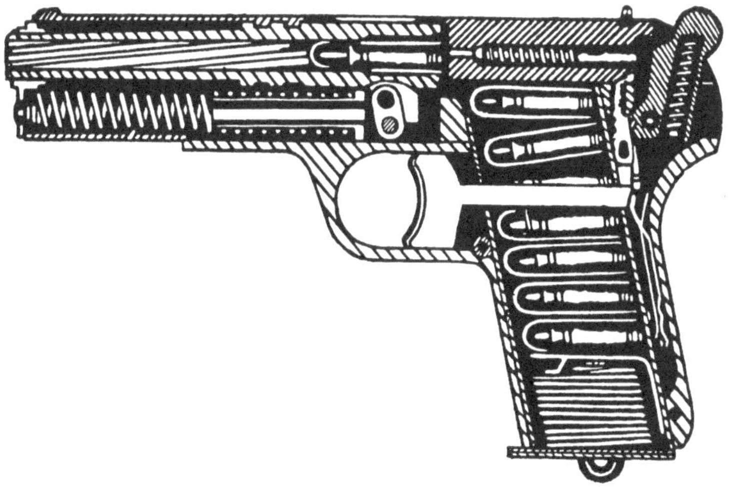

Abb. 80. Einrichtung der sowjetischen Militärpistole. (Nach *O. Takko*, Archiv für Kriminologie Bd. 113, S. 117.)

Mannigfaltig sind die Konstruktionen der Sicherungen, mit denen die modernen Selbstladepistolen meist ausgestattet werden. Oft werden mehrere Sicherungen kombiniert: eine „Griffsicherung" hält durch einen aus der Rückwand des Griffes etwas hervortretenden Bügel die Stange oder das Schlagstück gesperrt und gibt diese Teile erst frei, wenn durch festes Umfassen des Griffes der Bügel hineingedrückt wird; eine „Magazinsicherung" sorgt dafür, daß der Abzug oder die Stange gesperrt ist, solange das Magazin sich außerhalb des Griffes befindet; außerdem fixiert ein seitlich angebrachter besonderer Sicherungshebel meist den Abzug, den gespannten Hahn und den Schlitten oder bringt gar den Schlagbolzen außerhalb des Wirkungsbereiches des Hahnes.

Von den sonstigen Neuerungen sei die sogenannte Doppelspannung erwähnt, die bei einigen als Polizeiwaffen gedachten Modellen (Walther, Sauer & Sohn, Mauser) vorkommt: ähnlich wie bei den neueren Revolvern spannt sich der Hahn auch durch bloßes Durchziehen des Ab-

[1]) Vgl. *O. Takko*, Über die kriminalistisch wichtigen Eigenschaften der sowjetischen Militärpistole, Archiv 113, S. 117; diese Waffe hat jedoch Kaliber 7,62 und keine Sicherung (ein Exemplar befindet sich auch in der Sammlung des Grazer Kriminologischen Institutes).

zuges, so daß man bei überraschendem Angriff auch schießen kann, wenn keine Zeit mehr bleibt, um den Hahn mit der Hand zu spannen. Freilich ist in diesem Falle ein größerer Abzugswiderstand zu überwinden.

4. Maschinenpistolen.

Im Anschluß an die Selbstladepistolen sei hier der Maschinenpistolen gedacht, die in vielen Ländern zu den Ausrüstungswaffen der Polizei gehören, wenngleich sie, genau genommen, bereits nicht mehr zu den „Faustfeuerwaffen" gezählt werden können und eine Art Mittelstellung zwischen Pistole und Gewehr einnehmen. Wie die Pistolen haben sie einen relativ kurzen Lauf, sind aber in der Regel — wie die Gewehre — mit einem hölzernen Anschlagschaft versehen[1]). Ihre Konstruktion ist die einer vereinfachten Selbstladepistole: was dort ein mitunter vorkommender Fehler ist, das „Doppeln" der Waffe (vgl. oben S. 250, Anm. 1) wird hier zum System erhoben. Durch Weglassen des „Unterbrechers" wird erreicht, daß der durch den Rückstoß gespannte Schlagbolzen — solange der Abzug niedergedrückt ist — wieder vorschnellt und die neu in den Lauf geschobene Patrone sofort wieder zur Entzündung bringt, worauf er durch den neuen Rückstoß wieder gespannt wird, neuerlich vorschnellt usf., bis alle im Magazin befindlichen Patronen verschossen sind. Daher kann bei diesen einfachen Konstruktionen der Schlagbolzen (bzw. Zündstift) mit dem Stoßboden des Kammerverschlusses fest verbunden sein. Nur wenn die Waffe außer für „Dauerfeuer" auch für „Einzelfeuer" eingerichtet sein soll, bedarf es — wie bei den Selbstladepistolen — eines Unterbrechers und einer entsprechenden Umschaltvorrichtung. Der eingebürgerte Ausdruck „Maschinenpistole" ist somit insofern irreführend, als die rasche zeitliche Folge der Schüsse nicht etwa durch eine besondere maschinelle Einrichtung, sondern, wie bei allen Selbstladewaffen, durch einfache Ausnützung des Rückstoßes bewirkt wird. Da aber das Magazin meist zwanzig oder mehr Schuß enthält[2]), die in nicht ganz 3 Sekunden abgefeuert werden, ist ein solches Dauerfeuer mit viel stärkeren Rückstoßerschütterungen und mit einer bedeutend größeren Wärmeentwicklung verbunden als ein Einzelschuß aus einer Selbstladepistole. Dies macht den früher erwähnten Anschlagschaft notwendig und weiters eine Kühlvorrichtung, die meist in Form einer zylindrischen Hülse mit zahlreichen Luftlöchern den heiß gewordenen Lauf umgibt.

5. Schreck- und Scheintodpistolen.

Auch diese hier anhangsweise behandelten Pistolen fallen nicht mehr in den Bereich der eigentlichen „Faustfeuerwaffen", da bei ihnen kein „fester Körper durch den Lauf getrieben wird"[3]) und sind darum auch

[1]) Manche Modelle haben jedoch einen Pistolengriff und einen ausklappbaren eisernen Anschlagbügel.

[2]) Das Magazin ist bei den Maschinenpistolen nicht im Griff oder im Schaft der Waffe untergebracht, sondern wird hinter dem Lauf — meist auf der linken Seite — an die Waffe angesteckt.

[3]) Vgl. oben S. 215, Anm. 3.

waffenscheinfrei. Sie sind deshalb aber keineswegs kriminalistisch bedeutungslos[1]).

Als Schreckpistolen werden solche Geräte bezeichnet, die nur mit blinden Patronen geladen werden können. Dies ist dann der Fall, wenn der „Lauf" vorn verschlossen ist und nur ein Loch oder einen Abzugskanal für die Gase hat. Doch wurden z. B. auch Schreckpistolen in Form von Drehbleistiften (Abb. 81) in den Handel gebracht, an deren einer Seite sich ein ordnungsgemäß funktionierender Drehstift befindet, während die verlängerte Hülse mit einem federnden Schlagbolzen ausgerüstet ist, dessen Spitze bei Zurückziehen und Loslassen eines Schubknopfes in die Rückwand eines Patronenlagers vorschnellt, das auf der anderen Seite

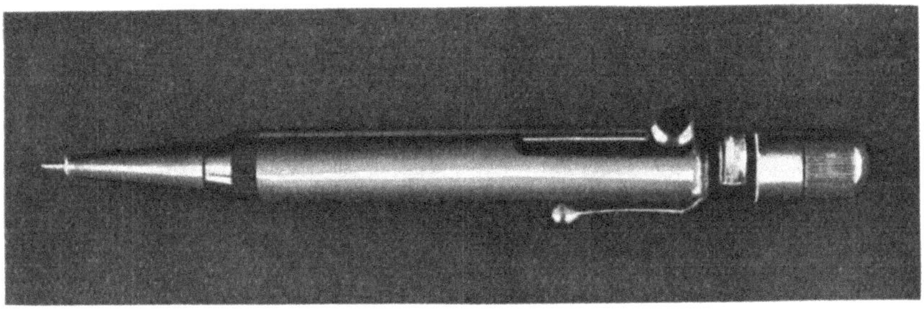

Abb. 81. Schreckpistole, kombiniert mit einem Füllbleistift. (Aus der Sammlung des Kriminologischen Institutes der Universität Graz.)

der Hülse angeschraubt ist. Einen „Lauf" besitzt dieses Gerät freilich nicht, sofern man nicht das kurze Patronenlager so bezeichnen wollte, aber immerhin hat dieses Lager nach vorn zu eine Öffnung. Bei der abgebildeten Drehstiftpistole besitzt das Patronenlager einen Durchmesser für Patronen Kal. 6,35, jedoch nur eine Länge von 15 mm und eine Mündungsöffnung von 4 mm. Es lassen sich daher in der Tat nur blind geladene Patronen Kal. 6,35 einfügen[2]). Es ist aber leicht einzusehen, daß man aus dieser „Waffe" auch scharf geladene Patronen abfeuern kann, wenn man entweder die Mündungsöffnung weiter ausbohrt (was jeder Bastler unschwer zustande bringt) oder — noch einfacher und sicherer — eine scharf geladene Zimmerstutzenpatrone Kal. 4 mm verwendet, die man durch Umwicklung oder Einschiebung in ein kleines Röhrchen im Patronenlager fixiert. In der Tat haben sich schon wiederholt durch solche Schreckpistolen Unglücksfälle ereignet, zumal sie meist in die Hände von Kindern und Jugendlichen geraten und nicht zur Sicherung von überfallenen Bankbeamten verwendet werden, wofür sie die Erzeugerfirmen anpreisen. Hiezu sind sie auch recht ungeeignet.

[1]) Vgl. *Schade*, Schußwaffen, die von den Vorschriften über den Waffenerwerbsschein und den Waffenschein befreit sind, Archiv 112, S. 107; 113, S. 5.

[2]) Hingegen stellt der ähnliche, aber für scharf geladene Patronen bestimmte Schießbleistift „Stanley", der eine Öffnung von 6 mm hat (*Miloslavich*, Beitr. z. gerichtl. Medizin 17, S. 154), nicht mehr eine „Schreckpistole", sondern eine „verborgene" Pistole und daher verbotene Waffe dar.

Neben solchen nicht ungefährlichen Kontruktionen werden allerdings auch wirklich harmlose, aus stärkerem Blech verfertigte „Schreckpistolen“ ohne Lauföffnung (aber mitunter sogar mit Repetiermechanismus versehen!) in den Handel gebracht, die Platzpatronen verschießen und als Kinderspielzeug anzusehen sind.

Als Scheintodpistolen werden Waffen bezeichnet, die angeblich durch „Tränengas“ den Gegner für kurze Zeit kampfunfähig machen. Der Lauf ist nach vorn zwar geöffnet, soll aber durch ein Sieb oder ein starres Kreuz für feste Körper (Geschosse) nicht passierbar sein. Die „Gaspatronen“, die mit solchen Pistolen verschossen werden, enthalten in der Regel neben Schwarzpulver irgendwelche Reizstoffe, meist pflanzliche Bestandteile (Pollenkörner, Pfeffer mit Sägemehl, Diatomeen, Tabak) oder chemische Substanzen, die Chlor absondern (z. B. Dichloraceton). Auch diese Waffen sind keineswegs ungefährlich: sie betäuben zwar nicht[1]), aber bei angesetzter Mündung entstehen ziemlich tiefe Hautverletzungen, Kleider können durch die Flammenwirkung in Brand geraten und in der Hand eines Jugendlichen, der in die Patrone ein Blechstückchen einfügte, erwies sich eine solche Pistole als geeignetes Selbstmordinstrument[2]). Die amerikanischen Federalwerke in Pittsburgh stellten eine solche Tränengaspistole in Gestalt eines Füllfederhalters her.

d) Die Munition.

Die Munition hat vom Standpunkte eines Kriminalisten aus kaum eine geringere, oft eine größere Bedeutung als die Waffe selbst. Wer das Wesen eines Schusses erfaßt hat, wird sich darüber klar sein, daß der Schuß schärfer, flacher und weiter ausfällt, bei dem — unter sonst gleichen Umständen — die Pulvermasse vollkommener verbrennt und dadurch vollkommener zur Wirkung gelangt. Dies wird aber dann zustande kommen, wenn das Pulver gewissermaßen längere Zeit hindurch nicht aus dem Lauf gelassen und so seine vollständigere Verbrennung bewirkt wird.

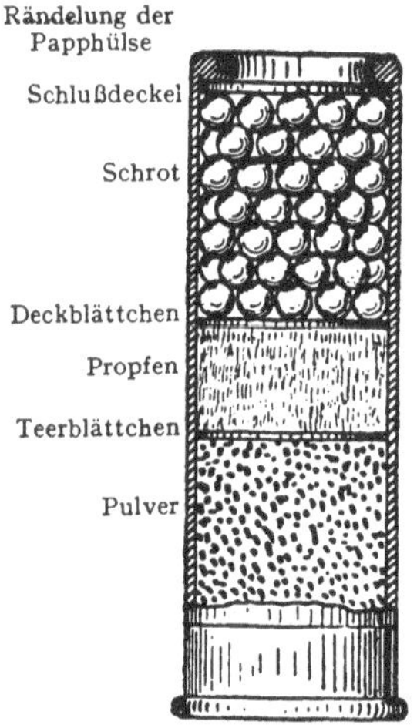

Abb. 82. Querschnitt durch eine Schrotpatrone (nach *Eilers* a. a. O., S. 91).

Ziehen wir vorerst ein Kugelgewehr in Betracht, so werden dann, wenn eine Kugel lose im Lauf herumrollt, rund um sie herum Pulvergase hervordringen und so für den Schuß wirkungslos bleiben; die Kugel wird zwar herausgeschleudert, aber ebenso ein beträchtlicher Teil unverbrannten Pulvers. Ist die Kugel aber fest eingepreßt und in die Züge gezwängt, so

[1]) Durch den sich entwickelnden Rauch entstehen nur harmlose Reizungen der Schleimhäute, die — besonders bei Abgabe mehrerer Schüsse in geschlossenem Raum — leichten Tränenfluß und Nießen hervorrufen können.

[2]) *Weimann*, Zur Wirkung und gerichtsärztlichen Beurteilung der Schein-

kann nirgends Gas entweichen, es wird das Pulver möglichst vollständig verbrannt und das entstandene Gas voll ausgenützt. Das gleiche gilt naturgemäß auch für alle Faustfeuerwaffen, aus denen Kugeln verschossen werden (Revolver, Selbstladepistolen u.a.). Vergleichen wir damit das Schrotgewehr, so wäre es falsch, wenn wir hier den Schroten dieselbe Rolle zuteilen wollten, wie beim Kugelgewehr der Kugel. Wir haben gesehen, daß die Güte des Schusses von möglichst gutem Abschluß des Laufes gegenüber den Pulvergasen abhängt. Diesen Abschluß bewirken aber beim Schrotgewehr nicht die Schrote, sondern der Pfropfen (Abb. 82), und so gelangen wir zu dem für den Laien unerwarteten Schluß, daß beim Schrotgewehr (in bezug auf die Schärfe des Schusses) der Pfropfen die Hauptsache ist. Die modernen Schrotpatronen haben einen beiderseits mit Teerplättchen beklebten Fettfilzpfropfen[1]) von mindestens 10—12 mm Höhe; diese Höhe ist nötig, damit auch im Augenblick, wo der Pfropfen die Patronenhülse verläßt, die Abdichtung nicht aufhört. Solche Pfropfen sind auch zum Selbstladen von Schrotpatronen erhältlich.

Betrachten wir die weiteren Bestandteile der Munition, von denen die Güte des Schusses abhängt, so haben wir das Pulver, den Zündsatz und das Geschoß zu erörtern.

a) Pulver und Zündsatz.

Unser altes, rauchendes und krachendes, angeblich von *Berthold Schwarz* 1320 erfundenes, in Wirklichkeit aber den Asiaten schon seit zwei Jahrtausenden bekanntes Schießpulver wurde durch die modernen „rauchlosen" Nitropulver keineswegs völlig verdrängt; für Schrot-, Revolver- und Scheintodpatronen wird es auch heute noch viel verwendet, für Kugelgewehrpatronen hingegen nur selten und schon gar nicht für Selbstladepistolenmunition. Es besteht bekanntlich aus Salpeter, Schwefel und Kohle im ungefähren Verhältnis von 5 : 1 : 1, und seine treibende Kraft ist in der plötzlichen Entwicklung großer Gasmengen zu suchen, die bei einer Erhitzung auf 250 bis 320° C explosiv vor sich geht und hierbei Temperaturen von 2500 bis 3300° C erzeugt.

Das entwickelte Gasgemenge enthält vor allem Kohlensäure (56 bis 64%), ferner Stickstoff, Kohlenoxyd und etwas Schwefelwasserstoff, Kohlenwasserstoff und salpetrige Säure. Der Rückstand besteht aus schwefelsaurem und kohlensaurem Kali, Schwefelkalium und etwas unverbranntem Schwefel und Kohle. In manchen Fällen (z. B. bei Entzündungen durch aufgeschüttetes Pulver) kann es wichtig sein zu wissen, daß das einzelne Pulverkorn in freier Luft im 8- bis 10fachen Abstande seines Durchmessers noch ein anderes zu entzünden vermag. Gut ist ein Schießpulver, wenn es gleichmäßige schiefergraue Farbe ohne kleine weiße Punkte hat und sich mit den Fingern nicht leicht zerdrücken läßt. Wesentlich beeinträchtigt wird die Wirkung des Pulvers durch Feuchtigkeit, weshalb gegebenenfalls die Frage des Feuchtigkeitsgehaltes zu untersuchen ist. Schon vor

todpistolen, Archiv 80, S. 40; *Hallermann*, Über eine tödliche Schußverletzung mit einer Tränengaspistole, Ärztl. Sachverst. Zg. 1933, S. 283; *Schade* a. a. O.

[1]) Französische und italienische Fabriken haben auch mit Erfolg verschiedentlich präparierte Pfropfen aus Kork verwendet.

etwa 150 Jahren haben Versuche, die in einem Fort bei Boulogne gemacht wurden, ergeben, daß eine bestimmte Pulvermenge, je nach ihrem Feuchtigkeitsgehalt, das Geschoß aus einem Mörser verschieden weit schleudert und zwar:

bei	0%	Feuchtigkeit	253 m	weit
,,	1,6%	,,	248 m	,,
,,	4,5%	,,	198 m	,,
,,	14%	,,	2,5 m	,,

Aus diesen Zahlen geht deutlich hervor, wie wichtig es ist, den Sachverständigen, der sich über die Schußleistung einer Schwarzpulverpatrone äußern soll, über das Alter der Patrone und die Feuchtigkeitsverhältnisse aufzuklären, unter denen sie aufbewahrt und verwendet wurde.

Diese leichte Zersetzbarkeit des Schwarzpulvers sowie seine starke Rauchentwicklung haben schon seit langem zu Bestrebungen geführt, es durch ein anderes Treibmittel von höheren Qualitäten zu ersetzen[1]). Dies gelang, als man die hochexplosible Schießbaumwolle (ein 1846 von *Schönbein* entdecktes Gemisch von Di- und Trinitrozellulose) durch gewisse Mittel (Aceton, Essigäther, Nitroglyzerin u. a.) zu gelatinieren lernte. Das Ergebnis ist das sogenannte rauchlose Pulver, richtiger rauchschwache Pulver, das heute für alle Hochleistungsbüchsen- und Selbstladepistolenpatronen ausschließlich verwendet wird. Bei schwächerem Knall und geringerer Rauchentwicklung gibt es dem Geschoß eine höhere Geschwindigkeit und dadurch größere Rasanz, beansprucht aber naturgemäß auch die Waffe stärker; deshalb müssen Büchsenläufe beim amtlichen Beschuß auch ,,rauchlos'' geprüft sein, wenn die Gefahr von Laufsprengungen bei Verwendung moderner Munition vermieden werden soll. Unter sonst gleichen Umständen ist das mit Nitroglyzerin gelatinierte Pulver am leistungsfähigsten, entwickelt aber auch höhere Temperaturen. Im übrigen ist die Schnelligkeit des Verbrennungsprozesses und dadurch die ,,Gasdruckkurve'' beim rauchlosen Pulver sehr verschieden, je nachdem die Oberfläche der einzelnen Teilchen kleiner oder größer ist und schließlich noch (mit Kampfer oder Diphenylamin u. ä.) ,,behandelt'' wurde, wodurch die Verbrennung verlangsamt wird. Poröse Pulver (mit großer Oberfläche), die nicht behandelt wurden, verbrennen daher am schnellsten und geben sofort hohen Gasdruck (daher werden sie auch als ,,offensive'' Pulver bezeichnet); sie eignen sich für den Schrotschuß und allenfalls noch für einen Kugelschuß mit Bleiprojektil. Hingegen ver-

---

[1]) In Wildererkreisen wurde schon früher versucht, das gewöhnliche Schwarzpulver durch eine ,,Beize'' oder durch Beimengungen (z. B. Knochenmehl) rauchschwach und weniger knallend zu machen. Die meisten dieser Rezepte, die z. B. auf alte Zauberbücher zurückgehen, beruhen auf Aberglauben (wie überhaupt Wilderer vielfach zum Aberglauben neigen, vgl. oben S. 141ff.), doch ist es theoretisch nicht unmöglich, daß eine solche Behandlung des Schwarzpulvers von Erfolg sein könnte. Der Verringerung der Knallwirkung dienen auch die von Wilderern konstruierten Schalldämpfer; ein solcher besteht aus einem Rohr, das an die Mündung des Laufes angeschraubt wird und in der Mitte für das Geschoß durchgängig ist, während ringsum angeordnete, eigentümlich geformte Platten den Schall auffangen. Solche Schalldämpfer wurden früher auch von deutschen und amerikanischen Waffenfabriken gebaut (,,Moderator'' von *Genschen & Co.*, ,,Silencer'' von *H. P. Maxim*). Schalldämpfend wirkt auch der amerikanische ,,Compensator'' von *Cutt* für Schrotgewehre, vgl. oben S. 227, Anm. 3.

brennen nichtporöse und behandelte Pulver langsam und steigern den Gasdruck stufenweise (sogenannte „progressive" Pulver), wodurch sie beim Büchsenschuß mit Stahlmantelgeschoß diesem eine sich bis zuletzt steigernde Beschleunigung verleihen.

Für die Güte der Munition ist außer dem Pulver aber auch die Anordnung und die Qualität des Zündsatzes von Bedeutung, d. i. die Masse, die durch den Schlag des Zündstiftes explodiert und dadurch die Zündung des Pulvers bewirkt. Bei der alten Lefaucheux-Zündung[1]) befand sich der Zündsatz in einer der Patronenhülse seitlich aufgelagerten Kapsel, aus

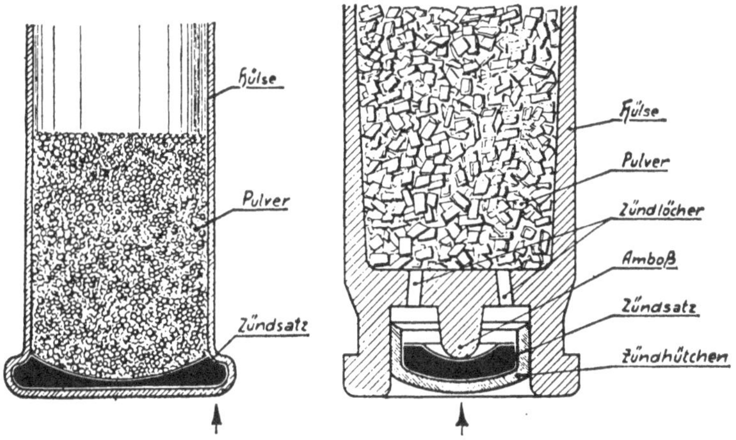

Abb. 83. Querschnitt durch den hinteren Teil einer Patrone mit Randfeuerzündung (links) und einer Patrone mit Zentralfeuerzündung (rechts) (nach *Eilers* a. a. O., Seite 97).

der ein Stift herausstand, der bei geladener Waffe aus einem hiefür vorgesehenen kleinen Loch des Patronenlagers etwas hervorragte. Bei allen modernen Patronen ist hingegen der Zündstoff im Boden der Patronenhülse selbst untergebracht: bei der Randfeuerzündung füllt er den ganzen Hülsenboden, wobei die Masse im Randteil (auf den der Hahn schlägt) verstärkt ist (Abb. 83, links); bei der Zentralfeuerzündung ist ein den Zündsatz enthaltendes Zündhütchen in der Mitte des Hülsenbodens versenkt und auf einem kegelförmigen Amboß aufgelagert, der den Schlag des Zündstiftes auffängt (Abb. 83, rechts).

Der Zündsatz bestand durch lange Zeit hauptsächlich aus Knallquecksilber, dem Kaliumchlorat, Schwefelantimon und Glaspulver beigemengt war. Dies führte nach Einführung des rauchlosen Pulvers dazu, daß die Läufe nach dem Schuß Rost ansetzten — eine Wirkung des Kaliumchlorates, der beim rauchlosen Pulver keine alkalischen Rückstände (wie beim Schwarzpulver) entgegenwirken. Deshalb suchte man in neuerer Zeit das Kaliumchlorat durch andere Sauerstoffträger zu er-

[1]) Benannt nach ihrem Erfinder, dem Pariser Büchsenmacher *Lefaucheux*, der 1832 ein Hinderladergewehr mit abkippbarem Lauf konstruierte. Ähnliche Konstruktionen gab es aber vereinzelt schon im 17. und 18. Jahrhundert.

setzen und so eine „rostfreie" Zündmasse herzustellen. Als wirklich rostfreie Zündsätze bewährten sich in Deutschland die Patente „Sinoxid" (das als Hauptbestandteile Blei-Trinitroresorzinat und Bariumnitrat sowie Tetrazen und überhaupt kein Knallquecksilber enthält) und „Nicorro" (dessen Hauptbestandteile Knallquecksilber, Bariumnitrat und Bariumstyphnat sind). Interessante Versuche ergaben, daß bei diesen Zündsätzen auch nach 25000 Schuß keine Laufbeschädigungen festzustellen waren[1]).

β) Das Geschoß

Der U. wird den Begriff des Geschosses viel weiter ausdehnen müssen, als der Jäger oder der Soldat, welche beide das zu ihrem Zwecke Entsprechendste wählen werden: ein schweres, nicht zu hartes, nicht zu teures Material, also naturgemäß das Blei. Der U. wird aber bei absichtlichen, noch mehr aber bei fahrlässigen Verletzungen oder Tötungen mit allen nur möglichen, als Geschoß wirkenden Materialien zu tun haben, und wenn wir in dieser Beziehung irgendeine Kasuistik überblicken, so finden wir außer Kugeln und Schrot in bunter Reihe gehacktes Blei, Eisenstücke, Metallknöpfe, Nägel, Holzstücke, Steine, Erde, Lehm, Pfropfen aus allen Arten von Stoffen und anderes mehr[2]).

Handelt es sich in einem solchen Falle um die Frage, ob mit dieser und jener Ladung ein bestimmter Erfolg erreicht werden konnte, so erübrigt natürlich nichts anderes, als Versuche mit ähnlichen Körpern zu machen. Allerdings sind solche Versuche und ihre Ergebnisse stets mit großer Vorsicht aufzunehmen. Man weiß hiebei in der Regel nur einige Momente sicher und andere gar nicht, oder alle nur ungefähr, nie aber alle genau. Man kann Versuche, welche die Waffe ruinieren, also z. B. mit einer Ladung von Eisenstücken oder Steinen, doch nicht aus dem als Corpus delicti dienenden Gewehre machen, und nimmt man ein, wenn auch möglichst ähnliches Gewehr, so ist schon darin, daß es nicht dasselbe Gewehr ist, eine bedeutende Fehlerquelle erschlossen. Ebenso weiß man selten, welches Pulver verwendet war, wieviel davon genommen wurde und wie die Ladung erfolgt ist. Die gar nicht gleichgültige Art der Lagerung solcher unregelmäßiger Körper, wie z. B. Nägel oder Knöpfe, wird niemals in derselben Weise zu erreichen sein, und wenn sich dann die verschiedenen Ungenauigkeiten und Abweichungen addieren, so kann leicht ein vollkommen verschiedenes Ergebnis zum Vorschein kommen. Zum mindesten muß man in solchen Fällen eine möglichst große Anzahl von Versuchen machen und nur dann, wenn die Probeschüsse ausnahmslos ein Resultat ergeben haben, das nur wenig variiert, kann mit einiger

---

[1]) Vgl. *A. Wolff*, Über Gewehrlaufstähle und rostverhütende Munition, Dissertation Karlsruhe 1935.

[2]) In Südmähren, wo die Landbevölkerung in der warmen Jahreszeit nur mit Hemd und Zwilchhose bekleidet ist, pflegt das Jagdpersonal den Wilddieben mit Schweinsborsten gefüllte Patronen in das Gesäß zu schießen. Die Sammlungen des Grazer Kriminologischen Institutes erhielten einmal ein Terzerol mit als Ladung verwendetem starken, gehackten Eisendraht, mit dem ein Mann seine Frau erschossen hat.

Sicherheit geschlossen werden, daß die fragliche Schußleistung innerhalb derselben Variationsbreite liegt.

Unter den eigentlichen Geschossen unterscheiden wir Schrote und Posten einerseits und Kugeln andererseits.

Das Wesen des Schrotschusses wurde schon oben erörtert[1]). Mit der fabrikmäßigen Herstellung von Schroten wurde im 18. Jahrhundert in England begonnen; auf dem Kontinent wurde 1818 der erste Schrotgießturm in Kärnten errichtet. Diese zwei Arten der Herstellung haben sich bis in die Gegenwart erhalten: entweder läßt man das geschmolzene Metall von einem hohen Turm durch ein Sieb in kaltes Wasser fallen (wodurch die Tropfen ihre Kugelform erhalten) oder das flüssige Metall wird auf eine rasch kreisende Metallscheibe gebracht, von der die Schrotkörner durch die Fliehkraft wegspritzen; die Größe der Körner hängt im ersten Fall vom Sieb, im zweiten Fall von der Umdrehungsgeschwindigkeit der Scheibe ab.

Die Schrote bestehen aus Blei, dem zwecks Härtung etwas Arsen (0,2 bis 0,35%) beigegeben wird. Sogenannte Hartschrote enthalten außerdem noch etwa 2% Antimon; sie behalten beim Abschuß besser ihre Kugelform bei, was der Schußleistung zugute kommt. Die Schrotkörner werden schließlich noch — in rotierenden Fässern, die feines Graphitpulver enthalten — mit einer dünnen Graphitschicht überzogen. Die kriminalistisch oft wichtige Frage, ob ein bestimmtes Schrotkorn aus einer vorgefundenen Schrotmenge (bzw. aus einer bestimmten Schrotpatrone) stammt oder wenigstens stammen kann, läßt sich daher durch vergleichende quantitative Analyse der chemischen Zusammensetzung der Schrotkörner untersuchen. Die Größe der Schrotkörner schwankt zwischen 1¼ mm (dem sogenannten „Vogeldunst") bis zu 6 mm (solche grobe Schrote über 5 mm werden als „Pfosten" oder „Posten" bezeichnet); die jagdlich gebräuchlichsten Sorten liegen zwischen 2½ und 3½ mm. Die Numerierung der Schrotgrößen ist in England, Deutschland und Österreich verschieden, überall entsprechen aber die höchsten Nummern den feinsten Schrotsorten, während die ganz groben Sorten die Nummern 0 oder 00 usw. aufweisen; die mittlere Schrotstärke von 3 mm wird z. B. in Deutschland mit Nr. 5, in Österreich mit Nr. 10 bezeichnet. Von der Größe des Schrotdurchmessers hängt naturgemäß die Zahl der Schrotkörner bei einem bestimmten Kaliber ab. So enthält eine Schrotpatrone Kal. 16 (vgl. oben S. 228) mit einem Ladungsgewicht von 30 Gramm:

bei	einer	Schrotstärke	von	2½ mm	321	Körner
,,	,,	,,	,,	3 mm	188	,,
,,	,,	,,	,,	3½ mm	118	,,
,,	,,	,,	,,	4 mm	80	,,
,,	,,	,,	,,	4½ mm	56	,,
,,	,,	,,	,,	5½ mm	32	,,

Die Geschosse für Kugelgewehre sind heute von sehr mannigfaltiger Form und Beschaffenheit. Ihre älteste Form war die der wirklichen Kugel. Größte Masse bei kleinster Oberfläche sowie die Unmöglichkeit eines „Querschlägers" sicherten der Kugel langen Bestand, und

[1]) Vgl. S. 225ff.

auch heute kann ihr der U. bei Untersuchungen gegen Wilderer, die ihre Munition selbst herstellen, mitunter noch begegnen. Allgemein wurde jedoch die Rundkugel durch das Langgeschoß verdrängt, dessen zylindrische Gestalt ein besseres Einpressen des Geschosses in die Züge des Laufes und dadurch eine größere Ausnützung der Explosionsgase bewirkt.

Unter den Bleigeschossen, für die heute meist sogenanntes Hartblei (mit einem Zusatz von etwa 8% Zinn oder Antimon) verwendet wird, unterscheiden wir Kompressions- und Expansionsgeschosse. Die Kompressionsgeschosse tragen an ihrem zylindrischen Teil — quer zu ihrer Längsachse — zwei, drei oder vier tiefe Rillen, welche durch die nachwirkenden Pulvergase zusammengedrückt und dadurch ringförmig auseinander- und in die Züge des Laufes eingepreßt werden; die gebräuchlichste Form eines solchen für Jagdzwecke heute noch verwendeten Geschosses ist aus Abb. 84a ersichtlich. Bei den Expansionsgeschossen wird hingegen diese Einpressung in den Gewehrlauf durch eine kegelförmige Aushöhlung des Geschoßbodens erreicht: in diese Höhlung treten die Pulvergase und pressen dadurch den Geschoßkörper auseinander und in die Züge des Laufes hinein[1]). Solche Expansionsgeschosse mit Bodenhöhlung werden aber kaum mehr erzeugt[2]).

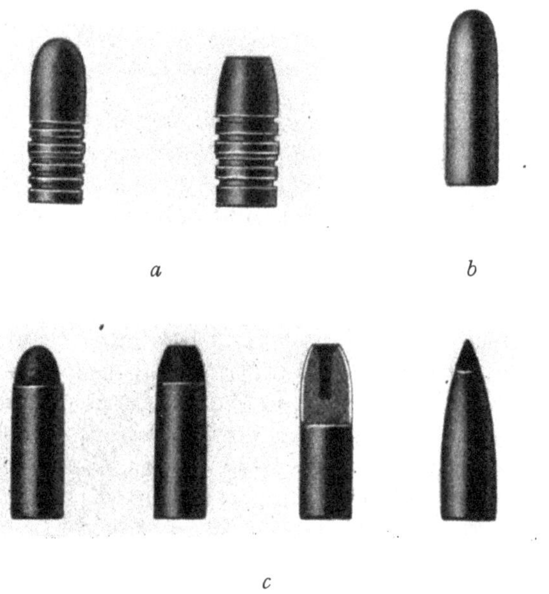

Abb. 84. Gebräuchliche Geschoßtypen für Kugelgewehre. *a* Bleigeschosse, *b* Vollmantelgeschoß, *c* Teilmantelgeschosse.

[1]) Man hat diese Wirkung auch noch dadurch verstärkt, daß man in dem weitesten Teil der konisch verlaufenden Höhlung eine kleine Scheibe aus Ton, Metall oder Holz anbrachte, welche — von den Pulvergasen getrieben — die Bleiwände des Geschosses auseinanderdrückte.

[2]) In abweichender Terminologie bezeichnet *Mahnholdt* a. a. O., S. 196, mit dem Ausdruck ,,Expansionsgeschosse" die sogenannten Lochgeschosse, die vorn an der Spitze eine trichterförmige Ausnehmung besitzen und beim Auftreffen auseinandersplittern. Eine solche Zersplitterung des Geschosses im Tierkörper suchte man in alter Zeit durch besondere Legierungen zu erreichen; so führt *Joh. Sam. Halle*, Magie oder die Zauberkräfte der Natur, Wien 1785, das Rezept zu einem Geschoß an, das Knochen zerschmettert und nachher nicht mehr zu finden ist. Es wird in geschmolzenes, eben erkaltendes Blei gleichviel Quecksilber

Bleigeschosse werden heute nur mehr von Wilderern und wenigen Jägern — hauptsächlich wegen ihrer Billigkeit — verwendet; an ihre Stelle traten die modernen Mantelgeschosse, die den Lauf nicht „verbleien" und eine stärkere Ladung sowie eine schnellere Rotation durch kürzeren Drall (vgl. oben S. 235) zulassen. Dadurch sind die Mantelgeschosse in ihrer ballistischen Leistung den Bleigeschossen weit überlegen. Für alle Waffen, aus denen auf Menschen geschossen werden soll, also Militärgewehre und Polizeipistolen sowie die als Verteidigungswaffen erzeugten Revolver und Selbstladepistolen, wird das Voll-

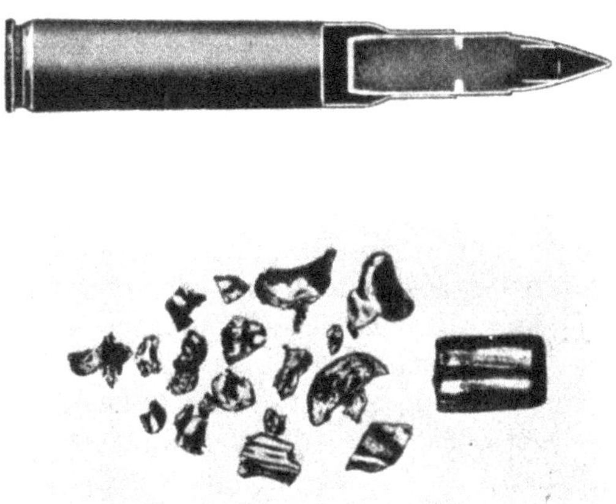

Abb. 85. Jagdpatrone mit modernem Torpedogeschoß, das im Tierkörper zersplittert.

mantelgeschoß (Abb. 84b) verwendet, dessen Bleikern allseits von einem vernickelten Eisenblech (sogenanntem Stahlmantel) oder Kupferblech umhüllt ist. Ein Abfeilen der Mantelspitze macht ein solches Projektil zum verbotenen „Dum-Dum-Geschoß". Anders ist dies bei Geschossen für Jagdzwecke: hier wird ein „offener Einschuß", der eine reichliche Blutspur („Schweißfährte") hinterläßt, und starke Wirkung auf den Wildkörper durch „Stauchung" und Zerlegung des Geschosses angestrebt. Deshalb werden für Jagdzwecke die verschiedensten Teilmantelgeschosse hergestellt (Abb. 84c), deren Spitze meist vorne abgeflacht oder ausgehöhlt ist. Der rückwärtige Geschoßteil wird heute meist etwas konisch verjüngt (sogenanntes Torpedogeschoß). Ein Mittelding zwischen Blei- und Mantelgeschossen stellen die Kupferschuh- und Aluminiumfußgeschosse dar, d. s. Bleigeschosse, deren rückwärtiger Teil von einer kurzen Hülle aus Kupfer oder Aluminium umgeben ist. Neben diesen gebräuchlichsten Hauptformen haben die Munitionsfabriken die verschiedensten, zum Teil patentierten Abarten (unter Bezeichnungen wie „Idealgeschoß", „Starkmantelgeschoß" usw.) auf den Markt gebracht.

eingerührt und damit eine Kugel gegossen. Diese wird in einigen Tagen an der Luft ziemlich hart, aber so brüchig, daß sie in kleine Teilchen zerspringt, sobald sie z. B. einen tierischen Körper getroffen hat.

Diese Geschosse kommen wohl auch lose zum Selbstladen in den Handel, vorwiegend aber in Form der fertigen Patrone, in der Zündsatz, Pulver und Geschoß durch die Patronenhülse (aus Messing oder Kupfer) zusammengehalten werden. Abb. 85 zeigt eine solche moderne Jagdpatrone und die Zerlegung des Geschosses im Wildkörper. Für Schrotläufe wurden auch „Flintenlaufgeschosse" erzeugt, die von einem mit „Zügen" versehenen Bleizylinder umhüllt sind.

e) Schußspuren.

Unter Schußspuren im weiteren Sinn verstehen wir alle Veränderungen in der Außenwelt, die durch einen Schuß entstehen und dadurch gewisse Rückschlüsse (auf den Hergang der Tat, die verwendete Waffe und Munition usw.) zulassen. Solche Veränderungen finden sich teils an den vom Projektil getroffenen Objekten, teils aber auch an der Waffe und den Resten der Munition und mitunter auch am Körper des Schießenden.

α) Getroffene Gegenstände und Schußwunden.

Die Spuren an den getroffenen Objekten (Menschen und deren Kleidern, Tieren, leblosen Gegenständen) sind naturgemäß von besonderer kriminalistischer Bedeutung. Bei der Sammlung, Sicherung und Auswertung solcher Spuren vermag sich die sorgfältige Kleinarbeit und der Scharfsinn des U. zu bewähren. Soweit es sich hiebei um Schußwunden handelt, also Menschen oder Tiere getroffen wurden, hat er hiebei unbedingt und möglichst von Anfang an einen gerichtsärztlichen Sachverständigen zuzuziehen; bei vielen anderen Fragen (z. B. Unterscheidung der Ein- und Ausschußspuren auf Holz oder Glas oder auf Kleidern, die von einem den Menschen nicht verletzenden Streifschuß getroffen wurden) bedarf es der Hilfe anderer kriminologischer Sachverständiger (vgl. oben S. 217f.). Aber alle diese Sachverständigen können nur dann ersprießliche Arbeit leisten, wenn der U. selbst die erforderlichen Kenntnisse besitzt, um bei der Auffindung und Sicherung der Spuren sachgemäß vorzugehen und die weitere Untersuchung entsprechend vorzubereiten. In vielen Fällen vermag ein erfahrener U., auch ohne Hilfe eines Sachverständigen, aus den angetroffenen Schußspuren den Hergang der Tat — wenigstens in groben Umrissen — zu rekonstruieren.

Oft wird es von Belang sein, nicht nur das eigentliche Zielobjekt, sondern alle Gegenstände zu untersuchen, die von dem oder den Geschossen getroffen wurden, ja bisweilen können auch die Gegenstände wichtig werden, die nicht getroffen wurden, zwischen denen also das Geschoß hindurchging; es sind daher alle in Betracht kommenden Gegenstände soweit zu untersuchen, als es die Verhältnisse gestatten. Leicht ist die Sache meistens keineswegs.

Nehmen wir z. B. an, es sei im Freien auf jemanden mit Schrot geschossen worden, so wird es kaum jemals überflüssig sein, so genau als möglich nach allen Spuren von Schrotkörnern, die den Menschen nicht getroffen haben, zu suchen, wenn andere Objekte da waren, welche die fehlgegangenen Körner auffangen konnten. Man wird also in flacher Ebene ohne Bäume, Felsen und Gebäude das Suchen unterlassen, sonst muß gesucht werden. Am leichtesten sind Streifschüsse an lebenden Bäumen zu entdecken, da hier die losgesplitterte Rinde am meisten auffällt. In den Stamm eingedrungene Schrote zeigen sich am deutlichsten durch die eingezogenen Ränder der Schußstelle, ebenso auch an Brettern und sonstigem Holzwerke. Auf Steinen und Felsen, an denen die Schrote abprallen, sind meistens nur Punkte oder Streifen zu finden, die wie von einem Bleistift erzeugt aussehen. Außerdem ist noch auf durchschossene Blätter, geknickte Halme und Zweige usw. zu merken.

Weiß man, wo der Schießende und wo der Verletzte gestanden hat, so ist die Sache erleichtert. Man stellt sich an des ersteren Platz, sieht gegen die Stelle wo der letztere stand, sucht dann den etwa möglichen Streukegel vorsichtig ab und notiert genau und unter fortwährendem Messen jede getroffene Stelle und die Wirkung, die das Schrotkorn daselbst verursachte. Daß dies geschieht, ist in mehrerer Beziehung von Wichtigkeit. Vor allem kann festgestellt werden, welche Rasanz die Schrote an den verschiedenen Stellen noch hatten, woraus wieder in Verbindung mit anderen Umständen auf Entfernung, Stärke der Ladung usw. geschlossen werden kann. Weiters kann die Richtung der auseinandergehenden Schrote, d. h. ihr Streukegel bestimmt werden, woraus der wichtige Umstand zu erschließen ist, ob der Angeschossene in der Mitte oder am Rande des Streukegels gestanden ist, was maßgebend für die Beurteilung der Absicht des Täters sein kann. Wenn dieser z. B. behauptet, das Gewehr sei nur zufällig losgegangen, so wird diese Angabe an Glaubwürdigkeit gewinnen, wenn der Getroffene am Rande des Streukegels gestanden ist, d. h. wenn die fehlgegangenen Körner alle auf einer Seite des Getroffenen vorbeigegangen sind. Finden sich diese fehlgegangenen Projektile ziemlich gleichmäßig rechts und links vom Getroffenen, ist dieser also in der Mitte des Streukegels gestanden, so liegt die Annahme nahe, daß bewußtes Zielen stattgefunden hat.

Unter Umständen wird sogar die Frage des Standortes des Getroffenen durch die Auffindung und Beachtung der fehlgegangenen Schrote wenigstens teilweise gelöst werden können. In vielen Fällen, namentlich wenn Notwehr behauptet ist, wird der Standpunkt des Getroffenen von diesem und vom Täter verschieden angegeben. Wenn man nun die Wirkung mit jener vergleicht, die an den getroffenen Bäumen usw. hervorgebracht wurde, so wird man ungefähr sagen können, in welcher Reihe der mitgetroffenen Objekte der Angeschossene gestanden haben muß. Endlich wird ein Vergleich zwischen den im Körper des Getroffenen gefundenen Projektilen und jenen, die etwa aus Bäumen, Brettern usw. ausgegraben wurden, nicht gleichgültig sein. Sind alle Schrote gleich, so wird sich nicht viel herausfinden lassen[1]). Wenn aber (erwiesenermaßen von demselben Schusse) gemischte Schrote gefunden wurden, z. B. Fuchs- und Hasenschrot, und wenn beim leugnenden Beschuldigten eine gleiche Mischung in ähnlichem Mischungsverhältnisse gefunden wurde, so ist wenigstens ein Annahmemoment mehr vorhanden; freilich sind solche Funde selten genug[2]).

Wurde mit einer Kugel geschossen, so ist in ähnlicher Weise vorzugehen. Freilich wird das Suchen nach Spuren fehlgegangener Projektile nur von Erfolg sein, wenn der Angegriffene überhaupt nicht ver-

[1]) Über die Möglichkeit, durch chemische Analyse Anhaltspunkte über die Herkunft der Schrote zu gewinnen, s. oben S. 259f.

[2]) Daß eine Patrone Schrote verschiedener Stärke enthält, kommt heute nur mehr bei selbst geladenen Patronen vor. Manche Wilderer und ländliche Jäger füllen die bei groben Schroten entstehenden Zwischenräume mit feineren Schroten aus, um so ein größeres Ladungsgewicht und dadurch stärkere Schußwirkung zu erzielen.

letzt oder von einem Schuß nur gestreift wurde, oder wenn — was häufig der Fall ist — mehrere Schüsse abgegeben wurden, von denen einige trafen und andere fehlgingen oder den Angegriffenen nur streiften. In solchen Fällen können aus Richtung und Rasanz der fehlgegangenen Schüsse und aus Spuren an den aufgefundenen Kugeln wichtige Schlüsse gezogen werden.

Deutlich war dies in einem Falle zu sehen, in welchem ein Gendarm, der in einem einsamen Gasthause einen berüchtigten Einbrecher und Pferdedieb verhaften wollte, von diesem erschossen worden ist; dieser hatte sich anscheinend gutwillig gefügt, sprang aber plötzlich, bevor es sich der Gendarm versehen hatte, aus dem Zimmer und begann aus dem Vorhause auf den Gendarm zu schießen. Dieser schoß zurück und so entwickelte sich ein förmliches Feuergefecht zwischen beiden. Der Gendarm fiel in seinem Dienste, der Dieb entkam schwer verletzt und konnte erst später verhaftet werden. Die Wirtin und die Kellnerin waren nach dem Sprunge des Diebes in die Küche entflohen, sonst war niemand da und so konnte kein Zeuge über den Hergang berichten. Und doch war es möglich, aus den Schußspuren allein mit vollständiger Sicherheit festzustellen, wie der ganze Hergang des Feuergefechtes gewesen war; es konnte sogar die Art der Verletzung des Diebes, bevor man ihn festgenommen hatte, konstatiert werden, da er mit blutiger, zweifellos rechter Hand, die Türen geöffnet hatte und auf seinem Standorte ein zerrissener silberner Fingerring gefunden wurde. Hinter dem Standort war eine Kugel des Gendarmen in die Mauer gedrungen. Es mußte also der Dieb die rechte Hand zum Schusse erhoben haben, als ihn eine Kugel des Gendarmen in die Hand traf, den Ring vom Finger riß und dann, den ganzen Unterarm streifend, in die Mauer drang, wo sie, mit Fetzchen eines Stückes vom Rockärmel des Täters umwickelt, gefunden wurde[1]).

Durchschossene Glastafeln bilden oft den Gegenstand genauer Erhebungen, da ein verhältnismäßig großer Prozentsatz von meuchlerischen Mordanfällen, die mit Schußwaffen geschehen sind, derart vorgenommen wird, daß durch ein Fenster auf den im Hause Befindlichen geschossen wird. Hat der Täter die Wahl, so wird er nicht durch das offene Fenster schießen, sondern lieber warten, bis die geschlossenen Scheiben ihm zwar Einblick gewähren, aber das von ihm vor der Tat verursachte Geräusch besser abhalten[2]).

Eine durchschossene Scheibe ist unter allen Umständen in gerichtliche Verwahrung zu nehmen. Dies wird technisch meist keine Schwierigkeiten bieten, wenn man die Vorsicht gebraucht, immer vorerst die ganze Scheibe auf einer Seite mit starkem Oleatpapier, Leinwand, Zellophan o. ä. zu überkleben. Dies geschieht so, daß man zuerst die Größe der Scheibe abmißt, das Papier usw. um etwas kürzer und schmäler als die Scheibe ausschneidet und mit Kleister (Mehl mit heißem Wasser) bestreicht. Ist die Scheibe sehr schadhaft, so läßt man eine zweite Person mit einem aufgelegten Brettchen oder mit Pappe von gleicher Größe wie die Scheibe, auf der einen Seite der Scheibe entgegenhalten, während man auf der anderen Seite das bekleisterte Papier andrückt und nach Tunlichkeit durch sanftes Streichen auf daraufgelegtem reinen Papier glättet. Sind einzelne Scherben herausgefallen, so bringt man sie nun vorsichtig an die richtige Stelle, wo sie ebenfalls auf dem bekleisterten Papiere haften bleiben. Sind viele Scherben herausgefallen, so hat man eine oft recht mühsame Mosaikarbeit, die aber geschehen muß. In diesem Falle wird man natürlich nicht auf dem beklei-

[1]) Vgl. auch den von *Lelewer*, Archiv 9, S. 194, mitgeteilten Fall.

[2]) Auch Auslagendiebstähle werden mitunter durch Einschuß in das Auslagenfenster eingeleitet; durch das entstandene Loch wird dann die Ware, z. B. Juwelen, herausgeangelt. Bei Schüssen auf fahrende Autos wird öfters die Windschutzscheibe verletzt.

sterten Papiere Versuche machen, wohin jeder Scherben gehört, sondern man wird vorerst auf einem flachen Tische, Brett u. dgl. die Scherben solange ordnen, bis ihre Zusammengehörigkeit außer Zweifel ist. Erst dann bringt man ein Bruchstück nach dem andern auf seinen Platz auf dem bekleisterten Papiere, bis man alles nach Möglichkeit ergänzt hat. Mit dieser Klebe- und Rekonstruktionsarbeit darf aber erst begonnen werden, nachdem die Glastafel und alle herausgefallenen Glasscherben beiderseits sorgfältig nach etwa anhaftenden Fremdkörpern und Spuren (Pulverschmauch, Abdrücken von Fingern und Handballen) untersucht wurden[1]. Deshalb darf die Glasscheibe nie mit bloßen Händen berührt werden; am besten arbeitet man mit Handschuhen und mit Hilfe von Pinzetten. Daß der ganze Vorgang genau protokolliert wird, ist selbstverständlich. Auch empfiehlt es sich, die durchschossene Scheibe vorher beiderseits zu photographieren.

Ist das Papier auf die Glasscheibe gebracht und getrocknet, so wird am zweckmäßigsten der ganze Fensterflügel mitgenommen. Ist dies nicht möglich, so versuche man die Scheibe durch Entfernen des Kittes[2]) vorsichtig aus dem Rahmen zu nehmen[3]).

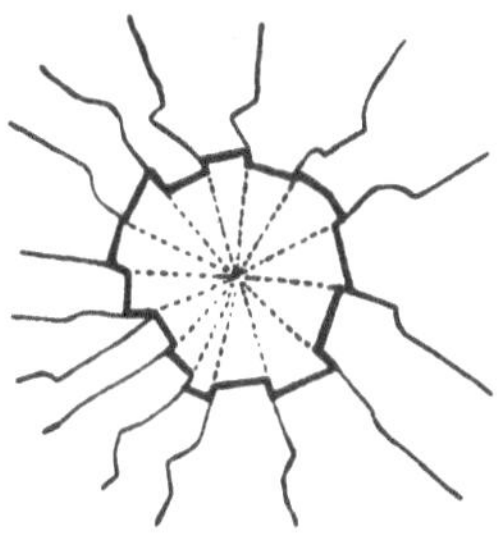

Abb. 85. Kugelschuß auf eine Glastafel.

Was die Form von Schußöffnungen in Glastafeln anlangt, so kann im allgemeinen und bis zu einer gewissen Grenze gesagt werden, daß die Schußöffnung um so schärfer umrandet ist, je schärfer der Schuß war. Schwache Schüsse, also nur aus schlechtem Gewehre, mit schwacher Ladung oder aus großer Entfernung, haben so ziemlich dieselbe Wirkung wie Schüsse aus allernächster Nähe: sie zertrümmern die Glastafel, ohne eine bestimmt umrissene Öffnung hervorzurufen. Der schwache Schuß wirkt nämlich wie ein nicht scharfer Steinwurf, der eine Fenstertafel einschlägt[4]),

[1]) Das Aufsuchen und Sichern von Finger- und Handspuren erfolgt hiebei nach den Methoden der Daktyloskopie (s. unten Abschn. XII). Werden solche Spuren nur auf einer Seite der Glasscheibe gefunden, so ist die andere Seite der Scheibe zu überkleben.

[2]) Ist der Kitt alt und hart, so läßt er sich mit einem Stemmeisen ohne Gefährdung der Scheibe nur schwer entfernen. In diesem Fall streicht man mit Salz- oder Salpetersäure den Kitt ringsherum vorsichtig und wiederholt an. Nach einer Stunde ist er weich und leicht zu entfernen.

[3]) Auf dem Lande trifft man in alten Bauernhäusern noch Fenster, bei denen die Scheiben nicht eingekittet, sondern „eingefalzt" sind. Bei solchen Fenstern hat jeder Rahmenteil eine Rinne (Nut), in welche die Glastafeln eingeschoben werden, worauf dann die ineinandergefalzten Ecken des Rahmens durch eingeschlagene Holznägel vereinigt werden. Der Reparaturen wegen sind diese Holznägel nur eingeschlagen, niemals eingeleimt. In einem solchen Falle muß also der Fensterrahmen auseinander genommen werden, wenn man die durchschossene Scheibe bekommen will. Das geschieht in der Weise, daß man auf den Holznagel, den man leicht in jeder Ecke findet, ein stumpfes Eisenstück aufsetzt und mit einem Hammer darauf schlägt. Sind so alle Holznägel herausgeschlagen, so ist der Rahmen leicht auseinanderzunehmen und die Scheibe kann entfernt werden.

[4]) Dies gilt jedoch nur für gewöhnliche dünne Fensterscheiben, nicht aber für Spiegelglasscheiben (von 6 mm und mehr), wie sie für Auslagen und als Autowindschutzscheiben verwendet werden. Wie schon *Groß*, Archiv 2, S. 167, beobachtete, erzeugt ein kleiner, runder Kieselstein, der gegen eine solche Scheibe (ohne besondere Schärfe) geworfen wird, keine Zertrümmerung, sondern ein kleines Loch mit trichterförmiger Glasaussprengung auf der Innenseite, wodurch oft der Eindruck einer Schußverletzung entstehen kann. Ähnlich ist in der Tat die Wirkung von schwächeren Schüssen auf solche starke Scheiben. Vgl. hiezu *Bauernfeind*, Archiv 95, S. 131.

ein Schuß aus unmittelbarer Nähe drückt die Scheibe durch die Pulverexplosion ein. Ist hingegen der Schuß scharf (und aus weiterer Entfernung), so kann man sogar fast genau runde Löcher ohne deutlichen Sprung finden, ist er mittelscharf, so hat die Öffnung die Gestalt eines Vieleckes (Abb. 86).

Die Kugel hat nämlich vorerst nur mit einem einzigen Punkte ihrer Oberfläche die Glastafel berührt (und zwar dort, wo sich die punktierten Linien kreuzen). Es ist also durch den ersten Anprall ein Komplex von sternförmig zusammenlaufenden Sprüngen entstanden. In unermeßbar kurzer Zeit darauf, also während die Sprünge noch im Entstehen waren, hat die Kugel, die sich ja in Bewegung befand, an den sternförmig zerspringenden Teil der Tafel weiter an-

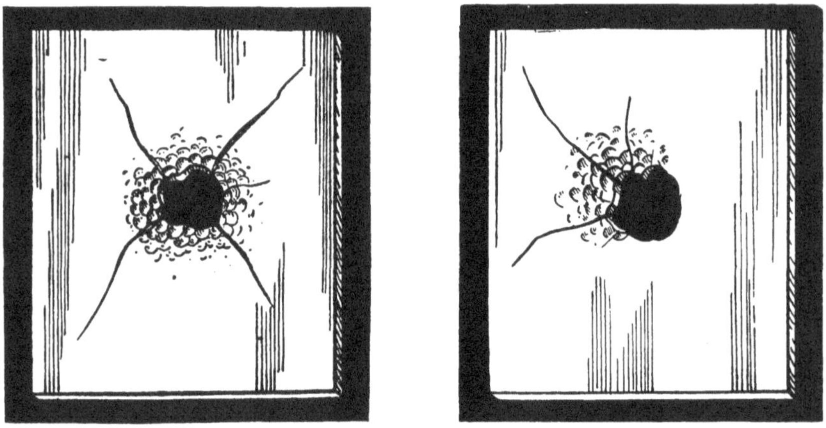

Abb. 87.

a) Senkrechter Schuß. b) Schuß von rechts.

gedrängt und hat dadurch die Ecken, welche durch je zwei der sternförmigen Sprünge entstanden sind, abgebrochen, so daß nun Dreiecke herausgefallen sind, die begrenzt sind von zwei der ersten Sprünge und einer Bruchlinie, die eine Seite des somit entstandenen Vieleckes darstellt. War nun aber der Schuß nicht besonders scharf, so werden einzelne Sprünge noch weiter geführt werden, wenn nämlich die Kugel nicht rasch nachdrängte, d. h. nicht sehr scharf gekommen ist, so daß der zentrale Sternsprung sich noch eher fortsetzen konnte, bevor das besprochene Dreieck ausgesprungen ist.

Handelt es sich um die Frage, von welcher Seite eine Glastafel getroffen wurde, so hat man auf kleine muschelförmige Ausrisse zu achten, die sich am Rande der Schußöffnung befinden, und die dadurch entstanden sind, daß die Kugel bei ihrem Austritte aus der Masse der Tafel von der äußersten Schichte Lamellen mitgerissen hat. Diese müssen, da der Bruch des Glases, mineralogisch genommen, „muschelig" ist, auch Muschelform haben. Die Seite der Tafel, auf welcher sich diese muscheligen Bruchstellen finden, ist also die Austrittsstelle. Diese abgerissenen muscheligen Lamellen können aber auch beweisen, in welchem Winkel der Schuß die Scheibe getroffen hat. Hat der Schütze senkrecht gegen die Scheibe geschossen, so verteilen sich die Muschellamellen ziemlich gleichmäßig rings um das genannte Vieleck, welches ausgeschossen wurde (Abb. 87a). Stand der Schütze rechts und schoß im Winkel gegen die Scheibe, so sind auf der rechten Seite des Loches ungleich weniger Lamellen abgerissen, als auf der linken und umgekehrt (Abb. 87b). Wurde also von unten nach hinauf geschossen, so finden sich die meisten abgerissenen Lamellen am oberen Rande des Schußloches. Das ist so sicher, daß man sogar sagen kann, ob der Winkel sehr spitz war oder nicht: je spitzer der Winkel, desto mehr Lamellen sind auf der entgegengesetzten Seite losgerissen.

Wurde durch ein Doppelfenster geschossen, so läßt sich die Richtung noch leichter bestimmen, nur darf nicht vergessen werden, daß bei jedem nicht ganz senkrecht auftreffenden Schuß eine leichte Ablenkung des Geschosses in der Richtung des Schusses erfolgt, die bei Doppelfenstern nicht unerheblich ist[1]).

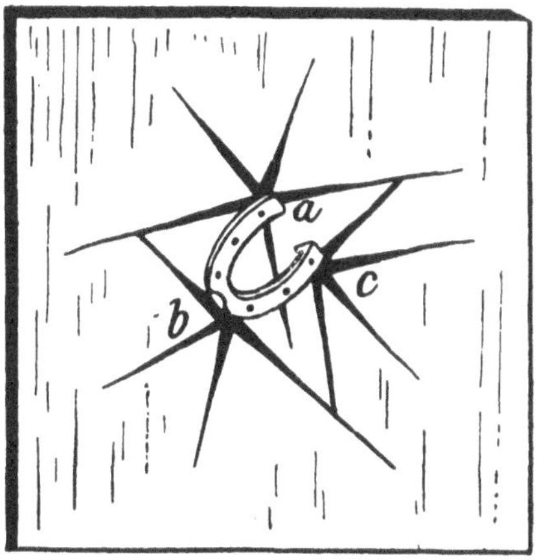

Abb. 88.

Mitunter kann es wichtig werden, festzustellen, welche von mehreren Schußverletzungen einer Glastafel früher und welche später entstanden ist.

Der Hergang wurde mir anläßlich eines Zufalls klar; vom Hufe eines durchgegangenen, durch eine Straße galoppierenden Pferdes war das Eisen abgegangen und, flach auffallend, gegen die Spiegelscheibe einer Ladenauslage geflogen. An dieser Scheibe konnte man drei Zentren mit davon ausgehenden radialen Sprüngen wahrnehmen; die Entfernungen dieser drei Zentren entsprachen ungefähr den Entfernungen der drei sogen. „Griffe" eines Hufeisens (Abb. 88 *a*, *b*, *c*). Die Sprünge, die nun vom Zentrum *a* ausgingen, verliefen ungehindert nach allen Richtungen und endeten in feinen Haarrissen. Dasselbe taten drei Sprünge, die vom Zentrum *b* ausgingen, während einer von ihnen nur so weit lief, bis er auf den schon vorhandenen Sprung vom Zentrum *a* stieß, wo er stumpf und plötzlich endete. Von den Sprüngen des Zentrums *c* liefen bloß 2 frei aus, während die übrigen dort endeten, wo sie auf Sprünge der beiden anderen Zentren trafen. Es ist also kein Zweifel, daß das Hufeisen beim Aufliegen zuerst mit *a*, dann mit *b* und zuletzt mit *c* die Glastafel getroffen hat: die Sprünge von *a* fanden nirgends ein Hindernis, die von *b* den schon früher entstandenen von *a*, und die von *c* stießen auf die schon bestehenden Sprünge von *a* und *b*, so daß die Reihenfolge zweifellos sicher gestellt ist.

Bei mehreren Schüssen, die eine Glastafel getroffen haben, und bei denen es sich um die Frage handelt, welcher Schuß früher getroffen hat, sind die Vorgänge völlig analog, und es kann daher aus dem Verlauf der Sprünge geschlossen werden, in welcher Reihenfolge die Schüsse abgegeben wurden. So war z. B. von den Schüssen, deren Spurenbild Abb. 89 schematisch darstellt, der Schuß a der erste, der Schuß b der zweite und der Schuß c der dritte[2]).

[1]) Vgl. *Lelewer*, Archiv 9, S. 194.
[2]) Über eine Anwendung dieser Tatsache auf Sprünge an einem verletzten Schädel vgl. *Schulz*, Archiv 23, S. 222.

Aus der unabsehbaren Menge weiterer Möglichkeiten, in welchen Spuren an getroffenen Gegenständen kriminalistisch wichtig werden, seien im folgenden die Spuren am bekleideten und unbekleideten menschlichen Körper herausgehoben.

Welche Wirkung ein Schuß, der aus einer Feuerwaffe auf einen Menschen abgegeben wird, auf diesen hat, hängt nicht allein von der Art der Waffe, der Qualität der Munition und der Größe der Entfernung, sondern auch von so viel zufälligen, oft kaum übersehbaren Nebenumständen (z. B. Windrichtung, Auffallswinkel, Widerstand der Kleidung oder eines darin befindlichen Gegenstandes, Stellung und Bewegung des Getroffenen, Querlage des auftreffenden Projektils usw.) ab, daß Rückschlüsse aus einer bestimmten Schußverletzung auf die Ursachen ihrer Entstehung (speziell auf Waffe und Munition) nur mit größter Vorsicht gezogen werden können[1]). Im allgemeinen läßt sich sagen, daß glatte Durchschüsse am ehesten bei hochwertigen Gewehren und Selbstladepistolen und Verwendung von Vollmantelgeschossen vorkommen, wie sie speziell aus Militärgewehren und Polizeipistolen verschossen zu werden pflegen. Schwächere Selbstladepistolen haben oft schon sehr verschiedene Wirkung und noch mehr gilt dies für billigere Revolver mit ungenauen Trommelbohrungen und nicht präzise gearbeiteten Läufen. Die Unverläßlichkeit solcher Revolver darf aber nicht dazu führen, ihre Wirkung als überhaupt ,,niemals tödlich" zu bezeichnen, da unter Umständen auch mit dem schlechtesten Revolver bei entsprechen-

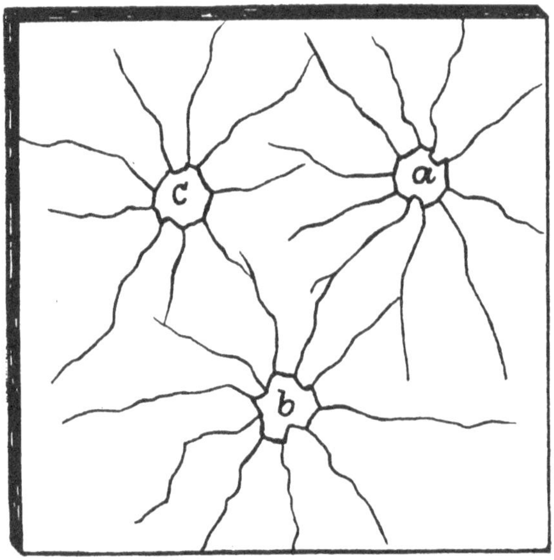

Abb. 89. Reihenfolge mehrerer Schüsse durch eine Glasscheibe.

[1]) Gute zusammenfassende Darstellungen über Schußwirkungen und die einschlägigen Untersuchungsmethoden geben: *Pietrusky*, Die naturwissenschaftlich-kriminalistischen Untersuchungen bei Schußverletzungen, in: *Abderhaldens* Hb. d. biol. Arbeitsmethoden, Abt. IV, Teil 12, 2. Hälfte, Berlin und Wien 1934; *Brüning*, Art. ,,Schußwaffenuntersuchung" im HdK.; *B. Mueller*, Art. ,,Schußverletzungen" und ,,Tod und Gesundheitsbeschädigung infolge Verletzung durch Schuß" im HGerMed. (mit ausführlicher Angabe aller Einzelfragen behandelnder Abhandlungen in den Fachzeitschriften); *Schlegelmilch*, Art. ,,Wundballistik" im HGerMed. Die Wirkung von Schüssen auf die verschiedenen Textilgewebe der Kleider hat insbesonders *Lochte*, Vjschr. f. ger. Medizin 43, 2. Suppl.-H., S. 170, untersucht.

der Patrone und geringer Entfernung eine tödliche Verletzung gesetzt werden kann. Noch unberechenbarer ist die Wirkung von Schüssen aus Jagdgewehren mit der für Jagdzwecke üblichen Munition, die durch ihre Stauchung und Zersplitterung oft große Einschußwunden und schwere Knochenverletzungen hervorruft. Ähnlich ist die Wirkung der durch Abfeilen der Mantelspitze entstehenden Dum-Dum-Geschosse. Besonders zerstörend ist mitunter die Wirkung von Gewehrnahschüssen auf den Schädel, z. B. bei Selbstmorden durch Schuß in den Mund, weil hiebei die nicht entweichen könnenden Pulvergase eine Art Explosionswirkung üben und mitunter den Schädel vollkommen zertrümmern[1]). Schädelsprengungen mit Herausschleuderung des Gehirns (aber ohne völlige Zertrümmerung des Kopfes) kommen aber auch bei Fernschüssen aus Militärgewehren vor, wenn das mit großer Geschwindigkeit eindringende Geschoß im Schädelinhalt eine hydrodynamische Wirkung hervorruft (*Krönlein*scher Schädelschuß).

Sehr variabel sind die Wirkungen von Schroteinschüssen. Schon aus dem Wesen des Schrotschusses (oben S. 225 ff.) folgt, daß die Wirkung je nach Anzahl, Dichte, Geschwindigkeit, Rotation und Größe der auftreffenden Schrotkörner ganz verschieden ausfallen muß, Umstände, die — wie wir bereits wissen — teils von der Schußentfernung, teils von der Ladung (Qualität und Menge des Pulvers, Qualität des Pfropfens, verwendete Schrotart) und teils von der Waffe (Kaliber, Würgebohrung, Beschaffenheit des Laufinnerns) abhängen. Alle diese Umstände bedingen den „Streukegel", den die Schrote bei ihrem Flug bilden; genau genommen ist es aber kein richtiger Kegel, sondern der Durchmesser der Streufläche nimmt mit der Entfernung überproportional zu, so daß sich die Schrotgarbe trompetenförmig erweitert. So beträgt z. B. der Durchmesser der Breitenstreuung bei 2½ mm-Schrot, wenn er bei 30 m Entfernung 3 m erreicht, bei 60 m schon 8 m und bei 120 m bereits 26 m; bei gröberem Schrot ist die Breitenstreuung geringer. Je nach dem Grad der Würgebohrung ist die Dichte der Treffer innerhalb eines Streuungsbereiches keineswegs gleich, sondern nimmt meist nach der Mitte der Streufläche zu[2]). Wenn einzelne Schrote im Fluge aneinander abprallen oder sich kleine Klümpchen von durch Talg zusammenhaftenden Schroten bilden, können diese sich auch völlig von der übrigen Schrotgarbe lösen (sogen. Ausreißer) und weitab befindliche Gegenstände treffen[3]).

[1]) Es trifft also nicht zu, daß solche Schädelzertrümmerungen nur bei Wasserschüssen entstehen, wie vielfach angenommen wird; bei Mundschüssen aus Selbstladepistolen (ohne Wasserladung) wurden allerdings solche Explosionswirkungen nicht beobachtet, sie bewirken meist einen glatten Durchschuß; vgl. *Weimann*, Zur Explosionswirkung von Mundschüssen, Archiv 88, S. 208.

[2]) Doch gilt „gleichmäßige Deckung" als Vorzug guter Jagdflinten. Die Schrotgarbe hat aber nicht bloß eine Breitenstreuung, sondern auch eine Längenstreuung, d. h. nicht alle Schrote erreichen gleichzeitig das Ziel, sondern ungefähr 5% fliegen voraus, 30% folgen unmittelbar darauf und üben die größte Wirkung, während die restlichen Körner ihren Flug verlangsamen und mit geringerer Geschwindigkeit (und daher geringerer Durchschlagskraft) auftreffen, vgl. *Mahrhold* a. a. O., S. 302.

[3]) So berichtet z. B. *Schlegelmilch* a. a. O., daß bei einer Jagd einzelne zu-

Man kann daher aus der Anzahl und Dichte der Treffer nur dann die Entfernung genauer bestimmen, wenn man die Möglichkeit hat, mit der verwendeten Tatwaffe und mit gleichartiger Munition Vergleichsversuche anzustellen; man schießt hiezu am einfachsten auf große Papptafeln, die man in Entfernungen von je 5 m aufstellt. Ohne einen solchen Vergleich kann man nur innerhalb grober Grenzen Rückschlüsse ziehen. Bilden z. B. die Hauptmasse der Schrote eine einzige große Einschußöffnung, so läßt dies auf ganz kurze Entfernungen (bis zu 2 m, bei rasanterer Ladung bis zu 4 m) schließen; schon ab 30 cm können sich am Rande des Einschusses die Spuren einzelner Schrote abheben. Ausnahmsweise aber können Schrotgarben, die durch Talg zusammenkleben, auch noch bei Entfernungen von über 4 m eine zusammenhängende Einschußöffnung bewirken (bei Entfernungen von über 2 m fehlt aber die gesonderte Spur des Pfropfens, die sich bei kleineren Entfernungen neben dem Einschuß zu finden pflegt). Unmöglich ist es jedoch, daß bei großen Entfernungen noch ein Großteil der Schrotgarbe auf eine verhältnismäßig kleine Fläche auftrifft: als einmal nach einer Hasenjagd in der Steiermark ein Treiber ein Entschädigungsbegehren stellte, weil er ,,angeschossen" worden sei und zum Beweise hiefür seinen Filzhut vorwies, der tatsächlich 32 Schroteinschüsse zeigte, war der Schwindel sofort klar, als man aus den Spuren im Schnee die Entfernung des Treibers vom Schützen mit 80 Schritt feststellte (denn bei dieser Entfernung hätten auf die kleine Fläche des Hutes nur ganz wenige Schrote gelangen können). Nach Vorhalt dieses Umstandes gestand der Treiber auch, das Beweismittel selbst erzeugt zu haben, indem er auf den Hut, den er am Ast eines Baumes aufhängte, aus einer Entfernung von wenigen Metern mit seiner eigenen Jagdflinte geschossen hatte.

Während somit bei Schrotschüssen die wichtige Frage der Schußentfernung schon aus den Verletzungsspuren als solchen mehr oder minder genau beantwortet werden kann, ist dies bei Kugelschüssen nicht möglich, sofern größere Distanzen in Betracht kommen. Wohl nimmt auch bei diesen die Durchschlagskraft des Geschosses mit zunehmender Distanz ab, da aber diese Durchschlagskraft — wie wir bereits wissen — auch noch von vielen anderen Faktoren abhängt, die man nicht genau kennt, liegt eine Gleichung mit mehreren Unbekannten vor, und es kann aus der größeren oder geringeren Durchschlagswirkung eines Projektils kein verläßlicher Schluß auf die Schußentfernung gezogen werden. Nur der Fall des sogenannten Nahschusses läßt sich erkennen. Merkmale, die auf einen solchen schließen lassen, sind: 1. ein Schmauchhof rings um die Einschußöffnung. Er besteht aus einem dunklen Niederschlag der verbrannten Pulvergase, der meist gegen die Einschußöffnung an Intensität zunimmt, mitunter auch konzentrische Ringe (Kokarden) bildet[1]) oder radiale Ausstrahlungen zeigt, die den Zügen des Laufes entsprechen (da hier die Abdichtung durch das Projektil geringer ist und daher die Pulvergase in stärkerem Maße ausströmen)[2]). 2. Eingesprengte unverbrannte Pulverkörner. Sie finden sich meist innerhalb oder in der Nähe

sammenklebende Körner eines Schrotschusses, wiewohl dieser das Ziel getroffen hatte, einen nicht in der Schußrichtung stehenden Bauer, der sich vom Schützen 100 m weit befand, in den Hals trafen und ihn töteten. Noch größere Abirrungen einzelner Schrote kommen vor, wenn diese von einem Stein, einem Wasserspiegel oder ähnl. abprallen. Dann kann es zu einem ,,Schuß um die Ecke" kommen.

[1]) *Simonin*, Traces laissés dans les vetements etc., Ann. Méd. lég. 8, p. 261.

[2]) In diesem Fall kann aus der Schmauchspur auch die Zahl der Züge der verwendeten Waffe erkannt werden (s. unten S. 282).

des Schmauchhofes (am zahlreichsten bei Entfernungen von 2 bis 8 cm, vereinzelt auch noch von 50 cm und mehr). 3. Verbrennungsmerkmale, die unmittelbar durch den Feuerstrahl, der mit dem Geschoß die Mündung verläßt, oder durch glimmende Pulverteilchen entstehen (sogen. Flammenwirkung). Sie zeigen sich bei der menschlichen Haut in einer Wabenbildung der Hornschicht und in verbrannten[1]) Haaren (Kräuselung, mikroskopisch nachweisbare Gasbläschen im Haarschaft), bei Textilgeweben in verbrannten Stoffasern. Solche Verbrennungsmerkmale kommen hauptsächlich bei Verwendung von Schwarzpulvermunition (aus Revolvern bis zu 15 cm, bei Gewehren bis zu 50 cm) vor. 4. Bei sogen. absolutem Nahschuß (mit angesetzter oder fast angesetzter Waffe): nur schmaler Schmauchsaum, hingegen oft strahlenartige Platzwunden der Haut (die eine Stichwunde vortäuschen können) oder Entstehung einer Schmauchhöhle unter der Haut; bei Verwendung von Selbstladepistolen auch in Form einer sogen. Stanzverletzung, die durch das Zurück- und wieder Vorschnellen des Schlittens entsteht und oft die Mündungsöffnung der Waffe deutlich abbildet. 5. Bei Schädelschüssen aus Pistolen und Revolvern: Randabsprengungen an der Einschußseite des Schädelknochens (auch am Skelett nachweisbar, wenn etwa infolge Verwesung die übrigen Nahschußmerkmale nicht mehr feststellbar sind)[2]).

Von diesen Nahschußzeichen sind Schmauchhof, Pulvereinsprengungen und Hautverletzungen oft mit freiem Auge feststellbar[3]), in vielen Fällen sind aber geringe Schmauch- und Pulverspuren, wie sie bei moderner Sinoxydmunition noch bei Entfernungen von 30 bis 120 cm entstehen, nur durch empfindliche chemische Reaktionen nachweisbar. Die gebräuchlichsten sind die „D. S.-Reaktion" (Diphenylamin-Schwefelsäure-Reaktion) auf die im Schwarzpulver enthaltenen Nitrate, die Untersuchung mit Lunges Reagenz auf die im Nitropulver enthaltenen Nitrite sowie verschiedene Reaktionen auf Quecksilber und auf Blei (das in der Sinoxydmunition enthalten ist). Für die Metallnachweise stehen auch spektralanalytische Untersuchungsmethoden zur Verfügung. Die nähere Darstellung dieser Verfahren, die einem erfahrenen Gerichtsmediziner oder Gerichtschemiker anzuvertrauen sind, fällt außerhalb des Rahmens dieses Handbuches. Hingegen ist es auch für den Kriminalisten wichtig, Schmauch- und Pulverspuren, die nur wegen der dunklen Farbe des Kleidungsstückes für das Auge nicht erkennbar sind[4]), sichtbar zu machen. Dies geschieht durch eine

[1]) Ein bloßer Haarausfall an der Einschußstelle kommt hingegen auch bei Fernschüssen vor und darf nicht etwa als „ausgebrannte Stelle" angesehen werden.

[2]) Über Nahschußmerkmale und ihre allfällige Veränderung durch Wasser usw. vgl. insbesondere folgende Abhandlungen in der D. Zschr. f. ger. Medizin; *Goroncy*, 11, S. 482; *Fritz*, 20, S. 598 u. 28, S. 215; *Richter*, 13, S. 469; *Werkgartner*, 11, S. 154; *Hilschenz*, 14, S. 235; *Wietrich*, 12, S. 466; *Karhan*, 21, S. 202; *Mueller*, 28, S. 197; ferner *Brüning*, Über die chemische Untersuchung und die Beurteilung von Einschüssen, Archiv 101, S. 81; *Kübler*, Veränderungen von Nahschußspuren, Dissertation Zürich 1941 (ausführlicher Bericht hierüber in Archiv 113, S. 131).

[3]) Mikroskopisch läßt sich aus eingesprengten Pulverresten auch die Art des verwendeten Pulvers (Schwarz- oder Nitropulver und innerhalb der letzteren Plättchen- oder Zylinderpulver) feststellen (*Kachan*, Zschr. f. d. ges. ger. Medizin 21, S. 451).

[4]) Auch auf helleren Stoffen verschwindet nach einer gewissen Zeit Schwarzpulverschmauch an der Luft fast völlig (infolge Oxydation des Sulfids in Sulfat),

Infrarotaufnahme (vgl. I. Bd., S. 345ff.), durch die der Hintergrund entsprechend aufgehellt wird. Abb. 90 veranschaulicht das Ergebnis einer solchen Untersuchung.

Will man aus festgestellten Schmauch- und Pulverspuren die Schußentfernung genauer bestimmen, so ist dies halbwegs zuverlässig nur möglich, wenn Vergleichsschüsse aus derselben Waffe und mit völlig gleichartiger Munition auf verschiedene Entfernungen (zunächst in Abständen von je 2 cm und ab 10 cm in Abständen von je 5 cm) abgegeben

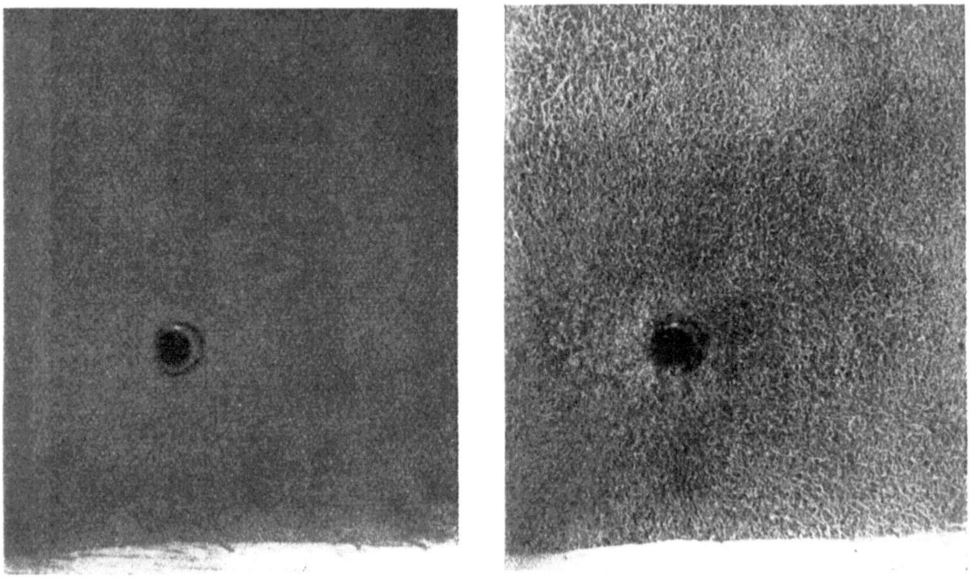

Abb. 90. Nahschuß aus einem Revolver (Schwarzpulvermunition, Entfernung 20 cm) auf schwarzes Tuch. Links gewöhnliche Aufnahme, rechts Infrarotaufnahme.

werden können[1]). Man schießt auch hier am besten auf einen weißen Karton oder leicht angefeuchtetes Filterpapier (in gerichtsmedizinischen Instituten auch auf menschliche Haut); befindet sich die fragliche Spur auf einem Kleidungsstück, so sind Vergleichsschüsse auch auf einen gleichartigen Stoff abzugeben.

Außer der Frage der Schußentfernung ist es zur Rekonstruktion des Tatgeschehens unbedingt erforderlich, die genaue Richtung, die der Schuß genommen hat, festzustellen, da hievon oft die Lösung wichtiger Fragen (Standort des Schützen, behauptete Notwehr, Verdacht auf Selbstverletzung, zufälliges Losgehen eines Schusses u. ä.) abhängt. Bei durch Schüsse Verletzten oder Getöteten ist es hiezu nötig, die Körper-

kann aber durch Eintauchen in frisch bereitetes Schwefelwasserstoffwasser wieder hervorgerufen werden. Der Schmauchhof von rauchlosem Pulver kann durch Ammoniak verstärkt werden (*Brüning*, Archiv 77, S. 81).

[1]) Über solche im Gerichtsmedizinischen Institut der Universität Warschau durchgeführte Versuche vgl. Archiv 101, S. 74; ferner *E. Müller*, Bestimmung der Schußentfernung bei Faustfeuerwaffen und Sinoxidmunition, Archiv 101, S. 142.

haltung und Bewegungsphase zu ermitteln, in der sie sich bei Erhalt der Schußverletzung befunden haben. Hiebei ist es wichtig, alle Kleidungs- und Wäschestücke, die der Getroffene bei sich hatte, beizuschaffen und einer genauen Untersuchung zu unterziehen.

Welche Fehler vorkommen können, wenn dies unterlassen wird, beweist folgender Fall: Im Jahre 1914 erstattete ein bei einem Pulverdepot nächst Graz aufgezogener Militärposten die Meldung, er sei von einem Manne, der sich dem Depot habe nähern wollen, angeschossen worden. Die Untersuchung des Mannes durch die Militärärzte ergab einen Durchschuß der rechten Hand und es wurde der Verdacht einer Selbstverstümmelung geäußert. Ich ließ alle Kleidungsstücke beischaffen, die der Mann zur fraglichen Zeit getragen hatte, und die Gerichtsärzte stellten folgendes fest: Aus dem Mantelärmel war an der Innenseite ein Stück Tuch weggerissen; der wollene Fäustling zeigte genau die Ein- und Ausschußöffnung; dieser, die Verletzung der Hand und die Mantelbeschädigung stimmten genau zusammen, wenn die Behauptung des Mannes richtig war, er sei in dem Augenblicke getroffen worden, als er das Gewehr in Anschlag bringen wollte und zu diesem Zwecke die rechte Hand in ausgestreckter Richtung hob. Hätte der Mann das Gewehr zu einer Selbstverstümmelung benützt — wogegen übrigens auch der nur schmale Durchschuß sprach, der mit keinerlei Zerreißungen oder Pulverschwärzungen verbunden war — so hätte er den Arm derart strecken müssen, daß der Mantelärmel unmöglich hätte getroffen werden können. Es war damit der Verdacht der Selbstverstümmelung entkräftet.

Wie aus diesem Beispiel ebenfalls erhellt, ist es zwecks Feststellung der Schußrichtung wesentlich, daß man bei allen Schußverletzungen des menschlichen Körpers sowie der Kleidungs- und Wäschestücke zu unterscheiden vermag, welche die Einschußspur und welche die Ausschußspur ist. Sofern es sich um einen Nahschuß handelt, zeigen die schon oben erörterten Nahschußmerkmale an, wo der Einschuß ist. Bei Fernschüssen ist aber die Unterscheidung oft sehr schwierig. Die alte Regel „der Ausschuß ist größer als der Einschuß" (was sich durch das Mitreißen von Gewebsteilen erklärt) gilt keineswegs ausnahmslos, vielmehr sind wiederholt gegenteilige Beobachtungen gemacht worden[1]). Bei Kleidungsstücken bietet die Richtung der Gewebsfasern an der durchtrennten Stelle einen Anhaltspunkt, sofern man das Kleidungsstück noch am Körper des Getroffenen zur Untersuchung bekommt (schon durch das Ausziehen der Kleidung kann dieses Merkmal verlorengehen). Sind Knochenteile durchschossen, so läßt eine trichterförmige Ausnehmung rings um die Schußöffnung — ähnlich wie bei Glasscheiben, s. oben — auf die Ausschußseite schließen. Beweisend für den Einschuß ist ferner ein Schmutzsaum rings um die Schußspur, der dadurch entsteht, daß das

[1]) *Quoss*, Kriminalistik 7, S. 36; *Rode*, Archiv 101, S. 77. In beiden Fällen war die Verletzung auf der rechten Schläfe größer als jene auf der linken Schädelseite, und doch war die erstere der Einschuß und die letztere der Ausschuß (daher Selbstmord, während man zunächst geneigt war, einen Schuß in umgekehrter Richtung und daher von fremder Hand anzunehmen). Darum ist auch ein Rückschluß aus der Größe einer Schußwunde auf das Kaliber der verwendeten Waffe nur mit Vorsicht zu ziehen. Bei glatten Durchschüssen von Vollmantelgeschossen, die Weichteile treffen, ist — infolge der Elastizität der Haut — der Einschuß meist kleiner als das Kaliber. Jagdmunition (vgl. oben S. 261) erzeugt hingegen oft Einschüsse, die viel größer sind als der Durchmesser des (nicht deformierten) Geschosses.

Projektil den aus dem Lauf mitgerissenen, oft öligen Schmutz beim Einschuß (sowohl an den Kleidern als auch an der menschlichen Haut) abstreift[1]). Schließlich kann bei durchschossener Kleidung die Tatsache, daß es sich um einen Einschuß handelt, dadurch erwiesen werden, daß man im Wundkanal — meist nur durch mikroskopische Untersuchung — mitgerissene Fremdkörper, insbesonder Textilfasern, findet[2]).

Die Verbindungslinie von Einschuß und Ausschuß gibt im allgemeinen die Schußrichtung an. Doch erleidet diese Regel naturgemäß Ausnahmen, wenn das Geschoß im Körper durch Knochenteile abgelenkt wurde. Innerhalb des Schädels kann es auch vorkommen, daß das Geschoß um den halben Schädel herumläuft und dann steckenbleibt (sogen. Ringelschuß). In allen solchen Fällen sowie auch immer dann, wenn die Möglichkeit besteht, daß mehrere Geschosse in den Körper drangen (also immer bei Schrotschußverletzungen!), ist durch eine eingehende Röntgendurchleuchtung nach den Projektilen zu suchen und deren Schußkanal festzustellen. Für die Ermittlung der Schußrichtung ist oft auch die Form von Knochendurchtrennungen und — bei Nahschüssen — des Schmauchhofes von Bedeutung, der z. B. bei Schrägschüssen durch seine ovale Gestalt nähere Rückschlüsse auf den Einfallswinkel der Geschoßflugbahn zuläßt[3]).

Alle solcherart ermittelten Schußspuren auf dem Körper eines Getroffenen und auf seinen Kleidern (Einschuß, Schußkanal, Ausschuß. Projektil im Körper, Schmauchhof, Pulvereinsprengungen usw.) sind — auch wenn sie photographiert werden (vgl. I. Bd., S. 366) — in Skizzen einzuzeichnen. Für solche Fälle empfiehlt es sich, schematische Zeichnungen menschlicher Figuren (bekleidet und unbekleidet) bereit zu haben, in die an den betreffenden Körperstellen die ermittelten Spuren eingetragen werden können. Erst auf Grund dieser Hilfsskizzen ist schließlich eine Tatortskizze anzufertigen, in der die getroffene Person in jener Körperhaltung, in der sie den Schuß erhalten hat, zu zeichnen ist. In der Verlängerung der festgestellten und aus der Zeichung ersichtlichen Schußrichtung muß sich notwendig die Mündung der Waffe befunden haben, woraus wiederum der Standort des Schützen ermittelt und das Tatgeschehen rekonstruiert werden kann. Eine solche Rekonstruktions-

---

[1]) Dieser Schmutzsaum darf weder mit dem früher als Nahschußmerkmal erörterten Schmauchhof, noch aber mit dem Schürfsaum (Vertrocknungshof, Kontusionssaum) verwechselt werden; der letztere entsteht bei Hauteinschüssen, wenn die oberflächliche Epithelschicht der Haut mitgerissen wird und das seines Schutzes entblößte tiefere Hautgewebe vertrocknet (was besonders bei Leichen der Fall ist). Ein solcher bräunlicher Schürfsaum kann aber auch bei Ausschüssen vorkommen (vgl. *Romanese*, Archivio d. anthropol. crim. 41, S. 347; *Ludwig*, Würzburger Dissertation 1944). In dem im Text erwähnten Schmutzsaum sind chemisch oft auch die metallischen Bestandteile des Geschosses bzw. Geschoßmantels (Blei, Nickel, Zink, Kupfer) und — bei verrostetem Lauf — Eisen nachweisbar (*Brüning* u. *Schnetka*, Archiv 101, S. 81).

[2]) Bei Durchschuß dünnerer Körperteile können jedoch ausnahmsweise Textilfasern bis in den Ausschuß mitgerissen werden.

[3]) Vgl. *Elbel*, Schußwinkel und Schmauchbild, D. Zschr. f. ger. Medizin 32, S. 165.

aufgabe ist aber erst dann gelöst, wenn sämtliche am Tatort festgestellten Umstände und Spuren (z. B. die ausgeworfenen Patronenhülsen, die Spuren fehlgegangener Projektile usw.) und die daraus zu ziehenden Schlüsse miteinander in Einklang stehen. Solang auch nur ein festgestellter Umstand sich nicht in das rekonstruierte Bild des Tatgeschehens einfügt, muß die Aufklärungsarbeit fortgesetzt werden.

Wurde z. B. auf eine Person in einem ebenerdigen Raum durch eine Fensterscheibe geschossen und befindet sich das Haus auf einem abfallenden Gelände, so liegt ein Fall vor, in welchem zahlreiche Umstände, die durch die Spuren festgestellt werden können, miteinander in Einklang zu bringen sind: der Schußkanal im Verletzten bei seiner Stellung im Augenblick des Schusses, die Schußöffnung in der Glasscheibe, im Falle eines Durchschusses auch noch die Lage

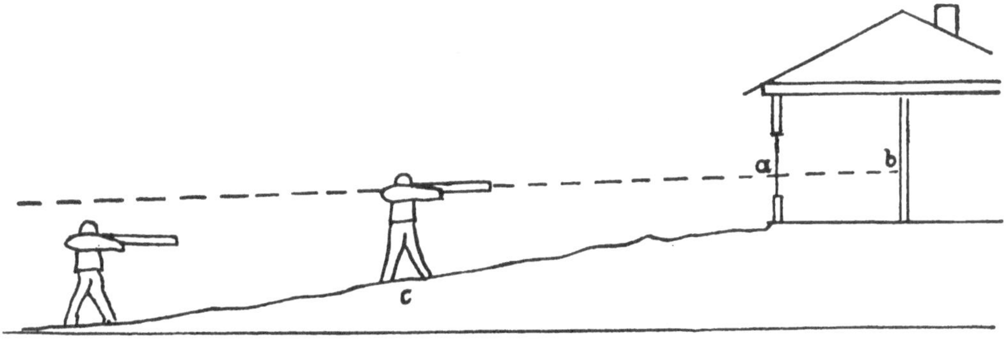

Abb. 91. Bestimmung der Entfernung des Schützen aus den Schußspuren: *a* Durchschuß der Glasscheibe, *b* Projektil in der Mauer. Der Schütze kann nicht weiter als *c* gewesen sein.

des in der Wand stecken gebliebenen Geschosses und schließlich der Standort des Schützen. Ist dieser nicht durch besondere Spuren, etwa die ausgeworfene Patronenhülse oder eine zurückgelassene Fußspur, festzustellen, so kann in unserem Beispiel der Standort des Schützen auch dadurch ermittelt werden, daß die Schußlinie sich mit zunehmender Entfernung immer weiter von der abfallenden Bodenfläche entfernt (Abb. 91). Da sich die Laufachse des Gewehrs in der Verlängerung der Linie a b befunden haben muß[1]), braucht man nur einen Mann mit Gewehr im Anschlag solange den Hügel aufwärts rücken zu lassen, bis die Mündung des Gewehrs in die genannte Verlängerungslinie fällt. Allerdings spielt hiebei auch die Größe des Mannes und seine (aufrechte oder zusammengekauerte) Haltung eine gewisse Rolle.

β) Spuren an der Schießhand.

Durch einen Schuß können aber nicht bloß auf dem getroffenen Gegenstand, sondern auch am Körper des Schießenden selbst Spuren entstehen. Ihr großer kriminalistischer Wert leuchtet ein: findet man solche Spuren an der Hand eines durch einen Nahschuß Getöteten, so läßt dies auf Selbstmord schließen (auch wenn die Hand keine Waffe umklammert hält — diese kann von Angehörigen weggeräumt worden sein); ihr Fehlen kann dazu beitragen, einen vorgetäuschten Selbstmord

[1]) Bei schrägem Durchschuß der Fensterscheibe ist jedoch die Ablenkung zu berücksichtigen, die hiedurch der Schuß erfährt (s. oben S. 267).

zu entlarven; an der Hand eines leugnenden Mörders aber können solche Spuren ihn unmittelbar der Tat überführen.

Diese Spuren an der Schießhand entstehen, wie insbesondere die Beobachtungen von *Zwingli* und *Heindl* ergeben haben[1]) — zwar nicht immer, aber doch häufig — bei Verwendung von Revolvern und Selbstladepistolen. Typisch sind besonders Pulverspuren am Daumen, am Zeigefinger, an der zwischen diesen liegenden Hautspalte und auch am Mittelfinger; sie entstehen vorwiegend bei Abfeuerung von Revolvern mit Schwarzpulvermunition. Selbstladepistolen erzeugen hingegen durch das Rückschnellen der Kammer oft kleine Hautquetschungen oder

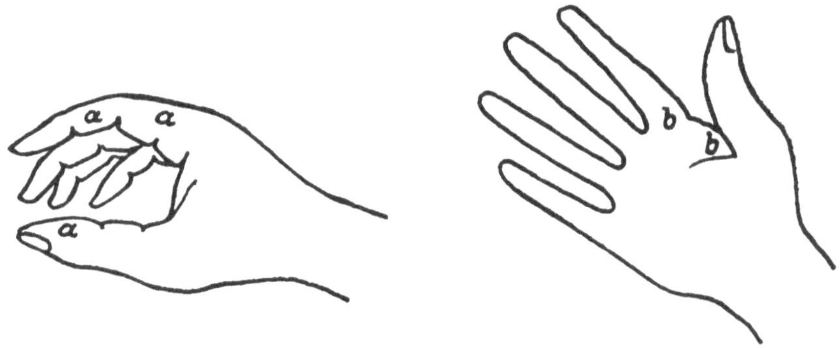

Abb. 92. Schematische Darstellung der Spuren auf der Schießhand. *a*) Stellen, wo sich bei Revolverschüssen öfters Pulverspuren finden; *b*) Stellen, wo bei Schüssen aus Selbstladepistolen mitunter kleine Hautverletzungen entstehen.

-schürfungen zwischen Daumen und Zeigefinger (Abb. 92 veranschaulicht die charakteristischen Stellen, an denen nach solchen Spuren zu suchen ist). Pulverspuren können auch so gering sein, daß sie mit dem Auge nicht wahrzunehmen sind, doch können sie auch dann auf chemischem Wege[2]) oder mikroskopisch nachgewiesen werden[3]). Es ist natürlich zweckmäßig, eine solche Untersuchung so schnell als möglich in die Wege zu leiten, bevor noch die Hand gewaschen wurde.

γ) Veränderungen an der Waffe

Auch an der Waffe selbst entstehen durch jeden Schuß kleine Veränderungen und zwar hauptsächlich an der Innenseite des Laufes; je nach der verwendeten Munition bilden sich im Laufinnern Rückstände der verbrannten Pulver- und Zündstoffgase und in weiterer Folge mitunter Rost. Man hat schon seit langem versucht, diese Tatsache zur Bestimmung der Zeit auszunützen, die seit dem letzten Schuß verstrichen ist.

[1]) *Zwingli*, Über Spuren an der Schießhand nach Schuß mit Faustfeuerwaffen, Archiv 108, S. 1; *Heindl*, Archiv 114, S. 75.

[2]) Hiebei können jedoch Fehlschlüsse dadurch entstehen, daß bei Rauchern durch das Abstreifen der Asche und Abtöten des Zigarettenstummels am Daumen, Zeigefinger und Mittelfinger Spuren von Tabakasche und Zigarettenpapier zurückbleiben, die Nitrite, Nitrate und Chlorat enthalten und daher ähnlich reagieren wie Pulver (*Schwarz*, Archiv 91, S. 159).

[3]) Man kann auch die Hand mit Parafin, das Pulverspuren aufnimmt, überziehen und dann dieses untersuchen (*Castellanos*, Parafinoscopia, Le Habana 1948).

Sonnenschein und *Classen* empfahlen zu diesem Zwecke[1]), in der Zeit bis zur Untersuchung durch den Sachverständigen die Waffe vor Einwirkung der Luft möglichst zu schützen (Verstopfung des Laufes und Umwicklung des Schlosses mit Wolle), und geben folgendes Verfahren an: nach Ausspülung des Laufes mit destilliertem Wasser wird die erhaltene Lösung filtriert und das Filtrat auf Schwefelsäure, Schwefelalkalien und Eisensalz untersucht. Wenn nun — unter der Voraussetzung, daß Schwarzpulver verwendet wurde — gefunden wird, daß der Lauf eine blauschwarze Farbe hat, sich weder Rost noch grünliche Kristalle von Eisenoxydsulfat darin befinden und die Lösung eine schwach gelbliche Färbung hat, nach Schwefelwasserstoff riecht und mit Bleilösung einen schwarzen Niederschlag gibt, so sind nicht mehr als zwei Stunden seit dem Schuß verflossen. Wenn die Färbung eine weniger dunkle ist, aber weder Rost noch Kristalle gefunden werden, sich aber schon Spuren von Schwefelsäure durch die Reagentien nachweisen lassen, so sind mehr als zwei und weniger als vierundzwanzig Stunden nach dem Abschießen verflossen. Wenn sich im Rohr zahlreiche Flecken von Eisenoxyd zeigen, wenn die Reagentien deutlich in dem Waschwasser Eisen gelöst nachweisen, so ist der Schuß wenigstens über vierundzwanzig Stunden und höchstens vor sechs Tagen abgeschossen worden. Die Kristalle von Eisenoxydsulfat werden um so größer, je längere Zeit nach dem Schusse vergangen ist. Wenn die Menge des gebildeten Eisenoxyds bedeutend ist, aber keine Eisensalze sich in der Lösung befinden, so sind seit dem Schuß wenigstens zehn Tage, aber höchstens fünfzig Tage vorüber.

Spätere Nachprüfungen haben diese Angaben nicht bestätigt.

So haben Versuche, die im gerichtsmedizinischen Institut der Universität Sao Paulo von *Silveira* durchgeführt wurden[2]), die großen Unterschiede ergeben, die zwischen den Rückständen bei Schwarzpulver und bei Nitropulver bestehen. Bei Schwarzpulver entsteht zunächst ein durch Kohle und Eisensulfid schwarz gefärbter Rückstand, an welchem sich nach etwa einem Tag (durch Oxydation von Eisensulfid zu Eisensulfat) weiße Stellen bilden; gleichzeitig wird die Masse feucht. Nach 2—5 Tagen ist die Feuchtigkeit verschwunden und der Rückstand grau; er reagiert alkalisch. Bei Verwendung von rauchschwachem Pulver wird das Laufinnere schon nach 12—14 Stunden etwas feucht, und nach 2 Tagen ist die Feuchtigkeit verschwunden. Die Rückstände, in denen auch Nitrat nachweisbar ist, reagieren neutral.

Die Rostbildung beginnt in beiden Fällen etwa nach 5 Tagen, doch hängt der Grad der Verrostung wesentlich von der Zusammensetzung des Pulvers und des Zündsatzes ab; bei moderner Sinoxydmunition rostet der Lauf überhaupt nicht[3]). Eine gleichmäßig ausgebildete Rostschicht deutet darauf hin, daß die Waffe schon längere Zeit überhaupt nicht benutzt wurde.

Man kann somit im allgemeinen nur feststellen, ob eine Waffe in letzter Zeit (d. h. innerhalb der letzten 5—10 Tage) benutzt wurde oder nicht. Ist dies der Fall, so ist eine nähere Bestimmung der Zeit nur möglich, wenn Vergleichsversuche mit gleichartiger Munition und

[1]) *Sonnenscheins* Handbuch der gerichtlichen Chemie, neu bearbeitet von *Classen*, 2. Auflage, Berlin 1881, S. 376f.

[2]) *Silveira*, Bestimmung des Zeitpunktes, in dem eine Waffe gebraucht wurde, Dissertation Sao Paulo 1926; vgl. den Bericht hierüber im Archiv 83, S. 88 u. 87, S. 239.

[3]) Vgl. oben S. 257f.

einer möglichst ähnlichen Waffe möglich sind. Auch eine Geruchsprüfung ist oft unterstützend (bei Schwarzpulverschüssen aus Revolvern ist Schwefelwasserstoffgeruch noch am zweiten Tag feststellbar).

Eine sichere Zeitbestimmung ist aber schon deshalb nicht möglich, weil die Veränderungen des Laufinnern außer durch die Zeit, die seit dem letzten Schuß verstrichen ist, auch durch den Abnützungsgrad und die Sauberkeit bzw. Verschmutzung des Laufs vor dem letzten Schuß sowie durch die Luftfeuchtigkeit und den Aufbewahrungsort der Waffe mit beeinflußt werden.

Selbstverständlich muß bei solchen Untersuchungen auch stets die Möglichkeit erwogen werden, daß die Waffe etwa nach der Tat gereinigt wurde, was sich meist durch zurückgebliebene Textilfasern im Lauf und durch den Unterschied zwischen dem gereinigten Lauf und der nicht gereinigten Innenwand der Kammer erkennen läßt. Für alle derartigen Untersuchungen leistet ein von *Pusztaszeri* erdachtes optisches Gerät (Laufprüfer, Introskop, siehe Abb. 93), mit dem man bei Lupenvergrößerung die ausgeleuchtete Innenwand des Laufes durch ein Prisma betrachten kann, besonders gute Dienste.[1])

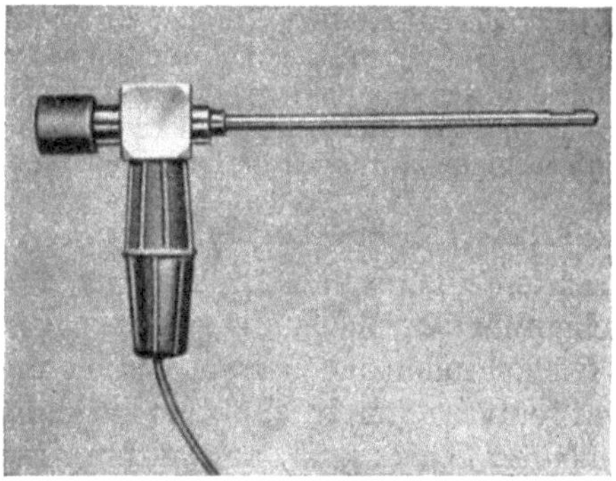

Abb. 93. Laufprüfer (nach einem Prospekt der Fa. Perrot in Biel).

Weitere Spuren können im Lauf bei einem absoluten Nahschuß entstehen: die nach dem Schuß in den Lauf einströmende Kaltluft erzeugt eine starke Saugwirkung, die bei angesetzter oder fast angesetzter Waffe Blut und Gewebeteilchen aus der Schußwunde mitreißen kann. Werden solche bei mikroskopischer Untersuchung des Belages des Laufinnern festgestellt, so ist dadurch einerseits bewiesen, daß es sich um einen absoluten Nahschuß handelt, und andererseits ist dadurch die untersuchte Waffe als Tatwaffe identifiziert.

Ausnahmsweise können sich auch noch andere Spuren an der Waffe finden, die kriminalistisch unter Umständen sehr wertvoll sein können. So fand einmal *Popp* am Stoßboden der Waffe des Verdächtigten den Abdruck der Beschriftung der zur Tat verwendeten Patrone, die am Tatort gefunden worden war. Daß in diesem Fall ein solcher Abdruck der Schrift entstand, lag an der öligen Schicht, die den Stoßboden der Waffe überzog. Nicht mehr in den Rahmen von Schußspuren fallen schließlich andere Spuren und Veränderungen, die an der Waffe unmittelbar vor oder nach Abgabe des Schusses entstehen können, so vor allem Fingerspuren (vgl. oben S. 219), Blutspuren u. a. Bevor eine auf der Erde liegende Waffe aufgehoben wird, sind insbesondere auch alle Spuren festzustellen, die einen Rückschluß darauf gestatten, ob die Waffe hingelegt, hingeworfen oder

[1]) *Hegg*, Techniqnes et appareils nouveaux, Revue de Criminol. et de Pol. Technique 1, p. 216 (1947).

aus geringerer oder größerer Entfernung herabgefallen ist (wofür Eindrucksspuren im Erdreich charakteristisch sein können).

δ) *Veränderungen an der verschossenen Munition.*

Von besonderer kriminalistischer Bedeutung sind die Spuren, die durch den Schuß einerseits an Kugelgeschossen[1]) und andererseits an der Patronenhülse entstehen[2]).

Schon jeder Jäger weiß, daß sich der „Drall" des Kugellaufes auf der Geschoßoberfläche abdrückt. Diese Drallspuren bestehen, soweit sie für das freie Auge sichtbar sind, in schrägen streifenförmigen Eindrücken, die die „Felder" des Laufes (also die zwischen den eingeschnittenen Zügen übrig bleibenden erhabenen Teile der Laufinnenwand, vgl. oben S. 233 f.) auf dem Geschoß hinterlassen. Hiebei entsprechen Zahl und Breite dieser Spuren und auch ihre schräge Richtung der Zahl und Breite der Felder und dem „Drallwinkel". Auf gewöhnlichen Bleigeschossen (wie sie noch Wilderer verwenden) ist auch bei Betrachtung unter Lupe oder Mikroskop meist nicht viel mehr zu sehen, da das Blei durch die

Abb. 94. Drallspur einer Selbstladepistole Kaliber 7,65 auf einem Stahlmantelgeschoß in mikroskopischer Betrachtung.

[1]) Hingegen zeigen die verschossenen Schrote keine Merkmale, die auf die verwendete Waffe schließen lassen. Die Versuche, aus dem Krümmungsradius abgeflachter Schrote auf das Kaliber der verwendeten Flinte zu schließen, haben zu keinem brauchbaren Ergebnis geführt (vgl. *Schrader*, Archiv 87, S. 244).

[2]) Über diese Spuren und die auf ihnen beruhenden, in den letzten Jahrzehnten ausgearbeiteten Methoden, um die Art der verwendeten Waffe zu bestimmen oder gar eine konkrete Waffe, die bei einem Verdächtigten angetroffen wird, als Tatwaffe zu identifizieren (s. unten S. 284 ff.), ist im In- und Auslande eine umfangreiche Literatur erschienen, über die *Kraft*, Kritisches zur gerichtlichen Schußuntersuchung, Archiv 87, S. 133, einen aufschlußreichen historischen Überblick gibt; an späteren Arbeiten seien erwähnt: *Goddard* u. *Kraft*, Der Chikagoer Massenmord, Archiv 88, S. 44; *Brüning*, Eine neue photographische Darstellung des Geschoßmantels, Archiv 88, S. 116; *Kraft*, Hilfsapparaturen für die gerichtliche Schußuntersuchung, Archiv 88, S. 211; *Mezger-Heeß-Haßlacher*, Die Bestimmung des Pistolensystems aus verfeuerten Hülsen und Geschossen, Archiv 89, S. 3; *Schneider*, Ein neuer Apparat zur Erzielung einwandfreier Abdrücke von Geschossen, Archiv 97, S. 182; *Fritz*, Über Ausstülpungen an Zündhütchen, Archiv 98, S. 17; *Matwejeff*, Ein neues Verfahren zur Identifizierung von Schußwaffen nach dem Geschoß, Archiv 98, S. 34; *Heeß*, Geschoßidentifizierung, Archiv 98 S. 110; *Bohne*, Ein neues Verfahren zur Identifizierung abgeschossener Kugeln, Archiv 101, S. 111; *Seelig*, Über den mikroskopischen Identitätsnachweis der

Erhitzung so sehr erweicht, daß keine zarteren Spuren erhalten bleiben. Anders bei den modernen Hartbleigeschossen und besonders den Mantelgeschossen: hier zeigt die Oberfläche abgeschossener Projektile bei Vergrößerung auf das 10—30fache in seitlicher Beleuchtung zahlreiche feine Linien, die durch teils ganz zarte, teils tiefere Rillen gebildet werden und größtenteils parallel zueinander verlaufen (vgl. Abb. 94). Diese Spuren können nach ihrer Entstehung und Beschaffenheit viererlei Art sein: 1. sogenannte primäre Spuren, die schon entstehen, wenn das Projektil nach seinem Freiflug durch das restliche Patronenlager sich in den gezogenen Lauf zu zwängen beginnt und sich noch ohne Rotation in Richtung der Laufachse bewegt. Diese Spuren entstehen also durch die hintersten Teile der Felder und verlaufen auf dem Geschoß nicht schräg, sondern parallel zur Geschoßachse und sind oft innerhalb der sie überdeckenden schrägen Feldereindrücke sichtbar. 2. Sogenannte sekundäre Spuren, d. s. die deutlich sichtbaren schrägen Rillen, die den Kanten der Felder entsprechen, und die mikroskopisch feinen Linien, die zwischen diesen Rillen und öfters auch außerhalb der Feldereindrücke bei Lupen- oder Mikroskopbetrachtung sichtbar sind und durch die mikroskopisch feinen Unebenheiten der Oberfläche der Felder und Züge entstehen. Die Deutlichkeit, mit der diese Spuren ausgeprägt sind, schwankt oft auch bei derselben Waffe, was sich vor allem durch die Verschiedenheit des Gasdruckes (der von der jeweiligen Patrone abhängt) und wohl auch durch Schwankungen des Geschoßdurchmessers und der Härte des Geschoßmantels erklärt. Auch sind die Spuren weniger scharf und tief, wenn der Lauf gut gefettet ist. 3. Spuren von zufälligen Unebenheiten und Verunreinigungen des Laufes, insbesonders von festhaftenden Pulver- und Rostteilchen, von Verschmutzungen (sandigem Staub!) oder vom eingenieteten Korn der Waffe (wenn die Nietstelle etwas in den Lauf vorspringt, was besonders bei alten Trommelrevolvern mitunter vorkommt, deren Geschosse dann eine im Drallwinkel verlaufende tiefe Furche zeigen). 4. Spuren, die erst nach Verlassen des Laufes entstehen, wenn das rotierende Geschoß in feste Körper eindringt oder von harten Gegenständen abprallt. Meist unterscheiden sich aber solche Verletzungen des Geschosses deutlich von den drei erst erwähnten Spurenarten.

Auch auf der Patronenhülse entstehen durch den Schuß mehrfache Spuren, die von ganz besonderer kriminalistischer Bedeutung sein können. Für alle Arten von Feuerwaffen gilt, daß die Patronenhülse im Augenblick des Schusses durch den Druck der Pulvergase mit großer Kraft an den Stoßboden, der das Patronenlager nach rückwärts abschließt, gepreßt wird (vgl. oben S. 223). Da der Hülsenboden und das sich in dessen Mitte befindliche Zündhütchen aus weicherem Metall (Messing, Kupfer) ist als der aus Stahl gefertigte Stoßboden, übertragen

Waffe aus den Spuren der Munition, Archiv 104, S. 181; *Hornung*, Beitrag zur Identifizierung von Feuerwaffen, Kriminalistik 1941, S. 85. Aus der ausländischen Literatur sei hervorgehoben: *Soedermann*, L'expertise des armes à feu courtes, Lyon 1928; *Derome*, Expertise en armes à feu, Montreal 1930; *Hatcher*, Textbook of Firearms Investigation, Identification and Evidenz, 1935.

sich bei dieser Anpressung — ähnlich wie bei der Prägung einer Münze durch den Prägestock — die Umrisse[1]) und feinsten Unebenheiten des Stoßbodens auf den Patronenhülsenboden. Dieser Stoßboden wird in den Waffenfabriken teils gedreht, teils mittels Feilen oder Schmirgel mit der Hand geglättet — aber gerade dadurch ist er nicht wirklich „glatt“, sondern weist — wenn auch miskroskopisch feine — Unebenheiten auf und zwar entweder in Gestalt konzentrischer Ringe oder (als Folge des Zufeilens) in Form von mehr oder minder parallelen Rillen, die sich auf dem Hülsenboden abdrücken (s. unten Abb. 96 auf S. 289). Durch Zufall können auf dem Stoßbodon später natürlich noch andere Spuren entstehen, z. B. Kratzer, wenn ein Schütze versucht, eine festsitzende Jagdpatrone mit der Messerspitze zu lockern, und in solchen Fällen übertragen sich solche grobe Spuren besonders deutlich auf die Patronenhülse. Bei allen Feuerwaffen mit Zentralfeuerzündung erfährt weiters das Zündhütchen eine Einstülpung, die der Spitze des Schlagbolzens (des Zündstiftes) der Waffe entspricht[2]). Bei Waffen, die für Randfeuerzündung eingerichtet sind, entsteht am Rand der Patronenhülse die Schlagspur des Hahnes.

Bei automatischen Waffen, also den Selbstladepistolen und Selbstladegewehren, entstehen durch das Laden und das Schießen noch mehrere andere Spuren: schon beim Zuschnappen des Verschlusses durch die Kraft der Vorholfeder wird die Patrone mit ziemlicher Wucht in das Patronenlager geschoben, wobei der vorspringende Rand des Hülsenbodens an den Patronenlagerrand gepreßt wird und dabei häufig einen ringförmigen Eindruck erhält, der den Teilen des Patronenlagers entspricht, an die der Patronenrand anstößt. Die genaue Lage dieser Teile zeigt bei den verschiedenen Waffensystemen (je nach dem Ort der Auszieherkralle) Abweichungen. Die Auszieherkralle selbst hinterläßt an diesem Rand der Patronenhülse häufig ebenfalls dort, wo sie angreift, eine kleine Schurfspur. Schließlich erzeugt der Auswerfer, der der Auszieherkralle meist gegenüberliegt, und an den die Patronenhülse bei ihrer Rückwärtsbewegung anstößt, am äußeren Rand des Patronenhülsenbodens eine Anschlagspur, die nach Form und Lage des Auswerfers verschieden aussieht.

Endlich können Spuren der Waffe auf den Patronenhülsen auch schon vor dem Schuß durch das Einführen in das Magazin entstehen (z. B. Kratzspuren der Magazinslippen).

f) Die Klassifikation und Identifikation der Waffe.

Bei Verbrechen, die durch Schuß begangen werden, ist wohl oft die kriminalistisch bedeutsamste Frage die nach der Waffe, aus der geschossen

[1]) Bei manchen modernen Waffen zeigt der Stoßboden verschiedene Aussparungen.

[2]) Mitunter drückt sich auch das Schlagbolzenloch des Stoßbodens auf dem Patronenhülsenboden in Form einer kreisförmigen Erhebung (rings um den Schlagbolzeneindruck) ab; bei erhöhtem Gasdruck kann dies zur Ausstülpung des Zündhütchens führen (unten S. 288).

wurde. Liegt noch keine konkrete Waffe vor, die als Tatwaffe in Betracht kommt, so erhebt sich die Frage, welche Art von Waffe für die Tat verwendet wurde. Viele der in den vorigen Kapiteln beschriebenen Spuren, die durch einen Schuß auf dem getroffenen Gegenstand entstehen, lassen, wie wir gesehen haben, solche Schlüsse zu, so etwa darauf, ob ein Kugelgewehr, eine Selbstladepistole, ein Revolver oder eine Schrotflinte[1]) verwendet wurde, und welches Kaliber und allenfalls noch wieviel Züge der Kugellauf hatte[2]). Eine nähere Bestimmung des Systems und Modells der verwendeten Waffe ist jedoch nur aus den zuletzt erörterten Spuren auf der Munition möglich und zwar bei Kugelwaffen hauptsächlich aus den Spuren auf dem Projektil und bei Selbstladewaffen außerdem aus den Spuren auf der ausgeworfenen Patronenhülse, während bei Schrotflinten nur die ausgeschossene Patronenhülse, falls sie der Täter aus dem Lauf nimmt und am Tatort zurückläßt, das Kaliber des verwendeten Flintenlaufs anzeigt. Ist jedoch eine bestimmte Waffe da, die etwa bei einem Verdächtigten gefunden wurde, so erhebt sich die Frage, ob gerade diese Waffe jene ist, aus der geschossen wurde. Diese Frage läßt sich bei allen Schußwaffen (also auch bei Schrotgewehren) aus den Spuren auf der Patronenhülse — oft sogar mit Sicherheit — beantworten und bei Kugelwaffen außerdem auch aus den Spuren auf dem Projektil, wenn auch eine solche Identifizierung aus den Geschoßspuren in der Regel nicht den gleichen Sicherheitsgrad erreicht. Die Gründe hiefür werden wir noch näher kennenlernen. Diese Methode der Waffenidentifikation aus den mikroskopisch feinen Spuren auf der Munition wurde bald nach dem ersten Weltkrieg in den verschiedensten Ländern von Gerichtsmedizinern, Gerichtschemikern und naturwissenschaftlich arbeitenden Kriminologen angewendet und seither wesentlich vervollkommnet[3]). Als einige der ersten, die sich mit dieser Methode beschäftigten, seien genannt: *Kockel, Pietrusky, Popp, Brüning* und *O. Mezger* in Deutschland, *Waite* und *Goddard* in Amerika, *Balthazard, Locard, De Rechter* und *Mage* in Frankreich und Belgien, *Medinger* in Luxemburg, *Matwejeff* in Odessa.

a) Die Systembestimmung aus Spuren auf der Munition.

Gerade die praktisch häufigsten Fälle, nämlich diejenigen, in denen eine Selbstladepistole verwendet wird, geben auch die größte Chance für die Bestimmung des Pistolensystems: da die Selbstladepistolen die Patronenhülsen auswerfen, liegen als Untersuchungsmaterial in der Regel sowohl das im Körper des Getöteten stecken gebliebene Projektil (allenfalls auch ein fehlgegangenes Geschoß, das am Tatort gefunden wurde) als auch eine oder mehrere Patronenhülsen vor. Durch die

[1]) Doch ist auch ein solcher Rückschluß nicht immer vollkommen sicher, vgl. oben S. 225f.

[2]) Ausnahmsweise konnte einmal bei einem absoluten Nahschuß aus einer Dreyse-Pistole die genaue Form der Laufmündung dieser Pistolenart aus der Stanzverletzung (oben S. 271) erkannt werden (*Walcher*, Archiv 90, S 16).

[3]) Vgl. das S. 279, Anm. 2, angeführte Schrifttum.

Kombination der Merkmale des Dralls auf den Projektilen (Zahl der Züge, Breite der Felder und Drallwinkel) mit den Systemmerkmalen, die aus der Patronenhülse zu erkennen sind (Lage der abdrückenden Teile des Patronenlagerrandes, Form des Stoßbodens, Lage der Auszieherkralle und Lage und Form des Auswerfers), kann es trotz der großen Zahl der heute existierenden Pistolensysteme gelingen, das System der verwendeten Waffe einwandfrei festzustellen. Dies ist um so eher möglich, wenn es sich um ein System mit relativ seltenen Merkmalen handelt. Voraussetzung hiefür ist, daß der Sachverständige entweder selbst über eine entsprechende Sammlung von Waffen verfügt oder Vormerke über die Systemmerkmale vieler Waffen besitzt, die er aus seiner eigenen Erfahrung mit Waffen oder aus der Literatur zusammengestellt hat. Eine solche Sammlung von Vormerken, die mit vorzüglichen Bildtafeln versehen sind, stellt der von *Mezger*, *Heeß* und *Haßlacher* 1930 geschaffene „Pistolenatlas" dar[1]).

Um ein systematisches Vorgehen bei einer solchen Systembestimmung zu ermöglichen, wird zunächst vom Kaliber ausgegangen, das ja sowohl aus dem Geschoß als auch aus einer Patronenhülse zu ersehen ist. Bei den Geschossen bilden dann die Zahl der Felder und der Unterschied von Rechtsdrall und Linksdrall die nächste Gruppierung. So enthält z. B. der erwähnte Pistolenatlas unter Kal. 6,35 86 Waffen mit 6 Feldern und Rechtsdrall, 10 Waffen mit 6 Feldern und Linksdrall, 15 Waffen mit 4 Feldern und Rechtsdrall, 6 Waffen mit 5 Feldern und Rechtsdrall, eine Waffe mit 7 Feldern und Rechtsdrall und eine Waffe mit 8 Feldern und Rechtsdrall. Man sieht schon daraus, daß Linksdrallwaffen relativ selten sind (die erwähnten 10 Pistolen sind teils amerikanischer, teils spanischer, teils belgischer Herkunft). Innerhalb jeder dieser Gruppen sind die einzelnen Fabrikate nach der Größe des Drallwinkels geordnet (so beträgt z. B. bei den 86 Pistolen Kal. 6,35 mit 6 Feldern und Rechtsdrall der kleinste Drallwinkel 2,77° und der größte 5,53°, bei den meisten Fabrikaten bewegt er sich aber zwischen 4 und 5°). Schließlich ist bei jedem Modell die Felderbreite angegeben, die aber auch innerhalb desselben Modells schwanken kann (so zeigte unter den erwähnten Pistolen Kal. 6,35 die kleinste Felderbreite eine Walter-Pistole M 8, die eine Felderbreite von 0,33 mm aufwies, während eine andere Walter-Pistole M 8 eine Felderbreite von 0,75 mm zeigte). Eine Ordnung der Waffen nach Merkmalen, die aus den Patronenhülsen zu ersehen sind, wird einerseits nach dem Durchmesser des Schlagbolzenloches versucht, der aber relativ nur selten auf der Hülse zum Abdruck gelangt, und andererseits nach gewissen Grundformen des Patronenlagerrandes, dessen Form und Aussparungen sich häufig an der Patronenhülse erkennen lassen (oben S. 281). Auf der Hülse findet sich an der Stelle, die einer Aussparung des Patronenlagerrandes entspricht, oft die Angriffsspur der Auszieherkralle und ihr gegenüber auf dem Hülsenboden selbst die Spur des Auswerfers. Auch diese wird nach ihrer Gestalt und Lage in verschiedene Grundformen geteilt; bei manchen Pistolen, die keinen besonderen Auswerfer haben, fehlt sie überhaupt[2]); schließlich wird die Abdrucksspur des Stoßbodens für die weitere Gruppierung verwendet, insbesonders die Spuren

[1]) Über diesen Pistolenatlas, ein Mappenwerk mit rund 200 Bildtafeln, haben die genannten Autoren im Archiv 89, S. 3 und 93, ausführlich berichtet. Das Mappenwerk selbst ist nicht im Buchhandel erschienen, wurde aber an Fachinteressenten abgegeben. Ergänzend hiezu hat *O. Takko*, Archiv 113, S. 117, in gleicher Weise die sowjetische Militärpistole (oben S. 251) beschrieben.

[2]) Bei solchen Pistolen hinterläßt mitunter der Schlagbolzen, der hier als Auswerfer fungiert, einen sekundären Eindruck. Aber auch bei Pistolen mit Auswerfer kann die Auswerferspur auf der Patronenhülse mitunter fehlen.

von Aussparungen des Stoßbodens (die bei manchen Pistolen sehr charakteristisch sind) sowie der Umstand, ob sich parallele Feilspuren oder konzentrische Drehspuren des Stoßbodens auf der Patronenhülse abgedruckt haben. Einzelne Pistolenfabrikate haben auch noch „besondere Kennzeichen", durch die sie relativ leicht zu erkennen sind (so ist z. B. bei den Sauer-Pistolen Kal. 7,65 der Stoßboden oberhalb des Schlagbolzenloches ein wenig kegelförmig ausgefräst, wodurch auf der Patronenhülse an der entsprechenden Stelle ein kegelförmiger Wulst entsteht). Ob daher im Einzelfalle eine Systembestimmung möglich ist, hängt somit vorwiegend davon ab, ob die verwendete Waffe seltenere Artmerkmale besitzt.

Ein analoges Vorgehen ist naturgemäß auch bei Verwendung von Maschinenpistolen und bei Repetiergewehren möglich, bei denen ja ebenfalls die Patronenhülsen ausgeworfen werden. Aussichtsreich ist eine solche Systembestimmung insbesondere dann, wenn nur eine beschränkte Zahl von Systemen (z. B. Militärwaffen) in Betracht kommt und von diesen Systemen Vergleichswaffen für Versuche zur Verfügung stehen.

β) Die Identifikation der Waffe aus Spuren am Geschoß.

Während Zahl und Breite der Felder und der Drallwinkel bei allen Waffen derselben Erzeugungsserie notwendig gleich sind, sind die mikroskopisch feinen Unebenheiten der Felder und Züge, die teils schon in der Fabrik beim Ziehen der Läufe, teils beim Polieren und teils erst im Gebrauch durch Abnützung und Verrostung des Laufes entstehen, höchst mannigfaltig und bei jedem Lauf im allgemeinen einmalig[1]). Dadurch sind ihre Spuren auf dem Geschoßmantel (oben S. 279f.) eine geeignete Grundlage für die Identifikation der Waffe: stimmt das mikroskopische Spurenbild auf zwei Geschossen vollkommen überein, so ist damit bewiesen, daß beide Geschosse aus demselben Lauf verfeuert wurden. Dieser Grenzfall ereignet sich jedoch fast nie; umgekehrt schließen einzelne Abweichungen des Spurenbildes die Identität der Waffe keineswegs aus. Erst mit der richtigen Beurteilung dieser (weitaus häufigsten) Fälle gewinnt die Methode ihre praktische Bedeutung.

Um überhaupt eine solche Übereinstimmung oder ein solches Abweichen des mikroskopischen Spurenbildes genau feststellen zu können, bedarf es einer besonderen Untersuchungstechnik. Zunächst müssen, falls — wie in der Regel — als Untersuchungsmaterial ein oder mehrere Tatgeschosse und eine bestimmte Waffe vorliegen[2]), Vergleichsgeschosse beschafft werden. Dies geschieht durch Abgabe von Schüssen mit möglichst gleichartiger Munition auf eine Kugelfangvorrichtung, die sich der Sachverständige meist selbst konstruiert.

Eine solche Vorrichtung muß zwei Aufgaben erfüllen: Das Geschoß darf durch die Auffangmaterie nicht beschädigt werden, und es muß rasch und

[1]) Nur bei Läufen, die in der Fabrik unmittelbar hintereinander mit denselben Werkzeugen erzeugt werden, finden sich einzelne Unebenheiten, die bei zwei oder drei Läufen wiederkehren.

[2]) Es kommt jedoch auch vor, daß keine Waffe, aber Tatgeschosse aus zwei verschiedenen Verbrechensfällen vorliegen und die Frage zu beantworten ist, ob beide Verbrechen mit derselben Waffe begangen wurden. Über einen solchen Fall s. unten S. 289.

einfach auffindbar sein. Als zweckmäßig hat sich eine längliche Kiste (etwa 50 × 50 × 120 cm) erwiesen, deren beide Stirnseiten durch ein- und ausschiebbare Rahmen ersetzt sind. Diese Rahmen (in Stärke von 2—5 cm) werden beiderseits mit Pappe bespannt und der Zwischenraum mit feinem Sägemehl oder Watte gefüllt. Innerhalb der Kiste befinden sich in Abständen von etwa 10 cm gleichartige Rahmen. Je nach der Durchschlagskraft der Waffe sind stärkere oder schwächere Rahmen zu verwenden. Man findet meist recht rasch das Geschoß in dem letzten Rahmen, der noch einen Einschuß, aber keinen Ausschuß aufweist.

Um anschließend die Vergleichung des Spurenbildes vornehmen zu können, bediente man sich ursprünglich eines Abformverfahrens, indem man die zylindrischen Projektile auf einer Zink-Wachs-Masse (*Kockel*) abrollte[1]) und die Spurenbilder bei seitlicher Beleuchtung vergrößert photographierte. Hiebei hängt die Ausprägung der einzelnen Linien von dem Schatten ab, den die Rille wirft. Um dies zu vermeiden, rollt *Matwejeff*[2]) die Projektile (nach Erhitzung) auf photographische Filme ab, die er im durchfallenden Licht direkt vergrößert. *Brüning* konstruierte eine eigene „Geschoßkamera", bei der ein Spalt am Geschoß, das sich gleichzeitig dreht, vorbeiwandert und so auf der Photoplatte ein kontinuierliches Bild der ganzen Mantelfläche unmittelbar erzeugt. Bei allen diesen Verfahren entstehen Unschärfen und andere Fehler, sobald das Tatgeschoß deformiert und seine Oberfläche daher nicht genau zylindrisch ist[3]). Außerdem geben die Abrollverfahren (die den Vorteil haben, eine Gesamtschau des ganzen Geschoßmantels zu ermöglichen) nicht die letzten mikroskopischen Feinheiten der Spuren wieder, auf die es aber beim Vergleich oft ankommt; auch können durch die Abrollbewegung der Kugel Verschiebungen und Ungenauigkeiten entstehen. Man hat darum auch versucht, das Spurenbild graphisch in Form einer Kurve darzustellen, indem man den sich drehenden Geschoßmantel von einer Nadel abtasten ließ, deren Bewegungen auf den Schreibhebel einer Registriertrommel übertragen werden (*Cordonnier*); dieses Verfahren liefert jedoch nur einen Querschnitt aus dem Spurenbild, der zur Vergleichung nicht ausreicht, da einzelne Linien sich erfahrungsgemäß nicht über den ganzen Mantel fortsetzen.

So bleibt die beste und heute allgemein angewandte Methode die unmittelbare[4]) mikroskopische Untersuchung der beiden zu vergleichenden Geschosse im Vergleichsmikroskop und die mikrophotographische Festhaltung des mikroskopischen Bildes. Gearbeitet wird bei Auflicht, das von der Seite (quer zur Geschoßachse) auf beide Geschosse in gleichem Winkel einfällt, und mit Spezialobjektiven (sogen. Summaren), die bei schwächerer Vergrößerung eine größere Tiefenschärfe haben (um einen möglichst großen Teil der gekrümmten Geschoßoberfläche scharf zu erhalten).

---

[1]) Das Abrollen geschieht entweder mit der Hand oder mittels — oft recht komplizierter — Apparate (*Schneider*, Archiv 91, S. 182).

[2]) Siehe die Literaturangabe auf S. 279, Anm. 2.

[3]) Bei deformierten Mantelgeschossen hat man sich auch dadurch geholfen, daß man das Geschoß vom Bleikern befreite und den aufgeschnittenen Mantel auseinanderrollte (*Béroud*).

[4]) Eine beachtenswerte Methode mittelbarer mikroskopischer Geschoßuntersuchung stellt das Verfahren von *Bohne* dar: er überzieht das ganze Geschoß mit einer Kollodiumlösung (der er noch Zaponlack und eine Rizinusöl-Triacetin-Lösung zusetzt), löst das sich bildende Kollodiumhäutchen ab und sichert den ausgebreiteten zylindrischen Teil in einem mikroskopischen Trockenpräparat. Dieses ermöglicht sowohl eine photographische Übersichtsaufnahme in direkter Vergrößerung als auch subjektive mikroskopische Betrachtung im Vergleichsmikroskop und mikrophotographische Detailwiedergabe.

Das Vergleichsmikroskop[1]) vereinigt mittels Prismen und Spiegel die beiderseitigen Mikrobilder zu einem in der Mitte geteilten Bild, so daß die zu vergleichenden Spurenbilder unmittelbar aneinanderstoßen; durch Betätigung eines Schubknopfes kann die Trennungslinie auch verschoben werden, bis schließlich das eine oder das andere der beiden Bilder ganz sichtbar wird (dies ist für die vergleichende Geschoßuntersuchung besonders wichtig, weil hiedurch die Fortsetzung der einzelnen Linien auf dem anderen Geschoß im Mikroskop verfolgt werden kann). Um schließlich eine bequeme Befestigung der beiden Geschosse und deren gleichzeitige Drehung um ihre Achsen bei gleicher Beleuchtung zu erreichen, haben auf Anregung verschiedener Kriminalisten einzelne optische Firmen eigene Geschoß-Vergleichsmikroskope herausgebracht, die entsprechende Zentrierungs- und Drehvorrichtungen besitzen, auf denen die Geschosse durch Ankleben oder mittels elastischer Hülsen befestigt werden. Bei deformierten Geschossen muß allerdings die Einstellung mit der Hand nachkorrigiert werden, um ein gleich scharfes Bild und einen gleichen Lichteinfallswinkel zu erhalten[2]).

Bei der vergleichenden Untersuchung, die sich auf jeden Feldereindruck des Tatgeschosses und auf alle Zwischenräume (die ja Zugspuren enthalten können) zu erstrecken hat, ist zunächst die korrespondierende Lage des Tat- und Vergleichgeschosses zu ermitteln, in welcher der nähere Spurenvergleich durchzuführen ist.

Sind die Waffen verschieden, so kann ein bestimmter Feldereindruck des Tatgeschosses naturgemäß mit keinem Felderabdruck des Vergleichsgeschosses hinsichtlich der mikroskopischen Feinheiten übereinstimmen. Stammen die beiden Geschosse aber aus demselben Lauf, so stimmt beispielsweise der Feldereindruck 1 eines 6zügigen Tatgeschosses mit 5 Feldereindrücken des Vergleichsgeschosses ebenfalls nicht überein, sondern nur mit jenem, der durch dasselbe Feld entstanden ist. Welcher der 6 Eindrücke dieser ist, kann der Untersucher vorerst nicht wissen, und so muß er, um die Nicht-Identität feststellen zu können, mindestens einen Feldereindruck des Tatgeschosses mit allen 6 Eindrücken des Vergleichsgeschosses vergleichen; vorsichtsweise wird er aber auch die übrigen 5 Eindrücke mit den 6 Eindrücken des Vergleichsgeschosses vergleichen, so daß er 36 Vergleichungen durchführen muß. Hingegen stimmen im positiven Fall, sobald ein korrespondierendes Felderpaar gefunden wurde, notwendig auch die übrigen Feldereindrücke auf beiden Geschossen in gleicher Reihenfolge überein. Zwecks rascherer Auffindung solcher korrespondierender Feldereindrücke empfiehlt es sich, nach einem „besonderen Kennzeichen" eines Feldereindrucks (z. B. primäre Spuren, stärkeres oder schwächeres Hervortreten der einen Felderkante u. ä.) auf dem Tatgeschoß zu suchen und zu prüfen, ob einer der Feldereindrücke des Vergleichsgeschosses das gleiche Merkmal zeigt.

Die größte Schwierigkeit liegt aber in der Beurteilung, ob zwei Feldereindrücke, die zwar in ihrer Breite und in einzelnen stärkeren Linien, nicht aber in allen Detaillinien übereinstimmen, noch korrespondierende Eindrücke aus demselben Laufe sind oder nicht. Denn —

---

[1]) Es genügt jedoch auch ein sogen. Vergleichsaufsatz, der auf zwei gewöhnliche Mikroskope gleicher Bauart aufgesetzt wird.

[2]) Mittels einer besonders dimensionierten mikrophotographischen Einrichtung, wie sie *Perrot* (Biel) als „Kriminalprojektor" herausbrachte, gelingt es auch, die Mikrobilder zweier Geschosse nebeneinander auf die Mattscheibe zu bringen.

wie bereits oben erwähnt — kommt ein solches teilweises Nichtübereinstimmen auch bei Felderspuren aus demselben Lauf vor, wovon man sich leicht überzeugen kann, wenn man zwei aus derselben Waffe abgefeuerte Vergleichsgeschosse untereinander vergleicht. Diese Variabilität des Spurenbildes desselben Laufes ist durch zahlreiche Umstände bedingt, die in dieser Richtung zusammenwirken: der Feldereindruck ist ja eine „Bewegungsspur", d. h. nicht der Abklatsch eines ruhigen Gegenstandes, sondern er wird durch die Rotation der Kugel im Lauf erzeugt, wobei die zuerst im hinteren Laufteil entstandenen Spuren durch die später entstehenden Spuren verändert werden. In der Regel sind wohl die bei der Laufmündung zuletzt entstehenden Spuren für das Endergebnis der Spurenausprägung am wesentlichsten, doch hängt dies auch von der Geschwindigkeit und Kraft der Rotationsbewegung innerhalb des Laufes ab, und diese schwankt von Schuß zu Schuß je nach der Gasdruckkurve der Patrone (vgl. oben S. 256). Außerdem verändert sich aber auch das Laufinnere von Schuß zu Schuß durch kleine Abnützungserscheinungen an den Feldern, durch zurückgebliebene Pulverteilchen, durch Abscheuerung früherer Rostbildungen und allenfalls durch in der Zwischenzeit neu angesetzten Rost. Daher ist die teilweise Nichtübereinstimmung einzelner Details auch bei korrespondierenden Feldereindrücken die Regel — vgl. Abb. 95 und den unten S. 289 dargestellten Fall — und es bedarf großer Erfahrung und kritischer Überlegung des Sachverständigen, um die Fälle zu erkennen, wo auch bei einem solchen Befund die Identität zu bejahen ist. Am sichersten ist ein solcher Identitätsnachweis, wenn mehrere Feldereindrücke des Tatgeschosses „besondere Kennzeichen" aufweisen und diese bei den Feldereindrücken aller Vergleichsgeschosse in gleicher Reihenfolge wiederkehren.

Abb. 95. Kombinationsbild aus zwei korrespondierenden Feldereindrücken im Vergleichsmikroskop (aus: *Seelig*, Archiv für Kriminologie 104, Seite 181). Beispiel einer nur teilweisen Übereinstimmung des Linienmusters trotz Identität der Waffe.

Bei stärkerer Verrostung des Laufes in der Zwischenzeit (wenn etwa die Waffe lange im Freien lag) kann die Veränderung des Spurenbildes so weit gehen, daß eine wesentlich größere Felderbreite und damit zunächst ein negativer Befund vorgetäuscht wird. In solchen Fällen ist es aber schon gelungen, durch vorsichtiges Reinigen des Laufes nach dem ersten Vergleichschuß wieder Spurenbilder zu erhalten, die mit dem alten Spurenbild auf dem Geschoß, das vor der Verrostung verschossen wurde, wieder übereinstimmen[1]).

[1]) *Heeß*, Archiv 98, S. 110.

γ) Die Identifikation der Waffe aus Spuren auf der Patronenhülse.

Hier sind die Aussichten für eine absolut sichere Beantwortung der Identitätsfrage bedeutend größer: die mannigfachen Gründe, aus denen — wie wir gesehen haben — die feinsten Spurendetails auf dem Projektil auch bei Identität der Waffe variieren, fallen bei den Spuren auf der Patronenhülse weg. Von diesen Spuren (oben S. 280f.) sind es vor allem die Abdrucksspuren des Stoßbodens, die infolge ihrer Einmaligkeit die verwendete Waffe meist eindeutig bestimmen. Innerhalb dieser Abdrucksspuren kommt hiebei den individuellen Spuren der Stoßbodenbearbeitung in der Fabrik (mikroskopisch feine Feil- oder Drehspuren) sowie späteren zufälligen Beschädigungen die größte Bedeutung zu, während die Abdrucksspuren der Stoßbodenumrisse (Schlagbolzenloch, sonstige Aussparungen) durch das System und Modell der Waffe bedingt sind (und daher wohl für die Systembestimmung — oben S. 282ff. —, nicht aber für die Identifikation von Wert sind).

Allen übrigen Spuren auf der Patronenhülse (Schlagbolzeneindruck, Auswerferspur, Schurfspur der Auszieherkralle, Abdruck des Patronenlagerrandes), die ja bei allen Exemplaren eines Waffenmodells hinsichtlich Lage und Form in gleicher Art wiederkehren, kommt nur, wenn sie auf der Tathülse und auf der Vergleichshülse wesentliche Unterschiede zeigen, auch für die Identitätsfrage negative Bedeutung zu; doch ist auch bei solchen negativen Schlüssen mit Vorsicht vorzugehen, da z. B. auch bei Waffen, die einen Auswerfer haben, dieser nicht immer eine gleich ausgeprägte Spur, manchmal sogar überhaupt keine Spur hinterläßt[1]). Auch kann der Schlagbolzeneindruck bei erhöhtem Gasdruck durch Ausstülpung des Zündhütchens vermindert oder fast ausgeglichen sein, was sich bei verrosteten Waffen oft von Schuß zu Schuß ändert[2]). Doch können alle diese Spuren ausnahmsweise auch zum positiven Identitätsnachweis beitragen, wenn sich nämlich an ihnen individuelle Details finden, die auf der Tathülse und den Vergleichshülsen konstant wiederkehren, z. B. mikroskopisch feine Rillen innerhalb der Schurfspur der Auszieherkralle oder eine durch Abnützung entstandene Deformierung des Auswerfers oder der Schlagbolzenspitze[3]). — —

Zwei Fälle aus der Praxis mögen schließlich den Beweiswert veran-

---

[1]) Vgl. *Mueller*, Zschr. f. d. ges. Ger.-Medizin 21, S. 190.

[2]) Vgl. die instruktiven Aufnahmen mehrerer Patronenhülsen, die hintereinander aus einer solchen Waffe verfeuert wurden, bei *Fritz*, Archiv 98, S. 12 u. 17.

[3]) Zu diesem Zwecke empfahl *Raestrup*, Ztschr. f. d. ges. Ger.-Medizin 7, S. 242, den Schlagbolzeneindruck plastisch abzuformen und die vergrößerten Profile des Abdrucks zu vergleichen. Von Wert ist diese Methode dort, wo ein charakteristisches Detail der äußersten Spitze des Schlagbolzen seine Spur in der Tiefe des Eindrucks hinterläßt und deshalb durch eine mikrophotographische Aufnahme des Hülsenbodens nicht sichtbar gemacht werden kann. *Raestrup* selbst betont aber, daß die Schlagbolzeneindrücke derselben Waffe oft große Verschiedenheiten aufweisen, und daß verschiedene Waffen mitunter zufällig-gleichartige Merkmale an den Schlagbolzeneindrücken erzeugen.

schaulichen, den die vergleichenden Untersuchungen der Geschosse einerseits und der Patronenhülsen andererseits haben[1]).

Am 1. 12. 1931 wurde auf einer nach Graz führenden Straße der Taxiunternehmer L. Sch. in seinem Auto, am Volant sitzend, tot aufgefunden. Er hatte einen Schuß in das Hinterhaupt in der Nähe des Halses erhalten, das Projektil (Stahlmantelgeschoß Kal. 7,65) wurde bei der Obduktion in deformiertem Zustand gefunden. Auf dem erhalten gebliebenen Teil der Manteloberfläche befanden sich zwei Feldereindrücke von rund 1,3 mm Breite, nach deren Anordnung der ganze Mantel 6 solche Drallspuren trug. Auf dem Boden des Wagens wurde die ausgeschossene Patronenhülse gleichen Kalibers gefunden. Der Täter hatte sich offenbar als Passagier im hinteren Wagenteil befunden und den Schuß in dem

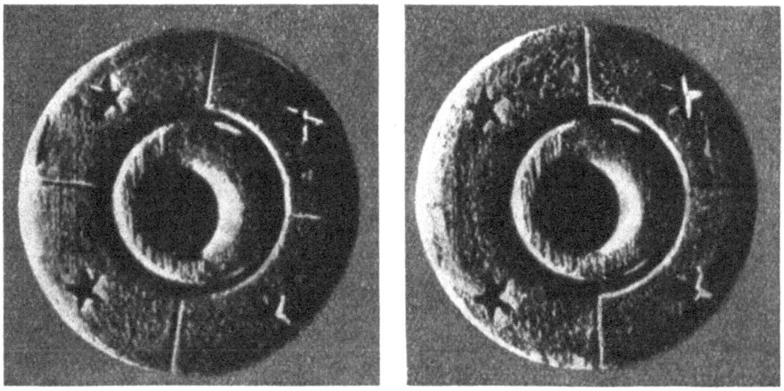

Abb. 96. Patronenhülsen aus zwei verschiedenen Mordfällen. Die übereinstimmenden Rillenmuster (Abdruckspuren des Stoßbodens) beweisen die Identität der Waffe (aus: *Seelig* a. a. O.).

Augenblick abgegeben, als der Chauffeur auf seine Weisung den Wagen anhielt. Am selben Tag wurde die leere Brieftasche des Chauffeurs in einem Grazer Hausflur gefunden; es fehlten 110 Schilling. Die sofort mit allen Mitteln moderner Fahndung eingeleiteten Nachforschungen nach dem Täter blieben erfolglos. Rund 6 Wochen später — am 15. 1. 1932 — erschien bei einem kleinen Sägewerksbesitzer in der weiteren Umgebung von Graz nachmittags ein vermummter Mann und trat in die Tür der Tenne, wo der Sägewerksbesitzer mit seiner Frau gerade arbeitete. Ohne einen Wortwechsel gab der Fremde drei Schüsse auf den Sägewerksbesitzer ab, der tödlich getroffen niedersank. Nach Aussage der Frau forderte er von dieser hierauf Geld, das diese zu holen versprach; sie ging in das Wohnhaus, verriegelte jedoch die Tür, versteckte sich und floh schließlich durch eine Seitentür, um einen Nachbarn zu Hilfe zu holen. Als dieser eintraf, war der Täter verschwunden. In der Leiche wurden zwei Projektile und im Heu der Tenne ein weiteres gefunden; alle hatten Kal. 7,65 und 6 Feldereindrücke. Außerdem wurden drei ausgeschossene Patronenhülsen gleichen Kalibers gefunden. Auch hier blieben die weiteren Nachforschungen nach dem Täter ergebnislos. Zur Untersuchung der Frage, ob beide Verbrechen mit derselben Waffe verübt wurden, standen somit aus dem einen Fall ein deformiertes Geschoß mit zwei erhaltenen Feldereindrücken und eine Patronenhülse und aus dem anderen Fall drei Geschosse (hievon eines völlig unversehrt) und drei Patronenhülsen zur Verfügung. Die vergleichende mikroskopische Untersuchung jedes der beiden

[1]) Eine ausführliche Darstellung dieser Fälle findet sich bei *Seelig*, Archiv 104, S. 181.

Feldereindrücke auf dem Geschoß aus dem Taxi-Chauffeurmord mit allen 6 Feldereindrücken auf dem unversehrten Geschoß aus dem zweiten Mord ergab alsbald die Zusammengehörigkeit mit zwei bestimmten Felderspuren. Der Vergleich der mikroskopischen Details zeigt aber, daß keineswegs sämtliche Linien des einen Mikrophotogramms sich auf dem anderen fortsetzen (Abb. 95), so daß — wären nur die Projektile vorgelegen — sich nur ein Wahrscheinlichkeitsgutachten ergeben hätte. Jedoch der Vergleich der Patronenhülsen ergab die volle Übereinstimmung eines feinen Rillenreliefs, das als Abdrucksspur des Stoßbodens eine einmalige Musterung zeigte, die durch eine Handbearbeitung (Feilen) des Stoßbodens entstanden ist. Ihre Wiederkehr auf den vier Patronenhülsen (vgl. Abb. 96) ergab den sicheren Nachweis, daß zu beiden Morden dieselbe Waffe verwendet wurde. Diese Feststellung war für die weiteren Nachforschungen von wesentlichem Wert.

Ein anderer Fall:

Am 29. 4. 1935 wurde in einem obersteirischen Jagdgebiet der Revierjäger V. V. aus dem Hinterhalt angeschossen. Durch einen Schrotschuß, dessen Ladung

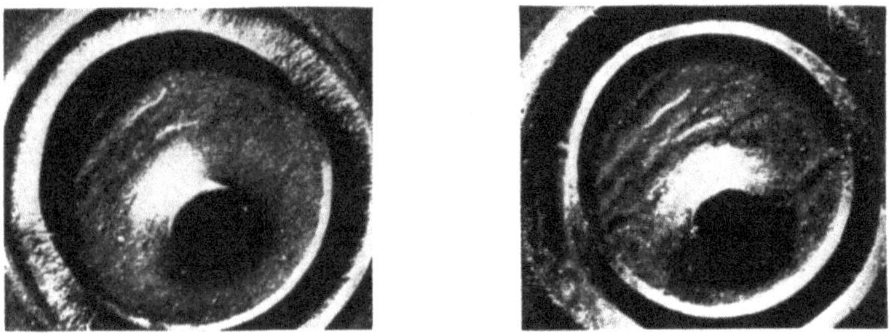

Abb. 97. Mikrophotogramme der Zündhütchen zweier Schrotpatronen: links: Hülse vom Tatort, rechts: ausgeschossene Hülse aus der Bockbüchsflinte des Angeklagten.

4,5 mm Schrote und 7 mm-Posten enthielt, wurden ihm beide Oberschenkel zertrümmert. Dort, wo der Täter im Hinterhalt gelegen war, fand man frei sichtbar eine selbstgeladene Bleikugelpatrone Kal. 10 mm, wie sie nur von Wilderern verwendet werden, bei genauerer Untersuchung des Tatortes aber außerdem — im Erikakraut verborgen — eine ausgeschossene Schrotpatronenhülse Kal. 16. Der schwerverletzte Revierjäger hatte sich auf einem Dienstgang befunden, zu dem er an diesem Tage nur ausnahmsweise beordert worden war. Dies wußte nur der zweite Revierjäger Johann L., weshalb auf ihn ein Tatverdacht fiel, der sich verstärkte, als sich ergab, daß zwischen den beiden Revierjägern seit langem eine schwere Spannung bestand und der Abbau einer der beiden Dienststellen drohte. Schließlich fand man bei Johann L., der hartnäckig leugnete, gleichartig geladene Schrotpatronen Kal. 16, und er war im Besitz einer Bockbüchsflinte mit einem 16 mm-Schrot- und einem 9 mm-Kugellauf. Die mikroskopische Untersuchung dieser Munition und des Gewehrs sowie der durch Vergleichsschüsse aus dem Schrotlauf erzielten weiteren Patronenhülsen ergab einen eindeutigen Befund: auf dem kupfernen Zündhütchen der am Tatort gefundenen Patronenhülse zeigten sich (außer dem Zündstifteindruck) zwei Arten von Spuren: gröbere, flache parallele Rillen, die der Oberfläche eine wellenförmige Krümmung gaben; außerdem aber zwei scharf hervortretende, im Mikrophotogramm hell glitzernde Erhebungen (vgl. Abb. 97), die offenbar kratzerförmigen Vertiefungen des Waffenstoßbodens entsprachen. Die Lupenuntersuchung des Stoßbodens des Schrotlaufes der erwähnten Bockbüchsflinte ließ solche Kratzer erkennen. Auf den Patronenhülsen, die durch die Vergleichsschüsse erzielt wurden, entstanden die gleichen Spuren, nämlich ebenfalls eine wellenförmige Krümmung der Oberfläche, die den Primärspuren der Stoßbodenbearbeitung entspricht, und außerdem Erhebungen, die den beiden Kratzern auf dem Stoßboden (die später entstandene Beschädigungen sind) entsprechen. Auf Grund dieser Beweisführung wurde Revierjäger Johann L. wegen vorsätzlicher tückischer Körperverletzung zu 2½ Jahren schweren Kerker verurteilt; er hatte am Tatort eine nicht zu seinem Gewehr passende 10 mm-Kugelpatrone liegen lassen, um den Tatverdacht auf Wilderer zu lenken.

3. Die Hieb- und Stichwaffen.

Da diese im großen und ganzen jedermann bekannt sind, sollen hier lediglich ihre technischen Bezeichnungen ins Gedächtnis gerufen werden,

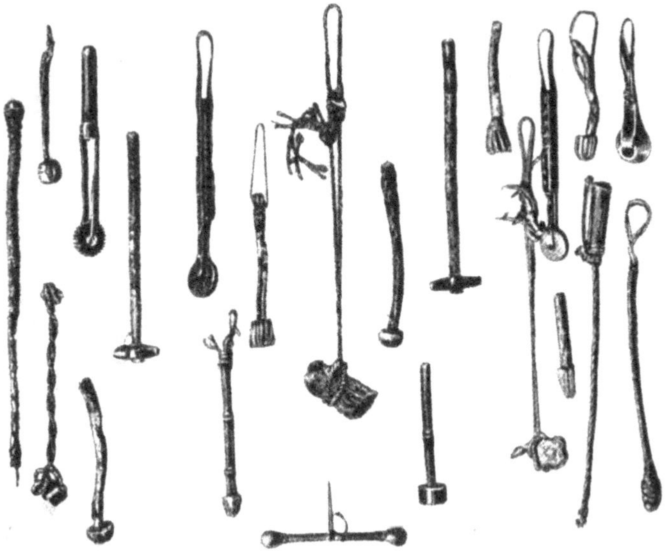

Abb. 98. Selbstverfertigte Totschläger. Aus der Sammlung des Kriminologischen Institutes in Graz.

um dem U. die Beschreibung einer Hieb- oder Stichwaffe zu erleichtern. Allerdings sind die heute vorkommenden Arten und Formen äußerst mannigfaltig und die Bezeichnungen schwankend, so daß nur die wichtigsten Grundtypen dargestellt werden können. Außerdem ist auf verbotene und auf selbsterzeugte Waffen hinzuweisen. Die Verletzungen, die mit den verschiedenen Hieb- und Stichwaffen erzeugt werden, sollen später in anderem Zusammenhang behandelt werden[1]).

Für die Hieb- und Stichwaffen gilt ganz besonders das, was wir oben (S. 215) über den Begriff „Waffen" im allgemeinen gesagt haben: nur ein kleiner Teil aller jener Dinge, mit denen Hieb- oder Stichverletzungen zugefügt zu werden pflegen, gehört zu den Waffen im Sinne der Waffenkunde, die zu dem Zweck erzeugt sind,

[1]) Siehe den Abschnitt „Tötung und Körperbeschädigung" im 3. Bd.

dem Angriff auf Mensch oder Tier oder der Verteidigung zu dienen. Nur mit diesen haben wir uns hier zu beschäftigen. Wir werden also z. B. einen Hammer, eine Wagenkipfe, ein eisernes Lineal, einen Bohrer, einen Bierkrug, eine Schaufel und viele andere alltägliche Dinge sogar als „furchtbare" Waffen bezeichnen, wenn jemand damit angegriffen wurde[1]). Gleichwohl werden wir uns hier mit ihnen nicht näher befassen[2]).

Unter den hier zu erörternden eigentlichen Waffen gibt es wohl reine Hiebwaffen (z. B. sie sogen. Totschläger) und auch reine Stichwaffen (z. B. den Dolch), aber auch viele, die sowohl für Hieb als auch für Stich verwendet werden (z. B. ein Säbel). Die folgende Darstellung gliedert darum die hieher gehörigen Waffen nicht nach der Art ihres Gebrauchs, sondern nach typischen Merkmalen ihrer Beschaffenheit.

a) Totschlägerartige Waffen.

Darunter verstehen wir stumpfe Schlagwaffen von länglicher, oft ruten- oder knüppelförmiger Gestalt; sie werden mit der Hand an ihrem Griffteil gefaßt und so geschwungen, daß der Schlagteil auf den Körper des Gegners niedersaust.

Von den fabrikmäßig hergestellten Waffen dieser Art seien hervorgehoben:

Die Gummiknüppel bestehen aus Vollgummi mit oder ohne Spiralfedereinlage; sie wurden und werden in manchen Ländern als Polizeiwaffen verwendet.

Die Holzknüppel, ebenfalls eine — aus Amerika stammende („clubs") — Polizeiwaffe, sind aus Hartholz verfertigt und mitunter mit einem federnden Griff versehen.

Die Lederknüppel bestehen aus einer Spiralfeder, die an einem Griff befestigt und einschließlich diesem mit Leder überzogen ist.

Die Stahlruten bestehen aus einem Eisenrohr als Griff, aus dem durch die Schwungbewegung zwei sich verjüngende Spiralfedern hervorschnellen, an deren Ende sich ein kugelartiger Schlagteil befindet.

Als Totschläger werden kürzere Schlagwaffen bezeichnet, die aus einem elastischen Griff und einer Bleikugel als Schlagteil (meist ebenso wie der Griff mit Hanf oder Leder umzogen) bestehen.

Von unübersehbarer Mannigfaltigkeit sind die selbsterzeugten Waffen dieser Art; sie spiegeln die erfinderische Phantasie und doch rohprimitive Wesensart des aggressiven Verbrechers wieder. Abb. 98 zeigt eine kleine Auswahl aus der Sammlung des Grazer Kriminologischen Institutes. Den zuletzt erwähnten, fabrikmäßig erzeugten Totschlägern verwandt sind die „Ochsenziemer": die aus dem männlichen Glied geschlachteter Ochsen gewonnenen, zäh-elastischen Ruten werden an einem Ende mit einem schweren Metallteil (Bleikugel, Schraubenmutter, Zahnrad u. ä.) versehen und stellen auf solche Weise eine äußerst gefährliche Schlagwaffe dar. Als elastisch schwingender Teil werden auch andere Materialien, z. B. Lederriemen, ein zusammengedrehter Gummischlauch u. ä. verwendet. In gleicher Weise werden auch mehrteilige Prügelwaffen her-

[1]) Schreckliche Verletzungen hat einmal ein Verbrecher erlitten, dem der Überfallene den halbvollen Nachttopf mit der Bodenkante auf den Kopf schlug.

[2]) Auf die bei solchen Verletzungen besonders wichtigen Feststellungen zur Lösung der Frage, welche Art von Werkzeug (z. B. Hammer von bestimmter Form) verwendet wurde, wird ebenfalls im Abschnitt „Tötung und Körperbeschädigung" eingegangen werden.

gestellt, die drei (oder mehr) schwingende, an einem Griff befestigte Schlagteile besitzen und den „neunschwänzigen Katzen“ ähnlich sind, die noch heute im englischen Strafvollzug zur Durchführung schwerer Disziplinarstrafen verwendet werden. Aber auch Strafgefangene selbst vermögen sich unter Umständen einen recht wirksamen „Totschläger“ zusammenzubasteln: Streifen aus dichtem Stoff (von Leintüchern, Strohsäcken, Mehlsäcken) werden zu schmalen Säcken (etwa 5 cm breit) zusammengenäht und mit Sand und an einem Ende mit einem schweren Stein gefüllt.

b) Schlagringartige Waffen.

Die fabrikmäßig hergestellten Schlagringe, die in manchen Ländern zu den verbotenen Waffen gehören, bestehen aus vier Ringen (für den Zeige-, Mittel-, Ring- und Kleinfinger) und einem flachen, häufig durchbrochenen Teil, der sich der Innenfläche der Hand anschmiegt; sie werden meist aus Gußeisen oder Aluminium, mitunter auch aus Stahl hergestellt (Abb. 99, oberste Reihe). Die Außenseite der Ringe, mit der geschlagen wird, ist entweder glatt oder mit knopfartigen Erhebungen oder Spitzen versehen, die die Wirkung erhöhen sollen. Die leichte Herstellbarkeit solcher Geräte bringt es mit sich, daß man im Besitz gewalttätiger Gauner und Zuhälter vielfach selbsterzeugte Waffen dieser Art findet; hiebei wird häufig auf die vier Fingerringe verzichtet, dafür aber werden oft scharfe Spitzen und sogar dolchartige Klingen an den Metallring angebracht[1]), die naturgemäß von furchtbarer Wirkung sind und die brutale Grausamkeit des Waffenträgers verraten. Ein widerhakenartiger Fortsatz (Abb. 99, unterste Reihe, 2. Schlagring von links) dient mitunter dazu, den Gegner an seiner Kleidung in der Brustgegend mit der linken Hand zu fassen und ihn durch rasches Ansichziehen wehrlos zu machen, um ihm hierauf mit der rechten, eben-

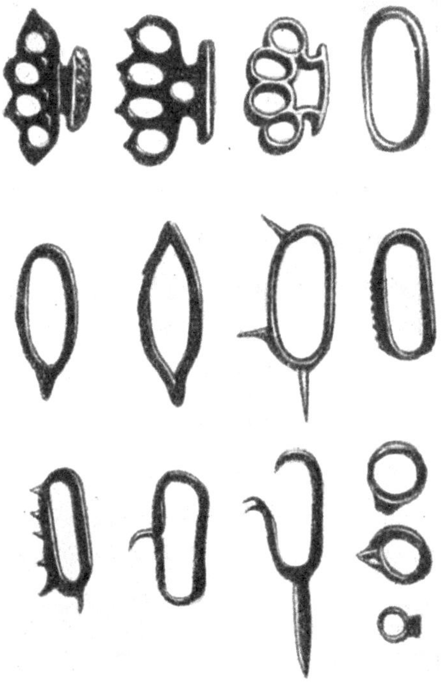

Abb. 99. Fabrikmäßig hergestellte und selbsterzeugte Schlagringe. Aus der Sammlung des Kriminologischen Institutes in Graz.

[1]) Vereinzelt werden Schlagringe mit einklappbarem Dolchmesser auch fabrikmäßig hergestellt.

falls bewaffneten Hand einen betäubenden Hieb auf den Kopf oder einen Stich in den Rücken zu versetzen.

Relativ harmlos sind hingegen die sogen. französischen Schlagringe für einen Finger, die unauffällig getragen werden können (Abb. 99, rechts unten). Gefährliche Verletzungen erzeugen hingegen die Hammelknochen, die von den Pariser Apachen — wie *Reiß* berichtet[1]) — nach Art von Schlagringen verwendet werden, indem der breite, flache Teil des Knochens in der Hand liegt und der schmale, spitze Teil zwischen den Fingern hervorragt.

c) Schwertartige Waffen.

Unter diesen fassen wir alle Hieb- und Stichwaffen zusammen, die — wenn sie in einer Scheide an einem Gurt getragen werden — so lang sind, daß sie von der Hüfte bis zum Erdboden oder fast dahin reichen.

Der Säbel ist leicht gebogen (gewöhnlicher Säbel) oder stark geschwungen (türkischer Säbel). Er ist an der Spitze bis etwa ¼ seiner Länge zweischneidig, im übrigen nur auf der Konvexseite geschliffen und hat häufig (zur Erleichterung seines Gewichtes) der Länge nach beiderseits eine flache Hohlkehle (sogen. Blutrinne). Sein Griff („Gefäß") besteht aus dem eigentlichen Heft von Holz, Hartgummi, Metall u. a., meist mit Fischhaut überzogen (um es rauh und dadurch für die Hand griffig zu machen), und dem Korb, der zum Schutze der Faust dient. Dieser besteht entweder nur aus einem Metallbügel oder einer mehr oder minder ausgedehnten Metallplatte, die (wie bei der alten Schiavona) zu einem die ganze Faust umgebenden Eisengitter werden kann, und setzt sich jenseits des Klingenansatzes in einer „Parierstange" fort. Die metallene Scheide besitzt an der Öffnung zu ihrer Verstärkung den sogen. Mundring, an dem auch die Stahlfedern zur Festhaltung der Klinge befestigt sind, und am unteren Ende das Streifeisen (Ortband mit Schlepper). Der Säbel dient in der Regel zu Hieb und Stich, nur der Türkensäbel ist zum Stich nicht zu brauchen.

Der Degen ist hingegen gerade, als Militär- und Polizeiwaffe meist zweischneidig, als Fechtwaffe dreikantig hohlgeschliffen, dient nur zum Stich und hat deshalb zu Beginn des Korbes eine quergestellte „Stichplatte".

Der Schläger oder das Rapier[2]) (Haurapier), die früher bei den Studentenmensuren vielfach verwendete Fechtwaffe, ist gerade, nur 1,5 cm breit und zweischneidig, besitzt einen Korb und dient nur als Hiebwaffe.

Das Florett ist die der römischen Fechtkunst eigene leichte Stoßwaffe mit gerader, vierkantiger Klinge und kugelsegmentförmigem Parierblatt (Stoßkappe); als Sportwaffe ist die Spitze der Klinge durch einen kleinen Knopf ersetzt, der Stichverletzungen ausschließt.

Von älteren sowie von ausländischen Waffen, die oft im Altwarenhandel noch auftauchen und darum auch den Kriminalisten beschäftigen können, seien aus dieser Gruppe genannt:

Der Pallasch, die Waffe der Kürassiere, ist gerade, sonst aber so beschaffen wie der Säbel.

Der Handschar, das lange Sichelschwert der Türken, ist ohne Korb und ohne Parierstange, entenschnabelartig geformt, vorne schwer, so daß er großen Schwung („Zug") hat; er kann nur zum Hieb oder zum sogen. „Anlaufenlassen" verwendet werden.

---

[1]) *Reiß*, Manuel de Police Scientifique, Lausanne 1911.

[2]) Ursprünglich verstand man im 16. Jahrhundert unter Rapier (rapière) oder „Feder" eine degenartige Waffe, die alsbald das schwere deutsche Schwert und den fränkischen Dusack verdrängte und hauptsächlich zum Stich verwendet wurde.

Der Yatagan, die alte Janitscharenwaffe indischen Ursprungs, ist wie der Handschar geformt, nur schmäler, leichter und gerader. Er ist an der Spitze zweischneidig und daher auch zum Stiche zu brauchen.

d) Messerartige Waffen.

Darunter verstehen wir kürzere, meist in einer Scheide getragene Hieb- und Stichwaffen. Sie sind für den Kriminalisten besonders wichtig.

Der Hirschfänger, ursprünglich nur von Forstbeamten und Berufsjägern getragen, ist ein etwa halbmeterlanges, scharfes Messer mit Rücken und Schneide, das an der Spitze zweiseitig geschliffen ist und beiderseits Parierstangen besitzt, die oft die Form von Rehläufen haben. In früherer Zeit waren die Hirschfänger meist reich ziseliert und ein Symbol des ausgelernten Jägers. Später hat man auch das „Seitengewehr" der Landjäger (Gendarmen) als Hirschfänger bezeichnet.

Das Bajonett („Seitengewehr") ist eine beim Militär und bei der Polizei eingeführte, dem eben beschriebenen Hirschfänger ähnliche, heute meist etwas kürzere „blanke Waffe" mit nur einseitiger Parierstange aus Stahl. Der Griff ist meist mit Hartholz oder Hirschhornschalen umkleidet. Die Scheide ist entweder aus Stahl oder aus Leder (mit Mundblech und Ortband). Die Bajonette sind meist so eingerichtet, daß sie mittels eines am Griff befindlichen „Kastens" auf das Gewehr (Karabiner) vorne „aufgepflanzt" werden können; ein Haltestift, der in die Rast des Aufsteckzapfens am Gewehr eintritt, gewährt das Festhalten des Bajonetts. Durch die beiden Weltkriege sind viele Bajonette in den Besitz der Zivilbevölkerung gekommen und werden dadurch oft auch zu kriminellen Zwecken verwendet.

Der Standhauer der Jäger ist ein breites, schweres, an der Spitze oft halbrund geschliffenes Messer mit sehr breitem Rücken und Stichblatt; es dient auch dazu, um auf der Jagd Äste, die den Ausschuß behindern, abzuhauen (daher sein Name).

Der Knicker („Genickfänger") ist das kurze, am Griff feststehende Jagdmesser der Alpenländer. Es ist bis zur Hälfte der Klinge zweischneidig geschliffen und mit kleiner, leicht geschwungener Parierstange (oft nur einseitig) versehen. Der Griff ist aus Hirschhorn oder einem Rehgehörn verfertigt, mitunter auch aus Holz und mit einem Rehfell umkleidet. Es wird in einer Lederscheide (mit Mundblech und Ortband) getragen und zwar meist in einer hiefür besonders vorgesehenen Tasche der Lederhose. In den nördlichen Gegenden Mitteleuropas sind ähnliche Jagdmesser verbreitet, die aber eine aufklappbare oder mit Federdruck herausspringende Klinge haben. Ähnliche Waffen stellen auch die schwedischen, französischen, spanischen und italienischen Jagdmesser dar, die oft reich verziert sind.

Das Fahrtenmesser, das von den Angehörigen verschiedener Jugend- und Wandergruppen getragen wird, gleicht einem kleinen Bajonett.

Der Dolch hat — im Gegensatz zu den eigentlichen Messern — keinen Rücken, sondern zwei, drei oder vier Schneiden, so daß der

Durchschnitt der Klinge eine der Formen in Abb. 100 darstellt. Ausnahmsweise können die Schneiden eines zweischneidigen Dolches der Länge nach gewellt sein, was man „geflammt" nennt. Als „Stilett" wird ein Dolch bezeichnet, dessen Klinge sehr schmal ist.

Als verbotene Waffen (die gleichwohl zeitweise für den Export fabrikmäßig hergestellt wurden) gelten die „Stockdegen" und „Stilettstöcke",

Abb. 100. Durchschnitt der Dolch- und Stilettformen.

d. s. Dolche (in früheren Zeiten auch Degen), die in Spazierstöcken verborgen sind; die modernen Erzeugnisse dieser Art gleichen äußerlich einem eleganten Stockschirm.

Außer diesen hier genannten messerartigen Waffen kann naturgemäß jedes beliebige scharfe Messer, z. B. ein aufgeklapptes Taschenmesser, ein Rasiermesser, ein Küchenmesser, am Lande das zum Holzzerkleinern viel verwendete Hackmesser usw. in ganz gleicher Weise zu schweren Bluttaten verwendet werden, doch fallen — wie schon früher erwähnt — solche Werkzeuge aus dem Begriff der hier zu behandelnden „Waffen" (vgl. oben S. 215) heraus.

e) Beilartige Waffen.

Solche gab es nur in früheren Zeiten: die Jagdbeile und Streitäxte der Rothäute sind uns allen aus den Indianergeschichten geläufig, kommen aber als Waffe in Europa nicht vor. Die zahlreichen, bei uns gebräuchlichen Hacken, Äxte und Beile sind keine Waffen im engeren Sinn; auch mit ihnen werden aber oft schwere Verbrechen begangen (vgl. XVII. Abschnitt im 3. Band).

f) Lanzenartige Waffen.

Die Speere und Lanzen, die heute noch von einigen unzivilisierten Volksstämmen als Waffe verwendet werden, haben für uns keine Bedeutung. In Europa gab es lanzenartige Waffen bis zu Beginn des 20. Jahrhunderts.

Die Militärlanzen der Kavallerie hatten vierkantige Spitzen (mit einer längeren und einer kürzeren Querachse), wodurch die mit ihnen erzeugten Verletzungen als solche kenntlich waren.

Die Hellebarde, noch durch längere Zeit die Waffe des Nachtwächters, hatte eine vierkantige Spitze, an die sich unsymmetrisch auf der einen Seite eine Art Beil (Barte) und auf der anderen Seite ein spitzer Haken (ursprünglich zum Herabreißen des Reiters) anschloß.

Die Partisane hatte eine Spitze, die wie ein sehr breiter Dolch geformt ist, und anschließend zwei symmertisch angeordnete, der Spitze zugewandte hakenartige Fortsätze. Sie ist noch bei der Leibwache des Papstes in Gebrauch.

XI. Abschnitt.

Das Zeichnen, Abformen und Rekonstruieren.

1. Allgemeines.

Unter den vielen Dingen, die der U. wissen oder können soll, gibt es einzelne technische Fertigkeiten, die er unbedingt gelernt haben muß, wenn er nicht alle Augenblicke in schwierige Lagen kommen will, die seine Aufklärungsarbeit behindern. Vor allem erfordert es der Ernst und die Wichtigkeit seiner Arbeit, daß alles aufgewendet wird, um Klarheit und Sicherheit in die Erhebungen zu bringen, Irrtümer und Zweifel zu beseitigen, daß namentlich das Äußerste daran gesetzt werde, um die Beschuldigung oder gar die Verurteilung eines Unschuldigen zu verhindern. Da ist es nun wichtig zu wissen, daß oft durch einen mächtigen Stoß von Protokollen nicht soviel Aufklärung geboten wird als durch eine einzige Skizze oder ein ähnliches Hilfsmittel. Wer von einem anderen gearbeitete Akten studieren muß, wird es wiederholt erfahren haben, daß er sich auf Grund von Protokollen eine Vorstellung der Sache gebildet hat, die sich später, als er eine Tatortskizze im Akte gefunden hatte, als falsch ergab; nur eine solche gibt eine richtige Anschauung. Aber auch seine eigene Arbeit erleichtert der U. wesentlich, wenn er nicht mühsam beschreiben muß, was sich mit wenigen Strichen hätte technisch darstellen lassen, und wenn er bei fortschreitender Arbeit an einer vorliegenden Zeichnung Anhaltspunkte für Überlegungen und Vernehmungen finden kann. Besonders aber in drei Fällen sind Zeichnungen unbedingt erforderlich: wenn Beweisgegenstände, die nicht von Dauer sind, durch eine Photoaufnahme überhaupt nicht[1]) oder doch nicht mit entsprechender Anschaulichkeit[2]) gesichert werden können; ferner dann, wenn die Vernehmung von Zeugen ohne Gefahr von Mißverständnissen nur an Hand einer Zeichnung durchgeführt werden kann[3]); und schließ-

[1]) Z. B. die Lage von Räder- und Fußspuren auf einer längeren Straßenstrecke.

[2]) Z. B. die Raumverhältnisse eines Dachzimmers mit der Leiche eines angeblich in Notwehr Getöteten, der gegen den Täter mit hoch aufgezogenem Arm eine Hacke geschwungen haben soll; hier kommt es auf die genaue Lage der Leiche und der Hacke, den freien Raum zwischen den Einrichtungsgegenständen, die Höhe des Zimmers usw. an, was alles sich aus dem Lichtbild allein nicht fehlerfrei feststellen läßt.

[3]) Z. B. wenn die Zeugen einer Wirtshausrauferei, bei der ein Mann tot am Platze blieb, angeben sollen, wo die einzelnen Teilnehmer am Raufhandel ursprünglich saßen, wo sie miteinander in Streit gerieten usw.

lich, wenn das betreffende Objekt nicht photographiert werden kann, weil es nicht mehr vorhanden ist, aber sich aus Mauerresten, mündlichen Beschreibungen, alten Fhotos, Bauplänen usw. rekonstruieren läßt — eine bei Brandlegung häufig anzutreffende Situation[1]). Es sollen darum für das Anfertigen von Skizzen hier einige Ratschläge gegeben werden, freilich nur für den, der über ein klein wenig Geschicklichkeit verfügt.

Man kann wohl behaupten, daß ein manuell hervorragend ungeschickter Mensch ebensowenig zum U. als zum Operateur, Maschinentechniker oder Mikroskopiker taugt. Eine gewisse handliche Geschicklichkeit ist auch in unserem Fache nötig. Der U. muß zu oft selber Hand anlegen und sich selbst etwas schaffen, als daß er jedesmal irgend jemanden holen kann, der ihm hilft, und der es schließlich in der Regel nicht so gut macht als derjenige, der weiß, worauf es ankommt. Es geht weiters manuelle Geschicklichkeit meistens mit einem gewissen Scharfblicke Hand in Hand, d. h. wer jene hat, muß nicht auch diesen haben, wohl aber hat erfahrungsgemäß fast jeder, der Scharfblick besitzt, auch eine geschickte Hand; es scheint, als ob Geschicklichkeit und Scharfblick nur zwei Symptome einer gewissen Befähigung seien, und daß der U. Scharfblick haben muß, dürfte kaum bezweifelt werden. Auch ist jedem, der einst U. werden will, auf das Dringendste zu raten, daß er keine Gelegenheit versäume, um irgendeine technische Fertigkeit zu erlernen. Der U. kann alles brauchen, was Wissen und Können heißt.

Betrachten wir zuerst die für den U. notwendigste Fertigkeit:

2. Das Zeichnen von Planskizzen.

Die Aufgaben, die in dieser Richtung dem U. gestellt werden können[2]), haben einen beschränkten Umkreis. Es wird niemand verlangen, daß der U. den Schauplatz eines großen Eisenbahnunglückes technisch richtig zeichnet. Hier muß die bildliche Darstellung auf photographischem Wege und durch einen Techniker geschehen. Was aber vom U. verlangt werden kann, ist die Lieferung der Skizze eines Innenraumes, einer Wohnung, eines Hauses, der Umgebung eines Hauses oder einer größeren Fläche in der Landschaft oder ähnliches.

Im allgemeinen empfiehlt es sich, die Skizzen von Häusern, Wohnungen, Zimmern und Landschaften, soferne diese nicht zu ausgedehnt sind, dann Zeichnungen von Verletzungen an Menschen und Sachen, von Werkzeugen und anderen Gegenständen, von Spuren usw. zunächst als Rohskizze auf Millimeterpapier zu entwerfen. Dieses Papier bekommt man in allen Schreibwarengeschäften, es ist in Zentimeter und Millimeter eingeteilt und erleichtert die Arbeit des Zeichnens und Ablesens wesentlich. Nur wo eine allererste Skizze — aus Raumgründen oder zwecks Zeitersparnis — bewußt nicht maßstabgetreu entworfen wird, ist hiefür

[1]) Vgl. *Graßberger*, Über das Anfertigen von Planskizzen und Situationszeichnungen insb. bei Brandermittlungen, Kriminalistik 1943, S. 15 und 28.
[2]) Vgl. *Kahle*, Topographische Aufnahmen mit einfachen Hilfsmitteln, Archiv 7, S. 80; *Ehmer*, Das Skizzieren auf Millimeterpapier, Archiv 29, S. 1; *Weinlich*, Über einige technische Behelfe für Untersuchungsrichter, Archiv 29, S. 212.

ein leeres weißes Schreibpapier zu verwenden. In einer solchen ersten Rohskizze sind die richtigen Maße anzumerken und der späteren Übertragung auf Millimeterpapier zugrunde zu legen[1]). Für den Gerichtsakt wird der fertige Skizzenentwurf (ohne die in ihm noch aufscheinenden Meßpunkte und Hilfslinien) auf starkes, glattes, weißes Zeichenpapier (womöglich im Aktenformat oder in einem Vielfachen von diesem) durchgepaust und mit Tusche ausgezogen (Reinzeichnung). Zur Hervorhebung einzelner Teile der Zeichnung kann auch rote oder grüne Tinte verwendet werden. Sehr zweckmäßig ist es auch, von der ausgezogenen Reinzeichnung entweder Photokopien oder — noch zweckmäßiger — Lichtpausen herzustellen (die größeren Dienststellen der Sicherheitsbehörden verfügen heute fast überall über solche Einrichtungen) und der ans Gericht gehenden Anzeige eine solche Kopie (in die allfällige farbige Details ohne weiteres mit entsprechender Tinte übertragen werden können) beizugeben.

Als erste Regel hat zu gelten: peinlichste Genauigkeit im Messen! Wird nur ungefähr gemessen, so muß dies ausdrücklich beigesetzt werden; ebenso darf niemals mit ungenauen Maßeinheiten gemessen und genaues Maß eingesetzt werden; man mißt oft z. B. 70 Schritte ab, rechnet sie in Meter um und setzt ins Protokoll „56 Meter" — dies darf grundsätzlich nie geschehen; liest man „70 Schritte", so weiß jeder, daß dies nicht genau sein kann; steht im Protokoll aber „56 Meter", so glaubt jeder, es seien diese sorgsam ausgemessen worden und später kann es dann gerade auf einen halben Meter ankommen. Es mag ja richtig sein, daß für viele Fälle flüchtige Skizzen, lediglich nach dem Augenmaße gemacht, vollkommen genügen werden; sind solche gut gemacht, so vermitteln sie von der Sachlage häufig eine bessere Vorstellung, als eine mit Details überladene Darstellung, die im einzelnen auf den Zentimeter genau ist. Ein sogen. Croquis ist hingegen vielleicht in allen Details falsch, aber es ist von einem weiteren Gesichtspunkte aus aufgenommen und bringt daher den Beschauer, der ja auch nicht alles nachmißt, am besten dahin, wo ihn der Zeichner haben will. Aber ein solches Croquis zu entwerfen ist nicht leicht, und gut macht es nur ein geschickter Zeichner, der diese Belehrungen ohnehin nicht braucht. Jedenfalls muß es aber ausdrücklich bemerkt werden, wenn das Croquis bloß nach dem Augenmaße angefertigt wurde. Ein ungeübter Zeichner muß durch Genauigkeit das ersetzen, was ihm an Geschicklichkeit abgeht, am wenigsten darf es aber ein Zeichner versuchen, ein Gemisch darzustellen, das aus zum Teile mit dem Bandmaße gemessenen, zum Teile nach dem Augenmaße Aufgenommenen besteht. Da wird nie etwas Ordentliches daraus; man hat nicht die Unmittelbarkeit des im ganzen Aufgefaßten und nicht die Verläßlichkeit des sorgfältig Vermessenen, man hat nur die Fehler beider Arten des Wiedergebens. In dieser „gemischten" Weise wird aber oft vorgegangen; es wird z. B. jede Ausdehnung eines Zimmers

[1]) Es gibt allerdings geübte Zeichner, die eine Verwendung von Millimeterpapier ablehnen und auf Grund der am Tatort rasch entworfenen, nicht maßstabgetreuen Rohskizze auf einem Zeichentisch mit Meßlineal und Zirkel eine tadellose Maßstabskizze zeichnen. Wer über solche zeichnerische Fähigkeiten und die nötigen technischen Hilfsmittel verfügt, benötigt allerdings das Millimeterpapier nicht; die Ratschläge des obigen Textes bezwecken jedoch, auch den zeichnerisch ungeschulten Kriminalisten anzuleiten, einwandfreie Tatortskizzen mit einfachsten Hilfsmitteln und in raschester Zeit anzufertigen, und hiefür ist das Millimeterpapier (das durch sein Netz überall das Ziehen von rechten Winkeln, sowie das Auftragen der Maßstabentfernungen ermöglicht, ohne daß auf dem Papier gemessen zu werden braucht) eine wesentliche Hilfe.

genauestens vermessen und eingezeichnet, die Einrichtungsstücke werden aber „nur flüchtig" nach dem Augenmaße oder nach dem von weitem daran gehaltenen Maßstabe geschätzt und eingezeichnet: die Folge davon ist, daß es „nicht ausgeht", daß nämlich für das letzte Einrichtungsstück an einer Wand zuviel oder zuwenig Raum bleibt, oder daß der zuletzt für die Mitte des Zimmers freibleibende Platz zu groß oder zu klein ausfällt.

Als zweite Regel sei genannt: Man suche über das ganze zu Skizzierende einen vollen Überblick zu gewinnen, bevor man an die Ausarbeitung geht. Daß dies oft nicht so gemacht wird, sieht man vielen Skizzen auf den ersten Blick an. Es wird bei irgendeinem Zipfel zu arbeiten begonnen und meistens so lange fortgezeichnet, nicht, bis man alles verzeichnet hat, sondern so lange das Papier reicht. Nebensächliches ist genau und auf vorteilhaftem Platze dargestellt, Wichtiges ist vernachlässigt, kurz, man sieht, daß zu arbeiten begonnen wurde, bevor der Zeichner wußte, was er zu machen hat. Unbedingt nötig ist es also, daß zuerst der ganze fragliche Raum abgegangen wird, daß man sich klar macht, was wichtig ist und was wichtig sein kann, wie weit die Skizze ausgedehnt, von welchem Punkte, in welcher Richtung aufgenommen werden muß, und wie die Skizze zu halten ist, damit sie bei der seinerzeitigen Benützung am bequemsten und deutlichsten zu verwenden ist. Sie muß im Kopfe fertig sein, bevor der Bleistift zur Hand genommen wird.

Als dritte Regel gelte: Man nehme den richtigen Zeitpunkt wahr, in dem die Skizze aufzunehmen ist. Dieser ist ziemlich genau fixiert: die Skizze darf nicht eher begonnen werden, als bis man so weit orientiert ist, daß man genau weiß, was und wie aufzunehmen ist, sie muß aber fertig sein, wenn mit Vernehmungen begonnen wird. Wird zu früh gezeichnet, so treten die oben geschilderten üblen Folgen ein, wird zu spät gezeichnet, so geht Mühe, Zeit und Klarheit verloren. Denn wenn man einen Zeugen abhört, bevor man die Skizze anfertigte, so wird man z. B. sagen müssen: „Bei dem ersten Fenster rechts vom Eingange, welcher östlich vom Pferdestalle liegt", während man dann, wenn man die Skizze schon fertig hat, lediglich sagt: „Beim Fenster *F*." Solche, Zeit und Mühe raubende Bezeichnungen können aber zahlreich vorkommen, so daß der Verlust nicht unbeträchtlich ist. Es ist aber auch die Benützung der Skizze für jeden lästig, der sich mit ihr befassen muß, wenn er bei jedem Zeugenprotokolle erst die langatmigen Beschreibungen durchstudieren muß, bis er endlich herausbringt, daß die umständlich beschriebene Türe einfach die Türe *T* der Skizze ist, daß unter dem „Wohnzimmer" das Zimmer *W* gemeint ist, und daß unter dem großen „Holzapfelbaume nächst der Fuchsbauern-Behausung" (wobei aber weder die Qualität des Baumes, noch diese Bezeichnung der Behausung auf der Skizze ersichtlich ist) einfach der „Baum *B*" der Skizze gemeint ist. Gar verwirrend kann die Sache werden, wenn dasselbe Objekt in verschiedenen Aktenstücken verschiedene Benennungen erhält. Es kann z. B. der U. am Tage der Aufnahme des Lokalaugenscheines im Befundprotokolle eine Türe als „die an der nordwestlichen Seite des Hauses befindliche zweite Türe von der Straße aus gerechnet" bezeichnet haben; wird nun nach Wochen ein Zeuge vernommen, so hat der U. die genannte Bezeichnung vergessen und sagt im Protokolle: „Die gegen den Bach führende, näher gegen das Dorf Altenberg gelegene Türe". Und wer das ganze liest, bedarf umständlicher topographischer Erhebungen, um darauf zu kommen, daß beidemale dieselbe Türe gemeint ist; lag aber die Skizze rechtzeitig vor, so ist und bleibt die fragliche Türe stets „die Türe *T* der Skizze". Es kann freilich notwendig werden, daß auf der Skizze noch nachträglich Einzeichnungen vorgenommen werden müssen, wenn bestimmte Objekte durch Vernehmungen usw. Bedeutung erlangen, daran liegt aber nichts, wenn nur die Skizze für die Vernehmung fertig vorliegt.

Ferner ist zu beachten:

1. Man vergesse nie, die Himmelsrichtung zu bestimmen[1]) und ersichtlich zu machen.

2. Man messe alles selbst und verlasse sich nie auf fremde Vermessungen.

3. Man zeichne nichts Überflüssiges, was nur Unklarheit und Schwierigkeiten hervorbringt[2]).

4. Man verlasse sich grundsätzlich nie darauf, daß man die Sache zu Hause „ergänzen und genauer ausführen werde", daß man „aus dem Gedächtnisse einzelne Details nachtragen werde", und wie die Tröstungen alle heißen, die man sich zu sagen pflegt, wenn man für heute endlich einmal fertig sein möchte. Man merkt sich die Sachen eben nur solange, als man an Ort und Stelle ist, und den frischen Eindruck, den man von der Sache hat, jeden Augenblick wieder erneuern kann. Ist man einmal zu Hause, so setzt man sich auch nicht sofort an die Arbeit, und kommt man endlich dazu, so erinnert man sich nicht mehr gut und ergänzt entweder gar nicht oder, was noch viel schlimmer ist, unrichtig.

5. Man mache es sich zur Regel, eine Skizze niemals in den Text des Protokolls aufzunehmen, sondern diese stets auf einem abgesonderten Blatte zu zeichnen, das man eben hinlegen und mit dem Texte vergleichen kann; ein Zurückblättern ist lästig. Eine Ausnahme bilden ganz kleine, aus wenigen Strichen bestehende Zeichnungen zur Erläuterung des Textes, die man natürlich besser in diesen aufnimmt.

6. Der Maßstab sei ausnahmslos im Dezimalmaße gehalten und muß immer der Skizze beigegeben werden u. zw. sowohl durch zahlenmäßige Angabe des Verkleinerungsverhältnisses (entweder z. B.: 1 cm = 1 m oder bloß 1:100 usw.) als auch durch Zeichnung des Maßstabes[3]).

Ist die Zeichnung fertig, so tut man gut, sie gegen Beschmutzen, Naßwerden usw. besonders dann zu schützen, wenn sie voraussichtlich öfter, vielleicht auch im Freien, gebraucht, Zeugen vorgewiesen, im Gerichtssaal gezeigt werden soll. Zu diesem Zwecke wird die Zeichnung in eine Zelluloidhülle (in Aktenformat) gelegt. Auch Imprägnierung der Zeichnung mit (nicht feuergefährlicher) Zellit-

---

[1]) Hiefür ist in erster Linie ein verläßlicher Kompaß zu verwenden, auf dem die für den betreffenden Breite- und Längengrad gültige Abweichung der Magnetnadel von der Nord-Süd-Richtung ersichtlich ist; falls ein solcher Kompaß, der zu den notwendigen Ausrüstungsgegenständen des U. gehört (vgl. I. Band, S. 193), ausnahmsweise nicht zur Verfügung steht, kann bei Sonnenschein die Nord-Richtung auch mit einer Taschenuhr ermittelt werden, die man so hält, daß der kleine Zeiger zur Sonne zeigt: dann gibt die Halbierungslinie des Winkels zwischen kleinem Zeiger und der Ziffer 12 die Nord-Süd-Richtung an. In der Nacht weist der Polarstern stets nach Norden.

[2]) Das ist eben der Vorteil jeder gezeichneten Skizze gegenüber einer Photographie — diese bringt in oft verwirrender Weise einfach alles, was da ist, jene enthält nur das im konkreten Falle Wesentliche, oder soll es wenigstens allein enthalten.

[3]) Dies deshalb, weil dann auch im Falle, als die Zeichnung photographisch reproduziert und hiebei vergrößert oder verkleinert wird, der gezeichnete Maßstab stets die richtige Größe angibt.

lösung[1]) kann empfohlen werden. Falls von der Skizze Lichtpausen oder eine Photokopie hergestellt werden (oben S. 299), erübrigen sich solche Sicherungen[2]).

Im übrigen richtet sich die Technik des Skizzierens nach der Art der Objekte, die darzustellen sind.

a) Skizzieren eines Innenraumes.

Hat man bloß einen solchen aufzunehmen, so mache man sich vor allem klar, wie groß die Sache werden soll; in der Regel wird es genügen, wenn ein Meter der natürlichen Größe gleich ist einem Zentimeter auf dem Papier, so daß das Verhältnis von 100:1 zustande kommt.

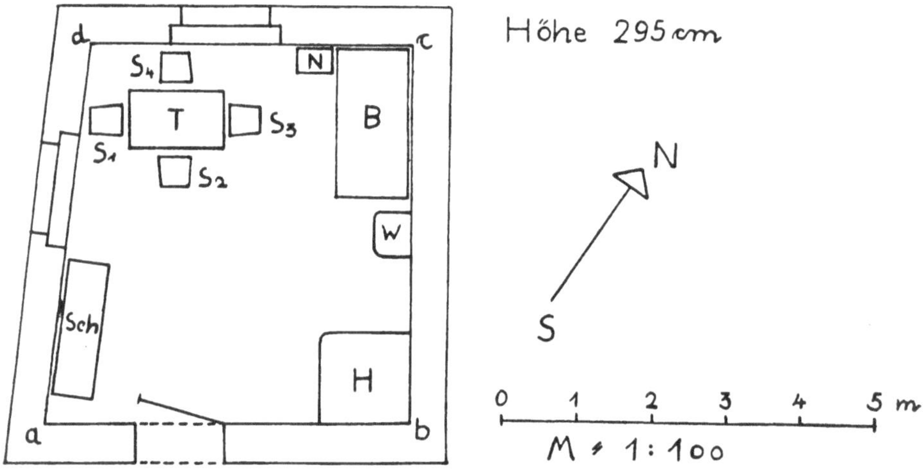

Abb. 100. Skizze einer Wohnküche.

Man trägt also vorerst eine Seite *a b* (Abb. 100), im Innern gemessen, auf. Dann überzeugt man sich, ob die Winkel bei *a* und bei *b* rechte sind, was man z. B. in der Weise tun kann, daß man einen Tisch, der rechte Winkel hat oder ein Nudelbrett o. ä., in die Ecke gibt und zusieht, ob solche rechteckige Gegenstände genau hineinpassen. Ist dies der Fall, so errichtet man in *a* und *b* Senkrechte, trägt auf ihnen die Seiten *a d* und *b c* auf und verbindet *c* mit *d*. Nun wird *c d* in der Natur gemessen und mit *c d* auf dem Papiere verglichen; stimmt es nicht, so ist irgendwo ein Fehler, der gesucht und korrigiert werden muß. Ist hingegen der Winkel in *a* oder *b* kein rechter, so findet man die Lage der Seitenwände *a d* und *b c* in der Weise, daß man auch die Diagonalen *a c*

[1]) Oder mit einem anderen Zellonlack, vgl. unten S. 352.

[2]) Das vielfach übliche Einheften der Skizze in den Polizeiakt ist nicht zweckmäßig, weil im Laufe des Strafverfahrens die Skizze oft unabhängig vom Akt soll eingesehen werden können.

und *b d* mißt und die entsprechenden Entfernungen mit dem Zirkel als Kreislinien von *a*, bzw. *b* aus aufträgt; im Schnittpunkt der Kreislinien *a c* und *b c* liegt dann der Eckpunkt *c*, im Schnittpunkt der Kreislinien *a d* und *b d* der Eckpunkt *d*[1]). Ist die innere Umgrenzung des Raumes genau gezeichnet, so geht man daran, die Mauerdicke zu zeichnen; diese wird bei Türen und Fenstern leicht gefunden, nur hat man bei ersteren die Holzverkleidungen abzurechnen, bei letzteren darauf zu achten, daß man von der Verbindungslinie der Mauerfluchten aus messe, um die richtige Dicke zu erreichen. Kann man die Dicke einer tür- und fensterlosen Mauer (*b c*) nicht direkt messen, so merkt man dies ausdrücklich an. Nun werden Fenster und Türen so gezeichnet, wie es in Abb. 100 zu sehen und beim Plänezeichnen allgemein üblich ist. Ist dann noch die Höhe des Zimmers angegeben, so geht man an das Einzeichnen der Einrichtungsstücke; diese werden mit jenen Buchstaben bezeichnet, mit welchen ihr Name beginnt, also Bett mit *B*, Herd mit *H*, Schrank mit *Sch*, die vier Stühle mit S_1, S_2, S_3 und S_4, das Waschbecken mit *W* usw.

Das Einzeichnen erfolgt in der Weise, daß man eine Wand nach der andern vornimmt; man mißt z. B. von der Ecke bei *a* die Entfernung bis zum Beginne des Schrankes, dann Tiefe und Breite des Schrankes usw. und zur Kontrolle auch die Abstände der wichtigsten Meßpunkte von einer anderen Ecke des Raumes (also z. B. die Entfernung des Schrankes von der Ecke *d*); hiebei wird die Wahl der Kontrollmaße oft von der leichteren Zugänglichkeit der betreffenden Strecke abhängen[2]). Schließlich werden auch hier Himmelsrichtung und Maßstab beigefügt.

Eine sehr zu empfehlende Art der Darstellung eines Zimmers mit Einrichtung ist die „Kreuzprojektion"[3]). Die Sache sieht wesentlich schwieriger aus, als sie ist, erspart viele Hilfsskizzen und Beschreibungen und ist außerordentlich übersichtlich (Abb. 101). Auf jeder Seite des den Fußboden darstellenden Grundrisses wird je ein Rechteck angesetzt, dessen senkrechte Seiten der Zimmerhöhe entsprechen müssen. Auf die so erhaltenen Vierecke werden die an der Wand stehenden Möbel projiziert, also in ihrer vermessenen Höhe und Breite eingezeichnet und im Anschluß an die im Grundriß des Bodens gezeichneten Gegenstände; selbstverständlich erscheinen alle jene Einrichtungsstücke, die in den Ecken

---

[1]) In den früheren Auflagen dieses Werkes wurde empfohlen, Winkel, die nicht 90 Grad betragen, mittels eines steifen Papieres zu übertragen, welches man so lange zuschneidet, bis es genau in den Winkel paßt. Dieses Verfahren führt jedoch zu fehlerhaften Resultaten, sobald die Wände, zwischen denen der Winkel liegt, nicht völlig geradlinig verlaufen; denn dann entspricht der Winkel in der Ecke nicht genau der Lage der ganzen Wände.

[2]) Es ist also nicht zweckmäßig, nach einem starren System vorzugehen und alle Entfernungen von einer Ecke aus zu messen (wie vielfach empfohlen wird).

[3]) Zuerst von dem seinerzeitigen Grazer Untersuchungsrichter (und späteren Senatspräsidenten) Dr. *Ehmer* in einem großen Mordprozeß mit Erfolg angewendet.

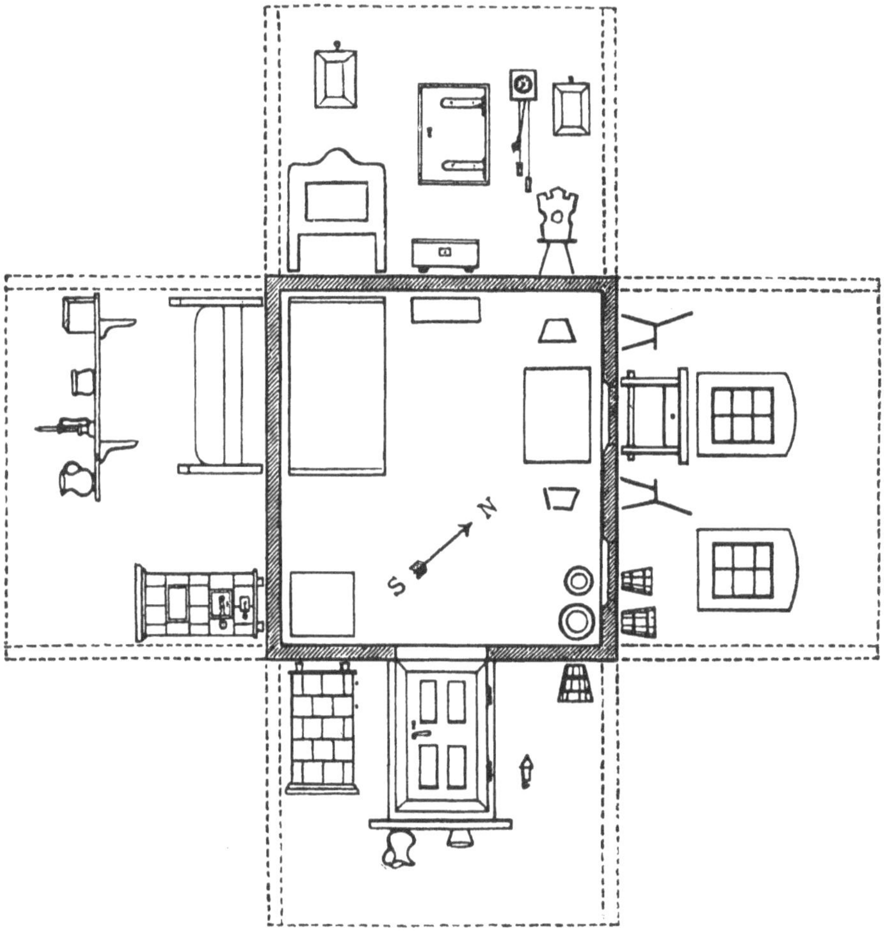

Abb. 101. Kreuzprojektion

stehen, dreimal: auf dem Fußboden und auf jeder Wand, an der sie stehen, in der entsprechenden Ausdehnung.

Diese Art der Darstellung macht keine besonders große Mühe und ermöglicht es, die relative Lage der Gegenstände und Spuren im Zimmer zu veranschaulichen. In gewissen Fällen, wenn z. B. sowohl auf dem Boden, als an der Wand Blutspritzer sichtbar sind, ist sie unersetzlich.

Diese Methode der Kreuzprojektion hat *Kennyeres*[1]) weiter ausgebildet, um in besonderen Fällen das Bild dreidimensional, also plastisch und dadurch noch anschaulicher machen zu können. Man zeichnet zu diesem Zwecke die Skizze

[1]) In Archiv 22, S. 168.

auf ziemlich starken Karton, allenfalls, wenn es Bedeutung hat, auch die Stubendecke (anschließend an die hintere Seitenwand) dazu, und schneidet das ganze aus. In allen Kanten wird ein ganz seichter Schnitt geführt, um die Wände aufbiegen zu können, was man dann auch bei Demonstrationen tut. Will man nun irgend etwas deutlich machen, z. B. die Verteilung von Blutflecken und Blutspritzern auf zwei Seiten des Ofens, auf beiden Wänden, auf dem Fußboden und auf der Stubendecke, so biegt man die drei Wände (mit der Decke) rechtwinklig auf, hält sie mit der Hand in dieser Stellung, läßt aber die vierte Wand herabgebogen, so daß man in das „Zimmer" hineinschauen kann. Natürlich kann derselbe Vorgang mehrmal mit jeweils anderen Wänden wiederholt werden. Eine solche „Schachteldarstellung" stellt bereits einen Übergang zum Modellieren (unten S. 336f.) dar und kommt nur für ganz seltene Fälle in Betracht.

b) Skizzieren von Wohnungen und Gebäuden.

Etwas schwieriger ist die Zeichnung einer Wohnung oder gar eines ganzen Hauses. Bezüglich des Maßstabes verbleibe man auch hier in der Regel bei dem früher genannten 1 : 100, so daß 1 m = 1 cm ist; für Übersichtspläne ganzer Häuser genügt auch der Maßstab 1 : 200 (1 m = 5 mm). Vor allem trachte man, den Bauplan des Hauses zu bekommen, welcher häufig beim Hause aufbewahrt wird; erhält man diesen, so überprüfe man ihn genau[1]), und fertige, wenn er wirklich als richtig befunden wurde, nach diesem seinen Plan an. Meistens wird aber ein solches Hilfsmittel nicht vorhanden sein, und dann muß man den Plan selber machen. Das Wichtigste ist, daß man auch hier eine richtige Ausgangsbasis wählt.

Zunächst sucht man einen Überblick über die äußere Umgrenzung des Hauses oder der Wohnung zu gewinnen. Bei freistehenden Häusern ist das einfach: man umschreitet sie und mißt ihre Außenwände, so daß man bereits eine Rohskizze des äußeren Grundrisses entwerfen kann. Bei Stadtwohnungen, die in einem höheren Stockwerk eines größeren Gebäudekomplexes gelegen sind, ist dies schwerer, weil hier oft einzelne Wohnungsteile in die Nachbarwohnung vorspringen und auch die hofseitigen Wände oft vor- und rückspringende Teile haben; daher ist hier stets auch die Hoffront des Hauses von außen zu betrachten und die Lage der Zwischenwände, die die Wohnung gegenüber dem Stiegenhaus und den Nachbarwohnungen abgrenzen, festzustellen. Hat man auf diese Weise eine Rohskizze der Wohnungs- bzw. der Hausperipherie entworfen (in die man womöglich auch die Lage der von außen sichtbaren Fenster einzeichnet), so beginnt man die im Innern liegenden Zwischenwände, deren Längen und Dicken zu messen sind, und die Türen einzuzeichnen. In der Regel wird man hiebei mit jenem Raum beginnen, in den man vom Haupteingang aus zuerst kommt. Dieser

[1]) Ganz richtig ist ein solcher Plan allerdings selten, da Baumeister und Bauherr während des Baues regelmäßig Änderungen vornehmen; auch die Ungeschicklichkeit des Baupoliers läßt oft etwas in Wirklichkeit anders werden, als es auf dem Plane angegeben war; namentlich findet man Türen oder Fenster oft um nicht Unbeträchtliches verschoben oder weggelassen oder angebracht, obwohl dies im Plane anders gedacht war.

Raum (Diele, Vorzimmer bzw. Stiegenhaus, Korridor u.ä.) wird also nach den oben für das Skizzieren eines Wohnraumes angegebenen Regeln vermessen und (ohne allfällige Einrichtungsgegenstände) gezeichnet. Nie vergesse man hiebei die Richtung, in der sich die Türen öffnen, festzuhalten. In gleicher Weise verfährt man hierauf mit den übrigen Räumen in der Reihe, in welcher man sie vom gezeichneten Vorraum aus betritt. War die Umrißzeichnung des Hauses oder der Wohnung richtig, so muß es beim Einzeichnen der einzelnen Räume „ausgehen"; ist dies nicht der Fall, bleibt also für einen Raum zu viel oder zu wenig, so wird man relativ leicht den früher oder später gemachten Fehler finden.

Eine häufige Fehlerquelle liegt darin, daß man die Verschiedenheit der Mauerstärken nicht beachtet. Besonders in alten winkelig gebauten Häusern, die manche Um- und Zubauten erfahren haben, findet man oft absonderliche Stärkeverhältnisse. Eine Mauer kann z. B. in dem einen Zimmer eine Dicke von 30 cm haben, außen in gleicher Flucht fortlaufen und im nächsten Zimmer eine Stärke von 60 cm oder mehr besitzen, ohne daß dies nach den gegenwärtigen Bauverhältnissen motiviert wäre. Eine Mauer kann sich aber auch allmählich verstärken, so daß ihr Grundriß dreieckige oder trapezartige Form annehmen kann.

Dies machte sich einmal sehr unliebsam bemerkbar, als aus dem gerichtlichen Gefangenenhaus eines steirischen Städtchens eine Anzahl von Häftlingen entwich. Das Gerichtshaus war in einem alten ehemaligen Kloster untergebracht. Man gelangte von einem weitläufigen Korridor *K* (Abb. 102) auf der einen Seite in die Kerkerzellen Z_1, Z_2, Z_3 usw., und am Ende des Korridors in das sogen. Aufnahmszimmer *A*, in welchem die eigenen Kleider der Häftlinge aufbewahrt wurden. Wie man an der Türe von *K* nach *A* wahrnehmen konnte, war dort die Mauer abnorm stark, so daß dieser Eingang (mit schwerer, eiserner Türe verwahrt) einen tunnelartigen Eindruck machte. Allgemein glaubte man natürlich, daß diese Mauer in der gleichen Dicke fortlaufe, bis an einem Morgen mehrere Häftlinge in der Zelle Z_1 die Mauer nach *A* durchbrochen hatten und durch die Fenster von *A* entflohen waren. An der Durchbruchstelle war die Mauer kaum schuhdick, das Durchbrechen hatte keine Stunde erfordert. Warum die Mauer so keilförmig gebaut war, wußte niemand. Aus dieser Begebenheit kann die Lehre gezogen werden, daß man beim Skizzenzeichnen auf die merkwürdigsten Dinge stoßen kann, die aber, soll die Skizze richtig werden, alle berücksichtigt werden sollen.

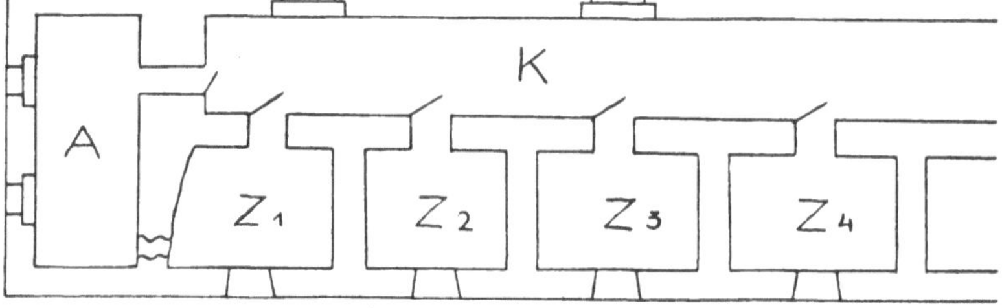

Abb. 102. Unregelmäßige Bauart eines (in einem ehemaligen Kloster untergebrachten) Gerichtsgefängnisses.

Hat man die Skizze eines Stockwerkes gezeichnet und muß auch das darüberliegende Stockwerk dargestellt werden, so kann man sich im großen und ganzen an die erste Skizze halten. Man vergesse aber nicht, daß die Hauptmauern im nächsthöheren Stockwerke um je einen Ziegel schwächer, die Zimmer also nicht unbedeutend größer werden. Auch können im oberen Stockwerke Zwischenmauern weggelassen worden oder neue Zwischenwände (insbesondere solche aus leichten Baustoffen) hinzugekommen sein. Nachmessungen sind daher unbedingt nötig.

c) Skizzieren eines kleineren Geländeteiles.

Eine solche Skizze, die Geländeteile von etwa 50 bis 500 m Längenausdehnung und entsprechender Breite zur Darstellung bringt, wird hauptsächlich in drei Fällen anzufertigen sein: bei Verkehrsunfällen, bei schweren Verbrechen (Raubüberfällen, Mord u. a.), die im Freien geschehen, und bei Verbrechen, die in oder an einem Hause begangen werden (Einbruch, Brandlegung u. ä.) und für deren Aufklärung die Zugangsverhältnisse oder die sonstige Umgebung des Hauses von Bedeutung sind. In allen diesen Fällen wird es sich somit darum handeln, eine Straße, eine Straßenkreuzung, Fußwege, angrenzende Häuser samt Gärten, sonstige Kulturen, einzelne Bäume, Zäune usw., ferner die vorgefundenen Fahrzeuge und Opfer des Unfalles oder des Verbrechens durch die Skizze anschaulich darzustellen. Daher darf auch hier der Maßstab nicht zu klein gewählt werden; für die Aufnahme von Verkehrsunfällen empfiehlt sich ein Maßstab 1 : 200 (1 cm = 2 m) oder von 1 : 500 (1 cm = 5 m) und nur, falls eine längere Straßenstrecke dargestellt werden muß, 1 : 1000 (1 cm = 10 m). Für die Aufnahme noch größerer Terrainabschnitte wird häufig der Maßstab 1 : 1500 (1 mm = 1,5 m = 2 Schritt) oder auch 1 : 3750 (1 mm = 3,75 m = 5 Schritt) verwendet, was noch aus der Zeit herrührt, als man größere Entfernungen — wie beim Militär allgemein üblich — nicht mittels Meßbandes ausmaß, sondern abschritt[1]). Sofern dies auch heute noch getan wird, so sei daran erinnert, daß dies aus der Skizze und dem Protokoll hervorgehen muß (vgl. oben S. 299).

Man wird also zunächst festzustellen haben, welche Bodenfläche darzustellen ist[2]) und darnach die Größe der Skizze und den Maßstab wählen. Ist nur für einen Teil des darzustellenden Geländes ein größerer Maßstab erforderlich, so ist es am zweckmäßigsten für diesen kleineren Geländeteil eine Detailskizze in entsprechender Größe anzufertigen und die Übersichtsskizze über den gesamten Raum in einem kleineren Maßstab zu halten. Abb. 103 veranschaulicht eine solche Skizze der Umgebung mehrerer Landhäuser, die auf Millimeterpapier im Maßstab 1 : 1500 gezeichnet wurden und unterhalb die Detailskizze eines der Landhäuser, das der Schauplatz eines Verbrechens war, im Maßstab 1 : 200.

---

[1]) Der österreichische Militärschritt betrug 75 cm, der preußische 80 cm.

[2]) Diese ist stets größer anzunehmen als der eigentliche Tatort, da diesem nach allen Seiten noch ein Raum für die „Anschlüsse" mit der Umgebung beizufügen ist.

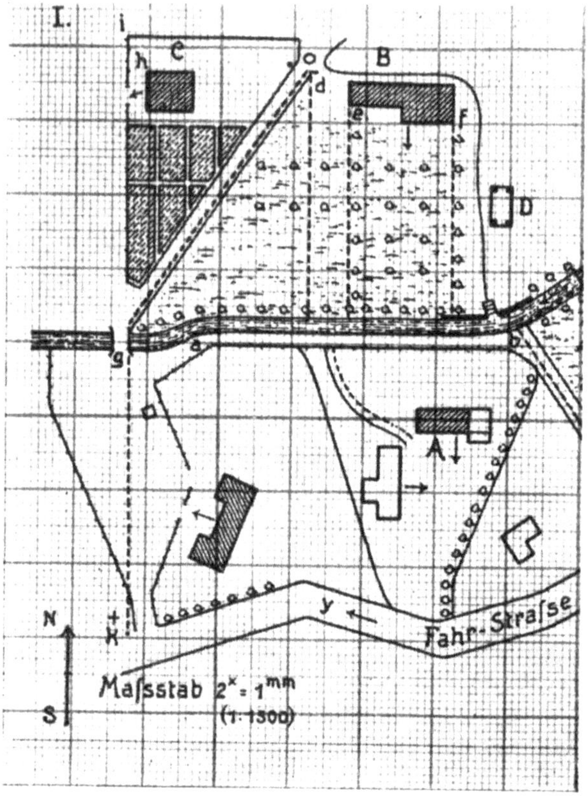

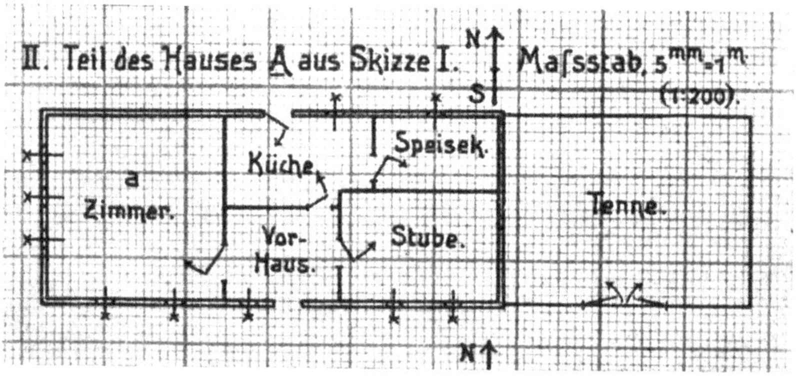

Abb. 103. Umgebung mehrerer Landhäuser; unten: Landhaus A mit Wohnung (Skizzenentwurf auf Millimeterpapier nach *Ehmer* a. a. O. Die eingezeichneten Meßpunkte und Hilfslinien sowie das Millimeternetz fallen in der Reinzeichnung fort).

Die Meß- und Zeichentechnik, die für die Anfertigung solcher Skizzen anzuwenden ist, richtet sich naturgemäß nach der technischen Ausrüstung, die den hiemit beauftragten Organen zur Verfügung steht. Es ist aber nicht Aufgabe des Kriminalisten eine solche Terrainaufnahme mit den modernen teuren Präzisionsinstrumenten, die die Geodäsie entwickelte (Theodolit u. ä.) vorzunehmen, sondern eine den Zwecken der kriminalistischen Untersuchung genügende Skizze rasch und mit einfachsten Mitteln herzustellen. Im allgemeinen genügt ein Stahlmeßband (von 10 m Länge oder mehr), ein Visierlineal[1]), ein Dreiecklineal und ein Zirkel. Unterstützend ist es, wenn noch ein kleiner Zeichentisch (in Form eines ebenen Brettchens mit Schraubengewinde in der Mitte,

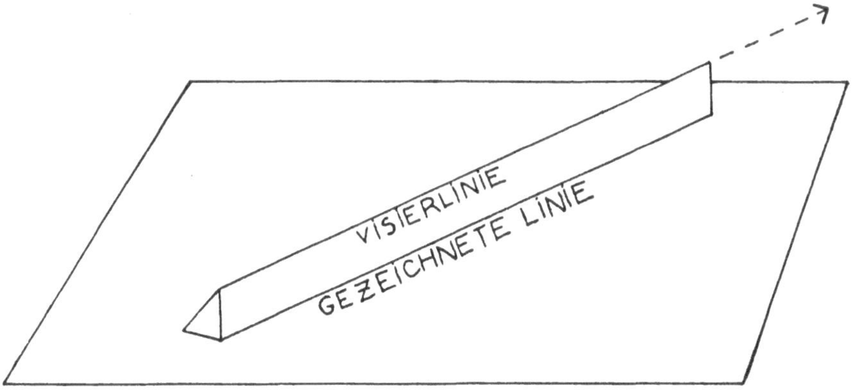

Abb. 104. Visierlineal in einfacher Ausführung.

so daß es sich auf jedes Photostativ aufschrauben und horizontal stellen läßt), ein Vertikal-Winkelmesser mit Lot (vgl. unten S. 321), eine 12 m lange Schnur und allenfalls drei Meßstangen (mit zweifärbiger Dezimetereinteilung) zur Verfügung stehen.

Um nun eine Geländeskizze zu entwerfen[2]), wird man zunächst in

[1]) Dies muß nicht ein industriemäßig erzeugtes „Diopterlineal" sein, d. i. eine Schiene mit aufklappbarer Visiervorrichtung, die aus der Okularlamelle (einem feinen Schlitz zum Durchblicken) und aus der Objektivlamelle (einem Fenster mit senkrechtem Faden) besteht. Es genügt letzten Endes jedes Lineal, an dessen einer Kante entlang man visieren kann. Sehr zweckmäßig ist ein prismenförmiges Lineal, dessen Querschnitt ein gleichschenkeliges, rechtwinkeliges Dreieck ist und das man mit einer Schmalseite auf das Zeichenpapier stellt (siehe Abb. 104); dann entspricht eine entlang der rechtwinkeligen Kante gezogene Linie genau der Richtung, die man entlang der oberen spitzwinkeligen Kante visiert. Jedermann kann sich ein solches einfaches Gerät (von 25 cm Länge) aus trockenem Hartholz von einem Tischlermeister zuschneiden und zuschleifen lassen oder — falls er sich auf Bastelarbeiten versteht — auch selbst anfertigen. Allenfalls kann man noch durch Anbringen einer einfachen Visiervorrichtung an der oberen Kante (nach Art von „Kimme" und „Korn" der Gewehrläufe, vgl. oben S. 236) das „Absehen" erleichtern.

[2]) Wer sich eingehender mit der Kartenentwurfslehre beschäftigen will, findet ausführliche Darstellungen (die jedoch im allgemeinen für das kriminalistische

der Natur eine durch zwei Punkte gegebene Gerade als Grundlinie wählen und ihre Länge messen. Entsprechend dem Maßstab, für den man sich entschieden hat, ist diese Strecke auf dem Papier aufzutragen; ihre Endpunkte werden mit *a* und *b* bezeichnet. Zweckmäßig ist es, hiefür eine in der Mitte des aufzunehmenden Geländes gelegene Hausfront oder ein gerade verlaufendes Straßenstück zu verwenden, doch genügt auch die Verbindungsstrecke irgendwelcher markanter Punkte, etwa eines Baumes oder eines Kilometersteines usw. Im Notfall können solche Punkte auch künstlich (durch Einschlagen eines kleinen Pflockes oder

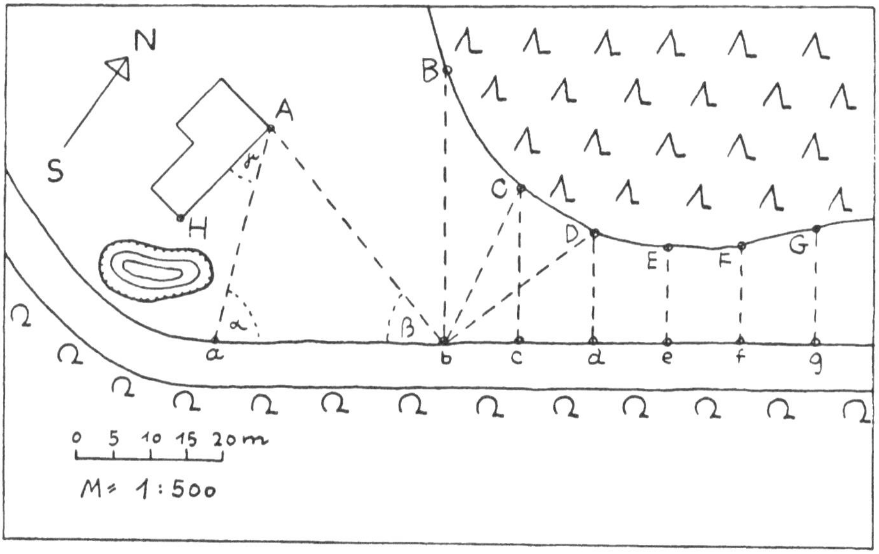

Abb. 105. Einfache Methoden des Geländezeichnens (auf die Hälfte verkleinert).

Aufstellen von Meßstangen) geschaffen werden. Nunmehr werden alle übrigen Punkte des aufzunehmenden Geländes, die in der Karte hervorgehoben werden sollen, in ihrer relativen Lage zur Grundlinie bestimmt und im Verhältnis des Maßstabes eingezeichnet. Hiefür stehen grundsätzlich 4 Wege offen (vgl. Abb. 105), die keinerlei trigonometrische Berechnungen erfordern:

1. Die Dreiecksmethode mit Seitenmessung. Die Lage der Hausecke *A* wird in der Weise gefunden, daß man die Entfernung *a A* und *b A* mißt, hierauf zuerst die eine und dann die andere Größe im Verhältnis des Maßstabes in den Zirkel nimmt und mit der Strecke *a A* von *a* aus und mit der Strecke *b A* von *b* aus Kreisbogen zieht; in deren Schnittpunkt liegt *A*.

Skizzenzeichnen zu kompliziert sind) im kartographischen Schrifttum. Vgl. *Baumgart*, Gelände- und Kartenkunde. 4. Aufl. 1939; *Ellison*, Die einfache Geländeaufnahme, Wien 1936; *Zöppritz*, Leitfaden der Kartenentwurfslehre, 3. Aufl. 1912.

2. Die Dreiecksmethode mit Winkelübertragung. Zum gleichen Ergebnis gelangt man, wenn man statt der Messung der Seitenstrecken (die etwa infolge einer dazwischenliegenden Mauer, eines Baches oder eines anderen Hindernisses nicht durchführbar ist) sich zunächst in *a* aufstellt und die gezeichnete Strecke *a b* durch Anvisieren von *b* in die der Natur entsprechende Lage bringt; hierauf visiert man mit dem Visierlineal die Hausecke *A* an und zeichnet so den Winkel α (dessen ziffernmäßige Größe in Graden man keineswegs zu kennen braucht). Nun begibt man sich zu *b*, bringt wiederum die Strecke *ab* in die der Natur entsprechende Lage, visiert auch von hier aus die Hausecke *A* an und zeichnet so den Winkel β. Im Schnittpunkt der beiden von *a* und von *b* gezogenen Schenkel liegt die Hausecke *A*[1]).

3. Die Strahlenmethode (auch Polarmethode genannt) mit Winkelübertragung. Um von einem Punkt aus verschiedene Punkte des Geländes zu bestimmen, kann man auch in der Weise vorgehen, daß man der Reihe nach diese Punkte anvisiert und in die gefundenen Richtungen Strahlen zieht (z. B. vom Punkte *b* aus in Richtung nach *A*, *B*, *C* und *D*). Dann mißt man die Entfernungen, die diese Punkte vom Ausgangspunkt haben (in unserem Beispiel also die Strecken *b A*, *bB*, *b C* und *bD*) und trägt jede Entfernung auf dem betreffenden Strahl auf (in unserem Beispiel findet man auf diese Weise von *b* aus sowohl die Lage der Hausecke *A* als auch den Verlauf der Waldlisiere *B*, *C*, *D*)[2]).

4. Die Koordinatenmethode. Hat man eine gerade Grundlinie, auf der man messend weiterschreiten kann, und sind die zu bestimmenden Geländepunkte frei zugänglich, so kann man in der Weise vorgehen, daß man auf der Grundlinie in beliebigen Abschnitten (Abszissen) senkrechte Gerade (sogenannte Ordinaten) errichtet (also etwa in *b*, *c*, *d*, *e*, *f* und *g*). Dann begibt man sich in der Natur auf diese einzelnen Punkte, visiert genau im rechten Winkel zur Grundlinie und läßt von einem Gehilfen die anvisierten Punkte (also die an der Waldeslisiere gelegenen Punkte *B*, *C*, *D*, *E*, *F* und *G*) in der Natur durch Einschlagen eines kleinen Pflockes bezeichnen. Dann mißt man in der Natur die Entfernungen *b B*, *c C*, *d D*, *e E*, *f F* und *g G*, trägt sie im Verhältnis des Maßstabes auf die

[1]) Auf diese Weise kann somit auch die Entfernung *a A* oder *b A* durch nachträgliches Messen auf der Skizze gefunden werden, ohne daß die Strecke in der Natur gemessen wird.

[2]) In den Anleitungen für Geländeaufnahme wird vielfach empfohlen, bei der unter 2 und 3 beschriebenen Methode die einzelnen Winkel mittels Kompasses zu messen (indem man die Gradeinteilung in die neue Richtung dreht und abliest, um wie viele Grade sie sich gegenüber der in gleicher Lage bleibenden Magnetnadel verschoben hat) und nun den so gemessenen Winkel mittels eines Winkelmaßes (Transporteurs) auf die Zeichnung überträgt. Auf diesem Prinzip beruhen auch verschiedene patentierte Bussolen, die mit einer aufklappbaren Visiervorrichtung ausgestattet sind (wie z. B. der in Österreich patentierte Bézard-Kompaß). Für die Zwecke der kriminalistischen Tatbestandsaufnahme bietet aber dieses Verfahren gegenüber der im Text dargestellten Methode der Zeichnung der visierten (und nicht gemessenen) Winkel keinerlei Vorteile. Die relativ kurzen Visierlinien der an solchen Bussolen angebrachten Visiervorrichtungen bewirken vielmehr größere Absehfehler, als sie beim Visieren mit dem einfachen, aber längeren Visierlineal entstehen.

einzelnen Ordinaten auf und findet so die Punkte *B*, *C*, *D*, *E*, *F* und *G*, deren Verbindung den Verlauf der bogenförmigen Waldlisiere ergibt.

Das bei dieser Methode vorausgesetzte Visieren im rechten Winkel geschieht am einfachsten in der Weise, daß man ein Dreiecklineal mit der einen kurzen Seite an die Grundlinie anlegt (die mit der Grundlinie in der Natur in Übereinstimmung gebracht worden ist) und hierauf das Visierlineal an die andere kurze Seite des Dreiecks anlegt. Man kann aber auch in der Natur den rechten Winkel mittels einer Schnur abstecken und zwar nach zwei Methoden: a) man teilt eine etwa 12 m lange Schnur in 12 gleiche Teile und markiert die Abschnitte von 3, 4 und 5 Teilen, nunmehr spannt man mit der Schnur ein Dreieck aus, dessen eine Seite von 4 Teilstrecken mit der Grundlinie zusammenfällt; die angrenzende Dreieckseite von 3 Teilstrecken steht dann genau senkrecht zur Grundlinie (infolge des pythagoreischen Lehrsatzes, nach welchem ein Dreieck, dessen Seiten sich wie 3:4:5 verhalten, rechtwinklig ist). b) Man teilt eine beliebig lange Schnur in der Mitte ab und spannt sie über den Punkt, in welchem der rechte Winkel errichtet werden soll so aus, daß ihre Enden auf der Grundlinie links und rechts von jenem Punkt gleich weit entfernt sind; dann zeigt der Halbierungspunkt der Schnur genau den rechten Winkel an (weil in einem gleichschenkeligen Dreieck der Fußpunkt der Höhe stets die Grundlinie halbiert).

Welcher dieser Methoden im Einzelfall der Vorzug zu geben ist, hängt in erster Linie von der Zugänglichkeit der einzelnen Meßpunkte ab. Unter sonst gleichen Umständen ist wohl die Dreiecksmethode mit Seitenmessung die einfachste und sie liefert auch die fehlerfreiesten Resultate. Im Gelände ergeben sich aber nur zu oft Hindernisse, die eine direkte Streckenmessung unmöglich machen oder doch sehr erschweren und dann wird man zu einer der übrigen Methoden greifen. Bei Verwendung von Millimeterpapier hat die Koordinatenmethode den besonderen Vorzug, daß die Geländepunkte auf der Zeichnung ohne umständliches Messen und ohne Verwendung des Zirkels gefunden werden[1]. Häufig wird man auch die verschiedenen Methoden kombinieren, indem man für die einzelnen Geländepunkte bald die eine und bald die andere Methode verwendet, wobei man die Verbindungslinien bereits gefundener Meßpunkte nunmehr als Grundlinie für die Bestimmung neuer Geländepunkte nehmen kann.

Hat man in unserem obigen Beispiel die Hausecke *A* durch die Dreiecksmethode mit Seitenmessung gefunden und will man nunmehr, um das Haus in richtiger Lage einzuzeichnen, die Hausecke *H* bestimmen (zu der man aber infolge eines Tümpels nur von *A*, aber nicht von *a* aus gelangen kann), so wird man von *A* aus durch Visieren den Winkel γ zeichnen und auf den so gefundenen Richtungsstrahl die Strecke *A H* (die zu messen ist) im Verhältnis des Maßstabes auftragen; mit anderen Worten: man wird den Eckpunkt *H* mittels der Strahlenmethode von *A* aus bestimmen.

Damit Geländeskizzen klar und allgemein verständlich sind, ist es wichtig, daß sich der Zeichner für die Darstellung der Verkehrswege, Gebäude, Kulturen, Zäune, Fahrzeuge, Menschen usw. der hiefür allgemein verwendeten Zeichen bedient und nicht etwa in zeichneri-

[1]) Besonders zur Darstellung von Straßenkrümmungen bewährt sich die Koordinatenmethode, falls es möglich ist, den Krümmungsbogen durch eine (in der Natur zugängliche) Sehne abzuschneiden und diese auf der Millimeterpapierskizze als Grundlinie zu verwenden. Durch Messen der einzelnen Ordinaten in der Natur ergibt sich dann auf der Skizze sofort der Verlauf der Straße.

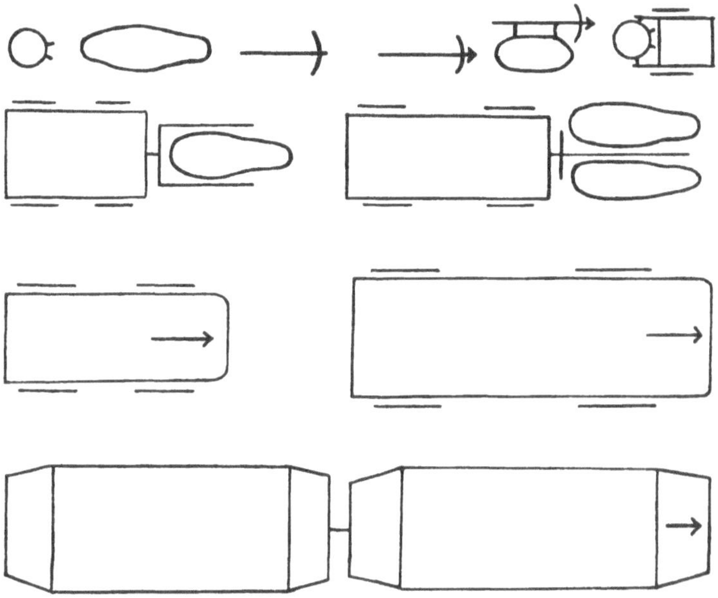

Verschiedene Verkehrsteilnehmer (M = 1 : 100). Motorisierte Fahrzeuge werden durch einen Pfeil gekennzeichnet.

Einzelne Bäume, Leitungsmast, Telefonzelle, Zapfstelle, Feldkreuz, Wegweiser, verschiedene Verkehrszeichen.

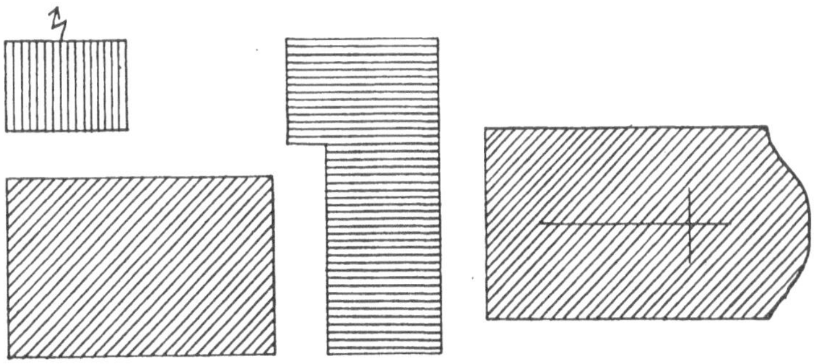

Transformatorhaus, Wohnhaus, Wirtschaftsgebäude, Kirche (Kapelle). M = 1 : 200.

Abb. 106. Konventionelle Zeichen für Planskizzen größeren Maßstabes.

schem Ehrgeiz neue Darstellungsformen erfindet, die dann erst mit Hilfe einer beigegebenen langwierigen Zeichenerklärung gedeutet werden müssen. Allerdings gibt es für diese konventionellen Zeichen keine staatliche Norm und auch keine bindenden Vereinbarungen zwischen den mit Geländeskizzen befaßten polizeilichen oder militärischen Dienststellen oder den geographischen Instituten und kartographischen Anstalten. Dennoch hat sich eine große Zahl dieser Zeichen so eingebürgert, daß sie auch allgemein von den hiefür in Betracht kommenden Stellen verstanden werden. Wir können hiebei solche Zeichen unterscheiden, die hauptsächlich zu Zwecken von kriminalistischen Tatbestandsaufnahmen entwickelt wurden und einen größeren Maßstab voraussetzen[1]), und ferner solche Zeichen, die aus dem geographischen und militärischen Kartenwesen übernommen wurden und sich auch für kleinere Maßstäbe eignen. Die wichtigsten Zeichen der ersteren Art sind in Abb. 106, die der zweiten Art in Abb. 107 wiedergegeben.

Eine wichtige Frage ist ferner: was soll alles an Einzelheiten in eine Geländeskizze des Tatortes eingezeichnet werden? Die Antwort hat zu lauten: im allgemeinen nur das, was für die kriminalistische Beurteilung des fraglichen Sachverhaltes von Bedeutung ist. Also keineswegs alles, was sich im Gelände findet und die Skizze nur unübersichtlich machen würde (vgl. oben S. 301 unter Ziffer 3), aber alles was zur Klärung des gegenständlichen Sachverhaltes beitragen könnte und besonders das, was später nicht mehr nachgetragen oder ergänzt werden kann: die genaue Lage der vorgefundenen Opfer, bei Verkehrsunfällen die Lage der angetroffenen Fahrzeuge, der von diesen erzeugten Spuren, die Lage aller sonstigen Spuren, die mit dem fraglichen Geschehen im Zusammenhang stehen können usw. Hiebei ist zunächst nur das in die Skizze aufzunehmen, was der U. selbst am Tatort vorfindet; häufig werden ihm aber am Tatort auch Umstände von Augenzeugen berichtet, die für die Beurteilung der Sache sehr wichtig sein können, die aber der U. nicht mehr selbst feststellen kann: wo ein Verletzter, dem man inzwischen erste Hilfe an-

[1]) Im wesentlichen gehen die heute im praktischen Polizeidienst gebräuchlichen Zeichen auf die seinerzeitigen Vorschläge von *Weinlich*, Archiv 29, S. 212 zurück, auf die in den früheren Auflagen dieses Werkes besonders hingewiesen wurde, so z. B. die einfache, aber sehr bezeichnende Darstellung eines Fußgängers durch einen Kreis mit kleinen, die Richtung der Fußspitzen andeutenden Striche. Für mehrere dieser Zeichen (besonders für Fahrzeuge und Verkehrstafeln) wurden bei manchen Polizeidienststellen auch Gummistampiglien in Verwendung genommen, doch ist dabei zu beachten, daß solche einheitliche Zeichen für PKW, LKW, LKW mit Anhänger usw. die individuelle Größe der konkreten Fahrzeuge nicht maßstabgetreu wiedergeben. Wo zur Beurteilung eines Verkehrsunfalles z. B. die genaue Breite des Wagens (der etwa ein anderes Fahrzeug streifte oder einen Passanten an die Hauswand drückte) von Bedeutung ist, müssen die betreffenden Fahrzeuge gemessen und im genauen Größenverhältnis gemäß dem Maßstab durch Zeichnung wiedergegeben werden. Einzelne Bäume, Verkehrszeichen u. ä. können durch kleine Aufrißzeichnungen mit waagrechtem Schattenstrich wiedergegeben werden, was die Skizze sehr belebt, doch ebenfalls nur dann, wenn es an der betreffenden Stelle auf die genauen Maßverhältnisse nicht ankommt; andernfalls (wenn z. B. ein Auto einen Baum oder Telephonzelle streifte) muß auch hier an die Stelle dieser Zeichen die genaue Grundrißzeichnung treten.

gedeihen ließ, nach dem Unfall gelegen sei, wo ein Zeuge stand, der den Unfall mit angesehen zu haben behauptet u.a.m. Diese Dinge sind naturgemäß auch in der ersten Rohskizze mit entsprechenden Anmerkungen festzuhalten, aber — am richtigsten — in die fertige Originalskizze

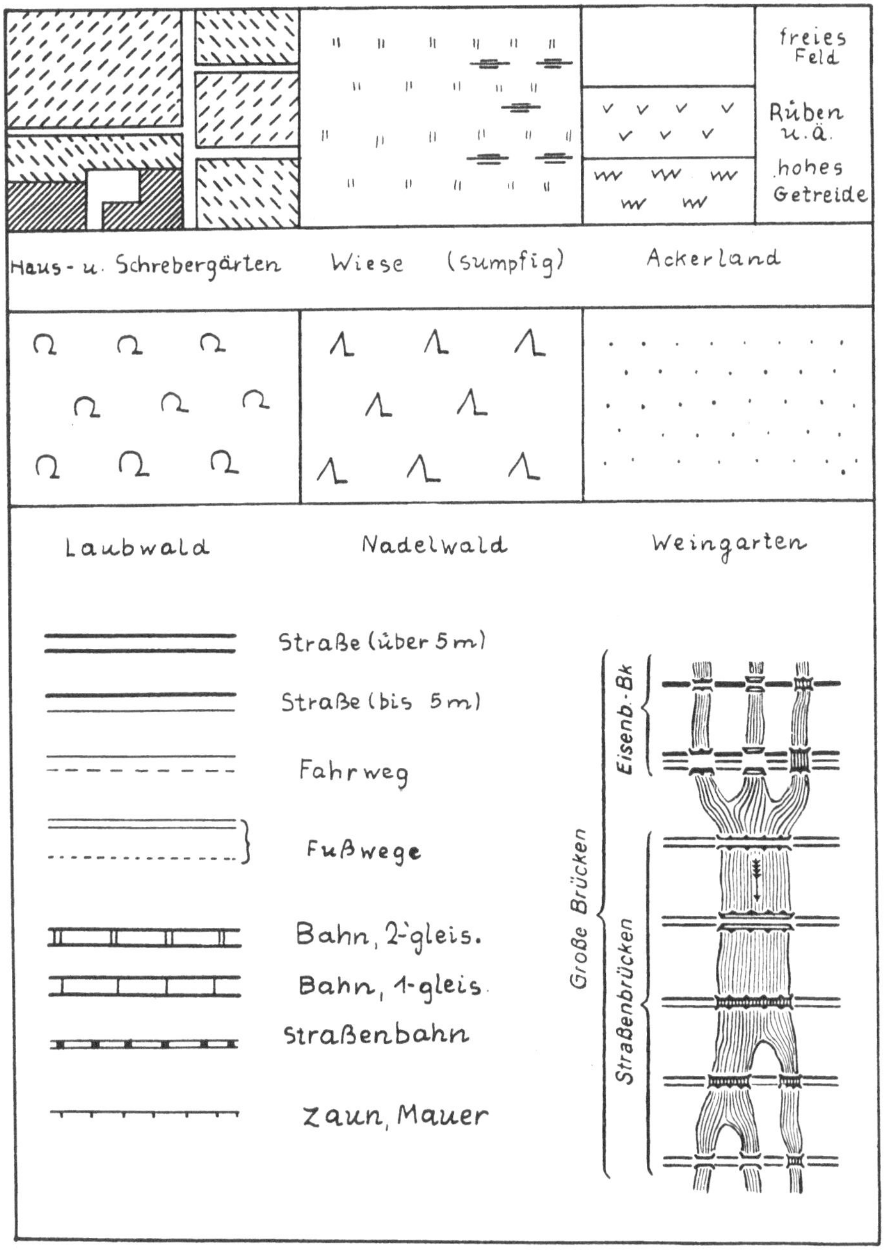

Abb. 107. Konventionelle Zeichen für Planskizzen kleineren Maßstabes.

nicht aufzunehmen, sondern mit anderer Farbe in eine Kopie der Skizze einzuzeichnen, die entsprechend zu bezeichnen ist (etwa: „Kopie der Tatortskizze, ergänzt durch die vom Zeugen X behauptete ursprüngliche Lage des verletzten *A* und durch die Stelle, von der aus die Zeugin Y den Unfall beobachtet haben will"). Denn alle diese Dinge können richtig sein, es können hiebei aber auch — wie wir aus der Psychologie der Aussage wissen[1]) — die mannigfachsten Irrtümer und Fehler unterlaufen, die zu beurteilen der Zeichner der Skizze weder in der Lage noch meistens auch zuständig ist. Sind solche Umstände aber einmal in der Skizze eingezeichnet (wenn auch mit entsprechenden Anmerkungen in der „Legende"), so wirken sie auf den Beschauer allmählich suggestiv: er vergißt, daß es sich hiebei nur um wahrscheinliche oder gar nur hypothetische[2]) Umstände handelt und baut die weiteren Schlußfolgerungen so auf, als ob diese Umstände gesicherte Tatsachen wären. Liegen aber zwei Skizzen, eine mit und eine ohne Einzeichnung dieser nur angeblichen Umstände, vor, so wird der Beurteiler stets an den fraglichen Charakter dieser Einzeichnungen erinnert.

Weiters ist für die Frage, welche Details einzuzeichnen sind, der Grundsatz der Einheitlichkeit zu beachten[3]): sind in einem Teil der Skizze gewisse Details wesentlich und daher in die Skizze aufzunehmen (z. B. die straßen- und hofseitigen Zugänge eines bestimmten Hauses oder eine Telegraphenstange an der Unfallstelle), so müssen auch in allen übrigen Teilen der Skizze die Details gleicher Art eingezeichnet werden (es müssen also in den angeführten Beispielen auch bei allen übrigen Häusern sämtliche Zugänge, bzw. alle übrigen Telegraphenstangen gezeichnet werden). Denn bei Verlassen dieses Grundsatzes könnte die irrtümliche Auffassung entstehen, daß z. B. eines der übrigen Häuser keinen zweiten Ausgang habe oder sich auf dem dargestellten Straßenstück keine weiteren Telegraphenstangen befinden.

Schließlich sei daran erinnert, daß in allen Fällen, in denen der Tatort außer durch die Skizze auch durch eine oder mehrere Photoaufnahmen festgehalten wird, in die Skizze der Standort der Kamera bei den einzelnen Aufnahmen einzuzeichnen ist.

Kleinere Höhenunterschiede des Geländes können bei den Planskizzen zu Zwecken der kriminalistischen Tatbestandsaufnahme in der

---

[1]) Vgl. I. Band dieses Handbuches S. 66ff.

[2]) In einem Vorarlberger Jägermordprozeß, in welchem nach zehn Jahren zwei alte Wilderer (Brüder), die in verschiedenen Behausungen wohnten, angeklagt wurden, den seinerzeit tot aufgefundenen Jäger gemeinsam (durch je einen Schuß) getötet zu haben, hing gegenüber der Geschworenenbank eine große Situationsskizze, in der der Weg, den die beiden Wilderer von ihren Behausungen aus zur Mordstelle genommen hatten, rot eingezeichnet war. Der Umstand aber, daß die Angeklagten am Mordtag diesen Weg gegangen seien, war durch keine Tatorterhebung festgestellt worden, sondern nur ein hypothetischer Rückschluß: wenn sie die Mörder waren, mußten sie diesen Weg genommen haben. Die Angeklagten, die stets ihre verschiedenen Wilderertaten gestanden hatten, aber jeden Zusammenhang mit dem Jägermord leugneten, wurden von den Geschworenen schuldig gesprochen.

[3]) Vgl. *Graßberger* a. a. O.

Regel vernachlässigt werden[1]). Dies ist jedoch nicht der Fall, wenn solche Unebenheiten irgendwie für den festzuhaltenden Tatbestand von Bedeutung sind. So spielen besonders bei Verkehrsunfällen die Neigung der Straße, ferner Böschungen, Abhänge, Geländestufen, Mulden und Gräben mitunter eine wesentliche Rolle. In der Planskizze, die ja einen Grundriß aus der Vogelperspektive darstellt, können solche Höhenunterschiede auf viererlei Art dargestellt werden: durch Formenlinien (in Verbindung mit Fallinien), durch Schichtenlinien, durch Schraffen und durch Schummerung (Tönung). Während die Formenlinien in beliebigen Abständen entlang den Geländeformen horizontal verlaufen und an den steilen Stellen stärker ausgezogen werden, verbinden die Schich-

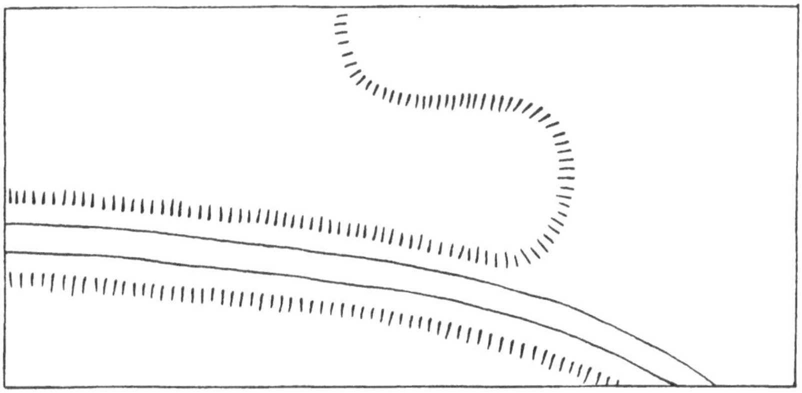

Abb. 108. Darstellung einer Straßenböschung und Geländestufe durch Schraffen.

tenlinien (die in den Spezialkarten allgemein Verwendung finden) Punkte gleicher Meereshöhe und zwar in stets gleichen Höhenabständen (sie liegen daher an den steilen Stellen enger, an den weniger steilen Abhängen weiter voneinander). Die Schichtenlinien geben daher die Höhenunterschiede genau an. Viel einfacher, wenn auch nicht so genau, bringen die Schraffen, die entlang den Geländeformen (die selbst nicht gezeichnet werden) in die jeweilige Fallrichtung weisen, kleinere Höhenunterschiede sehr anschaulich zum Ausdruck. Dies ist die für kriminalistische Tatbestandsaufnahmen gegebene Art, um Unebenheiten, wie Straßenböschungen, Geländestufen, Mulden usw. darzustellen (siehe Abb. 108). Die Schummerung mit Graphit oder Kohle (mittels Wischers) oder Tönung mit Wasserfarben — wobei steilere Flächen dunkler und sanftere Abhänge lichter ausgeführt werden — eignet sich nur für größere Landkarten und kommt daher für kriminalistische Zwecke kaum in Betracht. Genügt die ungefähre Darstellung durch Schraffen im Einzelfall aber nicht (z. B. bei Verkehrsunfällen, bei denen eine genaue Darstellung der

[1]) Über die Verkürzung, die schräg ansteigende oder abfallende Strecken in der Planskizze (durch ihre Projektion auf die Horizontalebene) erfahren, siehe unten S. 324.

Straßenneigung, des Straßenprofils und der Straßenböschung erforderlich sein kann), dann muß die Planskizze durch eine Profilskizze ergänzt werden, worüber im Kapitel über das Zeichnen von Aufrissen und Schnitten zu sprechen sein wird.

d) Anfertigung von Skizzen größerer Teile einer Landschaft oder Stadt.

In selteneren Fällen kann es erforderlich sein, größere Geländegebiete darzustellen, so z. B. bei Tatbeständen der Zusammenrottung von Menschenmengen, die etwa die Zufahrtswege zu bestimmten Gebäuden besetzen, bei Darstellung längerer Fluchtwege, die durch Auffindung von Spuren oder weggeworfenen Beuteteilen rekonstruierbar sind, bei einer Mehrheit von sich wiederholenden ähnlichen Einzeltaten (z. B. Einbrüchen in einer Stadt, Raubüberfällen auf dem Lande), aus deren örtlicher Verteilung sich mitunter Rückschlüsse auf den Täterkreis ergeben können, usw. In diesen oder ähnlichen Fällen wäre die kartographische Aufnahme solch weiter Gebiete, wenn sie richtige Ergebnisse liefern soll, mit den einfachen Mitteln, die dem Kriminalisten zur Verfügung stehen, nicht durchführbar und auch für den U. viel zu zeitraubend. Hier hilft man sich in der Weise, daß man sich einen möglichst genauen Stadtplan verschafft oder — bei ländlichen Bezirken — Einsicht in die Grundbuchsmappe nimmt und die betreffenden Teile durchpaust. Allerdings muß dabei auf die Entstehungszeit des betreffenden Planes geachtet und überprüft werden, ob sich seither nicht gewisse Veränderungen ergeben haben. Für die Darstellung größerer Landgebiete wird es auch genügen, wenn man den betreffenden Teil der Spezialkarte auf photographischem Wege vergrößert und hievon Kopien auf mattem Papier oder Pausen herstellt, auf denen weitere Einzeichnungen nach Bedarf vorgenommen werden können.

e) Das Netzzeichnen.

Handelt es sich darum, irgendeinen Gegenstand zu zeichnen, der keine große Ausdehnung hat, von unregelmäßiger Gestalt und entweder ganz oder fast ganz flach ist, so erweist sich das oft empfohlene Netzzeichnen als recht zweckmäßig. Es ist leicht durchzuführen, kann von jedermann gemacht werden, der nicht allzu ungeschickt ist, und gibt verläßliche Darstellungen. Die Idee der Sache beruht darauf, daß man die zu zeichnende Fläche in große, sein Papier in kleine Quadrate einteilt und in den letzteren alles so entsprechend einzeichnet, wie es in den großen Quadraten in natura zu sehen ist. Selbstverständlich werden so die Schwierigkeiten nicht ganz beseitigt, wohl aber auf ein verhältnismäßig geringes Maß zurückgeführt; es wird auch nicht völlige Genauigkeit erreicht, sondern bloß die Ungenauigkeit, allerdings sehr wesentlich, verringert.

Sagen wir, es handle sich darum, eine Anzahl von Blutflecken zu zeichnen, die auf einem Fußboden eingetrocknet sind. Zuerst orientiert man sich wieder darüber, was und wieviel vom Fußboden abzuzeichnen ist. Diesen Teil (siehe Abb. 109) grenzt man mit einem Rechteck in der Weise ab, daß man zuerst die Linien *I I'* und *A A'* zeichnet, auf jeder dieser zwei im rechten Winkel zusammenstoßenden Linien eine Anzahl gleicher Teile (je mehr, desto genauer) aufträgt und Parallele zieht, so daß man eine Anzahl gleich großer Quadrate erhält. Diese direkt mit Kohle, Kreide u. dgl. zu zeichnen, wird nur selten gestattet sein. Meistens wird man Fäden ziehen müssen. Zu diesem Zwecke schlägt man, sobald die vier Seitenlinien der aufzunehmenden Fläche in gleiche Teile geteilt sind, an den Endpunkten (*A, B, C, D, E, A', B', C', D', E', I, II, III, IV, V, I', II', III', IV', V'*) Nägel — auf Holzboden eiserne Nägel, im Freien Holznägel — ein. Geht das nicht an, so müßte man um den fraglichen Raum vier Bretter im Quadrate legen, diese entweder flüchtig zusammennageln oder beschweren und in diese Bretter die Nägel schlagen. Sohin nimmt man den ersten besten Knäuel irgendeines Fadens und verbindet die Nägel so, daß das entsprechende Netz zustande kommt. Nun zeichnet man auf dem Papiere (nach einem nicht zu klein zu wählenden Maßstab) ein entsprechend großes Netz mit ebensoviel Quadraten, wie jenes Netz hat, das in natura gezeichnet oder abgesteckt wurde, benennt das neue Netz ebenso wie das alte und zeichnet in jedes Quadrat auf dem Papier dasjenige, was im entsprechenden Quadrate in der Natur gelegen ist. Die Sache geht überraschend leicht und hat den Vorteil, daß die Entfernungen zu den einzelnen Bildpunkten nicht gemessen zu werden brauchen; nur wo es auf besondere Genauigkeit ankommt, wird man in einzelnen kleinen Quadraten des Netzes, die von den dargestellten Gegenständen nur teilweise ausgefüllt werden, Kontrollmessungen vornehmen.

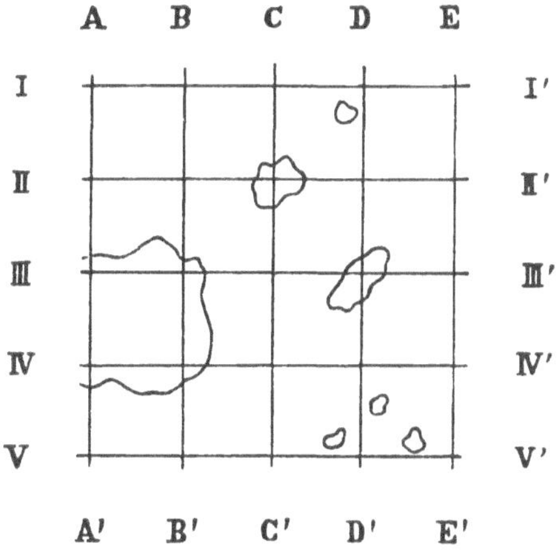

Abb. 109. Netzzeichnen.

f) Das Zeichnen von Aufrissen und Schnitten.

In manchen Fällen läßt sich sowohl bei Innenräumen als auch im Freien die erforderliche Anschaulichkeit der dargestellten Situation durch eine Grundrißkarte nicht erreichen. Dies wird z. B. der Fall sein, wenn es sich um die räumliche Lage, Größe und Gestalt von Gegenständen in der Höhenausdehnung handelt (etwa von Maschinen und Vorräten in einer Fabrik oder die Lagebeziehung von Gegenständen, die sich in verschiedenen Stockwerken übereinander befinden, was z. B. für die Aufklärung von Brandursachen wichtig sein kann). Aber auch bei Geländeaufnahmen im Freien können — wie schon oben erwähnt — Höhenunterschiede so wichtig werden, daß sie nur durch eine Profilzeichnung anschaulich darzustellen sind.

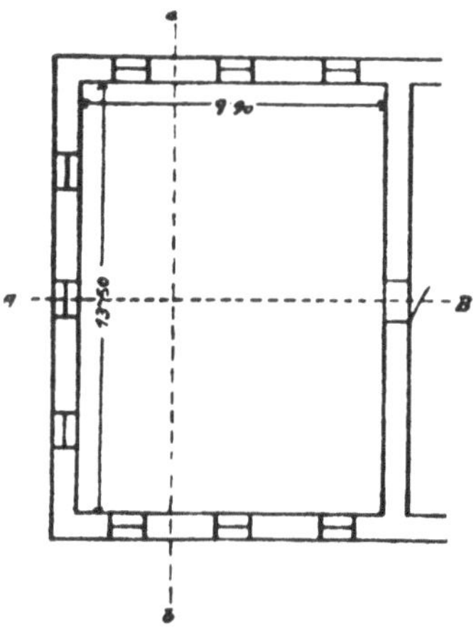

Abb. 110a. Grundriß einer Mühle.

In allen diesen Fällen tritt **ergänzend** zur Planskizze die Zeichnung von **Aufrissen**, bzw. **Schnitten** hinzu. Die Aufrißzeichnung einer Zimmereinrichtung haben wir schon in Form der sogen. Kreuzprojektion kennengelernt[1]). In gleicher Weise kann aber auch durch die **Mitte** eines Raumes oder eines Gebäudes ein Längsschnitt oder Querschnitt gedacht werden: die Zeichnung von solchen Schnitten ist nichts anderes als die Aufrißzeichnung der in der Schnittebene liegenden Gegenstände.

Wie sehr dies zur Tatbestandsklärung beitragen kann, hat z. B. *Graßberger*[2]) an einem in-

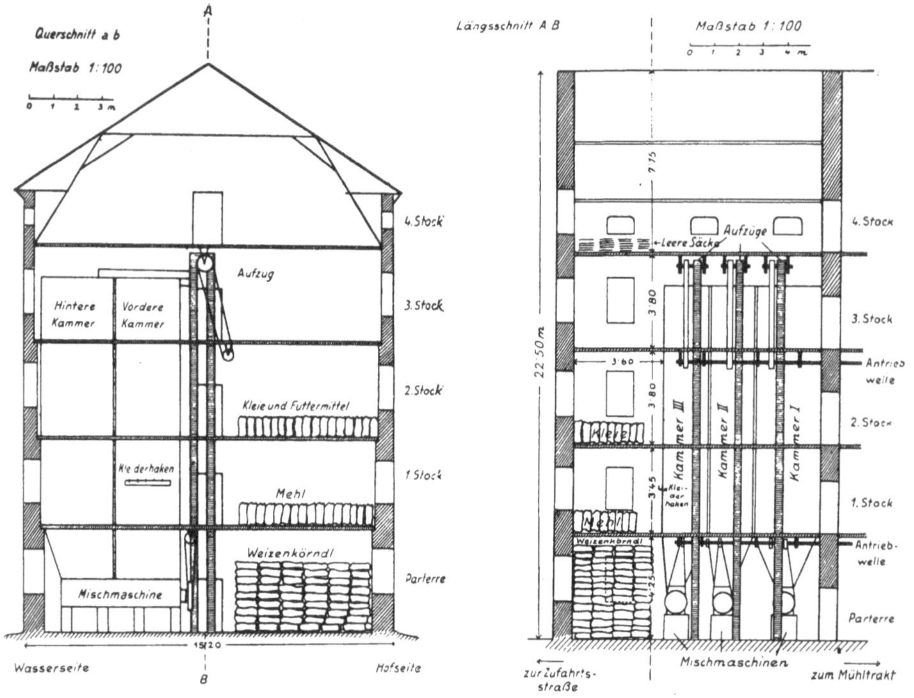

Abb. 110b. Längs- und Querschnitt durch dieselbe Mühle (nach *Graßberger* a. a. O.).

[1]) Oben S. 303f.
[2]) Kriminalistik 1943, Seite 15 und 28.

struktiven Fall gezeigt, in welchem im Mischereitrakt einer Mühle (deren Elevatoren vom Erdgeschoß durchgehend bis zum 3. Stock liefen) ein Brand ausgebrochen war. Zur Darstellung der maßgeblichen Verhältnisse wäre die Grundrißzeichnung (siehe Abb. 110a) vollständig unzureichend gewesen, selbst wenn man diesen Grundriß für alle vier Stockwerke mit Einzeichnung der (vertikal projizierten) maschinellen Einrichtung getrennt dargestellt hätte. Hingegen lieferte die Zeichnung eines Längs- und Querschnittes der Mühle (Abb. 110b) sofort ein anschauliches Bild der maßgeblichen Verhältnisse, was wesentlich zur Aufklärung der Brandursache beitrug. In solchen Fällen sind in der Planskizze die Grundlinien der Schnittebenen einzuzeichnen (wie dies Abb. 110a zeigt).

Um die erforderlichen Vertikalmaße für Aufriß- und Schnittzeichnungen zu finden, wird man bei Innenräumen von Gebäuden in der

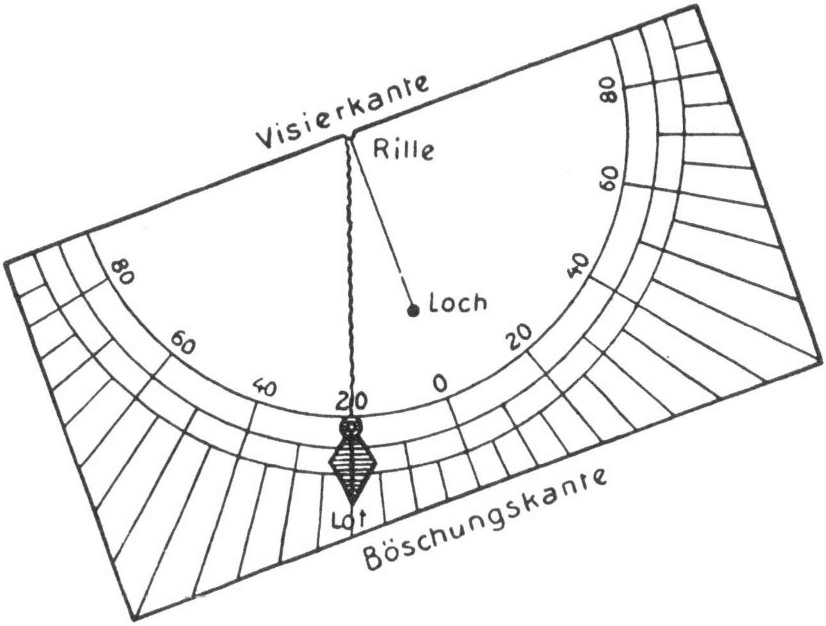

Abb. 111. Einfacher Vertikal-Winkelmesser.

Regel mit der direkten Messung (mittels Meßbandes) das Auslangen finden, indem man die Höhe der Wände jedes Stockwerkes mißt und durch vergleichende Messung des Stiegenhauses auch die Dicken der einzelnen Stockwerksdecken und Fußböden ermittelt. Bei abgebrannten Gebäuden müssen diese Maße entweder aus einem Bauplan, den man sich beschaffen kann, entnommen oder aus der Größe einzelner Mauerreste oder Balken rekonstruiert werden. Auch aus einer Photographie, die das betreffende Gebäude samt Umgebung vor dem Brande zeigt, können solche Höhenmaße (besonders durch Vergleichung mit nicht abgebrannten und daher noch zu messenden Nachbargebäuden oder höheren Bäumen) ermittelt werden.

Auf einfache Weise kann auch von außen die Höhe eines Bauwerkes in der Weise gemessen werden, daß man sich in größerer Entfernung hievon so aufstellt, daß man freie Sicht bis zur Grundlinie des Bauwerkes (z. B. einer Kirche, einer hohen Mauer u. ä.) hat. An einem mit gestrecktem Arm senkrecht gehaltenen Lineal oder Bleistift visiert man nun die fragliche Höhe, dann legt man das Lineal (den Bleistift) in die Horizontale um und visiert an der Grundlinie des Bauwerkes die betreffende Strecke, die man gleichzeitig von einem Gehilfen in der Natur bezeichnen läßt. Durch Messung dieser Horizontalstrecke findet man die gewünschte Höhe. Das Verfahren ist überall anwendbar, wo es auf kleine Fehlerdifferenzen nicht ankommt.

Um Höhenunterschiede des freien Geländes im Aufriß oder Schnitt darzustellen (sogen. Profilzeichnungen) bedarf es einiger weniger Hilfsmittel. Das einfachste und in den meisten Fällen ausreichende Gerät

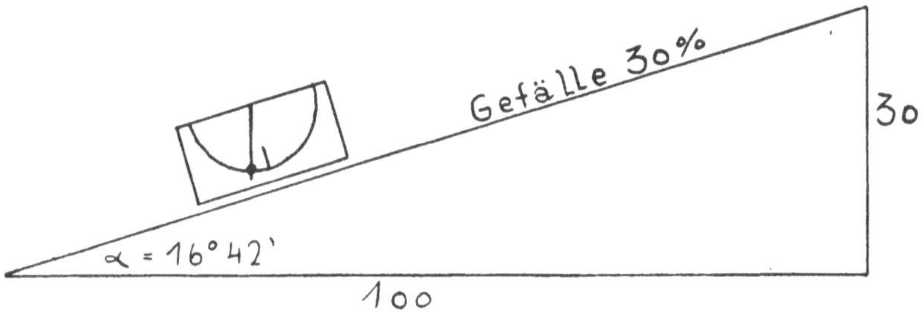

Abb. 112. Berechnung und direkte Messung eines Gefälles (in schematischer Darstellung).

ist ein Vertikal-Winkelmesser, bestehend aus einer kleinen rechteckigen Tafel (aus Metall oder Pappe), an der ein Lot so angebracht ist, daß es von der Mitte der oberen Kante, die als Visierkante dient, herabhängt (Abb. 111). Auf der Tafel ist eine Gradeinteilung so angebracht, daß bei horizontaler Lage der Visierkante das Lot auf 0 Grad zeigt. Da die untere Kante der Tafel parallel zur oberen Kante verläuft, kann das Gerät auch (ohne Visieren) unmittelbar zur Messung einer Geländeneigung (Böschung, Straßengefälle) in der Weise benützt werden, daß man ein Brett auf die zu messende geneigte Bodenfläche legt und den Winkelmesser mit seiner unteren Kante auf das Brett anlegt (Abb. 112). Die Stellung des Lotes gibt dann den Neigungswinkel in Graden an[1]).

Zu beachten ist, daß der Neigungswinkel, ausgedrückt in Graden, nicht proportional ist der Gefällsneigung in Prozenten, die im Straßenbau allgemein zur Bezeichnung von Steigungen verwendet wird. Das Gefälle einer Strecke ist nämlich gleich dem Höhenunterschied ihrer beiden Endpunkte, ausgedrückt

[1]) Nach *Lichem*, Kriminalpolizei, S. 231 wurde ein solches Gerät aus Metall, das gleichzeitig als Grundplatte für einen Kompaß und daher auch als Horizontal-Winkelmesser zu verwenden ist, von Gendarmeriestabsrittmeister *Kauba* konstruiert. Ein ähnlicher Vertikal-Winkelmesser aus Pappe ist derzeit bei der österreichischen Gendarmerie in Gebrauch. — Bei der direkten Messung (durch Anlegen an ein Brett) empfiehlt es sich, jeweils *drei* Messungen an verschiedenen Stellen desselben Geländeteils (bzw. Straßenstückes) vorzunehmen, um die Fehlerquelle, die durch lokale Unebenheiten des Bodens gegeben ist, nach Möglichkeit auszugleichen.

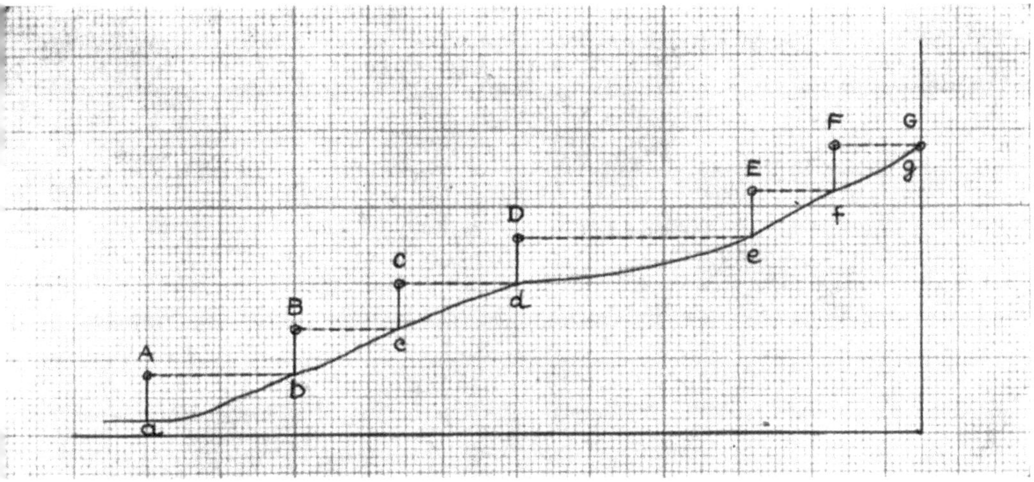

Abb. 113. Staffelmessung eines Gefälles und dessen Übertragung auf Millimeterpapier.

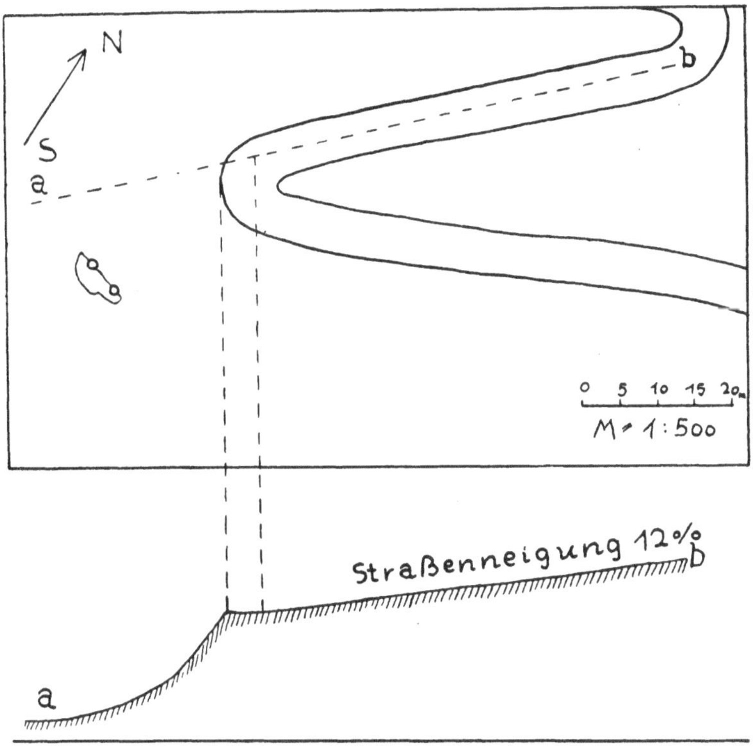

Abb. 114. Ergänzung der Planskizze einer steilen Straßenkurve durch eine Profilzeichnung.

in Prozenten ihrer Horizontalentfernung (vgl. Abb. 112); erreicht die Neigung 45 Grad, so ist der Höhenunterschied gleich der Horizontalentfernung und die Neigung beträgt daher 100 Prozent[1]). Es entsprechen (abgerundet) einem Neigungswinkel von 5 Grad — 9% Gefälle, 10 Grad — 18%, 15 Grad — 27%, 20 Grad — 36%, 25 Grad — 47%, 30 Grad — 58%, 35 Grad — 70%, 40 Grad — 84% und 45 Grad — 100%. Bei größerem Neigungswinkel (z. B. Böschungsmauern) pflegt man die Neigung nicht in Prozenten, sondern in der Verhältniszahl der Höhe zur Horizontalentfernung auszudrücken (z. B. 4:1).

Eine andere Methode, um eine Geländeneigung auf relativ einfache Weise festzustellen, ist die der Staffelmessung (Abb. 113). Man benötigt auch hiezu bloß ein Gerät, das das Visieren in der Horizontalrichtung ermöglicht (hiefür ist der oben beschriebene Vertikal-Winkelmesser geeignet, wenn während des Visierens das Einspielen des Lotes auf 0 Grad durch einen Gehilfen kontrolliert wird; man kann aber auch ein industriemäßig erzeugtes sogen. Horizontalglas verwenden, bei welchem der Visierende selbst die Horizontalstellung im Spiegelbild einer eingebauten kleinen Wasserwaage kontrollieren kann). Man visiert im Punkt *a* stehend horizontal, findet so den Punkt *b* und mißt die Entfernung des Auges von diesem Punkt, also die Strecke *A b* mittels Meßbandes. Dann begibt man sich zum Punkt *b* und findet in gleicher Weise den Punkt *c* und die Horizontalentfernung *B c*. Da die Höhe der so entstehenden rechtwinkeligen Dreiecke stets gleich der Augenhöhe vom Erdboden ist (die gemessen werden muß), lassen sich diese rechtwinkeligen Dreiecke leicht im Maßstab auf Millimeterpapier auftragen, woraus sich der Verlauf des Böschungsprofils auf zeichnerischem Wege (ohne Winkelmessung) ergibt.

Eine solche Profilzeichnung wird in der Regel als Ergänzung einer Planskizze dieser beigegeben, was der Geländedarstellung eine erhöhte Anschaulichkeit verleiht (siehe Abb. 114).

Zu beachten hiebei ist, daß in der Planskizze (siehe oben S. 317) geneigte Strecken in Vertikalprojektion auf die Horizontalebene wiederzugeben sind, wodurch je nach dem Neigungswinkel eine Verkürzung gegenüber der im Gelände schräg gemessenen Entfernung eintritt. Diese Verkürzung kann durch Konstruktion eines rechtwinkeligen Dreieckes, in welchem die geneigte Strecke die Hypothenuse ist, auf zeichnerischem Wege gefunden werden (vgl. die obige Abb. 112). Es gibt aber auch fertig errechnete Tabellen, die diese Verkürzung angeben (auf 10 m geneigte Strecke beträgt die Verkürzung bei 5 Grad Neigungswinkel — 4 cm, bei 10 Grad — 15 cm, bei 15 Grad — 34 cm, bei 20 Grad — 60 cm, bei 25 Grad — 94 cm und bei 30 Grad — 1,34 m).

[1]) Im Vermessungswesen ist dies unbestritten; hingegen besteht bei einem Teil des kriminalistischen Schrifttums eine gewisse Unklarheit. So meint *Weinlich*, Archiv 29, S. 225, daß das Verhältnis von Höhenunterschied zur Straßenlänge (die etwas länger ist als die Horizontalentfernung) die Steigung in Prozenten angebe und auch *Lichem*, Die Kriminalpolizei, S. 242, bringt eine vergleichende Grad- und Prozentteilung, wonach nicht bei 45 Grad Neigungswinkel, sondern erst bei 90 Grad die Steigung 100% betrage (was der herkömmlichen Gefällsberechnung widerspricht).

3. Das Zeichnen perspektivischer Skizzen (Zentralprojektion).

Das Zeichnen in der Perspektive ist eine höhere Darstellungsform, die für Tatortskizzen nicht allgemein Anwendung findet. Sie hat gegenüber Zeichnungen von Grund- und Aufriß den Nachteil, daß sie Dinge, die sich in größerer Entfernung befinden, sehr verkleinert und solche, die etwa in der Ecke hinter einem Gegenstand des Vordergrundes sind, überhaupt nicht wiedergibt; hingegen den großen Vorteil erhöhter Anschaulichkeit: man sieht in die Tiefe des Raumes, wie wir dies im Alltag gewohnt sind. Daher kommen perspektivische Tatortzeichnungen nur als Ergänzung zu den Grund- und Aufrißzeichnungen in Betracht und empfehlen sich besonders in Fällen, in denen einfachen Menschen, die einer Beweisführung an Hand von Grund- und Aufriß nicht leicht folgen können, die Tatortverhältnisse möglichst anschaulich vermittelt werden sollen.

So berichtet *Graßberger* a. a. O. von einem achtjährigen Buben, auf den der Verdacht fahrlässiger Brandlegung gefallen war (drei aneinander gebaute Holztennen, zwischen denen sich ein Strohhaufen befand, waren bis auf geringe Reste niedergebrannt). Der Junge behauptete zunächst, er habe — auf dem Strohhaufen stehend — gesehen, daß Kinder in der nachbarlichen Tenne das Feuer gelegt hätten. Durch Vorhalt der in der Abb. 115 wiedergegebenen alsbald hergestellten perspektivischen Rekonstruktionsskizze wurde auch dem Achtjährigen die Unsinnigkeit dieser Verantwortung klar, da die Nachbartenne bis zum Giebel angefüllt war, so daß der Junge (auch wenn er auf dem Strohhaufen stand) die von ihm geschilderte Wahrnehmung nicht gemacht haben konnte. Unter dem Eindruck dieser Skizze gestand er, den Brand selbst durch Spielen mit Zündhölzern verursacht zu haben.

Abb. 115. Perspektivische Rekonstruktionsskizze abgebrannter Tennen (nach *Graßberger* a. a. O.).

Das perspektivische Zeichnen erfordert einiges Geschick, kann aber auch von Menschen ohne besonderem Zeichentalent erlernt werden. Hier seien nur die Grundregeln für den einfachsten Fall angedeutet, der gegeben ist, wenn wir in einem Raum senkrecht zur rückwärtigen Wand blicken. In diesem Falle verlaufen die Seitenwände zur Blickrichtung des Beschauers in der Wirklichkeit parallel, ebenso die Längskanten der an den Seitenwänden stehenden rechteckigen Gegenstände. Alle diese parallelen Kanten schneiden sich in Wirklichkeit nicht, sondern erst in einem unendlich fernen Punkt, den wir beim Sehen in die Mitte des Bildes, entsprechend der Lage unserer Augen (also etwa 160 cm über dem Boden), projizieren. Dieser perspektivische Mittelpunkt des Bildes wird auch als „Verschwindungspunkt“ oder „Fluchtpunkt“ bezeichnet. Nach der Grundregel des perspektivischen Zeichnens müssen nun alle zur Blickrichtung parallelen Kanten in ihrer Fortsetzung im Fluchtpunkt zusammenlaufen. Es werden daher in unserem Beispiel (vgl. Abb. 116) die Kanten der Seitenwände und Einrichtungsgegenstände, die zu unserer Blickrichtung parallel sind, in der Zeichnung, sofern sie unter der Augenhöhe von 160 cm liegen, schräg nach abwärts, sofern sie aber oberhalb der Augenhöhe liegen, schräg nach aufwärts auseinanderlaufen und, falls sie genau in Augenhöhe sind, waagrecht verlaufen. Die Hinterwand und

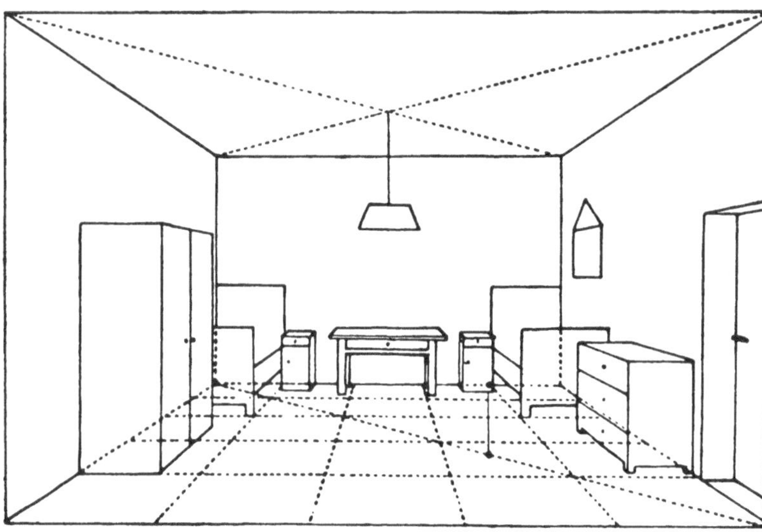

Abb. 116. Wohnzimmer in perspektivischer Darstellung (nach *Graßberger* a.a.O.).

die an dieser befindlichen flachen Gegenstände sind hingegen perspektivisch nicht verzerrt, sondern wie bei einer Aufrißzeichnung maßstabgetreu wiedergegeben. Diese Rückwand und die von ihren Ecken ausstrahlenden Seitenwandkanten werden zuerst gezeichnet. Um nun auch die Gegenstände im Raume richtig einzeichnen zu können, wird am zweckmäßigsten der Fußboden mit einer Netzeinteilung versehen, deren Vierecke in der Wirklichkeit je 1 m² entsprechen. Hiezu werden auf der unteren Kante der Rückwand die Abstände von je 1 m gemessen und markiert, die entsprechenden Punkte maßstabgetreu auf der Skizze eingezeichnet und durch sie Gerade gezogen, die sich in ihrer Fortsetzung im Fluchtpunkt schneiden würden. Nun wird die Länge der unteren Rückwandkante in der Wirklichkeit auf eine Seitenwand übertragen und der gefundene Punkt markiert. Dieser Punkt wird in der Skizze am einfachsten mit jenem Punkt gleichgesetzt, in welchem die untere Seitenwandkante an die Umgrenzung der Skizze stößt; dann entspricht der Fußboden des skizzierten Raumes genau einem Quadrat. Hierauf zieht man in der Skizze durch den Fußboden eine Diagonale; durch die

Schnittpunkte dieser Diagonale mit den früher gezogenen Geraden werden parallele Horizontallinien gezogen und die Quadratmetereinteilung des Fußbodens ist fertig. Auf dieser können nun relativ leicht alle Gegenstände an ihrem richtigen Platz eingezeichnet werden.

Viel schwieriger hingegen ist die perspektivische Darstellung, wenn der Blick des Beschauers nicht senkrecht auf eine Wand, sondern in die Ecke eines Raumes oder von außen auf die Ecke eines Gebäudes gerichtet ist; denn dann gibt es für die linke und für die rechte Seite der perspektivischen Skizze verschiedene Fluchtpunkte, die zwar auch in Augenhöhe, aber außerhalb der Skizzenfläche liegen.

4. Planskizzen nach photogrammetrischen Aufnahmen.

Alsbald, nachdem die photographische Tatortaufnahme zu einem in allen wichtigen Fällen angewandten Hilfsmittel geworden war, kam man auf den Gedanken, das mühsame und zeitraubende Vermessen des Tatortes mittels Meßbandes dadurch zu ersparen, daß man die für die Herstellung einer Planskizze notwendigen Maße aus der Tatortphotographie entnimmt. Außer der Zeitersparnis erwartete man sich davon auch eine größere Exaktheit, da das objektive Auge der Kamera nicht den vielen Fehlerquellen unterliegt, die beim Messen eine Rolle spielen können.

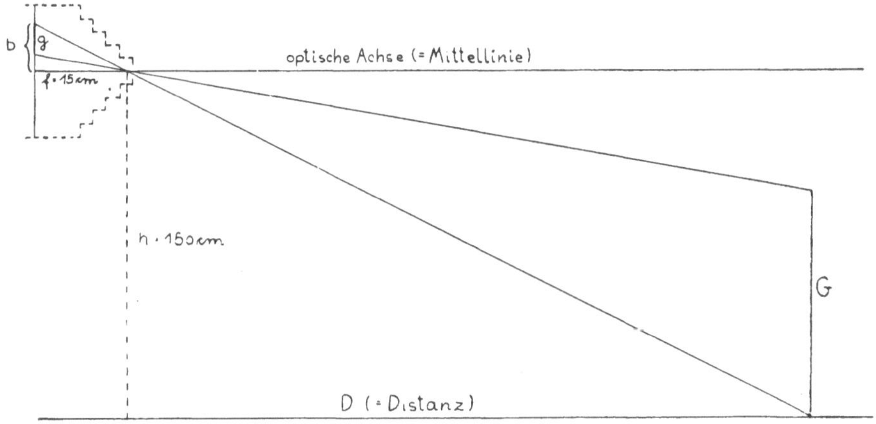

Abb. 117. Lichtbildmessung bei horizontaler Kameraachse.

Diese kriminalistische „Meßbildkunst" entwickelte sich parallel mit der Photogrammetrie überhaupt, die als Zweig der technischen Wissenschaften (hauptsächlich der Geodäsie) ausgebildet und auch von militärischer Seite wegen ihrer Verwertbarkeit für die Kartographie sehr gefördert wurde. Ihre Verwendung für die kriminalistische Tatortaufnahme zeigt hauptsächlich drei Phasen:

a) Das Verfahren nach *Bertillon-Eichberg*[1]). Da eine einfache Berechnung der Maße eines photographisch und daher perspektivisch ab-

[1]) *Bertillon*, Un nouvel àppareil de photographie métrique appliquée aux constatations judiciaires, in: *Reiß*, Photographie judiciaire, Paris 1903; *derselbe*, Die gerichtliche Photographie, Paris 1890, deutsch: Halle 1895; *Eichberg*, Photo-

gebildeten Gegenstandes aus einer Photographie[1]) nur möglich ist, wenn die technischen Verhältnisse, unter denen die Aufnahme erfolgt, einfach und bekannt sind, hat der französische Polizeipräfekt *Bertillon* gegen Ende des vorigen Jahrhunderts ein Aufnahmeverfahren entwickelt, bei welchem diese Umstände ein für allemal festgelegt sind: die Kamera muß einen festen Abstand zwischen Objektiv und Mattscheibe haben (meist wurde ein Abstand von 15 cm gewählt) und daher so konstruiert sein, daß bei entsprechender Abblendung Gegenstände in 1,5 m bis 8 m Entfernung scharf wiedergegeben werden; die Mattscheibe muß senkrecht stehen und die Höhe der Kamera (genauer: der Abstand der optischen Achse des Objektivs vom Fußboden) muß 150 cm betragen. Dann sind die Berechnungen tatsächlich recht einfach. Wie aus der schematischen Darstellung in Abb. 117 sofort zu ersehen ist, ergeben sich aus der Ähnlichkeit der Dreiecke die Proportionen

$$D \text{ (Distanz)} : h = f : b$$

(wobei b die Entfernung des abgebildeten Punktes von der Mittellinie der Mattscheibe bedeutet, die in der Höhe der optischen Achse liegt) und

$$G \text{ (wirkliche Größe eines Gegenstandes)} : D = g : f$$

(wobei g die Größe des Gegenstandes auf der Mattscheibe bedeutet).

Daher ist

$$D = \frac{h \cdot f}{b}$$

Man findet also die Entfernung eines Gegenstandes von der Kamera, wenn man das Produkt $h \cdot f$ (das bei den obigen festgelegten Maßen 2250 cm beträgt) durch den Abstand dividiert, den in der Photographie der Fußpunkt des betreffenden Gegenstandes von der Mittellinie hat. Diese Mittellinie ist daher äußerst wichtig und wird durch zwei auf der Mattscheibe seitlich angebrachte Marken auf das Photo übertragen. Zur Vereinfachung hat *Bertillon* Bildrahmen aus Karton konstruiert, auf die das Photo so geklebt wird, daß die seitlichen Marken genau mit der vorgedruckten Mittellinie übereinstimmen. Der Bildrahmen hatte auch auf der linken Seite eine Skala, die für die einzelnen Abstände unterhalb der Mittellinie die bereits errechneten Entfernungen angab. Ebenso einfach war die Größe des Gegenstandes zu berechnen: aus der zweiten der obigen Proportionen ergibt sich

$$G = \frac{D}{f} \cdot g$$

oder mit anderen Worten: man braucht die auf dem Photo abgebildete

grammetrie bei kriminalistischen Tatbestandsaufnahmen, Halle 1911; *derselbe*, Ein neuer Apparat für kriminalistische Tatbestandsaufnahmen, Wien 1913. Instruktive Darstellungen aus neuerer Zeit bringen: *Hugershoff*, Art. „Photogrammetrie" im HdK.; *Tetzner*, Die Photographie in der Kriminalistik, Berlin 1949.

[1]) Erstmals gelang es in der Mitte des vorigen Jahrhunderts dem französischen Obstlt. *Laussedat*, auf Grund von Photographien verwendbare Militärkarten zu zeichnen. 1870 haben Hptm. *Burchardi* und Prof. *Dörgens* photogrammetrische Terrainaufnahmen im deutsch-französischen Krieg durchgeführt.

Größe nur mit dem jeweiligen Quotienten aus Distanz und (fixem) Objektivabstand zu multiplizieren, um die wirkliche Größe des Gegenstandes zu erhalten. Daher hat *Bertillon* auf der rechten Seite des erwähnten Bildrahmens gegenüber jeder einzelnen „distance" die Verhältniszahl (reduction) vermerkt, mit der die Maßzahlen der auf der betreffenden Horizontalen abgebildeten Gegenstände zu multiplizieren sind.

Dieses Verfahren unterlag gewissen Fehlerquellen: die lichtempfindliche Schicht der Platten und besonders des Kopierpapiers schrumpft durch den Entwicklungs- und Fixierprozeß etwas ein, so daß das aufgezogene Photogramm nicht mehr haargenau mit dem Bild auf der Mattscheibe (für das die Berechnungen gelten) übereinstimmt und schon ganz kleine Differenzen geben (zumal bei den größeren Entfernungen) einen bedeutungsvollen Ausschlag. Auch beim

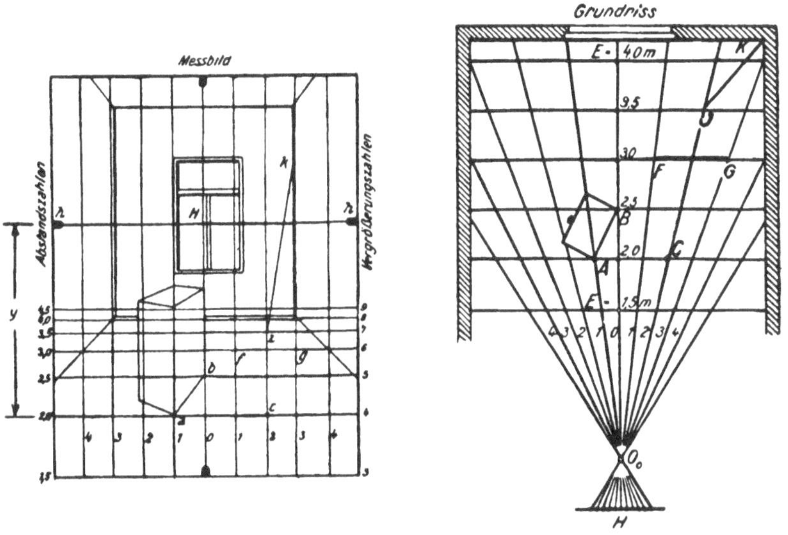

Abb. 118. Photogrammetrie nach *Bertillon-Eichberg* (in schematischer Darstellung).

Aufziehen des Bildes und beim Nachziehen der einzelnen Distanzlinien ergeben sich notwendig kleine Fehler. Diesen Übelständen hat der Wiener Polizeikommissär *Eichberg* durch Konstruktion einer Spezialkamera abgeholfen, in welcher sich ein „Distanznetzrahmen" aus feinsten Stahldrähten befindet, wodurch das Distanzliniennetz auf die Platte und damit auf das Photogramm übertragen wird. Dem Distanzliniennetz entspricht ein fächerartiges Grundrißnetz; dadurch können die einzelnen Punkte des Photogramms auch unmittelbar in das Grundrißnetz übertragen werden, wodurch die Herstellung einer Grundrißskizze — auch ohne Berechnung der einzelnen Größenmaße — möglich ist. Abb. 118 gibt in schematischer Darstellung links ein Photogramm mit mitphotographiertem Distanznetz und rechts die Konstruktion des entsprechenden Grundrisses wieder.

Trotz dieser Verbesserungen hat sich das System *Bertillon-Eichberg* in der Praxis nicht durchgesetzt. Der Hauptgrund hiefür liegt wohl in den starren Aufnahmebedingungen, die nur eine beschränkte Verwendung der immerhin kostspieligen Spezialkamera zulassen. Denn in kleinen Räumen sind Tatortaufnahmen mit 1,5 m Kamerahöhe und senkrechter Mattscheibe oft nicht durchführbar.

b) Ein photogrammetrisches Verfahren ohne Spezialkamera schlug *Heindl* vor[1]). Er legt auf den Fußboden des aufzunehmenden Raumes ein weißes Quadrat (aus Eisenblech) von 50 cm Seitenlänge. Auf der einen Grundseite, die der Kamera zugekehrt wird, befindet sich eine Zentimeterskala und darüber im Halbkreis eine Winkelgradeinteilung; auch ist die eine Diagonale ausgezeichnet. Diese Tafel, die mitphotographiert wird, muß so gelegt werden, daß ihre der Kamera zugekehrte Kante auf der Mattscheibe genau horizontal erscheint. Im übrigen kann die Kamera in beliebiger Höhe aufgestellt und auch geneigt werden.

Die Anfertigung eines Grundrisses nach diesem Verfahren ist höchst einfach. Entsprechend den oben für das perspektivische Zeichnen kurz dargestellten Grundsätzen laufen die von der Kamera wegstrebenden Seitenkanten des Quadrates auf dem Photogramm im Fluchtpunkt zusammen. Man braucht daher auf dem Photogramm nur die horizontale Grundkante des Quadrates zu verlängern und diese Gerade in weitere gleich große Abschnitte zu teilen und jeden Teilpunkt mit dem Fluchtpunkt zu verbinden (Abb. 119). Ferner verlängert man auch die Diagonale des Quadrates und zieht dort, wo sich diese Verlängerungslinie mit den

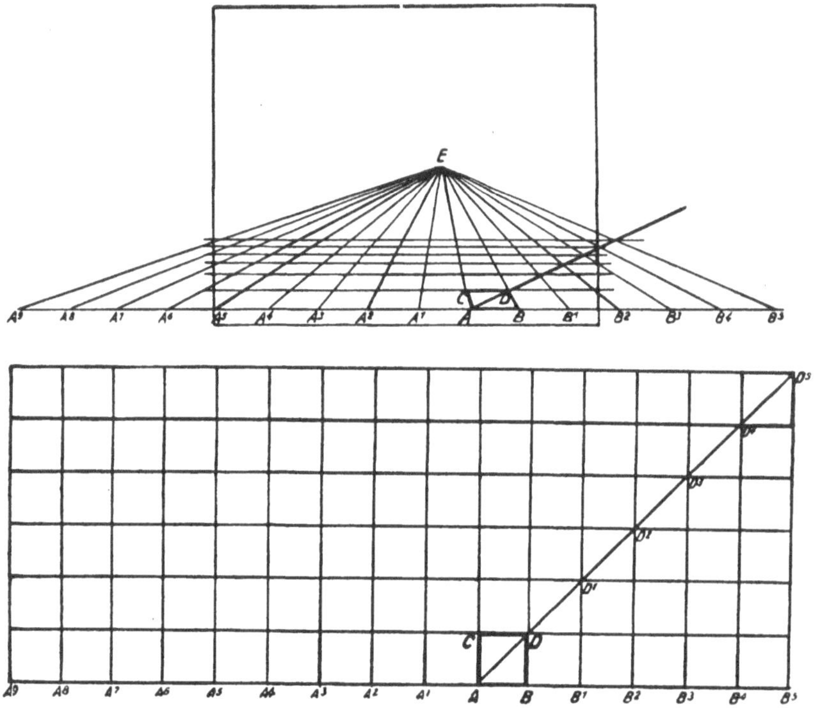

Abb. 119. Vereinfachtes photogrammetrisches Verfahren nach *Heindl*. Oben: Photogramm mit mitphotographiertem Quadrat, ergänzt durch die quadratische Netzeinteilung; unten: Zeichnung des entsprechenden Grundrisses.

[1]) *Heindl*, Photogrammetrie ohne Spezialkamera, Archiv 65, Seite 1.

einzelnen Verbindungslinien schneidet, je eine Horizontallinie. Dadurch ist der Fußboden in (perspektivisch verzerrte) Halbmeterquadrate geteilt und es kann sofort ein maßstabgetreuer Grundriß entworfen werden, indem man in eine quadratische Netzeinteilung (deren Felder Quadrate von 50 cm Seitenlänge darstellen) die entsprechenden Punkte überträgt. Diese Punkte müssen sich allerdings auf dem Fußboden befinden. Doch kann auch unschwer die Höhe von Einrichtungsgegenständen, Türen usw. ermittelt werden, indem man die betreffende Vertikalstrecke um ihren Fußpunkt in die Horizontalebene umlegt (also um 90 Grad dreht) und nunmehr diese Horizontalstrecke (durch Verbindung ihrer Endpunkte mit dem Fluchtpunkt) auf die eingeteilte Grundkante projiziert und auf dieser die Größe abliest. Auch der Winkel schräger Seitenwände ist auf ähnliche Weise ablesbar.

Das *Heindl*sche Verfahren, das zunächst nur Gegenstände und Raumverhältnisse auf dem Fußboden zu messen und zu zeichnen gestattet, ist ausbaufähig. Man braucht nur — wie z. B. *Tetzner* a. a. O. S. 30 vorschlägt — über dem Quadrat ein würfeliges Drahtgestell aufzubauen oder, noch einfacher, in einer Ecke des Quadrates eine kleine Meßlatte zu errichten, auf der die Höhen von 50 cm und 100 cm markiert sind. Dann kann man den ganzen Raum in 50-cm-Würfel teilen und auch höher gelegene Gegenstände ausmessen. Natürlich ist eine besondere Genauigkeit des Zeichnens erforderlich, um die unvermeidlichen Fehlergrenzen in erträglichem Ausmaß zu halten.

Trotz seiner relativen Einfachheit und Billigkeit wird auch das *Heindl*sche Verfahren nur selten in der Praxis angewendet. Dies kommt wohl daher, daß es — ebenso wie das Verfahren nach *Bertillon-Eichberg* — nur für Aufnahmen von Räumlichkeiten mit vollkommen ebener, horizontaler Bodenfläche, also praktisch nur für Innenräume verwendet werden kann; gerade in diesen Fällen macht aber das Ausmessen mittels Meßbandes auch keine besondere Mühe und kann von Polizeiorganen ohne zeichnerische Ausbildung durchgeführt werden. Auch drängt hiebei die Zeit meist nicht sonderlich, so daß man in Ruhe messen kann. Wo aber stets Zeitnot herrscht, nämlich bei Tatbestandsaufnahmen von Verkehrsunfällen, durch die der ganze Straßenverkehr stockt, ist das Verfahren unverwendbar.

c) Eine bahnbrechende Umwälzung der photogrammetrischen Tatbestandsaufnahmen brachte erst die Stereophotographie und die Erfindung der mechanischen Auswertung stereoskopischer, d. h. plastisch gesehener Bilder. Diese Methode ist im Zusammenhang mit dem Luftbildwesen (Flugzeugaufnahmen) zu Zwecken der Landesvermessung und militärischen Terrainaufnahme entwickelt und in neuerer Zeit auch der kriminalistischen Tatortsaufnahme dienstbar gemacht worden[1]).

---

[1]) Vgl. *Hugershoff* a. a. O.; *Tetzner* a. a. O.; ferner: *Sarnetzky*, Die Photogrammetrie in der Kriminalistik, Kriminalistik 8, S. 33; *J. Müller*, Photogrammmetrische Ausrüstung für die Tatbestandsaufnahme, Kriminalistik 12, S. 241; *derselbe*, Praktische polizeiliche Erfahrung mit der Photogrammetrie bei Tatbestandsaufnahmen, Archiv 98, S. 189; *Heusser*, Die Photogrammetrie im Dienste der Polizei, Der Polizeibeamte 31, S. 81 und 99 (Luzern 1950). Über die theoretisch-technischen Grundlagen unterrichten *Pulfrich*, Stereoskopisches Sehen

Das Verfahren beruht auf dem Prinzip des binokularen Sehens des Menschen. Während beim monokularen Sehen (mit einem Auge) wohl ein perspektivisches Bild des Raumes — gemäß den oben dargestellten Regeln der Zentralprojektion —, aber keine unmittelbare Tiefenwahrnehmung entsteht, liefert das binokulare Sehen (mit beiden Augen) ein räumlich-plastisches Bild: wir sehen unmittelbar das Nahesein oder Entfernterliegen der einzelnen Bildpunkte, die Wölbung runder Gegenstände usw., wir erleben also eine unmittelbare Tiefenwahrnehmung, die sich nicht näher beschreiben läßt, aber sehr deutlich und schon

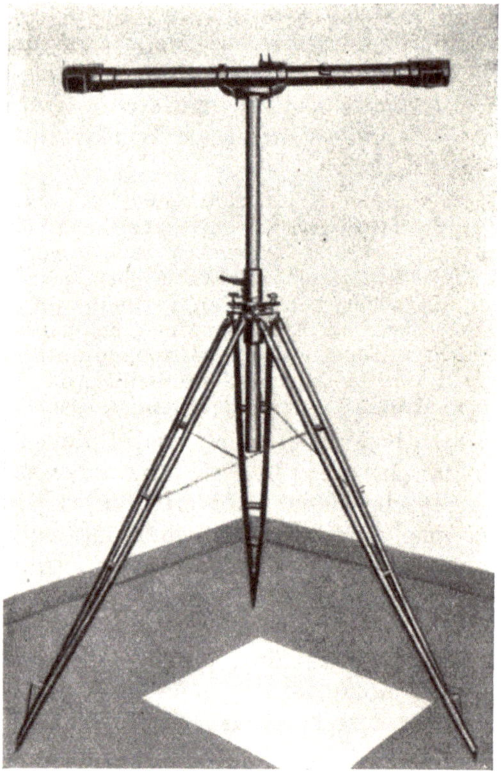

Abb. 120. Stereoskopisches Aufnahmegerät mit 120 cm-Basis (nach einem Prospekt der Firma *Wild* in Heerbrugg).

für geringe Tiefenunterschiede empfindlich ist. Die optische Erklärung für diese eigenartige Fähigkeit des Menschen liegt bekanntlich darin, daß auf den Netzhautbildern der beiden Augen derselbe Raumpunkt eine etwas abweichende Lage hat, die sich um so mehr verschiebt, je näher der wahrgenommene Raumpunkt ist. Wir sehen also mit jedem Auge ein etwas anderes Bild (was man leicht erproben kann, wenn man abwechselnd das linke und das rechte Auge zuhält), aber beim Sehen mit beiden Augen sehen wir die Gegenstände nicht doppelt, sondern es verschmelzen die beiden abweichenden Wahrnehmungsbilder zu einem einzigen plastischen Bild. Schon seit langem hat dies die Stereophotographie nachgeahmt: die im Augenabstand gleichzeitig aufgenommenen Doppelbilder liefern, wenn sie (im Stereoskop oder mittels anderer moderner stereo-

und Messen, Jena 1911; *Lüscher*, Kartieren nach Luftbildern, Berlin 1937; *Rube*, Photogrammetrie (H. B. f. d. Vermessungswesen, Band 4), Berlin 1940; *Schwidefsky*, Einführung in die Luft- und Erdbildmessung, 3. Auflage, Leipzig 1942.

skopischer Hilfsmittel) so betrachtet werden, daß das linke Auge nur das linke und das rechte Auge nur das rechte Bild sieht, wiederum nur ein plastisches Bild[1]). Dies machte sich die Stereophotogrammetrie zunutze, indem sie den Abstand der beiden Objektive der aufnehmenden Kamera gegenüber dem menschlichen Augenabstand vergrößert, wodurch die stereoskopische Betrachtung der beiden so gewonnenen Teilbilder ein übertrieben plastisches Raumbild vermittelt, welches eine genaue Bestimmung jedes Punktes nach allen drei Dimensionen (Seite, Höhe, Tiefe) zuläßt. Diese Bestimmung mußte ursprünglich rechnerisch geschehen und die Zeichnung des Grund- und Aufrisses erfolgte nach den Regeln der darstellenden Geometrie. Dieses umständliche Verfahren

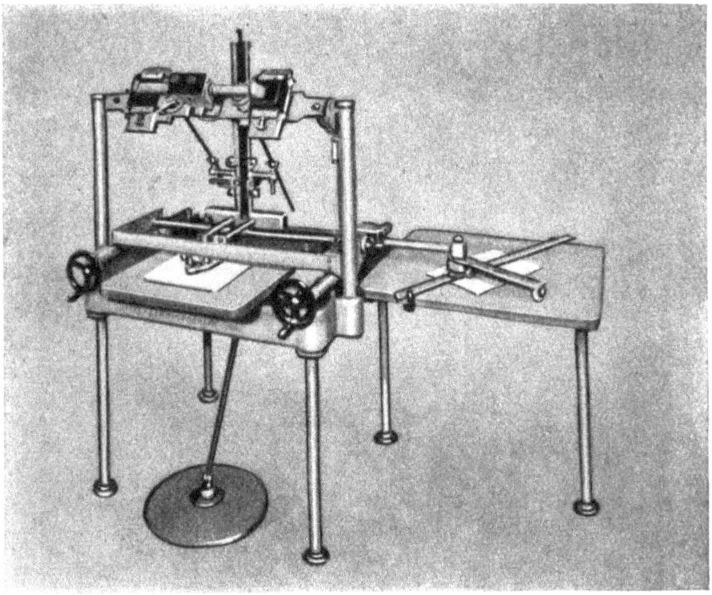

Abb. 121. Auswertegerät (Autograph) der Firma *Zeiss-Aerotopograph* in Jena.

erübrigt sich aber, seitdem *Pulfrich* u. a. sinnreich konstruierte Maschinen erfunden haben, die eine unmittelbare Übertragung der plastisch geschauten Raumverhältnisse auf eine Grundriß-, Aufriß- oder Querschnittskizze ermöglichen. Das Prinzip dieser Erfindung besteht darin, daß im stereoskopischen Betrachtungsapparat über den beiden Teilbildern kleine senkrechte Zeiger angebracht sind, die für den Betrachter ebenfalls zu einem einzigen, im Raum schwebenden Zeiger („Raummarke") verschmelzen; bei Verschiebung der Zeiger „wandert" diese Marke im Raum. Der „Stereoautograph" überträgt nun auf mechanischem Wege jede dieser Zeigerbewegungen bereits maßstabgetreu auf einen Zeichenstift, der auf einem horizontalen Zeichentisch schreibt. Aufgabe des die Stereoaufnahme auswertenden Menschen ist es, durch gleichzeitige Betätigung von Drehvorrichtungen (für alle drei Dimensionen) die Raummarke entlang jener Strecken oder Krümmungen des plastischen Raumbildes wandern zu lassen, die er gezeichnet haben will.

Während die für das Luftbildwesen konstruierten Auswertungsmaschinen außerordentlich kompliziert und daher sehr kostspielig sind,

[1]) Vgl. I. Band, S. 373f.

haben nach 1932 in Mitteleuropa zwei Firmen, *Zeiß-Aerotopograph*, Jena, und *Wild* in Heerburgg (Schweiz) sehr ähnliche Apparaturen entwickelt, die speziell den Erfordernissen der kriminalistischen Tatbestandsaufnahme angepaßt und vereinfacht sind. Diese Apparaturen bestehen aus je einem Aufnahmegerät, einer stereoskopischen Doppelkamera mit einer Basis (= Abstand der beiden Objektive) von entweder 40 cm (für nähere Objekte) oder 120 cm (für entferntere Objekte, siehe Abb. 120), und aus je einem Auswertegerät (Autograph, siehe Abb. 121 u. 122),

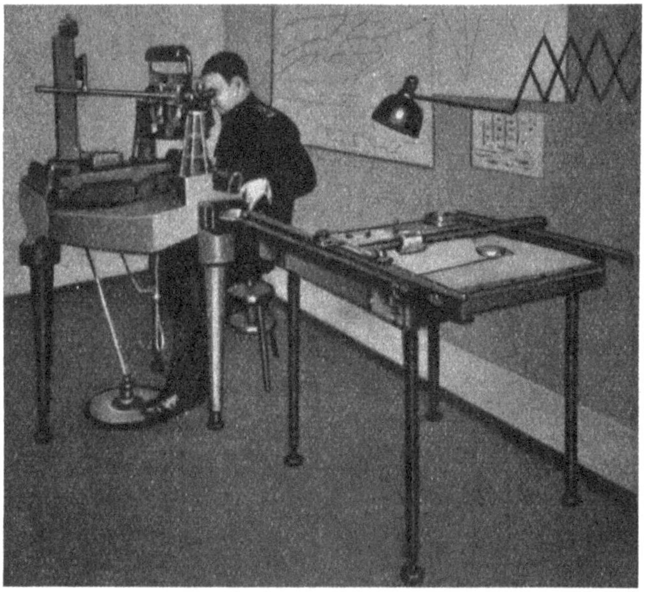

Abb. 122. Das Wild'sche Auswertegerät in der Praxis der Schweizer Polizei.

in welches die durch die Aufnahme gewonnenen beiden photographischen Platten eingelegt und durch eine binokulare Optik betrachtet werden. Der Autograph ist mit zwei Handkurbeln und einer Fußscheibe ausgerüstet, deren Betätigung das „Wandern" der Marke nach Seite, Tiefe und Höhe bewirkt, das gleichzeitig auf dem seitlich angeordneten Zeichentisch in Form einer Planskizze registriert wird.

Die Praxis bedient sich dieses Verfahrens hauptsächlich für Tatbestandsaufnahmen bei Verkehrsunfällen (also für Aufnahmen im Freien) und verwendet daher meist die Aufnahmekamera mit 120 cm Basis; diese läßt noch eine maßstäbliche Erfassung von Gegenständen bis zu 80 m Entfernung zu; man wird aber möglichst den Aufnahmeort so wählen, daß die wichtigsten Objekte etwa 30 bis 40 m entfernt sind. Sind Rad- oder Bremsspuren auszumessen, die im Photogramm nicht deutlich hervortreten würden, so sind sie — wie auch sonst üblich — mittels Kreide oder Gips zu markieren. Meist werden zwei oder drei

Aufnahmen von verschiedenen Standorten nötig sein, die sich bei der Auswertung ergänzen; dabei ist darauf zu achten, daß auf je zwei Aufnahmen mindestens zwei identische Punkte (Bäume, Hausecken, allenfalls aufgestellte Holzpflöcke) vorhanden sein müssen, damit sich die

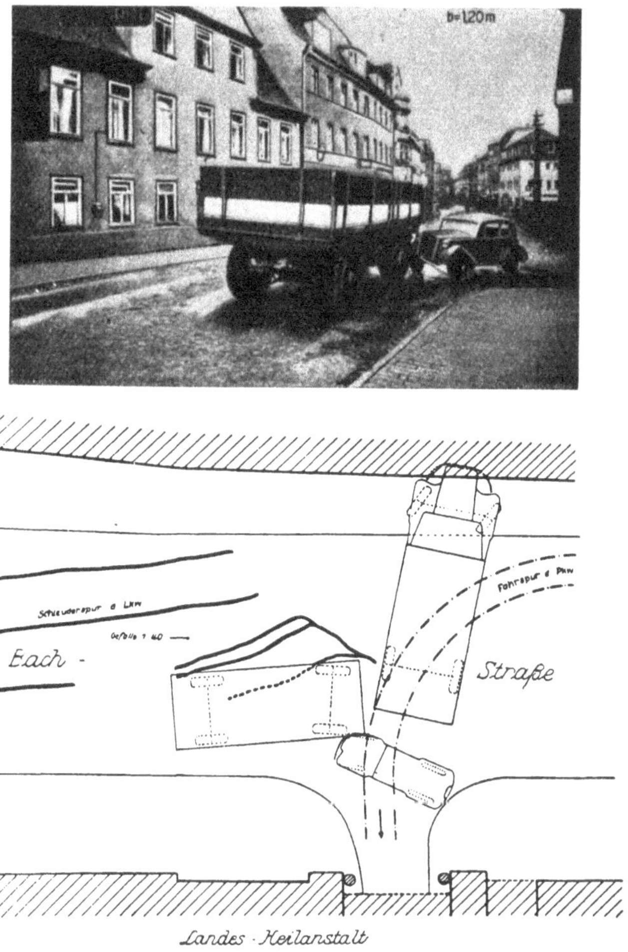

Abb. 123. Photogrammetrische Planskizze eines Verkehrsunfalles. Oben: das linke Teilbild einer der beiden Aufnahmen, die der Skizze als Grundlage dienten. (Mit den Zeiß'schen Geräten hergestellt.)

gewonnenen Planskizzen zusammensetzen lassen. Die Doppelkamera läßt sich auch aus der Horizontalen, in die sie zunächst einzustellen ist, nach unten oder nach oben kippen; der gleiche Kippwinkel (der am Aufnahmegerät abzulesen ist) ist dann auch bei der Auswertung im Autographen einzustellen. Die Auswertung im Autographen erfordert einige Übung und die Fähigkeit stereoskopischen Sehens[1]. Wichtig

[1]) Nach den Erfahrungen in der Schweiz haben sich über 90 Prozent der hiefür ausersehenen Polizeikräfte als geeignet erwiesen.

ist, daß durch gleichzeitiges Drehen der beiden Handkurbeln und der Fußscheibe eine kontinuierliche Wanderbewegung der Marke entlang der einzelnen zu zeichnenden Linien entsteht. Normalerweise werden nur die Grundrißbewegungen vom Zeichenstift ausgeführt und die Höhen an einem Zählwerk in Zentimeter abgelesen; doch kann auch in jeder Tiefenentfernung ein durch diese gelegter Aufriß bzw. Querschnitt (z. B. das Profil einer Straße oder einer Böschung) gezeichnet werden.

Zur Veranschaulichung sei in Abb. 123 die Planskizze wiedergegeben, die in einem praktischen Fall mit der Zeißschen Apparatur hergestellt wurde. Am 20. August 1938 bog in der Parkstraße ein von rechts kommender PKW nach links in die Toreinfahrt der Landesheilanstalt ein; aus der entgegengesetzten Richtung kam ein schwerer LKW mit Anhänger in rascher Fahrt und mußte wegen des einbiegenden PKW stark bremsen, wodurch der Anhänger auf der feuchten und leicht abfallenden Asphaltstraße ins Schleudern geriet und den LKW mitriß. Dieser streifte den PKW, der um seine eigene Achse gedreht wurde und der LKW geriet mit seinem Vorderteil in die gegenüberliegende Hausfront, die er eindrückte. Die zunächst unübersichtliche Situation wurde von der Polizei, nachdem die Brems- und Schleuderspuren mit Kreide bezeichnet worden waren, durch zwei Aufnahmen mit der 120-cm-Doppelkamera festgehalten. Nach 15 Minuten konnte die stark beanspruchte Einfahrtsstraße geräumt und für den Verkehr freigegeben werden.

Die Hauptvorteile dieses Verfahrens liegen somit in der Schnelligkeit, mit der die Grundlagen für einen maßstabgetreuen Plan ohne jede Meßarbeit gewonnen werden, in der erhöhten Genauigkeit der damit zu erzielenden Pläne und in der Möglichkeit, diese Pläne auf Grund der photographischen Aufnahmen noch später zu ergänzen, wenn etwa im Laufe der Untersuchung bestimmte Entfernungen und sonstige Details wichtig werden sollten, deren Messung zuerst nicht zur Diskussion stand. Trotzdem hat in Deutschland — wohl wegen der höheren Anschaffungskosten der Geräte — dieses Verfahren nur in geringem Umfang Eingang in die Praxis gefunden, während in der Schweiz schon 1933 die Polizeidienststellen in Zürich und Bern mit den *Wild*schen Geräten ausgerüstet wurden und seither die stereophotogrammetrische Tatbestandsaufnahme bei allen wichtigen Verkehrsunfällen (und vereinzelt auch bei anderen Tatbestandsaufnahmen im Freien) mit Erfolg verwendet wird.

5. Das Anfertigen von Modellen.

In besonders gelagerten Fällen — wenn es etwa auf die Sichtverhältnisse von einem bestimmten Punkt aus oder auf komplizierte örtliche Verhältnisse ankommt und darüber Zeugen im Gerichtssaal vernommen werden müssen — kann es sich ausnahmsweise empfehlen, von der betreffenden Örtlichkeit (einem Haus[1]), einer Landschaft) ein plastisches Modell anzufertigen. So berichtet *Karmán* von einem Falle, in welchem er als Richter ein Haus, in das zwei Männer eingedrungen waren, ohne

[1]) Insbesonders bei abgebrannten Häusern, bei denen ein Lokalaugenschein die betreffenden Verhältnisse nicht mehr zu klären vermag, kann die Rekonstruktion durch Anfertigen eines Modells zweckmäßig sein.

die versperrten Türen zu erbrechen, in Gips modellieren ließ, wodurch in der Hauptverhandlung die Klärung des Sachverhaltes wesentlich gefördert wurde[1]).

Plastische Modelle größerer Landschaftsteile sind die sogenannten Reliefkarten[2]), die gegenüber einer Planskizze mehrere Vorzüge haben: man kann sich von den Erhebungen und Vertiefungen im Terrain ein klareres Bild machen und feststellen, ob man von einem Orte zum anderen sehen kann, wie die Punkte einander beherrschen usw. Weiters aber wird sich ein Mensch, der seit seiner Schulzeit niemals eine Karte zur Hand nahm, auf einer Skizze selten zurechtfinden können; selbst, wenn er versichert, daß er „sich auskennt", darf man nie sicher sein, daß dies der Fall ist. Bei einer Reliefkarte kennt sich aber jeder Bauer aus, sobald man ihm etwas Zeit gelassen und ihm die Sache erklärt hat. Er erkennt mit Vergnügen sein Haus und des Nachbars Wald, er verfolgt leicht einen Wasserlauf und den Zug der Straßen — jede Verständigung gelingt rasch und leicht. Trotzdem schließen sowohl prozeßökonomische als auch technische Gründe — Reliefkarten nehmen einen großen Platz ein, sind wegen ihres hohen Gewichtes und ihrer Zerbrechlichkeit schwer zu transportieren und zu ihrer Aufbewahrung in größerer Zahl wären ganze Magazine erforderlich — es aus, daß in der Mehrzahl der Fälle eine Reliefkarte angefertigt werde. Ihr Zweck wird heute vielmehr in der Regel dadurch erreicht, daß sich das Gericht, wo dies zur Klarstellung der Verhältnisse erforderlich ist, an Ort und Stelle begibt und daselbst die Vernehmungen durchführt. Doch kann es vorkommen, daß diesem Ausweg andere Hindernisse entgegenstehen.

In den sehr seltenen Fällen, in denen sonach ein Landschaftsrelief anzufertigen sein wird, betraut man hiemit am zweckmäßigsten einen für solche Arbeiten spezialisierten Bildhauer oder eine Modellieranstalt, die es in größeren Städten gibt. Auch Laboranten geographischer Museen oder Institute verstehen sich mitunter darauf.

In der Zeit um die Jahrhundertwende, als die Herstellung solcher Reliefs in Mode gekommen war, wetteiferten die geographischen Abteilungen der lokalen Museen darin, die von ihnen betreuten Landteile in möglichst naturgetreuen, oft sehr kunstvoll ausgeführten Modellen zur Darstellung zu bringen. Heute ist man hievon abgekommen, doch bilden diese Reliefs noch immer wertvolle Schaustücke dieser Museen. Im Ernstfalle könnte sich daher der U. an eine solche Anstalt wegen Anfertigung einer Kopie des betreffenden Reliefteiles wenden. Die Neuanfertigung solcher Reliefs kann nach folgenden zwei Methoden erfolgen, die beide eine gut gearbeitete Spezialkarte (mit Schichtenlinien) zur Grundlage haben, deren betreffender Teil in photographischer Vergrößerung auf ein Brett geklebt wird. a) Von einer zweiten Kopie der Vergrößerung werden die einzelnen Schichtenlinien auf dünne Holzplatten (wie sie für Laubsägearbeiten Verwendung finden) durchgepaust, aber nicht wie auf der Karte in-

---

[1]) *Karmán*, Zum „Modellieren", Archiv 55, S. 1.

[2]) In der wissenschaftlichen Kartographie werden jedoch als „Reliefkarten" nicht Landschaftsmodelle, sondern im lithographischen Verfahren hergestellte Spezialkarten verstanden, deren Bodenerhebungen durch Pressung einer Papiermaché-Masse plastisch hervortreten; für ihre Herstellung wurden patentierte Methoden entwickelt (z. B. von der Firma *Wenschow* in München).

einander liegend, sondern jede Schichtenlinie (die ja eine in sich geschlossene unregelmäßige Figur bildet) neben der anderen, so daß sich die einzelnen Figuren mit der Laubsäge ausschneiden lassen. Die so gewonnenen Holzscheiben werden auf dem Brett genau in der Lage der entsprechenden Schichtenlinien aufeinander getürmt und mit Stiften befestigt[1]). Hierauf werden die stufenförmigen Vertiefungen des so entstandenen Reliefs mit einer Modelliermasse (z. B. Plastilin) ausgefüllt und die letzten Feinheiten (Felsenriffe, Waldeslisieren, Straßen- und Eisenbahnböschungen usw.) nach der Natur nachmodelliert. Gebäude stellt man aus viereckigen Stückchen von Holz oder Modelliermasse dar. b) Auf dem mit der vergrößerten Karte beklebten Brett werden entlang der einzelnen Schichtenlinien Metallstifte eingeschlagen (oder Holzstifte in vorgebohrte Löcher eingeklebt), deren Größe genau der Höhe der betreffenden Schichtenlinie entspricht. Hierauf werden der Raum bis zu den Endpunkten der Stifte mit Modelliermasse ausgefüllt und die Feinheiten nach der Natur nachmodelliert. — Soll das Relief nicht bloß einmal verwendet werden, sondern von Dauer sein, so wird es in Gips abgeformt (vgl. das nächste Kapitel). Zur Erhöhung der Anschaulichkeit wird das fertige Relief mit Wasser- oder Temperafarben choloriert: Wiesen hellgrün, Wälder dunkelgrün, Getreidefelder gelb, Wege braun, Gewässer blau, Gebäude (je nach der Dachart) ziegelrot oder grau.

6. Abformen und Abklatschen.

Dies sind Techniken, die jeder nach einiger Übung ausführen kann und die oft wertvolle Behelfe liefern können.

a) Das Abformen

wird dann zu geschehen haben, wenn die Gestalt kleiner Körper, die aus irgendeinem Grunde nicht in natura zu Gerichtshanden genommen werden können, von Wichtigkeit ist, z. B. der Eindruck einer abgeprellten Kugel, Beschädigungen an einer Mauer, einer Panzerkasse, an Bäumen usw., die Form irgendeines Möbelstückes, auf das ein Verletzter mit dem Kopf aufschlug, das Gebiß oder die Fingernägel eines Getöteten, von dem angenommen werden kann, daß er sich durch Beißen oder Kratzen gewehrt hat, Schlüssellöcher, Schlüsselformen, Gittersprossen und tausend andere derartige Gegenstände. Eine besondere Bedeutung hat das Abformen in der gerichtlichen Medizin durch das (weiter unten näher dargestellte) *Poller*sche Verfahren erlangt, durch das z. B. ganze Hände oder Köpfe mit allen wichtigen Details (etwa klaffenden Wunden) naturgetreu als Rundplastiken dargestellt werden können.

Unter Abformen verstehen wir die Nachbildung plastischer Körper durch mechanische Formübertragung — im Gegensatz zur freihändigen Darstellung durch Bildhauerkunst. Aber gerade die Bildhauerei hat es niemals verschmäht, für gewisse Arbeiten auch die mechanische Formübertragung zu verwenden, so für die Herstellung von Totenmasken und von Modellen einzelner Körperteile lebender Menschen, die als „Formen über die Natur" dem Künstler bei seiner eigentlichen bildhauerischen Arbeit oft von großem Nutzen

[1]) Erleichtert wird diese sehr mühsame Arbeit, wenn man beim Durchpausen auf jeder Holzscheibe die nächst höhere Schichtenlinie ebenfalls durchpaust, da hiedurch schon die Lage markiert ist, in der beim Aufeinandertürmen die nächst höhere Scheibe zu liegen hat. Statt Holz können auch dicke Pappeplatten verwendet werden. In den früheren Auflagen dieses Werkes wurde auch empfohlen, die Platten aus Lehm herzustellen, was jedoch verschiedene Nachteile hat.

sind; und seitdem man immer mehr davon abgekommen ist, Bildwerke direkt aus dem Stein zu hauen, und die künstlerische Arbeit in die Modellierung eines Tonmodells legt, nimmt die Abgußtechnik, also das Abformen des Tonmodells in Gips oder Bronze, auch in der Bildhauerei den breitesten Raum ein. Es wird freilich vielfach nicht vom Künstler selbst besorgt, sondern den Vertretern des Formerhandwerks (Gipsgießern, Metallgießern) überlassen, das im Laufe der Jahrtausende — Nachbildungen in Gips wurden schon im alten Griechenland ausgeführt — eine besondere Abformtechnik entwickelt hat[1]), die unter Umständen auch für Abformungen zu kriminalistischen Zwecken zu verwerten sein wird.

Das Abformen in dem hier umschriebenen Sinn setzt sich stets aus zwei Teilprozessen zusammen: aus der Herstellung der Negativform (des Abdruckes) und aus der Herstellung des Positivs (der fertigen Nachbildung). Nicht hier zu behandeln sind daher jene kriminaltechnischen Verfahren, bei denen zum Zwecke der Spurensicherung oder des Spurenvergleichs nur eine Negativform erzeugt wird, wie beim Ausgießen von Fußeindrücken und bei der vergleichenden Untersuchung von Werkzeugschartenspuren, worüber im XIII. Abschnitt zu sprechen sein wird.

Von einem Abformverfahren für kriminalistische Zwecke ist zu verlangen, daß es den abgeformten Gegenstand möglichst naturgetreu, einschließlich feinster Details, wiedergibt und daß die Nachbildung beständig bleibt, also nicht nachträglichen Veränderungen (Verzerrungen, Schrumpfungen, Abbröckelungen, Sprüngen) ausgesetzt ist; ferner daß es keine zu komplizierte Technik erfordert, unter den verschiedensten räumlichen und klimatischen Verhältnissen an Ort und Stelle durchgeführt werden kann und auch nicht zu kostspielig ist. An Hand der folgenden Darstellung der für den Kriminalisten in Betracht kommenden Verfahren wird sich der U. bereits ein Bild machen können, inwieweit die einzelnen Abformmethoden diesen Anforderungen entsprechen und welcher im gegebenen Fall der Vorzug zu geben ist; doch ist es unerläßlich, daß derjenige, der im Ernstfall die Abformung vorzunehmen hat, bereits über eigene Erfahrung verfügt und sich auch die erforderliche Geschicklichkeit in dem einen oder anderen Verfahren durch Übung angeeignet hat.

1. Das Abformen in Gips.

Das im Handel erhältliche Gipsmehl ist pulverisierter gebrannter Gipsstein. Durch das „Brennen", d. h. Erhitzen auf etwa 200 Grad, wird dem aus den Gipsbrüchen gewonnenen Rohgips, der vorwiegend aus wasserhaltigem Kalziumsulfat ($Ca\ So_4 + 2\ H_2O$) besteht, der Wassergehalt größtenteils entzogen. Das so entstehende Halbhydrat hat die Eigenschaft, wieder begierig Wasser aufzunehmen, was bei Vermengung mit Wasser unter Wärmeentwicklung und geringer Volumvergrößerung vor sich geht und den erhärteten Gips ergibt. Dies wird als „Abbinden" des Gipses bezeichnet. Der Verlauf des Abbindevorganges und die Qualität des Endproduktes schwanken nach der Art des Ausgangsmaterials (als reinste

[1]) Vgl. die (noch immer lesenswerte) kleine Schrift von *E. Uhlenhuth*, Die Technik der plastischen Kunst, Berlin 1863.

Abart gilt der nach dem Fundort Alabastron in Oberägypten benannte „Alabastergips") und seiner Behandlung beim Brennen (Temperatur und Brennzeit).

Zum Abformen wird als Negativmasse ein Gipsbrei verwendet, den man am zweckmäßigsten in der Weise erhält, daß man in ein Gummigefäß mit abgestandenem oder leicht erwärmtem Wasser Gipspulver bester Qualität im ungefähren Volumverhältnis 1 : 1 einstreut. Man wartet einige Augenblicke, bis sich der Gips mit Wasser vollgesogen hat, dann erfolgt ein langsames Verrühren, bis die Masse einen gleichmäßig-sahnigen Brei bildet. Dieser wird auf den abzuformenden Gegenstand gegossen, bzw. geschmiert und daselbst belassen, bis sich der Gips vollkommen erhärtet hat. Um ein klagloses Lösen der Gipsform vom Original zu erreichen, ist bei vielen Gegenständen eine Vorpräparierung ihrer Oberfläche erforderlich (leichtes Einfetten durch eine hauchdünne Ölschichte oder Bestäuben mit einer Paraffin-Benzol- oder einer Schellack-Spirituslösung).

Unmittelbar nach Abhebung der Negativform kann man mit dem Positivguß beginnen, wenn man die (meist noch nasse) Negativform mit schaumiger Seifenlösung bepinselt; man kann aber auch warten, bis die Gipsform vollkommen trocken ist und sie hierauf mit einer Schellack-Spirituslösung und nach deren Trocknung mit Öl einfetten.

Die Abbindegeschwindigkeit der Negativform kann dadurch beschleunigt werden, daß man dem Wasser Kochsalz (etwa 2%) oder Kaliumsulfat (4%) zusetzt, wodurch auch die Volumvergrößerung verringert wird. Eine größere Härte des Endproduktes — die jedoch nur für das Positiv erwünscht ist — erhält man durch Beigabe von Alaun; doch haben verschiedene Gipswerke auch schon „Hartgipse" in den Handel gebracht, die bereits Alaun enthalten.

Die bisher geschilderte einfache Technik des Abformens mit Gips ist aber naturgemäß nur bei kleinen Gegenständen oder Hohlräumen möglich, die keine sogenannten Unterschneidungen haben, d. h. die so gestaltet sind, daß sich die Gipsform mit allen ihren Detailausprägungen mindestens in einer bestimmten Richtung vom Gegenstande abheben läßt, wie z. B. vom Relief einer Münze. Dies ist aber nicht der Fall, wenn ein Gegenstand „unter sich gehende" Teile hat, die auch auf ihrer Unterseite von der Abformmasse umhüllt werden, oder Hohlräume besitzt, die sich nach unten zu erweitern (wie z. B. eine Ohrmuschel). In solchen Fällen ist ein Abformen mit Gips, vorausgesetzt, daß der abzuformende Gegenstand nicht zerstört werden darf[1]), nur in sogenannten

[1]) Ein solches Zerstören des Originals ist in der Bildhauerei beim Abformen des Tonmodells üblich, da ja die künstlerische Arbeit im nunmehr entstehenden Gipsabguß erhalten bleibt. In diesem Falle kann der Ton aus der erhärteten Gipsform trotz der Unterschneidungen herausgekratzt bzw. herausgewaschen werden und nach dem nunmehr folgenden Positivguß wird die (wegen der Unterschneidungen wiederum nicht abhebbare) Negativform zerschlagen (sogenannte „verlorene" Form im Gegensatz zur „echten" Form aus mehreren Stücken und Mantel, die einen wiederholten Positivguß gestattet).

Stückformen möglich. Zu diesem Zwecke wird entweder der Gegenstand nacheinander in mehreren Teilpartien abgeformt, wobei die zunächst nicht abzuformenden Teile mit Ton o. ä. abgedeckt werden und die zugeschliffene Trennfläche des ersten Formstückes als Abgrenzung für das nächste Formstück verwendet wird, bis sich schließlich die so geschaffenen Teilstücke zur Gesamtform zusammenfügen; oder es wird an eine (mit Umsicht auszuwählende) Stelle des Gegenstandes ein Zwirnfaden geklebt, der Gegenstand zur Gänze mit Gipsbrei überdeckt und dieser, sobald er sich abzubinden beginnt, mittels des gespannten Zwirnfadens wie mit einem Messer durchschnitten[1]). Um aus solchen Stückformen ein Positiv gießen zu können, müssen diese durch einen weiteren Gipsmantel (der in bestimmter Richtung abhebbar sein muß) zusammengehalten werden. Doch bleiben auch bei gutem Aneinanderpassen der einzelnen Formstücke auf dem Positiv an den Stellen, wo die Formstücke zusammenstoßen, sogenannte Gußnähte zurück, da sich die unvermeidbaren kleinen Ritze zwischen den Stücken naturgemäß mitabformen. In der Bildhauerei werden solche Gußnähte durch „Ziselieren" mittels Feile entfernt.

Statt reinem Gips, der überall erhältlich und billig ist, kann man auch die für zahntechnische Zwecke in Handel gebrachten Abdruckgipse verwenden, denen meist Bolus (wasserhaltiges Aluminiumsilikat, eine Tonart) beigemengt ist; für kriminalistische Arbeiten, bei denen man warten kann, bis der Abdruck vollkommen hart geworden ist, haben sie keinen wesentlichen Vorteil. Legt man auf die Erhaltung der Negativform kein Gewicht, so kann man für diese auch einen sogenannten abkochbaren Abdruckgips nehmen; mit Hartgips ausgegossen und — nach dessen vollständiger Abbindung — in kochendes Wasser gebracht, löst sich eine solche Negativform von selbst in Flocken ab. Die Selbstherstellung eines solchen abkochbaren Abdruckgipses, der mit reinem Wasser anzurühren ist, kann nach folgendem Rezept erfolgen[2]): 100 Teile Modellgips, 30 Teile Kartoffelmehl, 2 ½ Teile Kieselgur, 1 Teil Bolus (rot), 1 ½ Teile Kaliumsulfat. Die Anfärbung mit rotem Bolus hat den Vorteil, die vollständige Abflockung der Negativform vom Positiv mit den Augen kontrollieren zu können.

2. *Abformen mit Leim.*

Der Nachteil, daß schon geringe Unterschneidungen ein einfaches Abformen mittels des im erhärteten Zustand unnachgiebigen und spröden Gipses unmöglich machen, wird vermieden bei Verwendung eines elastischen Formmaterials, das sich aus kleinen Unterschneidungen herausfedern läßt und in seine frühere Lage zurückschnellt. Ein solches Abformmaterial stellt der Leim dar, ein meist aus tierischen Stoffen (Knorpeln, Knochen usw.) durch Kochen gewonnenes Kolloid, das im wasser-

[1]) Eine dritte und (wenn sie gelingt) sehr praktische Methode besteht darin, die Negativform trotz Unterschneidungen in einem Stück auszugießen und sie beim Abnehmen zu brechen; wenn dieser Bruch in größeren, scharfrandigen Stücken erfolgt, lassen sich diese sogar besser zusammensetzen als die Stückformen. Für kriminalistische Zwecke ist dieses Verfahren naturgemäß nur anwendbar, wenn das Objekt durch die beim Brechen der Form anzuwendende leichte Gewalt nicht beschädigt werden kann und die Möglichkeit besteht, bei Mißlingen das Abformen zu wiederholen.

[2]) Nach *Falck*, Einführung in die Werkstoffkunde für Zahnärzte, München 1937, S. 126.

freien Zustand hart, im gequollenen, sogenannten Gelzustand gallertartig und im erhitzten Zustand flüssig ist. Für Abformzwecke genügt auch gewöhnlicher Tischlerleim; glasklarer, gereinigter Leim (für Speisezwecke) ist als Gelatine im Handel. Zum Abformen wird ein gut gequollener Leim mit Wasser aufgekocht (aber nicht über 100 Grad erhitzt) und mit gewissen Zusätzen (Glyzerin, allenfalls auch Schlemmkreide) versetzt (etwa 4 Gewichtsteile Glyzerin auf 5 Teile hartem Leim vor der Quellung). Damit die Leimmasse in feinste Details des Gegenstandes einfließt, muß sie im flüssigen und daher entsprechend heißen Zustand auf das Objekt gegossen werden; es ist daher nötig, dieses vorher mit einer entsprechend hohen Wand (aus Holz, Ton, Blech usw.) zu umgeben, die das Auseinanderfließen des Leimes verhindert und noch den höchsten Punkt des Objektes um 2 cm überragt. Spuren an vertikalen Flächen (z. B. Beschädigung einer Panzerkasse) lassen sich daher mit Leim nur dann abformen, wenn diese Fläche in Horizontallage gebracht werden kann (also die Kasse umgelegt werden kann), was allein schon die Anwendbarkeit dieses Verfahrens wesentlich einschränkt. Das Objekt ist vorher leicht einzufetten. Die Erstarrung der Leimform zu einer elastisch-festen Gelmasse dauert bei Zimmertemperatur ungefähr 24 Stunden. Die nun fertige Negativform muß für die Positivausformung mit Gips mit einer Formalin- oder Alaunlösung (zwecks Gerbung der Oberfläche) behandelt und hierauf eingeölt oder mit einer Paraffin-Benzollösung bestrichen werden; dies mindert auch die scharfe Wiedergabe der einzelnen Oberflächendetails. Außerdem sind Leimformen nur beschränkt haltbar, zumal sie leicht schimmeln.

3. Das Abformen mit plastischen Massen.

Im weiteren Sinne gehören zu diesen auch die Knetmassen, die bei Zimmertemperatur von teigiger Beschaffenheit sind und — an den abzuformenden Gegenstand angedrückt — dessen Gestalt als Negativform annehmen. Hierher gehören in erster Linie das sogen. Plastilin, d. i. ein Gemenge von Olivenöl, Zinkoxyd, Wachs, Schwefel und Ton, ferner die Gummiknetmassen (z. B. 100 Teile Rohkautschuk, 20 Teile Schwefel, 40 Teile Magnesia, 40 Teile Goldschwefel und 40 Teile Steinkohlenpech), dann Glaserkitt (ein Gemenge von Schlemmkreide und Leinölfirnis) sowie der für Bildhauerarbeiten verwendete Modellierton und ähnliche Massen[1]). Sie geben aber keine wirklich „scharfen", d. h. die letzten Details abformenden Abdrucke und erleiden beim Abheben meist Formveränderungen, da sie erst nach längerer Zeit an der Luft erhärten. Sie sind daher als Abformmaterial wenig geeignet. Hingegen bezeichnet man als „plastische Massen" im engeren Sinn, die unseren Zwecken besser entsprechen, solche Stoffe, die nur im erwärmten Zustand weich bis flüssig sind, dadurch in diesem Zustand auch feine Details

[1]) Eine Knetmasse, die an der Luft langsam ohne Schrumpfung und Sprünge erhärtet, ist das seinerzeit von einer Berliner Firma erzeugte „Mollin", auf das *H. Groß*, Archiv 37, Seite 187, hingewiesen hat.

ausfüllen und bei Abkühlung auf Zimmertemperatur sofort erstarren, ohne dadurch eine wesentliche Volumveränderung zu erleiden.

Ein solcher Stoff ist z. B. das Bienenwachs, das in früheren Zeiten auch tatsächlich als Abdruckmittel verwendet wurde, sich aber in reiner Form — wegen seiner Weichheit im erstarrten Zustand — hiezu wenig eignet. Ebenso wird das als Abdruckmaterial seinerzeit so beliebte Guttapercha (Gummi plasticum), das aus dem Milchsaft südasiatischer Bäume gewonnen wird, an der Luft oxydierenden Kohlenwasserstoff enthält und in dünnen Blättern in den Handel kommt, ohne Beimengung nur zu verwenden sein, wenn der Positivguß sofort nach dem Abdruck erfolgen kann, da die Guttaperchaformen alsbald brüchig werden, austrocknen und feine Risse bekommen; die (am besten im Wasserbad) auf ca. 60 Grad erwärmte Guttapercha liefert jedoch infolge ihrer Geschmeidigkeit sehr fein detaillierte, scharfe Abdrucke, ohne allerdings so flüssig zu werden, daß sie „unter sich gehende" Stellen auszufüllen vermöchte.

Viel größere Verwendbarkeit haben jedoch die Kompositionsmassen, die aus mehreren Stoffen zusammengesetzt sind, deren Eigenschaften — Plastizität, Elastizität, Erweichen, bzw. Flüssigwerden bei höherer Temperatur und Erhärtung und Unveränderlichkeit bei Abkühlung — sich gegenseitig ergänzen. Die wichtigsten dieser Stoffe lassen sich in nachstehende vier Gruppen ordnen:

a) wachsartige Stoffe, wie das schon erwähnte Bienenwachs, pflanzliche Wachse (Japan, Karnaubawachs), Erdwachs (Ozokerit) und das aus diesem gewonnene Kunstwachs (Zeresin), ferner Paraffin, Stearinsäure, dann das schon bei 49^0 schmelzende Triphenylphosphat, das flüssige Trikresylphosphat und auch einige Fettstoffe.

b) elastische Stoffe: Rohkautschuk (Gummi elasticum, das aus dem Milchsaft der Kautschukpflanzen gewonnen wird), meist versetzt mit Schwefel (Schwefelblumen), ferner Guttapercha, Styrol (eine aus Steinkohlenteer gewonnene farblose, wasserunlösliche Flüssigkeit) und tierischer Leim.

c) Harze in ihren mannigfachen Arten, vor allem die Baumharze Schellack, Balsam (insbesondere der echte, aus dem Balsambaum gewonnene Perubalsam, dann das aus Lärchenharz erzeugte sogen. venezianische Terpentin und der — als Einbettmittel für mikroskopische Präparate viel verwendete — Kanadabalsam), Mastix (das Harz des Pistazienbaumes), Sandarak (das Harz einer Zypressenart), das aus verschiedenen ostindischen Bäumen gewonnene Dammarharz, ferner die an afrikanischen und südamerikanischen Küsten gewonnenen, zum Teil bereits fossilen Kopale, der (fossile) deutsche Bernstein sowie das durch Destillation aus Nadelholzterpentin erzeugte Kolophonium.

d) mineralische Füllstoffe: Kreide, Talk (Federweiß), Ton (besonders Bolus), Zinkoxyd u. a.

Es leuchtet ein, daß aus allen diesen Stoffen unzählige Kombinationen möglich sind und daher dem Erfindergeist für die Zusammensetzung immer neuer „plastischer Massen" praktisch keine Grenze gesetzt ist.

Dies machte sich die zahntechnische Industrie zu Nutze, die eine Unzahl solcher „Stentsmassen“[1]) auf den Markt gebracht hat, die auch für kriminalistische Zwecke Verwendung finden können[2]). Man kann jedoch solche Massen auch leicht selbst herstellen, wofür es die verschiedensten Rezepte gibt; einige seien mitgeteilt.

Einfache Wachskompositionen sind:

10 Teile weißes Wachs, 2 Teile venezianisches Terpentin, worauf man in die heiße, zusammengeschmolzene Masse nach und nach soviel Kartoffelstärke knetet, bis die gewünschte Plastizität erreicht ist; oder:

50 Teile Wachs, 6 Teile venezianisches Terpentin, 3 Teile Schweineschmalz, 36 Teile geschlemmter Bolus; oder:

3 Teile Wachs, 1 Teil Terpentin; oder:

2 Teile Wachs, 1 Teil Öl, 2 Teile Roggenmehl; oder:

2 Teile Wachs, 3 Teile Kolophonium, 1 Teil Schwefelblumen (ergibt zusammengeschmolzen die sog. Schwefelpaste).

Eine von *Duyster* und *Tonn* als Ersatz für die Negativmasse des *Poller*schen Verfahrens (siehe unten) empfohlene[3]) Wachskomposition lautet: 125 Teile weißes Wachs, 125 Teile Barium sulfur. und 3 Teile Perubalsam; diese Masse wird mit Kakaobutter im Verhältnis 6 : 5 auf dem Wasserbad zusammengeschmolzen. Für den Positivausguß wird folgende Wachskomposition empfohlen: 10 Teile weißes Wachs, 4 Teile Paraffin, 3 Teile Kolophonium.

Kompositionen ohne Wachs sind z. B.:

6 Teile Leim, 2 Teile Nadelholzharz (weißes Pech), 2 Teile Terpentin und soviel Kreide und Leinölfirnis, daß die Masse im erwärmten Zustand knetbar wird; oder:

zu einem flüssigen, mindestens 1 Tag alten Gemenge von 7 Teilen Nelkenöl, 7 Teilen Kanadabalsam, 1 Teil Perubalsam, mischt man das pulverförmige Gemenge von 17 Teilen Zinkoxyd und 3 Teilen pulverisierten Kolophonium (ergibt das sog. Pastoplast)[4]).

Die Technik des Abformens mit allen diesen Massen ist ungefähr gleich: die Masse wird auf etwa 50 bis 60 Grad im Wasserbad erwärmt, hierauf gut durchgeknetet, dann nochmals kurz über die Flamme gehalten, um die Oberfläche mehr zu erweichen, und hierauf rasch an den abzuformenden Gegenstand gedrückt. Nach 3 bis 4 Minuten ist sie bereits so weit erstarrt, daß sie sich ohne Veränderung ihrer Form abheben läßt. Durch Wasserkühlung kann die Erhärtung beschleunigt werden. Eine Vorpräparierung des Objektes ist bei feuchten oder harten, glatten Gegenständen (z. B. Metallen) nicht erforderlich; sonst ist leichte Einfettung mit einem dünnflüssigen Öl zu empfehlen. Objekte mit Unterschneidungen lassen sich jedoch mit solchen Massen nicht abformen.

---

[1]) Nach dem Erfinder *Ch. Stent*, der 1860 als erster eine solche Kompositionsmasse herausbrachte. Neuere Fabrikate dieser Art, die unter verschiedensten Phantasienamen in den Handel kommen, sind das in Deutschland erzeugte Xantygen, das amerikanische Kerr, dann das unter Luftverschluß pastenförmige schwedische Momax und viele andere.

[2]) Hierauf hat schon *Anuschat*, Über Werkzeugspuren und ihre Konservierung, Archiv 37, Seite 132, aufmerksam gemacht.

[3]) *Duyster* und *Tonn*, Abgüsse ohne Gips, Archiv 91, S. 224.

[4]) Vgl. das ältere Werk von *Hofer*, Plastische künstliche Massen, 2. Auflage, Wien 1898, sowie das schon erwähnte instruktive Buch von *Falk*, Einführung in die Werkstoffkunde für Zahnärzte, München 1937.

4. *Das Abformen nach dem Pollerschen Verfahren*[1]).

Der Arzt Dr. *Alfons Poller* (geb. 1879, gest. 1930 in Wien) hat eine in der Praxis vielfach als „Moulage" bezeichnete Abformmethode erfunden, die gegenüber den bisher bekannten Verfahren gewisse Vorteile hat: die Negativform, die aus einer „Negocoll" genannten Masse besteht, läßt sich infolge ihrer Elastizität — ähnlich wie die Leimformen — aus Unterschneidungen herausfedern, zum Unterschied vom Leim erstarrt sie jedoch bei Zimmertemperatur schon in wenigen Minuten und wird in dünn-breiigem Zustand aufgetragen, wodurch sie auch feinste Unebenheiten des Objektes ausfüllt und mitausformt (z. B. auch die Papillarlinien und Poren der menschlichen Haut). Infolge der Naturtreue, mit der Körperteile von Lebenden und Toten (u. zw. auch mit offenen Wunden) nachgebildet werden können, eröffnete sich diesem Verfahren besonders in der Anatomie, Anthropologie, Chirurgie und gerichtlichen Medizin ein weites Anwendungsgebiet: die Konservierung und anschauliche Darstellung von anatomischen Besonderheiten (seien sie konstitutioneller, rassischer oder pathologischer Natur) und von Verletzungen aller Art gelingt auf diese Weise besser und beweiskräftiger als durch Photographie und Messung. Die Anwendung dieses Verfahrens in der polizeilichen und gerichtlichen Untersuchung wäre in vielen Fällen ein Fortschritt der kriminalistischen Beweissicherung.

Dennoch ist die praktische Verwendung des *Poller*schen Abformverfahrens eine beschränkte geblieben. Daran trägt nicht unwesentlich der Umstand Schuld, daß *Poller*, der 1918 für die Leitung eines an der Universität Wien zu errichtenden Institutes für darstellende Medizin ausersehen war (ein Plan, der infolge des Kriegsausganges nicht verwirklicht wurde), seine Erfindung nicht veröffentlichte, sondern die Erzeugung seiner Negativ- und Positivmassen der *Apotela A.G.* in Zürich übertrug. Die Zusammensetzung dieser Massen, insbesonders des Negocoll, ist dadurch Fabriksgeheimnis geblieben. Infolgedessen ist es weder möglich, daß Polizeilaboratorien die Massen selber herstellen, noch daß in allen wissenschaftlichen Instituten der Welt an der Weiterentwicklung und Verbesserung des Verfahrens gearbeitet werden kann. Die Beschaffung des Negocoll aus Zürich war während des zweiten Weltkrieges in vielen Ländern unmöglich und ist auch heute noch umständlich und kostspielig[2]). In Deutschland hatte die *Plasto-Schmidt*sche-Fabrik in Mannheim, nunmehr in Speyer a. Rh., eine ähnliche Negativmasse („Formalose") herausgebracht.

Für die praktische Handhabung des Verfahrens haben *Poller* in seinem oben zitierten Buche und später der Budapester Gerichtsmediziner *Schranz* ausführliche Anweisungen gegeben. Die Zusammensetzung der Negativmasse hat auch dieser nicht mitgeteilt. *Poller* selbst bezeichnet das Negocoll und auch das von ihm für zahntechnische Zwecke erfundene

[1]) Vgl. *A. Poller*, Das Pollersche Verfahren zum Abformen, mit einem Vorwort von *Economo*, Wien und Berlin 1931; *Schranz*, Wie ist das Pollersche Abformverfahren in der Kriminalistik vorteilhaft anwendbar? Archiv 91, S. 216; *derselbe*, Abformung der an Leichen gefundenen Verletzungen und ihre Anwendung im Beweisverfahren, D. Ztsch. f. d. ges. ger. Medizin 29, S. 254; *derselbe*, Art. „Abformverfahren" im HGerMed.

[2]) Laut einer Preisliste vom 1. 9. 1950 kostet eine 1 kg-Dose Negocoll 18,60 Schw. Frs.; in 5 kg-Dosen ist es etwas billiger.

„Dentocoll" als ein reversibles Kolloid, wie es der Leim ist (siehe oben), so daß man das Material der erstarrten Negativform immer wieder durch Zerkleinern und Aufkochen neu verwenden kann; offenbar enthalten auch die genannten Negativmassen zum Großteil Wasser und eine Leimart, deren Erstarrungstemperatur, Abbindungsgeschwindigkeit, Konsistenz und Haltbarkeit durch verschiedene Zusätze verändert ist. Das Negocoll muß auch (wie der Leim) unter ständigem Rühren vor jedem Gebrauch aufgekocht (aber nicht viel über 100^0 erwärmt) werden und wird nach Abkühlung auf die lebende menschliche Haut bei einer Temperatur von etwa 45^0 C, auf leblose Gegenstände und Leichenteile bei einer Temperatur von 50 bis 60^0 C aufgetragen; hiezu benützt man bei empfindlichen Objekten, die keinerlei Druck ausgesetzt werden dürfen, eine Spritze mit breitspaltigem Ansatzstück, so daß sich der Negocollbrei bandförmig auf das Objekt legt, sonst aber flache breite Pinseln und verschiedentlich geformte Spachteln. Man kann aber auch, falls dies im Einzelfall zweckmäßiger sein sollte, Negocoll verdünnt verwenden und dann gießen. Der Auftrag erfolgt schichtenweise und durch Einlegen von Mullbinden und anderen Materialien kann die Festigkeit der Negativform verstärkt werden[1]). Eine Vorpräparierung der menschlichen Haut ist im allgemeinen nicht erforderlich, ebenso nicht von Metallen, lackierten Gegenständen und glattem Leder; hingegen müssen wassersaugende Objekte (rohes Holz, Gips usw.) mit einer Paraffin-Benzinlösung oder mit Zaponlack bzw. Zellonlack oder mit einer Schellack-Spirituslösung behandelt werden. Die Herstellung der Positivform kann wie sonst durch ein beliebiges Abformmittel erfolgen, also auch durch Ausgießen mit Gips; Vorbehandlung der Negativform mit einer Alaunlösung ist zweckmäßig. *Poller* hat aber auch eigene Positivmassen erfunden, die er „Hominit" und „Celerit" nennt und von denen jede in zahlreichen Untersorten erzeugt wird. *Schranz* hat für die Positivform zwei Massen empfohlen: Masse I für die äußere Schicht und Masse II für die Verstärkung des Positivs. Masse I besteht aus 10 Teilen Stearin, 10 Teilen Paraffin und 3 Teilen Schlemmkreide und wird mit Krapplack rosa angefärbt. Masse II besteht aus 3 Teilen Stearin, 10 Teilen pulverisiertes Kolophonium und 4 Teilen Schlemmkreide. Für die Kolorierung der fertigen Nachbildung, durch die eine Steigerung der Naturtreue erreicht werden soll (für die Identifizierung von Leichen, für anthropologische Zwecke

[1]) Das Negocollnegativ muß mindestens 1 cm dick sein, bei größeren Objekten 3 cm. Die spezielle Technik bei der Abformung der verschiedenen Körperteile, behaarter Stellen usw., die hauptsächlich den Mediziner interessiert, ist in den Arbeiten von *Poller* und *Schranz* nachzulesen. Rundplastiken ganzer Körperteile werden mittels Stückformen hergestellt, doch können normal gebaute Hände auch als nahtlose Rundplastik abgeformt werden, indem die elastische Negocollform wie ein Handschuh abgestreift wird (nur beim Handgelenk ist sie einzuschneiden, um dem Handballen Durchlaß zu gewähren). Beim Auftragen des Negocoll ist besonders darauf zu achten, daß die vorausgegangene Schicht noch nicht erstarrt ist (da sie sich sonst mit der neu aufgetragenen Masse nicht bindet) und daß keine Luftblasen entstehen. Es ist daher rasches, geschicktes Arbeiten erforderlich.

und in vielen anderen Fällen ist dies gewiss vorteilhaft), werden Tempera- und Ölfarben empfohlen; natürlich setzt ihre Verwendung Farbensinn und maltechnisches Können des Abformers voraus.

Schranz führt als Vorteil des *Poller*schen Verfahrens auch an, daß gewisse Fremdkörper, die an einem Objekt haften, insbesonders Blut und Pulverschmauch, beim Abformen auf die Negativform und von dieser wieder auf das Positiv übertragen werden, was die Natürlichkeit und Genauigkeit der Nachbildung erhöhe. Bei der Verwertung dieses „Vorteils" in kriminalistischen Fällen ist allerdings Vorsicht nötig: die Behaftung eines Objektes mit so wichtigen Spuren, wie Blut und Pulverschmauch, muß auf jedem Fall vor der Abformung, hinsichtlich Umfang und Qualität dieser Spuren, festgestellt werden und es darf nicht dem Zufall überlassen bleiben, ob sich solche Spuren zur Gänze oder nur teilweise auf das Positiv übertragen. Überhaupt ist vor jedem Abformen das Objekt genauestens auf anhaftende Substanzen (auch Staub, kleine Haare, Fasern usw.) zu untersuchen und diese sind nach Feststellung ihrer Lage (durch photographische Festhaltung der Spur selbst oder allenfalls durch Einzeichnung ihrer Lage in ein Photogramm des Gegenstandes) gesondert sicherzustellen[1]). Dann erst darf abgeformt werden.

b) Das Abklatschen.

Für größere, mehr flache Objekte bediene man sich des Abklatsches, einer vortrefflichen, viel zu wenig verwendeten Art der Reproduktion, die durch die üblichen Photoaufnahmen in vielen Fällen nicht ersetzt werden kann. Sie eignet sich besonders für die Darstellung von größeren, unebenen Flächen mit nicht zu starken Erhebungen und Vertiefungen, die bei der Entstehung einer Verletzung usw. wichtig geworden sein können, da sie die Ursache eines Verkehrsunfalles wurden oder jemand auf sie aufgefallen sein kann usw. Solche Körper sind: größere Steinplatten mit Unebenheiten, Teile der Asphaltdecke einer Straße oder eines Bürgersteigs, Wandflächen mit Beschädigungen oder erhabenen Verzierungen u. dgl. Selbstverständlich gilt auch hier, daß mit dem Abklatschen erst begonnen werden darf, wenn an dem abzuformenden Objekt hiedurch nichts verdorben werden kann, wenn es also genauestens nach allen etwa anhaftenden Spuren (Blutspuren, Haare, Glassplitter, Spuren nasser oder kotiger Schuhe oder Pneus usw.) abgesucht und diese durch Photoaufnahme oder gesonderte Verwahrung sichergestellt worden sind. Auch genügt das Abklatschverfahren dort nicht, wo es auf die genaue Wiedergabe feinster Details ankommt. Für solche Nachbildungen ist vielmehr eines der oben dargestellten Abformverfahren zu wählen (allenfalls als Ergänzung zu einem Abklatsch der großen Fläche des ganzen Gegenstandes).

Unter Abklatschen versteht man die Herstellung einer Negativform aus Papier, Wasser und etwas Leim; dieses relativ einfache Verfahren wird schon seit langem in der Altertums- und Kunstgeschichtsforschung zur plastischen Reproduktion von in Stein gemeißelten Inschriften, Reliefs, Gesimsen u. ä. mit Erfolg verwendet[2]). Man nimmt nicht zu

[1]) Vgl. I. Band, Seite 200 f., 207 u. 327 ff.

[2]) So hat z. B. *Mommsen* mit diesem Verfahren römische Inschriften sichergestellt. Seinerzeit hat die „Österreichische Zentralkommission zur Erforschung

starkes, weißes, ungeleimtes Papier[1]), benetzt es mittels eines in Wasser getauchten Schwammes bis es recht weich ist und legt es auf die abzuklatschende Fläche; nun wird das Papier mit den Borsten einer nicht zu harten Kleiderbürste so lange geschlagen und an den Gegenstand geklopft, bis es in die feinsten Vertiefungen der abzuformenden Unterlage eingedrungen ist. Wenn das Papier hier und da reißt (bei starken Erhabenheiten oder Vertiefungen des Originales wird dies oft vorkommen), so legt man über den Riß ein etwas größeres Stück Papier (gut befeuchtet und mit gerissenen, nicht geschnittenen Rändern) und schlägt dieses wieder mit der Bürste, bis man eine gleichmäßige, fest eingeschlagene und vollständige Schichte von Papier fertig bekommen hat; entstehen Blasen, so schlägt man mit der Bürste so lange darauf, bis sie verschwinden. Hierauf nimmt man eine zweite Lage desselben Papieres, das nun nicht mit Wasser, sondern mit dünnem Buchbinderkleister, Leim- oder Gummiwasser bestrichen wird, bedeckt damit das erste Papier und schlägt wieder mit der Bürste solange, bis sich der zweite Bogen mit dem ersten vollständig, auch in allen Vertiefungen, verbunden hat. War das verwendete Papier sehr dünn oder ist auch der zweite Bogen öfters gerissen, so kommt noch ein dritter Bogen (abermals mit Kleister, Gummi oder Leim bestrichen) darauf und wird ebenfalls mit der Bürste festgeschlagen. Gut bewährt es sich, wenn man als erste Lage (und zum Verdecken der entstandenen Risse) dünnes Löschpapier und als zweite Lage Rotations- oder Klosettpapier verwendet: Löschpapier ist sehr plastisch und fügt sich allen Unebenheiten genau an, Rotations- und Klosettpapier erzeugt durch seine Zähigkeit die erforderliche Widerstandsfähigkeit.

Ist die Klopfarbeit beendet, so läßt man das Ganze trocknen und zieht es dann bei irgendeiner Ecke beginnend, vorsichtig ab. Solche Abzüge sind sehr leicht und lassen sich rollen, ohne beschädigt zu werden.

Ist die abzunehmende Fläche sehr groß, so werden entsprechend viel Bogen nebeneinander, aber so gelegt, daß die zusammenstoßenden Ränder mindestens zwei Finger breit übereinander liegen. Notwendig ist es, die Ränder nicht glatt und beschnitten zu lassen, sondern einen Streifen wegzureißen, da dann die ausgefransten Ränder besser zusammenschließen. Die zweite Papierlage lege man in einem solchen Falle nicht so, daß wieder die Ränder der Bogen aufeinanderfallen, sondern so, daß die Mitte eines Bogens auf die übereinandergelegten Ränder der unteren Bogen zu liegen kommt. Hat man Eile, so kann das Trocknen durch Heißluft (mittels eines elektrischen Föhngerätes, allenfalls auch mit Hilfe eines Plätteisens) beschleunigt werden. Vor Abnahme soll das Papier völlig trocken sein.

Von solchen Abklatschen lassen sich Positivabgüsse in Gips in der oben beschriebenen Weise (S. 340) herstellen.

und Erhaltung der Kunst- und historischen Denkmale" an ihre Korrespondenten eine entsprechende Anleitung versendet.

[1]) Die moderne Papierindustrie stellt zahlreiche hiefür geeignete Papiersorten her; solche sind: weißes Löschpapier, Filtrierpapier, Rotationspapier, Seidenpapier, speziell das für hygienische Taschentücher in mehreren Lagen verwendete Papier, Klosettpapier u. ä. Besonders bewährt hat sich, wie *H. Groß* beobachten konnte, das dünne japanische Packpapier, das aus dem Bast einer Maulbeerbaumart (Brussonetia papyrifera) hergestellt wird und sich durch besondere Zähigkeit auszeichnet.

7. Konservieren und Rekonstruieren von Urkunden.

Hier soll nur von jenen Fällen die Rede sein, in denen Papiere, die für die kriminalistische Untersuchung von Bedeutung sind — Briefe, Notizen, Geschäftsbücher, Legitimationspapiere, Banknoten usw. — zufällig oder absichtlich so sehr beschädigt wurden, daß sie durch ein besonderes Verfahren gesichert und allenfalls ihre Beschriftung wieder lesbar gemacht werden müssen. Hingegen werden jene Rekonstruktionsmethoden, die vorwiegend zur Aufklärung betrügerischer oder sonst krimineller Manipulationen dienen — wie z. B. das Wiedersichtbarmachen ausradierter Schriften oder ausgefeilter Stanzen — in einem späteren Abschnitt („Betrügereien") behandelt werden.

a) Zusammensetzen zerrissenen Papieres.

So einfach die Sache klingt, so viel Arbeit kann sie machen, und so ungeschickt wird sie oft angepackt. Meist handelt es sich um Papiere, die in viele lose[1]) Fleckchen zerrissen sind und doch von Wichtigkeit sein können. Für eine solche Rekonstruktionsarbeit bereitet man zwei gleichgroße, reine Glastafeln (aus Spiegelglas ohne Grünstich) von entsprechender Größe vor. Dann legt man alle Teilchen des fraglichen Papieres auf eine der Glasplatten (am besten auf einem dunklen Untergrunde) und sucht zuerst festzustellen, ob nicht die vordere und die rückwärtige Fläche als solche erkannt werden kann (z. B. eine Seite beschrieben, die andere nicht, eine Seite vergilbt oder beschmutzt, die andere nicht). Ist dies möglich, so lege man alle Fleckchen so, daß eine und dieselbe Seite des Papieres nach oben zu liegen kommt. Dann sucht man zuerst jene Teilchen heraus, welche zwei beschnittene Ränder haben, also die Ecken des Papieres bilden werden. Findet man diese, so hat man bequeme Fixpunkte, und legt die vier Eckfleckchen so, wie sie zu liegen haben. Dann sucht man alle Teilchen, welche einen beschnittenen Rand haben, und sortiert sie in vier Gruppen, je nachdem der beschnittene Rand oben, unten, rechts oder links ist, was häufig nach den Schriftteilen, die auf den Fleckchen sind, gelingen wird. Nun werden diese Randteilchen so gelegt, wie sie sich an die Eckfleckchen anschließen, und hat man Glück, so bringt man auf diese Weise einen vollständigen Rahmen aus Teilchen zusammen[2]), in den man die übrigen Stücke auf Grund des

[1]) Einfacher zu lösen ist der (viel seltenere) Fall, in welchem die Papierteilchen noch so aufeinander liegen, wie sie zu liegen kommen, wenn man ein Blatt Papier oder einen Brief in üblicher Weise zerreißt: zuerst der Breite nach, dann — nachdem man die abgerissene Hälfte unter Drehung um 90 Grad auf die erste Hälfte gelegt hat — wieder der Breite nach usw. Nur in diesem Fall kann nach einer von *Friedendorff*, Zusammensetzen zerrissenen Papieres, Arch. 24, S. 141, angegebenen Methode sofort die ursprüngliche Lage der einzelnen Teile bestimmt werden. Zu dem im Text behandelten Verfahren vgl. auch *Polzer*, Das Zusammensetzen zerrissenen Papiers, Arch. 43, S. 128.

[2]) Dies ist allerdings nur der einfachste Fall, in welchem nämlich das zerrissene Papier nur aus einem Blatt mit vier beschnittenen Rändern bestand.

Zusammenpassens der unregelmäßigen Rißränder nach und nach einfügt. Hat man die Sache endlich fertig, so klebt man ein Stückchen nach dem andern (und zwar so, wie man liest, von links oben beginnend) auf die Glastafel und trachtet, die Ränder der einzelnen Fleckchen möglichst scharf und genau aneinander zu bringen. Für dieses Ankleben empfiehlt sich reines (am besten destilliertes) Wasser, mit dem man die einzelnen Papierteilchen sorgfältig befeuchtet (am besten durch Eintauchen mit Hilfe einer Pinzette), bevor man sie an die richtige Stelle bringt. Sie kleben auch mit Wasser vollkommen glatt und sicher an der Glasplatte; muß man noch etwas ändern, so kriegt man das Fleckchen mit der Pinzette leicht los[1]).

Hierbei beachte man, daß die Risse im Papier beinahe nie senkrecht zur Papierfläche gehen, sondern daß der Riß auf der Oberfläche des Papieres z. B. mehr nach rechts, auf der Unterfläche mehr nach links gegangen sein und daher eine schräge Trennungsfläche gebildet haben wird; in diesen Fällen müssen die Fleckchen an den Rändern richtig untereinander geschoben werden.

Ist man mit dieser Arbeit zu Ende, so wird die noch feuchte Oberfläche etwas übertrocknet (durch Heißluft oder — am einfachsten — durch Darüberbreiten, leichtes Andrücken und Wiederabheben eines weißen Leinengewebes) und die zweite Glasplatte darüber gelegt, worauf die beiden Platten — wie bei einem Diapositiv — durch Verschlußklebestreifen an den Rändern verbunden werden. Auf diese Weise ist das zusammengesetzte Papier dauernd gesichert und kann auf beiden Seiten gelesen und — ohne jede Verzerrung[2]) — photographiert werden, sodaß es in Form von zwei Photogrammen der Vorder- und Rückseite zum Akt genommen werden kann.

Auf undurchsichtige Unterlage darf das Aufkleben niemals geschehen, auch dann nicht, wenn auf der einen Seite des Papieres nichts gestanden ist, da es unter Umständen gerade darauf ankommen kann, daß rückwärts nichts gestanden ist.

Wie wichtig das Zusammensetzen von Papier werden kann, zeigt folgender Fall. Eines Morgens wurde ins Spital ein älterer, sehr wohlhabender Bauer gebracht, der angab, daß er heute nachts auf dem Weg zur Stadt „erschossen wurde". Als er bei einem Wegkreuz vorbeikam, sei ihm ein Mann entgegen-

---

Oft werden aber Briefe oder Aufschreibungen zerrissen, die aus mehreren Blättern von zunächst unbekanntem Format bestehen, so daß sich die vorhandenen Randteilchen nicht zu einem Rahmen fügen, sondern zu verschiedenen Papierblättern gehören, was die Arbeit bedeutend kompliziert. Waren wenigstens sämtliche Blätter auf allen vier Seiten beschnitten, so kann man ihre Zahl aus den vorhandenen Eckteilchen feststellen (8 Ecken — 2 Blätter, 12 Ecken — 3 Blätter usw.); aber auch dies ist nicht möglich, falls die Teilchen zerstreut wurden und nicht mehr vollständig vorhanden sind, so daß mit dem Fehlen von Eckteilchen gerechnet werden muß.

[1]) Nur wenn das Papier mit einer in Wasser zerfließenden Tinte beschrieben ist, müssen die Papierteilchen statt mit Wasser mit einer Schellack-Spirituslösung oder einem Zellonlack (über diesen siehe unten S. 352) benetzt werden; dies erfordert aber bedeutend rascheres Arbeiten beim Aufkleben.

[2]) Dies ist der Vorteil der (allerdings schweren und zerbrechlichen) Glasplatten gegenüber den oft empfohlenen durchsichtigen Platten aus Zelluloid, Zellon u. ä., die das Licht meist ungleichmäßig brechen und infolge ihrer geringen Härte leicht Verkratzungen ausgesetzt sind.

getreten und habe unter Vorhalten eines Revolvers Geld und Uhr verlangt; der Bauer habe sich abgewendet und der Räuber ihm die Uhr entrissen und gleichzeitig geschossen; die Kugel sei ihm in das rechte Ohr eingedrungen, der Räuber sei entflohen, der Bauer zu Boden gefallen und lange Zeit bei dem Wegkreuz bewußtlos gelegen. Als er zu sich kam, sei er wieder zurück zum Dorf gegangen, um bei dem dortigen Arzt Hilfe zu suchen. Dieser habe ihn verbunden und mit Wagen in die Stadt ins Spital gesandt. Die ärztliche Untersuchung des Mannes ergab in der Tat einen Schußkanal vom Gehörgange gegen die Mundhöhle. Da der Bauer die Beschreibung des Täters genau geben konnte, so wurden sofort Gendarmen zu dessen Habhaftwerdung ausgesendet, der U. begab sich aber an den Tatort. Hier fiel auf, daß die große Blutlache, welche entstanden war, als der Bauer nach der Verletzung bewußtlos liegen blieb, hinter dem sehr umfangreichen, gemauerten Wegkreuz im Grase zu sehen war, während doch die Straße, auf welcher sich der Überfall angeblich abspielte, vor dem Wegkreuze vorbeiführte. Dieser Umstand veranlaßte den U., den Weg, welchen der Bauer nach dem Überfall (als er zum Arzt ging) zurücklegte, vorsichtsweise ebenfalls mit einem Gendarmen abzugehen, um sich über alle begleitenden Umstände klar zu werden. Als nun der U. beinahe im Dorf angelangt war, sah er hinter einem Schotterhaufen feinzerrissenes Papier; das einzige größere Stückchen enthielt das Wort „leben". Nun wurde die Sache wichtig und es mußten die Papierstückchen zusammengesucht werden, was viel Mühe machte, da sie der Wind über ein Stoppelfeld zerstreut hatte. Da mittlerweile von den Gendarmen ein der Tat verdächtiger Bursche eingeliefert wurde und der verletzte Bauer zu sterben drohte, so mußte eiligst festgestellt werden, ob das zerrissene Papier mit der Tat in Zusammenhang stand: eine halbe Nacht Arbeit genügte, um die winzigen Papierstückchen, von denen fast alle da waren, zusammenzusetzen und auf eine Glasplatte aufzukleben. Der Inhalt ging dahin, daß der alte Bauer, wegen eines verlorenen Prozesses höchst ärgerlich und ohnehin kränklich, sich zu erschießen beschloß; er nahm von seiner Frau, mit der er keine Kinder hatte, Abschied, vermachte ihr den lebenslänglichen Fruchtgenuß seines Vermögens und setzte zu Erben seine zwei unehelichen Söhne ein. Nach Vorhalt dieses Schriftstückes gab der Bauer alles zu, er erklärte, daß er sich hinter dem Wegkreuz die Kugel in den Kopf gejagt habe, und als er nach längerer Zeit zu sich kam, sei er doch, die Tat bereuend und sich ihrer schämend, zum Arzt um Hilfe gegangen und habe unterwegs das früher verfaßte Testament klein zerrissen und weggeworfen. Kurz nach diesem Geständnis starb der Mann, das zusammengesetzte Schriftstück verschaffte aber nicht bloß dem mittlerweile als verdächtig verhafteten Handwerksburschen sofort die Freiheit, sondern auch den früher nie anerkannten Söhnen des Bauern, zwei besonders braven Burschen, ein ansehnliches Vermögen.

b) Konservieren gefährdeter Urkunden.

Mitunter werden Urkunden in einem Zustand angetroffen, der es erforderlich macht, sie vor dem Verderben zu schützen. Wichtige Papiere werden oft vielfach abgebogen, gefaltet, zerknittert, auch an feuchten schmutzigen Orten verwahrt, bei Toten, im Wasser usw. gefunden, so daß sie mit Bakterien bedeckt sind, die den völligen Zerfall in Kürze herbeiführen. Wird das Papier dann wiederholt entfaltet, geglättet und wieder zusammengelegt, so ist es häufig unlesbar.

H. Groß hat einmal ein wichtiges Schriftstück, welches bei der in der Erde verscharrten Leiche eines Ermordeten gefunden wurde, zweimal gesehen, das erste Mal, gleich nach dem Funde, war das Papier wohl erhalten und die Schrift gut leserlich; das zweite Mal, etwa 5 Wochen später war das Papier brüchig, fast bröselig und die Schrift vollständig verschwunden: ein Heer von Bakterien hatte dies besorgt.

Um solche Urkunden vor dem Verderben zu schützen, gab es früher nur Zaponlack, ein viel verwendetes, aber feuergefährliches Schutzmittel, das man erhält, wenn Zelluloid (ein 1869 in New York erfundenes Gemenge von Nitrozellulose und Kampfer) in flüchtigen Lösungsmitteln (Azeton u. ä.) gelöst wird. Später hat man die explosive Nitrozellulose (Schießbaumwolle, vgl. oben S. 256) durch die nur schwer verbrennende Azetylzellulose ersetzt, durch deren Mischung mit Kampfer und ähnlichen Stoffen das Zellon entsteht, das — in Azeton gelöst — einen Lack ergibt, der ganz ähnliche Eigenschaften wie der Zaponlack hat: er tötet alle Bakterien und macht das Papier weich, zäh und wiederstandsfähig. Ein solcher Zellonlack, der unter verschiedenen Bezeichnungen in den Handel kommt[1]), ist nicht feuergefährlich und daher das geeignete Mittel zur Konservierung gefährdeter Urkunden.

Eine solche Konservierung darf aber natürlich nicht vorgenommen werden, wenn die Urkunde etwa auf Verfälschungsmerkmale (Rasurspuren, Kreuzungen von Strichen, eingefügter Worte, relatives Alter von Tintenzügen usw.) zu untersuchen ist, da dies durch eine Lackschicht meist unmöglich gemacht werden würde. Eine solche Untersuchung[2]) muß daher der Konservierung vorangehen.

c) Sicherstellung und Lesbarmachung verbrannten Papiers.

Eine ähnliche, freilich viel schwierigere und nicht immer gelingende Arbeit ist zu leisten, wenn angebranntes oder verkohltes Papier sichergestellt und die Schrift, mit der es bedeckt war, gelesen werden soll. Kriminalistisch kann dies von verschiedener, oft sehr großer Bedeutung sein: belastende Schriftstücke werden häufig im Ofen verbrannt und sind, wenn dies kurze Zeit vor der Hausdurchsuchung oder während der Sommerzeit, in der der Ofen sonst nicht geheizt wird, geschah, noch in diesem zu finden; bei Feuersbrünsten oder Explosionskatastrophen, aber auch bei kriminellen Angriffen auf eine Panzerkasse mittels Schmelzung oder Sprengung werden im Innerern von Schränken oder Kassen oft wichtige Papiere verkohlt gefunden, die es zu rekonstruieren gibt. Verkohlte Leichen — wiederholt wurden Ermordete mit Benzin oder Petroleum übergossen und angezündet, um die Spuren des Verbrechens zu verwischen — können mitunter dadurch identifiziert werden, daß man in den verbrannten Resten der Brieftasche noch verkohlte Legitimationspapiere findet, deren Beschriftung sichtbar gemacht werden kann.

Die Beschaffenheit, in der man solche Papierreste trifft, ist sehr verschieden und hängt einerseits von der Qualität des Papiers und der

[1]) Die chemischen Werke *F. Bayer* in Elberfeld haben z. B. eine „Zellitlösung" erzeugt.
[2]) Näheres hierüber im XIX. Abschnitt („Betrügereien").

Art der Beschriftung (Druckerschwärze, Maschinenschrift, Tinte, Bleistift usw.) und andererseits von der Zeitdauer und dem Grad der Hitzeeinwirkung und dem Luftzutritt ab. Auch die aus demselben Ofen sichergestellten verbrannten Papierteilchen sind daher oft in verschiedenem Maße beschädigt und es kann vorkommen, daß ein Teil schon völlig zu Asche zerfallen ist, während ein anderer Teil (besonders wenn viele Blätter gepreßt aufeinander lagen, wie bei Büchern, Heften usw.) an manchen Stellen — wo die Luft nicht hinzu konnte — kaum vergilbt ist. Im allgemeinen unterscheiden wir drei Grade der Hitzeeinwirkung auf Papier: die Versengung (bei der das Papier gebräunt ist), die Verkohlung (bei der sich das Papier in Papierkohle verwandelt hat und meist gekrümmt oder eingerollt ist, aber noch in seiner ursprünglichen Struktur zusammenhält) und die Veraschung (bei der die Papiermasse größtenteils verbrannt und nur ihre mineralischen Bestandteile als silbergraue, leicht zerfallende Masse zurückgeblieben sind).

Die von einem U. und einem möglichst rasch beizuziehenden Sachverständigen zu leistende Arbeit muß in solchen Fällen darauf gerichtet sein, einerseits das Vorhandene möglichst zu erhalten und andererseits die Beschriftung, falls dies notwendig ist, deutlicher sichtbar zu machen. Viele Methoden sind hiefür empfohlen worden[1]).

Befindet sich das verbrannte Papier noch im Ofen, so ist sofort etwas vorzukehren: der Luftzutritt (sowohl durch den Rauchfang als auch durch die für die Heizung und Aschenentnahme vorgesehenen Öffnungen) ist möglichst rasch zu unterbinden; falls der Ofen eine Rauchklappe besitzt, ist diese zu schließen und falls die Einschlauchung in den Kamin durch nicht eingemauerte Ofenrohre bewerkstelligt ist, ist das Ofenrohr zu entfernen und die Öffnung mit nassen Lappen zu verstopfen. Denn die im Ofen herrschende Zugluft fördert nicht bloß den Verbrennungsprozeß, falls dieser noch nicht vollständig beendet ist, sondern setzt auch das im Ofen befindliche verkohlte oder veraschte Papier in dauernde Bewegung, so daß oft einzelne Teile abbrechen und fortfliegen; solche weitere Schädigungen der Untersuchungsobjekte müssen möglichst rasch verhindert werden.

Beim Herausnehmen verbrannten Papieres aus dem Ofen darf ebenfalls im Raum keinerlei Zugluft herrschen. Um leicht zerfallende Teile möglichst unbeschädigt zu erhalten, empfiehlt es sich, einen Streifen steifen Papiers (oder dünnen Kartons) unter das zuoberst liegende verkohlte Blatt zu schieben, dieses so herauszuheben, dann

---

[1]) Vgl. *Habermann*, Zschr. für analyt. Chemie, 48. Jg. S. 729; *Teclu*, Über die Entzifferung von Schriftzeichen auf verkohltem und verbranntem Papier, Archiv 37, S. 114; *Kockel*, Die Entzifferung und Konservierung verkohlter Schriftstücke, Archiv 39, S. 111; *Heiduschka*, Über den Nachweis von Schriftzeichen auf verkohltem Papier, Archiv 62, S. 68; *Buff*, Die Wiederherstellung der Schriftzüge in verkohlten Dokumenten (Vortrag, gehalten in Kristiania), Berichte hierüber in Chemikerzeitung 1916, S. 596 und Archiv 70, S. 257; *Küst*, Wiederherstellung verbrannter Dokumente, Photogr. Chronik 1918, S. 139; *Langen* und *Nippe*, Konservierung verbrannter Schriftstücke in *Abderhaldens* Hb. d. biol. Arbeitsmethoden IV, Teil 12, zweite Hälfte, S. 299 (1934).

das nächste verkohlte Blatt in gleicher Weise zu unterschieben und herauszuheben usw.[1]).

Die Sicherstellung von verkohltem, bereits brüchigem oder gar schon veraschtem Papier hat sofort an Ort und Stelle zu geschehen, da die Erschütterungen eines noch so vorsichtigen Transportes ein solches Objekt vollkommen vernichten können. Nur versengte oder leicht verkohlte, aber noch nicht brüchige Papiere dürfen in flache Schachteln zwischen zwei Wattelagen gelegt[2]) und mittels Boten (niemals per Post!) an den Sachverständigen oder die zuständige Untersuchungsstelle gesendet werden.

Ziel des Sicherstellungsverfahrens muß es sein, die verbrannten Papierteile geglättet zwischen zwei Glastafeln[3]) zu bringen. Daß dies natürlich nur in ungeordneter, durch den Zufall des Herausnehmens bedingter Reihenfolge geschehen kann, schadet nichts, da die so sichergestellten Teilchen in natürlicher Größe photografiert werden. Die Ordnung der Teilchen und Entzifferung des Gesamttextes erfolgt dann auf Grund der Photogramme, die genau nach den Rändern der Papierteilchen ausgeschnitten werden.

Um nun die meist eingekrümmten Papierteilchen auseinanderbreiten zu können, so daß sie glatt auf der Glastafel zu liegen kommen, ohne in viele Stückchen zu zerbrechen, gibt es zwei Methoden:

a) Man bereitet flache Schalen (wie sie für photographische Dunkelkammerarbeiten verwendet werden) vor, auf deren Boden man eine nur etwas kleinere Glasscheibe legt und die man mit einer Lösung von 10 Teilen Glyzerin in 100 Teilen destilliertes Wasser füllt. In dieser Flüssigkeit erweicht sich auch schon spröde Papierkohle, wenn man die Teilchen 3 bis 4 Stunden schwimmen läßt. Allmählich sinken dann die vollgesogenen Teilchen unter. Hier gilt es aufzupassen, daß dies im vollkommen ausgebreiteten Zustand erfolgt (damit nicht etwa Ecken eingeschlagen sind, wenn die Teilchen auf der Glasscheibe zu liegen kommen) und daß nicht zwei benachbarte Teilchen sich aufeinander legen. Um dies zu verhindern, muß das Niedersinken mit einem Glasstäbchen gesteuert werden. Hat man eine größere Zahl verbrannter Papierteilchen auf diese Weise

---

[1]) Ist der Ofen, dessen Zugluft man unterbunden hat, noch warm, so warte man, bis er erkalte; Analoges gilt für noch warme Panzerkassen, die aus einer Feuersbrunst geborgen wurden. Nimmt man nämlich verkohltes Papier (besonders wenn dieses in Form von Akten, Heften, Banknotenbündel u. ä. in vielen Lagen aufeinanderliegt) aus solchen Behältnissen in noch warmem Zustand heraus, so kann es durch Sauerstoffaufnahme aus der Luft neuerlich zu brennen anfangen. Solche zu früh herausgenommene, noch warme Papierbündel müssen sofort unter Wasser gelegt oder in luftdicht schließende Blechbüchsen (wie sie z. B. im Gewürzegroßhandel verwendet werden) gegeben und darin erkalten gelassen werden.

[2]) Manche Autoren empfehlen auch die Lagerung zwischen zwei feine Drahtgitter.

[3]) Das von *Kockel* a. a. O. empfohlene Aufkleben auf (von der Schicht befreiten) Photofilmen, also dünnen Zelluloidplatten, hat den Nachteil, daß diese sich dann einrollen.

zu überwachen, so sind hiefür naturgemäß mehrere Hilfskräfte zu verwenden. Haften die Teilchen dann auf dem Boden fest, so werden sie mit der Glasscheibe herausgehoben und mit einer zweiten Glastafel überdeckt.

b) Man bringt die verbrannten Papierteilchen im trockenem Zustande auf die vorbereitete Glastafel und bestäubt sie[1]) allseits mit einer Schelllack-Spirituslösung (wie sie auch unter dem Namen „Fixativ" in den Handel kommt). Unter dieser Behandlung erweichen die Teilchen rasch und können mit Hilfe eines Glasstäbchens glatt auf die Glasscheibe gebreitet werden, auf der sie infolge der Schellacklösung festhaften[2]).

Da es aber letzten Endes nicht bloß auf die Sicherstellung der Teilchen, sondern vor allem auch auf die Entzifferung ihrer Beschriftung ankommt, ist von Anfang an auch diesem Problem besonderes Augenmerk zuzuwenden. Druck- und Bleistiftschrift auf schon veraschtem Papier hebt sich meist dunkel auf lichtgrauem Grund recht deutlich ab und kann oft schon mit freiem Auge vor jeder Behandlung der Teilchen gelesen werden. Eisengallustinten auf schwarz verkohltem Papier sind weniger deutlich erkennbar, aber durch ihren schwachen Glanz mitunter doch — besonders bei schräger Beleuchtung und Blickrichtung — lesbar. Es ist deshalb jedes herausgehobene Teilchen sofort mit freiem Auge und allenfalls mit Lupe bei guter Beleuchtung[3]) zu betrachten und alles zu protokollieren, was sich an Schrift auf solche Weise feststellen und entziffern läßt. Denn auch bei kunstgerechtem Vorgehen kann es mitunter vorkommen, daß durch die weitere Sicherstellung und Behandlung der Teilchen die Lesbarkeit abnimmt[4]).

Haften die Teilchen nach einem der früher beschriebenen Verfahren bereits ausgebreitet zwischen den Glastafeln, so kann ihre Lesbarkeit allenfalls auf photographischem Wege durch Wahl entsprechender Filter[5]) oder durch (wie *Küst* a. a. O. empfiehlt) Photoaufnahme im durchfallenden Licht verstärkt werden.

Auch auf chemischem Wege kann die Schrift häufig besser lesbar gemacht werden. Nach den Versuchen von *Habermann* a. a. O. treten nach Bestreichung der (von ihm mit „Fixing fluid" präparierten) Papier-

---

[1]) Zu verwenden ist ein gut arbeitender Alkoholzerstäuber mit doppeltem Gummibalg (wie ihn die Friseure verwenden), der einen ganz feinen Sprühregen erzeugt.

[2]) Man kann auch beide Methoden kombinieren, indem man die Teilchen zuerst mit Fixativ bestäubt und dann schwimmen läßt, wofür *Reiss*, Manuel de Police scientifique, p. 322, eine 1%-Gelatinelösung, auf 40° C erwärmt, empfohlen hat. *Kockel* a. a. O. klebt die Teilchen auf die von ihm empfohlenen Filme mit einer Lösung von 50 g Amylazetat, 25 g Eisessig und 5 g Kampfer.

[3]) Bestrahlung mit gefiltertem Uviollicht der Quarzlampe bewirkt keine Verdeutlichung der Schriftzeichen auf verkohltem Papier, dessen Oberfläche samtartig-schwarz erscheint.

[4]) Nach Einlegen der Teilchen in eine 10%ige Glyzerinlösung (bei Anwendung der Methode a) ist durch die optische Lichtbrechung der Flüssigkeit die Lesbarkeit der Schrift oft gesteigert, weshalb in diesem Zeitpunkt ein neuerlicher Versuch zu unternehmen ist, die Schrift zu entziffern.

[5]) Vgl. I. Band dieses Werkes, S. 370f.

kohle mit 10%iger Aluminiumazetatlösung (essigsaure Tonerde) eisenhaltige Tinten braunrot und Bleistift schwarz hervor. *Teclu* und andere Autoren haben eine mit Salzsäure angesäuerte Lösung von gelben Blutlaugensalz empfohlen, wodurch bei Anwesenheit von Eisen eine Berlinerblaureaktion eintritt, die die Schriftzüge schwarz hervortreten läßt. *Buff* a. a. O. kopiert so entstehende Berlinerblauspuren auf weißes Papier. *Teclu* schaltet vor der Berlinerblaureaktion noch ein Bad in einer Lösung von hypermangansaurem Kalium ein.

Schließlich können Druck- und Bleistiftschriften auf schwarz verkohltem Papier, die in diesem Zustande nicht oder kaum lesbar sind, auf physikalischem Wege durch weiteres Erhitzen (bis zur Veraschung) sichtbar gemacht werden. Man legt hiezu am zweckmäßigsten die verkohlten Teilchen auf ein Asbestdrahtgitter und mit diesem auf die (geschlossene) Heizplatte eines elektrischen Kochers oder man hält das Drahtgitter vorsichtig über die Flamme des Bunsenbrenners. Im richtigen Augenblick treten dann solche Schriften dunkel auf grauem Grund hervor; das in diesem Zustand Entzifferbare ist sofort zu protokollieren. Dieses Verfahren empfiehlt sich insbesonders zur Lesbarmachung ganzer verkohlter Bücher, die man vorerst — nach Entfernung des Rückenteils — mit Wasser benetzt, worauf sich bei Erhitzung die einzelnen Blätter von selbst abheben.

d) Zerkautes Papier.

Um dieses wieder rekonstruieren und die allfälligen Schriften entziffern zu können, lege man die (durch den eingetrockneten Speichel meist hart gewordenen) Papierklümpchen in Wasser, bis sie so sehr erweicht sind, daß sie sich mittels eines Glasstabes oder einer Präpariernadel, allenfalls auch mit den Fingern auseinanderbreiten und glätten lassen. Hierauf werden sie getrocknet und — wie oben beim zerrissenen Papier beschrieben wurde — zusammengesetzt und zwischen zwei Glasplatten sichergestellt. Statt Wasser kann, wenn man das Zerfließen von Tinte vermeiden will, auch ein Zellonlack verwendet werden.

Abb. 124 veranschaulicht das Ergebnis einer solchen Arbeit[1]). Ein Bauer war wegen Verdachtes der Brandlegung in Haft. Eines Tages erschien seine Tochter mit ihrem neugeborenen Säugling und bat um Sprecherlaubnis die ihr nach Instruierung des Aufsehers erteilt wurde. Als der Beschuldigte sein Enkelkind auf den Arm nahm, bemerkte der Aufseher, daß er versuchte, ein Schriftstück zwischen die Windeln zu schieben. Statt nun — wie es richtig gewesen wäre — dies ruhig geschehen zu lassen und nach Abführung des Beschuldigten das Schriftstsück aus den Windeln zu nehmen, trat der Aufseher in seinem Diensteifer sofort dazwischen und verlangte vom Beschuldigten die Herausgabe des Briefes, worauf dieser den Brief rasch in den Mund steckte und zu zerkauen begann. Zum Glück war der Beschuldigte kein routinierter Berufsverbrecher (der den Brief sicherlich geschluckt hätte) und so spukte er ihn schließlich in einen Kübel, so daß die einzelnen Teilchen sichergestellt und dem Kriminologischen

[1]) Stationsakt Nr. 1313 des Kriminologischen Institutes der Universität Graz (Gutachter: *E. Seelig*).

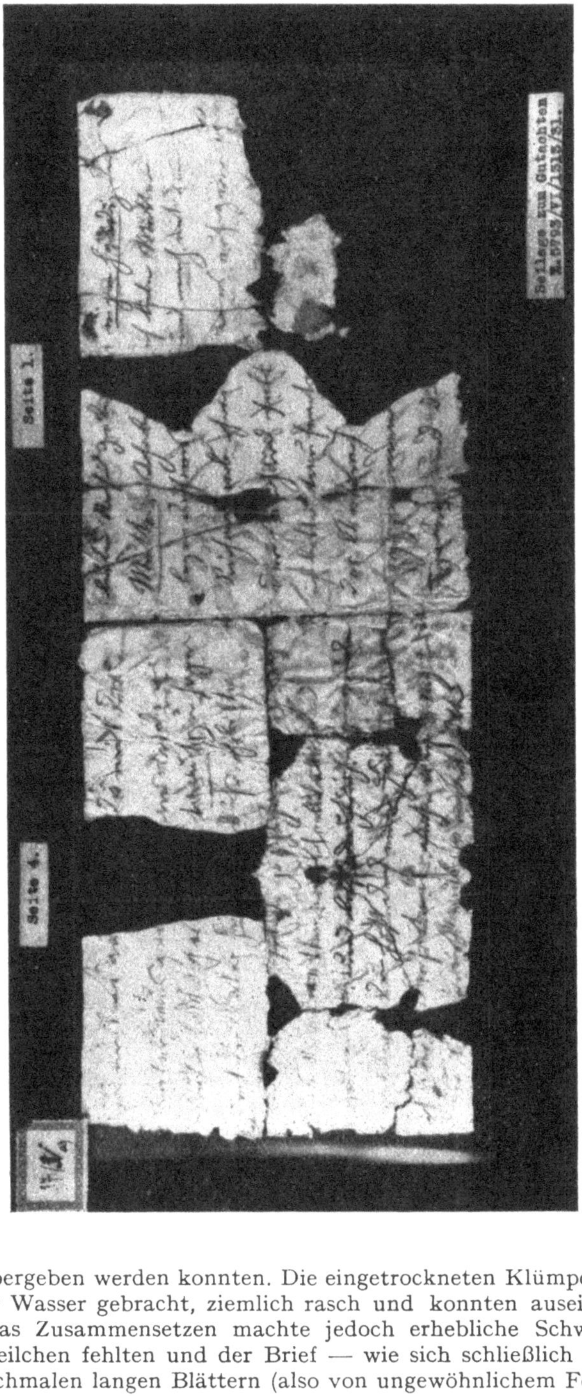

Abb. 124. Rekonstruierte Doppelseite eines aus zwei Blättern bestehenden Briefes, den der Beschuldigte aus der Untersuchungshaft zu schmuggeln suchte und, als dies entdeckt wurde, zerkaute.

Institut übergeben werden konnten. Die eingetrockneten Klümpchen erweichten sich, unter Wasser gebracht, ziemlich rasch und konnten auseinandergebreitet werden; das Zusammensetzen machte jedoch erhebliche Schwierigkeiten, da einzelne Teilchen fehlten und der Brief — wie sich schließlich herausstellte — aus zwei schmalen langen Blättern (also von ungewöhnlichem Format) bestand, die ihrer Breitseite nach beiderseits mit Tintenblei beschrieben waren. Weil der Brief gefaltet war, bestand jedes durch das Zerkauen entstandene Teilchen aus zwei anliegenden Blättern. Infolge dieses Umstandes hatte sich — offenbar schon durch die Mundfeuchtigkeit — die Tintenbleischrift auf die anliegenden Papierseiten kopiert, so daß jedes Teilchen sowohl mit ursprünglicher Tintenbleischrift als auch mit kopierter Schrift (als Spiegelbild) bedeckt war. Gerade dies erwies sich aber als sehr günstig, denn auf diese Weise hatten sich auch Teile des Briefes, die unter den ausgespuckten Teilchen fehlten, auf die benachbarten Papierseiten abgedruckt und konnten im Spiegelbild entziffert werden. So gelang es, den Brief auch in jenen Teilen zu rekonstruieren, die nicht mehr vorhanden waren. In dem Brief ersuchte der Bauer seinen Sohn, sich selbst zu stellen und anzugeben, daß er den Brand fahrlässigerweise verursacht habe, als er in der Nähe des Strohdaches mit seinem Feuerzeug ein Licht anzündete; dafür werde er sicherlich nur eine kleine Strafe von höchstens einem Monat erhalten, falls er aber seinen Vater nicht rette, seien sie alle Bettler; wenn der Bub die Schuld auf sich nehme, bekomme er hierfür von ihm ein neues Fahrrad und einen schönen Anzug. Als der so rekonstruierte Brief dem Bauer vorgehalten wurde, gestand er, den Brand selbst gelegt zu haben.

XII. Abschnitt.

Daktyloskopie.

1. Allgemeines.

Ein Blick auf die Innenseite der Fingerspitzen zeigt uns jene eigentümlich geordneten, feinen, erhabenen Linien auf der Haut, die gewiß jedem schon aufgefallen sind, über deren Entstehung man aber nur weiß, daß sie durch die Anordnung der Papillen auf der (unter der Epidermis liegenden) Lederhaut bedingt sind[1]). Besonders schön und deutlich sind solche Hautleisten auch auf den Ballen der Innenseite der Hände (besonders auf der Seite des Kleinfingers) ausgeprägt und auch auf der Ferse und den Ballen der Fußsohlen sind sie wahrzunehmen. Ihre teleologische Bedeutung liegt — entwicklungsgeschichtlich betrachtet — sicherlich in der Verwendung der Hände und Füße als Greiforgane[2]), deren Reibung mit den ergriffenen Gegenständen durch die Ausprägung der Hautleisten erhöht ist; heute erfüllen sie kaum mehr einen praktisch-physiologischen Zweck. Durch die Einmaligkeit der Linienmuster erlangten aber die „Papillarlinien", wie diese Hautleisten allgemein genannt werden, allergrößte Bedeutung für die Identifizierung der einzelnen Menschen und damit für die Kriminalistik. Wie schon bei der Darstellung der Identitätslehre im ersten Band dieses Werkes ausgeführt wurde[3]), übertrifft die Daktyloskopie[4]) durch die Sicherheit ihrer Ergebnisse und durch ihre

---

[1]) Näheres über den mikroskopischen Bau der menschlichen Haut unten S. 366f.

[2]) Hierauf läßt insbesondere der Umstand schließen, daß manche Affenarten auch auf der Innenseite ihres Greifschwanzes deutlich ausgeprägte Hautleisten besitzen. Vgl. *Schlaginhaufen*, Das Hautleistensystem der Primatenplanta. Diss. Zürich 1905.

[3]) 1. Band, S. 420f. und 440ff.

[4]) Die Bezeichnung „Daktyloskopie" für das Identifizierungsverfahren auf Grund der Papillarlinienzeichnung wurde (wie *Heindl* berichtet) von *J. Vucetich* in La Plata geprägt und bedeutet eigentlich „Fingerbesichtigung" (δάκτυλος = Finger, σκοπειν = schauen, besichtigen). Andere verschiedentlich vorgeschlagene Bezeichnungen haben sich nicht eingebürgert. Das angelsächsische Schrifttum spricht meist von „Fingerprint identification". Die Literatur ist im Laufe der letzten 70 Jahre fast unübersehbar geworden (*Heindls* Literaturverzeichnis von 1927 umfaßt bereits 949 Arbeiten). Als wichtigste Werke seien genannt *Galton*, Finger prints, London and New York 1892; *Henry*, Classification and uses of finger prints, London 1900; *Vucetich*, Daktiloskopia comparada, La Plata 1904; *Windt* und *Kodićek*, Daktyloskopie, Wien 1904; *Roscher*, Handbuch der Daktyloskopie, Leipzig 1905; *Heindl*, System und Praxis der Daktyloskopie, 3. Auflage, Berlin 1927; *Schneickert*, Der Beweis durch Fingerabdrücke, 2. Aufl. Jena 1943. Weitere Literatur zur Geschichte der Daktyloskopie und zu Einzelfragen siehe unten. Vgl. auch die einschlägigen Abschnitte in den Werken *Locard*, Traité de criminalistique, Bd. 1, Lyon 1930; *Niceforo-Lindenau*, Die Kriminalpolizei und ihre Hilfswissenschaften, Berlin o. J. (1909); *Lichem*, Kriminalpolizei, Graz 1935; *O'Hara* und *Osterburg*, Introduction to criminalistics, New York 1949; *Seelig*, Lehrbuch der Kriminologie, Graz 1951.

Verbindung mit der Spurenlehre alle anderen Identifizierungsverfahren an praktischer Verwertbarkeit.

Entsprechend ihrer überragenden Bedeutung wird die Daktyloskopie im folgenden möglichst eingehend behandelt, soweit Zweck und Umfang des Handbuches dies gestattet. Wer noch ausführlichere Information benötigt, sei auf das in der obigen Anmerkung genannte Buch von *Heindl* verwiesen, das auf 800 Seiten die weitaus umfassendste Gesamtdarstellung der Daktyloskopie bietet. Die erbbiologische und physiologische Literatur über die Papillarlinien ist (bis 1940) bei *Abel* (unten S. 375, Anmerkung 2) zusammengefaßt.

2. Zur Geschichte der Daktyloskopie.

Während die europäische Wissenschaft, insbesonders die Anatomie, bis in die zweite Hälfte des 17. Jahrhunderts die Tatsache der Papillarlinien übersah und die anatomischen Atlanten die menschliche Haut auch an den Beeren der Fingerspitzen glatt wiedergaben, hat schon der prähistorische Mensch Kenntnis davon gehabt, daß die Hautleisten an den Fingerbeeren verschiedene Muster zeigen.

So gibt eine prähistorische Steinzeichnung, die 1881 im Gebiete der Micmacindianer in Nordamerika von *Creed* gefunden wurde[1]), die Strichzeichnung einer menschlichen Hand wieder, auf deren fünf Fingerbeeren verschiedene typenhafte Zeichen (eine Spirale, ein Halbbogen, eine Ellipse, ein Kreis, eine Schleife) zu sehen sind, die zweifellos Symbole verschiedener Linienmuster darstellen. Doch folgt daraus keineswegs, daß auch der Identifizierungswert der Linienmuster, der durch die Einmaligkeit der Details begründet ist, dem Menschen von damals bekannt war. Möglicherweise war dies jedoch bei den alten Assyriern und Babyloniern der Fall, die ihre Urkunden mit einem Nageleindruck (supur) siegelten[2]).

Sicher verbürgt ist die Verwendung des Fingerabdruckes für Identifizierungszwecke im chinesischen und japanischen Rechtsleben des 7. Jahrhunderts n. Chr.: auf Rechtsurkunden pflegten die Kontrahenten an Stelle einer Unterschrift den Abdruck ihrer Finger als Signatur beizufügen. Auch im Ehescheidungsverfahren mußte der Scheidebrief, den der Gatte der Gattin zu überreichen hatte — wenn er seinen Namen nicht schreiben konnte — mit dem Abdruck seines Zeigefingers signiert werden. Auch die Möglichkeit, aus einer am „Tatort" zurückgelassenen Fingerspur auf die Anwesenheit der betreffenden Person zu schließen, scheint bereits im 8. Jahrhundert bekannt gewesen zu sein, wie aus einer Anekdote über

---

[1]) Abgebildet und beschrieben von *Mallery*, Picture Writing of the American Indians, Washington 1893. Die Zeichnung ist bei *Heindl* a. a. O. wiedergegeben. Siehe auch *Eugenie Stockis*, Le dessin papillaire digital dans l'art préhistorique, Revue anthropologique 1920.

[2]) Da beim Eindrücken eines Fingernagels in frischen Ton normalerweise auch die Papillarlinien an der äußersten Fingerspitze mitabgeformt werden, ist es, wie *Heindl* vermutet, durchaus möglich, daß der Identifizierungswert des „supur" weniger im Eindruck des Nagels selbst, als der mitabgeformten Papillarlinien gelegen war.

Kaiser *Ming-Huang* hervorgeht[1]). Im 12. Jahrhundert wurden bereits im Strafverfahren die Protokolle mit Fingerabdrücken signiert und ungefähr 1880 besitzen die Chinesen schon Registraturen der Daumenabdrücke von Schwerverbrechern. Aber auch im angrenzenden Orient (Indien, Persien) war die Kenntnis der Papillarlinienmuster im Volk seit altersher weit verbreitet und wurde vielfach auch mit abergläubischen Vorstellungen verbunden. Ebenso benützten die chinesischen und japanischen Wahrsager nicht bloß die „Handlinien"[2]), sondern auch die Art der Papillarlinienmuster an den einzelnen Fingern für ihre Deutungen.

In Europa hingegen wurde man, wie erwähnt, viel später auf die Papillarlinienmuster der Finger aufmerksam. Im alten Griechenland und Rom waren sie unbekannt[3]). Hingegen könnte die aus dem frühen deutschen Mittelalter bekannte „Handfeste", die feierliche Bekräftigung einer Urkunde durch Auflegen einer Hand („cartam manu firmare", „manum imponere"), als symbolhafter Rechtsbrauch verstanden werden, dessen ursprünglicher wörtlicher Sinn — das Beisetzen eines Handabdruckes — im Laufe der Jahrhunderte vergessen worden ist. Sicher ist jedoch, daß auf alten siebenbürgischen Urkunden mitunter an Stelle der Unterschriften sich ein Kreuz und ein mit Tinte hergestellter Fingerabdruck findet. Aber erst die medizinische Wissenschaft der Neuzeit hat sich in Europa bewußt mit den Papillarlinienmustern beschäftigt: als erster erwähnte sie 1686 der Anatom *Malpighius*[4]), dann *Chr. J. Hintze* (1747), *B. S. Albinus* (1764), *Prohaska* (1812) und zur selben Zeit hat der Anatom *J. F. Schröter* sie bereits vergrößert gezeichnet. Der Physiologe *Purkinje* versuchte 1823 — in Europa erstmalig — die Papillarlinienmuster zu klassifizieren und verschiedene Mustertypen aufzustellen[5]); die Einmaligkeit jedes Linienmusters hat auch er nicht erkannt. Hingegen stellte der englische Zeichner *Thomas Bewick* (gest. 1828) Holzschnitte seiner eigenen Papillarlinienmuster her[6]), die er als eine Art Siegel benützte (was auf die Kenntnis von ihrem Identifikationswert schließen läßt).

Die eigentlichen Erfinder der modernen Verbrecherdaktyloskopie wurden aber erst bedeutend später zwei in Ostasien lebende Engländer, die voneinander unabhängig auf dieselbe Idee kamen: *William J. Herschel*, der von 1853 und 1878 in Kalkutta im indischen Polizeidienst stand, und

[1]) Eine Freundin des Kaisers erzählt ihm, daß sie im Traum öfters von einem Fremden in ein Weinlokal eingeladen werde, worauf der Kaiser ihr rät, das nächste Mal daselbst eine Spur zu hinterlassen. Sie befolgt den Rat und hinterläßt an einem Schrank einen Fingerabdruck und berichtet dies dem Kaiser. Dieser läßt Nachforschungen anstellen und der Fingerabdruck fand sich in einem nahe gelegenen Pavillon.

[2]) Vgl. oben S. 174ff.

[3]) Dies geht u. a. aus einer Verteidigungsrede des Juristen *Quintilian* (35 bis 118 n. Chr.) hervor, die sich ausführlich damit beschäftigt, ob die blutigen Handabdrücke, die sich an der Wand vom Schlafgemach des ermordeten Vaters bis zu dem des blinden Sohnes fanden (wodurch dieser des Vatermordes verdächtigt wurde), wirklich von der Hand des Sohnes herrührten oder etwa von der Stiefmutter absichtlich erzeugt wurden, um den Verdacht auf den Sohn zu lenken. Wiewohl nun *Quintilian* mehrere Umstände anführt, die gegen die Annahme sprechen, daß die Blutspuren von der Hand des Sohnes stammen, wird die Möglichkeit, die Papillarlinienmuster zu vergleichen, nicht erwähnt.

[4]) *Malpighii, M.*, De externo tactus organo. Opera omnia, tom II. London 1686.

[5]) *Purkinje*, Commentatio de examine physiologico organi visus et systematis cutanei, Breslau 1823.

[6]) Wiedergegeben bei *Polson*, Fingerprints and fingerprinting, Journ. of Crim. Law and Criminol. 41 p. 495, 690 (1950/51).

der Arzt *Henry Faulds*, der in Tokio Vorlesungen über Physiologie hielt. *Herschel* führte seit 1858 in seinem Distrikt die Daktyloskopie praktisch ein, indem er die Gefängnissträflinge sowie die pensionsberechtigten Inder daktyloskopieren ließ, um so den zahlreichen Identitätsschwindeleien vorzubeugen. Er sammelte auf diese Weise bis 1877 mehrere tausend Abdruckkarten, wobei er meist nur Zeige- und Mittelfinger registrierte, und konnte auf Grund dieses Materials schon damals den Beweis führen, daß sich die Papillarlinienmuster im Laufe der Zeit nicht ändern. 1877 sandte er seiner vorgesetzten Behörde einen Bericht, worin er vorschlug, die Sträflinge in allen Gefängnissen Bengalens zu daktyloskopieren. Infolge des abschlägigen Bescheides, den er erhielt, ließ er den Plan fallen. *Faulds*, der — angeregt durch Fingerspuren auf altjapanischen Tongefäßen — nach seinen eigenen Angaben um 1878 auf den Identifizierungswert der Daktyloskopie kam, trat 1880 als erster mit einem Artikel in der englischen Zeitschrift „Nature" literarisch hervor, wobei er auch bereits auf die Möglichkeit der Tatortdaktyloskopie hinwies[1]). Einen Monat später erschien in derselben Zeitschrift ein Artikel von *Herschel*[2]). Im folgenden Jahr lenkte *Faulds* die Aufmerksamkeit verschiedener Polizeibehörden, darunter auch der Londoner Kriminalpolizei, auf diese Frage, zunächst ohne praktischen Erfolg[3]). Erst nachdem Englands berühmter Anthropologe *Galton*, durch die Aufsätze in der Zeitschrift „Nature" aufmerksam geworden, sich dem Studium der Papillarlinienmuster zuwandte und das Ergebnis seiner 1886 begonnenen Forschungen 1892 in seinem Werk „Fingerprints" veröffentlichte, in welchem er die Einmaligkeit und Unveränderlichkeit der Linienmuster anerkannte und die zahlreichen Mustertypen, die man bisher unterschieden hatte, auf einige wenige Grundformen zurückführte[4]), wurde auch in Polizeikreisen die

---

[1]) *Faulds*, On the skin furrows of the hand, Nature XXII, 605 (1880).

[2]) Nature XXIII, 76 (1880). Über den Prioritätsstreit, der sich später zwischen *Faulds* und *Herschel* ergab vgl. *Heindl* a. a. O. S. 48ff. und insbesondere *G. W. Wilton*, Fingerprints: History, Law and Romance, London 1938; *derselbe*, Fingerprints, Scotland Yard and Henry Faulds, The Juridical Review 62, p. 215 (1950). Es ist zweifellos, daß *Herschel* zeitlich früher den Identifizierungswert der Papillarlinien erkannte und in seinem Distrikt praktische Erfahrungen sammelte; *Faulds* hingegen, dem die literarische Priorität zukommt, hat das Problem theoretisch tiefer erfaßt und als erster die kriminalistische Tragweite der Tatortdaktyloskopie erkannt. Vgl. auch *Locard*, L'histoire de la dactyloscopie, Lyon 1930, und *Polson* a. a. O.

[3]) In den Achtziger-Jahren kam auch der Berliner Tierarzt *Eber* — wahrscheinlich selbständig — auf dieselbe Idee, angeregt von den blutigen Fingerabdrücken in den Handtüchern im Schlachthaus, wo er tätig war. Er konnte bald aus solchen Spuren feststellen, wer das Handtuch angegriffen hatte, und arbeitete hierauf eine Methode der Tatortdaktyloskopie aus. Es gelang ihm ferner, von den Abdrücken Jodbilder herzustellen, die er durch ein heute nicht mehr bekanntes Fixierverfahren haltbar machte; einige von diesen sind noch erhalten. 1888 unterbreitete er seine ausführlichen Vorschläge dem Preußischen Ministerium des Innern, das jedoch diese als „zur Zeit praktisch nicht verwertbar" ablehnte. Vgl. *Heindl* a.a.O. S. 59ff.

[4]) In einer ergänzenden Arbeit (*Galton*, Decipherement of blurred fingerprints, London 1893) zeigte er, daß auch unvollständige oder teilweise unklare Fingerabdrücke zur Identifizierung hinreichen (was für die Tatortdaktyloskopie von besonderer Wichtigkeit ist). *Galton* verwendete für seine Untersuchungen

Wichtigkeit dieses neuen Verfahrens erkannt: ab 1895 wurden in den englischen Gefängnissen von rückfälligen Berufsverbrechern neben Körpermaße auch die Abdrücke ihrer 10 Finger genommen und in London registriert. Der Nachfolger *Herschels* in der indischen Provinz Bengalen, *E. R. Henry*, der die Arbeiten *Galtons* studiert hatte, arbeitete auf ihrer Grundlage ein verbessertes Klassifizierungssystem aus, das am 12. 6. 1897 in Britisch-Indien eingeführt wurde und das er 1899 einer wissenschaftlichen Kommission vorlegte. Im Jahre 1900 veröffentlichte er sein grundlegendes Werk „Classification and uses of fingerprints", wurde nach London berufen und führte am 21. 7. 1901 das Fingerabdruckverfahren im Londoner Erkennungsdienst, dessen Leitung er übernommen hatte, an Stelle des Bertillonschen Meßverfahrens ein. Dieses *Galton-Henry*sche System bildet auch heute noch die Grundlage der 10-Finger-Registraturen der meisten Polizeibehörden Europas, der Länder der britischen Einflußsphäre und Nordamerikas.

Nur Südamerika ging zum Teil eigene Wege. Argentinien hat das Verdienst, zeitlich als erstes Land eine polizeiliche Fingerabdruckregistratur errichtet zu haben: durch *Galtons* Arbeiten angeregt, hat der Beamte der Zentralpolizei in Buenos Aires, *J. Vucetich*, ein gebürtiger Dalmatiner, ein eigenes Klassifizierungsverfahren erdacht, das am 1. 1. 1896 der in Buenos Aires errichteten daktyloskopischen Registratur zugrunde gelegt wurde. 1892 überführte *Vucetich* bereits einen Mörder (der der Tat verdächtig war) durch einen am Tatort hinterlassenen Fingerabdruck[1]).

Der Verbreitung des in London eingeführten daktyloskopischen Verfahrens innerhalb des übrigen Europa stand, wie schon in anderem Zusammenhange erwähnt wurde[2]), zunächst Frankreich hemmend entgegen, wo der Leiter des Pariser Erkennungsdienstes *Bertillon* durch sein anthropometrisches Identifizierungsverfahren berühmt geworden war und sich gegen die vollständige Verdrängung seiner Methode durch die überlegene Daktyloskopie sträubte. Sein internationaler Einfluß hatte zur Folge, daß auch bei der Einführung der Daktyloskopie in Wien und Budapest (1902) zunächst noch die *Bertillon*schen Körpermaße neben den Fingerabdrücken registriert wurden.

Ähnlich war die Entwicklung in Deutschland, wo 1903 in Dresden, Hamburg, Berlin, Nürnberg und Augsburg daktyloskopische Registraturen, zunächst neben den vorhandenen Meßkartenzentralen, eingeführt wurden. Aber schon 1912 wurde in Sachsen und in Bayern (auf Anregung *Heindls*) in den meisten Aufnahmestellen nicht mehr gemessen, sondern nur mehr daktyloskopiert und nach dem Tode *Bertillons* (1914) ver-

vielfach das Material *Herschels* (das ihm dieser zur Verfügung stellte), während er die Arbeiten *Faulds* ignorierte und später als unbedeutend hinzustellen suchte. Hierüber ausführlich *G. W. Wilton* a. a. O., der darauf hinweist, daß *Herschel* selbst später (1917) die Verdienste *Faulds'* anerkannte.

[1]) Hingegen fand die erste Gerichtsverhandlung, in der ein identifizierter Tatortfingerabdruck von Bedeutung war, 1898 vor dem bengalischen Gerichtshof in Indien statt (*Heindl* a. a. O. S. 78f.). 1902 gelang es *Bertillon*, einen Mörder, auf den noch kein Verdacht gefallen war, nur auf Grund von Tatortabdrücken aus der Kartenregistratur herauszufinden und zu identifizieren.

[2]) I. Band, S. 420f.

schwanden die anthropometrischen Einrichtungen völlig aus allen Erkennungsämtern.

In der Folgezeit sind alle Bestrebungen, durch internationale Polizeikonferenzen die Registriersysteme (die durch das Anschwellen der Sammlungen in den Großstädten den bedeutend größeren Anforderungen angepaßt werden mußten) zu vereinheitlichen, gescheitert. Inzwischen hatten auch die meisten übrigen südamerikanischen Staaten das argentinische System nach *Vucetich* übernommen: 1905 Brasilien, Chile, Uruguay; 1907 Peru, Paraguay und Bolivien. Auch einzelne europäische Länder, vor allem Frankreich, haben Registrierungssysteme entwickelt, die auf der Grundlage von *Vucetich* aufbauen, aber doch allmählich Elemente des *Galton-Henry*schen Systems übernahmen.

Die weitere geschichtliche Entwicklung der Daktyloskopie zeigt als wichtigstes Ereignis das Aufkommen der Einzelfinger-Registraturen (sogenannte Monodaktyloskopie). Die auf Grund aller 10-Fingerabdrücke gebildeten Registrierformeln (sowohl nach *Galton-Henry* als auch nach *Vucetich* und den weiteren Mischsystemen) stützen sich nur auf die Typen der einzelnen Linienmuster und auf die Verteilung der Mustertypen auf die 10 Finger. Es kann daher die Registrierformel nur ermittelt werden, wenn man die Abdrücke aller 10 Finger hat, und die Formel bedeutet nur eine größere oder kleinere Gruppe von Menschen, deren Linienmuster auf den 10 Fingern die entsprechenden Mustertypen aufweisen, niemals aber einen bestimmten Menschen, also ein Individuum, oder gar ein bestimmtes konkretes Linienmuster; denn dieses wird ja erst durch seine Detailmerkmale (die bei den 10-Finger-Registriersystemen nicht berücksichtigt werden) identifiziert. Besitzt man daher nur einen Fingerabdruck (wie dies bei tatortdaktyloskopischen Untersuchungen häufig vorkommt), so kann man auf Grund eines solchen Abdrucks allein niemals die entsprechende Karte aus einer 10-Finger-Registratur herausfinden. Diesem Mangel sucht die Monodaktyloskopie dadurch zu begegnen, daß sie jeden Finger einzeln registriert, daher von jedem Daktyloskopierten 10 Abdruckkarten herstellt und zur Bildung der Registerformel nicht bloß die Typenmerkmale des Musters, sondern auch die konkreten Detailmerkmale verwendet.

Als erster hat der Spanier *Olóric* ein solches Einzelfingerregistriersystem ausgearbeitet[1]; später hat der Däne *Jörgensen* ein solches Verfahren entwickelt, und zwar zunächst zu einem anderen Zweck: der Fernidentifizierung. Um nämlich den Zeitverlust auszuschalten, den die Versendung der Fingerabdruckkarten in eine entferntere Stadt benötigt, in der ein Verdächtiger aufgegriffen wird, der möglicherweise mit einem gesuchten flüchtigen Verbrecher identisch ist, suchte *Jörgensen* nach einem Verfahren, das den Vergleich der Fingerabdrücke auf telegraphischem Wege ermöglichen sollte. Hiezu genügte natürlich die 10-Finger-Registerformel (die man telegraphieren kann) nicht und so entwickelte er eine Methode, um außerdem das Individuell-Charakterisierende jedes einzelnen Fingerabdruckes durch telegraphierbare Zahlen und Zeichen auszudrücken[2]. Es lag nun nahe, eine solche Einzelfingerformel dann auch zur Grundlage für

---

[1]) *Olóric*, Experimentos de identificatión monodactilar. Protoc. med. forense XII, 135 (1910).

[2]) *Jörgensen*, Belinographie und Fernidentifizierung, Archiv 74, S. 255 (1922); Lehrbuch des Fernidentifizierungsverfahrens, Berlin 1923; Das Fernidentifizierungsverfahren, Archiv 78, S. 229 (1926).

eine eigene Registratur zu verwenden und so die Möglichkeit zu schaffen, aus einem einzigen Tatort-Fingerabdruck die Person seines Erzeugers aus der Registratur herauszufinden. Das Aufkommen der Bildtelegraphie, durch die eine unmittelbare telegraphische Übertragung der photographisch vergrößerten Fingerabdrücke möglich wurde, hat die Einzelfingerformel für die Zwecke der Fernidentifizierung überflüssig gemacht, aber der Gedanke der Monodaktyloskopie hat sich bewährt und alle Erkennungsämter der Großstädte haben alsbald neben den 10-Finger-Registraturen für bestimmte kleinere Personenkreise (insbesonders Einbrecher) Einzelfingerregistraturen angelegt. Hiebei erwies sich das System *Olóric* wie auch das *Jörgensen*sche System im allgemeinen als zu kompliziert[1]) und die einzelnen Großstadtpolizeien haben meist eigene Systeme entwickelt (vgl. unten S. 390 f.).

Der Identitätswert der Daktyloskopie wurde schließlich auch zu verschiedenen Zwecken außerhalb der Kriminalistik benützt, so als Ergänzung zur Namensfertigung in Pässen, Erkennungskarten und Wertpapieren (wenn auch die diesbezüglichen sehr weitgehenden Vorschläge, die von verschiedenen Seiten gemacht wurden, keineswegs überall Anklang fanden). Gewiß ist eine solche Verwendung der Daktyloskopie noch sehr ausbaufähig. Der weitgehendste Vorschlag, jeden Menschen schon als Kind zu daktyloskopieren und zu registrieren, wurde nirgends erfüllt. Doch wurde von medizinischer Seite dieser Gedanke insoferne aufgegriffen, als es heute in vielen modernen Gebärkliniken üblich ist, von den Neugeborenen einen Fußsohlenabdruck zu nehmen, um Verwechslungen der Kinder hintanzuhalten.

Von Seite der Erbbiologie, die die Frage der „Vererblichkeit der Linienmuster" schon seit *Galton* in den Kreis ihrer Forschungen einbezogen hat, wurden in den letzten Jahrzehnten besonders eingehende Untersuchungen (besonders auch an den Papillarlinienmustern von Zwillingen und Mehrlingen) durchgeführt und das daktyloskopische Verfahren in den sogenannten erbbiologischen Abstammungsnachweis (zwecks Klärung zweifelhafter Vaterschaft) einbezogen[2]). Die Kriminalistik interessieren diese Forschungen vor allem deswegen, weil sie erneut den Beweis erbrachten, daß trotz gleichartiger Verteilung der Mustertypen auf den 10 Fingern und Ähnlichkeit der einzelnen korrespondierenden Muster, die bei erbgleichen Mehrlingen anzutreffen ist, niemals ein (im daktyloskopischen Sinne) gleiches Muster auch bei noch so nahe verwandten Menschen wiederkehrt (vgl. unten S. 376). Von medizinischer Seite wurden schließlich auch die allfälligen Zusammenhänge zwischen Krankheit und Papillarlinien zum Gegenstande mehrfacher Forschungen gemacht, worauf ebenfalls noch zurückzukommen sein wird.

[1]) Vgl. *Jörgensen*, Archiv 58, S. 114; *derselbe*, Einzelfinger-Registrierung, übersetzt von *Lewisch*, Graz 1926; *Born*, Monodaktyloskopie, Bern 1926; ferner *Larson*, Single fingerprint system, New York 1923; *Battley*, Single Fingerprints, London 1930.

[2]) Vgl. I. Band, S. 394ff.

3. Zur Anatomie und Physiologie der Papillarlinien.

a) Mikroskopischer Bau der Haut.

Die sogenannten Papillen sind kleine warzenförmige Gebilde der Lederhaut (Corium) und sind, wie diese, von der Hornschicht der Oberhaut (Epidermis) überzogen. Am größten Teil der Körperhaut des Menschen sind sie unregelmäßig angeordnet und so niedrig, daß die äußere Oberfläche der Epidermis — soferne nicht sonstige Unebenheiten vorhanden sind — glatt erscheint. An manchen besonders empfindlichen Körperstellen, so an der Bindehaut des Auges, den Lippen, den Gaumen,

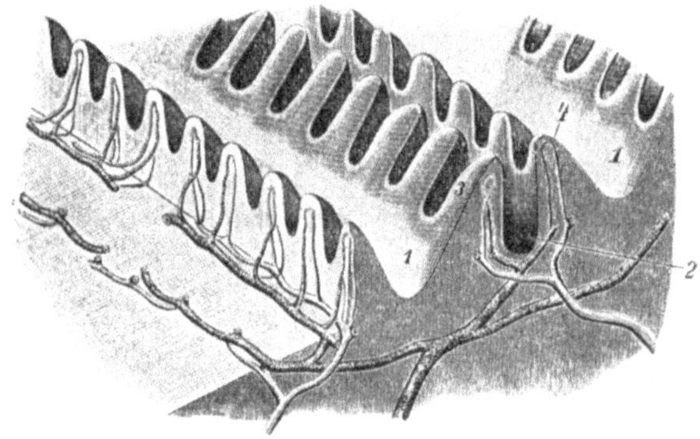

Abb. 125. Anatomisches Modell der Haut der Fingerbeere nach Abhebung der Oberhaut: 1. Zwischenleistenfurche; 2. Mündung eines Schweißdrüsenkanals in der kleinen Furche innerhalb der Papillen-Doppelreihe; 3. u. 4. Papillen

den Brustwarzen und den Geschlechtsteilen, sind die Papillen zahlreicher und größer, aber ebenfalls ungeordnet. Hingegen stehen sie an den Fingerbeeren (d. h. den Innenseiten des letzten Fingergliedes), der Handfläche und den Fußsohlen gewissermaßen in Reih und Glied, d. h. sie sind in Doppelreihen angeordnet (Abb. 125). In die Papillen selbst münden die Tastnerven, was jedoch für die Daktyloskopie ohne Bedeutung ist. Hingegen münden in die durch die Doppelreihe eingeschlossene kleine Furche die Schweißdrüsenkanäle der Haut, die auch durch die Epidermis zur Oberfläche der Haut führen; die Ausgänge dieser Kanäle sind die Poren. Durch sie fließt das Schweißsekret der Haut, das für die Entstehung unfreiwilliger Fingerabdrücke von besonderer Bedeutung ist.

Durch den Umstand, daß an den Handflächen und Fußsohlen die Epidermis über solche Doppelreihen von Papillen gelagert ist, erscheint auch auf der äußeren Oberfläche der Haut eine entsprechende Erhebung; sie hat die Form einer erhabenen Doppelleiste, doch ist hier die Zwischenfurche, in die die Schweißdrüsenkanäle münden, so seicht, daß die Doppelleiste für die gewöhnliche Betrachtung als eine Leiste erscheint und in der Daktyloskopie als „Papillarlinie“ bezeichnet wird. Bei dem noch später zu erörternden Abdruckverfahren erscheinen die Papillarlinien in der Regel auch als ungeteilte dickere Striche und nur bei sehr klaren Abdrücken, die die letzten Feinheiten der Hautoberfläche wiedergeben, sind die Abdrücke der einzelnen Papillarlinien als Doppellinien und zwischen ihnen auch die Poren erkennbar[1]). Die schematische Darstellung eines mikroskopischen Querschnittes durch die menschliche Haut möge diese Verhältnisse veranschaulichen (Abb. 126).

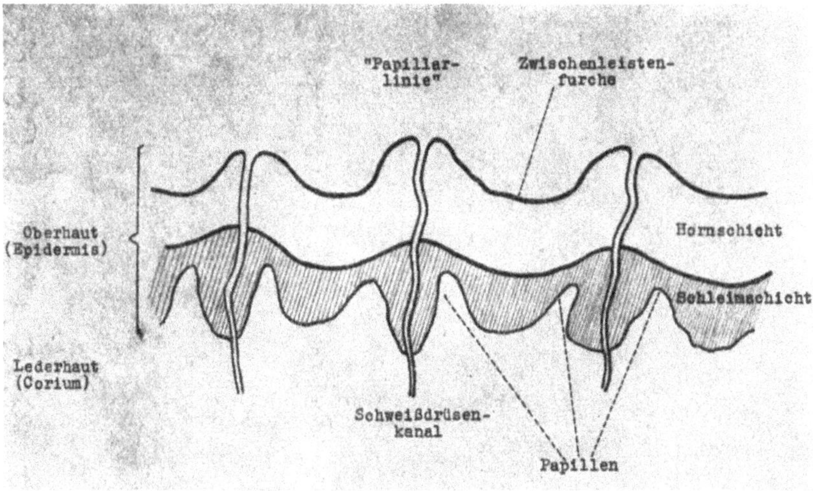

Abb. 126: Mikroskopischer Querschnitt durch die menschliche Haut der Fingerbeere (schematische Darstellung).

b) Mustertyp und Einmaligkeit der Linienzeichnung

Die Papillarlinien, die im allgemeinen parallel verlaufen (der Abstand zweier benachbarter Linien, gemessen von Linienmitte zur Linienmitte, schwankt bei Erwachsenen zwischen 0,4 und 0,8 mm), zeigen nun verschiedene Zeichnungen, die sich aus der Krümmung von Linien, dem Zusammenlaufen von Linien und den „freien Enden“, mit denen Linien abbrechen, ergeben. Die Linienmuster der Fingerbeeren sind im allgemeinen komplizierter als die Musterung der übrigen Innenfläche der Hand- und Fußsohlen (s. den Handabdruck, Abb. 127). Unter den mannigfachen Mustern der Fingerbeeren lassen sich 4 Grundtypen (Abb. 128) unterscheiden, innerhalb denen es aber wieder mehrfache Untertypen und zwischen denen es auch fließende Übergänge gibt. Diese 4 Grundtypen sind; Bogenmuster (englisch: *arches*, daher als „A-Muster“ bezeichnet), bei denen alle Linien in geringerer oder stärkerer bogen-

[1]) Daktyloskopisch wird dies in besonderen Fällen durch Heranziehung des Porenmusters (sogenannte Poroskopie) ausgewertet (siehe unten S. 409).

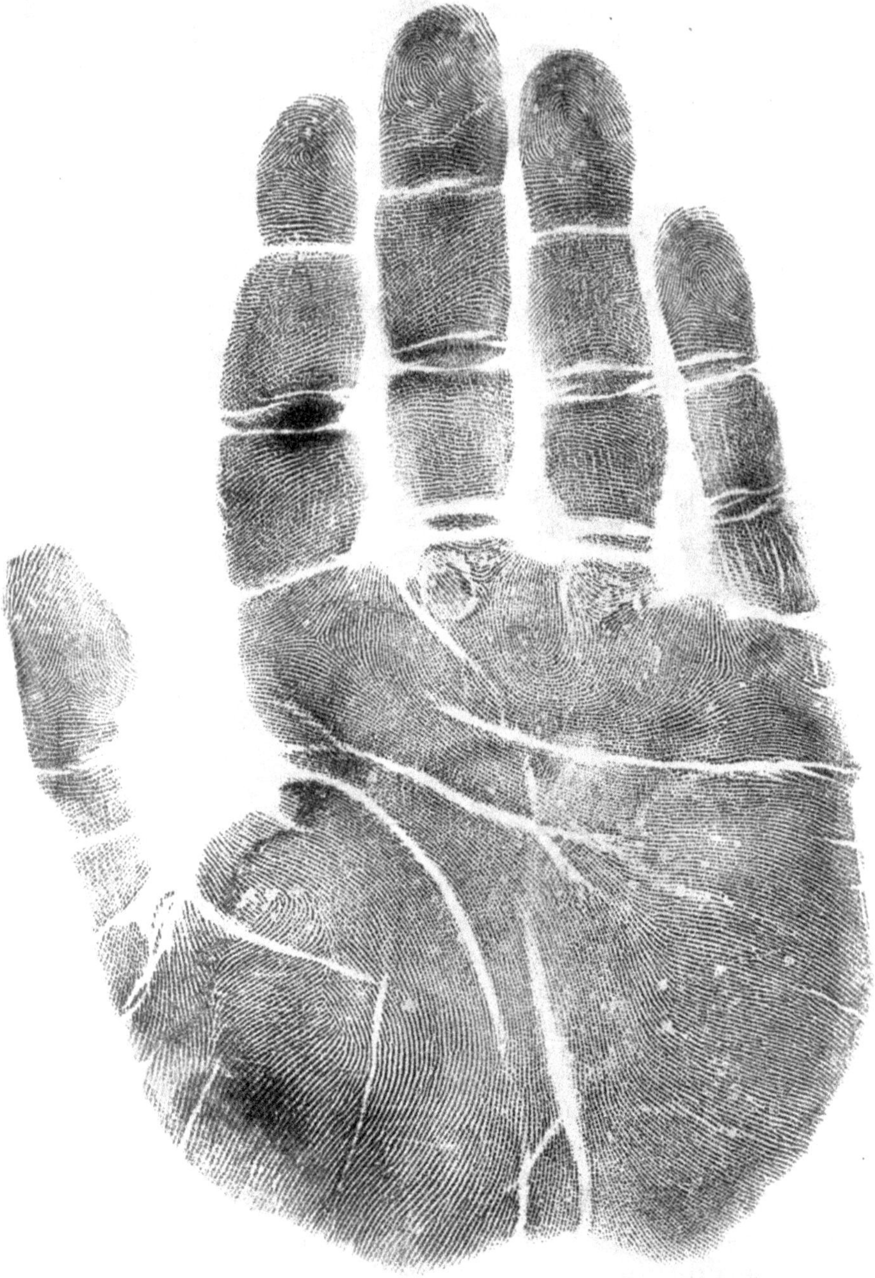

Abb. 127: Papillarlinienabdruck der Innenfläche einer rechten Hand

förmiger Krümmung von der einen auf die andere Seite laufen; Schlingen nach links, bei denen ein Teil der von links kommenden Linien wieder nach links zurückläuft, so daß rechts ein sogenanntes „Delta" ist, d. h. eine Stelle, an der die Linien nach drei Richtungen auseinanderlaufen (daher die Bezeichnung nach dem Bild des griechischen Großbuch-

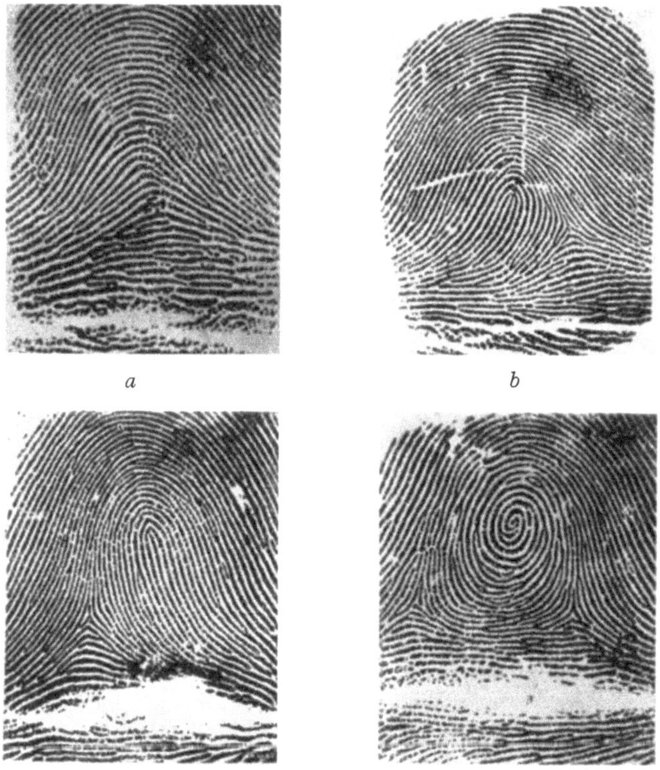

Abb. 128: Die 4 Grundtypen der Papillarlinienmuster der Fingerbeeren. *a* Bogenmuster, *b* Schlingenmuster nach links, *c* Schlingenmuster nach rechts, *d* Wirbelmuster.

stabens Δ); Schlingen nach rechts, bei denen ein Teil der von rechts kommenden Linien wieder nach rechts zurückläuft, so daß links ein „Delta" ist[1]); Wirbelmuster (englisch: *whorls*, daher auch als

[1]) Nach *Galton* werden die Schlingenmuster nicht nach ihrem phänomenologischen Bild in Schlingen nach links und Schlingen nach rechts eingeteilt, sondern darnach, ob die Schlinge auf die Seite des Kleinfingers (auf der von den beiden Unterarmknochen die Elle, lateinisch: ulna, liegt) oder auf die Seite des Daumens verläuft (auf der sich auf dem Unterarmknochen die Speiche, lateinisch: radius, befindet). Daher bezeichnet *Galton* alle auf die Kleinfingerseite auslaufenden Schlingenmuster (also in den Fingerabdrücken der rechten Hand die Schlingen nach rechts und in den Fingerabdrücken der linken Hand die Schlingen nach links) als „Ulnarschlingen" (englisch:

„W-Muster" bezeichnet), bei denen die Linien des inneren Teiles — meist spiralig, kreis- oder ellipsenförmig — in sich selbst zurücklaufen und daher auf der linken und auf der rechten Seite je ein „Delta" festzustellen ist[1]). Als Abarten der Wirbelmuster gelten die sogenannten „zusammengesetzten" Muster, die ebenfalls zwei Delta haben, während der mittlere Teil verschieden gestaltet ist: „Zentraltaschen" (die wie ein Schlingenmuster mit kleinem Wirbel im Zentrum aussehen), „Zwillingsschlingen" (deren mittlerer Teil aus zwei ineinander greifenden Schlingen besteht, die nach verschiedenen Seiten auslaufen), „Doppelschlingen" oder „Seitentaschen" (deren ähnlich ineinander greifende Schlingen auf dieselbe Seite auslaufen) und andere (auch als „unregelmäßig" bezeichnete) Muster, die mitunter sogar auch drei Delta haben. Eine Übergangsform zwischen Bogen- und Schlingenmuster ist das sogenannte Tannenmuster (englisch: *tented arches*, daher auch als „T-Muster" bezeichnet), das gleich dem Bogenmuster kein Delta, aber in der Mitte einen senkrechten Stamm hat, an dem sich beiderseits andere Linien wie Äste einer Tanne anlehnen.

Die Einmaligkeit jeder Papillarlinienzeichnung hängt aber nicht mit diesen Mustertypen zusammen (die nur als Hilfsbegriffe für die Registrierung von Fingerabdrücken von Bedeutung sind), sondern gründet sich auf Detailmerkmale (sogenannte „Minutien"), die sich aus Unregelmäßigkeiten der Linienbildung ergeben. Solche sind: eine frei endende oder frei beginnende Linie, die Gabelung einer Linie oder die Vereinigung zweier Linien („Kontragabel"), Haken (das sind Gabelungen, bei denen ein Ast kurz nach der Gabelung frei endet), Augen (auch „Inseln" genannt, bei denen sich nach einer Gabelung die Linien sofort wieder vereinen) und freie Einlagerungen (punkt- bis strichförmige Linienfragmente, die zwischen zwei Linien liegen). Abb. 129 veranschaulicht dies in schematischer Darstellung. Jedes Fingermuster hat eine große Zahl solcher Minutien[2]) und die durch alle diese Merkmale gegebene Variationsmöglichkeit der Linienzeichnung ist unendlich.

---

ulnar loops, daher auch als „U-Muster") bezeichnet. Alle Schlingenmuster, die auf die Daumenseite auslaufen (also in den Fingerabdrücken der rechten Hand die Schlingen nach links und in den Fingerabdrücken der linken Hand die Schlingen nach rechts) werden „Radialschlingen" genannt (englisch: *radial loops*, daher auch als „R-Muster" bezeichnet). Diese in der anatomischen Links-Rechts-Symmetrie, die dem menschlichen Körper zum Großteil eigen ist, begründeten Benennungen haben jedoch den Nachteil, daß aus einem Fingerabdruck nur dann festgestellt werden kann, ob eine Ulnarschlinge oder eine Radialschlinge vorliegt, wenn man weiß, ob er von der rechten oder linken Hand stammt. Im Registrierverfahren ist dies natürlich immer bekannt, nicht aber bei der Tatortdaktyloskopie, wenn nur einzelne Fingerabdrücke gefunden werden. Nach dem Berliner System werden deshalb die Schlingenmuster — unabhängig davon, von welcher Hand sie stammen — als I-Muster (Schlingen nach links) und E-Muster (Schlingen nach rechts) bezeichnet.

[1]) Nach dem Berliner System werden die Wirbelmuster als „O-Muster" und die früher genannten Bogenmuster als U-Muster bezeichnet.

[2]) Das früher erwähnte „Delta" (der Schlingen- und Wirbelmuster) ist keine eigene Art von Minutien, sondern eine durch die Richtungsänderung der Linien gegebene Stelle im Muster, an der sich meist verschiedene Minutien — Gabelungen, Haken, freie Einlagerungen — finden.

Hierauf beruht das erste anatomisch-physiologische Grundgesetz der Daktyloskopie: es gibt nicht zwei Finger mit völlig gleicher Linienzeichnung. Weder kehrt die gleiche Linienzeichnung (mit allen ihren Minutien) auf den 10 Fingern ein und desselben Menschen wieder, noch findet eine solche Wiederholung bei zwei (miteinander verwandten oder nicht verwandten) Menschen statt. Diese Einmaligkeit jedes Papillarlinienmusters — oft als das „Wunder der Daktyloskopie" bestaunt und anfänglich auch angezweifelt — ist nur ein Sonderfall der Einmaligkeit des biologischen Geschehens, des Prinzips der Individuation, das wir in der lebenden Natur überhaupt antreffen. So sind auch die Blätter derselben Baumart, also etwa zwei Eichenblätter — so ähnlich sie in ihren Typenmerkmalen sein mögen — in ihrer Detailausprägung (die sich insbesonders in der feinen Äderung zeigt) niemals völlig gleich

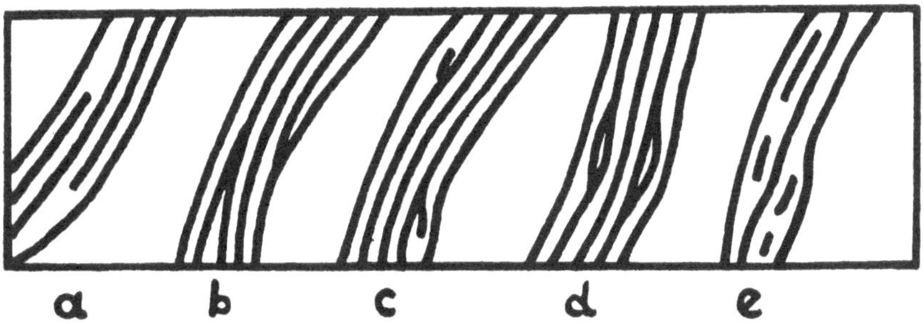

Abb. 129. Die Detailmerkmale der Linienzeichnung (sogen. „Minutien"), schematisch dargestellt: *a* freie Enden; *b* Gabel und Kontragabel; *c* Haken; *d* Augen; *e* Einlagerungen.

(also im mathematischen Sinne kongruent), so daß man sie zur Deckung bringen könnte[1]).

Hat man einmal dieses Grundprinzip der Natur in seiner Bedeutung für die Morphologie der einzelnen Individuen erfaßt, so bedarf es kaum eines besonderen „Beweises" für die Richtigkeit des ersten daktyloskopischen Grundgesetzes. Immerhin stehen jedoch für denjenigen, der das Bedürfnis nach einem solchen Beweis hat, sowohl hinreichende Erfahrungstatsachen als auch apriorische Überlegungen zur Verfügung. Die ersteren sind vor allem dadurch gegeben, daß im ostasiatischen Kulturkreis, in welchem der Fingerabdruck zu Identifizierungszwecken nachweisbar seit rund 1500 Jahren (und wahrscheinlich noch viel länger) praktisch verwendet wird, noch niemals die Wiederkehr einer völlig gleichen Linienzeichnung bekannt wurde. Ebenso sind nach der Entwicklung der modernen Daktyloskopie in den polizeilichen Registraturen

[1]) Hierauf hat bereits *Leibniz*, Nouveaux Essays, II. 27, § 3, hingewiesen: „Ich erinnere mich, daß eine hohe geistreiche Fürstin einmal auf einem Spaziergang in ihrem Garten sagte, sie glaube nicht, daß es zwei vollkommen gleiche Blätter gäbe. Ein gescheiter Edelmann, welcher den Spaziergang mitmachte, glaubte, es sei leicht, solche zu finden; aber, obschon er viel darnach suchte, mußte er sich durch seine eigenen Augen überzeugen, daß man stets dabei Verschiedenheit bemerken konnte."

aller Länder der Erde, in denen insgesamt viele Millionen Fingerabdrücke registriert sind[1]), noch nie zwei im daktyloskopischen Sinne gleiche Fingerabdrücke aufgetaucht, die nicht von ein und demselben Finger stammen würden. Auf deduktivem Wege gelangt man aber zu demselben Ergebnis mit Hilfe der Wahrscheinlichkeitsrechnung.

Dies hat schon *Galton* versucht: er meinte, daß 64 Milliarden verschiedene Papillarlinienmuster, deren Unterschiede sich praktisch feststellen lassen, möglich seien und stellte dieser Zahl die Bevölkerungszahl der Erde gegenüber. Wäre dies richtig, so wäre es um das erste daktyloskopische Grundgesetz schlecht bestellt, denn die gegenwärtige Bevölkerung der Erde von rund 2,2 Milliarden Menschen hat rund 22 Milliarden Finger und von drei Generationen, also in einem Zeitraum von rund 100 Jahren, gibt es bereits 66 Milliarden Finger, also mehr als Mustermöglichkeiten nach *Galton*. Innerhalb dieses Zeitraumes müßten sich daher bereits einzelne Fingerabdrücke wiederholen! Aber schon ein anderer Autor[2]) errechnete, daß bei Variation von bloß 20 Detailmerkmalen in jedem Fingerabdruck sich bei 10 Fingern und 1024 Muster-Hauptklassen 10485760 Milliarden Kombinationen ergeben würden, und meint, daß die Erde erst in 4666337 Jahrhunderten soviele Menschen trage, daß eine Wiederholung der Fingerabdrücke möglich sei. Wir halten auch diese Berechnung für irrig, da sie von einer willkürlich angenommenen Zahl von Detailmerkmalen ausgeht und die Anzahl der (im Registraturverfahren eingebürgerten) Hauptklassen für die Kombinationsmöglichkeit der Detailmerkmale ohne Bedeutung ist. Vielmehr ergibt eine einfache Überlegung, daß jede Linie eines Fingerabdruckes an jeder Stelle ein Detailmerkmal haben kann, also (im mathematischen Sinne) in jedem ihrer unendlich vielen Punkte. Praktisch ist diese Zahl nur dadurch eingeschränkt, daß der örtliche Lageunterschied für das menschliche Auge unterschwellig wird, wenn er unter einen bestimmten Minimalwert sinkt. Dies wird aber reichlich dadurch ausgeglichen, daß es — wie wir oben kennengelernt haben — verschiedene Arten von Detailmerkmalen gibt und daß alle diese dadurch bestehenden Kombinationsmöglichkeiten sich schon bei zwei benachbarten Linien noch mit der Zahl der Möglichkeiten multiplizieren, die sich aus den relativen Lagebeziehungen zwischen den Details der beiden Linien ergeben. Bei drei Linien multiplizieren sich diese Kombinationsmöglichkeiten neuerdings, so daß es keine Übertreibung ist, wenn wir die durch die verschiedenen Arten und Lagen der Detailmerkmale möglichen Kombinationen eines Fingerabdruckes mit unendlich annehmen. Dann aber beträgt die Wahrscheinlichkeit, daß ein bestimmtes Linienmuster sich mit allen Detailmerkmalen wiederholt, $1/\infty$, also gleich Null.

c) Die Unveränderlichkeit der Linienzeichnung.

Der Beweiswert der Daktyloskopie ist aber erst dadurch begründet, daß sich zu der festgestellten Einmaligkeit jedes Linienmusters noch seine Unveränderlichkeit gesellt: jedes Linienmuster bleibt von seiner Entstehung an (im 3. Monat der embryonalen Entwicklung) bis zu seiner Vernichtung (nach dem Tode) sich selbst gleich und unterliegt nur gewissen Störungen durch äußere Einwirkung oder Krankheit (zweites anatomisch-physiologisches Grundgesetz der Daktyloskopie). Diese Tatsache ist nicht deduktiv ableitbar (es wäre a priori denkbar, daß die Papillarlinien wachsen und sich verzweigen wie Äste eines Baumes!), aber durch die Erfahrung gesichert: schon bei seinem

[1]) Vgl. unten S. 381.
[2]) Vgl. *Windt-Kodicek* a. a. O. S. 81 f.

ersten Auftreten auf der Haut des Embryos zeigt das Linienmuster alle seine Details, die es im späteren Leben aufweist, es tritt — worauf besonders *Heindl* hingewiesen hat — ähnlich dem photographischen Bild einer im Entwickler liegenden Photoplatte hervor und erleidet später keinerlei Veränderung der Linienzeichnung[1]). Nur die absoluten Größenmaße des Musters wachsen entsprechend dem allgemeinen Körperwachstum. Auch dann, wenn infolge äußerer Verletzungen (Verbrennungen) die Epidermis zerstört wurde oder sich ablöst und die Haut wieder regeneriert, erscheint auf der betreffenden Stelle das alte Linienmuster wieder und nur, wo eine Narbe zurückbleibt, stellt diese eine als solche erkennbare Störung des Linienmusters dar (Abb. 130), die von da an ein neues charakteristisches Merkmal des betreffenden Fingerabdruckes bildet. Selbstverständlich kann aber auch in einem solchen Fall — sofern nur neben der Narbe noch genügend Papillarlinien vorhanden sind — die Identität des Musters vor und nach der Narbenbildung ohne weiteres festgestellt werden. Auch Hautkrankheiten, insbesonders Lepra, vermögen oft weitgehende Zerstörungen des Papillarlinienmusters hervorzurufen, so daß dann die Fingerabdrücke — wie ein von *Ribeiro* veröffentlichter Fall zeigt — durch zahlreiche Risse unterbrochen erscheinen (Abb. 131). Aber auch in diesem Falle ist, soweit noch die Papillarlinienzeichnung erhalten geblieben ist, diese als solche unverändert. Die in solchen Fällen gegebene diagnostische Möglichkeit, aus einem solchen Fingerabdruck auf eine bestimmte Krankheit (in unserem Falle Lepra) des Unbekannten, der den Fingerabdruck zurückließ, schließen zu können, bereichert dessen Signalement (I. Band, S. 421ff.) und kann dadurch kriminalistisch von besonderem Werte sein[2]). Auch Warzen, die sich bei manchen Menschen mitunter an den

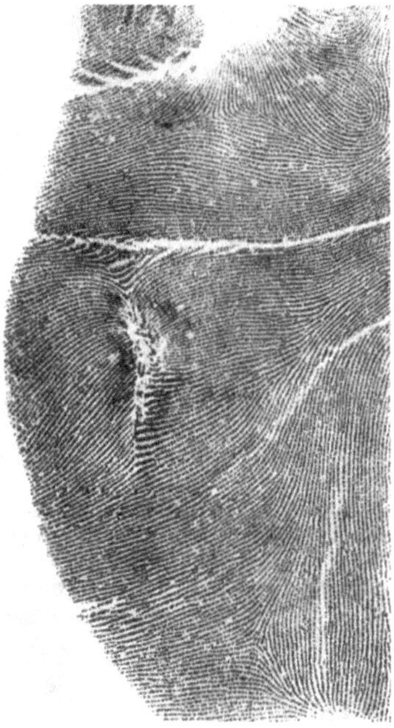

Abb. 130: Durch eine Narbe gestörtes Linienmuster eines Handballens der Kleinfingerseite.

[1]) Zum Beweise dieser Tatsache hat schon der Anthropologe *Welker* die Abdrücke seines Handtellers aus den Jahren 1856 und 1897 gegenübergestellt, welche volle Übereinstimmung der Linienzeichnung zeigen (Archiv f. Anthropologie, 25 S., 29, 1898). Ebenso hat *Herschel* die Abdrücke seines rechten Zeige- und Mittelfingers von 1860 und von 1888 verglichen und die Papillarlinien (trotz Vermehrung der durch Hautfalten bedingten weißen Striche) unverändert gefunden (*Galton*, Personal identification and description, Nature 38, S. 201).

[2]) Über den Einfluß von Krankheiten auf die Papillarlinienmuster vgl. *Ribeiro*, Dactilo-diagnose, Rio de Janeiro 1939; derselbe, Pathologie des empreintes digitales, Paris 1946; *Cherrill*, Fingerprints and disease, Nature No. 4223

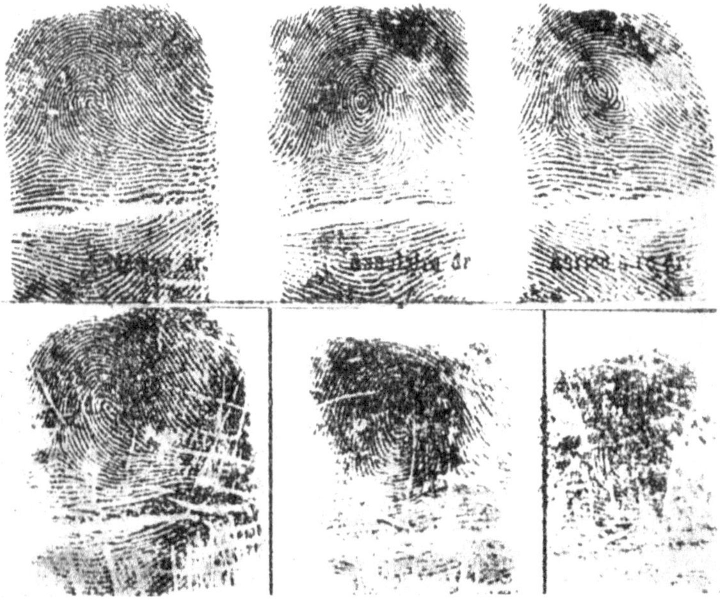

Abb. 131: Störung der Linienmuster durch Lepraerkrankung. *Oben:* Abdruck des Mittel-, Ring- und Kleinfingers der rechten Hand eines französischen Verbrechers aus dem Jahre 1909. — *Unten:* Abdruck derselben Finger — nach Lepraerkrankung — aus dem Jahre 1937. (Nach *Ribeiro*, Archivos de Medicina Legal e Identificacao, VIII—N. 16, p. 483).

Fingern bilden, bewirken eine (oft nur vorübergehende) Störung des Linienmusters, die als solche durch ihre kreisförmige Gestalt zu erkennen ist (Abb. 132). Von solchen erworbenen Störungen sind angeborene Störungen der Linienmuster zu unterscheiden, die nach *Abel* durch Druckschwankungen während der embryonalen Entwicklung entstehen und ein Dauermerkmal darstellen (Abb. 133).

Dieses Gleichbleiben der Papillarlinienzeichnung während des Individuallebens erscheint uns dadurch verständlich, daß es sich bei den

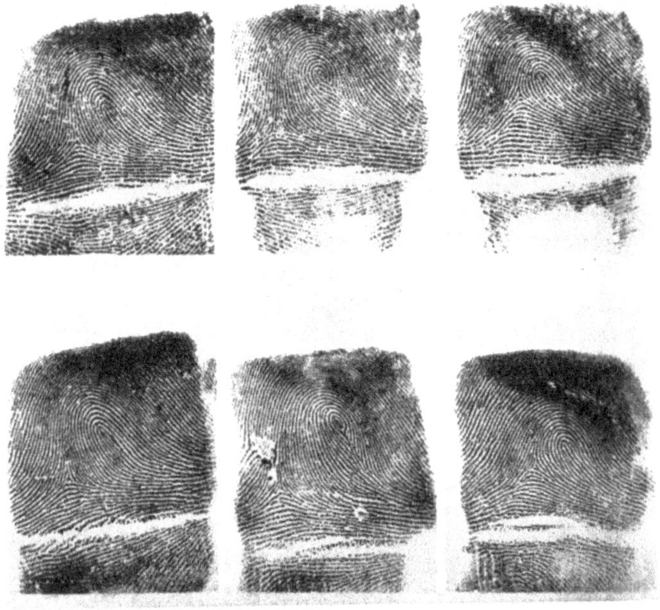

Abb. 134: Ähnlichkeit der Papillarlinienmuster eineiiger Zwillinge. *Oben:* Mittel-, Ring- und Kleinfinger der rechten Hand; *unten:* die gleichen Finger eines Zwillingsbruders aus einer Vierlingsreihe (nach *Stindt*, Kriminalist. Monatshefte 1937, S. 17).

Linienzeichnungen – wie die entwicklungsgeschichtliche und erbbiologische Forschung ergeben hat[1]) — um angeborene, durch die Erbanlage

(1950), p. 581; *Delarue*, Répercussion des intoxicutions sulfamidiques sur les empreintes digitales, Rev. de Criminologie et de Pol. Techn. 5, p. 56 (1951). Nach diesen Beobachtungen kann es durch verschiedene Krankheiten zu einer Vermehrung der „weißen Linien" (Risse) oder zu (vorübergehenden oder dauernden) Zerstörungen der Papillarlinien, bei Dermatitis nach Sulfonamidbehandlungen auch zur Ablösung der Epidermis kommen; wenn diese aber regeneriert, erscheinen die alten Papillarlinienmuster wieder.

[1]) Vgl. *Klaatsch*, Zur Morphologie der Tastballen der Säugetiere, Morpholog. Jahrbuch 14, S. 407 (1888); *Schlaginhaufen*, Das Hautleistensystem der Primatenplanta, Zürich 1905; *Poll*, Über Zwillingsforschung als Hilfsmittel menschlicher Erbkunde, Ztschr. f. Ethnologie 46, S. 87 (1941); *Christine Bonnevie*, Studies on papillary paterns of human fingers, Journ. of Genetics, 15, Nr. 1 (1924); *Abel*, Die Erbanlage der Papillarmuster, in: Hb. d. Erbbiologie des Menschen 3, S. 407, Berlin 1940; *Geipel*, Anleitung zur erbbiologischen Begutachtung der Finger- und Hautleisten, München 1935; *Schütt*, Art. „Vaterschaftsnachweis und -ausschluß", im HGerMed. (mit weiteren Literaturangaben).

und die embryonale Entwicklung festgelegte Merkmale der Haut handelt. Die Erscheinung der Papillarlinienmuster tritt nur innerhalb der Säugetiere auf und zwar bereits bei den Beuteltieren (beim Oppossum zeigen sämtliche Tastballen Linienmuster, die bereits Wirbel und Schleifen bilden). In der 14. Ordnung („Primaten", also Affen und Menschen) sind die Handflächen und Fußsohlen zur Gänze mit Hautleisten überzogen, die beim Menschen aber nur an den Fingerbeeren sich durch Ausprägung besonderer Mustertypen auszeichnen. Durch die erbbiologische Forschung der letzten Jahrzehnte konnte insbesonders die Differenzierung der Muster auf bestimmte Erbfaktoren in Verbindung mit der embryonalen Hautfaltung zurückgeführt werden. Während die Einzelergebnisse dieser Forschungen, die hauptsächlich für den erbbiologischen Abstammungsnachweis praktisch verwertbar sind, in unserem Zusammenhange hier nicht interessieren, ist es jedoch auch für die Kriminalistik von besonderer Bedeutung, daß selbst bei den erbähnlichsten Menschen, den eineiigen Zwillingen und Mehrlingen, nur eine Ähnlichkeit der Linienmuster (die durch die Art des Mustertyps und die Zahl der Papillarlinien — den sog. „quantitativen Wert" des Musters — gegeben ist) und eine gleiche Verteilung der Mustertypen auf die 10 Finger (vgl. Abb. 134), niemals aber die Wiederkehr ein und desselben Musters zu beobachten ist. Nur in diesem Sinne sind somit die Papillarlinienmuster vererblich.

4. Der Identitätsnachweis auf Grund abgenommener Fingerabdrücke.

Um Menschen, die schon einmal die Polizei beschäftigten, auch dann, wenn sie nach Jahrzehnten mit verändertem Aussehen und unter anderem Namen auftreten, wiederzuerkennen, werden die Abdrücke der 10 Finger auf Papier sichergestellt und die so gewonnenen „Fingerabdruckkarten" (= FAK) werden nach einem bestimmten System geordnet und eingelegt. Eine solche Einrichtung nennt man eine „Zehnfingerregistratur". Sie besteht praktisch aus einer großen Zahl von Kästchen, die mit einer Formel bezeichnet sind und in denen die dieser Formel entsprechenden FAK einliegen. Abb. 135 gibt eine solche FAK aus neuester Zeit wieder.

a) Das Herstellen der Fingerabdruckkarten.

Um klare und vollständige Abdrücke zu gewinnen, ist die Beherrschung einer gewissen Technik der Fingerabdruckabnahme erforderlich, die sich durch einige Übung leicht erwerben läßt. An Requisiten hiezu benötigt man:

1. Das Formular einer FAK. Dieses besteht aus einem weißen, glatten, etwas stärkeren Papier, im Format von 210×340 mm. Für die Papierqualität empfiehlt sich die Festigkeitsklasse 4, mindestens 15 bis 20% Füllstoffe und (nicht zu reichliche) Harzleimung. Das Formular

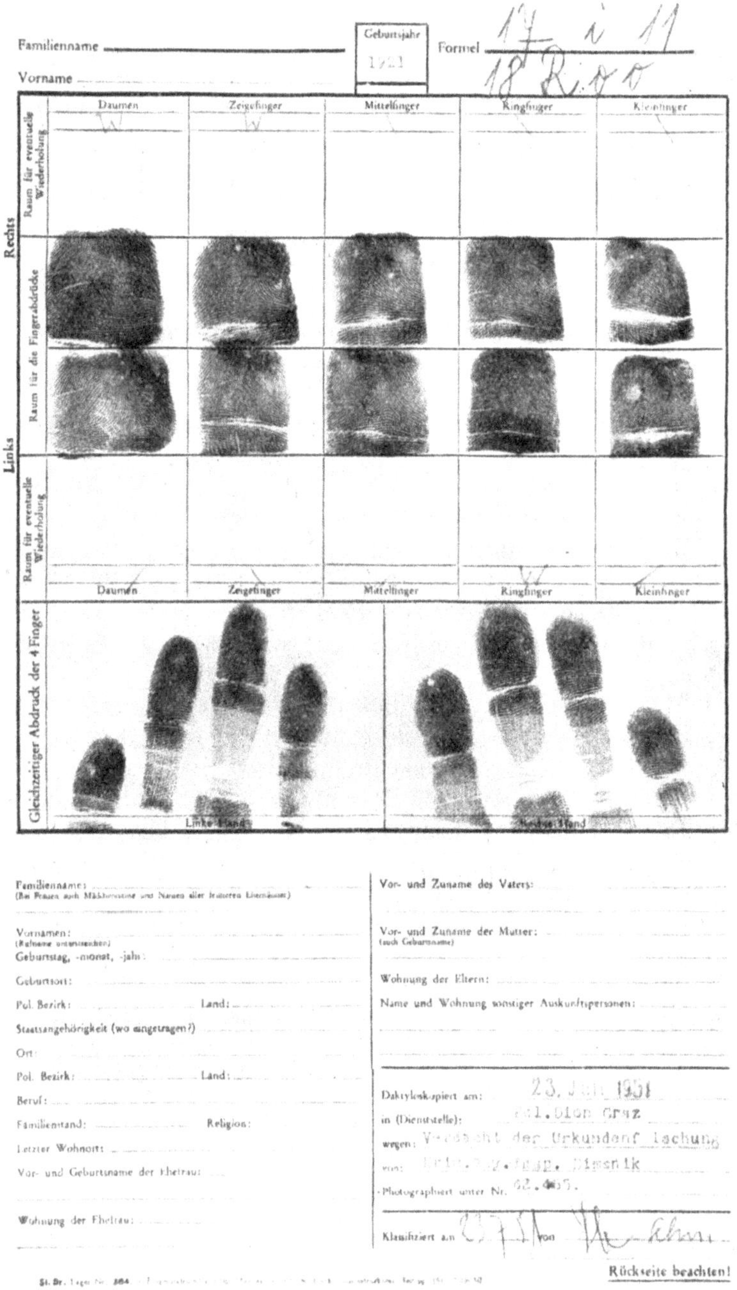

Abb. 135: Fingerabdruckkarte aus neuester Zeit. (Von der Polizeidirektion Graz nach dem *Galton-Henry*schen System klassifiziert und registriert. Die Ausfüllung der Personaldaten wurde für die Wiedergabe abgedeckt.)

darf in dem Raum, der für die Fingerabdrücke vorgesehen ist, nur einseitig bedruckt sein und enthält üblicherweise 5 Felder für die Finger der rechten Hand, 5 Felder für die Finger der linken Hand[1]) und zwei Felder für die zu Kontrollzwecken übliche gleichzeitige Abnahme von je 4 Fingern der rechten und linken Hand (ohne Daumen). Der Kopf der Karte und der untere Teil sind durch Rubriken für den Vor- und Zunamen, die Geburtsdaten und die Unterschrift des Daktyloskopierten ausgefüllt. Rechts oben steht die Registerformel.

2. Druckerschwärze (aus Leinöl und Lampenruß bestehend, ohne oder mit nur geringem Zusatz von Sikkativen) in handelsüblicher Tubenverpackung.

3. Eine sogenannte Farbplatte (Aufnahmeplatte), d. i. eine glatte Platte aus hochpoliertem Zinn oder allenfalls Glas oder Porzellan in der Größe von ungefähr 40×40 cm.

4. Eine Gummiwalze von 3 bis 4 cm Durchmesser und 5 bis 10 cm Breite.

5. Eine Farbanreibeplatte (aus Hartholz) mit Holzspachtel zum ersten Verreiben der Farbe.

6. Ein Tisch von ungefähr 1 m Höhe, auf dem zweckmäßigerweise knapp an einer Kante die Aufnahmeplatte angeschraubt wird. Die Kanten des Tisches müssen senkrecht abfallen.

7. Einen Briefbeschwerer und eine Klemme zum Festhalten des Formulars.

Der Vorgang bei der Abnahme der Fingerabdrücke ist folgender: ein etwa kirschenkerngroßes Stück Druckerschwärze wird auf der Farbanreibeplatte mit der Spachtel gleichmäßig verteilt und mit der Gummiwalze glatt gewalzt; hierauf rollt man abwechselnd mit der Gummiwalze über die Farbanreibeplatte und über die Aufnahmeplatte, bis diese mit einer völlig gleichmäßigen, hauchdünnen Farbschichte überzogen ist[2]). Nun werden die Finger der (mit Seife gewaschenen und gut getrockneten) Hände einzeln auf der Aufnahmeplatte eingefärbt und auf der FAK abgedrückt.

Dies geschieht in der Weise, daß der aufnehmende Beamte mit seiner rechten Hand die Hand des zu Daktyloskopierenden — links von ihm stehend — und mit seiner linken Hand den jeweils aufzunehmenden Finger ergreift, dessen letztes Glied mit seiner (von oben gesehen) rechten Seitenkante auf die Farbplatte aufsetzt und mit einer Drehbewegung unter ganz leichtem Druck[3]) zur linken Seitenkante abrollt und hierauf den so eingefärbten Finger in gleicher Weise auf das betreffende Feld der FAK rechts aufsetzt und nach links abrollt[4]). Hiebei liegt

[1]) Das österreichische Formular sieht für jede Hand noch weitere 5 Felder vor, die für Ersatzabdrücke (bei Undeutlichkeit des ersten Abdruckes) bestimmt sind.

[2]) In den Erkennungsämtern größerer Polizeistellen ist eine auf solche Art eingefärbte Aufnahmeplatte stets gebrauchsfertig vorbereitet; die Einfärbung muß täglich — oft auch mehrmals — erneuert werden.

[3]) Ist der Druck zu groß, so bleibt die Druckerschwärze nicht bloß (wie es richtig ist) auf den erhabenen Hautleisten haften, sondern dringt auch in die Furchen zwischen den Papillarlinien; die Folge sind dann undeutliche, „verschmierte" Abdrücke.

[4]) Manche Daktyloskopen rollen die Finger in umgekehrter Richtung (von links nach rechts) ab. Das ist Übungssache des einzelnen!

die FAK neben der Farbplatte derart auf dem Tisch, daß die untere Begrenzung des betreffenden Feldes (die auf der FAK durch einen Falzstrich gekennzeichnet ist) mit der Tischkante zusammenfällt und der zunächst frei bleibende untere Teil der FAK — durch eine Klammer beschwert — hinunterhängt. Nach Beendigung der Abrollbewegung ist der Finger rasch vom Papier abzuheben und darf keinesfalls zurückgerollt werden (die zu daktyloskopierende Person ist aufzufordern, selbst keine Bewegungen zu machen, sich passiv zu verhalten und die Handmuskeln zu entspannen). Man beginnt diesen Vorgang mit dem Daumen der rechten Hand, worauf rechter Zeige-, Mittel-, Ring- und Kleinfinger folgen, und setzt mit dem Daumen der linken Hand fort, so daß als letzter der linke Kleinfinger abgerollt wird.

Hierauf werden die 4 Finger (ohne Daumen) der linken Hand und sodann die der rechten Hand nochmals (und zwar gleichzeitig und ohne Abrollbewegung) in die für diese „Kontrollabdrücke" vorgesehenen Felder der FAK abgedrückt[1]).

Nach Beendigung des Abdruckverfahrens werden sofort die übrigen Rubriken des Vordruckes der FAK ausgefüllt[2]).

Besonderes gilt bei steifen, verkrüppelten Fingern und bei Leichen, von denen ja ebenfalls öfters FAK hergestellt werden müssen (so von allen Leichen Unbekannter, die bis zur Obduktion, Beerdigung oder Einäscherung nicht sicher identifiziert werden konnten). Da hier die Drehbewegung des Fingers oft nicht möglich ist, muß diese durch eine entsprechende Drehbewegung der Farbplatte und der auf eine entsprechende Unterlage gelegten FAK ersetzt werden; da es aber unzweckmäßig wäre, mit der ganzen FAK solche Drehbewegungen auszuführen, stellt man die einzelnen Fingerabdrücke auf kleine Papierblättchen her, die auf eine kleine konkave Unterlage (ein entsprechend ausgehöhltes Stückchen Holz oder Metall) gelegt und so leicht an die Wölbung der Fingerbeere gedrückt werden können; die einzelnen Papierblättchen werden hierauf in das Formular der FAK eingeklebt. Bei Wasserleichen, bei denen sich bereits eine abziehbare sogen. Waschhaut gebildet hat, können von dieser selbst — nach Härtung durch Formalin — die Fingerabdrücke genommen werden; hiefür empfiehlt es sich mitunter, die abgezogene Waschhaut mit Plastilin auszufüllen und die Oberfläche der Haut (statt mit Druckerschwärze einzufärben) mit Aluminiumpulver zu bestäuben und das hervortretende Linienmuster mit einer daktyloskopischen Folie[3]) abzuziehen. Man kann aber auch die Innenseite der abgezogenen Waschhaut (also die Unterseite der Epidermis), auf der das Linienmuster oft sehr deutlich als plastisches Negativ hervortritt, durch

---

[1]) Dies hat den Zweck, allfällige Verwechslungen der linken und rechten Hand oder einzelner Finger (die vorkommen könnten, wenn z. B. erfahrene Berufsverbrecher zweimal denselben Finger reichen) als solche zu erkennen.

[2]) In manchen Ländern — so auch derzeit in Österreich — enthält die FAK auch ein vollständiges Signalement der betreffenden Person (über die Grundsätze der Personenbeschreibung vgl. I. Band, S. 422ff.). Nicht unzweckmäßig ist es, auf der FAK auch eine Rubrik für die eigenhändige Unterschrift des Daktyloskopierten vorzusehen.

[3]) Wie sie sonst zur Sicherung von Fingerspuren am Tatort verwendet werden (vgl. unten S. 397).

eine Photoaufnahme festhalten oder mittels einer plastischen Masse abformen[1]).

Die Herstellung der FAK mittels Druckerschwärze hat sich als die beste Methode für die polizeiliche Praxis bewährt und wird deshalb von den Erkennungsämtern sämtlicher Länder der Erde verwendet. In Ausnahmsfällen kann es jedoch aus verschiedenen, oft auch psychologischen Gründen tunlich sein, ein Verfahren ohne Druckerschwärze anzuwenden[2]). Hiefür wurden mehrere Methoden vorgeschlagen[3]), so vor allem die Erzeugung einer Berlinerblau-Reaktion, indem man die Hände mit angesäuerter Eisenchloridlösung benetzt und das Papier mit Eisenzyankalilösung präpariert oder umgekehrt das Papier mit der saueren Eisenchloridlösung bestreicht und die Finger mit Eisenzyankalilösung befeuchtet. Doch werden bei diesem Verfahren die Finger blau beschmutzt und sind nicht leicht zu reinigen. Viel zweckmäßiger ist das von *Friedemann* vorgeschlagene Verfahren: die Hände werden mit einer 10%igen Kochsalzlösung (der auf 100 Teile 1 Teil filtriertes Hühnereiweiß zugesetzt wird) benetzt und die Finger auf Papier in üblicher Weise abgerollt; die so entstandenen zunächst farblosen Abdrücke, werden durch Joddämpfe entwickelt und durch ein 2%iges Silbernitratbad (dem ein gründliches Wässern folgt) fixiert. Da hiebei die Finger mit der farblosen Kochsalzlösung in Berührung kommen, tritt keinerlei Belästigung des Daktyloskopierten ein. Noch bedeutend einfacher, nur wesentlich teuerer, ist ein zweites von *Friedemann* vorgeschlagenes Verfahren, das die schönsten Abdrücke liefert: die Hände werden auf einer Glasplatte, die mit einer feinen Lanolinschichte überzogen ist, leicht eingefettet und hierauf auf Papier in der üblichen Weise abgedrückt; die so entstandenen farblosen Abdrücke werden den Dämpfen erwärmter Osmiumsäure ausgesetzt, wodurch die Papillarlinien intensiv schwarz hervortreten.

Da es sich — wie bereits erwähnt — nur in Ausnahmefällen empfiehlt, ein solches Verfahren anzuwenden, wäre hiefür die Osmiumsäureentwicklung die Methode der Wahl, falls nicht der hohe Preis der Osmiumsäure ihre An-

---

[1]) Oben S. 342ff.; vgl. ferner *Reuter*, Leichendaktyloskopie, Archiv 21, S. 68; hierzu ergänzend *Richter*, Archiv 45, S. 196; *Poller* a. a. O.

[2]) Da die Bevölkerung weiß, daß in den polizeilichen Erkennungsämtern in der Regel Verbrecher daktyloskopiert werden, fühlen sich manche Menschen diffamiert, wenn ihre Hände eingeschwärzt und so von ihnen Abdrücke genommen werden. Nun müssen aber zu Vergleichszwecken sehr oft alle Familienangehörigen, das gesamte Hauspersonal, oder sämtliche Insassen eines Mädchenpensionates, in welches eingebrochen wurde, daktyloskopiert werden, um festzustellen, ob etwa ein gefundener Fingerabdruck vom Einbrecher stammt oder auf harmlose Weise von einem Hausbewohner erzeugt wurde. In solchen Fällen kann es mitunter zweckmäßig sein, das Einschwärzen der Hände zu vermeiden.

[3]) *W. Fischer*, Ein einfaches und praktisches Verfahren für Hand und Fußabdrücke, Korrespondenzbl. d. D. Antropol. Ges. 1904, Nr. 7; *Hecht*, Die Daktyloskopie als klinische Untersuchungsmethode, Mitt. a. d. Grenzgeb. d. Medizin und Chirurgie, 18, S. 32 (1908); *Jörgensen*, Neue Identifizierungsmethoden, Arch. 58, S. 32 (1908); *Kögel*, Archiv 77, S. 223, und Archiv 78, S. 65; *Fischer*, Ein neues Verfahren der Daktyloskopie, Anthropol. Anzeiger 5, S. 49 (1928); *Friedemann*, Zwei neue einfache Hand-(Finger-)-Abdruckverfahren ohne Drukkerschwärze, Archiv. 84, S. 234.

schaffung verhindert. Die Schwarzfärbung beruht auf der Reduktion des flüchtigen Osmiumdetroxyd (Osmiumsäure, OsO_4, giftig, besonders die Augen angreifend, daher Vorsicht bei der Entwicklung!) zu schwarzem Osmiumdyoxyd (OsO_2).

b) Das Klassifizieren und Registrieren der Fingerabdruckkarten.

Das Problem, auch eine sehr große Zahl FAK — wie sie in den Erkennungsämtern von Weltstädten zusammenkommen — so zu ordnen, daß in kürzester Zeit festgestellt werden kann, ob eine neu aufgenommene FAK eines bestimmten Menschen unter einer Million oder mehr eingelegten FAK vorhanden ist oder nicht[1]), wurde bereits von *Galton* und *Henry* in genialer Weise gelöst, wenn auch deren Registriersystem dem daktyloskopischen Anfänger recht kompliziert vorkommen mag. Das Registriersystem von *Vucetich* ist dem gegenüber einfacher und scheinbar logischer aufgebaut, vermag aber nicht die praktischen Vorteile der *Galton-Henry*schen Methode zu erreichen. Es sei darum zunächst das *Galton-Henry*sche System, das auch im wesentlichen die Registriermethode der deutschen und österreichischen Erkennungsämter ist, in seinen Grundzügen dargestellt und anschließend das in Lateinamerika und Frankreich verwendete System *Vucetich* besprochen[2]):

α) Das System Galton-Henry.

Die Formel, zu der man durch das Klassifizieren der 10 Fingerabdrücke kommt, wird hier in Form eines Bruches geschrieben, dessen Zähler und Nenner aus je einer Zahl und aus Buchstaben besteht; nur im Zähler kommt als letztes Zeichen meist nochmals eine Zahl vor.

Zum Beispiel:

$$\frac{17 \quad \mathrm{i} \quad 11}{18\ \mathrm{R\ o\ o}}$$

[1]) Die größte derartige FAK-Sammlung der Welt befindet sich beim nordamerikanischen Bundeskriminalamt in Washington; sie umfaßte im März 1950 über 114 Millionen Karten (*Hoover*, Personal Communication, Washington 1950).

[2]) Sowohl vom System *Galton-Henry* als auch vom System *Vucetich* wurden in vielen Ländern und auch in einzelnen Großstädten Abarten entwickelt, indem insbesondere die Regeln für die Bildung von Unterklassen verschiedentlich modifiziert wurden. Auch Mischsysteme, die aus Systemen *Galton-Henry* und *Vucetich* verschiedene Momente kombinieren, gibt es. Eine vollständige Darstellung aller dieser Systeme würde allein ein umfangreiches Werk füllen. Bei *Heindl* finden sich folgende Abarten dargestellt: das Budapester System, das *Conlay*-System, das System *Valladares*, das System *Oloriz*, das System *Bertillon*, das System *Daae* (Norwegen), das System *Protivenski* (Prag), das Brüsseler System, das Berliner System, das System *Roscher* (Hamburg), das System *Lebedeff* (Rußland), das System *Gasti* (Italien), das System *Brabo Portillo* (Spanien), das System *Smallegange* (Niederlande), das Amsterdamer System, das System *Ottecher* (Indochina), das neue Pariser und Lyoner System und das Registro Manual de Identidad von *Oloriz* (Madrid). *Locard*, Traité de criminalistique, libr. 1, bringt 31 Systeme zur Darstellung. Seit dem Erscheinen dieser Werke haben sich in vielen Ländern Änderungen ergeben.

Der erste Teil der Formel wird somit von einem Zahlenbruch gebildet. Dieser gibt an, auf welchen der 10 Finger[1]) sich Wirbelmuster befinden. Dies erklärt sich aus folgender Bewertungsregel. Ein Wirbelmuster zählt,

falls es sich auf dem	r D	befindet	16
,, ,, ,, ,, ,,	r Zf	,, ...	16
,, ,, ,, ,, ,,	r Mf	,, ...	8
,, ,, ,, ,, ,,	r Rf	,, ...	8
,, ,, ,, ,, ,,	r Kf	,, ...	4
,, ,, ,, ,, ,,	l D	,, ...	4
,, ,, ,, ,, ,,	l Zf	,, ...	2
,, ,, ,, ,, ,,	l Mf	,, ...	2
,, ,, ,, ,, ,,	l Rf	,, ...	1
,, ,, ,, ,, ,,	l Kf	,, ...	1

Alle anderen Muster werden bei Bildung des Zahlenbruches nicht gezählt. Aus den Wertzahlen der Wirbelmuster wird der Zähler und Nenner des Bruches nach folgendem Schema gebildet.

$$\frac{\text{r Zf} + \text{r Rf} + \text{l D} + \text{l Mf} + \text{l Kf} + 1}{\text{r D} + \text{r Mf} + \text{r Kf} + \text{l Zf} + \text{l Rf} + 1}$$

Mit anderen Worten; die Wertzahlen der Wirbelmuster des ersten, dritten, fünften, siebenten und neunten Fingers (in der Reihenfolge der Abdrücke auf der FAK) werden zusammengezählt, um 1 vermehrt und ergeben so den Nenner. Die Wertzahlen der Wirbelmuster des zweiten, vierten, sechsten, achten und zehnten Fingers werden ebenfalls addiert und ergeben, um 1 vermehrt, den Zähler. Daß zu der Summe der Wertzahlen der Wirbelmuster im Zähler und im Nenner noch die Zahl 1 addiert wird, geschieht zur Vermeidung der Zahl Null, die sich ergeben würde, wenn kein Finger Wirbelmuster hat. Der kleinste Zahlenbruch, der sich im letzteren Fall somit ergibt, lautet daher

$$\frac{1}{1}$$

Der größte Zahlenbruch, der sich ergibt, wenn sämtliche 10 Finger Wirbelmuster haben, beträgt

$$\frac{16 + 8 + 4 + 2 + 1 + 1}{16 + 8 + 4 + 2 + 1 + 1} = \frac{32}{32}$$

Zwischen diesen beiden Grenzfällen kommen naturgemäß — je nach dem Vorkommen von Wirbelmuster auf den einzelnen Fingern — alle übrigen Zahlen zwischen 1 und 32 sowohl im Zähler als auch im Nenner vor, so daß insgesamt 32 verschiedene Zähler und 32 verschiedene Nenner möglich

[1]) Die zehn Finger werden im folgenden Text durch nachstehende Abkürzungen bezeichnet: a) die Finger der rechten Hand durch rD (= Daumen), rZf (= Zeigefinger), rMf (= Mittelfinger), rRf (= Ringfinger) und rKf (= Kleinfinger); b) die Finger der linken Hand (in gleicher Reihenfolge) durch lD, lZf, lMf, lRf und lKf.

sind. Allein durch den Zahlenbruch werden daher $32 \times 32 = 1024$ Hauptgruppen gebildet.

Die einzelnen dieser 1024 Hauptgruppen sind erfahrungsgemäß nicht gleich häufig vertreten. Da das Fehlen von Wirbelmuster relativ häufig ist, pflegt die Hauptgruppe $\frac{1}{1}$ die meisten FAK zu enthalten. Aber auch der entgegengesetzte Fall (lauter Wirbel), der die Hauptgruppe $\frac{32}{32}$ ergibt, ist meist stark vertreten. Unter den übrigen Formeln kommen die Zahlenbrüche $\frac{1}{17}$, $\frac{5}{17}$, $\frac{9}{1}$ und $\frac{9}{17}$ häufiger vor.

Da sich in den stark vertretenen Hauptgruppen bei größeren Registraturen eine so große Zahl von FAK ansammeln würde, daß eine bestimmte gesuchte FAK durch Einzelvergleich nicht mehr herausgefunden werden könnte, ergibt sich die Notwendigkeit von Untergruppen. Hiezu werden in erster Linie die beiden Zeigefinger verwendet, in zweiter Linie die Mittelfinger.

Ein Großbuchstabe nach dem Zahlenbruch im Zähler oder im Nenner bedeutet, daß der rechte oder der linke Zeigefinger das betreffende Muster aufweist, also (nach *Galton*): A ein Bogenmuster, T ein Tannenmuster, R eine Radialschlinge oder U eine Ulnarschlinge. Steht aber einer Ulnarschlinge eines Zeigefingers auf der anderen Hand ein Wirbel gegenüber, so wird nicht U angeschrieben, sondern ein Kleinbuchstabe (i oder o), der sich aus einer Subklassifizierung der betreffenden Ulnarschlinge ergibt.

Die Subklassifizierung von Schlingenmustern erfolgt durch Zählen der Papillarlinien, die sich zwischen dem Kern der Schlinge (dem sogen. „inneren Terminus") und ihrem Delta (dem sogen. „äußeren Terminus") befinden. Abb. 136 veranschaulicht dies.

Der innere Terminus liegt bei Schlingenmuster, deren Kern aus einer frei endenden Stange gebildet wird, am oberen Ende dieser Linie (bei mehreren Stangen gilt die mittlere) und bei Schlingenmuster, deren Kern aus einer zurücklaufenden Linie besteht, an jener Stelle, wo der dem Delta entfernter liegende Arm dieser Linie sich umzubiegen beginnt. Der äußere Terminus liegt bei einem Delta, das durch die Gabelung einer Linie gebildet wird, am Gabelpunkt selbst und bei auseinanderlaufenden Linien an jenem Punkt einer Papillarlinie, welcher der Stelle des Auseinanderlaufens am nächsten vorgelagert ist. Gezählt werden die Papillar-

Abb. 136: Zählen der Zwischenlinien in einem Schlingenmuster (nach *Müller*, Die Klassifizierung der Einzelfingerabdrucke nach dem Berliner System, S. 19).

linien, die von einer den inneren und äußeren Terminus verbindenden Geraden geschnitten werden.

Schlingenmuster auf dem Zeigefinger mit höchstens 9 und auf dem Mittelfinger mit höchstens 10 Zwischenlinien, werden mit *i* (englisch: inside) und Schlingenmuster mit größerer Zahl von Zwischenlinien werden mit *o* (englisch: outside) bezeichnet.

Weist hingegen ein Zeigefinger ein Wirbelmuster auf, so wird dies ebenfalls durch keinen Großbuchstaben, sondern durch ein i, o oder m bezeichnet, das die Subklassifizierung des Wirbelmusters bedeutet.

Ein Wirbelmuster wird durch das sogen. Nachfahren (*ridge tracing*) subklassifiziert. Man geht vom linken Delta aus und verfolgt (zweckmäßigerweise unter Lupe mit einer Nadel) den Unterarm des linken Deltas nach rechts. Falls diese Linie frei endet, verfolgt man die nächst unterhalb gelegene Linie weiter. Gelangt man auf diese Weise in die Mitte des rechten Deltas (genauer: liegen nicht mehr als 2 Linien zwischen der nachgefahrenen Linie und dem Unterarm des rechtenDeltas), so wird ein solches Wirbelmuster mit *m* (englisch: *meeting*) bezeichnet; kommt man aber beim Nachfahren höher heraus, also mehr im Inneren des Wirbelmusters, so wird ein solches Muster mit *i* (englisch: *inside*) bezeichnet, während ein Wirbelmuster, bei dem man außerhalb des rechten Deltas herauskommt, mit *o* (englisch: *outside*) subklassifiziert (Abb. 137).

Die übrigen Finger, also Daumen, Mittel-, Ring- oder Kleinfinger, werden nur in bestimmten Fällen durch Buchstaben näher bezeichnet und zwar durch Kleinbuchstaben. So bedeutet ein a, t oder r in der Formel, daß sich auf dem betreffenden Finger ein Bogenmuster, ein Tannenmuster oder eine Radialschlinge befindet[1]). Hat ein Mittelfinger den gleichen Mustertyp wie der Zeigefinger derselben Hand, also ebenfalls ein Wirbelmuster oder eine Schlinge (sofern beim Zeigefinger die Schlinge subklassifiziert wurde), so wird auch dieser Mittelfinger subklassifiziert. In der Hauptgruppe $\frac{32}{32}$ (also wenn alle Finger Wirbelmuster haben) werden alle Finger mit Ausnahme der Daumen subklassifiziert, ebenso in den Hauptgruppen $\frac{1}{1}$, $\frac{1}{17}$, $\frac{5}{1}$ und $\frac{5}{17}$.

Weist der rechte Kleinfinger ein Schlingenmuster auf, so werden die Papillarlinien wie beim Subklassifizieren gezählt und die Anzahl der Zwischenlinien als letztes Zeichen im Zähler hinzugefügt (also nicht *i* oder *o*).

Unsere oben (S. 377) beispielsweise angeführte Formel bedeutet somit: Von den 10 Fingern haben nur der r. D., der r. Zf., und der l. Rf. Wirbelmuster (denn nur in diesem Falle ergibt sich als Zähler des Zahlenbruches $16+1 = 17$ und als Nenner $16+1+1 = 18$, siehe oben S. 382). Da somit der r. Zf. ein Wirbelmuster hat, wurde dieses subklassifiziert und durch „Nachfahren" als *inside* erkannt, weshalb im Zähler ein i geschrieben wurde. Der l. Zf. zeigt eine Schlinge nach rechts (also eine Radialschlinge), weshalb in den Nenner ein R gesetzt wurde; da die Zahl seiner Zwischenlinien 9 übersteigt, wurde noch ein kleines o (*outside*)

[1]) Die Reihenfolge in der Anschreibung der Formel erfolgt stets so, daß im Zähler die betreffenden Zeichen für Daumen, Zeigefinger, Mittelfinger, Ringfinger und Kleinfinger der rechten Hand und im Nenner in gleicher Reihenfolge für die Finger der linken Hand angeschrieben werden.

hinzugefügt. Da der l. Mf. ebenfalls ein Schlingenmuster aufweist (wenn auch eine Schlinge nach links), so wurde auch dieser Mittelfinger subklassifiziert und, da die Zahl seiner Zwischenlinien ebenfalls 9 übersteigt, mit o im Nenner angeschrieben (hingegen brauchte der r. Mf. nicht subklassifiziert werden, da er ein Schlingenmuster, der r. Zf. hingegen ein Wirbelmuster hat). Schließlich zeigt der r. Klf. ein Schlingenmuster nach rechts mit 11 Zwischenlinien, weshalb die Zahl 11 am Ende des Zählers angeschrieben wurde.

Diese klassischen Regeln des *Galton-Henry*schen Registrierungssystems mußte man in den modernen Registraturen der Weltstädte hauptsächlich nur deshalb modifizieren und ergänzen, um noch mehr Untergruppen zu schaffen. So werden z. B. in der Wiener Registratur

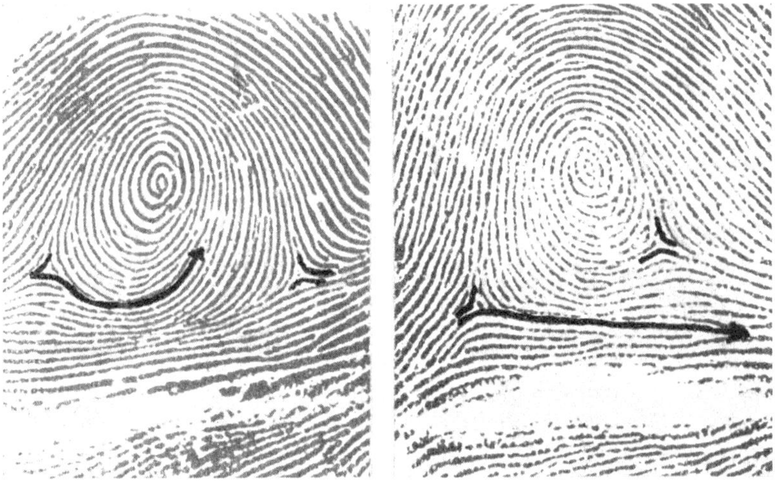

Abb. 137: Subklassifizierung der Wirbelmuster durch „Nachfahren". *Links:* ein „i"-Muster („inside"), *rechts:* ein „o"-Muster („outside").

in allen Fällen auch vom Daumen, Mittel-, Ring- und Kleinfinger die Mustertypen in der Formel zum Ausdruck gebracht. In der Berliner Registratur[1]) wird die Zahl der Zwischenlinien des r. Klf. nicht bloß bei Schlingenmustern, sondern auch bei Wirbelmustern festgestellt und als letztes Zeichen des Zählers angeschrieben (bei einem Wirbelmuster werden hiebei die Linien zwischen dem Kern des Musters und dem linken Delta gezählt). Wie schon erwähnt, sind die Möglichkeiten solcher Erweiterungen der *Galton-Henry*schen Registrierformel sehr mannigfaltig und muß den lokalen Polizeibehörden überlassen bleiben.

Die FAK mit gleicher Formel werden innerhalb desselben Kästchens in der Regel nach dem Geburtsdatum des Daktyloskopierten

[1]) Die deutschen Polizeistellen haben vielfach die aus dem Englischen stammenden Buchstaben der *Galton-Henry*schen Formel durch andere ersetzt; so verwenden sie für die Subklassifizierung statt i, o, m die Buchstaben a, b, c; Bogenmuster werden mit U, Schlingen nach links mit I, Schlingen nach rechts mit E und Wirbelmuster mit O bezeichnet (bei Nicht-Zeigefingern mit den entsprechenden Kleinbuchstaben); (vgl. *Schneickert*, Der Beweis der Fingerabdrücke, 2. Auflage, Jena 1943).

geordnet[1]). Umgekehrt kommt es bei kleineren Registraturen häufig vor, daß mehrere Hauptgruppen, die nur wenige Karten aufweisen, in ein Kästchen vereinigt werden, das dann mit einer entsprechenden Aufschrift versehen wird.

Ergeben sich über die Bildung der Formel aus irgendeinem Grunde Zweifel, so wird die FAK doppelt angefertigt und unter jeder der beiden in Betracht kommenden Formeln eingelegt.

β) Das System Vucetich.

Die Formel ergibt sich einfach aus den zehn Zeichen für die Grundtypen der 10 Finger. Als Zeichen verwendete *Vucetich* für die beiden Daumen Buchstaben und für die übrigen Finger Ziffern.

Ein Bogenmuster (arco) auf dem Daumen wird mit A, auf den übrigen Fingern mit 1 bezeichnet.

Eine Schlinge nach links (presilla interna) auf dem Daumen wird mit I, auf den übrigen Fingern mit 2 bezeichnet.

Ein Schlingenmuster nach rechts (presilla externa) auf dem Daumen wird mit E, auf den übrigen Fingern mit 3 bezeichnet.

Ein Wirbelmuster (verticillo) auf dem Daumen wird mit V, auf den übrigen Fingern mit 4 bezeichnet.

Die Formel wird in einer Zeile und in der Weise angeschrieben, daß zuerst das Zeichen für den rechten Daumen, dann die vier Ziffern für den rechten Zeige-, Mittel-, Ring- und Kleinfinger, hierauf in etwas größerem Abstand der Buchstabe für den linken Daumen und schließlich die vier Ziffern für den linken Zeige-, Mittel-, Ring- und Kleinfinger folgen. Die erste Formel der Registratur, die FAK mit Bogenmustern auf allen 10 Fingern umfaßt, lautet daher

A 1111 A 1111.

Diese kommt naturgemäß relativ selten vor, während der umgekehrte Fall, daß auf sämtlichen 10 Fingern Wirbelmuster sind — wie wir bereits wissen — sehr häufig vorkommt; ihm entspricht die Formel

V 4444 V 4444.

Die allerhäufigste Formel ist aber nicht dieser Fall, sondern der, daß die rechte Hand lauter Schlingen nach rechts und die linke Hand lauter Schlingen nach links hat, was somit die Formel

E 3333 I 2222

ergibt[2]).

---

[1]) Hiebei wird meistens die Zahl der Zwischenlinien des rechten Kleinfingers, die als letztes Zeichen im Zähler steht, zur Ordnung der FAK desselben Geburtsjahrganges benützt (die Ordnung nach dem Alter geht hier also der Ordnung nach dem letzten Formelzeichen vor).

[2]) Dies wissen wir durch eine dankenswerte Veröffentlichung von *Duffaux*, Le formules dactyloscopique réelles, Revue Internationale de Criminalistique 1, p. 620 (1929), der alle Formeln der Lyoner Registratur, die 31441 FAK umfaßte, wiedergegeben hat. Hievon entfielen auf die zuletzt im Text genannte Formel 1494 Karten und auf die Formel V 4444 V 4444 die nächst höchste Anzahl von

Trotz der großen Zahl der möglichen Registrierformeln (sie beträgt 4 Möglichkeiten für jeden der 10 Finger, somit $4^{10} = 1{,}048.576$) werden daher gleichwohl bei diesen häufigen Formeln Unterklassifizierungen benötigt, für die das argentinische System später auch Gesichtspunkte des *Galton-Henry*schen Systems übernommen hat, so auch das Zählen der Zwischenlinien.

Ein fehlender Finger wird, wenn es der Daumen ist, mit X und als einer der übrigen Finger mit x bezeichnet. Dasselbe gilt für Finger, deren Papillarlinien so gestört sind, daß der Mustertyp nicht festgestellt werden kann.

Die Weiterbildung, die das System *Vucetich* in verschiedenen Ländern, so vor allem in Frankreich, erfahren hat[1]), bezieht sich im wesentlichen nur auf die Reihenfolge der Finger und Benennung der Mustertypen; so werden in Paris die 10 Finger in der Reihenfolge, die sich beim Auflegen der zwei Hände auf einen Tisch natürlicherweise ergibt, angeschrieben: links die 5 Finger der linken Hand, beginnend mit dem Kleinfinger und endend mit dem Daumen, rechts die Finger der rechten Hand, beginnend mit dem Daumen und endend mit dem Kleinfinger. Die Bezeichnung der Mustertypen besteht deshalb auch beim Daumen — gleich wie bei den übrigen Fingern — aus einer Ziffer. Diese Ziffersymbole wurden noch durch die Ziffer 5 = Doppelschlinge ergänzt, wodurch die Zahl der möglichen Registrierformeln bedeutend vergrößert wurde. Für den häufigsten Fall (linke Hand nur Schlingen nach links, rechte Hand nur Schlingen nach rechts, welchem nach dem Pariser System somit die Formel 22222 33333 entspricht) bedeutet dies jedoch keinerlei Entlastung. Die Unterteilung erfolgt auch hier durch Zählen der Zwischenlinien bei den einzelnen Fingern.

c) Das Heraussuchen der entsprechenden bereits registrierten Fingerabdruckkarte.

Will man feststellen, ob ein neu Daktyloskopierter bereits in einer FAK-Registratur vorkommt, so wird man zunächst (für den Fall, daß er damals und jetzt denselben Namen führt) in der Namenkartei nachsehen und, falls er hier aufscheint, die entsprechende FAK aus der Registratur ausheben und mit der neu aufgenommenen FAK vergleichen. Kommt sein Name hingegen in der Namenskartei nicht vor, so muß auf Grund der neuen FAK durch Klassifizierung der einzelnen Fingermuster die Formel ermittelt werden und das betreffende Kästchen, das die Karten dieser Formel enthält, ausgehoben werden. Liegen unter derselben Formel eine größere Anzahl von Karten ein, so kann durch das wahrscheinliche Alter des neu Daktyloskopierten eine Einschränkung der

725 Karten. Hingegen waren 2791 Formeln nur durch 1 Karte vertreten. Insgesamt kamen 4316 verschiedene Formeln vor, also nur rund 0,4% der 1048576 möglichen Formeln. Über 99% der mathematisch möglichen Formeln kommen daher in der Wirklichkeit überhaupt nicht vor!

[1]) Vgl. *Sannié* et *Guerin*, Eléments de Police scientifique, Paris 1939.

Vergleichsarbeit versucht werden, wobei man aber vorsichtsweise einen Zeitraum von etwa 10 Jahren in Betracht ziehen wird (da ja auch die seinerzeitige Altersangabe falsch sein kann). Auch bei der Einschränkung der Vergleichskarten nach der Anzahl der Zwischenlinien des rechten Kleinfingers wird man eine Fehlergrenze von 2 Linien (hinauf und hinab) berücksichtigen müssen. Die nun noch in Betracht kommenden Karten werden mit der neu aufgenommenen Karte einzeln verglichen. Dies ist aber für den geübten Daktyloskopen eine sehr einfache Arbeit, da er ja nur einen charakteristischen Musterteil eines bestimmten Fingers der neuen Karte ins Auge zu fassen und bei jeder Vergleichskarte nachzusehen braucht, ob an dieser Stelle dieselbe Musterzeichnung vorkommt. Ist dies der Fall, so müssen natürlich auch die Muster aller übrigen 10 Finger nicht bloß im Mustertyp, sondern auch hinsichtlich ihrer Minutien übereinstimmen. Die Feststellung, ob eine neu angefertigte FAK (mit schon berechneter Formel) in der Registratur bereits ihr „Prius" hat, dauert daher meist nur wenige Minuten.

Falls ein oder mehrere Finger fehlen, muß unter allen Formeln nachgesehen werden, die sich ergeben würden, wenn der oder die betreffenden Finger vorhanden wären und die verschiedenen Mustertypen aufwiesen. Denn es könnte ja sein, daß der Betreffende vor Verlust des oder der Finger daktyloskopiert worden wäre. Analoges gilt bei Zerstörung von Mustertypen durch schwere Verletzungen oder Hautkrankheiten. Bei Verlust einer ganzen Hand ist beim System *Galton-Henry* die Zahl der möglichen Formeln so groß, daß ein Herausfinden der auf Grund beider Hände klassifizierten und registrierten FAK praktisch kaum möglich ist[1]). Beim System *Vucetich* lassen sich hingegen relativ leicht die entsprechenden Formeln herausfinden, da ja die halbe Formel, die der vorhandenen Hand entspricht, bekannt ist.

Für ganz große Registraturen von Weltstädten (vgl. oben S. 381) könnte man daran denken, das Heraussuchen der FAK mit gleicher Formel auf mechanischem Wege mit Hilfe einer modernen Sortiermaschine zu besorgen. In diesem Falle müßte für jede FAK — analog wie dies für die statistische Verarbeitung eines Zahlenmateriales nach dem Hollerithsystem geschieht — eine Lochkarte angefertigt werden, in der z. B. die Musterbezeichnungen der 10 Finger, ausgedrückt in Zahlen, sowie die Zahl der Zwischenlinien bei den einzelnen Fingern (erweitert um eine Fehlergrenze von $\pm$ 2) durch entsprechende Lochung eingetragen werden[2]). Bei einer Nachforschung auf Grund einer neu aufgenommenen FAK würde die Sortiermaschine die ihren Zahlenwerten entsprechenden Lochkarten ausscheiden[3]).

---

[1]) Anders jedoch, wenn der Betreffende bereits nach Verlust der einen Hand daktyloskopiert worden ist, denn für solche „Einarmige" bestehen in den FAK-Registraturen besondere Abteilungen, deren Formeln auf Grund der 5 Finger der vorhandenen Hand gebildet werden. Das Herausfinden einer schon registrierten FAK ist hier ebenso einfach wie bei den 10-Finger-Formeln.

[2]) Der erste derartige Versuch wurde nach einer Mitteilung *Heindl*s von diesem 1916 im Dresdener Erkennungsdienst unternommen, jedoch ohne besonderen Erfolg; etwa ein Jahrzehnt später wurden in Washington zum Sortieren einiger besonders großer Registerklassen Hollerithmaschinen eingesetzt.

[3]) Eine auf ähnlichen Gedankengängen beruhende vereinfachte Methode

5. Das Registrieren der Abdrücke einzelner Finger (Monodaktyloskopie) und der Handballen (Palmaskopie)

Um auf Grund eines Abdruckes eines einzigen Fingers — ohne sonstige Anhaltspunkte — die entsprechende Karte aus einer FAK-Sammlung herausfinden und so den Erzeuger des Fingerabdruckes identifizieren zu können, genügt, wie wir gesehen haben, die 10-Finger-Registratur nicht, sondern es ist hierzu eine Einzelfingerregistratur erforderlich, in der von jedem Daktyloskopierten 10 Karten mit je einem Fingerabdruck einliegen (Monodaktyloskopische Sammlung). Hiebei müssen die Karten so geordnet sein, daß jeder Abdruck aus den Merkmalen der Linienzeichnung allein (also unabhängig davon, von welchem Finger er stammt) herausgefunden werden kann.

Bereits das System *Olóric*[1]) hatte dieses Problem gelöst: es ordnete die FAK zunächst nach 12 verschiedenen Arten der Kernzeichnung des Fingerabdruckes, unterschied ferner 9 verschiedene Arten der seitlichen Begrenzung des Kernmusters und 16 verschiedene Arten von Deltas, die alle mit Buchstaben bezeichnet wurden. Weiters wurde der Winkel zwischen der Achse des Kernmusters und dem Delta gemessen und schließlich wurden auch Minutien verzeichnet und aus allen diesen Bestimmungen eine Formel gebildet. Um diese Formel berechnen zu können, bedurfte man somit eines Fingerabdruckes, der vom Kernmuster bis zum Delta reicht.

Im System *Jörgensen* ist die Berechnung der Formel und damit die Registrierung und Auffindbarkeit des einzelnen Fingerabdruckes größtenteils unabhängig von dieser Voraussetzung, indem es — in Anlehnung an sein schon früher entwickeltes Fernidentifizierungsverfahren — zur Grundlage der Hauptgruppen- und Formelbildung nur das Kernmuster nimmt. Zu diesem Zwecke hat *Jörgensen* eine sogenannte Registrierlupe (Abb. 138), d. i. eine durchsichtige Zelluloidplatte mit windrosenähnlicher Strichteilung, konstruicrt, die man nach bestimmten Regeln auf den Fingerabdruck legt (bei Schlingen- und Wirbelmuster so, daß der Mittelpunkt der Lupe auf den inneren Terminus des Musters zu liegen kommt und die Nord-Süd-Linie der Lupe mit der Achse des Kernmusters zusammenfällt[2]). Dadurch wird ein Raum von 4 mm Höhe im Kern des Musters herausgehoben und die darin vorhandenen Minutien werden einzeln bewertet und nach ihrer Lage (im ersten, zweiten, dritten oder vierten Millimeter) in der Formel verzeichnet.

Zu diesem Zwecke hatte *Jörgensen* schon für die Fernidentifizierung die verschiedenen Minutien (Auge, Gabel, Kontragabel, Haken, Kontrahaken, be-

---

scheint das in jüngster Zeit in Frankreich entwickelte automatische Suchverfahren „Selecto" darzustellen; vgl. *Pinel*, La Selection automatique, Revue de Criminologie et de P. T. 5, p. 206.

[1]) Vgl. oben S. 364; daselbst auch die weitere Literatur.

[2]) Bei Schlingenmuster ist dies recht einfach, bei Wirbelmuster können bereits Schwierigkeiten entstehen, wenn der Mittelteil kreisförmig ist und nach keiner Richtung eine deutliche Längsachse erkennen läßt. Besonders kompliziert ist aber das Anlegen der Registrierlupe bei Bogenmuster, die keinen inneren Terminus haben.

ginnende Linie, endende Linie, umkehrende oder deltabildende Linien, Einlagerungen) mit den Ziffern 1 bis 9 bezeichnet, während eine Null zum Ausdruck bringt, daß eine Linie in diesem Raum kein Detailmerkmal aufweist. Eine solche — zunächst für die Fernidentifizierung entwickelte — Detailformel hatte z.B. gelautet:

$$3\cdot 1\tfrac{2}{3}\cdot 1\tfrac{2}{3}\,062\cdot 003\overset{\frown}{2\cdot 6}1\cdot 07\tfrac{2}{3}\cdot 094\cdot 06\overset{\frown}{1\cdot 5}1\times$$

$$5\overset{\frown}{3\cdot 6}3\cdot 1\tfrac{1}{3}\cdot 06\tfrac{3}{4}\,072\cdot 5\overset{\frown}{1\cdot 6}1\cdot 4\overset{\frown}{2\cdot 5}2\cdot 21\cdot 33\cdot 21\cdot 21$$

Für die Einzelfingerregistratur hat dann *Jörgensen* eine Vereinfachung der Detailformel vorgenommen, zu der aber noch die Bezeichnung der relativen Lage der Punkte und die Notierung der freien Nullen, ferner — als Untergruppenbezeichnung — die Lage des Deltas und die Linienzählung hinzukommt. Eine solche ganze Registerformel, deren erstes Zeichen die Hauptgruppe (Bogen, Tannen, Schlingen nach rechts, Schlingen nach links, Wirbel, Doppelschlingen, zufällige Muster) angibt, hatte z. B. folgendes Aussehen:

$$3-302\tfrac{u}{o}\,2\,u\,2-1b-2-8-5$$

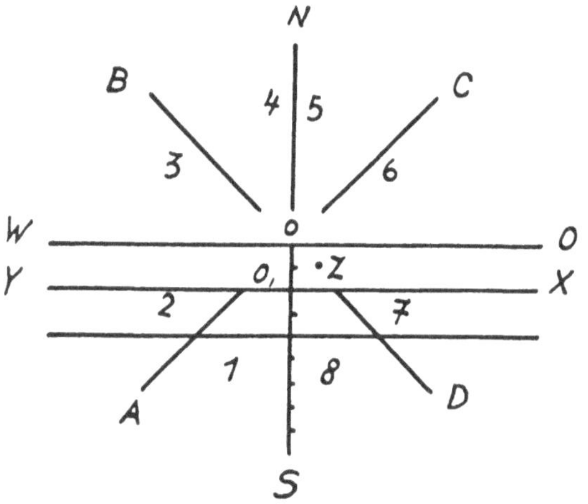

Abb. 138: Meßlupe für das Fern-Identifizierungsverfahren und die Einzelfingerregistrierung nach *Jörgensen*.

Seither wurden von Polizeipraktikern vieler Länder die verschiedensten Einzelfingerregistratursysteme ausgearbeitet[1]). Ein bis 1938 in Graz in Anwendung gestandenes System (Kriminalkommissär *Roschitz*), das — ähnlich wie das *Jörgensen*sche — hauptsächlich nur den Kernteil des Musters, diesen aber mit allen seinen Minutien verwendete, gelangte zu einer viel übersichtlicheren Formel[2]); es wurde 1938 durch das (freilich noch viel einfachere) Berliner System ersetzt.

[1]) *Locard*, Traité de Criminalistique, l. 1 (1930) brachte bereits 12 Systeme zur Darstellung.

[2]) *B. Roschitz*, Einzelfingerregistrierung, Graz 1927 (nicht im Buchhandel erschienene, für den Dienstgebrauch bestimmte Broschüre). Mit diesem System konnte bereits 1928 ein für die damalige Zeit beachtenswerter Erfolg erzielt werden: Nach einem Einbruch in das größte Grazer Kaufhaus am 4. 3. 1928, bei welchem der Täter außer Kleider und Wäsche über 31000 S Bargeld erbeutete, konnte im Buffetraum, in welchem sich der Dieb mit Wein und Sardinen stärkte, auf einer entleerten Weinflasche der Abdruck eines einzigen Fingers gesichert werden, während er bei dem Erbrechen von 5 Kassen keine Fingerspuren zurückgelassen hatte. Auf Grund der nach dem System Roschitz errechneten Fingerformel konnte aus der damals 8000 Abdrücke umfassenden monodaktyloskopischen Sammlung noch am selben Tage die entsprechende Abdruckkarte, nämlich die des linken Daumens eines 1926 daktyloskopierten Einbrechers ermittelt und dieser mit Hilfe nunmehr einsetzender steckbrieflicher Fahndung bereits am 8. 3. in Salzburg verhaftet werden. Der Großteil der Beute wurde bei ihm noch gefunden.

Dieses von *H. Müller* veröffentlichte System[1]) ordnet die einzelnen Fingerabdrücke lediglich nach dem Mustertyp und dessen durch Abzählen der Papillarlinien gefundenen quantitativen Wert, also im allgemeinen ohne Berücksichtigung der Minutien (nur soweit die Gestalt des Kernes der Wirbelmuster durch ein Detailmerkmal bedingt ist, wird dieses im Mustertyp mitbewertet). Freilich benötigt es deshalb eine viel eingehendere Gliederung der Mustertypen. Es unterscheidet: 4 Untergruppen von Schleifenmuster (E, I, Ev, Iv — die beiden letzteren sind Übergangsformen zu Zentraltaschen), 16 Untergruppen von Wirbelmuster (K = kreisförmiger Kern, Ke = kreisförmiger Kern mit Einlagerung, Ka = kreisförmiger Kern mit Auge, Sr = nach rechts gedrehte Spirale, Sl = nach links gedrehte Spirale, Dsr = nach rechts gedrehte Doppelspirale, Dsl = nach links gedrehte Doppelspirale, Wr = nach rechts verlaufende Wirbelschleife, Wl = nach links verlaufende Wirbelschleife, Wm = nach der Mitte verlaufende Wirbelschleife, Zr = nach rechts verlaufende Zwillingsschleife, Zl = nach links verlaufende Zwillingsschleife, El = elliptischer Kern, Tr = nach rechts verlaufende Tasche, Tl = nach links verlaufende Tasche, Zf = zufälliges Muster) und 6 Untergruppen von Bogenmustern (U = einfaches Bogenmuster, Ue = Bogenmuster mit einer nach rechts zurücklaufenden Schleifenlinie, Uei = Bogenmuster mit einer nach rechts und einer nach links zurücklaufenden Schleifenlinie, Uo = Bogenmuster mit wirbelähnlichem Kern, T = Tannenmuster). Jede Einzelfingerformel besteht aus einem dieser Mustertypenzeichen und in der Regel[2]) aus einer Zahl, die bei Schleifenmustern und den (ihnen verwandten) Taschenmustern Tr und Tl der Anzahl der Papillarlinien zwischen innerem Terminus und dem Delta entspricht, während sie bei den übrigen Wirbelmustern aus einem Bruch besteht, dessen Zähler die Zahl der Zwischenlinien zum linken Delta und dessen Nenner die Zahl der Zwischenlinien zum rechten Delta angibt. Nach diesen Mustertypenzeichen und Zahlenwerten erfolgt auch die Reihung der Karteikarten, die außerdem in jeder Untergruppe nach dem Finger, von dem der Abdruck herrührt, geordnet sind. Während also die Systeme *Olóric, Jörgensen, Roschitz* u. ä. durch Registrierung der Minutien eines bestimmten Musterteiles das Papillarlinienmuster jedes Fingers in seiner Einmaligkeit erfassen und für die Formelbildung verwenden, ordnet das Berliner System auch die Einzelfingerabdrücke nur nach Gruppenmerkmalen.

Die Nachteile dieses Systems bestehen darin, daß sich bei unvollständigen Fingerabdrücken, wie sie ja gerade am Tatort häufig gefunden werden, der Zahlenwert nicht ermitteln läßt, sobald der Abdruck nicht vom Kernmuster bis zum Delta (bei Wirbelmuster bis zu beiden Deltas) reicht. Außerdem sind manche Mustertypen überhaupt nur schwer unterscheidbar (so Ka von Sr, bzw. Sl, da ein im Abdruck nicht völlig geschlossenes Auge für eine Spirale gehalten werden kann). Doch ein in jeder Richtung ideales Einzelfingerregistriersystem scheint es der Natur der Sache nach nicht zu geben. —

Die Erfahrung, daß man am Tatort öfters keine Fingerabdrücke, wohl aber Abdrücke von Handballen findet, hat weiters dazu geführt, auch Sammlungen von Handballen-Abdruckkarten anzulegen. In Tropengegenden, in denen die Einwohner vielfach barfuß laufen, empfiehlt sich

[1]) *H. Müller*, Die Klassifizierung der Einzelfingerabdrücke nach dem Berliner System, Berlin o. J.; *derselbe*, Der Erkennungsdienst der Reichskriminalpolizei, Berlin, 1942.

[2]) Ausgenommen bei den Mustertypen Zf, U, Ue, Ui, Uei, Uo, T, bei denen ein Auszählen der Papillarlinien nicht möglich ist.

auch die Einrichtung von Fußabdruckkarten-Registraturen, während sich diese Maßnahme für europäische Verhältnisse nicht lohnt.

Für die Registrierung der Handballenabdrücke (Palmaskopie) stehen — ähnlich wie bei der Monodaktyloskopie — die verschiedensten Systeme in Gebrauch und es werden immer neue empfohlen[1]). Hiebei spielen folgende Teile der Handfläche eine besondere Rolle: 1. der Handballen der Kleinfingerseite; 2. der Daumenballen; 3. die vier kleineren Ballen des Zeige-, Mittel-, Ring- und Kleinfingers, die bei körperlich arbeitenden oder gewisse Sporte (z. B. Rudern) ausübenden Menschen oft stärkere Hornhautbildungen (Schwielen) aufweisen.

Die in Deutschland auf Grund reichspolizeilicher Runderlässe vielfach angelegten Handballenabdrucksammlungen bewerten lediglich die Handflächenabdrücke darnach, ob sich auf dem Daumenballen und auf dem diesen gegenüberliegenden Handballen der Kleinfingerseite eine Schleife nach rechts (R), eine Schleife nach links (L) oder ein Wirbel (W) befinden; ist dies nicht der Fall, so wird das Muster mit O bewertet. Daraus ergaben sich 16 Abdruckklassen, nach welchen die einzelnen Handabdruckarten geordnet wurden (OO, OL, OR, OW, LL, LO, LR, LW, RR, RO, RL, RW, WW, WO, WL, WR).

Alle solchen Systeme, welche für die Gruppenbildung der Handballenabdruckkarten Merkmale der Linienmuster beider Handseiten (oder gar auch noch die Merkmale der Linienmuster auf den vier Fingerballen) kombiniert verwenden, erfüllen nicht ihren Zweck. Denn sie ermöglichen zwar wohl (und in recht einfacher Weise) die Registrierung der im Abdruckverfahren gewonnenen vollständigen Handflächenabdrücke, aber versagen meistens bei der praktisch wichtigsten Aufgabe: dem Herausfinden der entsprechenden Abdruckkarte auf Grund eines Tatorthandballenabdruckes. Denn am Tatort wird meistens nicht ein ganzer Abdruck, der beide Handseiten umfaßt, gefunden, sondern in der Regel nur ein Daumenballenabdruck oder ein Abdruck der Kleinfingerseite oder die Abdrücke der kleinen Fingerballen. Nach dem gleichen Grundsatz, den wir bei der Monodaktyloskopie schon lange anwenden, wird man daher für die Handflächenabdrucksammlungen von jeder Hand die obengenannten drei Teile (Ballen der Kleinfingerseite, Daumenballen, kleine Fingerballen) getrennt und voneinander unabhängig klassifizieren und registrieren müssen. Es werden also von jeder Hand drei Handballenabdruckkarten herzustellen und in drei getrennte Sammlungen einzuordnen sein. Erst innerhalb jeder dieser Sammlungen empfiehlt es sich, nach dem Vorkommen und der Lage von Deltas, Schlingen oder Wirbeln Unterklassen zu bilden.

Natürlich ist auch auf Grund der gegenwärtig geführten Handflächenabdrucksammlungen in Einzelfällen ein Erfolg mitunter möglich, aber oft erst „nach wochenlanger Durchsicht der Handflächenabdruckblätter"[2]). Der Zweck

[1]) Vgl. *Belletti*, Identificando a impressao palmar, Rio de Janeiro 1934; *Grant*, The Classification and Identification of Palm Prints, Glasgow 1950; *Hegg*, Le Classement des Empreintes Palmaires, Revue de Criminologie et de Police Technique, V, p. 59 (1951).

[2]) So ausdrücklich *Nörenberg*, Ein Beitrag zum Wert der Handflächenabdrucksammlung, Kriminalistik 10, S. 64 (1936), der einen solchen Fall mit positivem Erfolg schildert.

eines Klassifizierungssystems ist es aber, ein Herausfinden des entsprechenden Abdruckes sofort auf Grund der Merkmale der Linienzeichnung zu ermöglichen, so daß nicht erst viele hundert Karten durchgeprüft werden müssen. Wenn die Identifizierung erst nach wochenlanger Arbeit gelingt, so ist es in vielen Fällen schon zu spät, um Täter und Beute sicherzustellen. Die geringe Mehrarbeit der dreifachen Registrierung jeder Hand wird daher durch eine bedeutende Arbeitsersparnis im Einzelfall und den dadurch ermöglichten großen Zeitgewinn weitaus wettgemacht.

Da somit von jedem Daktyloskopierten, dessen Papillarlinienmuster monodaktyloskopisch und palmaskopisch ausgewertet werden sollen, 10 Karten mit Einzelfingerabdrücken und 6 Karten mit Handballenabdrücken herzustellen und zu registrieren sind, muß aus Gründen der Arbeitsökonomie der Kreis der hiefür bestimmten Personen kleiner gezogen werden als jener Personenkreis, der für eine 10-Finger-Registratur bestimmt ist[1]). Zweckmäßig ist es, den Personenkreis für die Einzelfinger- und Handflächenabdrucksammlung auf folgende Gruppen zu beschränken (wie dies auch in Deutschland nach alten Weisungen der Reichskriminalpolizei gehandhabt zu werden pflegt): 1. Berufsmäßige Einbrecher und Einschleichdiebe; 2. Räuber; 3. Erpresser; 4. Hotel-, Museums- und Autodiebe.

6. Das Suchen und Sicherstellen von zufällig zurückgelassenen Finger-, Handballen- und Fußabdrücken.

Diese Tätigkeit, durch die unabsichtlich entstandene Spuren von Händen und nackten Füssen festgehalten werden, um als Grundlage eines Identitätsnachweises durch Vergleich der Papillarlinienzeichnung zu dienen, wird vielfach als „Tatortdaktyloskopie" bezeichnet. Dieser an sich recht zutreffende Ausdruck ist jedoch in zwei Richtungen zu eng: es muß sich nicht immer um einen „Tatort" handeln, wenn nach solchen Spuren zu suchen ist (der Nachweis, daß sich jemand in einer bestimmten Wohnung aufgehalten hat, kann, auch wenn diese nicht zum Tatort wurde, kriminalistisch von mannigfacher Bedeutung sein und in anderen Fällen sucht man am letzten Aufenthaltsort eines Menschen nach zurückgelassenen Fingerabdrücken, um mangels einer bereits registrierten FAK die erforderlichen Vergleichsgrundlagen zu beschaffen; siehe auch nächstes Kapitel). Weiters wird aber das Gebiet der „Tatortdaktyloskopie" auch insofern zu überschreiten sein, als nicht nur nach Fingerspuren, sondern auch, wie wir bereits wissen, nach Abdrücken von Handballen und allenfalls nackten Füßen gleichfalls am Tatort zu suchen sein wird (in diesen Fällen wäre also, genau genommen, von Tatortpalmaskopie und -pedoskopie zu sprechen).

Die Spur, die eine Fingerbeere (oder ein anderer papillarlinientragender Körperteil) durch Berühren eines Gegenstandes auf diesem hinterläßt, kann von viererlei Art sein: eine Eindruckspur, ein Abdruck einer auf dem Finger haftenden (körperfremden) Substanz, ein Abdruck

[1]) Eine solche Einschränkung ergibt sich aber auch schon aus dem Zweck der Monodaktyloskopie, die ja eine Identifizierung auf Grund unvollständiger Tatortabdrücke ermöglichen soll und die daher z. B. für gewerbsmäßige Betrüger und Hochstapler überflüssig ist, deren Identitätsschwindeleien mit Hilfe der 10-Finger-Registratur ohne weiteres aufgedeckt werden können, während nur selten der Fall eintreten wird, daß die Identität eines solchen Gauners auf Grund eines zufällig zurückgelassenen Abdruckes festzustellen sei.

des natürlichen Hautsekretes oder eine Abhebungsspur. Natürlich kommen auch Mischformen dieser vier Arten mitunter vor.

a) Eindruckspuren, durch die sich der betreffende Hautteil mit seiner Papillarlinienzeichnung plastisch abformt, entstehen nur bei weichem Material, z. B. auf frisch gestrichener Ölfarbe oder Emaillack, auf noch nicht erhärtetem Glaserkitt, auf sonstigem Kitt, der bei verschiedenen technischen Arbeiten Verwendung findet, auf erwärmtem Siegellack, auf erwärmten Stearin- und Wachsmassen (Kerzen!), auf knetbarem Ton usw. Die Sicherung solcher Spuren, die übrigens in der daktyloskopischen Praxis eine relativ seltene Rolle spielen, erfolgt durch Photoaufnahme (in natürlicher Größe) und durch die Inverwahrungnahme des Gegenstandes, der die Spur trägt[1]). Wie Abb. 139 zeigt, erscheinen die Papillarlinien in der photografischen Wiedergabe der Eindruckspur als dunkle Vertiefungen und sind daher mit einem im gewöhnlichen Abdruckverfahren mittels Druckerschwärze gewonnenen Fingerabdruck, der die Papillarlinien ebenfalls schwarz wiedergibt, unmittelbar vergleichbar[2]).

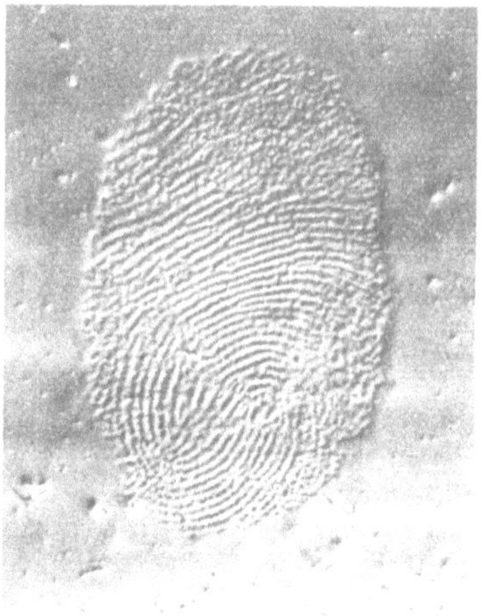

Abb. 139: Photographische Sicherung einer Eindruckspur auf weißem Emailanstrich. (Aufn.: Kriminologisches Institut Graz).

b) Abdruckspuren von hautfremden Substanzen, die an den Papillarlinien haften, kommen am häufigsten bei blutigen, mit Tinte oder Ölfarbe beklecksten, berußten oder sonst beschmutzten Fingern vor, die einen (schon bei gewöhnlicher Betrachtung) sichtbaren Abdruck hinterlassen; ferner bei fettigen Fingern, die auf glatten Gegenständen eine nur schwach sichtbare matte Spur und auf Papier einen Abdruck erzeugen, der im Auflicht etwas dunkler als die Papieroberfläche erscheint, während er sich im durchscheinenden Licht (infolge der größeren Lichtdurchlässigkeit der fettdurchtränkten Papierfaser) hell abhebt. Die ersterwähnten, schon bei gewöhnlicher Betrachtung sichtbaren Abdrücke sind durch Photoaufnahme sicherzustellen[3]). Die Abdrücke fettiger Finger auf glatten, das

---

[1]) Daß auf eine sachgemäße Verpackung und einen vorsichtigen Transport (möglichst durch Boten) solcher Beweisgegenstände, die sonst nur allzu leicht beschädigt werden könnten, besonders zu achten ist, sei auch hier betont. Vgl. Band I, S. 302 ff.

[2]) Unrichtig daher *Schneickert*, Der Beweis durch Fingerabdrücke, 2. Auflage S. 113, der behauptet, daß die Papillarlinien im Fotogramm einer Eindruckspur als „weiße Linien" erscheinen, die zum Vergleich mit den schwarzen Linien des Abdruckes fototechnisch umgekehrt werden müßten.

[3]) Schwach sichtbare Abdrücke blutiger Finger können vor der Photoaufnahme zweckmäßigerweise auf chemischem Wege verstärkt werden und zwar durch eine Lösung von 0,1 g Benzidin in 40 ccm 95%igem Alkohol,

Fett nicht aufsaugenden Gegenständen (Glas, Porzellan, Metall, poliertes Holz usw.) sind — wie die nachstehend behandelten Abdrücke des Hautsekretes — mittels der daselbst angegebenen Verfahren (in der Regel durch Einstauben und Abziehen auf Folien) zu sichern, während Fettspuren auf Papier zunächst chemisch anzufärben und hierauf durch Photoaufnahme sicherzustellen sind. Dieses Anfärben geschieht durch gasförmige Einwirkung entweder von Osmiumsäure (die jedoch sehr kostspielig ist, oben S. 381f.) oder von Joddämpfen. Zu diesem Zwecke werden einige Kristalle Osmiumsäure oder Jod in eine Entwicklerschale gelegt, das Papier mit dem Fingerabdruck darübergebreitet[1]) und das Ganze mit einer daraufgelegten stärkeren Glasplatte zu möglichst luftdichtem Abschluß gebracht. Die sich bei leichter Erwärmung alsbald entwickelnde flüchtige Osmiumsäure bzw. die schon bei Zimmertemperatur entstehenden Joddämpfe färben die Fettspuren schwarz bzw. braun. Osmiumbilder sind haltbar, Jodbilder hingegen verschwinden bei Luftzutritt in kurzer Zeit, so daß sie sofort nach der Entwicklung durch Photoaufnahme sicherzustellen sind (durch Verwendung eines grünblauen Filters kann man hiebei die braune Linienzeichnung noch deutlicher hervortreten lassen).

Umständlicher und im allgemeinen weniger zu empfehlen ist die chemische Fixierung der Jodbilder, wofür es verschiedene Verfahren gibt: 1. Baden oder Bestreichen mit 2 % Silbernitratlösung unter Lichtabschluß (Dunkelkammer), gründliches Wässern und wieder Belichten[2]) (der Erfolg ist nicht immer gleich, daher unsicher); 2. mit einem Kleister aus 1 g Reisstärke und 20 g Wasser, dem 2 g Kaliumjodid und (zwecks Haltbarkeit) 0,3 g feinst verriebenes Thymol zugefügt wird, wird entweder der jodierte Abdruck überstrichen oder ein kleines Stück Papier überzogen, das hierauf — bevor der Kleister eingetrocknet ist — wie eine Folie auf das Jodbild aufgedrückt und von diesem wieder abgezogen wird. Das Papillarlinienmuster erscheint nun auf der Folie dunkelblau und ist haltbar[3]); 3. Baden oder Bestreichen mit 0,1 % Palladiumchlorürlösung, der — um das Ausrinnen von Tinte u. ä. zu vermeiden — etwas Alaun oder Tanin zugesetzt werden kann; hierauf ist sofort mit Wasser abzuspülen[4]); 4. gasförmige Einwirkung von Selenwasserstoff, der entsteht, wenn man zu Aluminiumselenid einen Tropfen Wasser gibt, oder von Telurwasserstoff, den man in gleicher Weise aus Aluminiumtelurid entwickelt. Man kann auch auf das Jodbild ein Stück Filterpapier legen, dieses mit Aluminiumselenid oder -telurid bestreuen und mit einem Uhrglas zudecken, wobei die Luftfeuchtigkeit zur Erzeugung des Selen- oder Telurwasserstoffes genügt. Die (schwarzen) Telurbilder sind deutlicher als die (rosa) Selenbilder[5]). Da das Einatmen der entwickelten Gase schädlich ist

---

der zum Schluß ein paar Tropfen Wasserstoffsuperoxyd (3%) zugefügt werden (vgl. *Wagenaar* und *Tas*, Archiv 95, S. 227).

[1]) Die Entwicklerschale ist also kleiner zu wählen als das die Spur tragende Papier, da dieses nicht unmittelbar auf die Kristalle gelegt werden darf. Bei kleinen Papieren kann man auch die Joddämpfe in einem Glaskolben entwickeln, den man durch einen Schlauch mit einem kleinen Glastrichter verbindet, der auf die Spur gestürzt wird.

[2]) Vgl. *Friedemann*, Archiv 84, S. 234; *Metzger* und *Rall*, Zschr. f. experimentelle Medizin 22, S. 55 (1933).

[3]) *Wagenaar*, Archiv 97, S. 45.

[4]) *Popp*, Zschr. für angewandte Chemie 28, S. 659; *derselbe*, Kriminalistik 5, S. 4 (1931).

[5]) *Datow*, Archiv 110, S. 104 (1942). Welches Verfahren seinerzeit *Eber* (vgl. oben S. 362, Anmerkung 3) angewendet hat, dessen mit Jod entwickelte

und Aluminiumselenid und -telurid meist selbst erzeugt werden muß, kommt dieses Verfahren nur für chemische Laboratorien in Betracht. — Für kurze Zeit lassen sich Jodbilder auch einfach in der Weise erhalten, daß man den Luftzutritt verhindert; dies geschieht (nach einem Vorschlag *Heindls*) am besten in der Weise, daß man das Papier mit dem jodierten Abdruck zwischen zwei planparallele Glasplatten gibt und deren Ränder mit Leukoplaststreifen abdichtet. Durch die Glasplatten kann das Papier auch beiderseits photographiert werden.

Ob aber überhaupt ein fettiger Finger einen brauchbaren Abdruck auf Papier hinterläßt, bei dem die einzelnen Linien klar hervortreten, und wie lange sich ein solcher Abdruck, falls er entstanden ist, auf dem Papier im unbehandelten Zustand hält, hängt von mehreren Faktoren ab: von der Menge des anhaftenden Fettes (sobald dieses so reichlich vorhanden ist, daß auch die Zwischenfurchen der Haut mit Fett ausgefüllt sind, entsteht kein Papierlinienbild, sondern nur ein einheitlicher Fettfleck), von der Art der fettigen Substanz (ihrem Fettsäure- und Wassergehalt usw.), speziell aber von der Qualität des Papiers, insbesondere von seiner Leimung (je besser die Leimung, desto schönere und haltbarere Abdrücke entstehen). Auf vielen Papieren aber sind Fettabdrücke, selbst wenn sie sofort nach Ihrem Entstehen das Linienmuster zeigen, schon nach einer Stunde infolge der Saugwirkung der Papiermasse völlig verschwommen und ergeben dann bei Jodierung nur einen braunen Fleck. Dies ist der Hauptgrund, warum verwertbare Fingerabdrücke auf Papier (z. B. anonymen Briefen) in der Praxis äußerst selten zu finden sind.

c) Abdrücke des natürlichen Hautsekretes. Auch ohne besondere Einfärbung, Beschmutzung oder Einfettung hinterlassen die papillarlinientragenden Körperteile, wie bereits erwähnt, auf Gegenständen mit glatter Oberfläche sogen. „latente" oder „unsichtbare" Spuren, die für die gewöhnliche Betrachtung unauffällig sind. Dies erklärt sich aus der Schweißabsonderung, die, wie wir bereits wissen (oben S. 366), durch die in die Papillarleisten der Haut mündenden Schweißdrüsenkanäle erfolgt. Das Schweißsekret besteht größtenteils aus Wasser, doch genügen[1]) die geringen Anteile von Harn- und Fettsäuren, Kochsalz und mitunter Eiweiß — die Menge dieser festen Bestandteile schwankt zwischen 0,5 und 1,5% —, um den Sekretabsonderungen eine relativ große Adhäsion zu verleihen, so daß sie auf glatten Flächen selbst fest haften bleiben und ihrerseits Substanzen von geringem spezifischem Gewicht anziehen.

Hierauf beruht das Sichtbarmachen solcher Spuren durch das sogenannte Einstaubverfahren. Hiezu benützt man ein sehr feines Pulver von geringem spezifischem Gewichte und zwar entweder das

Handabdrücke nach *Heindls* Bericht noch nach 30 Jahren deutliche Linienmuster zeigten, ist unbekannt.

[1]) In der Praxis sind allerdings Papillarlinienabdrücke aus reinem Schweißsekret relativ selten, da die Verbrecher die Gegenstände nicht mit frisch gewaschenen Händen zu berühren pflegen, sondern mit Fingern, mit denen sie vorher schmutzige Werkzeuge angriffen oder eine Wurst aßen oder auch sich nur in die Haare fuhren (die talgdrüsenreiche Kopfhaut sondert viel reichlicher Fett ab als die übrige Haut). Die so entstehenden, meist fetthaltigen Beimengungen zum Schweißsekret sind für die Deutlichkeit und Dauerhaftigkeit der latenten Fingerspuren in der Regel nur günstig.

(hauptsächlich aus Ruß bestehende) „Schwarzpulver" oder das silbrig glänzende Argentorat (= Aluminiumpulver), die für alle Oberflächen genügen[1]). Die Spur wird durch zartes Überpinseln mittels eines weichen Haarpinsels (von etwa 40 mm Durchmesser) mit dem Einstaubpulver bedeckt, wobei an den (den Papillarlinien entsprechenden) Sekretabsonderungen der Spur die Pulverstäubchen haften bleiben. Das überschüssige Pulver wird durch Abklopfen des rasch umgewendeten Gegenstandes oder durch weiteres Überpinseln der Spur mit einem reinen Pinsel entfernt, wodurch das Papillarlinienbild sichtbar wird. Um klare Abdrücke zu erhalten und um kein Detail der Spur zu verwischen, bedarf es einiger Übung in der Pinseltechnik, die jedoch jeder Daktyloskop leicht erlernt. Die weitere Sicherung des Abdruckes erfolgt mittels einer daktyloskopischen Abziehfolie[2]); diese besteht aus einer Glyzeringelatineschicht, die entweder auf einer durchsichtigen Zelluloidplatte (sogen. „Transparentfolie") oder auf einem stärkeren Papier mit (einseitig) glänzend schwarzer Oberfläche (Schwarzfolie) aufgezogen ist. In beiden Fällen ist die klebrige Schicht durch ein (durchsichtiges) Zelluloiddeckblatt geschützt. Wurden die Spuren mit Schwarzpulver eingestäubt, so verwendet man Transparentfolien; mit Argentorat eingestaubte Spuren werden mit Schwarzfolien gesichert. Ein der Größe der Spur entsprechendes Stück der Folie wird abgeschnitten, das Deckblatt von einer Ecke aus abgezogen und die so frei gelegte klebrige Schicht unter möglichster Vermeidung von Luftblasenbildung sanft auf die eingestaubte Spur aufgedrückt. Dies wird am besten dadurch erzielt, daß man die Folie zunächst mit einer Ecke aufsetzt, dann behutsam weiter auf die Spur auflegt und schließlich auf der Rückseite mit dem Finger (zweckmäßigerweise unter Verwendung eines Leinenlappens) in gleicher Richtung leicht überstreicht. Falls sich gleichwohl kleine Luftblasen bilden, können diese durch weiteres Überstreichen in gleicher Richtung meist noch beseitigt werden. Die Folie kann darauf gleich wieder von der Spur abgezogen werden, wobei sich das Einstaubbild der Spur mit allen Feinheiten auf die Folie überträgt. Nun wird die Folie mit dem abgezogenen Deckblatt wieder überdeckt.

[1]) Früher empfahl man vielfach — je nach der Farbe des Spurenträgers — die verschiedensten hiezu kontrastierenden Farbpulver, wie Zinnober, Indigoblau, Bleiweiß usw. Manche Farbindustrien erzeugten dementsprechend auch zum Färben von latenten Fingerspuren angeblich besonders geeignete Farbpulver (nach einer Mitteilung im „The Analyst" 62, S. 192 und 539, erzeugen die Imperial Chemical Industries in Manchester hiefür eigene „Waxolinfarben" in gelb, orange, rot und violett).

[2]) Auf dem europäischen Kontinent wurden solche Folien nach 1910 von *Rubner* (einem Beamten der Münchner Polizei) und von *Schneider* (Polizeifotograph in Wien) hergestellt, weshalb sie auch als *Rubner*sche bzw. *Schneider*sche Folien bezeichnet wurden. Später haben verschiedene Flitterfabriken (z. B. in Hanau) und Werkstätten für photographische und polizeiliche Utensilien die fabrikmäßige Herstellung übernommen. Die Abziehfolien haben die seinerzeitige Verwendung von photographischem Bromsilber- oder Chlorsilberpapier für die Übertragung der Einstaubspur völlig verdrängt; nur in seltenen Ausnahmefällen kann das Abziehen einer (nicht eingestaubten) Spur mittels unbelichtet-ausfixierten Chlorsilberpapiers zweckmäßig sein (so bei einem Abdruck auf einem mit Ölschmiere bedecktem Maschinenteil, vgl. *Heindl* a. a. O. S. 357).

Transparentfolien kann man aber auch — statt sie mit dem Deckblatt zu überdecken — dadurch schützen, daß man sie mit der klebrigen Schicht auf ein rein weißes Papier stärkerer Qualität aufdrückt, wodurch die Spur sowohl für die Betrachtung mit freiem Auge oder Lupe als auch für eine photographische Reproduktion in seitenrichtiger Lage konserviert erscheint[1]). Bei Schwarzfolien hebt sich hingegen die mit Argentorat eingestaubte Spur hell vom schwarzen Hintergrund ab und ist gegenüber einem (im Abdruckverfahren hergestellten) Abdruck desselben Fingers, wie er auf den Registerkarten der Erkennungsämter aufscheint, auch seitenverkehrt. Zur Erleichterung der Vergleichsarbeit ist daher von Abdrücken auf Schwarzfolien auf photographischem Wege ein seitenrichtiges Negativbild herzustellen. Viele Erkennungsämter sind deshalb zur ausschließlichen Verwendung von Transparentfolien und Schwarzpulver übergegangen.

Dieses Sichern der eingestaubten Spuren durch Abziehen auf Folien hat gegenüber der (an sich auch möglichen) Sicherung durch Photoaufnahme einen wichtigen Vorteil: auch wenn der Gegenstand, der die Spur trägt, rund oder gebogen ist (Gläser, Flaschen, runde Möbelteile usw.), schmiegt sich die weiche, elastische Folie an eine solche Oberfläche an und liefert — wieder in die Ebene gebracht — das richtige unverzerrte Bild der Spur (während die Photoaufnahme verzerrte Bilder liefern würde). Nur in wenigen Fällen empfiehlt es sich, latente Spuren auf Gegenständen nicht durch Abziehen auf Folien, sondern durch Photoaufnahme zu sichern: so können Hautsekretabdrücke auf ebenen Glasscheiben oder undurchsichtigen, spiegelnden Flächen — wie *Bohne* dargetan hat — oft ohne Einstauben durch eine Art Dunkelfeldaufnahme (die man durch zur Glasebene fast paralleles Licht erreicht) sehr schön festgehalten werden[2]); solche Reproduktionen, die durch keine überschüssigen oder fehlenden Einstaubteilchen gegenüber der Originalspur verändert sind, lassen sich beliebig vergrößern und eignen sich darum auch für den allfälligen poroskopischen Vergleich (unten S. 409).

Auch in jenen Normalfällen, in denen latente Spuren eingestaubt und auf Folien abgezogen werden, sind die durch das Einstauben sichtbar gewordenen Spuren regelmäßig vor dem Abziehen zu photographieren, um ihre Lage auf dem Gegenstand festzuhalten[3]). Aus dem gleichen Grunde zieht man mehrere Fingerabdrücke, die nahe beieinander liegen, auf ein (entsprechend groß gewähltes) Folienstück ab, wodurch ihre relative Lage zueinander genau fixiert ist.

Nicht eingestaubt werden schließlich latente Fingerabdrücke auf Papier. Hier empfiehlt sich vielmehr, wie dies bereits für Abdrücke fettiger Finger (oben S. 395) beschrieben wurde — die chemische Anfärbung mittels Joddämpfe und die sofortige Photoaufnahme des ent-

---

[1]) Dies hat den weiteren Vorteil, daß auch die Lage der Spur auf dem Spurenträger festgehalten werden kann, indem man die Folie in gleicher Lage auf das Papier klebt und auf diesem den umgebenden Teil des Spurenträgers zeichnet.

[2]) *Bohne*, Zschr. f. Mikroskopie 53, S. 249, und Archiv 102, S. 147, der auch phototechnische Einzelheiten für die Aufnahme angibt. Bei Dunkelfeldaufnahmen erscheinen die Papillarlinien weiß auf dunklem Grund.

[3]) Wie wichtig dies sein kann, zeigt z. B. der von *Linser*, Archiv 57, S. 226, mitgeteilte Fall. Unter Umständen kann die Lage der Spur auch durch eine Skizze festgehalten werden (vgl. oben Anm. 1).

wickelten Jodbildes[1]). Von dem seinerzeit von *Forgeot* empfohlenen[2]) Tintenverfahren (rasches Überpinseln oder Übergießen des Papiers mit Tinte und Nachspülen mit Wasser) ist man wegen der damit verbundenen Veränderung der Urkunde allgemein abgekommen, wiewohl in Einzelfällen mit dieser Methode Erfolge erzielt wurden, wo die Jodierung versagte. Auch das Erhitzen des Papiers (am besten mittels eines heißen Bügeleisens) darf nur als letzter Ausweg versucht werden; die Braunfärbung der Abdrücke beruht auf der raschen Verkohlung der organischen Substanzen des Hautsekretes[3]).

d) Abhebungsspuren. Auf glatten Oberflächen, die leicht bestaubt oder berußt sind, entstehen bei Berührung mit dem Finger mitunter „negative" Spuren dadurch, daß der Staub oder der Ruß an den mit Hautsekret benetzten erhabenen Papillarlinien haften bleibt und abgehoben wird, so daß an diesen Stellen die Oberfläche des Gegenstandes in Gestalt des Linienmusters zum Vorschein kommt. Ist diese Oberfläche licht und der Staub (Ruß) dunkel, so entsteht tatsächlich ein negatives Spurenbild, das durch Photoaufnahme zu sichern und (zum leichteren Vergleich mit einem Abdruckverfahren hergestellte Abdrücke) auf phototechnischem Wege in ein Positivbild zu verwandeln ist. Hebt sich hingegen ein weißlicher Staub hell von einer dunklen Oberfläche (z. B. einem schwarzen polierten Klavier) ab, so erscheinen in der Abhebungsspur die Papillarlinien — so wie sonst — als dunkle Linien. Die Sicherung erfolgt auch hier mittels Photoaufnahme. Erst dann darf ein (an sich mögliches) Abziehen auf Folien versucht werden. —

Wie wir gesehen haben, spielt bei allen 4 Arten von Tatortspuren die Photoaufnahme der Spur eine wesentliche Rolle. Sie erfolgt am zweckmäßigsten in natürlicher Größe oder in direkter Vergrößerung mit einem Objektiv von kurzer Brennweite. Die Kamera muß daher ziemlich nahe an die Spur herangebracht werden, was oft mit Schwierigkeiten bei der Aufstellung des Stativs — z. B. bei Spuren auf dem Sockel einer Panzerkasse nahe dem Erdboden — und mit Beleuchtungsschwierigkeiten verbunden ist. Um diesen zu begegnen, hat schon vor Jahren *Ledden-Hulsebosch*[4]) eine Spezialkamera für daktyloskopische Tatortaufnahmen konstruiert (Abb. 140), in die bereits die Beleuchtungsvorrichtung eingebaut ist; da durch das Aufsetzen des Apparates auf den die Spur tragenden Gegenstand infolge der fixen Entfernungen jede Einstellungsarbeit wegfällt, kann die Aufnahme, die das Spurenbild in dreifacher Vergrößerung wiedergibt, innerhalb einer Minute bewerkstelligt werden. *Heindl*[5]) berichtet über einen ähnlichen Apparat der Eastman Codak Co. in New York, der das Spurenbild in Originalgröße aufnimmt.

---

[1]) Die noch kontrastreichere Anfärbung durch Dämpfe erwärmter Osmiumsäure kommt wegen des hohen Preises der Osmiumsäure für mitteleuropäische Verhältnisse nicht in Betracht.

[2]) *Forgeot*, Les empreintes latentes, Lyon 1891.

[3]) Vgl. *Streicher*, Archiv 65, S. 284.

[4]) Siehe seine Mitteilung im Archiv 70, S. 147.

[5]) a. a. O. S. 373f.

Um aber am Tatort in der angegebenen Weise möglichst viele solcher Spuren (und zwar solche, die voraussichtlich vom Täter stammen) in der angegebenen Weise sichern zu können, müssen diese Spuren systematisch gesucht und gefunden werden. Dies geschieht nicht durch wahlloses Einstauben aller in einem Raum befindlichen Gegenstände mit glatten Oberflächen, sondern in der Weise, daß man sich den Tathergang möglichst genau zu rekonstruieren sucht und unter Verwendung der Erfahrungen, die man über die typische Arbeitsweise von Einbrechern gesammelt hat, überlegt, wo und in welcher Weise der Täter Gegenstände angefaßt haben dürfte. So findet man häufig Abdrücke auf den Unterseiten vorspringender Tischkanten, wenn der Täter einen Tisch gehoben

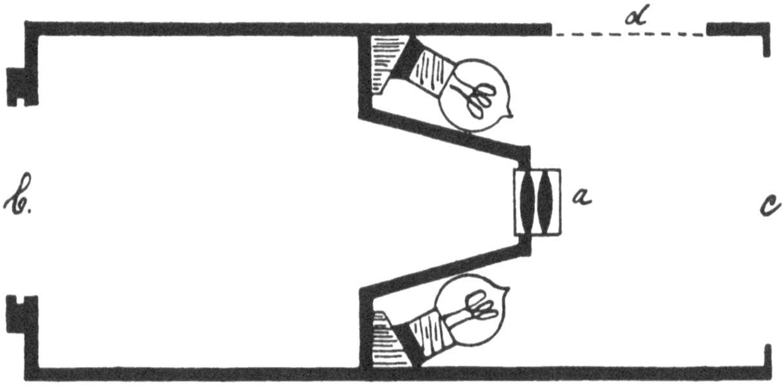

Abb. 140: Spezialkamera für daktyloskopische Tatortaufnahmen von *Ledden-Hulsebosch* (schematischer Durchschnitt, nach Archiv 76, S. 149).

hat, um ihn an eine andere Stelle zu bringen, oder Handballenabdrücke auf der Seitenkante von Schränken, gegen die er sich mit der linken Hand beim Aufreißen der Tür stemmte usw. Oft sind aber (besonders berufsmäßige) Einbrecher so vorsichtig, bei der Einbruchstätigkeit das Hinterlassen von Fingerspuren zu vermeiden[1]), während sie nach getaner „Arbeit" diese Vorsicht vergessen, sich mit vorgefundenen Speisen und Getränken stärken und dabei Gläser oder Flaschen berühren[2]). Aber auch vor der eigentlichen Einbruchsarbeit berühren sie oft Gegenstände durch vorbereitende Handlungen, indem sie z. B. eine auf einem Schrank stehende Flasche, die leicht herabfallen könnte, wegstellen oder eine elektrische Birne herausschrauben usw. Auf alle diese Möglichkeiten der Spurenentstehung vor, bei oder nach der eigentlichen Ausführungshandlung ist daher zu achten.

Sucht man hingegen nicht nach Spuren eines „Täters", sondern z. B. einer Zeugin, die behauptet, in einem bestimmten Raum gewesen und dort bewirtet worden zu sein, so ist in analoger Weise der betreffende Vorgang zu rekonstruieren und dort zu suchen, wo hiebei am wahrscheinlichsten Spuren hinterlassen wurden (so etwa auf den noch vorhandenen Schüsseln, Gläsern, verwendeten Messern usw.).

---

1) Über die hiebei verwendeten Gaunertricks siehe unten S. 412ff.
2) Siehe den oben S. 390 Anm. 2 wiedergegebenen Fall.

7. Der Identitätsnachweis auf Grund zufällig entstandener Abdrücke.

a) Die Beschaffung von Vergleichsabdrücken.

Hier sei vom praktisch wichtigsten Regelfall ausgegangen: wenn zufällig entstandene Papillarlinienabdrücke an einem Tatort gefunden werden[1]).

Sobald solche Spuren gemäß den Ausführungen des vorigen Kapitels sichergestellt sind, gilt es — um sie kriminalistisch auswerten zu können — Vergleichsabdrücke zu beschaffen. Um in diese wichtige Arbeit ein System zu bringen, sucht man zunächst festzustellen, ob die gefundenen Abdrücke überhaupt vom Täter oder von anderen Personen stammen. Als solche „harmlose" Erzeuger von Fingerspuren kommen in Betracht: 1. alle Hausbewohner, die sich in dem betreffenden Raum ständig oder gelegentlich aufhalten, natürlich auch frühere Hausbewohner, etwa ein inzwischen ausgezogener Untermieter, da sich ja auf manchen Gegenständen (z. B. einer Vase) Fingerabdrücke trotz der üblichen hausfraulichen Reinigungsarbeiten sehr lange Zeit halten können. 2. Besucher im weitesten Sinn, d. h. alle Personen, die nicht im Haus wohnen, aber den betreffenden Raum in letzter Zeit vor der Tat betreten haben (also außer eigentlichen „Besuchern" auch der Geldbriefträger, Handwerker, die eine Reparatur ausführten, Gasableser, Arzt usw.). 3. Das (tote oder schwerverwundete) Opfer. 4. Personen, die nach der Tat bereits den Tatort betreten haben (auch wenn sie versichern „nichts berührt zu haben"), einschließlich der vor dem Daktyloskopen erschienenen Polizei- und Gendarmerieorgane und Mitglieder einer Untersuchungskommission[2]). Erst wenn feststeht, daß die gefundenen Spuren nicht von einem Menschen dieses Personenkreises herrühren, ist nach dem Erzeuger der Spur als dem vermutlichen Täter zu fahnden.

Man sieht: der mögliche Personenkreis, der in Betracht gezogen werden muß, ist recht beträchtlich und um wirklich sicherzugehen, daß ein gefundener Abdruck von einem Täter außerhalb dieses Personenkreises herrührt, bleibt nichts anderes übrig, als von allen diesen Personen zu Vergleichszwecken Fingerabdrücke zu nehmen und sie der Reihe nach als Erzeuger der Tatortspuren auszuschließen. In der Praxis wird freilich dieser langwierige Weg, der dem Daktyloskopen mühevolle Arbeit macht und viele Menschen belästigt, die mit der Sache nichts zu tun haben, mitunter vermieden werden können: ist z. B. schon aus der Lage der Spur die Herkunft vom Täter mit größter Wahrscheinlichkeit zu vermuten und läßt der „modus operandi" des Einbrechers den Schluß zu, daß ein „Berufsmäßiger" am Werk war, so wird man natürlich sofort nach dem entsprechenden Abdruck in den Einzelfinger- und Handballenabdrucksammlungen suchen und — wenn man Glück hat — auch finden, bevor man das umständliche Daktyloskopieren sämtlicher Hausbewohner usw. durchgeführt hat. Gleichwohl ist davor zu warnen, im Hinblick auf die etwaige Möglichkeit eines solchen raschen Er-

[1]) Über die anderen Fälle, in denen zufällig entstandene Abdrücke ebenfalls kriminalistisch von Bedeutung sein können, siehe unten Seite 411f.

[2]) Wiederholt haben sich Fälle ereignet, in denen sich ein am Tatort gefundener Fingerabdruck des „Mörders" als Abdruck eines Fingers des Gerichtsarztes oder des Staatsanwaltes entpuppte.

folges die Beschaffung der Vergleichsabdrücke von den „harmlosen" Personen zu lange aufzuschieben, zumal gerade auch diese Vergleichsabdrücke aufklärende Überraschung bringen können. So wurde eines Morgens die Gendarmerie eines Landstädtchens vom Postamt alarmiert, weil in der Nacht eingebrochen worden sei: die Kasse war geöffnet, das Geld fehlte, die Fensterscheiben waren mit Lehm beschmiert und eingedrückt, wie es Einbrecher zu tun pflegen. Auf dem Lehm fand man sehr deutliche Fingerabdrücke, die man naturgemäß für die des Einbrechers hielt, außerdem auch verschiedene Abdrücke auf dem Schreibtisch und auf der Kasse. Als man nun — um von den letzteren die harmlosen Abdrücke der Postbeamten auszuscheiden — von sämtlichen Angestellten des Postamtes Fingerabdrücke nahm, erwiesen sich die Fingerabdrücke auf dem frischen Lehm der eingedrückten Fensterscheibe — als die des Postmeisters! Der „Einbruch", an dessen Echtheit bisher niemand gezweifelt hatte, war von ihm vorgetäuscht worden, um einen Fehlbetrag in der Kasse zu verschleiern.

Insbesondere muß unter allen Umständen und sofort die Leiche eines Ermordeten (oder sonst auf noch ungeklärte Weise Getöteten) daktyloskopiert werden, auch wenn vorläufig mangels von Tatortabdrücken kein Anlaß hiezu gegeben zu sein scheint; denn Tatortabdrücke können auch noch später gefunden werden und ist die Leiche des Opfers bereits seziert und beerdigt oder gar eingeäschert, so hat man — wenn man die Abdruckabnahme von Fingern, Handballen und (bei barfußgehenden Menschen) Füßen unterlassen hat — unter Umständen ein wichtiges Beweismaterial verloren, das die Schuld oder Unschuld eines Verdächtigten erhärtet hätte.

Hiefür ein lehrreiches Beispiel — freilich aus der Zeit des 19. Jahrhunderts, als in Mitteleuropa die Daktyloskopie noch unbekannt war.

Eines Morgens wurde ein berühmter Gelehrter tot auf der Fußmatte neben seinem Bette gefunden. Die Leiche zeigte zwei Verletzungen (an der Stirn und an der linken Schläfe), die stark geblutet hatten und bei dem hohen Alter des Verstorbenen möglicherweise auch tödlich gewirkt haben konnten. Eine Lade des im selben Zimmer befindlichen Schreibtisches stand offen und auf einer Zeitschrift, die vorne auf dem Schreibtisch lag, waren die deutlichen Abdrücke dreier blutiger Finger zu sehen. Da das Arbeits- und Schlafzimmer des greisen Gelehrten von den übrigen Wohnräumen der Familie durch einen großen Vorraum getrennt lag, war es erklärlich, daß weder die Familie noch das Hauspersonal von den Vorgängen in der Todesnacht irgend etwas wahrgenommen hatten. Ein Mord war also nicht ausgeschlossen, dazu die verdächtige Lage des Toten neben seinem Bett, die Wunden am Kopfe, sein Wohlbefinden am vorausgegangenen Abend, die offene Schreibtischlade, — genug Gründe, um eine Gewalttat anzunehmen. Außerdem hatten übereifrige Freunde des Gelehrten sofort „konstatiert", daß aus dem Schreibtisch besonders wichtige, noch ungedruckte Manuskripte und einige Präparate von großem wissenschaftlichen Wert fehlten. Und wenn sich dies alles natürlich erklären ließ, so blieb noch immer „die blutige Hand des Mörders" auf der Zeitschrift, die zu deutlich spräche, als daß eine natürliche Todesart angenommen werden dürfte. Und da der Mörder von außen nicht gut in die Wohnung gelangen konnte und weil das Ungeheuerlichste immer am liebsten geglaubt wird, so war alsbald in der Stadt die Überzeugung verbreitet, daß der greise Gelehrte von seinem eigenen Sohne (ebenfalls ein stiller, bis dahin allgemein geachteter Wissenschaftler) erschlagen und beraubt worden sei. Die sorgfältig geführte Untersuchung ergab mit zweifelloser Sicherheit — freilich erst nach umständlicher langer Arbeit — die lückenlose Aufklärung: der alte Herr war in der Nacht von Herzbeklemmungen, an denen er öfters litt, befallen worden, verließ sein Lager und suchte im Schreibtisch nach einem Medikament.

Dort wiederholte sich der Anfall, Schwindel ergriff ihn, er stürzte zu Boden und fiel mit der Schläfe auf die Ecke des Schreibtisches (diese paßte genau zur entstandenen Wunde). Der Verletzte griff prüfend nach der Wunde und versuchte sich aufzurichten, wobei er sich auf die Schreibtischplatte stützte und mit seiner blutig gewordenen Hand auf die Zeitschrift die Abdrücke dreier Finger zurückließ. Dann suchte er wieder in sein Bett zu gelangen, stürzte jedoch infolge eines neuerlichen Schwindelanfalles abermals und schlug mit der Stirn auf die Kante des Bettfußes (die Schnitzereien dieses Betteiles paßten wieder mit minutiöser Genauigkeit auf die Stirnwunde). Er schleppte sich noch bis auf die Matte vor seinem Bette, wo er einer Herzlähmung erlag. — Das Verfahren wurde eingestellt. Aber trotz der zwingenden gerichtsmedizinischen Beweisführung verging viel Zeit, bis die Bevölkerung von ihrer vorgefaßten Meinung abging und dem schwer gekränkten Sohne im stillen Abbitte tat. Und wie leicht und rasch hätte der so mühsam erwiesene Tatbestand klargestellt werden können, wenn man damals die Daktyloskopie schon gekannt, von den Fingern des Verstorbenen Abdrücke genommen und mit dem Abdruck der „Mörderhand" verglichen hätte, die im Volksglauben das Beweisendste war! Die Zeitschrift lag noch durch viele Jahre im Akt und die blutigen Abdrücke zeigten so klare Papillarlinien, wie man sie bei Tatortabdrücken in modernen Prozessen nur selten zur Verfügung hat.

Hat man von den aufgefundenen Tatortabdrücken alle ausgeschieden, die vom Opfer selbst oder von „harmlosen" dritten Personen herrühren, so ist zu vermuten, daß die übergebliebenen Abdrücke von dem (unbekannten) Täter (bzw. von mehreren Tätern) stammen. Nun gilt es Vergleichsabdrücke dieses Unbekannten zu beschaffen, um den daktyloskopischen Identitätsnachweis erbringen zu können. Dies kann auf zweierlei Wegen geschehen: entweder durch Fingerabdrucknahme[1]) von Personen, die dieser Tat verdächtig sind, oder durch Heraussuchen entsprechender Abdruckkarten aus den Fingerabdrucksammlungen. Welchen dieser Wege man im Einzelfall wählt, ist eine Frage der Kriminaltaktik, gegebenenfalls kann man auch beide Wege kombinieren. Im allgemeinen läßt sich sagen: der erste Weg wird zu beschreiten sein, wenn sich aus anderen Indizien gegen eine bestimmte Person ein dringender Tatverdacht ergibt oder wenn anzunehmen ist, daß der Täter bisher noch nicht daktyloskopiert wurde und daher seine Fingerabdrücke in keiner FAK-Sammlung erliegen. Das ist z. B. in Mordfällen sogar die Regel, sofern es sich nicht um Raubmord, sondern um die Tat eines „Krisenverbrechers" oder um die Primitivreaktion eines explosiven oder zu Kurzschlußhandlungen neigenden Menschen[2]), oder etwa um ein Sexualverbrechen eines Perversen handelt, der ein bisher unerkanntes Doppelleben führt. Je wichtiger ein solcher Fall ist und je geringer die Aussichten einer Entdeckung des Täters durch andere Indizien sind, desto weiter wird man den Kreis der „Verdächtigen" ziehen müssen, die der Fingerabdrucknahme zu unterwerfen sein werden[3]).

---

[1]) Bzw. durch Herstellen von Handballenabdrücken oder Fußabdrücken, falls am Tatort Handballen- oder Spuren nackter Füße, die eine Papillarlinienzeichnung zeigen, gefunden wurden.

[2]) Vgl. *Seelig-Weindler*, Die Typen der Kriminellen, Berlin 1949; *Seelig*, Lehrbuch der Kriminologie, Graz 1951, S. 97ff. und 104ff.

[3]) Liegt der Fall so, daß der Täter innerhalb eines bestimmten Per-

Anders hingegen, wenn ein Raubmord oder ein Einbruch verübt wurde, dessen Ausführung auf einen „berufsmäßigen" oder doch vermutlich vorbestraften Täter schließen läßt: hier wird der zweite Weg zu versuchen sein: das Heraussuchen der entsprechenden Abdruckkarte aus den daktyloskopischen Sammlungen. Die Erfolgsaussichten sind dabei sehr verschieden je nach der Zahl, Deutlichkeit und Vollständigkeit der gefundenen Tatortabdrücke einerseits und den vorhandenen Sammlungen andererseits. Ist der Gesuchte bereits monodaktyloskopisch behandelt worden (vgl. oben S. 389 ff.), so genügt grundsätzlich ein einziger vollständiger Fingerabdruck, der am Tatort gesichert wurde, um ohne einem sonstigen Anhaltspunkt seinen Urheber aus der Einzelfingerregistratur herauszufinden. In diesen Fällen braucht man auch nicht zu wissen, von welchem Finger der Tatortabdruck stammt (was sich bei einem einzigen Abdruck nie mit absoluter Sicherheit sagen läßt). Das Analoge gilt, wenn ein Handballenabdruck gefunden wurde und die Handflächenabdrücke des Gesuchten registriert sind. Ist hingegen der Gesuchte nicht monodaktyloskopisch, wohl aber in der Zehnfingerabdrucksammlung registriert, so ist das Herausfinden der entsprechenden Abdruckkarte auf Grund der Tatortabdrücke allein meist unmöglich, da man ja nie die Abdrücke aller 10 Finger, sondern meist nur eines oder zweier Finger oder, wenn man Glück hat, die Abdrücke von vier Fingern einer Hand findet und diese Abdrücke in der Regel nicht die ganzen Muster der Fingerbeere, sondern nur einen Teil davon wiedergeben. In diesen Fällen wird man daher versuchen, den Personenkreis auf Grund anderer Anhaltspunkte einzuschränken: man kann z. B. aus den Berufseinbrechern jene herausgreifen, die nach den polizeilichen Vermerken in letzter Zeit aus der Strafhaft entlassen wurden, oder jene, die zu der besonderen Ausführungsart, wie sie der konkrete Fall zeigt, neigen usw. Gleichwohl wird die Sucharbeit des Daktyloskopen in solchen Fällen langwierig bleiben und man wird trachten müssen, aus den gefundenen Abdrücken wenigstens in negativer Beziehung Rückschlüsse auf die daktyloskopische Formel zu ziehen, d. h. bestimmte

---

sonenkreises (Bewohner eines Hauses, Arbeiter einer Fabrik usw.) zu suchen ist, ohne daß sich ein näherer Tatverdacht zunächst ergibt, bleibt nichts anderes übrig, als alle Personen dieses Kreises zu daktyloskopieren. Dies wird in der Regel bei den Betroffenen auch kaum Ablehnung oder Unwillen hervorrufen, wenn man die Notwendigkeit und den Zweck der Maßnahme bekanntgibt, da ja jeder Unschuldige dadurch die beste Gelegenheit erhält, jeden Verdacht von sich fernzuhalten. Die großzügigste Maßnahme dieser Art, die bisher in der Kriminalgeschichte bekannt wurde, führte die englische Polizei durch, als der Sexualmord an einem am 15. Mai 1948 auf einem Spitalsgrund in Blackburn tot aufgefundenen dreijährigen Mädchen zunächst unaufgeklärt blieb. Auf einer am Tatort zurückgebliebenen Flasche fand man zahlreiche Abdrücke, von denen nach Ausscheidung der „harmlosen" Abdrücke des Spitalspersonals ein frischer Abdruck mit einem Schlingenmuster nach links als offenbar vom Täter stammend erkannt wurde. Man entschloß sich schließlich, sämtliche Männer der (über 100000 Einwohner zählenden) Stadt durch ein Riesenaufgebot von Polizeibeamten zu daktyloskopieren, bis man schließlich den Täter in der Person des *Peter Griffitsh* identifizieren konnte (s. Notable British Trial Series, Vol. 73, London 1950).

Gruppen von Formeln auszuschließen[1]. In solchen Fällen ist es unterstützend, wenn man feststellen kann, von welcher Hand und welchen Fingern die gefundenen Abdrücke stammen.

Diese viel erörterte Frage kann im Einzelfall einerseits auf Grund der Lage der aufgefundenen Abdrücke und andererseits auf Grund der statistischen Erfahrungen über die Verteilung der Mustertypen auf die einzelnen Finger beantwortet werden. In besonders günstigen Fällen, wenn z. B. ein Wasserglas links einen Fingerabdruck und rechts drei Fingerabdrücke zeigt, so kann schon daraus geschlossen werden, daß es mit der rechten Hand ergriffen wurde und daher der einzelne Abdruck der rechte Daumen und die drei anderen der rechte Zeige-, Mittel- und Ringfinger sind. Man wird also die betreffende Tätigkeit, durch die die Abdrücke entstanden sein dürften, zu rekonstruieren und dabei die anatomische Stellung und Länge der einzelnen Finger zu berücksichtigen haben. In anderen Fällen kann auf Grund der statistischen Erfahrungen nur eine Vermutung ausgesprochen werden. Im allgemeinen gilt, daß Schlingenmuster nach rechts vorwiegend auf der rechten Hand und Schlingenmuster nach links vorwiegend auf der linken Hand vorkommen[2] und daß die Umkehrung dieser Regel meist bei Zeigefingern stattfindet[3]. Über die Verteilung der einzelnen Mustertypen auf die 10 Finger gibt ferner folgende Tabelle Aufschluß, die von *Jörgensen* auf Grund von 7700 Fingerabdruckkarten zusammengestellt wurde[4].

Finger	Bogen	Tannenartige Muster	Schlinge nach rechts	Schlinge nach links	Wirbel
r D	161	0	3.879	20	3.633
r Zf	684	422	2.013	1.722	2.833
r Mf	454	107	5.377	159	1.580
r Rf	130	7	3.597	83	3.862
r Kf	90	3	6.295	9	1.286
l D	310	3	28	4.654	2.686
l Zf	665	329	1.820	2.358	2.496
l Mf	552	246	240	5.439	1.200
l Rf	178	25	17	4.793	2.667
l Kf	157	10	4	6.381	1.120
	3.381	1.152	23.270	25.618	23.363

Auf Grund solcher Hilfen haben erfahrene Daktyloskopen schon wiederholt den Personen- und Formelkreis derart eingeschränkt, daß sie

[1] So kann z. B. beim System Galton-Henry, wenn auch nur ein gefundener Tatortabdruck ein Wirbelmuster aufweist, der Zahlenbruch der Formel nicht der (häufige) Bruch $\frac{I}{I}$ sein (siehe oben S. 383). Hat man gar mehrere Tatortabdrücke mit Wirbel und kann man die Finger bestimmen, von denen sie stammen (siehe oben im weiteren Text), so können ganze Gruppen von Zahlenbrüchen ausgeschlossen werden. *Windt-Kodicek* a. a. O. S. 112ff. und *Heindl* a. a. O. 3. Auflage, S. 383ff., haben hiefür besondere Methoden vorgeschlagen.

[2] Vgl. oben S. 386 f.

[3] Vgl. *Hasslacher*, Archiv 85, S. 93.

[4] Zwecks besserer Übersicht wurde in der oben wiedergegebenen Tabelle die Reihenfolge der Finger geändert und die von *Jörgensen* vorgenommene Trennung der Doppelschlingen und zufälligen Mustern von den Wirbeln beseitigt. Die Zahl der amputierten Finger betrug 216, so daß die obige Tabelle die Verteilung von 76784 Fingerabdrücken zum Gegenstand hat.

auch aus großen Zehnfingerabdrucksammlungen schließlich nur eine relativ kleine Zahl von Abdruckkarten einzeln zu überprüfen brauchten und so den Gesuchten fanden.

b) Das Vergleichen selbst.

Hat man auf dem einen oder dem anderen der vorher geschilderten Wege eine Abdruckkarte beschafft, deren Abdrücke mit den zufällig zurückgelassenen und sichergestellten Abdrücken zu vergleichen ist, beginnt der entscheidende Teil der daktyloskopischen Arbeit: die Feststellung, ob beide Abdrücke von demselben Finger stammen oder nicht.

Die Durchführung dieser Vergleichsarbeit wird durch optische Hilfsmittel erleichtert. Meist genügt die Betrachtung durch eine vierfach vergrößernde Lupe, doch kann man auch beide Abdrücke nebeneinander in ein lichtstarkes Epidiaskop legen, so daß sie — sehr vergrößert — auf einem Projektionsschirm erscheinen und so bequem betrachtet und verglichen werden können. Der von Perrot in Basel gebaute „Kriminalprojektor" (eine großdimensionierte mikrophotographische Einrichtung) gestattet es, die beiden Abdrücke nebeneinander auf der Mattscheibe in zehnfacher Vergrößerung zu betrachten und photographisch festzuhalten. Bei positivem Ergebnis des Vergleichens werden stets entsprechende Mikrophotogramme oder photographische Vergrößerungen herzustellen sein, die — einander gegenübergestellt — die Übereinstimmung der aufgefundenen Detailmerkmale deutlich erkennen lassen (siehe Abb. 142).

Grundsatz der Vergleichsarbeit ist: die Identität ist zu bejahen, wenn der zufällig zurückgelassene Fingerabdruck in allen vorhandenen und erkennbaren Merkmalen seiner Papillarlinienzeichnung mit der Papillarlinienzeichnung des Vergleichsabdruckes übereinstimmt und die Zahl der hiebei festzustellenden Detailmerkmale („Minutien") mindestens acht beträgt.

Hiebei bedeutet „übereinstimmen", daß sich die Detailmerkmale hinsichtlich ihrer Qualität und ihrer relativen Lage zueinander gleichen, wobei jedoch Gleichheit der Qualität auch dann anzunehmen ist, wenn nur ein solcher Unterschied des Erscheinungsbildes besteht, der durch die Technik des Abdruck- oder des Einstaubverfahrens zu erklären ist. So kann eine frei endende Linie durch zusammenhaftende Farbstoff- oder Pulverteilchen im Abdruck oder in der Einstaubspur mit der benachbarten Linie verbunden sein, also scheinbar eine „Gabel" darstellen, während in dem zu vergleichenden Muster richtig eine frei endende Linie aufscheint. Ebenso kann umgekehrt das Papillarlinienmuster der Haut eine Gabel aufweisen, während infolge Unvollständigkeit der Sekretablagerung oder Nichthaftenbleiben von Farbe und Einstaubpulverteilchen im Abdruck eine Unterbrechung zu sehen ist, also scheinbar ein freies Ende vorliegt. Analoges gilt für freie „Einlagerungen", die durch Verbindung mit einer benachbarten Linie als „Auge" erscheinen usw.

Diese jedem Daktyloskopen wohlbekannte Erscheinung hindert daher in keiner Weise die Identifizierung, wenn alle übrigen Minutien ebenfalls übereinstimmen.

Um die relative Lage der Detailmerkmale zueinander zu vergleichen, wählt man zweckmäßigerweise in dem einen Abdruck eine charakteristische Stelle mit deutlichen Minutien, die auch im Vergleichsabdruck zu finden ist. Man bezeichnet nun eines der Detailmerkmale mit 1 und stellt die relative Lage zu einem der nächstliegenden Merkmale, das man mit 2 bezeichnet, dadurch fest, daß man die Papillarlinie in bestimmter Richtung verfolgt und die ungefähre Entfernung sowie die Zahl allfälliger Zwischenlinien festhält. An derselben Stelle muß sich im Vergleichsabdruck das gleiche Merkmal finden. Durch die Kombination von Qualität der Merkmale und ihrer relativen Lage ist das Individuelle der Linienzeichnung eindeutig bestimmt, ohne daß es etwa mathematischer Kongruenz, bei der auch die absoluten Maße übereinstimmen müssen, bedarf.

Die letztere Tatsache, daß die Identität des Musters auch vorliegt, wenn zwischen den absoluten Entfernungen der korrespondirenden Detailmerkmale ein kleiner Unterschied besteht, erklärt sich daraus, daß die absolute Entfernung zweier Hautpunkte von der jeweiligen Dehnung der Haut abhängig und diese sowohl beim Entstehen eines zufälligen Fingerabdruckes als auch bei der Fingerabdrucknahme variabel ist. Je nach der Richtung, in der der Finger auf die Oberfläche gedrückt wird, der Stärke des jeweils ausgeübten Druckes und den allfälligen Drehbewegungen des Fingers schieben sich gewisse Hautpartien zusammen, während sich andere dehnen. Außerdem nehmen bei Kindern und Jugendlichen die absoluten Entfernungen auch durch das natürliche Wachstum zu. Es sind daher alle wiederholt gemachten Vorschläge, die Übereinstimmung der Linienmuster mit Hilfe von darüber gelegten Rastern[1]) oder einem optischen Deckungsverfahren[2]) oder durch ähnliche Hilfsmittel[3]) zu prüfen, grundsätzlich verfehlt. Das Charakteristische eines Linienmusters bleibt vielmehr trotz Verschiebung der absoluten Entfernung seiner Details immer das gleiche — ähnlich wie ja auch ein Spitzengewebe nach allen Richtungen verzerrt werden kann, ohne darum seine Eigenart einzubüßen. Abb. 141, die wir einer Arbeit von *M. Weninger* entnehmen[4]), ist hiefür eine lehrreiche Illustration.

[1]) Vgl. *Streicher*, Archiv 65, S. 284.

[2]) Vgl. *Rubner*, Archiv 49, S. 258, *Harster*, Archiv 58, S. 366.

[3]) So soll der Gerichtsmediziner *Kockel* die Identität von Abdrücken dadurch geprüft haben, daß er die einzelnen Detailmerkmale miteinander mit Linien verband und prüfte, ob die so entstandenen „Merkmalfiguren" übereinstimmen, wodurch er in einem konkreten Fall zu einem (unrichtigen) negativen Gutachten gelangte, während die erfahrenen Polizeidaktyloskopen verschiedener Dienststellen die Identität des Abdruckes festgestellt hatten (Kriminalistik 2, S. 181).

[4]) *M. Weninger*, Gestaltunterschiede zwischen den Abdrücken von Papillarmustern ein und derselben Fingerbeere, Mitt. d. Anthropol. Ges. Wien, 62, S. 276; vgl. auch *O. Schmidt*, Archiv 84, S. 49.

Zur Veranschaulichung, wie sich demnach ein positiver Identitätsnachweis durch Vergleichen eines unvollständigen Tatortabdruckes mit einem vollständigen Abdruck aus der Fingerabdruckkartei ergibt, diene die Abb. 142. Die Identität ergab sich in diesem Fall durch die Übereinstimmung folgender Detailmerkmale: Bei 1 ist eine kleine Einlagerung; verfolgt man die links benachbarte Linie nach oben, so gelangt man bei 4 zu einem freien Ende; überquert man von hier nach links drei Linien und verfolgt man den nächsten Zwischenraum nach abwärts, so gelangt man bei 3 zu einer frei beginnenden Linie; links hievon, nur durch eine Linie getrennt, beginnt bei 2 wieder das freie Ende einer Linie; überquert man von hier nach links eine Linie und verfolgt man die nächste Linie nach aufwärts, so gelangt man bei 5 zum freien Ende dieser Linie; etwas oberhalb dieses Endes ist das Muster durch eine quer zu den Papillarlinien verlaufende

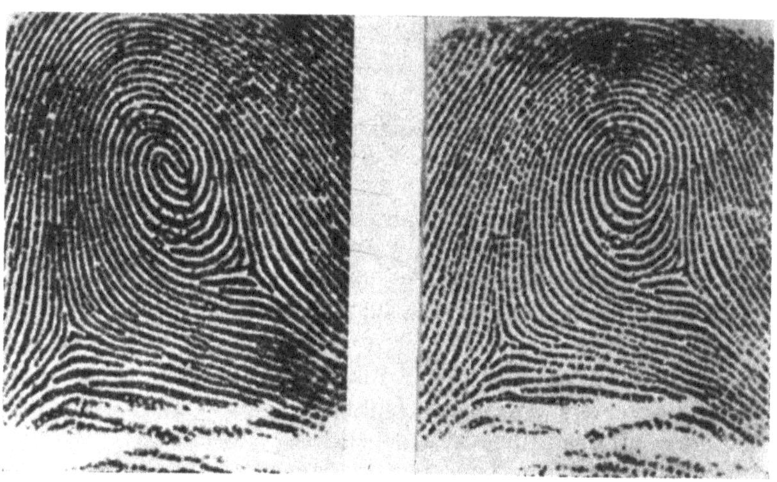

Abb. 141: Durch das Abdruckverfahren entstandener Gestaltsunterschied ein und desselben Linienmusters. (Nach *M. Weninger*, Mitt. d. Anthropol. Ges. Wien, Bd. 62, S. 278.

Narbe gestört. Im Zentrum des Musters ist bei 7 das freie Ende einer Linie; unterhalb hievon vereinigen sich zwei Linien in einem spitzen Winkel zu einer Gabel, die in ihrer Fortsetzung nach unten bei 8 sich wieder mit einer links von oben kommenden Linie vereinigt und in einem kurzen Fortsatz frei endet. Überquert man von hier aus nach unten eine Linie, so gelangt man bei 10 zu einer Gabel, die durch die Vereinigung zweier von links kommender Linien gebildet wird; verfolgt man diese Linie etwas nach rechts und überquert in der Richtung nach rechts unten die benachbarte Linie, so stößt man bei 9 auf das freie Ende einer Linie.

Ein zweifelhaftes Resultat kann sich nur in jenen Fällen ergeben, in denen der gefundene Abdruck so undeutlich oder unvollständig ist, daß trotz Übereinstimmung der noch vergleichbaren Linienzeichnung diese nicht einmal mehr 8 Detailmerkmale enthält. Dies ist z. B. der Fall, wenn sich nur Teile der Seitenkante eines Fingers abdrücken, auf denen nur einige parallele Papillarlinien zu sehen sind und sich darin nur eine Gabel und eine frei beginnende Linie befindet. Enthält der Vergleichsabdruck einen Teil, in welchem sich die gleichen 2 Merkmale in gleicher Lage zueinander befinden, so kann die Identität wohl vermutet werden, aber ein daktyloskopischer Beweis ist nicht erbracht, weil eine derartige kleine Merkmalgruppe sich auch in verschiedenen Mustern wiederholen könnte[1]).

In solchen scheinbar verzweifelten Fällen hilft aber mitunter die sogenannte Poroskopie[2]). Wir haben schon bei der Anatomie der menschlichen Haut erwähnt, daß auch die Ausgänge der Schweißdrüsen-

[1]) Naturgemäß steigt die Wahrscheinlichkeit der Identität mit der Größe und dem Detailreichtum des gefundenen Musterteiles, wobei auch die Qualität der vorhandenen Detailmerkmale und ihrer relativen Lagebeziehungen zueinander von Bedeutung ist. Es kommt daher nicht auf ein schematisches „Zählen" der Merkmale an, die vielmehr in ihrer Eigenart gewürdigt werden müssen. Die im Text angegebene Mindestzahl von 8 Merkmalen für den Beweis der Identität entspricht der Erfahrung u. setzt deutliche Ausprägung qualitativ charakteristischer Merkmale und volle Übereinstimmung der relativen Lagebeziehungen voraus. Die seinerzeit von *Balthazard*, De l'Intification par les empreintes digitales (C. R. Acad. des Sciences, Paris 1911) aufgestellten Wahrscheinlichkeitsrechnungen sind nicht schlüssig, da sie von willkürlichen Annahmen (4 Arten von Merkmalen, Einteilung des Musters in 100 Felder) ausgehen. Eine apriorische Wahrscheinlichkeitsrechnung führt hier grundsätzlich nicht zum Ziel, weil in der Wirklichkeit die an sich möglichen Merkmale und Merkmalskombinationen nicht gleich häufig vorkommen. Im wesentlichen zum selben Ergebnis kommt auch *Locard*, Traité de Criminalistique, vol. 1, p. 222, der bei 8 bis 12 übereinstimmenden Merkmalen von „Grenzfällen" spricht, bei denen es auf die Seltenheit des Musters und die Übereinstimmung in Feinheiten der Linienführung ankommt.

[2]) Vgl. *Locard*, La poroscopie, Archives d'anthropologie crimin. 1913 Nr. 235; *derselbe*, Traité de criminalistique, livre 1, p. 247 ff.; *Heindl* a. a. O. S. 137f., 419.

Abb. 142: Vergleichung eines unvollständigen Tatortabdruckes, der nach einem Gasthauseinbruch auf einer Flasche gefunden wurde mit dem korrespondierenden Abdruck auf der FAK. (Von der Erkennungsabteilung der Polizeidirektion Graz ausgearbeitet.)

kanäle, die in den Doppelleisten der Epidermis (die daktyloskopisch als „Papillarlinien" bezeichnet werden) münden, in ihrer Zahl und Lage ein für allemal festgelegt sind. Diese Poren scheinen bei deutlichen Abdrücken als weiße Punkte innerhalb der schwarzen Papillarlinien auf; sie können durch Mikrophotoaufnahme beliebig vergrößert werden. Abb. 143 zeigt das Mikrophotogramm eines kleinen Teiles des rechten Zeigefingerabdruckes aus der auf S. 377 wiedergegebenen Fingerabdruckkarte. Lage und Zahl der Poren sind deutlich zu sehen und könnten als

Abb. 143: Fingerabdruck mit Poren (Mikroaufnahme eines Teiles des Abdruckes des rechten Zeigefingers aus der auf S. 377 wiedergegebenen FA-Karte). Aufnahme: Kriminol. Institut Graz.

Grundlage eines Identitätsnachweises dienen. Ausschlaggebend für den praktischen Erfolg ist aber, daß man schon bei Sicherung der Tatortabdrücke mit entsprechender Vorsicht vorgeht und insbesondere unvollständige Abdrücke auf Glas nicht einstaubt, sondern durch Photoaufnahme sichert, wobei sich für Abdrücke auf ebenen Glasscheiben die Dunkelfeldaufnahme (nach *Bohne*) empfiehlt[1]). Denn durch das Einstauben der Spuren — so vorzüglich sich dieses Verfahren im allgemeinen bewährt — werden die Poren mit Pulverteilchen in der Regel überdeckt, so daß die durch Abziehfolien gesicherten Abdrücke für einen poroskopischen Vergleich ungeeignet sind.

[1]) Vgl. oben S. 398.

c) Die kriminalistische Bedeutung des Identitätsnachweises.

Der daktyloskopische Nachweis, daß ein zufällig zurückgelassener Finger-, Handballen- oder Fußabdruck, mit einem vorliegenden Vergleichsabdruck einer bestimmten Person im Sinne der vorstehenden Ausführung übereinstimmt, bedeutet zunächst nur, daß das Linienmuster des aufgefundenen Abdruckes von dem entsprechenden Hautteil jener Person stammt. Dies bedeutet nicht notwendig, daß die betreffende Person den Gegenstand unmittelbar berührt hat, weil auch eine mittelbare Übertragung — die etwa absichtlich zur Irreführung vorgenommen wurde — denkbar ist. Sieht man von solchen mehr theoretischen Möglichkeiten (auf die im nächsten Kapitel näher eingegangen werden wird) ab, so ist mit dem daktyloskopischen Identitätsnachweis die Feststellung gegeben, daß der betreffende Gegenstand von jenem Menschen, von dem der Vergleichsabdruck abgenommen wurde, mit dem betreffenden Körperteil (Finger, Handballen, Fuß) berührt wurde. Welche weiteren kriminalistischen Schlußfolgerungen daran zu knüpfen sind, ist jedoch nach Lage des Falles ganz verschieden. Schon der Schluß, daß der betreffende Mensch am Ort, an dem die Spur gefunden wurde, anwesend war, ist in allen jenen Fällen nicht zulässig, in denen der Spurenträger seinen Ort gewechselt haben kann, wie etwa eine Flasche, die am Tatort gefunden wurde und möglicherweise Spuren trägt, die an einem anderen Ort, als sie noch nicht am Tatort war, entstanden sind. Diese Möglichkeiten können in der Regel auch nicht durch die Frage des Alters der Spur geklärt werden, da — wie wir bereits wissen — die Haltbarkeit der Spuren auf den verschiedenen Oberflächen und bei den verschiedenen klimatischen Verhältnissen so variabel ist, daß ein sicherer Schluß, wenn die Spur entstanden sei, nicht gezogen werden kann. Nur indirekt ergeben sich mitunter diesbezüglich Anhaltspunkte, wenn sich z. B. die Spur auf einer Staubschichte befindet, die selbst erst im Zeitpunkt der Tat — etwa durch den Einbruch — entstanden ist.

Trotz dieser zur Vermeidung übereilter Schlußfolgerungen notwendigen Einschränkungen bei der Auswertung daktyloskopischer Nachweise ist deren kriminalistische Bedeutung eine sehr große. Denn abgesehen von dem im 4. Kapitel dieses Abschnittes behandelten Identitätsnachweise auf Grund neu abgenommener Fingerabdrücke (wodurch vor allem die unter verschiedenen Namen und mit verändertem Aussehen auftretenden Hochstapler sowie aus Strafanstalten entwichene Verbrecher zuverlässig identifiziert werden können) kann der Identitätsnachweis auf Grund zufällig zurückgelassener Abdrücke folgende kriminalistische Verwertungen erfahren:

1. Durch einen am Tatort zurückgelassenen Abdruck kann — falls es nach Lage des Falles unmöglich ist, daß der Mensch, von dem der Abdruck herrührt, diesen außerhalb des Tatortgeschehens erzeugt habe — auf die Beteiligung dieses Menschen an der Tat geschlossen werden. So ist z. B. nach einem Kasseneinbruch in ein Bankgeschäft — falls auf der fest-

stehenden Kasse der Finger- oder Handballenabdruck eines berufsmäßigen Einbrechers gefunden wurde, der keine Gelegenheit hatte, vor dem Einbruch in den Kassenraum zu gelangen — der Schluß berechtigt, daß dieser Mann den gegenständlichen Einbruch entweder allein oder als Mittäter begangen hat. Dies ist der Normalfall der Auswertung der „Tatortdaktyloskopie". Hieher gehören naturgemäß auch die analogen Fälle bei „beweglichem Tatort", z.B. wenn auf dem Papier eines anonymen Erpresserbriefes ein Fingerabdruck gefunden wird, der nur vom Schreiber oder Absender herrühren kann.

2. Der (kriminalistisch oft bedeutsame) Umstand, ob sich eine bestimmte Person in einem bestimmten Raum aufgehalten habe, kann — falls die betreffende Person zu diesem Raum sonst nicht Zutritt hat — durch das Auffinden zufällig zurückgelassener Abdrücke an Gegenständen in diesem Raum erhärtet werden. Dieser Raum braucht keineswegs Tatort zu sein. So kann z. B. die Behauptung einer Zeugin, sie erkenne in dem Beschuldigten den Mann wieder, der sie in seine Wohnung eingeladen, daselbst bewirtet und ihr später beim Heimweg, auf dem er sie begleitete, ein wertvolles Schmuckstück unter dem Vorwande einer besonders günstigen Verwertungsmöglichkeit herausgelockt habe, dadurch überprüft werden, daß man in der Wohnung des Beschuldigten nach zufällig zurückgelassenen Abdrücken der Zeugin (z. B. auf Gläsern, Tassen usw.) sucht.

3. Besteht die Vermutung, daß ein aufgefundener, sonst nicht identifizierbarer Mensch (z. B. eine verstümmelte Leiche, deren Hände noch erhalten sind) mit einer bestimmten Person, die aus ihrer Wohnung abgängig ist und noch niemals daktyloskopiert wurde, identisch sei, so können die erforderlichen Vergleichsabdrücke dadurch beschafft werden, daß man in der Wohnung des Vermißten auf den üblicherweise häufig berührten Gegenständen nach zufällig zurückgelassenen Abdrücken sucht.

Der Identitätsnachweis auf Grund zufällig zurückgelassener Fingerabdrücke spielt daher innerhalb des kriminalistischen Beweises eine mehrfache Rolle.

d) Gaunertricks zur Verhinderung oder Irreführung des Identitätsnachweises.

Sobald der hohe Wert der Daktyloskopie für die kriminalistische Aufklärungsarbeit nach der Jahrhundertwende auch von der Gaunerwelt — vielfach schon durch eigene Erfahrung — erkannt worden war, suchte man in diesen Kreisen nach Wegen, um die daktyloskopischen Erfolge unmöglich zu machen. Vor allem kämpfte man gegen die Tatortdaktyloskopie an, indem man teils Mittel ersann, durch die das Zurücklassen von Fingerabdrücken verhindert oder schon entstandene Abdrücke vernichtet werden sollen, teils nach Methoden suchte, die das Zurücklassen eines falschen, d. h. nicht von der Haut des Täters stammenden Abdruckes bewirken. In der daktyloskopischen Fachliteratur ist es vielfach üblich, diese Möglichkeiten zu bagatellisieren. Richtig ist, daß besonders die Fälschungsmethoden in der Praxis nur in einem verschwindend kleinen Prozentsatz von Verbrechensfällen Anwendung fanden, so daß die tatsächliche Gefahr, die von ihnen ausgeht, gering ist. Dennoch bestehen solche Möglichkeiten und ihre Ignorierung könnte unter Umständen schwerste Folgen haben[1]).

Verhindert wird das Zurückbleiben verwertbarer Abdrücke schon dadurch, daß man die Finger oder Handballen von den berührten Gegenständen nicht abhebt, sondern unter gleichbleibendem Druck mit einer wischenden Bewegung wegzieht. Denn dann bleibt eben nur eine Wischspur ohne Papillarlinienmuster zurück. Es erfordert jedoch höchste Aufmerksamkeit, um bei allen Berührungen auf eine solche Art der Handbewegung zu achten, und ein Gauner, der sich darauf verließe, läuft Gefahr, fallweise doch darauf zu vergessen. So lag es nahe, ein einfaches technisches Verhinderungsmittel zu verwenden: Handschuhe. In der Tat verhindern sowohl Gummihandschuhe als auch die im Alltag getragenen Leder- und Stoffhandschuhe das Entstehen verwertbarer Fingerabdrücke, es sei denn, daß sie an den Fingerbeeren Löcher haben oder — auch dies ist schon vorgekommen — vom Gauner selbst abgeschnitten wurden, weil sie ihn bei seiner „Arbeit" behinderten. Bei Knöpfelhandschuhen kann der durch den Ausschnitt freibleibende Teil des Handballens unter Umständen noch brauchbare Abdrücke liefern. Abgesehen von solchen Ausnahmsfällen sind somit Handschuhe ein sicheres Schutzmittel gegen den daktyloskopischen Spurennachweis, das jedoch gerade von den Berufseinbrechern wegen der Beeinträchtigung des Tastgefühles nur relativ selten verwendet wird.

Die Vernichtung allfällig entstandener Abdrücke wurde einmal (bei einem Geschäftseinbruch in Graz in den Weihnachtsfeiertagen des Jahres 1911) dadurch versucht, daß die Täter die berührten Stellen an zwei Kassen dick mit Ölfarbe überstrichen. Da aber bei einem solchen Verfahren leicht eine Stelle, die man unwillkürlich berührte, übersehen werden kann, ist dieses Mittel nicht völlig verläßlich.

Eine Irreführung durch Zurücklassen falscher Abdrücke ist naturgemäß auf viele Arten möglich. Unzulänglich ist die Verwendung von Stampiglien mit durch Zeichnung entstandenem Papillarlinienmuster, da ein daktyloskopischer Sachverständiger ein solches von natürlichen Hautlinienmustern zu unterscheiden vermag. Hingegen sind Matrizen aus Metall[2]) oder einem womöglich elastischem Kunststoff, auf die ein natürliches Hautlinienmuster auf photochemischem Wege

[1]) Vgl. *Ehmer*, Archiv 26, S. 17; *Schneickert*, Archiv 36, S. 17 und S. 50 und 241; *Näcke*, Archiv 54, S. 368; *Heindl* a. a. O. S. 320ff.; *Schneickert*, Der Beweis durch Fingerabdrücke, 2. Auflage, S. 126ff.; ferner *Schobers* Bericht über den Internationalen Polizeikongreß in Berlin 1926, Archiv 79, S. 213; auch die außerwissenschaftliche Literatur hat sich mit diesen Fragen befaßt: *R. A. Freemann*, Der rote Daumenabdruck, Dresden, o. J.; *Grey*, Wie man Verbrecher fängt (zitiert nach *Heindl*); *Wehde* und *Beffel*, Fingerprints can be forged, Chikago. *Wehde* war, wie aus seinem zweiten Buch (Seit ich die Heimat verließ, Berlin 1924) hervorgeht, ein nach Amerika ausgewanderter Deutscher, der eine langjährige Zuchthausstrafe wegen Spionage verbüßte und im Gefängnis sich mit daktyloskopischen Arbeiten zu beschäftigen hatte. Aus seiner charakterlich wenig erfreulichen Persönlichkeit kann aber, wie dies von seiten der daktyloskopischen Fachwelt versucht wurde, auf die Unbrauchbarkeit der von ihm entwickelten Fälschungsmethoden nicht geschlossen werden.

[2]) Weniger eignen sich Gummistampiglien. Nur bei Verwendung solcher ist außerdem der von *Klein* angegebene Schwefelnachweis in der Abdruckspur möglich (vgl. stenographische Protokolle des Internationalen Polizeikongresses, Wien 1923, S. 57, und Archiv 76 S. 152). Primitiv war der (von *Ehmer* a. a. O. berichtete) Irreführungsversuch eines Juwelendiebes, der einen Radiergummi mit seinem eigenen blutbenetzten Finger berührte und dann diesen Gummistempel auf den Tatort an auffallender Stelle abdrückte; der so entstandene Abdruck war allerdings seitenverkehrt, was jedoch die Identifizierung durch Einzelvergleich mit den 10-Fingerabdrücken des Täters nicht hinderte.

oder durch ein Abformverfahren übertragen wurde[1]), für eine solche Fälschung durchaus geeignet. Durch Benetzen der Matrizen mit natürlichem Hautschweiß, Fett oder allenfalls Blut kann man nach Wahl latente oder blutige Abdrücke erzeugen. Bei geschickter Anbringung wird es auch einem daktyloskopischen Sachverständigen schwerfallen, derartige Abdrücke als nicht natürlich entstandene zu erkennen.

Wiewohl daher in besonders gelagerten Fällen das Vorliegen einer solchen Fälschung nicht von vorneherein als „unmöglich" auszuschließen sein wird, so hätte sie doch für den Fälscher in der Regel nur geringen Wert; denn die Nichtübereinstimmung eines gefundenen Tatortabdruckes mit den Fingerabdrücken eines Verdächtigen bildet niemals einen negativen Beweis gegen seine Täterschaft, da ja stets mit der Möglichkeit zu rechnen ist, daß ein aufgefundener Abdruck von einem Mittäter oder einer dritten Person stammt. Dies ist wohl auch der Grund, weshalb das Berufsverbrechertum kaum jemals von diesen Methoden Gebrauch macht. Für denjenigen aber, dessen Papillarlinienzeichnung für eine solche Fälschung mißbraucht wird, könnte dies von schlimmsten Folgen sein.

8. Der Identitätsnachweis auf Grund zurückgelassener Hautteile.

Ein besonderer und naturgemäß recht seltener Fall der „Tatortdaktyloskopie" liegt dann vor, wenn am Tatort zwar kein Fingerabdruck wohl aber ein papillarlinientragender Hautteil des Täters zurückbleibt und gefunden wird. Zwei Fälle dieser Art sind bisher bekannt geworden. In London mußte — wie *Heindl* berichtet[2]) — ein Einbrecher beim Verlassen des Tatortes eine Hoftür überklettern, die oben mit eisernen Zinken versehen war. Dabei blieb er mit dem Ring, den er an einem Finger trug, an einer Zinke hängen und beim Herabspringen wurde durch die Kraft des fallenden Körpers der im Ring steckende Finger abgerissen. Er wurde auf der Zinke des Tors gefunden und der von ihm hergestellte Papillarlinienabdruck der Fingerbeere konnte relativ leicht aus der FAK-Sammlung als der Fingerabdruck eines bereits daktyloskopierten Berufseinbrechers identifiziert werden.

Im zweiten vom Polizeipräsidium Im Haag mit geteilten Falle[3]) hatte ein Mörder ebenfalls keinen Fingerabdruck zurückgelassen, aber auf dem Mordinstrument, einem Rasiermesser, das er auf der Flucht über eine Gartenmauer geworfen hatte, fand sich eine kleine Spur, die sich als Teilchen der Haut einer Fingerbeere erwies: der Täter hatte

[1]) *Poller* schlägt in seinem Buch über das von ihm erfundene Abformverfahren (siehe oben S. 345) für die Leichendaktyloskopie vor, von den Fingern der Leiche eine Positivform herzustellen, von der sich dann — wie von einem wirklichen Finger — mit beliebigen Einfärbungsmitteln Abdrücke herstellen lassen. Eine solche Finger-Rundplastik aus elastischer Positivmasse würde naturgemäß auch am Tatort die Herstellung recht natürlicher Hautsekret- oder Blutabdrücke zulassen.

[2]) a. a. O. S. 303f.

[3]) Archiv 81, S. 127.

sich offenbar beim Hantieren mit dem Rasiermesser selbst verletzt. Das Hautteilchen, das eine Größe von rund 1×2 mm aufwies, zeigte Papillarlinien und wenn auch deren Umfang für einen daktyloskopischen Identitätsnachweis durch Vergleichen mit einem Fingerabdruck zu gering gewesen wäre, so half hier doch der Umstand, daß am rechten Zeigefinger des Verdächtigten tatsächlich ein kleines Stück Haut fehlte, welches in Form und Größe mit dem Hautteilchen auf dem Rasiermesser übereinstimmte. Sobald man das Hautteilchen in die entsprechende Lage gebracht hatte, zeigte es sich, daß auch die fünf Papillarlinien, die sich auf dem Hautteilchen befanden, genau die Fortsetzung des Papillarlinienmusters der Fingerhaut bildeten. Trotz seines Leugnens wurde der Täter, der auch den Besitz des Rasiermessers bestritt, auf Grund dieses Beweises verurteilt.

XIII. Abschnitt.

Über Fußspuren und andere Spuren.

1. Fußspuren.

a) Allgemeines.

Die Beobachtung, Sicherung und Verwertung von Fußspuren kann in vielen Fällen von ausschlaggebender Bedeutung sein, wenn man rechtzeitig an die Möglichkeit ihrer Existenz und ihrer Verwendung als Beweismittel denkt. Daß sie verhältnismäßig selten herangezogen werden, hat verschiedene Gründe, von denen manche allerdings nicht willkürlich ausgeschaltet werden können. Vor allem kommen Fußspuren dort, wo man sie brauchen würde, mitunter überhaupt nicht vor, weiters sind sie, wenn vorhanden, meist undeutlich und unvollständig, so daß ihre Verwertung als unmöglich bezeichnet wird. Aber auch die ursprünglich best ausgeprägten Fußspuren werden oft zerstört, verwischt, von anderen Spuren überdeckt oder mit anderen vermengt: Leute, die nach der Tat an den Tatort kommen (vor oder nach Entdeckung des Umstandes, daß hier etwas geschehen ist), lassen ebenfalls ihre Fußspuren zurück, zertreten die richtige Spur oder machen es zumindest ungewiß, welche der vorhandenen die richtige ist. Geschah aber alles dies nicht und ist eine gut ausgeprägte Spur auch erhalten geblieben, so ist es erforderlich, daß man sie rechtzeitig als solche zu erkennen, sie auf richtige Weise sicherzustellen, aus ihr zu lesen und sie zu verwerten vermag. Das können aber nicht viele, trotz der vielen Anleitungen hiezu, die sich in der kriminalistischen Literatur der letzten Jahrzehnte finden[1]).

Die kriminalistische Verwertung einer aufgefundenen und sichergestellten Fußspur setzt die Kenntnis der zahlreichen Bedingungen vor-

[1]) Vgl. die früheren Auflagen dieses Handbuchs, ferner: *Niceforo-Lindenau*, Die Kriminalpolizei und ihre Hilfswissenschaften, Berlin, Seite 98; *Schneickert*, Kriminalistische Spurensicherung, 2. Auflage, Berlin 1925; *Locard*, Die Kriminaluntersuchung und ihre wissenschaftlichen Methoden, Berlin 1930, S. 111f.; *Anuschat*, Kriminalistische Spurenkunde, Berlin 1933; *Lichem*, Kriminalpolizei, Graz 1935, S. 251f.; *Leibig*, Kriminaltechnik, 2. Auflage, München 1937, S. 131f.; *Elbel*, Artikel „Fußspuren" im Handw. d. ger. Medizin (1940); *Wilhelm*, Einführung in die praktische Kriminalistik, 1949, S. 91f; *Seelig*, Lehrbuch der Kriminologie, 2. Auflage, Graz-Nürnberg 1951, S. 248f.; Von den zahlreichen Beiträgen in Fachzeitschriften seien erwähnt: *Schulze*, Archiv 9, S. 126 (1902); *v. Ledden-Hulsebosch*, Archiv 64 S. 263; *Hesselink*, Archiv 77, S. 241 (1925); *Seelig*, Archiv 78 S. 265 (1925); *Karpfen* (Skifährten), Archiv 81, S. 216 (1927); *Heindl* (Härten von Gipsabdrücken), Archiv 97, S. 236 (1935); *Philipp*, Kriminalistik 1, S. 212 (1927); *Müllner*, Kriminalistik 4, S. 272 (1930); *T. Müller*, Kriminalistik 2, S. 160 (1928); 6, S. 4 (1932); *Holters* (Spuren im lockeren Untergrund), Kriminalistik 6, S. 123 (1932); *Claussen*, Kriminalistik 13, S. 132 (1939); *G. Wagner*, (Gangbild) D. Ztschr. f. ger. Med. 26, S. 331 (1936); *Karlmark* (Spuren in Schnee und Sand), ebenda 27, S. 393 (1937); *Bauernfeind*, Kriminalistik 4, S. 149 (1930); 6, S. 196 (1932); neue Folge 4, S. 147, 201 und 223 (1950).

aus, von denen im Einzelfall die Beschaffenheit der Spur abhängt: zu diesen gehören nicht bloß äußere Umstände wie Art der Beschuhung und Beschaffenheit des Bodens (Lehm, Sand, Waldboden, Gras, Stein, Beton, Asphalt, Holzboden usw.), von der es meist abhängt, ob es sich um eine Eindrucksspur oder um eine Abdrucksspur handelt, sondern vor allem Eigenschaften des erzeugenden Menschen (Körperbau, Gangweise, anatomische oder pathologische Besonderheiten, wie Plattfuß usw.) und die Art der die Spur erzeugenden Bewegung (langsames oder rasches Gehen, Laufen, Springen usw.). Auch noch andere Umstände, wie das Tragen von Lasten, können auf die Entstehung von Fußspuren von Einfluß sein. Die sich daraus ergebenden Beziehungen zu erforschen ist — soweit körperliche Merkmale und die Mechanik des Gehens eine Rolle spielen — Aufgabe der Anatomie, Physiologie und Orthopädie, deren einschlägige Lehren hier der wissenschaftlichen Kriminalistik dienstbar zu machen sind. Die moderne Kinematographie, durch die es möglich wurde, die einzelnen Phasen der Geh- und Laufbewegung durch Zeitlupenaufnahmen genau zu beobachten, hat diese Forschung sehr gefördert[1]).

Wenn bisher allgemein von Fußspuren gesprochen wurde, so sind hierbei zwei Erscheinungen auseinanderzuhalten:

1. Die Spur des einzelnen Auftrittes des linken oder rechten Fußes, die im folgenden kurz als „einzelne Fußspur" oder als Fußbild bezeichnet wird;

2. der Komplex von Spuren, der durch die menschliche Fortbewegung (Gehen, Laufen, Stehenbleiben usw.) entsteht und den wir als Gangbild bezeichnen wollen.

Weiters ist nach der Beschaffenheit der einzelnen Spur, wie schon oben angedeutet wurde, zwischen Eindrucksspuren in weichem oder nachgebendem Material (feuchtem Lehm, Gartenerde, Straßenkot, Staub, Mehl, feinem Sand, Schnee), die in örtlich begrenzten Vertiefungen des Spurenträgers bestehen, Abdruckspuren (feuchter, blutiger oder sonst abfärbender Füße), die auf glatten Flächen (Steinfließen, Holzböden usw.) aufgelagert sind, und Abhebungsspuren, die — analog wie bei Fingerspuren (oben S. 399) — auf leicht bestaubten Flächen entstehen, zu unterscheiden[2]). Während innerhalb der Fingerspuren, bei denen wir die analoge Unterscheidung zu machen hatten (oben S. 393), in der Praxis

---

[1]) Vgl. unten S. 433ff.

[2]) Ein Mittelding zwischen diesen Spurenarten stellen Fußspuren dar, die auf glänzenden Flächen (z. B. polierten Parkettböden, gewachstem Linoleum u. ä.) lediglich als matte Flecke erscheinen, die aber oft wichtige Details (z. B. das Muster gerippter Gummisohlen) erkennen lassen. Sie bestehen meist nur in einer durch den Auftritt entstandenen geringen Veränderung der Oberfläche, wodurch diese die Lichtstrahlen anders und in geringerem Ausmaße reflektiert. Daher ist an dieser Stelle der Oberflächenglanz unterbrochen. Mitunter ist diese mattierende Wirkung des Auftrittes noch durch Mitabheben kleinster Wachsteilchen der gebohnerten Bodenfläche, durch Einwirkung von Feuchtigkeit oder durch Zurücklassen geringer Staubteilchen verstärkt. Oft sind solche Spuren für das menschliche Auge nur bei (zur Bodenfläche) schräger Blickrichtung und schrägem Lichteinfall (von der entgegengesetzten Seite her) zu erkennen und bieten darum auch der photographischen Sicherung größte Schwierigkeiten.

Abdruckspuren viel häufiger vorkommen als Fingereindrücke, ist es bei den Fußspuren umgekehrt: hier überwiegen an Häufigkeit die Eindruckspuren weitaus, doch darf deshalb auch das Suchen nach allfälligen Abdruckspuren (insbesondere nackter Füße) nicht vernachlässigt werden.

b) Das Wahrnehmen der Spuren.

α) Als Vorübung.

Ein U., der es mit seinem Beruf ernst nimmt, wird als Vorübung für den Ernstfall jede sich ihm bietende Gelegenheit benützen, um Fußspuren zu beobachten. In der Stadt ist dies allerdings schwierig, da auf unseren sorgsam gefegten, asphaltierten, gepflasterten oder mit Steinplatten belegten Bürgersteigen und Straßen kaum eine Spur (falls sie überhaupt entsteht) erhalten bleibt und die Beobachtungen, die man etwa auf einem kotigen Übergang machen kann, viel zu gering sind, um daraus zu lernen. Viel reichlicher bietet sich auf dem Lande Gelegenheit, solche Studien zu machen: im Lehmboden, im Schnee, besonders aber im feinen Staub der sonst langweiligen Landstraße liegt eine solche Fülle interessanten Beobachtungsmaterials, daß man darin wie in einem spannend geschriebenen Buche lesen und lernen kann. Und das muß gerade hier geschehen. Wer erst auf dem Tatorte bei einer wichtigen Spur etwas sehen will, der wird kaum etwas entdecken: ihm erscheint eine Spur gleich allen anderen oder sie dünkt ihm so schlecht ausgeprägt, daß er ihre Verwertung für unmöglich hält, oder er erkennt Spuren von Füßen, die sich nur schwach oder nur teilweise abgedrückt haben, überhaupt nicht als solche. Man muß jedoch sehen lernen und sehen lernt man erst durch Übung. Was sieht der Fachmann nicht alles im Mikroskop, wo der Laie nichts erkennt! Was sieht und hört doch der Jäger in Feld und Wald, wo für den anderen alles tot ist! Was alles sieht der Künstler in einem Bild, in dem der Unkundige nur ein paar farbige Kleckse erblickt! So findet sich überall ein mehr oder minder sinnloses, nichtssagendes Gebilde für den Laien, eine Welt voll Leben und Ideen für den Kenner. Es ist freilich kein großes Ding um ein paar Fußspuren, aber für die kriminalistische Arbeit kann alles darin gelegen sein: die Rettung eines Unschuldigen, die Überführung des Täters.

Auch dieses Vorstudium muß in ein gewisses System gebracht werden. Ein bloßes Anschauen von noch so vielen Spuren nützt gar nichts, man bringt keine Ordnung hinein, man merkt sich nichts, man gruppiert nichts, und so ist jede Verwertung des Gesehenen, wenn es auch noch so viel wäre, ausgeschlossen. Will man wirklich für die Praxis lernen, so macht man den Anfang damit, daß man zuerst einmal auf einer staubigen Landstraße, das krause Durcheinander von Spuren großer und kleiner Leute, beschuhter und nackter Füße, von Tieren und Wagenrädern genau ansieht und verfolgt. Mehr als das sieht der Neuling allerdings zuerst nicht, und mit der Einteilung in größer und kleiner, nackt und beschuht hat er einstweilen bei den menschlichen Fußspuren genug getan. Mit der Zeit wird ihm aber doch deutlich, daß die Beschuhung eine sehr verschiedene ist: bei den Nägeln, dem Absatze, der Sohlenform, dem Muster profilierter Gummisohlen usw. sind auffallende Unterschiede wahrzunehmen; besonders ein öfter wiederkehrender Abdruck sticht kräftig hervor durch seine namhaften Dimensionen und plumpe Form. Jetzt ist er verloren — da kommt er wieder und wird mit erwachtem Interesse begrüßt; denn hat der Neuling einmal eine Spur herausgefunden, so ist er „auf der rechten Spur" und wird der Sache bald Geschmack abgewinnen. Wir verfolgen also die ungeschlachte, plumpe Spur weiter: jetzt finden wir einen besonders deutlichen Abdruck, wir bleiben stehen und sehen ihn genauer an: man kann die Nägel ganz gut zählen, auch wahrnehmen, daß einige davon fehlen und daß der rechte Schuh durch einen energisch auf die Sohle gesetzten Lederfleck ausgebessert worden ist. Nun ist er nicht mehr zu verwechseln und zu verlieren. Wir notieren diese Einzelheiten genau, wandern weiter und nehmen wahr, daß unser Freund plötzlich neben einer Fußspur den Eindruck eines Stockes gemacht hat; er ist also müde geworden und hat wahrscheinlich den früher unter dem Arm getragenen Stock in Benützung gezogen. Es fällt aber auf, daß der Eindruck weder die Spur eines Eisenbeschlages zeigt, noch auch regelmäßig halbrund erscheint, wie es bei einem länger benützten Stock der Fall sein müßte. Die Eindrücke gehen ziemlich spitz und spießig in die Tiefe, wie bei einem frisch abgeschnittenen Stocke; wir gehen zurück bis zur Stelle, an der wir zuerst den Stockeindruck wahrgenommen haben, und sehen uns hier um: richtig, an dem Haselbusch neben der Straße ist an einem daumendicken Triebe ein frischer Schnitt wahrzunehmen: unser Freund hatte also keinen Stock unterm Arm, sondern hat sich hier einen Wanderstab abgeschnitten, roh zugespitzt und so die rissigen Eindrücke erzeugt. Nun verfolgen wir ihn weiter: plötzlich ist der Mann quer über die breite Landstraße gegangen und dort wiederholt hin- und hergetreten. Was mag die Ursache gewesen sein? Der Sachverhalt scheint nicht zu erklären, und doch ergibt er sich aus einer weiteren Beobachtung. Am Rande der Straße sehen wir die kurzen, trippelnden Schritte eines bloßfüßigen Kindes im Staube eingedrückt; diese Spuren kommen die Straße entlang, plötzlich ist aber ein wiederholtes Hin- und Hertreten und Zurückweichen zu erkennen, ohne daß aber die Füße gewendet wurden, die Fußspitze bleibt stets nach vorne gerichtet, und gerade an dieser Stelle mündet ein Weg von einem seitwärts stehenden Hause in die Straße. Im Staube des Seitenweges ist aber die kommende und wieder sich entfernende Spur eines Hundes wahrzunehmen. Nun ist alles klar. Das Kind ging auf der Straße, vom Hause her kam ein Hund, der das Kind anbellte, so daß dieses erschreckt zurückwich und sich nicht weiter getraute; unser Freund kam über die Straße, vertrieb mit dem eben abgeschnittenen Stock den Hund, der wieder heimlief, das Kind und der Mann setzten ihren Weg in entgegengesetzter Richtung fort.

Wir folgen dem Freunde weiter: nun hat er einen Bekannten getroffen. Seine Spur ist quer über die Straße gestellt, die des Entgegenkommenden ebenfalls. Beide sprachen lange, denn sie haben oft ihren Standplatz gewechselt. Einer hat die Pfeife ausgeklopft, Asche liegt auf der Straße; er hat sie aber auch wieder angezündet, denn es liegen mehrere frischangebrannte Zündhölzchen auf dem Boden, einige davon sind von dem wohlbekannten Absatze des Freundes tief in den Staub getreten. Jetzt können wir hoffen, ihn einzuholen, denn die Unterredung mit dem Bekannten hat höchstens vor zehn Minuten stattgefunden: er bedurfte zahlreicher Zündhölzchen, als er seine Pfeife angezündet hat, es muß also der starke Wind, der erst seit zehn Minuten weht, damals auch schon geblasen haben. Endlich ist er weitergegangen, aber nicht allein, sondern der Bekannte, mit dem er lange geplaudert, hat seine Schritte gewendet und ist mit unserem alten Freunde weitergegangen. Die Pfeife hat gut gebrannt und es war starker Tabak darin, denn der Mann hat wiederholt neben seiner Spur ausgespuckt. Der zweite Mann ist viel kleinerer Statur, denn wenn wir genau zählen, so finden wir auf zehn Schritte des alten Freundes elf Schritte seines Bekannten, der also wesentlich kürzere Beine hat. Was den letzteren bewogen hat, umzukehren? Bald finden wir die Erklärung: schon nach sechzig Schritten gelangen wir zu einem Gasthaus und da hinein führt die Spur der beiden.

Wir gehen auf der Straße weiter, besorgen unser Geschäft und kehren nach einigen Stunden denselben Weg zurück. Schon lange vor dem erwähnten Gasthause treffen wir wieder die wohlbekannte Spur unseres alten Freundes; wir erkennen sie zweifellos wieder als die richtige, aber das Gangbild sieht als ganzes doch anders aus: bald findet man es am Rande der Straße, bald in deren Mitte, einmal ist es breitspurig, einmal überschlagend, einmal messen wir große Schritte, einmal kleine — wir machen wieder eine Feststellung: der gute Freund war sehr nachdrücklich im Gasthause.

So vielerlei Beobachtungen kann man nun an einer einzigen Spur allerdings nicht immer machen, aber irgend etwas Positives wird man bei einigermaßen günstigen Verhältnissen jedesmal wahrnehmen, wenn man sich nur die zu verfolgende Spur gut ansieht und alle Merkmale im Gedächtnisse behält, um die gewählte Spur nicht zu verlieren, selbst wenn sie längere Zeit unter anderen Spuren oder wegen ungünstiger Verhältnisse verschwunden war.

Eine weitere Übung im Beobachten geht dahin, daß man aus mehreren ineinander gehenden frischen Spuren die von einem bestimmten Menschen herrührenden heraussucht, nach Tunlichkeit zu bestimmen trachtet (ob Mann oder Frau, ob groß oder klein, Gangart usw.) und dann versucht, den Betreffenden einzuholen und sich von der Richtigkeit seiner Ansicht überzeugt. Damit man hierin einige Sicherheit erlange, ist nichts mehr zu empfehlen, als daß man einen Begegnenden, der eine Fußspur hinterläßt, zuerst genau ansieht, seine Qualität, Gangart usw. notiert und die von ihm hinterlassene Spur mit dem Festgestellten vergleicht. Besonders achte man hiebei auf Leute, die im Gehen irgend etwas Ungewöhnliches zeigen, die z. B. auffallend große oder kleine Schritte, trippelnden oder schwankenden Gang, sogenannte Säbelbeine (O- oder X-Füße) oder Plattfüße besitzen, die hinken, sich auf einen Stock stützen usw. Hat man an dem Gehenden etwas derartiges wahrgenommen, so suche man dann festzustellen, ob in der Spur auch etwas Auffallendes wahrzunehmen ist, und wenn ja, ob man das Auffallende im Gange mit dem Auffallenden in der Spur in Zusammenhang bringen kann.

Solche Beobachtungen haben aber nur dann Wert, wenn sie schriftlich niedergelegt, womöglich durch Photoaufnahme der Spuren anschaulich festgehalten und systematisch zusammengefaßt werden, indem wiederholte Beobachtungen über denselben Fall zur Kontrolle nebeneinander gestellt werden. Sie gehen auch nur dann über die Konstatierung von bloß Zufälligem hinaus, wenn die Beobachtungsreihe eine große ist, und wenn dieselbe Erscheinung auf der einen Seite stets mit gleichbleibenden Erscheinungen auf der anderen Seite so oft beobachtet wurde, daß man nach menschlichem Beurteilungsvermögen wirklich von Ursache und Wirkung sprechen kann. Als Ergänzung zu solchen Beobachtungen möge ferner jeder, der sich für die Sache interessiert, Studien an experimentell erzeugten Spuren machen und sich über ihre Unterschiede Klarheit verschaffen. Dies kann immer dann geschehen, wenn man irgendwo eine passende Unterlage gefunden hat: halbtrockenen Straßenkot, nicht tiefen, frischgefallenen oder in Auflösung begriffenen Schnee, am besten feinen Straßenstaub. In einem dieser Stoffe mache man nun Fußspuren der verschiedensten Art: im Stehen, im Gehen (langsam und rasch), im Laufen und Springen. Dann: in der Ebene, bergauf, bergab, unbelastet und eine Last tragend, im ausgeruhten und im müden Zustande usw. Jede dieser so erzeugten Spuren würdige man eingehenden Studiums und genauen Vergleiches mit den übrigen, man suche das Gemeinsame und das Verschiedene und erprobe das so Gefundene an den Spuren anderer.

Besonders lehrreich ist schließlich die experimentelle Herstellung von Abdruckspuren nackter Füße, zumal man solche Abdrücke zu späterer Vergleichung aufbewahren kann. Sie werden am besten auf Papier erzeugt, das auf den Boden des Zimmers (am einfachsten mit Heftnägeln) befestigt sein muß[1]). Die Versuchsperson tritt mit bloßen Füßen auf einen farbstoffhaltigen Tuchfleck[2]), der über ein flaches Wollkissen glatt gespannt wird, und dann wiederholt auf das Papier: im Gehen, Stehen, Laufen usw. Man befeuchtet den Fuß erst wieder von neuem, wenn die Farbe fast vollständig abgetreten ist. Zu jedem Abdruck wird auf dem Papier vermerkt, wann, wie und von wem er erzeugt wurde, unter Beifügung der wichtigsten Merkmale des Erzeugers (Alter, Geschlecht, Körpergewicht, Größe, Beinlänge, Fußlänge und Fußbreite) und allfälliger Besonderheiten seines Ganges oder seiner Füße (Plattfüße u. a.).

Auf diese Weise kann sich jeder U. selbst eine Sammlung solcher Abdrücke anlegen, die sich leicht aufbewahren läßt[3]) und im Ernstfalle ein wertvolles Vergleichsmaterial darstellt.

β) Im Ernstfalle.

Daß man in jedem Kriminalfalle, namentlich wenn er von größerer Wichtigkeit und der Täter unbekannt ist, genau nach Spuren zu forschen hat, ist selbstverständlich. Daß die Spuren, die etwa vorhanden sind, vor jeglicher Zerstörung oder Veränderung geschützt werden müssen, und daß man alle Exekutivorgane, die meist die ersten auf dem Tatorte sein werden, darüber genau und schon im voraus unterrichten muß, wurde schon wiederholt betont. Hier ist namentlich auf einen so oft begangenen Fehler aufmerksam zu machen. Man forscht in der Regel nur in der unmittelbaren Umgebung des Tatortes nach Fußspuren und unterläßt es, auch weiter weg nach solchen zu suchen. Unmittelbar auf dem Tatorte sind aber brauchbare Spuren selten zu finden, sei es, daß der Täter vorischtig genug war, solche, wenn sie entstan-

[1]) Ist es nicht befestigt, so zieht man das Papier bei jedem Schritt in die Höhe und die Abdrücke werden undeutlich.

[2]) Als Farbstoff, der sich von den Füßen wieder leicht entfernen läßt, empfiehlt sich eine wässerige Lösung von Erdfarben (Ocker, gebrannte Siena u.a.) unter Beifügung von etwas Gummi arabicum, doch können auch die (billigen) Anilinfarben (z. B. Nigrosin u. a.) verwendet werden, während Tinten, insbesondere Eisengallustinten und farbige Metalltinten, sich nur schwer von den Füßen entfernen lassen. Gute Resultate liefert auch die (etwas kompliziertere) Erzeugung einer Berlinerblau-Reaktion, indem man — analog der Erzeugung von Fingerabdrücken ohne Einfärbung (oben S. 380) — die Füße mit farbloser angesäuerter Eisenchloridlösung benetzt und das Papier mit einer Eisenzyankalilösung bestreicht.

[3]) Hingegen sind die Gipsabformungen, die der Sicherung von Fußeindruckspuren dienen, so groß und schwer, daß der einzelne sich nicht mit deren Sammlung und Aufbewahrung befassen kann. Hier müssen die Sammlungen kriminologischer Institute (vergleiche Band I, S. 14ff.) das erforderliche Forschungs und Vergleichsmaterial liefern.

den sind, zu verwischen, sei es, daß die vorhanden gewesenen Spuren durch dazugekommene Menschen zertreten oder verwischt wurden. Diese Gründe für die häufige Erfolglosigkeit der Spurensuche fallen weg, wenn wir uns in größerer Entfernung vom Tatorte umschauen.

Irgendwo findet sich doch ein Fleck Erde, der dazu geeignet ist, eine Spur aufzunehmen, der Täter war nicht mehr so vorsichtig, wie am Anfange, und fremde Leute sind dort vielleicht auch noch nicht gewesen. Freilich ist der Nachweis, daß eine Spur mit der Tat in ursächlichem Zusammenhange steht, um so schwieriger zu führen, je weiter die Spur vom Tatorte entfernt ist. Aber im ganzen ist dies nicht so schwer, als man meint. Vor allem liegt es in der Natur der Sache, daß der Verbrecher unmittelbar nach der Tat sich nicht leicht auf offener Straße fortbegibt, sondern daß er auf entlegenen Wegen entflieht: also rückwärts vom Hause, allenfalls durch den Garten und dann querfeldein[1]). Sucht und findet man hier aber eine frische Spur, die nicht auf dem gewöhnlichen Wege fortführt, so ist wenigstens die Vermutung gerechtfertigt, daß sie vom Täter herrühren könnte. Man wird sie deshalb genauerem Studium unterziehen, nachdem man sich vorerst bei den Hausleuten und Nachbarn überzeugte, daß die Spur nicht von ihnen herstammt und daß sie keine sonstige Erklärung für die Spur kennen; dann verfolgt man die Spur wieder zurück, bis zum Tatort, was insoferne leichter ist, als man dann auch weniger gut ausgeprägte Eindrücke in den Kreis der Untersuchung einbeziehen kann. Vermag man nun weiter z. B. festzustellen, daß die Spur von einem Laufenden herrührt, so ist man der Sache schon nähergekommen und wird in seiner Auffassung noch bestärkt, wenn man vielleicht wahrnehmen kann, daß die Spur von jemandem erzeugt wurde, der hier etwa nachts und ohne Kenntnis des Bodens gegangen ist. Dies kann angenommen werden, wenn der Betreffende über einen Stein gestolpert, an einen Zaun angerannt, oder über eine Böschung abgerutscht ist, was bei Tage oder bei Ortskenntnis nicht geschehen wäre. Feststellungen der letzten Art sind von Wichtigkeit und nicht selten zu machen.

Auch andere Anhaltspunkte können da mithelfen: wenn z. B. auf dem Tatorte größere Mengen von Sachen weggetragen wurden und der Täter unterwegs gerastet und die Bürde beiseite gestellt hat, oder gar wenn er vom Weggenommenen etwas verloren oder von sich geworfen hat. Dies sind ebenso sichere Anzeichen für die Spur des Täters, wie sie dann vorliegen, wenn etwa eine einzige, zweifellos vom Täter herrührende Spur auf dem Tatorte gefunden wurde und diese sich mit den anderen, weiterführenden Spuren als übereinstimmend erweist. Namentlich in letzterem Falle, wenn schon eine Spur gefunden wurde, unterläßt man es häufig, in größerer Entfernung nach weiteren zu suchen. Wer aber weiß, wie notwendig es zur Beurteilung einer Spur ist, mehrere von ihnen zu studieren und miteinander zu vergleichen, wird es auch in solchen Fällen nicht unterlassen, überall nach Spuren zu suchen, wo solche gefunden werden können, und wenn es auch weit vom Tatorte wäre.

Gestaltet sich die Aufgabe des U., eine bestimmte Spur weiter zu verfolgen, schwierig, so ist es oft zweckmäßig, einen alten erfahrenen Jäger zur Unterstützuung heranzuziehen[2]); ein solcher kann mitunter sehr gute Dienste leisten, denn er hat Vorstudien verwandter Art gemacht, indem er die Wildspur oft beobachtet und für seine Zwecke verwertet hat. Er

[1]) Hierbei haben manche Menschen die eigenartige Gewohnheit, stellenweise von der geraden Richtung abzuweichen und einen „Bogen" zu machen, was bei der Spurenverfolgung zu berücksichtigen ist; vgl. *H. Groß*, Archiv 34, S. 180.

[2]) Handelt es sich im Zuge des „ersten Angriffs" zunächst nur um die Verfolgung einer Fährte, so ist hiefür ein Polizeihund (als Fährtenhund) einzusetzen. Vgl. Bd. I, S. 223ff.

sieht Spuren dort, wo ein anderer kaum einen Schmutzfleck wahrzunehmen glaubt; er versteht es festzustellen, in welcher Richtung eine Fährte weiterläuft, wenn auch einstweilen bloß ein sehr schwacher und unvollständiger Abdruck einer einzigen Spur zu sehen war; und was hier das Wertvollste ist: er versteht es am besten, eine verloren gegangene Spur wieder aufzufinden, wenn sie auch durch eine recht lange Wegstrecke unterbrochen gewesen ist. Der erfahrene Jäger beobachtet aber auch noch andere Umstände. Er weiß, welches Wetter zu jeder Stunde der jüngst vergangenen Zeit geherrscht hat und welchen Einfluß dieses auf eine Spur geübt hat. Hiedurch kann er aber nicht nur sagen, wann eine fragliche Spur entstanden ist, sondern er wird auch Spuren voneinander unterscheiden, die nicht zur selben Zeit entstanden sind. Dadurch kann er eine Spur unter mehreren anderen am besten festhalten. Wer darum einen solchen alten, klugen Weidmann zur Verfügung hat, der erhalte sich ihn als unersetzlichen Helfer in manchem sonst aussichtslosen Fall[1]).

c) Das Sichern der Spuren.

Daß jede Spur, die wichtig ist oder wichtig werden könnte, für das weitere Verfahren sichergestellt werden muß, ist selbstverständlich. Mit der Originalspur darf jedoch zu Vergleichszwecken nicht manipuliert werden. Die Gefahr, eine Spur zu verderben, sie für spätere Untersuchungen unbrauchbar zu machen oder irgendwie zu verändern (wodurch mancherlei Unheil angerichtet werden kann), liegt so sehr im Bereiche der Möglichkeit, daß alles unterlassen werden muß, was den Wert eines so wichtigen Beweismittels beeinträchtigen könnte. Es ist daher ein schwerer Kunstfehler, etwa den Stiefel des Verdächtigen in die Spur hineinzuprobieren (was in der Praxis oft noch geschieht) und so vielleicht alles zu verderben. Nur in seltenen Ausnahmsfällen wird es für die Fortführung der Untersuchung notwendig sein, sich sofort über die Herkunft einer Spur ein Bild zu machen, bevor noch die erforderlichen Sicherungsarbeiten (Photographieren, Abformen usw.) vorgenommen werden können. Immer wird man sich aber in solchen Fällen auf Maßnahmen zu beschränken haben, die ohne Schädigung der Spur geschehen können. So kann man allenfalls in dringlichen Fällen neben der Spur (falls das Erdreich hier keinerlei Spuren aufweist) mit dem fraglichen Stiefel einen Eindruck machen und dann beide Spuren (ohne sie zu berühren) vergleichen. Auch das darf natürlich nur geschehen, nachdem man vorher die fragliche Spur (um eine spätere Verwechslung auszuschließen) mit einem die Spur selbst

[1]) Wie weit man es im Beobachten von Spuren bringen kann, beweisen die indischen „Pfadfinder" (Khojis), die aus dem Verfolgen von Spuren ein Gewerbe machen und geradezu Unglaubliches zu leisten vermögen. Ähnliches wird von den australischen Negern behauptet, deren Sinnesschärfe bei Verfolgung von Spuren *A. Griffiths* „superhuman" nennt (Mysteries of Police and Crime, London 1898). Übrigens findet man mitunter auch bei gewöhnlichen Leuten, die weder Jäger noch Angehörige von Naturvölkern sind, überraschende Geschicklichkeit im Erkennen von Spuren. So erzählt *G. Tarde* aus seiner langjährigen Erfahrung als Untersuchungsrichter von einem jungen Bauernmädchen, welches die Fußspuren jedes Burschen aus der Umgebung sofort erkannte.

nicht berührenden Zeichen versehen hat (dessen Anbringung im Protokoll festzuhalten ist) und außerdem nur dann, wenn es nach Lage des Falles nicht in Frage kommt, daß der Stiefel auf die an ihm haftenden Erdspuren zu untersuchen sei[1]). Man wird sich daher auch in dringlichen Fällen beim vorläufigen Vergleichen von Spuren am besten auf rein optische Feststellungen (Abzählen der Schuhnägeleindrücke, Vornahme von Messungen mit einem über die Spur gehaltenen Lineal, das keinesfalls die Spur berühren darf) beschränken, mit denen keine Gefährdung der Spur verbunden ist.

Nun folgt die eigentliche Spurensicherung, die den Zweck hat, die Spur so zu erhalten, daß sie im späteren Verfahren jederzeit als Beweismittel verwendet und auch einem allenfalls heranzuziehenden Sachverständigen als Befundunterlage dienen kann. Hiebei wird man sich — besonders dann, wenn man nur eine einzige Spur zur Verfügung hat — vor Augen halten, daß bei vielen Verfahren, die zu diesem Zwecke empfohlen werden (so insbesondere beim Abformen von Fußabdrücken) selbst bei großer Geschicklichkeit und Sorgfalt, unter Umständen die Spur durch ein kleines Versehen oder durch einen unglücklichen Zufall verdorben werden kann. Dann hätte man nichts, weder Spur noch Abdruck, und dieser Möglichkeit darf man sich auf keinen Fall aussetzen. Man wird daher unter den nach Lage des Falles zu Gebot stehenden Sicherungsmethoden jene auswählen und zunächst durchführen, die die Spur in keiner Weise gefährden und die Anwendung weiterer Methoden nicht hindern. Diese primär stets anzuwendenden Methoden sind: die genaue Beschreibung der Spur im Protokoll und ihre Einzeichnung in die Tatortskizze[2]) unter Hinzufügung der gemessenen Entfernungen zu bestimmten Orientierungspunkten (bei Spuren auf dem Fußboden eines Zimmers die Entfernungen zu den Seitenwänden des Raumes, zum Fuß eines Bettes, eines Schrankes usw., bei Spuren im Freien die Entfernungen zum Straßenrand, zu einer Hausecke, einer Telegraphenstange, einem Baum usw.); hierauf — an diese Beschreibung und Ersichtlichmachung in der Skizze unmittelbar anschließend — das Photographieren der Spur. Es ist bei jeder Art von Fußspuren die zunächst durchzuführende Methode der Wahl, die ein dauerndes und anschauliches Bild der Spur mit fast allen ihren wesentlichen Merkmalen[3]) liefert, ohne die Vornahme weiterer Sicherungsmethoden (deren Wahl von der Spurenart abhängt) zu beeinträchtigen.

[1]) Vgl. Bd. I, S. 335f. Jedes Manipulieren mit einem corpus delicti ist aber trotz aller Vorsicht immer gefährlich, da sich im Zeitpunkt der Manipulation nie sicher erkennen läßt, welche Umstände später von Bedeutung werden und welche Untersuchungsmethoden später noch anzuwenden sein werden.

[2]) Vgl. oben S. 298ff. und S. 314f. Keinesfalls darf jedoch die Spur selbst „abgepaust" oder auf ein neben oder auf die Spur gelegtes Papier abgezeichnet werden; abgesehen von der unvermeidbaren Fehlerhaftigkeit einer solchen Zeichnung wird durch eine solche Manipulation die Spur stets gefährdet.

[3]) Nicht festgehalten werden bei Eindruckspuren die verschiedenen Tiefenmaße der Spur beim Absatz, an der Spitze usw., die für den Rückschluß für die Gangart von Bedeutung sein können (s. unten S. 438f.). Deshalb ist zur Sicherung von Eindruckspuren außer der Photographie noch das (weiter unten im Text dargestellte) Abformverfahren ergänzend durchzuführen.

Für die Photoaufnahme von Fußspuren gelten die allgemeinen Grundsätze für das Photographieren am Tatort[1]). Die Aufnahme ist senkrecht zur Bodenfläche, also bei Spuren auf horizontalem Boden in der Vertikalrichtung von oben nach unten zu machen, bei schräg ansteigendem oder abfallendem Boden in entsprechend schräger Richtung, so daß die Kameraachse zur Bodenebene immer senkrecht steht. Es bedarf hiezu eines einfachen Stativs mit Kugelgelenk, mittels welchem sich die Kamera um 90 Grad nach unten schwenken läßt. Um das Bild auf der Mattscheibe kontrollieren zu können, empfiehlt sich eine Plattenkamera mit doppeltem Auszug, doch kann auch eine Kleinbildkamera, allenfalls mit Plattenadapter, verwendet werden. Der Abstand des Objektivs vom Boden beträgt bei Aufnahme einzelner Fußspuren zweckmäßigerweise 80 cm. Viel schwieriger ist die Aufnahme von Gangbildern mit drei oder gar vier Einzelspuren. Dies

Abb. 125. Photographische Sicherung einer Fußeindruckspur.

gelingt nur mittels eines sogenannten Leiterstativs von etwa drei Meter Höhe. Steht ein solches nicht zur Verfügung, so ist die photographische Gangbildsicherung nur durch Aneinanderreihung mehrerer Einzelaufnahmen möglich. Hiebei ist streng darauf zu sehen, daß die Entfernung zum Boden und die Länge des Kameraauszuges und damit das Verkleinerungsverhältnis bei allen Aufnahmen gleich ist. Es empfiehlt sich hierbei, die Aneinanderreihung der Bilder so vorzunehmen, daß zwei Punkte am Rande des ersten Bildes (die man auf dem Boden durch Steinchen oder Kreidestriche markieren kann) auch im benachbarten Bild enthalten sind, so daß die Bodenausschnitte, die hintereinander aufgenommen werden, jeweils einen schmalen Randstreifen gemeinsam haben. Dies gewährleistet die richtige Aneinanderfügung der Photogramme.

Die Aufnahme ist bei kleinster Blende durchzuführen, um eine entsprechende Tiefenschärfe zu erreichen. Flache Spuren (Fußabdrücke) können sowohl bei Tageslicht als auch bei künstlicher Beleuchtung aufgenommen werden; bei Fußeindrücken empfiehlt sich auch bei Tageslicht eine schräg auffallende Bestrahlung mit einem Scheinwerfer, wodurch manche Details plastischer hervortreten oder auch störende Schat-

[1]) Siehe Bd. I, S. 372ff.

ten aufgehellt werden können. Um alle Details in gleicher Weise deutlich auf die Platte zu bekommen, empfiehlt es sich stets, von jeder Eindruckspur zwei Aufnahmen zu machen, wobei man das Licht einmal von der einen, einmal von der anderen Seite einfallen läßt. Auch darf man niemals versäumen, einen neben die Spur gelegten Maßstab mitzuphotographieren und so das Verkleinerungsverhältnis sicherzustellen. Abb. 125 veranschaulicht eine solche Aufnahme.

Nach der Aufnahme sorge man für eine möglichst rasche Entwicklung der Platte oder des Filmes, damit man sicher ist, daß die Aufnahme gelungen sei, bevor weitere Manipulationen mit der Spur vorgenommen werden. Hat man diese Gewißheit, so kann nunmehr ein weiteres Sicherungsverfahren vorgenommen werden. Die Wahl dieses Verfahrens hängt von der Art der Spur ab.

Handelt es sich um einen Abdruck, den ein staubiger, blutiger oder sonst feuchter Fuß oder Schuh auf einem künstlichen Fußboden erzeugt hat, so kommt als Sicherungsmethode die Mitnahme des betreffenden Teiles des Fußbodens in Frage. Falls dies mit einer größeren Beschädigung der Räumlichkeit verbunden wäre (z. B. bei Steinfließen, unbeschädigten Holzzementböden, Parketten) wird man dieses Mittel naturgemäß nur in sehr wichtigen Fällen anwenden und nur dann[1]), wenn die photographische Aufnahme nicht die gleiche Auswertungsmöglichkeit geben sollte wie die Originalspur. Handelt es sich um eine Staubspur auf glatter Fläche, so kann auch die Spur auf eine entsprechend große daktyloskopische Abziehfolie übertragen werden. Das Verfahren ist das gleiche, wie es oben S. 393ff. für die Sicherung von eingestaubten Fingerspuren beschrieben wurde. Bei nur schwach sichtbaren Abdrücken nackter Füße, die auf glänzendem Parkett- oder Linoleumboden nur als matte Flecke erscheinen, kann auch versucht werden, sie wie latente Fingerabdrücke zuerst mit Schwarzpulver oder mit Argentorat einzustauben und dann auf eine Folie abzuziehen. In vereinzelten Fällen kommt es auch vor, daß ein Abdruck sich auf einem auf dem Boden liegenden Stück Papier oder einem (nicht angeklebten) Linoleum befindet; dann sichert man diesen Abdruck durch Mitnahme des Papieres oder Linoleums, selbstverständlich nach vorausgegangener Photoaufnahme, durch die auch die Lage des Papieres oder Linoleums auf dem Boden sicherzustellen ist; auch ist seine genaue Lage in die Planskizze (oben S. 314) einzuzeichnen.

Handelt es sich hingegen um einen Eindruck im Erdboden oder in aufgeschüttetem Sand, Mehl oder dergleichen, so kommt ein Mitnehmen der Spur nicht in Frage. Seinerzeit hat *Hodann* empfohlen[2]), bei Spuren

[1]) In den früheren Auflagen dieses Handbuches wurde von *Hans Groß* noch die Ansicht vertreten, man müsse „unbedingt“ das betreffende Stück des Bodens abstemmen oder herausnehmen lassen und mitnehmen. Der Fortschritt in der photographischen Beweissicherung hat aber die Zahl der Fälle, wo dies noch nötig ist, auf ein Minimum reduziert. Auch erscheint es nicht vertretbar, daß, um der Wahrheitsfindung willen, die Beweissicherung etwa einen größeren Schaden verursacht, als z. B. der verscheuchte Einbrecher angerichtet hat, den man auf diese Weise überführen will.

[2]) *Goltdammers* Archiv f. preuß. Strafrecht Bd. 15 (1867).

in festem Erdreich einen Eisenreifen rings um die Spur in die Erde zu treiben, die Erde außerhalb des Reifens abzutragen und so die durch den Reifen eingeschlossene Erde samt der Spur mit einer Schaufel abzuheben und in einer Kiste mitzunehmen. Diese Methode hat sich als unbrauchbar erwiesen, da selbst ein festerer Erdstollen austrocknet, alsbald Risse bekommt, zerbröckelt und die Erschütterungen eines Transportes nicht aushält.

Hans Groß selbst hat mit dieser Methode folgende Erfahrungen gemacht: „Ich hatte einmal anläßlich eines durch boshafte Hand hervorgerufenen Eisenbahnunfalles eine Fußspur gefunden, die zweifellos vom Täter, als er über den Bahndamm gesprungen war, erzeugt worden ist. Sie wurde gezeichnet, beschrieben, vermessen, in Gips abgeformt und, da die Sache wichtig war und es leicht geschehen konnte, so beschloß ich, die Spur genau nach *Hodann*scher Methode abzuheben und mitzunehmen (der vorgeschriebene Reifen konnte zufällig auf der Bahnstation so angefertigt werden, daß ein etwa 5 cm breiter Streifen aus starkem Blech kreisförmig zusammengebogen und mit Draht verbunden wurde). Der Erdballen kam in eine Kiste und diese wurde auf eine Draisine (Bahnwagen von zwei Männern mit Drehkurbel bewegt) gesetzt. Ich glaube, daß diese Transportverhältnisse noch denkbar günstige waren, da man sehr vorsichtig fuhr und auch dicke Lagen Stroh unter die Kiste gebracht hat. Trotz aller Vorsicht kam der Erdballen mit der schönen Spur so an, daß man gar nicht erkennen konnte, daß da eine Spur war. Das Stoßen und Rütteln auf der verhältnismäßig kurzen Strecke hatte genügt, um die ganze Masse des Erdreiches in einen gleichmäßig geformten Erdklumpen zusammenzuschütteln."

Die weitere Sicherung von Eindruckspuren erfolgt vielmehr durch Abformen. Hiefür gelten die gleichen Grundsätze, die wir oben für die Spurensicherung durch Abformen im allgemeinen dargestellt haben (S. 338ff.), jedoch mit der Vereinfachung, daß für die Sicherung von Fußeindrücken nur die Herstellung einer Negativform des Abdruckes erforderlich ist, da diese unmittelbar mit dem fraglichen Schuh oder Fuß, der möglicherweise den Abdruck erzeugt hat, verglichen werden kann. Es entfällt daher die Herstellung eines Positivs der Eindruckspur.

Die ideale Abformmethode ist auch hier das Abformen in Gips, zumal Unterschneidungen bei Fußspuren kaum vorkommen. Aber selbst in solchen Fällen wäre dies kein Hindernis für die Herstellung des Gipsabgusses, da es nicht nötig ist, die hart gewordene Form vom abgeformten Gegenstand (der Fußspur) „abzuheben". Nach vollkommener Erhärtung des Gipses kann man vielmehr die Abform mit den anhaftenden Erdteilchen aus dem Boden nehmen und diese unter einem Wasserstrahl abspülen. Die auf diese Weise gesäuberte Gipsform zeigt die feinsten Details der Eindruckspur.

Bevor man zum Abformen schreitet, ist die Spur, nachdem sie bereits photographiert wurde, daraufhin zu untersuchen, ob sie einer Herrichtung bedarf. Eine solche kommt zunächst in Frage, wenn die Spur nach ihrer Erzeugung durch hineingefallene Steinchen oder Erdteilchen oder durch etwa angesammeltes Regenwasser verändert erscheint. In diesen Fällen wird man die hineingefallenen Gegenstände vorsichtig mit einer Pinzette herausheben und entfernen und angesammeltes Wasser mit

Löschpapier aufsaugen[1]). Hingegen sind Gegenstände, z. B. kleine Steine, die nicht erst später hineinfielen, sondern mit dem (die Spur erzeugenden) Fuß hineingetreten wurden, in der Spur zu belassen. Das Entfernen von Gegenständen aus der Spur ist aber in jedem Falle im Protokoll festzuhalten[2]); allenfalls ist die Photoaufnahme nach Entfernung der Gegenstände zu wiederholen.

Als weitere Herrichtungsarbeiten werden von manchen Autoren das Festigen der Spur durch Bespritzen mit einer Schellack-Alkohollösung und das Einfetten der Spur (zwecks leichterer Ablösung der Gipsform) empfohlen.[3]) Das letztere ist aber unnötig, da die gehärtete Gipsform, wie bereits erwähnt, mittels Wasser abgespült werden kann, ohne daß sie im geringsten Schaden leidet, während das Einfetten der Spur, auch wenn es noch so vorsichtig geschieht, feinste Details der Eindruckspur verändert. Dagegen kann das Festigen der Spur bei sandigem oder sonst lockerem Erdreich gute Dienste tun. Es erfolgt in der Weise, daß man mittels eines Parfümzerstäubers mit doppeltem Gummibalg, wie ihn die Friseure benützen (um einen sehr feinen Sprühregen zu erzeugen) eine Schellack-Alkohollösung, wie sie im Handel auch als „Fixativ" erhältlich ist, indirekt auf die Spur spritzt, d. h. man spritzt in der Richtung nach oben, damit sich der Sprühregen möglichst fein verteilt auf die Spur senkt. Gelangt nämlich die Schellacklösung tröpfchenförmig auf die Spur, so kann dies eine vorhandene kleine Vertiefung in der Eindruckspur ausfüllen, wodurch ein wichtiges Detail des Spurenbildes verloren gehen kann. Man wird daher bei halbwegs festem Erdreich auch ein solches Festigungsverfahren besser unterlassen.

Für das Abformen selbst gelten die oben S. 340 angegebenen Regeln. Man verwendet einen noch glatt fließenden sahnigen Gipsbrei, den man durch Einstreuen und langsames Verrühren von Gipspulver in abgestandenes oder leicht erwärmtes Wasser im Volumverhältnis 1 : 1 erhält. Für eine Fußspur braucht man etwa 600 g Gips und 0,6 l Wasser. Das Eingießen des Breies geschieht am besten fortschreitend von der einen Schmalseite der Spur zur anderen. Das Nachschieben des Breies mittels

---

[1]) Statt des Aufsaugens des angesammelten Wassers kann man dieses auch in der Spur belassen und unmittelbar für den Gipsabguß verwenden, indem man darin zunächst etwas Salz in Lösung bringt und hierauf fein vermahlenes Gipspulver durch ein Sieb einstreut. Mit diesem Verfahren hat *van Ledden-Hulsebosch* (Archiv 64, S. 263) bei den oft mit Wasser gefüllten Fußeindrücken in den holländischen Mooren und Dünen gute Erfolge erzielt.

[2]) Das Unterlassen der Protokollierung kann schwerwiegende Folgen haben! So berichtet *Anuschat* (Kriminalistische Spurenkunde, Berlin 1933, S. 67) aus seiner Praxis als Sachverständiger von einem Mordfall, in welchem er auf Grund des Gipsabdruckes, den der Landjäger von einer im Garten des Mordhauses gefundenen Eindruckspur des nackten Fußes des Mörders genommen hatte, zu einem negativen Gutachten hinsichtlich des in Betracht kommenden Angeklagten gekommen war, da dieser einen ausgesprochenen Plattfuß hatte, während die Gipsform einen besonders hochgewölbten Fuß zeigte. Fast wäre es deshalb zu einem Freispruch gekommen, als der in der Hauptverhandlung als Zeuge vernommene Landjäger auf eine diesbezügliche Frage des Sachverständigen beiläufig bemerkte, daß in der Spur ein großer rundlicher Stein gelegen sei; dieser hatte im Gipsabguß die hohe Wölbung des Fußes vorgetäuscht.

[3]) Auch noch von *Hans Groß* in der letzten Auflage dieses Handbuches.

eines Löffels ist nicht ungefährlich (da dadurch die Spur verändert werden könnte) und unnötig, wenn der Gipsbrei noch entsprechend flüssig ist, so daß er von selbst alle Details der Spur ausfüllt. Zu vermeiden ist, daß sich Breiwellen bei zu raschem Eingießen überschlagen und sich dadurch Luftblasen bilden.

Während dieser Arbeit, etwa dann, wenn der Boden 1 cm hoch mit Gipsbrei bedeckt ist, legt man (am besten durch eine zweite Person) bereitgehaltene Hölzchen auf den Brei auf und gießt dann den Rest des Breies nach. Ist die Spur sehr tief, so kann man dann, wenn die Hölzchen etwa 1 cm hoch mit Gips überdeckt sind, noch einmal Hölzer einlegen (Abb. 126). Diese Hölzer haben den Zweck, gewissermaßen im Gipsabguß ein Gerippe zu bilden, welches dem Abguß bedeutende Festigkeit verleiht; außerdem spart man hierdurch etwas an Gipsmaterial. Neben den Hölzchen oder allenfalls statt dieser kann man auch Hanfschnüre in Windungen hin- und herlegen, wodurch die Form nicht nur fest, sondern auch zähe wird. Unbedingt notwendig sind jedoch weder die Hölzer noch die Schnüre. Wohl zu bemerken ist aber, daß sowohl die Hölzer[1]) als auch die Schnüre vor dem Gebrauch längere Zeit im Wasser gelegen und sich damit vollständig angesaugt haben müssen. Würde man dies unterlassen, so würden Holz und Schnüre Wasser aus dem Gipsbrei aufnehmen, aufquellen und so die Form sprengen. Auch empfiehlt es sich, einige von diesen Schnüren aus der Form hervorragen zu lassen, um seinerzeit daran anfassen und die Form herausheben zu können.

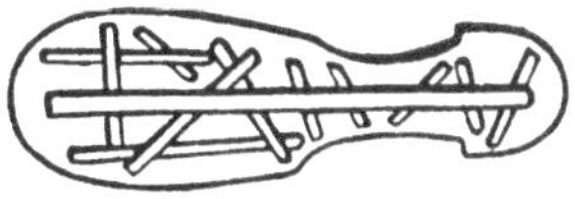

Abb. 126. Festigung eines Gipsabgusses durch eingelegte Hölzchen.

Um das Verrinnen des Gipsbreies (der den oberen Rand der Spur noch um etwa 1 bis 2 cm überragen soll) in die Umgebung des Erdbodens zu vermeiden, ist es zweckmäßig, den entsprechenden Raum rings um die Spur vorher durch eine senkrechte Begrenzung abzudecken, was in rechteckiger Form durch schmale Sperrholzbrettchen oder Streifen aus starkem Pappkarton oder in elliptischer oder kreisrunder Form durch einen zusammengeschlossenen Blechstreifen geschehen kann. Eine zweckmäßige Vorsichtsmaßnahme ist es auch, die Spur bis zur Beendigung der Sicherungsarbeiten — sofern man sich von ihr entfernt — mit einem umgedrehten, offenen Kistchen zu bedecken.

Mit der Herausnahme der Gipsform ist am besten so lange zu warten, bis der Gips vollkommen erhärtet ist, was bei normaler Gipsqualität ungefähr nach 2 Stunden der Fall ist. Der Abbindungsprozeß beginnt jedoch schon nach wenigen Minuten und ist unter Wärmeentwicklung nach etwa 10 Minuten beendet. Man kann die Abbindegeschwindigkeit nach Belieben verlangsamen oder beschleunigen. Das letztere geschieht, wie schon S. 340 ausgeführt wurde, durch Zusatz von etwas Kochsalz oder Kaliumsulfat zum Wasser. Eine Verlangsamung der Abbindung erreicht man entweder dadurch, daß man dem Wasser etwas Leim oder Borax (1 Teil gesättigte Boraxlösung auf 10 Teile Wasser) oder dem Gipspulver pulverisierte Eibischwurzeln (Verhältnis von 1:20) oder Dextrin (im gleichen Verhältnis) zusetzt. Dann wird der Gips allerdings erst nach 10 bis 20 Stunden vollkommen hart. Auch bezüglich der Erreichung einer größeren Härte des

[1]) Hat man frisches, saftiges, sogenanntes „grünes Holz" zur Verfügung, so ist das Einwässern selbstverständlich nicht notwendig.

Gipsabdruckes gilt das oben S. 340 Gesagte. (Beimengung von Alaun zum Gipspulver oder Verwendung von sog. „Hartgips"); *v. Ledden-Hulsebosch* taucht die fertige Gipsform während einiger Minuten in eine 20% ige Weinsäurelösung[1]).

Die geschilderte Methode des Abformens in Gips gilt für den Normalfall einer Eindruckspur in halbwegs festem Erdreich. Unter besonderen Verhältnissen ist sie unanwendbar, nämlich dann, wenn das Material, in welchem der Eindruck erzeugt wurde, so locker ist, daß die Spur beim Eingießen des relativ schweren Gipsbreies auseinandergedrückt und dadurch vernichtet werden würde; dies ist der Fall bei Spuren in Staub, sehr feinem, lockerem Sand, Mehl, wie es sich z. B. auf dem Boden der Wirtschaftsräume einer Mühle findet. Weiters ist das gewöhnliche Gipsabformverfahren bei Spuren in Schnee unanwendbar, weil durch die Abbindungswärme des Gipses die Oberfläche der Schneespur, die gerade die wichtigsten Details enthält, schmilzt. Für beide Fälle werden die verschiedensten Ersatzmethoden empfohlen.

a) Spuren in Staub, feinem Sand und Mehl.

Die älteste, auch heute noch anwendbare Methode ist die des Abformens in Stearin; sie geht auf *Hugoulin*[2]) und *Sonnenschein*[3]) zurück und wurde in den früheren Auflagen dieses Handbuches für diesen Fall allein empfohlen. Man bringt in die Spur Stearinpulver, indem man ober ihr mit einem Messer an einer Stearinkerze schabt und die (möglichst feinen) Stearinteilchen in die Spur fallen läßt, bis sich auf die gesamte Oberfläche der Spur eine gleichmäßig dünne Schicht von feinen Stearinflocken gelegt hat. Hierauf wird das Stearin durch Darüberhalten eines elektrischen Heizkörpers, allenfalls eines heißen Plätteisens oder Darüberstellen eines Rostes, auf dem man ein Eisenblech und darauf glühende Kohlen legt, geschmolzen. Hiedurch dringt das Stearin in die oberste Schicht des lockeren Spurenmaterials ein, verbindet sich mit diesem und läßt sich nach Erkaltung als Abform herausheben. Man kann aber auch — nach *Jaumes*[4]) — die Stearinkruste nicht herausnehmen, sondern sie (da sie genügend widerstandsfähig ist) mit Gipsbrei, nach dem gewöhnlichen Verfahren, ausgießen. Dies hat den Vorteil, daß das erhaltene Produkt, wie auch sonst, in einer relativ dauerhaften Gipsform besteht.

Andere Autoren empfehlen bei Sandspuren lediglich eine Vorfixierung der Spur, wie wir dies schon für den Normalfall bei etwas lockerem Material geschildert haben. Hiefür verwendet *van Ledden-Hulsebosch* eine „fast gesättigte" Schellack-Alkohollösung und erzeugt den Sprühregen mittels einer Fixierspritze, wie sie zum Fixieren von Holzkohlezeichnungen in Zeichenartikelgeschäften erhältlich ist (die feineren Parfumzerstäuber werden durch den hohen Schellackgehalt der Lösung verstopft). Der

---

[1]) Archiv 64, S. 268.

[2]) Annales d'hygiene publ. et de medicine leg., 1850, II; 1855, III.

[3]) *Sonnenschein-Classen*, Lehrbuch der gerichtlichen Chemie, 2. Auflage, Berlin 1881, S. 380.

[4]) Annales d'hygiene publ. et de medicine leg., 1880, III.

Schwede *Karlmark*[1]) fixiert die Spur durch indirekte Besprühung mit einer Eiweißlösung, worauf er die Spur mit geschmolzenem Vaselin übergießt, bis es in den Sand einsickert; nach dem Erkalten gießt er die so gehärtete Spur mit Paraffin oder Gips aus.

Neuere Kriminalisten haben für Spuren in derart lockerem Material verschiedene Streuverfahren entwickelt. Besonders schöne Resultate liefert bei richtiger Durchführung das *Müllner*sche Verfahren, das auch im Kriminologischen Institut der Universität Graz erprobt wurde[2]).

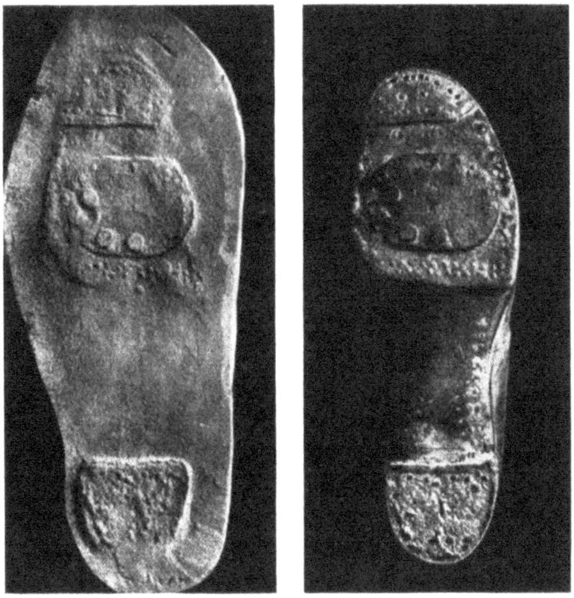

Abb. 127. Abformung einer Fußeindruckspur in Mehl mittels des Müllner'schen Streuverfahrens. Links die erzielte Gipsform; rechts: der Schuh, der die Spur erzeugte.

Zunächst wird mittels eines Pulverzerstäubers (wie er zum Zerstäuben pulvriger Schädlingsbekämpfungsmittel im Handel ist) ein Staubregen aus fein pulverisiertem Gips guter Qualität erzeugt, indem man ein etwa 75 cm hohes Rohr aus Pappe (das einfach durch Zusammenrollen und Festbinden eines starken Pappkartons hergestellt wird) über die Spur stellt und den Pulverzerstäuber schräg nach abwärts gegen die Innenwand des Rohres richtet. Sobald sich durch dieses indirekte Bestäuben eine Gipsschicht von etwa 1 mm auf die Spur gelegt hat (was man durch einen kleinen Papierstreifen kontrollieren kann, den man neben die Spur innerhalb des Rohres legt), wird das Rohr entfernt und mittels eines Alkoholzerstäubers mit Doppelgebläse ein feiner Alkoholregen erzeugt, indem man die Spritze nach oben richtet und den zerstäubten Alkohol auf die Spur niedersinken läßt. Diese Bespritzung muß so lange fortgesetzt werden, bis die Gipsschicht mit Alkohol vollgesogen ist. Dann stellt man wieder das Rohr über

[1]) Nach einem Referat in der Deutschen Ztschr. f. d. ges. ger. Medizin 26, S. 331 (1936); andere Autoren (z. B. *Wilhelm* a. a. O.) empfehlen hiefür gummihaltige Lösungen, wie sie in der Schuherzeugung für Gummibesohlungen verwendet werden (z. B. *Rudol-Flex* 333 A).

[2]) Vgl. *Müllner*, Kriminalistik 4, S. 272; *Seelig*, Archiv 78, S. 265.

die Spur und es erfolgt eine neuerliche Bestäubung mit Gipsmehl in der früher beschriebenen Weise, hierauf nochmals eine Bespritzung mit Alkohol. Auf solche Weise sind drei oder vier Schichten mit Alkohol zu durchtränken. Dann wird ein gewöhnlicher Gipsbrei unter Einlegung der üblichen Versteifungsstäbchen in die Spur eingegossen. Die von manchen Praktikern erhobenen Bedenken erwiesen sich als nicht stichhaltig: die Gipsform erhält, wie Abb. 127* zeigt, bei richtiger Durchführung keinerlei Risse und gibt die allerfeinsten Details, soweit sie in der Spur vorhanden sind, wieder. So sind z. B. auf der in Abb. 127 links wiedergegebenen Gipsform nicht bloß alle größeren Erhebungen der Schuhsohle (Nagelköpfe, aufgesetzter Lederfleck), sondern auch zwei kreisförmige Eindrücke oberhalb des Sohlenfleckes zu erkennen, die bloß aus zarten Rillen bestehen, die durch ehemals an diesen Stellen auf der Sohle vorhanden gewesenen und später ausgefallenen Nagelköpfen herrühren. Das Verfahren ist bei einiger Übung auch nicht besonders umständlich und dauert — entgegen den anders lautenden Angaben einiger Nachprüfer — bis zum Eingießen des Gipsbreies nur eine Stunde.

β) Spuren im Schnee.

Die klassische Methode ist hier das schon von *Hugoulin* a.a.O. empfohlene Abformen mit Leim oder Gelatine. Das Grundsätzliche dieser Abformmethode wurde bereits oben S. 341f. dargestellt. Man wartet mit dem Eingießen des gekochten Leimes, bis er gerade zu erstarren beginnt, d. h. sich eine Haut bildet. Infolge der raschen Abkühlung durch die Schneespur erstarrt er sofort zu einer gallertartigen Masse, die aus der Spur herausgenommen werden kann, aber erst nach 10 bis 12 Stunden wirklich fest wird. Leimformen sind bekanntlich nicht sehr haltbar und geben auch letzte Details nicht immer genau wieder. *Hans Groß* hat deshalb in den früheren Auflagen dieses Handbuches empfohlen, die Leimform sobald als möglich wiederum in Gips abzuformen.

Seither sind verschiedene andere Methoden entwickelt worden, die sich auch für Schneespuren eignen. Dies gilt insbesondere für das vorhin dargestellte *Müllner*sche Streuverfahren. *Karlmark* a.a.O. empfiehlt (auf Grund einer mathematischen Überlegung über die Schmelztemperatur, die Schmelzwärme und die Erstarrungswärme) solche Abformmaterialien, die erstarren, bevor die abgegebene Erstarrungswärme zu einer Schmelzung der Spuroberfläche führt; geeignet fand er gereinigtes Paradichlorbenzol, ebenso gereinigtes Naphtalin, ferner Schwefel (auf dessen Eignung als Abformmaterial auch schon *Hans Groß* in den früheren Auflagen dieses Handbuches hingewiesen hat) sowie erwärmte Metalle mit niedriger Schmelztemperatur (Blei, Woods u.a.). Am einfachsten ist jedoch das Verfahren, das *van Ledden-Hulsebosch* nach seiner Mitteilung a.a.O. mit Erfolg erprobt hat: er bestäubt die Schneespur mit einem innigen Gemisch von feinem, ganz trockenem Gipspulver, dem bis zu 2,5% feinst zerriebenes Kochsalz beigefügt wurde. Da Salz mit Schnee eine Temperaturerniedrigung zur Folge hat, wird die Temperaturerhöhung durch die Abbindung des Gipses ausgeglichen und es entsteht auch die nötige Feuchtigkeit, um den Gips zu binden, so daß eine dünne, gleichmäßige Kruste entsteht. In diese kann man den gewöhnlichen Gipsbrei (bei Frost unter Beifügung von 2,5% Kochsalz zum Wasser) eingießen.

Daß so verschiedene Methoden von den einzelnen Kriminalisten empfohlen und angewendet werden, liegt letzten Endes darin, daß für manche Spezialfälle in der Tat mehrere Methoden an sich möglich sind, die — richtig angewendet — gute Resultate liefern. Es hängt daher von der persönlichen Erfahrung, Geschicklichkeit und Übung des Einzelnen ab, welche Methode ihm am zweckmäßigsten erscheint und es kann daher jedem U., der in die Lage kommen könnte, eine Fußspurensicherung vorzunehmen, nur empfohlen werden, mehrere der angegebenen Verfahren selbst auszuprobieren und sich für dasjenige zu entscheiden, mit dem er die besten Erfolge erzielte. Dann wird er auch in einem an ihn herantretenden Ernstfall nicht erst herumzuprobieren brauchen, sondern gleich jene Methode einschlagen, in der er geübt ist.

d) Die Verwertung der Spuren.

α) Die Entstehung der Fußspur durch die menschliche Bewegung.

Jede Fußspur bleibt dem Betrachter unverständlich, wenn er nicht die Faktoren kennt, durch die sie entstanden ist. Entstanden ist aber jede Spur als Ergebnis einer Bewegung, wobei oft die einzelnen Phasen der Bewegung die durch die vorausgegangenen Bewegungsphasen entstandene Spur teilweise verändern. Die Spur, die bleibt und für das weitere Verfahren gemäß den Regeln des vorigen Kapitels gesichert wird, ist daher meist eine Kombination aus Spuren verschiedener Bewegungsphasen, von denen naturgemäß die Endphase für die Prägung der Spur häufig am ausschlaggebendsten ist.

Es ist daher auch nicht genau, von einer „im Stehen entstandenen" Fußspur zu sprechen, da das Stehen doch fast immer auf ein Gehen oder Laufen folgt und diesem meist wieder vorangegangen ist. Es wäre daher richtiger in einem solchen Falle von einer Spur des Stehenbleibens zu sprechen. So entstehen die in der praktischen Kriminalistik vorkommenden Spuren stets durch eine der vielen Arten der menschlichen Bewegung: Gehen, Laufen, Springen, Stehenbleiben, Sich-Umdrehen, Aussteigen aus einem Wagen, Abspringen vom Motorrad, Stiegensteigen usw.

Die Erforschung des Ablaufes und der Mechanik dieser Bewegungen fällt, da es sich um Funktionen des menschlichen Körpers handelt, in das Arbeitsgebiet der Physiologie, deren Ergebnisse auch von der Orthopädie und der Biologie der Leibesübungen verwertet werden. Alle diese Disziplinen fußen diesbezüglich auf den über ein Jahrhundert zurückliegenden Arbeiten der Brüder *W.* und *E. Weber*, die später durch die Untersuchungen von *O. Fischer* zum Teil eine Berichtigung erfuhren. In späterer Zeit haben insbesondere die das Kinoprinzip verwendenden und verbessernden phototechnischen Untersuchungen von *Muybridge* und des Russen *Bernstein* die Mechanik des Gehens aufgehellt, ohne gegenüber den Forschungen *Fischers* zu wesentlich anderen Ergebnissen gekommen zu sein[1]).

[1]) *W.* und *E. Weber*, Mechanik der menschlichen Gehwerkzeuge, Göttingen 1836; *Vierordt*, Das Gehen des Menschen im gesunden und kranken Zustand, Tübingen 1881; *Braune* und *Fischer*, Der Gang des Menschen, I. Teil, Königl. sächs. Gesellsch. d. Wissensch. (Mathem. phys. Klasse), 21. Bd., Leipzig 1895; *O. Fischer*, Der Gang des Menschen, II. und III. Teil, ebenda, 25. und 26. Bd.,

1. Das Gehen.

Die Zerlegung der natürlichen Schreitbewegung in ihre — für die Erzeugung der Spur wichtigsten — Bewegungsphasen ist aus der Gangaufnahme von *Muybridge* (Abb. 128) und aus der schematischen Darstellung der Gehbewegung nach *Fischer* (Abb. 129) zu ersehen. In der erst-

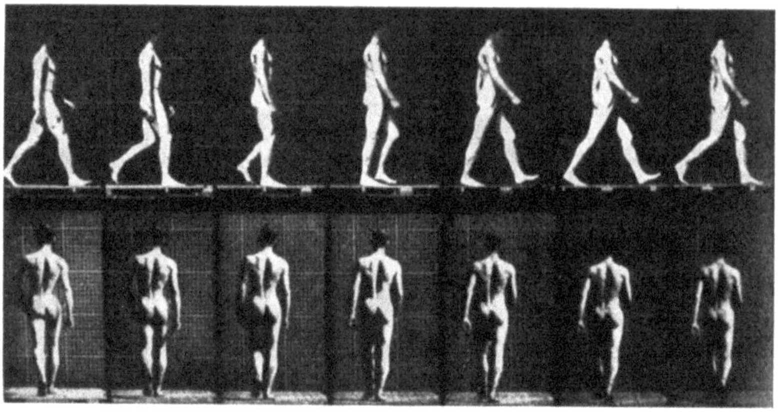

Abb. 128. Gangaufnahme nach *Muybridge*.

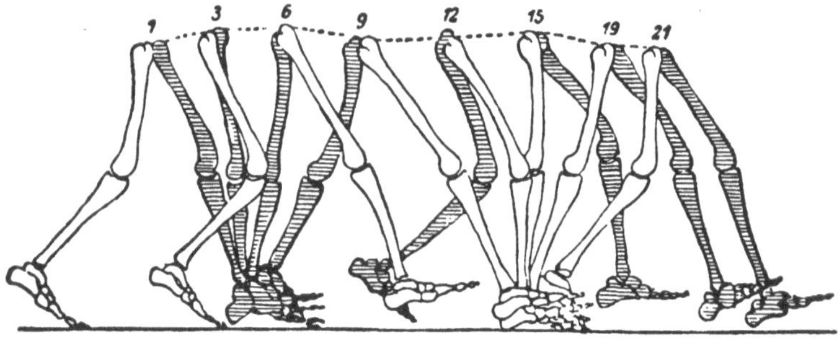

Abb. 129. Schematische Darstellung der Gehbewegung (Zerlegung in 21 Phasen) nach *O. Fischer*.

erwähnten Gangaufnahme ist eine Schrittbewegung in 7 Teilbilder zerlegt, während aus der schematischen Darstellung von Fischer, der einen Doppelschritt in 21 Phasen zerlegte, in unserer Abbildung 8 Phasen (Nr. 1, 3, 6, 9, 12, 15, 19 und 21) wiedergegeben sind. Im einzelnen ergibt sich:

Leipzig 1899 und 1900; *Muybridge*, Animal locomotion, Philadelphia 1887; derselbe, Animals in motion, London 1899; *Marey*, Le mouvement, Paris 1894; *Bernstein*, Untersuchungen über die Biodynamik des Ganges und Laufes, Moskau 1927 (russisch); derselbe: Abderhaldens Handb. d. biol. Arbeitsmethoden 5, V, A, S. 629 (1928); *Steinhausen*, Mechanik des menschlichen Körpers in: Handb. d. norm. und pathol. Physiologie, 15. Bd., 1. Hälfte, S. 162; *Hohmann*, Fuß und Bein, München 1939 (orthopädisch); *F. A. Schmidt*, Unser Körper, Handb. d. Anatomie, Physiologie und Hygiene der Leibesübungen, Leizpig 1899; *Thörner*, Biologie der Leibesübungen, Bonn 1951.

a) Die Bewegung des Ausschreitens: Das ausschreitende Bein ist fast völlig gestreckt, schräg nach vorne gerichtet und tritt mit der Ferse auf den Fußboden auf (Teilbild 1 der Gangaufnahme, Phase 1 der schematischen Darstellung). Die Zehen des ausschreitenden Beines sind in diesem Augenblick leicht nach aufwärts gerichtet, das andere Bein ist in leichter Beugehaltung nach rückwärts gestreckt und ruht noch mit dem Zehenballen auf dem Fußboden. Der Schwerpunkt des Körpers liegt in der Mitte zwischen den beiden Berührungspunkten mit dem Boden, so daß das Körpergewicht nur je zur Hälfte auf jedem Bein ruht.

b) Die Bewegung des „Abrollens" des ausschreitenden Beines: Das Körpergewicht wird auf das ausschreitende Bein gelegt, das nunmehr mit der ganzen Fußsohle auftritt; währenddessen wird das andere Bein durch Krümmung im Kniegelenk vom Boden gehoben und schwingt im Hüftgelenk an dem belasteten Bein vorbei (Teilbild 2 bis 4 der Gangaufnahme, Phasen 3 bis 6 der schematischen Darstellung). Durch weitere Vorverlegung des Körpergewichtes wird der Schwerpunkt auf die Zehenballen des belasteten Fußes verlegt und dieser erhebt sich etwas auf den Zehenspitzen durch Hochheben der Ferse, bis es zu einem Abstoßen auf den Zehenballen kommt (Teilbilder 5 bis 6 der Gangaufnahme, Phase 12 der schematischen Darstellung).

Gleichzeitig hat sich die Ferse des durchgeschwungenen Beines auf den Boden gesenkt (Teilbild 6 der Gangaufnahme, Phase 12 der schematischen Darstellung); das bisher nachschwingende Bein ist dadurch zum ausschreitenden geworden und das Körpergewicht wird langsam auf dieses übertragen: die Bewegung des „Abrollens" beginnt — nunmehr auf dem anderen Bein — von neuem (Phasen 12 bis 21 der schematischen Darstellung).

Aus dieser Mechanik des Gehens ergibt sich für die entstandene Spur, daß diese durch die geschilderte Abrollbewegung des Fußes entsteht, die mit dem Aufsetzen der Ferse auf den Boden beginnt und mit dem Abstoßen vom Boden auf dem Ballen der großen Zehe endet. Daher ist bei nackten Füßen dieser Ballen, bei beschuhten Füßen der entsprechende vordere Rand der Schuhsohle, jener Teil, der auf den Boden die größte Kraft ausübt. Bei Eindruckspuren ist daher an dieser Stelle die Spur am tiefsten (siehe in Abb. 130 das Profilbild des Gipsabgusses). Die Sohlenfläche des Eindruckes ist daher gegen den Ballen zu nach unten gekrümmt, während die Sohle des erzeugenden Schuhes regelmäßig vorne etwas nach aufwärts gekrümmt ist. Die Folge davon ist, daß der Schuh, der eine Spur etwa in Lehm erzeugt hat, nach Erhärten des Lehmes nie vollkommen in die Spur passen würde, sondern vorne in die Höhe steht, wenn man ihn mit dem Absatz auf die Grundfläche der Eindruckspur stellt und umgekehrt hinten in die Höhe steht, wenn man ihn vorne auf die Spur niederdrückt.

Das vorhin erwähnte Abstoßen des schreitenden Fußes auf den Zehenballen hat aber noch eine weitere Wirkung, die besonders bei weicherem Spurenmaterial stärker zur Geltung gelangt. Zu Beginn der Spurenerzeugung drückt, wie wir gesehen haben, die auftretende Ferse schräg nach abwärts und zwar vorwärts in der Gangrichtung; sie hat dadurch bei nachgiebiger Unterlage die Tendenz, etwas nach vor zu rutschen und das Spurenmaterial nach vorne zu schieben. In solchen Eindruckspuren ist daher oft der hintere Rand des Absatzes doppelt ausgeprägt, nämlich dort, wo die Ferse zuerst auftritt und dort, wo der Absatz nach dieser vorwärtsschiebenden Bewegung zur Ruhe gekommen ist, worauf

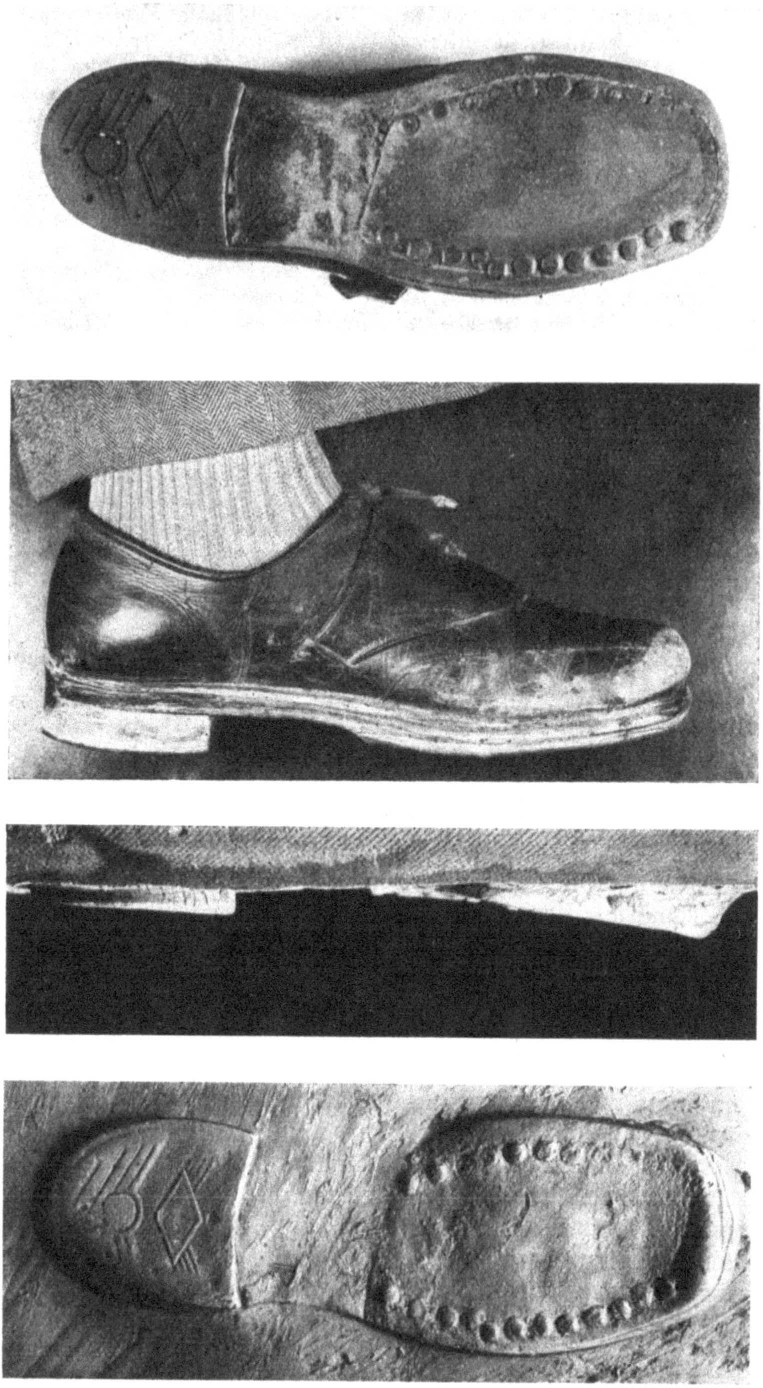

Abb. 130. Eindruckspur im Gehen (linker Fuß). Von oben nach unten: Sohlenfläche des die Spur erzeugenden Schuhs; Seitenansicht des mit dem Schuh bekleideten Fußes; Profil des Gipsabgusses der erzeugten Eindruckspur; die Sohlenfläche des Gipsabdruckes der Eindruckspur.

sich die übrige Absatzfläche durch die Abrollbewegung (mit Druckrichtung nach unten) eingedrückt hat (auch in Abb. 130 ist diese doppelte hintere Absatzgrenze im Gipsabdruck der Eindruckspur erkennbar). Nun tritt im weiteren Verlauf der Abrollbewegung der vordere Teil des Fußes auf, der durch die Vorverlegung des Körpergewichtes und die folgende Abstoßbewegung in umgekehrter Richtung wirkt, nämlich schräg abwärts entgegen der Gehrichtung, also nach rückwärts. Abb. 131 veranschaulicht dies in etwas übertrieben gezeichneter schematischer Dar-

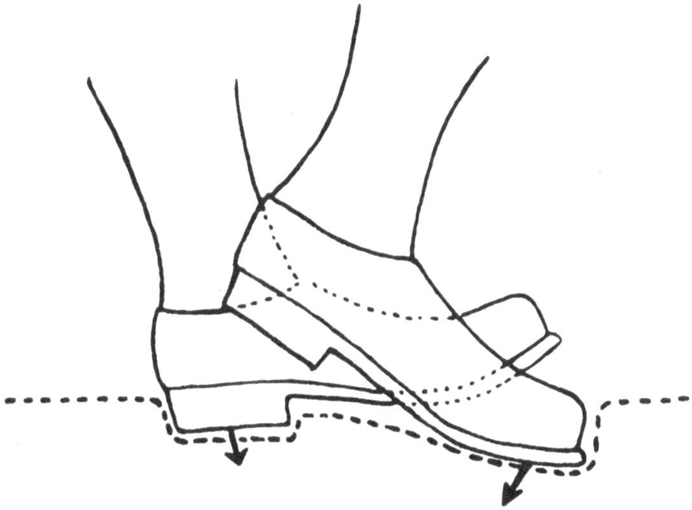

Abb. 131. Das „Abrollen" des Fußes. Druckrichtung beim Auftritt der Ferse und beim Abstoßen des Zehenballens.

stellung. Bei nachgebender Unterlage hat somit der die Abstoßbewegung durchführende Zehenballen die Tendenz, das Spurenmaterial nach hinten zu schieben und selbst etwas zurückzurutschen. Dadurch werden die zwei Vertiefungen, aus denen die Eindruckspur besteht (Eindruck des Absatzes und Eindruck des Zehenballens) nicht der wirklichen Entfernung von Absatz und Ballen entsprechen, sondern infolge der geschilderten Gleitbewegung (Absatz nach vorne, Ballen nach rückwärts) näher beisammen sein: die Spur wird in ihrer Gesamtlänge wesentlich kleiner sein als der erzeugende Schuh (auch auf dem in Abb. 130 wiedergegebenen Gipsabdruck der Eindruckspur ist der Abstand des Nageleindruckes am Hinterteil des Absatzes von dem vordersten Kopf der Sohlenbenagelung um 9 mm geringer als die korrespondierende Entfernung auf dem Schuh selbst!).

Allerdings gilt dieses Prinzip der Verkürzung der Fußspur gegenüber dem Fuß — wie gesagt — nur bei entsprechend weicher Unterlage[1]), nicht

[1]) Bei feuchtem Boden aus feinem Sand (Dünensand) bewirkt die vorhin geschilderte abstoßende Bewegung des Ballens bei gleichzeitig gehobener Ferse oft eine beträchtliche Deformierung der Spur, da von der gehobenen Ferse mitge-

aber bei hartem Boden, bei dem es nicht zu einem Vor- bzw. Zurückschieben des Spurenmaterials kommt. Hier hinterläßt (bei beschuhtem Fuß) der einhakende Absatz und der abstoßende vordere Sohlenrand oft nur je eine geringe, fast strichförmige, quer zur Gangrichtung verlaufende Vertiefung, die man kaum als Andeutungen einer Fußspur erkennen kann; der Abstand dieser beiden „Striche" entspricht der wirklichen Länge des Schuhs[1]).

Nur bei hartem Boden mit feiner Sandauflage macht der vordere Sohlenrand beim Abstoßen mitunter eine kleine zurückscharrende Bewegung, die eine (wenn auch oft nur schwach sichtbare) Gleitspur nach rückwärts erzeugt; dann ist der vordere Rand dieser Spur bei der Messung der Fußspurlänge zugrunde zu legen. Ob aber bei mittelhartem oder nur mäßig weichem Boden der hintere Absatzrand eine Eindruckspur — wie vorhin beschrieben — hinterläßt und wie tief diese ausfällt, hängt von mehreren Umständen ab: von der Art der Beschuhung, vom „Stil" des Schreitens und von der Terrainlage. Bei Männerschuhen, die heute vielfach mit einem Gummiabsatz versehen sind, dessen hinterer Rand — insbesondere auf der Außenseite des Schuhs — in der Regel schon abgenützt[2]) und dadurch abgerundet ist, erscheint gerade der hintere Absatzrand in der Spur oft gar nicht oder doch viel schwächer ausgeprägt als der vordere Sohlenteil. Anders bei Damenschuhen mit hohen „französischen" Absätzen, deren relativ kleine Auftrittsfläche, auf der hier zu Beginn der Abrollbewegung fast das ganze Körpergewicht ruht, sich am stärksten in das Spurenmaterial einbohrt. Zwischen diesen Extremen gibt es naturgemäß alle Zwischenmöglichkeiten (halbhohe Absätze, Keilabsätze, nicht abgenützte derbe Gummiabsätze mit hohem Gummirelief, wie sie heute bei Sportschuhen üblich sind usw.). Der zweite Umstand ist aber in der persönlichen Art der Gangmechanik gelegen: das „Einhaken" mit der Ferse findet nämlich nur bei dem (bisher als Regel angesehenen) „Streckgang" statt, wie er dem vorwärtseilenden Großstadtmenschen eigen ist, und im Turnunterricht und als militärischer Marschschritt geübt wird. Anders ist dies hingegen beim sogenannten „Beugegang", bei dem das ausschreitende Bein nicht völlig in Streckstellung gebracht wird, sondern bis zum Aufsetzen auf den Boden im Kniegelenk leicht gebeugt bleibt; bei diesem etwas „knieweichen" Gang, der vielfach den Bewohnern von Gebirgsgegenden eigen ist und heute auch in der Touristik als kräftesparend empfohlen wird, befindet sich die Fußsohle

---

hobene feuchte Sandschollen in die Spur zurückfallen und durch den abstoßenden Ballen zurückgeschoben werden, so daß in der Mitte der Spur ein kleines Häufchen zerbröckelter Sandschollen entsteht und nur der Absatz- und Fußspitzenteil der Fußspur erhalten bleibt. Bei trockenem, lockerem Dünensand geht die Deformierung des Spurenbildes noch weiter, da durch das Abstoßen des Ballens und Hochheben des Fußes der die Spur umgebende Sand von allen Seiten in die Spur zurückrutscht, so daß diese nur mehr eine unförmige Mulde bildet; im Grunde dieser Mulde ist jedoch mitunter, z. B. wenn die Schuhe profilierte Gummisohlen hatten, in dem festgetretenen Sand des mittleren Ballenteiles der Spur das Muster des Sohlenreliefs zu erkennen.

[1]) Die Festhaltung auch solcher schwacher Spuren kann darum unter Umständen sehr wichtig sein. Da solche schwache Eindrücke im Boden bei zerstreutem Tageslicht oft kaum sichtbar sind, empfiehlt es sich, das Tageslicht abzuschirmen und die Bodenfläche von verschiedenen Seiten her mit einem Scheinwerfer in möglichst flachem Einfallwinkel zu bestrahlen. Die Bodenfläche, die früher glatt erschien, zeigt dann oft mannigfache Spuren und sonstige Unebenheiten. Bei Tageslicht fördert auch die Benützung von Brillen mit gelben oder doch das UV-Licht abschirmenden Gläsern, wie sie als „Sonnenschutzbrillen" von der optischen Industrie in mannigfachen Ausführungen in den Handel gebracht werden, das Erkennen solcher schwach ausgeprägter Spuren.

[2]) Ältere militärische Beobachtungen in Deutschland haben seinerzeit ergeben, daß 98% aller Soldaten den hinteren äußeren Teil der Sohle und des Absatzes mehr abnützen als die übrigen Teile (*Brandt*, Des deutschen Soldaten Fuß und Fußbekleidung, Berlin 1883).

im Augenblick des Auftretens schon fast in Horizontalstellung: das Vorstrecken der Ferse und damit die erste Phase der Abrollbewegung unterbleibt und der Auftritt erfolgt fast gleichzeitig mit der ganzen Fußsohle. Die Spur eines derart Gehenden vertieft sich allmählich gegen die Fußspitze, deren Abstoßbewegung den stärksten Eindruck hinterläßt[1]). Schließlich hängt die Art des Auftretens aber auch davon ab, ob wir auf horizontalem, ansteigendem oder abfallendem Terrain gehen: beim Abwärtsgehen gelangt naturgemäß mehr die Ferse zum Abdruck, während wir beim Aufwärtsgehen mehr mit dem Vorderfuß auftreten.

2. *Das Laufen.*

Es unterscheidet sich vom Gehen grundsätzlich dadurch, daß hier während einer kurzen Zeitstrecke beide Füße in der Luft sind (siehe

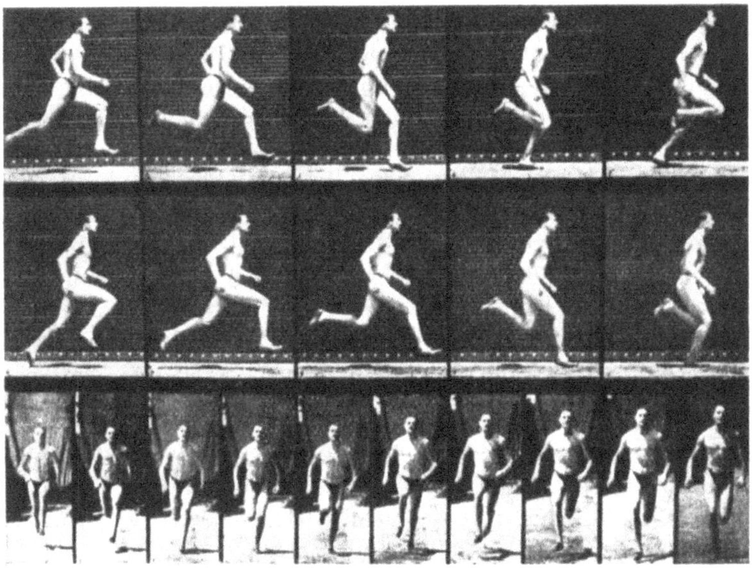

Abb. 132. Laufaufnahme nach *Muybridge*.

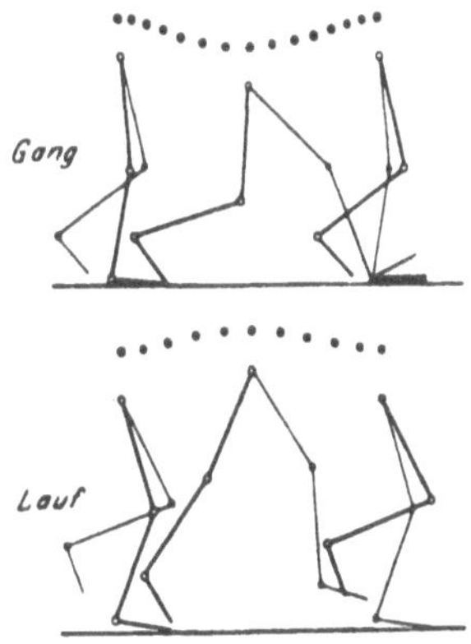

Abb. 133. Kinematik des Ganges (oben) und des Laufes (unten) in schematischer Darstellung (nach *Bernstein*).

[1]) Auf weitere besondere Gangarten wird weiter unten eingegangen.

Abb. 132 und 133). Während dieses „Fluges“, der durch das kräftige Abstoßen bewirkt wird, bleibt auch der Schwerpunkt des Körpers gehoben (hingegen senkt er sich beim Gehen mit langen Schritten bei jedem Ausschreiten und muß neuerlich gehoben werden) — das ist die Kraftersparnis des Laufens gegenüber einem ermüdenden Gang mit allzu großen Schritten. Das durchgeschwungene Bein tritt beim Laufen also nicht schon im Zeitpunkt des Abstoßens des anderen Beines (wie beim Gehen) mit der vorgestreckten Ferse auf den Boden auf, sondern bleibt noch weiter nach vor geschwungen und kommt erst später und zwar mit der ganzen Sohlenfläche zugleich auf den Boden[1]). Der Unterschied im erzeugten Spurenbild ist dadurch allerdings gering: es bleibt zwar die vorwärtsschiebende Wirkung des auftretenden Absatzes aus, doch gleicht sich dies durch die meist stärkere Abstoßbewegung wieder aus, so daß auch hier bei nachgebendem Boden die Länge der Fußspur kürzer ist als die des erzeugenden Fußes, bzw. Schuhs. Im übrigen hängt das Spurenbild von mehreren (in der Praxis meist unbekannten) Umständen ab, nämlich von der Streckung oder Beugung des durchgeschwungenen Beines, der Schnelligkeit der einzelnen Laufschritte, der Haltung des Oberkörpers, der Länge der einzelnen Laufschritte im Verhältnis zur Beinlänge usw. Daraus erklären sich auch die im Sport üblichen Unterscheidungen zwischen Schnellauf und Dauerlauf, zwischen Kurzstrecken-, Mittelstrecken- und Langstreckenlauf, zwischen Sohlenlauf und Ballenlauf und zwischen Schreitstil, Tretstil und Schwungstil.

3. Besondere Gangarten,

die in der kriminalistischen Praxis häufiger vorkommen als man gemeiniglich annimmt, haben auch ihre besondere Bewegungsmechanik, die für die Entstehung der Spur von Bedeutung ist. Von den vielen hier in Betracht kommenden Möglichkeiten sind besonders zwei Gangarten praktisch wichtig: das leise Schleichen und das Tragen schwerer Lasten. Das erstere kommt bei Dieben vor, die in der Nacht sich möglichst geräuschlos — ohne Menschen oder den Hofhund zu wecken — entfernen wollen, das letztere bei Dieben, die eine schwere Last, oder Mördern, die eine Leiche fortzuschleppen haben.

Der schleichende Gang ist ein Gang auf den Zehenspitzen: die Ferse tritt überhaupt nicht auf, das erzeugte Spurenbild entspricht daher nur dem vorderen Teil einer normalen Fußspur. Da auch hier eine Abstoßbewegung auf den Zehenballen erfolgt, besteht auch in der Tiefenausprägung der Spur kein grundsätzlicher Unterschied zur Normalspur, so daß die Vergleichung mit einer beim

[1]) Dies ist nach den neuen Beobachtungen durchaus die Regel. In den früheren Auflagen dieses Handbuchs wurde dies für den gewöhnlichen Lauf ebenfalls behauptet, aber für das „Rennen“ mit höchster Geschwindigkeit eine Ausnahme gemacht: hier soll es zur Vorstreckung der Ferse des vorgeschwungenen Beines und dadurch zum Auffallen auf der Ferse kommen. Als Regel kann dies aber nicht anerkannt werden, da auch beim schnellen Lauf die meisten Menschen bestrebt sind, den Schwerpunkt durch Vorneigen des Oberkörpers möglichst nach vorne zu verlegen, was unwillkürlich zum „Ballenlauf“ führt. Doch ist zuzugeben, daß es — besonders zu Beginn der Laufbewegung — bei einzelnen sehr weiten, mehr gesprungenen Laufschritten zu einem Aufspringen mit der Ferse (und daher einem Einbohren der Ferse in das Spurenmaterial) kommen kann.

normalen Gehen erzeugten Spur ohne weiters möglich ist. Es fehlt eben nur der Absatzteil. Beim Tragen schwerer Lasten ist die umgekehrte Beobachtung zu machen; die Hebung des Schwerpunktes, die mit der Abstoßbewegung verbunden ist, wird in diesem Falle vermieden, da sie nur unter besonderer Kraftaufwendung durchführbar wäre, die Schritte werden wesentlich kleiner, der vorgesetzte Fuß kommt nicht zur Streckung, sondern sucht möglichst rasch wieder mit ganzer Sohlenfläche Boden zu gewinnen, um das durch die Last vermehrte Körpergewicht auf beide Füße gleichmäßig zu verteilen: anstelle des schwungvollen Schreitens haben wir es hier mit einem gleichmäßigen Treten zu tun. Infolge des Ausbleibens der Abrollbewegung und des Abstoßens ist die Eindruckspur an der Stelle des Absatzes und des rückwärtigen Teiles des Ballens gleichmäßig am tiefsten. Auch alte, müde oder kranke Leute gehen ähnlich, die nur mühsam ein Bein vor das andere setzen. Wird hiebei das nachgezogene Bein nicht völlig von der Bodenfläche gehoben, kann es — besonders bei mit Sand oder Schnee bedecktem Boden — zu einer Schleifspur des vorderen Fußteiles kommen. Diese Schleifspur findet sich aber auch bei normal gehenden Menschen regelmäßig im Augenblick des Stehenbleibens: das zuletzt nachgezogene Bein wird nicht mehr wie sonst gehoben. Das regelmäßige Nachziehen nur eines Beines kommt bei verschiedenen Körpergebrechen (Hinken infolge Luxation des Hüftgelenks u. a.) vor, worauf noch bei Besprechung des Gangbildes zurückzukommen sein wird. Schließlich sei darauf verwiesen, daß einzelne Fußabdruckspuren eine besondere von der Norm abweichende Gestaltung annehmen können, wenn sie z. B. durch ein Ausschreiten nach der Seite (um einem Passanten, einem Fahrzeug oder einer Pfütze auszuweichen) entstehen oder beim Überspringen eines Baches oder Herabspringen von einer Mauer erzeugt werden. Auch Raufende oder sonst Kämpfende (z. B. Überfallene, die sich zur Wehr setzen) erzeugen durch Herumtreten die allerverschiedensten Spuren, für die keine Regeln aufgestellt werden können.

β) Über Abdruckspuren nackter und beschuhter Füße.

Während wir uns im vorigen Kapitel mit der Auswirkung der Gangmechanik auf die Gestaltung von Eindruckspuren beschäftigten, haben wir uns nunmehr den Erscheinungsformen der Abdruckspuren und den an ihrer Entstehung beteiligten Faktoren zuzuwenden.

Der Abdruck, den ein nackter Fuß, der mit Blut oder sonst einer abfärbenden Flüssigkeit[1]) benetzt ist, auf einem glatten Boden hinterläßt, hat oft eine sehr charakteristische „Physiognomie", die der Beobachter nicht so sehr durch Messung und Analyse in einzelne Merkmale, als vielmehr durch ganzheitliches Gestalterfassen zu erkennen vermag. Gleichwohl variieren die Abdrücke, die derselbe Fuß erzeugt, in sehr erheblichem Maße[2]), was die Identifizierung erschwert und oft sogar unmöglich machen kann. Der Gefahr, infolge solcher Verschiedenheiten vorschnell zu einem falschen negativen Urteil über die Identität des erzeugenden Fußes zu gelangen, wird man am besten begegnen, wenn man sich vor Augen hält,

[1]) Oder auch nur mit Wasser — das kann man in Bädern beobachten, wenn jemand aus dem Wasser steigt und mit nassen Füßen über den Betonboden des Ufergeländes oder der Badeanstalt geht. Aber solche Wasserspuren verschwinden infolge der Verdunstung sehr rasch, weshalb sie in der kriminalistischen Praxis kaum eine Rolle spielen.

[2]) Schon *Masson* (Annales d'hygiene Publ. 1886, III, 16, p. 336) fand, daß die Länge der Fußabdrücke desselben Individuums bis zu 23 mm und die Breite bis zu 8 mm variiert.

daß die konkrete Gestaltung einer solchen Abdruckspur — außer von der individuellen Fußgestalt — von folgenden vier Faktoren abhängt:

1. Von der Menge des vorhandenen abfärbenden Stoffes;
2. von der Qualität dieses Stoffes;
3. von der Beschaffenheit der Oberfläche des Spurenträgers, auf dem aufgetreten wurde;
4. von der Art, wie der Fuß aufgesetzt wurde.

Entscheidend für die äußere Gestaltung ist hierbei in erster Linie (entgegen der seinerzeit anders lautenden Behauptung von *Masson*) die vorhandene Farbstoffmenge, die sich ja von Schritt zu Schritt immer mehr abtritt, bis schließlich überhaupt keine Fußspur auf der Auftrittsfläche zurückbleibt. Aber auch schon die zuletzt erzeugten Spurenbilder sind oft kaum mehr als „Fußspur" zu erkennen und bei ihrer Vergleichung mit den durch die ersten Schritte erzeugten Spuren ist deren „charakteristische Physiognomie" oft nicht mehr herauszufinden[1]). Wohl aber ist dies bei den Abdrücken der ersten Schritte noch möglich, wenngleich auch hier nicht unbedeutende Unterschiede festzustellen sind. Zur Veranschaulichung dieser wichtigen Tatsache seien aus einer noch von *H. Groß* durchgeführten Versuchsreihe die (nach einmaliger Einfärbung der Füße) beim ersten, zweiten und dritten Auftritt des rechten Fußes entstandenen Abdrücke wiedergegeben (Abb. 134). Zu diesen Abdruckspuren ist festzustellen:

Erster Auftritt: Trotz gleichmäßiger Einfärbung der Sohle zeigt das Abdruckbild zahlreiche verschiedene Intensitätsgrade des Farbstoffes (in der Schwarz-Weiß-Reproduktion kommen sie als Zwischentöne zwischen hellem Grau und tiefem Schwarz zum Ausdruck). Dies hat seinen Grund darin, daß einerseits die Fußsohle keine ebene Fläche bildet, sondern verschieden modelliert ist und daß andererseits die Belastung durch den Körper eine ungleiche und auch im Laufe der Auftrittsbewegung wechselnde ist. Die Farbstoffmasse, die beim Auftreten zwischen Bodenfläche und Fußsohle gepreßt wird, weicht nun dort, wo sie am meisten belastet wird, aus, d. h. dort, wo die Sohle das meiste Gewicht trägt, drückt sich diese bis auf die Bodenfläche durch und schiebt den Farbstoff beiseite. An den Stellen des stärksten Druckes ist daher die Färbung am lichtesten; je weniger stark aber eine Stelle der Sohle belastet ist, desto weniger Farbstoff wird weggedrückt und desto dunkler bleibt an dieser Stelle die Spur. Am hellsten, also am meisten belastet ist die Stelle des Ballens unterhalb der drei mittleren Zehen. Die nächst helle befindet sich in der Nähe der Ferse, nicht genau in der Mitte,

[1]) Dennoch kann es bei der Tatbestandsaufnahme von Bedeutung sein, auch solche Spurenfragmente, die für einen Identitätsnachweis nicht mehr geeignet wären, als Fußspuren zu erkennen, da hiedurch z. B. die Tritte, die der Mörder mit seinen blutbenetzten Füßen machte, festgestellt und dadurch der Tathergang geklärt werden können. In vielen Fällen steht ja (z. B. bei Eifersuchtsmorden, Familienmorden u. ä.) das „Wer?" nicht zur Frage, wohl aber bedarf der Hergang der Tat der Aufhellung, damit die Verantwortung des Täters überprüft werden kann. Allerdings ist in solchen Fällen, wenn Spuren, aus denen die Person des Spurenerzeugers nicht zu erkennen ist, als Fußspuren des Täters verwertet werden sollen, besondere Vorsicht am Platze, damit nicht etwa erst nach der Tat entstandene Fußspuren mit Spuren des Täters verwechselt werden. So sind Fälle vorgekommen, in denen man bereits aus solchen Spuren schwerwiegende Schlüsse zog, bis sich schließlich herausstellte, daß es sich um Fußspuren des Arztes handelte, den man zu dem noch lebend angetroffenen Opfer, das bald darauf starb, gerufen hatte und der bei seinen Bemühungen um den Schwerverwundeten in die Blutlache getreten war.

sondern etwas gegen den äußeren Sohlenrand hin (diese Stelle entspricht der Verlängerung der senkrecht gestellten Schenkelknochen). Die nächst hellen Stellen (die aber infolge des Farbreichtums des Abdruckes I in der Reproduktion nicht deutlich hervortreten) sind der äußere Rand des Ballens unterhalb der kleinen Zehe und die Mittelpunkte der Zehenbeeren der vier kleineren Zehen sowie der linke (also gegen die Innenseite des Fußes gelegene) Rand der großen Zehe.

Zweiter Auftritt: Die Hauptmasse des Farbstoffes wurde auf Spur I abgegeben, so daß Spur II eine Art „Reindruck" darstellt. Die Stellen der stärksten Belastung treten — wie eben beschrieben — hier noch deutlicher hervor.

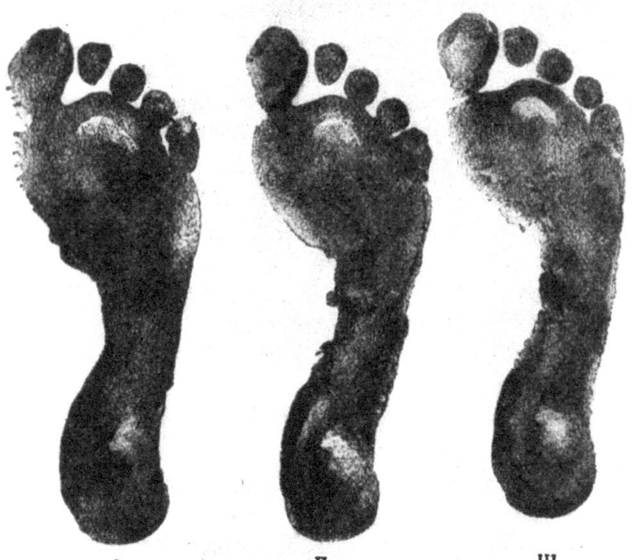

Abb. 134. Abdruckspur des I., II. und III. Auftrittes desselben Fußes.

Gleichzeitig sehen wir hier an der Art des Ausweichens des Farbstoffes (der im Originalabdruck an den Übergangsstellen zarte Äderchen aufweist), daß der Fuß zuerst mit der Ferse aufgetreten ist und den rückwärtigen Farbstoff nach vorne geschoben hat, während der Ballen beim Verlassen des Bodens den unter ihm befindlichen Farbstoff nach rückwärts drängt.

Dritter Auftritt: Diese Spur zeigt hinsichtlich der Farbstoffverteilung das noch deutlicher, was auf Spur II zu sehen war; an den stärkst belasteten Stellen ist der Farbstoff schon völlig weggedrängt und die Richtung der Farbstoffverdrängung wird an den Übergangsstellen durch deutlicher hervorgetretene Äderchen noch klarer erkennbar. An den Zehen ist die hellere Färbung der stärker belasteten Mittelpunkte der Zehenbeerren und der linken Seite der großen Zehe auch in der Reproduktion gut zu sehen. Im Verhältnis zur Spur I hat sich die Breite des Abdruckes des Fersenteiles und des Mittelfußes um je 3 mm (in der verkleinerten Reproduktion um rund 1 mm) verringert; außerdem fehlt in der Spur III die bei der Spur I durch den überreichen Farbstoff entstandene Ausbuchtung beim Übergang des Ballens zum Mittelfuß unterhalb der großen Zehe. Trotz dieser durch die Farbstoffmenge bedingten Unterschiede in der äußeren Umgrenzung der Spur ist sie in ihrer „Physiognomie" gleichgeblieben.

Auch die übrigen oben aufgezählten Faktoren vermögen das Erscheinungsbild der Abdruckspuren desselben Fußes in sehr weitgehender Weise zu variieren. So fällt der Abdruck verschieden aus, wenn der die Spur bildende Stoff frisches, noch dünnflüssiges Blut oder aber etwas älteres, schon leicht zu stocken beginnendes Blut ist, wenn es sich um eine wäßrige oder ölige oder klebrige Flüssigkeit handelt, usw. Ebenso spielt die Oberflächenbeschaffenheit des Bodens, auf dem aufgetreten wird, eine wesentliche Rolle: ein ungehobeltes fasriges Brett, das die Spurenflüssigkeit einsaugt (so daß die Abdruckgrenzen nach außen „verrinnen"), ein frisch gebohnerter Parkettboden, der wäßrige Flüssigkeiten abstößt, ein rauher Betonboden und glatt geschliffene Steinfließen lassen vom gleich eingefärbten Fuß sehr verschiedene Spurenbilder entstehen. Doch liegen auch hier die Unterschiede hauptsächlich in der äußeren Umgrenzung der Ausdehnung der Abdruckspuren, während die Lage der charakteristischen Druckpunkte von Ballen, Ferse, Zehe — soweit diese in der Spur erkennbar sind — gleich bleiben. Schließlich vermag die verschiedene Art, wie der Fuß aufgesetzt wird, einen großen Einfluß auf das Fußbild auszuüben, so z. B. wenn in eine schlüpfrige Masse getreten worden wäre, wodurch der Fuß beim ersten Aufsetzen nicht sofort festen Halt fand, sondern etwas nach der Seite ausgleitet; die so entstandene Spur ist wesentlich breiter als eine Normalspur und zeigt mit einer später durch sicheren Auftritt desselben Fußes entstandene Spur wenig Übereinstimmung!

Erst nach Berücksichtigung aller dieser Fehlerquellen darf man die Gestaltung einer Abdruckspur als Bild der individuellen Fußgestalt betrachten. Sind jene das Spurenbild mitbedingenden Faktoren bei mehreren Spuren die gleichen, dann gelingt es freilich, Spuren verschiedener Füße auseinander zu halten und die Spur desselben Fußes wieder zu erkennen (über die einen solchen Identitätsnachweis erbringende Vergleichstätigkeit wird weiter unten gehandelt). Dies wird naturgemäß erleichtert, wenn der betreffende Fuß ein „besonderes Kennzeichen" hat[1]), etwa wenn der Fuß durch einen Unfall eine oder mehrere Zehen verloren hat oder sonst verkrüppelt ist. Auch eine Plattfußbildung und der individuelle Grad ihrer Ausbildung (zwischen einem übermäßig hoch gewölbten Fuß und dem ärgsten Senkfuß gibt es zahlreiche Zwischenformen, die sich im Spurenbild unterscheiden lassen) kann hierbei von wesentlicher Bedeutung sein. Wir bringen darum in Abb. 135 eine Gegenüberstellung der Abdrücke eines gesunden Fußes und verschiedener Plattformgrade.

Abdruckspuren beschuhter Füße spielen hingegen in der kriminalistischen Praxis eine geringere Rolle (im Gegensatz zu den Eindrucksspuren, wo die von beschuhten Füßen erzeugten häufiger von Bedeutung sind). Der Grund hierfür liegt wohl darin, daß die Schuhsohle, die nicht so anschmiegsam und nachgebend ist wie die menschliche Haut, selten so gleichmäßig eingefärbt oder eingestaubt ist, daß die auf glatten Böden entstehenden Abdruckspuren das Bild eines ganzen Fußes zeigen; ja mit-

[1]) Vgl. Bd. I dieses Handbuches S. 416.

unter sind diese Spuren so unvollständig und von unförmiger Gestalt, daß sie nicht als Fußabdrücke erkannt und verwertet werden (vgl. Abb. 136). Und doch ist auch ein sehr unvollständiger Abdruck unter Umständen geeignet, wichtige Schlüsse auf den erzeugenden Schuh ziehen zu lassen sofern nur der sich abdrückende Teil (z. B. einer Gummisohle) besonders charakteristische Merkmale aufweist.

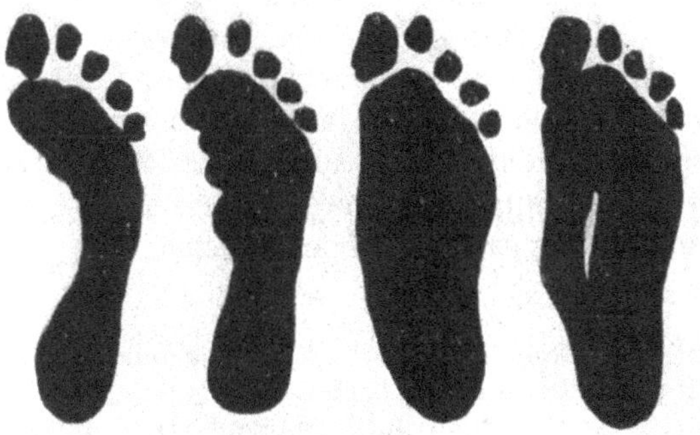

Abb. 135. Typische Abdruckbilder eines normalen Fußes (links) und verschiedener Plattfußgrade.

Abb. 136. Unvollständige Abdruckspur eines beschuhten Fußes.

γ) Das Gangbild.

Darunter versteht man, wie bereits eingangs bemerkt, den Komplex einzelner Fußspuren, der durch ein Fortbewegen (Gehen, Laufen) des Spurenerzeugers entsteht. Dieses Gangbild (dem beim Wilde die „Fährte“

oder das „Gespure" der Jägersprache entspricht) ist „mehr als die Summe seiner Teile", da durch die Lage und Richtung der einzelnen Fußspuren und die sich daraus ergebenden Lagebeziehungen ein neuer ganzheitlicher Gegenstand entsteht, der Gestaltqualität besitzt und darum als „Gangbild" bezeichnet wird. Wir haben bereits oben geschildert, wie es auf photographischem Wege zu sichern ist. Um es aber exakt auswerten und insbesondere mit dem Gangbild eines bestimmten Menschen vergleichen zu können, ist die Messung der erwähnten Lagebeziehungen erforderlich. Dieses Messen kann unter Umständen mit entsprechender Vorsicht an der Originalspur selbst vorgenommen werden (z. B. wenn eine Gangspur vom Tatort weg eine längere Strecke verfolgt werden kann); aber selbst bei einem solchen Messen an einer „harmlosen" Stelle muß diese trotzdem vorher auf das Genaueste nach etwaigen Nebenspuren, die etwa vom Abstellen einer Traglast, sich Stützen auf einen Stock, u. ä. herrühren könnten, abgesucht werden, da sie durch das Messen zerstört werden könnten. Wurde das Gangbild auf photographischem Wege fehlerfrei, also ohne perspektivische Verzerrung, gesichert (siehe oben), so wird auf dem Photogramm gemessen.

Für das Messen von Gangbildern gibt es verschiedene Systeme. In den älteren Auflagen dieses Handbuchs wurde das seinerzeit (1853) von *H. Mayer* entwickelte System von *H. Groß* übernommen, nach welchem als „Ganglinie" eine Verbindungslinie sämtlicher Mittelpunkte der einzelnen Absatzeindrücke gezogen wird, während die „Richtungslinie" den Weg ausdrückt, „auf welchem der Gehende vorwärts kommen will". Falls — wie meistens — der linke Fuß etwas links und der rechte Fuß etwas rechts von dieser Richtungslinie aufgesetzt wird, bildet die Ganglinie eine mehrfach stumpfwinkelig gebrochene Linie, die die Richtungslinie zwischen je zwei Fußspuren kreuzt. Außerdem wird durch jede Fußspur als „Längsachse der Sohle" eine sogenannte „Fußlinie" gezogen, deren Winkel, den sie mit der Richtungslinie bildet, als „Fußwinkel" bezeichnet wird. In Abb. 137 bildet somit die Verbindung der Punkte b die Ganglinie, die Gerade a' a' die Richtungslinie und die Geraden c' c' die verschiedenen Fußlinien. Wie aber die Richtungslinie gefunden werden soll, ist aus diesem System nicht zu ersehen. Außerdem ergeben sich Fehlerquellen durch die mehr oder minder stets willkürliche Ermittlung des „Mittelpunktes" der Absatzspuren und der „Längsachse" der Fußspur, zumal deren Umgrenzung meistens eine unregelmäßige und unsymmetrische Gestalt aufweist.

Inzwischen hat auf Grund einer im gerichtsmedizinischen Institut der Universität Göttingen (Direktor: *B. Mueller*) durchgeführten Versuchsreihe *G. Wagner* ein anderes Meßsystem vorgeschlagen[1]), das uns fehlerfreiere Resultate zu liefern scheint, wenngleich auch ihm noch gewisse Mängel anhaften. Wie aus Abb. 138 hervorgeht, besteht der wesentliche Unterschied darin, daß nicht die Absatzmittelpunkte und die Sohlenachsen die Meßpunkte und Meßlinien bilden, sondern Tangenten, die an die Innenseite der Absätze bzw. an die Außenkanten der einzelnen Fußabdrücke gelegt werden.

[1]) *G. Wagner*, Untersuchungen über das Gangbild, Deutsche Zeitschrift f. d. ges. gerichtl. Medizin 26, S. 331 (1936); hingegen brachten die Vorschläge von *Johannes Müller*, Das Gangbild, seine Sicherung und Auswertung, Kriminalistik 6, S. 4, 1932) gegenüber dem *Groß*schen System keinen wesentlichen Fortschritt.

Wie jedoch *Wagner* selbst hervorhebt, setzt das wiedergegebene Gangschema einen Idealgang voraus, bei dem die Absätze der je linken Fußabdrücke und die der je rechten Fußabdrücke je eine gemeinsame Tangente haben, was in der Praxis nie vorkommt. Um trotzdem in der Praxis eine solche Messung zu ermöglichen, nimmt *Wagner* als „Meßgerade" — recht willkürlich — die gemeinsame Tangente, die er an die Innenseite der ersten und letzten Absatzspur des l i n k e n Fußes legt. Dadurch werden nicht bloß die Abstände der rechten Fußabdrücke von der Meßgeraden regelmäßig größer sein als die entsprechenden Abstände der linken Fußabdrücke (die beim ersten und letzten linken Fußabdruck voraussetzungsgemäß = o sind), sondern die Festlegung der Meßgeraden hängt von dem zufälligen Umstande ab, welche linken Fußabdrücke aus der Fährte als erster und

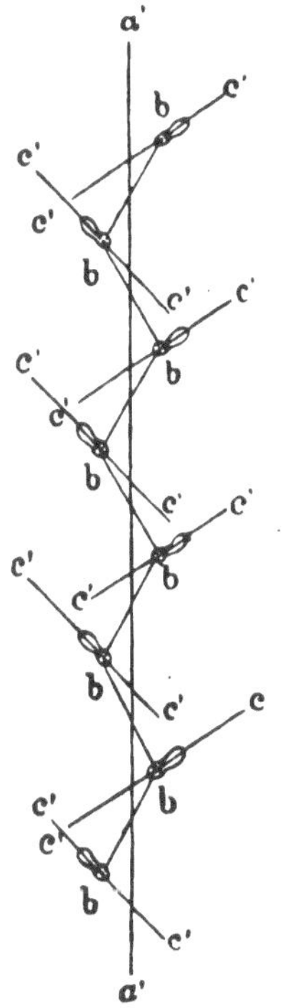

Abb. 137. Gangbildmessung nach *H. Mayer* und *H. Groß*.

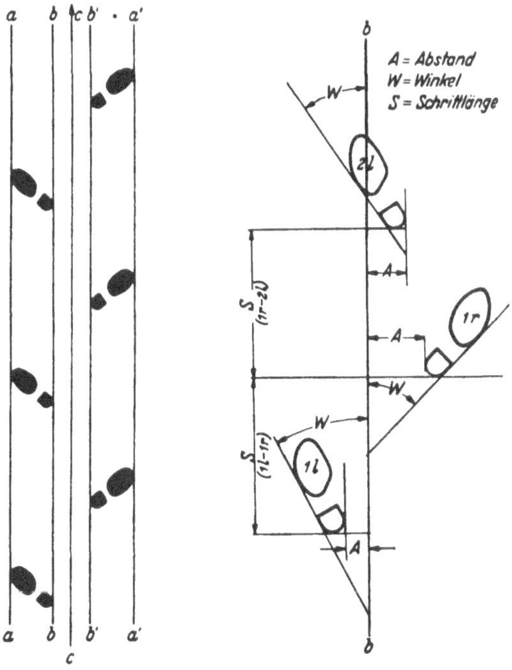

Abb. 138. Gangbildmessung nach *G. Wagner*.

letzter herausgegriffen werden. Hingegen erscheint es uns ein Fortschritt, daß die Schrittgröße nicht mehr schräg von Absatz zu Absatz, sondern in ihrer Projektion auf die Gangrichtung gemessen wird. Auch das von *Wagner* entwickelte Meßgerät (Abb. 139) leistet für die Messung auf der Originalfährte und etwaiger Vergleichsgangbilder, die man versuchsweise mit den in Betracht kommenden Personen herstellen läßt, gute Dienste.

Die eben erwähnten Mängel des Systems *Wagner* haben offenbar auch *Berthold Mueller* veranlaßt, in seiner großen Gesamtdarstellung der Gerichtlichen Medizin[1]) — wiewohl er teilweise auf Wagner fußt — von dessen Meßgeraden nicht mehr zu sprechen, sondern (ähnlich wie *H. Groß*)

[1]) *B. Mueller*, Gerichtliche Medizin, Berlin 1953, S. 124.

von einer Richtungslinie, die zwischen den beiden Tangenten liegt, die an die Innenseiten der Absätze gelegt werden. Wie aber die genaue Lage der Richtungslinie ermittelt wird, ist auch dort nicht angegeben. Im folgenden wird darum ein (von *Seelig* ausgearbeitetes) Meßsystem zur Darstellung gebracht, daß den Fortschritt des Systems *Wagner* beibehält, dessen erwähnte Mängel aber vermeidet und insbesondere auch bei Fährten mit ungleich breiten Schritten (wie sie in der Wirklichkeit die Regel sind) eine genaue Bestimmung der Richtungslinie zuläßt.

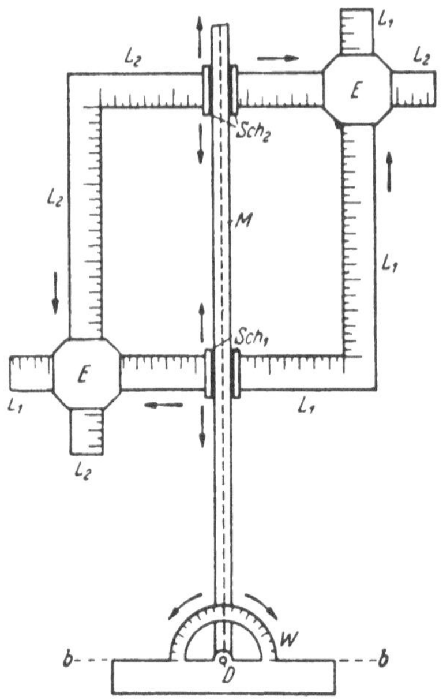

Abb. 139. Meßgerät für die Gangbildmessung (nach *G. Wagner*).

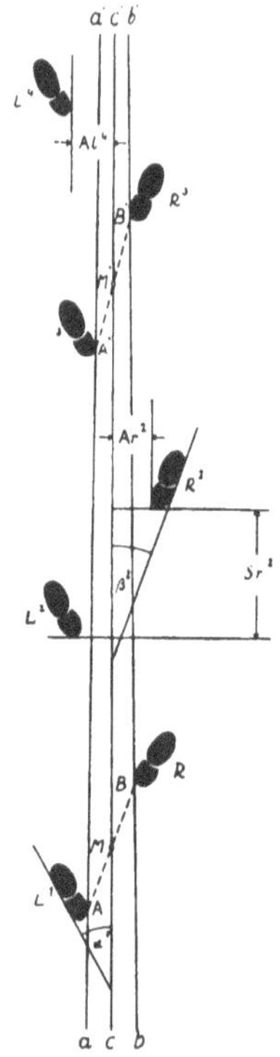

Abb. 140. Gangbildmessung nach *E. Seelig*.

Abb. 140 veranschaulicht dieses System in vereinfachter Darstellung. Zunächst wird an jene zwei linken Fußspuren, die am weitesten nach rechts liegen (also nicht notwendig an die erste und an die letzte, in unserem Beispiel sind es die erste und die dritte Spur) die gemeinsame Tangente gezogen (a a'). Diese Tangente ist durch die beiden Berührungspunkte A und A' eindeutig bestimmt und konstruktiv leicht zu finden, indem man von rechts her ein Lineal so weit nach links schiebt, bis es zwei linke Fußabdrücke berührt. In analoger Weise wird nunmehr an der Innenseite der zwei am weitesten nach links liegenden rechten Fußspuren ebenfalls eine Tangente gezogen (b b'), die durch die Berührungspunkte B und B' bestimmt ist. Jetzt werden — zwecks Ermittlung der Richtungslinie — die Berührungspunkte A und B und ebenso die Berührungspunkte A' und B' durch je eine (in unserer Abb. 140 gestrichelt gezeichnete) Hilfslinie verbunden. Diese beiden Hilfslinien werden mittels Zirkelkonstruktion (in der Abbildung weggelassen) halbiert und so ihre beiden Mittelpunkte M und M′ gefunden. Die durch die beiden Punkte M und M′ gelegte Gerade c c′ ist die Richtungslinie (sobald man diese ausgezogen hat, kann man die beiden mit Bleistift zu zeichnenden Hilfslinien AB und A′B′ und deren Mittelpunkte M und M′ ausradieren, wodurch die Zeichnung zweckmäßig entlastet wird). Die Messung der Fußwinkel (in unserer Abbildung nur beim ersten linken und beim zweiten rechten Schritt eingezeichnet) und die Messung der Schrittgröße (in unserer Abbildung nur beim zweiten rechten Schritt gezeichnet) erfolgt wie beim System Wagner. Die Fußwinkel der linken Spur werden zweckmäßigerweise mit α^1, α^2, α^3 usw., die Fußwinkel der rechten Spur mit β^1, β^2, β^3 usw., die Größen der Schritte, die durch Ausschreiten des linken Fußes gebildet werden, mit Sl^1, Sl^2, Sl^3 usw. und die Größen der Schritte, die durch Ausschreiten mit dem rechten Fuß gebildet werden, mit Sr^1, Sr^2, Sr^3 usw. bezeichnet. Die Breite des Ganges wird durch die Messung der Abstände der linken und der rechten Fußspuren von der Richtungslinie ermittelt. Zu diesem Zweck wird an die Innenseite jeder Fußspur eine Tangente parallel zur Richtungslinie (nicht zu der zuerst gezogenen Tangente) gezogen und der Abstand zur Richtungslinie gemessen; in unserer Abbildung ist dies bei der vierten linken Fußspur veranschaulicht (Al^4) und ebenso bei der zweiten rechten Fußspur (Ar^2).

Um nun ein bestimmtes Gangbild, das auf diese Weise ausgemessen wurde, durch diese Maßzahlen zu charakterisieren, muß — da wie erwähnt in der Wirklichkeit Fußwinkel und Spurabstand und ebenso die Schrittgröße von Schritt zu Schritt stets etwas variiert — mit Durchschnittsmaßen und Variationsbreiten gearbeitet werden. Die Durchschnittsmaße allein genügen naturgemäß nicht, denn ein Gang mit sehr gleichmäßig großen Schritten von durchschnittlich 75 cm und ein Gang mit sehr ungleichmäßigen Schrittgrößen von bald 70, bald 80, bald 65, bald 85 cm Größe sind in ihrem Gangbild außerordentlich verschieden, wenngleich auch hier das arithmetische Mittel 75 beträgt. Dies hat auch *G. Wagner* bereits erkannt und bei seinen Versuchen, die er mit 15 Personen verschiedenen Alters, Geschlechts, Größe usw. anstellte, sowohl Durchschnittsmaße als auch Variationsbreiten ermittelt. Sie sind von 6 Versuchspersonen (4 Männern A, B, C und D und 2 Frauen E und F) in der folgenden Tabelle (auf S. 450) wiedergegeben.

Die unter II mitgeteilten Zahlen beziehen sich auf Schritte im gewöhnlichen Wandertempo (von etwa 5 Stundenkilometer) nach einer auf dieses Tempo eingestellten Marschmusik. Durch Beschleunigung der mittels Grammophon dargebotenen Marschmusik auf ein Eiltempo von etwa 7 Stundenkilometer wurden die unter I stehenden Maße erzielt, bei Verlangsamung der Marschmusik auf ein Promenadeschrittempo von etwa 3 Stundenkilometer die unter IIb mitgeteilten Maße. Schließlich wurden die Versuchspersonen unter Rucksackbelastung von ein Viertel ihres Körpergewichtes nochmals über die Gehbahn geschickt, wobei sich die unter III mitgeteilten Maße ergaben.

Die Ergebnisse dieser Versuche sind vor allem deshalb wichtig, weil dadurch viele in der Literatur bisher vorschnell aufgestellten Behauptungen widerlegt erscheinen. So ist bei *Niceforo*[1]) zu lesen, daß beim Manne der Fußwinkel größer sei als bei der Frau und bei beiden Geschlechtern

---

[1]) *Niceforo-Lindenau*, Die Kriminalpolizei und ihre Hilfswissenschaften, S. 128f.

Tabelle.

				A	B	C	D	E	F
I	Schrittlänge	D	l.:r.	74 : 73	75,5 : 78,5	70 : 72	70,5 : 70	66 : 67,5	63,5 : 63
		V	l.	78—69	77—73	71—68	75—66	75—61	68—58
			r.	77—71	80—76	74—69	78—65	74—64	65—61
	Winkel	D	l.:r.	9 : 14	25 : 18,5	15 : 18,5	27,5 : 26	20,5 : 14,5	19,5 : 15,5
		V	l.	13,5—0	28—23	20—12	38—20	26—16	20—15
			r.	17—11	25—15	22—16	33—22	19—12	20—14
II	Schrittlänge	D	l.:r.	81 : 81,5	89,5 : 91,5	82 : 85,5	81,5 : 83,5	66,5 : 66	81 : 81,5
		V	l.	85—76	92—87	87—78	88—77	68—64	85—77
			r.	92—77	97—90	89—81	87—75	69—64	84—77
	Winkel	D	l.:r.	10 : 8,5	25 : 18,5	17,5 : 19	18 : 13,5	16 : 11	17 : 15
		V	l.	17—7	27—20	20—15	21—15	20—13	20—14
			r.	11—8	24—12	22—17	19—9	15—9	19—12
IIb	Schrittlänge	D	l.:r.	72 : 71,5	78 : 82	76,5 : 80	75 : 75,5	66 : 67	77,5 : 78
		V	l.	76—69	81—75	81—73	80—69	70—63	79—75
			r.	76—69	85—79	82—77	81—71	72—63	79—76
	Winkel	D	l.:r.	3,5 : 10,5	22 : 22,5	17,5 : 21	16 : 19	16 : 11,5	19,5 : 15
		V	l.	6—2	24—19	20—15	18—15	18—12	22—14
			r.	12—6	26—19	22—18	17—13	13—9	20—12
III	Schrittlänge	D	l.:r.	89 : 88	88 : 89,5	81,5 : 85,5	64,5 : 65,5	71 : 71,5	81,5 : 79,5
		V	l.	93—86	90—85	85—77	68—59	74—68	86—79
			r.	92—82	92—83	89—81	71—62	75—66	83—76
	Winkel	D	l.:r.	6 : 10,5	23,5 : 19	17 : 20,5	18 : 15	17,5 : 12,5	13,5 : 14,5
		V	l.	12—0	26—20	18—15	21—15	20—13	20—10
			r.	14—3	22—16	22—20	19—12	17—9	18—11

rechts größer als links (dieser Unterschied sei bei der Frau noch ausgeprägter). Aus obiger Tabelle ist hingegen zu entnehmen, daß die Durchschnittswinkel bei beiden weiblichen Versuchspersonen gerade umgekehrt links größer waren als rechts (beim gewöhnlichen Marschschritt 16 : 11 und 17 : 15). Auch haben nur zwei der männlichen Versuchspersonen (B und C) größere Fußwinkel als die beiden Frauen, während sich die Fußwinkel von D in ihrer Variationsbreite von jenen der Frau F kaum unterscheiden und die Fußwinkel des Mannes A wesentlich kleiner sind als die der Frauen E und F. Weiters wurde wiederholt behauptet, daß Lasten tragende Menschen ihre Füße „zueinander parallel" setzen, um die seitlichen Schwankungen des Gehens mit auswärts gerichteten Füßen zu vermeiden[2]). Aus der Tabelle ist jedoch zu entnehmen, daß sich nur bei einer männlichen Versuchsperson (A) die Fußwinkel des linken Fußes wesentlich verringerten (von durchschnittlich 10 Grad auf 6 Grad), gleichzeitig sich aber die des rechten Fußes vergrößerten (von durchschnittlich 8,5 Grad auf 10,5 Grad). Die Fußwinkel der beiden Männer B und C, die überhaupt größere Fußwinkel haben, sind trotz Belastung in ihren Durchschnittsmaßen und Variationsbreiten ungefähr gleich geblieben; beim Manne D haben sich die Fußwinkel links im Durchschnitt nicht verändert, rechts jedoch erhöht (von durchschnittlich 13,5 Grad auf 15 Grad). Von den beiden weiblichen Versuchspersonen zeigt nur eine (F) eine geringe Abnahme der Fußwinkel, die andere (E) eine beiderseitig kleine Ver-

[2]) So *Niceforo* a.a.O. und auch die früheren Auflagen dieses Handbuches.

größerung (von 16 : 11 auf 17,5 : 12,5). Wir können daher die vorhin erwähnten Behauptungen genereller Gesetzmäßigkeiten nicht aufrecht erhalten. Überhaupt erscheint die persönliche Eigenart, die in den Maßen zum Ausdruck kommt, wesentlich unterschiedlicher zu sein als man bisher annahm. Wichtig ist aber die Mitteilung *Wagners*, daß bei Wiederholung der Versuche die persönlichen Variationsbreiten und Durchschnittsmaße bei denselben Personen gleich geblieben waren. Auf die Folgerungen, die hieraus für die Frage eines positiven oder negativen Identitätsnachweises zu ziehen sind, kommen wir in einem späteren Kapitel zurück.

Nicht fehlerfrei erscheinen uns die *Wagner*schen Ergebnisse hinsichtlich der Veränderung der Schrittgrößen und Fußwinkel bei Beschleunigung bzw. Verlangsamung des Ganges. So ergab sich bei Beschleunigung eine im Durchschnitt geringere Verkleinerung der Schrittgröße und (entgegen der sonstigen Beobachtungen) eine Vergrößerung der Fußwinkel. Der Grund hierfür scheint uns in der *Wagner*schen Versuchsanordnung zu liegen: die Beschleunigung des Ganges erfolgte nicht (wie im Leben) durch den inneren Antrieb, rascher weiter zu kommen, also in einer bestimmten Zeiteinheit eine größere Strecke zurückzulegen, sondern durch die Anpassung an die schnellere Marschmusik (also durch den Antrieb, raschere Schritte zu machen). Im Leben liegt es aber an der persönlichen Eigenart des Menschen, wie er das Ziel, rascher vorwärts zu kommen, zu erreichen versucht: der eine macht zu diesem Zwecke größere Schritte, der andere beschleunigt bei gleichbleibenden Schrittgrößen die Gehbewegung. Durch die *Wagner*sche Versuchsanordnung wurde daher die ersterwähnte Art, den Gang zu beschleunigen, bei der die Fußspitzen auch mehr geradeaus gerichtet werden, von vornherein ausgeschaltet. Der Vorteil der „gleichen Versuchsbedingung", die *Wagner* durch die Grammophonmusik zu erzielen versucht, wurde daher mit der Fehlerquelle der Unnatürlichkeit der Versuchsbedingungen beim beschleunigten Gang erkauft. Analoges gilt für den Gang mit Rucksackbelastung, bei welchem die Versuchspersonen gezwungen waren, das 5-km-Wandertempo beizubehalten, während im Leben der lastentragende Mensch die Schritte verlangsamt.

δ) Rückschlüsse auf den Entstehungsvorgang und das Signalement.

Die eigentliche Auswertungsarbeit beginnt, sobald die Sicherungsarbeiten — protokollieren, einzeichnen in die Tatortskizze, photographieren, abformen, messen usw. (siehe oben) — beendet sind, mit den Schlußfolgerungen, die aus den Spuren gezogen werden können. Um in die Mannigfaltigkeit dieser möglichen Schlüsse Ordnung zu bringen, unterscheiden wir drei Gruppen solcher Schlüsse: 1. Schlüsse auf die Art des Vorganges, durch den die fragliche Spur entstanden ist; 2. Schlüsse auf Eigenschaften des Spurenträgers, die diesem dauernd eigen sind oder doch zur Zeit der Spurenerzeugung eigen waren (z. B. Hinken, infolge einer erst auf dem Fluchtweg durch Herabspringen von einem Fenster zugezogenen Fußverletzung); 3. Schlüsse auf Identität oder Nichtidentität des Fußes oder Schuhs, der die Spur erzeugte, und des Fußes oder Schuhs eines bestimmten Menschen. Während dieser letztere Fall, der eine Vergleichstätigkeit und daher ein Vergleichsobjekt erfordert, im nächsten Kapitel behandelt wird, haben wir uns hier den Schlußfolgerungen der ersten beiden Gruppen zuzuwenden.

Was hinsichtlich des spurenerzeugenden Vorganges (langsames oder rasches Gehen, Laufen, Stehenbleiben usw.) aus der Spur geschlossen werden kann, ergibt sich bereits aus unseren bisherigen Darlegungen über die Mechanik des Ganges, die Bedingungen für die Gestaltung eines Fußabdruckes und die Merkmale des Gangbildes. Es ist jedoch darauf aufmerksam zu machen, daß viele der hier auftauchenden Fragen auch mit den Eigenschaften des Spurenträgers sowie mit irgendwelchen Zufälligkeiten zusammenhängen können, wodurch ihre Beantwortung in praktischen Fällen bedeutend komplizierter und schwieriger ist als man zunächst auf Grund unseres theoretischen Wissens über die Spurenentstehung meinen könnte. So läßt sich z. B. die Spur eines Laufenden von der eines Gehenden — wie wir gesehen haben — nicht immer unterscheiden, da der Ausfall des Spurenbildes auch von der Schuhbekleidung (insbesonders der Absatzgestaltung) und vom „Stil" des Ganges bzw. Laufens abhängt; haben wir aber gleichzeitig auch ein Gangbild zur Verfügung, so kann die Schrittgröße als weiteres Erkenntnismittel herangezogen werden, weil sich die Entfernung der einzelnen Auftritte beim Laufen wesentlich vergrößert. Wie groß aber die normale Schrittgröße des Spurenerzeugers ist, wissen wir zunächst nicht. Dies hängt u. a. auch von seiner Körpergestalt ab, da große Menschen mit langen Beinen im allgemeinen größere Schritte machen als kleine Menschen mit kurzen Beinen. Auf die Körpergröße kann aber wiederum aus der Länge der einzelnen Fußspur ein gewisser Schluß gezogen werden, da Fußlänge und Körpergröße in einem Zusammenhang stehen (auf den wir weiter unten zurückkommen). Es handelt sich somit zunächst um eine „Gleichung mit mehreren Unbekannten", deren Lösung nur mit Hilfe weiterer Erkenntnismittel möglich ist. Kommen aber noch Zufallsmomente hinzu (z. B. der Spurenerzeuger trug neu gekaufte ungewohnte Schuhe, die ihm bei einer bestimmten Bewegung des normalen Ganges einen heftigen Schmerz bereiten, weshalb er diese Bewegung durch ein anderes, unnatürliches Auftreten zu vermeiden sucht; oder: der Boden war zur Zeit des Auftrittes — wiewohl es nicht geregnet hatte — an dieser Stelle durch ausgeschüttetes Wasser aufgeweicht, wodurch ein besonders tiefer Eindruck entstand, wie er sonst nur durch Herabspringen aus größerer Höhe erzeugt zu werden pflegt), so kann es nur allzu leicht zu Fehlschlüssen über den Entstehungsvorgang kommen. Vor vorschnellen Schlußfolgerungen muß daher nachdrücklich gewarnt werden und es ist stets die Möglichkeit einzuräumen, daß durch besondere, nicht überschaubare Umstände der Hergang vielleicht auch anders war.

Nur mit diesen Vorbehalten seien im nachstehenden gewisse Erfahrungsregeln wiedergegeben, die sich aus Beobachtungen der kriminalistischen Praxis ergeben haben und vielfach schon von *H. Groß* gesammelt wurden. Ihre Gültigkeit kann aber, wie eben ausgeführt, im Einzelfall durch andere besondere Umstände durchkreuzt werden.

Die Beschleunigung des Ganges, also rascheres Gehen, ist durch drei Merkmale zu erkennen: die Schrittgröße nimmt etwas zu, die Fußwinkel werden kleiner[1]) und das schon bei Erörterung der Gangmechanik erwähnte „Zurückscharren" der Fußspitze ist durch den kräftigen Abstoß, den der rasch Gehende vornimmt, um schneller vorwärts zu kommen, in der Spur deutlicher ausgeprägt (besonders wenn mit neubesohlten Schuhen rasch gegangen wird).

[1]) Vgl. hiezu unsere obigen kritischen Bemerkungen zu den scheinbar anderslautenden experimentellen Ergebnissen von *G. Wagner*.

Die erwähnte Vergrößerung der Schrittgröße ist naturgemäß relativ zu beurteilen, einmal in bezug auf das normale Gangbild des Betreffenden (wer schon bei normaler Geschwindigkeit große Schritte macht, erhöht die Schrittgröße bei rascherem Gehen relativ geringer) und weiters in Bezug auf seinen Körperbau (Menschen mit langen Beinen schreiten leichter weiter aus, doch ermüden sie dadurch mehr, da bei übermäßigem Ausschreiten der Schwerpunkt tiefer sinkt und daher beim Abstoßen um eine größere Strecke gehoben werden muß; vgl. oben S. 439f.).

Bei gleicher Geschwindigkeit hängt die Schrittgröße in der Regel von der Körpergröße bzw. Länge der Beine ab, doch läßt sich diesbezüglich eine feste Relation nicht feststellen; ungefähr beträgt die Körpergröße das Zweieinhalbfache der Schrittgröße bei gewöhnlich rascher Gangart, bei Männern eher etwas weniger, bei Frauen (die relativ kleinere Schritte machen) etwas mehr. Man wird daher annehmen können, daß von zwei nebeneinander laufenden Gangbildern, die von zwei Menschen herrühren, die „miteinander", d. h. mit gleicher Geschwindigkeit gegangen sind, jenes Gangbild, bei dem auf dieselbe Wegstrecke weniger Einzelspuren kommen, von einem größeren Menschen herrührt als das andere. Die absolute Schrittgröße Erwachsener schwankt zwischen 50 bis 100 cm, am häufigsten liegt sie zwischen 70 und 80 cm[1]). Auch der Infanterieschritt betrug in Deutschland 80 cm (einst 75 cm) bei 114 Schritten in der Minute[2]). Im übrigen hängt die Schrittgröße von dem Alter, dem Gesundheitszustand und der (oft mit dem Beruf zusammenhängenden) Gewöhnung ab.

So gehen Leute, die alt, krank, insbesondere mit Bruchleiden behaftet sind, mit kleineren Schritten, wenn sie auch von großem Körperwuchs sind. Auch Menschen, die beruflich zu vorsichtigem Auftreten gezwungen sind (z. B. Jäger, da sie bei großen Schritten auf dürres Laub oder Äste treten und dadurch Geräusch machen könnten), pflegen auch außerhalb ihrer Beschäftigung kleinere Schritte zu machen. Umgekehrt findet man große Schritte bei langgedienten Soldaten, Feldvermessern und bei Eisenbahnarbeitern (die beim Gehen zwischen den Gleisen auf die weit auseinander liegenden Querschwellen zu treten gewöhnt sind). Mit zunehmendem Alter nimmt die Schrittgröße ab; ein großer Mann, der mit 30 Jahren eine Schrittgröße von 80 bis 84 cm hatte, macht als 40 Jähriger nur Schritte von etwa 75 bis 76 cm (unter sonst gleichen Umständen). Aber auch die momentane Stimmungslage ist von Einfluß: manche Menschen verkleinern ihre Schritte oder bleiben mitunter sogar stehen, wenn ihnen in ihrem Gedankenablauf etwas Unangenehmes einfällt, während eine heitere Stimmungslage zu ausladenderen Bewegungen und daher zu größeren Schritten disponiert. Schließlich spielen auch die Wahrnehmungsverhältnisse eine Rolle: im Finstern machen viele Menschen nur vorsichtig tastende und daher kurze Schritte.

---

[1]) Vgl. die oben S. 446f. wiedergebegenen Ergebnisse der *Wagner*schen Versuche. Nach älteren Untersuchungen, die an den Technischen Hochschulen Karlsruhe und Hannover durchgeführt wurden, ergab sich bei 256 Versuchspersonen ein arithmetisches Mittel von 80 cm, die größte Häufigkeit lag bei 78 cm, das Minimum betrug 67 cm, das Maximum 97 cm. Leider fehlten Angaben über die Größe und das Geschlecht der Versuchspersonen. Auch wurden die Versuche durch „Abschreiten von Wegstrecken von 200 bis 300 m" vorgenommen; erfahrungsgemäß macht aber fast jeder Mensch, wenn er bewußt „abschreitet", also z. B. Schritte zählt, unwillkürlich größere Schritte als sonst.

[2]) Hingegen werden für den sogenannten Laufschritt nach den Militärvorschriften verschiedener Länder 150 bis 180 Schritte von 80 bis 100 cm Länge verlangt.

Unregelmäßigkeit der Schrittgröße kann — sofern sie die normale Variationsbreite (vgl. oben S. 449f.) übersteigt — auf krankhafte Erscheinungen hinweisen, die für das Signalement des Spurenerzeugers von Wichtigkeit sein können. Diese pathologischen Gangmerkmale wurden von medizinischer Seite wiederholt beschrieben[1]. So ist Hinken infolge dauernder oder (als Verletzungsfolge) nur vorübergehender geringerer Aktionsfähigkeit des einen Beines im Gangbild dadurch zu erkennen, daß dieses Bein ständig einen kleineren Schritt macht als das gesunde (von dem also die vordere Spur des jeweils größeren Schrittes herrührt). Bei habituellen Gehstörungen infolge Luxation eines Hüftgelenkes, z. B. Coxa Vara, ist außerdem noch eine eigenartige seitliche Drehbewegung des Fußes in der Spur festzustellen (für deren Beurteilung in solchen Fällen ein Orthopäde als Sachverständiger hinzuzuziehen ist). Wenn aber die Entfernungen zwischen den je rechten oder je linken Spuren ungleichartig sind (die ja beim Hinkenden trotz der Ungleichheit der linken und rechten Schrittgröße untereinander gleich bleiben) und die rechten und die linken Spurenabstände von der Richtungslinie übermäßig variieren, so läßt dies auf eine zentralbedingte Bewegungsstörung (Ataxie) schließen, wie sie bei Paralyse, Tabes und bei Vergiftungszuständen, insbesondere aber auch bei schwerer Trunkenheit vorkommt. Der Gang des betrunken Taumelnden ist bekanntlich außerden durch das Überschlagen der Beine, wodurch die Spur des linken Fußes rechts von der Richtungslinie, die des rechten Fußes links von der Linie zu liegen kommt[2], und das Zick-Zack der Richtungslinie charakterisiert. Ist der Fußwinkel eines Beines sehr gering, dieses also fast gerade nach vorn gerichtet, während das andere Bein normal auswärts gerichtet ist, so rühren die ersterwähnten Spuren möglicherweise von einer beschuhten Beinprothese her — seit den beiden Weltkriegen ein leider nicht mehr seltener Fall.

Aber auch aus einer einzelnen Fußspur läßt sich über das Signalement des Spurenerzeugers manches aussagen, so bei Spuren beschuhter Füße vor allem, ob es sich um einen Mann, eine Frau oder ein Kind handelt und vielleicht welchem sozialen Typ der Betreffende angehört (Gummiabsatz des städtischen Herrenschuhs; grob benagelte Stiefel des Bauern oder ländlichen Händlers; das sich besonders deutlich abdrückende Gummirelief der modernen Sportschuhe, bei denen allerdings eine Geschlechtsdiagnose nicht möglich ist; der hochstöckelige Damenschuh der modisch gekleideten Frau usw.). Bei Spuren nackter Füße ist ein genauerer Rückschluß auf die Körpergröße möglich, da hier eine (allerdings nur mit Aus-

---

[1] Vgl. zum folgenden *Gilles de la Tourette*, Etudes de pathologie de la marche d'apres les empreintes (Paris 1886); *E. Becker*, Funktionsprüfung des Plattfußes, Ärztl. Sachverständigenzeitung 1903; *Storck*, Archiv für orthopädische Chirurgie, 1932; *Thomson*, Zeitschrift für orthopädische Chirurgie 62 S. 21 (1931); *Spiegel*, Untersuchungen über die Erkennung von Gehstörungen aus dem Spurenbild, Diss. Heidelberg 1950.

[2] Wohl zu unterscheiden von dem ebenfalls leicht überschlagenen Zehenspitzengang, der als graziöser Ballettschritt manchen Tänzerinnen eigen ist. Er kommt in der kriminalistischen Praxis kaum vor, wird aber in allen Lehrbüchern als „Tänzerinnenschritt" erwähnt.

nahmen geltende) Relation besteht, die schon im vorigen Jahrhundert der französische Arzt *de Parville* in die Formel kleidete[1]):

$$\text{Fußlänge} = \frac{8.6}{30}\left(\frac{\text{Körpergröße}}{2} + 0.05\right)$$

Daraus würde sich somit ergeben:

$$\text{Körpergröße} = \frac{60}{8.6}\,\text{Fußlänge} - 0.1$$

oder einfacher ausgedrückt: die Körpergröße beträgt etwas weniger als die siebenfache Fußlänge[2]).

Auch sonst kann der Abdruck des nackten Fußes Hinweise auf Merkmale des Spurenerzeugers geben. Daß dies insbesondere von der Plattfußbildung gilt, wurde schon oben dargetan. Weiters deutet das Fehlen der Abdrücke der dritten und vierten Zehe darauf hin, daß diese verkrümmt sind und über den Nachbarzehen liegen (sogenannte Hammerzehen), was entweder die Folge des Tragens von zu engem Schuhwerk oder — bei sehr hochgewölbtem Fuß — der allzu starken Belastung des Ballens ist (sogenannte Spreizfußbildung). Ein derber breitgebauter Fuß mit kurzen Zehen weist auf einen mehr pyknisch-athletischen Körperbau hin, dagegen ein schmaler Fuß mit langen Zehen auf eine schmalwüchsige (leptosome) Konstitution[3]).

Steht ein Gangbild zur Verfügung, so kann schließlich die Größe der Fußwinkel (abgesehen von den schon besprochenen, durch pathologische Erscheinungen bedingten Fällen sehr ungleicher Fußwinkel des linken und rechten Beines und der übermäßig großen Fußwinkel des Plattfüßlers), also der Grad des „Auswärtsgehens", einen gewissen Rückschluß auf das Alter der Menschen zulassen. Dies gilt allerdings nur für die Gegenwart (Mitte des 20. Jahrhunderts) in Mitteleuropa und hängt mit dem Wandel des Gangstiles in den letzten 50 Jahren zusammen, der wahrscheinlich durch die moderne Sportbewegung und die Reform des Turnunterrichtes beeinflußt ist.

Der einem Menschen habituell eigentümliche Fußwinkel — dieser ist auch nach den Ergebnissen der Versuche von *G. Wagner* (oben S. 449ff.) für dieselbe Person unter gleichen Bedingungen sehr konstant — wird nämlich erst im Leben erworben: neugeborene Kinder haben, wohl infolge der Lage des Embryo im Mutterleib, die Neigung, die Füße leicht gekreuzt nach einwärts zu richten und erst beim Gehenlernen verschwindet unter normalen Umständen diese Haltungstendenz. Schon in der zweiten Hälfte des vorigen Jahrhunderts wurden daher in Amerika Stimmen laut, die das Gehen mit parallel nach vorne ge-

[1]) Revue Scientifique, Mai 1899, vgl. auch *Reiss*, Manuel de la Police Scientifique, Lausanne 1911, I, p. 413.

[2]) Ebenso hat *Bertillon*, Gerichtliche Photographie, Halle 1896, und schon früher (Revue Scientifique, April 1889) eine ähnliche Methode der Errechnung der Körpergröße entwickelt und Multiplikationsfaktoren für die einzelnen Fußlängen angegeben, die sich zwischen 6 und 7 bewegen. Bei beschuhten Füßen müsse man, um die Länge des nackten Fußes zu erhalten, von der Schuhlänge 16 mm, bei plumpen Stiefeln bis zu 30 mm abziehen.

[3]) Vgl. Bd. I, S. 170f. und S. 426f. sowie (hinsichtlich der Hand) oben Bd. II, S. 174 Anmerkung 2.

richteten Füßen propagierten, weil es der natürlichen Körperhaltung entspräche[1]. Als im letzten Jahrzehnt des vorigen Jahrhunderts die erste Auflage dieses Handbuchs entstand, sprach man jedoch noch von einem „schönen nach auswärts gerichteten Gang“ und *H. Groß* lehnte die Ansicht der Amerikaner ab, da parallel gestellte Füße „gar nicht benutzt werden“. Auch noch nach der Jahrhundertwende wurde im Turnunterricht, wie sich der Bearbeiter erinnert, beim Marschieren gelehrt: „Spitzen auseinander!“. Dies hat sich seither gründlich geändert, die damals übertrieben erschienene amerikanische Auffassung hat sich auch in Europa durchgesetzt. Die nach dem ersten Weltkrieg aufgekommene Sporttanzbewegung, die das Gehen mit vollkommen parallel gestellten Füßen zum „Grundschritt“ erhob, tat ein übriges und heute wird umgekehrt das Gehen mit auswärts gerichteten Füßen als häßlich empfunden. Die Folge ist, daß in Europa „jüngere“ (etwa seit dem Beginn des zweiten Jahrzehnts unseres Jahrhunderts geborene) Leute, die in ihrem Entwicklungsalter im Turnunterricht und später in der Tanzstunde bereits den „modernen“ Gangstil lernten, im allgemeinen einen Gang mit kleinerem Fußwinkel erworben haben als „ältere“ Leute, die noch vor dem ersten Weltkrieg zur Schule gingen.

Wieder einen anderen Grund hat es, wenn Schwangere oder sonst Dickbäuchige auswärts gehen; sie tun dies unwillkürlich infolge der Tendenz, die Stützung des Körpers auf eine breitere Grundlage zu stellen. Sie vergrößern dabei zugleich auch den Fußabstand von der Richtungslinie, was zu einem leicht seitwärts schwankenden, wackeligen Gang führt. So läßt stärkeres Auswärtsgehen — soweit nicht der besonders auswärts gerichtete Gang eines Plattfüßlers vorliegt — auf höheres Lebensalter, Dickbäuchigkeit oder Schwangerschaft schließen. Daß aber auch der habituell Auswärtsgehende unter besonderen Umständen, insbesondere wenn er rasch vorwärts kommen will, die Fußwinkel verkleinert, wurde schon in anderem Zusammenhang erwähnt.

ε) Der Identitätsnachweis durch Vergleichen.

Die kriminalistisch praktisch wichtigste Fragestellung, die sich hinsichtlich einer aufgefundenen Fußspur oder gar eines Gangbildes ergibt, ist die nach der Identität oder Nichtidentität des Spurenerzeugers mit einem bestimmten Menschen. Genau genommen ist ein solcher Nachweis nur bei Spuren nackter Füße möglich, da bei beschuhten Füßen nicht die Fußgestalt des betreffenden Menschen, sondern der von ihm getragene Schuh die Spur hinterläßt. Man wird also in diesem (praktisch besonders wichtigen Fall) die Frage exakt dahin zu formulieren haben, ob der Schuh, den der Spurenerzeuger trug, mit einem bestimmten Schuh (der sich im Besitz eines Verdächtigen befindet) identisch ist. Daß dasselbe Paar Schuhe von verschiedenen Personen getragen wird, ist — auch ohne daß ein absichtliches Täuschungsmanöver vorliegt — nicht auszuschließen und die sich in einem solchen Fall ergebende weitere Frage, wer von den mehreren in Betracht kommenden Menschen bei der Erzeugung der Tatortspur die Schuhe getragen hat, könnte nur auf Grund eines ausgeprägten längeren Gangbildes entschieden werden.

---

[1] Vgl. *R. Whiteman*, Treatment of flat foot, Boston 1889.

Für alle diese Vergleichsarbeiten bedarf es zunächst der Beschaffung entsprechender Vergleichsspuren. Nur für die Identifizierung des Schuhs, der eine Spur erzeugte, genügt es meist, den Schuh vor sich zu haben. Dieser wird im genau gleichen Verkleinerungsverhältnis wie die aufgefundene Fußspur, bzw. deren Gipsabform, bei seitlich einfallenden künstlichem Licht photographiert und die weitere Vergleichung wird an den nebeneinander gelegten Photogrammen (wie sie z. B. in unserer obigen Abb. 127 auf S. 431 zu sehen sind) durchgeführt. Bei Spuren nackter Füße sowie bei Gangbildern ist es aber unbedingt nötig, zwecks Beschaffung der Vergleichsspur den betreffenden Menschen selbst eine gewisse Strecke gehen zu lassen. Handelt es sich um Spuren nackter Füße, so geschieht dies in der oben S. 421 für experimentelle Forschungszwecke beschriebenen Weise (Gehenlassen auf einem auf dem Boden befestigten Papierstreifen nach gleichmäßiger Einfärbung der beiden Fußsohlen). Handelt es sich um Eindruckspuren, so muß eine Gehbahn aus entsprechend spurenaufnahmefähigem Material geschaffen werden. Stark angefeuchteter, sehr feiner Sand (Dünensand) oder auch Lehm oder Abformton sind hiefür gut verwendbar. Die Masse darf aber nicht zu weich sein, damit nicht durch Gleitbewegungen Fehler entstehen. Für die Vergleichung von Gangbildern ist es wichtig, die Vergleichsspur unter möglichst harmlosen Umständen entstehen zu lassen, da — wie schon oben erwähnt — schon das bewußte Denken an die Gehbewegung das Gangbild zu verändern vermag. Handelt es sich um einen Verhafteten, kann dies unter Umständen in der Weise geschehen, daß man der Begleitperson den Auftrag erteilt, den Verhafteten in einen über den Hof erreichbaren Trakt des Gebäudes zu führen, wobei die Begleitperson die vorbereitete Gehbahn zusammen mit dem Verhafteten zu benützen hat. Für eine solche Gehbahn empfiehlt sich eine Größe von 2×10 m.

Für die Vergleichung nackter Füße kommt es, wie bereits erwähnt, mehr auf die ganzheitliche Gestalt, die Physiognomie des Fußes und weniger auf Detailmerkmale an. Dennoch muß das Vergleichsergebnis zum Zwecke eines gerichtlichen Beweises auch hier in eine von subjektiven Eindrucksmomenten freie, nachprüfbare Form gebracht werden. Das kann nur durch Messung der Abdruckbilder oder der Photogramme der Eindruckspur geschehen. Für eine solche Messung der Abdruckspur nackter Füße hatte schon *Masson* a. a. O. ein Liniensystem empfohlen, bei welchem die äußere Ausdehnung des Abdruckes (Gesamtlänge, größte Breite des Ballens, Weite der Sohlenwölbung, Winkel der Zehenschrägung) gemessen wird (Abb. 141 links). Da jedoch, wie wir gesehen haben, die äußere Umgrenzung der Abdruckspur von der Menge des noch vorhandenen Farbstoffes abhängt, ist diese Methode nicht zu empfehlen. *Jörgensen* und ebenso die früheren Auflagen dieses Handbuches haben deshalb bereits die Messung nach dem sogenannten Koordinatensystem vorgeschlagen[1]). Sie ermöglicht auch die Vergleichung unvollständiger Abdrücke, sofern man nur drei gemeinsame Meßpunkte auf-

[1]) Vgl. *Jörgensen*, Archiv 58, S. 114.

finden kann. Als solche eignen sich bei Abdrücken nackter Füße die charakteristischen heller gefärbten Punkte des stärksten Druckes auf den Ballen und auf der Ferse, durch die man eine Ordinate zieht, während man von einem dritten gemeinsamen Punkt aus, etwa dem Abdruck der Kleinzehe, auf diese eine Senkrechte als Abszisse fällt (vgl. in Abb. 141 die schematischen Darstellungen I und II). Auf diese Weise kann man dann leicht die Lage jedes beliebigen Punktes in den beiden Abdruckbildern vergleichen.

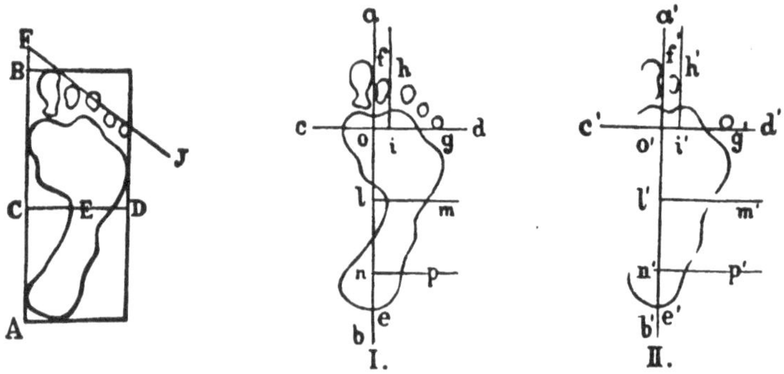

Abb. 141. Messung der Fußabdrücke. Links: Messungssystem nach *Masson*. I. und II.: Messung nach dem Koordinatensystem.

Für die Beurteilung der Vergleichsergebnisse ist zu beachten, daß man eine volle Übereinstimmung der absoluten Maße auch bei Identität des Fußes nicht erwarten kann, da sich die Lage der einzelnen Punkte durch die stets etwas variierende Art des Auftretens verschiebt. In noch größerem Maße ist dies bei Eindruckspuren der Fall, wo, wie wir gesehen haben, die Abrollbewegung des Fußes in Verbindung mit der Nachgiebigkeit des Spurenmaterials für den Ausfall der Spur, insbesondere deren absolute Länge, wesentlich ist. Um die Verschiedenheit, die bei Eindrucksspuren durch die verschiedene Art der Gehbewegung (Streckgang, Beugengang, Laufen im Tretstil, Ballenlaufen usw.) entstehen, in das Vergleichsmaterial einzubeziehen, empfiehlt es sich, auch bei Erzeugung der Vergleichsspuren dafür zu sorgen, daß der Vorgang mit verschiedenen Gangarten, mit und ohne Belastung usw. wiederholt wird, so daß sich daraus die Variationsbreite des Spurenbildes unter diesen Verschiedenheiten ergibt. Hierzu kommt, daß sich auch die Spur selbst in der Zwischenzeit zwischen Entstehung und Sicherung verändert haben kann: feuchte, lehmige Erde bekommt durch Trocknen Sprünge und schrumpft oft ungleichmäßig zusammen, Schnee schmilzt usw. Aber auch der Fuß selbst kann sich geändert haben: ein ausgerasteter Fuß ist z. B. etwas kleiner als der warmgegangene, durch Hitze und Blutsenkung angelaufene Fuß.

Umgekehrt kann auch bei Nichtidentität des Fußes eine recht weitgehende Übereinstimmung der festzustellenden Lagebeziehungen bestehen. Es ist nicht so, wie in der Daktyloskopie, wo das physiologische Grundgesetz der Einmaligkeit jedes Linienmusters bei entsprechender Ausprägung der Linienzeichnung in der Spur einen sicheren Identitätsnachweis zuläßt (oben S. 371 f.); nur in ganz seltenen Fällen, wenn sich bei Fußabdrücken auch die Papillarlinienzeichnung der Fußsohle deutlich und in genügendem Umfang abdrückt, können die Grundsätze des daktyloskopischen Beweises auch hier angewendet werden. In allen übrigen, weitaus überwiegenden Fällen zeigt ein menschlicher Fuß nicht derart individuelle Merkmale, daß man die Behauptung aufstellen könnte: diese Merkmale können sich bei keinem anderen Menschen wiederholen. Gewiß: der Winkel der Zehenschrägung (den besonders *Niceforo* für charakteristisch hält) in Verbindung mit der Entfernung der beiden Druckmaxima auf dem Ballen und auf der Ferse sowie die Lage und die Entfernungen der Zehenmittelpunkte, die Schlankheit bzw. die Derbheit des Gesamtfußes, allenfalls noch „besondere Kennzeichen", wie Plattfußbildung, Zehenverkrümmung usw. lassen — wenn alle diese Merkmale da wie dort „charakteristisch gleich" sind — die Identität des Fußes mit größter Wahrscheinlichkeit bejahen — mehr aber nicht. Trotzdem ist der praktische Wert einer solchen Feststellung oft ein sehr großer: handelt es sich doch in vielen Fällen nicht darum, den fraglichen Fuß schlechthin zu identifizieren, sondern unter einer bestimmten Zahl von verdächtigen Personen den Spurenerzeuger herauszufinden. Sind nun alle die erwähnten Merkmale nur bei der Person A in der erwähnten Weise „charakteristisch gleich", bei den anderen Verdächtigen aber so verschieden, daß diese Unterschiede auch durch die früher besprochenen Variationen, die die Spur desselben Fußes aufweisen kann, nicht erklärt werden können, dann ist der Schluß gerechtfertigt: von diesen Personen kann nur der A die fragliche Spur erzeugt haben.

Günstiger gestaltet sich die Beantwortungsmöglichkeit der Frage nach Identität oder Nichtidentität bei beschuhten Füßen, sofern es sich nicht um neues, kaum abgenütztes, fabriksmäßig erzeugtes Schuhwerk handelt. Immerhin ist auch hier infolge der Mannigfaltigkeit der Musterung der Gummiabsätze und Gummisohlen — besonders der Kreppgummisohlen, deren Wülste ein (den Papillarlinien nicht unähnliches) unregelmäßiges Linienmuster bilden — die Wahrscheinlichkeit der Wiederholung aller Details unter Umständen äußerst gering. Umgekehrt kann auch ein handwerklich gearbeiteter Schuh scheinbar sehr charakteristische Merkmale z. B. der Benagelung aufweisen, die sich aber gleichwohl bei allen Schuhen aus derselben Schusterwerkstatt wiederholen[1]). Es ist daher im Einzelfall zu prüfen, inwieweit ein bestimmtes Merkmal mehr oder minder individuell ist oder allen Schuhen dieser Erzeugungsserie zukommt. Den höchsten Identifikationswert haben naturgemäß Abnützungs- und Ausbesserungsmerkmale und deren Kombination mit Erzeugungsmerkmalen. Die bloße Abnützung allein, z. B. des äußeren hinteren Absatzrandes und äußeren Sohlenrandes ist freilich nicht individuell, da diese Abnützungsform den meisten Menschen eigen ist (vgl. oben S. 438), aber Abnützung + Ausbesserung (z. B. durch einen aufgesetzten Lederfleck) + Benagelung gibt oft ein nach menschlicher Erfahrung einmaliges Bild, bei dessen Wiederholung in der Spur der Identitätsnachweis erbracht erscheint. Ein Beispiel bietet die Gegenüberstellung eines solchen Schuhs und des Gipsabdruckes seiner Spur in Mehl in Abb. 127 (oben S. 431).

[1]) Vgl. *H. Groß*, Zur Frage der Fußspur, Archiv 62, S. 83.

Für die Beweisführung wird man auch hier niemals volle mathematische Kongruenz, insbesondere der absoluten Maße verlangen dürfen, da ja die Eindrucksspur infolge der Abrollbewegung des Fußes meist kürzer und anders gekrümmt ist als die Sohle. Auch die Form einzelner Details, z. B. der Nagelköpfe, kann infolge des Abrollens anders, z. B. plastischer, erscheinen als auf dem Schuh selbst. Man wird sich also in unserem Beispiel begnügen müssen mit der Feststellung der vollen Übereinstimmung der Gestalt des aufgesetzten Lederfleckes, der Zahl und relativen Lage der noch vorhandenen Eisennägel, der Zahl und relativen Lage der sichtbaren Holznägelköpfchen und der Spuren der ausgefallenen Eisennagelköpfchen. Man wird zu diesem Zwecke in den nebeneinander gelegten Photogrammen die erwähnten Details mit roter Tinte hervorheben, hierauf, wie oben beschrieben, Koordinaten ziehen und die sich daraus ergebende relative Lage der einzelnen Details da wie dort vergleichend überprüfen. Nicht zu empfehlen ist hingegen ein sogenanntes Deckungsverfahren durch darüber gelegte Raster oder Übertragung auf Diapositive oder ähnliche Methoden, da bei diesen Verfahren nur dann, wenn auch die absoluten Maße übereinstimmen, ein „positives" Ergebnis vorzuliegen scheint und bei der häufigen Verschiedenheit der absoluten Maße sich oft Abweichungen ergeben, wiewohl auch in diesen Fällen Identität vorliegen kann.

Steht außerdem ein Gangbild zur Verfügung, so wird die Übereinstimmung oder Nichtübereinstimmung der Schrittgröße, der Fußwinkel und der Fußabstände von der Richtungslinie für die fragliche Identität des Spurenerzeugers unterstützend heranzuziehen sein. „Übereinstimmung" bedeutet hier, wie sich aus unseren obigen Darlegungen über das Gangbild ergibt, so viel wie „innerhalb der Variationsbreite liegend". Fallen die Maße des fraglichen Gangbildes aus der Variationsbreite der Maße des Vergleichsgangbildes heraus, so kann die betreffende Person — falls nicht besondere Umstände auf das Gangbild verändernd eingewirkt haben — als Spurenerzeuger ausgeschlossen werden, während sich im positiven Falle aus dem Gangbild allein nur ein Wahrscheinlichkeitsschluß ergibt. Auch scheinbar „charakteristische" Gangbilder, bei denen z. B. der Fußwinkel des rechten Fußes stets etwas größer ist als der des linken, wurden schon wiederholt beobachtet und liefern daher für sich allein keinen absolut sicheren Identitätsnachweis. Wohl aber kann ein solcher unter Umständen zusammen mit den Merkmalen der Fußspur erbracht werden.

Zum Zwecke der Fernidentifizierung wäre es daher auch falsch, nur die Maßzahlen der Fußspur, der Entfernungen ihrer Details und der Gangspur zu telegraphieren; es muß vielmehr das Photogramm der Fußspur oder ihres Gipsabgusses im Wege der gewöhnlichen Bildtelegraphie oder des drahtlosen Bildfunkes der Polizei zum Zwecke des Vergleichs mit dem Fuß oder Schuh des Verdächtigen übermittelt werden.

ζ) Irreführung durch „falsche" Fußspuren.

Die auch dem Verbrecher bekannte Möglichkeit, eine Fußspur zu verfolgen oder sie zur Überprüfung des Täters auszuwerten, hat seit altersher dazu geführt, daß durch verschiedene Täuschungsmanöver mitunter versucht wird, eine solche Verwertung der Spuren unmöglich zu machen oder sogar die nachforschende Behörde auf eine „falsche Spur" zu lenken.

Im 18. und noch zu Beginn des 19. Jahrhunderts, als das Berufsverbrechertum größtenteils zu Banden zusammengeschlossen in den Wäldern lebte[1]), von dort aus Raubüberfälle auf Bauernhöfe machte und so die Gefahr, die die hinterlassenen Fußspuren für die Sicherheit der Täter bedeuteten, wohl kannte, waren diese Techniken der Irreführung noch mehr verbreitet als heute, wo sie in der Regel nur von Verbrechern getätigt werden, die unter ländlichen Verhältnissen zu „arbeiten“ pflegen.

Ein alter Trick, der jedoch mehr darauf abzielt, die Verfolgung der Spur als deren Identifizierung zu erschweren, ist, auf dem Fluchtweg vom Tatort eine Strecke lang nach rückwärts zu gehen. Dann hält der Verfolger eine solche Spur für die des Ganges zum Tatort und glaubt die Fluchtspur verloren zu haben. Merkmale, die auf eine solche Spurenerzeugung hindeuten, sind: Die Schritte sind beim Rückwärtsgehen im allgemeinen kleiner, die Sohlenspitze (mit der nunmehr — wie mit dem Absatz — zuerst in den Boden eingehauen wird) zeigt eine leichte Bewegungstendenz nach vorne (nicht also das „Zurückscharren“ nach rückwärts, das sonst beim Abstoßen entsteht), der Absatzeindruck ist schwächer als sonst und oft kommt es zu einer Gleitspur infolge des Nachziehens der Füße auf dem Boden. Bei Abdruckspuren kommt noch hinzu, daß die Abdrücke, die bekanntlich an Farbstoff abnehmen, diese Erscheinung beim Rückwärtsgang in umgekehrter Richtung zeigen, da in der scheinbaren Gangrichtung die letzte Spur in Wirklichkeit die erste war und daher den farbstoffreichsten Abdruck zeigt.

Ein anderes Täuschungsmittel besteht darin, daß man sich auf die Sohlen der eigenen Schuhe fremde Schuhe oder nur deren Sohlen in verkehrter Richtung, also mit den Spitzen nach rückwärts, befestigt. Meist geschieht dies mittels einer Schnur, die um die Fußwölbung unmittelbar vor dem Absatz geschlungen wird und im Abdruck eine vor dem Absatz querverlaufende Spur erzeugt, an der ein solches Täuschungsmanöver oft erkannt werden kann. In einem Fall hatte ein Mann auf seine bloßen Füße Frauenschuhe aufgebunden: er verriet sich dadurch, daß bei einem Fußabdruck seine über den Frauenschuh vorragenden nackten Zehenspitzen in der Spur zum Abdruck kamen. Es ist daher in allen Fällen, in denen mit der Möglichkeit solcher maskierter Spuren zu rechnen ist, auf solche Merkmale besonders zu achten. Auffällig ist in solchen Fällen die Spur schon auch meist dadurch, daß sie — da sie ja gefunden werden soll — sich in einem zur Spurenaufnahme besonders gut geeigneten Boden „aufdringlich schön“ und deutlich ausgeprägt darbietet. Ist dies der Fall, so ist stets die größte Vorsicht bei der Verwertung solcher Spuren am Platze und es ist mit besonderer Aufmerksamkeit nach den angegebenen Merkmalen eines allfälligen Täuschungsmanövers zu suchen.

Besonders schwer zu erkennen ist aber die Sache dann, wenn der Täter einfach fremde Schuhe (die er sich zu diesem Zwecke ausgeliehen oder aber auch gestohlen hat und die er nach der Tat wieder an den betreffenden Ort zurückstellt) einfach angezogen hat. Dies wird er,

[1]) Vgl. *Seelig*, Lehrbuch der Kriminologie S. 46f.

ohne verräterische Merkmale zu hinterlassen, tun können, wenn ihm die fremden Schuhe ungefähr passen oder — weil sie zu groß waren — durch leichtes Ausstopfen mit Papier passend gemacht werden konnten. Hier wird unsere Kunst meist zu Ende sein, wenn der Täter nicht etwa allzu große Schuhe (eine Frau z. B. die Schuhe eines großen Mannes) gewählt und dabei nicht bedacht hat, daß zu solchen großen Füßen im allgemeinen auch lange Beine und daher große Schritte gehören, so daß ein auffallendes Mißverhältnis zwischen vielleicht kleinen zierlichen Schritten und den großen Fußspuren besteht.

Hat man nach Lage des Falles den Verdacht, daß die aufgefundene Fußspur nur deshalb nicht zu dem Schuh des Verdächtigen paßt, weil er einen solchen Täuschungstrick angewendet hat, dann bleibt nur übrig, durch sorgfältige Durchsuchungen nicht bloß der Wohnstätte des Verdächtigen selbst, sondern auch der Wohnungen seiner Freunde und Freundinnen, seiner ehemaligen Zellengenossen und etwaiger Komplizen, nach jenem Schuh zu fahnden.

2. Sonstige Spuren.

Mit den eben besprochenen Fußspuren und den im Abschnitt über die Daktyloskopie erörterten Finger- und Handballenspuren haben wir nur zwei besonders wichtige Teilgebiete der kriminalistischen „Spurenkunde" behandelt, deren Gegenstand aber noch viele andere Arten von Spuren umfaßt. Denn Spuren im kriminalistischen Sinn sind alle Veränderungen der Außenwelt, die im Zusammenhang mit einem Verbrechen entstehen und daher einen Rückschluß auf die Tat zulassen[1]). Hierbei wird der Ausdruck „Tat" im weitesten Sinne verstanden: es fallen darunter die Person des Täters, die Art der Tatausführung, ihr Zeitpunkt, die Tatvorbereitung, die Person des Opfers, seine allfällige Gegenwehr, die Flucht des Täters und dessen etwaige spurenverwischende Tätigkeit. Dies alles kann unter Umständen aus „Spuren" erschlossen werden.

Daß jede Spur in diesem Sinne von Wichtigkeit sein kann und berücksichtigt werden muß, braucht nicht betont zu werden; jede solche Spur soll daher wahrgenommen, im Protokoll beschrieben und durch Photoaufnahmen, Einzeichnen in die Tatortskizze und allenfalls durch Abformen oder Mitnahme des Spurenträgers sichergestellt werden[2]). Die Aufmerksamkeit des U. muß aber noch weiter reichen: nicht bloß die vorhandenen Spuren gilt es festzustellen, sondern auch den Umstand, daß an einer bestimmten Stelle keine Spuren, z. B. auf einem Kleidungsstück keine Blutspritzer, auf dem Fußboden keine Wischspuren die durch Entfernung von Blutspuren entstanden sein könnten, vorhan-

[1]) *Seelig*, Lehrbuch der Kriminologie, 2. Aufl. 1951, S. 206. In einem weiteren übertragenen Sinn hat man auch Veränderungen in der Innenwelt des Täters als (seelische) „Spuren" bezeichnet, auf die sich die sogenannte psychologische Tatbestandsdiagnostik und ähnliche Methoden stützen. Vgl. Bd. I dieses Handbuches, S. 180ff.

[2]) Vgl. oben I. Band, S. 200 ff, 366 ff und II. Band S. 314 f und S. 338 ff.

den sind. Solche negative Feststellungen im Protokoll sind außerordentlich wichtig, zumal die Frage, ob vielleicht eine solche Spur vorhanden war, oft erst später auftaucht und sich dann ohne eine solche Feststellung im Protokoll nicht mehr beantworten läßt. Schließlich werden unter Umständen auch Gegenstände abzuformen, zu photographieren oder sonst sicherzustellen sein, die vielleicht eine bisher noch nicht gefundene Spur erzeugt haben könnten und die später nicht mehr in diesem Zustand als Vergleichsobjekte zur Verfügung stehen werden, z. B. die Zähne eines Mordopfers, das bestattet werden soll, wenn mit der Möglichkeit zu rechnen ist, daß der Getötete im Abwehrkampf dem Mörder eine Bißwunde zufügte, durch die dieser überführt werden könnte; hat man es aber unterlassen vom Toten einen Gebißabdruck zu nehmen, so fehlt es an einem wichtigen Beweismittel, wenn ein Verdächtiger mit Spuren eines solchen Bisses aufgegriffen wird.

Über einige spezielle Spurenarten, z. B. Erdspuren an den Stiefeln, pflanzliche Spuren an Werkzeugen, Staub und Schmutz unter dem Fingernagel und auf Kleidern u. a. wurde schon in anderem Zusammenhang gehandelt[1]), ebenso über Spuren von Exkrementen, Speichel, Sperma usw.[2]). Den Blutspuren ist der nächste Abschnitt gewidmet; Spuren, die mit der speziellen Technik bestimmter krimineller Ausführungshandlungen (z. B. Einbruch, Brandlegung) zusammenhängen, werden bei Erörterung dieser Techniken besprochen werden. In diesem Kapitel ist daher nur noch auf einige Arten von Spuren von allgemeinerer Bedeutung hinzuweisen und ihre Auswertungsmöglichkeit zu besprechen. Es handelt sich vorwiegend um sonstige Spuren auf dem Boden und um Werkzeugspuren.

Auf dem Boden vermag neben den Fußspuren z. B. auch die Spur des Stockes, mit dem der Täter gegangen ist, oder eines sonstigen Gegenstandes, auf den er sich stützte, uns über manches Wichtige zu unterrichten. Da jede Stockspitze, wenn sie etwas abgenützt ist, kleine unregelmäßige Unebenheiten aufweist, kann ein genauer Gipsabguß der Eindruckspur unter Umständen einen sicheren Identitätsnachweis mit dem Stock liefern, der bei einem Verdächtigen gefunden wurde. Hat der Täter den Stock beim Hinweg zum Tatort, wie üblich, rechts getragen und sich auf ihn, um besser vorwärts zu kommen, gestützt (wobei der Stock zugleich mit jeder linken Fußspur aufgesetzt zu werden pflegt), verwendet er aber beim Weggang vom Tatort den Stock links und zeigt gleichzeitig das Gangbild kürzere Schritte des linken Fußes, so weist dies darauf hin, daß er nunmehr am linken Fuß verletzt war.

Wie wichtig eine derartige Spur sein kann, zeigt ein Fall, in welchem ein Mann mit einem sogenannten Sappel (hakenartiges Werkzeug, mit dem die Holzknechte und Flößer Baumstämme anhaken und heranziehen, siehe Abb. 142) erschlagen worden war. Als Täter kamen sechs Holzknechte, deren Arbeitsstellen in der Nähe des Tatortes lagen, in Betracht, weshalb man sich sofort der „Sappel" dieser Leute versicherte. Der Täter hatte sich nämlich, als er beim Verlassen des Tatortes seinen Weg über einen steilen Abhang nahm, seines Sappels als Gehstock

[1]) Bd. I, S. 328ff.
[2]) Bd. I, S. 305ff.

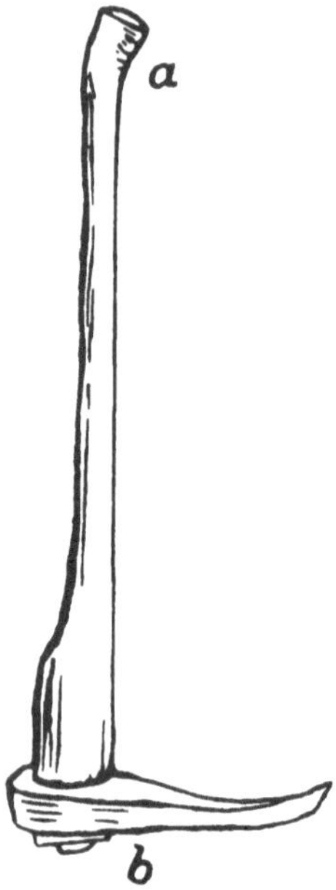

Abb. 142. Sogenannter Sappel, mit dem ein Mann erschlagen wurde.

bedient, indem er ihn am Griffende (a) festhielt und sich mit dem Stielende bzw. dem Rücken der Klinge (b) auf den Boden stützte. Dieser war lehmig und nahm gut den Eindruck auf. Dieser wurde in Gips abgeformt, ebenso wurden von den Sappeln der sechs Verdächtigen Eindrücke in Lehm und von diesen Gipsabgüsse hergestellt und diese mit dem Abguß der Tatortspur verglichen (Abb. 143). Da bei jedem der sechs Sappel das hölzerne Stielende, das mehr oder minder über die Klinge hervorragte und meist durch einen hineingetriebenen Befestigungskeil gespalten war, eine charakteristisch verschiedene Eindruckspur erzeugte und nur eine dieser sechs Spuren (in Abb. 143 die äußerste rechts in der unteren Reihe) das gleiche Bild zeigte wie der am Tatort gefundene Sappelkopfeindruck, so ergab sich zweifellos die Identität des Sappels dieses Verdächtigen mit dem Sappel des Täters. So konnte dessen Verurteilung erfolgen[1]).

Pferdespuren können ebenfalls von Wichtigkeit sein. Sind über den Boden mehrere Pferde gegangen, so ist es oft schwierig, die vier zusammengehörigen Spuren herauszufinden. Lage und Form der Hufspur (im allgemeinen ist der Vorderhuf rund-geschlossen, der Hinterhuf mehr länglich-offen) geben hiefür Anhaltspunkte. Auch eine Identifi-

Abb. 143. Die Gipsabgüsse des Tatorteindruckes des Mordsappels (oben) und der 6 Sappel der in Betracht kommenden Holzknechte (unten).

[1]) Die sieben Gipsabgüsse (der Tatortspur und der sechs Vergleichsspuren) erliegen in der Sammlung des Kriminologischen Universitätsinstitutes Graz.

zierung einer einzelnen Hufspur mit einem bestimmten Huf eines Pferdes kann durch Vergleich der Größe und Gestalt des Hufes sowie Anzahl und genaue Lage der Nägel, wenn diese in der Spur erkennbar sind, gelingen. Es empfiehlt sich in jedem solchen Fall einen Hufschmied als Sachverständigen heranzuziehen, damit nicht etwa allgemein übliche Merkmale der Benagelung als individuelle Merkmale gewertet werden. Ein tüchtiger Hufschmid wird oft auch noch sonst allerlei aufschlußreiche Hinweise geben können, denn die „Lehre vom Hufbeschlag" wurde im Laufe der Jahrhunderte eine eigene Wissenschaft: Rasse und Schlag des Pferdes, Größe der Hufe, die Arbeit, die das Pferd zu leisten hat, sowie die Bodenverhältnisse, unter denen diese Arbeit geleistet werden soll, sind für die Auswahl des Hufeisens und der Nägel (Falznägel, Gesenknägel, Eisnägel) sowie für die allfällige Anbringung weiterer „Stollen" und „Griffe" (die das Gleiten im Winter verhüten sollen) bestimmend. Auch die Gangart des Pferdes (Schritt, Trab, Galopp) sowie allfällige Gangfehler kann der Fachmann aus der Fährte erkennen[1]).

Auch Spuren anderer Tiere, so Hunde, Katzen und auch größerer Haustiere, wie Rinder, Ziegen, Schafe usw., ebenso — besonders bei Aufklärung von Wildereidelikten — die Spuren der verschiedenen Wildarten können kriminalistische Bedeutung erlangen. In solchen Fällen ist, falls der U. etwa nicht selbst Waidmann ist und sich als solcher die erforderlichen Kenntnisse auf diesem Spezialgebiet der Spurenkunde erworben hat, ein erfahrener Jäger als Sachverständiger heranzuziehen[2]). Auch das Studium der einschlägigen, sehr ausführlichen Literatur[3]) vermag die persönliche Erfahrung nicht zu ersetzen.

Die Radspuren von Fahrzeugen aller Art (geschobene Karren, Pferdefuhrwerke, Fahrräder, Motorräder, Personenkraftwagen, Autobusse, Lastkraftwagen usw.) haben infolge der großen Zunahme des Verkehrs auf der Straße eine mehrfache kriminalistische Bedeutung erlangt. Zunächst kann aus der Lage und zum Teil auch aus der Beschaffenheit der Spur erkannt werden, wo und in welcher Richtung das betreffende Fahrzeug fuhr, wo es ausweichen, wo es reversieren mußte usw. Allerdings ist die Fahrtrichtung nicht immer leicht zu erkennen. Häufig bildet sich aus dem durch das Rad zusammengepreßten Staub eine Masse, die am Rad etwas haften bleibt und wieder in Form von kleinen Schollen in die Spur zurückfällt. Diese Masse bildet dann in der Radspur eine Art stufenförmige Zähnung, wobei die flachere Seite der Zähne in die Fahrtrichtung weist (Abb. 144). Fehlt es an einer solchen Staubschicht, was auf den modernen Asphaltstraßen öfters der Fall ist, kann die Fahrtrichtung mitunter an Stellen erkannt werden, wo das Fahrzeug eine

[1]) Vgl. *Häntzschel-Clairmont-Charbonnier*, Hufbeschlag und Wagenbau, Berlin 1912; *Kuchtner*, Die Lehre vom Hufbeschlag, Leipzig 1912; *Lungwitz*, Der Lehrmeister im Hufbeschlag, Hannover 1917; *Anuschat*, Kriminalistische Spurenkunde, Berlin 1933, S. 86ff.

[2]) Siehe auch schon oben S 422.

[3]) *Teuwsen-Schulze*, Fährten und Spuren, Neudamm o. J.; *Brandt-Eiserhardt*, Fährten- und Spurenkunde, 6. Aufl., Berlin 1939; *Anuschat*, Kriminalistische Spurenkunde, Berlin 1933, S. 85f.

Pfütze, Pferdeschmutz oder ähnliches durchfuhr und Teile dieser Feuchtigkeit oder Beschmutzung mitnahm. Schließlich kann in Kurven aus den Winkeln der sich trennenden und sich wieder vereinigenden Spuren der Vorder- und Hinterräder entsprechende Schlüsse gezogen werden[1]).

Die zweite Richtung, in der Radspuren kriminalistisch verwertet werden, ist die Frage nach dem Fahrzeug, von dem die Spur herrührt. In den meisten Fällen ist es möglich, Gattungsmerkmale aus der Spur zu entnehmen, durch die eine Großzahl von Fahrzeugen, die diese Merkmale nicht aufweisen, ausgeschlossen werden kann.

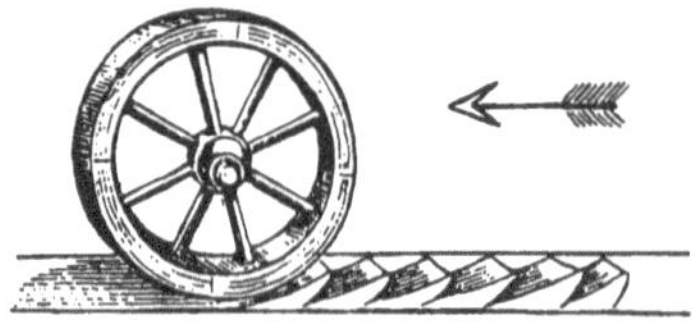

Abb. 144. Bestimmung der Fahrtrichtung aus den Staubschollen der Radspur.

Solche Gattungsmerkmale sind die Radgröße (man erkennt den Umfang des Rades aus der Strecke, nach der irgendeine bestimmte Stelle des Rades, z. B. Pneuausbesserung, Beschmutzung u. a. in der Spur wiederkehrt, und findet den Raddurchmesser, indem man diese Strecke durch $\pi = 3{,}1416$ dividiert) sowie die Radabstände der Vorder- und Hinterräder (sie sind bei den Automobilen europäischer Erzeugung recht verschieden, oft hinten etwas größer als vorne)[2]). Schließlich ist das sich in der Spur oft abdrückende Muster des Gummireliefs der Pneumatik ein leicht wieder zu erkennendes Merkmal, durch das alle Fahrzeuge ausgeschlossen werden, die zur Zeit des betreffenden Ereignisses — meist handelt es sich um Verkehrsdelikte — mit anderen Pneus versehen waren. Viele Kriminalisten haben deshalb auch oft versucht, alle gebräuchlichen Pneumuster nach einem bestimmten System zu klassifizieren, um so aus der Formel, die sich aus der Tatortsspur für den spurenerzeugenden Pneu ermitteln läßt, auf die Pneutype des Fahrzeuges schließen zu können[3]). Abgesehen von der Kompliziertheit eines solchen Systems[4]) ist sein praktischer Wert ein äußerst geringer. Nicht bloß bringen die Pneumatikfabrikanten jahraus jahrein neue Muster heraus, sondern auch jede Vulkanisieranstalt hat ihre eigenen Muster, die sie den aufvulkanisierten Pneudecken einschneidet. Außerdem sind häufig Fahrzeuge, die länger

---

[1]) Nach *Anuschat*, Über die kriminalistische Bedeutung von Fahrradspuren, Arch. 19, S. 144, und Kriminalistische Spurenkunde, Berlin 1933, S. 103f., ist der größere Winkel stets der Trennungs-, der kleinere der Vereinigungswinkel, so daß die Öffnung des größeren die Fahrtrichtung anzeigt. Vgl. auch *Plessen* und *Naeve*, Kriminalistik 5, S. 228 u. 280.

[2]) Man hat darum wiederholt versucht, die Spurweiten der gebräuchlichsten Autotypen in Tabellen zusammenzustellen, z. B. *Klobe*, Kriminalistischer Pneuatlas und Spurweitentabelle für die tschechoslowakische Republik, Prag 1938, S. 24ff.; doch sind solche Tabellen durch die stets neue Typen in den Verkehr bringende Autoindustrie bald überholt.

[3]) Grundlegend in dieser Richtung war die Aufsatzreihe „Pneumatikspuren in der Kriminalistik" von *Chavigny*, *Heindl*, *Södermann* und *Weimann*, Arch. 91, S. 29.

[4]) Nach dem von *Heindl* a. a. O. entwickelten System sollen die Muster, die links und rechts von der (der Längsrichtung nach gezogenen) Mittellinie symmetrisch sind, als A-Muster, die unsymmetrischen als B-Muster bezeichnet werden. Die weitere Zeichnung des „Mittelmusters" und der „Seitenmuster" wird je nach dem Typus der erhabenen oder vertieften Streifen, Furchen, Vierecke, Rauten, Mehrecke usw. mit den Ziffern 1 bis 9 klassifiziert und diese Zahlen in Bruchform angeschrieben, wobei der Zähler die Art des Mittelmusters und der Nenner die Art der Seitenmuster andeutet. Diesem System folgt auch der erwähnte Pneuatlas von *Klobe*. *Anuschat*, Kriminalistische Spurenkunde, S. 119ff., entwickelte unabhängig hievon ein ebenso kompliziertes „Pneumatiksignalement".

im Gebrauch sind, mit Pneus verschiedener Herkunft ausgerüstet, so daß ein Rückschluß auf die Wagentype aus dem Pneu überhaupt nicht möglich ist. Angesichts der offenkundigen Unvollständigkeit, die jedem solchen „Pneuatlas" zukommt, hat man die Anlegung solcher Sammlungen fast überall aufgegeben.

Will man daher eine Pneuspur — etwa bei Fahrerflucht — für die Ermittlung des Fahrzeuges auswerten, so bleibt nichts anderes übrig, als sie auf die uns schon bekannte Weise durch Photoaufnahme, bei Eindruckspuren auch noch durch Abformung in Gips sicherzustellen, um dann durch Vergleichung mit den Pneus der in Betracht kommenden Wagen[1]) alle jene auszuschließen, die hinsichtlich des Pneumusters (allenfalls in Verbindung mit Radgröße und Radabstand) verschieden sind. Stimmen diese Merkmale nur bei einem der in Betracht gezogenen Wagen überein, so kann von diesen Wagen nur dieser eine die Spur erzeugt haben. Hingegen ist ein sicherer positiver Identitätsnachweis gegenüber einer unbestimmten Wagenmenge durch solche Gattungsmerkmale grundsätzlich nie erbracht, da naturgemäß auch ein anderer Wagen mit gleicher Radgröße und gleichem Radabstand auch Pneus gleicher Marke oder gleichem Muster der Vulkanisieranstalt haben kann. Ein solcher sicherer positiver Identitätsnachweis wird sich jedoch dann erbringen lassen, wenn sich in der Pneuspur (was freilich sehr selten vorkommt) ein individuelles Ausbesserungsmerkmal abgedrückt hat, oder sich sonstige Spuren des Wagens, z. B. abgesplitterte Lackteilchen[2]) auf der Unfallstelle, oder umgekehrt Spuren des Unfalles auf dem betreffenden Wagen finden. So konnte in der Schweiz[3]) einmal ein geflüchteter Kraftfahrer dadurch ermittelt werden, daß das Gitter des Kühlers seines Fahrzeuges sich auf der Haut des Kopfes des Überfahrenen abdrückte (Abb. 146) und umgekehrt ein anderes geflüchtetes Fahrzeug dadurch, daß sich auf seiner Unterseite der kotige Abdruck des gestrickten Gewebes fand, dessen Maschen genau mit denen der gestrickten Strümpfe des Überfahrenen übereinstimmten.

Abb. 145. Erhabenes Z-Muster (hell dargestellt) eines Michelin-Pneus (oben) und dessen negative Eindruckspur (unten). Schematische Darstellung nach *Chavigny*.

Eine dritte Verwertungsmöglichkeit der Radspuren betrifft die Frage, mit welcher Geschwindigkeit der Fahrer unmittelbar vor dem Unfall

[1]) Bei diesem Vergleichen ist darauf zu achten, daß der optische Eindruck des Pneureliefs und der seiner (negativen) Eindruckspur recht verschieden sein kann (siehe Abb. 145); es empfiehlt sich in solchen Fällen vom Photogramm des Pneumusters auf phototechnischem Weg ein Umkehrbild herzustellen.

[2]) Sie sind einer mikrochemischen und farbenanalytischen Untersuchung zuzuführen, durch die der Lack des betreffenden Fahrzeuges nach chemischer Zusammensetzung und Farbwert bestimmt werden kann. Auch Glassplitter lassen sich durch Ermittlung des Brechungskoeffizienten identifizieren, vgl. I. Band, S. 357.

[3]) Nach *F. Schwarz*, Zur Spurenkunde des Verkehrsunfalles, Arch. 104, S. 56.

fuhr, bzw. an welcher Stelle er mit der Bremstätigkeit einsetzte. In der Praxis der Verkehrsunfallsaufklärung[1]) wird zwischen der gewöhnlichen Fahrspur, die durch die rollenden, nicht abgebremsten Räder entsteht, der Bremsspur, die durch die bereits abgebremsten aber noch rollenden Räder bewirkt wird und die Blockierspur, die durch die völlig abgebremsten (blockierten) Räder entsteht, unterschieden und aus der

Abb. 146. Abdruckspur des Kühlergitters auf der Kopfhaut eines Überfahrenen (nach *F. Schwarz*).

Länge der Bremsspur + Blockierspur pflegt der kraftfahrtechnische Sachverständige unter Berücksichtigung der Bremswirkung des Fahrzeuges und des Reibungswiderstandes der Straßendecke einen Rückschluß auf die Fahrgeschwindigkeit vor Beginn der Bremstätigkeit zu ziehen.

Die Polizei geht auch meist rasch daran, den ,,Beginn" der Bremsspur auf der Straße zu markieren und die Spur von da an mit Kreide oder einem anderen weißen Pulver einzustreuen und hierauf die Unfallsstelle zu photographieren, wodurch man in der Tat schöne Lichtbilder erhält, auf denen sich die ,,Bremsspur" durch eine scharf abgegrenzte weiße Linie deutlich abhebt. Die genaue Ausmessung dieser weiß markierten Spur dient auch in der Regel dem Sachverständigen als Unterlage. Das Bedenkliche dieses Vorganges ist, daß die grundlegende Entscheidung, wo eigentlich die Bremsspur beginnt, dem die Einstreuung besorgenden Polizeiorgan überlassen wird und durch die erfolgte Einstreuung nicht mehr überprüft werden kann. Nun ist zwar der Übergang der Bremsspur in die Blockierspur (die nur bei übermäßig scharfem Abbremsen entsteht, wenn die Beschleunigung der Masse des Fahrzeuges im Augenblick der völligen Blockierung der Räder noch so groß ist, daß sie den hohen Reibungswiderstand zwischen Straßendecke und sich nicht mehr drehenden Rädern, die nunmehr über die Straße geschleift werden müssen, überwindet) deutlich erkennbar, weil von da an die Profilmusterung des Pneus in der Spur aufhört. Hingegen ist der Übergang der gewöhnlichen Fahrspur, soweit eine solche auf der

[1]) Vgl. *Schneider-Lossagk*, Verkehrsunfälle, Berlin 1935; *Buhtz*, Der Verkehrsunfall, Stuttgart 1938; *Schneider*, Kriminalpolizeil. Aufklärung von Verkehrsunfällen, Berlin 1938; *Julier*, Die polizeiliche Untersuchung von Verkehrsunfällen, Berlin 1949. Ferner: *Wartenburg*, Kriminalistik 8 S. 172.

betreffenden Straßendecke überhaupt entsteht, in die Bremsspur ein allmählicher und durch kein bestimmtes Merkmal eindeutig feststellbarer. Denn die sogenannte Bremsspur ist ja nichts anderes als eine verstärkte Fahrspur, die bei stärkerer Betätigung der Bremsen durch den erhöhten Druck entsteht, den die Masse, die in ihrer Fortbewegungstendenz gehemmt wird, auf die Vorderräder ausübt. Bei allmählichem Bremsen, wie es im normalen Straßenverkehr zum Zwecke des Stehenbleibens geschieht, entsteht in der Regel überhaupt keine Bremsspur, hingegen kann man besonders auf Asphaltstraßen bei raschem Stehenbleiben eines schweren Lastkraftwagens beobachten, daß eine kürzere Strecke lang hinter dem Wagen das Profilmuster der großen Pneu als schwarze Staubabhebungsspur, bei weicher Asphaltdecke zur Mittagszeit im Hochsommer mitunter sogar als leichte Eindrucksspur erkennbar ist und sich dann allmählich verliert, d. h. also dann in die nicht optisch wahrnehmbare Fahrspur des betreffenden Wagens übergeht. Da somit die erkennbare Bremsspur erst bei erhöhter Bremswirkung entsteht, wird in der Regel die Betätigung der Bremsen schon eine kurze Zeit vorher begonnen haben; diese Zeitstrecke und damit der wirkliche Bremsweg läßt sich, da sie von der individuellen Betätigung der Bremse sowie von den mannigfachen Umständen abhängt, die für die Ausprägung einer verstärkten und dadurch als „Bremsspur" erkennbaren Radspur von Bedeutung sind, niemals genau berechnen. Wirklicher Bremsweg und Bremsspur sind also nicht dasselbe[1]). Diese Fehlerquelle wird darum bei allen Schlußfolgerungen hinsichtlich des Beginnes der Bremstätigkeit und der Geschwindigkeit in diesem Augenblick zu berücksichtigen sein.

Zu den kriminalistisch bedeutungsvollen Spuren am Boden gehören auch noch die sogenannten Schleifspuren, die entstehen, wenn Gegenstände zu schwer sind, um emporgehoben und so getragen zu werden, und deshalb — mit einem Teil ihres Gewichtes am Boden ruhend — schleifend fortbewegt werden. Dies kommt insbesondere in Mordfällen vor, in denen der Täter die Leiche seines Opfers vom Tatort fortschafft, damit sie an einem anderen Orte gefunden werde, wodurch er einen Unfall oder Selbstmord vortäuschen zu können hofft. So schleppte ein junger Bursche, der 1950 in Obersteiermark seine frühere Dienstgeberin erschlug und beraubte, den Körper der schweren Frau auf den nahegelegenen Bahndamm, damit er vom nächsten Zuge überfahren werde. Die hierbei entstandene Schleifspur, die sich vom Mordhaus bis zum Bahndamm verfolgen ließ, trug wesentlich zur Aufklärung des wahren Sachverhaltes bei. Auch mancher „Absturz im Gebirge" verriet sich durch eine solche Schleifspur als voraus gegangener Mord und vorgetäuschter Unfall, so z. B. in dem seinerzeit vielbeachteten Fall des Rechtsanwaltes *de Tourville*, dessen junge Frau (nach deren Tode er ein Vermögen zu erwarten hatte) 1876 auf der Hochzeitsreise am Stilfser Joch „abstürzte"[2]). Die Schleifspur besteht in solchen Fällen meist nur in niedergedrückten oder geknickten Grashalmen, Moosen und anderen Pflanzen oder einer leichten Abscheuerung der Oberfläche sandiger Erdstellen. Es bedarf besonderer Übung und Aufmerksamkeit, um solche Spuren zu erkennen.

Ein besonders wichtiger Zweig der kriminalistischen Spurenlehre beschäftigt sich schließlich mit jenen Spuren, die durch Betätigung von Werkzeugen an den bearbeiteten Gegenständen entstehen. Solche

[1]) In der Literatur wird meist darauf hingewiesen, daß der Bremsweg um den Radabstand kürzer sei als die Bremsspur (da man meint, daß bei einer Vierradbremse die Bremsspur rückwärts bei den Hinterrädern beginnt und vorne bei den Vorderrädern aufhört, so daß sie um den Radabstand länger ist als der auf dieser Strecke vom Wagen zurückgelegte Weg), aber man vergißt auf die Strecke, die der Wagen vom Beginn der Bremstätigkeit an zurücklegt, bevor sich die Bremstätigkeit in einer erkennbaren Spurenverstärkung auswirkt.

[2]) Vgl. *Der neue Pitaval*, N.S. 13, S. 61; *Roth*, Bergunfall durch Absturz oder vorsätzliche Tötung bei Wanderungen im Gebirge, Archiv 110 S. 108.

Werkzeugspuren spielen bei jenen Verbrechen eine bestimmte Rolle, zu deren Ausführung sich der Täter eines im Handel erhältlichen oder auch selbst hergestellten Werkzeuges bedient, so bei Einbruch, Baumfrevel oder Diebstahl von Holz „am Stamm", Sabotageakten an Maschinen und Bahnanlagen[1]) u. a. Hiebei handelt es sich entweder um Abdruckspuren der Angriffsfläche des Werkzeuges oder um sogenannte Schartenspuren, die durch die kleinen, für das freie Auge kaum sichtbaren Unebenheiten der Klinge schneidender Werkzeuge entstehen; ihre Sicherung und Verwertung wurde durch die grundlegenden Arbeiten des Gerichtsmediziners *Kockel* in die naturwissenschaftliche Kriminalistik eingeführt[2]).

Bei Abdruckspuren ist darauf zu achten, daß je nach Art der Bewegung, durch die die Spur entstanden ist, diese trotz Identität des Werkzeugs ein verschiedenes Aussehen erhält und umgekehrt mehrere gleichartige Werkzeuge oft Spuren erzeugen, die in vielen Merkmalen übereinstimmen. Daher ist bei Übereinstimmung zwischen Tatortspur und einer mit dem verdächtigen Werkzeug hergestellten Vergleichsspur die Identität des Werkzeuges nur bewiesen, wenn die Übereinstimmung sich auf individuelle Abnützungsmerkmale erstreckt. Ist dies nicht der Fall (besteht z. B. die Übereinstimmung nur in der genau gleichen Breite einer Stemmeisenspur oder der übereinstimmenden Größe und Gestalt der Aufschlagsspur eines Hammers), so kann daraus nur die Möglichkeit der Identität des Werkzeuges geschlossen werden, mag das Werkzeug auch noch so gut zu der Spur „passen". Es gibt eben unzählige Hammer gleicher Größe und Gestalt und gleich breite Stemmeisen!

Hingegen sind die Muster, die von den feinen Rillen gebildet werden, die durch schartig gewordene Klingen erzeugt werden, oft „individuell charakteristisch", denn die Variationsmöglichkeiten durch die verschiedene Anordnung größerer und kleinerer Scharten, die auf der Schnittfläche verschieden breite Streifen hinterlassen, sind unendlich. Um ein Schartenmuster, das bei gewöhnlicher Betrachtung im diffusen Tageslicht kaum auffällt, deutlich erkennbar zu machen und zu sichern, photographiert man die betreffende Spur in direkter etwa zwei- bis dreifachen Vergrößerung bei streng seitlicher Beleuchtung (Abb. 147). Um die nötigen Vergleichsobjekte zu schaffen, empfahl *Kockel* die Herstellung von Platten aus 100 Teilen weißem Wachs und 75 Teilen Zinkweiß (auf dem Wasserbad verrührt, sogenannte „Kockelsche Masse"), über die man die Schneide des Instruments schabend gleiten läßt. Um den Einfluß der

---

[1]) Über ein Eisenbahnattentat, das durch eine im Kriminologischen Institut der Universität Graz von *Seelig* durchgeführte Untersuchung der Köpfe der Schwellenschrauben (durch deren Aufschrauben die Schienen gelockert worden waren) und vergleichende Untersuchung von Probespuren, die mit 29 verschiedenen Steckschlüsseln, die den Bahnarbeitern zum Festziehen der Schwellenschrauben dienen, aufgeklärt werden konnte, berichtet *Seelig*, Lehrbuch der Kriminologie, S. 255; über Werkzeugspuren bei Geldschrankeinbrüchen vgl. *Fischer*, Kriminalistik 17, S. 74.

[2]) *Kockel*, Über die Darstellung von Spuren von Messerscharten, Arch. 5, S. 126; Weiteres über die Identifizierung von Schartenspuren, Arch. 11, S. 347; vgl. auch *Dettling*, Art. „Schartenspuren" im HGerMed.; *Bauernfeind*, Kriminalistik 5 S. 16; *Horschler*, Kriminalistik 11 S. 99; *Holters*, Kriminalistik 12 S. 85.

verschiedenen Handbewegung beim Schaben auszuschalten, konstruierten *Kockel* und nach ihm andere sogenannte „Einspannschlitten", durch die das Instrument fixiert unter gleichbleibenden Bedingungen[1]) durch einen Schlitten über die Schabefläche geführt wird (*Kockel* verwendete hiefür ursprünglich ein Mikrotom, wie es in der Mikroskopie zur Herstellung feiner Schnitte verwendet wird). Außerdem sind jedoch, wie auch neuere Autoren übereinstimmend hervorheben[2]), außer solchen Vergleichsspuren

Abb. 147. Hackspur auf einem Baum in seitlicher Beleuchtung.

auf der *Kockel*schen Masse auch solche in einem möglichst gleichen Spurenmaterial (wie es die fragliche Spur aufweist) zu erzeugen, da die Härte und Struktur des Spurenmaterials — besonders bei Holz — das Aussehen der Spur sehr beeinflussen kann.

Auch Rillenmuster, die verschieden sind, können bei oberflächlicher Betrachtung den Eindruck der Ähnlichkeit hervorrufen und um einen diesbezüglichen Irrtum auszuschalten, ist es unbedingt nötig, die Photogramme der Rillenmuster der Originalspur und der Vergleichsspur nach entsprechendem Schnitt unmittelbar aneinanderzufügen. Nur wenn dies so gelingt, daß sich Linie um Linie auf den beiden Bildern fortsetzt und gleichzeitig das Linienmuster durch die Verschiedenheit der Linien-

[1]) Hiebei empfiehlt es sich, die Klinge des Werkzeugs in einem Winkel von 45° zur Schabefläche über diese gleiten zu lassen (nicht senkrecht zur Schabefläche, wie es *Kockel* tat).

[2]) Vgl. *O. Mezger, Hasslacher* und *Fränkle,* Schartenspurennachweis bei Baumbeschädigungen, Archiv 80, S. 7; *O. Mezger, Hasslacher* und *Heeß,* Werkzeugspuren als Überführungsmittel, in: *Türkel,* Beiträge zur kriminalistischen Symptomatologie und Technik, Graz, 1931.

abstände ein charakteristisches Gepräge aufweist, ist die Identität des Werkzeuges zu bejahen. Ein Beispiel eines solchen positiven Identitätsbeweises sei durch Abb. 148 veranschaulicht: von den beiden Hacken, die beim Beschuldigten, der des durch Abb. 147 veranschaulichten Baumfrevels verdächtigt war, gefunden wurden, ergab bei der im Kriminologischen Institut der Universität Graz durchgeführten Untersuchung[1]) die eine Hackenschneide das im unteren Teil der Abb. 148 wiedergegebene Spurenbild; der obere Teil des Bildes ist ein Ausschnitt aus Abb. 147. Die Übereinstimmung des Linienmusters ist durch die am Rande des Kombinationsbildes außerhalb der Photogramme gezogenen Linien sinnfälliger gemacht[2]).

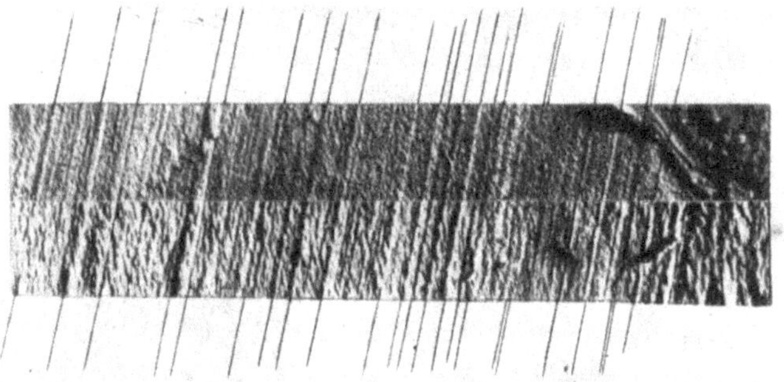

Abb. 148. Identifizierung der Hacke durch Gegenüberstellung des Ausschnittes aus der Tatortspur Abb. 147 (oben) und einer im Kriminologischen Institut Graz mit der Hacke des Verdächtigen erzeugten Vergleichsspur (unten).

Bei solchen vergleichenden Untersuchungen sind zwei Momente zu beachten: einmal sind die oft mikroskopisch feinen Unebenheiten der Klinge, die die letzten Details des Spurenbildes bestimmen, auf den beiden Seiten der Schneide meist nicht völlig gleich, weshalb es nicht gleichgültig ist, welche Klingenseite bei der Erzeugung der Vergleichsspur dem Material, auf dem die Spur erzeugt wird, zugekehrt ist. *Bessemans* und *Cuelenaere* brachten auf dem Kongreß der Académie Internationale de Medicine Légale in Liège (1947) sehr anschauliche Gegenüberstellungen der von der linken und von der rechten Klingenseite erzeugten Spurenbilder[3]). Man wird daher im Ernstfall die Erzeugung der Vergleichsspuren sowohl mit der einen als auch mit der anderen Klingenseite wiederholen. Ein weiterer wichtiger Umstand ist, daß die absoluten Entfernungen der einzelnen Linien mit den Entfernungen der sie erzeugenden Scharten auf der Klinge nur dann übereinstimmen, wenn bei dem Hieb oder Schnitt die Schneide der Klinge senkrecht zu der Hieb- bzw. Schnittrichtung gehalten wird. Verläuft aber die Klingenschneide schräg zur Richtung des Hiebes bzw. Stiches, so wird das schräge Schartenmuster gewissermaßen auf die Horizontale projiziert und es tritt eine proportionale Ver-

[1]) Gutachter war Doz. Dr. *H. Bellavic.*

[2]) Unzulässig hingegen erscheint es, wie es mitunter in der Praxis der Gutachter geschieht, solche Veranschaulichungslinien über die beiden zusammengefügten Spurenbilder selbst zu ziehen, wodurch der Grad der Übereinstimmung der beiden Linienmuster in ihrer ursprünglichen photographischen Wiedergabe nicht mehr erkennbar ist und so ein höherer Beweiswert vorgetäuscht werden könnte als dem Kombinationsbild zukommt.

[3]) *A. Bessemans* et *A. Cuelenaere*, Sur les traces des instruments coupants ou tranchants, Acta Medicinae Legalis et Socialis, vol. 1, p. 398 (Bruxelles 1948).

kleinerung des gesamten Musters ein. Da somit die Relationen zwischen den einzelnen Abständen trotzdem gleich bleiben, empfahl schon *Kockel* a.a.O., die sich aus den einzelnen Linienabständen ergebenden Verhältniszahlen zu berechnen und die Übereinstimmung dieser Verhältniszahlen im Gutachten darzutun. Da dies wenig überzeugend wirkt, schlugen *Mezger*, *Hasslacher* und *Fränkele* a.a.O. vor, die photographische Wiedergabe der Vergleichsspur auf phototechnischem Wege perspektivisch zu verkleinern und so die Möglichkeit zu geben, bei der Vergleichsarbeit die der Originalspur entsprechende Verkleinerung herauszufinden. Beides ist unnötig. Zur Veranschaulichung diene Abb. 149. Hat man eine Originalspur, deren Linienabstände und Gesamtbreite (a) proportional kleiner sind als die der Vergleichsspur (b), die mit senkrecht zur Hiebrichtung gestellter Schneide zustandegekommen ist, so überträgt man auf das Photogramm der Originalspur von einem beliebigen Punkt der Seitenlinie aus mittels Zirkel den größeren Linienabstand b, der sich mit der korrespondierenden Linie der Originalspur in der gleichen Schräge schneidet, die die Beilschneide bei der Erzeugung der Originalspur gehabt hat. Nun macht man zur Kontrolle mit dem gefundenen Neigungswinkel (*α*) eine weitere Vergleichsspur, deren Linienmuster bei der Identität des Werkzeuges nun auch absolut gleiche Linienabstände zeigt wie die Originalspur. Dies gelingt auch in den schwierigeren Fällen, in denen während des Hiebes oder Schnittes die Schrägstellung der Klinge mehrfach wechselte (wie dies beim Schneiden mit einem Taschenmesser die Regel ist), was man an entsprechenden Krümmungen des Linienmusters erkennt.

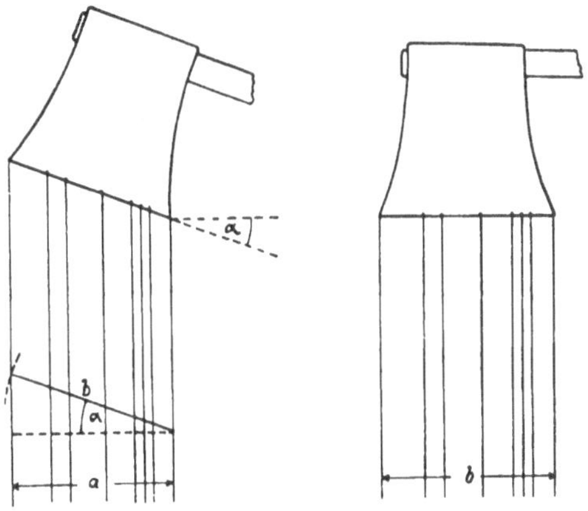

Abb. 149. Proportionale Verkleinerung des Schartenlinienmusters *a* durch Schrägstellung der Klingenschneide (links) gegenüber der Spurenbreite *b* bei zur Hiebrichtung senkrechter Beilstellung (rechts).

Mit diesem Verfahren der Werkzeugidentifizierung durch Vergleichung der Schartenbilder wurden in den letzten Jahrzehnten in allen Ländern der Erde beachtliche Erfolge erzielt. Man kann es auch bei Tötungsdelikten, bei denen der Schädelknochen oder ein anderer Skeletteil durch ein scharfes Werkzeug verletzt wurde, anwenden[1]). Ein Bohrer, mit dem im Sommer 1941 in der Umgebung von Graz junge Obstbäume angebohrt wurden, konnte in analoger Weise auf Grund der Schartenspuren, die sich auf den aus dem Bohrloch auf die Erde gefallenen Bohrspänen fanden, mit Sicherheit identifiziert werden[2]). Besonders gut eignen sich auf Metall entstandene Spuren eines (härteren) Werkzeuges, da sich in diesem Fall auch allerfeinste Unebenheiten der Werkzeug-

[1]) Vgl. *Schulz*, Arch. 23, S. 222 und 245.

[2]) *Bellavic*, Kriminalistik 16, S. 82; über die Möglichkeit, aus den Spuren im Bohrloch selbst (wozu das angebohrte Holz aber gespalten werden muß) sowie aus Sägespuren das Werkzeug zu identifizieren, berichteten schon vorher *O. Mezger*, *Hasslacher* und *Heeß*, Arch. 85, S. 198; *Mayer*, Archiv 92 S. 157; *Bauernfeind*, Arch. 95, S. 234, und *Bellavic*, Arch. 102, S. 97.

schneide auf die Spur übertragen, z. B. beim Aufschneiden von Tresorplatten mittels eines Knabbers[1]) oder beim Abzwicken von Drähten mit einer Zange[2]). Da solche Spurenbilder auch stärkere Vergrößerungen zulassen, kann man in diesen Fällen den Spurenvergleich mit Erfolg unter dem Vergleichsmikroskop (analog wie bei den Drallspuren auf den Projektilen, oben S. 284ff.) vornehmen (*Bessemans* a. a. O.). Auch wäre hier unter Umständen die Möglichkeit gegeben, die Spur auf ein Kollodiumhäutchen (nach *Bohne*) zu übertragen[3]) und so vergleichend zu mikroskopieren, was bekanntlich den Vorteil hat, daß die bei Schartenspuren oft störende unterschiedliche Schattenwirkung, die von der Beleuchtung abhängt, ausgeschaltet ist.

Eine solche Übertragung oder allenfalls Abformung der Spur (mit dem Pollerschen Negocoll oder einer Stentsmasse, oben S. 344ff.) erweist sich auch in jenen Fällen als nötig, in denen die Tatortspur infolge ihrer ungünstigen Lage (z. B. auf einem Panzertresor nahe dem Fußboden) nicht ins Laboratorium gebracht werden kann.

Wenn wir abschließend den Bereich der „Spuren" (in dem eingangs dieses Kapitels umschriebenen Sinn) überblicken, so ist noch darauf zu verweisen, daß auch zurückgelassene Dinge als Spuren zu bezeichnen sind — abgebrannte Zündhölzchen, Kerzentropfen, Rauchmaterialien[4]), zerknülltes, verbranntes oder zerrissenes Papier[5]), selbst Eßwaren und viele andere Dinge, die nicht erschöpfend aufgezählt werden können. Sie lassen in der Regel — vielfach freilich erst auf Grund der Untersuchung durch einen Sachverständigen — einen Rückschluß auf die Person des Täters oder auf den Hergang der Tat oder auf wichtige Nebenumstände zu. Doch ist hiebei eine gewisse Vorsicht geboten, da oft auch — besonders von Berufsverbrechern — Gegenstände absichtlich zur Irreführung zurückgelassen werden; insbesondere, wenn Dinge aufdringlich sichtbar liegen gelassen wurden, ist dieser Verdacht begründet. So werden Spuren fingiert, die auf ein gewisses Gewerbe hindeuten, das der Dieb nicht betreibt (Eisenfeilspäne, Mehl, Farben usw.). Einmal sah ein Berufseinbrecher, wie ein Junge einen (offenbar unreifen) Apfel auflas, herzhaft hineinbiß und dann den Apfel wieder wegwarf; sofort klaubte der Dieb diesen Apfel auf und ließ ihn am Tatort seines nächsten Einbruchs zurück, da sein eigenes Gebiß ganz anders aussah.

---

[1]) *Sobolewski*, Arch. 99, S. 29.

[2]) *Specht*, D. Zeitschr. f. d. ges. gerichtl. Medizin 27, S. 319; *Bessemans* und *Baert*, Acta Medicinae Legalis et Socialis (Bruxelles) 1, S. 406.

[3]) Vgl. oben S. 285, Anmerkung 4. Eine ähnliche Übertragungsmethode hat — ursprünglich für die geologische Untersuchung der in Braunkohlenschichten eingeschlossenen fossilen Tiere und Pflanzen — *Voigt* (Kriminalistik 12 S. 265) entwickelt: er benetzt die Spur mit einem Acetonlack, der sich nach Trocknung als hautartiger Lackfilm abziehen und im durchfallenden Licht mikroskopieren läßt. Auch anhaftende Staub-, Schmutz- und Blutspuren übertragen sich auf den Film.

[4]) Vgl. *Dangl*, Ein Beitrag zur Untersuchung von Kerzenspuren, und *Türkel*, Die vom Raucher hinterlassenen Spuren, in: *Türkel*, Beiträge zur kriminalistischen Symptomatologie und Technik, Graz 1931; *Brüning*, Die Kerze als Beweismittel, Kriminalisik 5 S. 265.

[5]) Über die Sicherung und Rekonstruktion solcher Papiere siehe oben S. 352ff.

XIV. Abschnitt.

Über Blutspuren.

1. Allgemeines.

Zu den wichtigsten Anhaltspunkten, namentlich in größeren Kriminalfällen, gehören die Blutspuren, welche schon sehr oft, trotz ihrer Unscheinbarkeit, für die Aufhellung des Tatgeschehens und die Überführung des Täters entscheidende Bedeutung erlangt haben. Sie sind es auch, an denen der U. seine Umsicht und Sorgfalt und weiters auch seinen Scharfsinn zeigen kann; falls es ihm aber an diesen Eigenschaften mangelt, kann durch Vernachlässigung oder nicht entsprechende Verwertung von Blutspuren der ganze Erfolg der Untersuchung in Frage gestellt werden.

Handelt es sich um einen Fall, in dem Blutspuren entstanden sein können, so besteht die Aufgabe des U. darin, diese sorgsam aufzusuchen, sie sicherzustellen und sie, sobald als möglich, in die Hand des Sachverständigen gelangen zu lassen. Als solcher kommt in erster Linie ein Gerichtsmediziner (Funktionär eines Universitätsinstitutes für gerichtliche Medizin, das auch über die nötigen Einrichtungen für die chemischen, mikroskopischen und biologischen Methoden der Blutuntersuchung[1]) — siehe unten — verfügt) in Betracht und nur in Ausnahmefällen für bestimmte Fragestellungen ein Gerichtschemiker, der sich auf Blutuntersuchungen spezialisiert hat[2]). Hier soll zunächst erörtert werden, inwieweit der Sachverständige in Verwendung zu nehmen ist.

Vor allem wird es zweckmäßig sein, ihn stets vom Anfange an beizuziehen, damit er schon beim Aufsuchen der Spuren behilflich ist. Hiedurch wird ein systematisches Suchen ermöglicht, so daß nach mensch

[1]) Diese selbst ausführlich darzustellen, fällt nicht in den Rahmen dieses Handbuches, das gerichtsmedizinische Lehren nur soweit zu vermitteln hat, als sie der U. selbst benötigt. Darum wird am Ende dieses Abschnittes eine Übersicht über die verschiedenen Methoden der Blutuntersuchung gegeben, damit der U. weiß, was er vom Gutachten des Sachverständigen erwarten und verlangen darf, und in der Lage ist, sachdienliche Fragen an den Sachverständigen zu richten und sein Gutachten zu verstehen und richtig zu verwerten. Darüber hinaus muß auf die neuere Literatur der Gerichtsmedizin verwiesen werden, insbesondere auf: *K. Walcher*, Gerichtlich-medizinische und kriminalistische Blutuntersuchung, Berlin 1939 (mit ausführlichem Schrifttumsnachweis); *derselbe*, Leitfaden der gerichtlichen Medizin, München 1950; *O. Schmidt*, Artikel „Die forensische Blutuntersuchung" im HGerMed. (mit Schrifttumsangaben); *Berg*, Einführung in die gerichtliche Medizin und den gerichtlich-medizinischen Spurennachweis, München 1948; *Ponsold*, Lehrbuch der gerichtlichen Medizin, Stuttgart 1950; *Dettling*, *Schönberg* und *Schwarz*, Lehrbuch der gerichtlichen Medizin, Basel 1951; *B. Mueller*, Gerichtliche Medizin, Berlin 1953. Aber auch in älteren Werken der gerichtlichen Medizin finden sich über Blutspuren vorzügliche Hinweise, auf die im weiteren Text verwiesen werden wird.

[2]) Aus diesem Grunde haben viele Institute für gerichtliche Medizin auch einen als Chemiker ausgebildeten Assistenten, der bei anfallenden Blutuntersuchungen die diesbezüglichen Teiluntersuchungen vornimmt.

licher Voraussicht nichts übersehen wird, was mit nur einiger Wahrscheinlichkeit von Blut herrühren könnte. Es wird aber auch insoferne Zeit und Mühe gespart, als man sich nicht mit Objekten befaßt, die keine Blutspuren an sich tragen.

Es darf nicht vergessen werden, daß Blutspuren keineswegs immer so aussehen, wie sie in den Kriminalromanen geschildert werden. Ein Blutfleck kann je nach der auf ihn einwirkenden Unterlage fast alle erdenklichen Farben annehmen, er kann auch mit irgendeinem zufällig oder absichtlich dahingebrachten Mittel überdeckt worden sein, kurz, das Aufsuchen von Blutspuren in größeren Räumen, in Feld und Wald ist keineswegs so leicht, als man vielfach glaubt; nur beispielsweise sei angeführt, daß Blutflecken, die der Sonne ausgesetzt sind, sehr bald zunächst braun mit speckigem Glanz und dann fahlgrau werden. Umgekehrt können mancherlei rotbraune Flecken dem Laien „wie Blut" erscheinen, die von Rost, irgendeinem Farbstoff, den Sporen eines Schimmelpilzes u. a. herrühren[1]). Das Erkennen von Blut erfordert daher unter Umständen Erfahrung und Sachkenntnis, wie sie nur der Sachverständige hat, der auch — falls er bereits dem 1. Lokalaugenschein beigezogen wird — gleich an Ort und Stelle gewisse chemische „Vorproben" (auf die wir noch zurückkommen) vornehmen kann, um Flecke, die nicht Blut sind, auszuscheiden und somit deren überflüssiges Mitnehmen zu verhindern. Hat man aber den Sachverständigen auch schon beim Aufsuchen der Spuren in Verwendung, so bediene man sich auch seines Rates und seiner Erfahrung bei der Bergung, Verwahrung und Verpackung der Objekte, was namentlich auch insoferne von Wert ist, als der Sachverständige bei seiner nachträglichen Untersuchung aus eigener Anschauung weiß, wie bei der Sicherung der Spuren vorgegangen wurde, welche Vorsichtsmaßnahmen getroffen wurden und wie die Objekte bei der Auffindung ausgesehen haben, so daß er auch etwa eintretende Veränderungen wird richtig beurteilen können.

Gleichwohl werden sich immer wieder Fälle ereignen, bei welchen der U. auf dem Tatort erschienen ist, ohne einen Arzt bei sich zu haben, entweder weil in der Kürze der Zeit ein Arzt nicht erreichbar war oder weil der U. nicht wußte, daß Spuren, die möglicherweise Blut sein können, eine Rolle spielen werden; ferner Fälle — wie sie öfter auf dem Lande vorkommen —, in welchen die mitgekommenen „Gerichtsärzte" vielleicht ausgezeichnete praktische Ärzte sind, ohne aber über die besonderen gerichtsmedizinischen Erfahrungen zu verfügen, die für das Aufsuchen und Erkennen von Blutspuren erforderlich sind. In allen diesen Fällen ist der U. mehr oder weniger auf sich selbst angewiesen und muß tun, was ihm möglich ist, um ein unsachgemäßes Vorgehen am Tatort zu vermeiden.

Der Erste auf dem Tatorte ist in der Regel der Hausbewohner, ein Nachbar oder sonst eine Privatperson. Daß durch solche Leute in der fraglichen Richtung Unheil geschehen kann und schon geschehen ist, weiß man zur Genüge. Schon vor einem halben Jahrhundert hat aber der aus-

[1]) Insbesondere sehen Rostflecke auf Eisen, die durch Zitronensaft hervorgerufen werden, und auf verwittertem Holz, die durch einen alten Nagel entstehen, Blutspuren sehr ähnlich. Auch eine Alge, *Porphyridium cruentum*, die auf feuchtem, lehmigen und schattigen Boden wächst, sieht wie Blutspuren aus, ein Micrococcus, *monas prodigiosus*, täuscht auf Brot, Fleisch, Reis, Kartoffeln usw. Blutspuren vor (die sogen. „blutenden" Hostien) und ebenso eine seltsame Luftalge, *Trentepholia Jolithus* (besonders in den Zentralalpen vorkommend), auf feuchten Steinen.

gezeichnete Gerichtschemiker *Schauenstein*[1]) in scharfen Worten darauf hingewiesen, wie oft die für die Sache wertvollsten Spuren nicht bloß durch unberufene Neugierige, sondern auch durch ungeschickte „Organe der Ortspolizei" verwischt und beseitigt werden. Wie oft ist es vorgekommen, daß durch solche Polizeiorgane neue Blutspuren geschaffen wurden, indem diese z. B. in vorhandene Blutlachen getreten und dann, wer weiß wo, herumgewandert sind, so daß später niemand mehr wußte, ob solche Spuren mit der Tat in Zusammenhang stehen oder nachträglich durch Zufall oder Ungeschicklichkeit entstanden sind. Aber auch der Arzt, der oft noch vor der Polizei zum aufgefundenen Opfer einer Bluttat gerufen wird, um vielleicht dem allenfalls noch Lebenden Hilfe zu leisten, hat schon in vielen Fällen[2]) durch Treten in Blutlachen und durch seine Untersuchung des Verletzten neue verwirrende Blutspuren erzeugt oder vorhandene Blutspuren verwischt.

Völlig verhindern läßt es sich nicht, daß sich mitunter solche Fälle ereignen, zumal die Erhaltung des Lebens eines noch lebend angetroffenen Opfers selbstverständlich der Spurensicherung vorgeht. Für alle jene Fälle aber, in denen es nichts mehr zu helfen gibt, muß Vorsorge getroffen werden, daß nicht durch Einschreiten berufener oder unberufener Organe wichtige Beweise unwiederbringlich verloren gehen. Dies kann nur durch systematische Schulung aller Polizeiorgane in Stadt und Land und durch Aufklärung der Bevölkerung geschehen. In dieser Richtung haben sich in den letzten Jahrzehnten die Verhältnisse bereits wesentlich gebessert.

In Großstädten, die eine geschulte Polizei haben, werden deren Organe meistens geschickt genug sein, um ein unsachgemäßes Vorgehen am Tatort zu unterlassen. Auf dem Lande erübrigt nichts anderes, als jede sich bietende Gelegenheit zu benützen, um auf die Gendarmen, Landjäger usw. belehrend einzuwirken[3]) und von ihnen wieder zu verlangen, daß sie die Organe der Ortspolizei darüber unterrichten, wie sie Schaden verhüten können. Von diesen Organen kann aber wieder in gunstiger Weise auf die Bevölkerung eingewirkt werden und in der Tat weiß heute wohl schon jeder Bauer, daß bei einem Verbrechen — wenn nicht Rettungs- oder Wiederbelebungsversuche gemacht werden müssen — „alles liegen und stehen bleiben muß, bis die Polizei kommt".

Muß aber der fragliche Ort betreten werden, so ist es die erste Aufgabe, die auf dem Boden befindlichen Blutspuren sorgfältig zu schützen, z. B. durch darüber gestürzte Töpfe, Körbe, Kisten usw. Sind die Spuren hierzu zu groß, so müssen sie überbrückt werden, indem man seitwärts Holzklötze, Ziegelsteine usw. und darüber ein Brett legt. Droht Regen,

---

[1]) In *Maschka*, Handbuch der gerichtlichen Medizin, Tübingen 1881.

[2]) *Taylor* und *Bayard*, Annales d'Hygiene publ. 1847, 2, p. 219; *C. Schmidt*, Diagnostik verdächtiger Flecken, Leipzig 1848 und *Hoffmann-Haberda*, Lehrbuch der gerichtlichen Medizin, 11. Aufl., Wien 1927, teilen solche Fälle mit.

[3]) In vielen Ländern — so auch in Österreich — werden aber auch die Angehörigen der Gendarmerie in Chargenschulen, Gendarmeriezentralschulen und ähnlichen Einrichtungen entsprechend unterrichtet und in wichtigen Kriminalfällen wird die Untersuchung durch zentral organisierte Erhebungsabteilungen geführt, die in Ausrüstung und geschultem Personal einer Großstadtpolizei nicht nachstehen.

so sind seitwärts kleine Wassergräben zu ziehen, damit das Regenwasser durch diese abläuft und nicht die Blutspur wegschwemmt. Freilich muß man nicht bloß die größten und auffallendsten, sondern auch die kleinen unscheinbaren, aber vielleicht wichtigsten Spuren in gleicher Weise schützen. Solche an Wänden, Möbelstücken usw. brauchen nicht weiter gedeckt zu werden, hier handelt es sich nur darum, daß man das Anstreifen, Anlehnen und Anstoßen an den Wänden zu verhindern weiß. Der Bannkreis dieses Schutzes kann nicht weit genug gezogen werden, da man nicht weiß, in welcher Richtung noch nach Blutspuren wird gesucht werden müssen und wie weit sie sich erstrecken können. Jedenfalls gilt die Regel: je weiter geschützt wird, desto besser. Man vergesse nie, daß die genaue Feststellung und Skizzierung der Zahl, Ausbreitung, Lage und Gruppierung von Blutspuren (sogenannte „Topographie der Spuren") oft schon das Tatgeschehen in überraschender Weise aufgeklärt haben.

Ist die Tat in einem Hause oder in einer Wohnung geschehen, so soll das Haus oder die Wohnung womöglich gesperrt werden; geschah die Tat im Freien, so ist ein tunlichst großer Kreis um den Tatort zu ziehen und dieser Kreis vollständig abzusperren.

Erscheint der U. auf dem Tatorte, so hat er selbst am meisten darauf zu achten, daß er mit seinen Leuten vorhandene Blutspuren nicht verwischt oder neue erzeugt. Er wird sich am besten vor dem Betreten des eigentlichen Tatortes darüber berichten lassen, wo man Blutspuren etwa schon gefunden hat und was zu ihrer Sicherung bereits geschehen ist. Weiters hat er zu erheben, wer schon den Tatort (auch in der Zeit, bevor die Tat bekannt wurde) betreten hat. Werden solche Leute benannt, so sind diese zu befragen, wo sie gegangen oder gestanden sind und was sie sonst gemacht haben, damit man zu ermessen vermag, ob sie etwa in vorhandene Blutspuren getreten sind. Ergibt sich daraus, daß dies möglicherweise geschehen sei, so ist es nötig, sich der Fußbekleidung dieser Leute zu versichern, um die von ihnen erzeugten Trittspuren als solche erkennen zu können. Betritt der U. dann den eigentlichen Tatort, so wird es in den meisten Fällen, wenn nicht etwas anderes durch besondere Umstände dringlicher erscheint, zu empfehlen sein, sich zuerst mit den Blutspuren zu befassen. Sobald diese gesichert sind, ist der U. in seinen Bewegungen viel weniger behindert und von dem ängstlichen Gefühle befreit, daß er auf Schritt und Tritt eine Blutspur verwischen könnte.

Die möglicherweise vorhandenen Blutspuren müssen also unter allen Umständen 1.) aufgesucht, 2.) ihrer Beschaffenheit, Form und Lage nach beschrieben und gesichert und 3.) der Untersuchung durch den Sachverständigen zugeführt werden.

2. Das Aufsuchen der Blutspuren.

Das Aufsuchen bietet oft erhebliche Schwierigkeiten. An Ort und Stelle hat man sich vorerst zu fragen: Wo können Blutspuren sein? Wohin können sie durch Ausfließen oder Umherspritzen gelangt sein, wohin mögen sie durch den Täter oder auch durch den Beschädigten selbst gebracht worden sein? Es sind also sämtliche Vorgänge des Tatgeschehens einschließlich der Flucht des Täters und der allenfalls von ihm vorgenommenen Spurenbeseitigung, sowie die der Abwehr, Rettung oder der Hilfesuche dienenden Bewegungen des Opfers zu rekonstruieren, wobei auch auf jede sich aus der Sachlage ergebende Variationsmöglichkeit (daß sich der Vorgang so oder so abgespielt habe) Bedacht zu nehmen ist und man sich ständig zu fragen hat, ob dadurch Blutspuren entstanden oder schon entstandene verändert worden sein können. Ist man sich darüber klar, so muß an den in Betracht kommenden Stellen Schritt für Schritt, Zentimeter für Zentimeter gesucht und immerfort darauf geachtet werden, daß man selbst durch Verwischen, Zertreten usw. keinen Schaden anrichtet. Man wird also dort suchen, wo der Verletzte zuletzt war (der Ermordete gelegen ist) und dann dort, wo er vom Augenblick der Verletzung an war oder gewesen sein konnte, endlich dort, wo der Täter nach der Tat gewesen sein kann.

Dieses Suchen ist oft nicht einfach. Auf dem Fußboden eines Zimmers und an seinen Wänden wird es in der Regel keine größeren Schwierigkeiten bieten, wohl aber an Gegenständen, die sich im Zimmer befinden, da ihre mannigfachen Formen, oft auch die ungleichmäßige Beleuchtung, die Farbe der Möbel, Teppiche usw. das Bemerken von Blutspuren sehr erschweren; auf rötlich-braunen Holzmöbeln sind Blutspuren besonders leicht zu übersehen. Man verwendet deshalb für die Sucharbeit zweckmäßigerweise zwei Lupen: eine große „Leselupe" (mit schwacher Vergrößerung) zum raschen und bequemen Absuchen größerer Flächen und eine kleine, stark vergrößernde (mit kleinem Gesichtsfeld) zum genauen Untersuchen einer aufgefundenen verdächtigen Stelle. Man wird ferner stets gut tun, sich (auch bei Tage) einer künstlichen Lichtquelle, am einfachsten einer elektrischen Taschenlampe mit kleinem Scheinwerfer oder einer Zeiss'schen Leuchtlupe, zu bedienen, zumal die Ausleuchtung eines kleinen Blickfeldes die Aufmerksamkeitskonzentration auf diese Stelle erleichtert. Eingetrocknete Blutspritzer sind hiebei auch auf gleichfarbiger Unterlage durch ihren andersartigen Oberflächenglanz erkennbar, wenn man das Licht in einem Winkel von 45^0 auffallen läßt und den Gegenstand von der anderen Seite her unter gleichem Blickwinkel betrachtet[1]). Vorteilhaft ist es auch, beim Suchen von Blutspuren Brillen mit grünlichen Gläsern, wie sie als Sonnenschutzbrillen vielfach im Handel sind, zu benützen.

Mitunter bildet wieder die Photographie ein wichtiges Mittel, Blutspuren zu finden[2]). So sind mehrere Fälle bekannt, in denen bei Blitzlichtaufnahmen von dunklen Räumen, insbesondere Kellergewölben, sich auf Steinstufen oder Steinböden (deren dunkle, oft modrige Oberfläche für das menschliche Auge Blutspuren nicht erkennen ließ) im Photogramm dunkle Stellen zeigten, die sich dann als Blutspuren erwiesen. Dies er-

[1]) Dies wurde schon vor hundert Jahren von *C. Schmidt* a. a. O. empfohlen.

[2]) Vergleiche hiezu *Urban*, Kompendium der gerichtlichen Photographie, Leipzig 1909, Seite 27ff.; *Tetzner*, Die Photographie in der Kriminalistik, Berlin 1949, Seite 36, 45, 70 und 85ff.

klärt sich aus der stärkeren Absorptionswirkung des in die Oberfläche eingesunkenen Blutes gegenüber der umgebenden Oberfläche des Spurenträgers, die oft — wiewohl sie für das Auge ebenfalls dunkel erscheint — blaue Strahlen noch reflektiert. Die Verwendung von gewöhnlichem (nicht orthochromatischem) Plattenmaterial und Vorschaltung eines Blaufilters unterstützt diese Wirkung[1]). Hat man auf Kleidungsstücken, Vorhängen oder Teppichen von schwarzer oder dunkelbrauner Farbe bereits Blutspuren festgestellt, deren genauer Umfang und Lage (z. B. vieler kleiner Blutspritzer) schwer feststellbar sind, so kann mitunter eine Infrarotaufnahme unter Vorschaltung eines Schwarzfilters einen überraschenden Erfolg bringen[2]), da solche Stoffe dort, wo sie nicht mit Blut durchtränkt sind, meist auch noch Infrarot von höherer Wellenlänge reflektieren. Die Blutspuren erscheinen dann dunkel auf hellem Grunde. Hat aber das Blut den Stoff nicht durchsetzt, sondern haftet infolge geringer Saugfähigkeit des Gewebes als dicker Blutstock auf der Stoffoberfläche, so können auch umgekehrt die Blutspuren Infrarot (besonders von geringerer Wellenlänge) stärker reflektieren als ihre Umgebung und dann hell auf dunklem Grunde im Photogramm erscheinen[3]).

Besonders erfolgreich kann das Aufsuchen sonst schwer zu findender Blutspuren (besonders im Freien auf Gestein und ähnlichen Spurenträgern) durch die Verbindung der Photographie mit einer vorausgegangenen chemischen Lumineszenzerregung sein[4]). Diese Untersuchungsmethode kann naturgemäß nur im Dunkeln durchgeführt werden: man bestäubt die blutverdächtigen Stellen mittels eines Zerstäubers mit dem Reagens. Dieses besteht aus einer Lösung von 0,1 g Leuchtsubstanz (3-Aminophtalsäurehydrazid) und 5 g Soda in 100 ccm destilliertem Wasser und 15 ccm 30%iger Wasserstoffsuperoxydlösung[5]). Eingetrocknete Blutspuren leuchten hierauf infolge ihres Hämingehaltes sehr deutlich durch längere Zeit auf, während der die Reaktion photographisch festzuhalten ist. Abb. 150 zeigt eine Mauerkante bei Tag, auf der Blutspuren optisch nicht sicher erkennbar waren, und daneben die Lumineszenzaufnahme bei Nacht nach Besprühung mit der oben angegebenen Leuchtsubstanzlösung. In Fällen, in denen größere Flächen (z. B. eine Mauer, neben der es zu einer Bluttat gekommen war) auf Blutspuren zu untersuchen sind, ist dies die Methode der Wahl, durch die man mit einer einzigen Photoaufnahme die genaue „Topographie der Spuren" auf die Platte bekommen kann, deren Fest-

[1]) Vergleiche 1. Bd., Seite 371.

[2]) Über die Verwendung und Technik der Infrarotphotographie für kriminalistische Zwecke vergleiche 1. Bd., Seite 345ff. und *Tetzner* a.a.O.

[3]) *Beil*, Die Infrarotphotographie in der gerichtlichen Medizin und Kriminalistik, Archiv 100, Seite 27 und 179, insbesondere Seite 189f. Wie *Beil* selbst hervorhebt, ist aber durch eine solche Aufnahme, die einen großen demonstrativen Wert besitzen kann, ein spezifischer Nachweis von Blut nicht erbracht, da sich andere Flecke, insbesondere Rost, auch in gleicher Weise im Infrarot abheben können.

[4]) Sogenannte „Chemilumineszenz" nach *Specht*, Die Chemilumineszenz des Hämins, D. Ztschr. f. d. ges. ger. Med., 28, Seite 225 (1937).

[5]) Gleichwertig mit obiger Zusammensetzung ist auch eine Lösung von 0,1 g Leuchtsubstanz in 100 ccm 0,5%iger Natriumperoxydlösung.

stellung durch andere Verfahren — Absuchen mittels Lupe, chemische Vorproben usw. — stundenlange Kleinarbeit erfordern würde.

Die Methode ist jedoch insofern nicht für Blut spezifisch, als auch Bleiweiß in ähnlicher Weise wie Blut aufleuchtet. Ein viel schwächeres Leuchten zeigt sich auch bei starken Oxydationsmitteln, die praktisch meist auszuschließen sein werden, wie Goldchlorid, Ferricyanid u. a., was aber kaum zu Verwechslungen Anlaß gibt.

Beim Suchen nach Blutspuren innerhalb von Häusern und Wohnräumen muß insbesondere auf solche Stellen Bedacht genommen werden, die den Blicken zunächst verborgen sind, aber oft — wie die Erfahrung lehrt — mit blutigen Händen berührt werden. Solche Stellen sind z. B. der untere Rand von Schubladen, die entweder keinen Hand-

Abb. 150. Links: Mauerecke bei Tag mit kaum erkennbaren 2 Tage alten Blutspuren. Rechts: Lumineszenzaufnahme eines Teiles derselben Mauerecke nach Bespritzung mit Leuchtsubstanz (nach *Specht*).

griff zum Öffnen haben oder auch ohne Anfassen des vorhandenen Handgriffes von unten her geöffnet werden können (a in Abb. 151). So pflegen besonders Täter, die mit noch blutigen Händen nach Geld oder Schmuck suchen, Schubladen an der Unterseite zu beschmutzen. Merkwürdigerweise findet man aber Spuren von blutigen Händen oft auch an der Unterseite der Tischplatte dort, wo sie den Unterbau des Tisches überragt (b in Abb. 151). Die Erklärung hiefür liegt wohl in der häufig zu beobachtenden Gewohnheit von Leuten geringer Kultur, daß sie beschmutzte Hände an der Unterseite einer Tischplatte zu reinigen pflegen, so daß sie dies auch tun, wenn sie ihre Hände bei einem Verbrechen mit Blut beschmutzten.

Handelt es sich um die oft wichtige Frage, ob sich der Täter seine blutigen Hände auf dem Tatort gewaschen hat, so suche man nach Spuren hievon nicht bloß auf Wasserhähnen und in vorhandenen Waschbecken, Seifenbehältern und sonstigen Gefäßen, sondern auch im Siphon der Waschbecken, bzw. Wasserleitungsausgußbecken (also dem schraf-

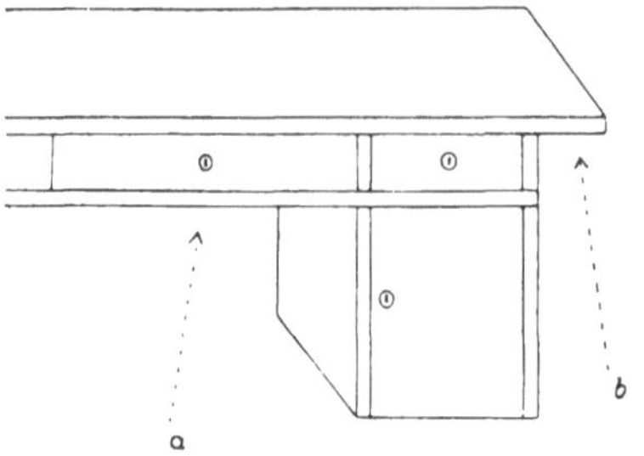

Abb. 151. Stellen (*a*, *b*), an denen häufig Spuren blutiger Hände gefunden werden.

fierten Rohrteil in Abb. 152), der ständig mit Wasser gefüllt bleibt. Hier sind die im abfließenden Wasser gelösten oder mit ihm vermengten Stoffe durch eine chemische oder mikroskopische Untersuchung noch lange nachweisbar. Die Sicherstellung dieses Wassers samt beigemengtem Schmutz erfolgt, indem man ein absolut reines größeres Glasgefäß unter den Siphon stellt und diesen durch einen Wasserinstallateur abschrauben läßt; Glasgefäß samt Wasser und Siphon sind sofort dem Sachverständigen zuzumitteln.

Daß man auch nach Handtüchern und ähnlichen Stoffen Umschau hält, in denen der Täter die vielleicht noch etwas blutigen Hände abgetrocknet hat, ist selbstverständlich.

Aber auch Blutspuren am Körper des Opfers können von größter Bedeutung sein, soweit es sich um Blut handelt, das unmittelbar aus den Wunden des Getöteten oder Verletzten gespritzt oder geflossen ist und dessen Ausdehnung und Lage (insbesondere der Weg, den das aus der Wunde fließende Blut genommen hat, die sogenannte „Blutbahn", siehe unten Seite 496f.) Schlüsse auf die Körperstellung des Opfers im Augenblick der Verletzung zulassen. Auch können Blutspuren auf dem Körper oder der Kleidung des Opfers durch eine Berührung seitens des Täters entstanden sein, wodurch sich weitere Rückschlüsse oder Identifizierungsmöglichkeiten ergeben können. Hiefür ist der seinerzeit in Österreich viel beachtete sogenannte „Krumpendorfer Mord" ein lehrreiches Beispiel.

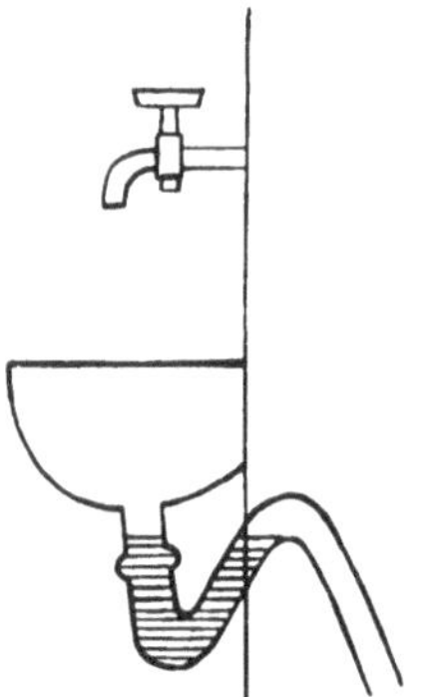

Abb. 152. Siphon eines Ausgußbeckens mit blutverdächtigem Inhalt.

Der in Krumpendorf am Wörthersee aufgefundene Leichnam war mit zahlreichen Wunden und auch vielfach mit Blutspuren bedeckt, denen man zunächst nicht viel Bedeutung beilegte, da es wohl natürlich schien, daß ein Körper, der viele Wunden erlitten hat, blutig ist. Erst nach der Obduktion bemerkte man, daß das Hemd des Ermordeten (er hatte keinen Rock an) an der Schultergegend eine eigentümliche Blutspur zeigte, die wie die Abdruckspur eines Stoffgewebes aussah. Man kam zu dem Schluß: sie könne nur so entstanden sein, daß sich der Mörder bei der Tat auf sein Opfer gekniet hat, wobei er mit dem Knie zuerst auf eine blutige Stelle und dann auf die Schulter des zu Ermordenden gekommen sein mußte. Diese Blutspur zeigte nun eine so ausgeprägte piquéartige Gewebemusterung, daß man erwarten konnte, nach dieser die Hose des Täters identifizieren zu können. Dies gelang auch: als man viel später einen verdächtigen Burschen festnahm, ergab sich die Übereinstimmung des Gewebemusters seiner Hose mit dem blutigen Abdruck auf dem Hemd des Ermordeten mit solcher Deutlichkeit, daß dies das Hauptmoment im Schuldbeweis wurde.

Von besonderer Wichtigkeit können Blutspuren am Körper oder der Kleidung eines Opfers werden, die durch die Berührung mit blutigen Händen entstanden sind, auch wenn sie nicht daktyloskopisch verwertbare Papillarlinien zeigen. Es wird stets die Frage zu entscheiden sein, ob sie vom Verletzten selbst herrühren, indem dieser etwa seine Wunden befühlte und dann mit der blutigen Hand eine andere Körperstelle berührte, oder ob sie von der Hand des Täters oder einem nach der Tat hinzugekommenen Dritten stammen. Ist letzteres auszuschließen, so sind sie oft für die Frage, ob Mord oder Selbstmord vorliegt, ausschlaggebend. So berichtete schon *Taylor* a. a. O. von einem seither oft zitierten Fall, in welchem auf dem Rücken der linken Hand eines angeblichen Selbstmörders die blutigen Abdrücke der Finger einer linken Hand festgestellt werden konnten. Aber auch, wenn es nicht so offenkundig ist, daß eine Blutspur, die durch die Berührung mit einer blutigen Hand entstanden ist, nicht vom Opfer selbst herrühren kann, darf es nie unterlassen werden festzustellen, ob die inneren Handflächen des Opfers, insbesondere seine Fingerbeeren, überhaupt blutig sind und daher Blutspuren erzeugt haben konnten. Gerade eine diesbezügliche negative Feststellung, die natürlich zu protokollieren ist, kann auch, wenn erst später irgendwo blutige Fingerspuren auftauchen, von größter Wichtigkeit werden. Auch wird man bei sämtlichen Blutspuren, die man am Tatort findet, durch den gerichtsmedizinischen Sachverständigen nach Möglichkeit die Blutgruppe feststellen lassen[1]), um im Vergleich zur Blutgruppe des Opfers, die ebenfalls bei jedem Tötungsdelikt festzustellen ist, allenfalls die Frage entscheiden zu können, ob die betreffende Blutspur vom Blute des Opfers stammt oder etwa vom Blute des Täters, der ja mitunter auch Verletzungen durch die Abwehr seitens des Opfers erleidet.

Ist weiters eine Person vorhanden, die als Täter in Betracht kommt und deshalb auf Blutspuren zu untersuchen ist, so kann man den Kreis der Beobachtungen nicht weit genug ziehen. Mitunter findet man Blutspuren an Stellen, wo man sie nicht vermutet, während der Täter vorsichtig genug war, die Beschmutzung mit Blut, dort, wo man solches erwarten könnte, zu vermeiden.

So fand man in einem amerikanischen Mordfall, bei welchem das Opfer mit einer Hacke erschlagen worden war, auf den Vorderseiten von Rock und Hose des Beschuldigten keinerlei Blutspuren; erst als auch die Rückseite des Rockes genau abgesucht wurde, entdeckte man in der Gegend zwischen den beiden Schulterblättern zwei kleine Blutstropfen. Es stellte sich heraus, daß der Beschuldigte sofort nach der Tat die Hacke über der Achsel, die Klinge nach aufwärts, fortgetragen hatte; hiebei waren die zwei Tropfen von der Hacke abgetropft und auf seinen Rock gefallen.

Besonderes Augenmerk ist auf die Schuhe des Verdächtigen zu richten. Ist mit der Möglichkeit zu rechnen, daß der Verdächtige auf den Sohlen Blutspuren trägt, so muß man sich seines Schuhwerkes stets versichern, auch dann, wenn Zeit vergangen ist und der Betreffende mit den Schuhen andere Wege zurückgelegt hat: wiederholt konnte schon nach

[1]) Siehe unten Seite 504.

Abkratzen neuerer Erd- und Straßenkotspuren in den tiefer liegenden Schmutzschichten noch Blut nachgewiesen werden. War der Verdächtige zur Tatzeit bloßfüßig, so läßt man seine Füße mit destilliertem Wasser, dem man allenfalls etwas Soda zusetzen kann, sorgfältig waschen[1]) und übermittelt das Waschwasser dem Sachverständigen. Auch ist bei Schlüssen aus dem Nichtvorhandensein von Blutspuren auf dem Körper des Verdächtigten stets zu bedenken, daß vorsichtige Mörder oft entsprechende Maßnahmen treffen, um die Beschmutzung ihrer Kleider mit Blut zu vermeiden. So berichtete *Taylor* a.a.O. von einem Mörder, der sich vor der Tat völlig nackt ausgezogen hat, während in einem anderen Falle der Mörder eines Dienstmädchens vor der Tat die Kleider des Dienstgebers seines Opfers statt der eigenen angezogen und nach der Tat, als sie über und über mit Blut bespritzt waren, wieder auf dem Tatort zurückgelassen hatte. Hiedurch entledigte sich der Täter nicht bloß eines Belastungsmomentes gegen seine Person, sondern lenkte auch den Verdacht auf den Dienstgeber. Deshalb ist auf die Untersuchung der unbedeckten Körperstellen, die der Täter nicht ablegen kann, besonderes Gewicht zu legen: auf den Händen, die der Täter freilich in der Regel gründlich waschen wird, lassen sich gleichwohl im Nagelfalz und im Fingernagelschmutz oft noch Blutspuren entdecken[2]); auf dem Kopf sind Blutspritzer (auch wenn der Täter das Gesicht gewaschen hat) mitunter noch in den Haaren, hinter den Ohren oder am Nacken zu finden. Besonders die Haare, auf denen kleinere Blutspuren leicht übersehen werden, sind daher genauestens zu untersuchen.

Noch viel schwieriger als im gedeckten Raum kann unter Umständen das Aufsuchen von Blutspuren im Freien sein. Über die Hilfe, die hier von der Photographie (allein oder in Verbindung mit der sogenannten Chemilumineszenz) geleistet werden kann, wurde schon oben gesprochen; sie betrifft hauptsächlich Blutspuren auf größeren Flächen (Mauern, Steinstufen, Bürgersteigen, Asphaltstraßen usw.). Sie versagt hingegen

---

[1]) Hiebei ist zu vermeiden, daß andere Personen mit ihren Händen, an denen sich durch die Tatortuntersuchung allenfalls kleinste Blutspuren befinden könnten, das Waschwasser berühren.

[2]) Findet man nur im Fingernagelschmutz kleinste Teilchen geronnenen Bluts, so ist dies allerdings wenig beweisend, da dies bei Nagelschmutzuntersuchungen ein häufiger Befund ist, zumal viele Menschen die Gewohnheit haben, sich an irgendeiner Körperstelle zu kratzen. Wie leicht aus einem solchen Befund irrige Schlüsse gezogen werden können, beweist der 1910 an zwei Frauen in einem Dorf bei Herrenhut begangene Doppelmord. Die eine Leiche zeigte am Halse deutliche Kratz- und Würgespuren. Dem als der Tat verdächtig Verhafteten wurde sofort der Schmutz unter seinen Fingernägeln abgenommen und dieser vom Gerichtsmedizinischen Institut in Leipzig stereomikroskopisch untersucht. Es fand sich ein Teilchen menschlicher Oberhaut, dem ein kleines Blutklümpchen angelagert war. Dieser Befund wäre zweifellos für den Verhafteten sehr belastend gewesen, wenn sich nicht inzwischen die Täterschaft eines anderen einwandfrei herausgestellt hätte. Der Verhaftete, bei dem der Nagelschmutzbefund erhoben worden war, litt an einer leichten ekzemeartigen Erkrankung am Unterarm, der auch mehrere Kratzspuren aufwies (*Kockel*, Über den Wert der Untersuchung von Fingernagelschmutz, Archiv 82, Seite 209). Allerdings wird sich ein größerer Beweiswert aus einem Blutbefund im Fingernagelschmutz dann ergeben können, wenn die gefundene Menge zur Blutgruppenbestimmung ausreicht und diese ergeben sollte, daß es sich nicht um eigenes Blut des Schmutzträgers handelt.

oft, wenn Blut auf unbewachsenem Boden (Walderde, Sand, Lehm) gefallen und da eingesickert ist. Solches Blut ändert häufig seine Farbe je nach der Zusammensetzung des Bodens und kann vom Unerfahrenen oft überhaupt nicht als Blut erkannt werden. In solchen Fällen ist dringendst zu raten, sich eines erfahrenen Jägers zu bedienen. Der Jäger ist gewohnt, die Blutspur des verwundeten Tieres zu finden und zu verfolgen und kann meist mit Bestimmtheit sagen: „Das hier ist keine Fasch, aber da hat er geschweißt." Hat man einmal eine Blutspur im Freien auf dem Boden gefunden, so ist nunmehr nach kleineren und versteckten Blutspuren zu suchen, die in der Umgebung auf Gräsern, Laub, Baumstämmen, Steinen usw. vorkommen können. Aus ihnen kann man oft wichtige Anhaltspunkte dafür gewinnen, ob der Verletzte schon blutend an die Fundstelle kam, ob er hingeschleift wurde, ob sich etwa der Täter von anhaftendem Blut im Grase gereinigt hat usw.

Handelt es sich darum, im Freien eine Blutspur zu verfolgen, so ist wertvolle Hilfe von einem guten Fährtenhund zu erwarten[1]). Hiefür ein lehrreiches Beispiel:

Ein unbekannter Bursche wurde auf einem Feldwege tot und mit argen Verletzungen gefunden. Die Leiche war auffallend blaß, es mußte also großer Blutverlust eingetreten sein, und da die Blutlache an der Fundstelle unbedeutend war, so mußte der Verletzte an anderer Stelle mißhandelt worden sein und dort und auf dem Wege bis zur Fundstelle den tödlichen Blutverlust erlitten haben. In der Tat war auch von der Fundstelle weg durch einzelne Blutstropfen, die bald in geringer, bald in größerer Entfernung aufeinanderfolgten, der Weg markiert, den der Verletzte gekommen sein mußte. Diese Blutspuren führten einem Walde zu, und konnten hier (nicht auf einem Wege, sondern mitten im Gehölze) nur mühsam verfolgt werden; man fand aber, daß der Mann in großem Kreise herumgegangen war. Offenbar hatte er den Weg in der verflossenen Nacht gemacht, hatte sich verirrt und war, durch den Blutverlust sichtlich nicht mehr klaren Sinnes, dort im Kreise gegangen. Aus diesem Kreise kam aber die Gerichtskommission auch nicht heraus, und trotz aller Mühe waren jene Spuren nicht zu finden, die zeigten, wo der Mann begonnen hatte, diesen Kreis zu machen, d. h. woher er des weiteren gekommen war. Als alle Mühe vergebens war, wurde ein vorzüglicher Fährtenhund herbeigeholt, der, auf die Spur gebracht, zwar zuerst auch zweimal den großen Kreis ablief, endlich aber anzog, nun mit Sicherheit die weitere Spur verfolgte und zu einem Bauernhause führte, wo eine große, mit Erde sorgfältig verdeckte Blutlache entdeckt wurde. Wie die weiteren Erhebungen ergaben, hatte der dann tot aufgefundene Mann bei dem genannten Hause zu stehlen versucht, wurde aber entdeckt und von den Söhnen des Hauses mißhandelt, worauf er am Ort der dann gefundenen Blutlache eine Zeit lang liegen blieb und sich später fortschleppte.

Immer wieder werden sich schließlich Fälle ereignen, in denen der U. Spuren findet, die ihm verdächtig erscheinen, von denen er aber nicht sicher zu sagen vermag, ob es sich um Blutspuren oder um harmlose Spuren eines anderen Farbstoffes oder Schmutzes, etwa Rost, oder um ein mit Blut vermischtes Gemenge handelt. Wenn solche Spuren größeren Umfang haben oder auf größeren Flächen wiederkehrend verteilt sind, steht er vor der Frage, ob er alle diese Spuren — wie es bei Blutspuren

---

[1]) Vergleiche 1. Bd., S. 223ff.

selbstverständlich seine Pflicht ist — nach Lage und Form genau beschreiben, photographieren und für die weitere Untersuchung sicherstellen soll. Tut er dies, so läuft er Gefahr, eine oft stundenlange mühevolle Arbeit zu verrichten, die sich nachträglich als völlig überflüssig herausstellt, wenn der Sachverständige feststellt, daß es sich nicht um Blut handelt. In solchen Fällen gibt es nur einen Ausweg: sofort an Ort und Stelle durch eine chemische Vorprobe festzustellen, ob die aufgefundenen Spuren überhaupt Blut sein können. Ist ein gerichtsmedizinisch geschulter Arzt bei der Tatortuntersuchung bereits zugezogen (wie dies oben empfohlen wurde), so ist es Aufgabe dieses Sachverständigen, die erforderliche Vorprobe vorzunehmen. Ist aber ein solcher Sachverständiger nicht zugegen, so muß der U. eine solche chemische Vorprobe gemäß den nachstehenden Richtlinien selbst vornehmen.

Der hohe praktische Wert der chemischen Vorproben durch Ausscheidung verdächtiger Flecken, die nicht von Blut herrühren, und damit Ersparung überflüssiger Arbeit ist heute allgemein anerkannt. Bei positivem Ausfall bedeuten sie aber noch nicht den sicheren Nachweis von Blut (sie sind also für Blut nicht „spezifisch"), weil auch gewisse andere Stoffe positiv reagieren können. Darum werden diese Untersuchungsmethoden auch als „Vorproben" bezeichnet, bei deren positivem Ausfall die Spur der weiteren Untersuchung durch den Sachverständigen zuzuführen ist. Bei negativem Ausfall kann, wie nachstehend näher ausgeführt ist, geschlossen werden, daß es sich nicht um Blut handelt. Irgendeine Gefahr falscher Schlüsse oder eines die Spur verderbenden Vorganges durch den U. besteht nicht, wenn dieser überhaupt einfachere naturwissenschaftliche Methoden anzuwenden versteht und sich an die folgende Anweisung hält.

Unter den verschiedenen chemischen Vorproben, die im Laufe der letzten Jahrzehnte entwickelt wurden, ist die Benzidinprobe die Methode der Wahl. Sie hat die größte Empfindlichkeit (so daß bei richtiger Durchführung ihr negativer Ausfall ein sicherer Beweis für die Abwesenheit von Blut ist) und bedeutet keine Schädigung der vorhandenen Spuren, denn sie kann — was entgegen den meisten Anweisungen in den gerichtsmedizinischen Lehrbüchern dringendst zu empfehlen ist — nicht auf der verdächtigen Spur selbst, sondern auf einem kleinen Streifen Filterpapier durchgeführt werden. Zu diesem Zweck betropft man die Spur mit destilliertem Wasser, das man nach etwa 2 Minuten mit dem Filterpapierstreifen abtupft. Dadurch hat sich genügend Blutfarbstoff auf das Filterpapier übertragen. Besteht die Spur aus einer krustenartigen Masse, die möglicherweise schon sehr alt ist, so genügt es, mit der Präpariernadel kleinste Teilchen dieser Masse abzusplittern und in ein Schälchen zu bringen, wo man sie mit etwas destilliertem Wasser zur Lösung bringt und dann den Filterpapierstreifen damit tränkt. Die Filterpapierstreifen, auf denen man — am einfachsten durch fortlaufende Ziffern, die man auch in die Tatortskizze einsetzt — die Stelle vermerkt hat, von der die Spur genommen wurde, werden hierauf mit der Reaktionsflüssigkeit übergossen. Bei Anwesenheit von Blut tritt innerhalb von 10 bis 20 Sekunden eine intensive Blaufärbung ein.

Die Reaktionsflüssigkeit bereitet man sich am besten selbst unmittelbar vor der Durchführung der Vorprobe, indem man eine kleine

Menge chemisch reinen Benzidins (Benzidinum purissimum) in einigen Kubikzentimeter Eisessig löst und diese Lösung einer etwa 3-fachen Menge 3%iger Wasserstoffsuperoxydlösung zufügt[1]). Diese fertige Reaktionsflüssigkeit ist nicht lange haltbar (während man die Benzidin-Eisessig-Lösung auch schon früher vorbereiten kann). Zur Kontrolle sind — außer dem mit Spurenmaterial versehenen Filtrierpapierstreifen — zwei weitere Filtrierpapierstreifen vorzubereiten, von denen der eine mit destilliertem Wasser aus derselben Flasche benetzt wird, aus der das Wasser auf die fraglichen Spuren getropft wird. Auf den anderen Streifen hat man schon vorher eine etwas (Menschen- oder Tier-)Blut enthaltende Spur gebracht. Diese beiden Streifen werden unmittelbar vor der Untersuchung des fraglichen Spurenmaterials ebenfalls mit der Reaktionsflüssigkeit übrgossen und diese darf nur verwendet werden, wenn der mit destilliertem Wasser behandelte Streifen auch nach mehreren Minuten keine intensive Blaufärbung aufweist[2]) und der andere Streifen mit den Blutspuren sofort positiv reagiert.

Bei blutverdächtigen Flüssigkeiten (z. B. Waschwasser) kann die Probe auch in der Weise vorgenommen werden, daß man in ein Kapillarrohr etwas Flüssigkeit aufsaugt und hierauf Reaktionsflüssigkeit ebenfalls aufsaugt. Im positiven Fall bildet sich bei der Berührungsstelle der beiden Flüssigkeiten eine blaue Zone.

Wie alle Vorproben ist die Benzidinprobe (wie oben erwähnt) nicht streng spezifisch[3]): neben Blut reagieren auch einige anorganische Stoffe, insbesondere Formalin (Formaldehyd) sowie einige organische Stoffe, so der Saft einer frischen Kartoffel, ebenfalls positiv; ferner auch mitunter Fliegenschmutz sowie die Exkremente und Leichen aller blutsaugenden Insekten. Praktisch beeinträchtigt dies die Verwendbarkeit der Benzidinprobe wenig, die ja vor allem bei negativem Ausfall verhindern soll, daß harmlose Spuren für Blutspuren gehalten werden[4]).

Von den übrigen chemischen Vorproben wird die Leukomalachitgrün-Probe empfohlen (*Medinger, Walcher, Mueller*). Sie wird ähnlich wie die Benzidin-Probe durchgeführt. Die Reaktionsflüssigkeit besteht aus einer Lösung von Leuko-

[1]) Bei Verwendung der von *Merck* herausgebrachten Benzidin-Tabletten, denen bereits als sauerstoffspendender Bestandteil Barium peroxydatum beigefügt ist, soll die Zufügung von Wasserstoffsuperoxyd unterbleiben können; doch ist nach unserer Erfahrung die Empfindlichkeit der Reaktion bedeutend größer, wenn man auch der Lösung der Merck-Tablette Wasserstoffsuperoxyd zufügt.

[2]) Hingegen ist es für die Verwendbarkeit der Reaktionsflüssigkeit ohne Bedeutung, wenn sich auf den mit destilliertem Wasser behandelten Streifen nach einiger Zeit dort, wo die Verbreitung der Flüssigkeit aufhört, sich ein leicht bläulicher Rand bildet. Dies ist bei den meisten Filtrierpapieren der Fall, da sich fast in jeder Papiermasse minimalste Mengen positiv wirkender Bestandteile finden.

[3]) Am eingehendsten wurde diese Frage von *H. Merkel*, Die praktische Verwertbarkeit der Benzidin-Probe für die forensische Blutdiagnose, Münch. med. Wochenschr. 56 (1909) S. 2358, untersucht.

[4]) Nach *Merkel* a.a.O. würde jedoch Tannin, trotz Anwesenheit von Blut, die positive Reaktion verhindern. Darnach wäre auch der Ausschluß von Blut bei negativer Reaktion nur dann vollkommen schlüssig, wenn die Anwesenheit von Tannin praktisch ausgeschlossen werden kann.

malachitgrün in Eisessig, der destilliertes Wasser und Wasserstoffsuperoxyd beigefügt wird. Bei Anwesenheit von Blut entsteht eine blaugrüne Reaktion, die nicht so empfindlich, aber etwas spezifischer sein soll als die Benzidinreaktion. Das Leukomalachitgrün ist ein farbloses Reduktionsprodukt aus dem (giftigen) Malachitgrün und im Handel nicht leicht erhältlich. Schon aus diesem Grund kommt die Leukomalachitgrün-Probe für die Untersuchung am Tatort praktisch weniger in Betracht und bleibt daher besser dem Laboratorium des Gerichtsmediziners vorbehalten. Dies gilt auch für die analog auszuführende Probe mit (farblosem) Phenolphtalin, das durch die Reduktion aus (rotem) Phenolphtalein gewonnen wird. Die sogenannte Wasserstoffsuperoxydprobe (bei Besprühung mit einer 3%igen Wasserstoffsuperoxydlösung schäumen Blutflecke, aber auch Eiter und einige andere organische Substanzen, auf) ist zwar einfach, aber nicht ungefährlich, da durch die unmittelbare Einwirkung des Wasserstoffsuperoxydes kleinere Spuren, z. B. kleine Blutspritzer, zerstört werden. Von der Guajac-Probe, die in den früheren Auflagen dieses Handbuches empfohlen wurde, die aber infolge der geringen Haltbarkeit und variablen Empfindlichkeit der Reaktionsflüssigkeit leicht zu Fehlschlüssen Anlaß gibt, ist man ziemlich allgemein abgekommen.

3. Blutspuren, deren Beseitigung versucht wurde.

In den vielen Fällen, in denen versucht wird, Blutspuren zu beseitigen, tun die Verbrecher dies meist mit großer Gründlichkeit und entwickeln hiebei oft auch eine erstaunliche Geschicklichkeit; und dennoch vergessen sie hiebei, glücklicherweise, irgendeinen wichtigen Umstand, durch den es gelingt, den Nachweis zu führen, daß Blutspuren vorhanden waren oder doch, daß eine auf ihre Beseitigung abzielende Manipulation stattgefunden hat. Für diese Aufgabe des Kriminalisten, einen solchen Nachweis zu erbringen, sollen hier einige Hinweise gegeben werden.

Befassen wir uns zuerst mit dem Körper und der Kleidung des Täters, so haben wir schon oben jene Stellen angeführt, an denen oft, trotz Reinigungsversuchen, Blutspuren noch zu finden sind. Aber auch wenn diese Reinigung so gründlich vorgenommen wurde, daß tatsächlich weder an den Haaren noch im Fingernagelschmutz, weder an verborgenen Kleidungsstellen noch an den Schuhen Blut zu finden ist, so kann der Umstand, daß der Verdächtige mitten am Tage oder mitten in der Nacht, entgegen seiner sonstigen Gewohnheit, sich von Kopf bis Fuß gewaschen oder ein Bad genommen hat[1]), oder daß er seine Kleidung oder ein bestimmtes Kleidungsstück, z. B. seinen Mantel, zur Gänze in Wasser getaucht und gewaschen hat, ein wichtiges Indiz in der Beweiskette sein. Man wird daher bei Hausdurchsuchungen nach Verbrechen, bei denen Blutspuren entstanden sein dürften, immer auch zu erheben haben, welche Wäsche- und Kleidungsstücke am letzten Tage zum Waschen gegeben wurden bzw. welche sich noch im Waschtrog oder auf der Wäscheleine befinden.

[1]) Aus den Geständnissen von Mördern wissen wir, daß sich die meisten nach der Tat die Hände waschen oder sogar ein Bad nehmen und sich frisch einkleiden, womit sie sich symbolisch auch von ihrer Schuld zu reinigen suchen (vergleiche z. B. den Fall eines jungen Raubmörders aus gutem Hause, bei *Seelig*, Lehrbuch der Kriminologie, Graz und Nürnberg 1951, S. 151).

Ebenso kann die Tatsache, daß ein Verdächtiger seine Stiefel zu einer nicht recht passenden Zeit geputzt und frisch mit schwarzer oder farbiger Schuhcreme gewichst hat, ein Verdachtsmoment darstellen. Mitunter gelingt es in solchen Fällen auch, nach Abtragung der äußeren Wichsschicht, die man vorsichtig mit einem in Benzin getauchten Wattebausch vornimmt, Blutspuren zu entdecken.

Wurde versucht, Blutspuren aus Wäschestücken zu entfernen, so ist der Umstand von Wichtigkeit, ob der Reinigungsversuch mit kaltem oder warmen Wasser gemacht wurde: frisches Blut ist, wenn man den Stoff durch längere Zeit in kaltes Wasser gibt, leicht herauszubringen. Nimmt man hingegen warmes oder gar heißes Wasser, so gerinnt der Blutfarbstoff[1]) und es bilden sich Flecke mit bräunlichen Rändern, die kaum mehr zu entfernen sind. Frauen wissen das viel besser als Männer, da sie häufig Menstrualblut aus der Wäsche zu entfernen haben, und sie werden daher auch in kriminellen Fällen nicht leicht in den Fehler verfallen, Blutspuren mit heißem Wasser entfernen zu wollen; Männer hingegen haben in dem Bestreben, ja recht gründlich zu verfahren, oft schon heißes Wasser verwendet. Ergibt sich aus den Erhebungen und aus den Spuren, daß ein solcher Versuch mit heißem Wasser gemacht wurde, so ist daher zu vermuten, daß dies nicht von einer Frau, sondern von einem Manne geschehen ist.

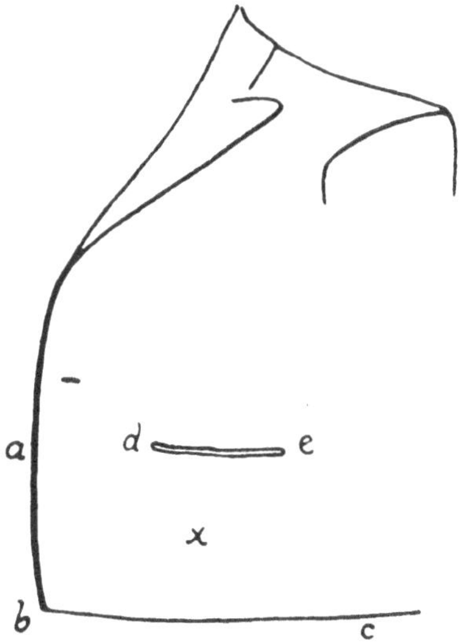

Abb. 153. Rock mit ausgewaschenem Blutfleck (bei *x*); gleichwohl finden sich mitunter in den Nähten *a—b—c* und *d—e* noch Spuren von Blut.

Aber auch bei Verwendung von kaltem Wasser kann selbst in jenen Fällen, in denen an der Stelle, wo die Blutspur war, von dieser nichts zurückgeblieben ist, der Nachweis noch gelingen, wenn man die nächst benachbarten Säume und Nähte untersucht; an diesen bleibt nämlich der durch das Waschwasser fortgeschwemmte Blutfarbstoff in Form kleinster Partikelchen oft noch haften. Bei einem Männerrock, der z. B. im unteren Teil seines linken Vorderteiles einen Blutfleck trug, der mit kaltem Wasser ausgewaschen wurde (siehe Abb. 153), wird man also nicht bloß die ausgewaschene Stelle und das Futter der darunter liegenden Tasche, sondern nach Auftrennung des ganzen Rockteiles besonders den an der Naht des Rocksaumes a-b-c haftenden Wollstaub sowie die

[1]) Auch heißes Bügeln eines blutbefleckten Stoffes nimmt dem Blutfarbstoff seine Löslichkeit, hindert aber nicht den spektrographischen Blutnachweis (unten S. 503); vgl. *Schech*, Über den Einfluß des Bügelns und Plättens auf den forensischen Nachweis von Blutspuren auf Kleiderstoffen. Deutsche Ztschr. f. ger. Med. 15, S. 343 (1930).

Nähte des Taschensaumes d-e auf allfällige kleinste Blutspuren untersuchen lassen. Ferner kann es von Bedeutung sein, wenn man bei der Hausdurchsuchung Reste von Kleesalz (Oxalsäure) findet, das beim Waschen von Wäschestücken oder Kleidern verwendet wurde, da in der Bevölkerung vielfach Kleesalz als Entfernungsmittel von Blutflecken bekannt ist.

In ähnlicher Weise wird vorzugehen sein, wenn es sich um die Untersuchung von vermutlich gereinigten Werkzeugen handelt. Diese können zwar an der Klinke und an den äußerlich sichtbaren Teilen vollkommen rein erscheinen und trotzdem an den verborgenen Stellen Blutspuren aufweisen, die entweder direkt dahin gekommen sind oder bei den Reinigungsversuchen durch das Wasser hingeschwemmt wurden und dann angetrocknet sind. Bevor man also ein Werkzeug als „frei von Blutspuren" beiseite legt, veranlaßt man seine Zerlegung und die Untersuchung seiner sonst verborgenen Stellen durch einen gerichtsmedizinischen Sachverständigen. So wird man z. B. bei einer Hacke den Stiel aus der Öse nehmen und den an beiden Teilen anhaftenden Schmutz untersuchen lassen, ebenso müssen die Sprünge untersucht werden, die sich etwa im Holz des Hackenstieles befinden und unter Umständen muß das Holz entlang der Risse gespalten werden, um die Risse vollständig freizulegen. Bei einem Taschenmesser läßt man die Nieten herausschlagen, so daß jeder Bestandteil des Messers einzeln freiliegt und allseits untersucht werden kann. Ebenso wichtig sind bei solchen Metallwerkzeugen Vertiefungen aller Art, eingeprägte Fabrikzeichen usw. Alle Schmutzteilchen, die man aus solchen Rissen, Vertiefungen und sonstigen verborgenen Stellen sammelt, sind getrennt zu verwahren und der Ort ihrer Herkunft genau zu bezeichnen.

Häufig werden auch Blutspuren zu beseitigen versucht, die sich im Freien befinden. Blutlachen auf dem Erdboden sinken nach einiger Zeit von selbst in das Erdreich ein. Die verbleibende sichtbare Spur wird von manchem Täter durch Umgraben der oberen Erdschicht und Beschütten mit Erdreich aus der Umgebung beseitigt. Man wird daher in Fällen, in denen ein solcher Verdacht besteht, das Erdreich bis in tiefere Schichten aufgraben lassen und Proben dieser tieferen Schichten dem Sachverständigen zuführen.

Gelangt die Stelle einer Bluttat erst lange nach der Tat zur Untersuchung, so ist das in die Erde versunkene Blut oft schon verschwunden. Sind in der Zwischenzeit an diesen Stellen Pflanzen (Gras usw.) gewachsen, so kann dennoch der Sachverständige aus dem Pflanzensaft unter Umständen nachweisen, daß sich die Pflanze von Menschen- oder von Tierblut ernährt hat[1]).

Wurden Blutspritzer auf einer Hausmauer durch Übertünchen zum Verschwinden gebracht, so kann man diese Spuren wieder zum Vorschein bringen, wenn man die Kalktünche mit verdünnter Salzsäure vorsichtig entfernt[2]).

---

[1]) Mittels der Präzipitinprobe (unten S. 503f); vgl. *H. Groß*, Archiv 32, S. 180.

[2]) Hierauf weist bereits *Sonnenschein-Classen*, Handbuch der gerichtlichen Medizin, Berlin 1881, hin.

Im Inneren von Räumen werden Blutspuren am Boden vielfach durch Aufwaschen des Bodens zu beseitigen versucht. In solchen Fällen kann es schon von Wert sein, wenn der Beweis gelingt, daß und an welcher Stelle ein solches Aufwaschen stattgefunden hat. Mitunter versuchen Täter auch, die Beseitigung solcher Spuren durch Abhobeln der betreffenden Stelle des Holzbodens noch gründlicher vorzunehmen, doch ist auch dann ein Nachweis nicht aussichtslos, da die vorhanden gewesenen Blutspuren oft noch tiefer in die Holzfaser eingedrungen sind, so daß sich das Blut unter Umständen in der tieferen Holzschicht nachweisen läßt. Bei Wichtigkeit des Falles müssen daher die betreffenden Teile des Holzbodens herausgenommen und als Ganzes dem Sachverständigen übermittelt werden. Hiebei ist besonderes Augenmerk auch auf das zu richten, was sich in den Dielenritzen und unter ihnen auf dem Isolierungsmaterial (Schlacke, Schutt) an Staub, Sand usw. befindet. Dies alles kann von Blut oder Blut enthaltendem Wasser (vom Aufwaschen) durchtränkt sein. Daß hiebei die ursprüngliche Lage der herausgenommenen Bretter und der entnommenen Staub- oder Schuttproben genau festgehalten werden muß, ist selbstverständlich. Nur wenn das Herausnehmen des Fußbodens nicht durchführbar sein sollte, muß man sich damit begnügen, die betreffende Stelle des Holzbodens abhobeln zu lassen und die Hobelspäne sowie den aus den Dielenritzen mit einem spitzen Werkzeug herausgekratzten Schmutz der Untersuchung durch den Sachverständigen zuzuführen.

Schließlich wird die Beseitigung von Blutspuren auf Werkzeugen und anderen kleineren Gegenständen in besonders gründlicher Weise dadurch besorgt, daß sich der Täter dieses Gegenstandes entledigt und ihn kurzerhand in einen Fluß, See, Teich oder Tümpel (in Küstengegenden auch ins Meer) wirft. Wird ein solcher Gegenstand nach kürzerer oder längerer Zeit sichergestellt — sei es, daß er ans Ufer gespült wird, sich im Rechen eines Wasserwerkes verfängt oder beim Austrocknen eines Flußbettes zum Vorschein kommt —, so entsteht die Frage, ob die darauf ursprünglich vorhanden gewesenen Blutspuren noch nachweisbar sind und man daher bei negativem Befund auf die seinerzeitige Abwesenheit von Blut rückschließen dürfe. Diese Frage hat *Dadlez* untersucht[1]) und dabei festgestellt, daß dies sehr von dem Material des Gegenstandes abhängt: auf porösem Holz (in das das Blut einsickert) waren Blutspuren noch nachweisbar, nachdem es drei Monate im Wasser gelegen war, auf Stein nur mehr nach 10 Tagen, auf gewöhnlichem Eisen (bei welchem durch die Gegenwart von Blut die Rostbildung begünstigt wird) noch nach 15 Tagen, während Blutspuren auf Messerklingen usw. aus „rostfreiem Stahl" (dem bekanntlich Chrom beigefügt ist) schon nach wenigen Tagen die Blutspuren völlig verschwunden waren.

4. Schlüsse aus Lage und Gestalt der Blutspuren.

Sowohl die räumliche Verteilung und Lage der Blutspuren, die man am Tatort oder in seiner Umgebung findet, als auch ihre Gestalt, die ja in erster Linie von der Art ihrer Entstehung abhängt, können kriminali-

[1]) *Dadlez*, Das Verbleiben von Blutflecken auf in Wasser eingetauchten Gegenständen, Deutsche Ztschr. f. ger. Med. 28, S. 217 (1937).

stisch wichtige Schlüsse über das Tatgeschehen zulassen. Nach Entstehung und Beschaffenheit der Spur unterscheiden wir

a) Blutlachen, die durch größere Blutmengen gebildet werden, die aus Wunden fließen; in geronnenem Zustand werden sie zu Blutkrusten, die oft einen eigentümlich speckigen Oberflächenglanz aufweisen;

b) Tropfspuren, die durch Herabfallen eines Bluttropfens auf eine feste Unterlage (Fußboden, Kleidungsstück usw.) entstehen;

c) Blutspritzer, die entweder bei Verletzung einer Arterie unmittelbar aus der Wunde spritzen oder aus einer Blutlache, in die hineingetreten oder mit einem Werkzeug hineingeschlagen wird, aufspritzen;

d) Schleuderspuren, die durch Bluttropfen entstehen, die durch eine Bewegung von blutigen Körperteilen oder Werkzeugen weggeschleudert werden;

e) Blutstraßen, die durch das Abrinnen von Blutspuren auf senkrecht oder schräg abfallenden Flächen entstehen;

f) Wischspuren, die durch Anstreifen blutiger Körperteile oder Gegenstände an anderen Gegenständen, insbesondere auch durch Abwischen blutiger Gegenstände in Tüchern entstehen (die letzteren sind von unregelmäßig flächenförmiger Gestalt mit zahlreichen Unterbrechungen entsprechend den Falten des Tuches).

Schon die Feststellung, daß eine aufgefundene Blutspur zu dieser oder jener der oben angeführten Arten gehört, vermag oft einen wichtigen Hinweis auf das Tatgeschehen zu geben, doch ist die Unterscheidung nicht immer leicht, da z. B. Tropfspuren aus der Wunde eines laufenden Menschen ein gleiches Aussehen haben können wie Schleuderspuren, die durch neuerliches Ausholen mit einer schon blutigen Hacke entstehen. Auch hinsichtlich der Schlüsse, die man vielfach aus der räumlichen Anordnung von Tropf- und Spritzspuren auf die Stellung des Täters gezogen hat, ist oft Vorsicht geboten, da die Mannigfaltigkeit der Situationen und Entstehungsursachen, die im Leben vorkommen, nicht völlig überschaubar ist. Mit Recht wird darum auch in der gerichtlich-medizinischen Literatur vor allzu sicheren Rückschlüssen, wie „es sich abgespielt haben müsse", gewarnt. Immerhin hat die Untersuchung von *Piotrowski*, die er anläßlich eines konkreten Falles im Wiener gerichtlich-medizinischen Institut über die örtliche Verteilung der durch Schläge mit einem Stein, einem Hammer oder einem Beil entstehenden Blutspuren vornahm[1]), sowie die Untersuchung von *Lochte* über die Entstehung der schon seit längerem bekannten eigenartigen Gestalten von Tropf- und Spritzspuren[2]) (durch die auch die in den ersten Auflagen dieses Handbuches erstmals mitgeteilten *Groß*schen Beobachtungen bestätigt wurden) unsere diesbezüglichen Kenntnisse wesentlich vertieft.

Wenn ein Bluttropfen senkrecht auf eine ebene Fläche fällt, so entsteht eine kreisrunde Spur. Bei kleiner Fallhöhe ist der Rand des Kreises glatt, bei größerer Fallhöhe (ungefähr ab 50 cm) häufig ausgezackt und es finden sich rings um die Tropfspur mitunter auch sehr kleine Spritzspuren (Abb. 154, links). Wie es zur Bildung dieser sekundären Spritzspuren kommt, ist durch die Zeitlupenaufnahme von *Lochte* aufgeklärt.

[1]) *Piotrowski*, Über Entstehung, Form, Richtung und Ausbreitung der Blutspuren, Wien 1895.

[2]) *Lochte*, Über die Kronenbildung des auffallenden Bluttropfens und ihre Beziehung zu sekundären Blutspritzern, Deutsche Ztschr. f. ger. Med. 22, S. 387 (1933).

Beim Auftreffen des Tropfens wird dieser breitgequetscht und durch den Rückstoß werden kleinste Massenteilchen nach aufwärts geschleudert, wodurch zunächst der Tropfen die Form einer ringförmigen „Krone“ annimmt, deren Zacken im weiteren Verlauf sich loslösen und als kleinste Spritzer nach allen Seiten geschleudert werden (Abb. 155). Dies wird

Abb. 154. Bluttropfen, im Stehen und im Gehen erzeugt.

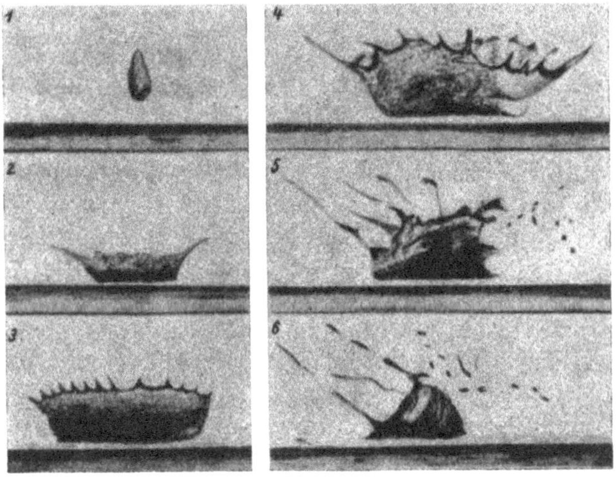

Abb. 155. Entstehung der sekundären Spritzer bei senkrecht auffallenden Tropfenspuren (Zeitlupenaufnahme nach *Lochte*).

also der Fall sein, wenn Blut von einem in Ruhe befindlichen Ausgangspunkt (z. B. von einer mit Blut besudelten Tischplatte oder aus der Wunde eines Stehenden) heruntertropft. Häufiger tropft aber Blut von in Bewegung befindlichen Gegenständen, etwa der Wunde eines Gehenden oder Laufenden, oder es wird von einem bewegten Gegenstand weggeschleudert oder weggespritzt; in allen diesen Fällen macht der größere oder kleinere Bluttropfen nicht die Bewegung des „freien Falles“, sondern des „Wurfes“, d. h. er beschreibt in der Luft bis zu seinem Auftreffen eine parabelförmige Flugbahn. Wie nun die *Groß*'schen und seither vielfach bestätigten Beobachtungen lehren, entstehen in diesen Fällen längliche Spuren, die als „birnenförmig" oder „flaschenförmig" beschrieben oder mit der Gestalt eines Ausrufezeichens verglichen werden. Der schmälere Teil solcher Blutspuren, also der Hals der Flasche, bzw. der Punkt des Ausrufezeichens, weist in die Richtung, die die Flugbahn des Tropfens genommen hat, so daß man bei Bluttropfen aus der Wunde eines Gehenden die Gangrichtung feststellen kann (Abb. 154 rechts). Bei größeren Bluttropfen kommt es, wie unsere Abbildung zeigt, mitunter auch zu mehreren Ausläufen, die aber alle in die Bewegungsrichtung zeigen (die Gestalt solcher Spuren wurde auch als „Bärentatzenform"

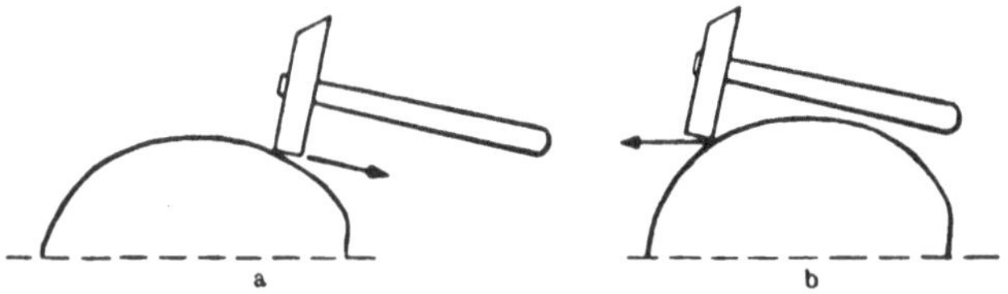

Abb. 156. Spritzrichtung des Blutes bei Hammerschlägen auf den Kopf (nach *B. Mueller*).

beschrieben). Je rascher die Ausgangsbewegung, d. h. also je schräger der Parabelarm vor Auftreffen des Bluttropfens war, desto langgestreckter ist die Flasche oder das Ausrufezeichen[1]).

Diese Erfahrungstatsachen können dazu beitragen, bei aufgefundenen Tropf- und Spritzspuren am Fußboden und auf den Wänden eines Tatortes, den Ort der Wunde zu bestimmen, durch die sie entstanden sind. Hiebei muß allerdings berücksichtigt werden, daß die Richtung, in der bei einem Schlag, Hieb oder Stoß das Blut von der Wunde wegspritzt, außerordentlich verschieden ist und sehr von der Form und Stellung des Werkzeuges im Augenblick der Gewebsdurchtrennung abhängt. Bei Hammerschlägen auf den Kopf des Opfers ist es z. B. durch die Kante, mit der die Hammerfläche zuerst auftrifft, bedingt, ob das Blut in der Richtung zum Täter oder vom Täter weg spritzt (siehe Abb. 156); nur bei planparallelem Autreffen der Hammerfläche spritzt das Blut nach allen Seiten. Daher kann es vorkommen, daß der Täter und seine Kleidung frei von Blutspritzern bleibt, wiewohl bei der Tat viel Blut geflossen ist. Wenn diese Fälle auch nicht sehr häufig sind, so kommen sie doch immer wieder vor und es kann daher aus dem Mangel an Blutspuren auf dem Körper und der Kleidung des Täters nicht — wie es die Verteidigung oft versucht — auf seine Nichttäterschaft geschlossen werden. Im übrigen entstehen durch den ersten Schlag mit einem stumpfen Werkzeug meist überhaupt keine oder nur geringe Blutspuren, da ja das ge-

[1]) Die Erklärung für diese feststehende Tatsache dürfte darin gelegen sein, daß sich die Masse des Tropfens schon während des parabelförmigen Fluges teilt und ein größerer Teil der Masse eine engere und ein kleinerer Teil — wohl infolge der Wirkung der Zentrifugalkraft — eine weitere Parabel beschreibt.

troffene Gewebe im Augenblick des Schlages blutleer wird und erst etwas später wieder in die entstandene Wunde eindringt. Wenn aber hierauf weitere Schläge die Wunde treffen, kommt es zu entsprechenden Spritz- und Schleuderspuren.

Aus den früher erwähnten Versuchen von *Piotrowski* ergibt sich auch die wichtige Tatsache, daß bei Blutspritzern, die von ein und derselben Stelle ihren Ausgang genommen haben, die Ausrufezeichenform teils in die Richtung von der Wunde weg, teils aber auch (auf den senkrechten Wänden) in umgekehrter Richtung weisen kann (siehe in Abb 157 die

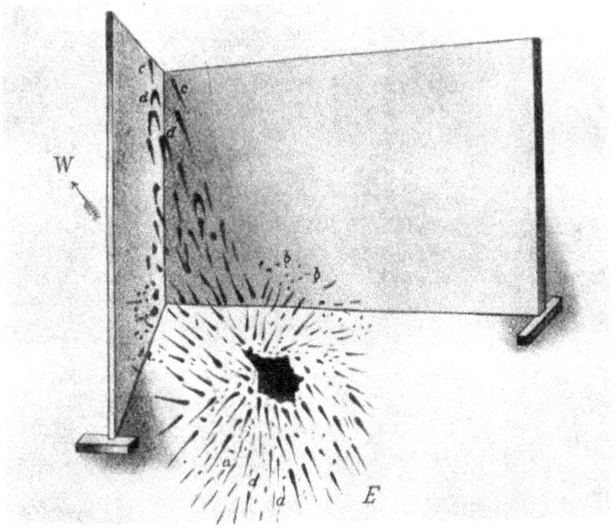

Abb. 157. Verteilung und Form von Blutspritzern, entstanden durch Beilhiebe auf derselben Stelle (blutiger Wattebausch in der Mitte der Spuren); *E* Standpunkt des Schlagenden, *EW* Richtung der geführten Schläge (nach *Pietrowski*).

Spuren c und d). Dies erklärt sich leicht aus dem Umstand, daß ein Teil der Spritzer nicht direkt von der Wunde auf die Wände geschleudert wird, sondern mehr senkrecht nach oben, daher in der Luft (ähnlich wie die Flugbahn eines nach aufwärts abgeschossenen Projektils, vgl. oben S. 236f.) eine Parabel beschreibt und nunmehr in der Abwärts-Bewegung dieser Parabel, also von oben nach unten, auf die senkrechte Wand trifft. Es wäre also in solchen Fällen irrig, aus der Verschiedenheit der Spurenrichtung auf verschiedene Ausgangspunkte zu schließen.

Daß bei Berücksichtigung aller dieser Möglichkeiten gleichwohl die Richtung der Tropf- oder Spritzspuren für die Aufklärung eines Straffalles von größter Bedeutung sein können, lehrt jener Fall, der vor Jahren das Kreisgericht Korneuburg beschäftigte.

Ein Auszügler war in einer im Kellergeschoß liegenden Werkzeugkammer tot aufgefunden worden. Die Leiche lag in einer großen Blutlache auf dem Rücken. Die Schwiegertochter behauptete, der alte Mann sei die Stiege hinabgestürzt, sie habe ihn tot aufgefunden und nur „gerade gelegt". In der Hütte stand eine Reihe von Kübeln, Bottichen und Werkzeugen, die zahlreiche Spritzspuren von Blut zeigten. Der U. veranlaßte die photographische Aufnahme des Tatortes und sandte alle blutbespritzten Gegenstände an das gerichtsmedizinische Institut der Universität Wien. Hier wurde der Tatort auf Grund der Photogramme rekonstruiert und die Gegenstände entsprechend aufgestellt. Aus Lage und Form der Spritzspuren konnte festgestellt werden, daß sie von zwei örtlich auseinanderliegenden Punkten ausgegangen sein mußten. Dadurch war die Behauptung der Schwiegertochter widerlegt. Tatsächlich ergab die weitere Untersuchung, daß der Alte zweimal überfallen und mit einer Weinhaue auf den Hinterkopf geschlagen worden war und daß er zwischen den beiden Angriffen, auf allen Vieren kriechend, sich eine kürzere Strecke fortbewegt hatte.

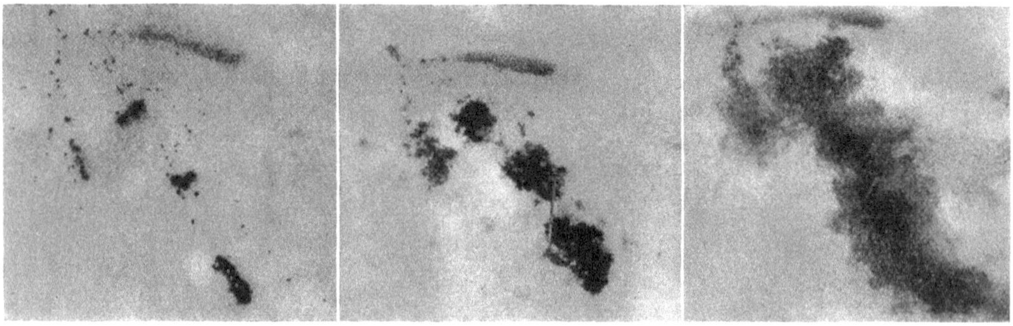

a *b* *c*

Abb. 158. Dieselbe Blutspur in Schnee, (*a*) unmittelbar nach der Entstehung, (*b*) nach 15 Stunden, (*c*) nach 24 Stunden (nach *Schwarzacher*).

Wichtig ist schließlich, daß die Form von Bluttropfen auf manchen Materialien bald nach ihrer Entstehung eine Veränderung erfährt. Dies gilt vor allem von porösen Materialien (sandige Erde, weiches Textilgewebe, poröses Mauerwerk usw.); auf ihnen verlaufen Bluttropfen alsbald in die Umgebung und werden hiedurch in ihrer Ausdehnung bedeutend größer. Im besonderen Maß ist dies bei Schnee der Fall. Wie die Untersuchungen von *Schwarzacher* zeigen, beträgt die flächenhafte Ausdehnung schon nach 15 Stunden ein Vielfaches der ursprünglichen Spur und nach 24 Stunden ist an der Oberfläche des Schnees das Blut unregelmäßig und verronnen (Abb. 158); gleichzeitig sinkt das Blut, je nach den Temperaturverhältnissen, in tiefere Schneelagen und kann dort allenfalls durch einen Vertikalschnitt nachgewiesen werden[1]).

Blutstraßen, die sich z. B. durch Abrinnen des Blutes aus einer Wunde bilden, können Schlüsse auf die Lage des betreffenden Menschen im Zeitpunkte der Blutung zulassen, da das Blut selbstverständlich seinen Weg entsprechend der Fallinie nach abwärts sucht. Zieht sich also bei einer liegend aufgefundenen Leiche von einer Wunde an der Schläfe eine Blutstraße von der Wange zum Kinn, so muß der Tote diese Wunde in aufrechter Oberkörperlage (also stehend oder sitzend) empfangen haben. Würde aber in unserem Beispiel eine zweite Blut-

[1]) *Schwarzacher*, Blutspuren im Schnee, D. Ztschr. f. d. ges. gerichtl. Med. 31, S. 213 (1939).

straße von einer Wunde an der Nase — die früher erwähnte Blutstraße kreuzend — über die Wange zum Ohr verlaufen, so ist es klar, daß diese Blutung in horizontaler Körperlage erfolgte, also zu einem Zeitpunkt, wo der Betreffende bereits am Boden lag. Aus der Kreuzungsstelle der beiden Blutstraßen kann auch ersehen werden, ob die erste Blutstraße schon eingetrocknet war, als die zweite ihren Weg kreuzte (in diesem Falle verbreitert sich die spätere Blutstraße beim Auftreffen auf die frühere und erscheint nach der Kreuzung verengt[1])).

5. Die Sicherstellung und Verwahrung von Blutspuren.

Ist das Aufsuchen der Blutspuren beendet, so hat der U. sofort dafür zu sorgen, daß die gefundenen Spuren für das weitere Verfahren gesichert werden. Er befindet sich aber — anders als bei den meisten Spuren anderer Art — gegenüber Blutspuren vor eine doppelte Aufgabe gestellt: er muß nicht bloß das Spurenbild, so wie er es findet, für die weitere Beurteilung durch Sachverständige und Richter sicherstellen, sondern er muß auch dafür sorgen, daß die Blutsubstanz, die in der Spur vorhanden ist, in natura in die Hände des gerichtsmedizinischen Sachverständigen gelangt. Dies ist aber oft ohne Zerstörung oder doch Beeinträchtigung des ursprünglichen Spurenbildes nicht möglich, so daß die zweite Aufgabe die Fortsetzung der ersten Tätigkeit verhindert und hiedurch das Gelingen der ersten Aufgabe von besonderer Bedeutung wird.

Die erste Aufgabe, die Sicherstellung des gefundenen Spurenbildes, erfolgt durch Beschreibung im Protokoll über den Augenschein, durch Einzeichnen der Blutspuren in die Tatortskizze, bzw. Anfertigung einer diesbezüglichen Detailskizze, und durch Photoaufnahme.

Für das Beschreiben im Augenscheinprotokoll und für das Einzeichnen in die Tatortskizze gelten die allgemeinen Grundsätze[2]). Die Ausdehnung jeder Blutspur muß, ohne sie selbst zu berühren, genau gemessen werden. Wenn sich Blutspuren auf senkrechten Flächen (den Mauerwänden, einer Tür, den Kacheln eines Ofens usw.) befinden, findet man naturgemäß mit einer Planskizze des Raumes nicht das Auslangen, sondern muß Aufrißskizzen hinzufügen, wofür sich besonders die Darstellungsweise der sogenannten Kreuzprojektion eignet[3]). Bei kleinen, aber wichtigen Blutspuren auf Möbeln, etwa der Unterseite einer Tischplatte, auf Maschinen, Vorhängen usw. wird es außerdem nötig sein, von dem betreffenden Gegenstand eine Detailskizze anzufertigen, auf der nicht vergessen werden darf, durch Bezeichnung der Himmelsrichtungen (oder Angabe korrespondierender Punkte in der Hauptskizze) eindeutig festzuhalten, in welcher Lage sich die im Detail gezeichneten Blutspuren befunden haben. Ein sehr anschauliches Bild liefert es, wenn man die Blutspurenskizze nicht in die Hauptskizze einzeichnet, sondern auf einem durchsichtigen Pauspapier, auf dem man die Hauptlinien der Tatortskizze durchgezeichnet hat, gesondert anfertigt, wobei man die festgestellten Blutspuren mit roter Tinte zeichnet. Legt man nun die „Blutskizze" auf die Hauptskizze, so ersieht man deutlich, wo überall Blutspuren gefunden wurden (während beim unmittelbaren Einzeichnen der Blutspuren in die Hauptskizze diese durch Überladung mit Details leicht unübersichtlich wird).

[1]) Siehe *Rösch*, Kreuzungen von Blutstraßen, Dissertation München 1933, Archiv 110, S. 144.

[2]) Oben 1. Bd., S. 200ff. und 2. Bd., S. 298ff.

[3]) Oben S. 303f. und 320.

Dann erfolgt die Photoaufnahme aller gefundenen Blutspuren und zwar jeweils senkrecht zur Fläche, auf der sie sich befinden. Ein Maßstab, der neben den Spuren befestigt wird, ist stets mit aufzunehmen. Die besonderen Fälle, in denen eine solche Photoaufnahme nicht bloß zur Festhaltung des Spurenbildes, sondern zu dessen Sichtbarmachung dient, so wenn Blutspritzer auf dunklen Stoffen durch eine Infrarotaufnahme oder wenn Blutspuren auf Mauerwerk, Sträuchern usw. im Dunklen durch Chemilumineszenz zum Aufleuchten gebracht, auf der hierauf erfolgenden Photoaufnahme erkennbar gemacht werden, wurden schon oben behandelt[1]). Aber auch in allen anderen Fällen, in denen die Photographie nur der Sicherung des auch für das freie Auge sichtbaren Spurenbildes dient, empfiehlt es sich, durch einfache phototechnische Hilfsmittel die Blutspuren gegenüber ihrer Umgebung deutlich auf dem Photogramm hervortreten zu lassen. Dies gelingt z. B. bei rötlichen Spuren durch Verwendung eines Blau- oder Grünfilters und einem Plattenmaterial, das für Blaustrahlen entsprechend empfindlich ist (also nicht sogenannte orthochromatische Platten). Ist eine Blutspur hingegen infolge Sonnenbestrahlung grüngrau geworden, ist ein anderes Filter nach den Grundsätzen der Filterphotographie[2]) zu verwenden.

Nicht zu empfehlen ist hingegen — statt oder neben der Photoaufnahme — Bluttropfen, die man auf Wänden, Öfen, Kacheln findet, auf ein darüber gelegtes Pauspapier durchzuzeichnen (wie dies für gewisse Fälle noch in der letzten Auflage dieses Handbuches angegeben wurde). Es besteht die Gefahr, daß hiebei Bluttropfen von einer glatten Unterlage abspringen oder doch beschädigt werden. Außerdem ist eine solche Pause immer ungenau und überflüssig, da sie gegenüber der Detailphotoaufnahme der betreffenden Tropfen keinen Vorteil bietet.

Erst wenn alle vorhandenen Blutspuren in der angegebenen Weise beschrieben, durch Messung und Einzeichnung in die Tatortskizze und in entsprechende Detailskizzen hinsichtlich ihrer Lage festgehalten und photographiert sind, kann daran gegangen werden, die Blutspuren oder Proben von ihnen in Verwahrung zu nehmen und dem Sachverständigen für die Untersuchung im Laboratorium zu übergeben. Ist ein gerichtsmedizinisch geschulter Sachverständiger zugegen, so überläßt man dieses „Abnehmen" der Blutspuren selbstverständlich ihm. Der U. muß aber in der Lage sein, diese Arbeit mangels eines Sachverständigen auch selbst durchzuführen.

Die einfachste und beste Methode ist es, den Gegenstand, auf dem sich die Blutspur befindet, selbst mitzunehmen. Dies ist bei allen kleineren beweglichen Gegenständen möglich, so bei Blutspuren auf Kleidungsstücken, Papieren, Büchern, Werkzeugen, kleineren Einrichtungsgegenständen oder Teilen von diesen; so läßt sich z. B. eine Schublade, auf deren Unterseite man Blutspuren findet, meist unschwer herausnehmen und eine Tischplatte läßt sich bei vielen modernen Möbeln durch Lockerung einiger Schrauben abheben. Auch kleinere Türen von Schränken, Schreibtischen usw., kleinere Fensterflügel, Teile von Wandtapeten,

[1]) Oben S. 479ff.
[2]) Vgl. oben 1. Bd., S. 371.

im Freien endlich: nicht zu große Steine, Zweige oder kleinere Äste, die man von Bäumen abschneidet, lassen sich mitnehmen. Sogar blutiges Gras, stehendes Getreide usw. kann, nachdem man den betreffenden Büschel mit den blutigen Halmen unten zusammengebunden hat, zwischen Erde und Bundstelle mit einem sehr scharfen Messer (auch Schere oder Sichel) abgeschnitten und in einem Kistchen verwahrt werden. Es empfiehlt sich hiebei, die einzelnen Gegenstände, Steine, Grasbüschel usw. getrennt in absolut reine große Papierhüllen einzuschlagen, damit auch allenfalls sich beim Transport ablösende Teile gesichert sind[1]).

Ist das Mitnehmen des ganzen Gegenstandes, der die Blutspur trägt, nicht möglich, so läßt sich doch in vielen Fällen der spurtragende Teil, wenn auch nur mit Verletzung der Unterlage, abtrennen. Dies gilt z. B. für Blutspuren auf Holzböden, bei welchen man das betreffende Brett durch einen Zimmermann herausnehmen bzw. einen entsprechenden Teil eines Brettes absägen lassen kann[2]). Jeder abgetrennte Teil ist durch Bleistift- oder Kreidestriche an Stellen, die keine Spuren tragen, so zu bezeichnen, daß seine ursprüngliche Lage sichergestellt ist. Bei einzelnen Bluttropfen genügt es mitunter, auch kleinere Holzteile herauszuschneiden oder herauszusägen; bei Bluttropfen auf furnierten Möbelstücken kann auch das betreffende Stückchen der Furniere abgeschnitten und losgelöst werden.

In vielen Fällen ist aber auch dies nicht möglich. So, wenn sich Bluttropfen auf einer Mauerwand oder Ofenkachel befinden, so daß man die Unterlage nicht ohne größere Beschädigung der Wand oder des Ofens herausnehmen kann. Manches Mauerwerk zerbröckelt auch beim Versuch, einen Teil herauszunehmen, völlig, wodurch die darauf befindlichen Blutspuren zerstört werden können. In solchen Fällen muß man versuchen, den anhaftenden Bluttropfen allein abzunehmen, wofür sich die in der Daktyloskopie verwendeten Abziehfolien[3]) am besten eignen: nach Ablösung des Deckblattes drückt man die Folie mit der Glyzerin-Gelatin-Schicht auf die Spur und versucht nach etwa 5—10 Minuten die Folie vorsichtig von oben nach unten abzuziehen. Hiebei überträgt sich meist eine jüngere Blutspur auf die Folie, die man hierauf wieder mit dem Deckblatt überdeckt und an den Sachverständigen weiterleitet. Löst sich ein älterer eingetrockneter Bluttropfen hiebei nicht sofort von seiner Unterlage, so kann man, während noch der untere Teil der Folie an der

---

[1]) Bei frischen Pflanzen, die Blutspuren tragen, kann das Trocknen und Zusammenschrumpfen (wodurch die Bluttropfen, die schon früher getrocknet sind, oft abspringen) dadurch verhindert werden, daß man den Stiel der Pflanze schräg abschneidet und in ein Gemenge von Wasser und Glyzerin gibt; nach 1 bis 2 Tagen hat die Pflanze so viel von dieser Flüssigkeit aufgesogen, daß sie hernach zwar welk und dunkel wird, aber nicht zusammenschrumpft und weich und biegsam bleibt. Ein von *Hans Groß* in dieser Weise konserviertes Kastanienblatt hat sich in der Sammlung des Kriminologischen Institutes der Universität Graz durch viele Jahre frisch erhalten.

[2]) Das Abstemmen (mittels Stemmeisen und Hammers) empfiehlt sich weniger, weil durch die Prellwirkung der Hammerschläge die Spuren beschädigt werden oder abspringen können.

[3]) Siehe oben S. 397.

Unterlage klebt, vorsichtig mit einem scharfen kleinen Messer durch Schaben nachhelfen. Abgeschabte Teilchen fallen hiebei ebenfalls auf die Glyzerin-Gelatin-Schicht der Folie und gehen dadurch nicht verloren[1]). Überhaupt empfiehlt es sich, bei Spuren auf Mauerwerk auch etwas von der Unterlage abzuheben und dem Sachverständigen zu übergeben.

Bei Blutspuren auf dem Erdboden ist das Erdreich auszustechen, in eine Papierhülle einzuschlagen und in eine Kiste zu legen. Ein Zerfallen des Erdklumpens beim Transport wird kaum zu vermeiden sein, beeinträchtigt aber kaum die Blutuntersuchung durch den Sachverständigen. Wichtig ist hiebei, die Erde nach lebenden Tieren, insbesondere Regenwürmern, zu untersuchen und diese zu entfernen[2]). Andernfalls besteht die Gefahr, daß Tiere, die sich von organischen Stoffen nähren, das Blut aufnehmen und verdauen.

In manchen Fällen ist aber weder das Mitnehmen des spurentragenden Materials noch das unmittelbare Abnehmen der Blutspur in der angegebenen Weise möglich. So z. B. im Gebirge bei einer Blutspur auf einem völlig unebenen zerklüfteten Felsen. Die Rauheit des Gesteins verhindert hier meist ein Abnehmen mittels Folie und seine Härte das Abstemmen eines Teiles der Unterlage. Hier gibt es nur zwei Möglichkeiten: Abschaben oder Auflösen. Ist z. B. die Felswand überhängend, so daß man unter die Blutspur ein Glasgefäß oder eine Papiertüte halten kann, die das Abgeschabte auffängt, so wird man angetrocknetes Blut mit einem Messer abschaben[3]). Liegt die Felsenfläche mit der Blutspur horizontal oder leicht schräg, so umgibt man sie mit einem Wachsrand und bedeckt die Blutspur mit destilliertem Wasser. Nach ihrer Lösung, die man durch Umrühren mit einem Glasstäbchen beschleunigen kann, wird die Flüssigkeit in ein Kapillarrohr aufgesaugt, dieses auf beiden Seiten mit Wachs verschlossen und so dem Sachverständigen zugemittelt.

Bei allen Spuren, die man im Freien sichergestellt hat, ist im Protokoll auch festzuhalten, welchen Witterungs- und Bestrahlungseinflüssen die Spur in der Zeit zwischen Tat und Sicherstellung ausgesetzt war, da die Feuchtigkeits- und Temperaturverhältnisse sowie die direkte Sonnenbestrahlung auf die Beschaffenheit des Blutes von Einfluß sein können. Selbstverständlich sind auch alle sonstigen Einflüsse oder Beschädigungen, denen eine Blutspur ausgesetzt gewesen sein könnte, zu erheben. Dies gilt insbesondere auch dann, wenn nicht bloß die Qualität, sondern auch die Quantität des gefundenen Blutes wichtig ist (etwa für die Frage, ob der Verletzte an dieser Stelle einen größeren Blutverlust erlitten hat oder an einem anderen Ort, von dem er an die Stelle der Blutspur geschleift

---

[1]) Dieses Verfahren ersetzt das in früheren Auflagen empfohlene Bekleben der Spur mit Pausleinwand und Gummiarabikum.

[2]) *Hans Groß* rät zu diesem Zweck vor dem Ausgraben des Erdklumpens mit einem schweren Werkzeug etwa 30 mal rings um die Blutspur kräftig auf den Boden zu stoßen. Dadurch sollen die Regenwürmer diesen Teil des Erdreiches verlassen bzw. an die Oberfläche kommen.

[3]) Die Methode des Abschabens wird auch in Fällen vorzunehmen sein, in denen man sich aus irgendeinem Grunde einer Blutspur rasch bemächtigen muß. So etwa, wenn man auf dem Fingernagel eines Menschen, den man nicht gleich als Beschuldigten verhaften kann, einen Blutspritzer entdeckt und keine Abziehfolie zur Hand hat. Das Abschaben geschieht in einem solchen Falle am zweckmäßigsten über einem großen Blatt glatten, weißen Papieres.

wurde). Ein Beispiel eines solchen „Umwelteinflusses" auf eine Blutspur bot seinerzeit der Fall Umland (1876 in Hamburg), in welchem trotz schwerster Wunden weder auf der Leiche noch neben dieser Blut zu finden war; die Leiche sah aus wie „abgewaschen", wiewohl sie von keinem Menschen berührt worden war. Später stellte sich heraus, daß eine große Dogge hinzugekommen war und alles Blut abgeleckt hatte[1]).

Bezüglich der weiteren Behandlung von in Verwahrung genommenen Blutspuren gilt, daß sie möglichst rasch und in sachgemäßer Verpackung dem gerichtsmedizinischen Sachverständigen zuzumitteln sind. So selbstverständlich dies erscheint, so kommt es doch immer wieder vor, daß gegen diesen Grundsatz verstoßen wird. Hiefür ein Beispiel:

Im Besitze eines Verdächtigen wurde ein blaues Sacktuch gefunden, welches Flecken hatte, die Blutspuren zu sein schienen. Der Mann erklärte, es habe ihm ein Unbekannter, der offenbar der Täter gewesen sei, das Tuch vor ganz kurzem auf der Straße aus freien Stücken geschenkt. Der U., welchem der Verdächtigte bei der Erhebung an Ort und Stelle vorgeführt worden war, hatte den unbegreiflichen Einfall, das Tuch einem Gendarm zu übergeben, mit dem Auftrage, es in der Umgebung den Leuten vorzuweisen und sie zu befragen, ob sie wüßten, wem es etwa gehören möchte. Nun lief der Gendarm mit dem Sacktuche und den bedenklichen Flecken tagelang umher, wies das Tuch in jedem Hause, in jeder Schenke und jedem Begegnenden vor und brachte es endlich mit der wohl zu erwarten gewesenen Antwort zurück, daß niemand das Tuch kenne. Aber wie sahen nun die Blutflecken aus. Statt der früheren, glänzend und dick auflagernden Krusten waren nur mehr die dürftigen Flecken von jenem Blute da, welches sich in das Tuch eingesaugt hatte. Und weiters, welche Sicherheit hatte man nun noch für den Fall, als die Flecken wirklich als Blutflecken bezeichnet wurden? Es war der Einwurf gerechtfertigt, daß diese erst später, z. B. durch eine Verletzung, die der Gendarm an der Hand hatte und die er vielleicht gar nicht bemerkt hat, entstanden sein können.

Als Hauptgrundsatz für die Verwahrung und Versendung aller gesammelten Blutspuren gilt: genaue Bezeichnung jeder einzelnen Spur hinsichtlich Fundort und Lage, feste Verpackung (zur Verhinderung eines Durcheinanderschüttelns der spurentragenden Gegenstände) und Versendung in trockenem Zustand. Am besten wird jeder Gegenstand, der eine Spur trägt, einzeln in ein entsprechendes Gefäß (sehr kleine Spuren z. B. in verschlossenen Glasröhrchen) oder Hülle gegeben und erst diese in einer größeren Kiste befestigt. Blutige Kleider sind so zu rollen, daß die blutigen Stellen nach innen zu liegen kommen, wobei man reine Papierblätter dazwischenlegt, um zu verhindern, daß durch Abdruck weitere Blutspuren auf zunächst nicht befleckten Stellen entstehen. Blutspuren auf Papier können mit diesem in entsprechend größere Briefumschläge gegeben und so zum Akt genommen werden. Befinden sich Spuren auf Holzstücken, einem Beil, Hammer usw., so sind diese Gegenstände mit Schnüren auf einem entsprechend großen Brett so zu befestigen, daß die vorhandenen Blutflecke weder durch die Schnüre, noch durch das Brett berührt und gescheuert werden. Man legt daher den

[1]) Pitaval der Gegenwart, hgg. v. *Frank*, *Roscher* u. *Schmidt*, Bd. II, S. 259ff.

Abb. 159. Verpackung eines blutbefleckten Beiles.

Gegenstand mit der nichtbefleckten Seite auf das Brettchen (siehe Abb. 159); sollten auf beiden Seiten des Gegenstandes Blutspuren sein, so sind auf dem Brettchen kleine Stützen anzubringen, so daß die spurentragenden Stellen nicht unmittelbar auf dem Brettchen aufliegen. In analoger Weise müßten Blutspuren durch eine entsprechende Verpackung geschützt werden, wenn der Gegenstand selbst so groß ist (z. B. eine sehr lange Holzlatte), daß er nicht in einer Kiste verpackt werden kann. Feucht dürfen blutige Kleider nicht versendet werden, weil dies die Fäulnis sehr fördert. Man trocknet sie bei Zimmertemperatur (also nicht in der Sonne und nicht unmittelbar neben einem strahlenden Ofen).

6. Die Methoden der Blutuntersuchung durch den gerichtsmedizinischen Sachverständigen.

Wie eingangs dieses Abschnittes bereits erwähnt, soll der U. auch über die gerichtsmedizinischen Methoden[1]), die der Sachverständige bei seiner Untersuchung anwendet, so weit unterrichtet sein, daß er weiß, was er von dem Sachverständigen erwarten kann und sein Gutachten entsprechend zu würdigen vermag.

Eine Altersbestimmung einer aufgefundenen Blutspur ist nur ungefähr möglich. Anhaltspunkte bieten dem Sachverständigen die Löslichkeit des Blutkörpers (ältere Flecke lösen sich im Wasser nur schwer, alte nur in Kalilauge, sehr alte nur mehr in Schwefel- oder Salzsäure), weiters die Veränderung der Farbe, die aber weitgehend durch den Einfluß des Tageslichtes bzw. der direkten Sonnenbestrahlung abhängt, der die Spur ausgesetzt war. Ein von *Schwarzacher* ausgearbeitetes Verfahren der künstlichen Alterung eines Teiles der Spur durch Bestrahlung mit dem Ultraviolett der Quarzlampe[2]) gestattet es, etwas genauer zu bestimmen, inwieweit der natürliche Alterungsprozeß schon vorgeschritten war. Schließlich bietet auch die chemische Veränderung des Blutfarbstoffes (die durch die weiter unten zu erörternde spektroskopische Methode festzustellen ist) Anhaltspunkte für das Alter der Spur, da der ursprüngliche Blutfarbstoff, das Hämoglobin alsbald in Methämoglobin und dieses schließlich in Hämatin übergeht.

Die Frage, ob die Spur überhaupt von Blut herrührt, kann (da die schon oben S. 486ff. besprochenen chemischen „Vorproben" dies nicht mit absoluter Sicherheit erkennen lassen) nur durch eine mikroskopische oder spektroskopische Untersuchung beantwortet werden.

[1]) Vgl. hierüber außer der oben S. 475 angeführten Literatur auch noch *Leers*, Die forensische Blutuntersuchung, Berlin 1910; *Ziemke* in *Abderhaldens* Hb. d. biolog. Arbeitsmethoden, IV, Teil 12; die neueste Literatur ist bei *B. Mueller*, Gerichtl. Medizin (1953) zusammengestellt.

[2]) *Schwarzacher*, Über Altersbestimmung von Blutspuren, D. Ztschr. f. d. ges. gerichtl. Med. 15, S. 119 (1930).

Der mikroskopische Blutnachweis ist erbracht, wenn es gelingt, im Mikroskop rote Blutkörperchen zu erkennen. Während man früher hiefür stets Präparate mit einer Lösung der fraglichen Spur herstellte, hat es die neuere Epimikroskopie[1]) auch ermöglicht, Blutspuren im Auflicht unmittelbar unter das Mikroskop zu bringen und mit Objektiven von hohem Auflösungsvermögen zu betrachten; bei dünnen Antrocknungen lassen sich hiebei oft die Blutkörperchen unterscheiden und man kann sogar kernhaltige Zellen (Blutkörperchen von Fischen, Vögeln, Reptilien und Amphibien) und kernlose Zellen (Blutkörperchen von Menschen und Säugetieren) auseinanderhalten. Auf diese Weise gelingt es einem gerichtsmedizinischen Sachverständigen mitunter, durch eine rasche Untersuchung eines blutbefleckten Gegenstandes festzustellen, daß es sich nicht um Menschenblut handelt, wodurch verhindert werden kann, daß eine falsche Fährte verfolgt wird.

Ein Auto hatte einen Menschen überfahren und war geflüchtet. In einem Hotel der nächsten Stadt stiegen zwei Hochzeitsreisende ab. Als am Kühler ihres PKW deutliche Blutspuren gesichtet wurden, richtete sich der Verdacht, die fahrlässige Tötung und die Verkehrsflucht begangen zu haben, auf sie. *B. Mueller* konnte als zugezogener Sachverständiger unter dem Mikroskop kernhaltige Blutkörperchen feststellen; es handelte sich um das Blut eines Vogels, der offenbar am Kühler zerschellte. Das Paar, dem bereits die Verhaftung angedroht war, konnte seine Reise fortsetzen.

Ein anderes mikroskopisches Verfahren besteht in der Hervorrufung von Kristallen des Blutfarbstoffes und seiner verschiedenen Abbauprodukte (insbesondere des Hämins und des Hämochromogens). Da dieses Verfahren nicht immer gelingt, wird es in der gerichtsmedizinischen Praxis nur selten angewendet.

Der spektroskopische Blutnachweis beherrscht auch heute die forensische Blutuntersuchung: die verschiedenen Formen des Blutfarbstoffes liefern im Spektrum jeweils andere dunkle Absorptionsstreifen. Heute ist auch die spektroskopische Betrachtung mikroskopischer Präparate (und dadurch der Lösungen kleinster Blutspuren) möglich (sogen. Mikrospektroskopie). Verunreinigungen der Spur können den Nachweis stören; doch vermag in solchen Fällen der Sachverständige den erwarteten Blutfarbstoff durch chemische Zusätze in einen anderen umzuwandeln, wodurch — wenn nunmehr das diesem entsprechende Spektrum aufscheint — die Sicherheit der Methode wesentlich erhöht wird. Anschauliche Wiedergaben der verschiedenen Absorptionsspektren der einzelnen Blutfarbstoffe finden sich bei *Walcher* a. a. O.

Die Unterscheidung von Menschen- und Tierblut und des Blutes der einzelnen Tierarten (die besonders in Wildereiprozessen wichtig werden kann, da sich die ertappten Wilderer meist damit ausreden, daß die Blutspuren in ihrem Rucksack von einem geschlachteten Kaninchen oder Zicklein stammen) wird durch eine biologische Methode, die Präzipitinreaktion nach *Uhlenhut*, durchgeführt. Sie ist keine spezifische

[1]) Vgl. I. Band, S. 304 Anm. 2

Untersuchung auf Blut, sondern auf Eiweiß des Menschen oder einer bestimmten Tierart, das sich auch im Blut befindet. Die Reaktion verläuft daher auch gegenüber anderen vom gleichen Tier stammenden eiweißhaltigen Stoffen (Sperma, Eiter, Speichel, Muttermilch) positiv. Die Methode beruht auf der um die Jahrhundertwende von *Uhlenhut* gemachten Entdeckung, daß das Blutserum eines Tieres, dem die Eiweißlösung einer anderen Tierart mehrmals injiziert worden ist, mit dem Serum jener anderen Tierart zusammengebracht, eine Trübung ergibt, da Präzipitin ausfällt. Diese biologische Reaktion des sogen. Antiserums des behandelten Tieres ist ein Geheimnis der Natur und bedeutend empfindlicher als jede chemische Eiweißreaktion.

Heute werden zu diesem Zwecke Antisera gegenüber Mencheneiweiß und Eiweiß verschiedener Tierarten hergestellt, die man durch entsprechend vorbehandelte Versuchstiere (in der Regel Kaninchen) gewinnt und die von großen Instituten (Robert-Koch-Institut Berlin, Institut für experimentelle Therapie in Frankfurt a. M., serotherapeutisches Institut in Wien) geprüft geliefert werden. Wichtig ist, daß sich leider die Eiweißstoffe nah verwandter Tierarten durch diese Methode nicht unterscheiden lassen, so nicht Kaninchen- und Hasenblut, Pferde- und Eselsblut, Ziegen- und Rehblut und auch nicht Menschen- und Affenblut; *Uhlenhut* u. a. haben zwar für solche Fälle durch „kreuzweise Immunisierung" besonders spezifische Antisera zu gewinnen gesucht, doch ist dieses Verfahren kompliziert, darum auch teuer und läßt in der Hand eines nicht darauf spezialisierten Sachverständigen kein sicheres Resultat erwarten. Abgesehen von dieser „Verwandtschaftsreaktion" ist aber die biologische Eiweißreaktion ein zuverlässiges Verfahren, wenn sich der Sachverständige an die Anleitung hält, die von *Uhlenhut* schon vor fast einem halben Jahrhundert gegeben wurde, seither im wesentlichen unverändert blieb und entsprechende Kontrollversuche (auch am Material des Spurenträgers!) vorsieht[1]). Weit vorgeschrittene Fäulnis und hochgradiges Erhitzen der Blutspur, ebenso längeres Einwirken von Wasserstoffsuperoxyd können die Reaktion verhindern; ebenso versagt naturgemäß die Methode, wenn das Spurenmaterial so gering oder so alt ist, daß Eiweiß mittels der physiologischen Kochsalzlösung (die für diese Methode verwendet werden muß) nicht in Lösung gebracht werden kann. Doch gelang die Reaktion einmal sogar bei 70 Jahre altem Blut und bei knappem Material wird die Reaktion im Kapillarrohr vorgenommen, wofür kleinste Mengen eiweißhaltiger Lösung genügen.

Steht fest, daß es sich um Menschenblut handelt, so kann eine weitere Unterscheidung durch Feststellung der Blutgruppe erfolgen, die der betreffende Mensch, von dem die Blutgruppe stammt, hat. Hiedurch kann z. B., falls sich am Tatort Blutspuren des Opfers finden und auch der Täter (etwa infolge einer Verletzung, die er sich beim Einbruch in den Raum oder durch die Abwehr seitens des Opfers zugezogen hat) am Tatort Blut hinterlassen hat, festgestellt werden, welche Spuren vom Opfer und welche vom Täter stammen, vorausgesetzt, daß der Täter und sein Opfer verschiedene Blutgruppen besitzen. Steht umgekehrt fest, daß

[1]) Vgl. *Uhlenhut* und *Weidanz*, Praktische Anleitung zur Ausführung des biologischen Eiweißdifferenzierungsverfahrens, Jena 1909; *Pfeiffer*, Archiv 36, S. 195; *Uhlenhut* und *Schönherr* in *Ponsold*s Lehrbuch der gerichtlichen Medizin, 1950. Dennoch kann es natürlich vorkommen, daß ein fraglicher Blutfleck gegenüber Mensch und Tier oder zwei verschiedenen Tierspezies positiv reagiert, wenn er nämlich Eiweiß der beiden Arten enthält. Das war einmal in einem Sodomieprozeß der Fall: der Blutfleck in der Hose des Täters stammte vom mißbrauchten Rind, enthielt aber auch Sperma des Täters und daher Mencheneiweiß.

eine aufgefundene Blutspur vom Täter stammt (z. B. wenn er auf der Flucht aus einer Wunde blutete), so können durch die Blutgruppenbestimmung alle Personen mit anderer Blutgruppe als Täter ausgeschlossen werden.

Das Wesen der Blutgruppenuntersuchung, die vorwiegend bei der Prüfung fraglicher Abstammungsverhältnisse praktisch verwendet wird (weil die Blutgruppe auf zwei Erbeigenschaften beruht), wurde in diesem Handbuch schon in anderem Zusammenhang behandelt[1]). Während aber zur Klärung einer fraglichen Vaterschaft das Blut der in Frage kommenden Personen diesen unmittelbar entnommen wird und an diesen Blutproben die Bestimmung der Blutgruppe relativ leicht durchgeführt werden kann, ist die Blutgruppenbestimmung an eingetrocknetem Blut oder gar an Wischspuren bedeutend schwieriger. Dem Gerichtsmediziner stehen hiefür zwei Methoden offen, nämlich die Bestimmung der im eingetrockneten Serum enthaltenen Eigenschaften α und β und weiters die Feststellung der an die eingetrockneten Blutkörperchen gebundenen Eigenschaften A und B, die beim Zusammentreffen mit den entsprechenden Serumeigenschaften die Agglutination bedingen. Es gilt als Regel, daß der Gerichtsmediziner beide Methoden nebeneinander durchführt und die Bestimmung der Blutgruppe dann als sicher bezeichnet, wenn die Ergebnisse beider Methoden übereinstimmend sind. Auf diese Weise kann eine Bestimmung nicht bloß der klassischen Blutgruppen A, B, AB und O erfolgen, sondern es kann auch eine Unterscheidung der Untergruppen A_1 und A_2 versucht werden; auch die Feststellung der Blutfaktoren M und N ist an Blutflecken bereits gelungen, doch kann im allgemeinen diesbezüglich nicht mit einem absolut sicheren Ergebnis gerechnet werden. Die in den letzten 10 Jahren neu entdeckten Bluteigenschaften P, S und der sog. „Rhesusfaktor" können in Blutflecken bisher nicht diagnostiziert werden.

Schließlich kann die nähere Herkunft des Blutes kriminalistisch von Bedeutung sein; so ist es oft wichtig zu wissen, ob z. B. Blutspuren im Taschentuch eines Verdächtigten aus einer Wunde stammen, die mit dem Tuche verbunden oder gereinigt worden ist, oder von Nasenbluten herrühren (eine der beliebtesten Ausreden, die aber mitunter auch wahr sein kann); ob Blutspuren in Wäschestücken eines mißbrauchten Mädchens von einer äußeren Verletzung des Körpers herrühren oder durch Defloration entstanden sind oder ob es sich um Menstrualblut handelt, usw. Alle diese und ähnliche Fragen kann der Sachverständige nur unter Umständen beantworten, da das Blut selbst, das aus verschiedenen Organen stammt, keine Unterschiede zeigt. Wohl aber können aus dem Vorhandensein oder Nichtvorhandensein charakteristischer Beimengungen oft ziemlich sichere Schlüsse gezogen werden. So können bei schweren Schädelverletzungen im Blut oft kleinste Knochensplitter und Spuren von Hirnmasse gefunden werden, wodurch die Herkunft aus der Schädelverletzung sichergestellt ist; mit Nasen- oder Rachenschleim vermengtes Blut ist als solches oft schon bei Lupenbetrachtung durch die honigwabenartige Oberfläche der eingetrockneten Spur gekennzeichnet. Menstrualblut läßt sich nachweisen, wenn der Sachverständige (unterm Mikroskop nach Anfärbung mit Jodjodkalilösung) im Blut platte, glykogenhaltige Epithelzellen findet, die nur im Scheidenepithel vorkommen; der Mangel an Fibrin und der Zerfall roter Blutkörperchen ist für Menstrualblut ebenfalls charakteristisch, aber allein kein sicherer Nachweis.

[1]) I. Band, S. 391 f.

FSC
www.fsc.org
MIX
Papier | Fördert gute Waldnutzung
FSC® C083411

Kolibri 360 GmbH
Ferdinand-Jühlke-Straße 7
99095 Erfurt, Deutschland
produktsicherheit@kolibri360.de